2025 사항별·사례별로 유형화된

정석 법인등기실무

편저 김만길

법문 북스

개정증보판을 내면서

　법인이란 자연인 이외에 법인격을 가지는 것을 말합니다. 법인의 실체가 사람인가 재산인가에 따라 사단법인과 재단법인으로 구별됩니다. 그리고 법인의 목적에 따라 영리법인과 비영리법인으로, 목적·준거법·강제성·공권력 등을 표준으로 하여 공법인과 사법인 및 중간법인으로, 한국에 주된 사무소가 있고 한국 법률에 의하여 설립되는 내국법인과 그렇지 않은 외국법인으로 분류됩니다.

　이러한 법인은 등기를 해야 만 성립하는 데, 법인등기는 설립등기, 변경등기, 분사무소설치등기, 사무소이전등기 및 해산등기 등의 다섯 가지 등기가 있습니다. 법인등기는 법인의 사무소 소재지를 관할하는 지방법원, 그 지원 또는 등기소를 관할등기소로 하며, 법인을 대표할 자가 등기를 신청합니다. 등기의 신청서에는 정관, 이사의 자격을 증명하는 서면, 주무관청의 허가서 또는 그 인증이 있는 등본, 재산목록을 첨부해야 합니다.

　이와 같은 법인에 관한 등기는 상업등기, 민법법인등기, 특수법인등기로 구분합니다. 그런데 합자조합에 관한 등기나 개인상인의 상호등기 등은 법인에 관한 등기는 아니지만 상업등기에 포함됩니다. 민법법인등기란 민법에 의하여 설립되는 비영리목적의 사단법인과 재단법인에 관한 등기를, 특수법인등기란 상법상 회사, 민법상 사단법인과 재단법인을 제외한 그 밖의 법률에 의하여 설립되는 법인에 관한 등기를 말합니다. 민법법인은 주무관청의 허가를 받아야 이를 법인으로 설립등기 할 수 있는 허가주의를, 상법상 회사는 일정한 상법상 요건만 갖추면 법인으로 설립등기 할 수 있는 준칙주의를, 특수법인은 해당 법인의 설립 근거법률의 입법목적에 따라 허가주의 또는 준칙주의 등의 태도를 취하고 있습니다.

　오늘날 법인등기 종류와 그 방식은 상당히 복잡하고 다양한 모습을 보이고 있으며, 그 실행에 필요한 규정과 선례·서식 또한 그 양이 방대하여 이를 일목요연하게 정리하여 이해하기란 쉬운 일이 아닙니다. 이 개정증보판에서는 그동안 개정된 법령에 맞게 수정하고 또 새로운 판례와 서식들을 정리하여 여러 종류의 법인이 등기를 실행할 때마다 그에 적절하고 필요한 자료를 체계적으로 정리하여

보다 쉽게 이해하도록 편집하였습니다.

　이 책에서는 다양한 법인등기 절차를 일목요연하게 정리하여 제1편 총론에서는 법인등기·등기절차·등기관의 처분에 대한 이의절차를 기술하고, 제2편 민법상의 법인등기 유형에서는 설립등기·변경등기·해산과 청산에 관한 등기·경정등기 및 말소등기·합병등기 등에 대한 등기를 새로운 서식에 의해 구체적으로 정리하였고, 제3편 특수법인의 등기에서는 사회복지법인·의료법인·사내근로복지기금·농업법인·어업회사법인·영어조합법인·학교법인·법무법인·신용협동조합·농업협동조합·새마을금고·회계법인·세무법인·특허법인·기타법인의 설립등기에서 부터 해산과 청산에 관한 등기에 관한 모든 절차를 새로운 서식과 함께 해설을 붙여 누구나 쉽게 이해할 수 있도록 편집, 수록하였습니다.

　이 책이 이와 같이 다양한 법인등기에 관한 한 국내 최대의 자료를 담았기 때문에 법인등기를 하고자 하는 분은 물론 실무자에게 큰 도움이 되리라 자부하면서 열악한 출판시장임에도 불구하고 흔쾌히 출간에 응해 주신 법문북스 김현호 대표에게 감사를 드립니다.

2025.

편저자

차 례

제 1 편 법인등기 총론

제 1 장 법 인

제 2 장 법인등기

제 3 장 등기절차

제 4 장　등기관의 처분에 대한 이의

제 2 편   민법상의 법인등기 유형

제 1 장   설립등기

제 2 장 변경등기

제 3 장   해산과 청산에 관한 등기

제 4 장　경정등기와 말소등기

제 5 장 합병등기 등

제 3 편 특수법인의 등기

제 1 장 사회복지법인의 등기

六. 경정등기와 말소등기 ···713

七. 사회복지법인 Q&A 모음 ·································717

제 2 장   의료법인의 등기

제 3 장 사내근로복지기금의 등기

一. 총 론 ·······768

二. 설립등기 ·······768

三. 변경등기 ·······791

제 4 장 농업법인의 등기(영농조합법인과 농업회사법인)

三. 변경등기 ·······952

제 5 장 어업회사법인의 등기

三. 어업회사법인과 영어조합법인의 비교 1047

제 6 장   영어조합법인의 등기

一. 총 설 ···1073

二. 설립등기 ···1076

제 7 장 학교법인의 등기

七. 경정등기와 말소등기 ···1359

제 8 장　법무법인의 등기

一. 총 론 ···1379

二. 설립등기 ···1380

제 9 장 신용협동조합의 등기

四. 합병등기 ···1487

1. 흡수합병으로 인한 변경등기 ···1487

2. 신설합병으로 인한 설립등기 ···1487

3. 합병으로 인한 해산등기 ···1488

五. 청산과 해산등기 ···1500

제 10 장 농업협동조합의 등기

제 11 장　새마을금고의 등기

제 14 장   특허법인의 등기

제 15 장   기타법인의 등기

제1편
법인등기 총론

제1장　법　인

1. 법인의 의의와 법인제도

　법인이란 전형적인 권리능력의 주체인 자연인 이외의 것으로서 법인격(권리능력)이 인정된 것이다. 일정한 목적과 조직을 가진 사람의 결합인 단체(사단 또는 조합)와 일정한 목적을 위하여 조성된 재산(재단)도 각각 사회에서 중요한 역할을 담당하기 때문에 법률관계의 주체가 될 수 있다. 따라서 사람이나 재산의 결합체에 대하여 법률로써 권리능력을 부여하고 이를 법인이라 부른다.

　법인제도는 첫째, 단체에 법인격을 인정함으로써 단체에 관하여 생기는 법률관계를 간편하게 처리할 수 있도록 하고 거래참여를 용이하게 하며, 둘째, 단체재산을 개인재산과 구별하여 단체에 대한 채권자만이 단체에 대하여 압류할 수 있는 책임재산으로 함으로써 위험을 분산시키고 단체에 의한 사회경제적 활동을 용이하게 한다.

2. 법인의 분류

가. 공법인과 사법인

　공법인이란 특정한 공공목적을 수행하기 위하여 특별한 법적 근거에 의하여 설립된 법인을 말하고, 사법인이란 사법의 규정에 따라서 설립된 법인으로서 회사나 비영리법인과 같이 그 내부의 법률관계에 국가 또는 공공단체의 강제적 권력작용이 가하여지지 않는 법인을 말한다.

　공법상 법인은 그 성립과 조직에 관하여 공법의 규율을 받고 직접적으로나 간접적으로 국가행정업무를 담당한다.

　이러한 공법인과 사법인에 대하여 현대의 복리국가에 와서는 노동조합법과 같은 사회법의 출현에 따라 그 중간적 영역에 존재하는 법인이 특수법인(노동조합, 각종 협동조합, 한국은행, 대한상공회의소, 사내근로복지기금, 영농조합법인 등 중간법인)으로 성립하는 경우가 많아서 이 방법에 의한 구별이 곤란하게 되었다.

중간법인이란 동종의 업종에 종사하는 자나 동일한 사회적 지위를 가진 자 또는 동일한 사회 경제적 목적으로 결합된 자들의 사단으로, 그 목적하는 바가 공익도 아니고 영리도 아닌 구성원 상호간의 상부상조에 의한 공통의 이익 증진을 위한 법인을 말한다.

핵심판례

▶판례◀ **공법인이 국가로부터 위탁받은 공행정사무를 집행하는 과정에서 공법인의 임직원이나 피용인이 고의 또는 과실로 법령을 위반하여 타인에게 손해를 입힌 경우**

(대법원 2021. 1. 28. 선고 2019다260197 판결)

공법인이 국가로부터 위탁받은 공행정사무를 집행하는 과정에서 공법인의 임직원이나 피용인이 고의 또는 과실로 법령을 위반하여 타인에게 손해를 입힌 경우에는, 공법인은 위탁받은 공행정사무에 관한 행정주체의 지위에서 배상책임을 부담하여야 하지만, 공법인의 임직원이나 피용인은 실질적인 의미에서 공무를 수행한 사람으로서 국가배상법 제2조에서 정한 공무원에 해당하므로 고의 또는 중과실이 있는 경우에만 배상책임을 부담하고 경과실이 있는 경우에는 배상책임을 면한다. 한편 공무원의 중과실이란 공무원에게 통상 요구되는 정도의 상당한 주의를 하지 않더라도 약간의 주의를 한다면 손쉽게 위법·유해한 결과를 예견할 수 있는 경우임에도 만연히 이를 간과한 경우와 같이, 거의 고의에 가까운 현저한 주의를 결여한 상태를 의미한다.

▶판례◀ **공익적 성격이 강한 사법인의 경우, 법률이나 정관의 규정에 의해 단체가입 및 탈퇴 등의 자유를 제한할 수 있는지 여부(적극)**

(대법원 2017. 12. 22. 선고 2014다223025 판결)

국가의 목적을 위하여 존재하고 국가에 의하여 설립되는 공법인과 달리, 사법인은 기본적으로 구성원의 공동이익을 도모함을 목적으로 하는 조직이다. 이러한 사법인은 원칙적으로 결사의 자유를 갖는다. 그러나 설립근거가 되는 법률 등에서 사법인에게도 공익적 성격을 부여하는 경우가 많고, 공익적 성격의 정도에 따라서는 사법인이라고 하더라도 법률이나 정관의 규정에 의해 단체가입 및 탈퇴 등의 자유를 제한할 수 있다.

나. 사단법인과 재단법인

사단법인과 재단법인은 민법상의 분류이다. 사단법인은 공동목적을 추구하기 위하여 결합한 사람의 집단, 즉 법인격이 부여된 인적단체를 말하며, 재단법인은 일정한 목적을 위하여 관리 운영되는 특별재산으로 그 법적구성이 재단으로 된 법인을 말한다.

민법은 사단법인과 재단법인의 중간적인 법인을 인정하지 아니하므로 민법법인을 설립하고자 하는 경우에는 사단법인과 재단법인 중 어느 하나로 설립하여야 한다.

1) 사단법인

사단법인은 재단법인과 달리 구성원을 가지며, 구성원의 변동이 사단의 존속에 영향을 주지 아니한다. 또는 재단법인의 의사가 설립자의 의사에 의하여 결정되는 것과 달리 사단법인의 의사는 최고의사결정기관인 사원총회에서 결정되며 정관에 정하여진 목적도 사원의 의사에 의하여 변경할 수 있다(민 제42조). 이처럼 사단법인의 사원총회결의는 사단의 관리에 결정적인 역할을 한다.

사단법인은 독립적인 법인이므로 설립 중의 법인이나 법인격 없는 사단과 구별된다. 다만 법인격 없는 사단도 법인격만 없을 뿐이지 사단으로서의 실체를 갖추어야 하므로 권리능력을 취득할 때까지 법인격 있는 사단의 모든 특징을 가지고 있다. 사단법인에는 최고의사결정기관이자 감독기관인 사원총회와 업무집행기관이자 대표기관인 이사가 반드시 존재하여야 한다.

재단법인이 언제나 비영리법인인데 비해, 사단법인은 그 성격에 따라 비영리사단법인이 될 수도 영리사단법인이 될 수도 있다. 비영리사단법인이 인적사단이라면 영리사단법인은 자본사단이라고 할 수 있다.

민법 제32조는 비영리법인에 대하여 '영리 아닌 사업을 목적으로 하는 사단'이라 하여 반드시 공익을 목적으로 함을 요하지 아니하는데, 이것은 비영리인 동시에 비공익적인 사업도 포함된다고 해석된다.

인적결합의 방법으로 이루어진 것으로 사단 외에 조합이 있는데, 조합은 2인 이상이 상호 출자하여 공동사업을 경영할 것을 약정함으로써 성립하고 등기제도가 없는데 반하여, 사단은 구성원에 대한 결합의 자주성으로 표현되는 일정한 조직형태와 공동목적을 가진 결합체로서 등기할 수 있다는 차이가 있다.

또한 권리능력 없는 사단도 있는데, 이는 일반적으로 사단의 실체를 가지면서도 법인격이 없는 단체를 말한다. 농업협동조합, 염업조합, 수산업협동조합 등은 특별법상 조합이라는 명칭을 사용하나 실제는 조합이 아니고 사단으로서의 실질을 갖는다. 권리능력 없는 사단과 조합은 단체기관의 존재, 전체명칭, 구성원의 변동, 존속기간 등으로 구별할 수 있다.

2) 재단법인

재단법인은 설립자에 의하여 정하여진 목적을 실현하기 위하여 법인격이 부여된 재산집단으로, 사단법인과 달리 사원과 의사결정기관인 사원총회가 존재하지 아니한다.

재단법인에 있어서 정관은 그 설립자의 의사에 의하여 작성된 정관에서 그 변경방법을 정한 때에 한하여 변경할 수 있다(민 제45조).

재단법인은 영리법인으로서는 인정되지 아니하고 비영리법인으로만 설립할 수 있다(민 제32조). 즉 종교, 자선, 학술, 기예 그 밖의 영리 아닌 사업을 목적으로 하는 것에 한하여 인정되며 사립학교, 의료법인 등에 그 예가 많다. 재단법인의 설립은 영리 아닌 사업을 목적으로 하여 재산을 출연하고 그 근본규칙인 정관을 만들어 주무관청의 허가를 얻어 설립등기를 함으로써 성립한다.

재단법인은 그 재산이 법인에 귀속되고 재산의 관리가 법인의 정관에 따라 기관에 의하여 이루어지는데 비해, 신탁은 신탁재산을 특정의 관리자(수탁자)에 귀속시키고 수탁자가 수익자를 위하여 특별히 정하여진 방법에 의하여 그 재산을 관리하는 업무를 담당하는 점에서 서로 다르다.

핵심판례

▶판례◀ 민법상 재단법인 정관의 기본재산

(대법원 2019. 2. 28.자 2018마800 결정)

<판시사항>
민법상 재단법인의 정관에 기본재산은 주무관청의 허가·승인을 받은 경우에 담보설정 등을 할 수 있다는 취지로 정해져 있고, 이에 따라 주무관청의 허가·승인을 받아 기본재산에 관하여 근저당권을 설정한 경우, 근저당권을 실행하여 기본재산을 매각할 때 주무관청의 허가를 다시 받아야 하는지 여부(소극)

<결정요지>
민법상 재단법인의 정관에 기본재산은 담보설정 등을 할 수 없으나 주무관청의 허가·승인을 받은 경우에는 이를 할 수 있다는 취지로 정해져 있고, 정관 규정에 따라 주무관청의 허가·승인을 받아 민법상 재단법인의 기본재산에 관하여 근저당권을 설정한 경우, 그와 같이 설정된 근저당권을 실행하여 기본재산을 매각할 때에는 주무관청의 허가를 다시 받을 필요는 없다.

▶판례◀ 법인설립불허가처분취소

(인천지법 2016.06.09. 선고 2015구합1377 판결)

<판시사항>
甲이 이슬람교 선교 활동 등을 위한 단체를 설립하고자 관할 시장에게 민법 제32조에 따라 乙재단법인 설립허가 신청을 하였는데, 시장이'법인 설립으로 지역사회 갈등이 야기될 수 있다'는 이유로 문화체육관광부 및 문화재청 소관 비영리법인의 설립 및 감독에 관한 규칙 제4조 제1항 제1호에 따라 설립불허가처분을 한 사안에서, 위 처분에 재량권을 일탈·남용한 위법이 있다고 한 사례

<판결요지>
甲이 이슬람교 선교 활동 등을 위한 단체를 설립하고자 관할 시장에게 민법 제32조에 따라 乙 재단법인 설립허가 신청을 하였는데, 시장이'특정종교 밀집으로 인한 주민 불안 및 선교사업으로 인한 지역주민 민원 발생 등 법인 설립으로 지역사회 갈등이 야기될 수 있다'는 이유로 문화체육관광부 및 문화재청 소관 비영리법인의 설립 및 감독에 관한 규칙 제4조 제1항 제1호에 따라 설립불허가처분을 한 사안에서, 乙 법인의 정관과 사업계획서에 나타난 사업은 주로 이슬람 종교 선교, 이슬람 문화 교육, 홍보 사업인데, 이슬람 종교 선교, 이슬람 문화 교육 사업의 경우 이슬람문화권의 외국인들을 우선적으로 선교, 교육의 대상으로 삼고, 예배 및 기도, 교육 기타 친교 시간을 정하여 활동하는 것을 시행 방법으로 하고 있으며, 이슬람 문화 홍보 사업은 거리에서 사진 등을 통하여 이슬람 문화에 관하여 홍보를 하는 것으로서 목적이나 방법이 폭력적이거나 지역주민과 갈등을 일으킬 만한 요소가 포함되어 있다고 단정하기 어려운 점 등을 종합하면, 처분 사유의 판단 과정에 합리성이 결여되었으므로 위 처분에 재량권을 일탈·남용한 위법이 있다고 한 사례.

3) 사단법인과 재단법인의 비교

사단법인과 재단법인은 다음과 같은 큰 차이를 갖는다.

구분	사단법인	재단법인
법인의 구성	일정한 목적을 위해 결합한 '사람'을 구성요소로 하는 단체	일정한 목적을 위해 '재산출연'을 구성요소로 하는 단체
법인의 형태	영리 형태 및 비영리 형태 가능	비영리 형태만 가능
설립 행위	2인 이상의 설립자가 정관을 작성하여 주무관청의 허가를 받아야 함	설립자가 재산을 출연하고 정관을 작성하여 주무관청의 허가를 받아야 함
정관 변경	사원총회의 결의 + 주무관청의 허가	정관에 정관변경방법 기재 + 주무관청의 허가
법인의 기관	사원총회의 의사결정	설립자의 의사
법인의 해산	임의해산 가능	임의해산 불가

사단법인과 재단법인을 구별하는 중요한 기준은 자치적 의사결정기구가 있느냐의 여부이다. 즉, 법인이 타율적인가 자율적인가에 그 구별기준이 있다.

현실로는 사단법인과 재단법인의 중간적인 법인도 있으나, 현행 민법은 비영리법인으로 사단법인과 재단법인만을 인정하고 중간적인 법인은 인정하지 아니하므로, 비영리법인을 설립하려면 사단법인과 재단법인 중 하나만 선택할 수 있다. 따라서 민법상의 요건을 충족하면 그 실체가 사단적인 것을 재단법인으로 할 수 있고, 실체가 재단적인 것을 사단법인으로 설립할 수 있다고 할 것이다.

다. 영리법인과 비영리법인

영리법인이란 영리를 목적으로 하는 사단법인을 말한다. 영리를 목적으로 한다는 것은 주로 구성원의 개인적 이익을 꾀하고, 법인의 활동 이익을 구성원 각자에게 분배하여 경제적 이익을 주는 것을 뜻한다.

이에 대하여 비영리법인은 학술, 종교, 자선, 기예, 사교 기타 영리 아닌 사업을 목적으로 하는 사단법인 또는 재단법인을 말한다(민 제32조). 비영리법인에 있어서 영리목적의 사업은 원칙으로 허용되지 않으나, 다만 비영리사업의 목적을 달성하기 위하여 필요한 범위 내에서 그 법인의 본질에 반하지 않는 한 부수적으로는 할 수 있다고 할 것이다.

이론적으로 재단법인에는 사원이 없어 영리목적 사업을 하여 사원에게 분배할 수 없으므로 재단법인은 영리목적법인이 될 수 없고 사단법인만이 영리법인이 될 수 있다. 우리 민법도 영리재단법인을 인정하지 아니하고 있다(민 제32조, 제39조 참조).

상행위를 목적(상 제46조)으로 하는 법인을 상사법인이라 하고 상행위 이외의 영리를 목적(농업, 어업 등)으로 하는 법인을 민사회사라고 하는 바, 민사회사는 설립 기타 모든 사항에 관하여 상사회사의 규정에 따르며(민 제39조 2항), 상법에서는 민사회사와 상사회사를 구별하지 아니하므로(상 제169조, 제171조), 현행법상 민사회사와 상사회사를 구별할 실익이 없다.

핵심판례

▶판례◀ 민법 제38조에서 정한 비영리법인이 '공익을 해하는 행위를 한 때'의 의미 및 이에 해당하기 위한 요건

(대법원 2023. 4. 27. 선고 2023두30833 판결)

<판시사항>
민법 제38조에서 정한 비영리법인이 '공익을 해하는 행위를 한 때'의 의미 및 이에 해당하기 위한 요건 / 그중 해당 법인의 행위가 직접적이고도 구체적으로 공익을 침해하는지 판단하는 방법 / 법인의 설립허가를 취소할 때 고려할 사항

<판결요지>
민법 제38조에서 정한 비영리법인이 '공익을 해하는 행위를 한 때'란 법인의 기관이 직무의 집행으로서 공익을 침해하는 행위를 하거나 사원총회가 그러한 결의를 한 경우를 의미한다. 여기에 법인설립허가취소는 법인을 해산하여 결국 법인격을 소멸하게 하는 제재처분인 점(민법 제77조 제1항) 등을 더하여 보면, 민법 제38조에 정한 '공익을 해하는 행위를 한 때'에 해당하기 위해서는, 해당 법인의 목적사업 또는 존재 자체가 공익을 해한다고 인정되거나 해당 법인의 행위가 직접적·구체적으로 공익을 침해하는 것이어야 하고, 목적사업의 내용, 행위의 태양 및 위법성의 정도, 공익 침해의 정도와 경위 등을 종합하여 볼 때 해당 법인의 소멸을 명하는 것이 공익에 대한 불법적인 침해상태를 제거하고 정당한 법질서를 회복하기 위한 제재수단으로서 긴요하게 요청되는 경우이어야 한다. 나아가 '해당 법인의 행위가 직접적이고도 구체적으로 공익을 침해한다.'고 하려면 해당 법인의 행위로 인하여 법인 또는 구성원이 얻는 이익과 법질서가 추구하는 객관적인 공익이 서로 충돌하여 양자의 이익을 비교형량 하였을 때 공공의 이익을 우선적으로 보호하여야 한다는 점에 의문의 여지가 없어야 한다. 또한 법인의 해산을 초래하는 설립허가취소는 헌법 제10조에 내재된 일반적 행동의 자유에 대한 침해 여부와 과잉금지의 원칙 등을 고려하여 엄격하게 판단하여야 하고, 특히 국가가 국민의 표현행위를 규제하는 경우, 표현내용과 무관하게 표현의 방법을 규제하는 것은 합리적인 공익상의 이유로 비례의 원칙(과잉금지의 원칙)을 준수하여 이루어지는 이상 폭넓은 제한이 가능하나, 표현내용에 대한 규제는 원칙적으로 중대한 공익의 실현을 위하여 불가피한 경우에 한하여 엄격한 요건하에서 허용될 뿐이다.

▶판례◀ 법인설립불허가처분취소

(대법원 2017. 12. 22. 선고 2016두49891 판결)

<판시사항>
비영리법인이 민법 제38조에서 비영리법인에 관한 설립허가 취소사유로 정한 '공익을 해하는 행위'를 한 때에 해당하기 위한 요건 및 그중 법인의 목적사업 또는 존재 자체가 공익을 해하는지 판단하는 방법

<판결요지>
민법 제38조는 "법인이 목적 이외의 사업을 하거나 설립허가의 조건에 위반하거나 기타 공익을 해하는 행위를 한 때에는 주무관청은 그 허가를 취소할 수 있다."라고 규정하여 비영리법인에 관한 설립허가 취소사유를 정하고 있다. 그리고 비영리법인이 '공익을 해하는 행위'를 한 때에 해당된다고 하기 위해서는 해당 법인의 목적사업 또는 존재 자체가 공익을 해한다고 인정되거나 법인의 행위가 직접적이고도 구체적으로 공익을 침해하는 것이어야 하고, 목적사업의 내용, 행위의 태양 및 위법성의 정도, 공익 침해의 정도와 경위 등을 종합하여 볼 때 해당 법인의 소멸을 명하는 것이 그 불법적인 공익 침해상태를 제거하고 정당한 법질서를 회복하기 위한 제재수단으로서 긴요하게 요청되는 경

우이어야 한다. 나아가 '법인의 목적사업 또는 존재 자체가 공익을 해한다'고 하려면 해당 법인이 추구하는 목적 내지 법인의 존재로 인하여 법인 또는 구성원이 얻는 이익과 법질서가 추구하고 보호하며 조장해야 할 객관적인 공공의 이익이 서로 충돌하여 양자의 이익을 비교형량하였을 때 공공의 이익을 우선적으로 보호하여야 한다는 점에 의문의 여지가 없어야 하고, 그 경우에도 법인의 해산을 초래하는 설립허가취소는 헌법 제10조에 내재된 일반적 행동의 자유에 대한 침해 여부와 과잉금지의 원칙 등을 고려하여 엄격하게 판단하여야 한다.

▶판례◀ '국내에서 설립된 영리법인'의 의미

(• 2022. 7. 28. 선고 2022다231250 판결)

<판시사항>
1945. 8. 9. 이전에 국내에서 설립되어 그 주식 또는 지분이 일본 기관, 국민 또는 단체에 소속되었던 영리법인 또는 조합이 소유하던 재산이 귀속재산인지 여부(소극) 및 여기서 '국내에서 설립된 영리법인'의 의미

<판결요지>
귀속재산처리법 제2조 제3항은, 1945. 8. 9. 이전에 국내에서 설립되어 그 주식 또는 지분이 일본 기관, 그 국민 또는 그 단체에 소속되었던 영리법인 또는 조합에 대하여는 그 주식 또는 지분이 귀속된 것으로 간주한다고 규정하고 있으므로, 이와 같은 경우에는 그 주식 또는 지분만이 귀속되고 그 법인이 소유하던 재산은 귀속재산에서 제외된다. 여기에서 '국내에서 설립된 영리법인'이란 국내에 주된 사무소 또는 본점을 두고 설립된 법인을 의미한다고 해석하여야 한다.

▶판례◀ 법인설립불허가처분취소

(대법원 1996.09.10. 선고 95누18437 판결)

<판시사항>
비영리법인 설립허가의 성질과 주무관청의 재량의 정도

<판결요지>
민법은 제31조에서 "법인은 법률의 규정에 의함이 아니면 성립하지 못한다."고 규정하여 법인의 자유설립을 부정하고 있고, 제32조에서 "학술, 종교, 자선, 기예, 사교 기타 영리 아닌 사업을 목적으로 하는 사단 또는 재단은 주무관청의 허가를 얻어 이를 법인으로 할 수 있다."고 규정하여 비영리법인의 설립에 관하여 허가주의를 채용하고 있으며, 현행 법령상 비영리법인의 설립허가에 관한 구체적인 기준이 정하여져 있지 아니하므로, 비영리법인의 설립허가를 할 것인지 여부는 주무관청의 정책적 판단에 따른 재량에 맡겨져 있다. 따라서 주무관청의 법인설립 불허가처분에 사실의 기초를 결여하였다든지 또는 사회관념상 현저하게 타당성을 잃었다는 등의 사유가 있지 아니하고, 주무관청이 그와 같은 결론에 이르게 된 판단과정에 일응의 합리성이 있음을 부정할 수 없는 경우에는, 다른 특별한 사정이 없는 한 그 불허가처분에 재량권을 일탈·남용한 위법이 있다고 할 수 없다.

라. 민법법인과 특수법인

비영리법인의 성립근거가 되는 규정은 민법이고 영리법인의 성립근거가 되는 규정은 상법인 바, 민법 및 상법에 의하여 설립된 법인을 일반법인이라 하고 민법과 상법 이외의 특별법에 의하여 설립된 법인을 특수법인이라고 한다.

특수법인도 공법인, 사법인, 중간적 법인으로 분류할 수 있고, 재단법인, 사단법인, 사단도 재단도 아닌 법인으로 분류할 수도 있다. 예컨대 학교법인은 재단법인으로, 각종 협동조합은 사단법인으로 분류할 수 있으며, 한국은행이나 증권감독원은 사단도 재단도 아닌 법인으로 분류할 수 있다.

일반적으로 법인은 발기인들이 정관을 작성하고 주무관청의 허가를 받음으로써 설립되나(민 제32조, 제33조), 특수법인의 대부분은 법령에 의하여 직접 설립되거나 정부가 임명한 설립위원에 의하여 설립행위가 이루어진다.

특수법인은 특별법에 근거하므로 먼저 각 특별법을 기준으로 등기관련 업무를 처리하여야 하며, 다만 특별법에 없으면 대개 민법법인을 준용하므로 그 준용법률에 의하여 업무를 처리하여야 한다. 공익법인은 당해 특별법 외에 공익 법인의 설립·운영에 관한 법률을 추가적으로 적용한다.

핵심판례

▶판례◀ 공공기관의 정보공개에 관한 법률 제2조 제3호 등에 따라 정보를 공개할 의무가 있는 '특별법에 의하여 설립된 특수법인'에 해당하는지 여부의 판단 기준

(대법원 2010. 4. 29. 선고 2008두5643 판결)

어느 법인이 공공기관의 정보공개에 관한 법률 제2조 제3호 등에 따라 정보를 공개할 의무가 있는 '특별법에 의하여 설립된 특수법인'에 해당하는가는, 국민의 알권리를 보장하고 국정에 대한 국민의 참여와 국정운영의 투명성을 확보하고자 하는 위 법의 입법 목적을 염두에 두고, 당해 법인에게 부여된 업무가 국가행정업무이거나, 이에 해당하지 않더라도 그 업무 수행으로써 추구하는 이익이 당해 법인 내부의 이익에 그치지 않고 공동체 전체의 이익에 해당하는 공익적 성격을 갖는지 여부를 중심으로 개별적으로 판단하되, 당해 법인의 설립근거가 되는 법률이 법인의 조직구성과 활동에 대한 행정적 관리·감독 등에서 민법이나 상법 등에 의하여 설립된 일반 법인과 달리 규율한 취지, 국가나 지방자치단체의 당해 법인에 대한 재정적 지원·보조의 유무와 그 정도, 당해 법인의 공공적 업무와 관련하여 국가기관·지방자치단체 등 다른 공공기관에 대한 정보공개청구와는 별도로 당해 법인에 대하여 직접 정보공개청구를 구할 필요성이 있는지 여부 등을 종합적으로 고려하여야 한다.

▶판례◀ 법률에 의하여 특수법인이 설립되면서 종전단체의 권리의무를 승계한다는 경과규정만 있는 경우, 종전단체 직원들의 근로관계가 신설 특수법인에 당연 승계되는지 여부(소극)

(대법원 1998.10.23. 선고 98 다 33932 판결)

법률의 제정, 개정 등으로 새로운 특수법인이 설립되어 종전에 동일한 기능을 수행하던 법인 등 종전 단체의 기능을 흡수하면서 그 권리의무를 승계하도록 하는 경우에 있어서, 해산되는 종전 단체에 소속된 직원들과의 근로관계가 승계되는지의 여부에 관하여 별도의 규정을 두지 아니한 채, 단순히 종전 단체에 속하였던 모든 재산과 권리, 의무는 새로이 설립되는 특수법인이 이를 승계한다는 경과규정만 두고 있다면, 종전 단체는 새로운 법의 시행으로 인하여 사실상 존속하기가 어려워 해산될 수 밖에 없는 것이므로 위와 같은 경과규정은 해산되는 단체의 재산상 권리의무를 신설법인이 승계하도록 하여 그 해산에 따른 절차를 용이하게 함으로써 해산되는 종전 단체의 해산 및 청산절차를 특별히 규율할 목적으로 규정된 것일 뿐이고, 해산되는 단체의 직원들의 근로관계를 당연히 새로이 설립되는 특수법인에 승계하도록 하기 위한 것이 아니어서 결국 위 경과규정의 문언만으로는 당해 법률에 의하여 종전 단체에 소속된 직원들의 근로관계가 새로이 설립되는 특수법인에 당연히 승계된다고 볼 수는 없다.

마. 내국법인과 외국법인

외국법인과 내국법인은 서로 대칭되는 개념으로, 외국법인은 우리나라의 국적을 가지지 않는 영리를 목적으로 하는 사단을 말한다. 내국법인과 외국법인의 구별에 관하여 여러 가지 설이 있으나, 그것이 법인설립의 준거법에 의할 것이라는 준거법설과 본점소재지에 의하여 결정할 것이라는 본점소재지설로 분류할 수 있다.

준거법설은 우리나라 법에 준거해서 설립된 법인을 내국법인으로 하고, 그 외의 법인을 외국법인으로 한다고 하며, 본점 소재지설은 주사무소에 소재지가 한국에 있는 법인을 내국법인으로, 주사무소의 소재지가 외국에 있는 법인을 외국법인으로 한다고 한다.

그런데 상법 제617조는 '외국에서 설립된 회사라도 대한민국에 그 본점을 설치하거나 대한민국에서 영업할 것을 주된 목적으로 하는 때에는 대한민국에서 설립된 회사와 같은 규정에 따라야 한다.'고 규정하고 있으므로 준거법설이 타당하다고 할 것이다.

외국법인 중 민사법인은 대한민국 주무관청의 허가를 받아야 하고(민 제32조), 상사법인은 상법상으로는 주무관청의 허가를 받을 필요는 없으나, 특수법인(은행업, 보험업 등)은 각 특별법률에서 주무관청의 허가를 받아야 하는 경우가 있다.

핵심판례

▶판례◀ 외국법인 사이의 합병에 따른 내국법인 발행주식의 이전이 구 법인세법 제93조 제10호 (가)목에서 정한 '주식의 양도'에 해당하는지 여부(적극)

(대법원 2017. 12. 13. 선고 2015두1984 판결)

외국법인 사이의 합병에 따라 소멸하는 피합병법인이 자산으로 보유하던 내국법인 발행주식을 합병 후 존속하는 합병법인에 이전하는 것이 구 법인세법(2005. 12. 31. 법률 제7838호로 개정되기 전의 것, 이하 같다) 제93조 제10호 (가)목의 '주식의 양도'에 해당하는지는 구 법인세법의 해석상 합병에 따른 위 주식의 이전을 계기로 위 주식에 내재된 가치증가분이 양도차익으로 실현되었다고 보아 이를 과세대상 소득으로 삼을 수 있는지에 따라 판단하여야 한다.

그런데 내국법인의 경우에 구 법인세법 제80조 제1항, 제4항, 제16조 제1항 제5호, 제2항, 구 법인세법 시행령(2006. 2. 9. 대통령령 제19328호로 개정되기 전의 것) 제122조 제1항, 제14조 제1항 제1호 (가)목, (다)목은 합병에 따른 자산의 이전도 양도차익이 실현되는 자산의 양도에 해당한다고 보아 그 양도차익의 산정방법을 규정하면서, 예외적으로 구 법인세법 제44조 제1항 제1호 및 제2호의 요건을 갖춘 경우에 한하여 피합병법인이 대가로 받은 주식의 액면가액을 양도대가로 의제함으로써 사실상 양도차익이 산출되지 않도록 하여 합병법인이 해당 자산을 처분하는 시점까지 그에 대한 과세를 이연하는 정책적 특례를 제공하고 있다. 그렇지만 외국법인의 경우에는 구 법인세법 제93조 제10호 (가)목 등에서 내국법인이 발행한 주식 등의 양도로 인하여 발생하는 소득을 과세대상으로 규정하고 있을 뿐 외국법인 사이의 합병에 따른 주식 등의 이전에 대하여 과세를 이연하는 정책적 특례규정을 두고 있지 아니하다.

그리고 외국법인 사이의 합병에 따른 국내 자산의 이전을 내국법인 사이의 합병에 따른 국내 자산의 이전과 달리 양도차익이 실현되는 자산의 양도로 보지 않을 합리적인 이유도 없다.

따라서 외국법인 사이의 합병에 따른 내국법인 발행주식의 이전은 양도차익이 실현되는 자산의 양도로서 구 법인세법 제93조 제10호 (가)목의 '주식의 양도'에 해당한다고 보아야 하며, 이와 같이 보는 이상 합병법인이 합병 전에 피합병법인의 주식 전부를 보유하고 있는 경우라고 하여 달리 볼 것은 아니며, 또한 위 경우에 합병법인의 주식이나 합병교부금이 피합병법인 주주에게 교부되지 아니하였다 하더라도 마찬가지이다.

▶판례◀ 내국법인의 국외원천소득에 대한 구 법인세법 제57조 제1항 제1호에 따른 외국납부세액공제는 대한민국 정부와 중화인민공화국 정부 간의 소득에 대한 조세의 이중과세회피와 탈세방지를 위한 협정상 원천지국인 중국의 과세권이 인정되는 범위에서 중국에 납부하였거나 납부할 세액을 대상으로 하는지 여부(적극)

(대법원 2024. 2. 8. 선고 2021두32248 판결)

대한민국 정부와 중화인민공화국 정부 간의 소득에 대한 조세의 이중과세회피와 탈세방지를 위한 협정(이하 '한·중 조세조약'이라 한다) 제11조, 제22조 제1항, 제23조 제1항, 대한민국 정부와 중화인민공화국 정부 간의 소득에 대한 조세의 이중과세회피와 탈세방지를 위한 협정의 제2의정서 제4조 제1항 (가)목, 구 법인세법(2014. 12. 23. 법률 제12850호로 개정되기 전의 것, 이하 같다) 제57조 제1항 제1호의 문언 및 체계 등에 따르면 우리나라 거주자의 이중과세 조정과 관련하여, 한·중 조세조약에서는 거주지국인 우리나라의 제한 없는 과세권을 전제로 하여 원천지국인 중국의 과세권을 일정한 범위로 제한하되 그러한 범위 내에서 이루어진 중국의 과세권 행사에 따라 중국에 납부하는 세액에 대하여 우리나라가 우리나라 세법의 규정에 따른 세액공제를 허용한다는 내용 등을 정하고 있다. 나아가 거주지국인 우리나라는 구 법인세법 제57조 제1항 제1호에서 외국

납부세액공제 제도를 두는 등으로 원천지국인 중국의 과세권을 존중하는 방법을 취하고 있다. 그러므로 내국법인의 국외원천소득에 대한 구 법인세법 제57조 제1항 제1호에 따른 외국납부세액공제는 한·중 조세조약상 그 소득에 대하여 원천지국인 중국의 과세권이 인정되는 범위에서 중국에 납부하였거나 납부할 세액을 대상으로 하는 것이고, 이와 달리 그 소득에 대하여 원천지국인 중국의 과세권이 인정되는 범위를 초과하여 중국에 납부한 세액이 있더라도 이를 구 법인세법 제57조 제1항 제1호에 따른 외국납부세액공제 대상으로 볼 수는 없다.

3. 법인의 설립과 허가

법인의 설립에 관하여 민법 제31조는 '법인은 법률의 규정에 의함이 아니면 성립하지 못한다.'고 규정하고 있다. 이것만으로는 자유설립주의를 부정하고 있는 것으로 해석되나 나머지 사항에 대하여는 각 법률에 위임하고 있어 다음과 같이 특허주의, 허가주의, 준칙주의 등 여러 가지 방법으로 법인이 성립할 수 있다.

가. 특허주의

특허주의는 특별한 법률을 제정하여 법인을 설립하는 것으로, 국가가 자본의 일부를 부담하는 경우가 많다. 한국은행, 한국산업은행, 대한토지주택공사, 한국조폐공사, 한국전력공사, 한국과학기술원 등이 특별법에 의하여 설립되어 이에 해당된다.

나. 허가주의

이는 법인이 일정한 조직을 갖추고 행정관청이 허가를 얻도록 하되, 허가 여부를 주무관청의 자유재량에 맡기는 것이다. 허가주의는 비영리법인에 대하여 민법이 취하는 주의인데(민 제32조), 그 외에 학교법인(사학 제2조, 제10조), 의료법인(의료 제33조, 제48조), 사회복지법인(사회복지사업법 제16조)등도 이 주의를 취하고 있다.

다. 인가주의

이는 법인의 설립에 관하여 주무관청의 심사를 필요로 하며, 법률이 정한 일정한 요건을 갖추어 신청하면 주무관청이 반드시 인가하여야 하는 주의이다.

인가주의를 취하는 법인으로는 사내근로복지기금(근로복지기본법 제52조 4항), 법무법인(변호사법 제41조, 제53조), 농업협동조합(농협법 제4조, 제15조), 수산업협동조합(수협법 제4조, 제16조), 중소기업협동조합(중소협법 제

4조, 제32조) 등이 있다.

재판에 의하여 다툴 수 없는 허가와 달리 인가는 재판상 다툴 수 있다.

라. 준칙주의

이는 법인설립에 관하여 정해진 요건을 충족하면 당연히 법인이 성립하는 주의이다. 민법에 의한 영리법인(민 제39조), 상법상의 회사(상 제169조, 제171조, 제172조의 주식회사, 유한회사 등), 노동조합(노동조합 제6조, 제10조) 등이 이에 속한다. 이들 법인은 모두 등기를 법인의 성립요건으로 하고 있다.

마. 강제주의

법률상 일정한 범위에 있는 자는 법인을 설립해야 한다는 강제규정으로, 변호사회(변호사법 제64조, 제78조), 약사회(약사법 제11조), 대한상공회의소(상공회의소법 제34조)등이 이에 속한다.

바. 자유설립주의

이는 법인의 설립과정에 국가가 개별적으로 관여하는 일 없이 일반적으로 법인의 형성을 인정하는 주의로서 다만, 최소한도의 사단의 성립요건을 정하는 경우이다.

스위스민법의 비영리법인인 경우를 제외하고는 이 주의를 취하는 입법례는 거의 없다.

사. 법률상 당연히 법인이 되는 것

국가, 지방자치단체(지방자치법 제3조, 제12조)는 법률상 당연히 법인이 된다.

4. 현행법상 등기의 가능 여부

가. 설립등기를 할 수 있는 예

민법 및 사립학교법, 근로복지기본법, 농업협동조합법 등 각 특별법에 의하여 등기할 수 있는 근거가 있으면 주무관청의 허가 또는 인가를 받아 법인으로 설립등기를 할 수 있다. 농어촌발전특별조치법에 의한 영농조합, 농업회사법인의 경우 등에는 주무관청의 허가나 인가를 받을 필요가 없는 경우도 있다.

주택법 제81조에 따라 설립된 주택사업자협회 및 주택관리사협회, 도시개발법 제13조에 따라 인가를 받은 조합, 도시 및 주거환경정비법 제16조에 따라 인가를 받은 정비사업조합은 법인으로 설립등기를 할 수 있다(2013. 12. 24.

등기예규 제1507호).

나. 설립등기를 할 수 없는 예

법인이 성립하기 위하여는 법률의 규정이 있어야 하는 바(민 제31조), 그 성립의 근거법률이 없으면 성립될 수 없다.

주택법 제32조 제1항에 따라 인가를 받은 지역주택조합·리모델링주택조합 및 동법 제32조 제3항에 따라 신고한 직장주택조합, 임대주택법 제7조에 따라 인가를 받은 임대주택조합, 민법상 비영리법인으로서의 설립인가를 받지 아니한 임의적 단체는 법인으로 설립등기를 할 수 없다(2013. 12. 24. 등기예규 제1507호). 그리고 주택법 제81조에 의하여 인가 받은 조합(93다23862 판결, 95다40915 판결)도 법인으로 성립할 수 없다.

또한 지방자치법상 법인으로 규정된 지방자치단체조합은 동법 제159조 1항의 소정절차에 따라 행정자치부장관(또는 시, 도지사)의 승인을 얻어 설립되는 것으로, 그 등기에 관련된 아무런 규정이 없으므로 현행법상으로는 등기를 할 수 없다. 다만 지방자치단체조합은 지방자치단체의 일종이므로 부동산등기법 제41조의2 규정의 부동산등기용등록번호부여절차에 있어서 동조 1호의 '지방자치단체'에 포함시킬 수 있다(1994. 8. 2.등기 3402-692).

다. 법률의 근거없이 설립등기된 법인등기에 대한 처리

법률의 근거 없이 설립등기된 법인등기는 상업등기법 제27조 2호(또는 비송사건절차법 제66조)의 사유에 해당되는 등기이므로, 이를 직권으로 말소하여야 한다(2013. 12. 24. 등기예규 제1507호).

등기관이 이에 해당하는 등기를 발견한 때에는 지체없이 상업등기법 제117조 1항의 통지를 함과 아울러 해당 법인에 대하여는 등기사항증명서나 인감증명서가 발급되지 않도록 전산시스템에 그 발급을 정지하는 사유(예:직권말소통지 중)을 입력하여야 한다.(2013. 12. 24. 등기예규 제1507호).

사단법인이 주무관청의 허가를 얻지 아니한 채 설립등기가 경료되었다면 그 법인등기는 법인의 성립요건을 결한 무효의 등기로써 비송사건절차법 제159조 제2호의 사유에 해당되어 같은 법 제235조 내지 제237조 및 제66조에 의하여 직권으로 말소하여야 한다(1996. 8. 7. 등기 3402-626). 그러나 설립허가가 주무관청에 의하여 취소된 경우에는 법원이 직권으로 말소할 수 없고 민법 제

97조의 규정에 의한 과태료를 부과함으로써 간접적으로 강제할 수 있을 뿐이다(1992. 8. 31, 등기 제1879호).

핵심판례

▶판례◀ 법원의 임시총회개최금지 가처분결정에 위배하여 총회가 개최된 경우 그 총회결의에 따른 법인변경등기신청의 처리(각하)

(서울지법 북부지원 2002.11.8. 선고. 2002비단5 판결)

법원이 임시총회의 개최를 금지한다는 가처분 결정을 한 이상 이에 위배하여 개최된 임시총회의 결의는 무효라고 봄이 상당하다고 할 것이고, 따라서 등기공무원은 법인변경등기신청을 각하하여야 하며, 가사 위 가처분 결정에 위배하여 개최된 임시총회의 결의가 무효가 아니라 취소될 수 있는 사유에 불과하다고 하더라도, 비송사건절차법 제159조 제10호, 제66조 제1항의 규정에 의하면, 등기할 사항에 관하여 취소의 원인이 있는 경우에는 등기관은 그 등기를 각하하여야 하므로 어느 모로 보나 위 가처분 결정에 위배하여 개최된 임시총회 결의를 기초로 한 법인변경등기신청은 각하되어야 한다.

대법원 선례

▶선례◀ 사단법인 분사무소 설치 등기의 신청서에 주무관청의 허가서를 첨부하여야 하는지 여부(상업등기선례 제2-106호)

(2007. 7. 2. 공탁상업등기과-725 질의회답)

1. 민법상 사단법인(이하 '사단법인'이라 한다)이 분사무소를 설치하려면 정관에 분사무소의 소재지가 기재되어 있어야 한다(민법 제40조제3호). 이 때, 분사무소의 소재지로서는 최소 행정구역이 기재되어 있으면 되고, 소재지번까지 기재되어 있을 필요는 없다(등기예규 제604호 참조).
2. 정관에 분사무소의 소재지가 기재되어 있지 않은 경우, 사단법인이 분사무소를 설치하려면 정관을 변경하여 분사무소의 소재지를 기재하고 그에 대한 주무관청의 허가를 얻어야 한다(민법 제42조). 그러나, 정관에 분사무소의 소재지로서 최소 행정구역이 기재되어 있고 그 행정구역 내에서 분사무소를 설치하는 경우에는 정관을 변경할 필요가 없으므로, 그 등기신청서에 정관 변경에 대한 주무관청의 허가서 또는 그 인증이 있는 등본을 첨부하지 않아도 된다.

▶선례◀ 민법 제31조, 제32조에 의하지 아니한 사단법인의 설립등기 가부(등기선례 5-857)

(1997.1.31. 등기 3402-79 질의회답)

민법상 비영리법인인 사단법인은 민법 제31조 및 제32조의 규정에 의하여 영리 아닌 사업을 목적으로 하여 주무관청의 허가를 얻어야 법인의 주된 사무소 소재지에서 설립등기를 할 수 있는 것이므로, 위 규정에 의하지 아니한 사단법인의 설립등기신청은 수리될 수 없으며, 착오로 위 규정에 의하지 아니하고 설립등기된 법인등기는 비송사건절차법 제159조 제2호 소정의'사건이 등기할 사항이 아닌 때'에 해당하여 동법 제234조 내지 제

237조 및 제66조의 규정에 의하여 직권 말소된다.

대법원 예규

▶예규◀ 법률의 근거없이 설립등기된 법인등기에 대한 처리 지침

(등기예규 제1507호, 2013.12.24. 개정)

1. 직권말소
   가. 법률의 근거없이 설립등기된 법인의 등기는 「상업등기법」(이하 "법" 이라 한다) 제27조제2호(또는 「비송사건절차법」 제66조)의 사유에 해당되는 등기이므로 등기관이 이에 해당하는 등기를 발견한 때에는 지체없이 법 제117조제1항의 통지를 한 다음, 해당 법인에 대하여는 등기사항증명서나 인감증명서가 발급되지 않도록 전산시스템에 그 발급을 정지하는 사유(예 : 직권말소 통지 중)를 입력하여야 한다.
   나. 법 제117조부터 법 제119조까지의 규정은 직권말소에 관한 절차규정이므로 법 제118조에 따른 이의신청은 법 제117조의 통지를 받은 사람만이 할 수 있다.
   다. 등기의 말소에 관하여 이의를 진술한 사람이 없거나 진술한 이의를 각하한 경우 등기관은 법 제119조에 따라 직권으로 등기를 말소하여야 한다.

2. 법률의 근거 여부 판단
   법률의 규정에 의하여 설립된 법인인지의 여부는 설립등기신청서에 첨부된 설립인가증 또는 등기부의 목적란 등에 기재된 관련 법률을 면밀히 조사하여 판단하여야 한다.
   가. 설립등기를 할 수 없는 경우
   (1) 「주택법」 제32조제1항에 따라 인가를 받은 지역주택조합·리모델링주택조합 및 동법 제32조제3항에 따라 신고한 직장주택조합
   (2) 「임대주택법」 제7조에 따라 인가를 받은 임대주택조합
   (3) 민법상 비영리법인으로서의 설립인가를 받지 아니한 임의적 단체
   나. 설립등기를 할 수 있는 경우
   (1) 「주택법」 제81조에 따라 설립된 주택사업자협회 및 주택관리사협회
   (2) 「도시개발법」 제13조에 따라 인가를 받은 조합
   (3) 「도시 및 주거환경정비법」 제16조에 따라 인가를 받은 정비사업조합

부 칙(2013.12.24 제1507호)
제1조(시행일) 이 예규는 2014년 1월 1일부터 시행한다.
제2조(다른 예규의 폐지) 직권말소통지에 대하여 이의신청을 할 수 있는 자(등기예규 제43호)를 폐지한다.

---

5. 법인의 권리능력과 행위능력

가. 법인의 권리능력

모든 법인은 법률의 규정에 좇아 정관으로 정한 목적의 범위 내에서 권리와 의무의 주체가 될 수 있다(민 제34조).

법인은 소송법상 당사자능력을 가지며(민소 제47조), 일반적으로 재산권에 관하여 권리능력을 가진다. 법인의 이사 및 지배인은 자연인만이 된다고 해석되며 회사는 다른 회사의 무한책임사원이 되지 못한다(상 제173조). 또한 법인은 공법상의 권리의무에 관하여도 권리능력을 가진다.

법인은 자연인과 달리 법률의 규정에 의하여, 그 권리능력을 제한할 수 있다. 이러한 법인의 특징은 자연인임을 전제로 하는 친족관계, 성별, 연령 등을 기초로 하는 것에는 그 성질상 적용되지 않는다.

현재 일반적으로 권리능력을 제한하는 법률은 없으며 개별적으로 제한하는 법률이 있고(상 제173조, 민 제81조, 은행법 제27조, 보험업법 제9조, 제10조 등), 이 제한으로 명령에 의한 제한은 허용되지 아니한다.

청산법인의 권리능력은 그 성질상 청산의 목적범위 내에 한정되며(민 제81조), 파산법인도 파산의 목적범위 내에서 권리능력을 갖는다(채무자 회생 및 파산에 관한 법률 제328조).

핵심판례

▶판례◀ 법인의 권리능력을 제한하는 '법률과 정관상의 목적 범위 내의 행위'의 의미

(대법원 2013.11.28 선고 2010다91831 판결)

법인의 권리능력은 법인의 설립근거가 된 법률과 정관상의 목적에 의하여 제한되나 그 목적 범위 내의 행위라 함은 법률이나 정관에 명시된 목적 자체에 국한되는 것이 아니라 그 목적을 수행하는 데 있어 직접, 간접으로 필요한 행위는 모두 포함된다고 할 것이다(대법원 1991. 11. 22. 선고 91다8821 판결, 대법원 2001. 9. 21.자 2000그98 결정 등 참조).원심판결은 원고가 이 사건 각 충전소를 피고 주식회사 대구개인택시엘.피.지(이하 '피고 엘피지'라 한다.)에 매도한 것은 원고의 수익사업으로 시작한 이 사건 각 충전소를 운영하는 과정에서 발생한 부채문제를 정리하기 위한 것으로 행위의 객관적 성질상 위 목적 수행에 직접, 간접으로 필요한 행위이므로 원고의 목적범위 내의 행위라는 취지로 판단하였다. 앞서 본 법리와 원심이 적법하게 채택한 증거에 의하면 원심의 위와 같은 판단은 정당하고, 거기에 상고이유에서 주장하는 바와 같이 법인의 권리능력에 관한 법리를 오해하거나 필요한 판단을 누락한 잘못이 없다.

▶판례◀ 지방 향교의 관할 구역 결정 기준 및 성균관이 지방 향교의 관할 구역을 축소하고 그에 따라 구성원 자격을 변경할 수 있는 권한을 가지는지 여부(원칙적 소극)

(대법원 2010.5.27. 선고 2006다72109 판결)

지방 향교의 관할 구역은 독립된 비법인 사단인 지방 향교의 설립 목적과 사원 자격에 직결되어 있으므로, 비법인 사단에 유추적용 되는 민법 제34조에 따라 기본적으로 지방 향교의 정관이나 규약 등에 의하여 결정되는 것으로 봄이 상당하다. 또한, 독립된 비법인 사단인 지방 향교가 관할 구역 및 구성원의 자격에 관한 성균관의 정관이나 결정을 자신의 것으로 받아들이지 아니한 이상, 비록 성균관이 실질적으로 지방 향교의 상급단체의 지위에 있다 하더라도 이해 당사자인 해당 향교의 동의 없이는 임의로 지방 향교의 관할 구역을 축소하고 그에 따라 구성원 자격을 변경할 수 있는 권한이 있다고 볼 수 없다.

나. 법인의 행위능력

법인도 단체의사 내지 조직적 의사를 가지고 그 의사에 의하여 행동하므로 행위능력이 있다고 한다(법인실재설).

법인의 행위는 그 대표기관이 외부에 하는 것이며, 민법 제59조는 이사는 법인의 사무에 관하여 각자 법인을 대표한다고 규정하고 있으므로, 이사가 대표기관으로서 법인의 능력 및 목적범위 내에서 대표권한을 갖는다고 할 것이다. 이사가 대표하는 법인의 행위는 정관에 규정한 취지에 위반할 수 없고 사단법인은 총회의 의결에 의하여야 한다(민 제59조 1항 단서).

민법상의 비영리법인은 허가주의(민 제32조)를 취지하고 있으며 주무관청의 업무상 감독을 받고(민 제37조), 목적 외의 사업을 할 경우에는 설립허가가 취소되므로(민 제37조) 목적범위 내로 능력의 범위를 한정하여야 할 것이다.

그러나 영리법인인 회사에는 준칙주의가 적용되고 설립의 단계에서 규제가 없으며 정관변경을 자유로이 할 수 있으므로 비영리법인에 비하여 공법적 규제가 약하여 학설상 목적의 범위 내에서의 능력제한을 부정하는 견해도 있으나, 판례는 민법 제34조의 목적에 의한 제한을 긍정하여 목적 자체에 국한하지 않고 목적사업을 수행하는데 필요한 범위로 까지 확대하고 있다(대판 1987. 12. 8. 86다카1230, 1987.9.8. 86다카 1349).

핵심판례

▶판례◀ 이사의 대표권 제한규정을 위반

(서울중앙지법 2008.9.9. 선고 2008가합3898 판결)

유동화전문회사의 대표자가 자산유동화에 관한 법률 및 자산유동화계획이 정하고 있는 절차를 거치지 않고 직접 유동화자산으로 등록되어 있는 근저당권부 채권에 관하여 질권을 설정하여 준 행위는, 자산유동화에 관한 법률 제22조를 위반한 유동화전문회사의 권리능력을 넘는 행위일 뿐만 아니라 이사의 대표권 제한규정을 위반한 것으로서 무효라고 본 사례.

다. 권리능력의 제한

법인은 자연인과는 달리 법인격이 부여되어 실체를 달리하며, 또 법률상 일정한 요건하에서 법인격이 인정된 것이기 때문에 그 권리능력의 범위에도 한계가 있다.

1) 성질에 의한 제한

법인은 친권, 생명권 등의 성, 연령, 친족관계에 관한 권리의무를 향유할 수 없다. 또 우리 민족은 상속에 관하여 상속인을 자연인에 한정하기 때문에 법인은 상속권을 향유할 수 없으나 유증에 대해서는 제한이 없으므로 수유자가 될 수 있다.

이상에서 살펴본 이외의 권리는 재산권뿐만 아니라 인격권(성명권, 명예권 등)까지도 향유할 수 있다. 법인의 명예권이 침해된 경우에 민법 제751조 1항에 의한 재산 이외의 손해(무형손해)로서의 금전배상청구권을 인정하고 있다.

2) 법률에 의한 제한

권리주의가 권리능력을 갖는 것은 법률의 규정에 의거한 것이다. 따라서 그 권리능력의 범위에 대해서도 법률의 제한에 따라야 하는 것은 당연하다. 이 근본이론에 관해서는 자연인과 법인 사이에 아무런 차이도 없다.

현행법상 일반적으로 법인의 권리능력을 제한한 법률은 없고, 개개의 이유에 의거한 개별적 제한이 있을 뿐이다(제81조, 상 제173조).

3) 목적에 의한 제한

일반적으로 자연인은 자기목적적 존재이기 때문에 목적에 의한 제한은 없고 일반적으로 권리능력을 평등하게 향유하지만, 법인은 일정한 목적하에서 통일된 목적적 존재이므로 그 권리능력도 목적에 의하여 제한될 수 있다. 우리 민법은 『'정관'으로 정한 목적의 범위 내』에서 법인의 권리능력을 인정하고 있다.

'목적의 범위'에 관해 비영리법인에 대해서는 엄격하게, 영리법인에 대해서는 이 제한을 완화하는 방향을 보이고 있다 하겠다. 즉 '목적의 범위 내'라는 것은 정관에 열거된 목적자체에 한하는 것이 아니라고 한다. 그런데 어떠한 것이 '목적의 범위 내'에 해당하는가에 관하여는 견해를 달리한다. 소수설은 적극적으로 정관에서 정한 목적을 달성하기에 필요 또는 상당한 범위 내가 '목적의 범위 내'라고 한다(이영섭, 김증한). 이에 반하여 다수설은 '목적의 범위 내'를 넓게 해석하여 그 목적에 위반하지 않는 범위 내라고 한다(김기선, 장경학, 방순원, 김현태, 곽윤직 등).

그러나 판례는 상사회사의 경우에 일관하여 회사의 권리능력이 정관 소정의 목적범위 내로 제한된다는 입장을 취하고 있다. 그러나 판례는 목적범위 내의 행위를 판단함에 있어 정관에 명시된 목적 자체뿐만 아니라 그 목적을 수행하는 데 직접·간접으로 필요한 행위를 모두 포함시키고, 나아가 어떤 행위가 목적수행에 필요한지 여부도 행위자의 주관적·구체적 의사를 묻지 않고 행위의 객관적 성질에 따라 판단함으로써 결과에 있어서는 무제한설을 취하는 것과 큰 차이가 없다(대판 1999.10.8, 98다2488 등).

생각건대, 법인의 권리능력의 범위는 그 법인이 담당하는 사회적 작용을 수행하기 위하여 필요한 행위전체에 미쳐야 하므로 이 이론은 법인의 종류에 따라 좌우되는 것은 아니다. 비영리법인도 독립된 경제적 주체로서 거래사회에 나타나고 그 사회적 기능은 실질적으로 보아서 영리법인과 큰 차이가 없는 것이므로, 영리법인과 마찬가지로 목적의 범위를 다수설처럼 넓게 해석하여야 할 것이다.

6. 법인의 불법행위능력

법인의 대표기관이 타인에게 손해를 준 경우 법인은 이사 그 밖의 대표자가 그 직무에 관하여 타인에게 가한 손해를 배상할 책임을 면하지 못한다. 법인의 행위능력을 부정하는 법인의제설의 입장에서는 법인의 불법행위를 인정하지 않는다. 그러나 법인에 대한 오늘날의 통설인 법인실재설의 입장에 따른 책임설에 의하여, 법인이 불법행위에 대하여 책임을 지는 경우도 점차 확장되는 경향이 있다.

불법행위의 요건은 다음과 같다.

(1) 대표기관의 행위이어야 한다. 즉 이사 기타 대표자란 결국 대표기관이란 의미이다. 이사 이외의 대표자로서는 임시이사(민법 제63조), 특별대리

인(민법 제64조), 청산인(민법 제82조, 제83조)이 있다.

(2) 직무에 관하여 타인에게 손해를 가해야 한다. 대표기관은 그가 담당하는 직무행위의 범위 내에서만 법인을 대표한다. 직무에 관하여라고 하는 말도 널리 외관상 법인의 기관의 행위라고 인정되는 행위이면 진정한 직무행위가 아니라도 이에 해당되며, 또 이와 적당한 상호관계가 있는 것이라면 족하다고 해석된다.

(3) 불법행위에 관한 일반적인 요건이 있어야 한다. 즉 고의나 과실이 있어야 하고, 가해행위가 위법해야 하며, 피해자가 손해를 입어야 한다. 이사의 행위에 의하여 법인이 불법행위의 책임을 지는 경우에 이사 자신이 책임을 지는 것은 물론이며 법인도 이사와 함께 부진정연대채무를 지게 된다. 또한 공무원이 '그 직무를 수행함에 대하여' 불법행위를 하면 정부나 도, 시, 군이 배상책임을 진다(국가배상법 제2조). 적어도 외형상으로 공무원의 직무행위라고 보여지는 것에는 정부 등에서 책임을 지는 것은 민법의 경우와 같은 것이나 공무원 자신은 책임을 지지 않는 점이 다르다.

7. 법인사무의 검사, 감독

법인의 업무에 관하여는 주무관청이 이를 감독한다. 법인이 목적 이외의 사업을 하거나 설립허가의 조건에 위반하거나 기타 공익을 해하는 행위를 한 때에는 주무관청은 그 허가를 취소할 수 있다(민법 제38조). 이처럼 주무관청이 법인의 업무를 감독하는 것은 법인의 목적에 따라 업무가 적정히 행하여지도록 하기 위함이다.

한편 법인의 해산, 청산에 대한 감독권자는 법원이다(민법 제95조). 법인에 대한 업무는 법인의 목적에 따라 각각의 주무관청에 감독시키고 있는 것이다. 그러나 해산, 청산은 모든 법인의 재산관계의 정리인 것이며 제3자의 이해관계와 밀접한 관련이 있으므로 일률적으로 법원에 감독권을 부여한 것이다.

핵심판례

▶판례◀ 민법 제38조에서 정한 비영리법인이 '공익을 해하는 행위를 한 때'의 의미 및 이에 해당하기 위한 요건 / 그중 해당 법인의 행위가 직접적이고도 구체적으로 공익을 침해하는지 판단하는 방법 / 법인의 설립허가를 취소할 때 고려할 사항

(대법원 2023. 4. 27. 선고 2023두30833 판결)

민법 제38조에서 정한 비영리법인이 '공익을 해하는 행위를 한 때'란 법인의 기관이 직무의 집행으로서 공익을 침해하는 행위를 하거나 사원총회가 그러한 결의를 한 경우를 의미한다. 여기에 법인설립허가취소는 법인을 해산하여 결국 법인격을 소멸하게 하는 제재처분인 점(민법 제77조 제1항) 등을 더하여 보면, 민법 제38조에 정한 '공익을 해하는 행위를 한 때'에 해당하기 위해서는, 해당 법인의 목적사업 또는 존재 자체가 공익을 해한다고 인정되거나 해당 법인의 행위가 직접적·구체적으로 공익을 침해하는 것이어야 하고, 목적사업의 내용, 행위의 태양 및 위법성의 정도, 공익 침해의 정도와 경위 등을 종합하여 볼 때 해당 법인의 소멸을 명하는 것이 공익에 대한 불법적인 침해 상태를 제거하고 정당한 법질서를 회복하기 위한 제재수단으로서 긴요하게 요청되는 경우이어야 한다. 나아가 '해당 법인의 행위가 직접적이고도 구체적으로 공익을 침해한다.'고 하려면 해당 법인의 행위로 인하여 법인 또는 구성원이 얻는 이익과 법질서가 추구하는 객관적인 공익이 서로 충돌하여 양자의 이익을 비교형량 하였을 때 공공의 이익을 우선적으로 보호하여야 한다는 점에 의문의 여지가 없어야 한다. 또한 법인의 해산을 초래하는 설립허가취소는 헌법 제10조에 내재된 일반적 행동의 자유에 대한 침해 여부와 과잉금지의 원칙 등을 고려하여 엄격하게 판단하여야 하고, 특히 국가가 국민의 표현행위를 규제하는 경우, 표현내용과 무관하게 표현의 방법을 규제하는 것은 합리적인 공익상의 이유로 비례의 원칙(과잉금지의 원칙)을 준수하여 이루어지는 이상 폭넓은 제한이 가능하나, 표현내용에 대한 규제는 원칙적으로 중대한 공익의 실현을 위하여 불가피한 경우에 한하여 엄격한 요건하에서 허용될 뿐이다.

▶판례◀ 비영리법인이 민법 제38조에서 정한 '목적 이외의 사업'을 한 때의 의미 및 사업이 목적사업 수행에 필요한지 판단하는 기준, 비영리법인이 민법 제38조에서 말하는 '공익을 해하는 행위를 한 때'의 의미 및 '공익을 해하는 행위'에 해당하기 위한 요건

(대법원 2014.01.23. 선고 2011두25012 판결)

가. 민법 제38조는 "법인이 목적 이외의 사업을 하거나 설립허가의 조건에 위반하거나 기타 공익을 해하는 행위를 한 때에는 주무관청은 그 허가를 취소할 수 있다."고 규정하여 비영리법인에 관한 설립허가취소사유를 정하고 있다. 여기서 비영리법인이 '목적 이외의 사업'을 한 때란 법인의 정관에 명시된 목적사업과 그 목적사업을 수행하는 데 직접 또는 간접으로 필요한 사업 이외의 사업을 한 때를 말하고, 이때 목적사업 수행에 필요한지는 행위자의 주관적·구체적 의사가 아닌 사업 자체의 객관적 성질에 따라 판단하여야 한다.

나. 민법 제38조에서 말하는 비영리법인이 '공익을 해하는 행위를 한 때'란 법인의 기관이 직무의 집행으로서 공익을 침해하는 행위를 하거나 사원총회가 그러한 결의를 한 경우를 의미한다. 그리고 민법 제38조의 규정은 법인이 설립될 당시에는 그가 목적하는 사업이 공익을 해하는 것이 아니었으나 그 후의 사정변동에 의하여 그것이 공익을 해하는 것으로 되었을 경우에 대처하기 위한 것이라고 해석되는 점, 법인 설립허가취소는 법인을 해산하여 결국 법인격을 소멸하게 하는 제재처분인 점(민법 제77조 제1항) 등에 비추어 보면, 민법 제38조에 정한 '공익을 해하는 행위'를 한 때에 해당된다고 하기 위해서는, 당해 법인의 목적사업 또는 존재 자체가 공익을 해한다고 인정되거나 당해 법인의 행위가 직접적이고도 구체적으로 공익을 침해하는 것이어야 하고, 목적사업의 내용, 행위의 태양 및 위법성의 정도, 공익 침해의 정도와 경위 등을 종합해 볼 때 당해 법인의 소멸을 명하는 것이

그 불법적인 공익 침해 상태를 제거하고 정당한 법질서를 회복하기 위한 제재수단으로서 긴요하게 요청되는 경우이어야 한다.

▶판례◀ 학교법인이 해산되어 기본재산을 처분하는 경우에도 관할관청의 허가를 받아야 하는지 여부(적극)

(대법원 2010. 4. 8. 선고 2009다93329 판결)

[1] 학교법인이 사립학교법 제47조 제1항에 의한 해산명령을 받아 해산되고 고등교육법 제62조 제1항에 의한 학교폐쇄 처분을 받아 사실상 학교법인으로서 실체를 상실하고 기능을 수행할 수 없게 된 경우에도 사립학교법 제28조 제1항이 여전히 적용되어 그 기본재산을 처분하고자 할 때에는 관할청의 허가를 받아야 한다고 해석함이 상당하다.

[2] 관할청의 해산명령으로 해산되어 사실상 학교법인으로서의 실체를 상실하고 기능을 수행할 수 없게 된 경우에는 그 기본재산을 부당하게 감소시키는 것과 같은 극히 제한된 경우에 한하여 사립학교법 제28조 제1항을 적용하는 것이 입법 취지에 부합한다는 전제하에, 강제경매를 포함한 경매절차를 통하여 학교법인의 기본재산을 처분하는 것이 학교법인의 재산을 부당하게 감소시키는 경우에 해당하지 않으므로 이러한 경우에는 사립학교법 제28조 제1항의 적용이 배제된다고 판단한 원심판결에 대하여, 학교법인이 해산한 경우에도 사립학교법 제28조 제1항이 적용되어 관할청의 허가를 필요로 한다는 이유로 이를 파기한 사례.

제 2 장 법인등기

1. 의 의

법인등기는 법인과 거래하는 자에게 필요한 정보를 제공하고 거래당사자의 이익을 보호하기 위하여 당해 법인에 대하여 제3자가 알 수 있도록 공시하는 것으로 그와 거래하는 일반공중을 보호하기 위한 제도라 할 것이다.

법인등기라 함은 민법·비송사건절차법·상업등기법 등 법령의 규정에 의하여 등기관이 비영리법인에 관한 일정 사항을 등기기록에 기록하는 것 또는 그 기록 자체를 의미한다. 여기에서 등기기록이란 하나의 회사·합자조합·상호, 한 사람의 무능력자·법정대리인·지배인에 관한 등기정보자료를 말하고, 등기부란 전산정보처리조직에 의하여 입력·처리된 등기정보자료를 대법원규칙으로 정하는 바에 따라 편성한 것을 말한다(상업등기법 제2조).

법인등기는 권리객체에 관한 등기가 아니라 각종 법인 등 권리주체에 관한 등기로서 어떠한 권리를 등기하는 것이 아니라, 법인의 성립, 소멸, 조직내용, 대표자 등 일정한 사실을 등기할 뿐이라는 점에서 권리의무의 객체에 관한 등기인 부동산등기나 선박등기와 구별된다.

법인등기와 같이 주체에 관한 등기로서 상업등기가 있으나, 상업등기는 영리행위를 하는 개인상인 및 회사에 관한 등기이고, 법인등기는 그 이외의 비영리법인, 특수법인 등 각종의 법인에 관한 등기로서 구별된다. 그러나 상업등기과 법인등기는 등기제도의 목적이나 성질에 있어서 유사하여 민법상 법인이나 특수법인의 등기절차에 상업등기에 관한 상업등기법과 상업등기규칙의 많은 부분이 준용되고 있다. 법인등기는 이 외에 민법과 민법법인 및 특수법인 등기규칙에 의하여 규율된다.

상법에 의하여 설립되는 법인은 모두 영리목적의 사단법인이나, 민법에 의하여 설립되는 법인은 사단법인인 경우도 있고 재단법인인 경우도 있다.

재단법인은 영리를 목적으로 해서는 아니 되므로 상법에 의하여 설립될 수 없고 민법에 의하여만 설립할 수 있으며(민 제32조, 제

39조), 영리목적의 사단법인은 모두 상법에 의하여 설립되거나 규율되므로(민 제39조, 상 제169조), 결국 민법에 의하여 설립되는 법인은 비영리목적의 사단법인과 재단법인뿐인 것이다.

그 외에 학교법인, 의료법인, 사회복지법인, 농업협동조합, 신용협동조합, 중소기업협동조합 등 각종 협동조합과 영농조합, 영어조합, 농업회사법인, 사내근로복지기금, 새마을금고 같은 특수법인은 상법이나 민법 이외의 당해 특별법에 의해서 설립된다.

2. 법인등기의 근거법령

법인등기는 상업등기와 함께 주체에 관한 등기로서 서로 유사하여 비송사건절차법으로 규율하되 상업등기법의 주요 규정을 준용하는 체계를 취하고 있다(비송사건절차법 제66조).

즉, 상법에 의하여 설립되는 회사에 관한 등기를 상업등기라 하여 그 등기절차를 상법과 상업등기법 및 상업등기규칙으로 규율하고, 민법에 의하여 설립되는 법인에 관한 등기를 법인등기라 하여 그 등기절차를 민법과 비송사건절차법(제2편 제5장), 민법법인 및 특수법인 등기규칙으로 규율한다. 민법상 법인에 대하여는 설립등기, 분사무소설치등기, 사무소이전등기, 변경등기, 해산등기 등의 제도가 마련되어 있다.

그리고 상법이나 민법 이외의 특별법에 의하여 설립되는 특수법인등기는 당해 법인의 설립근거가 되는 사립학교법, 근로복지기본법, 농업협동조합법, 농어촌발전특별조치법, 수산업법, 사회복지사업법 등 각종의 특별법 및 그 시행령과 민법법인 및 특수법인 등기규칙에 의하여 규율된다.

또 이 두 등기에 대하여는 법인의 등기사항에 관한 특례법(2008. 3. 14. 법률 제8894호)과 동법 시행규칙(2007. 12. 31. 대법원규칙 제2150호)이 적용된다. 다만 외국법인에 대하여는 법인의 등기사항에 관한 특례법이 적용되지 아니한다(동법 제1조).

3. 등기의 종류

가. 등기사유에 의한 분류

1) 기입등기

기입등기는 등기부에 새로운 사항을 기입하는 등기로서 이에는 등기용지를 새로 개설하여 등기하는 경우와 이미 개설된 등기용지에 새로운 사항을 기입하여 등기하는 경우가 있다.

전자의 경우로는 설립등기와 사무소이전이나 분사무소의 설치 이전의 경우 신소재지에서 하는 등기 등이 있고, 후자의 경우로는 해산이나 청산인에 관한 등기 및 파산등기 등이 있다.

2) 변경등기

변경등기는 등기된 사항이 실체와 일치하지 않는 경우 그를 일치시키기 위하여 고쳐서 행하는 등기를 말한다.

변경등기에는 이미 등기된 사항이 등기 후에 변경되어 불일치한 경우에 행하는 협의의 변경등기와 등기당초부터 착오나 유루가 있어 불일치한 등기를 경정하는 경정등기가 있다.

대법원 예규

▶예규◀ 등기신청서의 제출 및 접수 등에 관한 예규

(등기예규 제1718호 2020.11.27. 개정)

제1장 총칙

제1조(목적)
이 예규는 「부동산등기법」 제24조제1항제1호와 「상업등기법」 제24조제1항제1호에 따라 방문신청의 방법으로 등기를 신청할 때의 등기신청서 제출·접수 및 보정에 관한 사항과 「부동산등기규칙」 제58조와 「상업등기규칙」 제64조에 따라 등기소에 출석하여 등기신청서를 제출할 수 있는 사무원의 허가에 관한 사항을 규정함을 목적으로 한다.

제2조(용어의 정의)
이 예규에서 사용하는 용어의 뜻은 다음 각 호와 같다.
① '접수담당자'라 함은 각 등기과·소에서 등기신청서의 접수업무를 담당하도록 등기과·소장이 지정한 자를 말한다.
② '발급담당자'라 함은 각 지방법원에서 등기소출입증의 발급사무 등을 담당하도록 지

방법원의 총무과장이 지정한 자를 말한다.
③ '출입사무원'이라 함은 「부동산등기규칙」 제58조 및 「상업등기규칙」 제64조에 따라 등기과·소에 출석하여 등기신청서를 제출할 수 있도록 허가를 받은 변호사[법무법인, 법무법인(유한) 및 법무조합을 포함한다]나 법무사[법무사법인 및 법무사법인(유한)을 포함한다](이하 '자격자대리인'이라 한다)의 사무원을 말한다.
④ '지방회'라 함은 「변호사법」 제64조에 따른 지방변호사회 또는 「법무사법」 제52조에 따른 지방법무사회를 말한다.
⑤ '전자출입증'이라 함은 출입사무원이 등기과·소에서 본인확인의 수단으로 사용하기 위한 용도로, 지방법원장이 자격자대리인의 신청에 따라 이동통신단말장치에서 사용되는 애플리케이션을 통하여 발급하는 별지 제1호 양식의 등기소출입증을 말한다.
⑥ '자격확인증'이라 함은 변호사 또는 법무사가 등기과·소에서 변호사신분증이나 법무사신분증을 대신하여 본인확인의 수단으로 사용하기 위한 용도로, 지방법원장이 관할구역에 위치한 지방회에 소속된 변호사 또는 법무사에게 이동통신단말장치에서 사용되는 애플리케이션을 통하여 발급하는 별지 제2호 양식의 확인증을 말한다.
⑦ '등기소출입증 관리시스템'이라 함은 각 지방법원의 발급담당자가 등기소출입증의 발급 등을 할 수 있도록 하드웨어·소프트웨어·데이터베이스·네트워크·보안요소 등을 결합시켜 법원행정처가 구축·운영하는 전산정보처리시스템을 말한다.
⑧ '등기소출입증 신청관리시스템'이라 함은 자격자대리인이 이 예규에서 정한 바에 따라 출입사무원의 허가신청 등을 할 수 있도록 구축된 인터넷 활용공간을 말한다.

제2장 등기신청서의 제출, 접수 및 보정

제3조(등기신청서의 제출)
① 방문신청의 방법으로 등기신청을 할 때에는 당사자 본인이나 그 대리인(대리인이 자격자대리인인 경우에는 대리인 본인 또는 그 출입사무원을 말한다. 이하 같다)이 직접 등기과·소에 출석하여 등기신청서를 접수담당자에게 제출하여야 한다.
② 출입사무원이 등기신청서를 제출하는 경우에는 등기신청서 전면 우측 상단 여백에 별지 제3호 양식의 표시인을 찍고 제출자란에 그 사무원의 성명을 기재하여야 한다. 다만, 여러 건의 등기신청서를 동시에 제출할 때에는 첫 번째 신청서에만 위 표시인을 찍고 총 신청건수를 기재하는 방법으로 갈음할 수 있다.

제4조(본인여부 등의 확인)
① 등기신청서를 제출받은 접수담당자는 제3조제1항에 따라 당사자 본인이나 그 대리인이 출석하였는지를 확인하여야 하며, 출입사무원이 출석한 경우에는 등기신청서에 제3조제2항의 표시인을 찍고 그 성명을 기재하였는지도 확인하여야 한다.
② 제1항의 경우에 접수담당자는 주민등록증, 운전면허증, 여권이나 그 밖에 이에 준하는 신분증으로 당사자 본인이나 그 대리인이 출석하였는지를 확인한다. 다만, 등기과·소에 출석한 자가 변호사 또는 법무사인 경우에는 변호사신분증이나 법무사신분증 또는 자격확인증으로, 출입사무원인 경우에는 전자출입증으로 이를 확인한다.
③ 제2항 단서에 따라 자격확인증 또는 전자출입증으로 변호사나 법무사 또는 출입사무원을 확인할 때에는 바코드리더기를 이용하여야 한다.

제5조(신청서의 접수)
접수담당자는 등기신청서를 제출받은 후 전산정보처리조직에 접수정보를 입력한 다음, 생성한 접수번호표를 등기신청서의 좌측 상단에 붙이고 지체 없이 등기관에게 전달하여야 한다.

제6조(보정)
① 등기관이 등기신청에 대하여 보정을 명하는 경우에는 보정이 필요한 사항과 그 근거가 된 법령, 예규 등을 구체적으로 제시하여야 한다.
② 보정은 당사자 본인이나 그 대리인이 등기소에 출석하여 한다.

제3장 출입사무원의 허가 등

제7조(출입사무원의 허가신청 등)
① 출입사무원의 허가를 받으려는 자격자대리인[법무법인, 법무법인(유한), 법무조합, 법무사법인 또는 법무사법인(유한)의 경우에는 해당 법인 또는 조합을 대표하는 자. 이하 같다]은 등기소출입증 신청관리시스템에 접속하여 자신의 「부동산등기규칙」 제67조 제4항 제1호에 따른 인증서(이하 "인증서"라 한다)정보([법무법인, 법무법인(유한), 법무조합, 법무사법인 또는 법무사법인(유한)의 경우에는 해당 법인 또는 조합의 공인인증서정보. 이하 같다]를 입력하고 사용자인증을 한 후, 별표 1에서 정하는 허가신청정보를 시스템이 정하는 바에 따라 입력하고 사무원증 사본과 경력증명서 사본을 첨부정보로서 덧붙여 송신하는 방법으로 자격자대리인의 사무소 소재지를 관할하는 지방법원장[법무법인, 법무법인(유한), 법무조합, 법무사법인 또는 법무사법인(유한)의 경우에는 주사무소 소재지를 관할하는 지방법원장. 이하 같다]에게 허가신청을 하여야 한다.
② 제1항의 정보는 소속 지방회[법무법인, 법무법인(유한), 법무조합, 법무사법인 또는 법무사법인(유한)의 경우에는 주사무소 소재지의 지방회. 이하 같다]를 거쳐 자격자대리인의 사무소 소재지를 관할하는 지방법원장에게 송신한다.
③ 지방회는 등기소출입증 신청관리시스템에 접속하여 자신의 인증서정보를 입력하고 사용자인증을 한 후, 접수된 제1항의 정보를 확인하여 출입사무원의 허가여부에 관한 의견을 덧붙여 송신한다.

제8조(허가)
① 지방법원장은 다음 각 호의 사항을 고려하여 출입사무원의 허가 여부를 결정한다.
  (1) 사무소의 운영실태(명의대여 또는 사무원 등에 의한 부당한 사건 유치를 하고 있는지 여부 등)
  (2) 출입사무원으로 적정하게 업무를 수행할 수 있는지 여부(등기신청업무에 관한 지식과 경험의 정도, 업무와 관련하여 비리를 저지른 전력이 있는지 여부 등)
  (3) 소속 지방회의 의견
② 지방법원장은 필요한 경우 소속 직원으로 하여금 제1항제1호 및 제2호에 대한 조사를 하게 할 수 있다.

제9조(전자출입증의 발급)
① 발급담당자는 등기소출입증 관리시스템에 접속하여 사법부 전산망을 이용한 그룹웨어의 아이디와 비밀번호를 입력하고 사용자인증을 한 후, 출입사무원의 허가를 받은 자격자대리인에게 전자출입증 발급을 위한 식별번호를 전송하여야 한다.
② 출입사무원은 이동통신단말장치에 전자출입증 발급을 위한 애플리케이션을 설치한 다음 자격자대리인으로부터 전달받은 제1항의 식별번호를 입력하는 방법으로 전자출입증을 발급받는다.

제10조(폐기신청)
① 발급받은 전자출입증의 폐기를 신청하려는 자격자대리인은 등기소출입증 신청관리

시스템에 접속하여 자신의 인증서정보를 입력하고 사용자인증을 한 후, 폐기하려는
전자출입증의 발급번호를 입력하고 등기소출입증 신청관리시스템이 정하는 바에 따
라 전자출입증을 발급한 지방법원장에게 폐기신청을 하여야 한다.
② 제1항의 폐기신청정보를 수신한 지방법원장은 지체 없이 전자출입증을 폐기한다.

제11조(재발급신청)
① 전자출입증을 발급받은 이동통신단말장치의 분실·고장 등으로 인하여 출입사무원이
전자출입증을 사용할 수 없는 경우, 전자출입증을 다시 발급받고자 하는 자격자대리
인은 등기소출입증 신청관리시스템에 접속하여 자신의 공인인증서정보를 입력하고 사
용자인증을 한 후, 재발급신청 사유를 입력하고 전자출입증을 발급하였던 지방법원장
에게 등기소출입증 신청관리시스템이 정하는 바에 따라 재발급신청을 하여야 한다.
② 제1항의 재발급신청정보를 수신한 지방법원장은 지체 없이 기존의 전자출입증을 폐
기하고 새로운 전자출입증을 재발급한다.
③ 전자출입증의 재발급에는 제9조를 준용한다.
④ 전자출입증을 발급받은 후에 사무소를 이전하여 그 소재지를 관할하는 지방법원이
달라진 경우에는 제10조제1항의 폐기신청을 한 다음 제7조에 따라 다시 허가신청
을 하여야 한다.

제12조 (변경허가신청)
① 기존의 출입사무원을 다른 사무원으로 변경하고자 하는 자격자대리인은 등기소출입
증 신청관리시스템에 접속하여 인증서정보를 입력하고 사용자인증을 한 후, 변경
사유와 별표 1에서 정하는 출입사무원이 될 사무원의 정보를 입력하고 사무원증
사본과 경력증명서 사본을 첨부정보로서 덧붙여 송신하는 방법으로 등기소출입증
신청관리시스템이 정하는 바에 따라 변경허가신청을 하여야 한다.
② 제1항의 신청 및 허가와 전자출입증의 발급에는 제7조제2항·제3항, 제8조 및 제9조
를 준용한다.
③ 새로운 전자출입증 발급을 위한 식별번호를 전송하였을 때에 지방법원장은 지체 없
이 기존의 전자출입증을 폐기한다.

제13조 (허가의 취소 등)
① 지방법원장은 다음 각 호의 어느 하나에 해당하는 경우에 출입사무원의 허가를 취
소할 수 있다.
 (1) 허가를 받은 자격자대리인에게 명의대여나 사무원 등에 의한 부당한 사건 유치의
    비위사실이 있다고 인정된 경우
 (2) 출입사무원이 등기소에 출석하여 등기신청서를 제출하는 업무를 수행함에 적정하
    지 않다고 인정되는 행위를 한 경우
 (3) 그 밖에 허가를 취소할 만한 상당한 이유가 있는 경우
② 출입사무원이 퇴직한 경우에는 퇴직일에 출입사무원의 허가가 취소된 것으로 본다.
자격자대리인은 출입사무원이 퇴직한 날부터 10일 이내에 제10조제1항의 폐기신청
또는 제12조제1항의 변경허가신청을 하여야 하고, 지방법원장은 이를 게을리한 자
격자대리인에게 상당한 기간 동안 출입사무원의 허가를 하지 않을 수 있다.
③ 법무법인, 법무법인(유한), 법무조합, 법무사법인 또는 법무사법인(유한)의 구성원
또는 구성원 아닌 변호사나 법무사의 수가 감소하여 「부동산등기규칙」 제58조제1항
에서 정한 출입사무원의 수를 초과하게 되었을 때에는 그날부터 10일 이내에 초과
된 수만큼의 제10조제1항의 폐기신청을 하여야 한다. 지방법원장은 이를 게을리한

자격자대리인에게 초과된 수만큼의 출입사무원의 허가를 취소할 수 있다.
④ 지방법원장이 제1항 및 제3항에 따라 출입사무원의 허가를 취소하였을 때에는 지체 없이 그 전자출입증을 폐기한다.
⑤ 지방법원장은 출입사무원의 허가를 취소하기 위하여 필요하다고 인정되는 범위 내에서 소속 직원으로 하여금 자격자대리인의 사무소의 운영실태 등을 조사하게 할 수 있다.

제14조(일일출입증의 발급)
① 전자출입증을 발급받은 이동통신단말장치의 분실·고장 등으로 인하여 출입사무원이 전자출입증을 사용할 수 없는 경우, 자격자대리인은 등기소출입증 신청관리시스템에 접속하여 자신의 인증서정보를 입력하고 사용자인증을 한 다음 별지 제4호 양식의 등기소출입증(이하 '일일출입증'이라 한다)을 출력할 수 있다.
② 일일출입증은 필요한 날마다 매번 출력하여 사용하여야 하고, 출력한 당일에만 사용할 수 있다.
③ 일일출입증을 출력한 날에는 전자출입증을 사용할 수 없다.
④ 제4조제2항 단서에도 불구하고 등기신청서를 제출받은 접수담당자는 일일출입증으로 출입사무원 본인이 출석하였는지를 확인할 수 있으며, 일일출입증의 확인에는 제4조제3항을 준용한다.

제15조(자격확인증의 발급신청 등)
① 자격확인증의 발급을 원하는 변호사 또는 법무사는 등기소출입증 신청관리시스템에 접속하여 자신의 인증서정보를 입력하고 사용자인증을 한 후, 별표 2에서 정하는 발급신청정보를 시스템이 정하는 바에 따라 입력하고 변호사신분증 또는 법무사신분증 사본을 첨부정보로서 덧붙여 송신하는 방법으로 소속 지방회의 소재지를 관할하는 지방법원장에게 발급신청을 하여야 한다.
② 제1항의 정보는 소속 지방회를 거쳐 소속 지방회의 소재지를 관할하는 지방법원장에게 송신한다.
③ 소속 지방회에서는 제1항의 정보를 확인하여 자격확인증의 발급여부에 관한 의견을 덧붙여 송신한다.
④ 지방법원장은 소속 지방회의 의견을 고려하여 자격확인증을 발급한다.
⑤ 발급담당자는 등기소출입증 관리시스템에 접속하여 사법부 전산망을 이용한 그룹웨어의 아이디와 비밀번호를 입력하고 사용자인증을 한 후, 자격확인증을 발급받을 변호사 또는 법무사에게 발급을 위한 식별번호를 전송하여야 하고, 식별번호를 전송받은 변호사 또는 법무사는 이동통신단말장치에 자격확인증 발급을 위한 애플리케이션을 설치한 다음 식별번호를 입력하는 방법으로 자격확인증을 발급받는다.
⑥ 자격확인증을 발급받은 이동통신단말장치의 분실·고장 등으로 인하여 자격확인증을 사용할 수 없는 경우, 이를 다시 발급받고자 하는 변호사 또는 법무사는 등기소출입증 신청관리시스템에 접속하여 자신의 인증서정보를 입력하고 사용자인증을 한 후, 재발급신청 사유를 입력하고 자격확인증을 발급하였던 지방법원장에게 등기소출입증 신청관리시스템이 정하는 바에 따라 재발급신청을 하여야 한다.
⑦ 제6항의 정보를 수신한 지방법원장은 지체 없이 기존의 자격확인증을 폐기하고 이를 재발급하되, 자격확인증의 재발급에는 제5항을 준용한다.
⑧ 자격확인증의 폐기를 신청하려는 자격자대리인은 등기소출입증 신청관리시스템에 접속하여 자신의 인증서정보를 입력하고 사용자인증을 한 후, 폐기하려는 자격확인증 발급번호를 입력하고 등기소출입증 신청관리시스템이 정하는 바에 따라 자격확인증을 발급한 지방법원장에게 폐기신청을 하여야 한다.
⑨ 제8항의 정보를 수신한 지방법원장은 지체 없이 자격확인증을 폐기한다.

⑩ 자격확인증을 발급받은 후에 소속 지방회가 변경되어 그 소재지를 관할하는 지방법원이 달라진 경우, 자격확인증을 다시 발급받고자 하는 변호사 또는 법무사는 제8항의 폐기신청을 한 다음 제1항에 따라 다시 발급신청을 하여야 한다.

⑪ 자격확인증을 발급받은 변호사 또는 법무사가 영구제명·제명·정직 또는 등록취소의 처분을 받아 그 처분이 확정되는 등의 사유로 직무를 수행할 수 없을 때에는 지체없이 제8항의 폐기신청을 하여야 한다.

⑫ 지방법원장은 제11항의 경우에 제8항의 폐기신청을 게을리한 변호사 또는 법무사의 자격확인증을 폐기할 수 있다.

부 칙(2020.11.27. 제1718호)
이 예규는 2020년 12월 10일부터 시행한다.

(별표 1) 출입사무원 허가신청정보

<table>
<tr><td colspan="2">구분</td><td>변호사, 법무사</td><td>법무법인, 법무법인(유한), 법무조합, 법무사법인, 법무사법인(유한)</td></tr>
<tr><td rowspan="4">허가신청 정보</td><td>자격자대리인 정보</td><td>성명, 주민등록번호, 변호사 또는 법무사의 등록번호, 휴대전화번호, 사무소의 명칭</td><td>1. 법인명, 법인등록번호, 사업자등록번호(법무조합의 경우에는 법무조합의 명칭, 사업자등록번호)
2. 대표자의 성명, 주민등록번호, 대표자인 변호사 또는 법무사의 등록번호, 휴대전화번호</td></tr>
<tr><td>지방법원, 지방회 정보</td><td>소속 지방회, 사무소 소재지를 관할하는 지방법원</td><td>주사무소 소재지의 지방회, 주사무소 소재지를 관할하는 지방법원</td></tr>
<tr><td>사무소 정보</td><td colspan="2">사무원 수, 수임 등기사건의 수 등 제8조제1항1호의 사항을 알 수 있는 정보</td></tr>
<tr><td>출입사무원이 될 사무원 정보</td><td colspan="2">성명, 주민등록번호, 주소, 주요경력, 증명사진(3개월 이내에 촬영한 것)</td></tr>
</table>

(별표 2) 자격확인증 발급신청정보

구분		변호사, 법무사
발급신청 정보	신청인 정보	성명, 주민등록번호, 변호사 또는 법무사의 등록번호, 휴대전화번호, 증명사진(3개월 이내에 촬영한 것), 사무소의 명칭[변호사 또는 법무사가 법무법인, 법무법인(유한), 법무조합, 법무사법인 또는 법무사법인(유한)에 소속되어 있는 경우에는 사무소의 명칭 대신 그 법인 또는 조합의 명칭]
	지방법원, 지방회 정보	소속 지방회, 소속 지방회의 소재지를 관할하는 지방법원

▶예규◀ 경정등기절차에 관한 업무처리지침

(등기예규 제1564호 2014.12.01. 제정)

1. 원시적 착오의 존재
   경정등기는 원시적 착오 또는 유루(당초의 등기절차에 신청의 착오나 등기관의 과오가 있어 등기와 실체가 불일치하는 경우)가 있는 경우에 할 수 있고, 등기완료 후에 발생한 사유에 의해서는 할 수 없다.

2. 당사자의 신청에 착오가 있는 경우
   가. 부동산표시의 경정등기
   (1) 부동산표시에 관한 경정등기는 등기명의인(등기명의인이 여러 명인 경우에는 그 중 1인도 가능하다)이 대장 등 경정사유를 소명하는 서면을 첨부하여 단독으로 신청하며 판결서나 제3자의 허가서 등은 제출할 필요가 없다.
   (2) 신청서에 기재된 경정등기의 목적이 현재의 등기와 동일성 혹은 유사성을 인정할 수 없는 정도라 하더라도, 같은 부동산에 관하여 따로 소유권보존등기가 존재하지 아니하거나 등기의 형식상 예측할 수 없는 손해를 입을 우려가 있는 이해관계인이 없는 경우, 등기관은 그 경정등기신청을 수리할 수 있다.
   (3) 구분건물의 등기기록 중 1동의 건물의 표시에 관한 경정은 각 구분건물의 소유자가 단독으로 신청할 수 있다.

   나. 권리에 관한 경정등기
   (1) 권리 자체의 경정이나 권리자 전체를 바꾸는 경정의 불허권리 자체를 경정(소유권이전등기를 저당권설정등기로 경정하거나 저당권설정등기를 전세권설정등기로 경정하는 경우 등)하거나 권리자 전체를 경정(권리자를 갑에서 을로 경정하거나, 갑과 을의 공동소유에서 병과 정의 공동소유로 경정하는 경우 등)하는 등기신청은 수리할 수 없다.
   (2) 등기원인증서와 다른 내용의 등기에 대한 경정절차
      신청서에 기재된 사항이 등기원인을 증명하는 서면과 부합하지 아니함에도 등기관이 이를 간과하고 그 신청에 따른 등기를 마친 경우, 등기신청인(단독신청에 의

한 등기의 경정은 단독신청으로, 공동신청에 의한 등기의 경정은 공동신청으로 하여야 함)은 등기필증 등 등기의 착오를 증명하는 서면을 첨부하여 경정등기를 신청할 수 있다.

(3) 등기원인증서와 같은 내용의 등기에 대한 경정절차

(가) 등기원인을 증명하는 서면과 신청서에 기재된 권리의 내용이 일치하는 등 적법절차에 의하여 완료된 등기에 대해서는 경정등기를 할 수 없다. 다만, 아래 (나)의 예시와 같이 착오 또는 유루로 등기가 실체관계와 일치하지 아니하고 신청인이 그 사실을 증명하는 서면을 첨부하여 경정등기를 신청한 경우(신청서에 권리가 감축되는 자를 등기의무자로, 권리가 증가되는 자를 등기권리자로 각 기재하여야 함)에는 그러하지 아니하다.

(나) 경정등기를 할 수 있는 경우의 예시

① 소유권보존등기의 경정 : 등기명의인의 인감증명이나 소유권확인판결서 등을 첨부하여 단독 소유의 소유권보존등기를 공동소유로 경정하거나 공동소유를 단독소유로 경정하는 경우

② 상속으로 인한 소유권이전등기의 경정 : 법정상속분대로 등기된 후 협의분할에 의하여 소유권경정등기를 신청하는 경우 또는 협의분할에 의한 상속등기 후 협의해제를 원인으로 법정상속분대로 소유권경정등기를 신청하는 경우

③ 가압류등기나 매각에 따른 소유권이전등기 등 법원의 촉탁에 의한 등기가 완료된 후 그 촉탁에 착오가 있음을 증명하는 서면을 첨부하여 권리의 경정을 촉탁한 경우

④ 등기원인증서의 실질적 내용이 매매임에도 증여로 기재되어 있거나 등기 당시 도래하지 않은 일자가 등기원인일자로 등기원인증서에 기재되어 있는 등 등기원인증서상의 기재의 착오가 외관상 명백한 경우

⑤ 기타 법정지상권이나 법정저당권의 취득 등 법률의 규정에 의한 권리의 취득을 원인으로 하여 등기가 완료된 후 등기의 착오를 증명하는 서면을 첨부하여 권리의 경정을 신청하는 경우 등

(4) 등기의 실행방법

등기상 이해관계 있는 제3자가 있고 그 제3자의 동의서나 이에 대항할 수 있는 재판의 등본을 첨부한 때 또는 등기상 이해관계 있는 제3자가 없는 경우에는 부기등기로 하고, 등기상 이해관계 있는 제3자가 있으나 그 이해관계 있는 제3자의 동의서나 이에 대항할 수 있는 재판의 등본이 없는 경우에는 주등기로 한다. 다만 경정등기의 형식으로 이루어지나 그 실질이 말소등기(일부말소 의미의)에 해당하는 경우(위 (3) (나) ①, ② 등)에는 등기상 이해관계 있는 제3자가 있는 때에 그의 승낙서 등을 첨부한 경우에는 부기등기로 하고, 이를 첨부하지 아니한 경우 등기관은 그 등기신청을 수리하여서는 아니된다.

(5) 인감증명 첨부

소유권에 관한 경정등기를 신청하기 위해서는 그 경정등기로 인하여 소유권이 감축되는 자의 인감증명을 등기신청서에 첨부하여야 한다.

다. 등기명의인표시의 경정

(1) 등기명의인표시경정의 의의 및 한계

(가) 등기명의인표시경정의 의의

등기명의인표시경정이라 함은 등기명의인의 성명, 주소, 또는 주민등록번호 등을 경정하는 것을 말하고, 등기명의인의 수를 증감하는 것(단독소유를 공유로 하거나 공유를 단독소유로 하는 경우 등)은 등기명의인표시경정이 아니며, 이는 권리에 관한 경정으로서 위 나. 의 규정에 의하여 처리한다.

(나) 인격의 동일성
등기명의인표시경정등기는 경전 전후의 등기가 표창하고 있는 등기명의인이 인격의 동일성을 유지하는 경우에만 신청할 수 있다. 그러므로 법인 아닌 사단을 법인으로 경정하는 등기를 신청하는 등 동일성을 해하는 등기명의인표시경정등기신청은 수리할 수 없다.

(다) 동일성을 해하는 등기명의인표시경정등기가 된 경우
동일성을 해하는 등기명의인표시경정등기의 신청임에도 등기관이 이를 간과하여 수리한 경우, 종전 등기명의인으로의 회복등기 신청은 현재의 등기명의인이 단독으로 하거나 종전 등기명의인과 공동으로 하여야 하고, 종전등기명의인이 단독으로 한 등기신청은 수리할 수 없다.

(2) 종전 등기명의인 또는 사망자에 대한 등기명의인표시경정의 가부
등기기록상 권리를 이전하여 현재 등기명의인이 아닌 종전 등기명의인 또는 이미 사망한 등기명의인에 대한 등기명의인표시경정등기신청은 수리할 수 없다.

(3) 첨부서면
등기명의인표시경정등기의 신청을 위해서는 등기명의인의 표시의 경정을 증명하는 시·구·읍·면의 장의 서면 또는 이를 증명함에 족한 서면을 신청서에 첨부하여야 하고, 후단에 속하는 서면으로 동일인보증서를 첨부할 경우에는 동일인임을 보증하는 자의 인감증명 및 기타 보증인의 자격을 인정할 만한 서면(공무원 재직증명, 법무사 인가증 사본 등)을 함께 제출하여야 한다.

3. 등기관의 과오로 등기의 착오 또는 유루가 발생한 경우
 가. 등기의 착오가 있는 경우
등기관의 과오로 인해 등기의 착오가 발생한 경우에는 경정 전·후의 등기의 동일성 여부를 별도로 심사하지 않고 아래의 절차에 의하여 처리한다. 단, 갑구에 하여야 할 등기를 등기관의 착오로 을구에 등기한 것(예 : 소유권이전등기를 하여야 할 것을 근저당권설정등기로 한 경우)과 같이 경정절차에 의하여 바로잡을 수 없는 등기는 종전 등기를 착오 발견으로 말소한 후 직권 또는 신청에 의하여 유루 발견으로 인한 등기를 하여야 한다.

(1) 직권에 의한 경정
 (가) 등기관의 과오로 등기의 착오가 발생한 경우로서 등기상 이해관계 있는 제3자가 없는 경우, 그 착오를 발견한 등기관은 직권으로 경정등기를 하여야 한다. 다만, 등기상 이해관계 있는 제3자가 있는 경우에는 제3자의 승낙이 있어야 한다.
 (나) 위 (가) 의 등기를 마친 등기관은 경정등기를 한 취지를 지방법원장에게 보고하고, 등기권리자와 등기의무자(등기권리자 또는 등기의무자가 여러 명인 때에는 그 중 1인)에게 통지하며, 채권자 대위에 의한 등기를 경정한 때에는 채권자에게도 통지하여야 한다.

(2) 신청에 의한 경정
 (가) 등기완료 후 등기관의 과오로 인한 등기의 착오(신청과 다른 내용으로 등기된 경우를 말함)를 발견한 경우, 등기권리자 또는 등기의무자는 등기필증 등 그 사실을 증명하는 서면을 첨부하여 착오발견으로 인한 경정등기를 신청할 수 있으며, 이 경우 등기관이 경정등기를 한 취지를 지방법원장에게 보고할 필요는 없다.
 (나) 등기권리자 또는 등기의무자 일방의 신청에 의하여 착오발견으로 인한 등기를 마친 경우 등기관은 그 경정등기의 취지를 상대방에게 통지하여야 한다.
 (다) 등기상 이해관계 있는 제3자가 있고 그 제3자의 동의서 또는 이에 대항할 수 있

는 재판의 등본이 신청서에 첨부되지 아니한 경우에는 주등기로 경정등기를 하여야 한다.

나. 등기기입의 유루가 발생한 경우

등기관의 과오로 등기기입의 유루가 발생한 경우, 유루 발견으로 인한 등기는 그 성질에 반하지 아니하는 한 등기관의 과오로 인한 등기의 착오가 발생한 경우에 준하는 절차(등기관의 과오에 의하여 등기의 착오가 발생하였음을 등기필정보 등에 의하여 증명하여야 함)에 의하여 처리한다.

4. 소유권의 등기목적이 불분명한 경우

수인의 공유자가 공유지분으로 등기되어 있는 상태에서 소유권이전을 받았으나, 이전 받은 공유자의 등기목적란의 등기기록에 공유자와 이전할 지분이 특정되지 아니하고 단지 지분이전, 소유권일부이전 등으로 기록된 경우에는 아래 방법에 따라 처리한다.

가. 법원행정처 사법등기국소속 오류해소 담당자는 이전된 지분이 누구의 지분인지 여부를 확정할 수 없는 경우, 등기관에 갈음하여 별지 제1호 양식을 이용하여 그 취지를 아래 예시에 따라 이전받은 공유자에게 통지하여야 한다.

구분 번호	등기사항	통지 대상자
①	이전된 지분과 이전받은 지분의 동일(특정 공유자 지분과 동일)	이전 받은자가 1인인 경우, 그 공유자
		동일 순위에 수인이 공동으로 이전받은 경우, 그 중 1인 공유자
②	이전된 지분과 이전받은 지분의 불일치(공유자 특정 불가능)	이전 받은자가 1인인 경우, 그 공유자
		동일 순위에 수인이 공동으로 이전받은 경우, 그 중 1인 공유자

※ 1. 이전받은 공유자가 수인일 경우 해소 담당자의 판단에 따라 1인 이상의 공유자에게 통지할 수 있다.

2. 예시와 다른 등기사항이 있을 경우 해소 담당자가 적절히 판단하여 통지 대상자를 정할 수 있다.

나. 오류해소 담당자는 위 (1) 의 통지를 한 다음 그 동일한 통지서를 관할등기소에 모사전송으로 보내주어야 한다.

다. 등기관은 신청인이 제출한 등기권리증 등의 소명자료를 확인하여 등기부에 기록된 등기목적의 경정이 필요한 경우에는 이를 경정하여야 한다.

라. 경정등기의 처리는 3.의 규정을 준용한다. 다만, 경정등기 취지의 지방법원장 보고, 등기권리

  자 및 등기의무자에 통지, 채권자 대위자에게 통지는 필요하지 아니하다.
마. 신청인이 착오발견으로 경정을 신청한 경우라도 등기신청수수료 및 등록세는 면제된다.
바. 등기목적이 특정되지 아니함을 원인으로 오류코드 부전지가 설정된 경우에는 직권경정 후 지체없이 오류해소를 요청하여야 한다.

사. 전산다면등기부를 신등기부로 이기 후 소유권의 경정
  부동산등기부의 전산이기 등에 관한 사무처리지침(등기예규 제1331호) 7.나. (2) 의 규정에 의하여 신등기부로 이기한 후에 폐쇄된 종전 등기부상의 어느 공유지분이전등기가 원인무효 등으로 인하여 말소등기를 하여야 하는 때에는 그 대상 등기(말소할 명의인의 소유권등기 및 말소로 인하여 회복하여야 할 명의인의 소유권등기)를 종전 폐쇄등기부에서 현 등기부로 이기한 후 말소등기를 하고, 신등기부의 소유자 명의인에 대한 등기는 말소된 지분을 공제한 잔여지분을 기록하여 공유자로 경정한다.

부 칙(2014.12.01. 제1564호)
이 예규는 2014년 12월 12일부터 시행한다.

[별지 제1호 양식]

　　통　지　서

부동산의 표시			
등 기 사 항	년　　월　　일 접수 제　　　　호	등 기 목 적	지분이전 또는 소유권일부이전
통 지 사 유	예시) 귀하께서 소유하고 있는 위 부동산에 관하여 위 등기사항에 등기된 등기목적이 "지분이전" 또는 "소유권일부이전"으로 표시되어 있어 누구의 공유지분을 이전받았는지 명확하지 아니하여 등기기록에 오류코드가 부여됨		

　　위 부동산의 등기기록에 위와 같은 사유가 있어 이를 바로잡고자 하오니 귀하께서 보관하신 등기필정보통지서 등을 관할등기소에 제출(원본은 다시 돌려 받음)하여 주시거나 등기목적의 경정등기를 신청하여 주시기 바랍니다.

년　　월　　일

법원행정처 전환사업소장

(전화번호 :　　　　　)

관할등기소 :　　　　　　전화번호 :

3) 말소등기

말소등기는 이미 등기된 사항이 실체와 일치하지 않는 경우에 그 불일치한 등기를 말소하는 등기를 말한다.

말소등기에는 청산종결등기, 합병에 의한 해산등기, 구소재지 내에서 하는 사무소이전등기처럼 일단 적법히 성립된 실체관계가 후에 이르러 소멸되어 말소하는 경우와 등기관의 직권말소등기처럼 등기 당초부터 실체관계와 부합하지 아니하여 말소하는 경우가 있다.

4) 회복등기

회복등기는 일단 등기된 사항이 후에 어떤 사유로 인하여 소멸된 경우에 종전 상태로 회복시키기 위하여 행하는 등기이다.

이 회복등기에는 그 전부나 일부가 멸실된 등기부를 회복시키기 위하여 행하는 멸실회복등기와 변경이나 말소로 인하여 주말된 등기사항을 회복시키기 위하여 행하는 말소회복등기가 있다.

대법원 예규

▶예규◀ 멸실회복등기의 사무처리지침

(등기예규 제1586호, 2015.12.8. 개정)

1. 통 칙
가. 이 지침은 사변, 기타 재난에 인하여 등기부의 전부 또는 일부가 멸실된 각종 등기의 회복등기를 함을 목적으로 한다.
나. 이 회복등기의 신청기간은 각 지방의 실정에 따라 지방법원장(등기소의 사무를 지원장이 관장하는 경우에는 지원장을 말함)이 이를 고시한다.
다. 이 회복등기의 신청은 등기부 멸실 전에 자기(또는 피상속인) 명의로 등기부상에 기재되어 있는 자가 단독으로 신청할 수 있다.
라. 이 회복등기의 신청기일 경과 후에 있어서는 회복등기는 이를 할 수 없으므로 통상절차에 의하여 새로운 등기를 신청하여야 한다. 이때에는 등록세를 납부하여야 한다.
마. 이 회복등기의 신청기간 중에 신등기의 신청이 있는 때에는 일단 신청서편철부에 합철하고, 그 기간만료 후 지체없이 이것을 등기부에 이기하여야 한다.

2. 각종 회복등기의 신청절차
가. 부동산소유권(토지, 건물, 선박)등기에 대한 회복등기신청의 절차
　(1) 이 회복등기신청에는 전등기의 등기필증을 첨부하여야 한다. 그러나 이를 제출하기 불가능한 때에는 멸실 직전의 등기부등본이나 초본, 토지, 가옥대장등본 기타 권리

를 증명하는 공문서를 첨부할 수 있다. 이때에는 신청서부본을 제출하여야 한다.
(2) 공동소유인 부동산은 공동소유자 전원명의로의 회복등기신청을 하여야 하고 공동소유자 중의 일부의 지분만에 관한 회복등기신청을 할 수 없다. 공동소유자 중의 1인은 공동소유자 전원명의로의 회복등기신청을 할 수 있다.
(3) 등기명의인의 사망에 인하여 그 상속인이 회복등기를 신청하는 때에는 상속을 증명하는 서면을 첨부하여 직접 상속인명의로 등기할 것을 신청할 수 있다. 이 경우에는 상속등기의 등록세를 납부하여야 한다.
(4) 소유자는 토지대장명의인과 상위한 경우에 전등기의 등기필증 또는 등기부등본이나 초본으로 전등기의 소유자임을 증명할 수 없을 때에는 토지대장명의자의 소유권보존등기를 경료한 후에 소유권이전등기를 신청하여야 한다. 그러나 토지대장소유자가 소유권이전등기절차를 불이행할 때에는 소유자는 소송절차에 의하여야 한다.
(5) 건물에 대한 회복등기신청에는 위 서류 이외에 그 건물대지상에 수개 건물이 있는 때에는 건물도면을 첨부하여야 한다.

나. 부동산저당권등기 및 가등기에 대한 회복등기신청의 절차
(1) 저당권회복등기는 부동산 소유권회복등기를 경료한 부동산에 대하여 전등기의 등기필증을 첨부하여야 한다. 그러나 소유권회복등기 전에 이 회복등기신청이 있을 때에는 등기용지 중 표제부의 부동산표시란과 을구란에 회복등기를 하여야 한다.
(2) 저당권자는 이 회복등기의 신청기간 내에 있어서는 채무자의 소유권등기필증을 첨부하여 이에 대위하여 소유권의 회복등기를 신청할 수 있다. 그 기간 경과 후에 있어서는 토지대장등본을 첨부하여 소유권의 대위보존등기를 신청하여야 한다. 이 때에는 등록세를 납부하여야 한다.
(3) 가등기도 ①②에 준하여 처리한다.

다. 촉탁서에 의하여야 할 등기는 권리자의 촉탁신청에 의하여 촉탁관서가 회복등기를 촉탁하여야 한다.

라. 부동산등기법 제2조제3호 내지 제4호, 제6호 및 제7호의 권리에 관한 회복등기신청의 절차 위 가, 나의 각 호를 준용한다.

마. 부동산에 관한 가처분 또는 가압류등기, 강제경매신청의 등기의 회복등기신청의 절차
(1) 이 회복등기는 채권자의 신청에 의하여 촉탁청이 이를 촉탁하여야 한다. 이때에는 채권자는 증빙서류를 갖추어 촉탁청에 회복등기의 촉탁신청을 하여야 한다.
(2) 이 회복등기는 소유자 또는 채권자의 대위에 인한 소유권보존등기를 한 후가 아니면 할 수 없다.
(3) 전 각 호 이외에 가, 나의 각 호를 준용한다.

바. 법인, 각종 회사등기에 관한 회복등기신청의 절차
(1) 등기소 관할 내에 본점을 둔 회사의 회복등기는 멸실 직전의 등기부등본을 첨부하여 그 대표자가 신청하여야 한다,
(2) 민법 및 특수법인의 회복등기도 위에 준한다.
(3) 지배인등기의 회복등기신청에는 멸실 직전의 등기부등본을 첨부하여야 한다.

사. 각종 회복등기신청서 양식은 별지와 같다.

3. 회복등기 방식

가. 전등기의 순위나 접수연월일 또는 접수번호가 불명인 것은 불명으로 등기하여야 한다.

나. 담보권 등의 회복등기는 전등기의 순위 여하에 불구하고 신청순서에 따라 등기하여야 한다.

다. 회복등기기간 경과 후는 등기필증이 있다 하더라도 미등기로 간주하여 등록세를 내고 소유권보존등기를 신청하여야 한다.

라. 회복등기신청기간 중에 신등기의 신청이 있는 경우에는 이를 신청서편철부에 편철하였다가 위 기간만료 후 등기부에 이기하여야 한다. 신청서편철부에 신청서를 편철한 때에는 편철필증을, 등기부에 이기한 때에는 편철필증을 회수하고 등기필증을 신청인에게 교부하여야 한다.

마. 회복등기필증은 전등기의 등기필증을 제출한 때에는 그 서면을, 신청서 부본을 제출한 때에는 그 부본을 소재로 하여 작성하여야 한다.

4. 회복등기고시문례

사변 기타 재난으로 인하여 ○○지방법원(또는 ○○지원, ○○등기소)에 비치되어 있던 부동산, 상업 및 법인의 각종 등기부의 전부 또는 일부가 멸실되었으므로 그 멸실회복등기를 다음과 같이 실시할 것을 고시한다.

가. 회복등기 신청기간은 20○○년 ○○월 ○○일부터 20○○년 ○○월 ○○일까지로 한다.

나. 이 회복등기의 신청기간 내에 신청(또는 촉탁)하는 등기의 권리는 멸실등기부에 있어서의 종전의 순위를 보유한다.

20 년 월 일

지방법원장주) ○ ○ ○

주 : 등기소의 사무를 지원장이 관장하는 경우에는 지원장을 말함.

부 칙(2015.12.08. 제1586호)
이 예규는 2016년 1월 11일부터 시행한다.

♣ 【서식】 멸실회복등기신청서양식

토지소유권 이전등기의 멸실회복등기 신청

접 수	년 월 일	처 리 인	등기관 확인	각종 통지
	제 호			

부동산의 표시	

등기원인과 그 년월일	년 월 일 등기부멸실
등기의 목적	소유권 이전등기의 회복

회복할등기사항의표시	전등기의 순위번호	제 번(또는 불명)
	전등기 접수년월일 및 번호	년 월 일 제 호
	전등기원인 및 그 일자	년 월 일 매매
	등기의 목적	소 유 권 이 전
	소 유 자	홍 길 동(450815-1234567) 서울 종로구 가희동 10

2000년 월 일	부 속 서 류
위 신청인 홍 길 동 서울 종로구 가희로 10 대 리 인 정 용 락 (인) 지방법원 귀 중	전등기의 등기필증 1통 위 임 장 1통

♣ 【서식】 저당권설정등기의 멸실회복등기 신청

<table>
<tr><td colspan="3" align="center">저당권 설정등기의 멸실회복등기 신청</td></tr>
<tr><td rowspan="2">접 수</td><td>년 월 일</td><td rowspan="2">처 리 인</td><td>등기관 확인</td><td>각종 통지</td></tr>
<tr><td>제   호</td><td></td><td></td></tr>
<tr><td colspan="5">부동산의 표시</td></tr>
<tr><td colspan="5" height="120"></td></tr>
<tr><td colspan="2">등기원인과 그 년월일</td><td colspan="3">년 월 일 등기부멸실</td></tr>
<tr><td colspan="2">등 기 의 목 적</td><td colspan="3">저당권 설정등기의 회복</td></tr>
<tr><td rowspan="10">회복할 등기사항의 표시</td><td colspan="2">전 등 기 의 순 위 번 호</td><td colspan="2"></td></tr>
<tr><td colspan="2">전 등 기 접 수 연 월 일 및 번 호</td><td colspan="2"></td></tr>
<tr><td colspan="2">전 등 기 원 인 및 그 일 자</td><td colspan="2"></td></tr>
<tr><td colspan="2">등 기 의 목 적</td><td colspan="2"></td></tr>
<tr><td colspan="2">채 권 액</td><td colspan="2"></td></tr>
<tr><td colspan="2">변 제 기</td><td colspan="2"></td></tr>
<tr><td colspan="2">이 자</td><td colspan="2"></td></tr>
<tr><td colspan="2">이 자 지 급 시 기</td><td colspan="2"></td></tr>
<tr><td colspan="2">채 무 자</td><td colspan="2"></td></tr>
<tr><td colspan="2">저 당 권 자</td><td colspan="2"></td></tr>
<tr><td colspan="3" align="center">20○○년 월 일</td><td colspan="2" align="center">부 속 서 류</td></tr>
<tr><td colspan="3" align="center">위 신청인 홍 길 동
서울 종로구 가희로 10
대 리 인 정 용 락 (인)

지방법원   귀 중</td><td colspan="2">전등기의 등기필증   1통
위 임 장   1통</td></tr>
</table>

♣ 【서식】 주식회사 회복등기신청서

주식회사 회복등기 신청서

1. 상　호
1. 본　점
1. 지　점
1. 등기의 사유　　　　년　　　월　　　일　　　등기부멸실
1. 등기의 목적　　　주식회사 회복등기
1. 회복할 등기사항의 표시
　가. 상　　　호
　나. 본　　　점
　다. 지　　　점
　라. 목　　　적
　마. 회사가 발행할 주식총수
　바. 1주의 금액
　사. 발행주식의 총수 그 종류와 각종 주식의 내용과 수
　아. 자본의 총액
　자. 공고방법
　차. 회사성립연월일
　카. 존립기간 또는 해산사유
　타. 이사의 성명과 주소
　파. 대표이사의 성명과 공동대표에 관한 규정
　하. 감사의 성명과 주소
　커. 기타의 등기사항

첨부서류
등기부 등본(또는 등기사항증명서) 1통
위 회복등기를 신청함

20○○년　○○월　○○일

신청인　　○○○○ 주식회사

파주군 장단면 석관리 5

대표이사　　김　갑　동　　(인)

○ ○ 지방법원 ○ ○ 등기소　　귀 중

나. 준거법령에 의한 분류

1) 민법상 법인등기

이는 민법에 의하여 설립된 법인, 즉 비영리사단법인과 재단법인에 관한 등기를 말하는 것으로서 좁은 의미에서 법인등기라 할 때는 통상 이 등기만을 가리킨다.

민법상 법인의 등기절차에 관하여는 법인의 등기사항에 관한 특례법, 동법 시행규칙과 민법법인 및 특수법인 등기규칙 외에 민법과 비송사건절차법(제2편 제5장)이 적용된다.

2) 특별법상 법인등기

이는 민법 이외의 사립학교법, 근로복지기본법, 농어촌발전특별조치법, 한국은행법 등 특별법에 의하여 설립된 법인에 관한 등기를 말하는 것으로 통상 특수법인등기라 불린다.

특수법인의 등기절차에 관하여는 법인의 등기사항에 관한 특례법, 동법 시행규칙과 민법법인 및 특수법인 등기규칙 외에 당해 법인의 설립의 준거가 되는 각 특별법과 그 시행령 및 시행규칙이 적용된다.

4. 등기사항

민법 및 각 특별법은 각종의 등기에 따라 그 등기사항을 특정하여 당사자나 등기관이 임의로 가감할 수 없도록 하는 등기사항 한정주의를 취하고 있다.

법정의 등기사항 이외의 사항에 대해서는 당사자는 등기를 신청할 수 없고 그러한 신청은 등기관에 의해 각하되며, 등기가 되었다 할지라도 그 등기는 등기의 본래의 효력을 발생할 수 없으며 그 등기는 없는 것으로 본다.

법인등기의 등기사항은 민법 기타 각종 특별법과 그 시행령 등에 각각 규정되어 있어 매우 다양하나 포괄적으로 다음과 같이 설명할 수 있다.

가. 실질적(실체법적) 의의의 등기사항과 형식적(절차법적)의의의 등기사항

법인등기에 있어서 거래의 상대방을 보호하기 위하여 법인의 실체를 명확히 하여야 한다는 점에서는 가능한 한 많은 사항을 등기해야 할 것이나, 법인의 기밀유지라는 점에서는 그 반대일 것이다. 이러한 두 입장의 이해를 조정하기 위하여 입법상 등기사항을 어떻게 결정할 것인가 하는 것이 실질적 의의의 등기사항이라 할 것이다. 그리고 그 결과로 민법, 상법, 비송사건절차법 등의 법령에 정하여진 등기사항을 형식적 의의의 등기사항이라 할 것이다.

결국 등기신청서에 기재하여야 하는 등기사항은 이 형식적 의의의 등기사항이 되는 것이며, 이 사항 이외의 사항은 등기할 수가 없는 것이다.

나. 절대적 등기사항과 상대적 등기사항

절대적 등기사항이란 등기가 강제되어 있는 사항을 말하며, 등기를 할 것인가의 여부가 당사자의 의사에 맡겨진 것을 상대적 등기사항이라고 한다.

상대적 등기사항이라 하더라도 일단 등기를 했다면 그 변경 또는 소멸에 따른 등기는 반드시 해야 하므로(민 제52조), 등기 후에는 절대적 등기사항으로 된다.

다. 기본적 등기사항과 부가적 등기사항

기본적 등기사항이란 법인의 등기에 있어서 반드시 등기해야 하는 사항이다. 민법 제49조는 법인의 설립등기에 있어서 등기할 사항을 열거하고 있는 바, 이 사항 중 일부가 빠진 때에는 그 신청은 각하된다. 이와 같이 반드시 등기하여야 할 사항을 기본적 등기사항이라 할 수 있다.

부가적 등기사항이란 존립기간 및 해산사유의 등기와 같이 회사의 등기에 있어서 반드시 등기되는 것이 아닌 사항을 말한다. 부가적 등기사항이라 하더라도 등기의무가 부과되어 있는 경우가 많다.

라. 설정적(창설적) 등기사항과 면책적 등기사항

법인등기에는 등기사항으로서 책임관계에 관한 것이 많다. 책임관계에 관한 등기사항 중 법인설립등기와 같이 등기에 의하여 법률관계가 창설되는 경우를 설정적 등기사항이라고 하고, 법인의 해산, 인적회사 사원의 퇴사, 대리인의 해임, 임원의 퇴임과 같이 등기에 의하여 당사자의 책임이 면책되는 것을 면책적 등기사항이라 한다.

마. 주사무소의 등기사항과 분사무소의 등기사항

민법 제50조는 주사무소 소재지에 등기할 사항은 분사무소에서도 등기하여야 한다고 규정하고 있다.

그러나 법인의 분사무소의 등기사항에 관하여는 법인의 등기사항에 관한 특례법의 규정(동법 제3조)에 의하여 주사무소의 등기사항과는 다른 특칙이 적용된다. 즉, 법령의 규정에 의하여 법인의 주사무소에서 등기한 사항이라 하더라도 위 특례법에서 분사무소에서도 등기할 것으로 정한 중요한 사항이 아니면 분사무소에서는 이를 등기할 수 없다.

이와 같이 분사무소의 등기사항은 간략화 되어 있으므로, 법인에 관한 등기사항은 주사무소의 등기사항과 분사무소의 등기사항으로 구별된다.

5. 등기의 효력

가. 일반적 효력

법인등기부에 등기한 사항은 그 등기가 있으면 선의의 제3자에게 대항할 수 있다.

등기와 관련하여 제3자가 피해를 입은 경우, 등기할 사항을 등기했다면 그 제3자가 악의의 추정을 받는다. 즉 제3자가 정당한 사유에 의하여 이를 알지 못하였다는 것을 증명하지 못하는 한 등기당사자는 이 자에 대하여 등기사항의 성립, 존재에 관하여 대항력을 갖는다. 이를 등기의 적극적 공시력이라 한다. 다만, 등기한 후라도 정당한 사유로 인하여 이를 알지 못한 선의의 제3자에 대하여는 그 사항으로 대항하지 못한다.

또한 등기할 사항은 그 실체가 성립되고 존재하는 경우라 하더라도 이를 등기하지 아니하면 선의의 제3자에게 대항하지 못하는 바, 이를 등기의 소극적 공시력이라 한다.

여기서 선의의 제3자라 함은 거래관계 발생당시를 표준으로 하여 등기사항의 발생, 존재를 모르는 등기당사자 이외의 자를 말한다.

나. 공신력

공신력이란 등기의 외관을 신뢰하고 거래한 자를 보호하기 위하여, 그 등기가 실체관계와 부합하지 아니하는 경우라도 등기된 외관에 따라 법률효과가 부여되는 것을 말한다. 이와 같은 공신력은 당사자의 고의 또는 과실로 인하여 이루어진 부실의 등기에만 인정된다.

상업등기에는 등기사항의 공고제도를 삭제하였으나, 민법법인에는 등기공고 규정이 있으며(민 제54조 2항) 등기에 대한 공고는 신문에 1회 이상 행하여야 한다(비송사건절차법 제65조의2).

다. 창설적 효력

법인등기의 일반적인 효력은 제3자에 대한 대항력이라 할 수 있으나 법인의 설립(민 제33조), 합병(사립학교법 제36조)등과 같이 사원, 거래상대방 등 회사 내외를 불문하고 다수의 이해관계인이 관여하는 경우에 개별적으로 그 선의, 악의 또는 대항력의 유무를 판단한다는 것은 거래의 원활에 장애되는 일이므로 이와 같은 경우에는 권리관계를 획일적으로 확정하기 위하여 이러한 등기에 특수한 효력을 부여하고 있다. 이에 따라 등기에 의하여 비로소 권리관계가 형성되는 경우, 즉 등기가 권리관계발생의 성립요건 내지 효력발생요건이 되는 경우에 이와 같은 등기의 효력을 창설적 효력 또는 권리설정적 효력이라 한다.

핵심판례

▶판례◀ 구 지방세법 제138조 제1항 제1호, 제3호에서 정한 '법인의 설립'의 의미

(대법원 2009.4.9. 선고, 2007두26629, 판결)

법인의 설립에 관한 민법과 상법의 각 규정에 의하면, 법인의 설립에는 기본적으로 설립행위와 설립등기가 필요하고, 법인은 설립행위를 거쳐 설립등기를 함으로써 성립함과 동시에 법인격을 취득하게 되어 그로써 법인의 설립은 완성되는 것이므로, 설립등기 없는 법인의 설립은 있을 수 없고, 일단 법인이 설립등기로써 성립한 이후에는 그 법인격이 소멸되지 않는 한 같은 설립등기에 의한 새로운 법인의 설립도 있을 수 없다. 위의 법리는 법인설립절차를 규율하는 기본법인 민법과 상법이 규정하는 바로서 법인설립에 관한 기본원칙이 되고 있고, 법인의 설립등기는 다른 법인등기 또는 상업등기와는 달리 창설적 효력을 가지며 그에 관한 규정은 강행규정인 점, 기타 관계 규정의 형식과 내용 등을 종합적으로 고려할 때, 구 지방세법(2001. 12. 29. 법률 제6549호로 개정되기 전의 것)에서 '법인의 설립'에 관하여 위와 같은 일반적인 법리와는 다른 별도의 정의 규정을 두고 있지 아니한 이상, 같은 법 제138조 제1항 제1호와 제3호에서 규정하는 '법인의 설립' 역시 '설립등기에 의한 설립'을 뜻하는 것으로 해석하여야 한다.

---

(4) 보완적 효력

법인의 설립, 합병의 하자는 등기에 의하여 이것이 무효판결확정시까지 치유되는 것과 같이 등기사항의 발생원인에 하자가 있고 그 성립, 존재에 무효 또는 취소원인이 있는 경우라도 이것이 일단 등기되어 외관상 적법한 상태가 된 때에는 그 외관을 기초로 숱한 거래관계가 성립되고 또 성립될 가능성이 있는 것

이므로 이 거래의 동적안전을 보호하기 위하여 등기의 외관에 등기사항의 하자를 치유시키는 효력을 부여하고 있는 바, 이를 등기의 보완적 효력이라 한다.

즉, 법인은 등기에 의하여 성립되기 때문에(민 제33조) 설립무효의 사유가 있는 법인도 등기를 한 때에는 그 설립무효나 취소의 판결이 확정될 때까지의 법인등기의 보완력에 의하여 사실상의 법인으로 취급된다. 따라서, 취소의 판결이 확정된 후라도 등기 이후 판결확정 전에 생긴 법인과 사원, 제3자간의 법률관계의 효력에는 영향을 미치지 않는다(상 제190조, 제269조, 제328조 2항, 제613조 1항).

라. 추정력

법인등기에는 등기된 사항이 진실하다는 사실상의 추정력은 있으나 등기된 사항이 적법하다는 법률상의 추정력은 없다는 것이 통설이다.

그러나 예외적으로 법률상의 추정력을 인정하고 있는 경우가 있다. 즉, 상업등기에서는 동일한 서울특별시, 광역시, 시, 군에서 동종영업으로 타인이 등기한 상호를 사용하는 자는 부정한 목적으로 사용하는 것으로 추정(상 제23조 4항, 상업등기법 제30조)하고 있으므로 상호의 등기에는 법률상의 추정력이 부여되어 있다 할 것이다.

핵심판례

▶**판례**◀ 구 임야소유권이전등기 등에 관한 특별조치법에 의하여 마친 등기의 추정력 및 여기서 허위의 보증서나 확인서의 의미

(대법원 2019. 7. 10. 선고 2018다295677 판결)

특별조치법에 의하여 마친 등기는 실체적 권리관계에 부합하는 등기로 추정되고, 특별조치법 소정의 보증서나 확인서가 허위 또는 위조되었다거나 그 밖의 사유로 적법하게 등기되지 않았다는 증명이 없는 한 그 소유권보존등기나 이전등기의 추정력은 깨지지 않으며, 여기서 허위의 보증서나 확인서라 함은 권리변동의 원인에 관한 실체적 기재 내용이 진실에 부합하지 않는 보증서나 확인서를 뜻한다. 그리고 특별조치법이 부동산의 사실상의 양수인에 대하여 그 권리변동 과정과 일치하지 아니하는 등기를 허용하는 것임에 비추어 권리취득의 원인인 매수일자가 원소유자 또는 전(전)등기명의인의 사망일자보다 뒤로 되어 있거나, 보증서나 확인서상의 매도인 명의나 매수일자의 기재가 실제와 달리 되어 있거나, 보증서에 구체적 권리변동사유의 기재가 생략되고 현재의 권리상태에 대해서만 기재되어 있더라도 그것만으로는 바로 그 등기의 적법 추정력이 깨진다고 할 수 없다(대법원 2000. 10. 27. 선고 2000다33775 판결 등 참조). 또한 특별조치법에 따라 등기를 마친 자가 보증서나 확인서에 기재된 취득원인이 사실과 다름을 인정하더라도 그가 다른 취득원인에 따라 권리를 취득하였음을 주장하는 때에는, 특별조치법의 적용을 받을

수 없는 시점의 취득원인 일자를 내세우는 경우와 같이 그 주장 자체에서 특별조치법에 따른 등기를 마칠 수 없음이 명백하거나 그 주장하는 내용이 구체성이 전혀 없다든지 그 자체로서 허구임이 명백한 경우 등의 특별한 사정이 없는 한 위의 사유만으로 특별조치법에 따라 마쳐진 등기의 추정력이 깨진다고 볼 수는 없으며, 그 밖의 자료에 의하여 새로이 주장된 취득원인 사실에 관하여도 진실이 아님을 의심할 만큼 증명되어야 그 등기의 추정력이 깨진다

▶판례◀ 구 부동산 소유권이전등기 등에 관한 특별조치법에 의한 보증인들이 권리변동관계를 알지 못한 채 아무런 확인도 없이 등기명의인의 말만 믿고 보증서를 작성하여 준 점 등 제반 사정에 비추어 볼 때, 위 특별조치법에 의한 소유권이전등기의 기초가 된 보증서가 그 실체적 기재 내용이 진실이 아님을 의심할 만큼 증명된 것으로 봄이 상당하여 그 등기의 추정력이 깨어졌다고 한 사례

(대법원 2006.2.23. 선고, 2004다29835, 판결)

[1] 구 부동산 소유권이전등기 등에 관한 특별조치법(1992. 11. 30. 법률 제4502호, 실효)에 따라 마쳐진 등기는 실체적 권리관계에 부합하는 등기로 추정되고, 위 특별조치법에 정한 보증서나 확인서가 허위 또는 위조된 것이라거나 그 밖의 사유로 적법하게 등기된 것이 아니라는 입증이 없는 한 그 소유권보존등기나 이전등기의 추정력은 번복되지 않는 것이며, 여기서 허위의 보증서나 확인서라 함은 권리변동의 원인에 관한 실체적 기재 내용이 진실에 부합하지 않는 보증서나 확인서를 뜻한다.

[2] 구 부동산 소유권이전등기 등에 관한 특별조치법(1992. 11. 30. 법률 제4502호, 실효)에 따라 등기를 마친 자가 보증서나 확인서에 기재된 취득원인이 사실과 다름을 인정하더라도 그가 다른 취득원인에 따라 권리를 취득하였음을 주장하는 때에는, 위 특별조치법의 적용을 받을 수 없는 시점의 취득원인 일자를 내세우는 경우와 같이 그 주장 자체에서 특별조치법에 따른 등기를 마칠 수 없음이 명백하거나 그 주장하는 내용이 구체성이 전혀 없다든지 그 자체로서 허구임이 명백한 경우 등 특별한 사정이 없는 한 위의 사유만으로 특별조치법에 따라 마쳐진 등기의 추정력이 깨어진다고 볼 수는 없으나, 그 밖의 자료에 의하여 새로이 주장된 취득원인 사실에 관하여도 진실이 아님을 의심할 만큼 증명되었다면 그 등기의 추정력은 깨어진다.

[3] 구 부동산 소유권이전등기 등에 관한 특별조치법(1992. 11. 30. 법률 제4502호, 실효)에 의한 보증인들이 권리변동관계를 알지 못한 채 아무런 확인도 없이 등기명의인의 말만 믿고 보증서를 작성하여 준 점 등 제반 사정에 비추어 볼 때, 위 특별조치법에 의한 소유권이전등기의 기초가 된 보증서가 그 실체적 기재 내용이 진실이 아님을 의심할 만큼 증명된 것으로 봄이 상당하여 그 등기의 추정력이 깨어졌다고 한 사례.

마. 분사무소에 있어서의 등기의 효력

주사무소에 소재지에서 등기할 사항 중 정해진 중요한 사항은 분사무소의 소재지에서도 등기를 하여야 한다(민 제50조, 특례법 제3조). 특수법인 중 대리인을 등기할 수 있는 법인의 대리인의 등기는 대리인을 둔 주사무소 또는 분

사무소의 소재지에서만 하는 것이나, 분사무소 소재지에서 등기할 사항의 등기의 효력은 분사무소의 거래에 관하여서만 발생한다고 할 것이다(상 제10조, 제11조, 농협 제150조 2항 등).

6. 등기기관의 그 설비

가. 등기소

1) 등기소의 의의 및 관찰

등기소란 등기사무를 담당하는 국가기관을 뜻하며 현재 지방법원, 동 지원 또는 등기소에서 등기사무를 처리하고 있으므로 등기소라는 현실의 명칭을 가진 관서뿐만 아니라 지방법원의 등기과 또는 동 지원의 등기과나 등기계도 하나의 등기소라 할 것이다.

법인등기사무는 법인의 주사무소 및 분사무소 소재지를 관할하는 지방법원, 동 지원 또는 등기소에서 관장하며(비송사건절차법 제60조), 등기소의 관할구역은 법률(각급법원의설치와관할구역에관한법률)과 대법원규칙(등기소의설치와관할구역에관한규칙)에 의하여 대체로 행정구역을 기준으로 정하여져 있다.

2) 관할의 전속과 이송

행정구역의 변경 등으로 회사의 본점소재지가 다른 등기소의 관할로 바뀌었을 때에는 종전의 관할 등기소는 전산정보처리조직을 이용하여 그 본점등기기록과 인감에 관한 기록의 처리권한을 다른 등기소로 넘겨주는 조치를 하여야 한다(민법법인 및 특수법인 등기규칙 제6조, 상등규 제5조 1항).

법인의 등기사항에 관한 특례법 및 동 시행규칙이 시행되어 주사무소와 분사무소의 등기기록의 양식이 달라졌으므로, 관할전속의 경우에도 주사무소와 분사무소에서의 등기기록의 처리절차가 다르다. 이하에서 이를 나누어 살펴본다.

(가) 주사무소등기기록의 관할전속 절차(민법법인 및 특수법인 등기규칙 제6조, 상업등기규칙 제5조)

① 행정구역의 변경 등으로 회사의 주사무소소재지가 다른 등기소의 관할로 바뀌었을 때에는 종전의 관할 등기소는 전산정보처리조직을 이용하여 그 주사무소등기기록과 인감에 관한 기록의 처리권한을 다른 등기

소로 넘겨주는 조치를 하여야 한다.

② 종전의 관할 등기소에 분사무소등기기록이 존속하여야 할 필요가 있는 경우에는 관할변경의 대상이 되는 주사무소등기기록에서 현재 효력이 있는 등기사항을 기록한 분사무소등기기록을 개설하고 그 해당란에 법인성립 연월일과 등기기록의 개설 사유 및 연월일을 기록한 후 위 ①의 절차에 따른다.

③ 다른 등기소는 관할이 변경된 등기기록의 기타사항란에 관할변경의 원인, 종전의 관할 등기소로부터 관할이 변경된 뜻과 그 연월일을 기록하여야 한다.

④ 다른 등기소에 분사무소등기기록이 개설되어 있는 경우에는 위 ③의 등기를 한 때에 그 분사무소등기기록을 폐쇄하여야 한다. 다만, 분사무소등기기록에 지배인(대리인)에 관한 사항이 있는 경우에는 관할이 변경된 주사무소등기기록에 이를 기록하여야 한다.

⑤ 다른 등기소는 관할이 변경된 주사무소등기기록에 등기할 필요가 없는 사항이 있는 경우에는 관할변경으로 말소하는 뜻을 기록하고 그 사항을 말소하여야 한다.

(나) 분사무소등기기록의 관할전속절차(민법법인 및 특수법인 등기규칙 제6조, 상업등기규칙 제6조)

① 행정구역의 변경 등으로 회사의 분사무소소재지가 다른 등기소의 관할로 바뀌었을 때에는 종전의 관할 등기소는 전산정보처리조직을 이용하여 그 분사무소등기기록과 인감에 관한 기록의 처리권한을 다른 등기소로 넘겨주는 조치를 하여야 한다.

② 종전의 관할 등기소에 분사무소등기기록 또는 주사무소등기기록이 존속하여야 할 필요가 있는 경우에는 분사무소등기기록 또는 주사무소등기기록에서 현재 효력이 있는 등기사항(종전의 관할 등기소의 등기기록에만 기록하여야 할 등기사항은 제외한다)과 등기기록의 개설 사유 및 연월일과 법인성립 연월일을 기록하여 관할변경의 대상인 분사무소등기기록을 개설하고, 전산정보처리조직을 이용하여 그 분사무소에 관한 등기기록과 지배인의 인감에 관한 기록의 처리권한을 다른 등기소로 넘겨주는 조치를 하여야 한다.

③ 다른 등기소에 이미 등기기록이 개설되어 있는 경우에는 종전의 관할 등기소는 다른 등기소에 전산정보처리조직을 이용하여 관할이 변경된 구역

에 소재하는 분사무소와 그 분사무소의 지배인(대리인)에 관한 등기정보를 통지하고, 해당 지배인의 인감에 관한 기록의 처리권한을 다른 등기소로 넘겨주는 조치를 하여야 한다. 이 경우 종전의 관할 등기소에 등기기록이 존속할 필요가 없을 때에는 그 등기기록을 폐쇄하여야 한다.

④ 다른 등기소가 ① 및 ②에 따라 등기기록의 처리권한을 넘겨받은 경우에는 다른 등기소는 관할이 변경된 등기기록의 기타사항란에 관할변경의 원인, 종전의 관할 등기소로부터 관할이 변경된 뜻과 그 연월일을 기록하여야 하고, 위 ③의 통지를 받은 경우에는 그 통지받은 지점 및 지배인에 관한 사항을 등기하여야 한다.

⑤ 종전의 관할 등기소는 존속하는 주사무소등기기록 또는 분사무소등기기록에 등기할 필요가 없는 사항이 있는 경우에는 관할변경으로 말소하는 뜻을 기록하고 그 사항을 말소하여야 한다.

대법원 규칙

▶규칙◀ 등기소의 설치와 관할구역에 관한 규칙

(규칙 제3141호, 2024. 3. 28. 개정)

제1조(목적)연혁
이 규칙은 「법원조직법」 제3조제3항에 따라 지방법원 관내에 설치할 등기소와 그 관할구역을 정하고, 「상업등기법」 제5조와 「동산·채권 등의 담보에 관한 법률」 제39조제3항 및 「선박등기법」제5조 따른 등기사무의 위임에 관한 사항을 정함을 목적으로 한다. <개정 2014.10.2.>
[전문개정 2012.5.29.]

제2조(소관사무)
등기소에서는 등기와 공증사무를 처리한다.

제3조(설치와 관할구역)연혁문헌
각 지방법원과 지원(사무국을 둔 지원에 한함)관내에 설치할 등기소와 그 명칭 및 관할구역과 각 지방법원 및 지원의 등기과·계의 관할구역은 별표와 같다.
<개정 1996.7.20.>

제4조(상업등기사무의 위임)연혁문헌
① 서울특별시내에 관할이 있는 지방법원 및 등기소의 서울특별시내의 상업등기사무는 서울중앙지방법원 등기국에서, 대구광역시내에 관할이 있는 지원 및 등기소의 대구광역시내의 상업등기사무는 대구지방법원 등기국에서, 부산광역시내에 관할이 있는 지원 및 등기소의 부산광역시내의 상업등기사무는 부산지방법원 등기국에서, 인천광역시내에 관할이 있는 등기소의 인천광역시내의 상업등기사무는 인천지방법원 등기국에서 이를 각 처리한다. <개정 1995.2.16, 1996.7.20, 1998.2.23, 2002.6.17,

　　　2004.1.28, 2005.11.3, 2011.9.14, 2013.4.11, 2014.11.6, 2016.2.19, 2021.1.29,
　　　2022.9.29., 2023.5.17.>
　② 삭제 <1995.7.28.>
　③ 광주지방법원 순천지원 여수등기소의 관할구역의 상업등기사무는 광주지방법원 순천
　　　지원 여천등기소에서 이를 처리한다. <개정 2005.6.3.>
　④ 삭제 <1996.7.20.>
　⑤ 삭제 <2008.6.5.>
　⑥ 삭제 <2004.9.30.>
　⑦ 삭제 <2000.9.25.>
　⑧ 삭제 <1998.2.23.>
　⑨ 삭제 <1999.12.11.>
　⑩ 수원지방법원 송탄등기소의 관할구역의 상업등기사무는 수원지방법원 평택지원에서,
　　　수원지방법원 성남지원 분당등기소의 관할구역의 상업등기사무는 수원지방법원 성
　　　남지원에서 이를 각 처리한다. <개정 2024.3.28.>
　⑪ 삭제 <2006.12.28.>
　⑫ 삭제 <2013.6.5.>
　⑬ 창원지방법원 진해등기소와 마산지원 등기계 관할구역의 상업등기사무는 창원지방법
　　　원 등기과에서 처리한다. <신설 2010.6.30., 2012.5.29>

제5조문헌
　삭제 <2011.9.14.>

제6조(선박등기사무의 위임)연혁문헌
　① 선박등기사무의 위임에 관하여는 제4조제1항, 제10항 및 제13항을 준용한다. 다만,
　　　인천광역시에 관할이 있는 등기소 중 강화등기소는 제외한다. <개정 2013.6.5.>
　② 광주지방법원 순천지원 여천등기소의 관할구역의 선박등기사무는 광주지방법원 순천
　　　지원 여수등기소에서 이를 처리한다.
　　　[본조신설 2012.5.29.]

제7조(동산ㆍ채권담보등기사무의 위임)문헌
　동산ㆍ채권담보등기사무의 위임에 관하여는 제4조를 준용한다.
　[본조신설 2012.5.29]

부칙 <제3141호, 2024.3.28.>
이 규칙은 2024년 4월 1일부터 시행한다.

[별표] 등기소의 명칭 및 관할구역표

명 칭			관 할 구 역	
지방법원	지 원	등 기 소	시·도명	시·구·군명
서울중앙		등 기 국	서울특별시	서초구, 관악구, 강남구, 동작구(단, 상업등기, 선박등기 및 동산·채권담보등기는 서울특별시 전지역)
		중 부	〃	종로구, 중구
서울동부		등 기 국	서울특별시	성동구, 광진구, 강동구, 송파구
서울남부		등 기 국	서울특별시	양천구, 영등포구, 강서구, 구로구, 금천구
서울북부		등 기 국	서울특별시	동대문구, 중랑구, 성북구, 도봉구, 강북구, 노원구
서울서부		등 기 국	서울특별시	서대문구, 마포구, 은평구, 용산구
의정부		의 정 부	경기도	의정부시, 양주시
		연 천	"	연천군
		포 천	"	포천시
		동 두 천	"	동두천시
		철 원	강원특별자치도	철원군
	고양	고 양	경기도	고양시
		파 주	"	파주시
	남양주	등 기 과	"	남양주시, 구리시
		가 평	"	가평군
인 천		등 기 국	인천광역시	미추홀구, 연수구, 중구, 동구, 옹진군, 부평구, 계양구, 남동구, 서구(단, 상업등기 및 동산·채권담보등기는 인천광역시 전지역)
		강 화	"	강화군
	부 천	등 기 과	경기도	부천시
		김 포	"	김포시
수원		등 기 국	경기도	수원시, 화성시
		양 평	〃	양평군

		이　천	〃	이천시
		용　인	〃	용인시
		안　성	〃	안성시
		오　산	〃	오산시
		송　탄	〃	평택시 중 가재동, 도일동, 독곡동, 모곡동, 서정동, 신장동, 이충동, 장당동, 장안동, 지산동, 칠괴동, 칠원동, 고덕면, 서탄면, 진위면
	성남	등 기 과	〃	성남시 수정구, 중원구(단, 상업등기, 선박등기 및 동산·채권담보등기는 성남시 전지역)
		분　당	〃	성남시 분당구
		광　주	〃	광주시
		하　남	〃	하남시
	안산	등 기 과	〃	안산시
		광　명	〃	광명시
		시　흥	〃	시흥시
	안양	안　양	〃	안양시, 군포시, 의왕시, 과천시
	평택	등 기 과	〃	평택시 중 군문동, 동삭동, 비전동, 세교동, 소사동, 신대동, 용이동, 월곡동, 유천동, 죽백동, 지제동, 청룡동, 통북동, 평택동, 합정동, 팽성읍, 안중면, 오성면, 청북읍, 포승면, 현덕면(단, 상업등기, 선박등기 및 동산·채권담보등기는 평택시 전지역)
	여주	등 기 계	〃	여주시
춘천		등 기 과	강원특별자치도	춘천시
		화　천	〃	화천군
		양　구	〃	양구군
		인　제	〃	인제군

		고　성	〃	고성군
		양　양	〃	양양군
		삼　척	〃	삼척시
		동　해	〃	동해시
		태　백	〃	태백시
		정　선	〃	정선군
		평　창	〃	평창군
		횡　성	〃	횡성군
		홍　천	〃	홍천군
	강릉	등 기 과	〃	강릉시
	원주	등 기 과	〃	원주시
	속초	등 기 계	〃	속초시
	영월	등 기 계	〃	영월군
대전		등 기 국	대전광역시	전 지역
		금　산	충청남도	금산군
		부　여	〃	부여군
		장　항	〃	서천군
		보　령	〃	보령시
		청　양	〃	청양군
		세　종	세종특별자치시	세종특별자치시
		예　산	충청남도	예산군
		당　진	〃	당진시
		태　안	〃	태안군
	천안	등 기 과	〃	천안시
		아　산	〃	아산시
	홍성	등 기 계	〃	홍성군
	공주	〃	〃	공주시

	논산	〃	〃	논산시, 계룡시
	서산	등 기 과	〃	서산시
청 주		등 기 과	충 청 북 도	청주시
		보 은	〃	보은군
		옥 천	〃	옥천군
		진 천	〃	진천군
		괴 산	〃	괴산군, 증평군
		단 양	〃	단양군
		음 성	〃	음성군
	충 주	등 기 계	〃	충주시
	제 천	〃	〃	제천시
	영 동	〃	〃	영동군
대구		등 기 국	대구광역시	수성구, 남구, 중구, 북구, 동구(단, 상업등기, 선박등기 및 동산·채권담보등기는 대구광역시 전지역)
		군 위	〃	군위군
		청 송	경상북도	청송군
		영 양	〃	영양군
		영 천	〃	영천시
		경 산	〃	경산시
		청 도	〃	청도군
		칠 곡	〃	칠곡군
		구 미	〃	구미시
		문 경	〃	문경시
		예 천	〃	예천군
		영 주	〃	영주시

	봉 화	〃	봉화군
	울 진	〃	울진군
	울 릉	〃	울릉군
	서부	등 기 과	대구광역시	달서구, 서구, 달성군
		고 령	경상북도	고령군
		성 주	〃	성주군
	포항	등 기 과	〃	포항시(남구, 북구)
	경주	등 기 계	〃	경주시
	안동	〃	〃	안동시
	김천	〃	〃	김천시
	상주	〃	〃	상주시
	의성	〃	〃	의성군
	영덕	〃	〃	영덕군
부산		등 기 국	부산광역시	중구, 동구, 영도구, 부산진구, 동래구, 연제구, 금정구, 서구 (단, 상업등기, 선박등기 및 동산·채권담보 등기는 부산광역시 전 지역)
	동부	등 기 과	"	해운대구, 기장군
		남 부 산	"	남구, 수영구
	서부	등 기 과	"	사하구, 강서구
		북 부 산	"	북구, 사상구
울 산		등 기 과	울산광역시	전지역
		양 산	경상남도	양산시
창 원		등 기 과	〃	창원시 의창구, 성산구(단, 상업등기, 선박등기 및 동산·채권담보등기는 창원시 전지역)
		진 해	〃	창원시 진해구
		함 안	〃	함안군
		의 령	〃	의령군

		남 해	〃	남해군
		하 동	〃	하동군
		산 청	〃	산청군
		거 제	〃	거제시
		고 성	〃	고성군
		창 녕	〃	창녕군
		함 양	〃	함양군
		합 천	〃	합천군
		사 천	〃	사천시
		김 해	〃	김해시
	마 산	등 기 계	〃	창원시 마산합포구, 마산회원구
	진 주	등 기 과	〃	진주시
	통 영	등 기 계	〃	통영시
	밀 양	〃	〃	밀양시
	거 창	〃	〃	거창군
광 주		등 기 국	광주광역시	전지역
		담 양	전라남도	담양군
		곡 성	〃	곡성군
		화 순	〃	화순군
		강 진	〃	강진군
		영 암	〃	영암군
		나 주	〃	나주시
		함 평	〃	함평군
		무 안	〃	무안군
		영 광	〃	영광군
		장 성	〃	장성군
		완 도	〃	완도군

	진 도	〃	진도군
순 천	등 기 과	〃	순천시
	구 례	〃	구례군
	광 양	〃	광양시
	여 수	〃	여수시 중 종화동, 수정동, 공화동, 관문동, 고소동, 동산동, 중앙동, 교동, 군자동, 충무동, 연등동, 광무동, 서교동, 봉강동, 봉산동, 남산동, 국동, 신월동, 경호동, 여서동, 문수동, 오림동, 미평동, 둔덕동, 오천동, 만흥동, 덕충동, 돌산읍, 남면, 화정면, 삼산면(단, 선박등기는 여수시 전지역)
	여 천	〃	여수시 중 쌍봉동, 시전동, 여천동, 주삼동, 삼일동, 묘도동, 상암동, 소라면, 화양면, 율촌면(단, 상업등기와 동산·채권담보등기는 여수시 전지역)
	고 흥	〃	고흥군
	보 성	〃	보성군
목 포	등 기 과	〃	목포시, 신안군
장 흥	등 기 계	〃	장흥군
해 남	〃	〃	해남군
전 주	등 기 과	전북특별자치도	전주시, 완주군
	진 안	〃	진안군
	무 주	〃	무주군
	장 수	〃	장수군
	임 실	〃	임실군
	순 창	〃	순창군
	고 창	〃	고창군
	부 안	〃	부안군
	김 제	〃	김제시
	익 산	〃	익산시

	군 산	등 기 과	〃	군산시
	정 읍	등 기 계	〃	정읍시
	남 원	〃	〃	남원시
제 주		등 기 과	제주특별 자치도	제주시
		서 귀 포	〃	서귀포시

나. 등기관

등기관이란 등기소에 근무하는 법원서기관, 법원사무관, 법원주사, 법원주사보 중에서 지방법원장의 지정에 의하여 등기사무를 처리하는 자를 말한다.

등기관은 1등기소에 1인으로 지정할 필요는 없으므로, 통상 등기소별로 그 업무량에 비례한 복수의 등기관을 지정하고 있다.

등기관도 지방법원, 동 지원 또는 등기소에 근무하는 직원이므로 법원조직법상 상사의 일반적인 지휘감독하에 있음은 물론이나, 등기사건처리에 있어서는 등기관은 자기 책임하에 등기사무를 처리하는 단독관청으로서 그 직무집행에 있어서는 독립하여 권한을 행사하고 구체적인 사건처리에 관하여 상사의 지휘감독을 받는 일은 없다.

등기관은 국가공무원으로서 법령이 규정하는 바에 따라 등기사무를 공정하게 처리할 의무를 부담하는 자이므로 등기관이 고의, 과실로 법령에 위반한 부당한 처분을 함으로써 사인에게 손해를 입힌 경우에는 국가배상법의 규정에 의하여 국가가 배상책임을 지는바, 이 때 등기관에게 고의 또는 중대한 과실이 있으면 국가가 등기관에 대하여 구상권을 가진다.

공무원 개인도 국가와는 별도로 피해자에게 손해배상책임을 지는지와 관련하여 대법원 전원합의체에서는 공무원이 직무수행 중 불법행위로 타인에게 손해를 입힌 경우에 국가 등이 국가배상책임을 부담하는 외에 공무원 개인도 고의 또는 중과실이 있는 경우에는 그로 인한 손해배상책임을 부담하고, 다만 공무원에게 경과실만 인정되는 경우에는 공무원 개인은 손해배상책임을 부담하지 아니한다고 판결하였다(대판 1996. 2. 15. 95다 38677).

대법원 예규

▶예규◀ 등기과·소장의 등기업무처리지침

(등기예규 제1049호 2001.12.26. 제정)

1. 등기업무처리와 관련하여 등기관이 별도로 지정되어 근무하는 등기과·소장은 등기신청서 조사 및 교합업무의 직접 처리를 가급적 자제하고, 일반 대민 업무와 등기업무의 개선 및 등기관 상호간의 업무통일 등 등기소 업무의 전반적인 지휘·감독에 전념하여야 한다.
2. 특히, 등기관이 3인이상 지정(과·소장 제외)되어 근무하는 등기과·소의 경우에는 특별한 경우(등기관의 휴가·병가 등으로 결원이 발생한 경우 또는 신청사건의 폭주하여 등기관의 업무처리가 불가능하다고 판단되는 경우)를 제외하고는 등기과·소장은 등기신청서 조사 및 교합업무를 처리하지 아니한다.

부 칙
이 예규는 2002. 1. 1.부터 시행한다.

▶예규◀ 등기관의 처분에 대한 이의신청절차 등에 관한 업무처리지침

(등기예규 제1689호 2020.7.21. 제정)

제1조 (이의신청절차)
① 이의신청은 구술로는 할 수 없고 이의신청서를 당해 등기소에 제출하여야 한다.
② 이의신청서에는 이의신청인의 성명·주소, 이의신청의 대상인 등기관의 결정 또는 처분, 이의신청의 취지와 이유, 신청연월일, 관할지방법원 등의 표시를 기재하고 신청인이 기명날인 또는 서명하여야 한다.
③ 이의신청기간에는 제한이 없으므로 이의의 이익이 있는 한 언제라도 이의신청을 할 수 있다.
④ 새로운 사실에 의한 이의금지
등기관의 결정 또는 처분이 부당하다고 하여 이의신청을 하는 경우에는 그 결정 또는 처분시에 주장되거나 제출되지 아니한 사실 이나 증거방법으로써 이의사유를 삼을 수 없다.

제2조 (이의신청인)
① 등기신청의 각하결정에 대하여는 등기신청인인 등기권리자 및 등기의무자에 한하여 이의신청을 할 수 있고, 제3자는 이의신청을 할 수 없다.
② 등기를 실행한 처분에 대하여는 등기상 이해관계 있는 제3자가 그 처분에 대한 이의신청을 할 수 있다. 그 이의신청을 할 수 있는지의 여부에 대한 구체적 예시는 아래와 같다.
  (1) 채권자가 채무자를 대위하여 경료한 등기가 채무자의 신청에 의하여 말소된 경우에는 그 말소처분에 대하여 채권자는 등기상 이해관계인으로서 이의신청을 할 수 있다.
  (2) 상속인이 아닌 자는 상속등기가 위법하다 하여 이의신청을 할 수 없다.
  (3) 저당권설정자는 저당권의 양수인과 양도인 사이의 저당권이전의 부기등기에 대하여 이의신청을 할 수 없다.
  (4) 등기의 말소신청에 있어 「부동산등기법」 제57조 소정의 이해관계 있는 제3자의

승낙서 등 서면이 첨부되어 있지 아니하였다는 사유는 제3자의 이해에 관련된 것이므로, 말소등기의무자는 말소처분에 대하여 이의신청을 할 수 있는 등기상 이해관계인에 해당되지 아니하여 이의신청을 할 수 없다.

제3조 (이의사유)
① 등기신청의 각하결정에 대한 이의신청의 경우등기관의 각하결정이 부당하다는 사유면 족하고 그 이의사유에 특별한 제한은 없다.
② 등기신청을 수리하여 완료된 등기에 대한 이의신청의 경우
등기신청이 「부동산등기법」 제29조 각 호에 해당되어 이를 각하하여야 함에도 등기관이 각하하지 아니하고 등기를 실행한 경우에는 그 등기가 「부동산등기법」 제29조제1호, 제2호에 해당하는 경우에 한하여 이의신청을 할 수 있고, 동법 제29조제3호 이하의 사유로는 이의신청의 방법으로 그 등기의 말소를 구할 수 없다.

제4조 (이의신청이 있는 경우 등기관의 조치)
① 등기신청의 각하결정에 대한 이의신청이 있는 경우
(1) 이의가 이유 없다고 인정한 경우이의신청서가 접수된 날로부터 3일 이내에 의견서를 첨부하여 사건을 관할지방법원에 송부하여야 한다.
(2) 이의가 이유 있다고 인정한 경우등기신청을 각하한 결정이 부당하다고 인정한 때에는 그 등기신청에 의한 등기를 실행한다.
② 등기신청을 수리하여 완료된 등기에 대한 이의신청이 있는 경우
(1) 이의가 이유 없다고 인정한 경우 그 등기에 대하여 이의신청이 있다는 사실을 등기상 이해관계인에게 통지하고, 이의신청서가 접수된 날로부터 3일 이내에 의견서를 첨부하여 사건을 관할지방법원에 송부하여야 한다.
(2) 이의가 이유 있다고 인정한 경우이의신청의 대상이 되는 등기가 「부동산등기법」 제29조제1호 또는 제2호에 해당하여 이의가 이유 있다고 인정한 경우에는 동법 제58조의 절차를 거쳐 그 등기를 직권말소한다. 다만, 완료된 등기에 대하여는 「부동산등기법」 제29조제3호 이하의 사유를 이의사유로 삼을 수는 없는 것이어서, 동법 제29조제3호 이하의 사유에 기한 이의신청은 그 사유가 인정된다 하더라도 결국 그 이의가 이유가 없는 경우에 해당하므로, 이 경우에는 위 제1호의 예에 따라 사건을 관할법원에 송부하여야 한다.

제5조 (관할지방법원의 재판의 고지 등)
(1) 이의신청을 인용한 경우
관할지방법원은 이의가 이유 있다고 인정하여 등기관에게 그에 해당하는 처분을 명하였을 때에는 그 결정등본을 등기관과 이의신청인 및 등기상 이해관계인에게 송달한다.
(2) 이의신청을 기각(각하 포함)한 경우
관할지방법원은 이의신청을 기각(각하 포함)하였을 때에는 그 결정등본을 등기관과 이의신청인에게 송달한다.
(3) 이의신청이 취하된 경우
이의신청이 취하된 경우에는 취하서 부본을 등기관에게 송달한다.

제6조 (관할지방법원의 기록명령이나 가등기 또는 부기등기명령에 의한 등기)
① 등기절차
(1) 등기관의 처분에 대한 이의신청에 대하여 관할지방법원(항고법원 포함, 이하 관할지방법원이라 한다)이 결정전에 가등기 또는 이의가 있다는 취지의 부기등기를 명하거나 이의신청

을 인용하여 일정한 등기를 명한 경우 등기관은 그 명령에 따른 등기를 하여야 한다.
 (2) 이 경우 관할지방법원의 등기명령의 결정등본은 접수연월일과 접수번호를 부여하여 등기 사건접수장에 기재하고, 위 결정등본을 신청서 기타부속서류편철장에 편철한다.
 (3) 관할지방법원의 (가) 등기기록명령에 의한 등기를 하는 때에는 「ㅇ년 ㅇ월 ㅇ일 ㅇㅇ지방법원의 명에 의하여 (가) 등기」라고 기록하여 명령을 한 법원, 명령의 연월일, 명령에 의하여 등기를 한다는 뜻을 기록하여야 한다.
 (4) 관할지방법원의 부기등기 기록명령에 의한 등기를 하는 때에는 등기원인을 「ㅇ년 ㅇ월 ㅇ일 ㅇㅇ지방법원의 명령」으로 하고 이의신청인의 성명과 주소를 기록하여야 하며 기록례는 별지1주)과 같다.
② 기록명령에 따른 등기를 할 수 없는 경우
 (1) 등기신청의 각하결정에 대한 이의신청에 따라 관할 지방법원이 그 등기의 기록명령을 하였더라도 다음 각 호의 어느 하나에 해당하는 경우에는 그 기록명령에 따른 등기를 할 수 없다.
 (가) 권리이전등기의 기록명령이 있었으나, 그 기록명령에 따른 등기전에 제3자 명의로 권리이전등기가 되어 있는 경우
 (나) 지상권·지역권·전세권·임차권설정등기의 기록명령이 있었으나, 그 기록명령에 따른 등기전에 동일한 부분에 지상권·전세권·임차권설정등기가 되어 있는 경우
 (다) 말소등기의 기록명령이 있었으나 그 기록명령에 따른 등기전에 등기상 이해관계인이 발생한 경우
 (라) 등기관이 기록명령에 따른 등기를 하기 위하여 신청인에게 첨부정보를 다시 등기소에 제공할 것을 명령하였으나 신청인이 이에 응하지 아니한 경우
2. 위 제1호와 같이 기록명령에 따른 등기를 할 수 없는 경우에는 그 뜻을 관할 지방법원과 이의신청인에게 통지하여야 한다.
③ 기재명령에 따른 등기를 함에 장애가 되지 아니하는 경우
소유권이전등기신청의 각하결정에 대한 이의신청에 기하여 관할지방법원의 소유권이전등기 기록명령이 있기 전에 제3자 명의의 근저당권설정등기가 경료된 때와 같은 경우에는 기록명령에 따른 등기를 함에 장애가 되지 아니하므로, 기록명령에 따른 등기를 하여야 한다.

제7조 (이의신청이 기각된 경우의 부기등기 및 가등기의 말소)
이의신청에 대한 기각결정(각하, 취하를 포함한다)의 통지를 받은 등기관은 그 통지서에 접수인을 찍고 접수연월일과 접수번호를 기재한 후 해당 가등기나 부기등기를 말소하고(기록례는 별지2주)와 같다), 등기상 이해관계인에게 그 취지를 통지하며, 그 통지서는 신청서 기타 부속서류편철장에 편철한다.
(주 : 위 기록례는 부동산등기기재례집 제595항 참조)

부 칙 (2020.7.21.제1689호)
① (시행일) 이 예규는 2020년 8월 5일부터 시행한다.
② (적용례) 개정규정은 이 예규 시행 이후 접수되는 명령부터 적용한다.

▶선례◀ 등기관의 처분에 대한 이의신청서에 기재할 관할 법원의 표시(등기선례 제5-219호)

(1998. 6. 29. 등기 3402-591 질의회답)

부동산등기법 제178조는 등기관의 결정 또는 처분을 부당하다고 하는 자는 관할지방법원에 이의신청을 할 수 있도록 규정하고 있고, 같은 법 제179조는 이의신청은 당해 등기소에 이의신청서를 제출하는 방식으로 하도록 규정하고 있는바, 사무국을 둔 지원의 관할 구역 안에 위치한 등기소의 등기관이 행한 결정이나 처분에 대하여 이의신청을 하는 경우, 그 이의신청서에는 당해 지원을 관할법원으로 기재하여야 한다.

다. 법인등기부와 기타 장부

1) 법인등기부

가. 종류

법인등기부는 민법법인·특수법인·외국법인의 등기기록이 있다. 각 각의 등기기록은 민법법인 및 특수법인 등기규칙 제2조에서 정한 양식의 각 란에 기록한 등기정보로 편성한다.

나. 구성

법인등기부는 등기한 사항에 변경이 있을 때 종전 해당등기에 이어서 할 수 있도록 하기 위해 여백을 두고 있다. 그리고 등기번호, 등록번호, 명칭, 주사무소, 목적, 임원에 관한 사항, 기타사항, 분사무소에 관한 사항, 대리인에 관한 사항, 법인성립연월일, 등기기록의 개설 사유 및 연월일과 같이 일정한 등기사항에 관한 각 란이 모여서 하나의 등기기록을 이룬다.

등기기록을 개설하는 경우 등기관이 등기기록의 개설사유 및 연월일 란에 그 일자 또는 사유 및 일자를 기재하고, 등기관의 식별부호를 기록하여야 한다. 등기번호란에는 등기번호를 기재하여야 한다. 등기번호는 등기부의 종류별로 등기부에 기록하는 순서에 따라 일련번호로 한다(민법법인 및 특수법인 등기규칙 제6조, 상업등기규칙 제8조).

다. 보관

등기부(폐쇄등기부를 포함)와 전자문서(「전자서명법」 제2조의 전자문서)로 작성된 신청서 기타 부속서류는 중앙관리소에서 보관하고 관리한다. 등기부부본자료는 전산정보처리조직으로 작성하여 법원행정처장이 지정하는 장소에 보관하여야 한다(민법법인 및 특수법인 등기규칙 제6조, 상업등기규칙 제14조).

라. 등기기록 폐쇄

등기기록은 법인에 관하여 주사무소이전, 법인의 청산종결 등으로 등기소에서 등기할 필요가 없게 되면 폐쇄하게 된다. 또한 해산의 등기를 한 후 또는 해산된 것으로 된 후 10년이 지난 법인의 등기기록은 폐쇄할 수 있다(비송사건절차법 제66조, 상업등기법 제19조). 등기기록을 폐쇄할 때에는 기타사항란에 그 뜻과 연월일을 기재하고 등기관의 식별부호를 기록하여야 한다(민법법인 및 특수법인 등기규칙 제6조, 상업등기규칙 제58조, 제3조). 폐쇄한 등기기록은 법령에 다른 규정이 있는 경우를 제외하고는 보조기억장치에 따로 기록하여 보관하고, 폐쇄한 등기기록은 영구히 보존하여야 한다. 2014년 11월 21일 시행된 개정 상업등기법 이전에는 '폐쇄한 등기기록은 폐쇄한 날부터 50년간 보존하여야 한다.'고 규정하고 있었으나 개정 상업등기법에서는 영구 보존하는 것으로 변경되었다. 누구든지 수수료를 납부하고 대법원규칙으로 정하는 바에 따라 등기부에 기록되어 있는 사항의 전부 또는 일부의 열람과 이를 증명하는 서면의 교부를 청구할 수 있으며, 이해관계 있는 부분에 한하여 등기부의 부속서류의 열람을 청구할 수 있다(비송사건절차법 제66조, 상업등기법 제20조, 제15조).

등기기록을 폐쇄한 때에는 등기관은 전산정보처리조직을 이용하여 지체 없이 그 뜻을 지점소재지의 등기소에 통지하여야 한다. 이 경우 통지를 받은 지점소재지의 등기관은 지체 없이 해당 지점등기기록을 폐쇄하여야 한다(민법법인 및 특수법인 등기규칙 제6조, 상업등기규칙 제59조 3항).

대법원 예규

▶예규◀ 폐쇄된 등기기록상 등기사항을 현재의 등기기록에 이기하는 경우 및 그 절차에
관한 업무처리지침

(등기예규 제1595호, 2016.3.22. 제정)

제1조(목적)
이 예규는 폐쇄된 등기기록(폐쇄된 종이등기부를 포함한다. 이하 같다)상의 등기사항을 현재의
등기기록에 이기하는 경우 및 그 절차에 관하여 규정함을 목적으로 한다.

제2조(이기요건)
① 등기관은 다음 각 호의 어느 하나에 해당하는 경우에는 폐쇄된 등기기록상 등기사항을 현
재의 등기기록에 이기한다. 다만, 등기상 이해관계 있는 제3자가 있는 경우에는 제3자의
승낙이 있어야 한다.
  (1) 등기기록을 폐쇄할 당시 현재의 등기기록에 이기되어 기록되었어야 할 등기사항이 누락
된 경우(별지 기록례 1 참조)
  (2) 폐쇄된 등기기록상 등기사항이 부적법하게 말소되지 아니하였더라면 현재의 등기기록에
이기되었어야 할 경우(별지 기록례 2, 3, 4, 5, 6 참조)
  (3) 현재의 등기기록에서 등기의 말소(일부말소 의미의 경정등기 포함)로 인하여 폐쇄된 등
기기록에서 등기사항을 이기하여야 하는 경우(별지 기록례 7, 8, 9 참조)
② 현재의 등기기록에 이기의 목적인 등기사항과 양립할 수 없는 등기가 있는 때에는 양립할 수
없는 등기에 대한 말소등기신청에 의해 선행적으로 그 등기의 말소등기가 이루어져야 한다.

제3조(이기범위)
등기관은 제2조제1항에 따라 이기할 경우에 이기의 목적인 폐쇄된 등기기록상 등기사항과 그
등기의 실행을 위하여 필요한 등기사항만을 현재의 등기기록에 이기한다(별지 기록례 3 참조).

제4조(이기방법)
① 순위번호는 전산정보처리조직에 의하여 자동으로 부여하고 종전 순위번호는 새로 부여된
순위번호 밑에 "전"자를 붙여 괄호 내서한다.
② 직전의 폐쇄된 등기기록에서 이기하는 경우에는 이기의 취지와 어느 부동산에서 이기하였
는지를 권리자 및 기타사항란에 기록한다(예, 1번 소유권이전등기말소로 인하여 순위 제3
번 등기를 서울특별시 종로구 청운동 2로부터 이기).
③ 직전의 폐쇄된 등기기록이 아닌 그 전에 폐쇄된 등기기록에서 이기하는 경우에도 현재의
등기기록으로 바로 이기하고 어느 등기기록에서 이기하였는지도 권리자 및 기타사항란에
기록한다(예, 3번 소유권이전등기말소로 인하여 순위 제5번 등기를 서울특별시 종로구 청
운동 2의 2000년 9월 19일 전산이기로 인하여 폐쇄된 등기기록으로부터 이기, 별지 기록
례 9 참조).

제5조(등기의 기록례)
이 예규에 따른 등기실행의 기록례는 별지와 같다.

부 칙
이 예규는 즉시 시행한다.

마. 등기기록 부활

① 폐쇄한 등기기록에 다시 등기할 필요가 있는 때에는 그 등기기록을 부활하여야 한다. 그리고 등기기록을 부활하는 경우에는 기타사항란에 그 뜻과 연월일을 기록하고 등기기록을 폐쇄한 뜻과 그 연월일의 등기를 말소하는 기호를 기록하여야 한다(민법법인 및 특수법인 등기규칙 제6조, 상업등기규칙 제58조).

② 해산의 등기를 한 후 또는 해산된 것으로 된 후 10년이 지난 법인의 등기기록은 폐쇄할 수 있는데 이렇게 등기기록을 폐쇄한 경우에 법인이 주사무소소재지를 관할하는 등기소에 청산을 종결하지 아니하였다는 뜻을 종결하지 아니을 신고한 때에는 등기관은 그 등기기록을 부활하여야 한다. 다만, 청산하였다는 신고로 등기기록이 부활된 때부터 5년이 지난 때에는 등기관은 다시 그 등기기록을 폐쇄할 수 있다. 이와 같이 등기기록이 부활된 경우에는 등기관은 전산정보처리조직을 이용하여 지체 없이 그 뜻을 지점소재지의 등기소에 통지하여야 한다. 이 경우 통지를 받은 지점소재지의 등기관은 지체 없이 해당 지점등기기록을 부활하여야 한다(민법법인 및 특수법인 등기규칙 제6조, 상업등기규칙 제59조).

대법원 예규

▶예규◀ 「채무자 회생 및 파산에 관한 법률」에 따른 법인등기 사무처리지침

(등기예규 제1518호 2014.04.28. 시행)

제13조(회생절차폐지 및 회생절차종결 등기)
① 제10조제1항, 제3항, 제4항의 규정은 회생절차폐지결정의 확정 또는 회생절차종결에 따른 등기에 준용한다.
② 회생절차폐지결정 또는 회생절차종결의 등기를 한 경우, 등기관은 직권으로 회생절차개시등기, 회생계획인가등기 및 관리인, 관리인대리, 또는 법 제74조제4항에 의하여 법인의 대표자를 관리인으로 본다는 취지의 등기를 말소하여야 한다.
③ 회생계획에 따른 해산등기와 회생절차종결등기를 한 때에, 그 법인에 대하여 청산절차가 필요 없거나 청산절차가 종료되었음이 회생계획인가결정서, 회생절차종결결정서 등에 나타나면, 등기관은 해당 법인의 등기부를 직권으로 폐쇄하여야 한다.

제16조(파산취소, 파산폐지, 파산종결의 등기)
① 등기관은 파산선고 취소의 등기를 한 때에는, 직권으로 파산선고의 등기, 파산관재인에 관한 등기, 파산관재인대리에 관한 등기를 말소하여야 한다.
② 등기관은 파산폐지 및 파산종결의 등기를 한 경우에는 당해 등기부를 폐쇄하여야 한다. 다만, 법 제538조의 동의에 의한 파산폐지의 등기를 한 경우에는 등기부를

폐쇄하지 아니하고, 직권으로 파산선고의 등기, 파산관재인, 파산관재인대리에 관한 등기를 말소하여야 한다.

▶예규◀ 해산등기 및 정리절차종결등기를 한 때에 반드시 당해 등기용지를 폐쇄하여야 하는지 여부

(상업등기선례 제2-89호, 2007.01.26. 제정)

정리계획에 의하여 정리절차종결의 결정일에 해산한 회사에 대하여 해산등기 및 정리절차종결등기를 한 때에는 당해 등기용지를 폐쇄한다(등기예규 제1126호 제13조제3항, 폐지된 등기예규 제935호 4. 바.). 그런데, 이러한 때라도 정리절차종결의 결정서에 당해 회사의 청산이 종결되지 않아 채권의 추심과 채무의 변제, 잔여 재산의 분배 등 청산사무가 남아 있음이 나타나면 등기관은 그 등기용지를 폐쇄하지 않는다(2007. 1. 26. 공탁상업등기과-110 질의회답).

---

2) 기타 제장부

등기소에는 등기부와 폐쇄등기부 외에 접수장 및 상업등기규칙 제22조 제1항의 장부를 비치하여야 한다. 이러한 장부는 상업등기규칙에서 규정하는 해당 장부와 같이 사용할 수 있다(민법법인 및 특수법인 등기규칙 제3조).

가) 등기소에 비치할 장부와 보존기간

상업등기규칙 제22조 제1항의 장부는 다음과 같다.

① 상업등기신청서 접수장

② 기타문서 접수장

③ 결정원본 편철장

④ 이의신청서류 편철장

⑤ 전자증명서발급신청서류 등 편철장

⑥ 사용자등록신청서류 등 편철장

⑦ 신청서 기타 부속서류 편철장

⑧ 인감신고서류 등 편철장

⑨ 인감카드발급신청서류 등 편철장

⑩ 열람신청서류 편철장

⑪ 신청서 기타 부속서류 송부부

⑫ 각종 통지부

⑬ 그 밖에 대법원예규로 정하는 장부

이러한 장부는 매년 별책으로 하여야 한다. 다만, 필요에 따라 분책할 수 있다. 그리고 이러한 장부는 전자적으로 작성할 수 있다(민법법인 및 특수법인 등기규칙 제6조, 상업등기규칙 제22조 2항, 3항).

그리고 장부는 각각 아래 기간 동안 보존(장부의 보존기간은 당해 연도의 다음 해부터 기산)하여야 한다(민법법인 및 특수법인 등기규칙 제6조, 상업등기규칙 제25조, 제15조).

    ① 상업등기신청서 접수장 : 5년

    ② 기타문서 접수장 : 10년

    ③ 결정원본 편철장 : 10년

    ④ 이의신청서류 편철장 : 10년

    ⑤ 전자증명서발급신청서류 등 편철장 : 10년

    ⑥ 사용자등록신청서류 등 편철장 : 10년

    ⑦ 신청서 기타 부속서류 편철장 : 5년

    ⑧ 인감신고서류 등 편철장 : 5년

    ⑨ 인감카드발급신청서류 등 편철장 : 3년

    ⑩ 열람신청서류 편철장 : 1년

    ⑪ 신청서 기타 부속서류 송부부 : 5년

    ⑫ 각종 통지부 : 1년

    ⑬ 인감부 : 영구

보존기간이 종료된 종이 형태의 장부 등은 지방법원장의 인가를 받아 보존기간이 종료되는 해의 다음 해 3월말까지 폐기한다(민법법인 및 특수법인 등기규칙 제6조, 상업등기규칙 제25조).

나) 인감부

인감사무가 전산화되기 전에는 인감부는 등기신청인 등이 제출한 인감대지를 수납, 보존하기 위하여 비치하는 장부였다(구상업등기처리규칙 제4조 2항). 현재는 인감사무가 전산화되어 상업등기법 제16조 및 제25조에 따라 제출된 인감 및 인감제출자에 관한 정보는 보조기억장치에 기록하는데 이를 인감부라고 한다(민법법인 및 특수법인 등기규칙 제6조, 상업등기규칙 제15조 1항).

① 인감부와 부본자료의 보관

인감부는 중앙관리소에서 보관·관리 한다. 폐쇄인감부의 경우에도 이와 같다(민법법인 및 특수법인 등기규칙 제6조, 상업등기규칙 제14조). 인감부는 보조기억장치(자기디스크, 자기테이프 그 밖에 이와 유사한 방법에 의하여 일정한 인감기록사항을 기록·보관할 수 있는 전자적 정보저장매체를 말한다. 이하 같다)로 그 부본자료를 작성하여 법원행정처장이 지정하는 장소에 보관하여야 한다(민법법인 및 특수법인 등기규칙 제6조, 상업등기규칙 제14조 2항).

② 인감부의 손상과 복구

인감부의 전부 또는 일부가 손상되거나 손상될 염려가 있는 때에는 전산운영책임관은 그 상황을 상세히 조사한 후 처리방법을 법원행정처장에게 보고하여야 한다. 그리고 인감부의 전부 또는 일부가 손상된 때에는 등기부 부본자료에 의하여 이를 복구하여야 한다. 그리고 등기부를 복구한 경우에는 전산운영책임관은 지체 없이 그 경과를 법원행정처장에게 보고하여야 한다(민법법인 및 특수법인 등기규칙 제6조, 상업등기규칙 제17조).

다) 색출장

색출장은 등기용지의 색출을 위하여 비치하는 장부로서 전산등기가 완료된 현재는 사용하지 않는다. 그러나 구등기를 색출할 때에는 현재도 유용한 장부이다.

색출장에는 가, 나, 다 순으로 미리 가의 부로부터 하의 부까지를 두고 등기용지에 등기번호를 기재할 때마다 그 등기용지에 등기한 상호 또는 무능력자, 법정대리인이나 지배인의 성명과 등기번호를 기재하였다.

법인의 해산등기를 하면 색출장 비고란에 그 뜻을 기재하였다.

법정대리인의 등기의 경우에는 무능력자의 성명을, 지배인의 등기의 경우에는 영업주의 성명 또는 상호를, 외국회사의 등기의 경우에는 회사의 종류를 색출장의 비고란에 기재하였다. 수개의 광역시, 시, 군을 관할하는 등기소에서는 상호 또는 회사의 등기의 경우 영업소 또는 주사무소나 지점이 소재하는 광역시, 시, 군을 색출장의 비고란에 기재하고 그 소재지 변경의 등기를 한 때에는 종전의 기재를 정정하였었다.

법인의 명칭 또는 대리인의 성명의 변경등기를 한 때에는 색출장에 그 색출을 이기하고 종전의 부의 비고란에는 제 몇책 제 몇장에 이기한다는 뜻을 기재하며 그 색출을 주말하여야 했다. 등기용지를 폐쇄한 때에는 색출장 중 비고란에 그 사유를 기재하고 그 색출을 주말했다. 폐쇄한 등기용지를 부활한 때에는 색출장 중 상당의 부에 전의 색출을 이기하고 전의 색출 비고란에 부활한 뜻을 기재하여야 했다.

라) 법인등기신청서접수장

등기소는 등기신청에 관한 접수정보를 기록할 법인등기신청서접수장을 매년 편성하여야 한다. 이러한 법인등기신청서 접수장은 보조기억장치로 작성한다(민법법인 및 특수법인 등기규칙 제6조, 상업등기규칙 제23조).

등기신청서를 받은 등기관은 전산정보처리조직에 다음 각 호의 사항을 입력한 후 신청서에 접수번호표를 붙여야 한다. 등기관이 신청서를 접수하였을 때에는 신청인의 청구에 따라 그 신청서의 접수증을 발급하여야 한다.

 1. 등기의 목적
 2. 신청인의 성명 또는 상호
 3. 접수의 연월일시와 접수번호
 4. 대리인의 성명 및 자격
 5. 등기신청수수료, 등록면허세액

마. 인감신고서류편철장

이 편철장에는 개인신고서와 폐인신고서를 편철하되, 개인, 폐인신고서가 등기신청과 같이 행하여지는 경우에는 그 신청서에 첨부하여 신청서기타부속서류편철장에 이를 편철할 수 있다(1992. 1. 15. 등기 제98호 행정처장 통첩).

바. 결정원본편철장, 이의신청서류편철장

이는 각하결정과 등기관의 처분에 대한 이의신청서 등을 편철하는 장부로서, 10년마다 별책으로 보존하도록 하고, 필요에 따라 분책할 수 있도록 하고 있다(민법법인 및 특수법인 등기규칙 제6조, 상업등기규칙 제22조).

이 장부는 상업등기규칙에서 규정하는 장부와 같이 사용할 수 있다(민법법인 및 특수법인 등기규칙 제3조 2항).

사. 법인등록번호부와 법인등록번호의 경정 및 변경

 ① 법인등록번호부

법인에 대한 등록번호는 법인의 설립등기(외국법인의 경우에는 국내에서 최초로 하는 영업소 또는 사무소설치의 등기를 말한다)를 하는 때에 이를 부여한다. 법인에 대한 등록번호의 부여는 전산정보처리조직에 의하여 등기기록의 등록번호란에 기록하는 방법으로 한다(법인 및 재외국민의 부동산등기용등록번호 부여에 관한 규칙(이하 '등록번호부여규칙'이라 함) 제3조).

서울중앙지방법원 등기국에 전산정보처리조직에 의한 보조기억장치(자기디스크, 자기테이프 그 밖에 이와 유사한 방법에 의하여 일정한 사항을 기록·보관할 수 있는 전자적 정보저장매체를 말한다)로 부록 제4호 양식에 따른 재외국민등록번호부를 비치한다(등록번호부여규칙 제6조 1항).

법인의 등록번호는 관서별분류번호 4자리수, 법인종류별분류번호 2자리수, 일련번호 6자리수 및 오류검색번호 1자리수가 차례로 연결되어 구성되어 있다.

등기관서별 분류번호, 법인종류별 분류번호 및 오류검색번호는 법인및재외국민의부동산등기용등록번호부여에관한규칙이 정하는 바에 의하며, 일련번호에 의하되 그 등기번호가 6자리수가 아니면 6자리수가 될 때까지 앞에 0을 붙인다(등록번호부여규칙 제2조).

등록번호부여 요령은 다음과 같다.

기관번호	법인종류		일련번호	오류검색번호
1 1 0 1	1	1	0 0 6 2 4 3	2
× 1 2 1 2	1 2		1 2 1 2 1 2	(각 숫자에 1과 2를 곱한다)
× 1 2 0 2	1 2		0 0 6 4 4 6	= 전부 합산한 값(28) ÷10=2 나머지 8

여기서 10- 나머지 숫자인 8=2가 오류검색번호가 된다. 단, 나머지가 0인 경우에는 오류검색번호를 0으로 처리한다. 따라서 이 경우 등록번호는 110111-0062432가 된다.

당해 법인이 본점 또는 주사무소를 다른 관할구역 등기소로 이전하는 경우에도 법인의 등록번호는 변경되지 아니한다(등록번호부여규칙 제8조).

법인의 등록번호가 부여된 상태에서 주사무소가 이전한 경우에 이전 후에 등록번호의 오류를 발견하였다면, 등록번호는 최초에 부여된 것이 후에 변경되지 아니한 점 및 등록번호 부여시 기관번호를 기준으로 부여하는 것으로 보아서 특별히 규정된 바 없지만 등록번호를 처음으로 부여한 관할등기소에서 정정하여야 할 것이다. 이 때에는 정정한 등기소에서는 주사무소소재지 등기소 및 행정자치부, 국세청에 그 사실을 통지하여야 할 것이다.

② 법인등록번호의 경정

법인의 등록번호에 오류가 있는 경우 이를 정정하기 위하여는, 우선 법인등록번호부의 등록번호를 정정하고 그 비고란에 정정일자를 기재한 후 정정부분 및 비고란에 날인하여야 한다. 그리고 법인등기부상의 등록번호도 정정한 다음 기타사항란에 '○○년 ○○월 ○○일 등록번호정정'이라고 기재한 후, 등기관이 날인한 다음 분사무소소재지 등기소와 법인의 대표자에게 그 뜻을 통지하여야 하며, 분사무소소재지 등기관은 분사무소등기부의 등록번호를 정정하여야 한다. 등기관은 행정안전부장관과 국세청장에게 종전 등록번호 및 정정된 등록번호를 통지한다.

법인 및 재외국민의 부동산등기용등록번호에 오류가 있는 때에는 등기관은 등록번호부의 등록번호를 정정하고 그 비고란에 정정일자를 기재한 후 정정부분 및 비고란에 날인하여야 한다.

위 정정의 뜻을 통지하는 통지서에는 법인의 명칭(재외국민의 경우에는 성명), 종전 등록번호 및 정정된 등록번호를 기재한다.

등록번호를 정정한 경우 등기관은 부동산등기명의인이 부동산등기사항증명서를 제출한 때에는 이를 첨부하여 부동산소재지 관할 등기소장에게 등기명의인 표시경정등기촉탁을 할 수 있다(법인 및 재외국민의 부동산등기용등록번호의 정정에 관한 사무처리지침[등기예규 제1357호, 시행 2011.10.13.]).

③ 법인등록번호의 변경 등

법률의 개정 등으로 법인종류별 분류번호(별표 3)가 변경된 경우, 이미 설립된 법인의 법인등록번호는 법인 대표자의 신청 또는 등기관이 직권으로 변경할 수 있다.

법인등록번호의 부여에 오류가 있는 경우 등기관이 직권으로 정정하여야 한다.법인등록번호의 변경 및 정정에 관한 구체적인 사무처리절차는 대법원예규로 정한다.

대법원 예규

▶예규◀ 법인 및 재외국민의 부동산등기용등록번호의 정정과 변경에 관한 사무처리지침

(등기예규 제1698호, 2020.07.30. 개정)

제1조 (목적)
이 예규는 법인 및 재외국민의 부동산등기용등록번호 부여에 관한 규칙(이하 "규칙 "이라 한다)에 따라 부여한 부동산등기용등록번호(이하 "등록번호 "라 한다)의 정정 및 변경절차를 정하는 것을 목적으로 한다.

제2조 (등록번호의 정정)
① 재외국민의 등록번호에 오류가 있는 경우에는 등기관은 재외국민등록번호부의 등록번호를 정정하고 정정일자를 기록하여야 한다.
② 법인등록번호에 오류가 있는 경우 본점(이하 주사무소를 포함한다) 소재지 관할등기소의 등기관은 법인등기기록의 등록번호를 정정하고 기타사항란에 그 정정한 뜻을 기록한 후, 전산정보처리조직(전산정보처리조직에 의해 통지가 곤란한 경우에는 우편 등 적절한 방법)을 이용하여 지체 없이 그 뜻을 지점(이하 분사무소를 포함한다) 소재지 관할등기소에 통지하여야 한다. 이 경우 통지를 받은 등기관은 지체 없이 지점 등기기록의 등록번호를 정정하고 기타사항란에 그 정정한 뜻을 기록하여야 한다. 등록번호 정정에 대한 기록례는 별지 제6호와 같다.
③ 제1항 또는 제2항에 따라 등록번호를 정정한 경우에는 그 재외국민 또는 법인(본점 소재지), 행정안전부장관 및 국세청장에게 그 정정의 뜻을 통지하여야 한다.
④ 법인등록번호를 정정한 경우 부동산등기명의인이 부동산등기사항증명서를 제출한 때에는 본점 소재지 관할등기소의 등기관은 이를 첨부하여 부동산 소재지 관할 등기소에 등기명의인 표시경정등기촉탁을 할 수 있다.
⑤ 제3항의 정정통지는 별지 제1호 양식에 의하며, 제4항의 등기명의인 표시경정등기촉탁은 별지 제2호 양식에 의하여 한다.

제3조 (법인등록번호의 변경)
① 규칙 제3조의2 제1항에 따라 법인의 대표자가 등록번호의 변경을 신청하는 경우에는 별지 제3호 양식에 의한 신청서를 제출하여야 한다.
② 등기관이 직권으로 등록번호를 변경하는 경우에는 별지 제4호 양식에 따라 법인(본점 소재지)에게 사전통지를 하여야 한다. 다만, 법원행정처장이 주무관청과 협의한 경우에는 이를 생략할 수 있다.
③ 등기관 직권에 의한 등록번호의 변경에는 제2조를 준용하며, 이 경우 정정을 변경으로 본다. 변경 후 통지는 별지 제5호 양식에 의한다.

제4조 (새로운 등기기록으로 이기)

법인의 등록번호 정정 또는 변경으로 인하여 종전의 등기기록을 계속 사용하기 어려운 경우에는 등기관은 현재 효력이 있는 등기사항을 새로운 등기기록에 이기하고, 종전의 등기기록을 폐쇄하여야 한다. 이 경우 그 기록례는 별지 제7호와 같다.

부 칙(2020. 7. 30. 제1584호)
이 예규는 즉시 시행한다.

<table>
<tr><td colspan="5" align="center">법인등록번호변경등기신청</td></tr>
<tr><td rowspan="2">접　　　수</td><td>년　　월　　일</td><td rowspan="2">처 리 인</td><td>등기관 확인</td><td>각종 통지</td></tr>
<tr><td>제　　　　　호</td><td></td><td></td></tr>
</table>

상 호(명 칭)	등기번호
법인등록번호	
등 기 의 목 적	법인등록번호변경
등 기 의 사 유	법인 및 재외국민의 부동산등기용등록번호 부여에 관한 규칙 별표 3의 변경

년　　월　　일

신청인　상　호
　　　　본　점
대표자　성　명　　　　　　　　　　(인)　(전화 :　　　　　)
　　　　주　소
대리인　성　명　　　　　　　　　　(인)　(전화 :　　　　　)
　　　　주　소

지방법원　　　등기소 귀중

- 신청서 작성요령 -

1. 법령의 변경에 따라 등록번호를 변경하는 것으로 등록면허세와 수수료는 면제됩니다.
1. 신청서에는 기명날인 또는 서명을 해야하며, 인감을 날인할 필요는 없습니다.
1. 등록번호 변경은 성질상 다른 등기신청과 함께 신청할 수 없습니다.
1. 법인등록번호에 오류가 있는 경우에도 본 신청서를 활용할 수 있습니다.

아. 등기용지보존부

전산등기전에 등기용지보존부는 상업등기처리규칙 부록 제15호 양식(등기예규 제871호 상업등기서류의 양식 별지 제15호 양식)에 의하여 조제하여 보관철식 장부에 편철하여야 했다(구상업등기처리규칙 제15조). 그리고 등기용지에 등기번호를 기재하여야 할 때에는 등기부의 종류에 따라 등기번호순으로 등기용지보존부에 등록하여야 했다. 그러나 전산등기의 경우에는 등기용지를 사용하지 아니하므로 필요하지 아니하다.

3) 부속서류

등기부에 부속하여 등기의 과정을 명백히 하고 등기관의 등기심사 자료로 사용되는 서류를 말한다.

등기사건의 신청서, 촉탁서, 통지서, 등기참여조서 등이 이에 해당한다(민법법인 및 특수법인 등기규칙 제6조, 상업등기규칙 제24조).

부속서류는 신청서 기타 부속서류편철장에 편철하여 보존하며(민법법인 및 특수법인 등기규칙 제6조, 상업등기규칙 제24조). 이동할 수 없고 멸실방지처분의 대상이 된다(비송사건절차법 제66조, 상업등기법 제11조 3항, 제14조).

4) 등기부와 제장부의 관리

등기부와 제장부는 다음과 같은 원칙들에 의하여 관리, 보존된다.

① 등기부등의 이동금지

등기부는 중앙관리소에서 보관·관리하여야 하며, 전쟁·천재지변이나 그 밖에 이에 준하는 사태를 피하기 위한 경우를 제외하고는 그 장소 밖으로 옮겨서는 아니 된다(비송사건절차법 제66조, 상업등기법 제11조 3항, 민법법인 및 특수법인 등기규칙 제6조, 상업등기규칙 제14조).

등기부의 부속서류(전자문서를 포함한다)는 중앙관리소에서 보관·관리하여야 하며, 법원의 명령 또는 촉탁이 있거나 법관이 발부한 영장에 의하여 압수되는 경우, 전쟁·천재지변이나 그 밖에 이에 준하는 사태를 피하기 위한 경우를 제외하고는 그 장소 밖으로 옮겨서는 아니 된다(비송사건절차법 제66조, 상업등기법 제11조 3항).

그러나 전쟁 또는 천재지변 그 밖에 이에 준하는 사태를 피하기 위하여 중앙관리소에서 보관하는 등기부등 및 전자문서로 작성된 신청서 기타 부속서류를 그 장소 밖으로 옮긴 경우에는 지체 없이 그 사실을 법원행정처장에게 보고하여야 한다. 전쟁 또는 천재지변 그 밖에 이에 준하는 사태를 피하기 위하여 등기소에서 보관하는 종이 형태의 신청서 기타 부속서류를 그 장소 밖으로 옮긴 경우에는 지체 없이 그 사실을 지방법원장에게 보고하여야 한다(민법법인 및 특수법인 등기규칙 제6조, 상업등기규칙 제20조).

② 등기부의 손상과 복구

등기부의 전부 또는 일부가 손상되거나 손상될 염려가 있는 때에는 대법원장은 대법원규칙으로 정하는 바에 따라 등기부의 복구·손상방지 등 필요한 처분을 명령할 수 있다. 대법원장은 대법원규칙으로 정하는 바에 따라 이러한 처분명령에 관한 권한을 법원행정처장 또는 지방법원장에게 위임할 수 있다(비송사건절차법 제66조, 상업등기법 제13조).

등기부의 전부 또는 일부가 손상되거나 손상될 염려가 있는 때에는 전산운영책임관은 그 상황을 상세히 조사한 후 처리방법을 법원행정처장에게 보고하여야 한다. 그리고 등기부의 전부 또는 일부가 손상된 때에는 등기부 부본자료에 의하여 이를 복구하여야 한다. 그리고 등기부를 복구한 경우에는 전산운영책임관은 지체 없이 그 경과를 법원행정처장에게 보고하여야 한다(민법법인 및 특수법인 등기규칙 제6조, 상업등기규칙 제17조).

③ 부속서류의 손상 등 방지처분

등기부의 부속서류가 손상·멸실의 염려가 있는 때에는 대법원장은 그 방지를 위하여 필요한 처분을 명령할 수 있다. 그리고 대법원장은 대법원규칙으로 정하는 바에 따라 이러한 처분명령에 관한 권한을 법원행정처장 또는 지방법원장에게 위임할 수 있다(비송사건절차법 제66조, 상업등기법 제14조).

종이 형태의 부속서류가 멸실되거나 멸실될 염려가 있는 때에는 등기관은 그 상황을 상세히 조사한 후 처리방법을 지방법원장에게 보고하여야 한다. 그리고 전자문서로 작성된 부속서류의 전부 또는 일부가 손상되거나 손상될 염려가 있는 경우에는 전산운영책임관은 그 상황을 상세히 조사한 후 처리방법을 법원행정처장에게 보고하여야 한다. 만약 전부 또는 일부가 손상된 때에는 부본자료에 의하여 이를 복구하여야 한다. 그리고 부속서류를 복구한 경우에는 전산운영책임관은 지체 없이 그 경과를 법원행정처장에게 보고하여야 한다(민법법인 및 특수법인 등기규칙 제6조, 상업등기규칙 제18조).

7. 등기의 공시

가. 일반적 공시

등기 후 등기소는 지체없이 그 등기사항을 신문에 1회 이상 게재하여 공고하여야 한다(비송사건절차법 제65조의2). 이는 민법법인의 설립등기뿐만 아니라 변경등기에도 적용되어 변경등기가 있으면 법원이 지체없이 공고하여야 한다(민 제54조 2항). 이처럼 민법은 일반 부동산등기와 같이 등기부의 공개만으로 그치지 않고 등기한 사항을 법원이 지체없이 공고하도록 규정하고 있다. 그러나 이를 비송사건절차법 부칙 제2조(제5206호, 1996. 12. 30), 민법법인 및 특수법인 등기규칙 제7조에 의하여 2022년까지 공고를 유예하고 있다. 따라서 현재 등기사항의 일반적 공시는 하고 있지 아니한다.

한편 상업등기에서의 일반공시는 이 공고 규정이 현실적으로 한번도 시행된 바 없고, 등기의 공고는 일반인에 대한 공시의 효력이 없다는 이유로 폐지되었다(상 제36조).

나. 개별적 공시

개별적 공시는 등기부를 열람하는 방법과 전산등기부에 기록된 사항을 서면으로 교부받는 방법이 있다(비송사건절차법 제66조, 상업등기법 제15조).

(1) 등기사항의 열람과 증명

누구든지 수수료를 납부하고 대법원규칙으로 정하는 바에 따라 등기부에 기록되어 있는 사항의 전부 또는 일부의 열람과 이를 증명하는 서면의 교부를 청구할 수 있고, 이해관계 있는 부분에 한하여 등기부의 부속서류의 열람을 청구할 수 있다. 이 경우 열람 및 교부 청구는 관할 등기소가 아닌 등기소에 대하여도 할 수 있다(비송사건절차법 제66조, 상업등기법 제15조).

(가) 등기사항 열람

① 열람의 청구 및 방법

등기기록 또는 부속서류의 열람신청서에는 다음의 사항을 기재하여야 한다.

㉮ 열람을 청구하는 등기기록 또는 그 부속서류

㉯ 폐쇄한 등기기록의 열람을 청구하는 때에는 그 뜻

그리고 부속서류의 열람신청서에는 이해관계를 명백히 하는 사유를 기재하거나 이를 기재한 서면을 첨부하여야 한다(민법법인 및 특수법인 등기규칙 제6조, 상업등기규칙 제28조).

등기기록 또는 신청서 기타 부속서류의 열람은 등기기록에 기록된 등기사항을 전자적 방법으로 보게 하거나 그 내용을 기록한 서면을 교부하는 방법으로 한다. 다만, 신청서 기타 부속서류가 종이 형태로 작성된 경우에는 등기관이 보는 앞에서 열람하여야 한다(민법법인 및 특수법인 등기규칙 제6조, 상업등기규칙 제29조).

(나) 폐쇄등기부의 열람(등기예규 제1573호)

① 열람신청

폐쇄등기부를 열람하고자 하는 자는 열람신청서를 작성하여 관할 등기소에 제출하여야 한다. 다만, 종이 폐쇄등기부를 전자촬영한 이미지에 의한 폐쇄등기부 열람은 관할 등기소 외에 다른 등기소에서도 할 수 있다.

② 열람의 방법

㉮ 폐쇄등기부 열람은 전자촬영하여 생성된 이미지에 의한 폐쇄등기부를 등기소에 비치된 컴퓨터 화면으로 보는 방법으로 하되, 이와 같은 방법으로 생성된 이미지가 없거나 신청인이 특별히 신청하는 경우에는 종이 폐쇄등기부를 보는 방법으로 한다.

㉯ 신청인은 등기사항증명서의 양식에 준하여 등기사항을 출력한 서면을 교부받는 방법에 의하여 등기기록을 열람할 수 있다.

③ 열람업무처리 시 유의사항

㉮ 열람업무 담당자는 신청서에 기재된 신청인의 성명, 생년월일 및 주소를 제시된 주민등록증 또는 운전면허증 등과 대조하여 그 일치 여부를 확인한 후 신청순서에 따라 열람하게 하여야 한다.

㉯ 열람은 지정된 열람석에서만 하도록 하고 등기소장은 열람 시 열람업무 담당자를 동석하게 하여야 한다.

㉰ 열람업무 담당자는 등기부의 열람이 이루어지고 있는 동안에는 열람대를 이석하여서는 안 되며, 불가피하게 이석할 경우에는 반드시

업무를 대신할 수 있는 사람을 배치하여야 한다.

㉣ 열람업무 담당자는 열람 중 등기부가 훼손되지 않도록 주의를 기울여야 한다.

㉤ 등기부책 1권을 신청인에게 포괄적으로 제시하는 방법을 지양하고 열람 신청한 등기용지가 나타날 수 있도록 특정 부분을 제시하여 열람할 수 있도록 한다.

㉥ 열람 시, 필기구는 반드시 연필만 사용하도록 한다.

(다) 등기사항 증명

① 등기사항증명서의 종류 및 내용

등기사항증명서의 종류는 다음 각 호로 한다.

㉮ 등기사항전부증명서(말소사항 포함)

㉯ 등기사항전부증명서(현재 유효사항)

㉰ 등기사항전부증명서(폐쇄사항)

㉱ 등기사항일부증명서(말소사항 포함)

㉲ 등기사항일부증명서(현재 유효사항)

㉳ 등기사항일부증명서(폐쇄사항)

㉴ 그 밖에 대법원예규로 정하는 바에 따라 등기기록의 전부 또는 일부를 증명하는 증명서

등기사항일부증명서는 대법원예규로 정하는 바에 따라 상호, 법인등록번호 등 해당 등기기록을 특정할 수 있는 사항과 신청인이 청구한 사항을 기록한다(민법법인 및 특수법인 등기규칙 제6조, 상업등기규칙 제30조).

"등기사항전부증명서(말소사항포함)"는 말소된 등기사항을 포함하여 등기기록에 기록된 등기사항의 전부(다만, 신청이 없는 지점 및 지배인에 관한 사항의 기재는 생략할 수 있음)를 증명하는 서면을 말하고, "등기사항전부증명서(현재사항)"는 등기기록에 기록되어 있는 사항 중 증명서를 발급하는 현재, 효력이 있는 등기사항의 전부(다만, 신청이 없는 지점 및 지배인에 관한 사항의 기재는 생략할 수 있음)를 증명하는 서면을 말한다. "등기사항일부증명서(말소사항

포함)"는 등기기록에 기록된 등기사항 중 신청인이 청구한 부분에 관하여 현재 효력이 있는 등기사항과 말소된 등기사항을 증명하는 서면을 말하고, "등기사항일부증명서(현재사항)"는 등기기록에 기록된 등기사항 중 증명서를 발급하는 현재, 효력이 있는 등기사항으로 신청인이 청구한 부분을 증명하는 서면을 말한다. 그리고 "등기사항전부증명서(폐쇄사항)"는 폐쇄된 등기기록에 기록된 등기사항의 전부(다만, 신청이 없는 지점 및 지배인에 관한 사항의 기재는 생략할 수 있음)를 증명하는 서면을 말하고, "등기사항일부증명서(폐쇄사항)"는 폐쇄된 등기기록에 기록된 등기사항 중 신청인이 청구한 부분을 증명하는 서면을 말한다(등기예규 제1573호).

(라) 등기사항증명서의 발급(등기예규 제1573호)

① 발급신청

㉮ 등기사항증명서의 발급신청은 등기예규 제1573호 별지 제1호 양식의 발급신청서를 작성하여 제출하는 방식으로 한다. 다만, 등기소 내에 번호발급기가 설치되어 있는 경우에는 번호발급기에서 부여되는 별지 제2호 양식의 번호표에 발급받고자 하는 등기사항증명서의 내역을 기재하여 신청할 수 있다.

㉯ 등기소는 다량발급신청 등을 이유로 등기사항증명서의 발급신청을 거부하지 못한다. 다만, 아래 나. 1)의 적용을 회피하기 위한 행위임이 명백한 경우(발급 통수를 나누어 신청하는 등)에는 그러하지 아니하다.

② 발급신청의 처리기준

㉮ 등기사항증명서 발급담당자는 등기사항증명서의 발급신청을 접수한 즉시 해당 등기사항증명서를 출력하여 교부하여야 한다. 다만, 11통 이상의 다량발급의 경우에는 다음 각 호의 기준에 따르며, 접수증에 발급예정시간을 기재하여 교부한다.

㈀ 11통~50통 : 신청 후 1시간 이내 작성·교부

㈁ 51통~100통 : 신청 후 2시간 이내 작성·교부

㈂ 101통~200통 : 오전에 접수된 사건은 당일 업무시간까지, 오후에 접수된 사건은 그 다음 업무 날의 오전까지 작성·교부

  ㉣ 201통~300통 : 신청 후 24시간 이내 작성·교부

  ㉤ 301통 이상 : 300통당 1일의 비율로 작성·교부

 ㉴ 등기소는 다른 다량신청사건의 유무, 신청인의 주소 등을 고려하여 합리적인 범위 내에서 위 1)의 기준과 다르게 발급예정시간을 조정할 수 있고, 이 경우 신청인에게 그 사유를 설명하여야 한다.

 ㉵ 등기사항증명서 발급 지연 시의 통지
기계 고장 등의 사유로 접수증에 기재된 예정시간 내에 발급이 불가능할 경우에는 신청인에게 미리 전화나 팩스 등을 통해 그 사유를 설명하고, 새로운 발급예정시간을 고지하여야 한다.

(마) 등기사항증명서의 작성

① 등기사항전부증명서

 ㉮ 등기사항전부증명서는 등기예규 제1573호 별지 제3-1-가호부터 제3-16-나호까지의 양식에 따라 작성하며, 외국법인의 등기기록에 대한 등기사항전부증명서는 별지 제3-6-가호부터 제3-11-나호까지의 양식에 따라 작성한다.

 ㉯ 법인에 대한 등기사항전부증명서를 작성함에 있어, 지점(분사무소) 또는 지배인(대리인)에 관한 신청이 없는 경우에는 그 기재를 생략하고, 증명문구에 기재를 생략하였다는 뜻을 부기한다.

 ㉰ 말소된 등기사항을 포함하여 등기사항증명서를 작성하는 경우에는 마지막 페이지 하단에 "실선으로 그어진 부분은 말소(변경, 경정)된 등기사항입니다"라고 표시한다.

② 등기사항일부증명서

 ㉮ 법인에 대한 등기사항일부증명서는 등기사항전부증명서의 양식 중 등기번호, 등록번호, 상호(명칭), 본점(주사무소) 등 해당 등기기록을 특정할 수 있는 사항과 공고방법란, 1주의 금액란, 발행할 주식의 총수란, 발행주식의 총수와 자본에 관한 사항란, 목적란, 임원에 관한 사항란, 기타사항란, 지점에 관한 사항란, 지배인에 관한 사항란, 전환사채란, 신주인수권부사채란, 이익참가부사채란, 주식매수선택권란 중 신청인이 청구한 란으로 작성한다.

㉴ 위 ㉠에도 불구하고, 임원 및 지배인과 지점은 상호 등 해당 등기기록을 특정할 수 있는 사항과 그 증명을 청구한 각 임원, 지배인, 지점별로, 전환사채 등 사채는 상호 등 해당 등기기록을 특정할 수 있는 사항과 그 증명을 청구한 각 사채별로 작성할 수 있다.

③ 위·변조 방지를 위한 조치

㉮ 등기사항증명서에는 그 진위 여부를 등기소에서 또는 인터넷으로 확인할 수 있도록 발급확인번호 12자리를 부여하여야 한다.

㉯ 등기사항증명서의 매 장마다 등기정보를 암호화하여 저장한 2차원 바코드가 인쇄되도록 하고, 이를 스캐너 등으로 복원할 수 있도록 하여야 한다.

㉰ 발급받은 등기사항증명서를 복사기 등을 이용하여 복사하는 경우에 사본임을 인식할 수 있도록 매 장마다 복사방지장치를 하여야 한다.

④ 등기사항증명서 발급용지는 가로 210mm, 세로 297mm 크기의 복사방지처리를 한 특수용지를 사용한다. 등기소장은 등기사항증명서 발급용지가 외부에 유출되지 않도록 철저히 관리하여야 한다.

⑤ 「등기부 등·초본 등 수수료규칙」제7조제1항에 의하여 수수료를 면제하는 등기부 등·초본을 작성할 경우 등·초본의 매 장마다 공용무상발급임을 표시하여야 한다.

(바) 전산폐쇄등기기기사항증명서의 발급
전산폐쇄등기기록에 대한 등기사항증명서의 발급에 관하여는 전산등기기록에 관한 등기사항증명서 발급의 예에 따른다.

(사) 등기신청사건 처리 중의 등기사항증명서 발급 제한
등기신청이 접수된 등기기록에 관하여는 등기관이 등기를 마칠 때까지 등기사항증명서를 발급하지 아니한다. 다만, 그 등기기록에 등기신청사건이 접수되어 처리 중에 있다는 뜻을 등기사항증명서에 표시하여 발급할 수 있다.

2) 무인발급기에 의한 등기사항증명서의 교부

등기사항증명서의 교부업무는 무인발급기를 이용하여 처리할 수 있다. 무인발급기는 등기소 이외의 장소에도 설치할 수 있으며, 설치장소는 법원행정처장이 정한다. 법원행정처장이 지정하는 국가기관이나 지방자치단체 또는 그 밖의 자는 그가 관리하는 장소에 무인발급기를 설치하여 일반인으로 하여금 등기사항증명서를 교부받게 할 수 있다(민법법인 및 특수법인 등기규칙 제6조, 상업등기규칙 제32조).

무인발급기로는 현재사항 또는 말소사항포함 등기사항전부증명서만 발급하고 등기사항일부증명서는 발급하지 아니한다. 또한, 등기사항증명서의 매수가 16장 이상인 경우 등과 같이 무인발급기로 발급하기에 적당하지 아니한 때에는 무인발급기로 발급하지 아니한다. 등기소는 해당 등기소의 실정에 맞추어 무인발급기의 사용방법을 게시하여야 하고, 신청인의 문의 시 그 사용방법을 안내하여야 한다(등기예규 제1573호).

3) 종이 폐쇄등기부 등·초본의 발급(등기예규 제1573호)

가. 발급신청

1) 종이 폐쇄등기부에 대한 폐쇄등기부 등·초본은 등기예규 제1573호 별지 제1호 양식의 발급신청서에 법인의 종류, 상호(명칭), 신청 통수, 발급받고자 하는 등기부 등·초본의 종류를 기재하여 관할 등기소에 제출하여 신청하여야 한다. 다만, 종이 폐쇄등기부를 전자촬영한 이미지에 의한 폐쇄등기부 등·초본은 관할 등기소 외의 다른 등기소에서도 발급신청을 할 수 있다.

2) 폐쇄등기부 초본의 발급신청

   (ㄱ) 신청인은 위 1)의 사항 외에 발급받고자 하는 등기부의 "란"(특정 임원, 지점(분사무소) 또는 지배인(대리인)을 특정하여 청구하는 것도 가능함) 또는 "면"을 특정하여 그 초본을 신청할 수 있다.

   (ㄴ) 종이 폐쇄등기부의 초본을 신청하기 위하여 해당 등기부를 열람할 때에는 열람수수료가 면제된다.

3) 폐쇄등기부 등·초본 발급담당자는 발급신청을 접수한 경우 다음의 기준에 따라 해당 폐쇄등기부 등·초본을 작성하여야 하며, 이 경우 접수증에 발급예정시간을 기재하여 교부한다. 다만, 다른 다량신청 사건의 유무, 등기부의 면 수 등을 고려하여 필요한 경우 합리적인

범위 내에서 아래 기준과 다르게 처리할 수 있고, 이 경우 신청인에게 그 사유를 설명하여야 한다.

　(ㄱ) 종이 폐쇄등기부의 경우 : 신청 후 24시간 이내 작성 교부

　(ㄴ) 이미지에 의한 폐쇄등기부의 경우

　　　㉠ 10면 이하 : 신청 후 2시간 이내 작성 교부

　　　㉡ 11면 ~ 50면 : 신청 후 24시간 이내 작성 교부

　　　㉢ 51면 이상 : 50면당 1일의 비율로 작성 교부

나. 등·초본의 작성

　1) 폐쇄등기부 등·초본은 폐쇄등기부를 전자촬영하여 생성된 이미지를 출력하여 작성하되, 위와 같은 방법으로 생성된 이미지가 없거나 신청인이 특별히 신청하는 경우에는 종이 폐쇄등기부를 등사하여 작성할 수 있다.

　2) 폐쇄등기부 초본은 신청인이 청구한 부분에 해당하는 면을 등사하는 방법으로 작성한다.

　3) 폐쇄등기부 등·초본은 폐쇄등기부를 등사한 것에 아래의 증명문과 등기관인 표시, 성명, 증명연월일을 표시하여 발급한다. 다만, 전자촬영한 이미지에 의하여 등·초본을 발급하는 경우에는 이미지를 출력한 것에 등기관인 표시와 성명 대신에 법원행정처 등기정보중앙관리소 전산운영책임관의 직명을 표시하여 발급한다.
"이 등(초)본은 폐쇄된 등기부의 내용과 틀림없음을 증명합니다."

4) 인터넷에 의한 열람, 증명

등기기록의 열람 또는 등기사항증명서의 교부업무 등은 인터넷에 의하여 처리할 수 있다. 이러한 업무는 중앙관리소에서 처리하며, 중앙관리소 전산운영책임관이 담당한다. 인터넷에 의한 열람 또는 교부의 범위, 절차 및 방법 등 필요한 사항은 대법원예규로 정한다(민법법인 및 특수법인 등기규칙 제6조, 상업등기규칙 제33조).

그리고 인터넷 열람 등의 서비스(상호검색 제외)는 365일 24시간 제공하는 것을 원칙으로 한다. 단, 등기업무전산시스템 점검 및 변경 작업시에는 필요한 범위 내에서 서비스를 제공하지 아니할 수 있다(등기예규 제1571호).

5) 등기사항증명서의 발급

인터넷등기소에서 등기사항증명서를 발급하는 경우에는 등기예규 제
1573호 별지 제3-1-가호부터 제3-16-나호까지의 양식에 의하여 발급
하되, 별지 제3-17-가호 양식(등기사항전부증명서)과 같이 "제출용"임을
표시하고, 컬러 또는 흑백으로 출력될 수 있도록 한다.

6) 등기기록의 열람

인터넷등기소를 통한 등기기록(전산폐쇄등기기록을 포함한다.)의 열람은
컴퓨터모니터 화면으로 보는 방식 또는 등기사항증명서에 준하는 양식
의 서면으로 등기사항을 출력하는 방식으로 할 수 있다. 열람을 위하여
출력하는 서면에는 열람용임을 표시하여야 한다. 등기신청사건 처리 중
인 등기기록에 대하여 열람신청이 있는 경우 등기신청사건 처리 중이라
는 사실을 미리 알려주고 열람하도록 한다.

대법원 예규

▶예규◀ 인터넷에 의한 등기기록의 열람 등에 관한 업무처리지침

(등기예규 제1774호, 2023. 10. 13. 개정)

제1장 총 칙
제1조 (목적)
이 지침은 「부동산등기법」 제11조제2항 및 제19조, 「부동산등기규 칙」 제27조 및 제
28조, 「상업등기법」 제2조제2호, 제8조제2항, 제15조, 「상업등기규칙」 제29조, 제31조
및 「민법법인 및 특수법인 등기규칙」 제6조의 규정에 따라 인터넷에 의한 부동산등기,
상업등기와 민법법인 및 특수법인등기(이하 ‘법인등기’라 한다)의 정보 제공과 인감증
명서 발급예약 등(이하 ‘인터넷 열람 등’이라 한다)의 업무에 관한 절차와 그에 따른
업무처리 요령에 관한 사항, 「등기사항증명서 등 수수료규칙」 제6조제1항 단서에 따라
고주파송수신칩이 내장된 매체 또는 이동통신단말장치에서 사용되는 애플리케이션을
통한 신용카드, 전자화폐 등으로 수수료를 납부할 수 있는 무인발급기의 수수료 수납,
정산 및 국고수납 절차와 파손출력 등에 따른 업무처리 요령에 관한 사항을 규정함을
목적으로 한다.

제2조(서비스의 종류 및 열람 등 제한)
① 인터넷으로 제공하는 서비스의 종류는 다음과 같다. 다만, 제2-1호, 제3호, 제4호,
제7호, 제9호 또는 제10호의 서비스를 이용하기 위해서는 먼저 ‘인터넷등기소
(http://www.iros.go.kr/)’에 회원으로 등록을 하여야 한다.
(1) 등기기록 열람 : 민원인은 등기기록에 기록되어 있는 내용의 전부 또는 일부를
인터넷을 통하여 볼 수 있다.
(2) 등기사항증명서 발급 : 민원인은 등기기록에 기록되어 있는 내용의 전부나 일부
를 증명하는 서면을 인터넷을 통하여 발급받을 수 있다.

　(2-1) 전자등기사항증명서 발급: 민원인은 「민원 처리에 관한 법률」 제28조의2제1항에 따라 등기기록에 기록되어 있는 내용의 전부나 일부를 증명하는 등기사항증명서를 인터넷을 통하여 전자문서형태로 발급받을 수 있다.
　(3) 등기신청사건 진행상태 확인 : 민원인은 자신의 등기신청사건에 대하여 그 진행상태(접수중, 기입중, 보정중, 완료 등)를 인터넷을 통하여 확인할 수 있다.
　(4) 법인 등기사항증명서 다량발급 예약 : 민원인은 1등기기록에 대하여 30통 이상의 법인 등기사항증명서의 발급을 신청하는 경우 사전에 인터넷을 통하여 예약할 수 있다.
　(5) 상호검색 : 민원인은 사용하고자 하는 상호가 이미 등기되어 있는지의 여부를 인터넷을 통하여 확인할 수 있다.
　(6) 법인인감증명서 발급내역 확인 : 민원인은 타인으로부터 교부받은 법인인감증명서의 발급에 관한 사실을 인터넷을 통하여 확인할 수 있다.
　(7) 등기사건 접수 및 처리사실 전자우편 고지 : 민원인은 자신과 관련된 등기사건의 접수 및 처리사실을 전자우편으로 고지받을 수 있다.
　(8) 등기기록 발급 확인 : 민원인은 타인으로부터 교부받은 등기사항증명서의 진위여부를 인터넷을 통하여 확인할 수 있다.
　(9) 인감증명서 발급예약 : 전자증명서를 발급받은 사람은 인터넷을 이용하여 인감증명서 발급예약을 한 후 등기소에서 인감증명서의 교부 청구를 할 수 있다.
　(10) 이미지폐쇄등기부 등기사항증명서 발급예약 등 : 민원인은 이미지폐쇄등기부에 대한 등기사항증명서의 발급 및 등기기록의 열람 또는 영구보존문서에 대한 발급을 신청하는 경우 사전에 인터넷을 통하여 예약할 수 있다.
② 법원행정처장은 등기기록의 분량과 내용에 비추어 인터넷에 의한 열람 또는 발급이 적합하지 않다고 인정되는 때에는 이를 제한할 수 있다.

제3조 (서비스 대상 등기소) 삭 제(2008. 9. 29. 제1262호)

제4조 (서비스 제공시간) 인터넷 열람 등의 서비스 제공 시간은 다음과 같다.
① 인터넷 열람 등의 서비스(상호검색 제외)는 365일 24시간 제공하는 것을 원칙으로 한다.
② 상호검색 서비스의 제공시간은 아래와 같다.- 월요일~금요일 : 07:00~23:00- 토요일·일요일 및 법정 공휴일 : 09:00 ~ 21:00
③ 등기업무전산시스템 점검 및 변경 작업시에는 필요한 범위내에서 서비스를 제공하지 아니할 수 있다.

제5조 (신청에 관한 특칙)
① 인터넷에 의한 등기기록의 열람 및 등기사항증명서 발급과 법인 등기사항증명서 다량발급예약 및 인감증명서 발급예약의 경우에는 신청서의 제출을 요하지 아니한다.
② 인터넷에 의한 등기기록의 열람 및 등기사항증명서 발급의 신청과 법인 등기사항증명서 다량발급예약 신청은 신청인이 인터넷 열람 및 등기사항증명서 발급 등의 서비스 화면의 안내에 따라 신청인의 인적사항과 법원행정처장이 지정하는 카드사의 신용카드의 번호, 지정 금융기관의 예금계좌의 번호, 지정 전자화폐발행업체의 전자화폐의 번호와 열람 및 등기사항증명서 발급 또는 예약하고자 하는 등기기록, 등기사항 전부 또는 일부증명서의 구분 등 필요한 사항을 입력하는 방식에 의한다.
③ 인터넷에 의한 등기사항증명서 발급의 경우에는 제2항 이외에 발급받고자 하는 등기사항증명서의 통수를 입력하여야 한다. 다만, 전자문서형태로 발급받는 경우에는 발급받고자 하는 등기사항증명서의 통수를 입력하지 아니한다.

④ 삭제(2005. 11. 24. 제1114호)
⑤ 법인 등기사항증명서 다량발급예약의 경우에는 제2항 이외에 발급을 받고자 하는 등기사항증명서의 통수와 발급·교부받을 등기소(이하 '발급 등기소'라 한다) 및 수령 예정일 등을 입력하여야 하며, 수령인을 따로 지정하는 경우에는 수령인의 성명, 주민등록번호를 입력하여야 한다.
⑥ 제16조의 규정에 따라 신용카드의 결제, 예금계좌의 이체, 전자화폐의 결제 등으로 수수료의 결제가 끝난 경우에는 그 열람 및 등기사항증명서 발급 신청 또는 법인 등기사항증명서 다량발급예약, 인감증명서 발급예약 신청은 수수료를 결제한 당일에 한하여 전부에 대해서만 철회할 수 있다. 다만, 예약에 따라 등기소에서 인감증 명서 작성이 완료된 후에는 당일에도 철회할 수 없다.
⑦ 제2항의 지정 카드사, 지정 금융기관, 지정 전자화폐발행업체에 관한 법원행정처장의 지정은 인터넷 열람 등의 서비스 화면에 기재하는 것으로 갈음한다.
⑧ 법원행정처장은 신청인의 편의를 위해 제2항 이외의 지급방법 및 신청인의 관리에 관한 규정을 "등기포탈 및 인터넷에 의한 등기기록의 열람 등 서비스의 이용에 관한 약관"에 정할 수 있다.

제6조 (업무의 정지)
법원행정처장은 인터넷 열람 등의 서비스에 제공되는 설비에 장애가 발생하거나 기타 부득이한 사정이 있을 때에는 서비스의 전부 또는 일부를 일시적으로 정지하도록 할 수 있다.

제2장 등기기록의 열람 및 등기사항증명서 발급

제7조 (인터넷 열람등에 관한 업무수행기관의 지정)
인터넷 열람 등에 관한 업무는 법원행정처 등기정보중앙관리소에서 수행한다. 다만, 제19조의 규정에 따른 수수료의 정산 및 국고수납에 관한 업무는 법원행정처 사법등기국 부동산등기과에서 수행한다.

제8조 (신청사건이 계류중인 경우)
① 신청사건이 계류중인 등기기록을 열람하고자 하는 경우에는 그 사실을 알려 준다.
② 등기신청이 접수된 등기기록에 관하여는 등기관이 그 등기를 마칠 때까지 등기사항 증명서를 발급하지 아니한다. 다만 그 등기기록에 등기신청사건이 접수되어 처리 중에 있다는 뜻을 등기사항증명서에 표시하여 발급할 수 있다.

제9조 (열람의 종류)
열람은 등기사항전부증명서 또는 등기사항일부증명서 형태로 나누어 제공한다.
① 등기사항전부증명서 형태의 열람 : 등기기록에 기록되어 있는 모든 내용을 볼 수 있다. 다만, 등기사항전부증명서(현재 유효사항) 형태의 열람에 있어서는 열람 당시 효력이 있는 등기사항 및 그와 관련된 사항만을 볼 수 있다.
2. 등기사항일부증명서 형태의 열람 : 부동산등기부의 경우에는 특정인지분·현재소유현황·지분취득이력, 법인등기부의 경우에는 임원란·지배인란·지점란 등 특정부분의 내용만을 볼 수 있다.

제10조 (재열람 등)
① 최초의 열람후 1시간 이내에는 재열람을 할 수 있으며, 이때 서비스시간이 종료되었으면 다음 업무일 서비스 개시후 1시간 이내에 재열람을 할 수 있다. 재열람의 대상은 재열람 당시의 등기기록이다.

② 열람후 전산이기의 오류 등이 발견된 등기기록에 대해서는 해당 등기기록의 열람자
가 경정을 요청한 때에, 직권경정후 1월 이내에 1회의 추가열람을 할 수 있다.

제11조 (열람에 관한 특칙)
① 1등기기록에 대한 등기사항전부증명서 형태 또는 등기사항일부증명서 형태의 열람
은 각 1건으로 본다. 다만, 제10조의 재열람 등은 최초의 열람에 포함되는 것으로
서 별도의 건수로 보지 아니한다.
② 제16조의 규정에 따른 수수료 결제일로부터 3월이 경과한 때에는 해당 등기기록에
대한 열람서비스를 제공하지 아니한다.
제11조의2 (등기사항증명서 발급에 관한 특칙)
① 부동산등기부 등기사항증명서 발급은 등기사항전부증명서(말소사항포함) · 등기사항
전부증명서(현재 유효사항) · 등기사항일부증명서(특정인 지분) · 등기사항일부증명서
(현재 소유현황) · 등기사항일부증명서(지분취득 이력) 형태로 제공하며, 법인 등기
사항증명서 발급은 현재사항 · 말소사항포함 · 폐쇄사항의 전부 또는 일부증명서 형
태로 제공한다.
② 제1항에 따른 등기사항증명서 형태의 발급은 1등기기록에 대하여 5통 이내로 발급
받을 수 있고, 신청인은 이를 1회에 모두 발급받거나 나누어 발급받을 수 있다. 다
만, 전자문서형태로 발급받는 경우에는 1회 발급 시 1통을 발급받을 수 있다.
③ 등기사항증명서의 발급이 완료된 후에 전산이기의 오류 등이 발견된 등기기록에 대
하여 신청인이 경정을 요청한 때에는 직권경정한 날로부터 1월 이내에 1회에 한하
여 재발급을 받을 수 있다.
④ 전산정보처리조직의 장애 등 신청인의 책임없는 사유로 인하여 발급이 정상적으로
완료되지 아니한 경우에 신청인은 그 사유를 소명하여 최초 발급일로부터 1월 이
내에 재발급을 요청할 수 있다.
⑤ 제3항 및 제4항에 의한 재발급 대상은 재발급 당시의 등기기록이며, 최초 발급에
포함되는 것으로 본다.
⑥ 제16조의 규정에 따른 수수료의 결제일로부터 3월이 경과한 때에는 해당 등기기록
에 대한 등기사항증명서 발급 서비스를 제공하지 아니한다.

제11조의3 (등기사항증명서 발급에 관한 업무처리의 특례)
① 인터넷에 의하여 발급하는 등기사항증명서에는 「부동산등기규칙」 제30조제1항 및
「상업등기규칙」 제31조제1항의 규정에 따른 조치를 취하여야 한다.
② 제1항의 경우 직인은 「법원사무관리규칙」 제21조제3항의 규정에 따라 전자 이미지
관인을 사용한다.
③ 제2항의 등기정보중앙관리소 전산운영책임관은 등기부 등기사항증명서의 위변조 또
는 복사를 방지하기 위한 안전장치를 강구하여야 한다.

제11조의4 (등기사항증명서발급확인에 관한 특칙)
① 타인으로부터 등기사항증명서를 교부받은 자는 인터넷으로 등기사항증명서의 진위
여부를 확인할 수 있다.
② 등기사항증명서의 진위 여부 확인은 인터넷 열람 등 서비스 화면의 안내에 따라 등
기사항증명서에 기재된 발급확인번호를 입력하거나, 위 변조 방지를 위한 안전장치
를 스캐너 등에 의하여 복원하는 경우에 제공되는 등기기록 내용을 교부받은 등기
사항증명서의 내용과 비교하는 방식에 의한다. 다만, 전자문서형태로 발급되는 경
우에는 등기사항증명서에 기재된 발급확인번호를 입력하는 방식에 의한다.

③ 제2항에 따라 발급확인번호에 의하여 등기사항증명서의 진위 여부를 확인하는 경우에는 확인 당시의 등기기록 내용을 확인할 수 있으며, 발급일로부터 3월 이내에 5회에 한한다.

제3장 법인 등기사항증명서 다량발급 예약

제12조 (서비스의 범위)
① 인터넷에 의한 법인 등기사항증명서 다량발급 예약은 1등기기록에 대하여 30통 이상의 발급을 신청하는 경우에 한한다.
② 예약발급에 의하여 발급되는 법인 등기사항증명서는 발급등기소에서 발급한 시간(예약시간이나 수령시간이 아님)에 등기기록에 기록되어 있는 내용을 공시한다.

제13조 (발급등의 절차)
① 신청인 또는 수령인(이하 이 둘을 합하여 '수령인'이라한다)은 수령 예정일에 예약 시 입력한 수령인임을 확인할 수 있는 증명서(주민등록   증, 여권, 운전면허증 등)를 발급 등기소에 제시하여야 한다.
② 발급 등기소에서는 수령인임을 확인한 후 제14조의 법인 등기사항증명서 다량발급예약대장에 의하여 미리 발급, 비치된 법인 등기사항증명서를 교부하고, 수령인으로 하여금 교부된 사실을 위 대장 해당란에 확인(날인 또는 서명)하도록 하여야 한다.
③ 수령 예정일부터 1월이 경과할 때까지 예약 발급된 법인 등기사항증명서에 대한 수령 청구가 없을 때에는 해당 등기사항증명서를 폐기한다.

제14조 (법인 등기사항증명서 다량발급예약대장의 작성, 관리)
① 발급 등기소에서는 별지 양식의 법인 등기사항증명서 다량발급예약대장을 작성하고 관리하여야 한다.
② 법인 등기사항증명서 다량발급예약대장은 1년간 보관한다.

제3장의2 인감증명서 발급예약

제14조의2(인감증명서 발급예약 절차 등)
① 인감증명서 발급예약을 하려는 사람(다음부터 "예약자"라 한다)은 「상업등기규칙」제46조제4항의 이용등록 절차를 거친 전자증명서 정보와 그 비밀번호를 입력하여야 한다.
② 예약자는 발급받고자 하는 인감증명서의 통수, 교부받을 등기소, 수령예정일시, 예약 비밀번호 등을 입력하여야 한다. 이 때, 수령예정일시는 인터넷등기소에서 안내하는 일시 이후로 하여야 한다.
③ 발급예약에 따라 교부되는 인감증명서는 예약완료시각(인감증명서 교부수수료의 결제가 완료된 시각을 말한다)에 인감부에 기록되어 있는 해당 인감에 관한 정보를 제공한다.

제14조의3조 (등기소의 처리 등)
① 등기소는 다른 업무와의 관계 등을 고려하여 합리적인 범위 내에서 수령예정일시를 조정할 수 있다. 이 경우에는 예약자에게 전자우편 또는 전화 등에 의하여 그 사유를 설명하고 새로운 수령예정일시를 정하여 고지한 후 인감증명서 발급예약대장의 수령예정일시를 정정하여야 한다.
② 등기소는 인감증명서 발급예약번호를 제시한 사람에게 예약비밀번호를 입력하도록 하여 예약 시 입력한 비밀번호와 일치함을 확인한 후 인감증명서 발급예약대장에 의하여 미리 작성·비치된 해당 인감증명서를 교부한다.
③ 등기소는 수령예정일부터 1개월이 경과할 때까지 예약발급된 인감증명서에 대한 교

부 청구가 없을 때에는 해당 인감증명서를 폐기한다.
④ 등기소는 전산정보처리조직에 의하여 인감증명서 발급예약대장을 작성하고 관리하여야 한다. 인감증명서 발급예약정보는 1년간 보존한다.

제3장의3 이미지폐쇄등기부 등기사항증명서 발급 및 등기기록의 열람예약 또는 영구 보존문서의 발급예약

제14조의4조(발급예약절차)
① 부동산 이미지폐쇄등기부 등기사항증명서 발급예약을 하려는 자는 부동산소재지, 공개를 원하는 명의인의 주민등록번호 또는 부동산등기용등록번호, 연락처(전화번호, 전자우편주소 등. 단, 발급 가능 시간을 통보받고자 하는 경우에 한한다), 그 밖의 필요한 사항을 입력하여야 한다.
② 법인 이미지폐쇄등기부 등기사항증명서 발급예약을 하려는 자는 상호, 공개를 원하는 임원 등의 주민등록번호, 연락처(전화번호, 전자우편주소 등. 단, 발급 가능 시간을 통보받고자 하는 경우에 한한다), 그 밖의 필요한 사항을 입력하여야 한다.

제14조의5조(발급절차)
① 이미지폐쇄등기부 등기사항증명서를 발급받고자 하는 자는 예약 당시 부여받은 발급예약번호를 등기소에 제시하여야 한다.
② 등기소는 발급예약번호를 확인한 후 이미지폐쇄등기부 등기사항증명서를 발급한다.

제14조의6조(이미지폐쇄등기부 등기기록 열람 및 영구보존문서의 발급예약)
전제 14조의4조, 제14조의5조의 규정은 이미지폐쇄등기부 등기기록의 열람예약 및 영구 보존문서 발급예약의 경우에 준용한다.

제4장 수수료

제15조 (수수료액 등)
① 인터넷에 의한 등기기록의 열람 및 등기사항증명서 발급과 법인 등기사항증명서 다량발급예약, 인감증명서 발급예약의 수수료(이하 '수수료'라한다) 금액은 「등기사항증명서 등 수수료규칙」이 정하는 수수료에 따른다.
② 인터넷에 의한 등기기록의 열람 및 등기사항증명서 발급과 법인 등기사항증명서 다량발급예약의 경우에는 「등기사항증명서 등 수수료규칙」제7조의 수수료 면제에 관한 규정을 적용하지 아니한다.

제15조의2 (전자문서형태로 발급하는 등기사항증명서의 발급수수료 면제)
① 「등기사항증명서 등 수수료규칙」제7조의2에 따라 소유권의 등기명의인이 해당 부동산에 관하여 인터넷에 의한 전자등기사항증명서를 발급받는 경우 「등기사항증명서 등 수수료규칙」제2조에 규정하는 수수료를 면제한다. 다만, 다음 각 호의 경우에는 면제 대상에서 제외된다.
  1) 부동산 등기기록에 주민등록번호(또는 부동산등기용등록번호)가 기록되어 있지 아니한 경우
  2) 부동산 등기기록상 소유권의 등기명의인의 성명 및 주민등록번호(또는 부동산등기용등록번호)와 발급 신청인의 성명 및 주민등록번호(또는 부동산등기용등록번호)가 일치하지 아니하는 경우
② 제1항에 따라 수수료를 면제받고자 하는 사람은 인터넷등기소에 접속하여 소유권의 등기명의인 여부를 검증하는 절차를 거쳐야 한다.

③ 발급 신청인은 소유권의 등기명의인에 해당하는지 여부를 검증하기 위하여 「전자서
명법」제2조제6호에 따른 인증서(서명자의 실지명의를 확인할 수 있는 것으로서 법
원행정처장이 지정·공고하는 인증서를 말한다) 정보를 송신하여야 한다.
④ 제3항의 공고는 인터넷등기소에 한다.

제16조 (수수료 납부절차)
① 신청인의 수수료 납부는 법원행정처장이 지정하는 카드사의 신용카드에 의한 결제,
지정금융기관의 계좌이체, 지정 전자화폐 발행업체의 전자화폐 등에 의한 결제 방
식에 의한다.
② 법인 등기사항증명서 다량발급예약, 인감증명서 발급예약의 경우에는 예약 신청시
에 수수료를 납부하여야 한다.

제17조 (수수료 수납대행 용역 업체의 지정)
법원행정처장은 제15조의 수수료 수납 업무를 대행할 수수료 수납대행 용역 업체를 지
정할 수 있다.

제18조 (수수료 수납대행 용역 업체의 권리, 의무)
① 수수료 수납대행 용역 업체는 인터넷 열람 등의 서비스를 받고자 하는 민원인으로
부터 수수료를 수납하는 업무를 대행하고, 법원행정처는 소정의 용역 수수료를 수
수료 수납대행 용역 업체에게 지급한다.
② 제1항의 용역 수수료액은 법원행정처와 수수료 수납대행 용역 업체간에 체결되는
수수료 수납대행 용역 계약에서 명시한다.

제19조 (수수료의 정산 및 국고 수납)
① 인터넷에 의한 등기기록의 열람 및 등기사항증명서 발급과 법인 등기사항증명서 다
량발급예약, 인감증명서 발급예약에 관한 서비스 이용 건수와 수수료액은 법원행정
처와 수수료 수납대행 용역 업체 각자의 서비스 이용 건수의 기록을 비교하여 매
일 정산, 확정한다. 이 경우, 법원행정처와 수수료 수납대행 용역 업체의 서비스
건수 계산이 서로 다를 때에는 법원행정처가 계산한 서비스 건수를 기준으로 한다.
② 수수료 수납대행 용역 업체는 민원인으로부터 대신 수납한 인터넷 열람 등의 서비
스 수수료액에서 법원행정처장이 정하는 소정의 용역 수수료액을 공제한 금액을 결
제일로부터 차차주 월요일(월요일이 휴무일인 때에는 그 다음의 업무일) 10:00까지
분임수입금출납공무원인 법원행정처 사법등기국 부동산등기과장의 예금계좌에 입금
하여야 한다.
③ 분임수입금출납공무원은 제2항의 수수료 금액을 입금 당일 12:00까지 한국은행(본·
지점 및 국고수납대리점 포함)에 납부하여야 한다.

제19조의2 (무인발급기 발급수수료의 수납 등)
고주파송수신칩이 내장된 매체 또는 이동통신단말장치에서 사용되는 애플리케이션을
통한 신용카드, 전자화폐 등으로 수수료를 납부할 수 있는 무인발급기의 수수료 수납,
정산 및 국고수납 절차는 제17조 내지 제19조의 규정을 준용한다.

제19조의3 (등기사항증명서의 파손출력 등)
① 전산정보처리조직의 장애, 파손출력 등 신청인의 책임없는 사유로 인하여 고주파송
수신칩이 내장된 매체 또는 이동통신단말장치에서 사용되는 애플리케이션을 통한

　　신용카드, 전자화폐 등으로 수수료를 납부할 수 있는 무인발급기에 의한 등기사항증명서의 발급이 정상적으로 완료되지 아니한 경우에 신청인은 발급일로부터 3일 이내에 등기사항증명서 발급담당자에게 등기사항증명서의 재발급을 요청할 수 있다.

② 재발급을 요청받은 등기사항증명서 발급담당자는 신청인으로부터 등기사항증명서를 회수한 후에 등기사항증명서를 재발급하여 이를 교부하여야 하고, 회수한 등기사항증명서는 「등기특별회계수입금 운영규정」에 따라 처리하여야 한다. 다만, 신청인으로부터 등기사항증명서를 회수하기 곤란한 사정이 있는 때에는 등기소장으로부터 해당 사실을 확인받아야 한다.

제5장 보 칙

제20조 (통계의 특칙)

① 인터넷에 의한 법인 등기사항증명서 다량발급예약 및 인감증명서 발급예약에 따른 수수료의 수납과 통계처리는 예약 신청일을 기준으로 한다.

② 인터넷에 의한 법인 등기사항증명서 다량발급예약 및 인감증명서 발급예약에 따른 등기사항증명서와 인감증명서의 발급 통계 및 수수료 통계는 법원행정처 사법등기국 부동산등기과에서 처리한다.

③ 인터넷에 의한 등기기록의 열람 및 등기사항증명서 발급에 따른 열람 및 발급통계와 수수료 통계는 법원행정처 사법등기국 부동산등기과에서 처리한다.

제21조 (비밀유지)

등기소의 직원과 관련 금융기관 및 수수료 수납대행 용역 업체의 업무담당자는 인터넷 열람 등 업무수행으로 인하여 알게 된 신청인이나 수령인의 개인정보사항을 업무수행 이외의 목적에 사용하거나 외부에 유출하여서는 아니된다.

제22조 (계좌 도용 등)

수수료 인출 계좌 등의 도용으로 인하여 분쟁이 발생한 때에는 수수료 수납대행 용역 업체가 당사자가 되어 이를 해결하고, 법원행정처의 요청이 있을 때에는 그 내용을 통보하여야 한다.

부 칙(2023.10.13. 제1774호)

제1조(시행일)

이 예규는 2023년 12월 1일부터 시행한다.

제2조(시범사업의 특례)

법원행정처장은 수수료 면제 제도의 원활한 시행과 전산정보처리조직 운영의 적정을 기하기 위하여 제15조의2의 개정규정 시행 전에 시범사업을 실시할 수 있다.

---

2) 열람 및 각종 증명서 등의 청구방식

　　등기소를 방문하여 등기기록 또는 신청서 기타 부속서류를 열람하거나 등기사항의 전부 또는 일부에 대한 증명서 또는 등기소에 제출한 인감에 대한 증명서를 발급받으려는 사람은 신청서를 제출하여야 한다. 대리인이 신청서 기타 부속서류의 열람 또는 인감증명서의 발급을 신청할 때에는 신청서에 그 권한을 증명하는 서면을 첨부하여야 한다. 등기기록 또는 전자문서로 작성된 신청서 기타 부속서류의 열람, 등기사항증명서 또는 인감증명서의 발급신청은 관할 등기소가 아닌 다른 등기소에서도 할 수 있다(민법법인 및 특수법인 등기규칙 제6조, 상업등기규칙 제26조).

3) 수수료

수수료는 현금 또는 신용카드(신청서 기타 부속서류의 열람 부분은 제외한다)로 납부하여야 하며, 등기관은 등기사항증명서 또는 열람신청서 여백에 기기를 이용하여 그 영수필의 취지를 표시하여야 한다. 다만 무인발급기를 이용하여 등기사항증명서 또는 인감증명서를 교부받는 경우에는 현금 또는 신용카드로 수수료를 납부하거나 고주파송수신칩이 내장된 매체 또는 이동통신단말장치에서 사용되는 애플리케이션을 통한 신용카드, 전자화폐 등으로 수수료를 납부할 수 있고, 인터넷을 이용하여 등기사항증명서를 발급받거나 등기기록을 열람하거나 인감증명서 발급을 신청하는 경우에는 신용카드, 금융기관 계좌이체, 전자화폐 등으로 수수료를 납부하여야 한다(등기사항증명서 등 수수료규칙(이하 '수수료규칙'이라고 한다) 제6조).

① 등기사항증명서의 교부수수료

등기사항증명서의 교부수수료는 1통에 대하여 20장까지는 1,200원으로 하고, 1통이 20장을 초과하는 때에는 초과 1장마다 50원의 수수료를 납부하여야 한다. 다만, 수수료 중 100원 미만의 단수가 있을 때에는 그 단수는 계산하지 아니한다. 또한 무인발급기나 인터넷에 의한 등기사항증명서의 교부수수료는 1통에 대하여 1,000원으로 한다(수수료규칙 제2조 1항, 2항).

② 등기기록, 신청서 기타 부속서류의 열람에 대한 수수료

등기기록이나 신청서 기타 부속서류의 열람에 대한 수수료는 1등기기록 또는 1사건에 관한 서류에 대하여 1,200원으로 한다. 다만, 열람 후 등기사항을 출력한 서면 또는 신청서 기타 부속서류의 복사물을 교부하는 경우에 20장을 초과하는 때에는 초과 1장마다 50원의 수수료를 납부하여야 한다. 다만, 수수료 중 100원 미만의 단수가 있을 때에는 그 단수는 계산하지 아니하며, 인터넷을 통한 등기기록의 열람에 대한 수수료는 1등기기록에 관하여 700원으로 한다(수수료규칙 제3조).

③ 전자증명서 발급수수료

「상업등기법」 제17조제2항(「비송사건절차법」제66조제1항 및 제67조로 준용하는 경우를 포함한다)의 전자증명서 발급수수료는 매 건마다 15,000원으로 한다. 다만, 상업등기법 제17조제3항, 상업등기규칙 제46조제5항에서 정한 사용용도가 제한되는 경우의 발급수수료는 매 건마다 3,000원으로 한다(수수료규칙 제5조의8).

신청인이 소지하고 있는 사용 가능한 기존의 휴대용 저장매체에 전자증명서를 발급하는 경우에는 발급수수료를 받지 아니한다.

④ 수수료 면제

다른 법률에 수수료를 면제하는 규정이 있거나 국유재산법상의 분임재산관리관 이상의 공무원이 징발법, 징발재산정리에 관한 특별조치법 시행상의 필요에 의하여 청구하는 때에는 등기사항증명서 발급 및 열람수수료를 면제하고, 다른 법률에서 청구인이 국가기관(정부기관 또는 행정기관 등을 포함한다)에 대하여 필요한 자료의 제공 또는 관계서류의 열람 등을 요청하거나 요구할 수 있도록 규정한 경우에는 등기부열람 수수료를 면제하며, 다른 법률에 수수료를 면제하는 규정이 있거나 국가가 자기를 위하여 하는 등기의 신청의 경우에는 등기신청수수료를 면제한다. 그러나 무인등본발급기나 인터넷에 의한 등기부등본 교부, 인터넷을 통한 등기기록의 열람의 경우에는 등기부등본의 교부 및 등기기록의 열람 수수료는 이를 면제하지 아니한다. 그리고 다른 법률에 사용료를 면제하는 규정이 있거나 국가 또는 지방자치단체에 대하여는 등기전산정보사용료를 면제하고, 전자정부법 제38조에 의하여 행정기관이 업무처리를 위해 행정정보 공동이용 대상인 등기정보를 열람하는 경우에는 수수료를 면제한다(수수료규칙 제7조).

⑤ 전자문서형태로 발급하는 등기사항증명서의 발급수수료 면제

소유권의 등기명의인이 해당 부동산에 관하여 인터넷에 의한 전자등기사항증명서를 발급받는 경우에는 수수료를 면제한다.

대법원 규칙

▶규칙◀ 등기사항증명서 등 수수료규칙

(규칙 제2994호, 2021.8.30. 개정)

제1조(목적)
이 규칙은 「부동산등기법」, 「상업등기법」, 「비송사건절차법」 및 그 밖의 법령에 따른

등기사항증명서와 인감증명서의 교부수수료, 등기기록 또는 부속서류의 열람수수료 및 등기신청수수료 등에 관한 사항을 규정함을 목적으로 한다.

제2조(등기사항증명서)
① 등기사항증명서 교부수수료는 1통에 대하여 20장까지는 1,200원으로 하고, 1통이 20장을 초과하는 때에는 초과 1장마다 50원의 수수료를 납부하여야 한다. 다만, 수수료 중 100원 미만의 단수가 있을 때에는 그 단수는 계산하지 아니한다.
② 제1항에도 불구하고 무인발급기나 인터넷에 의한 등기사항증명서의 교부수수료는 1통에 대하여 1,000원으로 한다.

제3조(열람)
① 등기기록이나 신청서 기타 부속서류의 열람에 대한 수수료는 1등기기록 또는 1사건에 관한 서류에 대하여 1,200원으로 하되, 열람 후 등기사항을 출력한 서면 또는 신청서 기타 부속서류의 복사물을 교부하는 경우에 20장을 초과하는 때에는 초과 1장마다 50원의 수수료를 납부하여야 한다. 다만, 수수료 중 100원 미만의 단수가 있을 때에는 그 단수는 계산하지 아니한다.
② 제1항의 규정에도 불구하고 인터넷을 통한 등기기록의 열람에 대한 수수료는 1등기기록에 관하여 700원으로 한다.

제4조 삭제(2011.09.28 제2354호)

제5조(인감증명서)
① 인감증명서 교부에 대한 수수료는 1통에 대하여 1,200원으로 한다.
② 제1항에 불구하고 무인발급기에 의한 인감증명서의 교부수수료는 1통에 대하여 1,000원으로 하고, 「상업등기규칙」제40조 제2항에 따라 인터넷을 이용하여 인감증명서 발급을 신청한 경우 교부수수료는 1통에 대하여 1,100원으로 한다.

제5조의2(부동산등기 신청수수료)
① 다음 각호의 1에 해당하는 부동산등기의 신청(촉탁을포함한다. 이하 같다)수수료는 매 부동산마다 15,000원으로 한다.
  (1) 소유권보존등기
  (2) 소유권이전등기
  (3) 제한물권 또는 임차권의 설정 및 이전 등기
  (4) 가등기 및 가등기의 이전등기
  (5) 삭제(2001.08.04 제1713호)
  (6) 환매특약의 등기 및 환매권의 이전등기
② 제1항의 경우를 제외한 나머지 부동산등기의 신청수수료 및 한국주택금융공사가 「한국주택금융공사법」 제28조의 규정에 의하여 취득한 저당권에 대하여 위 공사를 등기권리자로 하는 저당권이전등기의 신청수수료는 매 부동산마다 3,000원으로 한다. 다만, 다음 각호의 1에 해당하는 등기는 그 신청수수료를 받지 아니한다.
  (1) 예고등기의 말소등기
  (2) 멸실회복등기
  (3) 회생, 파산, 개인회생, 국제도산에 관하여 법원의 촉탁으로 인한 등기
  (4) 부동산표시의 변경 및 경정 등기
  (5) 부동산에 관한 분할·구분·합병 및 멸실등기(대지권에 관한 등기 제외)

　　(6) 행정구역·지번의 변경, 주민등록번호(또는 부동산등기용등록번호)의 정정을 원
　　　 인으로 한 등기명의인표시변경 및 경정등기
　　(7) 등기관의 과오로 인한 등기의 착오 또는 유루를 원인으로 하는 경정등기
　　(8) 「공유토지분할에 관한 특례법」에 의한 등기
　　(9) 신탁등기 및 신탁등기의 말소등기

제5조의3(상업등기 신청수수료)
　① 다음 각 호의 1에 해당하는 상업등기의 신청수수료는 매 건마다 30,000원으로 한다.
　　(1) 회사 또는 합자조합의 설립에 따른 등기(합병·분할·분할합병 및 조직변경으로 인
　　　 한 설립등기와 외국회사의 영업소설치등기를 포함한다)
　　(2) 본점(합자조합의 주된 영업소 및 외국회사의 영업소를 포함한다)을 다른 등기소
　　　 관할구역으로 이전하는 경우의 신소재지에서 하는 본점이전등기
　② 제1항의 경우를 제외한 나머지 상업등기의 신청수수료는 매 등기의 목적마다 6,000원
　　 으로 한다. 다만, 다음 각호의 1에 해당하는 등기는 그 신청수수료를 받지 아니한다.
　　(1) 법원의 촉탁에 의한 등기
　　(2) 멸실회복등기
　　(3) 행정구역·지번의 변경, 주민등록번호(또는 부동산등기용등록번호)의 정정, 등기관
　　　 의 과오로 인한 등기의 착오 또는 유루를 원인으로 하는 경정 및 변경등기

제5조의4(선박등기 등의 신청수수료)
　① 선박등기, 입목등기, 공장재단등기, 광업재단등기, 동산·채권담보등기의 신청수수료
　　 에 관하여는 제5조의2를 준용한다. 다만, 동산·채권담보등기의 경우 "매 부동산마
　　 다"를 "매 건마다"로 본다.
　② 민법법인등기, 특수법인등기, 외국법인등기, 유한책임신탁등기의 신청수수료에 관하
　　 여는 제5조의3을 준용한다.
　③ 부부재산약정등기의 신청수수료는 매 건마다 2,000원으로 한다.

제5조의5(전자신청 등에 의한 등기신청수수료의 특례)
　① 제5조의2 제1항 각 호의 1에 해당하는 부동산등기를 전산정보처리조직을 이용하여
　　 신청(이하"전자신청"이라고 한다)하는 경우의 신청수수료는 매 부동산마다 10,000
　　 원으로, 전자표준양식에 의하여 신청하는 경우의 신청수수료는 매 부동산마다
　　 13,000원으로 한다.
　② 제5조의2 제2항 본문에 해당하는 부동산등기를 전자신청하는 경우의 신청수수료는
　　 매 부동산마다 1,000원으로, 전자표준양식에 의하여 신청하는 경우의 신청수수료는
　　 매 부동산마다 2,000원으로 한다.
　③ 제5조의3 제1항 각 호의 1에 해당하는 상업등기를 전자신청하는 경우의 신청수수
　　 료는 매 건마다 20,000원으로, 전자표준양식에 의하여 신청하는 경우의 신청수수료
　　 는 매 건마다 25,000원으로 한다.
　④ 제5조의3 제2항 본문에 해당하는 상업등기를 전자신청하는 경우의 신청수수료는 매
　　 등기의 목적마다 2,000원으로, 전자표준양식에 의하여 신청하는 경우의 신청수수료
　　 는 매 등기의 목적마다 4,000원으로 한다.
　⑤ 민법법인등기, 특수법인등기 및 외국법인등기를 전자신청 또는 전자표준양식에 의
　　 하여 신청하는 경우에도 제3항 및 제4항과 같다.
　⑥ 동산·채권담보등기를 전자신청 또는 전자표준양식에 의하여 신청하는 경우에는 제1
　　 항 및 제2항을 준용한다. 이 경우 "매 부동산마다"를 "매 건마다"로 본다.

제5조의6(등기전산정보자료 사용료)
「부동산등기법」 제109조 제3항 및 「상업등기법」 제21조 제3항 (「비송사건절차법」 제66조 제1항으로 준용하는 경우를 포함한다)의 등기전산정보자료 사용료는 1건에 대하여 1만원으로 하고, 그 대상 등기기록이 20개를 초과하면 초과하는 매 1개마다 20원을 가산한 금액으로 한다.

제5조의7(인감카드 재발급수수료)
「상업등기법」 제16조 제2항(「비송사건절차법」 제66조 제1항으로 준용하는 경우를 포함한다)의 인감카드 재발급수수료는 매 건마다 5,000원으로 한다.

제5조의8(전자증명서 발급수수료)
① 「상업등기법」 제17조 제2항(「비송사건절차법」 제66조 제1항 및 제67조로 준용하는 경우를 포함한다)의 전자증명서 발급수수료는 매 건마다 15,000원으로 한다. 다만, 상업등기법 제17조제3항, 상업등기규칙 제46조제5항에서 정한 사용용도가 제한되는 경우의 발급수수료는 매 건마다 3,000원으로 한다.
② 신청인이 소지하고 있는 사용 가능한 기존의 휴대용 저장매체에 전자증명서를 발급하는 경우에는 발급수수료를 받지 아니한다.

제6조(수수료 납부)
① 제2조, 제3조 및 제5조에서 정한 수수료는 현금 또는 신용카드(제3조 중 신청서 기타 부속서류의 열람 부분은 제외한다)로 납부하여야 하며, 등기관은 등기사항증명서 또는 열람신청서 여백에 기기를 이용하여 그 영수필의 취지를 표시하여야 한다. 다만, 무인발급기를 이용하여 등기사항증명서 또는 인감증명서를 교부받는 경우에는 현금 또는 신용카드로 수수료를 납부하거나 고주파송수신칩이 내장된 매체 또는 이동통신단말장치에서 사용되는 애플리케이션을 통한 신용카드, 전자화폐 등으로 수수료를 납부할 수 있고, 인터넷을 이용하여 등기사항증명서를 발급받거나 등기기록을 열람하거나 인감증명서 발급을 신청하는 경우에는 신용카드, 금융기관 계좌이체, 전자화폐 등으로 수수료를 납부하여야 한다.
② 제7조 제1항에 따라 수수료를 면제하는 경우에는 인증문 여백에 다음과 같이 면제사유를 기재하여 교부한다. "이 증명은 「등기사항증명서 등 수수료규칙」제7조 제1항에 따라 수수료를 면제함"
③ 제5조의2부터 제5조의4까지의 규정에 따른 등기신청수수료의 납부는 그 수수료 상당액을 전자적 방법으로 납부하거나, 법원행정처장이 지정하는 금융기관에 현금으로 납부한 후 이를 증명하는 서면을 등기신청서에 첨부하여 제출하는 방법으로 하고, 등기관은 납부액의 상당 여부를 조사하여야 한다. 다만, 지방법원, 그 지원 또는 등기소에 등기신청수수료 납부기능이 있는 무인발급기가 설치된 경우에는 이를 이용하는 방법으로 수수료를 납부할 수 있다.
④ 제1항 및 제3항의 경우에 상당 액수를 초과하여 납부된 금액은 환급하여야 한다. 다만, 신청인등이 환급청구를 포기할 뜻을 표시한 때에는 등기신청서의 여백에 그 취지를 기재하고 신청인등의 기명날인 또는 서명을 받아야 한다.
⑤ 제5조의5의 규정에 의하여 전자신청을 하는 경우의 수수료는 신용카드, 금융기관 계좌이체 또는 전자화폐 등의 결제방법으로 납부하여야 한다.
⑥ 제5조의5의 규정에 의하여 전자표준양식에 의한 등기신청을 하는 경우의 수수료는 제3항에서 정한 방법으로 납부하여야 한다.

⑦ 등기신청이 각하되어도 이미 납부된 제5조의2 내지 제5조의5의 수수료는 이를 반환하지 아니한다.

⑧ 제5조의6에서 정한 사용료는 현금으로 납부하여야 한다.

⑨ 제5조의7에서 정한 인감카드 재발급수수료와 제5조의8에서 정한 전자증명서 발급수수료의 납부 및 환급은 제3항 및 제4항의 규정을 준용한다.

⑩ 제3항의 납부 및 제4항의 환급에 관하여 필요한 절차는 대법원예규로 정한다.

제7조(수수료 면제)

① 다른 법률에 수수료를 면제하는 규정이 있거나, 「국유재산법」상의 분임재산관리관 이상의 공무원이 「징발법」, 「징발재산정리에 관한 특별조치법」시행상의 필요에 의하여 청구하는 때에는 제2조 내지 제4조에 규정하는 수수료를 면제한다.

② 다른 법률에서 청구인이 국가기관(정부기관 또는 행정기관 등을 포함한다)에 대하여 필요한 자료의 제공 또는 관계서류의 열람 등을 요청하거나 요구할 수 있도록 규정한 경우에는 제3조에 규정하는 수수료를 면제한다.

③ 다른 법률에 수수료를 면제하는 규정이 있거나 국가가 자기를 위하여 하는 등기의 신청의 경우에는 제5조의2 내지 제5조의5에서 규정하는 수수료를 면제한다.

④ 다른 법률에 사용료를 면제하는 규정이 있거나 국가 또는 지방자치단체에 대하여는 제5조의6에서 규정하는 사용료를 면제한다.

⑤ 「전자정부법」 제38조에 의하여 행정기관이 업무처리를 위해 행정정보 공동이용 대상인 등기정보를 열람하는 경우에는 수수료를 면제한다.

⑥ 제1항 내지 제3항의 규정에도 불구하고 제2조 제2항 및 제3조 제2항의 규정에 의한 등기사항증명서의 등기기록의 열람 수수료는 이를 면제하지 아니한다.

⑦ 제5조의5의 전자신청에 의한 등기사건이 처리완료된 후 신청인 또는 대리인이 당해 등기사건에 대하여 신청하는 제2조 제2항의 인터넷에 의한 등기사항증명서 교부수수료 또는 제3조 제2항의 등기기록 열람수수료를 1회에 한하여 면제한다.

제7조의2(전자문서형태로 발급하는 등기사항증명서의 발급수수료 면제)

① 소유권의 등기명의인이 해당 부동산에 관하여 인터넷에 의한 전자등기사항증명서를 발급받는 경우 제2조에 규정하는 수수료를 면제한다.

② 제1항의 면제 대상·요건·절차 등과 관련하여 필요한 사항은 대법원예규로 정할 수 있다.[본조신설 2023. 10. 25.]

부 칙(2023.10.25. 제3113호)

제1조(시행일)

이 규칙은 2023년 12월 1일부터 시행한다.

제2조(시범사업의 특례)

법원행정처장은 제7조의2의 개정규정 시행 전에 시범사업을 실시할 수 있다.

▶예규◀ 법인 등의 등기사항증명서 발급 등에 관한 업무처리지침

(등기예규 제1776호,   2023. 10. 13.

1. 적용 범위

이 예규는 「상업등기법」·「상업등기규칙」·「비송사건절차법」·「민법법인 및 특수법인등기규칙」에 따른 등기사항증명서와 폐쇄등기부 등·초본의 발급절차 및 등기기록과 폐쇄등기부의 열람절차에 관한 구체적 사항을 규율함을 목적으로 한다.

2. 등기사항증명서의 종류

가. 등기사항전부증명서(말소사항 포함)

"등기사항전부증명서(말소사항 포함)"는 말소된 등기사항을 포함하여 등기기록에 기록된 등기사항의 전부(다만 신청이 없는 지점 및 지배인에 관한 사항의 기재는 생략할 수 있음)를 증명하는 증명서를 말한다.

나. 등기사항전부증명서(현재 유효사항)

"등기사항전부증명서(현재 유효사항)"는 등기기록에 기록되어 있는 사항 중 증명서를 발급하는 현재 효력이 있는 등기사항의 전부(다만 신청이 없는 지점 및 지배인에 관한 사항의 기재는 생략할 수 있음)를 증명하는 증명서를 말한다.

다. 등기사항일부증명서(말소사항 포함)

"등기사항일부증명서(말소사항 포함)"는 등기기록에 기록된 등기사항 중 신청인이 청구한 부분에 관하여 현재 효력이 있는 등기사항과 말소된 등기사항을 증명하는 증명서를 말한다.

라. 등기사항일부증명서(현재 유효사항)

"등기사항일부증명서(현재 유효사항)"는 등기기록에 기록된 등기사항 중 증명서를 발급하는 현재 효력이 있는 등기사항으로 신청인이 청구한 부분을 증명하는 증명서를 말한다.

마. 등기사항전부증명서(폐쇄사항)

"등기사항전부증명서(폐쇄사항)"는 폐쇄된 등기기록에 기록된 등기사항의 전부(다만 신청이 없는 지점 및 지배인에 관한 사항의 기재는 생략할 수 있음)를 증명하는 증명서를 말한다.

바. 등기사항일부증명서(폐쇄사항)

"등기사항일부증명서(폐쇄사항)"는 폐쇄된 등기기록에 기록된 등기사항 중 신청인이 청구한 부분을 증명하는 증명서를 말한다.

3. 등기사항증명서의 발급

가. 발급신청

1) 등기사항증명서의 발급신청은 별지 제1호 양식의 발급신청서를 작성하여 제출하는 방식으로 한다. 다만 등기소 내에 번호발급기가 설치되어 있는 경우에는 번호발급기에서 부여되는 별지 제2호 양식의 번호표에 발급받고자 하는 등기사항증명서의 내역을 기재하여 신청할 수 있다.

2) 등기소는 다량발급신청 등을 이유로 등기사항증명서의 발급신청을 거부하지 못한다. 다만 아래 나. 1)의 적용을 회피하기 위한 행위임이 명백한 경우(발급 통수를 나누어 신청하는 등)에는 그러하지 아니하다.

나. 발급신청의 처리기준

1) 등기사항증명서 발급담당자는 등기사항증명서의 발급신청을 접수한 즉시 해당 등기사항증명서를 출력하여 교부하여야 한다. 다만 11통 이상의 다량발급의 경우에는 다음 각호의 기준에 따르며, 접수증에 발급예정시간을 기재하여 교부한다.

(가) 11통 ~ 50통: 신청 후 1시간 이내 작성·교부

(나) 51통 ~ 100통: 신청 후 2시간 이내 작성·교부
(다) 101통 ~ 200통: 오전에 접수된 사건은 당일 업무시간까지, 오후에 접수된 사건
은 그 다음 업무 날의 오전까지 작성·교부
(라) 201통~300통 : 신청 후 24시간 이내 작성·교부
(마) 301통 이상: 300통당 1일의 비율로 작성·교부
2) 등기소는 다른 다량신청사건의 유무, 신청인의 주소 등을 고려하여 합리적인 범위
내에서 위 1)의 기준과 다르게 발급예정시간을 조정할 수 있고, 이 경우 신청인에
게 그 사유를 설명하여야 한다.
3) 등기사항증명서 발급 지연 시의 통지
기계 고장 등의 사유로 접수증에 기재된 예정시간 내에 발급이 불가능할 경우에는
신청인에게 미리 전화나 팩스 등을 통해 그 사유를 설명하고, 새로운 발급예정시간
을 고지하여야 한다.
다. 등기사항증명서의 작성
1) 등기사항전부증명서
(가) 등기사항전부증명서는 별지 제3-1-가호부터 제3-16-나호까지의 양식에 따라 작
성하며, 외국법인의 등기기록에 대한 등기사항전부증명서는 별지 제3-6-가호부터
제3-11-나호까지의 양식에 따라 작성한다.
(나) 법인 또는 합자조합에 대한 등기사항전부증명서를 작성함에 있어, 지점(분사무소
를 포함한다. 다음부터 같다) 또는 지배인(대리인을 포함한다. 다음부터 같다)에
관한 신청이 없는 경우에는 그 기재를 생략하고, 증명문구에 기재를 생략하였다
는 뜻을 덧붙여 적는다.
(다) 말소된 등기사항을 포함하여 등기사항증명서를 작성하는 경우에는 마지막 페이지 하
단에 "실선으로 그어진 부분은 말소(변경, 경정)된 등기사항입니다"라고 표시한다.
2) 등기사항일부증명서
(가) 등기사항일부증명서는 등기사항전부증명서의 양식 중 등기번호, 등록번호, 상호
(명칭), 본점(주된 영업소·주사무소) 등 해당 등기기록을 특정할 수 있는 사항에
관한 란과 그 외의 사항(공고방법, 자본에 관한 사항, 목적, 임원에 관한 사항,
기타사항, 지점에 관한 사항, 지배인에 관한 사항, 전환사채, 주식매수선택권 등)
중 신청인이 청구한 사항에 관한 란으로 작성한다.
(나) 임원(사원, 조합원, 업무집행자, 청산인, 직무대행자, 관리인 등을 포함한다.
다음부터 같다)·지점·지배인에 관하여는 위 (ㄱ)에도 불구하고 해당 사항의
란에서 특정 임원·지점·지배인을 선택하여 청구할 수 있으며, 이때 등기사
항일부증명서는 상호 등 해당 등기기록을 특정할 수 있는 사항에 관한 란과
신청인이 청구한 부분(특정 임원·지점·지배인)만 기재된 해당 사항의 란으
로 작성한다.
(다) 전환사채 등 사채에 관한 등기사항일부증명서는 상호 등 해당 등기기록을 특정할
수 있는 사항에 관한 란과 신청인이 청구한 특정 사채에 관한 란으로 작성한다.
3) 위·변조 방지를 위한 조치
(가) 등기사항증명서에는 그 진위 여부를 등기소에서 또는 인터넷으로 확인할 수 있
도록 발급확인번호 12자리를 부여하여야 한다.
(나) 등기사항증명서의 매 장마다 등기정보를 암호화하여 저장한 2차원 바코드가 인
쇄되도록 하고, 이를 스캐너 등으로 복원할 수 있도록 하여야 한다.
(다) 삭제(2022.12.14. 제1763호)

4) 등기사항증명서 발급용지는 가로 210mm, 세로 297mm 크기의 복사방지처리를 한 특수용지를 사용한다. 등기소장은 등기사항증명서 발급용지가 외부에 유출되지 않도록 철저히 관리하여야 한다.

5) 「등기사항증명서 등 수수료규칙」 제7조 제1항에 의하여 수수료를 면제하는 등기사항증명서를 작성할 경우 등기사항증명서의 매 장마다 공용무상발급임을 표시하여야 한다.

라. 전산폐쇄등기기록에 대한 등기사항증명서의 발급

전산폐쇄등기기록에 대한 등기사항증명서의 발급에 관하여는 전산등기기록에 관한 등기사항증명서 발급의 예에 따른다.

마. 등기신청사건 처리 중의 등기사항증명서 발급 제한

등기신청이 접수된 등기기록에 관하여는 등기관이 등기를 마칠 때까지 등기사항 증명서를 발급하지 아니한다. 다만 그 등기기록에 등기신청사건이 접수되어 처리 중에 있다는 뜻을 등기사항증명서에 표시하여 발급할 수 있다.

4. 무인발급기를 통한 등기사항증명서의 발급

가. 발급가능한 등기사항증명서의 종류

무인발급기로는 현재사항 또는 말소사항포함 등기사항전부증명서만 발급하고 등기사항일부증명서는 발급하지 아니한다. 또한, 등기사항증명서의 매수가 16장 이상인 경우 등과 같이 무인발급기로 발급하기에 적당하지 아니한 때에는 무인발급기로 발급하지 아니한다.

나. 민원안내

등기소는 해당 등기소의 실정에 맞추어 무인발급기의 사용방법을 게시하여야 하고, 신청인의 문의 시 그 사용방법을 안내하여야 한다.

5. 인터넷등기소를 통한 등기사항증명서의 발급 및 등기기록의 열람

가. 발급가능한 등기사항증명서의 종류

1) 인터넷등기소에 의하여 발급하는 등기사항증명서의 종류는 등기사항전부증명서(말소사항 포함)·등기사항전부증명서(현재 유효사항)·등기사항전부증명서(폐쇄사항)·등기사항일부증명서(말소사항 포함)·등기사항일부증명서(현재 유효사항)·등기사항일부증명서(폐쇄사항)로 한다.

2) 위 1)에도 불구하고 모바일 기기에서 사용되는 인터넷등기소 애플리케이션에 의하여 발급하는 전자등기사항증명서의 종류는 등기사항전부증명서(말소사항 포함)·등기사항전부증명서(현재 유효사항)·등기사항전부증명서(폐쇄사항)로 한다.

나. 등기사항증명서의 발급

1) 서면으로 발급하는 등기사항증명서는 별지 제3-17-가호 양식(등기사항전부증명서 예시)과 같이 "제출용"임을 표시하고, 컬러 또는 흑백으로 출력될 수 있도록 한다.

2) 전자문서형태로 발급하는 등기사항증명서는 별지 제3-17호-나호 양식(등기사항전부증명서 예시)과 같이 작성한다.

3) 등기정보중앙관리소 전산운영책임관은 인터넷에 의하여 발급된 등기사항증명서의 진위 여부를 확인할 수 있도록 서면으로 발급하는 경우에는 3. 다. 3)과 동일한 조치를, 전자문서형태로 발급하는 경우에는 3. 다. 3) (ㄱ)과 동일한 조치를 하여야 한다.

다. 등기기록의 열람

1) 인터넷등기소를 통한 등기기록(전산폐쇄등기기록을 포함한다. 이하 이 "나."에서 같다)의 열람은 컴퓨터모니터 화면으로 보는 방식 또는 등기사항증명서에 준하는 양식의 서면으로 등기사항을 출력하는 방식으로 할 수 있다. 열람을 위하여 출력하는

서면에는 열람용임을 표시하여야 한다.

2) 등기신청사건 처리 중인 등기기록에 대하여 열람신청이 있는 경우 등기신청사건 처리 중이라는 사실을 미리 알려주고 열람하도록 한다.

6. 종이 폐쇄등기부 등·초본의 발급

가. 발급신청

1) 종이 폐쇄등기부에 대한 폐쇄등기부 등·초본은 별지 제1호 양식의 발급신청서에 법인의 종류, 상호(명칭), 신청 통수, 발급받고자 하는 등기부 등·초본의 종류를 기재하여 관할 등기소에 제출하여 신청하여야 한다. 다만 종이 폐쇄등기부를 전자촬영한 이미지에 의한 폐쇄등기부 등·초본은 관할 등기소 외의 다른 등기소에서도 발급신청을 할 수 있다.

2) 폐쇄등기부 초본의 발급신청

(가) 신청인은 위 1)의 사항 외에 발급받고자 하는 등기부의 "란"(특정 임원, 지점 또는 지배인을 특정하여 청구하는 것도 가능함) 또는 "면"을 특정하여 그 초본을 신청할 수 있다.

(나) 종이 폐쇄등기부의 초본을 신청하기 위하여 해당 등기부를 열람할 때에는 열람 수수료가 면제된다.

나. 발급신청의 처리기준

1) 폐쇄등기부 등·초본 발급담당자는 발급신청을 접수한 경우 다음 각호의 기준에 따라 해당 폐쇄등기부 등·초본을 작성하여야 하며, 이 경우 접수증에 발급예정시간을 기재하여 교부한다. 다만 다른 다량신청사건의 유무, 등기부의 면 수 등을 고려하여 필요한 경우 합리적인 범위 내에서 아래 기준과 다르게 처리할 수 있고, 이 경우 신청인에게 그 사유를 설명하여야 한다.

(가) 종이 폐쇄등기부의 경우 : 신청 후 24시간 이내 작성 교부

(나) 이미지에 의한 폐쇄등기부의 경우

(ㄱ) 10면 이하: 신청 후 2시간 이내 작성 교부

(ㄴ) 11면 ~ 50면: 신청 후 24시간 이내 작성 교부

(ㄷ) 51면 이상: 50면당 1일의 비율로 작성 교부

2) 인터넷에 의한 발급예약의 경우에는 전산시스템상 고지받은 시간을 발급예정시간으로 한다.

3) 교부 지연시의 통지

위 1)의 경우 담당직원의 유고나 질병, 기계고장 등의 사유로 접수증에 기재된 예정시간 내에 발급이 불가능할 경우에는 신청인에게 미리 전화나 팩스 등을 통해 그 사유를 설명하고, 새로운 발급예정시간을 고지하여야 한다.

4) 주민등록번호의 공시제한 조치

(가) 발급담당자는 등기부에 기록된 임원, 지배인, 상호사용자, 제한능력자, 법정대리인 중 신청인이 신청서에 기재하지 않은 사람의 주민등록번호가 유출되지 않도록 전산 또는 수작업 등 적절한 방법으로 가리는 조치를 한 후 발급한다.

(나) 전환사업소는 인터넷에 의한 발급예약 또는 발급면수가 과다한 경우 등에는 주민등록번호를 가리는 조치에 대한 지원을 할 수 있다.

다. 등·초본의 작성

1) 폐쇄등기부 등·초본은 폐쇄등기부를 전자촬영하여 생성된 이미지를 출력하여 작성하되, 위와 같은 방법으로 생성된 이미지가 없거나 신청인이 특별히 신청하는 경우

에는 종이 폐쇄등기부를 등사하여 작성할 수 있다.
2) 폐쇄등기부 초본은 신청인이 청구한 부분에 해당하는 면을 등사하는 방법으로 작성한다.
3) 폐쇄등기부 등·초본은 폐쇄등기부를 등사한 것에 아래의 증명문과 등기관인 표시, 성명, 증명연월일을 표시하여 발급한다. 다만 전자촬영한 이미지에 의하여 등·초본을 발급하는 경우에는 이미지를 출력한 것에 등기관인 표시와 성명 대신에 법원행정처 등기정보중앙관리소 전산운영책임관의 직명을 표시하여 발급한다.
"이 등(초)본은 폐쇄된 등기부의 내용과 틀림없음을 증명합니다."

7. 폐쇄등기부의 열람
가. 열람신청
1) 폐쇄등기부를 열람하고자 하는 자는 별지 제4호 양식의 열람신청서를 작성하여 관할 등기소에 제출하여야 한다. 다만 종이 폐쇄등기부를 전자촬영한 이미지에 의한 폐쇄등기부 열람은 관할 등기소 외에 다른 등기소에서도 할 수 있다.
2) 폐쇄등기부 열람의 경우 위 6. 나.의 폐쇄등기부 등·초본의 발급신청 처리기준의 예에 따라 처리한다.

나. 열람의 방법
1) 폐쇄등기부 열람은 전자촬영하여 생성된 이미지에 의한 폐쇄등기부를 등기소에 비치된 컴퓨터 화면으로 보는 방법으로 하되, 이와 같은 방법으로 생성된 이미지가 없거나 신청인이 특별히 신청하는 경우에는 종이 폐쇄등기부를 보는 방법으로 한다.
2) 신청인은 등기사항증명서의 양식에 준하여 등기사항을 출력한 서면을 교부받는 방법에 의하여 등기기록을 열람할 수 있다.

다. 주민등록번호의 공시제한 조치
폐쇄등기부 열람의 경우 6. 나. 4)의 주민등록번호의 공시제한 조치의 예에 따라 처리한다.

라. 열람업무처리 시 유의사항
(ㄱ) 열람업무 담당자는 신청서에 기재된 신청인의 성명, 생년월일 및 주소를 제시된 주민등록증 또는 운전면허증 등과 대조하여 그 일치 여부를 확인한 후 신청순서에 따라 열람하게 하여야 한다.
(ㄴ) 열람은 지정된 열람석에서만 하도록 하고 등기소장은 열람 시 열람업무 담당자를 동석하게 하여야 한다.
(ㄷ) 열람업무 담당자는 등기부의 열람이 이루어지고 있는 동안에는 열람대를 이석하여서는 안되며, 불가피하게 이석할 경우에는 반드시 업무를 대신할 수 있는 사람을 배치하여야 한다.
(ㄹ) 열람업무 담당자는 열람 중 등기부가 훼손되지 않도록 주의를 기울여야 한다.
(ㅁ) 등기부책 1권을 신청인에게 포괄적으로 제시하는 방법을 지양하고 열람 신청한 등기용지가 나타날 수 있도록 특정 부분을 제시하여 열람할 수 있도록 한다.
(ㅂ) 열람 시, 필기구는 반드시 연필만 사용하도록 한다.

8. 주민등록번호의 공시 제한
가. 대상 및 범위
등기부에 기록된 임원, 지배인, 상호사용자, 제한능력자, 법정대리인(다음부터 "임원 등"이라 한다)의 주민등록번호 뒷부분 7자리 숫자

나. 등기사항증명서 작성 및 열람 방법
1) 원칙
(가) 등기사항증명서는 등기부에 기록된 임원 등의 표시에 관한 사항중 주민등록번호 뒷

부분 7자리 숫자를 가리고(예 : 000000 - * * * * * * *) 작성하여 이를 교부한다.
(나) 등기부의 열람은 등기부에 기록된 임원 등의 주민등록번호 뒷부분 7자리 숫자를 가린 등기기록을 열람에 제공한다.
2) 예외
　다음 각호의 1에 해당하는 경우에는 주민등록번호의 공시를 제한하지 아니한다.
(가) 인감카드 리더기가 설치된 발급기에서 인감카드를 이용하여 등기사항증명서 발급신청을 하는 경우
(나) 인감카드번호와 비밀번호를 입력하고 등기사항증명서의 발급신청 또는 열람신청을 하는 경우
(다) 전자증명서 정보와 인감증명서 발급용 비밀번호를 입력하고 등기사항증명서의 발급신청 또는 열람신청을 하는 경우
(라) 신청인이 임원 등의 주민등록번호를 신청서에 기재하거나 직접 입력(무인발급기, 인터넷등기소의 경우)하여 등기사항증명서 발급신청을 하는 경우(해당 임원 등에 한함)
(마) 공용목적(법인세 체납 등)으로 국가, 지방자치단체 등이나 재판상 목적으로 신청인이 등기소에 출석하여 등기사항증명서의 발급신청을 하는 경우(신청목적과 이해관계가 있음을 소명한 임원 등에 한함)
(바) 삭제(2022.08.05.제1754호)
(사) 지배인(대리인)이 (가) ~ (다)의 방법으로 본인의 주민등록번호가 공시된 등기사항증명서를 발급신청 또는 열람신청을 하는 경우
(3) 종이 폐쇄등기부 및 이미지에 의한 폐쇄등기부의 특례
　종이 폐쇄등기부 및 이미지에 의한 폐쇄등기부의 경우 위 (1) 및 (2)의 규정에 따라 처리하되, 신청사건 수ㆍ발급면수ㆍ임원 수 등이 과다하거나 등기부의 상태상 임원의 주민등록번호의 식별이 용이하지 않아 주민등록번호의 공시를 제한하기 어려운 사정이 있는 경우에는 주민등록번호의 전부 또는 일부의 공시를 제한하지 아니 할 수 있다.

다. 주민등록번호가 기재된 등기사항증명서 발급절차
1) 유인발급의 경우
(가) 담당직원은 신청인에게 인감카드 또는 전자증명서를 제시하게 하고 인감카드 비밀번호 또는 인감증명서 발급용 비밀번호를 입력하게 하거나, 또는 인감카드번호 및 비밀번호, 공개되는 임원 등의 주민등록번호 등을 등기사항증명서 발급신청서에 기재하게 하거나 구두나 메모형식으로 이를 확인하여 입력하여야 한다. 이때 담당직원은 주민등록번호 등이 기재된 발급신청서 등을 즉시 폐기하는 등 주민등록번호 등이 유출되지 않도록 세심한 주의를 기울여야 한다.
(나) 나. (2) (라)의 경우에는, 등기부에 기록된 임원 등의 주민등록번호와 신청인이 기재(입력)한 주민등록번호의 일치 여부를 확인하여 일치된 임원 등에 한해서만 주민등록번호를 공개한다.
(다) 나. (2) (마)의 경우에는 신청인의 성명, 주민등록번호 및 주민등록번호 등의 공시를 제한하지 않는 사유(법인관련소송절차에서 필요한 주소보정용 발급의 경우 관할지방법원, 사건번호, 원ㆍ피고 등)를 구체적으로 입력하여야 한다. 이때 담당직원은 주민등록번호의 공시를 제한하지 아니하는 사유를 소명하는 서면(신청기관의 공문 및 신청인의 신분증, 소송 수행상 필요한 경우에는 이를 입증할 수 있는 자료)을 확인하여야 하며, 그 소명서면은 전산 입력 후 신청인에게 즉시 반환한다.
2) 무인발급기를 이용하는 경우
　인감카드 또는 전자증명서를 사용하여 인감카드 비밀번호 또는 인감증명서 발급용

비밀번호를 입력하거나, 신청인이 직접 인감카드번호와 비밀번호를 입력하여야 한다.
3) 인터넷을 이용하는 경우(열람 포함)
   인터넷등기소에서 신청인이 직접 전자증명서 정보와 인감증명서 발급용 비밀번호를 입력하거나 또는 인감카드번호와 비밀번호를 입력하여야 한다.
4) 보안토큰 기능 없는 전자증명서의 발급기능 제외
   「전자증명에 관한 업무처리지침」 제8조 제1항 단서의 보안토큰 기능이 없는 전자증명서에 대하여는 주민등록번호가 기재된 등기사항증명서 발급기능을 부여하지 아니한다.

라. 종류주식의 내용란 등에 주민등록번호가 등기된 경우
1) 종류주식의 내용란, 기타사항란, 전환사채란, 신주인수권부사채란, 이익참가부사채란, 그 밖의 법령에 정한 사채란, 주식매수선택권란 등(이하 "종류주식의 내용란 등")에 착오로 주식인수인, 주주, 채권자 등(이하 "주식인수인 등")의 주민등록번호가 등기된 경우 주식인수인 등 이해관계를 소명한 자는 관할등기소에 주민등록번호의 공시 제한을 신청할 수 있다.
2) 등기소장(등기국·과장, 사무과장을 포함)은 위 (1)의 경우 및 주민등록번호가 등기할 사항이 아님이 명백한 경우에 직권으로 법원행정처에 주민등록번호의 공시 제한을 요청할 수 있다.
3) 위 (2)의 요청이 있는 경우 종류주식의 내용란 등에 기록된 주민등록번호 13자리 숫자를 전부 가리고(예 : ****** - *******) 등기사항증명서를 발급하거나 등기기록을 열람하게 한다.

9. 등기사항증명서 발급창구의 운영

등기소장은 등기사항증명서 발급 등 사무의 처리를 위하여 등기사항증명서 발급창구(또는 담당자)를 개설(또는 지정)하여야 한다. 한편, 등기소장은 등기사항증명서의 다량발급, 폐쇄등기부 등·초본의 발급 등을 위하여 등기소의 운영상황을 고려한 특수발급창구(또는 담당자)를 개설(또는 지정)할 수 있다.

부 칙(2023.10.13 제1776호)
제1조(시행일)
   이 예규는 2023년 12월 1일부터 시행한다.
제2조(시범사업의 특례)
   법원행정처장은 전산정보처리조직 운영의 적정을 기하기 위하여 5.가.2)의 개정규정 시행 전에 시범사업을 실시할 수 있다.

♣ 【서식】 등기사항증명서 발급신청서

등기사항증명서 발급신청서

(폐쇄등기부 등.초본 발급신청서)

<table>
<tr><td>법인의 종류</td><td></td><td>상호(명칭)</td><td></td><td rowspan="2">신청
통수</td></tr>
<tr><td>등기번호</td><td></td><td>관할 등기소</td><td></td></tr>
<tr><td colspan="4" align="center">신 청 구 분</td></tr>
<tr><td rowspan="2">□ 전부증명서
(등본)</td><td colspan="3">□ 현재사항 □ 말소사항포함 □ 폐쇄사항 □ 전자이미지 폐쇄등기부</td><td></td></tr>
<tr><td colspan="3">□ 지점 포함(　　　　　지점) □ 지배인 포함(지배인　　　　)</td><td></td></tr>
<tr><td rowspan="2">□ 일부증명서
(초본)</td><td colspan="3">□ 현재사항 □ 말소사항포함 □ 폐쇄사항 □ 전자이미지 폐쇄등기부</td><td></td></tr>
<tr><td colspan="3">※ 청구하는 「란」(또는 청구하는 특정 임원, 지점, 지배인)을 기재함</td><td></td></tr>
</table>

<table>
<tr><td colspan="4" align="center">주민등록번호 뒷자리 공개여부</td></tr>
<tr><td rowspan="4">□ 공개
(①,②,③선택기재)

□ 비공개</td><td rowspan="2">① 인감카드번호
및 비밀번호</td><td>카드번호[　　　　]</td><td rowspan="2">□ 전부공개
□ 특정인공개 : 성명(　　　)
　　　　　　　성명(　　　)
　　　　　　　성명(　　　)</td></tr>
<tr><td>비밀번호[　　　　]</td></tr>
<tr><td rowspan="2">② 신청목적</td><td>□ 공용목적</td><td></td></tr>
<tr><td>□ 재판목적</td><td></td></tr>
<tr><td></td><td rowspan="2">③ 특정인공개</td><td>성명</td><td></td></tr>
<tr><td></td><td>주민등록번호</td><td></td></tr>
<tr><td colspan="4">　　　신청인(대리인) :　　　　　　　　　　　　　(인)
　　　　　　　　년　월　일　　　법원　　　등기소 귀중</td></tr>
<tr><td>접 수
(사전신청예약번호)</td><td>년　월　일
제　　　호</td><td>교부예정일시</td><td>년　월　일　시</td></tr>
</table>

절　　　　　　　　　　　　　　　　　　취　　　　　　　　　　　　　　　　　선
✂ ·

<table>
<tr><td colspan="4" align="center">등기사항증명서(폐쇄등기부 등.초본) 발급신청서 접수증</td></tr>
<tr><td>접 수</td><td>년　월　일</td><td></td><td>제　　　호</td></tr>
<tr><td>발급 통수 및
수수료</td><td>통　금　원</td><td>교부예정일시</td><td></td></tr>
<tr><td colspan="2">신청인(대리인)</td><td colspan="2">위와 같이 접수(영수)하였습니다.</td></tr>
<tr><td colspan="2">년　월　일</td><td colspan="2">법원　　　등기소</td></tr>
</table>

주 : 1. 신청구분의 □에 「V」표를 하고 필요한 사항을 기재하여야 하고, 신청 법인 수와 주민등록번호의 공개대상 임원이 많은 경우 그 목록을 별지로 첨부하여야 합니다.

　　2. 말소된 등기사항과 지점(지배인)에 관한 등기사항은 신청이 있는 경우에 한하여 증명합니다.

　　3. ① 인감카드번호 및 비밀번호나 ② 공용목적(재판목적)을 선택한 경우 전부공개 또는 특정인공개를 표시하여야 하며, 후자를 선택한 경우 특정인의 성명을 기재하여야 합니다. 또한 ③ 특정인공개인 경우에는 성명 및 주민등록번호를 기재하여야 합니다.

　　4. 수수료는 현금으로 납부하고 교부예정일로부터 7일 이내에 수령하여야 합니다.

♣ 【서식】 등기사항전부증명서(현재사항)

등기사항전부증명서(현재사항)

-	
등록번호	

명 칭		. . . .
주사무소		. . . .

목   적

임원에 관한 사항

기 타 사 항

분사무소에 관한 사항

법인성립 연월일

등기기록의 개설 사유 및 연월일

문서 하단의 바코드를 스캐너로 확인하거나, **인터넷등기소(http://www.iros.go.kr)의 발급확인 메뉴**에서 **발급확인번호**를 입력하여 **위 . 변조 여부를 확인할 수 있습니다. 발급확인번호**를 통한 확인은 발행일부터 3개월까지 5회에 한하여 가능합니다.

발급확인번호 0682-ALIK-YDCP

7010151062109020700051010120170lC5D7BDBAC6AE19111111 1 발행일:0000/00/00

-1/2-

<table>
<tr><td>등기번호</td><td></td></tr>
</table>

수수료 ○○○원 영수함   --- 이하여백 ---
　　　　관할등기소 : ○○지방법원 ○○등기소 / 발행등기소 : ○○지방법원 ○○등기소

　　이 증명서는 등기기록의 내용과 틀림없음을 증명합니다. [다만, 신청이 없는 분사무소에 관한 사항과 현재 효력이 없는 등기사항의 기재를 생략하였습니다]

서기 0000년 00월 00일

법원행정처 등기정보중앙관리소　　전산운영책임관 

* 실선으로 그어진 부분은 말소(변경, 경정)된 등기사항입니다.

* 등기사항증명서는 컬러로 출력 가능함.

발급확인번호 0682-ALIK-YDCP

70101510621090207000510101201701C5D7BDBAC6AE19111111 1 발행일:0000/00/00

-2/2-

♣ 【서식】 등기사항전부증명서(말소사항포함)

<table>
<tr><td>등기번호</td><td></td><td rowspan="2" colspan="2" style="text-align:center">등기사항전부증명서(말소사항포함)</td></tr>
<tr><td>등록번호</td><td></td></tr>
</table>

명 칭	
주사무소	

목 적

임원에 관한 사항

기 타 사 항

분사무소에 관한 사항

법인성립 연월일

문서 하단의 바코드를 스캐너로 확인하거나, **인터넷등기소(http://www.iros.go.kr)의** 발급확인 메뉴에서 **발급확인번호를** 입력하여 위 · **변조 여부를 확인할 수 있습니다. 발급확인번호를** 통한 확인은 발행일부터 3개월까지 5회에 한하여 가능합니다.

발급확인번호 0682-ALIK-YDCP

7010151062109020700051010120170IC5D7BDBAC6AE19111111 1 발행일:0000/00/00

-1/2-

등기번호	

법인성립 연월일

등기기록의 개설 사유 및 연월일

수수료 ○○○원 영수함　　　　　　　　　　　--- 이하여백 ---
관할등기소 : ○○지방법원 ○○등기소 / 발행등기소 : ○○지방법원 ○○등기소

이 증명서는 등기기록의 내용과 틀림없음을 증명합니다.
[다만, 신청이 없는 분사무소에　관한 사항의 기재를 생략하였습니다]
서기 0000년 00월 00일
법원행정처 등기정보중앙관리소　　　전산운영책임관 

* 실선으로 그어진 부분은 말소(변경, 경정)된 등기사항입니다.
* 등기사항증명서는 컬러로 출력 가능함.

문서 하단의 바코드를 스캐너로 확인하거나, **인터넷등기소**(http://www.iros.go.kr)의 발급확인 메뉴에서 **발급확인번호**를 입력
하여 **위 · 변조 여부를 확인할 수 있습니다.** 발급확인번호를 통한 확인은 발행일부터 3개월까지 5회에 한하여 가능합니다.

발급확인번호 0682-ALIK-YDCP
7010151062109020700051010120170 1C5D7BDBAC6AE19111111　1 발행일:0000/00/00

♣ 【서식】 폐쇄등기부 열람신청서

폐쇄등기부 열람신청서

법인의 종류		상호(명칭)	
등기번호		접수 연월일시	

신청인   성   명   (인) (전화번호 :   )
　　　　　생 년 월 일
　　　　　주   소

년   월   일

법원   등기소 귀중

다. 인감증명

1) 신청권자 등

신청서에 기명날인할 사람은 미리 그 인감을 등기소에 제출하여야 한다. 인감을 변경한 때에도 또한 같다(비송사건절차법 제66조, 상업등기법 제25조). 인감을 제출하지 아니한 자가 등기 신청을 하는 경우에는 각하사유가 된다(비송사건절차법 제66조, 상업등기법 제26조). 상업등기법 제25조에 의하여 인감을 등기소에 제출한 사람, 지배인,「채무자 회생 및 파산에 관한 법률」에 따른 파산관재인·파산관재인대리·관리인·보전관리인·관리인대리·국제도산관리인 및 국제도산관리인대리로서 그 인감을 등기소에 제출한 사람은 수수료를 납부하고 대법원규칙으로 정하는 바에 따라 그 인감에 관한 증명서의 교부를 청구할 수 있다(비송사건절차법 제66조, 상업등기법 제16조).

인감증명서는 발행일로부터 3개월 이내의 것이어야 한다(민법법인 및 특수법인 등기규칙 제6조, 상업등기규칙 제35조 2항).

2) 인감증명서 교부청구

상업등기법 제25조에 의하여 인감을 등기소에 제출한 사람, 지배인, 「채무자 회생 및 파산에 관한 법률」에 따른 파산관재인·파산관재인대리·관리인·보전관리인·관리인대리·국제도산관리인 및 국제도산관리인대리로서 그 인감을 등기소에 제출한 사람은 수수료를 납부하고 대법원규칙으로 정하는 바에 따라 그 인감에 관한 증명서의 교부를 청구할 수 있다(비송사건절차법 제66조, 상업등기법 제16조). 인감증명서 교부에 대한 수수료는 1통에 대하여 1,200원이고, 무인발급기에 의한 인감증명서의 교부수수료는 1통에 대하여 1,000원이다. 그리고 상업등기규칙 제40조 제2항에 따라 인터넷을 이용하여 인감증명서 발급을 예약한 경우 교부수수료는 1통에 대하여 1,100원이다(수수료규칙 제5조).

인감증명서를 발급받으려는 사람은 인감증명서발급신청서를 등기소에 제출하고 인감카드 또는 전자증명서를 제시하여야 한다. 부동산매도용 또는 자동차매도용 인감증명서발급신청서에는 매수자의 성명(상호 또는 명칭), 주소(본점 또는 사무소 소재지), 주민등록번호(법인등록번호 등 부동산등기용등록번호)를 적어야 한다. 전자증명서를 발급받은 사람은 대법원예규로 정하는 바에 따라 인터넷으로 인감증명서 발급을 신청한 후 등기소에서 이를 교부받을 수 있다.

인감카드 또는 전자증명서를 제시하거나 인감증명서 발급번호와 비밀번호를 제시하면 인감증명서의 발급신청에 관한 권한 또는 인감증명서의 수령에 관한 권한이 있는 것으로 본다(민법법인 및 특수법인 등기규칙 제6조, 상업등기규칙 제42조).

대법원 예규

▶예규◀ 인감의 제출·관리 및 인감증명서 발급에 관한 업무처리지침

(등기예규 제1768호 2023. 6. 9. 개정)

1. 목적
이 예규는 인감의 제출 · 관리 및 증명과 관련하여 「상업등기법」, 「비송사건절차법」, 「상업등기규칙」, 「민법법인 및 특수법인 등기규칙」에서 위임한 사항과 그 시행에 필요한 사항을 규정함을 목적으로 한다. 아래에서 단순히 "법"이라 함은 "「상업등기법」"을, "규칙"이라 함은 "상업등기규칙"을 말한다.

2. 인감의 제출 및 관리
가. 인감을 제출할 수 있는 자
 1) 법인의 대표자(합자조합의 업무집행조합원 등 대리권을 가지는 자를 포함한다. 이하 같다)
 2) 법인의 대표자의 직무대행자로 법원의 결정에 의하여 선임된 자
 3) 외국회사 영업소(또는 비영리 외국법인의 분사무소)의 대한민국에서의 대표자
 4) 상호등기기록의 상호사용자, 미성년자등기기록의 미성년자, 법정대리인등기기록의 법정대리인, 지배인등기기록의 영업주
 5) 「채무자 회생 및 파산에 관한 법률」에 의한 관리인, 관리인대리, 보전관리인, 파산관재인, 파산관재인대리, 국제도산관리인, 국제도산관리인대리
 6) 회사등기기록 · 합자조합등기기록 · 지배인등기기록의 지배인, 특수법인등기기록의 대리인

나. 법인의 대표자가 2인 이상인 경우
   법인의 대표자가 2인 이상인 경우에 등기를 신청하는 대표자만 인감을 제출하여도 되지만, 공동으로 대표권을 행사하여야 하는 자가 등기를 신청할 경우에는 공동으로 대표권을 행사하도록 되어 있는 자 전원의 인감을 제출하여야 하며, 법인을 대표하는 2인이상의 인감은 각각 달라야 한다.

다. 인감의 제출방법
 1) 인감의 제출 또는 인감의 변경(이하 "개인(개인) "이라 한다) 신고는, 신고할 인감을 날인하고 별표 제1호의 사항(이하 "인감제출자에 관한 사항 "이라 한다)을 기재한 별지 제1호 양식의 인감(개인)신고서를 작성하여 관할 등기소에 제출하는 방식으로 한다. 인감(개인)신고서를 제출할 때에는 신고하는 인감을 날인한 별지 제2호 양식의 인감대지도 함께 제출하여야 한다.
 2) 인감의 규격 등
   인감은 대조에 적당한 것이어야 한다. 인감은 규칙 제35조 제4항에서 정한 크기(가로 · 세로 2.4센티미터의 정사각형 안에 들어갈 수 있어야 하고, 가로 · 세로 1센티미터의 정사각형 안에 들어가는 것이 아니어야 함)로, 선명하지 않거나 너무 복잡한 것이어서는 안 된다.
 3) 인감을 제출할 수 있는 자는 다음 각호의 구분에 따라 인감(개인)신고를 하여야한다.
 가) 인감을 제출할 수 있는 자가 개인인 경우에는 인감(개인)신고서에 「인감증명법」에

따라 신고한 인감을 날인하고 그 인감증명서(발행일로부터 3개월 이내의 것에 한
한다. 이하 같다)를 첨부하거나 등기소에 제출한 유효한 종전 인감을 날인하여야
한다. 다만 그 신고서에 본인이 기명날인 또는 서명하였다는 공증인의 인증서면
을 제출하는 경우에는 그러하지 아니한다.
　나) 인감을 제출할 수 있는 자가 법인인 경우에는 인감(개인)신고서에 그 법인이 등
기소에 제출한 유효한 인감을 날인하여야 한다.
4) 외국인의 경우에는 위 3)의 방법 대신 다음의 방법으로 할 수 있다.
　가) 인고감증명제도가 있는 국가의 국민이 신고하는 경우에는 인감(개인)신고서에 본
국관공서에 신한 인감을 날인하고 그 인감증명서를 제출
　나) 인감증명제도가 없는 국가의 국민이 신고하는 경우에는 인감(개인)신고서에 서명
을 하고, 그 서명이 본인의 것이라는 취지의 본국 관공서의 증명을 제출
5) 지배인 또는 대리인이 인감(개인)신고하는 경우에는 위 3)의 방법을 대신하여 영업
주(개인 상인인 영업주를 말한다. 이하 다.항에서 같다) 또는 법인의 대표자가 지
배인또는 대리인의 인감임이 틀림없음을 보증하는 서면을 제출하여야 하고, 그 보
증서면에는 등기소에 제출한 영업주 또는 법인 대표자의 인감을 날인하여야 한다.
6) 「채무자 회생 및 파산에 관한 법률」에 따른 관리인대리, 파산관재인대리 또는 국제
도산관리인대리가 인감(개인)신고하는 경우에 관하여는 위 5)의 규정을 준용한다.
이 경우 위 5)의 "지배인 또는 대리인 "은 "관리인대리, 파산관재인대리 또는 국제
도산관리인대리 "로, "영업주 또는 법인의 대표자 "는 "관리인, 파산관재인 또는
국제도산관리인 "으로 본다.
7) 인감의 전자적 제출
　가) 인감의 제출 또는 개인(개인)은 규칙 제35조 제1항단서에 따라 인터넷등기소를
이용하여 신청할 수 있다. 다만 합자조합의 업무집행조합원 등 대리권을 가지는
자와 2. 가. 4)에 해당하는 자 및 6)의 합자조합등기기록·지배인등기기록의 지배
인에 해당하는 자의 경우에는 그러하지 아니하다.
　나) 인감신고서를 전자적으로 제출하는 경우 「상업등기규칙」제67조 제4항 제2호에 따
른 인증서(이하 "인증서 "라 한다)정보를, 개인(개인)신고서를 전자적으로 제출하
는 경우 전자증명서 정보를 송신하여야 한다.
　다) 회사의 지배인 또는 특수법인의 대리인이 전자적으로 인감을 신고하거나 개인(개
인)을 하는 경우 위 나)의 정보 송신 외에 보증서면에 해당하는 첨부정보와 대표
자의 전자증명서 정보를 함께 송신하여야 한다.
　라) 인감신고서 또는 개인신고서를 전자적으로 제출하는 경우에는 인감대지를 첨부하
지 아니한다.
라. 인감의 기록 및 관리
1) 등기관은 인감(개인)신고서에 기재된 인감제출자에 관한 사항과 등기기록에 등기된
사항의 일치 여부를 확인하고, 주민등록증, 운전면허증, 여권, 외국인등록증, 장애
인등록증 등(이하 "신분증명서 "라 한다)에 의하여 신고인의 신분을 확인한 후, 제
출된 인감을 인감부에 기록하여야 한다.
2) 담당 공무원은 제출된 인감을 기록하는 업무 등을 함에 있어서 제3자에게 인감정보
가 누출되지 않도록 하여야 한다.

마. 인감폐지의 신청
1) 인감을 제출한 자는 별지 제3호 양식의 폐인신고서를 관할 등기소에 제출하여 인감의 폐지를 신청할 수 있다. 폐인신고서에는 등기소에 제출한 인감을 날인하여야 하며, 그 인감을 날인할 수 없는 때에는「인감증명법」에 의하여 신고한 인감을 날인하고 그 인감증명서를 첨부하여야 한다. 다만 인터넷등기소를 이용하여 폐인신고서를 제출하는 경우에는 전자증명서 정보를 송신하여야 한다.
2) 인감의 폐지를 신청하는 때에는 발급받은 인감카드를 반납하여야 한다.

바. 기타
1) 인감제출자에 관한 사항이 변경되는 변경등기 또는 경정등기를 신청하는 경우에도 인감을 재제출할 필요가 없다.
2) 위임에 의한 대리인이 인감을 신고하거나 개인 또는 폐지를 신청하는 경우에는「인감증명법」에 따라 신고한 인감을 날인한 위임장을 첨부하고 그 인감증명서를 첨부하거나 등기소에 제출한 유효한 종전 인감을 날인한 위임장을 첨부하여야 한다. 다만 변호사나 법무사[법무법인 · 법무법인(유한) · 법무조합 · 법무사법인 · 법무사법인(유한)을 포함한다. 이하 "자격자대리인"이라 한다]가 인감의 제출 등을 인터넷등기소를 이용하여 신청하는 경우 자격자대리인의 인증서정보 및 사용자등록번호를 송신하여야 하며, 이 경우 위임장에 해당하는 첨부정보에 당사자의 인증서정보(인감의 신고의 경우) 또는 전자증명서 정보(인감의 개인 또는 폐지의 경우)를 함께 송신하여야 한다.
3) 인감(개인)신고서, 폐인신고서는 별지 제4호 양식의 인감신고서류 등 편철장에 편철하되, 인감신고서 또는 개 · 폐인신고서가 등기신청서와 함께 제출되는 경우에는 해당 등기신청서와 함께 신청서 기타 부속서류 편철장에 편철한다.
4) 규칙 제37조의 "등기신청서 등 "이라 함은 등기신청서 외에, 위임에 의한 대리인의 권한을 증명하는 서면, 규칙 제73조 제1항의 양도증서 등 그 서면에 찍힌 인감을 등기소에 제출된 인감과 대조하여야 할 모든 경우의 서면을 말한다.
5) 등기관은 인장의 마모, 훼손 등의 사유로 위 4)의 서면에 찍힌 인감과 등기소에 제출된 인감사이의 동일성 유무를 판단하기 곤란한 때에는 등기신청인 등에 대하여 개인을 요구하여야 하고, 위 4)의 서면에 인감이 선명하게 찍혀있지 않은 등의 사유로 위 동일성의 유무를 판단하기 곤란한 때에는 그 서면에 인감을 다시 찍게 하는 등의 조치를 취하여야 한다.

3. 인감증명
가. 인감증명서의 발급신청
1) 인감증명서 발급신청을 할 때에는 별지 제5-가호 및 제5-나호 양식의 인감증명서 발급신청서를 작성하여 제출하여야 한다.
2) 인감증명서 발급신청을 할 때에는 인감카드와 그 비밀번호 또는 전자증명서와 인감증명서 발급용 비밀번호를 제시하여야 한다.
3) 인감카드와 그 비밀번호 또는 전자증명서와 인감증명서 발급용 비밀번호를 제시하면 인감제출자 본인 또는 대리권을 수여받은 대리인임을 확인함이 없이 인감증명서발급신청을 할 권한이 있는 것으로 본다.
4) 인감증명서의 용도가 부동산매도용 또는 자동차(「자동차관리법」 제5조에 따라 등록된 자동차를 말한다. 이하 같다)매도용인 경우에는 인감증명서 발급신청서에 매수자의 성명(법인명), 부동산등기용등록번호(주민등록번호, 법인등록번호 등) 및 주소(본점 또는 주사무소 소재지)를 기재하여야 한다.
5) 부동산매도용 또는 자동차매도용 인감증명서 발급신청을 할 때에는 매수자의 인적사

항을 미리 인터넷등기소(http://www.iros.go.kr)에 등록한 후, 입력확인번호나 입력확인서를 등기소에 제출하여 매수자 정보가 포함된 인감증명서를 발급받을 수 있다.

나. 인감증명서 발급신청의 처리기준
 1) 인감증명서 발급담당자는 인감증명서 발급신청서를 접수한 즉시 인감증명서를 발급하여 교부하여야 한다. 다만, 11통 이상의 다량 발급의 경우에는 다음 각호의 기준에 따라 처리하여야 하며, 별지 제6호 양식의 접수증에 발급예정시간을 기재하여 신청인에게 교부하여야 한다.
  (가) 11통 ~ 50통: 신청 후 1시간 이내 작성·교부
  (나) 51통 ~ 100통: 신청 후 2시간 이내 작성·교부
  (다) 101통 ~ 200통: 오전에 접수된 사건은 당일 업무시간까지, 오후에 접수된 사건은 그 다음 업무 날의 오전까지 작성·교부
  (라) 201통 ~ 300통: 신청 후 24시간 이내 작성·교부
  (마) 301통 이상: 300통당 1일의 비율로 작성·교부
 2) 등기소는 다른 다량신청사건의 유무, 신청인의 주소 등을 고려하여 합리적인 범위 내에서 위 1)의 기준과 다르게 발급예정시간을 조정할 수 있고, 이 경우 신청인에게 그 사유를 설명하여야 한다.
 3) 인감증명서 발급 지연 시의 통지
   기계 고장 등의 사유로 접수증에 기재된 예정시간 내에 발급이 불가능할 경우에는 신청인에게 미리 전화나 팩스 등을 통해 그 사유를 설명하고, 새로운 발급예정시간을 고지하여야 한다.

다. 인감증명서의 발급
 1) 인감증명서는 별지 제7-가호부터 제7-마호 양식에 의하여 작성·발급한다. 다만 부동산매도용 또는 자동차매도용 인감증명서의 공동매수자가 여러 명인 경우에는 그 매수자에 관한 사항을 별지로 작성할 수 있다.
 2) 인감증명서 발급용지는 가로 210mm, 세로 297mm 크기의 복사방지 기술을 적용한 특수용지를 사용한다. 등기소장은 인감증명서 발급용지가 외부에 유출되지 않도록 철저히 관리하여야 한다.
 3) 인감증명서에는 인감 및 인감제출자에 관한 사항을 기재하고, "이 인감은 등기소에 제출되어 있는 인감과 틀림없음을 증명합니다."라는 증명문, 증명의 연월일과 등기정보중앙관리소 전산운영책임관의 직명을 기재한 다음 전자이미지관인을 기록하여 발급한다.
 4) 인감증명서에는 등기소 또는 인터넷등기소(http://www.iros.go.kr)에서 그 발급사실을 확인할 수 있도록 발급확인번호 12자리를 부여하여야 한다.
 5) 인감증명서의 아랫부분에는 발급확인번호에 관한 정보를 저장한 1차원 바코드와 인감 및 인감제출자에 관한 정보를 암호화하여 저장한 2차원 바코드가 인쇄되도록 하고이를 스캐너 등으로 복원할 수 있도록 하여야 한다.

라. 인감증명서의 발급 제한
 1) 다음 각호의 자에 대한 인감증명서는 발급하지 아니한다. 등기관은 전산정보처리조직으로 다음 각호의 자에 대한 인감증명서가 발급되지 않도록 조치를 하여야 한다.
  (가) 직무집행정지 가처분의 등기가 된 법인의 대표자
  (나) 「채무자 회생 및 파산에 관한 법률」에 따른 보전관리·회생절차개시·파산선고의

등기가 된 법인의 대표자, 지배인, 대리인
(다) 등기기록상 존립기간(합자조합의 경우에는 존속기간을 말한다)이 만료된 법인의 대표자, 지배인, 대리인
(라) 해산간주 된 법인의 대표자, 지배인, 대리인
(마) 본점이전등기의 신청 등과 같이 인감제출자에 관한 사항에 변경이 발생하는 변경등기 또는 경정등기의 신청이 접수되어 처리 중에 있는 해당 등기기록의 인감제출자
2) 폐지된 인감에 대한 증명서는 발급하지 아니한다.
마. 무인발급기에 의한 인감증명서의 발급
1) 무인발급기로는 부동산매도용 또는 자동차매도용 인감증명서를 발급하지 아니한다. 다만 부동산매매계약 또는 자동차매매계약의 매수자가 2인 이하일 경우에 이 예규 3.가. 5)에 따른 인터넷등기소의 사전등록절차를 거쳤을 때에는 그러하지 아니하다.
2) 등기소는 해당 등기소의 실정에 맞게 무인발급기의 사용방법을 게시하고 신청인이 문의할 경우 사용방법을 안내하여야 한다.

4. 인감카드
가. 인감카드의 규격
1) 인감카드는 별지 제8호의 인감카드 양식에 의하여 발급한다.
2) 인감카드에는 인감카드번호, 취급에 관한 주의사항 및 인감카드 관련 문의 전화번호 등을 기재하며, 인감카드번호는 일련번호 11자릿수로 구성한다.
나. 인감카드의 발급 및 재발급
1) 인감을 제출한 자는 인감을 제출한 관할 등기소 또는 그 밖의 등기소에 별지 제9호 양식의 인감카드 등 (재)발급신청서를 작성·제출하여 인감카드의 발급을 신청할 수 있다. 다만 규칙 제68조 제2항 및 「전산정보처리조직에 의한 상업등기 등의 신청에 관한 업무처리지침」 제4조의2에 따라 온라인 사용자등록을 한 후, 이를 이용하여 전자문서로 설립등기를 신청하여 설립된 법인이 최초로 인감카드의 발급을 신청할 경우에는 인감을 제출한 자가 직접 등기소에 출석하거나 사용자등록을 한 자격자대리인에게 위임하여야 한다.
2) 인감카드를 분실하거나 인감카드가 훼손되어 사용할 수 없게 되었을 때에는 인감을 제출한 관할 등기소 또는 그 밖의 등기소에 인감카드 등 (재)발급신청서를 작성·제출하여 기존 인감카드의 폐기를 신청하고 인감카드를 재발급받아야 한다. 이 경우 「등기사항증명서 등 수수료규칙」에서 정하는 수수료를 「등기신청수수료의 납부 및 환급 등에 따른 사무처리지침」에 따라 납부하여야 한다. 다만 기존의 인감카드를 반환하는 경우에는 그러하지 아니한다.
3) 인감카드 발급신청서에는 등기소에 제출한 인감을 날인하여야 하고, 인감카드 재발급신청서에는 기존 인감카드 비밀번호를 기재하고 등기소에 제출한 인감을 날인하여야 한다. 다만 인감카드 재발급신청서에 기존 인감카드 비밀번호를 기재할 수 없을 때에는 인감제출자 본인은 신분증명서 사본을, 위임에 의한 대리인은 인감제출자가 「인감증명법」에 따라 신고한 인감을 신청서에 날인하고 그 인감증명서 및 대리인의 신분증명서 사본을 각각 첨부하여야 한다. 위임에 의한 대리인이 인감카드의 발급 또는 재발급을 신청하는 때에는 등기소에 제출한 인감을 날인한 위임장을 첨부하여야 한다.
4) 담당 공무원은 신청서에 기존 인감카드 비밀번호가 기재된 경우 그 비밀번호가 일치하는지 여부와 신분증명서에 의하여 인감제출자 본인 또는 대리인인지를 확인한 후 인감카드를 교부하여야 한다.
5) 별지 제9호의 인감카드 등 (재)발급신청서, 별지 제11호의 인감카드 등 사건신고서 및 별지 제14호의 인감카드 계속사용신청서는 별지 제10호의 인감카드발급신청서류등

편철장에 편철하여 3년간 보존하여야 한다.

다. 인감카드의 효력정지, 효력정지해제
 1) 인감카드의 효력정지
  (가) 인감카드를 분실하거나 도난당한 인감제출자는 인감카드 효력정지 신청을 할 수 있다. 인감카드 효력정지 신청을 할 때에는 별지 제11호 양식의 인감카드 등 사건신고서를 작성하여 관할 등기소 또는 그 밖의 등기소에 제출하여야 한다. 효력이 정지된 인감카드로는 인감증명서를 발급받을 수 없다.
  (나) 인터넷등기소(http://www.iros.go.kr)를 통한 효력정지
      인감카드 효력정지 신청은 인터넷등기소에서도 할 수 있으며, 인터넷등기소에서 인감카드 효력정지 신청을 할 때에는 인감카드번호와 인감카드 비밀번호를 입력하여야 한다.
  (다) 등기관은 신청인이 인감카드 (재)발급과 관련하여 형사고발 등의 사유로 권한 없이 인감카드를 (재)발급받았음을 알게 된 경우에는 직권으로 인감카드의 효력을 정지 할 수 있다. 다만 인감카드의 효력이 정지된 법인 등의 대표자 등은 자신이 대표권 등이 있음을 신분증명서 등으로 소명하여 인감카드의 효력을 회복시킬 수 있다.
 2) 인감카드 효력정지의 해제
  (가) 인감제출자는 효력이 정지된 인감카드의 효력정지해제 신청을 하여 그 인감카드를 다시 사용할 수 있다.
  (나) 인감카드 효력정지해제 신청은 인감카드 등 사건신고서를 작성하여 제출하는 방식으로 하며, 인감카드 등 사건신고서에는 등기소에 제출한 인감을 날인하거나 「인감증명법」에 따라 신고한 인감을 날인하고 그 인감증명서를 첨부하여야 한다.
 3) 대리인에 의한 인감카드 효력정지 및 효력정지해제 신청
    위임에 의한 대리인이 인감카드의 효력정지 또는 효력정지해제 신청을 하는 때에는 인감카드 등 사건신고서에 등기소에 제출한 인감을 날인한 위임장을 첨부하거나「인감증명법」에 따라 신고한 인감을 날인한 위임장과 그 인감증명서를 첨부하여야 한다. 다만 인감카드 효력정지 신청을 하는 경우에 인감카드 비밀번호를 인감카드 등 사건신고서에 기재한 때에는 그러하지 아니하다.
라. 인감카드의 폐기 등
 1) 인감을 제출한 자가 퇴임 등으로 그 자격을 상실하거나, 폐인신고를 하거나, 인감카드의 분실·훼손 등의 사유로 인감카드 폐기신고를 하는 때에는 전산정보처리조직에 의하여 해당 인감카드를 폐기하여야 한다. 다만 법인 대표자 등의 퇴임 등의 경우에 그 후임자가 해당 인감카드를 계속하여 사용하는 경우에는 그러하지 아니하다.
 2) 폐기된 인감카드의 처리
    폐기된 인감카드는 사용할 수 없으며, 균등하게 4조각 이상 절단하여 파기하여야 한다.
 3) 각 등기소는 전산정보처리조직에 의한 보조기억장치로 별지 제12호 양식의 인감카드 폐기대장 및 별지 제13호 양식의 인감카드 관리대장에 의하여 인감카드의 잔여수량 등을 관리하여야 한다.
마. 인감카드의 계속사용
 1) 인감카드를 발급받은 자의 퇴임 등으로 인감카드를 폐기하여야 할 경우, 등기소장은 신청에 의하여 같은 법인의 새로운 인감제출자로 하여금 종전 인감카드를 폐기하지 아니하고 그 인감카드를 계속하여 사용하게 할 수 있다.
 2) 인감카드를 계속사용하고자 하는 경우에는 별지 제14호 양식의 인감카드 계속사용신청서를 작성·제출하여야 하며, 인감카드 계속사용신청서에는 인감카드를 계속사용하

려고 하는 자가 등기소에 제출한 인감을 날인하여야 한다. 위임에 의한 대리인이 인감카드 계속사용신청서를 제출할 경우에는 등기소에 제출한 인감을 날인한 위임장을 첨부하여야 한다.

바. 비밀번호의 관리

1) 비밀번호의 등록

인감카드를 발급할 때에는 반드시 아라비아숫자 6자릿수로 된 비밀번호를 등록하도록 하여야 한다. 비밀번호를 등록할 때에는 등기번호, 인감제출자의 생년월일, 주민등록번호, 인감카드번호 등 다른 사람이 쉽게 추측할 수 있는 숫자를 비밀번호로 정하지 않도록 주의를 환기시켜야 한다.

2) 비밀번호의 변경

가) 인감제출자는 관할 등기소 또는 그 밖의 등기소에 인감카드 등 사건신고서를 작성 제출하여 비밀번호의 변경을 신청할 수 있다. 이 경우 신고서에는 기존의 인감카드 비밀번호와 새로운 인감카드 비밀번호를 기재하고, 등기소에 제출한 인감을 날인하거나 「인감증명법」에 의하여 신고한 인감을 날인하고 그 인감증명서를 첨부하여야 한다. 다만 신고서에 기존 인감카드 비밀번호를 기재할 수 없는 때에는 인감제출자 본인은 신분증명서 사본을, 위임에 의한 대리인은 인감제출자가 「인감증명법」에 따라 신고한 인감을 신고서에 날인하고 그 인감증명서 및 대리인의 신분증명서 사본도 첨부하여야 한다. 위임에 의한 대리인이 신청하는 경우에는 인감카드 등 사건신고서에 등기소에 제출한 인감을 날인한 위임장을 첨부하거나「인감증명법」에 따라 신고한 인감을 날인한 위임장과 그 인감증명서를 첨부하여야 한다.

나) 담당 공무원은 신고서에 기존 인감카드 비밀번호가 기재된 경우 그 비밀번호가 일치하는지 여부와 신분증명서에 의하여 인감제출자 본인 또는 대리인인지를 확인한 후 새로운 인감카드 비밀번호로 변경하여야 한다. 특히 인감카드 비밀번호는 신분이 확인되는 인감제출자 본인 또는 대리권을 수여받은 정당한 대리인 이외의 자에게 열람하게 하거나 알려 주어서는 안 된다.

사. 삭제(2021.06.30 제1731호)

5. 전자증명서의 인감증명서 발급기능

가. 인감증명서 발급용 비밀번호 등

(1) 전자증명서의 인감증명서 발급기능은 전자증명서 저장매체 고유의 일련번호 정보를 매개로 하여 인감증명서 발급용 비밀번호 6자릿수로 구성한다.

(2) 전자증명서 발급시 등록한 인감증명서 발급용 비밀번호를 열람하거나 변경하는 경우 위 4. 바. 2)를 준용한다. 다만 인터넷등기소에서 전자증명서 정보와 그 비밀번호를 입력하고 인감증명서 발급용 비밀번호를 변경할 수 있다.

나. 전자증명서의 효력과 인감증명서 발급기능의 관계

전자증명서(전자서명 기능)가 효력정지 또는 효력소멸(전자증명서를 발급받은 사람이 그 지위를 상실한 경우 제외)되더라도 전자증명서의 인감증명서 발급기능에는 영향을 미치지 않는다.

다. 인감증명서 발급기능의 효력정지 등

(1) 효력정지, 효력회복, 폐지

(가) 인감카드 등 사건신고서에 의한 효력정지, 효력회복, 폐지

전자증명서를 발급받은 사람은 인감카드 등 사건신고서를 제출하여 인감증명서 발급기능의 효력정지, 효력회복, 폐지 신청을 할 수 있다. 이 경우 위 4. 다. 1) 가)와 2) 나), 3)을 준용한다.

(나) 인터넷등기소를 통한 효력정지 등

인감증명서 발급기능의 효력정지, 효력회복, 폐지 신청은 전자증명서 정보와 그 비밀번호를 입력함으로써 인터넷등기소에서 할 수 있다. 다만 전자증명서가 폐지되는 등의 사유로 전자증명서 정보를 사용할 수 없는 경우 효력정지 신청은 전자증명서를 발급받은 사람의 인증서정보와 그 비밀번호를 입력함으로써 인터넷등기소에서 할 수 있다.

2) 인감증명서 발급기능의 재부여

(가) 전자증명서의 인감증명서 발급기능이 폐지된 후 다시 그 기능을 부여받으려는 사람은 별지 제9호 양식의 인감카드 등 (재)발급신청서를 작성·제출하고 전자증명서를 제시하여 인감증명서 발급기능을 다시 부여받을 수 있다. 다만 전자증명서를 발급받은 사람이 그 지위를 상실하여 전자증명서가 효력소멸된 경우에는 그러하지 아니하다.

(나) 인감증명서 발급기능의 재부여에 관하여는 위 4. 나. 3)부터 5)까지를 준용한다.

라. 보안토큰 기능 없는 전자증명서의 발급기능 제외

「전자증명에 관한 업무처리지침」 제8조 제1항 단서의 보안토큰 기능 없는 전자증명서에 대하여는 인감증명서 발급기능을 부여하지 아니한다.

6. 법인인감증명서 발급사실 등 문자전송 서비스

가. 인감을 제출한 사람이 휴대전화를 통해 다음 각호의 처리 결과를 전송받고자 할 경우에는 등기소에 방문하여 별지 제15호 양식(이하 "신청서 "라 한다)을 작성하고 문자전송 서비스를 신청하거나 인터넷등기소(http:// www.iros.go.kr)에 접속하여 문자전송 서비스 신청을 하여야 한다.

1) 인감 개·폐인 신고
2) 인감카드·전자증명서 (재)발급 및 사건신고
3) 법인인감증명서 발급

나. 담당 공무원은 문자전송 서비스 신청서를 접수받은 경우 인감제출자의 주민등록번호등 개인정보가 일치하는지 여부를 확인하고 등기시스템에 문자전송 서비스를 전송받을 사람의 휴대전화번호를 입력하여야 한다. 다만 인터넷등기소에서는 문자전송 서비스 신청인이 전자증명서 또는 인증서정보를 이용하여 본인임을 확인받고 직접 신청정보를 등기시스템에 입력하여야 한다.

다. 위 가.의 처리 결과는 현재 등기시스템에 입력된 휴대전화번호로 전송한다. 다만 인감제출자가 변경되어 인감이 폐인된 경우 그 사실을 종전 등기시스템에 입력된 휴대전화번호로 전송하여야 한다.

라. 휴대전화번호의 변경 등 신청서의 내용이 변경된 경우에는 등기소에 방문하여 신청서를 작성하고 문자전송 서비스 변경신청을 하거나 인터넷등기소에 접속하여 문자전송서비스 변경신청을 할 수 있다. 이는 문자전송 서비스를 해지신청하는 경우에도 같다.

마. 법인인감증명서 발급사실 등의 문자가 신청인이 아닌 사람에게 전송된 경우에 그 사람은 등기소에 방문하여 자신의 휴대전화에 문자가 잘못 전송된 사실을 소명하고(예:휴대전화가입사실확인서 또는 휴대전화의 수신문자를 제시하는 방법 등), 신청서에 신분증명서 사본을 첨부하여 문자서비스의 중지를 신청할 수 있다.

바. 신청서와 첨부서류는 인감카드발급신청서류 등 편철장에 편철하여야 한다.

부 칙(2023.06.09. 제1768호)
이 예규는 즉시 시행한다.

♣ 【서식】 인감 · 개인(改印)신고서

인감·개인(改印) 신고서

(신고하는 인감날인란)　　　(인감제출자에 관한 사항)

	상호(명칭)		등기번호	
	본점(주사무소)			
인 감 제 출 자	자격/성명			
	주민등록번호			
	주　소			

□ 위와 같이 인감을 신고합니다.　　　□ 위와 같이 개인(改印)하였음을 신고합니다.

　　　　　　　　　　　　　　　　　　　　　　년　　　월　　　일

　　　신고인　본 인　성명　　　　(인)# (전화 :　　　　)

　　　　　　　대리인　성명　　　　(인) (전화 :　　　　)

　　　　　　　지방법원　　　　　등기소　귀중

주 1. 인감·개인(改印) 신고서의 **신고인의 날인란(#)에는** 「인감증명법」에 따라 신고한 인감을 날인하고 그 인
　　감증명서(발행일로부터 3개월 이내의 것)를 첨부하거나, 등기소에 제출한 유효한 종전 인감(**법인인감**)
　　을 날인하여야 합니다. 또한 인감제출자가 기명날인 또는 서명하였다는 공증인의 인증서면으로 갈음
　　할 수 있습니다.
　2. 인감·개인신고서에는 신고하는 인감을 날인한 인감대지를 첨부하여야 합니다.
　3. 지배인이 인감을 신고하는 경우에는 인감제출자의 주소란에 지배인을 둔 장소를 기재하고, **위 1. 의
　　방법 대신** 「상업등기규칙」 제35조제3항의 보증서면(영업주가 등기소에 제출한 인감날인)을 첨부하
　　여야 합니다. 위 보증서면은 아래의 보증서면란에 기재하는 것으로 갈음할 수 있습니다.
　4. **위임에 의한 대리인이** 인감을 신고하거나 개인(改印)을 신고하는 경우에는 **위 1. 대신에아래 위임장
　　의 신고인 날인란(※)에** 「인감증명법」에 따라 신고한 인감을 날인하고 그 인감증명서를 첨부하거나,
　　등기소에 제출한 유효한 종전 인감(**법인인감**)을 날인하여야 합니다.

보 증 서 면

위 신고하는 인감은 지배인　　　　의 인감임이 틀림없음을 보증합니다.
　　　　　　　　　　　대표이사　　　　　　　(법인인감)

위 임 장

　　성 명 :　　　　주민등록번호(　　　　-　　　　　)
　　　주 소 :
위의 사람에게, 위 인감신고 또는 개인신고에 관한 일체의 권한을 위임함.
　　　　　　　　　　　　20　년　　　월　　　일
　　　　　　　인감(개인) 신고인　성 명　　　　(인)※

♣ 【서식】 폐인신고서

폐 인(廢印) 신 고 서

(신고한 인감 날인란)　　(인감제출자에 관한 사항)

	상호(명칭)		등기번호	
	본점(주사무소)			
인감제출자	자격/성명			
	주민등록번호			
	주 소			

인감카드 반납	□ 반납　　　　□ 미반납(미반납 사유 :　　　　　　　　　)

위 인감의 폐지를 신고합니다.

년　　월　　일

신고인　본 인　성　명　　　　　(인) (전화 :　　　　)

대리인　성　명　　　　　(인) (전화 :　　　　)

지방법원　　　　등기소　귀중

주 1. 신고한 인감 날인란에 등기소에 신고한 인감을 날인한 경우에는 신고인란에 다시 날인
　　할 필요가 없으나, 그 인감을 날인할 수 없는 경우에는 신고인란에 「인감증명법」에
　　따라 신고한 인감을 날인하고 그 인감증명서(발행일로부터 3개월 이내의 것)를 첨부
　　하여야 합니다.
　2. 이미 발급받은 카드는 반납하여야 하며, 반납할 수 없는 경우에는 미반납 사유를 기재
　　하여야 합니다.
　3. 위임에 의한 대리인이 인감폐인을 신고하는 경우에는 위임장에 「인감증명법」에 따라 신
　　고한 인감을 날인하고 그 인감증명서를 첨부하거나, 등기소에 제출한 유효한 종전 인
　　감을 날인하여야 합니다.

위 임 장

성　명 :　　　　　　주민등록번호(　　　　　　-　　　　　　)

주　소 :

위의 사람에게, 위 인감의 폐지신고와 관련된 일체의 권한을 위임함.

200　년　　월　　일

인감신고인　성　명　　　　　　　(인)

♣ 【서식】 인감증명서-부동산매도용이 아닌 경우

인 감 증 명 서

법인등록번호: 000000-0000000

(인감제출자에 관한 사항란임)

관할등기소 : ○○ 지방법원 ○○ 등기소 / 발행등기소 : ○○ 지방법원 ○○ 등기소

이 인감은 등기소(과)에 제출되어 있는 인감과 틀림없음을 증명합니다.

0000년 00월 00일

법원행정처 등기정보중앙관리소   전산운영책임관 

수수료 ○○○원 영수함.

문서 하단의 바코드를 스캐너로 확인하거나, **인터넷등기소(http://www.iros.go.kr)의** 인감증명서발급
확인 메뉴에서 **발급확인번호**를 입력하여 **위·변조 여부**를 확인할 수 있습니다.

발급확인번호 PAGA-KAAR-BMG4

♣ 【서식】 인감증명서-매수자가 1명인 부동산매도용 인감증명서

별지 제7-나호 양식(인감증명서 – 매수자가 1명인 부동산매도용 인감증명서)

인 감 증 명 서

법인등록번호: 000000-0000000

(인감제출자에 관한 사항란임)

용 도	부 동 산 매 도 용	매 수 자	성　명 (법인명)		주민(등기용) 등 록 번 호	
			주　　소			

관할등기소 : ○○ 지방법원 ○○ 등기소 / 발행등기소　: ○○ 지방법원 ○○ 등기소

이 인감은 등기소(과)에 제출되어 있는 인감과 틀림없음을 증명합니다.

0000년 00월 00일

법원행정처 등기정보중앙관리소　　　　　전산운영책임관

수수료 ○○○원 영수함.

1. 문서 하단의 바코드를 스캐너로 확인하거나, **인터넷등기소**(http://www.iros.go.kr)**의** 인감증명서 **발급확인 매
   뉴에서 발급확인번호를 입력하여 위·변조 여부를 확인할 수 있습니다.**
2. 법인인감증명서 발급사실 등 문자전송 서비스를 신청하면, **발급사실을 휴대폰 문자로 통보받을 수 있습니다.**
   (전국 등기소 및 인터넷등기소에서 신청 가능)

30452021671335198900091919110010B1E8B5FBFED19960116　　1　　　발급확인번호 PAGA-KAAR-BMG4

♣ 【서식】 인감증명서-매수자가 2명 이상인 부동산 매도용 인감증명서

별지 제7-다호 양식(인감증명서 - 매수자가 2명이상인 부동산매도용 인감증명서)

인 감 증 명 서

법인등록번호: 000000-0000000

(인감제출자에 관한 사항란임)

용도	부동산매도용
매 수 자	(매수자에 관한 사항란임)

관할등기소 : ○○ 지방법원 ○○ 등기소 / 발행등기소 : ○○ 지방법원 ○○ 등기소

이 인감은 등기소(과)에 제출되어 있는 인감과 틀림없음을 증명합니다.

0000년 00월 00일

법원행정처 등기정보중앙관리소   전산운영책임관

수수료 ○○○원 영수함.

---

1. 문서 하단의 바코드를 스캐너로 확인하거나, **인터넷등기소(http://www.iros.go.kr)의** 인감증명서 발급확인 메뉴에서 **발급확인번호를** 입력하여 **위 · 변조 여부를** 확인할 수 있습니다.
2. 법인인감증명서 발급사실 등 문자전송 서비스를 신청하면, **발급사실을 휴대폰 문자로 통보받을 수 있습니다.** (전국 등기소 및 인터넷등기소에서 신청 가능)

3045202167133519890000919191100101B1E8B5FBFED19960116   1   발급확인번호 PAGA-KAAR-BMG4

♣ 【서식】 인감카드 계속사용신청서

<table>
<tr><td colspan="4" align="center">인감카드 계속사용신청서</td></tr>
<tr><td align="center">상호(명칭)</td><td></td><td align="center">등 기 번 호</td><td></td></tr>
<tr><td align="center">본점(주사무소)</td><td colspan="3"></td></tr>
<tr><td align="center">카드번호</td><td></td><td align="center">비밀번호(6자리)</td><td></td></tr>
<tr><td rowspan="4" align="center">인 감
제출자</td><td align="center">종 전
사용자</td><td align="center">자격/성명</td><td></td></tr>
<tr><td align="center">주민등록번호</td><td></td></tr>
<tr><td align="center">계 속
사용자</td><td align="center">자격/성명</td><td></td></tr>
<tr><td align="center">주민등록번호</td><td></td></tr>
</table>

년   월   일

신청인 계속사용자 본 인 성 명   (인) (전화 :   )
　　　　　　　　　대리인 성 명   (인) (전화 :   )

지방법원　　　　　　　　**등기소 귀중**

주 1. 비밀번호란에는 계속사용자가 사용하고자 하는 비밀번호를 기재합니다.

　2. 신청인의 날인란에는 등기소에 신고한 인감을 날인하여야 하고, 위임에 의한 대리인이
　　 신청하는 경우에는 등기소에 신고한 인감을 날인한 위임장을 첨부하고 신청인의 날인
　　 란에는 대리인이 기명날인 하여야 합니다.

위 임 장

성 명 :　　　　　　　　　　주민등록번호(　　　　　-　　　　　　)

주 소 :

위의 사람에게, 위 인감카드의 계속사용신청에 관한 일체의 권한을 위임함.

200 년   월   일

인감카드 계속사용인 성 명　　　　　　(인)

♣ 【서식】 법인인감증명서 발급사실 등 문자전송 서비스 가입·변경·해지·중지 신청서

법인인감증명서 발급사실 등 문자전송 서비스
가입·변경·해지·중지 신청서

※ 아래의 유의사항을 읽고 작성하시기 바라며, 해당되는 곳에만 기재하고 ⌐에는 √표를 합니다.

상호(명칭)		등기번호	
본점(주사무소)			

인감 제출자	자격 / 성명		주민등록번호	
	휴대전화번호			

신청 서비스	⌐ 가입 ⌐ 변경 ⌐ 해지 ⌐ 중지(신청인이 아닌 사람에게 전송된 경

위와 같이 법인인감증명서 발급사실 등 문자전송 서비스를 신청합니다.

년   월   일   (인감 날인란)

신청인 (본 인) 성 명   (인) (전화 :   )
       (대리인) 성 명   (인) (전화 :   )
              지방법원   **등기소 귀중**

첨부서류	신청인의 주민등록증 등 신분증명서 사본	수수료	없음

주 1. 인감을 제출한 본인 또는 대리인이 신청할 수 있습니다.
  2. 인감 날인란에는 등기소에 제출한 유효한 법인인감을 날인하여야 합니다. 다만, 법인인감을 날인할 수 없는 경우에는 「인감증명법」에 따라 신고한 인감을 날인하고 그 인감증명서(발행일로부터 3개월 내에 한한다)를 첨부하여야 합니다.
  3. 위임에 의한 대리인은 등기소 방문 신청만 가능하며, 등기소에 제출한 인감을 날인한 위임장과 대리인의 신분증명서 사본을 첨부하여야 합니다.
  4. 관할 등기소가 아닌 등기소 또는 인터넷등기소에서도 법인인감증명서 발급사실 등 문자전송 서비스의 가입, 변경 또는 해지를 신청할 수 있습니다.
  5. 법인인감증명서 발급사실 등의 문자가 신청인이 아닌 사람에게 전송된 경우에 그 사람은 등기소에 방문하여 자신의 휴대전화에 문자가 잘못 전송된 사실을 소명하고(예: 휴대전화가입사실확인서 또는 휴대전화의 수신문자를 제시하는 방법 등), 신청서에 신분증명서 사본을 첨부하여 문자서비스의 중지를 신청할 수 있습니다. 이 경우 신청서에는 상호(명칭), 인감제출자의 자격/성명만을 적고 신청인의 성명을 기재하여야 합니다.
  6. 문자전송 서비스는 등기소에서 문자전송 서비스 신청을 처리 완료하는 시점 이후부터 제공됩니다.
  7. 신청인이 신청서에 지정해 놓은 연락처로 법인인감증명서 발급 등의 사실이 휴대전화 문자로 통보됩니다. 신청이후 휴대전화번호가 바뀐 경우에는 변경신청을 하여야 합니다.
  8. 문자전송 서비스는 본인이 신청한 개인 휴대전화번호로 통보되며, 문자 도착 여부에 대해서 발급기관은 책임이 없습니다. 또한 법인인감증명서 발급사실 등은 발급기관의 사정에 따라 휴대전화 문자가 통보되지 않을 수도 있습니다.
  9. 이 신청서에 기재한 개인정보는 법인인감증명서 발급사실 등을 통보하는 용도로만 사용되고 다른 용도로는 사용되지 않습니다.

3) 무인발급기에 의한 인감증명서의 교부

인감증명서의 교부업무는 무인발급기를 이용하여 처리할 수 있다. 무인발급기의 설치·관리의 절차 및 비용의 부담 등 필요한 사항은 대법원예규로 정한다(민법법인 및 특수법인 등기규칙 제6조, 상업등기규칙 제42조). 무인발급기에 의한 인감증명서의 교부수수료는 1통에 대하여 1,000원이다(수수료규칙 제5조 2항).

4) 전자증명서 발급

등기소에 인감을 제출한 상업등기법 제16조 제1항의 사람은 전자서명 및 자격에 관한 증명을 청구할 수 있다. 이 경우 그 증명은 대법원규칙으로 정하는 바에 따라 증명내용을 휴대용 저장매체에 저장하여 교부하거나 그 밖의 방법에 따른다. 이러한 전자서명 및 자격에 관한 증명을 청구하는 사람은 수수료를 납부하여야 한다(비송사건절차법 제66조, 상업등기법 제17조 1항, 2항). 전자증명서 발급수수료는 매 건마다 15,000원으로 한다. 다만, 상업등기법 제17조제3항, 상업등기규칙 제46조제5항에서 정한 사용용도가 제한되는 경우의 발급수수료는 매 건마다 3,000원으로 한다. 그러나 신청인이 소지하고 있는 사용 가능한 기존의 휴대용 저장매체에 전자증명서를 발급하는 경우에는 발급수수료를 받지 아니한다(수수료규칙 제5조의8).

전자서명 및 자격에 관한 증명은 등기신청과 대법원규칙으로 정하는 용도 외에는 사용하지 못한다(비송사건절차법 제66조, 상업등기법 제17조 3항). 이는 공인인증기관이 발행하는 법인용 공인인증서와의 사용영역을 구별하기 위하여서이다.

대법원 예규

▶예규◀ 전자증명에 관한 업무처리지침

(등기예규 제1753호 2022.07.20. 개정)

제1조(목적)
이 지침은 「상업등기법」, 「상업등기규칙」, 「비송사건절차법」 및 「민법법인 및 특수법인 등기처리규칙」으로 정한 전자서명 및 자격에 관한 증명 업무의 처리에 필요한 사항을 규정함을 목적으로 한다.

제2조(전자증명기관)
법원행정처 등기정보중앙관리소는 전자서명 및 자격에 관한 증명 업무를 수행한다.

제3조(전자증명서의 발급을 청구할 수 있는 사람)

① 등기소에 인감을 제출한 다음 각 호의 사람은 전자증명서의 발급을 청구할 수 있다.
  (1) 법인의 대표자. 다만, 대표권을 2인 이상이 공동으로 행사하는 법인은 모든 대표자가 언제나 공동하여서만 대표권을 행사할 수 있는 경우에 한하여 전자증명서의 발급을 청구할 수 있다.
  (2) 법인 대표자의 직무대행자로 법원의 결정에 따라 선임된 사람
  (3) 「채무자 회생 및 파산에 관한 법률」에 따른 관리인, 관리인대리, 보전관리인, 파산관재인, 파산관재인대리, 국제도산관리인, 국제도산관리인대리
  (4) 회사의 등기된 지배인, 특수법인의 등기된 대리인
② 제1항제3호의 사람 중 관리인대리, 파산관재인대리, 국제도산관리인대리와 제4호의 사람(이하 "지배인 등"이라 한다)은 각각 관리인, 파산관재인, 국제도산관리인, 법인 대표자, 법인 대표자의 직무대행자로 법원의 결정에 따라 선임된 사람(이하 "대표자 등"이라 한다)이 전자증명서를 발급받은 경우에 한하여 전자증명서 발급을 청구할 수 있다.

제4조(전자증명서의 발급 제한)
  다음 각 호의 사람에게는 전자증명서를 발급하지 아니한다.
  ① 직무집행정지의 등기가 된 법인의 대표자
  ② 「채무자 회생 및 파산에 관한 법률」에 따라 보전관리, 회생절차개시 또는 파산선고의 등기가 된 법인의 대표자 및 지배인
  ③ 등기기록상 존립기간이 만료된 법인의 대표자 및 지배인
  ④ 같은 자격으로 이미 유효한 전자증명서를 발급받은 사람
  ⑤ 제8조제2항제1호와 제2호의 사항에 변경을 가져오는 등기신청이 접수되어 처리 중에 있는 해당 법인의 인감제출자

제5조(전자증명서의 발급 청구)
  ① 전자증명서의 발급 청구는 제3조제1항의 사람이 직접 등기소에 출석하여 하거나 사용자등록을 한 변호사나 법무사[법무법인·법무법인(유한)·법무조합·법무사합동법인을 포함한다. 이하 "자격자대리인"이라 한다]에게 위임하여 할 수 있다.
  ② 전자증명서의 발급 청구는 별지 제1호 양식의 전자증명서발급신청서를 작성하여 등기소에 제출하는 방법으로 한다. 전자증명서발급신청서 또는 위임장에는 제3조제1항의 사람이 등기소에 제출한 인감(이하 "법인인감"이라 한다)을 날인하여야 한다.
  ③ 전자증명서의 발급을 신청할 때에는 「등기사항증명서 등 수수료규칙」에서 정하는 수수료를 「등기신청수수료의 납부 및 환급 등에 따른 사무처리지침」에 따라 납부하여야 한다.
  ④ 지배인 등이 청구하는 경우에는 전자증명서발급신청서에 각각의 대표자 등이 그 발급 청구를 확인하는 뜻을 기재하고 법인인감을 날인하여야 한다.
  ⑤ 전자증명서의 발급 청구는 당해 법인의 등기사무에 대한 관할 등기소가 아닌 다른 등기소에 대하여도 할 수 있다.

제6조(전자증명서 발급 청구의 심사)
  ① 등기관은 주민등록증, 운전면허증, 여권, 외국인등록증, 장애인등록증 등(이하 "신분증명서"라 한다)에 의하여 전자증명서의 발급을 청구하는 사람의 신분을 확인하여야 한다.
  ② 위임에 의한 자격자대리인이 전자증명서발급신청서를 제출하는 경우에는 그 자격을 증명하는 서면(변호사·법무사 자격증, 신분증, 회원증, 등록증 등)에 의하여, 자격자

대리인의 사무원이 전자증명서발급신청서를 제출하는 경우에는 그 대리인의 자격을 증명하는 서면의 사본 및 사무원의 자격을 증명하는 서면에 의하여 신분을 확인하여야 한다.
③ 등기관은 제1항의 신분증명서 사본 또는 제2항의 자격을 증명하는 서면의 사본을 전자증명서발급신청서에 편철하여야 한다. 다만 신분증명서가 이동통신단말장치에 암호화된 형태로 설치되는 등 사본화가 적합하지 않은 경우에는 별지 제4호 양식의 신분확인서를 해당 전자증명서발급신청서에 편철하여야 한다.
④ 등기관은 다음 각 호의 어느 하나에 해당하는 경우에는 전자증명서 발급 신청을 수리하여서는 아니된다.
  (1) 제1항과 제2항에 따른 신분 확인이 불가능한 경우
  (2) 전자증명서발급신청서가 방식에 적합하지 아니한 경우
  (3) 전자증명서발급신청서에 기재된 내용이 등기기록 내용과 불일치하는 경우
  (4) 발급이 제한되는 제4조 각 호의 사람 또는 신청서를 제출할 자격이 없는 사람이 신청한 경우
  (5) 전자증명서발급신청서에 날인된 인감이 등기소에 제출된 인감과 다른 경우
  (6) 전자증명서발급신청서에 제5조제3항의 등기수입증지를 붙이지 않은 경우

제7조(전자증명서의 비밀번호 등)
① 등기관은 전자증명서를 발급할 때 6개에서 8개까지의 아라비아숫자로 구성되는 전자증명서 비밀번호와 6개의 아라비아숫자로 구성되는 인감증명서 발급용 비밀번호를 전자증명서 발급신청인이 단말기에 직접 입력하도록 한다.
② 등기관은 법인등록번호, 등기번호, 신청인의 생년월일·주민등록번호 등 다른 사람들이 쉽게 추측할 수 있는 숫자로 전자증명서 비밀번호나 인감증명서 발급용 비밀번호를 정하지 않도록 주의를 환기하여야 한다.
③ 전자증명서 비밀번호와 인감증명서 발급용 비밀번호는 인터넷등기소(http://www.iros.go.kr)에서 변경할 수 있다.
④ 전자증명서를 발급받은 사람이 전자증명서 비밀번호를 잊어버린 경우에는 상업등기규칙(이하 "규칙"이라 한다) 제49조제3항에 따라 기존의 전자증명서를 폐지하고 최초의 발급절차에 의하여 전자증명서를 다시 발급받아야 한다.
⑤ 전자증명서 비밀번호를 기간에 관계 없이 연속하여 5회 이상 잘못 입력한 경우에는 최초의 발급절차에 의하여 전자증명서를 다시 발급받아야 한다.

제8조(전자증명서의 발급)
① 전자증명서는 휴대용 저장매체인 에이치에스엠 유에스비(HSM USB)에 저장하여 발급한다.
② 전자증명서에는 다음 각 호의 사항을 기록하여야 한다.
  (1) 인감제출자의 성명, 주민등록번호, 자격
  (2) 상호 또는 명칭, 법인등록번호
  (3) 전자증명서의 증명기간, 일련번호, 전자서명검증정보
  (4) 전자서명의 방식
  (5) 그 밖에 전자증명서의 기능 수행 및 유지에 필요한 정보
③ 제2항제3호의 증명기간은 3년으로 한다.

제9조(전자증명서 이용등록)
① 전자증명서를 발급받은 경우에는 인터넷등기소의 안내에 따라 전자증명서 비밀번호

등을 입력함으로써 이용등록을 하여야 한다.
② 자격자대리인에게 위임하여 전자증명서를 발급받은 경우 등기소는 전자증명서발급 신청서에 기재된 본인의 전자우편주소로 전자증명서 발급 사실을 통지하여야 한다.
③ 대표자 등은 인터넷등기소에서 그 전자증명서에 의하여 각각의 지배인 등의 전자증명서를 인증하여야 한다.
④ 전자증명서는 발급받은 날부터 10일 이내에 제1항과 제3항의 절차를 거쳐야 사용할 수 있다.

제10조(전자증명서의 폐지, 효력정지, 효력회복)
① 전자증명서의 폐지, 효력정지 또는 효력정지된 전자증명서의 효력회복의 신청은 별지 제2호 양식의 전자증명서사건신고서를 작성하여 등기소에 제출하는 방법으로 한다. 이 경우 제5조제1항과 제5항, 제6조제1항과 제2항을 준용한다.
② 자격자대리인이 위 신청을 대리하는 경우에는 전자증명서사건신고서, 위임장과 함께 전자증명서를 제시하여야 한다. 전자증명서를 제시할 수 없는 때에는 위임장에 본인의 법인인감을 날인하거나, 「인감증명법」에 따라 신고한 인감(이하 "개인인감"이라 한다)을 날인하고 그 인감증명서(발행일부터 3개월 이내의 것)를 첨부하여야 한다.
③ 전자증명서의 효력정지는 인터넷등기소에서 전자증명서 정보 또는 공인인증서 정보를 입력함으로써 할 수 있다.
④ 전자증명서의 효력정지 후 효력회복 없이 6개월을 경과한 때에는 그 효력회복을 신청할 수 없다.

제11조(전자증명서의 변경 발급 등)
① 규칙 제49조제1항의 전자증명서 변경 발급 또는 같은 조 제2항의 갱신 발급에 관하여는 제5조제1항과 제2항, 제6조제1항과 제2항을 준용한다. 다만, 신청서와 함께 전자증명서를 제시하여야 하나, 신청서 또는 위임장에 법인인감이나 개인인감을 날인할 필요는 없다.
② 전자증명서는 인터넷등기소에서 전자증명서 정보를 입력하는 방법에 의하여 변경 또는 갱신 발급을 받을 수 있다.

제12조(효력 소멸된 전자증명서의 보관)
규칙 제50조에 따라 효력 소멸된 전자증명서에 관한 정보는 등기정보중앙관리소에 10년 간 보관한다.

제13조(전자증명서 상태 확인 서비스)
등기정보중앙관리소는 정상, 폐지, 효력정지 등으로 구분하여 전자증명서의 현재 상태를 확인할 수 있는 서비스를 제공하여야 한다.

제14조(전자증명서발급신청서류 등 편철장)
① 전자증명서발급신청서와 전자증명서사건신고서는 별지 제3호 양식의 전자증명서발급신청서류 등 편철장에 편철하여 10년 간 보존하여야 한다.
② 등기소는 전산정보처리조직에 의한 보조기억장치에 의하여 전자증명서 신청사건 관리대장을 관리하여야 한다. 전자증명서 신청사건 관리대장은 10년 간 보존하여야 한다.

제15조(법인등기에의 준용)
이 예규의 규정은 모두 법인등기에 준용한다.

부 칙(2022.07.20. 제1738호)
이 예규는 2022년 7월 22일부터 시행한다.

♣ 【서식】 전자증명서발급신청서

전 자 증 명 서 발 급 신 청 서

상호(명칭)		등기번호	
본점(주사무소)		관할등기소	
지점(분사무소)		관할등기소	

신청인	자격/성명		주민등록번호	
	주 소			
	전화번호			
	전자우편주소			

지배인의 발급신청에 대한 대표자의 확인	지배인 ○○○의 전자증명서 발급신청을 확인함	대표자 ○○○ (법인인감)

발급사유	□ 신규발급　□ 변경발급　□ 갱신발급
수수료	금　　　　원	납부번호	

법무법인·법무법인(유한)·법무사법인·법무사법인(유한)의 □ 담당 법무사　□ 담당 변호사	자격등록번호	

위와 같이 전자증명서의 발급을 신청합니다.

년　　　월　　　일

신청인　본 인 성 명　　　　　　　(법인인감)

　　　　대리인 성 명 (명 칭)　　　　(인)　(전화 :　　　　　)

<table>
<tr><td colspan="3" align="center">(자격등록번호 :   )</td></tr>
<tr><td colspan="3" align="center">**지방법원**   **등기소 귀중**</td></tr>
<tr><td>접수번호</td><td>첨부서면</td><td>1. 신분증명서
2. 자격을 증명하는 서면의 사본</td></tr>
</table>

주 1. 신청인란에는 대표이사 등 전자증명서를 발급받는 사람에 관한 사항을 기재합니다.

  2. 전자증명서의 비밀번호는 아라비아숫자 6개 내지 8개로 구성하며 인감증명서 발급용 비밀번호는 아라비아숫자 6개로 구성합니다. 법인등록번호, 등기번호, 신청인의 생년월일·주민등록번호 등 다른 사람들이 쉽게 추측할 수 있는 숫자로 전자증명서 비밀번호나 인감증명서 발급용 비밀번호를 정하지 말아야 합니다.

  3. 전자증명서에는 인감증명서 발급 기능이 부여되어 있습니다.

  4. 전자증명서를 발급 받은 경우에는 발급일부터 10일 이내에 대법원 인터넷등기소 (http://www.iros.go.kr)에서 이용등록을 하여야 하고, 휴대용 저장매체의 종류별 보안토큰 기능의 유무, 사용용도, 보관상 주의사항에 대하여 이용등록 시 인터넷등기소의 안내를 통하여 숙지하여 주시기 바랍니다.

  5. 대리인의 자격등록번호, 법무법인· 법무법인(유한)· 법무사법인· 법무사법인(유한)의 담당이 자격자대리인인 경우 그 자격등록번호를 기재하여야 합니다.

위 임 장

성 명 (명 칭) :

사무소 소재지 :

위 사람에게, 전자증명서 발급신청과 그 수령 등에 관한 일체의 권한을 줌

년   월   일

위임인 성 명   (법인인감)

♣ 【서식】 전자증명서사건신고서

<table>
<tr><td colspan="4" align="center">전 자 증 명 서 사 건 신 고 서</td></tr>
<tr><td>사건구분</td><td colspan="3">☐ 효력정지   ☐ 효력회복   ☐ 폐지   ☐ 기타 변경</td></tr>
<tr><td>상호(명칭)</td><td></td><td>등기번호</td><td></td></tr>
<tr><td>본점(주사무소)</td><td></td><td>관할등기소</td><td></td></tr>
<tr><td>지점(분사무소)</td><td></td><td>관할등기소</td><td></td></tr>
<tr><td rowspan="2">신고인</td><td>성명</td><td></td><td>자격</td></tr>
<tr><td>주민등록번호</td><td colspan="2"></td></tr>
<tr><td colspan="2">사 유</td><td colspan="2"></td></tr>
</table>

위와 같이 전자증명서의 효력정지 . 효력회복 . 폐지 등을 신청합니다.

년   월   일

신고인 본 인   성 명   (인)
대리인   성 명 (명 칭)   (인)   (전화 :   )

지방법원   등기소 귀중

주 1. 신고인란에는 대표이사 등 전자증명서를 발급받은 사람에 관한 사항을 기재합니다.
  2. 위임장에 등기소에 제출한 법인인감을 날인할 수 없는 때에는 개인인감을 날인하고 그 인감증명서(발행일부터 3개월 이내의 것)를 첨부하여야 합니다.
  3. 전자증명서를 제시하는 때에는 위임장에 법인인감이나 개인인감을 날인할 필요가 없습니다.
  4. 효력정지는 인터넷등기소(http://www.iros.go.kr)에서도 할 수 있습니다.

위 임 장

성 명 (명 칭) :

사무소 소재지 :

위 사람에게, 전자증명서 사건신고와 관련한 일체의 권한을 줌

년   월   일

위임인 성 명   (법인인감 또는 개인인감)

제 3 장   등기절차

ㅡ. 등기신청절차

1. 등기신청의 기본원칙

가. 당사자신청주의

등기는 법령에 다른 규정이 있는 경우를 제외하고는 당사자의 신청 또는 관공서의 촉탁이 없으면 이를 하지 못한다(비송사건절차법 제66조, 상업등기법 제22조 1항).

당사자라 함은 등기를 받는 주체인 각종의 법인을 말한다.

당사자신청주의가 원칙이나 그 예외로 당사자의 신청이 아닌 등기관의 직권이나 법원의 촉탁에 의하여도 등기할 수 있다. 직권등기 및 촉탁등기를 하는 경우는 다음과 같다.

(1) 법률상 허용할 수 없는 등기를 직권말소하는 경우(비송사건절차법 제66조, 상업등기법 제80조)

(2) 등기관의 과오로 인한 등기를 직권경정하는 경우(비송사건절차법 제66조, 상업등기법 제76조)

(3) 당사자의 이의신청을 인용한 관할법원의 명령에 의하여 등기하는 경우(비송사건절차법 제66조, 상업등기법 제89조)

(4) 등기사유가 재판 등에 의하여 발생한 경우

이에는 회사의 설립무효 및 취소판결이나 합병무효의 판결이 확정된 때(법 제160조, 제244조, 제161조), 주주총회의 결의사항을 등기한 경우 의결취소 및 무효판결이 확정된 때(상 제378조, 제380조, 제578조, 법 제262조), 재판에 의한 회사의 해산등기(법 제238조 3항, 제157조), 해산이 의제된 휴면회사의 해산등기(개정 상법 부칙 제25조 1항, 법 제255조의2), 주식회사의 정리절차개시의 결정이 있는 경우(채무자회생및파산에관한법률 제23조), 파산, 화의등기 등이 있다.

대법원 예규

▶예규◀ 등기신청에 대한 민원사무안내 등에 관한 사무처리지침

(등기예규 제1637호, 2018.3.7. 개정)

제1조(목적)
이 지침은 등기과(소)에 부동산등기 등에 대한 신청서 용지를 비치하여 직접 등기신청 등을 원하는 민원인들에게 필요한 용지를 교부함과 동시에 등기신청절차를 친절히 안내해 줌으로써 민원인들의 편익을 도모함을 목적으로 한다.

제2조(신청서용지 등의 비치 및 교부)
등기과(소)장은 「부동산 등기신청서의 양식에 관한 예규」에서 규정한 각종 부동산등기 신청서와 「전산정보처리조직에 의한 상업등기 등 사무처리지침」에서 규정한 인감증명서 신청용지 및 민원인의 이용빈도가 높은 부동산등기신청에 관한 안내서를 항시 비치하여 민원인의 요구가 있을 때에는 즉시 이를 교부하여야 한다.

제3조(등기신청절차의 안내 등)
① 등기과(소)장은 민원인으로부터 등기신청절차에 대한 문의가 있는 경우 이를 친절하게 설명하여 주어야 한다.
② 등기과(소)장은 구체적인 등기사건에 관하여는 민원인의 요구가 있는 경우에도 등기신청서나 그 첨부서류 등을 대신 작성하여 줄 수 없으나 구체적인 등기신청행위는 일반 민원업무와는 달리 이를 대신 작성하여 줄 수 없는 이유를 설명하여 민원인의 오해가 없도록 하여야 한다.

제4조(등기민원담당자의 지정)
① 등기과(소)장은 제3조의 등기신청절차의 안내 등의 업무를 원활히 수행하기 위하여 등기민원담당자를 지정할 수 있다.
② 제1항의 등기민원담당자는 등기관이나 등기업무를 잘 아는 직원중에서 이를 지정하여야 한다.
③ 등기관이 복수인 경우에는 1주일 단위로 등기민원담당자를 지정할 수 있다.
④ 삭제(2005. 07. 07. 제1104호)

제5조(등기민원 담당자의 복무자세)
등기민원 담당자는 국민에 대한 봉사자로서 등기신청 절차에 대한 민원인의 문의가 있을 때는 항상 친절하게 설명하여야 한다.

제6조(안내문의 게시 등)
① 등기과(소)장은 다음 각 호의 안내문을 2절 모조지 규격으로 작성하여 등기소 민원실에 게시하여야 한다. 다만, 필요한 경우에는 다른 안내문을 더 게시할 수 있다.
  (1) 부동산 등기신청 안내 (별지 제1호 양식)
  (2) 등기사항증명서 등 발급 및 열람 등 수수료 (별지 제2호 양식)
② 등기과(소)장은 다음 각 호의 안내문을 A4 규격으로 작성하여 각종 등기신청서의 견본과 함께 접수창구에 비치하여야 한다.
  (1) 취득세율표(별지 제3호 양식) · 등록면허세세율표(별지 제3호의2 양식)
  (2) 국민주택채권매입대상 및 금액표 (별지 제4호 양식)

③ 등기과(소)장은 「등기사항증명서 등 수수료규칙」, 「지방세법」 및 「주택도시기금법 시행령」 등 관련법령(이하 이 조에서 "관련법령"이라 한다)을 참고하여 제1항 및 제2항 각 호의 안내문의 금액란, 기본세율란 및 매입금액란 등에 그 내용을 기재하여야 한다.

④ 등기과(소)장은 관련법령이 개정될 경우 그 변경 내용을 제1항 및 제2항 각 호의 안내문에 즉시 반영하여야 한다.

부 칙(2018.03.07. 제1637호)
이 예규는 즉시 시행한다.

[별지 제1호 양식]
   부 동 산 등 기 신 청 안 내
1. 신청인 출석
부동산등기신청은 원칙적으로 등기권리자와 등기의무자(또는 그 대리인)가 등기소에 출석하여 등기신청서를 제출하여야 합니다.

2. 구비서류
등기신청서에는 그 등기신청에 필요한 소정의 서류와 금융기관에서 취득세·등록면허세를 수납하였다는 영수인을 필한 취득세·등록면허세 영수필확인서를 첨부하여 제출하여야 하고, 신청서에 국민주택채권매입금액과 그 번호를 기재하여야 합니다.

3. 신청서용지의 교부 등
각종 부동산등기와 법인인감증명의 신청서용지는 접수(민원)창구 직원에게 요청하시면 무료로 교부하여 드리며, 기재양식과 취득세세율표·등록면허세세율표 및 국민주택채권매입대상 및 금액표 등은 접수(민원)창구에 비치되어 있습니다.

4. 등기관의 처분에 대한 이의
등기관이 등기신청사건에 대하여 각하(결정)한 경우에는 그 각하결정이 부당하다고 생각되면 관할지방법원에 이의신청을 할 수 있습니다.

5. 참고사항
일반적인 등기신청절차에 대해서는 답변하여 드릴 수 있으나, 구체적인 등기신청사건에 대해서는 답변 또는 대필하여 드릴 수 없습니다. 이는 등기신청은 등기권리자와 등기의무자간의 이해가 상반되는 행위일 뿐만 아니라, 이해관계인이 있고 등기함으로써 권리의 발생, 변경, 소멸을 가져오므로 등기관은 이에 관여할 수 없기 때문입니다.

○ ○ 지 방 법 원 장

나. 당사자출석주의

등기의 신청은 신청인 또는 그 대리인이 등기소에 출석하여 당해 등기를 신청하여야 한다. 다만 대리인이 변호사 또는 법무사(법무법인 또는 법무사 합동법인을 포함한다)인 경우에는 대법원규칙이 정하는 사무원을 등기소에 출석하게 하여 이를 신청할 수 있다(비송사건절차법 제66조, 상업등기법 제24조).

대리인은 원칙으로 법무사, 변호사 등이어야 하나, 변호사나 법무사 아닌 자라도 법원에 서류작성 및 제출의 대리를 업으로 하지 아니하는 경우는 사인도 할 수 있다.

이 당사자출석주의원칙은 관공서의 촉탁에 의한 등기의 경우와 법인의 주사무소와 분사무소의 소재지에서 등기한 사항에 관하여 분사무소소재지에서 등기를 신청하는 경우에는 적용하지 아니하므로, 이때에는 신청인이나 그 대리인의 출석의무가 면제된다(비송사건절차법 제66조, 상업등기법 제24조 1항 2호, 2항). 즉, 법인이 분사무소설치의 결의를 하고 주사무소소재지에서 분사무소설치등기를 한 후 그 분사무소소재지에 분사무소설치등기를 신청하는 경우에는 당사자 또는 그 대리인이 등기소에 출석하지 않아도 무방하며, 우편에 의한 신청도 가능하다고 할 것이다.

다. 서면주의(전자문서 포함)

등기의 신청은 서면 또는 대법원규칙으로 정하는 바에 따라 전산정보처리조직을 이용한 전자문서로 할 수 있다. 이 경우 전자문서로 등기를 신청하는 당사자 또는 그 대리인은 대법원규칙으로 정하는 바에 따라 미리 사용자등록을 하여야 한다(민법법인 및 특수법인 등기규칙 제6조, 상업등기규칙 제68조). 전자문서에 의한 등기신청은 법원행정처장이 지정하는 등기유형에 한하여 적용한다(비송사건절차법 제66조, 상업등기법 제24조 1항 2호).

전자문서를 포함한 서면주의를 채택하고 있으므로 구술이나 전화, 전보 등에 의한 등기신청은 인정되지 않는다. 현재의 등기신청은 방문신청과 전자신청으로 할 수 있다. 방문신청은 신청서를 작성하여 제출하는 방문등기신청과 전자표준양식에 의한 등기신청이 있고, 인터넷으로 하는 전자신청은 전자신청과 스캔신청이 있다.

1) 전자신청의 방법(등기예규 제1552호)

신청정보는"인터넷등기전자신청"시스템이 안내하는 순서에 따라 입력하여야 한다.

가) 신청정보 및 첨부정보의 송신 등

당사자 또는 자격자대리인은 인터넷등기소(http://www.iros.go.kr/)에 접속하여"인터넷등기전자신청"을 선택한 후, 등기신청서에 기재하여야 할 정보(이하"신청정보"라 한다) 및 등기신청서에 첨부하여야 하는 서면(이하"첨부서면"이라 한다)에 해당하는 정보(이하"첨부정보"라 한다)를 송신함으로써 전자신청을 한다.

신청정보 또는 등기신청에 관한 대리권한을 증명하는 서면(이하"위임장"이라 한다)에 해당하는 첨부정보는 반드시 인터넷등기소에서 전자문서로 작성하여야 한다. 다만, 대표자 주소 또는 주민등록번호의 변경이나 경정등기, 대표자를 제외한 임원(회사, 민법법인 및 특수법인의 사원, 이사, 감사, 감사위원회위원, 지배인·대리인 등을 말한다)의 변경이나 경정등기, 본·지점 공통등기사항에 관하여 지점 소재지에서 하는 등기중 어느 하나에 해당하는 등기신청의 경우 위임장에 해당하는 첨부정보는 등기예규 제1552호 별지 제3호 양식의 위임장을 전자적 이미지 정보로 변환[스캐닝]하여 송신할 수 있다.

위임장 이외의 첨부정보도 원칙적으로 전자문서로 송신하여야 한다. 다만, 신청인이 자격자대리인인 경우에는 위임인으로부터 받은 첨부서면을 전자적 이미지 정보로 변환[스캐닝]하여 송신할 수 있다. 또한 공증인법 제66조의6에 따라 인증받은 전자화문서를 송신할 수 있다.

첨부정보 중 행정정보공동이용의 대상이 되는 주민등록정보, 등록세납부확인정보 등은 「전자정부법」 제36조 제1항에 따라 등기관이 확인하고 신청인에게는 그 제공을 면제한다. 다만, 그 첨부정보가 개인정보를 포함하고 있는 경우에는 그 정보주체의 동의가 있음을 증명하는 정보를 등기소에 제공한 경우에만 그 제공을 면제한다.

첨부정보 중 주금납입보관증명서 또는 잔고증명서에 해당하는 정보는 신청인이 금융기관에 요청하여 수신한 정보를 송신하는 방법으로 제출할 수 있으며, 「인감증명법」에 따라 신고한 인감을 날인하고 그 인감증명서를 첨부하여야 하는 경우 작성명의인의 공인인증서 정보를 송신한 때에는 인감증명서 정보의 송신을 요하지 않는다.

(가) 전자증명서 등의 송신

전자신청을 하는 당사자는 신청정보를 송신할 때 전자증명서를 함께 송신하여야 하고, 자격자대리인은 공인인증서와 사용자등록번호를 송신하여야 한다. 그리고 설립등기, 대표자 변경등기 등에 의하여 비로소 등기되는 등기신청권자나 그 밖에 등기기록에 등기되어 있지 않은 등기신청권자가 신청정보를 송신할 때에는 공인인증서와 사용자등록번호를 함께 송신하여야 한다.

관공서가 등기를 전자촉탁할 때에는 「전자정부법」 제2조 제9호의 행정전자 서명(이하'행정전자서명'이라 한다)을 송신하여야 한다.

자격자대리인이 위임장에 해당하는 첨부정보를 송신할 때에는 위임인의 전 자증명서 또는 공인인증서를 함께 송신하여야 한다. 다만, 대표자 주소 또는 주민등록번호의 변경이나 경정등기, 대표자를 제외한 임원(회사, 민법법인 및 특수법인의 사원, 이사, 감사, 감사위원회 위원, 지배인·대리인 등을 말한다)의 변경이나 경정등기, 본·지점 공통등기사항에 관하여 지점 소재지에서 하는 등 기 중 어느 하나에 해당하는 등기신청의 경우 첨부정보를 송신하는 경우에는 그러하지 아니하다.

첨부정보를 전자문서로 송신할 때에는 작성명의인의 공인인증서를 함께 송 신하여야 한다. 다만, 작성명의인이 법인인 경우에는 그 법인 대표자의 전자증 명서를, 관공서인 경우에는 행정전자서명을 송신하여야 한다.

첨부정보를 전자적 이미지 정보로 송신할 때에는 위임인의 전자증명서 또는 공인인증서를 함께 송신하여야 한다. 다만, 대표자 주소 또는 주민등록번호의 변경이나 경정등기, 대표자를 제외한 임원(회사, 민법법인 및 특수법인의 사 원, 이사, 감사, 감사위원회 위원, 지배인·대리인 등을 말한다)의 변경이나 경 정등기, 본·지점 공통등기사항에 관하여 지점 소재지에서 하는 등기신청의 경 우에는 그러하지 아니하다.

첨부정보를 전자적 이미지 정보로 송신할 때 위임인의 전자증명서 또는 공 인인증서를 함께 송신한 후 위임인이 전자증명서 등에 의하여 전자적 이미지 정보를 인증한 후에는 자격자대리인이 첨부정보를 변경할 수 없다. 다만, 신청 후 보정을 하는 때에는 그러하지 아니하다.

(나) 등기신청을 공동으로 하는 경우의 승인

공동대표이사 등이 등기신청을 공동으로 하는 경우에는 그 중 1인이 신청정 보와 첨부정보를 입력한 후 등기신청을 공동으로 하는 다른 사람을 지정하고, 지정된 다른 사람은 전자증명서 또는 공인인증서에 의하여 승인을 하여야 한다.

(다) 등록세 및 등기신청수수료의 납부

전자신청을 하기 위해서는 지방세 인터넷 납부시스템에 의하여 등록세를 납 부하여야 한다. 다만, 그러한 납부시스템에 의하여 등록세를 납부할 수 없는 경우에는 직접 관할 관청에 등록세를 납부하여야 한다.

등기신청수수료는 신용카드, 금융기관 계좌이체 또는 전자화폐 결제 등의 방법으로 납부하여야 한다. 등기신청수수료를 과·오납한 경우 신청인은 등기신청사건의 처리 완료 전에 기존 납부를 전액 취소한 후 다시 납부하여야 한다. 전자신청에 따른 등기신청수수료의 구체적인 납부절차, 등기신청수수료 수납대행 용역업체의 지정, 등기신청수수료 수납대행 용역업체의 권리와 의무, 등기신청수수료의 정산 및 국고 수납에 관한 사항에 관하여는 「인터넷에 의한 등기부의 열람 등에 관한 업무처리지침」(등기예규 제1424호) 제16조 내지 제19조의 규정을 준용한다. 등기신청수수료를 납부한 당사자 또는 자격자대리인은 납부 후 14일 이내에 신청정보를 등기소에 송신하여야 한다.

대법원 예규

▶예규◀ 전산정보처리조직에 의한 상업등기 등 사무처리지침

(등기예규 제1756호 2022. 8. 26. 개정)

제1조(목적)
　이 예규는 상업등기, 민법법인등기, 특수법인등기 등에 관한 접수사무와 사건배당 및 등기관의 사건처리방법 등을 규정함으로써 효율적인 업무처리를 도모하고자 함에 있다.

제2조(접수사무의 처리)
① 등기신청서를 받은 접수담당자는 전산정보처리조직에 등기의 목적, 신청인의 성명 또는 상호(또는 명칭), 접수연월일과 접수번호, 대리인의 성명 및 자격, 등기신청수수료, 등록면허세액을 입력한 후 신청서에 접수번호표를 붙여야 한다.
② 접수담당자가 신청서를 접수하였을 때에는 신청인의 청구에 따라 그 신청서의 접수증을 발급하여야 한다.

제3조(등기사건의 배당)
① 접수된 등기사건은 등기관별 업무부담에 차이가 없도록 균등하게 배당하여야 한다. 다만, 부동산등기 등 다른 등기사무나 사법행정사무의 분담 여부 등을 감안하여 등기관별 배당비율을 달리 정할 수 있다.
② 제1항에 따른 배당은 전산정보처리조직에 의하여 무작위로 하여야 한다.
③ 제2항의 규정에도 불구하고 다음 각 호의 어느 하나에 해당하는 경우에는 해당 등기사건을 같은 등기관에게 배당할 수 있다.
　(1) 다른 등기사건이 먼저 접수되어 처리가 완료되지 아니한 법인등기에 대하여 등기사건이 접수된 경우
　(2) 동시신청 사건이 접수된 경우
　(3) 그 밖에 등기사무의 효율적인 처리를 위하여 여러 건의 등기사건을 같은 등기관이 처리하는 것이 필요한 경우

제4조 (관련 등기사무의 처리)
① 직권으로 하는 등기는 관련된 등기사건을 처리하거나 처리하였던 등기관이 처리한다.

② 관할 지방법원의 명령에 따른 등기는 관련된 처분을 하였던 등기관이 처리한다.
③ 인사이동, 사무분담의 변경 등으로 인하여 제1항 또는 제2항의 등기관이 없는 경우에는 사무분담상의 후임 등기관이 처리한다. 이 경우 후임 등기관이 누구인지 불분명할 때에는 등기소장이 담당 등기관을 지정한다.

제5조 (재배당)
① 다음 각 호의 어느 하나에 해당하는 경우에는 등기소장은 등기사건을 재배당할 수 있다.
  (1) 착오로 이 예규의 규정과 다르게 배당된 경우
  (2) 제3조제3항 각 호의 어느 하나에 해당하나 다른 등기관에게 배당된 경우
  (3) 담당 등기관이 배당된 등기사건을 처리함에 현저히 곤란한 사유가 있어서 재배당을 요구한 경우
  (4) 담당 등기관이 공정성에 대한 오해의 우려가 있다고 판단하여 재배당을 요구한 경우
② 제1항에 따라 등기사건을 재배당한 때에는 등기소장은 그 사유를 전산시스템에 입력하여야 한다.

제6조(등기관의 사건처리)
① 등기관은 신청인이 제출한 신청서 및 첨부서면이 상업등기법 등 제반 법령에 부합되는지의 여부를 조사하여야 한다.
② 등기관은 다음 각 호의 경우를 제외하고는 접수번호의 순서대로 등기사건을 처리하여야 하며, 늦어도 오전에 제출된 사건에 대하여는 다음날 18시까지, 오후에 제출된 사건에 대하여는 다음 다음날 12시까지 처리하여야 한다.
  (1) 신청의 흠결에 대하여 보정통지를 한 경우
  (2) 등기사건을 처리함에 있어 동일상호 여부 등 법률적 판단이 어려운 사건 등인 사유로 접수 순서대로 처리한다면 나중에 접수된 다른 사건의 처리가 상당히 지연될 것이 예상되는 경우
③ 보정을 요구하는 사건은 등기관이 별표의 보정통지사유의 유형별 분류표에 따른 코드를 선택하여 처리하여야 한다.
④ 지연사유를 등록할 필요가 있는 사건은 등기관이 전산정보처리조직에 의하여 지연사유를 등록하여야 한다. 이 경우 지연사유 등록사건에 대해서는 별지 제1호의 서식을 전산정보처리조직에 의하여 작성하고 1년간 보존하여야 한다.

제7조(전산등기기록으로 이기한 등기사항의 직권경정절차)
① 지방법원장은 착오 또는 유루된 등기사항이 상업등기처리규칙 부칙 제2조 제1항 또는 민법법인 및 특수법인 등기처리규칙 부칙 제2조 제1항의 규정에 따른 이기로 발생한 경우에는 그 등기사항을 직권으로 경정할 수 있음을 포괄적으로 허가할 수 있다.
② 제1항에 따라 지방법원장의 경정허가(별지 제2호)를 받은 등기관이 등기를 경정하고자 하는 때에는 직권경정서(별지 제3호)를 작성하여 경정을 하여야 한다.
③ 제2항의 경정은 「상업등기규칙」에 따른 기록방식으로 하여야 한다.
④ 등기소장은 지방법원장의 포괄허가를 받아 처리한 등기사건에 대하여 별지 제4호의 서식에 의하여 매월분을 그 다음달 5일까지 지방법원장에게 보고하여야 한다.

부 칙(2022.08.26 제1756호)
이 예규는 즉시 시행한다.

♣ 【서식】 직권경정허가신청서

직 권 경 정 허 가 신 청 서

○○지방법원 ○○등기소

20 .   .   .

등 기   제   호

수 신   ○○지방법원장

제 목   직권경정허가신청

　상업등기처리규칙(대법원규칙 제1439호, 1996. 9. 30. 1996. 10. 1. 시행) 부칙 제2조 제1항의 규정에 따라 등기기록으로 이기한 등기사항의 착오 및 유루가 발생하였으므로 이를 경정하고자 그 허가를 구합니다.

　　　　　　　　　　　　　　　　　　　○ ○ 등 기 소 장 　직인

위 경정허가 신청을 허가한다.

　　년　　월　　일

　　　　　　　　　　　　　　　　　　　○ ○ 지 방 법 원 장 　직인

▶예규◀ 전산정보처리조직에 의한 부동산등기신청에 관한 업무처리지침

(등기예규 제1725호, 2021.3.10 개정)

1. 목적
 이 예규는 전산정보처리조직에 의한 등기신청(이하 '전자신청'이라 한다)에 관한 사항을 규정함을 목적으로 한다.

2. 지정등기소의 지정
 가. 법원행정처장의 지정
  법원행정처장이 전자신청을 할 수 있는 등기소로 지정한 등기소(이하"전자신청 등기소"라 한다) 관할의 부동산 및 등기유형에 관해서는 전자신청을 할 수 있다.
 나. 관보 게시
  위 가.항의 지정·고시는 별지 제1호 양식에 의하여 관보에 게시하여야 한다. 전자신청을 할 수 있는 등기소 및 등기유형의 지정은 별지 제2호 양식에 의한다.
 다. 등기소내 게시
  전자신청 등기소장은 전자신청의 대상이 되는 부동산 및 등기유형의 범위를 등기소내 보기 쉬운 장소에 게시하여야 한다.

3. 전자신청을 할 수 있는 자
 가. 당사자 본인에 의한 신청의 경우
  (1) 「부동산등기규칙」제68조제1항에 따른 사용자등록을 한 자연인(외국인 포함)과 「상업등기법」 제17조에 따른 전자증명서(이하 "전자증명서"라 한다)를 발급받은 법인은 전자신청을 할 수 있다. 다만, 외국인의 경우에는 다음 각 호의 어느 하나에 해당하는 요건을 갖추어야 한다.
  (가) 「출입국관리법」 제31조에 따른 외국인등록
  (나) 「재외동포의 출입국과 법적 지위에 관한 법률」 제6조, 제7조에 따른 국내거소신고
  (2) 법인 아닌 사단이나 재단은 전자신청을 할 수 없다.

 나. 대리에 의한 신청의 경우
  (1) 변호사나 법무사[법무법인·법무법인(유한)·법무사법인·법무사법인(유한)을 포함한다. 이하 "자격자대리인"이라 한다]는 다른 사람을 대리하여 전자신청을 할 수 있다. 다만, 자격자대리인이 외국인인 경우에는 다음 각 호의 어느 하나에 해당하는 요건을 갖추어야 한다.
  (가) 「출입국관리법」 제31조에 따른 외국인등록
  (나) 「재외동포의 출입국과 법적 지위에 관한 법률」 제6조, 제7조에 따른 국내거소신고
  (2) 자격자대리인이 아닌 사람은 다른 사람을 대리하여 전자신청을 할 수 없다.

4. 전자신청의 방법
 가. 대법원 인터넷등기소(이하 '인터넷등기소'라 한다) 접속
  전자신청을 하고자 하는 당사자 또는 자격자대리인은 인터넷등기소(http://www.iros.go.kr/)에 접속한 후 "인터넷등기전자신청"을 선택하여 모든 문서를 전자문서로 작성하여야 한다. 다만, 신청인이 자격자대리인인 경우 다음 각 호의 서면에 대하여는 이를 전자적 이미지 정보로 변환(스캐닝)하여 원본과 상위 없다는 취지의 부가정보와 자격자대리인의 개인공인인증서(이하 "공인인증서"라 한다)

정보를 덧붙여 등기소에 송신하는 것으로 이를 갈음할 수 있다.
(1) 대리권한을 증명하는 서면(등기원인증서가 존재하지 아니하는 등기유형에 한한다) 및 행정정보 또는 취득세 또는 등록면허세 납부확인정보를 담고 있는 서면
(2) 다음 (가)부터 (다)까지의 경우에 그 첨부정보를 담고 있는 모든 서면. 다만, 인감증명서와 그 인감을 날인한 서면, 본인서명사실확인서와 서명을 한 서면 및 전자본인서명확인서 발급증과 관련서면에 서명을 한 서면(예 : 등기의무자의 위임장, 제3자의 승낙서 등)은 제외한다.
(가) 국가, 지방자치단체 또는 특별법에 의하여 설립된 공법인(「지방공기업법」에 의하여 설립된 지방공사를 포함한다)이 등기권리자로서 「공익사업을 위한 토지 등의 취득 및 보상에 관한 법률」에 의하여 토지 등을 협의취득 또는 수용하여 이를 원인으로 소유권이전등기를 신청하는 경우
(나) 법원행정처장이 지정하는 금융기관이 (근)저당권자로서 (근)저당권 설정등기, (근)저당권 이전등기, (근)저당권 변경(경정)등기 또는 (근)저당권 말소등기를 신청하는 경우(한국주택금융공사법 제43조의7에 따른 담보주택에 대한 (근)저당권 설정등기 또는 (근)저당권 말소등기와 동시에 하는 부기등기 또는 부기등기의 말소등기를 포함한다)
(다) 국가, 지방자치단체, 특별법에 의하여 설립된 공법인(「지방공기업법」에 의하여 설립된 지방공사를 포함한다) 또는 위 (나)호에 의하여 지정된 금융기관이 지상권자로서 지상권설정등기 또는 지상권말소등기를 신청하는 경우

나. 사용자 인증
   인터넷등기소에 접속한 당사자 또는 자격자대리인이 전자신청을 하기 위해서는 다음 각 호의 구분에 따른 정보를 입력하여 사용자 인증을 받아야 한다.
(1) 당사자가 개인인 경우 : 공인인증서정보 및 사용자등록번호
(2) 당사자가 법인인 경우 : 전자증명서정보
(3) 자격자대리인의 경우 : 공인인증서정보 및 사용자등록번호

다. 신청정보의 입력
   신청정보는 "인터넷등기전자신청" 시스템이 안내하는 순서에 따라 입력하여야 한다.

라. 필수정보의 첨부 등
(1) 별지 제3호의 등기유형에 해당하는 사건을 등기권리자와 등기의무자가 공동으로 전자신청을 하기 위해서는 해당 필수정보를 반드시 전자적으로 첨부하여야 하며, 그 정보가 첨부되지 아니한 때에는 신청정보를 송신할 수 없다.
(2) 첨부하여야 할 정보 중 법인등기부정보 및 부동산등기부정보와 같이 등기소에서 직접 확인할 수 있는 정보는 그 표시만 하고 첨부를 생략하며, 행정정보 공동이용의 대상이 되는 다음 각 호의 정보는 행정정보 공동이용센터에 연계요청을 하여 수신한 정보를 첨부한다.
(가) 주민등록정보
(나) 토지대장정보
(다) 건축물대장정보
(라) 거래계약신고필정보
(마) 취득세 또는 등록면허세 납부확인정보
(바) 토지거래계약허가정보

(사) 임대사업자등록정보
(3) 작성명의인이 있는 전자문서를 첨부할 경우 그 전자문서는 PDF 파일 형식의 전자
  문서이어야 하며, 다음 각 호의 정보를 함께 첨부하여야 한다.
 (가) 작성명의인이 개인인 경우 : 공인인증서정보
 (나) 작성명의인이 관공서인 경우 : 행정전자서명정보
 (다) 작성명의인이 법인인 경우 : 전자증명서정보

(4) 위 4. 가. (2)에 의하여 등기필증을 전자적 이미지 정보로 변환하여 등기소에 송신
  하는 경우에는 원본과 상위 없다는 취지의 부가정보와 자격자대리인의 공인인증서
  정보를 덧붙여야 한다.

마. 승인
 (1) 공동신청의 경우
   공동신청을 하여야 할 등기신청에 있어서 당사자가 대리인에게 위임하지 않고 직
   접 신청하는 경우 또는 위임을 서로 다른 대리인에게 한 경우에는 어느 일방이 신
   청정보와 첨부정보를 입력한 후 승인대상자를 지정하여야 하고, 승인대상자로 지정
   된 자는 위 나.항의 규정에 의한 사용자 인증을 받은 후 공인인증서정보(승인대상
   자로 지정된 자가 당사자로서 법인인 경우에는 '전자증명서정보'를 말한다)를 첨부
   하여 승인을 하여야 한다.
 (2) 대리인에 의한 신청의 경우
   대리인에 의한 신청인 경우에는 대리인이 위임에 관한 정보를 입력하고 당사자가
   공인인증서정보(당사자가 법인인 경우에는 '전자증명서정보'를 말한다)를 첨부하여
   승인하여야 한다.
 (3) 승인이 불필요한 경우
   공동신청이 아닌 단독신청 사건(부동산표시변경, 등기명의인표시변경 사건 등)에서
   사용자등록을 한 자가 대리인을 통하지 않고 스스로 전자신청을 하는 경우에는 승
   인절차를 거치지 아니한다.

바. 등기신청수수료의 납부 등
 (1) 등기신청수수료 납부
   당사자 또는 대리인이 신청정보를 모두 입력하고 승인을 받은 경우(승인대상이 아닌
   경우 제외)에는 신청수수료를 전자적인 방법(신용카드, 계좌이체 또는 선불전자지급
   수단 등)으로 납부하여야 한다.
 (2) 등기신청수수료 과·오납에 따른 결제방법
   위 (1)의 등기신청수수료를 과·오납한 경우 신청인은 등기신청사건 처리완료 전에 기
   존 결제를 전액 취소한 후 다시 결제를 하여야 한다.
 (3) 등기신청수수료 수납대행 용역업체의 지정 등
   전자신청에 따른 등기신청수수료의 구체적인 납부절차, 등기신청수수료 수납대행 용
   역업체의 지정, 등기신청수수료 수납대행 용역 업체의 권리와 의무, 등기신청수수료
   의 정산 및 국고 수납에 관한 사항은 인터넷에 의한 등기부의 열람 등에 관한 업무
   처리지침 제16조 내지 제19조의 규정을 준용한다.

사. 송신
   등기신청수수료를 납부한 당사자 또는 대리인은 납부 후 14일 이내에 신청정보를 등
   기소에 송신하여야 한다.

아. 인감증명서정보의 송신 불요
  규칙 제60조, 제61조 및 기타 규정에 의하여 인감증명을 제출하여야 하는 자가 공인인증서정보(인감증명을 제출하여야 하는 자가 법인인 경우에는 '전자증명서정보'를 말한다)를 송신한 때에는 인감증명서정보의 송신을 요하지 않는다.

자. 공인인증서의 가입자가 외국인인 경우
  위의 각 전자신청 과정에서 공인인증서정보를 첨부하여야 하는 경우로서 그 당사자, 자격자대리인 또는 작성명의인이 외국인일 때에는 그 공인인증서가 다음 각 호의 요건을 갖추어야 한다.
  (1) 공인인증서에 담고 있는 가입자(「전자서명법」제2조제11호의 "가입자"를 말한다. 이하 같다)의 성명정보는 한글표기이어야 한다.
  (2) 공인인증서에는 가입자의 외국인등록번호나 국내거소신고번호를 담고 있어야 한다.
  (3) 자격자대리인의 경우에는 공인인증서에 담고 있는 가입자의 성명정보의 한글표기가 대한변호사협회나 대한법무사협회에 등록한 성명의 한글표기와 일치하여야 한다.

5. 전자신청의 접수
 가. 접수번호의 자동 부여
  전자신청의 경우 접수번호는 전산정보처리조직에 의하여 자동적으로 생성된 접수번호를 부여한다.
 나. 접수장에 기록
  전자신청 사건의 접수가 완료된 경우에는 접수장에 전자신청이라는 취지를 기록하여야 한다.

6. 기입사무의 처리
  전산정보처리조직상 자동기입이 실패되어 기입수정 상태가 된 경우, 기입담당자는 당해 등기기록에 부전지가 있는지 여부, 원시오류코드 부여 여부, 행정정보 공동이용의 대상이 되는 첨부정보가 도달되었는지 여부 등을 확인하여 등기관에게 보고하고, 등기관의 지시를 받아 기입사무를 처리한다.

7. 조사, 교합업무 등
 가. 조사, 교합업무
  등기관은 신청정보 및 첨부정보가 부동산등기법 등 제반 법령에 부합되는지 여부를 조사한 후 접수번호의 순서대로 교합처리하여야 하며, 지연처리 사건이나 보정을 명한 사건 이외에는 24시간 이내에 등기필정보의 송신 및 등기완료사실의 통지를 하여야 한다.
 나. 지연처리
  집단사건이나 판단이 어려운 사건, 기타 행정정보 공동이용의 대상이 되는 정보의 취득이 1분 이내에 이루어지지 않는 사건과 같이 만일 접수 순서대로 처리한다면 후순위로 접수된 다른 사건의 처리가 상당히 지연될 것이 예상될 경우에는, 그 사유를 등록하고 이들 신청사건 보다 나중에 접수된 사건을 먼저 처리할 수 있다. 다만, 지연사건의 처리는 접수된 때로부터 50일 이내에 완료하여야 한다
 다. 보정사무
 (1) 보정 통지의 방법
  보정사항이 있는 경우 등기관은 보정사유를 등록한 후 전자우편, 구두, 전화 기타 모사전송의 방법에 의하여 그 사유를 신청인에게 통지하여야 한다.
 (2) 보정의 방법

전자신청의 보정은 전산정보처리조직에 의하여 하여야 한다. 다만, 행정정보 공동이용의 대상이 되는 첨부정보에 관하여 해당 행정기관의 시스템 장애, 행정정보공동이용망의 장애 등으로 이를 첨부할 수 없는 경우 또는 등기소의 전산정보처리조직의 장애 등으로 인하여 등기관이 이를 확인할 수 없어 보정을 명한 경우에는 그 정보를 담고 있는 서면(주민등록등본, 건축물대장등본 등)을 등기소에 직접 제출하거나, 신청인이 자격자대리인인 경우에는 그 서면을 전자적 이미지 정보로 변환하여 원본과 상위 없다는 취지의 부가정보와 자격자대리인의 공인인증서정보를 덧붙여 등기소에 송신할 수 있다.

 (3) 신청정보의 출력

신청인이 위 (2) 단서에 의하여 등기소에 직접 제출하는 방식으로 보정을 한 경우 등기관은 신청정보를 담고 있는 서면을 출력하여 그 출력물과 보정 서면을 편철한 후 신청서 기타 부속서류 편철장에 편철한다.

라. 보정대장 작성 및 보고

부동산등기신청사건 처리지침 3. 바.에서 정한 절차와 동일하게 처리한다.

8. 교합완료 후의 조치

등기관이 등기를 완료한 때에는 전산정보처리조직에 의하여 등기필정보의 송신 및 등기완료사실의 통지를 하여야 한다.

9. 전자신청의 취하

전자신청의 취하는 전산정보처리조직을 이용해서 하여야 한다. 이 경우 전자신청과 동일한 방법으로 사용자인증을 받아야 한다.

10. 각하결정의 방법

전자신청에 대한 각하 결정의 방식 및 고지방법은 서면신청과 동일한 방법으로 처리한다.

11. 이의신청

전자신청 사건에 관하여 이의신청이 있어 그 사건을 관할지방법원에 송부하여야 할 경우 등기관은 전자문서로 보존되어 있는 신청정보와 첨부정보를 출력하여 인증을 한 후 그 출력물을 송부하여야 한다.

부 칙(2021.3.10 제1725호)

이 예규는 2021년 3월 12일부터 시행한다.

---

2) 전자신청사건의 처리(등기예규 제1552호)

전자신청의 경우 접수번호는 전산정보처리조직에 의하여 자동으로 생성된 것을 부여한다. 전자신청의 접수가 완료된 때에는 접수장에 전자신청이라는 뜻을 기록하여야 한다.

전산정보처리조직상 자동기입이 실패되어 기입수정 상태가 된 경우 기입담당자는 실패 사유를 확인하여 등기관에게 보고하고 등기관의 지시를 받아 기입사무를 처리한다.

등기관은 신청정보 및 첨부정보가 법, 규칙 등의 제반 법령에 부합되는지를 조사한 후 접수번호의 순서대로 교합하여야 한다. 판단이 어려운 사건, 행정정보공동이용의 대상이 되는 정보의 취득이 지연되는 등의 사유로 접수 순서대로 처리한다면 나중에 접수된 사건의 처리가 상당히 늦어질 것으로 예상되는 경우에는 그 사유를 등록하고 나중에 접수된 사건을 먼저 처리할 수 있다.

보정사항이 있는 경우 등기관은 보정사유를 등록한 후 신청인에게 그 사유를 전자우편, 구두, 전화, 모사전송 등의 방법으로 통지하여야 한다. 보정은 전산정보처리조직에 의하여 한다. 다만, 행정기관의 시스템 장애, 행정정보공동이용망의 장애 등으로 인하여 행정정보공동이용의 대상이 되는 첨부정보를 첨부할 수 없는 경우 또는 등기소의 전산정보처리조직의 장애 등으로 인하여 등기관이 이를 확인할 수 없어 보정을 명한 경우에는 그 정보를 담고 있는 서면(주민등록 등·초본 등)을 등기소에 직접 제출하거나, 신청인이 자격자대리인인 경우에는 그 서면을 전자적 이미지 정보로 변환한 것을 자격자대리인의 공인인증서 정보를 덧붙여 등기소에 송신할 수 있다. 이와 같이 신청인이 등기소에 직접 제출하는 방식으로 보정을 한 경우 등기관은 신청정보를 담고 있는 서면을 출력하여 그 출력물과 보정 서면을 신청서 기타 부속서류 편철장에 편철한다.

3) 사용자등록

등기의 신청은 서면 또는 대법원규칙으로 정하는 바에 따라 전산정보처리조직을 이용한 전자문서로 할 수 있다. 이 경우 전자문서로 등기를 신청하는 당사자 또는 그 대리인은 대법원규칙으로 정하는 바에 따라 미리 사용자등록을 하여야 한다(민법법인 및 특수법인 등기규칙 제6조, 상업등기규칙 제68조). 상업등기규칙 제68조의 사용자등록에 관하여는 「사용자등록절차에 관한 업무처리지침」(등기예규 제1144호)을 준용한다. 그리고 「부동산등기규칙」 제68조의 관련 규정에 따라 사용자등록을 한 경우에는 상업등기규칙 제68조의 사용자등록을 한 것으로 본다(등기예규 제1552호).

대법원 예규

▶예규◀ 사용자등록절차에 관한 업무처리지침

(등기예규 제1751호 2022.07.22. 개정)

1. 사용자등록이 필요한 사람
   부동산등기법 제24조 제1항 2호에 의한 전자신청을 하고자 하는 당사자 또는 변호사

　　나 법무사(법무법인·법무법인(유한)·법무사합동법인을 제외한다. 이하 "자격자대리인"이라 한다)는 「부동산등기규칙」 제67조 제4항 제1호에 따른 개인인증서(이하"인증서"라 한다)를 발급받아 최초의 전자신청 전에 등기소(주소지나 사무소 소재지 관할 이외의 등기소에서도 할 수 있다)에 직접 출석하여 미리 사용자등록을 하여야 한다.

2. 사용자등록관리 시스템의 운용
　　법원행정처 등기정보중앙관리소에 사용자등록관리 시스템을 설치하고 사용자등록정보에 관한 사항을 관리·운용한다.

3. 사용자등록신청서의 기재사항 및 첨부서면 등
　가. 신청서 기재사항
　　　사용자등록을 신청하는 사람은 별지 제1호 양식의 신청서에 다음 각 호의 사항을 기재하여야 한다.
　(1) 성명, 주민등록번호(외국인의 경우에는 "외국인등록번호" 또는 "국내거소신고번호"를 말한다. 이하 같다), 주소, 전화번호, 인터넷등기소 회원 ID, 전자우편주소
　(2) 자격자대리인인 경우에는 위 (1)호 이외에 그 자격을 증명하는 정보와 사무소의 소재지.
　나. 첨부서면
　(1) 신청인은 사용자등록신청서에 「인감증명법」에 따라 발급된 신청인의 인감증명과 주소를 증명하는 서면(발행일부터 3개월 이내의 것이어야 한다)을 첨부하여야 한다.
　(2) 신청인이 외국인인 경우에는 위 (1)의 주소를 증명하는 서면으로 외국인등록사실증명이나 국내거소신고사실증명(발행일부터 3개월 이내의 것이어야 한다)을 첨부하고, 그 증명서면에 기재된 신청인의 성명이 외국문자로 되어 있으면 그 성명을 한글로 표기한 번역문을 함께 첨부하여야 한다.
　(3) 신청인이 자격자대리인인 경우에는 그 자격을 증명하는 서면(법무사등록증 등)의 사본을 함께 첨부하여야 한다.

4. 신청서 접수 등
　가. 신분증의 제시
　　　등기소에 출석하여 사용자등록신청서를 접수하는 사람은 본인임을 확인할 수 있는 행정기관 발급의 신분증(주민등록증, 운전면허증, 여권, 외국인등록증, 국내거소신고증 등)을 접수담당자에게 제시하여야 한다.
　나. 접수증 교부
　　　접수담당자는 접수한 사람이 신청인 본인임을 신청인이 제시한 신분증에 의하여 확인한 후 접수번호가 기재된 별지 제2호 양식의 사용자등록접수증을 교부한다.
　다. 접수대장의 작성
　　　사용자등록신청사건을 접수한 때에는 보조기억장치로 조제된 접수장을 사용하고, 여기에는 성명, 주민등록번호, 접수연월일, 접수번호, 인터넷등기소 회원 ID를 입력한다.
　라. 신청서의 반려
　　　다음 각 호의 어느 하나에 해당하는 경우 접수담당자는 사용자등록 신청서를 신청인에게 반려한다.
　(1) 본인이 직접 출석하지 아니한 경우
　(2) 사용자등록대상이 아닌 사람이 신청한 경우(법인, 법인 아닌 사단이나 재단 등)
　(3) 사용자등록신청서가 방식에 적합하지 아니한 경우
　(4) 신청에 필요한 첨부서면을 제출하지 아니한 경우

5. 사용자등록의 방법 등
　가. 사용자등록기한
　　　사용자등록은 등기소로부터 접근번호를 부여받은 후 10일 이내에 하여야 한다.

나. 사용자등록방법
　　등기소로부터 접근번호를 부여받은 신청인은 별지 제2호 사용자등록접수증에 기재된 순서대로 사용자등록을 한다. 다만, 사용자등록을 하는 사람이 외국인인 경우에는 등록할 인증서가 다음 각 호의 요건을 갖추어야 한다.
　(1) 인증서에 담고 있는 가입자(「전자서명법」제2조제9호의 "가입자"를 말한다. 이하 같다)의 성명정보는 한글표기이어야 한다.
　(2) 인증서에는 가입자의 외국인등록번호나 국내거소신고번호를 담고 있어야 한다.
　(3) 자격자대리인의 경우에는 인증서에 담고 있는 가입자의 성명정보의 한글표기가 대한변호사협회나 대한법무사협회에 등록한 성명의 한글표기와 일치하여야 한다.
다. 사용자등록정보의 변경
　(1) 사용자등록 후 사용자의 성명 또는 주민등록번호가 변경된 때에는 등기소에 직접 출석하여 사용자등록정보의 변경을 신청하여야 한다. 이 경우 주민등록등본 등 그 사실을 증명하는 서면을 신청서에 첨부하여야 한다.
　(2) 사용자등록 정보 중 인증서에 대한 정보의 변경은 사용등록관리 시스템을 이용하여 할 수 있다. 이 경우 사용자정보(이름, 주민등록번호)와 사용자등록번호를 입력하여 사용자 인증을 받아야 한다.
　(3) 기존의 사용자등록번호 또는 주소를 사용자등록관리 시스템을 이용하여 변경하고자 할 경우에는 인증서 정보와 기존의 사용자등록번호를 입력하여 사용자 인증을 받아야 한다.

6. 사용자등록의 유효기간 및 유효기간의 연장 등
가. 유효기간
　　사용자등록의 유효기간은 3년으로 한다. 유효기간을 경과하여 사용자등록을 다시 하 는 경우에는 최초로 사용자등록을 하는 절차와 같은 절차에 의하여야 한다.
나. 유효기간의 연장신청
　(1) 사용자등록을 한 사람은 유효기간 만료일 3월전부터 만료일까지 사이에 유효기간의 연장을 신청할 수 있다.
　(2) 유효기간의 연장 신청은 사용자등록관리 시스템을 통해서도 할 수 있으며, 이 경우에는 인증서와 사용자등록번호를 이용하여 사용자 인증을 받아야 한다.

7. 사용자등록의 해지 등
가. 사용자등록의 해지
다음 각 호의 어느 하나에 해당하는 경우에는 사용자등록이 해지된다.
　(1) 사용자등록의 해지신청이 있는 경우(해지신청 방법은 아래 나. 3.의 효력회복신청 방법과 같다)
　(2) 사용자가 사망한 경우
　(3) 사용자등록을 한 자격자대리인이 형의 선고 등 기타 사유로 자격을 상실하거나 자격이 정지된 경우
　(4) 허위 기타 부정한 방법으로 사용자등록을 한 사실이 밝혀진 경우
나. 사용자등록의 효력정지 및 회복
　(1) 신청에 의한 효력정지
　　　사용자가 등기소를 방문하거나 사용자등록관리 시스템을 이용하여 사용자등록의 효력정지 또는 해지를 신청한 경우(사용자등록관리 시스템을 이용할 경우에는 인증서와 사용자등록번호를 이용하여 사용자 인증을 받아야 한다)에는 그 사용자등록의 효력을 정지하여야 한다.
　(2) 직권에 의한 효력정지
　　　사용자가 사용자등록번호를 입력하면서 5회 연속하여 오류를 범한 경우 사용자등

록관리 시스템에서 그 사용자등록의 효력을 정지하여야 한다.
(3) 사용자등록의 효력회복 신청
 (가) 사용자가 정지된 사용자등록의 효력을 회복하기 위해서는 등기소를 방문하여 효력회복 신청을 하여야 한다. 이 경우 신청서에는 기명날인 또는 서명을 하여야 하며 인감증명을 별도로 첨부할 필요는 없다.
 (나) 사용자등록의 효력회복 신청이 있는 경우 접수담당자는 신청인이 제시한 신분증에 의하여 본임임을 확인하고 신분증 사본을 신청서에 편철하여야 한다. 다만 신분증이 이동통신단말장치에 암호화된 형태로 설치되는 등 사본화가 적합하지 않은 경우에는 신분확인서(「부동산등기사무의 양식에 관한 예규」 별지 제39호 양식)를 신청서에 편철하여야 한다.
 다. 사용자등록번호를 분실한 경우
    사용자가 사용자등록번호를 분실하여 재등록을 하고자 하는 경우에는, 기존의 사용자등록에 관한 해지신청을 하고 새로이 사용자등록을 신청하여야 한다.
8. 사용자등록신청서의 편철 등
 가. 사용자등록신청서류 등 편철장의 비치
    등기소에는 사용자등록신청서류 등 편철장을 비치한다.
 나. 사용자등록신청서의 편철
    서무담당자는 매주 금요일까지 그 전주까지 접수된 사용자등록신청서 기타 사용자등록해지신청서 등 이 예규와 관련된 신청서 및 부속서류를 접수번호의 순서대로 사용자등록신청서류 등 편철장에 편철하여야 한다.
 다. 보존기간
    위 나.의 신청서 등은 10년간 이를 보존하여야 한다.

부 칙(2022.07.20 제1751호)
이 예규는 2022년 7월 22일부터 시행한다.

라. 강제주의

법인등기는 법인과 거래하는 일반공중을 보호하는 면에서 그 필요성이 강조되어 민법과 각종 특별법에서 등기기간을 규정하여 그 기간 내에 등기할 것을 강제하며 그 등기를 해태한 때에는 등기신청의무자에게 과태료의 제재를 가하고 있다(민 제97조, 수협 제165조 1항Ⅱ, 사학 제74조Ⅰ 등).

그러나 근로복지기본법, 농업협동조합법, 농어촌발전특별조치법 등 특별법에 따라서는 등기기간만을 규정하고 있을 뿐 그 해태에 대한 제재에 관해서는 전혀 규정이 없는 경우도 있다. 다만 근로복지기본법에서는 당해 법에서 규정하지 아니한 사항은 민법을 준용하도록 하여 민법상 과태료를 과할 수 있다. 영농조합법인의 경우에는 그러한 규정도 없어 등기를 해태하여도 과태료를 과할 근거가 없으나, 농업회사법인의 경우에는 상법을 준용하므로 그에 대하여는 과태료를 과할 수 있다.

상업등기에 있어서는 개인인 상인에 관한 등기 즉, 상호, 무능력자, 법정대리인, 지배인 등에 관한 등기는 그 등기 여부가 당사자의 임의에 맡겨져 있으므로 그를 등기하지 않더라도 그 등기사항을 제2자에게 주장할 수 없는 불이익을 받는 이외에 과태료 등을 과하여 그 등기를 강제하지는 않는다. 그러나 일반회사의 등기에는 등기를 강제하고 이를 해태하면 과태료의 제재를 가한다(상 제635조).

2. 등기기간

법인등기는 민법 기타 근로복지기본법, 사립학교법, 농어촌발전특별조치법 등의 특별법에 일정한 기간 내에 등기하도록 규정되어 있다. 이러한 법인등기의 등기기간은 일반공중의 거래안전을 보호하려는 데 그 취지가 있으므로, 등기기간이 경과한 뒤의 등기신청이라 할지라도 신청의 효력에는 아무런 영향이 없고 과태료의 제재를 받을 뿐이다(민법 제97조, 사학 제74조, 수협 제165조, 중협 제106조).

가. 등기기간의 계산

등기기간의 기산점에 관하여는 등기사항이 관청의 허가를 요하는 경우에는 그에 관한 허가서가 도달한 날로부터 기산한다는 민법(제53조)의 규정 외에 다른 규정이 없다.

그러나 초일이 오전 영시로 부터 시작한 때에는 초일을 산입하므로(민 제157

조, 제159조), 이사, 감사 등이 예선되어 미리 그 취임승낙을 한 경우에는 이에 따라 계산되는 것이라 할 것이고, 등기할 사항으로 관청의 허가(인가)를 요하는 것에 관하여는 그 서류가 도달한 날로부터 등기기간을 기산하며(상법 제177조), 외국회사에 관한 등기사항이 외국에서 생긴 때에는 그 등기기간은 통지가 도달한 날부터 기산한다(상법 제615조).

등기기간은 등기사유의 효력이 발생한 날로부터 기산하여야 한다고 보아야 하는바, 각 등기사유의 효력이 언제 발생하느냐는 그 시기가 항상 일정하지는 않다.

관청의 허가가 요건인 경우에 있어서 이사 등의 임기만료 후에 주무관청의 허가서가 도착하더라도 등기해태에 따른 등기기간의 계산은 임기만료시부터 할 것이다. 왜냐하면 주무관청의 허가를 요하는 경우에는 임기만료 전에 허가신청을 하여야 할 것이며, 주무관청의 허가서 도착시부터 기간계산을 한다면 임기종료 1년 후에 승인신청을 하여도 주무관청의 허가서 도착시부터 소정의 기간인 3주간 내에 등기하면 등기해태가 되지 않을 수 있는 불합리한 점이 있기 때문이다.

등기기간의 계산에 있어서는 초일을 산입하지 아니함이 원칙이나 초일이 0시부터 시작되는 때에는 초일도 산입하고(민 제157조) 기간의 만료는 그 말일이 종료한 때에 만료될 것이나, 말일이 토요일 또는 공휴일인 때에는 그 익일로써 만료된다(민 제159조, 제161조).

나. 각종 등기기간

민법상 법인의 설립등기는 허가가 있은 날로부터 3주간 내에 주된 사무소소재지에 하여야 하고(민 제49조), 분사무소 설치등기도 주된 사무소 및 분사무소에 3주간 내에 등기하여야 한다(민 제50조).

주사무소를 이전하는 등기는 구사무소소재지에서 3주간 내에(민 제51조), 기타 등기사항의 변경등기는 변경된 때로부터 3주간 내에 등기하여야 한다(민 제52조).

청산인은 취임 후 파산의 경우를 제외하고 3주간 내에 해산등기와 청산인선임등기를 하여야 하며(민 제85조), 청산이 종결한 경우에도 3주간 내에 청산종결등기를 하여야 한다(민 제94조).

그 외 특별법에서 달리 설립등기의 기간을 정하지 않는 경우도 있는 바, 영농조합법인과 농업회사법인의 경우에는 설립등기의 기간이 없으며(농발법 제6

조, 제7조, 농발령 제7조, 제15조의3), 일단 법인으로 설립등기를 한 후에는 거의 대부분이 변경등기의 기간을 3주간 내로 정하고 있다.

3. 등기신청인과 신청대리인

가. 등기신청인

 법인등기의 등기신청인은 원칙으로 등기를 받는 당해 법인일 것이나 구체적으로는 민법 기타 특별법이나 그 시행령에서 법인등기의 신청인으로 규정된 자가 등기신청인이 되며, 그 대표자에게 신청 의무가 지워진다(민법법인 및 특수법인 등기규칙 제6조, 상업등기법 제23조 1항, 민 제97조 I).

 민법법인의 설립등기신청은 법인을 대표할 자가 신청하여야 하는바, 법인의 이사들은 원칙적으로 각자 대표권이 있으므로 각자가 등기신청을 할 수 있으나 대표권을 제한받는 이사는 등기신청을 할 수 없다(비송사건절차법 제63조). 변경등기는 법률에 특별한 규정이 없는 한 그 대표자가 등기를 신청하여야 한다(민법법인 및 특수법인 등기규칙 제6조, 상업등기법 제23조 1항). 법인의 대표권 있는 이사가 수인인 경우에도 단독대표권이 있는 경우에는 1인의 등기신청이 가능하며, 민법법인의 임시이사라도 등기신청을 할 수 있다. 다만, 이 경우에는 임시이사는 등기되지 않으므로 신청서에 자격을 증명하는 서면을 첨부해야 한다(비송사건절차법 제64조 2항).

 그러나 학교법인의 경우에는 이사장만이 대표권이 있으므로(사학 제19조 1항) 이사장만이 등기신청을 할 수 있으며, 사내근로복지기금은 기금설립준비위원의 연명으로 설립등기를 신청하여야 하는 등(근로복지기금법 제52조 7항) 특별법에서 예외를 정한 경우도 있다.

 대표권 있는 이사는 관할등기소에 인감신고를 하여야 한다.

나. 신청대리인

1) 대리인

 법인등기는 대리인에 의하여도 신청할 수 있다(비송사건절차법 제66조, 상업등기법 제24조). 대리인의 자격에는 특별한 제한이 없어 행위능력자이기만 하면 되나, 법무사, 변호사가 아니면 등기신청의 대리를 업으로 할 수 없으며(법무 제3

조). 대리인에 의하여 등기를 신청할 때에는 그 권한을 증명하는 서면을 제출해야 한다(민법법인 및 특수법인 등기규칙 제6조, 상업등기규칙 제52조 1항 1호).

변호사 또는 법무사 아닌 자는 법원에 제출하는 서류의 작성이나 그 서류의 제출대행을 업으로 할 수는 없으므로, 일반인이 등기신청인의 위임을 받아 대리인으로서 등기를 신청하는 경우에는 신청인과 대리인의 관계를 밝혀 보수를 받지 않는다는 사실을 소명하여야 하고(1995.1.6. 등기 3402-8), 법무사가 위임받은 사건을 다시 그 사무원에게 재위임하여 사무원 자신의 이름으로 복대리등기신청을 한 경우에는 법무사법 제3조에 위반된다(1994. 6. 30 등기 3501-586).

법인인 농어촌진흥공사가 법인등기를 신청하는 경우에는 농어촌진흥공사를 대표하는 사장이 신청하여야 하나 농어촌진흥공사및농지관리기금법 제11조 및 동법시행령 제10조에 의하여 대리인선임등기를 한 대리인도 이를 신청할 수 있다. 그러나 농어촌진흥공사 사장이 농어촌진흥공사 직원에게 등기신청에 관한 권한을 위임하여 등기신청행위를 대리하게 하는 것은 법무사법 제3조 제1항에 위배되어 할 수 없다고 할 것이다(1997. 12. 19. 등기 3501-1055).

대법원 예규

▶예규◀ 법무사 아닌 자의 등기신청 등에 관한 업무처리지침

(등기예규 제1221호 2007.12.11 개정)

1. 법무사 아닌 자의 등기신청대리의 금지
   법무사 또는 변호사 아닌 자(공인중개사, 행정사 등. 이하 "법무사 아닌 자"라 한다)는 다른 사람을 대리하여 부동산등기신청을 하거나 등기부등·초본 교부신청서를 작성하여 등기소에 제출하는 행위를 업으로 하지 못한다. 다만, 자기가 등기당사자 중 일방인 경우에는 타방을 대리하여 등기신청을 할 수 있다.
2. 법무사 아닌 자의 등기신청이 있는 경우 등기관 등의 조치
 가. 신청인과 대리인의 관계 소명 요청
   법무사 아닌 자가 다른 사람을 대리하여 수시로 반복하여 등기신청을 하는 등 등기신청의 대리를 업으로 한다는 의심이 있을 경우, 등기관 또는 접수공무원은 대리인으로 하여금 신청인 본인과 그 대리인과의 관계를 「가족관계의 등록 등에 관한 법률」 제15조 제1항 제1호의 가족관계증명서나 주민등록표등본 등에 의하여 소명할 것을 요청할 수 있다.
 나. 대리인이 본인의 가족이나 친족 등에 해당하는 경우
   위 가.의 규정에 따라 신청인이 제출한 소명자료에 의하여 대리인이 신청인의 가족이나 친족에 해당하는 등, 그 대리인이 당해 등기신청을 업으로 하지 않는 것으로 소명된 경우 등기관은 그 등기신청을 즉시 수리한다.
 다. 대리인과 본인 사이에 특별한 관계가 없는 경우
  (1) 위 가.의 규정에 따른 소명자료를 대리인이 제출하지 않거나, 대리인이 제출한 소명자료에서 대리인이 신청인과 사이에 업으로 하지 않고 등기신청을 대리하여 줄 만한 특별한 관계에 있음이 밝혀지지 않은 경우 등 대리인이 당해 등기신청의 대

리를 업으로 한다는 판단을 한 경우, 등기관 또는 접수공무원은 그 대리인에게 법무사법 위반의 사유로 고발조치될 수 있음을 알리고 등기신청의 취하 또는 접수의 자제를 권고할 수 있다.

(2) 법무사 아닌 자가 다른 사람의 대리인으로서 등기신청을 하면서 위 (1)의 권고에 응하지 아니하는 경우, 등기과·소장이 그 등기신청을 법무사법 제3조 제1항에 위반한 것이라고 판단한 때에는 그 대리인을 관련 수사기관에 고발조치할 수 있다.

(3) 등기과·소장이 위 (2)의 규정에 의하여 수사기관에 고발조치한 때에는 고발조치한 내용과 그 고발조치에 대한 수사기관의 처분 결과(수사기관으로부터 통보가 있는 경우)를 법원행정처장에게 보고한다.

대법원 선례

▶선례◀ 법인이 그 직원에게 등기신청행위를 위임할 수 있는지 여부(등기선례 5-24)

(1998.12.31. 등기 3402-1290 질의회답)

법인이 등기권리자 또는 등기의무자인 경우에는 법인의 대표자(대표이사 또는 이사장)가 그 대표권한에 기하여 직접 법인 명의의 등기신청을 하거나 대리인에게 위임하여 신청할 수 있다. 그러나 법인의 대표자는 당해 법인에 관한 등기신청의 권한을 그 법인 소속 직원에게 위임하여 등기신청을 하게 할 수는 없다. 왜냐하면 법인의 대표자는 법인의 대표자를 대리하여 법인의 업무수행에 필요한 재판상 또는 재판 외의 모든 행위를 포괄적으로 행사할 지배인(상사법인의 경우) 또는 대리인(특수법인의 경우)을 선임하고 그를 통하여 그 권한을 행사하게 하는 경우를 제외하고는, 법률의 특별한 규정이 없는 한 그에게 주어진 대표권의 행사를 그를 보조하는 소속 직원에게 직접 위임하여 행사하게 할 수는 없을 것이기 때문이다. 한편, 법무사 아닌 자도 법인이나 법인 이외의 제3자로부터 등기신청의 위임을 받아 등기신청을 대리할 수는 있지만, 그러한 경우에는 계속적으로 등기신청업무를 위임받아 대리하는 것은 보수의 유무를 떠나 법무사법 제3조의 규정에 위배될 것이다.

▶선례◀ 일반인에게 등기신청대리권이 있는지의 여부(등기선례 4-28)

(1995.1.6. 등기 3402-8 질의회답)

등기의 신청은 그 권리자 또는 의무자가 상대방의 대리인이 되거나 쌍방이 동일인에게 위임하여 할 수 있으나, 변호사 또는 법무사가 아닌 자는 법원에 제출하는 서류의 작성이나 그 서류의 제출의 대행을 업으로 할 수는 없으므로 일반인이 등기신청인의 위임을 받아 대리인으로서 등기를 신청하는 경우에는 신청인과 대리인의 관계를 밝혀 보수를 받고 하지 않는다는 사실을 소명하여야 한다.

▶선례◀ 법무사 사무원의 업무범위(등기선례 4-27)

(1994.6.30. 등기 3501-586 질의회답)

법무사는 타인의 위촉을 받아 법무사법 제2조의 사무를 업무로 하고, 소관지방법원장의 승인을 얻어 사무원을 채용할 수 있으며, 사무원은 법무사법 제2조에 규정된 법무사의 사무를 보조할 수 있으므로(동법 제21조) 위와 같이 승인을 받은 사무원이 법무사의 지시에 따라 법무사사무소에서 수기 또는 타자기 등의 기계를 사용하여 법무사명의로 등기기타 등록신청에 필요한 서류를 작성하는 행위는 법무사법 제3조에 위반되지는 않으나, 사무원은 단순히 법무사의 사무를 보조하게 할 수 있을 뿐이므로 법무사가 위임받은 사건을 보조자인 사무원에게 다시 위임할 수는 없으며, 만약 법무사가 위임받은 등기사건 등을 사무원에게 다시 위임하여 사무원 자신의 이름으로 즉 사무원이 복대리인으로서 등기신청행위 등을 대리하였을 경우에는 법무사법 제3조에 위반된다.

2) 복대리인

복대리인이란 대리인이 자기 명의로 자기가 가진 권한의 전부 또는 일부를 행하게 할 자를 선임하여, 그 자를 직접 본인의 대리인으로 하는 제도이다.

대리인은 본인으로부터 수권을 받으면 복대리인을 선임할 수 있다.

복대리인은 그 권한 내에서 본인을 대리하며, 본인이나 제3자에 대하여 대리인과 동일한 권한과 의무를 갖는다(민 제123조). 복대리인이 등기를 신청할 때에는 신청서에 복대리인이라 표시하고 기명날인하여야 하며, 직접 등기소에 출석하여 신청하여야 한다.

신청서에는 복대리인에 대한 위임장과 본대리인에 대한 위임장을 각각 첨부하여야 한다.

4. 등기신청서

가. 신청서의 작성

등기신청서에는 소정의 사항을 기재하고 신청인 또는 그 대리인이 기명날인(전자서명 포함)하여야 한다(비송사건절차법 제66조, 상업등기법 제24조).

신청서가 여러 장인 때에는 신청인 또는 그 대표자나 대리인은 각장에 간인하여야 하고, 신청인 또는 그 대표자나 대리인이 2인 이상인 때에는 그 1인이 간인한다(민법법인 및 특수법인 등기규칙 제6조, 상업등기규칙 제60조).

신청서 또는 위임장에 날인하는 인감은 등기소에 제출한 인감이어야 한다(비송사건절차법 제66조, 상업등기법 제25조).

등기신청서에 날인할 자가 외국인으로서 인감을 제출하는 경우에는 가)인감증명제도가 있는 국가의 국민이 신고하는 경우에는 인감(개인)신고서에 본국 관공서에 신고한 인감을 날인하고 그 인감증명서를 제출하고, 나)인감증명제도가 없는 국가의 국민이 신고하는 경우에는 인감(개인)신고서에 서명을 하고, 그 서명이 본인의 것이라는 취지의 본국 관공서의 증명을 제출함으로써 인감증명의 첨부에 갈음할 수 있다(2018. 12. 11. 등기예규 제1661호). 또한 우리나라에 체류하는 외국인인 경우에는 대한민국에 있는 공중인의 인증으로도 대신할 수 있다(2005. 2. 18. 등기선례 200502 - 13).

나. 기재사항

등기신청서는 일정한 사항을 기재한 서면으로 신청하여야 하며(민법법인 및 특수법인 등기규칙 제6조, 상업등기규칙 제51조), 전자표준양식 또는 전자신청에 의할 수 있다.

원칙적으로 신청서에 기재하는 사항은 다음과 같다(민법법인 및 특수법인 등기규칙 제6조, 상업등기규칙 제51조).

1) 신청인인 법인의 명칭, 주사무소와 대표자의 성명이나 명칭과 주소 또는 주사무소 소재지

법인의 분사무소소재지에서 등기를 신청하는 경우에는 주사무소표시와 아울러 당해 분사무소도 표시하여야 한다.

등기부 색출의 편의를 위하여 실무상 등기번호도 기재한다.

2) 등기의 목적과 사유

등기의 목적이란 신청인이 등기소에 대하여 어떤 종류의 등기를 요구하고 있는가를 명백하게 알 수 있게 하는 등기할 사항의 종류로서, '사단법인설립등기', '재단법인이사변경등기'등과 같이 표시하여야 한다.

등기의 사유란 어떤 이유로 등기를 신청하는 것인가를 분명히 하는 것으로, 그 기재는 등기의 사유를 특정할 수 있을 정도로 간결하게 기재하면 된다.

3) 등기할 사항

등기할 사항은 신청에 의하여 어떤 사항의 등기를 요구하는 것인가를 분명히 하는 것으로서 법령의 규정에 의하여 등기하여야 할 구체적인 사항이다.

신청서에는 당해 법인에 적용될 특별법과 비송사건절차법 등의 규정에 의하여 등기하여야 할 사항을 빠짐없이 기재하여야 한다. 등기할 사항 중 하나라도 유루한 때에는 등기할 사항의 기재에 불비가 있는 것으로서 각하 사유가 된다.

4) 관청의 허가를 요하는 등기를 신청하는 경우에는 허가서의 도달연월일 관청의 허가 또는 인가가 필요한 사항의 등기를 신청하는 경우에는 허가서 또는 인가서의 도달연월일

관청의 허가 또는 인가가 등기할 사항의 효력요건으로 되어 있는 경우에는 그 허가서 또는 인가서가 도달한 날로부터 등기기간을 기산하게 되므로(민 제53조). 그 허가서나 인가서의 도달년월일이 등기사항이 된다.

외국회사에 관한 등기사항이 외국에서 생긴 때에도 또한 같다(상 제615조, 민법법인 및 특수법인 등기규칙 제6조, 상업등기규칙 제52조 3항).

5) 과세표준액, 등록세와 지방교육세, 등기신청수수료 등

등록면허세액과 지방세법 제28조 제1항 6호 가목부터 다목까지의 규정에 의한 등기의 경우에는 과세표준액, 농어촌특별세를 납부하여야 하는 경우에는 그 해당 금액을 기재하고 이를 납부한 후, 등록세영수필확인서를 첨부하여야 한다. 그 외 등기신청수수료를 납부한 대법원등기수입증지를 첨부하여야 한다. 다만, 등기신청수수료를 현금으로 납부하는 경우에는 영수필확인서와 영수필통지서를 등기신청서에 첨부하여야 한다.

6) 다른 법률에 의한 의무사항

등기신청과 관련하여 다른 법률에 의하여 부과된 의무사항이 있을 때에는 이를 기재하여야 한다.

7) 등기신청 연월일

8) 첨부서류의 표시

법령의 규정은 없으나 실무상으로는 첨부서류의 제목과 그 통수를 신청서에 기재하는 것을 관행으로 하고 있는 바, 이는 어떤 서면이 신청서에 첨부되었는가를 명백히 함으로써 후일 신청인이 첨부서면을 제출하였음을 주장할 근거가 될 뿐만 아니라 등기관의 심사에 편의를 제공한다.

9) 대리인에 의해 신청할 때에는 그 성명과 주소

10) 등기소의 표시

다. 신청서와 등기부의 기재문자

등기를 하거나 신청서, 그 밖의 등기에 관한 서면(「전자서명법」 제2조의 전자문서를 포함한다)을 작성할 때는 한글과 아라비아숫자를 사용하여야 한다. 그러나 상호와 외국인 성명은 대법원예규로 정하는 바에 따라 한글 또는 한글과 아라비아숫자로 기록한 다음 괄호 안에 로마자, 한자, 아라비아숫자 그리고 부호를 병기할 수 있다(민법법인 및 특수법인 등기규칙 제6조, 상업등기규칙 제2조). 신청서의 첨부서면이 외국어로 작성된 경우에는 번역문을 첨부하여야 한다(민법법인 및 특수법인 등기규칙 제6조, 상업등기규칙 제52조).

등기부는 한글과 아라비아숫자로 기재하되, 외국인의 성명을 기재할 때에는 국적을 함께 기재한다(예컨대, 미합중국인 헨리키신저). 등기부에 외국의 국호, 지명과 외국인의 성명, 명칭, 상호를 한글로 표기함에 있어서는 문화관광부가 고시하는 외래어표기법에 의함을 원칙으로 한다.

등기부의 표시번호, 순위번호, 사항번호에는 1, 2, 3, 4로 표시하고 "번"자의 기재를 생략한다. 그러나 표시란 또는 사항란에서 표시번호 또는 순위번호를 적시할 때에는 1번, 2번, 3번, 4번과 같이 기재한다.

부동산 소재지 표시와 등기명의인, 법인의 본점, 지점 및 임원의 주소 표시는 행정구역 명칭 그대로 전부 기재하여야 하며, "서울특별시", "부산광역시"등을 "서울", "부산"등으로, "경기도", "충청남도"등을 "경기", "충남"등으로 약기하여서는 아니된다. 다만 지번의 경우에는 "번지"라는 문자를 사용함이 없이 108, 또는 108-1과 같이 기재한다.

계량법에 의한 면적의 표시는 제곱미터의 약호인 ㎡를 사용하고 소수점 이하의 면적의 표시는 67.07㎡와 같이 기재한다.

금액의 표시는 아라비아숫자로 하되, 그 표시를 내국화폐로 하는 경우에는 "금10,000,000원"과 같이 기재하고, 외국화폐로 하는 경우에는 "미화 금10,000,000달러", "일화 금10,000,000엔", "홍콩화 금10,000,000달러"와 같이 그 외국화폐를 통칭하는 명칭을 함께 기재한다.

연월일의 표시는 서기연대로 기재하며 서기라는 연호를 생략하고 2007년 5월 1일과 같이 기재한다(등기예규 제1187호 2007. 5. 3 개정).

대법원 예규

▶예규◀ 등기부의 기재문자에 대한 사무처리지침

(등기예규 제1628호, 2017.11.16. 개정)

1. 등기부의 기재문자
   등기부는 한글과 아라비아숫자로 기재하되, 부동산의 소재지나 등기명의인, 법인의 본·지점과 임원의 주소(이하 '부동산의 소재지 등'이라 한다) 및 부동산의 면적을 표시할 때에는 이 예규에서 정하는 바에 따라 문장부호나 특수문자를 사용할 수 있다.

2. 등기부의 외래어 표기
   등기부에 외국의 국호, 지명과 외국인의 성명, 명칭, 상호를 한글로 표기함에 있어서는 문화체육관광부가 고시하는 외래어표기법에 의함을 원칙으로 한다.

3. 표시번호, 순위번호 및 사항번호의 표시
   등기부의 표시번호, 순위번호, 사항번호에는 1, 2, 3, 4로 표시하고 "번"자의 기재를 생략한다. 그러나 표시란 또는 사항란에서 표시번호 또는 순위번호를 적시할 때에는 1번, 2번, 3번, 4번과 같이 기재한다.

4. 부동산의 소재지 등의 표시
   가. 부동산의 소재지 등을 표시할 때에는 "서울특별시", "부산광역시", "경기도", "충청남도" 등을 "서울", "부산", "경기", "충남" 등과 같이 약기하지 않고 행정구역 명칭 그대로 전부 기재하며, "서울특별시 서초구 서초동 967", "서울특별시 서초구 서초대로 219(서초동)" 등과 같이 주소 표기방법에 맞게 띄어 쓴다. 다만 지번은 "번지"라는 문자를 사용함이 없이 108 또는 108-1과 같이 기재하고, 도시개발사업 등으로 지번이 확정되지 않은 경우에는 "OO블록OO로트"와 같이 기재한다.
   나. 부동산의 소재지 등을 표시할 때 사용할 수 있는 문장부호는 마침표[.], 쉼표[,], 소괄호[( )], 붙임표[-]로 한다.
   【지번 방식의 예시】
   1) 서울특별시 서초구 서초동 967
   2) 전라북도 순창군 복흥면 답동리 산59-10
   3) 경기도 김포시 풍무동 풍무지구100블록100로트 풍무푸르지오 101동 101호

   【도로명 방식의 예시】
   1) 서울특별시 서초구 서초대로 219(서초동)
   2) 전라북도 순창군 복흥면 가인로 442-141
   3) 서울특별시 강북구 4.19로 100, 101동 101호(수유동, 파크빌)

5. 계량법에 의한 면적표시
   계량법에 의한 면적의 표시는 제곱미터의 약호인 ㎡를 사용하고 소수점 이하의 면적의 표시는 67.07㎡와 같이 기재한다.

6. 금액의 표시
   금액의 표시는 아라비아숫자로 하되, 그 표시를 내국화폐로 하는 경우에는 "금10,000,000원"과 같이 기재하고, 외국화폐로 하는 경우에는 "미화 금10,000,000달러", "일화 금10,000,000엔", "홍콩화 금10,000,000달러"와 같이 그 외국화폐를 통칭하는 명칭을 함께 기재한다.

7. 연월일의 표시
   연월일의 표시는 서기연대로 기재하며 서기라는 연호를 생략하고 2007년 5월 1일과 같이 기재한다.

8. 외국인의 성명 표시
   외국인의 성명을 표시할 때에는 국적도 함께 기재한다.
   【예시】 미합중국인 헨리키신저

9. 등기신청서 등에의 준용
   이 지침은 등기신청서 기타 등기에 관한 서면의 작성에 이를 준용한다.

부 칙
1. (시행일) 이 예규는 2007년 6월 22일부터 시행한다.
2. (한자로 기재된 상호 또는 명칭) 종전 예규에 의하여 한자로 기재된 상업·법인등기부의 상호 또는 명칭은 이 예규에 불구하고 한자로 둔다. 다만, 그 상호 또는 명칭을 변경하는 경우 변경 후의 상호 또는 명칭은 한글로 기재하여야 한다.
3. (다른 예규의 폐지) 창씨명으로 기재된 등기부의 전사(등기예규 제433호), 등기번호에 관한 기재요령(등기예규 제527호), 부동산등기부바인더 관리예규(등기예규 제922호), 토지·임야대장의 소유자 성명이 한글로 기재된 경우의 등기사무처리 지침(등기예규 제566호)은 이를 폐지한다.

부 칙(2017.11.16. 제1628호)
이 예규는 즉시 시행한다.

대법원 선례

▶선례◀ 등기신청서에 성명 등의 기재시 한자 병기여부(등기선례 6-31)

(1999.8.21. 등기 3402-838 질의회답)

등기부 및 등기신청서는 원칙적으로 한글로 기재하되, 등기의무자의 성명, 명칭 및 상호가 등기부에 한자로 기재되어 있는 경우에는 등기신청서의 등기의무자란에 한글 외에 한자를 함께 기재하여야 한다.

라. 신청서의 날인

등기신청서에는 소정의 사항을 기재하고 신청인 또는 그 대리인이 기명날인(전자서명 포함)하여야 한다(비송사건절차법 제66조, 상업등기법 제24조).

신청서가 여러 장인 때에는 신청인 또는 그 대표자나 대리인은 각장에 간인하여야 하고, 신청인 또는 그 대표자나 대리인이 2인 이상인 때에는 그 1인이 간인한다(민법법인 및 특수법인 등기규칙 제6조, 상업등기규칙 제60조).

마. 일괄신청

동일당사자가 동일등기소에 수개의 등기사항에 대한 등기를 동시에 신청하는 때에는 등기목적, 등기사유가 다를지라도 1통의 신청서로써 일괄하여 신청할 수 있다(민법법인 및 특수법인 등기규칙 제6조, 상업등기규칙 제53조).

따라서 이사변경, 사무소이전, 목적변경 등 수개의 등기사항에 대한 등기사유가 여러 차례에 걸쳐 발생했고 그 등기목적이 서로 다를지라도 신청인이 같은 때에는 이를 한 신청서로써 일괄하여 신청할 수 있다. 다만 등기 받을 당사자가 동일하고 관할등기소가 동일한 경우에 한하여 일괄신청이 가능하므로 등기부의 종류를 달리하는 등기는 일괄신청을 할 수 없다.

또한 신청인을 달리하는 경우에는 그 대표자 또는 대리인이 동일인이라도 일괄신청할 수 없으며, 관할등기소를 달리하는 경우에도 일괄신청을 할 수 없다.

따라서 주사무소의 타관이전시, 신사무소소재지에서의 주사무소이전등기는 구주사무소소재지 관할등기소에 구사무소소재지에서의 주사무소이전등기와 동시에 신청하여야 하지만, 이러한 경우에는 1통의 신청서로 일괄신청할 수 없고 별도의 신청서를 작성하여야 한다.

일괄신청을 하는 때에는 신청서의 기재사항 중 등기의 사유와 등기할 사항은 일괄하여 기재하고 등록세액은 합계액을 기재한다.

5. 첨부서류

비송사건절차법은 등기신청서에 첨부하여야 할 서면에 관한 통칙으로서 대리권한을 증명하는 서면과 관청의 허가서만을 규정하고 있다(비송사건절차법 제63조~제66조). 또한 민법법인 및 특수법인 등기규칙 제6조에서는 상업등기규칙 제52조의 첨부정보에 대한 규정을 민법법인 및 특수법인의 등기에 준용하고 있다.

등록세납부 영수필통지서 및 확인서, 등기신청수수료인 대법원수입증지도 원칙적으로 모든 신청서에 첨부하나, 촉탁등기의 경우 예외(회사정리 및 파산에 의한 촉탁등기의 경우)가 있다.

가. 대리권을 증명하는 서류

대리인에 의하여 등기신청을 하는 때에는 신청서에 그 권한을 증명하는 서면을 첨부하여야 한다(민법법인 및 특수법인 등기규칙 제6조, 상업등기규칙 제52조). 법정대리인의 경우에는 가족관계등록부의 증명서, 임의대리인의 경우에는 위임장 등이 그 서면이 된다.

위임장은 대리의 범위를 특정할 수 있어야 하므로 위임하는 사항을 구체적으로 명료하게 기재하여야 한다.

'○○년 ○○월 ○○일 이사회의 결의에 의하여 발생한 등기사항에 대한 일체의 등기신청'등으로 기재해서는 아니되며, 설립등기의 경우에는 사단법인 ○○회의 설립등기, 임원변경등기의 경우에는 재단법인 ○○회 이사 ○○○의 취임등기, 감사 ○○○의 퇴임등기, 분사무소설치등기의 경우에는 사단법인 ○○회의 ○○분사무소설치등기의 신청권한을 위임한다는 취지로 법인의 명칭, 임원의 성명, 분사무소의 명칭 등을 구체적으로 특정하여 기재하여야 하고 위임자가 서명날인을 하여야 한다.

나. 허가서

관청의 허가를 요하는 사항의 등기를 신청하는 경우에는 신청서에 관청의 허가서 또는 그 인증있는 등본을 첨부하여야 한다(민법법인 및 특수법인 등기규칙 제6조, 상업등기규칙 제52조 1항 2호).

준칙주의를 택하고 있는 상법상의 회사설립에는 원칙으로 관청의 허가가 필요 없으나(상 제172조) 허가주의를 택하고 있는 민법상의 비영리법인설립은 주무관청의 허가가 있어야만 법인등기를 할 수 있다(민 제32조). 특별법상의 각종 법인의 설립은 대부분 주무관청의 허가나 인가를 얻도록 규정하고 있고 그 외에 사무소이전이나 임원의 선임, 해임, 정관의 변경, 출자의 변경, 법인의 합병 등에도 많은 경우 관청의 허가를 얻도록 규정하고 있다.

관청의 허가를 필요로 하는 사항에는 관청에 등록을 요하는 사항도 포함되므로 이러한 등기를 신청하는 경우에는 주무관청의 등록증을 첨부하여야 한다(1984. 6. 15. 등기 제218호).

법규정은 '허가'라고 표현하고 있으나 '인가'도 동일하게 보아야 할 것이고, 위의 규정에 의하여 신청서에 첨부할 관청의 허가서 또는 인증이 있는 등본은 당해 허가(인가)가 등기할 사항의 효력요건인 경우(예 : 설립등기에 있어서는 상사법인의 설립에 있어 관청의 허가(인가)가 있어야 한다는 법령상의 근거가 있는 경우 등)에 한하고 그 밖의 경우에는 허가서 등의 첨부를 요하지 아니한다(등기예규 제544호).

은행업이라든가, 단기금융업, 증권업 등은 허가(인가)가 전제된다고 보아야 하므로 이 허가서를 첨부하여 등기신청을 하여야 하며, 기존 법인이 목적을 변경하거나 추가하여 허가사항인 목적사업을 영위하기 위하여는 등기 전에 당해 관청의 허가(인가)를 받고 이를 등기신청시 첨부하여야 할 것이다(선례 1994.3.30, 등기 3402-270).

대법원 선례

▶선례◀   노동조합을 법인으로 하기 위한 등기신청서에 첨부할 서면(등기선례 6-698)

(1999.6.24.등기 3402-649 질의회답)

노동조합및노동관계조정법 제6조의 규정에 의하여 노동조합을 법인으로 하기 위한 등기를 신청하는 경우, 그 신청서에는 당해 노동조합의 규약과 위 같은 법 제12조의 규정에 의한 신고증의 사본을 첨부하면 되며, 비송사건절차법 제63조 제2항 제3호에서 규정하는 주무관청의 허가서 또는 그 인증있는 등본은 첨부할 서면이 아니다.

다. 등록세, 교육세 및 농어촌특별세 납부영수필통지서 및 확인서, 등기신청수수료

신청 및 촉탁에 의한 등기시 소정의 등록세와 등록세의 100분의 20에 해당하는 금액의 교육세를 납부하여야 한다. 등록세가 지방세법, 관세법, 조세특례제한법에 의하여 감면되는 경우에는 그 감면액의 100분의 20에 해당하는 농어촌특별세를 납부한 영수필통지서 및 확인서를 첨부하여야 한다(지세법 제28조, 제151조, 농특세법 제4조, 제5조). 또한 소정의 등기신청수수료를 납부한 대법원수입증지를 첨부하여야 한다.

대법원 선례

▶선례◀ 등록세가 면제되는 경우 등기신청서에 첨부할 서면(등기선례 6-726)

(1999.4.8, 등기 3402-380 질의회답)

지방세법에 의하면, 동법 '과세면제 및 경감'에 관한 장의 규정에 의하여 지방세의 감면을 받고자 하는 자는 대통령령이 정하는 바에 따라 지방세감면신청을 하여야 하며, 다만 시장, 군수가 감면대상임을 알 수 있을 때에는 직권으로 감면할 수 있고, 지방세법시행규칙에 의하면 위 감면신청에 대하여 감면 여부에 대하여 통지를 하도록 규정하고 있으며, 조세특례제한법시행령에 의하면 동법 제119조 내지 제121조의 규정에 의하여 지방세의 감면을 받고자 하는 자는 그 감면 사유를 증명하는 서류를 갖추어 관할 시장, 군수 또는 구청장에게 신청을 하여야 한다고 규정하고 있으므로, 등록세를 면제받고자 할 경우에는 소정의 절차에 따라 면제신청을 하여야 하며, 등기신청시에는 등록세 감면통지서 또는 등록세 감면확인서를 첨부하여야 할 것이다.

라. 분사무소소재지에서의 등기와 첨부서면

법인등기사무가 전산화되기 전에는 주사무소와 분사무소의 소재지에서 동시에 등기할 사항에 대하여 분사무소소재지에서 그 등기를 신청할 때에는 주사무소소재지에서 한 등기를 증명하는 서면, 즉 주사무소의 등기부등본이나 초본을 첨부하여야 했고, 이 경우에는 다른 서류는 첨부하지 아니할 수 있었다(구비송사건절차법 제66조, 제155조). 그러나 현재는 법인등기사무가 모두 전산화되어 이 서면의 첨부는 요하지 아니한다.

마. 첨부서류의 원본환부

신청서에 첨부한 원본인 서류의 반환을 청구하는 경우에 신청인은 그 원본과 같다는 뜻을 적은 사본을 첨부하여야 하고, 등기관이 서류의 원본을 반환할 때에는 그 사본에 원본 반환의 뜻을 적고 기명날인하여야 한다. 다만, 다음 각 호의 서류에 대해서는 반환을 청구할 수 없다.

1. 등기신청에 첨부된 위임장 등 해당 등기신청만을 위하여 작성한 서류

2. 인감증명, 법인등기사항증명서, 주민등록표등본·초본, 가족관계등록사항별증명서 등 별도의 방법으로 다시 취득할 수 있는 서류

대리인이 원본인 서류의 반환 청구를 할 때에는 신청서에 그 권한을 증명하는 서면을 첨부하여야 한다(민법법인 및 특수법인 등기규칙 제6조, 상업등기규칙 제66조).

바. 첨부서류의 수용

같은 등기소에 동시에 여러 건의 등기신청을 하는 경우에 첨부정보의 내용이 같은 것이 있을 때에는 먼저 접수되는 신청서에만 그 첨부정보를 제공하고, 다른 신청서에는 먼저 접수된 신청서에 그 첨부정보를 제공하였다는 뜻을 기재하는 것으로 그 첨부정보의 제공을 갈음할 수 있다. 다만, 전자신청의 경우에는 그러하지 아니하다(민법법인 및 특수법인 등기규칙 제6조, 상업등기규칙 제53조 2항).

부동산등기에는 첨부서류의 원용규정을 적용하는 경우가 많으나 상업등기와 법인등기에는 1개의 신청서로 전등기사항을 기재하므로 첨부서류를 원용하는 경우는 실무상 많지 않다.

♣ **【서식】** 인감 · 개인(改印) 신고서

<table>
<tr><td colspan="4" align="center">인감·개인(改印) 신고서</td></tr>
<tr><td>(신고하는 인감날인란)</td><td colspan="3">(인감제출자에 관한 사항)</td></tr>
</table>

<table>
<tr><td rowspan="4"></td><td>상호(명칭)</td><td></td><td>등기번호</td><td></td></tr>
<tr><td colspan="2">본점(주사무소)</td><td colspan="2"></td></tr>
</table>

	상호(명칭)		등기번호	
	본점(주사무소)			
인감제출자	자격/성명			
	주민등록번호			
	주　소			

☐ 위와 같이 인감을 신고합니다.　☐ 위와 같이 개인(改印)하였음을 신고합니다.

년　　월　　일

신고인　본 인　성　명　　　　　(인)# (전화 :　　　　　　　)
　　　　대리인　성　명　　　　　(인)　(전화 :　　　　　　　)

지방법원　　　　　등기소　귀중

주 1. 인감·개인(改印) 신고서의 **신고인의 날인란(#)**에는 「인감증명법」에 따라 신고한 인감을 날인하고 그 인감증명서(발행일로부터 3개월 이내의 것)를 첨부하거나, 등기소에 제출한 유효한 종전 인감(**법인인감**)을 날인하여야 합니다. 또한 인감제출자가 기명날인 또는 서명하였다는 공증인의 인증서면으로 갈음할 수 있습니다.
 2. 인감·개인신고서에는 신고하는 인감을 날인한 인감대지를 첨부하여야 합니다.
 3. 지배인이 인감을 신고하는 경우에는 인감제출자의 주소란에 지배인을 둔 장소를 기재하고, **위 1. 의 방법 대신** 「상업등기규칙」 제35조제3항의 보증서면(영업주가 등기소에 제출한 인감날인)을 첨부하여야 합니다. 위 보증서면은 아래의 보증서면란에 기재하는 것으로 갈음할 수 있습니다.
 4. **위임에 의한 대리인**이 인감을 신고하거나 개인(改印)을 신고하는 경우에는 **위 1. 대신에** 아래 위임장의 신고인 날인란(※)에 「인감증명법」에 따라 신고한 인감을 날인하고 그 인감증명서를 첨부하거나, 등기소에 제출한 유효한 종전 인감(**법인인감**)을 날인하여야 합니다.

보 증 서 면

위 신고하는 인감은 지배인　　　의 인감임이 틀림없음을 보증합니다.
　　　　　　　　　대표이사　　　　　　　　(법인인감)

위 임 장

성　명 :　　　　　주민등록번호 : (　　　　　-　　　　　)
주　소 :
위의 사람에게, 위 인감(개인)신고에 관한 일체의 권한을 위임함.
년　　월　　일
　　　　　　인감(개인) 신고인　성　명　　　　　(인)※

♣ 【서식】 인감카드 등 (재)발급신청서

인감카드 등 (재)발급신청서

(인감제출자에 관한 사항)

상호(명칭)		등기번호	
본점(주사무소)			
인감	자격/성명		
제출자	주민등록번호		

발급사유	☐ 최초발급 ☐ 카드분실 ☐ 카드훼손 ☐ 인감증명서발급기능 ☐ 기타 ( )
매체구분 ☐ 인감카드 ☐ HSM USB	인감카드 비밀번호

위와 같이 인감카드 등의 (재)발급을 신청합니다.

년   월   일   (인감 날인란)

신청인 인감제출자 (본   인) 성명   (인) (전화 :   )
             (대리인) 성명   (인) (전화 :   )

지방법원   등기소 귀중

접수번호		인감카드번호	

주 1. 인감카드 비밀번호란에는 (재)발급받아 사용할 인감카드의 비밀번호를 기재하며, 아라비아숫자 6자릿수를 기재하여야 합니다. 다만, 인감카드 재발급의 경우에는 기존 인감카드의 비밀번호와 재발급받아 사용할 인감카드의 비밀번호(변경 후)를 기재하여야 합니다.

  2. 인감카드 (재)발급을 신청하는 경우에는 등기소에 제출한 인감을 날인하여야 합니다. 다만, 인감카드 재발급의 경우 기존 인감카드 비밀번호를 기재할 수 없을 때에는 인감제출자 본인은 신분증명서 사본을, 위임에 의한 대리인은 인감제출자가 「인감증명법」에 따라 신고한 인감을 신청서에 날인하고 그 인감증명서 및 대리인의 신분증명서 사본을 각각 첨부하여야 합니다.

  3. **인감카드의 재발급을 신청**할 때에는 「등기사항증명서 등 수수료규칙」으로 정하는 **수수료를 납부**하여야 합니다. **다만, 인감카드를 반납할 때에는 수수료를 납부할 필요가 없습니다.**

위 임 장

성 명 :   주민등록번호(-   )
주 소 :

위의 사람에게, 위 (재)발급신청서에 기재된 인감카드 등의 발급신청과 그 수령 등에 관한 일체의 권한을 위임함.

200   년   월   일
인감신고인   성   명   ㊞

♣ 【서식】 인감카드 등 사건신고서

<table>
<tr><td colspan="5" align="center"><h1>인감카드 등 사건신고서</h1></td></tr>
<tr><td>사건구분</td><td colspan="4">□ 효력정지□ 효력정지해제 □ 비밀번호변경 □ 비밀번호열람
□ 인감카드 등 폐기(퇴임등 자격상실 · 분실 · 훼손 · 기타)</td></tr>
<tr><td>매체구분</td><td colspan="4">□ 인감카드   □ HSM USB</td></tr>
<tr><td>상호(명칭)</td><td></td><td>등기번호</td><td></td></tr>
<tr><td>본점(주사무소)</td><td colspan="4"></td></tr>
<tr><td rowspan="2">인
감
제
출
자</td><td>자격/성명</td><td colspan="3"></td></tr>
<tr><td>주민등록
번호</td><td colspan="3"></td></tr>
<tr><td>카드번호</td><td></td><td>비밀번호</td><td colspan="2">(변경 후:)</td></tr>
<tr><td>사   유</td><td colspan="4"></td></tr>
</table>

위와 같이 인감카드 등의 효력정지·효력정지해제·비밀번호변경·비밀번호열람 · 폐기를 신청합니다.

년   월   일

(인감 날인란)

신고인 본 인 성명   (인) (전화 :   )
　　　　대리인 성명   (인) (전화 :   )

지방법원   등기소 귀중

주 1. 신고인의 날인란에는 등기소에 신고한 인감을 날인하여야 합니다. 등기소에 신
　　　고한 인감을 날인할 수 없는 경우에는 「인감증명법」에 의하여 신고한 인감을
　　　날인하고 그 인감증명서(발행일로부터 3개월 이내의 것)를 첨부하여야 합니다.
　 2. 대리인이 신고하는 경우에는 위임장에 주1.의 인감을 날인하고 신고인의 날인
　　　란에는 대리인이 기명날인하여야 합니다.
　 3. 효력정지 신청 또는 퇴임 등으로 인한 인감카드 폐기신청을 인감제출자 본인
　　　이 신청하거나 대리인이 비밀번호를 기재하여 효력정지 신청을 하는 경우에는
　　　등기소에 신고한 인감 또는 「인감증명법」에 의하여 신고한 인감을 날인하지
　　　않아도 됩니다.

위 임 장

성 명 :　　　　　　　주민등록번호(　　　　-　　　　　)

주 소 :

　위의 사람에게, 위 인감카드 등의 효력정지·효력정지해제·비밀번호변경·
비밀번호열람·폐기 신청에 관한 일체의 권한을 위임함.

200　년　　월　　일

　　　　　　인감신고인　　성 명　　　　　　　　㊞

♣ 【서식】 인감카드 계속사용신청서

<table>
<tr><td colspan="5" align="center"><h2>인감카드 계속사용신청서</h2></td></tr>
<tr><td align="center">상호(명칭)</td><td></td><td align="center">등 기 번 호</td><td></td></tr>
<tr><td align="center">본점(주사무소)</td><td colspan="3"></td></tr>
<tr><td align="center">카드번호</td><td></td><td align="center">비밀번호(6자리)</td><td></td></tr>
<tr><td rowspan="4" align="center">인 감
제출자</td><td align="center">종 전
사용자</td><td align="center">자격/성명</td><td></td></tr>
<tr><td align="center">주민등록번호</td><td></td></tr>
<tr><td align="center">계 속
사용자</td><td align="center">자격/성명</td><td></td></tr>
<tr><td align="center">주민등록번호</td><td></td></tr>
</table>

년   월   일

신청인 계속사용자   본 인 성   명   (인) (전화 :   )
                대리인 성   명   (인) (전화 :   )

지방법원   등기소 귀중

주 1. 비밀번호란에는 계속사용자가 사용하고자 하는 비밀번호를 기재합니다.
  2. 신청인의 날인란에는 등기소에 신고한 인감을 날인하여야 하고, 위임에 의한 대리인이 신청하는 경우에는 등기소에 신고한 인감을 날인한 위임장을 첨부하고 신청인의 날인란에는 대리인이 기명날인 하여야 합니다.

위 임 장

성 명 :   주민등록번호(-   )
주 소 :

위의 사람에게, 위 인감카드의 계속사용신청에 관한 일체의 권한을 위임함.

200   년   월   일

인감카드 계속사용인   성 명   ㊞

6. 법인등기 신청시 공증

(1) 정관의 공증

상법상의 영리법인인 주식회사와 유한회사의 원시정관은 공증인의 인증을 받음으로써 효력이 발생하므로(상 제292조, 제543조), 등기신청시의 정관은 반드시 공증을 받은 것이어야 하나, 상법상 법인 중 인적회사에 속하는 합명회사, 합자회사와 함께 민법상 법인인 민법법인 등은 등기신청시에 첨부하는 정관을 공증하여야 하는 근거가 없으며, 공증이 정관의 효력발생요건도 아니다.

법인등기에 있어서 설립등기의 경우에는 원시정관을 등기신청서에 첨부하여야 하나, 정관을 공증 받을 필요는 없다.

핵심판례

▶판례◀ **주주총회의 특별결의에 의하여 정관변경이 이루어진 경우, 정관변경의 등기 내지 공증인의 인증 여부와 관계없이 정관변경의 효력이 발생하는지 여부(적극)**

(대법원 2007.06.28. 선고, 2006다62362. 판결)

주식회사의 원시정관은 공증인의 인증을 받음으로써 효력이 생기는 것이지만 일단 유효하게 작성된 정관을 변경할 경우에는 주주총회의 특별결의가 있으면 그때 유효하게 정관변경이 이루어지는 것이고, 서면인 정관이 고쳐지거나 변경 내용이 등기사항인 때의 등기 여부 내지는 공증인의 인증 여부는 정관변경의 효력발생에는 아무 영향이 없다.

---

(2) 총회의사록 및 이사회의사록의 공증

법인등기를 신청할 때 그 신청에 첨부하는 법인의 총회, 이사회 등의 의사록은 공증인의 인증을 받아야 한다. 다만 대통령령이 정하는 공법인 또는 비영리법인의 경우에 대하여는 예외가 있다(공증인법 제66조의2).

민법법인은 등기소에 제출하는 의사록에는 공증인의 인증을 받아야 한다(1996. 6. 18. 등기 3402-469). 그러나 등기소에 제출하는 의사록이 아닌 경우에는 법률상 공증을 하여야 한다는 제한은 없다.

의사록을 공증하는 공증인은 그 총회 등의 결의절차와 내용이 진실에 부합하는가의 여부를 확인하여야 한다. 이 확인은 공증인이 당해 법인의 의결장소에

참석하여 결의절차와 내용을 검사하거나 당해 의결을 한 자 중 그 의결에 필
요한 정족수 이상의 자 또는 그 대리인의 촉탁을 받아 의사록의 내용이 진실
에 부합하는가 여부에 관하여 진술을 듣고 촉탁인 또는 대리인으로 하여금 공
증인 앞에서 의사록의 서명 또는 기명날인을 확인하게 한 후 그 사실을 기재
함으로써 행한다(공증인법 제66조의2 2항, 3항).

대법원 예규

▶예규◀ 민법상 법인의 등기신청서에 첨부되는 사원총회(이사회)의사록은 공증인의
　　　　인증을 받아야 하는 여부

(개정 1999.8.7, 등기예규 제983호)

민법상 법인의 이사변경등기신청서에는 그 변경을 증명하는 서면을 첨부하여야 하는데(비
송사건절차법 제64조 1항 참조), 그것이 사원총회(또는 이사회)의 의사록인 때에는 그 법
인이 의사록인증제외대상법인(공증인법 제66조의 2 1항 단서 및 동법시행령 제2조의 3
별표 1 참조)이 아닌 한 공증인의 인증을 받아야 한다(공증인법 제62조 및 제66조의 2 1
항 본문 참조).

대법원 선례

▶선례◀ 법인등기신청서류에 첨부되는 법인의사록의 공증(등기선례 6-685)

(2000. 10. 11, 등기 3402-705 질의회답)
법인의 등기를 할 때에 그 신청서류에 첨부되는 법인의 총회 등의 의사록은 의사록인증
제외 대상법인에 해당하지 않는 한 공증인의 인증을 받아야 하는 바(공증인법 제66조의
2, 공증인법시행령 제2조의3, [별표 1] 참조), 이는 법인이 주무관청의 허가서를 첨부한
경우에도 마찬가지이다.

▶선례◀ 영농조합법인의 창립총회 의사록에 대한 공증 요부(등기선례 4-888)

(1994. 5. 27, 등기 3402-476 질의회답)
법인이 등기를 신청할 때 그 신청서에 첨부되는 총회 등의 의사록은, 그 법인이 공증인
법시행령 제2조의 3의 의사록인증제외대상법인에 해당하는 공법인 또는 비영리법인이 아
닌 한 공증인의 인증을 받아야 하므로 농어촌발전특별조치법 제6조에 의하여 설립하는
영농조합법인이 그 설립등기를 신청하는 경우에도 공증인의 인증을 받은 창립총회 의사
록을 첨부하여야 한다.

1) 공증인의 관할

법인등기신청서에 첨부하는 의사록은 공증인의 인증만 받으면 되고 그 관할 구역에는 제한이 없다(공증인법 제66조의2 4항).

2) 공증절차

의사록을 공증하기 위하여는 공증인에게 의사록 2통을 제출하여야 한다. 2통의 의사록 중 1통은 공증인이 보관하고 1통은 촉탁인에게 교부하는데, 이 때 공증인은 대리권을 증명하는 서면, 제3자의 허락이나 동의를 한 증서 기타 부속서류를 공증인이 의사록에 첨부하여야 한다(공증인법 제63조, 제64조, 제66조의2 4항).

공증촉탁인, 그 승계인, 증서의 취지에 관하여 법률상 이해관계를 가지는 자는 증서 또는 부속서류의 등본의 교부를 청구할 수 있고, 공증인이 정본이나 등본을 작성교부할 때에는 원본과 동일하게 하고 매 지면의 철목에 간인을 하여야 한다(공증인법 제50조, 제55조).

공증인은 통상 증서를 작성하는 수수료와 인증하는 수수료를 별도로 청구한다. 의사록작성은 사실에 관한 증서와 동일한 바, 증서작성 등에 소요된 1시간마다 2만 5천원으로 하되 1시간이 초과된 경우에는 1시간마다 5천원을 더하고, 1시간 미만인 경우에는 1시간으로 계산한다(공증인수수료규칙 제16조, 제15조).

인증의 수수료는 증서작성 수수료의 10분의 5로 하되, 50만원을 초과하지 못한다. 다만 외국어로 기재한 사서증서의 경우에는 그 인증수수료의 2배를 가산하되 100만원을 초과하지 못한다(공증인수수료규칙 제20조). 그러나 법인등기신청에 첨부되는 의사록의 인증수수료는 3만원이다(공증인수수료규칙 제21조 2항).

3) 법인등기신청시 의사록인증 제외대상법인

공증인법 시행령 제37조의3에서 규정하는 의사록 인증제외대상 법인은 「민법」 제32조에 따라 주무관청의 허가를 받아 설립된 비영리법인 또는 공법인 중 다음의 요건을 모두 갖춘 법인으로서 주무관청의 추천을 받아 법무부장관이 지정·고시하는 법인을 말한다.

1. 설립 목적 및 수행 사무가 공익적일 것
2. 주무관청의 감독으로 법인 총회 등의 결의절차와 내용의 진실성에 대한 분쟁의 소지가 없을 것

7. 인감의 제출

가. 인감(개인감)의 제출

1) 인감제출자

신청서에 기명날인할 사람은 미리 그 인감을 등기소에 제출하여야 한다. 인감을 변경한 때에도 또한 같다. 그리고 대리인에 의하여 등기를 신청하는 경우에 그 위임을 한 사람에게 적용한다(비송사건절차법 제66조, 상업등기법 제25조).

이것은 이미 제출된 인감과 그 후 새로운 등기를 신청할 때의 등기신청서나 위임장에 날인된 인감을 대조하여 진정한 신청인에 의한 것인지 여부를 확인하고 등기신청인의 동일성을 담보함으로써, 진실한 등기가 되도록 하기 위한 것이며, 또한 법인대표자의 인감증명을 등기소로부터 발급받을 수 있게 하기 위함이다.

촉탁에 따른 등기의 경우와 분사무소소재지에서 등기를 신청하는 경우에는 인감제출의무가 없다(비송사건절차법 제66조, 상업등기법 제25조).

인감의 제출은 최초의 등기를 신청할 때뿐 아니라 법인의 대표자가 변경되는 때에도 하며, 인감대지에 기재되어 있는 사항이 변경되는 명칭변경, 각 사무소의 이전 등의 변경등기나 경정등기를 신청하는 때에는 변경 또는 경정된 사항으로 기재된 인감을 재제출하여야 한다.

1개 법인에 수인의 대표자가 있는 경우에는 각기 다른 인감을 제출하여야 하며 동일 인감을 공용할 수는 없다.

2) 신청인이 외국인인 경우

등기신청서에 날인할 자가 외국인으로서 인감을 제출하는 경우에는 가) 인감증명제도가 있는 국가의 국민이 신고하는 경우에는 인감(개인)신고서에 본국 관공서에 신고한 인감을 날인하고 그 인감증명서를 제출하고, 나) 인감증명제도가 없는 국가의 국민이 신고하는 경우에는 인감(개인)신고서에 서명을 하고, 그 서명이 본인의 것이라는 취지의 본국 관공서의 증명을 제출한다(2018. 12. 11. 등기예규 제1661호).

등기를 신청할 때 「부동산등기법」 제40조제1항제6호 소정의 주소를 증명하는 서면을 제출하여야 하는 외국인이 본국에 주소증명서 또는 거주사실증명서를 발급하는 기관이 없는 경우 제출하는 주소를 공증한 서면에는 본국 공증인의 공증을 받아야 하고, 재외국민이 주재국에 우리나라 대사관 또는 영사관이 없어 재외국민 거주사실증명 또는 재외국민등록부등본을 발급받을 수 없는 경우 제출하는 주소를 공증한 서면에는 주재국 공증인의 공증을 받아야 하며, 국내 공증인의 공증으로 이를 대신할 수 없다.

다만, 위 두 경우 주소증명서를 대신할 수 있는 증명서(운전면허증 또는 신분증 등)를 본국(주재국) 관공서에서 발급하는 경우에는 그 증명서의 사본에 원본과 동일하다는 취지를 기재하고 그에 대하여 공증인의 공증을 받아 그 증명서의 사본으로 주소를 증명하는 서면에 갈음할 수 있는데, 이때에는 국내 공증인의 공증으로서도 가능하다(2010.12.06. 등기선례 등기선례 제201012-2호).

3) 인감제출의 첨부서면 등

인감 또는 개인감(改印鑑)의 제출은 인감제출자에 관한 사항을 기재하고 사용할 인감을 날인한 인감신고서 또는 개인(改印)신고서를 관할 등기소에 제출하는 방법으로 한다. 인감신고서 또는 개인신고서는 인감을 제출하는 본인 또는 그 대리인이 등기소에 출석하여 제출하여야 한다. 다만, 대법원예규로 정하는 경우에는 인터넷을 이용하여 제출할 수 있다.

등기소에 출석하여 제출하는 인감신고서 또는 개인신고서에는 「인감증명법」에 따라 신고한 인감을 날인하고 그 인감증명서(발행일로부터 3개월 이내의 것에 한함)를 첨부하거나 등기소에 제출한 유효한 종전 인감을 날인하여야 한다.

지배인이 제출하는 인감신고서 또는 개인신고서에는 영업주가 지배인의 인감임이 틀림없음을 보증하는 서면(그 서면에는 영업주가 등기소에 제출한 인감을 날인하여야 한다)을 첨부하여야 한다. 인감은 대조에 적당하고 가로·세로 2.4센티미터의 정사각형 안에 들어갈 수 있는 것이어야 하며, 가로·세로 1센티미터의 정사각형 안에 들어가는 것이 아니어야 한다(민법법인 및 특수법인 등기규칙 제6조, 상업등기규칙 제35조).

♣ 【서식】 인감·개인 신고서

인감·개인(改印) 신고서

(신고하는 인감날인란)　(인감제출자에 관한 사항)

	상호(명칭)		등기번호	
	본점(주사무소)			
인감제출자	자격/성명			
	주민등록번호			
	주 소			

□ 위와 같이 인감을 신고합니다.　□ 위와 같이 개인(改印)하였음을 신고합니다.

년　　　월　　　일

신고인　본 인　성　명　　　　　　　(인)# (전화 :　　　　　　　)
　　　　대리인　성　명　　　　　　　(인)　(전화 :　　　　　　　)

지방법원　　　　등기소　귀중

주 1. 인감·개인(改印) 신고서의 **신고인의 날인란(#)**에는 「인감증명법」에 따라 신고한 인감을 날
　　　인하고 그 인감증명서(발행일로부터 3개월 이내의 것)를 첨부하거나, 등기소에 제출한 유
　　　효한 종전 인감(**법인인감**)을 날인하여야 합니다. 또한 인감제출자가 기명날인 또는 서명
　　　하였다는 공증인의 인증서면으로 갈음할 수 있습니다.
　2. 인감·개인신고서에는 신고하는 인감을 날인한 인감대지를 첨부하여야 합니다.
　3. 지배인이 인감을 신고하는 경우에는 인감제출자의 주소란에 지배인을 둔 장소를 기재하고,
　　　위 1. 의 방법 대신 「상업등기규칙」 제35조제3항의 보증서면(영업주가 등기소에 제출한
　　　인감날인)을 첨부하여야 합니다. 위 보증서면은 아래의 보증서면란에 기재하는 것으로 갈
　　　음할 수 있습니다.
　4. **위임에 의한 대리인**이 인감을 신고하거나 개인(改印)을 신고하는 경우에는 **위 1. 대신에아**
　　　래 위임장의 신고인 날인란(※)에 「인감증명법」에 따라 신고한 인감을 날인하고 그 인감증
　　　명서를 첨부하거나, 등기소에 제출한 유효한 종전 인감(**법인인감**)을 날인하여야 합니다.

보 증 서 면

위 신고하는 인감은 지배인　　　의 인감임이 틀림없음을 보증합니다.
　　　　　　　대표이사　　　　　　　　(법인인감)

위 임 장

성 명 :　　　　주민등록번호 : (　　　　　　－　　　　　　)
주 소 :
위의 사람에게, 위 인감(개인)신고에 관한 일체의 권한을 위임함.
　　　　　　　　　　　　　　년　　　월　　　일
　　　　　　인감(개인) 신고인　성 명　　　　　　(인)※

4) 등기소의 조치

등기관은 주민등록증, 운전면허증, 주민등록번호 및 주소가 기재된 장애인등록증, 여권, 외국인등록증 등(이하 "신분증명서"라 한다)에 의하여 인감신고서 또는 개인신고서를 제출하는 자의 신분을 확인한 후 제출된 인감 및 인감제출자에 관한 사항을 인감부에 기록하여야 한다(민법법인 및 특수법인 등기규칙 제6조, 상업등기규칙 제36조).

등기신청서 등에 찍힌 인감이 제출된 인감과 대조하기 어려운 때에는 등기관은 개인이나 그 밖에 상당한 조치를 취할 것을 요구할 수 있다(민법법인 및 특수법인 등기규칙 제6조, 상업등기규칙 제37조).

나. 인감의 폐지신고

인감을 제출한 자가 그 자격을 상실하거나 개인 또는 폐인(廢印)신고를 한 경우 등기관은 인감에 관한 기록을 폐쇄하여야 한다(민법법인 및 특수법인 등기규칙 제6조, 상업등기규칙 제38조).

인감을 제출한 자는 별지 제3호 양식의 폐인신고서를 관할 등기소에 제출하여 인감의 폐지를 신청할 수 있다. 폐인신고서에는 등기소에 제출한 인감을 날인하여야 하며, 그 인감을 날인할 수 없는 때에는 「인감증명법」에 의하여 신고한 인감을 날인하고 그 인감증명서를 첨부하여야 한다. 다만, 인터넷등기소를 이용하여 폐인신고서를 제출하는 경우에는 전자증명서 정보를 송신하여야 한다. 또한 인감의 폐지를 신청하는 때에는 발급받은 인감카드를 반납하여야 한다(등기예규 제1661호 2018.12.11. 개정).

핵심판례

▶판례◀ 인감증명발급 무효확인을 구하는 소의 적법 여부(소극)

(대법원 2001.07.10. 선고, 2000두2136, 판결)

인감증명행위는 인감증명청이 적법한 신청이 있는 경우에 인감대장에 이미 신고된 인감을 기준으로 출원자의 현재 사용하는 인감을 증명하는 것으로서 구체적인 사실을 증명하는 것일 뿐, 나아가 출원자에게 어떠한 권리가 부여되거나 변동 또는 상실되는 효력을 발생하는 것이 아니고, 인감증명의 무효확인을 받아들인다 하더라도 이로써 이미 침해된 당사자의 권리가 회복되거나 또는 곧바로 이와 관련된 새로운 권리가 발생하는 것도 아니므로 무효확인을 구할 법률상 이익이 없어 부적법하다.

다. 법인인감카드 발급

1) 인감카드의 발급·재발급

인감증명서를 발급받으려는 사람은 인감증명서발급신청서를 등기소에 제출하고 인감카드 또는 전자증명서를 제시하여야 한다(민법법인 및 특수법인 등기규칙 제6조, 상업등기규칙 제40조 1항).

인감카드를 받고자 하는 자는 인감제출자에 관한 사항을 기재하고 등기소에 제출한 인감을 날인한 인감카드발급신청서를 작성하여 등기소에 제출하여야 한다. 인감카드의 효력정지, 효력회복, 폐지신청을 할 때에는 인감카드사건신고서를 작성하여 등기소에 제출하여야 한다. 다만, 효력정지는 대법원예규로 정하는 바에 따라 전자문서로 신청할 수 있다. 인감카드사건신고서에는 등기소에 제출한 인감을 날인하거나 「인감증명법」에 따라 신고한 인감을 날인하고 그 인감증명서(발행일로부터 3개월 이내의 것에 한함)를 첨부하여야 한다. 다만, 신고서에 인감카드 비밀번호를 기재하여 효력정지를 신고하는 경우에는 그러하지 아니하다(민법법인 및 특수법인 등기규칙 제6조, 상업등기규칙 제39조).

인감카드를 분실하거나 인감카드가 훼손되어 인감카드를 재발급 받고자 하는 자는 인감카드의 재발급을 신청하여야 한다. 인감카드를 최초로 발급받는 경우에는 수수료가 면제되고, 인감카드 재발급수수료는 매 건마다 5,000원으로 한다(수수료규칙 제5조의7).

법인인감카드발급 및 재발급신청은 관할등기소가 아닌 다른 등기소에 대하여도 할 수 있다(민법법인 및 특수법인 등기규칙 제6조, 상업등기규칙 제39조 5항, 제26조 3항).

2) 인감카드의 규격

인감카드는 등기예규 제1276호 별지 제8호의 인감카드 양식에 의하여 발급하고, 인감카드에는 인감카드번호, 취급에 관한 주의사항 및 인감카드 관련 문의 전화번호 등을 기재하며, 인감카드번호는 일련번호 11자릿수로 구성한다(등기예규 제1276호).

3) 인감카드의 효력정지, 효력정지해제

가. 인감카드의 효력정지

인감카드를 분실하거나 도난당한 인감제출자는 인감카드 효력정지 신청을 할 수 있다. 인감카드 효력정지 신청을 할 때에는 등기예규 제1276호 별지 제11호 양식의 인감카드 등 사건신고서를 작성하여 관할 등기소 또는 그 밖의 등기소에 제출하여야 한다. 효력이 정지된 인감카드로는 인감증명서를 발급받을 수 없다. 인감카드 효력정지 신청은 인터넷등기소(http://www.iros.go.kr)에서도 할 수 있으며, 인터넷등기소에서 인감카드 효력정지 신청을 할 때에는 인감카드번호와 인감카드 비밀번호를 입력하여야 한다.

나. 인감카드 효력정지의 해제

인감제출자는 효력이 정지된 인감카드의 효력정지해제 신청을 하여 그 인감카드를 다시 사용할 수 있다. 인감카드 효력정지해제 신청은 인감카드 등 사건신고서를 작성하여 제출하는 방식으로 하며, 인감카드 등 사건신고서에는 등기소에 제출한 인감을 날인하거나 「인감증명법」에 따라 신고한 인감을 날인하고 그 인감증명서를 첨부하여야 한다.

위임에 의한 대리인이 인감카드의 효력정지 또는 효력정지해제 신청을 하는 때에는 인감카드 등 사건신고서에 등기소에 제출한 인감을 날인한 위임장을 첨부하거나「인감증명법」에 따라 신고한 인감을 날인한 위임장과 그 인감증명서를 첨부하여야 한다. 다만, 인감카드 효력정지 신청을 하는 경우에 인감카드 비밀번호를 인감카드 등 사건신고서에 기재한 때에는 그러하지 아니하다(등기예규 제1661호 2018. 12. 11 개정).

4) 인감카드의 폐기 등

인감을 제출한 자가 퇴임 등으로 그 자격을 상실하거나, 폐인신고를 하거나, 인감카드의 분실·훼손 등의 사유로 인감카드 폐기신고를 하는 때에는 전산정보처리조직에 의하여 해당 인감카드를 폐기하여야 한다. 다만, 법인 대표자 등의 퇴임 등의 경우에 그 후임자가 해당 인감카드를 계속하여 사용하는 경우에는 그러하지 아니하다. 이렇게 폐기된 인감카드는 사용할 수 없으며, 균등하게 4조각 이상 절단하여 파기하여야 한다. 각 등기소는 전산정보처리조직에 의한 보조기억장치로 등기예규 제1276호 별지 제12호 양식의 인감카드 폐기대장 및 별지 제13호 양식의 인감카드 관리대장에 의하여 인감카드의 잔여수량 등을 관리하여야 한다(등기예규 제1661호).

5) 인감카드의 계속사용

인감카드를 발급받은 자의 퇴임 등으로 인감카드를 폐기하여야 할 경우, 등기소장은 신청에 의하여 같은 법인의 새로운 인감제출자로 하여금 종전 인감카드를 폐기하지 아니하고 그 인감카드를 계속하여 사용하게 할 수 있다. 인감카드를 계속사용하고자 하는 경우에는 등기예규 제1661호 별지 제14호 양식의 인감카드 계속사용신청서를 작성·제출하여야 하며, 인감카드 계속사용신청서에는 인감카드를 계속사용하려고 하는 자가 등기소에 제출한 인감을 날인하여야 한다. 위임에 의한 대리인이 인감카드 계속사용신청서를 제출할 경우에는 등기소에 제출한 인감을 날인한 위임장을 첨부하여야 한다.

6) 비밀번호의 관리

인감카드를 발급할 때에는 반드시 아라비아숫자 6자릿수로 된 비밀번호를 등록하도록 하여야 한다. 비밀번호를 등록할 때에는 등기번호, 인감제출자의 생년월일, 주민등록번호, 인감카드번호 등 다른 사람이 쉽게 추측할 수 있는 숫자를 비밀번호로 정하지 않도록 주의를 환기시켜야 한다.

인감제출자는 관할 등기소 또는 그 밖의 등기소에 인감카드 등 사건신고서를 작성 제출하여 비밀번호의 변경을 신청할 수 있다. 이 경우 신고서에는 기존의 인감카드 비밀번호와 새로운 인감카드 비밀번호를 기재하고, 등기소에 제출한 인감을 날인하거나 「인감증명법」에 의하여 신고한 인감을 날인하고 그 인감증명서를 첨부하여야 한다. 다만, 신고서에 기존 인감카드 비밀번호를 기재할 수 없는 때에는 인감제출자 본인은 신분증명서 사본을, 위임에 의한 대리인은 인감제출자가 「인감증명법」에 따라 신고한 인감을 신고서에 날인하고 그 인감증명서 및 대리인의 신분증명서 사본도 첨부하여야 한다. 위임에 의한 대리인이 신청하는 경우에는 인감카드 등 사건신고서에 등기소에 제출한 인감을 날인한 위임장을 첨부하거나 「인감증명법」에 따라 신고한 인감을 날인한 위임장과 그 인감증명서를 첨부하여야 한다. 담당 공무원은 신고서에 기존 인감카드 비밀번호가 기재된 경우 그 비밀번호가 일치하는지 여부와 신분증명서에 의하여 인감제출자 본인 또는 대리인인지를 확인한 후 새로운 인감카드 비밀번호로 변경하여야 한다. 특히 인감카드 비밀번호는 신분이 확인되는 인감제출자 본인 또는 대리권을 수여받은 정당한 대리인 이외의 자에게 열람하게 하거나 알려 주어서는 안 된다(등기예규 제1661호).

♣ 【서식】 인감카드 등 (재)발급신청서

인감카드 등 (재)발급신청서

상호(명칭)		등기번호	
본점(주사무소)			
인감 제출자	자격 / 성명		
	주민등록번호		

발급사유	☐ 최초발급　☐ 카드분실　☐ 카드훼손　☐ 인감증명서발급기능 ☐ 기타 (　　　　　　　　　　)
매체구분	☐ 인감카드　☐ HSM USB　　인감카드 비밀번호
수수료	금　　　　　원　　　　납부번호

위와 같이 인감카드 등의 (재)발급을 신청합니다.

(인감 날인란)

　　　　　　　　　　　　　　　　　년　　월　　일

신청인 인감제출자 (본　인) 성　명　　　　(인) (전화 :　　　　)
　　　　　　　(대리인) 성　명　　　　(인) (전화 :　　　　)
　　　　　　　　　지방법원　　　　　**등기소 귀중**

접수번호		인감카드번호	

주 1. 인감카드 비밀번호란에는 (재)발급받아 사용할 인감카드의 비밀번호를 기재하며, 아라비아숫자 6자릿수를 기재하여야 합니다. 다만, 인감카드 재발급의 경우에는 기존 인감카드의 비밀번호와 재발급받아 사용할 인감카드의 비밀번호(변경 후)를 기재하여야 합니다.

2. 인감카드 (재)발급을 신청하는 경우에는 등기소에 제출한 인감을 날인하여야 합니다. 다만, 인감카드 재발급의 경우 기존 인감카드 비밀번호를 기재할 수 없을 때에는 인감제출자 본인은 신분증명서 사본을, 위임에 의한 대리인은 인감제출자가 「인감증명법」에 따라 신고한 인감을 신청서에 날인하고 그 인감증명서 및 대리인의 신분증명서 사본을 각각 첨부하여야 합니다.

3. **인감카드의 재발급을 신청**할 때에는 「등기사항증명서 등 수수료규칙」으로 정하는 **수수료를 납부**하여야 합니다. **다만, 인감카드를 반납할 때에는 수수료를 납부할 필요가 없습니다.**

위 임 장

성　명 :　　　　　　주민등록번호(　　　　　－　　　　　)

주　소 :

　위의 사람에게, 위 (재)발급신청서에 기재된 인감카드 등의 발급신청과 그 수령 등에 관한 일체의 권한을 위임함.

　　　　　　　　　　200 　년　　월　　일

인감신고인　성　명　(인)

♣ 【서식】 인감카드 등 사건신고서

<table>
<tr><td colspan="5" align="center"><h2>인감카드 등 사건신고서</h2></td></tr>
<tr><td>사건구분</td><td colspan="4">□ 효력정지 □ 효력정지해제 □ 비밀번호변경 □ 비밀번호열람
□ 인감카드 등 폐기(퇴임등 자격상실 . 분실 · 훼손 · 기타)</td></tr>
<tr><td>매체구분</td><td colspan="4">□ 인감카드   □ HSM USB</td></tr>
<tr><td>상호(명칭)</td><td></td><td>등기번호</td><td colspan="2"></td></tr>
<tr><td colspan="2">본점(주사무소)</td><td colspan="3"></td></tr>
<tr><td rowspan="2">인감제출자</td><td>자격/성명</td><td colspan="3"></td></tr>
<tr><td>주민등록
번호</td><td colspan="3"></td></tr>
<tr><td colspan="2">카드번호</td><td>비밀
번호</td><td colspan="2">(변경 후:)</td></tr>
<tr><td colspan="2">사 유</td><td colspan="3"></td></tr>
</table>

위와 같이 인감카드 등의 효력정지·효력정지해제·비밀번호변경·폐기를 신청합니다.

년   월   일

(인감 날인란)

신고인   본 인 성 명   (인) (전화 :   )
　　　　　대리인 성 명   (인) (전화 :   )

지방법원   등기소 귀중

주 1. 신고인의 날인란에는 등기소에 신고한 인감을 날인하여야 합니다. 등기소에 신
　　　고한 인감을 날인할 수 없는 경우에는 「인감증명법」에 의하여 신고한 인감을
　　　날인하고 그 인감증명서(발행일로부터 3개월 이내의 것)를 첨부하여야 합니다.
　　2. 대리인이 신고하는 경우에는 위임장에 주1.의 인감을 날인하고 신고인의 날인란

에는 대리인이 기명날인하여야 합니다.

3. 효력정지 신청 또는 퇴임 등으로 인한 인감카드 폐기신청을 인감제출자 본인이 신청하거나 대리인이 비밀번호를 기재하여 효력정지 신청을 하는 경우에는 등기소에 신고한 인감 또는 「인감증명법」에 의하여 신고한 인감을 날인하지 않아도 됩니다.

위 임 장

성 명 :   주민등록번호(-   )

주 소 :

위의 사람에게, 위 인감카드 등의 효력정지·효력정지해제·비밀번호변경·비밀번호열람·폐기 신청에 관한 일체의 권한을 위임함.

200   년   월   일

인감신고인   성 명   ㊞

♣ 【서식】 인감카드 계속사용신청서

<table>
<tr><td colspan="6" align="center">인감카드 계속사용신청서</td></tr>
<tr><td colspan="2">상호(명칭)</td><td colspan="2"></td><td>등 기 번 호</td><td></td></tr>
<tr><td colspan="2">본점(주사무소)</td><td colspan="4"></td></tr>
<tr><td colspan="2">카드번호</td><td></td><td>비밀번호(6자리)</td><td colspan="2"></td></tr>
<tr><td rowspan="4">인 감
제출자</td><td rowspan="2">종 전
사용자</td><td>자격/성명</td><td colspan="3"></td></tr>
<tr><td>주민등록번호</td><td colspan="3"></td></tr>
<tr><td rowspan="2">계 속
사용자</td><td>자격/성명</td><td colspan="3"></td></tr>
<tr><td>주민등록번호</td><td colspan="3"></td></tr>
<tr><td colspan="6">년 월 일

신청인 계속사용자 본 인 성 명 (인) (전화 :)
대리인 성 명 (인) (전화 :)

지방법원 등기소 귀중</td></tr>
<tr><td colspan="6">주 1. 비밀번호란에는 계속사용자가 사용하고자 하는 비밀번호를 기재합니다.
2. 신청인의 날인란에는 등기소에 신고한 인감을 날인하여야 하고, 위임에 의한 대리인이 신청하는 경우에는 등기소에 신고한 인감을 날인한 위임장을 첨부하고 신청인의 날인란에는 대리인이 기명날인 하여야 합니다.</td></tr>
<tr><td colspan="6" align="center">위 임 장

성 명 : 주민등록번호(-)
주 소 :

위의 사람에게, 위 인감카드의 계속사용신청에 관한 일체의 권한을 위임함.

200 년 월 일

인감카드 계속사용인 성 명 [인]</td></tr>
</table>

8. 세금의 납부(등록면허세, 지방교육세, 농어촌특별세 등)

법인등기를 신청하는 때에는 지방세법 소정의 등록면허세(지세법 제28조 1항 6호)와 등록면허세액의 100분의 20에 해당하는 지방교육세(지세법 제151조 1항 2호)를 납부하고, 그 등기신청서에 등록면허세와 지방교육세를 납부한 영수필확인서 및 영수필통지서(지세법령 제49조)를 첨부하여야 한다.

등록세가 감면되는 경우에는 농어촌특별세를 납부하며(농특세법 제5조), 등기신청수수료로 소정의 대법원수입증지를 첨부하여야 한다.

주택법에 의한 국민주택채권의 납입의무는 비영리법인의 설립등기에는 그 납입의무가 없으므로 이를 납부할 필요가 없다. 상법상의 법인의 경우에도 종전에는 국민주택채권매입의무가 있었으나 2008년 11월 5일부터 국민주택채권매입의무가 삭제되어 비영리법인의 경우와 같이 이를 납부할 필요가 없게 되었다.

가. 등록면허세

등록면허세는 재산권 기타 권리의 취득, 이전, 변경 또는 소멸에 관한 사항을 공부에 등기 또는 등록하는 경우에 그 등기 또는 등록을 받는 자, 각종 법령에 규정된 면허·허가·인가·등록·지정·검사·검열·심사 등 특정한 영업설비 또는 행위에 대한 권리의 설정, 금지의 해제 또는 신고의 수리(受理)와 같은 면허를 받는 자에게 부과하는 것이다(지세법 제24조).

등기신청시에 등록면허세를 납부하지 않거나 부족하게 납부하면 등기관은 등기를 허용하지 않고, 그 등기신청을 각하하게 된다(비송사건절차법 제66조, 상업등기법 제26조 17호).

등록면허세의 과세객체는 등기행위로서 등기행위가 있으면 그 자체로서 등록면허세의 과세요건이 충족되는 것이다.

1) 등록면허세의 납세의무자 및 납세지

등록면허세의 납부에 있어서 재산권 기타 권리의 취득, 이전, 변경 또는 소멸에 관한 사항을 공부에 등기 또는 등록하는 경우에 그 등기 또는 등록을 받은 자와 각종 법령에 규정된 면허·허가·인가·등록·지정·검사·검열·심사 등 특정한 영업설비 또는 행위에 대한 권리의 설정, 금지의 해제 또는 신고의 수리(受理) 등 행정청의 행위인 면허를 받는 자가 납세의무자가 된다(지세법 제24조).

따라서 원칙적으로 납세의무자는 개인 상인에 관한 등기에 있어서는 그 등기를 받는 상인이며, 회사에 있어서는 등기를 받은 회사, 법인등기에 있어서는 당해 법인이다. 법원의 촉탁에 의한 등기에 있어서도 이 점은 다르지 않다.

법인등기에 있어서 등록에 대한 등록면허세는 등기에 관련되는 본점, 지점 또는 주사무소, 분사무소 등의 소재지가 납세지가 된다(지방세법 제25조 1항 6호).

2) 납부방법

지방자치단체의 금고 또는 지방세수납대행기관은 등록면허세를 납부 받으면 납세자 보관용 영수증, 등록면허세 영수필통지서(등기·등록관서의 시·군 통보용) 및 등록면허세 영수필 확인서 각 1부를 납세자에게 내주고, 지체 없이 등록면허세 영수필 통지서(시·군 보관용) 1부를 해당 시·군의 세입징수관에게 송부하여야 한다. 다만, 「전자정부법」 제36조제1항에 따라 행정기관 간에 등록면허세 납부사실을 전자적으로 확인할 수 있는 경우에는 납세자에게 납세자 보관용 영수증을 교부하는 것으로 갈음할 수 있다(지방세법 시행령 제48조 5항).

납세자는 등기 또는 등록하려는 때에는 등기 또는 등록 신청서에 등록면허세 영수필 통지서(등기·등록관서의 시·군 통보용) 1부와 등록면허세 영수필 확인서 1부를 첨부하여야 한다. 다만, 「전자정부법」 제36조 제1항에 따라 행정기관 간에 등록면허세 납부사실을 전자적으로 확인할 수 있는 경우에는 그러하지 아니하다. 등기소 또는 등록관청은 등기·등록을 마친 경우에는 영수필확인서 금액란에 반드시 소인하여야 하며, 첨부된 영수필통지서를 등기 또는 등록에 관한 서류와 대조하여 기재내용을 확인하고 접수인을 날인하여 접수번호를 붙인 다음 납세지를 관할하는 시.군의 세입징수관에게 영수필통지서를 7일이내에 송부하여야 한다. 단, 등기소 또는 등록관청이 시.군의 세입징수관에게 영수필통지서를 송부함에 있어 시.군의 세입징수관이 「전자정부법」 제36조 제1항의 규정에 의한 행정정보 공동이용을 통하여 영수필통지서에 해당하는 정보를 확인할 수 있는 때에는 등기소 또는 등록관청은 전자적 방법에 의하여 영수필통지서에 해당하는 정보를 전산송부할 수 있다. 지방자치단체의 장은 등기소 또는 등록관청으로부터 영수필통지서 또는 영수필통지서에 해당하는 정보를 송부받은 때에는 등록면허세 신고 및 수납사항처리부를 작성하고 등록면허세의 과오납 및 누락 여부를 확인하여야 한다(지방세법 시행령 제49조).

전자신청을 하기 위해서는 지방세 인터넷 납부시스템에 의하여 등록세를 납부하여야 한다. 다만, 그러한 납부시스템에 의하여 등록세를 납부할 수 없는 경우에는 직접 관할관청에 등록세를 납부하여야 한다(2016.12.16. 등기예규 제1612호).

3) 과세표준

민법 기타 특별법에 의하여 설립된 비영리법인에 대하여, 설립과 불입등기에 있어서는 불입한 출자총액 또는 재산가액이 과세표준이 되고, 출자총액 또는 재산가액의 증가 등기에 있어서는 불입한 출자 또는 재산가액이 과세표준이 된다.

4) 법인등기의 등록면허세

① 상사회사 기타 영리법인의 설립 또는 합병으로 인한 존속법인

- 설립과 납입 : 납입한 주식금액이나 출자금액 또는 현금 이외의 출자가액의 1,000분의 4(세액이 11만2천5백원 미만인 때에는 11만 2천 5백원으로 한다.)

- 자본증가 또는 출자증가 : 납입한 금액 또는 현금 이외의 출자가액의 1,000분의 4

② 비영리법인의 설립 또는 합병으로 인한 존속법인

- 설립과 납입: 납입한 출자총액 또는 재산가액의 1,000분의 2

- 출자총액 또는 재산총액의 증가 : 납입한 출자 또는 재산가액의 1,000분의 2

③ 자산재평가적립금에 의한 자본 또는 출자금액의 증가 및 출자의 총액 또는 는 자산의 총액의 증가 : 증가한 금액의 1,000분의 1

④ 설립 및 자본증가에 대한 최저세액

위 경우들의 세액이 112,500원 미만일 때에는 이를 112,500원으로 한다. 그리고 중과세하여야 할 경우에는 112,500원의 3배인 337,500원을 과세하여야 한다(법 제28조 1항 6호). 즉 법인등기의 경우(상사법인은 1,000분의 4임) 대도시 내의 신설법인이 10,000,000원의 증자를 하는 경우 등록면허세는 10,000,000원×0.002%×3배로 할 것이 아니라, 112,500원×3배로 하여야 한다. 다만, 법인설립 등과 관계가 없는 법인의 명칭변경, 대표이사변경, 목적변경 등은 중과세 세율이 적용되지 아니한다

종전에는 대도시에서 법인설립등기를 하거나 대도시 외에서 수도권정비계획법의 규정에 의한 과밀억제권역 안으로 전입하는 경우 등록세액의 5배를 중과하였으나 1998. 12. 31, 지방세법의 개정으로 100분의 300으로 중과금액이 하향조정 되었다.

⑤ 본점 또는 주사무소의 이전 : 매 1건당 112,500원

⑥ 지점 또는 분사무소의 설치 : 매 1건당 40,200원

⑦ ①~⑦ 이외의 등기(이하 기타 변경등기세율이라 한다) : 매 1건당 40,200원

5) 상호 및 지배인 등기의 등록세

상호 및 지배인 등기의 세율은 다음과 같다(지세법 제28조).

① 상호의 설정 또는 취득 : 매 1건당 78,700원

② 지배인의 선임 또는 대리권의 소멸 : 매 1건당 12,000원

③ 선박관리인의 선임 및 대리인의 소멸등기 : 매 1건당 12,000원

지방세법 제28조 1항 1호부터 7호까지의 등기 외의 등기에 대하여는 매 1건당 12,000원을 납부하여야 한다(지세법 제28조 1항 14호).

개수의 등기사항을 1건으로 일괄신청하는 경우에 있어서 설립, 목적, 이사변경 등을 1건으로 신청하는 경우처럼 등록면허세의 세목이 같은 경우에는 1개분의 등록면허세만 납부하여도 되지만, 본점이전과 이사변경 등과 같은 등록면허세의 세목이 다른 경우에는 세목에 따라 각별로 등록면허세를 납부하여야 한다.

그리고 법인이 본점이나 주사무소를 이전하는 경우 구(舊) 소재지에는 법 제28조 제1항 제6호 바목에 따라, 신(新) 소재지에는 같은 호 라목에 따라 각각 법 제3장 제2절의 등록에 대한 등록면허세를 납부하여야 한다(지방세법 시행령 제43조 2항).

법인설립등기와 동시에 분사무소설치등기를 하는 경우에는 설립의 등록면허세 항목과 분사무소설치의 세목이 다르므로 2개 항목의 등록면허세를 납부하여야 할 것이다.

6) 등록면허세의 중과

대도시로의 인구유입에 따른 인구팽창을 막기 위하여 법률은, 대도시 내에서의 법인의 설립과 지점 또는 분사무소의 설치 및 대도시 내로의 법인의 본점, 주사무소, 지점 또는 분사무소의 전입에 따른 부동산등기와 그 설립, 설치, 전입 이후의 부동산등기에 대하여 중과세를 규정하고 있다(지세법 제28조 2항, 지세령 제45조 4항). 중과세 세율은 종전에는 일반세율의 5배였으나,

1998. 12. 31, 지방세법 제138조의 개정으로 일반세율의 3배로 축소되었다.

등록세 중과의 경우는 다음과 같다.

① 대도시에서 법인을 설립(설립 후 또는 휴면법인을 인수한 후 5년 이내에 자본 또는 출자액을 증가하는 경우를 포함한다)하거나 지점이나 분사무소를 설치함에 따른 등기

여기에서 대도시라 함은 수도권정비계획법 제6조의 과밀억제권역을 말한다(지방세법 제28조 2항). 수도권정비계획법 제6조의 과밀억제권역(2018.9.21, 현재 대통령령으로 지정된 곳)은 다음과 같다.

과밀억제권역
1. 서울특별시
2. 인천광역시[강화군, 옹진군, 서구 대곡동·불로동·마전동·금곡동·오류동·왕길동·당하동·원당동, 인천경제자유구역(경제자유구역에서 해제된 지역을 포함한다) 및 남동 국가산업단지는 제외한다]
3. 의정부시
4. 구리시
5. 남양주시(호평동, 평내동, 금곡동, 일패동, 이패동, 삼패동, 가운동, 수석동, 지금동 및 도농동만 해당한다)
6. 하남시
7. 고양시
8. 수원시
9. 성남시
10. 안양시
11. 부천시
12. 광명시
13. 과천시
14. 의왕시
15. 군포시
16. 시흥시[반월특수지역(반월특수지역에서 해제된 지역을 포함한다)은 제외한다]

1995. 8. 21, 지방세법시행령 제102조의 개정으로 종래 대도시에 포함되었던 부산, 대구광역시는 대도시의 범위에서 제외되었다. 따라서 이제 부산, 대구광역시에서 법인 설립시 등록세가 3배 중과되지 아니하고, 서

울 등 대도시에서 부산, 대구광역시로 본점을 이전하는 경우에도 지방세법 제274조에 의하여 등록세가 면제된다고 할 것이다.

법인의 설립 또는 전입과 자본증가에 관한 등기를 함에 있어서 일반세율이 112,500원 미만일 때에는 이를 112,500원의 3배인 337,500원을 과세하여야 한다(법 제28조 1항 6호). 즉 법인등기의 경우 대도시 내의 신설법인이 10,000,000원의 증자를 하는 경우 등록면허세는 10,000,000원×0.002%×3배로 할 것이 아니라, 112,500원×3배로 하여야 한다. 다만, 법인설립 등과 관계가 없는 법인의 명칭변경, 대표이사변경, 목적변경 등은 중과세 세율이 적용되지 아니한다.

② 대도시 밖에 있는 법인의 본점이나 주사무소를 대도시로 전입(전입 후 5년 이내에 자본 또는 출자액이 증가하는 경우를 포함한다)함에 따른 등기. 이 경우 전입은 법인의 설립으로 보아 세율을 적용한다.

7) 등록면허세의 비과세 또는 감면

① 국가 등에 대한 비과세

국가, 지방자치단체, 지방자치단체조합, 외국정부 및 주한국제기구가 자기를 위하여 받는 등록 또는 면허에 대하여는 등록면허세를 부과하지 아니한다. 다만, 대한민국 정부기관의 등록 또는 면허에 대하여 과세하는 외국정부의 등록 또는 면허의 경우에는 등록면허세를 부과한다(지방세법 제26조 1항).

② 그 밖에 등록면허세를 부과하지 아니하는 경우

다음의 어느 하나에 해당하는 등록 또는 면허에 대하여는 등록면허세를 부과하지 아니한다(지방세법 제26조 2항).

1. 「채무자 회생 및 파산에 관한 법률」 제6조제3항, 제25조제1항부터 제3항까지, 제26조제1항, 같은 조 제3항, 제27조, 제76조제4항, 제362조제3항, 제578조의5제3항, 제578조의8제3항 및 제578조의9제3항에 따른 등기 또는 등록

2. 행정구역의 변경, 주민등록번호의 변경, 지적(地籍) 소관청의 지번 변경, 계량단위의 변경, 등기 또는 등록 담당 공무원의 착오 및 이와 유사한 사유로 인한 등기 또는 등록으로서 주소, 성명, 주민등록번호, 지번, 계량단위 등의 단순한 표시변경·회복 또는 경정 등기 또는 등록

3. 그 밖에 지목이 묘지인 토지 등 대통령령으로 정하는 등록

4. 면허의 단순한 표시변경 등 등록면허세의 과세가 적합하지 아니한 것으로서 대통령령으로 정하는 면허

③ 지방세특례제한법에 의한 면제

「근로복지기본법」에 따른 기금법인의 설립등기 및 변경등기에 대하여는 2016년 12월 31일까지 등록면허세를 면제한다(지방세특례제한법 제25조 2항).

다음 각 호의 어느 하나에 해당하는 농업법인(이하 이 조에서 "농업법인"이라 한다)이 영농에 사용하기 위하여 법인설립등기일부터 2년 이내(대통령령으로 정하는 청년농업법인의 경우에는 4년 이내)에 취득하는 농지, 관계 법령에 따라 농지를 조성하기 위하여 취득하는 임야 및 제6조제2항 각 호의 어느 하나에 해당하는 시설에 대해서는 취득세의 100분의 75를 2026년 12월 31일까지 경감한다.

1. 「농어업경영체 육성 및 지원에 관한 법률」 제16조에 따른 영농조합법인

2. 「농어업경영체 육성 및 지원에 관한 법률」 제19조에 따른 농업회사법인(지방세특례제한법 제11조 1항).

④ 자산재평가법에 의한 감면

자산재평가법에 의한 재평가적립금을 자본에 전입하고자 하는 자가 자본전입 상당액의 증명서를 교부받아 재평가일로부터 3년 이내에 자본전입을 완료하고 등기를 하는 경우에는 등록면허세를 부과하지 아니한다. 지방자치단체는 재평가세의 부가세와 재평가차액 또는 재평가적립금의 자본전입에 관하여 지방세를 부과하지 못한다.(동법 제37조).

나. 지방교육세

등록세 납부의무자는 등록세를 납부할 때 그 등록세 납부액이 100분의 20을 지방교육세로 함께 납부하여야 한다. 지방자치단체의 장은 지방교육투자재원의 조달을 위하여 필요한 경우에는 당해 지방자치단체의 조례가 정하는 바에 의하여 지방교육세의 세율을 표준세율의 100분의 50의 범위안에서 이를 가감조정할 수 있다(지방세법 제151조).

다. 농어촌특별세

농어촌특별세는 농어업의 경쟁력강화와 농어촌산업기반시설의 확충 및 농어촌지

역개발사업에 필요한 재원을 조달하기 위하여 부과하는 국세로서, 1994년 7월 1일부터 향후 10년간 한시적으로 적용하기 위하여 농어촌특별세를 신설하였었다. 그 후 2003.12.31. 농어촌특별세법의 일부개정을 통하여 운용기간이 연장되었다. 즉, 농·어업의 경쟁력강화와 농어촌산업기반시설의 확충 및 농어촌지역개발사업에 필요한 재원을 확보하기 위하여 1994년부터 10년간 운용하고 있는 농어촌특별세의 과세시한이 2004년 6월 30일 만료되므로 이에 따라 예상되는 농업관련 다자간협상 및 자유무역협정체결 등에 따른 농어업시장의 추가개방으로 인한 손실 보전과 농어업경쟁력강화를 위한 안정적 재원확보를 위하여 동과세시한을 2014년 6월 30일까지 10년간 연장하고, 농어촌특별세를 관리하는 농어촌특별세관리특별회계의 운영기간도 2014년 12월 31일까지 10년간 연장하기 위하여 개정이 이루어졌었다. 그 후 2014년 1월 1일 동 법의 개정을 통하여 자유무역협정이 확대되는 상황 등에 맞추어 농림어업 분야의 경쟁력을 지속적으로 강화하고, 농림어업인의 복지와 소득보전 사업 등을 통하여 농림어업 분야의 어려운 여건을 개선·지원하는 데에 필요한 재원(財源)을 안정적으로 확보하기 위하여 동 법의 유효기간을 2014년 6월 30일에서 2024년 6월 30일까지로 10년간 연장하였다.

조세특례제한법, 관세법, 지방세법에 의하여 소득세, 법인세, 관세, 취득세, 등록세가 부과되지 아니하거나 감면되는 경우에 그 감면세액에 대하여 일정한 비율로 농어촌특별세가 부과된다(농특세법 제2조, 제5조).

1) 납세의무자 및 납세지

농어촌특별세법 제2조에 규정된 법률인 지방세법, 관세법, 조세특례제한법에 의하여 소득세, 법인세, 관세, 취득세 또는 등록세의 감면을 받은 자, 증권거래세, 취득세, 레저세, 종합부동산세 등이 농어촌특별세의 납세의무자가 된다(농특세법 제3조).

따라서 지방세법, 관세법, 조세특례제한법이 아닌 다른 화의법, 채무자회생및파산에관한법률 등의 특별법에서는 등록세를 면제하더라도 농어촌특별세를 납부하지 아니한다. 납세지는 본세(소득세, 법인세, 관세, 취득세 등)의 납세지로 한다.

2) 비과세

국가, 지방자치단체 또는 지방자치단체조합에는 비과세한다. 또한 농어민 또는 농어민을 구성원으로 하는 단체에 대해 감면하는 경우, 창업중소기업으로서 조세특례제한법에 의하여 취득세, 등록세를 감면받는 경우, 기술 및 인력개발, 저소득자의 재산형성, 공익사업 등 국가경쟁력의 확보 또는 국민경제의 효율적 운영을 위하여 농어촌특별세를 비과세할 필요가 있다고 인정되는 경우로서 대통령령으로 정하는 것에 대하여는 비과세한다(농특세법 제4조).

3) 과세표준 및 세율

과세표준은 조세특례제한법, 관세법, 지방세법에 의하여 감면을 받은 소득세, 법인세, 관세, 취득세 또는 등록세의 감면세액이고, 세율은 과세표준의 100분의 20이다(농특세법 제5조). 이 세의 최저한은 1,000원이며, 1,000원 미만의 세에 대해서는 고지하지 아니한다.

라. 국민주택채권·도시철도채권

주택법에 의한 국민주택채권의 납입의무는 비영리법인의 설립등기에는 그 납입의무가 없으므로 이를 납부할 필요가 없다. 상법상의 법인의 경우에도 종전에는 국민주택채권매입의무가 있었으나 2008년 11월 5일부터 「주택법 시행령」[별표12]의 [부표] 제23호의 규정이 삭제되어 법인설립등기 시 국민주택채권을 매입할 필요가 없게 되었다. 또한 종래 「도시철도법 시행령」[별표2] 제8호에 따른 법인설립등기 시 자본금이 1억원을 초과하는 경우 도시철도매입을 하여야 하였으나, 이 규정이 삭제되어(2009. 1. 1. 시행) 위 도시철도 채권또한 매입할 필요가 없다. 그러므로 법인설립등기시 각종 채권의 매입의무가 없게 되었다.

마. 등기신청수수료

등기신청수수료는 사법부의 등기전산화를 완료하기 위한 특별재원으로 1997. 7. 1부터 시행 징수하고 있다.

등기업무관련수입금 중 등기신청수수료는 현금 또는 전자적 방법으로 수입할 수 있다. (등기특별회계규칙 제7조).

1) 등기신청수수료 징수절차

2013. 5. 1. 부터 각 등기소에 접수되는 등기신청사건에 대하여는 등기신청서(을지)에 등기신청수수료 금액을 기재하고, 대한민국법원 인터넷등기소(http://www.iros.go.kr/)를 이용하여 전자적인 방법(신용카드, 계좌이체, 선

불형지급수단)으로 납부하거나 또는 법원행정처장이 지정하는 수납금융기관에 현금으로 납부, 무인발급기를 이용하여 현금 또는 신용카드로 납부하고 출력한 영수필확인서를 첨부하거나, 법원행정처장이 지정하는 수납금융기관 또는 무인발급기에 현금으로 납부한 후 발급받은 영수필확인서를 첨부하여야 한다.

접수공무원이 부동산등기신청서를 접수한 때에는 그 신청서에 첨부된 등기신청수수료 영수필확인서의 납부액과 납부번호를 등기전산시스템에 입력하여야 한다. 다만, 여러 건의 신청에 대하여 수납금융기관에 현금으로 일괄납부한 경우에는 영수필확인서가 첨부된 첫 번째 등기신청사건에 해당 등기신청수수료와 일괄납부 건수 및 일괄납부액을 입력하고, 나머지 각 등기신청사건에는 해당 등기신청수수료 납부액을 입력한 다음 납부번호는 원용처리를 선택하여 입력한다(등기신청수수료 징수에 관한 예규 개정 2021.07.02 [등기예규 제1733호, 시행 2021.07.06]).

2) 등기신청수수료의 면제

등기신청수수료는 다음의 경우에만 면제된다.

(가) 국가에 대한 수수료

① 국가가 등기권리자로서 신청하는 등기

② 위 1.의 등기 중 국가가 공권력의 주체로서 촉탁한 등기의 말소등기 (예: 국세압류등기의 말소, 공매공고등기의 말소)

③ 국유재산을 관리, 보존하기 위한 등기

(나) 지방자치단체에 대한 수수료

①「지방세징수법」제65조에 따라 등기신청수수료가 면제되는 경우는 다음 각호의 1.과 같다.

②. 지방자치단체가 지방세를 징수하기 위하여 등기권리자로서 신청하는 등기

③방세압류등기의 말소, 공매공고등기의 말소)

(다)「지방행정제재·부과금의 징수 등에 관한 법률」제21조의2에 따라 등기 위 (1).의 등기 중 지방자치단체가 공권력의 주체로서 촉탁한 등기의 말소등기(예: 지신청수수료가 면제되는 경우는 다음 각호의 1과 같다.

① 지방자치단체가 지방행정제재·부과금의 체납액을 징수하기 위하여 등기권리

자로서 신청하는 등기

② 위 (1)의 등기 중 지방자치단체가 공권력의 주체로서 촉탁한 등기의 말소등기
(예: 지방행정제재·부과금 압류등기의 말소, 공매공고등기의 말소)

3) 법인등기신청수수료액

등기사항증명서 등 수수료규칙에서 규정하고 있는 주요 내용은 다음과 같다.

(가) 부동산등기 중 소유권보존등기 등의 경우 신청수수료를 매 부동산마다
15,000원으로 함(제5조의2제1항)

(나) 부동산등기 중 제5조의2제1항의 경우를 제외한 나머지의 경우 신청수수료를
매 부동산마다 3,000원으로 함(제5조의2제2항)

(다) 상업등기 중 설립등기 등 회사등기의 경우 신청수수료를 매 건마다 30,000원
으로 함(제5조의3제1항)

(라) 상업등기 중 제5조의3제1항의 경우를 제외한 나머지의 경우 신청수수료를 매
등기의 목적마다 6,000원으로 함(제5조의3제2항)

(마) 제5조의2제1항 각 호의 1에 해당하는 부동산등기를 전산정보처리조직을 이용
하여 신청하는 경우의 신청수수료는 매 부동산마다 10,000원으로, 전자표준양
식에 의하여 신청하는 경우의 신청수수료는 매 부동산마다 13,000원으로 함(제
5조의5제1항)

(바) 제5조의2제2항 본문에 해당하는 부동산등기를 전자신청하는 경우의 신청수수
료는 매 부동산마다 1,000원으로, 전자표준양식에 의하여 신청하는 경우의
신청수수료는 매 부동산마다 2,000원으로 함(제5조의5제2항)

(사) 제5조의3제1항 각 호의 1에 해당하는 상업등기를 전자신청하는 경우의 신청
수수료는 매 건마다 20,000원으로, 전자표준양식에 의하여 신청하는 경우의
신청수수료는 매 건마다 25,000원으로 함(제5조의5제3항)

(아) 제5조의3제2항 본문에 해당하는 상업등기를 전자신청하는 경우의 신청수수료
는 매 등기의 목적마다 2,000원으로, 전자표준양식에 의하여 신청하는 경우
의 신청수수료는 매 등기의 목적마다 4,000원으로 함(제5조의5제4항)

개정된 등기사항증명서 등 수수료 규칙에 의하면 설립등기(합병 및 조직변경으
로 인한 설립등기와 외국회사의영업소설치등기를포함한다), 본점(외국회사의영

업소를포함한다)을 다른 등기소 관할구역으로 이전하는 경우의 신소재지에서 하는 본점이전등기의 등기신청수수료는 매건당 30,000원이고, 위 경우를 제외한 나머지 상업등기의 신청수수료는 매 등기의 목적마다 6,000원으로 한다. 다만, 법원의 촉탁에 의한 등기, 멸실회복등기, 행정구역, 지번의 변경, 주민등록번호의 정정, 등기관의 과오로 인한 등기의 착오 또는 유루를 원인으로 하는 경정 및 변경등기는 그 신청수수료를 받지 아니한다(동 규칙 제5조의3).

① 등기신청수수료가 3만원인 경우

  i) 회사설립등기(법인설립 포함)의 신청(합병 및 조직변경으로 인한 설립등기와 외국회사의 영업소설치등기를 포함한다)

    다만, 회사설립과 동시에 지점을 다른 등기소 관할 내에 설치하는 경우에 그 지점 설치의 등기신청에 관하여는 별도로 신청수수료 6천원을 납부하여야 한다.

  ii) 본점(외국회사의 영업소를 포함한다)을 다른 등기소 관할구역으로 이전하는 경우의 신소재지에서 하는 본점이전등기

    그러나 본점을 동일 등기소 관할구역 내로 이전하는 경우의 본점이전등기의 신청수수료는 6천원이다(다만, 본점소재지 이외에 지점소재지에서도 본점이전등기의 신청을 하여야 하는 경우에는 그 등기신청에 대하여 별도로 신청수수료 6천원을 납부하여야 한다).

    또한 본점을 다른 등기소 관할구역으로 이전하는 경우에는 구본점소재지에서 하는 등기의 신청에 대한 수수료 6천원 및 신본점소재지에서 하는 등기의 신청에 대한 수수료 3만원을 각 납부하여야 한다.

  iii) 신설합병에 있어 신설회사에 대한 설립등기의 신청

    신설합병의 경우에는 신설회사에 관한 설립등기의 신청수수료 3만원 및 소멸회사에 관한 해산등기의 신청수수료 6천원을 각 납부하여야 한다.

    흡수합병의 경우에는 존속회사에 대한 변경등기의 신청수수료 및 소멸회사에 대한 해산등기의 신청수수료 6천원씩을 각 납부하여야 한다.

  iv) 조직변경에 있어서의 설립등기의 신청

    주식회사를 유한회사로 조직변경하는 경우에 조직변경으로 인한 주식회사 해산등기의 신청수수료 6천원 및 유한회사 설립등기의 신청수수료 3만원을 각 납부하여야 한다.

v) 외국회사의 영업소설치의 등기 또는 영업소를 다른 등기소의 관할구역으로 이전하는 경우의 신소재지에서 하는 영업소이전등기의 신청

② 등기신청수수료가 6천원인 경우

위 ①항의 경우를 제외한 나머지 상업등기의 신청수수료는 등기의 목적마다 6,000원으로 한다.

i) 지점설치 및 이전등기, 동일 등기소 관할구역내의 본점이전등기, 상호(명칭을 포함한다. 이하 같다)·목적·임원(사원, 조합원, 업무집행자, 청산인 등을 포함한다. 이하 같다) 등의 변경등기, 전환사채의 등기, 해산의 등기, 청산인에 관한 등기 등 위 가. 항의 등기를 제외한 나머지 회사등기 및 합자조합등기의 신청

ii) 상호의 등기·상호의 가등기·미성년자와 법정대리인의 등기·지배인의 등기 및 그 등기의 변경, 말소등기 등의 신청

③ 수개의 등기사항을 일괄하여 하나의 신청서로써 등기신청을 하는 경우에는 각 등기의 목적에 따른 소정의 신청수수료를 합산한 금액을 등기신청수수료로 납부하여야 한다.
그 구체적인 기준은 다음과 같다.

i) 회사 또는 합자조합의 상호·본점·목적·임원 등의 변경등기를 일괄하여 하나의 등기신청서로써 신청할 때에는 각각의 등기신청수수료를 합산한 금액을 납부하여야 한다. 다만 동일한 등기목적에 따른 2개 이상의 변경사항이 있는 경우(예 : 2인 이상 임원의 취임·퇴임·주소변경 등)에는 1건의 수수료만 납부한다.

ii) 지배인선임 또는 지점설치등기의 경우
하나의 신청서로써 2인 이상의 지배인선임등기를 신청하거나 2개 이상의 지점설치등기를 신청하는 경우에는 이를 하나의 지배인선임등기 또는 지점설치등기신청으로 본다.

iii) 변경등기신청과 함께 지배인선임등기 등 변경등기 이외의 등기신청을 하나의 신청서로써 하는 경우에는 각각의 신청수수료를 합산한 금액을 등기신청수수료로 납부하여야 한다.

④ 법인(상업)등기신청수수료액

등 기 의 목 적		수수료	비 고
1. 합명·합자·유한책임·주식·유한회사·외국회사 및 합자조합의 등기	가. 회사 또는 합자조합의 설립등기, 외국회사의 영업소설치등기	30,000원	
	나. 본점(합자조합의 주된 영업소 및 외국회사의 영업소를 포함한다)을 다른 등기소 관할구역으로 이전하는 경우의 신소재지에서 하는 본점이전등기	30,000원	구소재지에서 하는 본점이전등기의 신청수수료와 본점이전과 동시에 이에 부수하여 다른 등기를 신청하는 경우의 그 등기신청에 따른 수수료는 별도로 납부하여야 함
	다. 합병·분할·분할합병으로 인한 설립등기	30,000원	소멸회사에 관한 해산등기 또는 존속회사에 관한 변경등기의 신청수수료는 별도로 납부하여야 함
	라. 조직변경으로 인한 설립등기	30,000원	조직변경으로 인한 해산등기의 신청수수료는 별도로 납부하여야 함
	마. 상호(명칭을 포함한다), 본점, 목적, 공고방법, 존립기간, 1주의 금액, 발행할 주식의 총수 등의 변경 등기	6,000원	각 등기의 목적마다 신청수수료를 납부하여야 함
	바. 경정 및 성명·주민등록번호·주소 등의 변경등기	6,000원	위와 같음. 다만, 등기관의 과오로 인한 착오 또는 유루발견 및 행정구역·지번변경, 주민등록번호 정정 등을 원인으로 하는 경우에는 신청수수료 없음
	사. 지점설치·이전등기, 동일 등기소 관할구역내의 본점이전등기, 전환사채의 등기, 해산의 등기, 청산인에 관한 등기 등 위에서 열거한 등기 이외의 기타 등기	6,000원	위와 같음 멸실회복등기의 경우에는 신청수수료 없음
2. 상호등기·상호가등기 및 그 등기의 변경, 말소등기 등 일체의 등기			
3. 미성년자와 법정대리인등기 및 그 등기의 변경, 말소등기 등 일체의 등기		6,000원	위와 같음
4. 지배인등기 및 그 등기의 변경, 말소 등 일체의 등기			

주 법인등기 중 법원의 촉탁에 의한 등기는 그 신청수수료를 납부하지 아니하고, 법인등기의 등
기신청수수료는 상업등기와 같다. 위 표에서의 수수료 금액은 서면방문신청의 경우이고, 전
자표준양식에 의한 신청의 경우에는 위 수수료금액 중 30,000원은 25,000원이고, 6,000원
은 4,000원이다. 그리고 전자신청에 의한 경우에는 위 수수료금액 중 30,000원은 20,000원
이고, 6,000원은 2,000원이다.

4) 등기신청수수료의 반환 등

상당 액수를 초과하여 납부된 금액은 환급하여야 한다. 다만, 신청인등이 환
급청구를 포기할 뜻을 표시한 때에는 등기신청서의 여백에 그 취지를 기재하
고 신청인등의 기명날인 또는 서명을 받아야 한다.

등기신청이 각하되어도 이미 납부된 등기신청수수료는 이를 반환하지 아니한다.

등기신청이 취하된 경우에는 납부된 등기신청수수료를 신청인 또는 그
대리인에게 반환하되, 그 반환방법은 등기수입증지가 첨부되어 있는 등기
신청서를 환부하는 방법에 의한다.

9. 등기신청의 취하

등기신청인은 등기완료 전까지 또는 신청의 각하 전까지 서면으로 등기신청을
취하할 수 있다. 대리인 및 복대리인이 취하함에 취하에 관한 특별수권이 있어
야 한다. 등기관은 등기신청의 취하서가 제출된 때에는, 그 취하서의 좌측하단
여백에 접수인을 찍고 접수번호를 기재한 다음 기타문서접수장에 등재한다.

부동산등기신청서접수장에는 비고란에 '취하'라고 주서하고, 등기신청서에
부착된 접수번호표를 제거하고 그 등기신청서와 그 부속서류를 신청인 또는
그 대리인에게 환부하며, 취하서는 신청서기타부속서류편철장의 취하된 등기
신청서를 편철하였어야 할 곳에 편철한다.

수개의 부동산에 관한 등기신청을 일괄하여 동일한 신청서에 의하여 한 경
우 그 중 일부의 부동산에 대하여만 등기신청을 취하한 때에는, 부동산등기신
청서접수장의 비고란에 '일부 취하'라고 주서하고, 등기신청서의 부동산표시란
중 취하되는 부동산의 표시 좌측에 '취하'라고 주서한 다음 취하서를 등기신
청서에 합철하여야 한다. 이 경우 등기신청서 및 부속서류의 기재사항 중 취
하된 부동산에 관련된 사항은 이를 정정, 보정케 하여야 한다.

전자신청의 취하는 전산정보처리조직을 이용해서 하여야 한다. 이 경우 전
자신청을 할 때와 같은 방법으로 사용자인증을 받아야 한다(등기예규 제1601
호 2016. 8. 4 개정).

대법원 예규

▶예규◀ 서면에 의한 등기신청(e-form 신청 포함)의 취하에 관한 예규

(등기예규 제1643호, 2018.3.13. 개정)

1. 등기신청을 취하할 수 있는 자
  가. 등기신청인 또는 그 대리인은 등기신청을 취하할 수 있다. 다만, 등기신청대리인이
     등기신청을 취하하는 경우에는 취하에 대한 특별수권이 있어야 한다.
  나. 등기신청이 등기권리자와 등기의무자의 공동신청에 의하거나 등기권리자 및 등기의
     무자 쌍방으로부터 위임받은 대리인에 의한 경우에는, 그 등기신청의 취하도 등기권
     리자와 등기의무자가 공동으로 하거나 등기권리자 및 등기의무자 쌍방으로부터 취하
     에 대한 특별수권을 받은 대리인이 이를 할 수 있고, 등기권리자 또는 등기의무자
     어느 일방만에 의하여 그 등기신청을 취하할 수는 없다.

2. 등기신청 취하의 시기
  등기신청의 취하는 등기관이 등기를 마치기 전까지 할 수 있다.

3. 등기신청 취하의 방식
  등기신청의 취하는 서면으로 하여야 하며, 그 양식은 별지와 같다.

4. 등기신청의 일부 취하
  「부동산등기법」 제25조의 규정에 의하여 수개의 부동산에 관한 등기신청을 일괄하여
  동일한 신청서에 의하여 한 경우 그 중 일부 부동산에 대하여만 등기신청을 취하하는
  것도 가능하다.

5. 등기신청이 취하된 경우 등기관의 업무처리
  가. 등기관은 등기신청의 취하서가 제출된 때에는, 그 취하서의 좌측하단 여백에 접수인
     을 찍고 접수번호를 기재한 다음 기타문서접수장에 등재한다.
  나. 전산정보처리조직을 이용하여 취하 처리를 함으로써 부동산등기신청서접수장의 비고
     란에 취하의 뜻을 기록한 후, 등기신청서에 부착된 접수번호표에 취하라고 주서하여
     그 등기신청서와 그 부속서류를 신청인 또는 그 대리인에게 환부하며, 취하서는 신청
     서기타부속서류편철장의 취하된 등기신청서를 편철하였어야 할 곳에 편철한다.
  다. 수개의 부동산에 관한 등기신청을 일괄하여 동일한 신청서에 의하여 한 경우 그 중
     일부의 부동산에 대하여만 등기신청을 취하한 때에는, 전산정보처리조직을 이용하여
     일부 취하 처리를 함으로써 부동산등기신청서접수장의 비고란에 일부 취하의 뜻을 기
     록한 후, 등기신청서의 부동산표시란 중 취하되는 부동산의 표시 좌측에 취하 라고
     주서한 다음 취하서를 등기신청서에 합철하여야 한다. 이 경우 등기신청서 및 부속서
     류의 기재사항중 취하된 부동산에 관련된 사항은 이를 정정, 보정케 하여야 한다.

부 칙(2018.03.13. 제1643호)
  이 예규는 즉시 시행한다.

10. 촉탁에 의한 등기

가. 총 설

촉탁에 따른 등기절차에 관하여는 법령에 다른 규정이 있는 경우를 제외하고는 신청에 따른 등기에 관한 규정을 준용한다(비송사건절차법 제66조, 상업등기법 제22조 2항). 그러나 촉탁자 또는 그 대리인이 등기소에 출석함을 요하지 아니하며 촉탁자의 인감을 제출할 필요도 없다(비송사건절차법 제66조, 상업등기법 제24조 2항, 제25조 3항).

농업협동조합해산명령의 등기 및 축산업협동조합해산명령의 등기는 주무부장관의 촉탁에 의하여 등기하며(농협 제92조 4항, 축협 제88조 4항), 파산등기는 파산을 선고한 법원의 촉탁에 의하여 등기한다(채무자 회생 및 파산에 관한 법률 제24조 내지 제25조)는 규정 외 법인등기는 관공서 촉탁에 의한 등기의 예는 드물다.

상법상의 회사에 관한 등기에는 회사의 청산인의 해임의 재판이 있는 때, 합명회사·합자회사 또는 유한회사의 설립을 취소하는 판결이 확정된 때, 합명회사 또는 합자회사의 사원의 제명 또는 그 업무집행권한이나 대표권 상실의 판결이 확정된 때, 주식회사의 이사·감사·대표이사 또는 청산인이나 유한회사의 이사·감사 또는 청산인의 직무를 일시 행할 자를 선임한 때, 주식회사의 이사 또는 감사나 유한회사의 이사의 해임의 판결이 확정된 때, 주식회사의 창립총회 또는 주주총회나 유한회사의 사원총회가 결의한 사항의 등기가 된 경우에 결의취소·결의무효확인·결의부존재확인 또는 부당결의의 취소나 변경의 판결이 확정된 때, 주식회사의 신주발행 또는 자본감소의 무효의 판결이 확정된 때, 주식회사의 주식의 교환 또는 이전의 무효의 판결이 확정된 때, 유한회사의 자본증가 또는 자본감소의 무효의 판결이 확정된 때 등의 사유가 있으면 제1심 수소법원이 회사의 본점과 지점에 촉탁등기를 하여야 한다(비송사건절차법 제107조).

나. 촉탁서와 첨부서면

촉탁에 의한 등기절차에 관하여는 법령에 다른 규정이 있는 경우를 제외하고는 신청에 의한 등기에 관한 규정을 준용하므로(비송사건절차법 제66조,

상업등기법 제22조 2항), 촉탁서와 첨부서면에 관하여도 같다 할 것이다.

그러나 촉탁에 의하여 등기할 사항은 신청에 의하여 등기할 사항과는 대체로 다르고, 비송사건절차법이 첨부서면에 관하여는 등기의 종류에 따라 개별적으로 규정하고 있으므로 첨부서면에 관한 비송사건절차법의 규정이 준용되는 경우도 드물다.

법원이 회사의 본점과 지점 소재지의 등기소에 등기를 촉탁할 때에는 촉탁서에 재판의 등본을 첨부하여야 한다(비송사건절차법 제108조).

二. 등기의 실행절차

1. 등기신청의 접수

등기관이 등기신청서(전자문서를 포함한다)를 받은 때에는 다음의 사항을 접수장(접수장은 보조기억장치로 작성한다)에 기록한다.

1. 등기의 목적
2. 신청인의 성명 또는 상호
3. 접수의 연월일시와 접수번호
4. 대리인의 성명 및 자격
5. 등기신청수수료, 등록세, 채권매입액

신청서가 접수된 때에는 등기관은 지체 없이 신청에 관한 모든 사항을 조사하여야 하며, 등기소에 제출되어 있는 인감과 등기기록에 관한 사항은 전산정보처리조직을 이용하여 조사하여야 한다(민법법인 및 특수법인 등기규칙 제6조, 상업등기규칙 제54조). 그 결과 신청이 적법한 것인 때에는 접수순서에 따라 그 등기를 실행하고(비송사건절차법 제66조, 상업등기법 제8조), 부적법한 것인 경우에는 그 신청을 각하하여야 한다. 다만, 신청의 잘못된 부분이 보정될 수 있는 경우로서 등기관이 보정을 명한 날의 다음 날까지 신청인이 그 잘못된 부분을 보정하였을 때에는 그러하지 아니하다(비송사건절차법 제66조, 상업등기법 제26조). 이 때 보정 요구는 신청인에게 말로 하거나, 전화, 팩시밀리 또는 인터넷을 이용하여 할 수 있다(민법법인 및 특수법인 등기규칙 제6조, 상업등기규칙 제54조).

등기신청서를 받은 등기관은 전산정보처리조직에 제23조 제1항 각 호의 사항을 입력한 후 신청서에 접수번호표를 붙여야 한다. 등기관이 신청서를 접수하였을 때에는 신청인의 청구에 따라 그 신청서의 접수증을 발급하여야 한다(민법법인 및 특수법인 등기규칙 제6조, 상업등기규칙 제65조).

2. 등기의 실행

등기의 신청이나 촉탁이 적법한 것인 때에는 그 등기사항을 등기부에 기입함으로써 등기를 실행한다. 법인등기는 부동산등기와 같은 등기의 순위가 있는 것은 아니지만, 접수번호순서에 따라 등기해야 한다(비송사건절차법 제66조, 상업등기법 제8조). 등기는 다음과 같은 방법으로 한다.

가. 총 설

종전에는 법인등기의 전산화가 되지 않아 등기용지에 등기사항을 기입하였었다. 그러나 현재는 전국의 모든 등기소의 효력 있는 법인등기부 및 상업등기부를 전산으로 전환 완료하여 전산에 의하여 법인 및 상업등기업무를 처리하고 있다.

전산정보처리조직에 의하여 등기사무를 처리하는 경우에는 등기사항이 기재된 보조기억장치(자기디스크, 자기테이프 기타 이와 유사한 방법에 의하여 일정한 등기사항을 기록·보관할 수 있는 전자적 정보저장매체)를 등기부로 본다. 그리고 하나의 회사·합자조합·상호, 한 사람의 미성년자·법정대리인·지배인에 관한 등기정보자료 각 각의 것을 등기기록이라고 한다(상업등기법 제2조 참조).

나. 등기의 방법

등기를 할 때에는 상업등기규칙에서 따로 정하는 경우를 제외하고는 등기기록 중 해당란에 등기사항, 등기원인 및 그 연월일, 등기연월일을 기록하고 등기관의 식별부호를 기록하여야 한다. 그리고 법원의 촉탁에 따라 등기를 하는 때에는 법원의 명칭, 사건번호 및 재판의 확정연월일 또는 재판연월일을 기록하여야 한다. 변경의 등기를 하는 때에는 변경 전의 등기사항을 말소하여야 한다(민법법인 및 특수법인 등기규칙 제6조, 상업등기규칙 제55조).

다. 등기기록 등에 사용할 문자 등

등기를 하거나 신청서, 그 밖의 등기에 관한 서면(「전자서명법」 제2조의 전자문서를 포함한다)을 작성할 때는 한글과 아라비아숫자를 사용하여야 한다. 다만, 대법원예규로 정하는 바에 따라 한글 또는 한글과 아라비아숫자로 기록한 다음 괄호 안에 로마자, 한자, 아라비아숫자 그리고 부호를 병기할 수 있다. 그리고 신청서의 첨부서면이 외국어로 작성된 경우에는 번역문을 첨부하여야 한다(민법법인 및 특수법인 등기규칙 제6조, 상업등기규칙 제2조).

대법원 예규

▶예규◀ 상업등기의 상호 및 외국인의 성명 등기에 관한 예규

(등기예규 제1598호, 2016.05.13 개정)

제1장 총칙
제1조(목적)
　이 예규는 상업등기와 법인등기의 상호(명칭을 포함한다. 이하 같다), 목적, 외국인의 성명(상호를 포함한다. 이하 같다), 외국주소 및 외국회사의 영업소의 본점소재지를 한자, 로마자, 아라비아숫자 그리고 부호(이하 "로마자 등"이라 한다)로 병기하는 절차와 방식에 대하여 규정함으로써 등기부의 공시기능을 향상시키고 기업의 국제적 활동에 편의를 제공함을 목적으로 한다.

제2조(정의)
　이 예규에서 사용하는 용어의 정의는 다음과 같다.
　① "로마자 등의 병기"는 상호, 목적, 외국인의 성명, 외국주소 및 외국회사의 영업소의 본점소재지를 한글 또는 한글과 아라비아숫자(이하 "한글 등"이라 한다)로 등기한 후 로마자 등 표기를 괄호 안에 함께 기록하는 것을 말한다.
　② "상호, 목적, 외국인의 성명, 외국주소 및 외국회사의 영업소의 본점소재지"는 한글 등으로 기재한 상호, 목적, 외국인의 성명, 외국주소 및 외국회사의 영업소의 본점소재지를 말한다.

제3조(상호와 목적, 외국인의 성명 등의 등기에 사용할 수 있는 문자 등)
　① 상호, 목적, 외국인의 성명, 외국주소 및 외국회사의 영업소의 본점소재지는 한글 등으로 등기한다. 이 경우, 한글은「한국산업규격 정보교환용부호계(한글 및 한자)」에 수록되어 있는 것에 한한다.
　② 상호, 목적, 외국인의 성명, 외국주소 및 외국회사의 영업소의 본점소재지는 아라비아숫자만으로는 등기할 수 없다.
　【등기할 수 있는 상호의 예시】 주식회사 21세기갑을식품
　【등기할 수 없는 상호의 예시】 주식회사 333777

제4조(병기할 수 있는 문자 등)
　① 상호, 목적, 외국인의 성명, 외국주소 및 외국회사의 영업소의 본점소재지에 병기할 때 사용할 수 있는 문자 등은 다음 각 호와 같다.
　　(1) 한자(「한국산업규격 정보교환용부호계(한글 및 한자)」에 수록되어 있는 한자에 한한다)
　　(2) 로마자(A, B, C, D, E, F, G, H, I, J, K, L, M, N, O, P, Q, R, S, T, U, V, W, X, Y, Z, a, b, c, d, e, f, g, h, i, j, k, l, m, n, o, p, q, r, s, t, u, v,

  w, x, y, z 등 52자에 한한다)
  (3) 아라비아숫자(0, 1, 2, 3, 4, 5, 6, 7, 8, 9)
  (4) 부호 [「&」{앰퍼스앤드(ampersand)}, 「'」{아포스트로피(apostrophe)}, 「,」{콤마
      (comma)}, 「-」{하이픈(hyphen)}, 「.」(온점[period]), 「·」(가운뎃점) 등 6개에 한한다]
  ② 로마자로 병기하는 경우에는 제1항제4호의 부호를 그 사용법에 따라 등기할 수 있다.
     【사용할 수 있는 부호의 예시】
     에이비씨앤프렌즈 주식회사 (ABC & Friends Co., Ltd.)
     주식회사 에이비씨갑을자동차 (ABC-GABEUL Motors Co., Ltd.)
     주식회사 에이비씨가구 (A. B. C. Furniture Co., Ltd.)
     에이비씨제지 주식회사 (A·B·C Paper Co., Ltd.)

제2장 상호의 등기와 로마자 등의 병기

제1절 회사 상호의 등기와 로마자 등의 병기
제5조(로마자 등의 병기 방식)
  ① 로마자 등의 병기는, 먼저 상호를 한글 등으로 등기(이하 "상호의 등기"라 한다)한
     후 한 칸을 띄우고 그 오른쪽 옆에 괄호를 사용하여 기록한다.
     【예시】 주식회사 에이비씨건설 (ABC Construction Co., Ltd.)
     【예시】 주식회사 갑을식품 (주식회사 갑을식품)
  ② 괄호 안의 로마자 등의 병기는 한자 또는 로마자의 각각으로만 할 수 있고(다만,
     아라비아숫자는 로마자 또는 한자와 함께 사용할 수 있다), 한자와 로마자를 조합
     하여 할 수는 없다. 또한, 로마자 등의 병기에는 한글을 사용할 수 없다.
     【병기할 수 없는 경우의 예시】 주식회사 에이비씨건설 (주식회사 ABC 건설)
  ③ 회사의 종류를 표시하는 문자, 그 밖에 법령에 따라 상호 중에 사용할 것이 강제되
     는 문자에 대하여도 로마자 등의 병기를 할 수 있다.
     【예시】 주식회사 에이비씨증권 (ABC Securities Co., Ltd.)
     【예시】 에이비씨생명보험 주식회사 (ABC Life Insurance Co., Ltd.)

제6조(띄어쓰기)
  ① 상호의 등기를 할 때에는 회사의 종류를 표시하는 부분과 나머지 부분 사이를 한
     칸 띄우고, 나머지 부분은 띄어쓰기를 하지 않고 붙여서 등기한다.
        【예시】 주식회사 에이비씨식품, 갑을식품 주식회사

  ② 로마자로 병기하는 경우에는 신청에 따라 단어, 문자, 아라비아숫자 또는 부호 사
     이를 한 칸 띄울 수 있고, 한자로 병기하는 경우에는 신청에 따라 회사의 종류를
     표시하는 부분과 나머지 부분 사이를 한 칸 띄울 수 있다.
        【예시】 주식회사 에이비씨건설(ABC Construction Co., Ltd), 갑을식품 주식회사
           (GABEUL Food Inc.), 갑을식품 유한회사 (갑을식품 유한회사)

  ③ 제2항의 경우, 띄어쓰기를 하여 로마자 등의 병기를 신청하는 사람은 신청서에 그
     띄어쓰기를 분명히 하여야 한다.

제7조(정관상 기재 방식과 등기)
  ① 상호의 등기와 로마자 등의 병기는 원칙적으로 그 정관상 기재와 동일하게 한다.
     다만, 그렇게 할 수 없는 경우에는 다음 각 호와 같이 한다.
  (1) 정관상 상호에 한글과 아라비아숫자 이외의 문자나 부호가 사용된 경우, 문자는
      그 발음을 한글로 등기하고 부호는 등기하지 않는다. 다만, 부호 중「&」[앰퍼스

앤드(ampersand)]는 "앤드", "엔드", "앤", "엔" 등으로,「.」[온점(period)]은 "닷" 등으로 신청에 따라 등기할 수 있다.
　【예시】 정관에 「이 회사는 "ABC & 갑을. Com 주식회사"라 한다.」라고 기재되어 있는 경우 "에이비씨앤갑을닷컴 주식회사"로 등기할 수 있다.

(2) 정관상 상호가 한자로만 기재되어 있는 경우에는 그 발음을 한글로 등기하고 신청에 따라 한자를 병기할 수 있다.
　【예시】 정관에 「이 회사는 "갑을의류 주식회사"라 한다.」라고 기재되어 있는 경우 신청에 따라 "갑을의류 주식회사" 또는 "갑을의류 주식회사 (갑을의류 주식회사)"로 등기할 수 있다.

(3) 상호는 정관상 띄어쓰기가 되어 있더라도 제6조 제1항에 따라 회사의 종류를 표시하는 부분과 나머지 부분 사이를 제외하고는 띄어쓰기를 하지 않고 붙여서 등기한다.
　【예시】 정관에「이 회사는 "ABC 갑을 식품 주식회사"라 한다.」라고 기재되어 있는 경우 "에이비씨갑을식품 주식회사"로 등기한다.

(4) 정관상 로마자 등 표기 부분에 병기할 수 없는 문자가 사용된 경우에는 상호를 등기할 때 로마자 등의 병기를 할 수 없다.

(5) 정관상 로마자 등 표기 부분에 병기할 수 없는 부호가 사용된 경우에는 신청에 따라 그러한 부호를 제외하고 로마자 등의 병기를 할 수 있다.
　【예시】 정관에 「이 회사는 "에이비씨갑을식품 주식회사"라 한다. 영문으로는 "[ABC]~[GABEUL] Food Co., Ltd."라고 표기한다.」라고 기재되어 있는 경우에는 "에이비씨갑을식품 주식회사 (ABC GABEUL Food Co., Ltd.)"로 등기할 수 있다.

② 정관에 상호와 로마자 등 표기가 모두 기재되어 있어도 상호의 등기만을 신청할 수 있다.
③ 정관에 상호만이 기재되어 있는 경우에는 그것을 로마자 등으로 번역한 것으로써 로마자 등의 병기를 할 수 없다.
　【예시】 정관에 「이 회사는 "에이비씨갑을식품 주식회사"라 한다.」라고만 기재되어 있는 경우에는 그 번역어인 "ABC GABEUL Food Co., Ltd."를 병기할 수 없다.

제8조(상호와 로마자 등의 병기 부분의 동일성)
① 상호의 주요 부분과 이에 대응하는 로마자 등의 병기 부분 간에는 발음상 동일성이 있어야 한다.
② 발음상 동일성이 있는지는 원칙적으로 「국어기본법」제11조에 근거하여 제정된 어문규범 중 「외래어표기법」과 「국어의 로마자 표기법」에 따라 판단한다. 다만, 상호와 로마자 등의 병기 부분 간의 관계가 어문규범에 일치하지 않더라도 사회에서 일반적으로 같은 발음으로 인정되는 경우에는 로마자 등의 병기를 할 수 있다.
③ 발음상 동일성이 있는지가 분명하지 않으면, 등기관은 발음상 동일성을 소명할 수 있는 자료(영한 사전의 사본 등)의 제출을 요구할 수 있다.
④ 발음상 동일성에 대한 판단 기준을 예시하면 다음 각 호와 같다.
(1). 로마자 등의 병기 부분이 영문 등의 약자로 기재된 경우에 그 약자가 일반적으로 정자로 발음될 수 있으면 정자의 발음으로 기재된 상호와 발음상 동일성이 있다.
　【예시】 예를 들어, "Jr.", "Jun." 등은 junior의 약자로서 "주니어"로 발음될 수 있다.
(2) 한자는 우리나라에서의 독음으로 등기하고, 중국이나 일본 등 외국에서의 독음으

로는 등기할 수 없다. 그러나 로마자는 영미뿐 아니라 프랑스, 독일, 스페인 등 외국에서의 독음으로도 등기할 수 있다.

【예시】 "주식회사 하나비(화화)"는 "하나비"와 "화화"의 발음상 동일성이 인정되지 않아 등기할 수 없으나, "주식회사 로제 (Rose)"는 "로제"와 "Rose"의 발음상 동일성이 인정되므로 등기할 수 있다.

(3) 발음상 동일성이 있는지는 부호를 제외하고 판단한다. 다만, 부호 중 「&」{앰퍼스앤드(ampersand)}은 "앤드", "엔드", "앤", "엔" 등으로, 「.」(온점[period])은 "닷" 등으로 발음할 수 있다.

⑤ 상호의 비주요 부분(회사의 종류나 업종을 표시하는 부분 등, 다음부터 같다)과 이에 대응하는 로마자 등의 병기 부분 간에는 발음상 또는 의미상 동일성이 있어야 한다. 다만, 정관상 로마자 등 표기 부분에 회사의 종류를 표시하는 문자가 없더라도 로마자 등의 병기를 할 수 있다.

【단서 부분의 예시】 정관의 기재에 따라 "주식회사 에이비씨 (ABC)"로 등기할 수 있다.

⑥ 상호의 비주요 부분과 이에 대응하는 로마자 등의 병기 부분 간에 엄격한 사전적 의미에서의 동일성은 없더라도 전체적으로 같은 의미의 것으로 볼 수 있으면 의미상 동일성이 있다.

⑦ 상호와 로마자 등 표기 간에 동일성이 없어 로마자 등의 병기를 할 수 없는 경우를 예시하면 다음 각 호와 같다.

1. 상호의 주요 부분과 이에 대응하는 로마자 등 표기 간에 의미상 동일성이 있다 하더라도 발음상 동일성이 없는 경우

   【예시】'산과 바다'와 'Mountain and Sea' 간, '금성'과 'Venus' 간

2. 영어 단어의 첫 글자를 모아 상호를 만든 경우

   【예시】 "S○○○○○○○ D○○○○○○○○○ Co., Ltd."와 "주식회사 에스디" 간

3. 상호를 영문으로 번역한 후 그 영어 단어의 첫 글자를 모아 로마자 등 표기 부분을 만든 경우

   【예시】 "주식회사 한마음"과 "HME Co., Ltd." 간

4. 상호에는 영업의 종류를 표시하는 부분이 있으나 로마자 등 표기 부분에는 없는 경우 또는 그 반대의 경우. 다만, 영업의 종류를 표시하는 부분이 포괄 업종을 표시하는 경우에는 그러하지 아니하다.

   【예시】 "주식회사 에이비씨건설 (ABC Co., Ltd.)"로는 등기할 수 없으나, "주식회사 에이비씨산업 (ABC Co., Ltd.)"으로는 등기할 수 있다.

⑧ 상호와 로마자 등 표기 간에 동일성이 없어 보정을 요구하였음에도 신청인이 응하지 않는 경우 등기관은 로마자 등의 병기를 하지 않고 상호만을 등기한다.

제9조(상호 등기의 경정과 변경)

① 다음 각 호의 경우에는 상호경정등기의 방식으로 로마자 등의 병기를 신청할 수 있다.

1. 이 예규의 시행 전부터 정관에 상호와 그 로마자 등 표기가 함께 기재되어 있었던 경우

2. 이 예규의 시행 후에 설립등기를 신청하는 회사가 정관에 상호와 그 로마자 등 표기를 함께 기재하고 있음에도 불구하고 상호만의 등기를 신청하여 로마자 등의 병기가 되지 않은 경우

3. 이 예규의 시행 후에 상호를 변경하면서 그 로마자 등 표기를 정관에 함께 기재하였음에도 불구하고 상호변경등기만을 신청하여 로마자 등의 병기가 되지 않은

　　경우
② 이 예규의 시행 후에 정관을 변경하여 로마자 등 표기를 비로소 정관에 기재한 경우에는 상호변경등기의 방식으로 로마자 등의 병기를 신청할 수 있다.
③ 로마자 등의 병기에 관하여는 「상법」 제22조와 「상업등기법」 제29조를 적용하지 않는다.
④ 제1항, 제2항의 경우에는 「등기사항증명서 등 수수료규칙」제5조의3 제2항, 제5조의5 제4항에 따른 수수료와 「지방세법」제28조 제1항 제6호 바목, 제151조 제1항 제2호에 따른 등록면허세와 지방교육세를 납부하여야 한다.

제2절 외국회사 상호의 등기와 로마자 등의 병기
제10조(외국회사의 상호)
① 외국회사의 상호는, 회사의 정관 또는 회사의 성질을 식별할 수 있는 서면에 한글 등으로 기재한 상호가 없더라도 당해 외국에서의 발음을 한글 등으로 등기한다. 이 경우 상호의 비주요 부분에 관하여는 의미상 동일성이 있는 한글 단어로 등기할 수 있다.
② 외국회사의 상호와 관련하여서도 신청에 따라 제1항의 등기를 한 후 괄호를 사용하여 로마자 등의 병기를 할 수 있다. 이 경우, 중국어의 간체자 또는 일본에서 사용되는 한자가 제4조 제1항 제1호의 한자와 동일한 것으로 인정될 수 있는 경우에는 신청에 따라 한자로 병기할 수 있다.
③ 당해 외국에서의 상호가 병기할 수 없는 문자로 기재되어 있는 경우에는 한글 등으로만 등기하고 로마자 등의 병기는 할 수 없다.
④ 회사의 종류를 표시하는 문자를 제외하고, 법령에서 상호 중에 일정한 문자(증권, 신탁 등)를 사용할 것을 규정한 경우에는 그 문자를 상호 중에 사용하여 등기를 신청하여야 한다. 이 경우 로마자 등 표기에 위 문자를 뜻하는 부분이 있으면 신청에 따라 그 부분을 한글로 번역하여 상호를 등기할 수 있다.
【제1문에 관한 예시】 에이비씨인터내셔널 인코포레이티드 증권 (ABC International Inc.) (영업소)

【제2문에 관한 예시】 에이비씨증권인터내셔널 인코포레이티드 (ABC Securities International Inc.) (영업소)

⑤ 이미 등기되어 있는 외국회사 또는 이 예규 시행 후에 한글 등으로만 상호의 등기를 신청하여 로마자 등의 병기가 되지 않은 외국회사는 경정등기의 방식으로 로마자 등의 병기를 신청할 수 있다. 이 경우에는 제9조 제4항을 준용한다.
⑥ 외국회사의 상호에 관하여는 제1항부터 제5항까지에서 정한 것을 제외하고는 제5조, 제6조, 제7조 제1항 제5호와 제8조(제4항 제2호 본문과 제8항은 제외)를 준용한다.

제3절 개인 상인의 상호 등기와 로마자 등의 병기
제11조(개인 상인의 상호)
① 개인 상인의 상호에 관하여는 그 성질에 반하지 않는 한 제5조, 제6조, 제8조와 제9조를 준용한다.
② 개인 상인은 상호와 그 로마자 등 표기가 함께 기재된 사업자등록증, 간판의 사진, 광고 전단지 등 상호와 그 로마자 등 표기를 함께 사용하고 있다는 소명 자료를 등기신청서에 첨부하여야 한다.
③ 개인 상인의 상호와 로마자 등의 병기 부분에는 회사로 오인하게 할 수 있는 문자(예를 들어, 합명회사, 합자회사, 주식회사, 유한회사, 「Co., Ltd.」, Inc., Company Limited, Incorporated 등)를 사용하지 못한다.

제4절 합자조합·민법법인·특수법인·외국법인 명칭의 등기와 로마자 등의 병기

제12조(합자조합·민법법인·특수법인·외국법인의 명칭)
　① 상법상의 합자조합·민법법인·특별법에 의하여 설립된 특수법인의 명칭에 관하여는 제5조부터 제9조까지를 준용한다. 이 경우 합자조합에 관하여는 제7조 및 제9조 중 "정관"은 "조합계약"으로 본다.
　② 외국회사를 제외한 기타의 외국법인의 명칭에 관하여는 제10조를 준용한다.

제3장 회사 등의 목적의 등기와 로마자 등의 병기

제13조(로마자 등의 병기 방식)
　① 로마자 등의 병기는, 먼저 목적을 한글 등으로 등기(이하 "목적의 등기"라 한다)한 후 한 칸을 띄우고 그 오른쪽 옆에 괄호를 사용하여 기록한다. 이 경우 목적의 구체성 판단 여부는 "목적의 등기"를 기준으로 판단하여야 한다(「한국표준산업분류」중 소분류 이하를 참고).
　　【예시】 농업 (Agriculture), 식료품 제조업 (Manufacture of Food Products)
　② 괄호 안의 로마자 등의 병기는 한자 또는 로마자의 각각으로만 할 수 있고, 한자와 로마자를 조합하거나 한글을 사용할 수 없다.
　　【병기할 수 없는 경우의 예시】 식료품 제조업 (Manufacture of 식료(품) Products)

　　【병기할 수 없는 경우의 예시】 폐수 처리업 (폐수 Treatment Services),
　　　　　　　　　　　　　　　　폐수처리업 (폐수 Treatment ervices)

제14조(띄어쓰기)
　① 목적의 등기는 「한글맞춤법」에 따라 띄어 씀을 원칙으로 한다.
　② 로마자 등으로 병기하는 경우에는 신청에 따라 단어, 문자 또는 부호 사이를 한 칸 띄워 써야 하고, 한자의 경우에도 의미 전달이 모호한 경우를 제외하고는 원칙적으로 단어마다 띄워 써야 한다.
　　【예시】 정기 광고간행물 발행업 (정기 광고간행물 발행업)

제15조(회사 등의 목적의 병기 부분의 동일성)
　① 회사 등의 목적 부분과 이에 대응하는 로마자 등의 병기 부분 간에는 발음상 또는 의미상 동일성이 있어야 한다.
　　1. 발음상 동일성이 있는 경우
　　　【예시】 피브이씨 제조업 (PVC Manufacturing), 시멘트 제조업 (Manufacture of Cement)
　　2. 의미상 동일성이 있는 경우
　　　【예시】 식료품 제조업 (Manufacture of Food Products), 폐수 처리업 (Wastewater Treatment Services)
　② 등기관은 회사 등의 목적 부분과 이에 대응하는 로마자 등의 병기 부분 간에 발음상 또는 의미상 동일성을 판단하기 위해서 번역문 등의 별도의 서면을 요구할 수 있다.

제16조(준용 규정)
　회사 등의 목적과 로마자 등을 병기할 때에는 성질에 반하지 않는 한 제6조 제3항 및

제7조(제1항 제3호는 제외), 제8조 제2항·제4항·제6항 및 제9조를 준용한다.

제4장 외국인의 성명 및 외국 주소 등의 등기와 로마자 등의 병기
제17조(외국인의 성명의 등기)
① 외국인의 성명은 원지음을 한글 등으로 등기한다.
② 외국인의 성명과 관련하여서도 신청에 따라 제1항의 등기를 한 후 괄호를 사용하여 여권에 기재된 로마자와 본국에서의 표기를 선택적 또는 중첩적으로 병기할 수 있다. 다만, 본국에서의 표기에 병기할 수 없는 문자나 부호가 사용되고 있는 경우에는 여권에 기재된 로마자로만 병기할 수 있고, 여권에 기재된 로마자를 등기하는 경우에는 여권 사본을 첨부정보로 제공하여야 한다.
③ 한글 등으로 등기되는 성명은 본국에서의 표기를 「외래어 표기법」에 따라 기재한 것이어야 한다.
④ 외국인의 성명을 한글 등으로 등기할 때에는 띄어쓰기를 하지 않는다.
⑤ 제6조 제2항, 제3항, 제10조 제5항은 성질에 반하지 않는 한 외국인의 성명의 등기에 관하여 준용한다.

제18조(외국주소의 등기)
① 외국주소(내·외국민을 불문한다)의 등기는 본국에서의 표기를 「외래어 표기법」에 따라 한글 등으로 우리나라의 주소기재방식으로 기재하여야 한다. 이 경우 단어, 문자, 아라비아숫자 또는 부호 사이를 한 칸 띄워 써야 한다.
　【예시】 하남성 남양시 팔일로 272호 특강공사 (하남성남양시팔일로272호특강공사)
　【예시】 미국 캘리포니아주 노스힐스 애퀴덕트 애비뉴 9560 (9560 AQUEDUCT AVE NORTH HILLS, CA)
② 괄호안의 로마자 등의 병기는 신청에 따라 제1항의 등기를 한 후 한 칸을 띄우고 괄호를 사용하여 본국에서의 표기를 하여야 한다. 다만, 본국에서의 표기에 병기할 수 없는 문자나 부호가 사용되고 있는 경우에는 한글 등으로만 등기하여야 한다.
③ 외국 주소를 병기하기 위해서는 외국 주소를 증명하는 서면 외에 번역문을 첨부하여야 한다.
④ 제10조 제5항은 성질에 반하지 않는 한 외국주소의 등기에 관하여 준용한다.

제19조(외국회사의 영업소의 본점소재지의 등기)
외국회사의 영업소의 본점소재지의 등기에 관하여는 제18조를 준용한다.

제5장 보 칙
제20조(상호가등기에의 적용 배제)
이 예규는 상호의 가등기에 관하여는 적용하지 아니한다.

부 칙(2016.05.13 제1598호)
이 예규는 2016년 6월 11일부터 시행한다.

---

3. 등기의 종류에 따른 등기방법

가. 최초의 등기

등기를 할 때에는 상업등기규칙에서 따로 정하는 경우를 제외하고는 등기기록 중 해당란에 등기사항, 등기원인 및 그 연월일, 등기연월일을 기록하고 등기관의 식별부호를 기록하여야 한다(민법법인 및 특수법인 등기규칙 제6조, 상업등기규칙 제55조).

나. 변경, 경정의 등기

변경의 등기를 하는 때에는 변경된 등기사항을 말소하는 기호를 기록하여야 한다(민법법인 및 특수법인 등기규칙 제6조, 상업등기규칙 제55조).

등기를 경정하는 경우에는 경정할 등기에 대하여 말소하는 표시를 하고, 그 등기에 의하여 말소된 등기사항이 있을 때에는 그 등기를 회복하여야 한다.(민법법인 및 특수법인 등기규칙 제6조, 상업등기규칙 제168조).

다. 말소의 등기

등기를 말소하는 경우에는 말소할 등기에 대하여 말소하는 표시를 하고, 그 등기에 의하여 말소된 등기사항이 있을 때에는 그 등기를 회복하여야 한다. 다만, 등기의 말소로 인하여 등기기록을 폐쇄하여야 할 때에는 그러하지 아니하다. 그리고 등기관이 직권으로 등기를 말소하는 경우에는 그 뜻을 기록하여야 한다.(민법법인 및 특수법인 등기규칙 제6조, 상업등기규칙 제170조).

라. 결의무효, 취소 등의 등기

사원총회 결의의 부존재, 무효 또는 취소의 등기를 하는 경우에는 결의한 사항에 관한 등기를 말소하는 기호를 기록하고 그 등기에 의하여 말소된 등기사항이 있는 때에는 그 등기를 회복하여야 한다. 창립총회 결의의 부존재, 무효 또는 취소의 등기의 경우에도 같다(민법법인 및 특수법인 등기규칙 제6조, 상업등기규칙 제153조).

마. 촉탁에 의한 등기

법원의 재판에 따른 등기를 할 때에는 법원의 명칭, 사건번호 및 재판의 확정연월일 또는 재판연월일을 기록하여야 한다(민법법인 및 특수법인 등기규칙 제6조, 상업등기규칙 제55조).

4. 등기신청의 각하

가. 등기신청의 각하의 방법

등기관은 제출된 등기신청서를 심사하여 그 신청이 소정의 각하사유에 해당하는 때에는 이유를 붙인 결정으로써 그 신청을 각하하여야 한다(비송사건절차법 제66조, 상업등기법 제26조).

등기관은 등기신청에 관한 모든 사항을 조사하여 거기에 각하사유가 있는 때에는 이유를 기재한 서면결정으로써 신청을 각하하여야 한다(등기예규 제878호). 그러나 신청의 잘못된 부분이 보정될 수 있는 경우로서 등기관이 보정을 명한 날의 다음 날까지 신청인이 그 잘못된 부분을 보정하였을 때에는 그 신청을 수리하여야 하는 것이므로(비송사건절차법 제66조, 상업등기법 제26조 단서), 신청의 흠결이 보정될 수 있는 것은 신청인에게 이를 지적하여 보정케 할 것이며 보정될 수 없는 것은 등기관 및 신청인의 편의를 위하여 취하를 권고하는 것이 바람직하다.

보정사항이 있는 경우 등기관은 보정사유를 등록한 후 신청인에게 그 사유를 전자우편, 구두, 전화, 모사전송 등의 방법으로 통지하여야 한다. 보정은 전산정보처리조직에 의하여 한다. 다만, 행정기관의 시스템 장애, 행정정보공동이용망의 장애 등으로 인하여 행정정보공동이용의 대상이 되는 첨부정보를 첨부할 수 없는 경우 또는 등기소의 전산정보처리조직의 장애 등으로 인하여 등기관이 이를 확인할 수 없어 보정을 명한 경우에는 그 정보를 담고 있는 서면(주민등록 등·초본 등)을 등기소에 직접 제출하거나, 신청인이 자격자대리인인 경우에는 그 서면을 전자적 이미지 정보로 변환한 것을 자격자대리인의 공인인증서 정보를 덧붙여 등기소에 송신할 수 있다. 이와 같이 신청인이 등기소에 직접 제출하는 방식으로 보정을 한 경우 등기관은 신청정보를 담고 있는 서면을 출력하여 그 출력물과 보정 서면을 신청서 기타 부속서류 편철장에 편철한다(등기예규 제1612호 2017. 1. 1 개정).

등기관이 등기신청을 각하할 때에는 그 등본을 신청인 또는 대리인에게 교부하거나 (영수증 수령) 특별우편송달 방법으로 송부하여야 하고 결정원본에는 그 란 외에 결정고지연월일과 그 방법을 기재하고 날인한다. 결정원본은 결정원본편철장에 이를 편철하여야 하며, 그 등기신청서는 신청서기타부속서류편철장에 편철한다.

결정서등본을 교부하거나 우편으로 송부하는 때에는 신청서 이외의 서류를 환부할 것이나(등기예규 제1097호). 환부하는 서류 중 각하사유를 증명할만한 부분의 사본을 복사하여 이를 신청서기타부속서류편철장에 편철하며 또 접수장의 비고란 및 신청서의 표지에는'각하'라고 주서한 다음 신청서는 신청서류편철장에 편철하여야 한다. 송부된 결정등본이 소재불명 등의 사유로 반송된 때에는 별도의 조치를 취할 필요없이 이를 결정등본 등 반송서류 일체를 그 송달불능보고서와 함께 당해 등기신청서에 편철하면 된다.

　전자신청에 대한 각하 결정 및 고지는 서면신청의 경우와 같은 방법으로 한다(등기예규 제1264호 2008. 9. 29 개정).

♣ 【양식】 각하결정을 경정하는 경우의 양식

○○지방법원 (○○지원) ○○등기소

결   정

사 건   20 년 월 일 접수 제   호 결정경정

신청인   등기권리자   ○ ○ ○ (-   )
　　　　　　　　　　　주소
　　　　　　등기의무자   ○ ○ ○ (-   )
　　　　　　　　　　　주소
　　　　　　위 쌍방대리인 법무사 ○ ○ ○
　　　　　　　　　　　주소

주   문

위 사건에 대한 각하결정의 ○○○ 중 ……………………………………………… (을)를
………………………………………………… (으)로 경정한다.

(예시: 위 사건에 대한 각하결정의 신청인 표시 중 "홈길동"을 "홍길동"으로 경정한다.)

이   유

위 결정에 명백한 오류가 있으므로 주문과 같이 결정한다.

20   .   .   .

등기관   ○   ○   ○

♣ 【서식】 각하결정서

○○지방법원(○○등기소)

결   정

신청인 사단(재단)법인   ○○회
　　　　○○시 ○○구 ○○동 ○○번지
이 사 ○　○　　○
　　　　○○시 ○○구 ○○동 ○○번지
위대리인 법무사　○　　○　　○
　　　　○○시 ○○구 ○○동 ○○번지

　위 신청인의 20○○년 ○월 ○일 접수 제○○호 사단(재단)법인 명칭변경등기신청사건에 대하여 다음과 같이 결정한다.

주   문

　위 신청인의 20○○년 ○월 ○일 변경으로 인한 사단(재단)법인명칭변경등기신청은 이를 각하한다.

이   유

　이 건 명칭변경등기신청사건은 그 명칭의 변경을 증명하는 사원총회(이사회)의 사록을 첨부하지 아니하였고 사용이 금지된 명칭을 사용하므로 농어촌발전특별조치법 제6조 제5항, 비송사건절차법 제66조, 제159조 제8조에 의하여 주문과 같이 결정한다.

20○○년 ○월 ○일

○○지방법원(○○등기소)
등기관 ○　　○　　○ ㊞

나. 등기신청각하의 사유

비송사건절차법에서는 상업등기법의 각하사유 17개중 14가지의 각하사유를 준용하고 있는데(비송사건절차법 제66조, 상업등기법 제26조), 그 중 법인등기에 관한 것만을 설명하면 다음과 같다.

1) 사건이 그 등기소의 관할에 속하지 아니한 때(1호)

법인등기는 법인의 주사무소소재지를 관할하는 지방법원, 그 지원 또는 등기소가 관할하므로(비송사건절차법 제60조), 이 관할등기소 이외의 등기소에 대한 등기의 신청은 각하된다.

등기관의 과오로 본 호에 위반되는 등기신청을 간과하고 수리하여 이루어진 등기는 당연무효로서 말소된다(비송사건절차법 제66조, 상업등기법 제77조, 제78조).

2) 사건이 등기할 사항이 아닌 때(2호)

등기할 사항에는 민법, 비송사건절차법 등의 법령에 의하여 등기하여야 할 의무가 부과된 절대적 등기사항과 등기할 의무는 없지만 등기할 수 있는 상대적 등기사항이 있다. 법률은 공시목적에 따라 등기할 수 있는 사항을 한정하여 그를 구체적으로 특정하고 있는 바, 법률이 정하고 있는 등기사항 이외의 사항에 대한 등기를 신청하거나 촉탁하면 이는 각하된다.

이에 의한 등기는 당연무효로서 직권말소의 대상이 된다(비송사건절차법 제66조, 상업등기법 제77조, 제78조).

한편 말소의 원인이 있는 법인총회의 결의에 의하여 선임된 이사취임등기의 신청이 있는 경우 등 신청서에 기재된 구체적인 등기사항에 관하여 무효 또는 취소의 원인이 있는 경우는 이에 해당하지 않는 것으로, 앞으로 설명될 '등기할 사항에 관하여 무효 또는 취소의 원인이 있는 때'의 각하사유에 해당한다.

3) 사건이 그 등기소에 이미 등기되어 있는 때(3호)

신청한 등기가 기존의 등기와 중복된 것일 때, 등기사항이 그 등기소에 이미 등기되어 있는데도 동일사항으로 이중등기를 신청하는 때에는 등기의 실익이 없을 뿐 아니라 등기의 간명성을 해하므로 각하된다.

이중등기란 동일등기소에 대하여 동일 내용의 등기신청을 하는 것을 말한다. 그런데 대리인은 영업소 단위로 선임되므로 동일인을 다른 영업소의 대리인으로 선임하는 등기신청은 그 다른 영업소가 동일 등기소의 관할구역 내에 있는 경우라도 이중 등기에 해당하지 아니한다.

이에 위반하여 이루어진 등기도 당연무효로서 직권말소의 대상이 된다(비송사건절차법 제66조, 상업등기법 제77조, 제78조).

4) 사건이 신청권한 없는 자의 신청에 의한 때(4호)

등기신청을 할 수 있는 자는 각 법인의 설립근거법령, 민법 및 비송사건절차법에 규정되어 있는 바, 그와 같은 규정에 위반하여 신청할 수 없는 자나 그로부터 대리권을 위임받지 아니한 자가 등기를 신청할 때에는 그를 각하하여야 한다. 등기는 원칙으로 당사자의 신청 또는 관공서의 촉탁이 없으면 할 수 없는 것이다.

신청권한이 없는 자와 신청은 신청적격이 없는 자의 신청과 신청에 관한 대표권이나 대리권이 없는 자의 신청으로 대별할 수 있다. 당사자가 신청할 등기를 관공서가 촉탁하거나 반대로 관공서가 촉탁할 등기를 당사자가 신청한 때에는 신청적격 없는 자의 신청에 해당하는 것이고, 공동대표 중 1인이 신청한 경우도 대표권이 없는 자의 신청에 해당하여 각하된다.

일반적으로 등기할 당사자가 신청인 적격자이나, 상호의 폐지등기, 무능력자의 등기 등에 관하여는 당사자가 아닌 자도 등기신청적격자가 될 수 있는 경우가 있으므로 주의해야 한다.

5) 당사자 또는 그 대리인이 출석하지 아니한 때(5호)

비송사건절차법 제66조, 상업등기법 제24조 제1항 제1호에서 등기신청시 등기신청인 또는 그 대리인의 출석을 규정하여 당사자 출석주의를 취하고 있으므로 이 규정에 위반하여 신청서를 우송하거나 제출권한 없는 자에 의하여 신청서를 제출한 때에는 그 신청은 각하된다.

그러나 촉탁에 의한 등기와 법인의 주사무소와 분사무소 소재지에서 등기할 사항에 관하여 분사무소 소재지에서 하는 등기에 대하여는 위 규정을 적용하지 아니하므로(비송사건절차법 제66조, 상업등기법 제24조 2항), 위 경우에는 촉탁자, 신청인 또는 그 대리인이 등기소에 출석할 필요가 없다.

특수법인의 분사무소에 두는 대리인의 등기는 그 분사무소소재지에서만 등기할 사항이므로 신청인 또는 그 대리인이 출석하여야 한다.

주사무소이전, 법인합병의 등기는 구본점소재지 관할등기소에서 신본점소재지 관할등기소로 직권으로 송부하므로 구본점소재지에 당사자 또는 대리인이 출석하면 되고, 신본점 또는 해산등기의 소재지에 출석할 필요는 없다.

6) 신청서가 방식에 적합하지 아니한 때(6호)

등기신청은 서면(전자신청 또는 전자표준양식 포함)에 의하여야 하며(비송사건절차법 제66조, 상업등기규칙 제60조, 민법법인 및 특수법인 등기규칙 제6조, 상업등기규칙 제63조), 비송사건절차법, 민법법인 및 특수법인 등기규칙의 소정의 방식에 따라야 한다. 그러므로 이러한 방식을 갖추지 아니하거나 서면에 의하지 아니한 등기신청을 한 경우에는 각하할 것이다.

예컨대 구두에 의한 신청, 신청인 또는 그 대리인의 기명날인이 없는 경우와 등기신청서의 기재사항 또는 기재문자가 비송사건절차법이나 민법법인및특수법인등기처리규칙등에 위반한 때에는 이를 각하하여야 한다.

7) 인감의 제출이 없거나 신청서 위임에 의한 대리인의 권한을 증명하는 서면, 양도증서, 승낙서에 찍힌 인감이 등기소에 제출된 인감의 인영과 상이한 때(7호)

신청인이 인감제출은 등기신청서가 신청권한 있는 자에 의하여 작성된 것임을 등기관에게 확인시킴으로써 등기신청의 진정을 보장하고자 하는 것이므로, 신청서에 날인할 자가 인감을 제출하지 아니한 경우에는 물론, 등기신청서나 위임장에 날인한 인감이 이미 제출된 인감과 상이한 때(인감증명법에 의한 인감제출의 경우 제외)에는 본 호에 의하여 각하된다. 인감증명 유효기간이 경과한 것도 같다.

촉탁에 의한 등기의 경우와 법인의 분사무소소재지에서 신청하는 등기에 대하여는 인감을 제출할 필요가 없으므로(비송사건절차법 제66조, 상업등기법 제25조 3항), 이 때는 본 호의 각하사유가 적용되지 아니한다.

8) 등기에 필요한 첨부정보를 제공하지 아니한 경우(8호)

등기에 필요한 첨부정보에 관하여는 비송사건절차법과 상업등기법 또는 민법법인 및 특수법인 등기규칙, 상업등기규칙 또는 예규로써 규정하고 있는 바, 여기서 정하는 첨부정보가 빠진 때에는 그 신청은 각하된다.

신청내용의 진정을 증명하는 서면으로 관청의 허가서를 필요로 하는 경우에는 그 허가서 또는 인증있는 등본(비송사건절차법 제63조), 주민등록번호를 증명하는 서면을 제출하지 아니한 경우 등이 이에 해당한다.

9) 신청정보와 첨부정보 및 이와 관련된 등기기록(폐쇄한 등기기록을 포함한다)의 각 내용이 일치하지 아니한 경우(9호)

이에는 다음과 같은 경우들이 있다.

① 신청서의 기재가 첨부서류의 기재와 부합하지 아니하는 때

신청서에 기재한 법인의 명칭이나 주사무소와 등기부에 기재된 명칭, 주사무소가 다른 경우, 신청서에 사임한 것으로 기재된 대표자의 등기가 등기부에는 없는 경우, 다른 이사, 감사의 퇴임등기신청서에 기재된 이사, 감사의 성명, 주소와 등기부상의 그것이 다른 경우 등이 이에 해당한다.

② 신청서의 기재가 등기부의 기재와 부합하지 아니하는 때

다만, 행정구역 또는 명칭의 변경, 구획의 변경이 있을 때에는 등기부의 그것이 당연히 변경된 것으로 보고 등기관이 직권으로 변경기재를 할 수 있으므로, 이 경우에는 등기부가 변경된 것과 같이 취급하여, 등기부와 상위하여도 동일성이 인정된다.

③ 첨부서류의 기재가 등기부의 기재와 부합하지 아니하는 때

이에는 신청서에 첨부된 이사회의사록의 자산총액의 기재가 등기부의 기재와 다른 경우, 사원총회의사록의 법인의 명칭과 등기부의 법인의 명칭이 다른 경우, 정관기재사항과 신청서의 기재사항이 다른 경우 등이 있다.

④ 첨부서류의 기재가 서로 부합하지 아니하는 때

이사회의사록에는 갑을 이사로 선임한 것으로 기재되어 있는데 취임승낙서에는 을로 기재된 경우, 사원총회의사록에는 자산총액을 100만원 증가하였다는 취지가 기재되어 있는데 그 법인의 자산을 증명하는 서류에는 50만원만 있는 경우 등이 이에 해당한다.

10) 등기할 사항에 관하여 무효 또는 취소의 원인이 있는 때(10호)

이는 등기할 사항의 성립절차 내지 발생 원인에 하자가 있는 경우로서 실체에 관계되는 각하사유라 할 것이다.

등기할 사항에 관하여 무효 또는 취소의 원인이 있는가의 여부는 민법 등 실체법규와 등기부, 신청서와 첨부서면 등의 자료로 심사한다.

　신청의 적법 여부에 대한 심사는 등기부와 신청서 및 그 부속서류 등 서류에 의해서만 할 것이나, 그 심사의 대상은 절차의 적법여부뿐 아니라 실체의 적법여부도 되므로 그에 의한 심사결과 등기할 사항이 무효 또는 취소원인이 있다고 인정되면 적법한 공시를 추구하는 법인등기제도의 취지와 분쟁의 미연방지라는 관점에서 보아 당연히 각하하여야 할 것이다.

　이에 따라 정족수 미달의 이사회 결의에 의한 이사선임등기, 법정요건불비의 해산등기 및 청산인선정등기 등은 그 신청을 각하할 것이다.

　등기할 사항의 부존재한 총회의 결의에 의하여 등기사유가 발생할 사항에 관하여 총회가 전연 개최된 바가 없는 경우 등 등기할 사항이 부존재한 경우도 이에 해당한다 할 것이다.

　"등기할 사항에 관하여 소(訴)로써만 주장할 수 있는 무효 또는 취소의 원인이 있는 경우에 그 소가 제기기간 내에 제기되지 아니한 때에는 제26조 제10호를 적용하지 아니한다."고 규정하고 있는 상업등기법 제27조의 규정은 비송사건절차법 제66조에서 준용하는 규정이 없다. 민법에는 사원총회결의무효 또는 취소의 소에 관한 규정이 없으므로 당연히 이러한 소송에 대한 제소기간은 규정되어 있지 아니하고, 따라서 상업등기법 제27조의 규정을 준용하는 규정을 비송사건절차법에 두지 아니한 것이다. 대법원은 사원총회결의 및 이사회결의에 대한 무효·부존재소송을 인정하고 있으나(99다12437), 이사회결의 취소의 소는 인정하지 아니한다.

　'등기된 사항에 관하여 무효의 원인이 있는 때'라 함은 등기신청 당시 제출된 자료만으로도 등기된 사항에 관하여 무효의 원인이 있음이 외형상 명백히 밝혀진 때를 말한다(2007마1154).

11) 거쳐야 할 등기소를 거치지 아니하고 등기를 신청한 때(11호)

　주사무소를 다른 등기소의 관할 구역 내로 이전한 경우에 신소재지에서 하는 등기의 신청은 구소재지를 관할하는 등기소를 거쳐야 하는데, 구소재지 관할등기소를 거치지 아니하고 신소재지 관할등기소에 주사무소의 이전등기를 신청한 경우 등이 이에 해당한다(비송사건절차법 제66조, 상업등기법 제55조 제1항). 이와 같이 다른 등기소를 거쳐야 할 규정이 있는 경우에 이를 거치지 않고 한 등기신청은 각하되는 것이다.

12) 동시에 신청하여야 할 다른 등기를 동시에 신청하지 아니한 때(12호)

등기를 동시에 신청하여야 하는 경우로는 다음의 경우가 있다.

① 법인의 주사무소를 다른 등기소의 관할구역 내로 이전한 경우의 신소재지에서 하는 등기의 신청과 구소재지에서 하는 등기의 신청

② 특수법인이 합병한 경우에 주사무소재지에서 하는 소멸법인의 해산등기와 존속법인 또는 신설법인의 변경 또는 설립의 등기

③ 법인이 조직을 변경한 경우의 조직변경으로 인한 해산등기와 설립의 등기

④ 해산등기를 신청하지 않고 청산인등기를 신청하는 경우(청산인선임등기를 하지 않고 해산등기신청만을 하는 경우는 수리하여야 함)

⑤ 특수법인의 대리인을 둔 주사무소 또는 분사무소가 이전, 변경 또는 폐지된 경우에 주사무소 또는 분사무소의 이전, 변경 또는 폐지의 등기

13) 사건이 등기할 수 없는 상호의 등기 또는 가등기를 목적으로 하는 경우(13호)

동일한 특별시, 광역시, 특별자치시, 시(행정시를 포함한다. 이하 같다) 또는 군(광역시의 군은 제외한다. 이하 같다)에서는 동종의 영업을 위하여 다른 상인이 등기한 상호(商號)와 동일한 상호를 등기할 수 없다.

14) 사건이 법령의 규정에 의하여 사용이 금지된 명칭의 등기를 목적으로 하는 때(14호)

특별법의 규정에 의하여 사용이 금지된 법인의 명칭의 등기를 목적으로 한 등기신청은 각하된다.

영농조합법인은 그 명칭 중에 영농조합법인이라는 명칭을 사용하여야 하며, 영농조합법인이 아닌 자는 영농조합법인이라는 명칭을 사용할 수 없다(농발법 제6조 5항). 농업협동조합법(동법 제2조 4항), 수산업협동조합법(동법 제3조 2항), 축산업협동조합법(동법 제3조 4항), 중소기업협동조합법(동법 제5조 2항)은, 그 법에 의하여 설립된 조합이나 그 중앙회가 아니면 명칭 중에 그 법 소정의 조합이나 중앙회 또는 그와 유사한 명칭을 사용할 수 없도록 규정하고 있다. 산림조합법(동법 제3조 2항)에는 동법에 의하여 설립된 산림계나 조합 또는 중앙회가 아니면 명칭중에 동법 소정의 명칭 또는 그와 유사한 명칭을 사용할 수 없다는 규정이, 은행법(동법 제8조)에는 한국은행과 동법에 규정된

금융기관이 아니면 명칭 중에 은행이란 명칭을 사용할 수 없다는 규정이 있다. 또한 직업안정법상 직업소개업을 하는 자는 직업소개소라는 상호를 반드시 사용하여야 한다.

이와 같이 법령 중에 특정명칭의 사용을 요구하거나 금지하는 경우가 적지 아니한 바, 이에 위반한 때에는 이를 각하하여야 한다.

또한 '○○청'과 같이 국가기관으로 오인될 우려가 있는 명칭도 사용할 수 없다고 할 것이다.

15) 상호등기가 말소된 회사가 상호의 등기에 앞서 다른 등기를 신청한 경우

16) 사건이 상업등기법 제38조제3항·제39조제2항 또는 제40조제1항 단서를 위반한 경우

17) 등록면허세 또는 수수료를 납부하지 아니하거나 등기신청과 관련하여 다른 법률에 의하여 부과된 의무를 이행하지 아니한 때(17호)

등기신청을 하는 때에는 지방세법 소정의 등록면허세와 지방교육세, 등기신청수수료 등을 납부하여야 하는 바, 등록면허세를 전액 납부하지 않는 경우는 물론 납부액에 부족이 있는 때에도 등기청은 각하된다.

18) 동시에 신청하여야 할 다른 등기에 각하사유가 있는 때

2개 이상의 등기를 동시에 신청하여야 할 경우 그 중 하나의 신청에 각하사유가 있는 때에는 각하사유가 없는 다른 신청도 함께 각하된다(비송사건절차법 제66조, 제67조, 상업등기법 제56조 1항).

다만, 법인의 주사무소를 다른 등기소의 관할구역 내로 이전한 경우에 신소재지를 관할하는 등기소가 신소재지에서 하는 등기의 신청을 각하한 때에는 구소재지에서의 등기신청도 각하된 것으로 보므로(비송사건절차법 제66조, 상업등기법 제56조 6항), 구소재지 관할등기소에서는 각하결정을 할 필요가 없다.

三. 등기의 경정과 말소

등기가 완료되었다 해도 그 등기가 실체관계와 부합하지 아니하는 경우가 있는 바, 그 등기를 실체관계에 부합시키기 위하여 하는 등기가 경정 또는 말소의 등기이다.

경정등기와 말소등기는 등기를 시정하기 위한 제도인 점에서는 동일하나 등기의 경정은 실체관계의 존재를 전제로 하여 그 등기가 실체관계에 부합되지 아니하기 때문에 이를 시정하는 등기이고, 등기의 말소는 당초부터 무효 또는 존재하지 아니하는 실체관계를 등기한 경우에 이를 시정하는 등기인 점에서 차이가 난다.

1. 등기의 경정

가. 경정의 의의 및 경정사유

등기의 경정이란 등기에 착오 또는 유루가 있어 그 내용이 실체와 부합하지 않는 경우 그를 일치시키는 것을 말한다.

이 점에서 경정등기는 변경등기와 같으나, 변경등기는 불부합의 원인이 등기 후에 새로 발생한 경우임에 반하여 경정등기는 불부합의 원인이 등기 당초부터 존재하는 점에서 서로 다르다.

경정등기는 착오 또는 유루가 신청인의 과오에 기인한 때나, 등기관의 과오에 기인한 때나 언제나 할 수 있다. 다만 그 절차에 차이가 난다.

경정의 사유가 주사무소 또는 분사무소의 등기 중 어느 일방에만 존재하는 때에는 그 사유 있는 주사무소나 분사무소의 등기만 경정하여 등기하면 된다.

등기의 경정은 현재의 사실과 등기가 불일치하는 경우에만 인정되고, 등기 당시에는 사실과 부합하지 아니하여도 그 후 실체관계의 변동으로 현재 그 등기가 사실과 부합하는 때에는 경정사유가 되지 않는다. 따라서 그 후 실체관계의 변동으로 인하여 현재 그 등기가 사실과 부합된 때에는 이를 경정할 수 없다.

또한 경정 전과 경정 후의 등기에 동일성이 인정되어야 한다.

나. 경정절차

1) 당사자의 신청에 의한 경정

등기 당사자는 등기에 착오나 빠진 부분이 있을 때에는 그 등기의 경정(更正)을 신청할 수 있다(비송사건절차법 제66조, 상업등기법 제75조).

등기관은 등기를 마친 후 그 등기에 착오나 빠진 부분이 있음을 발견하였을 때에는 지체 없이 그 사실을 등기를 한 자에게 통지하여야 한다. 다만, 그 착오나 빠진 부분이 등기관의 잘못으로 인한 것이었을 때에는 그러하지 아니하다(비송사건절차법 제66조, 상업등기법 제76조).

등기의 착오나 유루가 당사자의 과오에 의한 것인 때에는 그 경정등기는 당사자의 경정등기신청에 의해서만 할 수 있으며 등기관이 직권으로 할 수는 없다.

경정등기를 신청하는 경우에는 착오나 빠진 부분이 있음을 증명하는 정보를 제공하여야 한다. 다만, 등기에 착오나 빠진 부분이 있음이 그 등기의 신청정보 또는 첨부정보에 의하여 명백할 때에는 경정등기의 신청서에 그 뜻을 기재하고 제1항의 첨부정보를 제공하지 아니할 수 있다(민법법인 및 특수법인 등기규칙 제6조, 상업등기규칙 제167조).

등록면허세는 당사자의 과오로 인한 착오, 유루인 경우에 법인등기의 경정에 있어서는 40,200원(지세법 제28조 1항 6호), 대리인의 등기의 경정에 있어서는 12,000원(지세법 제28조 1항 14호)을 납부하여야 하고, 지방교육세는 등록면허세의 100분의 20을 납부하여야 한다(지세법 제151조).

그러나 행정구역의 변경, 주민등록번호의 변경, 지적(地籍) 소관청의 지번 변경, 계량단위의 변경, 등기 또는 등록 담당 공무원의 착오 및 이와 유사한 사유로 인한 등록으로서 주소, 성명, 주민등록번호, 지번, 계량단위 등의 단순한 표시변경·회복 또는 경정 등록의 경우에는 등록면허세가 면제되며(지세법 제26조), 등록세 면제에 따른 농어촌특별세도 면제되고, 등기신청수수료도 면제된다.

등기신청수수료는 직권경정의 경우에는 면제되고, 당사자의 잘못으로 인한 경우에는 등기목적별로 3,000원을 납부한 대법원등기수입증지를 첨부한다.

2) 직권에 의한 경정

등기관이 등기를 완료한 후 그 등기에 착오나 빠진 부분이 있음을 발견하였을 때에는 그 착오 또는 빠진 부분이 등기관의 과오에 기인한 것인 때에는 등기의 당사자에게 그 뜻을 통지할 필요 없이 등기관이 직권으로 등기를 경정한 후에 등기를 한 사람에게 통지하여야 한다(비송사건절차법 제66조, 상업등기법 제76조).

등기의 착오 또는 유루가 등기관의 과오로 인한 것인 때에는 등기의 당사자가 등기관보다 먼저 이를 발견하여 경정등기를 신청한다 하더라도 이는 등기관의 직권경정을 촉구하는 의미밖에 없으므로, 신청에 의하여 이를 경정할 것이 아니다.

그러나 이러한 경우에도 당사자가 먼저 이를 발견하여 신청한 때에는 이 신청에 의하여 경정의 등기를 하여 주면 될 것이다.

이 때 당사자의 신청에 의한 경우라 하더라도 등록세는 무세로 하여야 할 것이다(지세법 제26조).

3) 등기부의 기재

경정의 기재는 당해 변경등기를 할 난에 하여야 한다. 신청에 의한 경정등기는 상당란에 경정되는 등기사항과 경정취지 및 경정사유와 그 연월일을 기재하고, 등기를 경정하는 경우에는 경정할 등기에 대하여 말소하는 표시를 하고, 그 등기에 의하여 말소된 등기사항이 있을 때에는 그 등기를 회복하여야 한다(민법법인 및 특수법인 등기규칙 제6조, 상업등기규칙 제168조).

다. 전산정보처리조직에 의한 구등기부 이기 후 직권경정 허가신청

지방법원장은 착오 또는 유루된 등기사항이 상업등기처리규칙 부칙 제2조 제1항 또는 민법법인 및 특수법인 등기처리규칙 부칙 제2조 제1항의 규정에 따른 이기로 발생한 경우에는 그 등기사항을 직권으로 경정할 수 있음을 포괄적으로 허가할 수 있으며, 이 허가에 의하여 등기관이 등기를 직권으로 경정하고자 하는 때에는 직권경정서를 작성하여 경정하여야 한다. 직권경정서는 등기신청사건의 접수장에 접수하며 신청서기타부속서류편철장에 편철한다(전산정보처리조직에 의한 상업등기등 사무처리지침 등기예규 제1541호 2014. 11. 5.).

♣ 【서식】 법인등기경정등기신청서

<table>
<tr><td colspan="5" align="center">○○법인등기경정등기신청</td></tr>
<tr><td rowspan="2">접
수</td><td align="center">년   월   일</td><td rowspan="2">처리인</td><td>등기관 확인</td><td>각종통지</td></tr>
<tr><td align="center">제   호</td><td></td><td></td></tr>
</table>

명　칭	○○사단법인		등기번호	
주사무소	○○시 ○○구 ○○동 ○			
등기의 목적	착오로 인한 명칭(목적, 본점) 경정등기			
등기의 사유	20○○년 ○월 ○일 등기한 명칭(주사무소)에 관한 등기(등기사항 중 ○○○○○에 관한 사항)는 신청인의 과오로 인한 착오있는 등기이므로 이를 경정하기 위하여 다음 사항의 등기를 구함.			
인가서도착연월일	20○○년 ○월 ○일			

<table>
<tr><td colspan="2" align="center">등기할 사항</td></tr>
<tr><td colspan="2">(1) 명칭　○○재단법인을 ○○사단법인으로 경정
(2) 목적　○○○○을 ○○○으로 경정
(3) 주사무소　○○○○○○○○○를 ○○○○○○○○로 경정</td></tr>
<tr><td align="center">기　타</td><td></td></tr>
</table>

신청등기소 및 등록면허세/수수료						
순번	신청등기소	구분	등록면허세 지방교육세	농어촌특별세	세액합계	등기신청수수료
			금 원 금 원	금 원	금 원	금 원
합 계						
등기신청수수료 납부번호						

<table>
<tr><td colspan="2" align="center">첨　부　서　면</td></tr>
<tr>
<td>1. 사원총회의사록(또는 정관)　　　　1통</td>
<td>1. 등록면허세영수필확인서　　　　1통
1. 등기신청수수료영수필확인서　　1통
1. 위임장(대리인이 신청할 경우)　1통

　　　<기 타></td>
</tr>
</table>

20○○년 ○월 ○일

신청인 명　　칭　○○사단법인
　　　　주사무소　○○시 ○○구 ○○동 ○○
대표자 성　　명　이사장 ○ ○ ○ ㊞　　(전화 :　　　　)
　　　　주　　소　○○시 ○○구 ○○동 ○○
대리인 성　　명　법무사 ○ ○ ○ ㊞　　(전화 :　　　　)
　　　　주　　소　○○시 ○○구 ○○동 ○○

○○지방법원 ○○등기소 귀중

- 신청서 작성요령 -

1. 해당란이 부족할 때에는 별지를 이용합니다.
1. 해당 등기신청과 관계없는 사항에 대하여는 "해당없음"으로 기재하거나 삭제하고, 필요한 사항은 추가 기재합니다.
1. 「인감증명법」에 따른 인감증명서 제출과 함께 관련 서면에 인감을 날인하여야 하는 경우, 본인서명사실확인서를 제출하고 관련 서면에 서명을 하거나 전자본인서명확인서 발급증을 제출하고 관련 서면에 서명을 하면 인감증명서를 제출하고 관련 서면에 인감을 날인한 것으로 봅니다.

(용지규격 21㎝×29.7㎝)

> **주** ① 명칭경정의 경우에는 현재 등기되어 있는 착오된 명칭을 기재한다.
> ② 사무소 경정의 경우에는 현재 등기되어 있는 착오된 사무소 소재지를 기재한다.
> ③ 분사무소 기재는 분사무소 소재지에서 신청하는 경우에 기재하는 것으로서 그 경우에는 주사무소 소재지 다음에 이 등기를 신청하는 당해 등기소 관내의 분사무소 소재지도 아울러 기재한다. 주사무소 등기와 분사무소 등기중 어느 일방의 등기인이 착오나 유루가 있을 때에는 그 착오나 유루있는 등기만 경정한다.
> ④ 등록면허세는 40,200원, 지방교육세는 등록면허세액의 100분의 20이다(지세 제28조 제1항, 제151조).
> ⑤ 등기부나 신청서의 기재로서 착오나 유루의 사실이 명백히 인정되는 때에는 이를 별도로 첨부할 필요 없이 신청서에 그 취지만 기재한다.
> ⑥ 명칭이나 주사무소 경정의 경우에는 경정된 명칭이나 주사무소로 기재된 이사 전원의 인감도 제출한다.

♣ 【서식】 착오 또는 유루의 통지서

<table>
<tr><td colspan="4">각통 제○○○○호

 착오 또는 유루의 통지서 </td></tr>
<tr><td>명   칭</td><td colspan="3"></td></tr>
<tr><td>주 사 무 소</td><td colspan="3"></td></tr>
<tr><td>완 료 한 등 기</td><td>접수 20○○년 ○월 ○일
제○○○○호</td><td>등기의
목 적</td><td></td></tr>
<tr><td>착오 또는 유루의
사유</td><td></td><td></td><td></td></tr>
</table>

    위와 같이 착오(유루)있음을 발견하였으므로 비송사건절차법 제66조, 상업등기법 제76조에 의하여 통지하오니 경정등기신청을 하시기 바랍니다.

20○○년 ○월 ○일

○○지방법원(○○등기소)
등기관   ○   ○   ○   ⑪

○   ○   ○   **귀하**

♣ 【서식】 직권경정서

직권경정서

　민법법인및특수법인등기처리규칙 부칙 제2조의 규정에 의하여 비송사건절차법 제238조의2 1항의 등기부로 개제한 등기사항에 대하여 착오 또는 유루가 있으므 로 아래와 같이 직권경정함.

아　　래

1. 법인의 명칭 :
2. 등기번호　 :
3. 개제연월일 :
4. 경정할사항 :
첨부(소명자료) : 구등기용지사본 및 전산등기부사본

20○○년 ○월 ○일

○○지방법원　○○등기소

등기관　○　　○　　○　직인

2. 등기의 말소

가. 말소의 사유

등기관이 비송사건 절차법 소정의 각하사유를 간과하고 등기를 수리하여 마친 때에는 적법한 사실의 공시를 위한 등기제도의 취지에 비추어 그를 말소하여 위법등기를 제거하여야 할 것이다.

그러나 이를 모두 말소해야 하는 것은 아니다.

즉, 등기의 적법성과 함께 그 안정성도 고려하여 등기의 말소를 결정해야 하는 것이다. 비송사건절차법 제66조의 준용규정에 따라 상업등기법 제77조 제1항에서는 등기의 말소사유를 다음과 같이 한정하고 있다.

① 그 등기소의 관할에 속하지 아니한 등기를 한 때

② 사건이 등기사항 이외의 사항을 등기목적으로 한 때

③ 그 등기소에 이미 등기되어 있는 사항을 다시 등기한 때

④ 등기된 사항에 관하여 무효의 원인이 있는 때(소로써만 무효를 주장할 수 있는 경우를 제외한다)

신청인 또는 등기관의 과오로 인하여 등기된 법정요건불비의 해산등기나 잔여재산이 있음을 간과하고 잘못 등기된 청산종결등기 등도 그를 시정하는 방법으로 그 등기를 말소하는 방법을 취하게 되지만 이러한 경우의 말소등기는 형식 뿐으로 그 본래의 성질은 비송사건절차법 제66조, 상업등기법 제77조 이하 소정 당연무효등기의 말소등기와는 다르고, 같은 착오, 유루등기의 경정등기에 속하는 것이라 할 것이다.

나. 말소절차

1) 당사자의 신청에 의한 말소

당사자는 앞서 설명한 말소사유가 있는 때에는 그 등기의 말소를 신청할 수 있다(비송사건절차법 제66조, 상업등기법 제77조 1항).

신청서에는 일반적인 기재사항을 기재하여야 하며 등기사항에 관하여 무효의 원인이 있음을 이유로 말소신청을 하는 경우에는 신청서에 그 무효의 원인이 있음을 증명하는 정보를 제공하여야 한다(민법법인 및 특수법인 등기규칙

제6조, 상업등기규칙 제169조).

이에 해당하는 서면으로는 다음과 같은 것을 들 수 있다.

① 등기사항이 일정한 법률관계를 기초로 하고 있는 경우에 이를 무효로 하는 민사판결이 확정된 때에는 그 판결에 의한 등기의 촉탁규정이 없으면 그 판결정본을 말소사유를 증명하는 서면으로 하여 등기의 말소를 신청할 수 있을 것이다.

② 등기사항이 일정한 법률관계를 기초로 하고 있는 경우에 그 법률관계의 당사자간에 재판상 화해, 인낙 등 확정판결과 동일한 효력을 갖는 행위가 있는 때에는 그 조서의 정본을 등기의 말소사유를 증명하는 서면으로 할 수 있을 것이다(일본 등기선례 소화 39. 7. 20, 민사갑 제2592호).

③ 사인이 작성한 서면은 원칙으로 등기사항에 관한 무효의 원인이 있음을 증명하는 서면이 될 수 있다.

말소되어야 할 등기를 신청할 때에 제출한 신청서 또는 그 첨부서면의 기재에 의하여 등기된 사항에 무효원인이 있음을 인정할 수 있는 때에는 그 신청서 등이 등기사항에 무효원인이 있음을 증명하는 서면이 되며(민법법인 및 특수법인 등기규칙 제6조, 상업등기규칙 제169조 제2항, 제167조 제2항), 의사록에 날인한 전원이 인감증명서를 첨부하여 그 의사록이 위조된 뜻을 기재한 서면을 작성한 때에는 그 서면이 위조된 의사록에 의하여 신청된 등기의 말소사유를 증명하는 서면이 된다 할 것이다(1990.2.16, 등기 제317호 참조).

등록면허세는 40,200원(지세법 제28조 1항 6호), 대리인의 등기는 12,000원(지세법 제28조 1항 14호)이고, 지방교육세는 등록세의 100분의 20이다.

등기신청수수료는 서면방문신청의 경우 3,000원으로, 이를 납부한 대법원수입증지를 첨부하여야 한다. 전자표준양식에 의한 신청의 경우에는 4,000원, 전자신청의 경우에는 2,000원이다.

2) 직권에 의한 말소

등기관은 등기를 마친 후 등기가 위 말소사유에 해당하는 것을 발견한 때에는 등기를 한 자에게 1월 이내의 기간을 정하여 그 기간 내에 서면으로 이의를 진술하지 아니하면 등기를 말소한다는 뜻을 통지하여야 한다(비송사건절차법 제66조, 상업등기법 제78조 1항). 등기를 한 자의 주소 또는 거소를 알 수 없는 때에는 위의 기간 동안 등기소 게시장에 그 뜻을 게시하거나 대법원규칙으로 정하는 바에 따라 공고하여야 한다(비송사건절차법 제66조, 상업등기법 제78조 2항).

말소에 대하여 이의를 진술한 자가 있는 때에는 등기관은 그 이의에 대하여 결정을 하여야 하며(비송사건절차법 제66조, 상업등기법 제79조), 이의를 진술한 자가 없는 때 또는 이의를 각하한 때에는 직권으로 등기를 말소하여야 한다(비송사건절차법 제66조, 상업등기법 제80조).

이러한 규정들은 법인의 주사무소와 분사무소 소재지에서 등기할0 사항의 등기에 관하여는 주사무소 소재지에서 한 등기에 한하여 적용한다.

그러나 분사무소 소재지에서 한 등기에 한하여 말소의 사유가 있는 때에는 그러하지 아니하다.

주사무소 소재지의 등기소에서 등기를 말소한 때에는 지체없이 그 뜻을 분사무소 소재지의 등기소에 통지하고 그 통지를 받은 분사무소 소재지의 등기소에서는 지체없이 그 등기를 말소하여야 한다(비송사건절차법 제66조, 상업등기법 제81조).

전산정보처리조직에 의한 등기가 유루 또는 착오기재된 경우 지방법원장으로부터 포괄직권경정허가를 받아 등기관이 먼저 경정등기를 실행하고 후에 지방법원장에게 보고할 수 있다(전산정보처리조직에의한상업등기등사무처리지침, 2007. 12. 24 등기예규 제1234호).

직권에 의한 등기의 등록면허세는 면제된다.

대법원 예규

▶예규◀ 법률의 근거 없이 설립등기된 법인등기에 대한 처리지침

(등기예규 제1507호, 2013.12.24 개정)

1. 직권말소
   가. 법률의 근거없이 설립등기된 법인의 등기는 「상업등기법」(이하 "법" 이라 한다) 제27조제2호(또는 「비송사건절차법」 제66조)의 사유에 해당되는 등기이므로 등기관이 이에 해당하는 등기를 발견한 때에는 지체없이 법 제117조제1항의 통지를 한 다음, 해당 법인에 대하여는 등기사항증명서나 인감증명서가 발급되지 않도록 전산시스템에 그 발급을 정지하는 사유(예 : 직권말소 통지 중)를 입력하여야 한다.
   나. 법 제117조부터 법 제119조까지의 규정은 직권말소에 관한 절차규정이므로 법 제

118조에 따른 이의신청은 법 제117조의 통지를 받은 사람만이 할 수 있다.
다. 등기의 말소에 관하여 이의를 진술한 사람이 없거나 진술한 이의를 각하한 경우 등기관은 법 제119조에 따라 직권으로 등기를 말소하여야 한다.

2. 법률의 근거 여부 판단
법률의 규정에 의하여 설립된 법인인지의 여부는 설립등기신청서에 첨부된 설립인가증 또는 등기부의 목적란 등에 기재된 관련 법률을 면밀히 조사하여 판단하여야 한다.
가. 설립등기를 할 수 없는 경우
(1) 「주택법」 제32조제1항에 따라 인가를 받은 지역주택조합·리모델링주택조합 및 동법 제32조제3항에 따라 신고한 직장주택조합
(2) 「임대주택법」 제7조에 따라 인가를 받은 임대주택조합
(3) 민법상 비영리법인으로서의 설립인가를 받지 아니한 임의적 단체

나. 설립등기를 할 수 있는 경우
(1) 「주택법」 제81조에 따라 설립된 주택사업자협회 및 주택관리사협회
(2) 「도시개발법」 제13조에 따라 인가를 받은 조합
(3) 「도시 및 주거환경정비법」 제16조에 따라 인가를 받은 정비사업조합

♣ **【서식】 법인등기말소등기신청서**(당연무효인 이사, 공고방법 등의 말소)

법인등기 말소등기신청

접 수	년 월 일	처리인	등기관 확인	각종통지
	제 호			

명 칭	○○사단법인	등기번호	제1000호

주사무소	○○시 ○○구 ○○동 ○
등기의 목적	무효로 인한 공고방법(이사) 말소등기
등기의 사유	20○○년 ○월 ○일 등기한 공고방법(이사 ○○○)에 관한 등기는 당연무효이므로 이를 말소하는 등기를 구함.

등기할 사항

공고방법   ○○○○의 말소
이   사   ○○○의 말소

기 타	

<table>
<tr><td colspan="8" align="center">신청등기소 및 등록면허세/수수료</td></tr>
<tr><td rowspan="2">순번</td><td rowspan="2">신청등기소</td><td rowspan="2">구분</td><td>등록면허세</td><td rowspan="2">농어촌특별세</td><td rowspan="2">세액합계</td><td colspan="2" rowspan="2">등기신청수수료</td></tr>
<tr><td>지방교육세</td></tr>
<tr><td rowspan="2"></td><td rowspan="2"></td><td rowspan="2"></td><td>금   원</td><td rowspan="2">금   원</td><td rowspan="2">금   원</td><td colspan="2" rowspan="2">금   원</td></tr>
<tr><td>금   원</td></tr>
<tr><td></td><td></td><td></td><td></td><td></td><td></td><td colspan="2"></td></tr>
<tr><td colspan="3" align="center">합   계</td><td></td><td></td><td></td><td colspan="2"></td></tr>
<tr><td colspan="3">등기신청수수료 납부번호</td><td colspan="5"></td></tr>
<tr><td colspan="8" align="center">첨   부   서   면</td></tr>
<tr><td colspan="3">1. 당연무효임을 증명하는 서류   1통</td><td colspan="5">1. 등록면허세영수필확인서   1통
1. 등기신청수수료영수필확인서   1통
1. 위임장(대리인이 신청할 경우)   1통

<기 타></td></tr>
</table>

20○○년 ○월 ○일

신청인 명   칭   ○○사단법인

　　　주사무소   ○○시 ○○구 ○○동 ○○

대표자 성   명   이사장 ○ ○ ○ ㊞   (전화 :   )

　　　주   소   ○○시 ○○구 ○○동 ○○

대리인 성   명   법무사 ○ ○ ○ ㊞   (전화 :   )

　　　주   소   ○○시 ○○구 ○○동 ○○

○○지방법원 ○○등기소 귀중

- 신청서 작성요령 -

1. 해당란이 부족할 때에는 별지를 이용합니다.
1. 해당 등기신청과 관계없는 사항에 대하여는 "해당없음"으로 기재하거나 삭제하고, 필요한 사항은 추가 기재합니다.
1. 「인감증명법」에 따른 인감증명서 제출과 함께 관련 서면에 인감을 날인하여야 하는 경우, 본인서명사실확인서를 제출하고 관련 서면에 서명을 하거나 전자본인서명확인서 발급증을 제출하고 관련 서면에 서명을 하면 인감증명서를 제출하고 관련 서면에 인감을 날인한 것으로 봅니다.

(용지규격 21cm×29.7cm)

♣【서식】법인등기말소등기신청서(착오로 된 청산종결등기의 말소)

<table>
<tr><td colspan="6" align="center">법인등기 말소등기신청</td></tr>
<tr><td rowspan="2">접
수</td><td colspan="2" align="center">년　　월　　일</td><td rowspan="2">처리인</td><td>등기관 확인</td><td>각종통지</td></tr>
<tr><td colspan="2" align="center">제　　　　호</td><td></td><td></td></tr>
</table>

<table>
<tr><td align="center">명　　칭</td><td>○○사단법인</td><td align="center">등기번호</td><td>제1000호</td></tr>
<tr><td align="center">주사무소</td><td colspan="3">○○시 ○○구 ○○동 ○</td></tr>
<tr><td align="center">등기의 목적</td><td colspan="3">착오로 인한 청산종결등기 말소등기</td></tr>
<tr><td align="center">등기의 사유</td><td colspan="3">20○○년 ○월 ○일 등기한 청산종결등기는 신청인의 과오로 인한 착오있는 등기이므로 이를 말소하는 등기를 구함.</td></tr>
<tr><td colspan="4" align="center">등기할 사항</td></tr>
<tr><td colspan="4">20○○년 ○월 ○일 청산종결등기의 말소</td></tr>
<tr><td align="center">기　　타</td><td colspan="3"></td></tr>
</table>

신청등기소 및 등록면허세/수수료						
순번	신청등기소	구분	등록면허세 지방교육세	농어촌특별세	세액합계	등기신청수수료
			금 원 금 원	금 원	금 원	금 원
합 계						
등기신청수수료 납부번호						

<table>
<tr><td colspan="2" align="center">첨   부   서   면</td></tr>
<tr>
<td>1. 토지등기부등본(재산이 남아 있다는 소
　명자료)　　　　　　　　　　　　1통</td>
<td>1. 등록면허세영수필확인서　　　　1통
1. 등기신청수수료영수필확인서　　1통
1. 위임장(대리인이 신청할 경우)　1통

<기 타></td>
</tr>
</table>

20○○년 ○월 ○일

신청인 명   칭　　　○○사단법인

　　　　주사무소　　　○○시 ○○구 ○○동 ○○

대표자 성   명　　　이사장 ○ ○ ○ ⑩　　　　　(전화 :　　　　)

　　　　주   소　　　○○시 ○○구 ○○동 ○○

대리인 성   명　　　법무사 ○ ○ ○ ⑩　　　　　(전화 :　　　　)

　　　　주   소　　　○○시 ○○구 ○○동 ○○

○○지방법원 ○○등기소 귀중

- 신청서 작성요령 -

1. 해당란이 부족할 때에는 별지를 이용합니다.
1. 해당 등기신청과 관계없는 사항에 대하여는 "해당없음"으로 기재하거나 삭제하고, 필요한 사항은 추가 기재합니다.
1.「인감증명법」에 따른 인감증명서 제출과 함께 관련 서면에 인감을 날인하여야 하는 경우, 본인서명사실확인서를 제출하고 관련 서면에 서명을 하거나 전자본인서명확인서 발급증을 제출하고 관련 서면에 서명을 하면 인감증명서를 제출하고 관련 서면에 인감을 날인한 것으로 봅니다.

(용지규격　21cm×29.7cm)

제 4 장 　등기관의 처분에 대한 이의

1. 이의신청의 요건

등기관의 결정 또는 처분에 이의가 있는 자는 관할 지방법원에 이의의 신청을 할 수 있다(비송사건절차법 제66조, 상업등기법 제82조).

여기서 등기관의 결정이라 함은 등기신청의 각하결정과 같은 것을 말하고, 처분이라 함은 등기신청의 접수, 등기의 실행, 등기부의 열람, 등기부등, 초본 또는 등기에 관한 제증명의 교부 등 등기관의 권한에 속하는 모든 처분을 말한다.

등기관의 결정 또는 처분은 부당한 것이어야 한다. 결정 또는 처분이 부당하다는 것은 하여야 할 것을 하지 아니하거나(소극적 부당)하여서는 아니될 것을 하는 것(적극적 부당)을 말한다.

소극적 부당일 때, 즉 신청한 등기를 실행하여야 함에도 불구하고 신청을 각하하거나 직권으로 등기를 실행하여야 함에도 불구하고 이를 게을리하고 있는 경우에는 신청한 등기 또는 일정한 직권등기를 실행하라는 이의신청을 할 수 있다.

이 때에는 등기관의 각하결정이 부당하다는 사유이면 족하고 그 이의사유에 특별한 제한은 없다(2011. 10. 13, 등기예규 제1411호).

적극적 부당일 때, 즉 등기신청을 각하하여야 함에도 불구하고 이를 접수하여 등기하거나 직권에 의하여 실행할 수 없는 등기를 직권으로써 실행한 경우에는 이를 직권말소함으로써 원상으로 회복할 수 있는 경우가 아니면 이의신청을 할 수 없다.

즉, 실행한 등기에 직권말소사유가 있는 경우, 즉 ① 그 등기소의 관할에 속하지 아니하는 등기를 한 경우, ② 등기사항 이외의 사항을 등기한 경우, ③ 이미 등기된 사항에 관하여 중복하여 등기한 경우, ④ 등기된 사항에 무효의 원인이 있는 경우(다만, 소만에 의하여 그 무효를 주장할 수 있는 경우는 제외된다)에 한하여 이의신청을 할 수 있는 것이며 그 외의 사유를 들어 이의신청을 할 수는 없다.

등기관의 결정 또는 처분의 당부는 그 처분당시를 기준으로 하여 판단하여야 하며 그 당시에 제출되지 않았던 새로운 사실이나 새로운 증거방법을 내세워 이의를 할 수는 없다(비송사건절차법 제66조, 상업등기법 제84조). 따라서 재판시에는 등기관이 결정 또는 기타의 처분을 할 때에 제출된 신청서 및 첨부서류를 근거로 등기관의 처분의 당, 부당을 판단하여야 하며 또한 등기관이 가지는 심사권한의 범위 내에서 그가 했어야 할 행동을 기준으로 판단하여야 한다.

또 등기관의 결정 또는 처분 그 자체가 부당한 것이어야 하며 그 처분의 결과로서 나타난 상태가 부당하다는 이유로 이의를 할 수는 없다. 예컨대, 등기의 촉탁이 부당한 것이나 등기관의 형식적 심사권만으로는 이를 알 수 없어서 촉탁취지에 따른 등기를 실행한 결과 그 등기가 실체관계에 부합하지 않는다 하더라도 이를 들어 이의신청을 할 수는 없다.

그리고 실행한 등기에 대하여 이의가 있는 경우 이와 같은 등기관의 처분에 대한 이의신청을 할 필요없이 곧바로 그 등기의 말소등기를 신청해도 된다.

2. 이의신청의 절차

이의신청은 등기소에 이의신청서를 제출함으로써 한다(비송사건절차법 제66조, 상업등기법 제83조). 이의신청은 당해 등기관을 감독하는 지방법원에 대하여 이를 하여야 하나(비송사건절차법 제66조, 상업등기법 제82조), 이의신청서를 관할 지방법원에 제출하는 것이 아니라, 당해 등기소에 제출하는 것이다.

이의신청서의 기재사항에 대하여는 명문규정이 없으나 이의신청인의 성명, 주소, 이의신청의 대상인 처분, 이의신청의 취지와 이유, 신청연월일, 관할법원의 표시 등을 기재하고 신청인이 기명날인하면 될 것이다.

등기관의 결정 또는 처분의 당부는 그 처분당시를 기준으로 하여 판단하여야 하므로 그 당시에 제출되지 않았던 새로운 사실이나 새로운 증거방법을 내세워 이의를 할 수는 없다(비송사건절차법 제66조, 상업등기법 제84조).

♣ 【서식】 이의신청서

이의신청서

이의신청인 ○   ○   ○
○○시 ○○구 ○○동 ○○번지

　이의신청인은 ○○지방법원(○○등기소) 20○○년 ○월 ○일 접수 제○○○○호의 사단법인 ○○협회의 주사무소이전등기신청사건에 관하여 다음과 같이 이의를 신청합니다.

신 청 취 지

　○○지방법원(○○등기소) 등기관인 20○○년 ○월 ○일 접수 제○○○○호로 실행한 20○○년 ○월 ○일 이전으로 인한 사단법인 ○○협회의 주사무소이전등기는 이를 말소하고 그 등기신청을 각하한다 라는 결정을 구함(또는 …… 20○○년 ○월 ○일 접수 제○○○○호로 각하한 20○○년 ○월 ○일 이전으로 인한 사단법인 ○○협회의 주사무소이전등기신청은 이를 수리하여 그 신청에 따른 등기를 실행하라는 결정을 구함).

신 청 이 유

(이의신청의 이유를 구체적으로 상세히 기재한다)

20○○년 ○월 ○일

이의신청인 ○   ○   ○ ㊞

○○지방법원　귀중

3. 이의신청의 효력

이의는 집행정지의 효력이 없다(비송사건절차법 제66조, 상업등기법 제86조). 등기사무는 그 성질상 신속을 요하므로 이의신청이 있다고 결정 또는 처분의 집행을 정지하는 것은 타당하지 않기 때문에 그 집행정지의 효력을 인정하지 않는 것이다.

4. 등기관의 조치

가. 등기관의 조치

1) 등기신청의 각하결정에 대한 이의신청이 있는 경우

(가) 이의가 이유없다고 인정한 경우

등기관은 이의가 이유없다고 인정한 경우에는 이의신청일부터 3일 이내에 의견서를 첨부하여 사건을 관할지방법원에 송부하여야 한다(비송사건절차법 제66조, 상업등기법 제85조 2항).

(나) 이의가 이유있다고 인정한 경우

등기신청을 각하한 결정을 부당하다고 인정한 때에는 그에 해당하는 처분을 하여야 한다(비송사건절차법 제66조, 상업등기법 제85조 1항).

2) 등기신청을 수리하여 완료된 등기에 대한 이의신청이 있는 경우

등기를 마친 후에 이의신청이 있는 경우 등기관은 3일 이내에 의견을 붙여 이의신청서를 관할 지방법원에 보내고 등기를 한 자에게 이의신청 사실을 통지하여야 한다(비송사건절차법 제66조, 상업등기법 제85조 3항). 관할 지방법원은 상업등기법 제85조 제3항의 이의신청에 대하여 결정하기 전에 등기관에게 이의신청이 있다는 뜻의 부기등기를 명령할 수 있다(비송사건절차법 제66조, 상업등기법 제88조). 종전에는 그 등기에 대하여 이의 있다는 취지의 부기등기를 하고 등기상 이해관계인에게 통지한 후 이의신청서가 접수된 날로부터 3일 이내에 의견서를 첨부하여 사건을 관할지방법원에 송부하여야 했다(구 비송사건절차법 제242조). 그러나 현행법은 이 경우 부기등기를 하지 아니하고, 등기를 한 사람에게 통지하고 이의신청서를 관할법원에 송부하도록 하였고, 부기등기는 관할지방법원의 명령이 있는 경우에만 기재하도록 하였다.

전자신청을 한 경우에 등기관의 결정 또는 처분에 대한 이의신청이 있어 이의신청서를 관할 지방법원으로 송부하여야 할 경우 등기관은 보존되어 있는 신청정보와 첨부정보를 출력하여 인증을 한 후 송부하여야 한다(등기예규 제1612호 2016. 12. 16 개정).

나. 관할법원의 조치

1) 재판의 고지

이의신청서를 받은 관할 지방법원은 이의에 대하여 그 신청서와 첨부서면에 의하여 변론을 열지 아니하고 서면심리에 의하여 재판한다.

(가) 이의신청을 인용한 경우

관할 지방법원은 이의가 있다고 인정한 때에는 등기관에게 그에 해당하는 처분을 명하고, 그 뜻을 이의신청인과 등기를 한 사람에게 통지하여야 한다(비송사건절차법 제66조, 상업등기법 제87조 1항).

그에 해당하는 처분이라 함은 등기관의 처분을 취소하거나 등기신청의 수리를 명하는 것이 아니고 등기신청을 각하한 경우에는 등기관에 대하여 직접'○○등기절차를 하라'고 신청한 등기를 명하고 실행한 등기에 대하여는 그 등기의 말소를 명하는 것이다.

(나) 이의신청을 기각(각하 포함)한 경우

관할 지방법원은 이의가 이유없다고 인정한 때에는 그 신청을 기각하여야 한다. 명문규정은 없지만 이의신청을 기각하는 경우에도 인용하는 경우와 동일한 고지방법(결정서 등본송달)으로 이의신청인과 등기상의 이해관계인에게 통지하여야 할 것이다.

이의신청을 기각(각하 포함)하였을 때에는 그 결정등본을 등기관과 이의신청인에게 송달한다(등기예규 제1689호).

관할법원이 이의신청을 각하하거나 기각한 때에는 이의신청인은 항고와 재항고로 다툴 수 있다(비송사건절차법 제20조, 제23조).

(다) 이의신청이 취하된 경우

이의신청이 취하된 경우에는 취하서 부본을 등기관에게 송달한다.

2) 기재명령(또는 가등기명령)에 의한 등기

(가) 등기절차

등기관이 비송사건절차법 제66조, 상업등기법 제87조 제1항에 의하여 지방법원의 명령에 의한 등기를 하는 때에는 명령을 한 지방법원·명령의 연월일·명령에 의하여 등기를 한다는 뜻과 등기의 연월일을 기재하고, 등기관의 식별부호를 기록하여야 한다(비송사건절차법 제66조, 상업등기법 제89조, 민법법인 및 특수법인 등기규칙 제6조, 상업등기규칙 제55조).

이 경우 관할지방법원의 등기명령의 결정등본은 접수연월일과 접수번호를 부여하여 등기사건접수장에 기재하고, 위 결정등본을 신청서기타부속서류편철장에 편철한다.

관할지방법원의 기재명령에 의한 등기를 하는 때에는'20○○년 ○월 ○일 ○○지방법원의 명에 의하여 20○○년 ○월 ○일 (가)등기 ㊞'라고 기재하여 명령을 한 법원, 명령의 연월일, 명령에 의하여 등기를 한다는 취지와 등기의 연월일을 기재하고 날인하여야 한다.

(나) 등기신청각하 후 관할 지방법원의 기재명령이 있기 전에 신청서 이외의 첨부서류가 반환된 경우

① 기재명령에 따른 등기를 함에 장애가 되는 경우

소유권이전등기신청의 각하결정에 대한 이의신청에 기하여 관할지방법원의 소유권이전등기 기재명령이 있었으나 그 기재명령 전에 이미 제3자 명의의 소유권이전등기가 경료된 때와 같이 기재명령 전에 그 명령에 따른 등기를 함에 장애가 되는 제3자 명의의 등기가 경료된 경우에는 기재명령에 따른 등기를 할 수 없다.

위와 같이 기재명령에 따른 등기를 할 수 없을 때에는 등기공무원은 그 취지를 관할지방법원과 이의신청인에게 통지하여야 한다.

② 기재명령에 따른 등기를 함에 장애가 되지 아니하는 경우

소유권이전등기신청의 각하결정에 대한 이의신청에 기하여 관할지방법원의 소유권이전등기 기재명령이 있기 전에 제3자 명의의 근저당권설정등기가 경료된 때와 같은 경우에는 기재명령에 따른 등기를 함에 장애가 되지 아니하므로, 기재명령에 따른 등기를 하여야 한다.

등기신청 각하 후 관할지방법원의 지지명령이 있기 전에 신청서 이외의 첨부서류가 반환된 경우, 등기신청의 각하에 대한 이의신청에 기하여 관할지방법원으로부터 기재명령을 받았다 하더라도 이미 등기신청서 이외

의 첨부서류(등록세영수필확인서 및 국민주택채권매입필증 포함)가 환부된 경우에는 그 기재명령에 의한 등기를 방해하는 사유가 발생한 것이므로, 등기공무원은 등기신청인에게 환부된 서류의 재제출을 명하고, 이에 응하지 아니할 때에는 그 기재명령에 따른 등기를 할 수 없다.

위와 같이 기재명령에 따른 등기를 할 수 없을 때에는 등기공무원은 그 취지를 관할지방법원과 이의신청인에게 통지하여야 한다.

3) 말소명령에 의한 등기

등기신청을 수리하여 완료된 등기에 대한 이의신청에 기하여 관할법원으로부터 그 등기의 말소명령을 받았다 하더라도 위 등기완료 후 말소명령이 있기 전에 위 등기를 기초로 한 제3자 명의의 등기가 이미 경료된 때에는 말소명령에 따른 등기의 말소를 할 수 없다.

다. 이의신청이 기각된 경우의 부기등기 및 가등기의 말소

완료된 등기에 대한 이의신청이 있어 그 취지를 부기등기한 경우 그 이의신청에 대한 기각결정(각하, 취하 포함)의 통지를 받은 등기관은 그 통지서에 접수인을 찍고 접수연월일과 접수번호를 기재한 후 해당 부기등기를 말소하고, 등기상 이해관계인에게 그 취지를 통지한다. 통지서는 신청서기타부속서류편철장에 편철한다(등기예규 제1689호).

대법원 예규

▶예규◀ 등기관의 처분에 대한 이의신청절차 등에 관한 업무처리지침

(등기예규 제1689호, 2020.07.21 개정)

제1조 (이의신청절차)
① 이의신청은 구술로는 할 수 없고 이의신청서를 당해 등기소에 제출하여야 한다.
② 이의신청서에는 이의신청인의 성명·주소, 이의신청의 대상인 등기관의 결정 또는 처분, 이의신청의 취지와 이유, 신청연월일, 관할지방법원 등의 표시를 기재하고 신청인이 기명날인 또는 서명하여야 한다.
③ 이의신청기간에는 제한이 없으므로 이의의 이익이 있는 한 언제라도 이의신청을 할 수 있다.
④ 새로운 사실에 의한 이의금지
등기관의 결정 또는 처분이 부당하다고 하여 이의신청을 하는 경우에는 그 결정 또는 처분시에 주장되거나 제출되지 아니한 사실 이나 증거방법으로써 이의사유를 삼을 수 없다.
제2조 (이의신청인)
① 등기신청의 각하결정에 대하여는 등기신청인인 등기권리자 및 등기의무자에 한하여

　　　이의신청을 할 수 있고, 제3자는 이의신청을 할 수 없다.
② 등기를 실행한 처분에 대하여는 등기상 이해관계 있는 제3자가 그 처분에 대한 이의신청을 할 수 있다. 그 이의신청을 할 수 있는지의 여부에 대한 구체적 예시는 아래와 같다.
　㉮ 채권자가 채무자를 대위하여 경료한 등기가 채무자의 신청에 의하여 말소된 경우에는 그 말소처분에 대하여 채권자는 등기상 이해관계인으로서 이의신청을 할 수 있다.
　㉯ 상속인이 아닌 자는 상속등기가 위법하다 하여 이의신청을 할 수 없다.
　㉰ 저당권설정자는 저당권의 양수인과 양도인 사이의 저당권이전의 부기등기에 대하여 이의신청을 할 수 없다.
　㉱ 등기의 말소신청에 있어 「부동산등기법」 제57조 소정의 이해관계 있는 제3자의 승낙서 등 서면이 첨부되어 있지 아니하였다는 사유는 제3자의 이해에 관련된 것이므로, 말소등기의무자는 말소처분에 대하여 이의신청을 할 수 있는 등기상 이해관계인에 해당되지 아니하여 이의신청을 할 수 없다.

제3조 (이의사유)
① 등기신청의 각하결정에 대한 이의신청의 경우
　　등기관의 각하결정이 부당하다는 사유면 족하고 그 이의사유에 특별한 제한은 없다.
② 등기신청을 수리하여 완료된 등기에 대한 이의신청의 경우
　　등기신청이 「부동산등기법」 제29조 각호에 해당되어 이를 각하하여야 함에도 등기관이 각하하지 아니하고 등기를 실행한 경우에는 그 등기가 「부동산등기법」 제29조 제1호, 제2호에 해당하는 경우에 한하여 이의신청을 할 수 있고, 동법 제29조제3호 이하의 사유로는 이의신청의 방법으로 그 등기의 말소를 구할 수 없다.

제4조 (이의신청이 있는 경우 등기관의 조치)
① 등기신청의 각하결정에 대한 이의신청이 있는 경우
　㉮ 이의가 이유 없다고 인정한 경우
　　　이의신청서가 접수된 날로부터 3일 이내에 의견서를 첨부하여 사건을 관할지방법원에 송부하여야 한다.
　㉯ 이의가 이유 있다고 인정한 경우
　　　등기신청을 각하한 결정이 부당하다고 인정한 때에는 그 등기신청에 의한 등기를 실행한다.
② 등기신청을 수리하여 완료된 등기에 대한 이의신청이 있는 경우
　1. 이의가 이유 없다고 인정한 경우
　　　그 등기에 대하여 이의신청이 있다는 사실을 등기상 이해관계인에게 통지하고, 이의신청서가 접수된 날로부터 3일 이내에 의견서를 첨부하여 사건을 관할지방법원에 송부하여야 한다.
　2. 이의가 이유 있다고 인정한 경우
　　　이의신청의 대상이 되는 등기가 「부동산등기법」 제29조제1호 또는 제2호에 해당하여 이의가 이유 있다고 인정한 경우에는 동법 제58조의 절차를 거쳐 그 등기를 직권말소 한다. 다만, 완료된 등기에 대하여는 「부동산등기법」 제29조 제3호 이하의 사유를 이의사유로 삼을 수는 없는 것이어서, 동법 제29조제3호 이하의 사유에 기한 이의신청은 그 사유가 인정된다 하더라도 결국 그 이의가 이유가 없는 경우에 해당하므로, 이 경우에는 위 제1호의 예에 따라 사건을 관할법원에 송부하여야 한다.

제5조 (관할지방법원의 재판의 고지 등)
① 이의신청을 인용한 경우
관할지방법원은 이의가 이유 있다고 인정하여 등기관에게 그에 해당하는 처분을 명하였을 때에는 그 결정등본을 등기관과 이의신청인 및 등기상 이해관계인에게 송달한다.
② 이의신청을 기각(각하 포함)한 경우
관할지방법원은 이의신청을 기각(각하 포함)하였을 때에는 그 결정등본을 등기관과 이의신청인에게 송달한다.
③ 이의신청이 취하된 경우
이의신청이 취하된 경우에는 취하서 부본을 등기관에게 송달한다.

제6조 (관할지방법원의 기록명령이나 가등기 또는 부기등기명령에 의한 등기)
① 등기절차
㉮ 등기관의 처분에 대한 이의신청에 대하여 관할지방법원(항고법원 포함, 이하 관할지방법원이라 한다)이 결정전에 가등기 또는 이의가 있다는 취지의 부기등기를 명하거나 이의신청을 인용하여 일정한 등기를 명한 경우 등기관은 그 명령에 따른 등기를 하여 야 한다.
㉯ 이 경우 관할지방법원의 등기명령의 결정등본은 접수연월일과 접수번호를 부여하여 등기사건접수장에 기재하고, 위 결정등본을 신청서 기타부속서류편철장에 편철한다.
㉰ 관할지방법원의 (가)등기기록명령에 의한 등기를 하는 때에는 「○년 ○월 ○일 ○○지방법원의 명에 의하여 (가)등기」라고 기록하여 명령을 한 법원, 명령의 연월일, 명령에 의하여 등기를 한다는 뜻을 기록하여야 한다.
㉱ 관할지방법원의 부기등기 기록명령에 의한 등기를 하는 때에는 등기원인을 「○년 ○월 ○일 ○○지방법원의 명령」으로 하고 이의신청인의 성명과 주소를 기록하여야 하며 기록례는 별지1과 같다.
② 기록명령에 따른 등기를 할 수 없는 경우
㉮ 등기신청의 각하결정에 대한 이의신청에 따라 관할 지방법원이 그 등기의 기록명령을 하였더라도 다음 각 호의 어느 하나에 해당하는 경우에는 그 기록명령에 따른 등기를 할 수 없다.
(1) 권리이전등기의 기록명령이 있었으나, 그 기록명령에 따른 등기전에 제3자 명의로 권리이전등기가 되어 있는 경우
(2) 지상권·지역권·전세권·임차권설정등기의 기록명령이 있었으나, 그 기록명령에 따른 등기전에 동일한 부분에 지상권·전세권·임차권설정등기가 되어 있는 경우
(3) 말소등기의 기록명령이 있었으나 그 기록명령에 따른 등기전에 등기상 이해관계인이 발생한 경우
(4) 등기관이 기록명령에 따른 등기를 하기 위하여 신청인에게 첨부정보를 다시 등기소 에 제공할 것을 명령하였으나 신청인이 이에 응하지 아니한 경우
2. 위 제1호와 같이 기록명령에 따른 등기를 할 수 없는 경우에는 그 뜻을 관할 지방법원과 이의신청인에게 통지하여야 한다.
③ 기재명령에 따른 등기를 함에 장애가 되지 아니하는 경우
소유권이전등기신청의 각하결정에 대한 이의신청에 기하여 관할지방법원의 소유권이전등기 기록명령이 있기 전에 제3자 명의의 근저당권설정등기가 경료된 때와 같은 경우에는 기록명령에 따른 등기를 함에 장애가 되지 아니하므로, 기록명령에 따른 등기를 하여야 한다.

제7조 (이의신청이 기각된 경우의 부기등기 및 가등기의 말소)
  이의신청에 대한 기각결정(각하, 취하를 포함한다)의 통지를 받은 등기관은 그 통지서에 접수인을 찍고 접수연월일과 접수번호를 기재한 후 해당 가등기나 부기등기를 말소하고(기록례는 별지 2와 같다), 등기상 이해관계인에게 그 취지를 통지하며, 그 통지서는 신청서 기타 부속서류편철장에 편철한다.

부 칙(2020.07.21 제1689호)
①(시행일) 이 예규는 2020년 8월 5일부터 시행한다.
②(적용례) 개정규정은 이 예규 시행 이후 접수되는 명령부터 적용한다.

♣ 【서식】 법인설립허가신청서

(앞면)

				처리기간
법인설립허가신청서				20 일

신청인	①성명		②주민등록번호	
	③주소		④전 화 번 호	

법인	⑤명칭			
	⑥소재지		⑦전화번호	
	⑧대표자성명		⑨주민등록번호	
	⑩주소		⑪전화번호	

　「민법」 제32조에 따라 위와 같이 법인설립을 신청하오니 허가하여 주시기 바랍니다.

년　　월　　일

신청인　　　　　　(서명 또는 인)

귀하

구비서류	수수료
1. 설립발기인의 성명·주민등록번호·주소 및 약력을 기재한 서류	없 음

(설립발기인이 법인인 경우에는 그 명칭, 주된 사무소의 소재지, 대표자의 성명·주민등록번호·주소와 정관을 기재한 서류) 1부
2. 정관 1부
3. 재산목록(재단법인에 있어서는 기본재산과 운영재산으로 구분하여 기재하여야 합니다) 및 그 입증서류와 출연의 신청이 있는 경우에는 그 사실을 증명하는 서류 각 1부
4. 당해 사업연도분의 사업계획 및 수지예산을 기재한 서류 1부
5. 임원 취임예정자의 성명·주민등록번호·주소 및 약력을 기재한 서류와 취임승낙서 각 1부
6. 창립총회회의록(설립발기인이 법인인 경우에는 법인설립에 관한 의사의 결정을 증명하는 서류) 1부

210mm×297mm(인쇄용지(특급) 34g/㎡)

이 신청서는 아래와 같이 처리됩니다.   (뒷면)

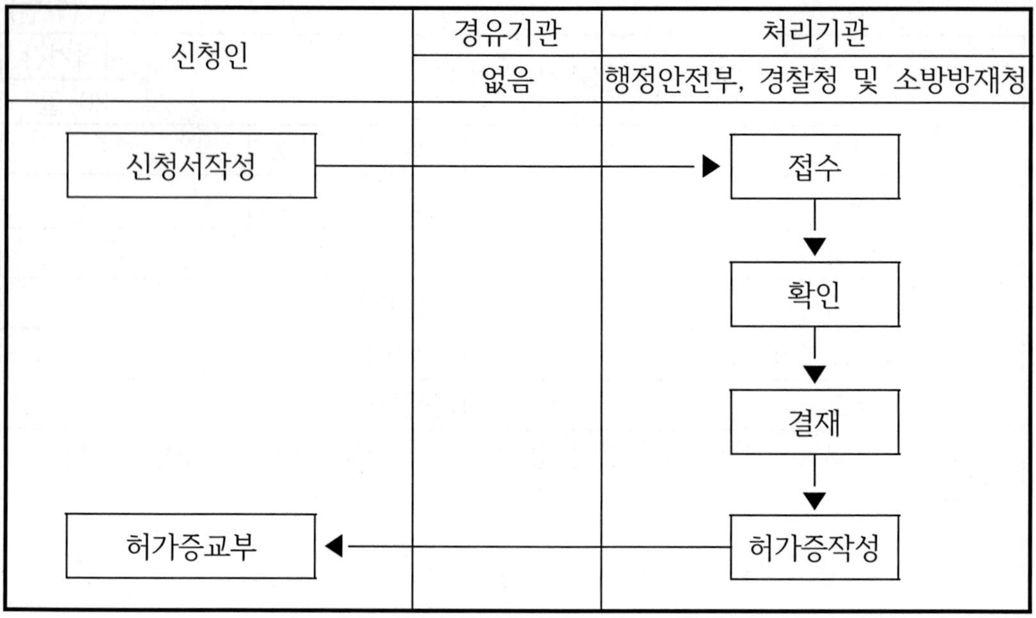

신청인	경유기관	처리기관
	없음	행정안전부, 경찰청 및 소방방재청
신청서작성 →		접수
		↓
		확인
		↓
		결재
		↓
허가증교부 ←		허가증작성

5. 항고와 재항고

가. 이의신청을 기각(각하)한 경우

관할지방법원이 이의신청의 전부 또는 일부를 각하한 경우에는 이의신청인은 비송사건절차법에 의하여 보통항고로써 불복할 수 있고, 항고법원의 결정에 대하여 불복하는 때에는 재항고할 수 있다(비송사건절차법 제20조, 제23조).

이의신청인의 항고에 대한 항고법원의 기각결정에 대하여도 이의신청인만이 그것이 헌법, 법률, 명령, 규칙의 위반이 있음을 이유로 하는 때에 한하여 대법원에 재항고할 수 있다(민소 제442조).

나. 이의신청을 인용한 경우

이의신청을 인용한 결정에 대하여는 이의신청인은 항고를 할 수 없다. 그러나 비송사건절차법은 재판으로 인하여 권리를 침해당한 자는 그 재판에 대하여 항고를 할 수 있다고 규정하고 있어 등기상 이해관계인이 항고를 할 수 있는가가 문제된다.

1) 등기신청 각하에 대한 이의를 인용한 경우

등기의 효력은 등기를 한 때에 발생한다. 따라서 관할법원의 기입명령에 의하여 등기를 하기 전에는 등기상 이해관계인이 있을 수 없으므로 항고를 할 수 없다.

그러나 등기관이 관할법원의 기입명령에 의하여 등기를 실행한 경우에는 등기관의 각하처분은 이미 존재하지 아니하므로 이에 대하여는 항고할 수 없고, 실행된 등기가 상업등기법 제26조 제1호 내지 제3호에 해당하는 경우에 한하여 등기관의 처분에 대한 이의의 방법으로 말소를 구할 수 있다. 등기가 상업등기법 제26조 4호 이하에 해당하는 경우에는 별개의 소송으로 그 등기의 효력을 다투어야만 한다.

등기관의 각하처분에 대하여 기입명령을 하여 기입을 마친 경우에는 다시 항고로 다툴 수 없다. 즉, 등기신청을 각하한 등기관의 처분에 대하여 이의신청을 한 결과 이의가 받아들여져 관할법원이 기입명령을 하고, 이에 의하여 등기관이 등기부에 기입을 마친 경우에는 등기관의 각하처분은 이미 존재하지 아니하므로 등기관의 등기신청각하처분의 당부를 판단한 법원의 결정에 대하여는 이를 다툴 항고의 이익이 없게 되었기 때문에 항고로 다툴 수 없는 것이다(법 제20조, 대결 1996. 12. 11, 96마 1954).

결국 등기신청을 각하한 결정에 대한 이의를 인용한 경우에는 항고의 방법에 의하여 이를 다툴 수 없는 결과가 된다고 할 것이다.

2) 등기를 완료한 등기관의 처분에 대한 이의를 인용한 경우

등기관이 등기를 완료한 처분에 대한 이해관계인의 이의에 대하여 관할법원이 이를 인용하여 그 등기의 말소를 명한 경우에는 말소의 대상이 된 당해 등기의 등기권리자와 등기의무자는 그 등기의 당사자로서 항고를 할 수 있다.

부동산등기의 경우에 말소할 등기에 관하여 제3자의 이해관계가 생긴 경우에는 그 제3자의 승낙서 또는 이에 대항할 수 있는 재판서의 등본을 첨부하여 말소할 수 있으나, 법인등기의 경우에는 등기 후 이를 기초로 제3자의 등기가 있을 수 없다고 할 것이다.

♣ 【서식】 법인설립허가증

(앞쪽)

제 호

법인설립허가증

1. 법인명칭 :
2. 소 재 지 :
3. 대 표 자 :
   ○성 명 :
   ○생년월일 :
   ○주 소 :
4. 사업내용 :
5. 허가조건 :

「민법」제32조 및 「행정안전부 및 그 소속청 소관 비영리법인의 설립 및 감독에 관한 규칙」제4조에 따라 위와 같이 허가합니다.

년 월 일

장관(청장) [인]

210mm×297mm[인쇄용지(특급) 34g/㎡]

(뒤쪽)

준 수 사 항

1. 「민법」 및 「행정안전부 및 그 소속청 소관 비영리법인의 설립 및 감독에 관한 규칙」 등 관련 법령과 정관에서 정한 내용을 준수해야 합니다.

2. 정관에서 정하는 목적사업 중 다른 법률에 의한 허가·인가·등록, 신고의 대상이 되는 사업을 하고자 할 경우에는 관련 법령에 따른 절차를 거쳐야 합니다.

3. 매 사업연도 종료 후 2개월 이내에 다음 각 호의 서류를 주무관청에 제출해야 합니다.

   가. 다음 사업연도의 사업계획 및 수지예산서 1부

   나. 해당 사업연도의 사업실적 및 수지결산서 1부

   다. 해당 사업연도말 현재의 재산목록 1부

4. 다음 사항에 해당되는 경우에는 「민법」 제38조에 따라 법인의 설립허가를 취소할 수 있습니다.

   가. 설립목적 이외의 사업을 한 때

   나. 공익을 해하는 행위를 한 때

   다. 설립허가의 조건을 위반한 때

   라. 법령에 따른 의무를 위반하였을 때

5. 법인이 해산(파산에 의한 해산을 제외합니다)한 때에는 해산등기를 완료한 후 지체없이 주무관청에 해산신고를 해야 합니다.

6. 법인의 청산이 종결된 때에는 이를 등기한 후 주무관청에 신고해야 합니다.

♣ 【서식】 등기관의 의견서

서울지방법원 상업등기소
의 견 서

신청인   ○○법인 이사장   ○   ○   ○
서울시   ○○구   ○○동   ○○번지

위 신청인은 20○○년   ○월   ○일 접수 제○○○○호로 접수 처리한 이사장 및 감사 해임등기를 말소하고 그 등기신청의 각하를 바라는 이의신청을 하였으나, 등기관은 이 건 등기신청시 제출된 서류(공증인에 의하여 공증된 의사록 및 신청인 제출 정관 등)와 이에 관련된 기존의 등기부에 의하여 적법하게 수리하여 등기가 완료되었기 때문에 직권말소를 할 사항이 아니라고 판단되므로, 비송사건절차법 제66조 및 상업등기법 제85조 2항에 의하여 이의 의견서를 송부합니다.

20○○년   ○월   ○일

○○지방법원 ○○등기소
등기관   ○   ○   ○   ⑩

덧붙임 1. 등기신청서 등본   1통
　　　　2. 등기부등본   　1통

서울지방법원   귀중

♣ 【서식】 이의신청에 대한 결정

서울지방법원
결   정

사   건   20○○파 ○○○○등기관의 처분에 대한 이의

신 청 인   ○ ○법인

　　　　　　서울 ○○구 ○○동 ○○번지

　　　　　　이사장 ○　　○　　○

주   문   신청인의 신청을 각하한다.

신청취지   서울지방법원 상업등기소 등기관이 20○○년 ○월 ○일 제○○○○
　　　　　　호로서 접수한 신청인의 주사무소이전등기신청사건에 대하여 같은
　　　　　　달 ○일 한 각하결정을 취소하고, 위 등기관은 위 신청에 기하여
　　　　　　주사무소이전등기를 하라.

이   유   1. 기록에 의하면 인천 북구 ○○동 ○○번지에 주사무소를 두고 ○
　　　　　　　　○○등의 사업을 목적으로 한 신청인이 서울지방법원 강남등기소
　　　　　　　　20○○년 ○월 ○일 접수 제○○○○호로 한 주사무소이전등기신
　　　　　　　　청사건에 관하여 위 등기소 등기관이 같은달 ○일자로 이를 각하
　　　　　　　　한 사실을 인정할 수 있다.

　　　　　　2. (이하 생략)

20○○년 ○월 ○일

판 사　○　　○　　○　㊞

제 2 편
민법상 법인등기 유형

제1장   설립등기

1. 민법상 법인의 성립요건

가. 비영리목적

법인은 학술, 종교, 자선, 사교, 기타 영리 아닌 사업을 목적으로 해야 한다(민 제32조).

영리 아닌 사업이라 함은 구성원의 경제적 이익을 목적으로 하지 않는 사업을 말하나, 비영리사업의 목적을 달성하기 위한 수단으로서 그 본질에 반하지 않는 범위 내에서 필요한 영리적 수익사업을 할 수는 있다. 또한 반드시 공익사업일 필요는 없어서, 비공익사업이라 할지라도 비영리사업이기만 하면 된다.

민법법인은 전형적인 비영리사업이나, 특수법인은 민법 이외에 그 설립의 근거가 되는 각 특별법에 의하여 수익사업을 할 수 있는 경우도 있다.

비영리법인의 성질을 갖는 특별법인 중 학교법인(사학 제6조, 제46조), 사회복지법인(복지 제28조)은 수익사업을 할 수 있는 명문규정이 있다. 그러나 영리행위를 하는 때에도 그 수익은 언제나 사업목적수행에 충당되어야 하며 구성원에게 배분되어서는 아니된다.

특수법인 중 건설공제조합, 농업협동조합, 수산업협동조합, 대한교원공제회 등은 각기 그 사업에서 얻은 이익을 구성원에게 배분하므로 비영리법인에 해당하지 아니한다는 것이 판례의 입장이다(대판 1975. 1. 14, 74누252, 대판 1978. 2. 14, 77누250, 대판 1977. 12. 13, 77누91, 1993. 6. 29. 92누14168). 또한 영농조합법인과 농업회사법인도 이와 동일하다고 할 것이다.

나. 설립행위(정관작성과 재산출연)

설립행위란 법인의 성격을 갖는 단체에 법인격을 취득시키려고 하는 의사표시를 말한다.

사단법인의 경우에는 반드시 2인 이상의 설립자가 법인의 근본규칙을 정한 서면, 즉 정관을 작성하여 기명날인해야 한다(민 제40조).

재단법인의 경우에는 설립자(사단법인과는 달리 설립자가 1인이어도 무방함)가 정관을 작성하여 기명날인해야 하고, 또 일정한 재산을 출연하여야 한다(민 제43조).

1) 사단법인

사단법인의 정관은 사단의 성질상 2인 또는 그 이상의 설립자가 작성하여 기명날인해야 한다.

정관에는 목적, 명칭, 사무소의 소재지, 자산에 관한 규정, 이사의 임면에 관한 규정, 사원자격의 득실에 관한 규정, 존립시기나 해산사유를 정하는 때에는 그 시기 또는 사유 등의 필요적 기재사항을 기재하여야 한다(민 제40조). 이러한 필요적 기재사항 외에 어떤 사항이라도 임의로 기재할 수 있는 바, 이러한 임의적 기재사항은 공서양속과 강행법규에 반하지 아니하여야 하며, 일단 정관에 기재되면 필요적 기재사항과 똑같이 정관의 기재로서 유효하고, 그 변경에는 정관변경절차를 거쳐야 한다.

정관에는 설립자들이 반드시 기명날인하여야 하며(민 제40조), 기명날인이 없는 정관은 효력이 없다.

2) 재단법인

① 정관의 작성

재단법의 설립행위로, 사단법인과 같이 법인의 근본규칙을 정한 서면(정관)을 작성하여야 한다(민 제43조).

정관에는 필요적 기재사항인 목적, 명칭, 사무소의 소재지, 자산에 관한 규정, 이사의 임면에 관한 규정을 정하고 그 외 존립기간 및 해산사유 등 필요에 따라 임의적 기재사항을 정하고 설립자가 기명날인하여야 한다.

민법은 재단법인 설립자가 비교적 경미한 규정인 명칭, 사무소소재지 또는 이사 임면의 방법을 정하지 아니하고 사망한 경우에 있어서 재단법인의 성립을 부인하는 것은 사회적으로 불이익하므로 이해관계인 또는 검사의 청구에 의하여 법원이 그러한 사항을 정하여 법인을 설립할 수 있도록 하여 재단법인의 정관보충을 인정하고 있다(민 제44조). 이 정관보충방법은 비송사건절차법에 의한다(법 제32조).

재단법인 설립행위는 일정한 재산의 출연 및 서면에 의한 정관작성이 요건인 요식행위이므로 그 실질은 재단에 법인격취득의 효과를 발생시키려는 의사표시를 요소로 하는 법률행위이고, 설립자는 사단법인과 달리 1인이라도 무방하다.

② 재산의 출연

재단법인을 설립함에는 정관을 작성하는 외에 설립자는 일정한 재산을 출연하여야 한다. 재산의 출연행위는 증여나 유증과 비슷한 무상행위이며, 출연재산의 종류는 불문하여 동산, 부동산, 현금 등이나 채권이라도 무방하다.

재단법인의 재산의 출연은 재단법인 설립행위의 불가결의 요소로서, 출연행위가 무효 또는 취소되면 재단법인 설립행위도 무효가 된다.

재단법인 설립행위는 상대방 없는 단독행위로서 생전행위로써 할 수 있으며, 유언으로도 할 수 있다. 다만 유언에 의한 재단법인의 설립의 경우에는 유언의 형식(자필증서, 녹음증서, 공정증서, 비밀증서, 구수증서)에 의하여야 한다(민 제47조 2항, 제1065조).

생전처분으로 재단법인을 설립하는 때에는 출연재산은 법인이 성립된 때로부터 법인의 재산이 되고, 유언으로 재단법인을 설립하는 때에는 출연재산은 유언의 효력이 발생한 때로부터 법인에 귀속한 것으로 본다(민 제48조).

등기의 형식주의상 생전처분으로 출연된 재산은 법인의 설립등기를 한 때에 법인에 귀속되는 바, 판례는, 민법 제48조는 재단법인 성립에 있어서 재산출연자와 법인과의 관계에 있어서의 출연재산의 귀속에 관한 규정이고 이 규정은 그 기능에 있어서 출연재산의 귀속에 관하여 출연자와 법인과의 관계를 상대적으로 결정함에 있어서의 기준이 되는 것에 불과하여 출연재산은 출연자와 법인과의 관계에 있어서 그 출연행위에 터잡아 법인이 성립되면 그로써 민법의 위 조항에 의하여 법인성립시에 법인에게 귀속되어 법인의 재산이 되는 것이고, 출연재산이 부동산인 경우에 있어서도 위 양당사자간의 관계에 있어서는 위 요건(법인의 성립) 외에 등기를 필요로 하는 것이 아니나, 제3자에 대한 관계에 있어서는 출연행위가 법률행위이므로 출연재산의 법인으로 귀속하는 부동산의 권리에 관해서는 법인성립 외에 등기를 필요로 한다(대판 1993.9.14, 93다8054, 대판 1981. 12. 22, 80다2762, 대판 1979. 12. 11, 78다481)고 판결하고 있다.

재단법인의 발기인은 법인설립인가를 받기 위한 준비행위로 재산의 증여를 받을 수 있고, 그 등기의 명의신탁을 할 수 있으며 이러한 법률행위의 효과는 그 법인이 법인격을 취득함과 동시에 당연히 이를 계승하고(대판 1973. 2. 28, 72다2344), 재단법인의 설립자에게 기부한 부동산은 법인의 설립과 동시에 그 법인에게 귀속한다(대판 1976. 5. 11, 75다1656).

그리고 재단법인의 설립을 위한 재산의 기증(기부행위)에 있어서 재산기증자는 소유명의만을 재단법인에 귀속시키고 실질적 소유권은 기증자에게 보류하는 등의 부관을 부쳐도 그 부관의 효력은 재단법인에게 미치지 않는다(대판 1971. 8. 31, 71다1176).

다. 주무관청의 허가

1) 총 설

학술, 종교, 자선, 기예, 사교 기타 영리 아닌 사업을 목적으로 하는 사단 또는 재단은 주무관청의 허가를 얻어 법인으로 할 수 있다(민 제32조).

즉, 우리 민법은 법인설립에 관하여 허가주의를 취하고 있기 때문에 반드시 주무관청의 허가를 얻어야 하며, 정관변경의 경우에도 주무관청의 허가를 얻어야 한다(민 제42조 2항, 제45조 3항).

주무관청이란 원칙으로 법인의 목적사업을 주관하는 중앙행정관청을 말하나, 행정권한의위임및위탁에관한규정에 의하여 허가권이 그 하부기관 또는 지방자치단체에 위임되어 있는 경우가 많다.

설립 허가 여부는 주무관청의 자유재량이며, 허가를 얻지 못한다고 하여도 행정소송의 대상이 되지 아니한다(대판 1979. 12. 26, 79누248).

즉, 이는 주무관청의 정책적 판단에 따른 재량에 맡겨져 있으므로 주무관청의 불허가처분이 사실의 기초를 결여하였거나 사회관념상 현저하게 타당성을 잃는 등의 사유가 없고 주무관청이 그러한 결론에 이르게 된 과정에 일응의 합리성이 있는 경우에는 적법하다(대판 1997. 12. 12, 97누13269).

법인의 사업목적이 두 개 이상의 행정관청의 소관사항인 때에는 그들 행정관청 모두의 허가를 얻어야 하며, 그 중 어느 하나의 허가를 얻지 못하면 법인으로 설립되지 아니한다.

대법원 선례

▶선례◀ 비영리법인의 설립에 관한 주무관청의 허가(등기선례 5-860)

(1998.7.20, 등기 3402-669 질의회답)

비영리사단법인은 주무관청의 허가를 얻어야 이를 법인으로 할 수 있는 것이며, 이에 따라 법인설립등기 신청서에 주무관청의 허가서 또는 그 인증이 있는 등본을 첨부하도록 규정되어 있는 것이므로(민법 제32조, 비송사건절차법 제63조 2항), 주무관청의 허가가 없는 경우에는 법인설립등기를 경료할 수 없다(민법 제32조, 비송 제63조 2항 3호).

▶선례◀ 주무관청 허가없이 설립등기가 경료된 사단법인 법인등기 효력(등기선례 1-319)

(1996.8.7, 등기 3402-626 질의회답)

사단법인이 주무관청이 허가를 받지 아니한 채 설립등기가 경료 되었다면 그 법인등기는 법인의 성립요건을 결한 무효의 등기로서, 비송사건절차법 제159조 2호의 사유에 해당되어 같은 법 제235조 내지 제237조 및 제66조에 의하여 직권으로 말소하여야 한다.

▶선례◀ 법인설립허가를 받고 장기간이 경과한 다음에 하는 설립등기신청 수리 여부(등기선례 2-709

(1987.4.21. 등기 250 질의회답)

법인설립허가서에 설립기한의 허가의 조건으로 명시되어 있지 아니하다면 다른 하자가 없는 한 설립허가 후 장기간이 경과하였다 하더라도 그 허가서를 첨부하여 법인설립등기를 할 수 있다.
질의요지 : 환경청은 1981.12.26 그 소관 사단법인의 설립을 허가하면서 그 허가조건으로 7일 이내에 법인등기부등본 1통을, 1개월 이내에 재산 이전보고서를 제출하도록 하였으나 그 허가 후 5년이 경과하도록 그 법인설립등기가 되지 않고 있는데 이제라도 위 허가증을 제출하고 과태료를 납부하여 그 설립등기를 할 수 있는지 여부를 회시하여 주시기 바랍니다.

▶선례◀ 민법 제31조, 제32조에 의하지 아니한 사단법인의 설립등기 가부(등기선례5-857)

(1997. 1. 31. 등기 3402-79 질의회답)

민법상 비영리법인인 사단법인은 민법 제31조 및 제32조의 규정에 의하여 영리 아닌 사업을 목적으로 하여 주무관청의 허가를 얻어야 법인의 주된 사무소 소재지에서 설립등기를 할 수 있는 것이므로, 위 규정에 의하지 아니한 사단법인의 설립등기신청은 수리될 수 없으며, 착오로 위 규정에 의하지 아니하고 설립등기된 법인등기는 비송사건절차법 제159조 제2호 소정의 '사건이 등기할 사항이 아닌 때'에 해당하여 동법 제234조 내지 제237조 및 제66조의 규정에 의하여 직권 말소된다.

핵심판례

▶판례◀ 비영리법인 설립허가의 성질과 주무관청의 재량의 정도

(대법원 1996.9.10, 선고 95누 18437 판결)

(1) 민법은 제31조에서 '법인은 법률의 규정에 의함이 아니면 성립하지 못한다'고 규정하여 법인이 자유설립을 부정하고 있고, 제32조에서 '학술, 종교, 자선, 기예, 사교 기타 영리 아닌 사업을 목적으로 하는 사단 또는 재단은 주무관청의 허가를 얻어 이를 법인으로 할 수 있다'고 규정하여 비영리법인의 설립에 관하여 허가주의를 채용하고 있으며, 현행 법령상 비영리법인의 설립허가에 관한 구체적인 기준이 정하여져 있지 아니하므로, 비영리법인의 설립허가를 할 것인지 여부는 주무관청의 정책적 판단에 따른 재량에 맡겨져 있다. 따라서 주무관청의 법인설립 불허가처분에 사실의 기초를 결여하였다든지 또는 사회관념상 현저하게 타당성을 잃었다는 등의 사유가 있지 아니하고, 주무관청이 그와 같은 결론에 이르게 된 판단과정에 일응의 합리성이 있음을 부정할 수 없는 경우에는, 다른 특별한 사정이 없는 한 그 불허가처분에 재량권을 일탈, 남용한 위법이 있다고 할 수 없다.
(2) 민법 및 부동산중개업법의 관계 규정 및 기록에 의하여 인정되는 여러 가지 사정들을 종합하여, 관할 행정청이 부동산중개업법에 의한 전국부동산중개업협회 외에 민법에 의한 한국공인중개사회의 법인설립을 불허가한 처분에 재량권의 일탈, 남용이 없다고 본 사례.

▶판례◀ 법인설립불허가처분취소

(인천지법 2016. 6. 9., 선고, 2015구합1377, 판결 : 확정)

甲이 이슬람교 선교 활동 등을 위한 단체를 설립하고자 관할 시장에게 민법 제32조에 따라 乙 재단법인 설립허가 신청을 하였는데, 시장이 '특정종교 밀집으로 인한 주민 불안 및 선교사업으로 인한 지역주민 민원 발생 등 법인 설립으로 지역사회 갈등이 야기될 수 있다'는 이유로 문화체육관광부 및 문화재청 소관 비영리법인의 설립 및 감독에 관한 규칙 제4조 제1항 제1호에 따라 설립불허가처분을 한 사안에서, 乙 법인의 정관과 사업계획서에 나타난 사업은 주로 이슬람 종교 선교, 이슬람 문화 교육, 홍보 사업인데, 이슬람 종교 선교, 이슬람 문화 교육 사업의 경우 이슬람문화권의 외국인들을 우선적으로 선교, 교육의 대상으로 삼고, 예배 및 기도, 교육 기타 친교 시간을 정하여 활동하는 것을 시행 방법으로 하고 있으며, 이슬람 문화 홍보 사업은 거리에서 사진 등을 통하여 이슬람 문화에 관하여 홍보를 하는 것으로서 목적이나 방법이 폭력적이거나 지역주민과 갈등을 일으킬 만한 요소가 포함되어 있다고 단정하기 어려운 점 등을 종합하면, 처분 사유의 판단 과정에 합리성이 결여되었으므로 위 처분에 재량권을 일탈·남용한 위법이 있다고 한 사례.

---

2) 설립허가신청 및 설립허가

법인의 설립허가에 관하여는 민법 외에 다른 법령에 특별히 규정되어 있는 것을 제외하고는 행정안전부 및 그 소속청 소관 비영리법인의 설립 및 감독에 관한 규칙이 정하는 바에 의한다(행정자치부 및 그 소속청 소관 비영리법인의 설립 및 감독에 관한 규칙 제2조 참조).

민법법인은 행정각부를 중심으로 주무관청이 정하여져 그 수가 많은 바, 여기서는 행정자치부 및 경찰청 소관 비영리법인의 설립 및 감독에 관한 규칙을 중심으로 설명하기로 한다.

민법 제32조의 규정에 의하여 법인의 설립허가를 받고자 하는 자는 법인설립허가신청서에 다음 각 호의 서류를 첨부하여 주무관청(행정자치부장관 또는 경찰청장)에 제출하여야 한다(행정자치부 및 그 소속청 소관 비영리법인의 설립 및 감독에 관한 규칙 제3조). 다만 아래의 첨부 서면은 각 주무관청에 따라 일부 다를 수는 있다.

① 설립발기인의 성명.주민등록번호.주소 및 약력을 기재한 서류(설립발기인이 법인인 경우에는 그 명칭, 주된 사무소의 소재지, 대표자의 성명·주민등록번호.주소와 정관을 기재한 서류) 1부
② 정관 1부
③ 재산목록(재단법인에 있어서는 기본재산과 운영재산으로 구분하여 기재하여야 한다) 및 그 입증서류와 출연의 신청이 있는 경우에는 그 사실을 증명하는 서류 각 1부
④ 당해사업연도분의 사업계획 및 수지예산을 기재한 서류 1부
⑤ 임원 취임예정자의 성명.주민등록번호.주소 및 약력을 기재한 서류와 취임승낙서 각 1부
⑥ 창립총회회의록(설립발기인이 법인인 경우에는 법인설립에 관한 의사의 결정을 증명하는 서류) 1부

주무관청이 비영리법인의 설립을 허가할 때에는 ① 법인의 목적과 사업이 실현가능할 것, ② 목적하는 사업을 수행할 수 있는 충분한 능력이 있고, 재정적 기초가 확립되어 있거나 확립될 수 있을 것, ③ 다른 법인과 같은 명칭이 아닐 것 등의 주무관청이 정한 허가기준에 적합하여야 한다(행정자치부 및 그 소속청 소관 비영리법인의 설립 및 감독에 관한 규칙 제4조).

주무관청은 법인설립허가처분을 하기 위하여 필요하다고 인정할 때에는 설립허가 신청자에게 심사에 필요한 자료를 제출하게 하거나 설명을 요구할 수 있으며, 법인의 설립을 허가할 때에는 법인의 목적달성 또는 업무의 적정한 집행을 확보하기 위하여 필요한 조건을 붙일 수 있다.

주무관청은 법인설립허가신청을 받은 때에는 특별한 사유가 없는 한 20일 이내(각 주무관청별로 차이가 있을 수 있음)에 이를 심사하여 허가 또는 불허가의 처분을 하고, 서면으로 이를 신청인에게 통지하되, 허가를 하는 때에는 법인설립허가증을 교부하여야 한다. 다만 위 자료제출요구 및 설명요구기간은 20일의 처리기간에 산입하지 아니한다.

주무관청은 설립이 허가된 법인에 관하여 그 명칭, 대표자의 주소, 성명, 목적, 주된 사무소, 허가 및 설립연월일 등 필요사항을 기재한 '법인대장'을 작성, 비치하여야 한다.

♣ 【서식】 비영리법안 설립허가 신청서

비영리법인 설립허가 신청서

접수번호		접수일	처리일	처리기간	20일

신청인	성명		생년월일
	주소		전화번호

법 인	명칭		전화번호
	소재지		

대표자	성명		생년월일
	주소		전화번호

「민법」 제32조 및 「행정안전부 및 그 소속청 소관 비영리법인의 설립 및 감독에 관한 규칙」 제3조에 따라 위와 같이 법인설립허가를 신청합니다.

년   월   일

신청인   (서명 또는 인)

행정안전부장관
경찰청장   귀하
소방청장

신청인 제출서류	1. 설립발기인의 성명·생년월일·주소 및 약력을 적은 서류(설립발기인이 법인인 경우에는 그 명칭, 주된 사무소의 소재지, 대표자의 성명·생년월일·주소와 정관을 적은 서류) 1부 2. 설립하려는 법인의 정관 1부 3. 재산목록(재단법인의 경우에는 기본재산과 운영재산으로 구분하여 적어야 합니다) 및 그 증명서류와 출연 신청이 있는 경우에는 그 사실을 증명하는 서류 각 1부 4. 해당 사업연도분의 사업계획 및 수입·지출 예산을 적은 서류 1부 5. 임원 취임 예정자의 성명·생년월일·주소·약력을 적은 서류 및 취임승낙서 각 1부 6. 창립총회 회의록(설립발기인이 법인인 경우에는 법인 설립에 관한 의사 결정을 증명하는 서류) 1부 ※ 제3호의 서류 중 담당 공무원 확인사항인 증명서류는 제출하지 않아도 됩니다.	수수료 없 음
담당공무원 확인사항	재산목록에 있는 재산의 토지(건물) 등기부 등본	

처리절차

신청서 작성	→	접 수	→	확 인	→	결 재	→	허가증 작성
신청인		처리기관 : 행정안전부, 경찰청, 소방청(비영리법인의 설립 및 감독 업무 담당부서)						

210mm×297mm[일반용지 60g/㎡(재활용품)]

라. 설립등기

민법상의 법인은 정관작성 및 재산의 출연, 주무관청의 설립허가 등의 절차를 마친 후 그 주된 사무소에서 설립등기를 함으로써 성립한다(민 제33조),

정관을 작성하고 주무관청의 허가를 받아도 법인으로 성립하지 아니한다.

구민법은 설립등기를 대항요건으로 하였으나(구민 제45조), 현행 민법은 법인 성립의 선의, 악의, 대항력의 유무 등 권리관계를 획일적으로 확정하기 위하여 설립등기에 한하여 법인의 성립요건으로 하여 설립등기에 창설적 효력을 부여하는 등 성립요건주의를 채용하고 있다(민 제33조). 그러나 설립등기 이외의 법인에 대한 다른 등기는 모두 제3자에 대한 대항요건으로 규정하고 있다(민 제54조).

설립등기가 법인의 성립요건인 것은 본점 또는 주사무소에 한하는 것이고 분사무소 또는 지점에서의 설립등기는 엄밀한 의미에서 설립등기는 아니며 이는 대항요건에 불과하다(민 제54조 1항).

그러나 설립등기가 경료 되었어도 법인이 주무관청의 허가를 얻지 아니하였다면 그 법인등기는 법인의 성립요건을 결한 무효의 등기이며(1996. 8. 7. 등기 3402-626), 민법상 비영리법인인 사단법인은 민법 제31조 및 제32조의 규정에 의하여 영리 아닌 사업을 목적으로 하여 주무관청의 허가를 얻어야 법인의 주된 사무소소재지에서 설립등기를 할 수 있는 것이므로, 위 규정에 의하지 아니한 사단법인의 설립등기신청은 수리될 수 없다. 착오로 위 규정에 의하지 아니하고 설립 등기된 법인등기는 비송사건절차법 제159조 2호 소정의 '사건이 등기할 사항이 아닌 때'에 해당하여 동법 제234조 내지 제237조 및 제66조의 규정에 의하여 직권말소된다(1997. 1. 31. 등기 3402-79, 등기예규 제836호).

법인으로 일단 설립등기를 한 법인의 등기가 멸실된 경우에는 멸실회복등기를 하면 종전의 법인과 동일성의 문제는 없다. 그러나 멸실회복등기기간이 경과하여 절차상 멸실회복등기를 할 수가 없어서 통상의 절차에 의한 설립등기를 한 경우에 판례는 이미 존재하였던 법인과 다른 법인이 설립되었다고는 할 수 없고 종전의 법인만이 새로운 등기에 의하여 공시된다고 한다(대판 1971. 1. 26, 70다2596).

영리아닌 사업을 목적으로 하는 사단 또는 재단은 주무관청의 허가를 얻어 법인으로 할 수가 있으므로, 법인설립등기를 하지 않고 법인의 정관만을 등기할 수는 없다(등기선례 4-880).

2. 등기절차

가. 등기신청인

법인을 대표할 자가 등기신청인이 되며, 법인의 이사들은 원칙적으로 각자 대표권이 있으므로 각자가 등기신청을 할 수 있으나 대표권을 제한받는 이사는 등기신청을 할 수 없다(비송사건절차법 제63조). 대표권 있는 이사는 당해 법인의 인감증명을 받기 위하여는 관할등기소에 인감신고를 하여야 한다.

등기신청은 대리인에 의하여도 할 수 있다. 대리인에 의하여 등기신청을 하는 경우에는 신청서에 그 권한을 증명하는 서면을 첨부하여야 한다(민법법인 및 특수법인 등기규칙 제6조, 상업등기규칙 제52조).

나. 등기기간

등기기간은 주무관청의 법인설립허가가 있은 때로부터 3주간 내이며(민 제49조), 주무관청으로부터 허가서가 도달한 날로부터 기산한다(민 제53조). 여기서 허가서나 도달한 날로부터라 함은 민법의 기간계산의 원칙에 따라 그 도착일은 산입 하지 않고 그 익일부터 기산한다.

과태료사건의 관할은 그 처분을 받을 자의 주소지 지방법원으로서(법 제247조), 재판을 하기 전에 당사자의 진술을 듣고 검사의 의견을 들어 결정으로 재판한다. 이 결정에 대하여는 즉시항고할 수 있으며, 이 즉시항고에는 집행정지의 효력이 있다.' 과태료재판에 대한 집행은 검사의 명령으로 한다(비송사건절차법 제249조).

다. 등기사항

1) 목 적

목적은 법인이 영위하고자 하는 사업 또는 그 사업을 통하여 법인이 추구하고자 하는 목표를 말한다. 법인의 목적을 등기사항으로 하는 것은, 법인이 정관으로 정한 목적의 범위 내에서만 권리능력이 있으며(민 제34조) 그 목적사업 이외의 사업은 영위할 수 없기 때문에 목적을 특정함으로써 법인의 권리능력의 범위를 일반에게 공시하고 주무관청의 업무감독범위를 확정하기 위하여 필요하기 때문이다.

목적을 기재할 때에는 사회관념상 법인이 어떤 종류의 사업을 영위하고자 하는지를 알 수 있도록 구체적으로 특정해서 기재해야 하나 반드시 1개의 사업에 한정할 필요는 없고 수개의 사업이어도 무방하다. 목적사항이 수개의 주무관청에 속하는 경우에는 각각의 주무관청별로 허가를 받아야 한다.

민법상의 법인은 반드시 학술, 종교, 자선, 사교 기타 비영리사업을 목적으로 해야 하나, 목적달성을 위한 수단으로서 필요한 수익사업을 할 수 있다.

다만, 위와 같은 경우에도 그 수익은 비영리사업목적에 충당되어야 하며 어떤 형태로든 구성원이나 설립자에게 귀속되어서는 안된다.

법인의 권리능력은 법인의 설립근거가 된 법률과 정관상의 목적에 의하여 제한되나, 그 목적범위 내의 행위라 함은 법률이나 정관에 명시된 목적 자체에 국한되는 것이 아니라, 그 목적을 수행하는 데 있어 직접, 간접으로 필요한 행위는 모두 포함되는 것이다(대판 1991. 11. 22, 91다8821).

2) 명 칭

법인의 명칭은 그 법인이 영위하는 사업을 나타내는 명칭이나 인명, 지명을 나타내는 명칭 등 제한 없이 쓸 수 있으며 한글로 표기하기만 하면 외국어로 된 명칭도 무방하다.

민법법인은 사단법인 외에 중간법인의 규정이 없으며, 또 법인의 설립등기를 하는 때에는 명칭 중에 사단법인 또는 재단법인 등 법인의 종류가 표시되어 있지 아니한 경우에는 등기소의 등기관이 등기용지 중 명칭란에 법인의 종류를 기재해야 한다는 규정(민법법인 및 특수법인 등기규칙 제4조)외에는 그 명칭 중에 반드시 사단법인 또는 재단법인이라는 문자를 사용해야 한다거나 동일한 특별시, 광역시, 시, 군내에서 타인이 등기한 명칭 또는 유사한 명칭으로는 등기할 수 없다는 등의 제한규정은 없다.

그러나 법령상 사용이 제한되는 명칭(은행 제14조, 보험 제8조 2항, 사근 제26조 등), ‘○○청’과 같이 국가기관으로 오인될 우려 있는 명칭이거나 기존법인과의 혼동을 방지하기 위하여 동일행정구역 내에서 타인이 등기할 것과 동일 또는 유사한 명칭으로는 등기할 수 없을 것이며, 민법법인의 명칭 중에 사단, 재단이라는 명칭을 부가하지 아니하는 경우에도 등기시에는 그를 등기하여야 하므로 (민법법인 및 특수법인 등기규칙 제4조), 제3자가 쉽게 인식할 수 있도록 그 명칭 중에 사단법인 또는 재단법인 등 법인의 종류의 문자를 병용하는 것이 좋다.

3) 사무소

법인의 사무소는 반드시 1개일 필요는 없고 수개이어도 무방하나 사무소가 수개인 때에는 반드시 그 모두를 등기하되 그 중 1개를 주된 사무소, 나머지를 분사무소로 등기해야 한다.

사무소를 기재할 때에는 최소행정구역까지만 기재해도 되는 정관과는 달리 그가 소재하는 지번까지 확정하여 등기하여야 한다.

통상 정관변경의 번거로움 때문에 관할구역 내의 사무소이전에 대비하여 정관에는 최소행정구역까지만 표시하고 이사회 또는 이사과반수 결의에 의하여 구체적인 사무소 주소를 정할 수 있도록 하는 경우가 많다.

4) 설립허가연월일

설립허가서에 기재된 설립허가연월일을 기재한다. 설립등기가 법인설립의 단순한 대항요건에 불과한 법제(일 민 제45조)에서는 이를 따로 등기사항으로 할 실익이 있겠으나, 설립등기를 법인의 성립요건으로 하고 있어 설립등기를 한 후에야 법인격을 취득하는 우리 법제(민 제33조)에서는 이를 등기사항으로 할 실익이 별로 없다고 할 것이다.

5) 존립시기나 해산사유를 정한 때에는 그 시기 또는 사유

존립시기란 '법인성립일로부터 만 10년간' 또는 '서기 2010년 12월 31일까지' 라고 정하는 것과 같이 법인의 존속에 시간적 제한을 가하여 그 시기의 도래로서 법인은 당연히 해산하기로 정하는 것을 말하며, 해산사고란 '설립자 ○○○가 사망하면 법인은 해산한다.'라는 것과 같이 법정의 해산사유 이외에 일정한 사유가 발생하면 법인은 당연히 해산하기로 정하는 것을 말한다.

그러나 사단법인의 경우에는 존립시기 및 해산사유에 관한 사항을 정관에 기재하여 등기했다고 해도 총사원의 4분의 3 이상의 동의로써 존립기간 전에도 언제든지 해산할 수 있다.

존립시기나 해산사유는 정관의 절대적 기재사항은 아니지만, 이에 관한 사

항을 정한 때에는 정관에 기재해야만 효력이 발생하고 또 이를 등기해야만 제
3자에게 대항할 수 있다.

6) 자산의 총액

자산의 총액이란 비영리사단법인이 보유하고 있는 정관상의 기본재산은 물
론 기타 부동산, 동산 및 채권 등을 포함하는 적극재산의 총액에서 채무 등의
소극재산을 공제한 순재산액을 의미한다(1998. 3 .9. 등기 3402-194). 이를
등기사항으로 한 것은 법인채무의 일반담보인 법인의 재산상태를 공시하여 채
권자 및 이와 거래하고자 하는 일반공중을 보호하려는 취지이다.

사단법인은 설립당초에는 자산이 전혀 없어도 상관이 없으나, 재단법인에는
자산의 총액이 반드시 있어야 하고, 그 기재가 없는 것은 등기가 되지 않는다.

민법에서 자산의 총액을 등기사항으로 규정하고 있으므로 사단법인설립등기
의 경우에는 자산총액을 0으로 기재한 신청도 무방하나 자산총액 미정이라거
나 아예 그에 관한 기재가 없는 신청은 수리할 수 없다 할 것이다.

7) 출자방법을 정한 때에는 그 방법

법인등기에 있어서 출자방법이란 예컨대 사단법인의 정관에 회비나 분담금
등 사원의 출자의무를 정하거나 재단법인의 정관에 설립자가 정기적 출연에
의한 출연행위를 정한 것과 같은 것을 말하는 것이다. 이는 당해 법인의 지불
능력을 공시할 목적에서 등기사항으로 정하였다.

출자방법에 관한 정함은 자산에 관한 규정으로서 정관에 기재해야 하고(민
제40조Ⅳ) 정관에 기재된 경우에 한하여 등기사항이 된다.

회비, 부담금 등의 명목이라 할지라도 그것이 법인에 대한 금전출연방법을
정해 놓은 것이라면 그것은 출자로서 그 방법을 등기하지 않으면 안되지만, 재
단법인의 경우 출연금품이나 기타의 자산으로부터 생기는 과실에 관한 규정은
출자방법이 아니므로 등기할 필요가 없다(일 소화 34. 6. 6, 민사갑 제1193호).

8) 이사의 성명, 주민등록번호와 법인을 대표할 이사의 성명, 주소

법인의 이사의 수에는 제한이 없으며(단, 공익법인은 5인 이상 15인 이하를
두되 주무관청의 승인을 얻어 그 수를 증감할 수 있음. 공익 제5조) 정관으로
이사를 수인으로 정할 수도 있는 바, 그 경우에는 대내적 업무집행은 재적이

사 과반수의 찬성으로써 결정하고(민 제58조, 공익 제9조) 대외적 업무에서는 이사 각자가 단독으로 대표함이 원칙이다. 그러나 정관이나 사원총회의 결의로써 달리 정할 수 있다(민 제59조).

동일인이 이사에 재선되어 중임이 된 경우에 비록 그 성명과 주소가 변동되지 아니하여도 일단 그 자격이 상실되고 새로운 자격을 취득한 것이므로 여기에 의하여 그 변동사항으로 등기를 하여야 하며, 실무에서는 이를 퇴임과 취임으로 등기하지 않고 중임으로 등기한다.

9) 이사의 대표권을 제한한 때에는 그 제한

이사는 법인의 사무에 관하여 각자 법인을 대표함이 원칙이나(민 제59조), 정관이나 사원총회의 결의에 의하여 제한할 수 있다(민 제59조 1항 단).

이와 같은 이사의 대표권의 제한은 등기하지 않으면 제3자에게 대항하지 못한다(민 제60조).

정관에 의한 대표권의 제한은 ① 이사의 다수결 또는 전원에 의한 공동대표, ② 사원총회의 의결을 조건으로 하는 결의, ③ 이사장에게만 대표권을 주고 평이사에게는 대표권을 제한하는 경우 등으로 할 수 있다.

실무상 이사장에게만 대표권을 주는 경우와 공동대표로 하는 경우가 많으며 사원총회에 의한 제한은 별로 없다.

법인의 이사는 법인의 이익과 상반되는 사항에 대하여는 대표권이 없다(민 제64조 1항). 이때에는 이해관계인이나 검사의 청구에 의하여 법원이 선임한 특별대리인이 법인을 대표한다(민 제64조).

라. 첨부서류

민법상 법인 설립등기의 신청서에는 일반적인 첨부서면 이외에 ① 정관, ② 이사의 자격을 증명하는 서면, ③ 주무관청의 허가서 또는 그 인증하는 등본, ④ 재산목록 등의 서류를 첨부해야 한다(비송사건절차법 제63조 2항).

1) 정 관

정관은 그 작성이 법인설립의 요건이므로 법인의 설립등기를 신청할 때에는 그 등기사항의 진실성을 확보하기 위하여 정관의 첨부가 요구된다.

비영리법인의 설립등기를 신청하는 경우에 그 첨부 정관에는 상법상 주식회사(상 제292조)나 유한회사와 같이 정관을 공증하여야 하는 규정이 민법에는 없으므로, 공증인의 인증을 받을 필요가 없으나, 총회의사록은 공증인의 인증을 받아야 할 것이며, 다만 그 법인이 공증인법시행령 별표 1의 의사록인증제외대상법인에 해당한다면 공증을 받을 필요가 없다(공증인법 제66조의2). 그러나 그 법인이 영리법인인 경우에는 정관과 총회의 의사록에 공증인의 인증을 받아야 한다(등기선례 4-883). 등기신청서에 첨부하는 정관은 주무관청의 허가를 받은 정관이어야 하므로, 주무관청의 허가를 받은 사실을 소명하는 자료를 첨부하여야 한다. 통상 주무관청은 허가한 정관에 관인을 날인하고, 공문으로 설립허가서와 정관을 설립자에게 통보하고 있다.

2) 이사의 자격증명서

법인의 설립등기 신청서에는 이사의 자격증명서로써 그를 선임한 선임서나 창립총회의사록 및 취임승낙서 등을 첨부해야 한다(비송사건절차법 제63조 2항).

다만, 최초의 이사는 정관에 정해지는 것이 보통이므로 그 경우에는 정관 이외에 별도로 이사자격증명서를 첨부할 필요가 없을 것이다.

공익법인은 이사를 선임하는 경우 주무관청의 허가를 받아야 하므로 그 이사선임에 관한 주무관청의 승낙서가 필요하나 일반의 민법법인인 경우에는 그러한 규정이 없으므로 총회의 선임으로 가능하다고 할 것이다.

▶선례◀ 사단법인 설립등기와 공증인의 인증(등기선례 4-883)

(1994.11.19, 등기 3402-1342 질의회답)

비영리 사단법인의 설립등기를 신청하는 경우에 그 첨부 정관에는 공증인의 인증을 받을 필요가 없으나, 총회 의사록은 공증인의 인증을 받아야 할 것이며, 다만 그 법인이 공증인법시행령 별표 1의 의사록인증 제외대상법인에 해당한다면 공증을 받을 필요가 없다(공증인법 제66조의2). 그리고 그 법인이 영리법인인 경우에는 정관과 총회의 의사록에 공증인의 인증을 받아야 한다.

▶선례◀ 사회복지사업을 행할 목적으로 설립된 재단법인의 변경등기신청서에 첨부되는 의사록은 공증인의 인증을 받아야 하는지 여부(적극)(상업등기선례 제2-102호)

(2006. 5. 2. 공탁상업등기과-376 질의회답)

사회복지사업(사회복지사업법 제2조 제1호)을 행할 목적으로 설립된 법인이라 해도 민법과 공익법인의설립·운영에관한법률에 따라 설립된 재단법인은 사회복지사업법에 의하여 설립된 사회복지법인으로 볼 수 없으므로, 그 변경등기신청서에 첨부되는 의사록은 공증인의 인증을 받아야 한다.

3) 주무관청의 설립허가서 또는 그 인증있는 등본

민법상 법인설립은 반드시 주무관청의 허가를 받아야 하고(민 제32조) 그 설립등기신청서에는 허가서나 허가서의 등본을 첨부해야 하는 바(비송사건절차법 제63조 2항), 등본을 첨부하는 경우의 등본을 허가기관이 인증한 것이어야 한다.

주무관청은 설립허가서에 그 설립허가조건을 부여하고 설립등기 후 보고하도록 함이 보통이다.

공익법인이 이사를 선임하는 경우에는 주무관청의 허가를 받아야 하므로 그 이사선임에 관한 주무관청의 승낙서가 필요하나 일반의 민법법인인 경우에는 그러한 규정이 없으므로 총회의 선임으로 가능하다고 할 것이다. 다만 정관이나 최초의 설립허가시에 주무관청에서 이사선임에 관하여 주무관청의 승낙을 조건으로 한 경우에는 그에 따라야 할 것이다.

4) 재산목록

민법법인의 정관에는 자산에 관한 규정을 두어야 하고(민 제40조, 제43조), 법인등기에는 자산의 총액을 등기하도록 규정하고 있는 바(민 제49조 2항Ⅵ), 자산의 총액을 등기하는 경우에는 실제와 부합하는 등기를 위하여 재산목록을 첨부하여야 한다(비송사건절차법 제63조 2항Ⅳ).

5) 등록면허세 및 지방교육세, 농어촌특별세, 등기신청수수료, 주택채권 등

등기신청서에는 지방세법 제28조 소정의 등록면허세와 지방세법 제151조의 소정의 지방교육세를 영수필통지서 및 확인서를 첨부해야 하는 바, 법인설립등기의 등록면허세는 과세표준인 설립시 자본금의 1,000분의 2이고, 지방교육세는 등록면허세의 100분의 20이다.

법인설립등기와 동시에 분사무소설치등기를 하는 때에는 설립의 등록면허세 항목과 분사무소설치의 세목이 다르므로 설립에 관한 등록면허세와 분사무소설치에 관한 등록면허세를 각각 납부하여야 할 것이다. 수개의 등기사항을 1건으로 일괄신청하는 경우에 있어서 설립목적, 이사변경 등을 1건으로 신청하는 경우처럼 등록면허세의 세목이 같은 경우에는 1개분의 등록면허세만 납부하여야

되지만, 본점이전과 이사변경 등과 같이 등록면허세의 세목이 다른 경우에는
세목에 따라 각별로 등록면허세를 납부하여야 하고 또한 이사변경과 목적변경
은 그 등기대상이 다르므로 별도로 납부하여야 한다고 해석할 수 있다.

주사무소이전의 경우, 신본점소재지에서는 지방세법 제28조 1항 6호 라목(1건
당 112,500원), 구주사무소나 분사무소소재지에서는 6호 바목(1건당 40,200원)에
따라 등록면허세를 납부하여야 하고, 분사무소설치의 경우 당해 신설 분사무소소
재지에서는 6호 마목(1건당 40,200원), 본점이나 여타 분사무소소재지에서는 위
법조 6호 바목에 따라 등록면허세를 납부하여야 한다(지세령 제43조).

조세특례제한법, 관세법, 지방세법에 의하여 등록면허세가 감면되는 경우 원
칙적으로 감면세액의 100분의 20에 해당하는 농어촌특별세를 납부하여야 한
다(농특세법 제5조). 그러나 지방세법에 의하여 등록면허세가 면제되는 경우에
도 회사정리사건의 촉탁등기, 착오, 유루발견에 의한 직권등기, 행정구역변경
등기 등에는 농어촌특별세가 면제된다(농특세법 제4조, 동법 시행령 제4조).

지방세법 제264조 등에 의한 등록세 감면의 경우 등기신청서에 감면확인서
를 첨부하여야 하고, 지방세법 제261조 등에 의한 등록세 경감의 경우에는
시, 군 작성의 전산처리된 용지나 수납부일련번호 및 세무공무원의 날인이 있
는 용지에 의한 영수필확인서 및 영수필통지서만을 첨부하면 되나(1995. 5.
12. 등기 3402-376), 이때에는 농어촌특별세를 납부하여야 한다.

주택법에 의한 국민주택채권의 납입의무는 비영리법인의 설립등기에는 그
납입의무가 없으므로 이를 납부할 필요가 없다. 상법상의 법인의 경우에도 종
전에는 국민주택채권매입의무가 있었으나 2008년 11월 5일부터 국민주택채권
매입의무가 삭제되어 비영리법인의 경우와 같이 이를 납부할 필요가 없게 되
었다. 법인의 설립등기의 등기신청수수료는 3만원(전자표준양식에 의한 신청의
경우에는 25,000원, 전자신청의 경우에는 20,000원)이며, 설립과 동시에 분사
무소를 설치하는 경우에는 설립등기의 등기신청수수료 외에 별도로 분사무소
설치에 관한 등기신청수수료 6,000원(전자표준양식에 의한 신청의 경우에는
4,000원, 전자신청의 경우에는 2,000원)을 납부하여야 한다(등기사항증명서 등
수수료규칙 제5조의3, 제5조의4).

6) 위임장

설립등기신청을 대리인에 의하여 하는 때에는 그 대리권을 증명하는 서면으

로서 위임장을 첨부해야 한다.

7) 취임승낙서 및 인감증명

이사와 법인의 관계는 위임관계이므로 이사에 취임하는 자의 승낙이 필요한 바, 이 승낙서는 원칙적으로 본인의 진정한 의사를 확인할 수 있도록 인감증명법에 의한 인감증명서를 첨부하여야 한다. 다만 이사를 선임하는 창립총회(사단법인), 이사회(재단법인)에 당해 이사가 출석하여 그 취임을 승낙하고 그 의사록에 기명날인을 하였으면 이 서면을 첨부하지 아니하여도 된다.

그러나 대표권 있는 이사는 의사록에 승낙의사가 기재되어도 이 서면은 생략할 수 없다고 할 것이다(민법법인 및 특수법인등기규칙 제6조, 상등규 제154조 제2항).

8) 인감신고서 및 인감증명, 주민등록등본

법인의 인감증명은 등기소에서 발행하므로 법인의 대표자의 인감증명을 받기 위하여 인감신고서를 제출하여야 하는 바, 이 신고서에는 인감대지도 함께 제출하여야 하고, 그 신청인의 진정한 의사를 확인할 수 있는 인감증명을 첨부하여야 한다.

이사는 주민등록번호, 대표권 있는 이사는 주민등록번호 및 주소를 등기하여야 하므로 이를 소명하는 주민등록등본을 첨부하여야 한다.

9) 법인인감발급카드신청서

대표자의 인감증명을 발급받기 위하여 법인인감카드발급신청서를 작성 제출하여 법인인감카드를 발급받아야 한다(민법법인 및 특수법인 등기규칙 제6조, 상업등기규칙 제39조).

3. 등기의 신청

♣ 【서식】 사단법인의 설립등기신청서

<table>
<tr><td colspan="5" align="center">사단법인 설립등기신청</td></tr>
<tr><td rowspan="2">접
수</td><td>년   월   일</td><td rowspan="2">처리인</td><td>등기관 확인</td><td>각종통지</td></tr>
<tr><td>제   호</td><td></td><td></td></tr>
</table>

<table>
<tr><td>등기의 목적</td><td>사단법인의 설립</td></tr>
<tr><td>등기의 사유</td><td>사단법인을 설립하기 위하여 정관을 작성하고(20○○년 ○월   ○일 창립총회를 마치고) 20○○년 ○월 ○일 주무관청의 허가를 얻었으므로 다음 사항의 등기를 구함.</td></tr>
<tr><td>허가서도착연월일</td><td>20○○년 ○월 ○일</td></tr>
<tr><td>주사무소/분사무소
신청구분</td><td>1.주사무소
　신청　□　　　2.분사무소
　신청　□　　　3.주.분사무소
　일괄신청　□</td></tr>
<tr><td colspan="2" align="center">등기할 사항</td></tr>
<tr><td>명   칭</td><td>사단법인 ○○회</td></tr>
<tr><td>주 사 무 소</td><td>○○시 ○○구 ○○동 ○</td></tr>
<tr><td>이사, 감사의 성명,
주민등록번호 및
주소</td><td>이사　○ ○ ○ (-   )
　　　○○시 ○○구 ○○동 ○
이사　○ ○ ○ (-   )
　　　○○시 ○○구 ○○동 ○
이사　○ ○ ○ (-   )
　　　○○시 ○○구 ○○동 ○
감사　○ ○ ○ (-   )
　　　○○시 ○○구 ○○동 ○
감사　○ ○ ○ (-   )
　　　○○시 ○○구 ○○동 ○</td></tr>
</table>

이사장의 성명과 주소, 주민등록번호	이사장 ○ ○ ○ (　　　-　　　) 　　　　　○○시 ○○구 ○○동 ○
이사의 대표권에 대한 제한	이 사 ○○○ 이외에는 대표권이 없음
목　　적	본회는 ○○○○○함을 목적으로 한다. 위 목적을 달성하기 위하여 다음 사업을 행한다. 　　　　1. ○○○○의 설치운영 　　　　2. ○○○○○의 공동구입 및 판매알선 　　　　3. ○○○○의 연구 및 조사 　　　　4. ○○○의 장학사업 　　　　5. 각 호에 관련된 부대사업
분사무소	○○시 ○○구 ○○동 ○
설립인가연월일	20○○년 ○월 ○일
존립기간 또는 해산사유	법인성립일로부터 만 20년 [유례] 본 법인을 해산하고자 할 때에는 총회 및 이사회에서 각각 재적구성원 3분의 2 이상의 찬성으로 의결하여 주무관청의 허가를 받아야 한다.
자산의 총액	금○○○○○원
출자의 방법	1. 회비 1. 정부, 지방자치단체의 출연금 보조금 및 ○○회 지원금 1. 출연금품 1. 찬조금 1. 기타 수입금
기　　타	

<table>
<tr><td colspan="8" align="center">신청등기소 및 등록면허세/수수료</td></tr>
<tr><td rowspan="2">순번</td><td rowspan="2">신청등기소</td><td rowspan="2">구분</td><td>등록면허세</td><td rowspan="2" colspan="2">농어촌특별세</td><td rowspan="2">세액합계</td><td rowspan="2">등기신청수수료</td></tr>
<tr><td>지방교육세</td></tr>
<tr><td></td><td></td><td></td><td>금　　　　원
금　　　　원</td><td colspan="2">금　　　원</td><td>금　　　원</td><td>금　　　　원</td></tr>
<tr><td></td><td></td><td></td><td></td><td colspan="2"></td><td></td><td></td></tr>
<tr><td colspan="2" align="center">합　　　계</td><td></td><td></td><td colspan="2"></td><td></td><td></td></tr>
<tr><td colspan="3">등기신청수수료 납부번호</td><td colspan="5"></td></tr>
<tr><td colspan="2">과 세 표 준 액</td><td colspan="6">금　　　　　　원</td></tr>
</table>

첨　　부　　서　　면

1. 정 관　　　　　　　　　　　　통	1. 자산총액증명서(재산목록)　　　통
1. 이사자격증명서　　　　　　　통	1. 인감신고서　　　　　　　　　통
*사원총회의사록(공증) 등	1. 등록면허세영수필확인서　　　통
1. 취임승낙서(인감증명서나 본인서명 　사실확인서 또는 전자본인서명확인서 　의 발급증 포함)　　　　　　　통	1. 등기신청수수료영수필확인서　통
	1. 위임장(대리인이 신청할 경우)　통
1. 주민등록표등(초)본　　　　　통	<기 타>
1. 주무관청의 설립허가서 또는 인증이 　있는 허가서 등본　　　　　　통	

20○○년 ○월 ○일

신청인　명　　칭　사단법인 ○○회
　　　　주사무소　○○시 ○○구 ○○동 ○○
대표자　성　　명　이사장 ○ ○ ○ ㊞　　　　　　(전화 :　　　　　)
　　　　주　　소　○○시 ○○구 ○○동 ○○
대리인　성　　명　법무사 ○ ○ ○ ㊞　　　　　　(전화 :　　　　　)
　　　　주　　소　○○시 ○○구 ○○동 ○○

○○지방법원 ○○등기소 귀중

- 신청서 작성요령 -
1. 해당란이 부족할 때에는 별지를 이용합니다.
1. 해당 등기신청과 관계없는 사항에 대하여는 "해당없음"으로 기재하거나 삭제하고, 필요한 사항은 추가 기재합니다.
1. 「인감증명법」에 따른 인감증명서 제출과 함께 관련 서면에 인감을 날인하여야 하는 경우, 본인서명사실확인서를 제출하고 관련 서면에 서명을 하거나 전자본인서명확인서 발급증을 제출하고 관련 서면에 서명을 하면 인감증명서를 제출하고 관련 서면에 인감을 날인한 것으로 봅니다.

(용지규격 21cm×29.7cm)

주 ① 이 등기는 회사를 대표할 이사가 신청한다.

② 민법상 법인의 명치에 관해서는 상법상 회사의 경우(상 제19조)와는 달리 그 명칭중에 반드시 법인의 종류를 표시하는 사단법인 또는 재단법인이라는 문자를 사용해야 한다는 규정은 없으나 법인의 종류를 알 수 있게 하기 위하여 그 명칭 중에 사단법인 또는 재단법인이라는 문자를 병용하는 것이 일반적이다. 명칭 중에 위 문자를 병용하지 아니한 때에는 등기관은 등기용지 중 명칭란에 법인의 종류를 기재하여 등기해야 한다(민법법인 및 특수법인 등기규칙 제4조).

③ 등기의 사유 중 ( )안의 사유는 설립당초의 이사를 정관에서 정하지 아니하여 이사선임을 위한 창립총회를 별도로 개최한 경우에 한하여 기재한다.

④ 등기할 사항 중 분사무소는 설립당초부터 분사무소를 설치한 경우에 한하여 기재한다.

⑤ 목적은 비영리목적이기만 하면 되고 반드시 공익목적이어야 하는 것은 아니다. 정관에서 그 법인의 목적과 법인이 영위하고자 하는 사업의 종류를 별도의 조항으로 규정하고 있는 경우에는 목적조항에 기재된 사항뿐 아니라 사업의 종류 조항에 기재된 사항도 아울러 기재하여 특정하여야 하며 사업의 종류는 내용을 명확히 알 수 있도록 구체적으로 기재해야 한다.

⑥ 설립허가연월일은 주무관청의 법인설립허가서에 기재된 허가일자를 기재한다. 수개의 관청의 허가를 받은 때에는 최종허가관청의 허가일자를 기재한다.

⑦ 존립시기 또는 해산사유를 정관에 정하여진 경우에 한하여 기재한다.

⑧ 자산의 총액이란 적극재산에서 소극재산을 공제한 액을 의미한다. 재단법인의 경우에는 설립당초부터 자산의 존재가 반드시 필요한 데 대하여 사단법인의 경우에는 설립당초는 자산이 전연 없어도 무방하나, 자산의 총액이 등기사항으로 규정되어 있으므로 그 경우에도 이를 0으로 기재하여야 한다.

⑨ 출자의 방법은 정관에 정해진 출자에 관한 규정의 내용 중 그에 관한 사항을 기재한다. 다만 출연금품이나 기타 자산에서 생기는 과실은 출자에 속하지 않는다. 회비의 출자는 사단법인의 경우에 한한다.

⑩ 이사가 수인인 때에는 이사 각자가 단독대표함이 원칙이나 예외로 위 서면에서와 같이 그 대표권을 제한할 수 있다. 이 때에는 그 대표권자만이 법인을 대표할 수 있으며 그 제한규정은 등기하지 아니하면 제3자에게 대항할 수 없다. 민법상 법인의 이 대표권제한규정의 등기는 이사장 또는 대표이사 등의 취지로 등기하지 않고 이사 ○○○ 이외에는 대표권이 없다는 취지로 등기한다. 민법법인의 감사는 등기사항이 아니다.

⑪ 과세표준은 자산의 총액을 기재한다.

⑫ 등록면허세는 과세표준(자산의 총액)금의 1,000분의 2이나, 대도시에는 그 3배를 가산하여야 한다(지세법 제28조 1항 6호, 제28조 2항). 지방교육세는 등록세액의 100분의 20이다. 다만, 설립과 동시에 분사무소를 설치하는 경우 주사무소에서는 설립에 관한 등록면허세 외에 분사무소설치에 관한 등록면허세 40,200원도 납부하여야 한다.
조특세, 관세법, 지세법에 의하여 등록면허세가 감면되는 경우에는 농어촌특별세로 그 감면등록세의 100분의 20을 납부하여야 한다.
등기신청수수료는 설립의 경우에는 30,000원(전자표준양식에 의한 신청의 경우에는 25,000원, 전자신청의 경우에는 20,000원)이고, 설립과 동시에 분사무소를 설치하는 경우는 별도로 6,000원(전자표준양식에 의한 신청의 경우에는 4,000원, 전자신청의 경우에는 2,000원)을 납부하여야 한다.
비영리법인인 설립에는 주택법에 의한 국민주택채권은 납부하지 아니한다.

⑬ 첨부서류 중 (2)'창립총회의사록은 이사의 자격을 증명하는 서면으로서 사단법인의 경우에는 창립총회의사록, 재단법인의 경우에는 설립자의 이사선임서 등을 첨부할 것이나, 설립당초의 이사를 정관으로 정한 때에는 이를 따로 첨부할 필요 없이 정관의 기재를 원용하면 된다. 민법상 법인의 등기신청서에 첨부하는 의사록은 공증인의 인증을 받아야 한다(공증 제66조의2 1항).

⑭ 이사 취임승낙서 등에 대하여, 설립당초의 이사를 정관으로 정한 때에도 취임승낙서는 따로 첨부해야 하나 사단법인의 경우 그를 창립총회에서 선임하고 선임자의 기명날인과 그의 취임승낙의 기재가 있는 의사록을 첨부한 때에는 그 기재를 원용하여 이를 따로 첨부하지 않아도 무방하다. 취임승낙서에는 본인의 진의를 확인할 수 있도록 인감증명법에 의하여 신고한 인감을 찍고 그 인감증명서(발행일로부터 6월 이내의 것)을 첨부하여야 한다. 이사는 주민등록번호, 대표권 있는 이사는 주소와 주민등록번호를 등기하여야 하므로 이를 소명하는 주민등록등본을 첨부하여야 한다.

⑮ 이사회의사록은 대표권 있는 이사의 자격을 증명하는 서면으로서, 그리고 정관에서 주사무소를 최소행정구역까지만 정한 경우 그 주사무소를 정한 서면으로서 필요한 것이다. 대표권 있는 이사를 정관으로 정하거나, 정관에서 주사무소의 주소를 확정적으로 정한 경우에는 이를 따로 첨부할 필요가 없다.

⑯ 인감신고서와 인감증명에 대하여, 법인의 대표자의 인감을 신고하여야 법원으로부터 인감증명을 발행받을 수 있으므로 법원이 인감을 발행할 수 있는 대표자의 인감이 날인된 인감대지를 인감신고서에 첨부하여 제출하여야 하고, 대표자의 진의를 확인할 수 있는 인감증명법에 의하여 동사무소 발행의 인감증명서를 첨부하여야 한다. 인감증명서는 의사를 확인하는 역할도 한다.

⑰ 전산정보처리조직에 의한 등기를 실시하는 등기소에서 법인의 설립등기를 하고자 하는 경우에는 대표자의 인감증명을 발급받기 위하여 법인인감발급카드신청서를 작성 제출하여 법인인감카드를 발급받아야 한다.

⑱ 위임장은 대리인에 의하여 신청하는 경우에 한하여 첨부한다.

◈ 등기신청서에 첨부할 서면
 1. 정관
　 법인을 설립하고자 하는 자는 법인의 근본 규칙을 정하여 서면에 기재하고 기명날인하여야 합니다. 이 서면을 정관이라 하며 정관의 기재사항 중에는 그 기재가 없거나 위법인 때에는 효력이 생기지 않는 필요적 기재사항, 정관에 기재하지 않아도 무효나 설립허가 취소는 아니나 정관에 기재되면 필요적 기재사항과 같은 효력이 있는 임의적 기재사항이 있습니다.

 가. 필요적 기재사항
　▸목 적 : 법인은 법률의 규정에 좇아 정관으로 정한 목적 범위 내에서 권리능력이 있습니다. 법인의 목적은 법인이 영위하고자 하는 사업을 말하며 비영리로서 학술.종교.자선.기예.기타 영리 아닌 사업을 목적으로 하여야 합니다. 법인의 목적은 법인의 권리능력의 범위라 할 것이므로 정관의 목적은 권리능력의 범위를 명확히 확인할 수 있을 정도로 구체적으로 기재하여야 합니다. 일반적으로"본회는 ○○○○○○ 를 행함을 목적으로 한다"라는 등으로 기재합니다.

　▸명 칭 : 법인의 명칭은 사단법인이라는 문자를 반드시 사용해야 하는 것은 아니지만 등기부상에는 법인의 종류를 표시하고 있습니다. 주무관청의 허가시 명칭을 정하여 허가하고 있으며 일반적으로 본 법인은"사단법인 ○○○회 라고 칭한다"라는 등으로 기재합니다.

　▸사무소 소재지 : 법인 사무소란 법인 사업을 총괄하는 장소로서 사무소 소재지 모두(주사무소 분사무소 포함)를 정관에 기재하여야 하며 그 중 하나를 주사무소로 정하여야 합니다. 정관상 기재의 정도는 법률에 정함은 없으나 최소행정구역 정도의 기재로 가능하다고 해석하고 있습니다.

　※ 정관 기재사항인 사무소 소재지는 주사무소 만을 의미하지 않고 분사무소도 포함하는

개념으로, 법인 설립등기시 뿐 아니라 설립등기 후에 분사무소를 설치하는 경우에도 정관의 변경사항으로 주무관청의 허가를 받아야 합니다.

▸ <u>자산에 관한 사항</u> : 법인의 목적달성을 위하여 자산은 반드시 필요하며 정관상으로 자산의 종류, 구성, 운용방법 등을 정하여야 하며 그 중 자산의 총액은 등기사항입니다. 일반적으로 자산의 표시 정도는 종류, 구성, 운용방법, 각 사원의 출자액, 출자 의무 등에 관한 규정을 기재하고 있습니다.

▸ <u>이사의 임면에 관한 규정</u> : 이사는 법인의 상설의 필수기관으로서 원수.자격.임기.선임 및 해임방법 등은 민법에 별도의 규정은 없고 정관으로 정하도록 하고 있습니다. 그 중 이사의 임면에 관한 사항은 정관의 필요적 기재사항이며 특히 이사의 성명.주민등록번호는 등기사항입니다.

※ 민법상 법인의 감사는 임의적인 기관으로 정관으로 둘 수 있으나 등기사항은 아니며, 공익법인의 설립.운영에 관한 법률에 의하여 설립된 공익법인은 감사가 필수기관이나 이 또한 등기사항은 아닙니다.

▸ <u>사원자격의 득실에 관한 규정</u> : 사원의 입사.퇴사.제명 등 사원의 자격득실에 관한 사항을 기재하여야 합니다.

▸ <u>존속기간이나 해산사유를 정한 때에는 그 시기 또는 사유</u> : 법인의 존속시기나 해산 사유를 반드시 정해놓아야 하는 것은 아니나 이를 정하였을 때 그 시기와 사유를 정관에 기재하여야 합니다. 존립기간을 정한 경우 존립기간 만료로, 해산사유를 정한 때에는 그 해산사유의 발생으로 법인은 당연히 해산됩니다.

나. 임의적 기재사항

정관에 기재하지 않더라도 정관의 효력에는 영향이 없으나 일단 정관에 기재하면 필요적 기재사항과 같은 효력이 발생하는 것을 말합니다. 임의적 기재사항으로 정관변경에 관한 사항, 이사의 대표권 제한 및 권한의 위임에 관한 사항, 감사 선임에 대한 사항 등이 이에 해당됩니다.

다. 기타

상법상의 주식회사의 경우와 달리 원시정관에 대하여 공증을 받아야 한다는 규정이 민법에는 없으므로 공증인의 인증을 받을 필요가 없습니다. 등기신청시 첨부하는 정관은 주무관청의 허가를 받은 사실을 소명하는 자료를 첨부하여야 합니다.

2. 이사자격증명서(정관 등)

이사는 법인의 사무를 집행하며 법인을 대표하는데 보통 최초의 이사는 정관으로 정하고 있습니다. 그렇지 않은 경우에는 이사의 자격증명서로서 그를 선임한 사원총회의사록(창립총회의사록)을 첨부하여야 합니다.

3. 취임승낙서(인감증명서나 본인서명사실확인서 또는 전자본인서명확인서의 발급증 포함)

이사는 취임함으로써 법적인 책임과 의무가 부과되므로, 취임자의 진정한 의사를 확인하기 위하여 취임자의 인감도장을 날인한 취임승낙서와 인감증명법에 의하여 신고한 인감증명서(발행일로부터 3개월 이내)나 본인서명사실확인서 또는 전자본인서명확인서의 발급증을 첨부하여야 합니다. 취임하는 자가 외국인인 경우에는 그 서면에 본국 관청에 신고한 인감을 날인하고 그 인감증명서를 첨부할 수 있으며, 본국에 인감증명제도가 없는 외국인의 경우에는 본인이 서명을 하였다는 본국 관청의 증명서면이나 공증인의 공증서면으로 대신할 수 있습니다.

4. 주민등록표등(초)본

취임하는 이사는 주민등록번호 및 주소를 증명하는 서면으로 주민등록표등(초)본을 제출하여야 합니다. 대표권 제한으로 인하여 대표권 없는 이사는 주민등록증 사본, 자동차운전면허증 사본으로도 가능합니다.

5. 주무관청 설립허가서 또는 그 인증 있는 허가서 등본

　민법상의 법인은 반드시 주무관청의 허가를 받아야 하며 설립등기시 첨부서면으로 허가서 또
는 허가기관이 인증한 등본을 첨부하여야 합니다. 허가서 원본을 제출한 경우 허가서 사본에 대
하여 등기관이 원본대조필을 한 후 원본을 반환받을 수 있습니다.

6. 자산총액증명서(재산목록)

　민법법인의 정관은 자산에 관한 규정을 두어야 하고, 등기부에는 자산의 총액을 등기하도록 규
정하고 있습니다. 자산의 총액을 등기하는 경우 실제와 부합하는 등기를 위하여 재산목록(자산에
관한 사항, 부채에 관한 사항, 순자산총액을 기재한 서면)을 첨부하여야 합니다.

7. 인감신고서

　등기신청서에 기명날인할 사람(법인의 대표자 등)은 미리(설립등기와 동시에) 등기소에 인감을
제출하여야 합니다. 인감신고서에는 인감증명법에 의하여 신고한 인감을 날인하고 발행일로부터
3개월 이내의 인감증명서를 첨부하여야 합니다. 또한 인감신고서와 함께 인감대지(인감의 제출·관
리 및 인감증명서 발급에 관한 업무처리지침 별지 제2호 양식)도 함께 제출하여야 합니다.

8. 등록면허세영수필확인서

　주사무소 소재지 관할 시·군·구청장으로부터 등록면허세납부서를 발부받아 납부한 후 등록면허
세영수필확인서를 첨부하여야 합니다. 법인설립과 동시에 분사무소를 설치하여 주.분사무소 일괄
신청을 하는 경우는 분사무소 소재지 관할 시·군·구청장으로부터 별도의 등록면허세납부서를 발부
받아 납부한 후 등록면허세영수필확인서를 첨부하여야 합니다. 대통령령으로 정하는 대도시 내에
서의 설립등기시에는 당해 세율의 3배의 등록면허세를 납부하여야 합니다. 여기서 대도시라 함은
수도권정비계획법 시행령 제9조 별표1에 지정되어 있는 권역을 의미합니다.

9. 위임장

　등기신청권자 이외의 대리인에 의하여 등기신청을 하는 때에는 그 권한을 증명하는 서면으로
위임장을 첨부하여야 합니다. 실무상 수임자, 위임자, 위임내용을 기재하고 등기소에 제출하는 인
감을 날인하여 작성합니다.

10. 기타
　▸이사회의사록 : 사단법인 설립등기시 이사회의사록은 필요적 첨부서면은 아니나 정관에서 이사
　　회의 권한으로 정하고 그 사항을 이사회에서 결의한 경우 이사회의사록을 첨부하여야 합니
　　다.
　▸의사록 공증 : 등기신청시 첨부되는 총회 등의 의사록은 공증인의 인증을 받아야 합니다(다만
　　공증인법 시행령 제2조의3에 따라 법무부장관이 지정·고시한 인증 제외대상 법인은 공증인
　　의 인증이 면제됨).
　▸번역문 : 등기신청 서류 중 외국어로 작성된 문서는 이를 번역하여 번역문을 첨부하여야 하며,
　　번역인의 자격에는 제한이 없으나 번역인의 성명 주소를 기재하고 기명날인 또는 서명하여야
　　합니다(번역문을 공증받을 필요는 없습니다).

　▸법인인감카드 발급 : 법인인감증명서는 법인인감카드 또는 전자증명서(HSM USB)로 발급받을
　　수 있으므로 설립등기 완료 후 법인인감도장을 지참하여 법인인감카드 또는 전자증명서
　　(HSM USB)를 발급받으시기 바랍니다.

◆ 등기신청서 편철순서

　　신청서, 등록면허세영수필확인서, 주무관청설립허가서, 정관, 창립총회의사록, 취임승낙서, 인감증명서나 본인서명사실확인서 또는 전자본인서명확인서의 발급증, 주민등록표등(초)본,(취임승낙서, 인감증명서, 주민등록표등(초)본은 임원별로 편철), 자산총액증명서, 인감신고서, 위임장 등의 순서로 편철하시면 업무처리에 편리합니다.

◈ 기타
1. 민법상 법인은 비영리를 목적으로 하는 것이며 그 사무가 공공의 이해관계에 영향이 크므로 부정한 목적으로 법인이 설립 운영되는 것을 방지하기 위하여 주무관청이 검사, 감독하고 있습니다. 등기신청시 첨부되는 정관, 의사록 등의 서면은 주무관청으로부터 설립허가를 받기 위해 제출되는 서면들이므로 법인설립 준비를 위해서는 먼저 주무관청에 문의하시는 것이 필요합니다.

2. 사단법인으로 사회일반의 이익에 이바지하기 위하여 학자금·장학금·연구비 등의 보조나 기타 학술·자선 등을 목적으로 하는 법인을 설립하고자 하는 경우 민법 외에 공익법인의 설립·운영에 관한 법률의 적용을 받습니다(법인설립의 근거법령은 설립허가증에 명기되어 있음). 법인설립이 공익법인의 설립·운영에 관한 법률에 의한 경우 정관의 기재사항, 이사의 원수·임면, 정관변경 등이 민법의 규정보다 엄격하게 규정되어 있는바 이에 대한 구체적인 내용은 관련법령을 참조하시고 주무관청에 문의하시기 바랍니다.

3. 이상은 민법상 사단법인설립등기 신청시 작성·제출하여야 하는 서식과 그 내용에 대한 일반적인 안내인바, 법인의 구체적인 사정에 따라 신청서 작성 및 첨부서면 등이 달라질 수 있습니다. 따라서 개별·구체적인 사항에 대하여는 등기과·소의 민원담당자 또는 변호사, 법무사 등 등기와 관련된 전문가에게 문의하시기 바랍니다.

♣ 【서식】 사단법인 정관

사단법인○○회 정관

제1장 총 칙

제1조(명칭) 본법인은 사단법인 ○○회(이하 본회라 한다)라 칭한다.

제2조(사무소와 분사무소) 본회는 사무소를 서울특별시 내에 두고 분사무소를 ○○시 내에 둔다.

제3조(목적) 본회는 ……함을 목적으로 한다.

제4조(사업) 본회는 전조의 목적을 달성하기 위하여 다음 사업을 행한다.

1. ○○○○의 설치 운영
2. ○○○○의 공동구입 및 판매알선
3. ○○○○○의 연구 및 조사
4. 지역발전을 위한 제반 봉사사업
5. 문화 및 홍보사업
6. 연구결과의 발간 및 출간
7. 기타 위 각 호에 부대하는 사업

제5조(법인 이익의 수혜자) 이 법인의 제4조 각 호에 규정된 목적사업을 수행함에 있어서 그 수혜자에게 제공하는 이익은 이를 무상으로 한다. 다만 수혜자에게 그 대가의 일부를 부담시킬 때에는 미리 ○○부장관의 승인을 받아야 한다.

제2장 회 원

제6조(회원의 종별 및 가입)

① 본회의 회원은 다음 2종으로 한다.

(가) 정회원 : 본회의 목적에 찬동하고 가입한 자

(나) 명예회원 : 본회에 특별한 공로가 있거나 학식 경험이 있는 자로서 총회의 추천을 받은 자(준회원 및 특별회원으로 표시할 수도 있음)

② 본회의 회원으로 가입하고자 하는 자는 소정의 서식에 의한 신청을 하고 총회의 승인을 받아야 한다.

제7조(회원의 권리) 회원은 총회를 통하여 이 법인의 운영에 참여하되, 정회원은 발의권과 의결권, 피선거권을 가지나 명예회원(준회원, 특별회원)은 발의권만 받는다.

제8조(회원의 의무) 회원은 본 법인의 정관 및 결의사항을 준수할 의무를 지명총회에서 정한 입회금 및 회비를 납부하여야 한다.

제9조(회비)

① 정회원은 총회에서 정한 회비를 납부해야 한다.

② 이미 납부한 회비 기타 각출금은 이유 여하를 불문하고 반환하지 아니한다.

제10조(회원자격의 상실) 회원은 다음 각 호의 1에 해당될 때에는 회원의 자격을 상실한다.

  1. 본인의 탈퇴신고가 있은 때

  2. 사망하였을 때

  3. 제명되었을 때

  4. ○년 이상 회비를 납부하지 아니한 때

제11조(제명)

① 회원이 본회의 명예를 훼손한 때 또는 본회의 목적에 위배되는 행위를 하거나 회원으로서의 의무를 위반한 때에는 총회의 결의로 제명할 수 있다.

② 회원의 제명에 관한 의결은 회원 4분의 3 이상의 출석과 출석회원 과반수 찬성으로 한다.

제12조(회원의 재입회) 정관 제10조와 제11조의 규정에 의하여 탈퇴 또는 제명된 자는 탈퇴 또는 제명된 날로부터 ○년 이내에 재입회할 수 없다.

제13조(탈퇴시 회비 등 반납) 회원이 그 자격을 상실한 경우에는 기납부한 각종 회비, 부과금 등의 반환 및 기타 재산상의 청구를 할 수 없다.

제14조(출자방법) 본회의 출자방법은 다음과 같다.

   1. 회비

   2. 출연금품

   3. 찬조금

   4. 기타 수입금

제15조(자산의 구성) 본회의 자산은 다음 각 호에 게기한 것으로 구성한다.

   1. 별지 목록 기재의 재산

   2. 회비

   3. 자산으로부터 생기는 과실

   4. 사업에 따른 수입

   5. 기타 수입

제16조(자산의 종류) ① 본회의 자산은 이를 기본재산과 보통재산 2종으로 한다.

② 기본재산은 다음 각호에 게기한 것으로 하되 이는 처분하거나 담보로 제공할 수 없다.

다만, 부득이한 사유가 있는 때에는 총회의 결의를 거쳐 주무관청의 허가를 받아 그 일부를 처분하거나 담보로 제공할 수 있다.

   1. 별지 목록 기재의 재산 중 기본재산으로 기재된 재산

   2. 기본재산으로 하기로 지정하여 출연된 재산

   3. 이사회에서 기본재산으로 하기로 결의한 재산

③ 보통재산은 기본재산의 원본 이외의 재산으로 한다.

제17조(경비지출) 본회의 경비는 보통재산에서 지출한다.

제18조(회원의 회비) 회원의 회비는 이사회에서 정한다.

[유례]

제○조(회원의 회비) 회원의 회비는 년 10만원으로 하되 그 납부기한은 당해 연도 6월말까지로 한다.

제19조(자산의 관리) 본회의 자산 이사회의 결의에 의하여 정한 관리방법에 따라 이사장이 관리한다.

[유례]

제○조(재산의 관리) 이 법인의 기본재산을 매도, 증여, 임대, 교환 또는 담보로 제공하거나 의무의 부담, 권리의 포기를 할 때에는 총회의 의결을 거쳐 주무관청의 승인을 받아야 한다.

제20조(현금보관) 자산 중에서 현금은 금융기관에서 예치하거나 국채 또는 공채 등 확실한 유가증권으로 바꾸어 보관한다.

제21조(잉여금의 처분) 회계연도 말에 잉여금이 생긴 때에는 이사회의 결의에 따라 그 전부 또는 일부를 기본재산으로 하거나 다음 회계연도에 이월시킨다.

제22조(예산의 의결, 결산의 승인)

① 본회의 매년도 세입세출예산은 연도개시전에 이사회의 결의를 거쳐 총회의 승인을 받아야 한다.

② 세입세출결산은 연도 종료후 1월내에 연도말 현재의 재산목록과 함께 감사의 감사를 거쳐 총회의 승인을 받아야 한다.

제23조(특별회계)

① 본회는 수익사업을 행하거나 또는 기타 필요한 때에는 이사회의 결의에 의하여 특별회계를 들 수 있다.

② 전항의 특별회계는 전조의 세입세출예산에 계정해야 한다.

제24조(수익 등의 사용) 전조의 특별회계로부터 생긴 수익 또는 잉여금은 이를 모두 기본재산이나 보통재산을 하여야 한다.

제25조(회계연도) 본회의 회계연도는 매년 1월 1일에 시작하여 12월 31일에 끝난다.

제26조(회계감사) 감사는 회계감사를 연 2회 이상하여야 한다.

제27조(임원의 보수) 사업운영을 전담하는 이사를 제외한 임원에게는 보수를 지급하지 아니한다.

제4장 임원 및 직원

제28조(임원의 종별 및 원수) 본회에는 다음의 임원을 둔다.

이사 5인 이상 15인 이내(이사장 1인, 상무이사 1인 포함)

감사 2인 이내

제29조(임원의 자격) 임원은 본 법인의 발전에 기여한 정회원으로 한다.

제30조(임원의 선임)

① 이사 및 감사는 회원 중에서 총회의 결의에 의하여 선임한다.

② 이사장 및 상무이사는 이사 중에서 이사회의 결의에 의하여 선임한다.

③ 전2항의 임원은 겸할 수 없다.

　[유례]

　제○조　① 전항과 동일

　　　　　② 임원은 임원 상호간에 민법 제777조에 규정된 친족관계 있는 자가 임원정수의 반을 초과하지 못한다.

제31조(임원의 직무)

① 이사장은 본회의 업무를 통괄하고 본회를 대표한다.

② 상무이사는 이사장을 보좌하여 통상업무를 처리하고 이사장 유고시에는 이사장의 직무를 대행한다.

③ 이사는 이사회를 조직하고 업무집행을 결정한다.

④ 감사는 민법 제67조의 직무를 행한다.

　[유례]

　② 이사장이 사고가 있거나 궐위된 때에는 이사회에서 선출한 이사가 그 직무를 대행한다.

제32조(보선) 임원이 임기 중에 궐위된 경우 3월내에 총회에서 후임임원을 선출하여야 하며, 그 보선된 임원의 임기는 전임자의 잔여기간으로 한다.

제33조(임원의 임기)

① 이사의 임기는 3년, 감사의 임기는 2년으로 한다. 단,재임할 수 있다.

② 보궐을 위하여 취임한 임원의 임기는 전임자의 잔임기간으로 한다.

제34조(임기만료 등의 경우)　임원은 사임 또는 임기만료된 때에는 후임자가 선임될 때까지는 그 직무를 행한다.

제35조(자격상실에 의한 퇴임)　임원이 회원의 자격을 상실한 때에는 그 직에서

　퇴임한 것으로 본다.

[유례]

제○조(이사장) 이사장은 이 법인을 대표하고 법인의 직무를 통할한다.

제○조(이사)　이사는 이사회에 출석하여 본회의 업무에 관한 사항을 심의하고, 총회, 이사회의 결의 또는 이사장으로부터 위임받은 사항을 처리한다.

제○조(감사의 직무) 감사의 직무는 다음 각호와 같다.

　1. 법인의 재산상황 감사

　2. 이사회의 운영과 그 업무에 관한 사항의 감사

　3. 제1호 및 제2호의 감사결과 부정 또는 부당한 점을 발견할 때에는 이를 이사회, 총회에 그 시정을 요구하고 주무관청에 보고하는 일

　4. 제3호의 보고를 위하여 필요한 때에는 총회 또는 이사회의 소집을 요구하는 일

　5. 법인의 재산상황 또는 총회, 이사회의 운영과 그 업무에 관한 사항에 대하여 이사장 또는 총회, 이사회에서 의견을 진술하는 일

제36조(임원의 해임)

① 임원이 본회의 명예를 훼손하거나 본회의 목적에 반하는 행위를 한 때 또는 임원의 직무를 위반한 때에는 총회의 결의에 의하여 해임할 수 있다.

② 임원의 해임결의는 총회원 4분의 3 이상의 출석과 출석회원 과반수 이상으로 한다.

제37조(직원) 본회는 간사, 서기, 기타의 유급직원을 두며 이사장이 임면한다.

제5장 회의(총회와 이사회)

제38조(회의의 종류)

① 회의는 총회와 이사회의 2종으로 하되, 총회는 최고의 결기구로서 회원으로 구성한다.

② 총회는 정기총회와 임시총회의 2종으로 한다.

③ 정기총회는 매년 ○월에 주사무소의 소재지에서 개최하고 임시총회와 이사
회는 수시 필요한 때에 이를 개최한다.

[유례] 제○조(회의의 종류)

① 위와동일(생략)   ② 위와동일(생략)

③ 정기총회는 매년 1회 소집하되 회계연도 종료 후 1개월 이내에 개최한다.

④ 임시총회는 이사회의 의결 또는 재적회원 3분의 1이상의 소집요구가 있거나
감사가 제○조 ○호의 규정에 의하여 소집요구를 한 때에 개최한다.

⑤ 이사장이 총회를 소집하고자 할 때에는 회의 개최 7일 이전에 회의 일시,
안전, 장소 등을 명시하여 각 회원에게 개별통지   여야 한다.

제39조(회의의 소집)

① 총회는 이사장이 소집한다.

② 이사장은 이사회의 결의나 회원 5분의 1 이상 또는 감사가 회의의 목적
사항을 제시하여 청구한 때에는 총회를 소집해야 한다.

③ 이사장은 이사 5분의 1 이상 또는 감사가 회의의 목적사항을 제시하여
청구한 때에는 이사회를 소집해야 한다.

④ 총회는 회의 1주일 전에 그 회의의 목적사항을 기재한 통지서를 발송하여
이를 소집한다

제40조(회의의 의장) 이사장은 총회와 이사회의 의장이 된다.

제41조(개회의 정족수) 회의는 회원 또는 이사과반수의 출석이 없으면 개회하
지 못한다.

제42조(총회의결의 정족수)

① 총회의 의사는 정관에 특별한 규정이 있는 경우를 제외하고는 출석회원
과반수로서 이를 의결한다.

② 가부동수일 때는 의장이 이를 결정한다.

[유례]

제○조(총회의 의결정족수) 총회는 민법 또는 정관에 특별한 규정이 없는
한 재적정회원 과반수의 출석으로 개회하고 출석 정회원 과반수의

찬성으로 의결한다.

제○조(총회의결 제척사유) 임원 및 정회원이 다음 각 호의 1에 해당할 때에는 그 의결에 참여하지 못한다.

1. 임원취임 및 해임에 있어서 그 자신에 관한 사항
2. 금전 및 재산의 수수에 관련되는 사항으로서 회원 자신과 법인과의 이해가 상반되는 자에 관한 사항

제43조(서면에 의한 표결 및 표결의 위임) 부득이한 사유로 회의에 출석할 수 없는 사원 또는 이사는 사전에 통지된 사항에 한하여 서면으로 표결할 수 있고, 다른 사원 또는 이사에게 표결권을 위임할 수 있다.

이 때 서면으로 표결하거나 표결 위임한 사원 또는 이사는 출석한 것으로 본다.

제44조(총회에 부의할 사항) 다음에 게기하는 사항은 총회에 부의한다.

1. 사업계획의 승인
2. 세입세출의 예산 및 결산의 승인
3. 정관의 변경 및 법인의 해산
4. 재산의 처분, 매도, 증여, 기채, 담보, 대여, 취득 등의 승인
5. 임원의 선출 및 해임
6. 감사보고처리에 관한 사항
7. 기타 주요사항 및 이사장이 부의한 사항

제45조(이사회의 구성) 이사회는 이사장과 이사로 구성한다.

제46조(이사회의 소집)

① 이사회는 정기이사회와 임시이사회로 구분하고 이사장이 소집하며 그 의장이 된다.

② 정기이사회는 년 2회 내지 3회 개최한다.

③ 임시이사회는 이사장이 필요하다고 인정할 때 소집한다.

④ 이사장이 이사회를 소집하고자 할 때에는 회의 개최 7일 이전에 회의일시, 장소, 안건 등을 명시하여 통지하여야 한다.

제47조(소집의 특례)

① 이사장은 다음 각 호에 해당하는 소집요구가 있을 때에는 이사회를 소집하여야 한다.

1. 재적이사 3분의 1 이상이 소집요구를 한 때

　　2. 제○조 ○호에 의거 감사 2인이 소집요구를 한 경우
　② 이사장이 1항의 소집요구를 받은 후 14일이 경과하여도 소집을 하지 않을 때에는 재적이사 과반수의 찬성으로 주무관청의 승인을 받아 회의를 소집할 수 있다.
제48조(이사회의 부의할 사항) 다음에 게기하는 사항은 이사회에 부의한다.
　　1. 업무집행에 관한 사항
　　2. 사업계획의 수립
　　3. 세입세출의 예산 및 결산의 승인에 관한 의안
　　4. 정관변경 및 법인 해산에 관한 의안
　　5. 총회에서 위임받은 사항
　　6. 재산의 처분, 매도, 증여, 기채, 담보, 대여, 취득 등 재산관리에 관한 사항
　　7. 기타 법인운영 및 회무집행에 관하여 이사장이 부의한 사항
　　　[유례] 공익법인의 경우
　　　　1. 예산, 결산, 차입금 및 재산의 취득, 처분과 관리에 관한 사항
　　　　2. 정관변경에 관한 사항
　　　　3. 법인의 해산에 관한 사항
　　　　4. 임원의 임면에 관한 사항
　　　　5. 수익사업에 관한 사항
　　　　6. 기타 법령이나 정관에 의하여 그 권한에 속하는 사항
제49조(이사회 의결정족수)
　① 이사회는 재적이사 과반수의 출석과 출석이사과반수의 찬성으로 의결한다.
　② 이사회에 참석하지 못할 때에는 위임장으로 다른 이사에게 위임하여 의결권을 행사할 수 있다.
제50조(의사록) 회의의 의사에 관하여는 다음에 게기하는 사항을 기재한 의사록을 작성하여 의장과 출석한 이사가 기명 날인하여야 한다.
　　1. 회의일시 및 장소
　　2. 회원 또는 이사의 현재수
　　3. 출석한 회원 또는 이사의 수(표결권을 위임한 회원 또는 이사 포함)
　　4. 의결사항
　　5. 의사의 경과, 요령 및 발언자의 발언요지

제5장 사무국(사무국을 둔 경우)

제51조(사무국) 이 법인이 업무를 처리하기 위하여 사무국을 두고 사무국장 1
　　인과 직원 약간명을 둘 수 있다.
제52조(직원)
　　① 사무국장은 이사회의 동의를 얻어 이사장이 임명한다.
　　② 사무국장은 이사장의 지시를 받아 법인의 제반업무를 처리하고 이사회에
　　　출석하여 발언할 수 있다.
　　③ 사무직원은 이사장이 임명한다.
제53조(사무국장의 임기)　사무국장의 임기는 3년으로 한다.

제6장 정관의 변경 및 해산

제54조(정관의 변경) 이 정관은 총회에서 회원 3분의 2 이상의 동의를 얻고 주
　　무관청의 허가를 받아 이를 변경할 수 있다.
제55조(해산, 잔여재산의 처분)
　　① 본회는 민법 제77조 및 제78조의 규정에 의하여 해산한다.
　　② 총회원의 4분의 3 이상의 출석과 출석회원 3분의 2 이상의 찬성으로 법인
　　　을 해산할 수 있다.
　　③ 본회가 해산한 때의 잔여재산은 총회의 결의를 거쳐 주무관청의 허가를 받
　　　아 본회의 유사한 목적을 가진 다른 단체에 출연한다.

제7장 부　칙

제1조(시행세칙) 이 정관의 시행에 필요한 시행세칙은 이사회의 결의에 의하여
　　이를 따로 정한다.
제2조(설립당초의 임원 및 그 임기)
　　① 본회의 설립당초의 이사 및 감사는 다음 사람이 된다.

이사(이사장)　　　○　○　○
이사(상무이사)　　○　○　○
이사　　　　　　　○　○　○
이사　　　　　　　○　○　○
이사　　　　　　　○　○　○
감사　　　　　　　○　○　○

② 제23조의 규정에 불구하고 설립당초의 이사의 임기는 20○○년 12월 31일, 감사의 임기는 20○○년 12월 31일까지로 한다.

제3조(사업계획, 수지결산보고)　익년도 사업계획서 및 예산서, 해당연도 사업실적서와 수지결산서는 회계연도 종료 후 2개월 이내에 재산목록, 사업현황, 감사보고서 등을 첨부하여 주무관청에 제출하여야 한다.

제4조(시행일) 이 정관은 법인설립등기일로부터 시행한다.

위 사단법인 ○○회를 설립하기 위하여 이 정관을 작성하고 설립자 전원이 이에 기명날인한다.

20○○년　○월　○일

설립자 ○　　○　　○　㉑
설립자 ○　　○　　○　㉑
(설립자가 전원이 연기명 날인)

(이하 재산목록 기재는 생략함)

주

① 사단법인의 설립자(발기인)는 반드시 2인 이상이어야 한다.

② 법인의 정관에는 상법상의 회사와는 달리 서명으로 충분하지 않아 기명날인이 있어야 한다.

③ 제1조(명칭)에서 법인의 종류를 정하지 아니하면 등기시에 등기관이 이를 기재하여야 하므로(민법법인 및 특수법인 등기규칙 제4조) 상법 제19조와 같은 명문규정은 없지만 법인의 종류를 쉽게 알 수 있도록 그 명칭 중에 사단법인 또는 재단법인의 문자를 병용함이 타당하다.

④ 제2조(사무소와 분사무소)를 적을 때, 정관이므로 그 소재장소의 지번까지 특정하여 확정하여야만 하는 것은 아니고 그가 소재하는 최소행정구역까지만 기재해도 무방하다. 이런 경우 최소구역 내에서의 주사무소의 이전에는 정관변경절차가 불필요한 장점이 있다.

⑤ 제4조(사업)는 민법법인의 사업은 수개의 사업이어도 무방하나 그 사업내용을 명확히 알 수 있도록 구체적으로 기재해야 하며 추상적으로 기재해서는 아니되고, 그 목적별로 법인의 사무를 감독하는 주무관청의 허가를 받아야 한다.

⑥ 사단법인은 인적결합이므로 회원이 존재하나 재단법인은 재산의 집합체이므로 회원에 관한 사항(본 서면 제2장)은 정관에 기재하지 않는다.

⑦ 제28조(임원의 종별 및 원수)에서, 서면에 기재된 이사와 감사의 원수는 공익법에 대한 규정(공익 제5조)을 바탕으로 적은 것이다. 민법상으로 감사는 필수기관도, 등기사항도 아니며, 이사의 수에도 제한규정이 없다.

⑧ 제33조(임원의 임기)는 공익법인에 있어서는 임기는 4년, 감사의 임기는 2년을 초과할 수 없다(공익 제5조 3항). 다만, 연임할 수 있다.

⑨ 이사회는 민법상은 필수기관이 아니나 공익법인에 있어서는 반드시 이사회를 두어야 한다(공익 제6조).

♣ 【서식】 이사회의사록

이사회의사록

1. 개최일시   20○○년 ○월 ○일 ○○시
2. 개최장소   ○○시 ○○구 ○○동 ○○번지 본법인회의실
3. 이사총수   ○○명
4. 출석이사수   ○○명
        내역 본인출석   ○○명
            위임출석   ○○명

 최연장자인 이사 ○○○는 위와 같이 법정수에 달하는 이사가 출석하였으므로 본 이사회가 적법히 개회되었음을 알리고 의장을 선출하여 줄 것을 요구한 바, 출석이사 전원일치로 이사 ○○○를 의장으로 선출하니 동인은 의장석에 등단하여 다음 의안을 부의하고 심의를 구하다.

제1호 의안   이사장선임의 건
의장은 이사 중에서 본회를 대표할 이사를 선임해야 한다는 취지를 말한 바, 출석이사 전원이 진지하게 토의한 결과 만장일치로 다음과 같이 본회를 대표할 이사를 선임하다.
이사장 ○   ○   ○

    [유례] 의장은 이사 중에서 본회를 대표할 이사를 선임해야 한다는 취지를 말한 바, 이사 ○○○로부터 이사 ○○○를 본회를 대표할 이사로 추대하자는 취지의 발언이 있고 이사 ○○○의 동의가 있고, 전원 그에 찬동하여 다음과 같이 본회를 대표할 이사를 선임하다.
        이사장 ○   ○   ○
        피선자는 즉석에서 취임을 승낙하다.

제2호 의안 사무소 및 분사무소 설치장소 결정의 건

　　　　의장은 본회의 사무소와 분사무소를 다음 장소에 설치함이 상당하다는 취지를 설명하고 그 가부를 물은 바 전원 이의 없이 찬성하여 그를 승인 가결하다.

　　　　사 무 소　○○시 ○○구 ○○동 ○○번지

　　　　분사무소　○○시 ○○구 ○○동 ○○번지

의장은 이상으로서 회의목적인 의안 전부의 심의를 종료하였으므로 폐회한다고 선언하다(회의종료시각 ○○시 ○○분).

위 결의를 명확히 하기 위하여 이 의사록을 작성하고 의장과 출석한 이사가 기명날인한다.

　　　　　　　　　　20○○년　○월　○일

　　　　　　　　　　　　　　　　사단법인　○○회

　　　　　　　　　　　　의장(이사장)　○　　○　　○ ㉛

　　　　　　　　　　　　상무이사　○　　○　　○ ㉛

　　　　　　　　　　　　이　　사　○　　○　　○ ㉛

♣ 【서식】 주무관청의 비영리법인설립허가 공문

○ ○ 부

문서번호

시행일자   20○○년 ○월 ○일

수신   ○○시 ○○구 ○○동 ○○번지 ○○법인 이사장 ○○○

제목   사단법인설립허가

귀하가 당부에 제출한 '사단법인 ○○회'의 비영리법인설립허가신청에 대하여 민법 제32조의 규정에 의거 다음과 같이 법인설립허가를 하오니 소정의 절차를 필한 후 그 결과를 우리부에 보고하여 주시기 바랍니다.

1. 허가내용

   사단법인 ○○회 법인설립을 인가하고 정관과 초임 임원을 별첨과 같이 인가함.

2. 허가조건

   다음 각호에 해당된다고 인정될 때에는 법인설립허가를 취소할 수 있음.

   가. 민법 제38조에 규정된 사항이 발생되었을 때

   나. 설립목적의 달성이 불가능하다고 인정될 때

   다. 정당한 사유없이 설립허가를 받은 날로부터 1년 이내에 목적사업을 개시하지 아니한 때

   라. 정당한 사유없이 2년 이상 사업실적이 없을 때

   마. 관계법령, 행정지시사항이나 각종 보고사항을 성실히 이행하지 아니한 때

3. 결과보고

   민법 제33조 및 제49조의 의거 비영리재단법인 설립허가에 따른 법인등기를 3주간 내에 필하고 동 등기부등본과 법원발행 이사 인감증명서(이사장 : 법원발행, 이사 및 감사 : 동사무소 발행, 의사표시용) 각 1부를 첨부하여 결과를 보고하시기 바랍니다.

4. 행정지시사항
  민법 제55조에 규정된 사항과 ○○부소관 비영리법인의설립및감독에관한규칙제○조에 규정된 서류와 장부를 비치하여야 함.
  [유례] 공익법인인 경우
  1. 허가내용
    사단법인 ○○회 법인설립을 인가하고 정관과 초임 임원을 별첨과 같이 인가함.
  2. 허가조건
    가. 법인의공익법인설립, 운영에관한법률 제16조의 규정에 해당될 때에는 법인설립허가를 취소한다.
    나. 임원의 신원조사 결과 공익법인의설립, 운영에관한법률 제5조 제6항의 해당자 및 임원 취임 부적격자에 대하여는 임원의 취임을 취소한다.
    다. 목적사업의 수행과 관련하여 타법에 의해 인가, 허가받도록 된 경우에는 반드시 해당관청의 인가, 허가를 받은 후 목적사업을 수행한다.
3. 유의사항
  가. 민법 제49조에 의한 법인설립등기를 필하고, 공익법인의설립, 운영에관한법률시행령 제9조의 규정에 의하여 설립등기 보고시에 등기부등본 2부를 첨부하여 제출한다.
  나. 공익법인의설립, 운영에관한법률시행령 제8조의 규정에 의하여 출연재산의 소유권을 지체없이 법인명의로 이전하고 그 이전을 증명하는 등기부등본 또는 금융기관 등의 증명서를 재산 이전보고시에 2부를 첨부하여 제출한다.
  다. 공익법인의설립, 운영에관한법률시행령 제20조의 규정에 의거 출연재산을 성실히 관리하도록 한다.
  라. 임원의 임기연속성을 유지하여 임원의 결원이 없도록 한다.
  마. 관계법령에 의한 사전승인 및 보고사항을 적기에 이행하도록 한다.

첨부 임원취임인가자명단   1부
     정 관   1부
     법인설립허가서   1부(끝)

○○부장관 직인

♣ 【서식】 인감 · 개인(改印) 신고서

인감·개인(改印) 신고서

(신고하는 인감날인란)   (인감제출자에 관한 사항)

	상호(명칭)		등기번호	
	본점(주사무소)			
인감제출자	자격/성명			
	주민등록번호			
	주 소			

☐ 위와 같이 인감을 신고합니다.   ☐ 위와 같이 개인(改印)하였음을 신고합니다.

년   월   일

신고인 본 인 성 명   (인)[#] (전화 :   )
     대리인 성 명   (인) (전화 :   )
        지방법원   등기소 귀중

주 1. 인감·개인(改印) 신고서의 **신고인의 날인란(#)에는** 「인감증명법」에 따라 신고한 인감을 날인하고 그 인감증명서(발행일로부터 3개월 이내의 것)를 첨부하거나, 등기소에 제출한 유효한 종전 인감(**법인인감**)을 날인하여야 합니다. 또한 인감제출자가 기명날인 또는 서명하였다는 공증인의 인증서면으로 갈음할 수 있습니다.
  2. 인감·개인신고서에는 신고하는 인감을 날인한 인감대지를 첨부하여야 합니다.
  3. 지배인이 인감을 신고하는 경우에는 인감제출자의 주소란에 지배인을 둔 장소를 기재하고, **위 1. 의 방법 대신** 「상업등기규칙」 제35조제3항의 보증서면(영업주가 등기소에 제출한 인감날인)을 첨부하여야 합니다. 위 보증서면은 아래의 보증서면란에 기재하는 것으로 갈음할 수 있습니다.
  4. **위임에 의한 대리인이** 인감을 신고하거나 개인(改印)을 신고하는 경우에는 **위 1. 대신에아래 위임장의 신고인 날인란(*)에** 「인감증명법」에 따라 신고한 인감을 날인하고 그 인감증명서를 첨부하거나, 등기소에 제출한 유효한 종전 인감(**법인인감**)을 날인하여야 합니다.

보 증 서 면

위 신고하는 인감은 지배인   의 인감임이 틀림없음을 보증합니다.
대표이사   (법인인감)

위 임 장

성 명 :   주민등록번호 : (-   )
주 소 :
위의 사람에게, 위 인감(개인)신고에 관한 일체의 권한을 위임함.
년   월   일
인감(개인) 신고인 성 명   (인)[※]

♣ 【서식】 재단법인 설립등기신청서

<table>
<tr><td colspan="5" align="center">재단법인 설립등기신청</td></tr>
<tr><td rowspan="2">접
수</td><td colspan="2" align="center">년   월   일</td><td rowspan="2">처리인</td><td>등기관 확인</td><td>각종통지</td></tr>
<tr><td colspan="2" align="center">제   호</td><td></td><td></td></tr>
</table>

등기의 목적	재단법인의 설립
등기의 사유	재단법인을 설립하기 위하여 정관을 작성하고(20○○년 ○월 ○일 창립총회를 마치고) 20○○년 ○월 ○일 주무관청의 허가를 얻었으므로 다음 사항의 등기를 구함.
허가서도착연월일	20○○년 ○월 ○일
주사무소/분사무소 신청구분	1.주사무소 2.분사무소 3.주.분사무소 신청 □ 신청 □ 일괄신청 □

<table>
<tr><td colspan="2" align="center">등기할 사항</td></tr>
<tr><td>명   칭</td><td>재단법인 ○○회</td></tr>
<tr><td>주 사 무 소</td><td>○○시 ○○구 ○○동 ○</td></tr>
<tr><td rowspan="6">이사, 감사의 성명,
주민등록번호 및
주소</td><td>이사   ○ ○ ○ (-   )
          ○○시 ○○구 ○○동 ○</td></tr>
<tr><td>이사   ○ ○ ○ (-   )
          ○○시 ○○구 ○○동 ○</td></tr>
<tr><td>이사   ○ ○ ○ (-   )
          ○○시 ○○구 ○○동 ○</td></tr>
<tr><td>감사   ○ ○ ○ (-   )
          ○○시 ○○구 ○○동 ○</td></tr>
<tr><td>감사   ○ ○ ○ (-   )
          ○○시 ○○구 ○○동 ○</td></tr>
<tr><td></td></tr>
<tr><td>이사장의 성명과
주소,
주민등록번호</td><td>이사장 ○ ○ ○ (-   )
          ○○시 ○○구 ○○동 ○</td></tr>
</table>

이사의 대표권에 대한 제한	이사장 ○○○ 이외에는 대표권이 없음
목　　적	본회는 ○○○○○함을 목적으로 한다. 위 목적을 달성하기 위하여 다음 사업을 행한다. 　　　　1. ○○○○의 설치 운영 　　　　2. ○○○○○의 공동구입 및 판매알선 　　　　3. ○○○○의 연구 및 조사 　　　　4. ○○○의 장학사업 　　　　5. 각 호에 관련된 부대사업
분사무소	○○시 ○○구 ○○동 ○
설립인가연월일	20○○년 ○월 ○일
존립기간 또는 해산사유	법인성립일로부터 만 20년
자산의 총액	금 ○○○ 원
출자의 방법	1. 회비 1. 정부, 지방자치단체에 출연금 보조금 및 ○○회 지원금 1. 출연금품 1. 찬조금 1. 기타 수입금
기　　타	

신청등기소 및 등록면허세/수수료						
순번	신청등기소	구분	등록면허세 지방교육세	농어촌특별세	세액합계	등기신청수수료
			금 원 금 원	금 원	금 원	금 원
합 계						
등기신청수수료 납부번호						
과 세 표 준 액	금 원					

<table>
<tr><td colspan="2" align="center">첨   부   서   면</td></tr>
<tr><td>
1. 정 관   통
1. 이사자격증명서   통
  *이사회 의사록(공증) 등
1. 취임승낙서(인감증명서나 본인서명사실
  확인서 또는 전자본인서명확인서의
  발급증 포함)   통
1. 주무관청 설립허가서
  또는 인증이 있는 허가서 등본   통
</td><td>
1. 주민등록표등(초)본   통
1. 자산총액증명서(재산목록)   통
1. 인감신고서   통
1. 등록면허세영수필확인서   통
1. 등기신청수수료영수필확인서   통
1. 위임장(대리인이 신청할 경우)   통
<기 타>
</td></tr>
</table>

20○○년 ○월 ○일

신청인　명　　칭　재단법인 ○○회
　　　　주사무소　○○시 ○○구 ○○동 ○○
대표자　성　　명　이사장 ○ ○ ○ ㉙　　　　(전화 :　　　　　)
　　　　주　　소　○○시 ○○구 ○○동 ○○
대리인　성　　명　법무사 ○ ○ ○ ㉙　　　　(전화 :　　　　　)
　　　　주　　소　○○시 ○○구 ○○동 ○○

○○지방법원 ○○등기소 귀중

- 신청서 작성요령 -
1. 해당란이 부족할 때에는 별지를 이용합니다.
1. 해당 등기신청과 관계없는 사항에 대하여는 "해당없음"으로 기재하거나 삭제하고, 필요한 사항은 추가 기재합니다.
1.「인감증명법」에 따른 인감증명서 제출과 함께 관련 서면에 인감을 날인하여야 하는 경우, 본인서명사실확인서를 제출하고 관련 서면에 서명을 하거나 전자본인서명확인서 발급증을 제출하고 관련 서면에 서명을 하면 인감증명서를 제출하고 관련 서면에 인감을 날인한 것으로 봅니다.

(용지규격 21cm×29.7cm)

주 ① 이 등기는 회사를 대표할 이사가 신청한다.

② 민법상 법인의 명치에 관해서는 상법상 회사의 경우(상 제19조)와는 달리 그 명칭중에 반드시 법인의 종류를 표시하는 사단법인 또는 재단법인이라는 문자를 사용해야 한다는 규정은 없으나 법인의 종류를 알 수 있게 하기 위하여 그 명칭 중에 사단법인 또는 재단법인이라는 문자를 병용하는 것이 일반적이다. 명칭 중에 위 문자를 병용하지 아니한 때에는 등기관은 등기용지 중 명칭란에 법인의 종류를 기재하여 등기해야 한다(민법법인 및 특수법인 등기규칙 제4조).

③ 등기의 사유 중 ( )안의 사유는 설립당초의 이사를 정관에서 정하지 아니하여 이사선임을 위한 창립총회를 별도로 개최한 경우에 한하여 기재한다.

④ 등기할 사항 중 분사무소는 설립당초부터 분사무소를 설치한 경우에 한하여 기재한다.

⑤ 목적은 비영리목적이기만 하면 되고 반드시 공익목적이어야 하는 것은 아니다. 정관에서 그 법인의 목적과 법인이 영위하고자 하는 사업의 종류를 별도의 조항으로 규정하고 있는 경우에는 목적조항에 기재된 사항뿐 아니라 사업의 종류 조항에 기재된 사항도 아울러 기재하여 특정하여야 하며 사업의 종류는 내용을 명확히 알 수 있도록 구체적으로 기재해야 한다.

⑥ 설립허가연월일은 주무관청의 법인설립허가서에 기재된 허가일자를 기재한다. 수개의 관청의 허가를 받은 때에는 최종허가관청의 허가일자를 기재한다.

⑦ 존립시기 또는 해산사유를 정관에 정하여진 경우에 한하여 기재한다.

⑧ 자산의 총액이란 적극재산에서 소극재산을 공제한 액을 의미한다. 재단법인의 경우에는 설립당초부터 자산의 존재가 반드시 필요한 데 대하여 사단법인의 경우에는 설립당초는 자산이 전연 없어도 무방하나, 자산의 총액이 등기사항으로 규정되어 있으므로 그 경우에도 이를 0으로 기재하여야 한다.

⑨ 출자의 방법은 정관에 정해진 출자에 관한 규정의 내용 중 그에 관한 사항을 기재한다. 다만 출연금품이나 기타 자산에서 생기는 과실은 출자에 속하지 않는다. 회비의 출자는 사단법인의 경우에 한한다.

⑩ 이사가 수인인 때에는 이사 각자가 단독대표함이 원칙이나 예외로 위 서면(10)에서와 같이 그 대표권을 제한할 수 있다. 이 때에는 그 대표권자만이 법인을 대표할 수 있으며 그 제한규정은 등기하지 아니하면 제3자에게 대항할 수 없다. 민법상 법인의 이 대표권제한규정의 등기는 이사장 또는 대표이사 등의 취지로 등기하지 않고 이사 ○○○ 이외에는 대표권이 없다는 취지로 등기한다. 민법법인의 감사는 등기사항이 아니다.

⑪ 과세표준은 자산의 총액을 기재한다.

⑫ 등록면허세는 과세표준(자산의 총액)금의 1,000분의 2이나, 대도시에는 그 3배를 가산하여야 한다(지세법 제28조 1항 6호, 제28조 2항). 지방교육세는 등록세액의 100분의 20이다. 다만, 설립과 동시에 분사무소를 설치하는 경우 주사무소에서는 설립에 관한 등록면허세 외에 분사무소설치에 관한 등록면허세 40,200원도 납부하여야 한다.
조특세, 관세법, 지세법에 의하여 등록면허세가 감면되는 경우에는 농어촌특별세로 그 감면등록세의 100분의 20을 납부하여야 한다.
등기신청수수료는 설립의 경우에는 30,000원(전자표준양식에 의한 신청의 경우에는 25,000원, 전자신청의 경우에는 20,000원)이고, 설립과 동시에 분사무소를 설치하는 경우는 별도로 6,000원(전자표준양식에 의한 신청의 경우에는 4,000원, 전자신청의 경우에는 2,000원)을 납부하여야 한다.
비영리법인인 설립에는 주택법에 의한 국민주택채권은 납부하지 아니한다.

⑬ 첨부서류 중 창립총회의사록은 이사의 자격을 증명하는 서면으로서 사단법인의 경우에는 창립총회의사록, 재단법인의 경우에는 설립자의 이사선임서 등을 첨부할 것이나, 설립당초의 이사를 정관으로 정한 때에는 이를 따로 첨부할 필요 없이 정관의 기재를 원용하면 된다.

민법상 법인의 등기신청서에 첨부하는 의사록은 공증인의 인증을 받아야 한다(공증 제66조의2 1항).

⑭ 이사 취임승낙서 등에 대하여, 설립당초의 이사를 정관으로 정한 때에도 취임승낙서는 따로 첨부해야 하나 사단법인의 경우 그를 창립총회에서 선임하고 선임자의 기명날인과 그의 취임승낙의 기재가 있는 의사록을 첨부한 때에는 그 기재를 원용하여 이를 따로 첨부하지 않아도 무방하다. 취임승낙서에는 본인의 진의를 확인할 수 있도록 인감증명법에 의하여 신고한 인감을 찍고 그 인감증명서(발행일로부터 6월 이내의 것)을 첨부하여야 한다. 이사는 주민등록번호, 대표권 있는 이사는 주소와 주민등록번호를 등기하여야 하므로 이를 소명하는 주민등록등본을 첨부하여야 한다.

⑮ 이사회의사록은 대표권 있는 이사의 자격을 증명하는 서면으로서, 그리고 정관에서 주사무소를 최소행정구역까지만 정한 경우 그 주사무소를 정한 서면으로서 필요한 것이다. 대표권 있는 이사를 정관으로 정하거나, 정관에서 주사무소의 주소를 확정적으로 정한 경우에는 이를 따로 첨부할 필요가 없다.

⑯ 인감신고서와 인감증명에 대하여, 법인의 대표자의 인감을 신고하여야 법원으로부터 인감증명을 발행받을 수 있으므로 법원이 인감을 발행할 수 있는 대표자의 인감이 날인된 인감대지를 인감신고서에 첨부하여 제출하여야 하고, 대표자의 진의를 확인할 수 있는 인감증명법에 의하여 동사무소 발행의 인감증명서를 첨부하여야 한다. 인감증명서는 의사를 확인하는 역할도 한다.

⑰ 전산정보처리조직에 의한 등기를 실시하는 등기소에서 법인의 설립등기를 하고자 하는 경우에는 대표자의 인감증명을 발급받기 위하여 법인인감발급카드신청서를 작성 제출하여 법인인감카드를 발급받아야 한다.

⑱ 위임장은 대리인에 의하여 신청하는 경우에 한하여 첨부한다.

♣ **【서식】 재단법인 정관**

재단법인○○회 정관

제1장 총 칙

제1조(명칭) 본 법인은 재단법인 ○○회(이하 본회라 한다)라 칭한다.

제2조(사무소와 분사무소) 본회는 사무소를 ○○시 ○○구 ○○동 10번지에
　　두고 분사무소를 ○○시 ○○동 5번지에 둔다.
　　[유례] 본회는 사무소를 ○○시내에 두고 분사무소를 ○○시내에 둔다.

제3조(목적) 본회는 ○○○○함을 목적으로 한다.

제4조(사업) 본회는 전조의 목적을 달성하기 위하여 다음 사업을 행한다.
　1. ○○○○의 설치운영
　2. ○○○○의 연구 및 조사
　3. ○○○○의 공동구입 및 판매알선
　4. ○○○○의 연구조사
　5. 기타 위 각 호에 부대하는 사업

제2장 자산 및 회계

제5조(출자방법) 본회의 출자방법은 다음과 같다.
　1. 출연금품
　2. 찬조금
　3. 기타 수입금

제6조(자산의 구성) 본회의 자산은 다음 각호에 게기한 것으로 구성한다.
　1. 별지 목록 기재의 재산
　2. 자산으로부터 생기는 과실
　3. 사업에 따른 수입

  5. 기타 수입

제7조(자산의 종류)

  ① 본회의 자산은 이를 기본재산과 보통재산의 2종으로 한다.

  ② 기본재산은 다음 각 호에 게기한 것으로 하되 이는 처분하거나 담보로 제공할 수 없다. 다만 부득이한 사유가 있는 때에는 이사총수의 3분의 2 이상의 동의를 얻어 주무관청의 허가를 받아 그 일부를 처분하거나 담보로 제공할 수 있다.

    1. 별지 목록 기재 재산 중 기본재산으로 기재된 재산

    2. 기본재산으로 하기로 지정하여 출연된 재산

    3. 이사회에서 기본재산으로 하기로 결의한 재산

  ③ 보통재산은 기본재산의 원본 이외의 재산으로 한다.

제8조(경비지출) 본회의 경비는 보통재산으로 지출한다.

제9조(자산의 관리) 본회의 자산은 이사회의 결의에 의하여 정한 관리방법에 따라 이사장이 관리한다.

제10조(현금보관) 자산 중에서 현금은 금융기관에 예치하거나 국채 또는 공채 등 확실한 유가증권으로 바꾸어 보관한다.

제11조(잉여금의 처분) 회계연도말에 잉여금이 생긴 때에는 이사회의 결의에 따라 그 전부 또는 일부를 기본재산으로 하거나 다음 회계연도에 이월시킨다.

제12조(예산의 의결, 결산의 승인)

  ① 본회의 매년도 세입세출예산은 연도개시전에 이사회의 결의에 의하여 이를 정한다.

  ② 세입세출결산은 연도종료 후 1월 내에 연도말 현재의 재산목록과 함께 감사의감사를 거쳐 이사회의 승인을 받아야 한다.

제13조(특별회계)

  ① 본회는 수익사업을 행하거나 또는 기타 필요한 때에는 이사회의 결의에 의하여 특별회계를 둘 수 있다.

② 전항의 특별회계는 전조의 세입세출예산에 계정해야 한다.

제14조(수익 등의 사용) 전조의 특별회계로부터 생긴 수익 또는 잉여금은 이를 모두 기본재산이나 보통재산으로 하여야 한다.

제15조(회계연도) 본회의 회계연도의 매년 1월 1일에 시작하여 12월 31일에 끝난다.
　　[유례]
　　제○조(회계연도) 본회의 회계연도는 매년 7월 1일에 시작하여 다음해 6월말에 종료한다.

제3장 임원 및 직원

제16조(임원의 종별 및 원수) 본회에는 다음의 임원을 둔다.
　　이사 5인 이상 15인 이내(이사장 1인, 상무이사 1인 포함)
　　감사 2인 이내

제17조(임원의 선임)
① 이사 및 감사는 이사회의 결의에 의하여 선임한다.
② 이사장 및 상무이사는 이사 중에서 이사회의 결의에 의하여 선임한다.
③ 전2항의 임원은 겸할 수 없다.

제18조(임원의 직무)
① 이사장은 본회의 업무를 통할하고 본회를 대표한다.
② 상무이사는 이사장을 보좌하여 통상업무를 처리하고 이사장 유고시에는 이사장의 직무를 대행한다.
③ 이사는 이사회를 조직하고 업무집행을 결정한다.
④ 감사는 민법 제67조의 직무를 행한다.

제19조(임원의 임기)
① 이사의 임기는 3년, 감사의 임기는 2년으로 한다. 단 재임을 할 수 있다.
② 보결을 위하여 취임한 임원의 임기는 전임자의 잔임기간으로 한다.

제20조(임기만료 등의 경우) 임원은 사임 또는 임기만료된 때에도 후임자가
　　선임될 때까지는 그 직무를 행한다.

제21조(임원의 해임)
　① 임원의 본회의 명예를 훼손하거나 본회의 목적에 반하는 행위를 한 때 또
　　는 임원의 직무를 위반한 때에는 이사회의 결의에 의하여 해임할 수 있다.
　② 임원의 해임은 이사정수의 3분의 2 이상의 찬성으로 의결한다.

제22조(직원) 본회는 간사, 서기 기타의 유급직원을 두며 이사장이 임면한다.

제4장 이사회

제23조(구성) 이사회는 이사로서 구성한다.

제24조(이사회의 소집)
　① 이사회는 이사장이 소집한다.
　② 이사장은 이사 5분의 1 이상 또는 감사가 회의의 목적사항을 제시하여
　　청구한 때에는 이사회를 소집해야 한다.

제25조(의장) 이사장은 이사회의 의장이 된다.

제26조(개회의 정족수) 이사회는 이사과반수의 출석이 없으면 개회하지 못한다.

제27조(의결의 정족수)
　① 이사회의 의사는 이 정관에 특별한 규정이 없는 한 출석이사 과반수로
　　서 이를 의결한다.
　② 가부동수일 때는 의장이 이를 결정한다.

제28조(서면에 의한 표결 및 표결권의 위임) 부득이한 사유로 이사회에 출석
　　할 수 없는 이사는 사전에 통지된 사항에 한하여 서면으로 표결할 수
　　있고 다른 이사에게 표결권을 위임할 수 있다. 이 때 서면으로 표결하거
　　나 표결을 위임한 이사는 출석한 것으로 본다.

제29조(이사회에 부의할 사항) 다음에 게기하는 사항은 이사회에 부의한다.

 1. 사업계획
 2. 세입세출의 예산 및 결산에 관한 의안
 3. 정관변경에 관한 의안
 4. 기타 법인운영 및 회무집행에 관하여 이사장이 부의한 사항
    [유례] 공익법인의 경우
     1. 예산, 결산, 차입금 및 재산의 취득, 처분과 관리에 관한 사항
     2. 정관변경에 관한 사항
     3. 법인의 해산에 관한 사항
     4. 임원의 임면에 관한 사항
     5. 수익사업에 관한 사항
     6. 기타 법령이나 정관에 의하여 그 권한에 속하는 사항

제30조(의사록) 이사회의 의사에 관하여는 다음에 게기하는 사항을 기재한 의
    사록을 작성하여 의장과 출석한 이사가 기명날인하여야 한다.

 1. 회의일시 및 장소
 2. 이사의 현재수
 3. 출석한 이사의 수(표결권을 위임한 이사 포함)
 4. 의결사항
 5. 의사의 경과요령 및 발언자의 발언요지

제5장 정관의 변경 및 해산

제31조(정관의 변경) 이 정관은 이사회에서 이사총수의 3분의 2 이상의 동의
    를 얻고 주무관청의 허가를 받아 이를 변경할 수 있다.

제32조(해산, 잔여재산의 처분)
 ① 본회는 민법 제77조 제1항의 규정에 의하여 해산한다.
 ② 본회가 해산한 때의 잔여재산은 이사회의 결의를 거쳐 주무관청의 허가

를 받아 본회와 유사한 목적을 가진 다른 단체에 출연한다.

제6장 부 칙

제1조(시행세칙) 이 정관의 시행에 필요한 시행세칙은 이사회의 결의에 의하여 이를 따로 정한다.

제2조(설립당초의 임원 및 그 임기)

① 본회의 설립당초의 이사 및 감사는 다음 사람이 된다.

이사(이사장)　　　○　○　○

이사(상무이사)　　○　○　○

이사　　　　　　　○　○　○

이사　　　　　　　○　○　○

이사　　　　　　　○　○　○

감사　　　　　　　○　○　○

② 제19조의 규정에 불구하고 설립당초의 이사의 임기는 20○○년 12월 31일, 감사의 임기는 20○○년 12월 31일까지로 한다.

위 재단법인 ○○회를 설립하기 위하여 이 정관을 작성하고 설립자 전원이 이에 기명날인한다.

20○○년　○월　○일

설립자 ○　　○　　○ ㉑

설립자 ○　　○　　○ ㉑

(설립자가 수인인 때에는 그 전원이 연기명 날인)

(이하 재산목록 기재는 생략함)

주 ① 사단법인의 설립자(발기인)는 반드시 2인 이상이어야 하나 재단법인의 설립자는 1인이어도 무방하다.

② 법인의 정관에는 상법상의 회사와는 달리 서명으로 충분하지 않아 기명날인이 있어야 한다.

③ 제1조(명칭)에서 법인의 종류를 정하지 아니하면 등기시에 등기관이 이를 기재하여야 하므로(민법법인 및 특수법인 등기규칙 제4조), 상법 제19조와 같은 명문규정은 없지만 법인의 종류를 쉽게 알 수 있도록 그 명칭 중에 사단법인 또는 재단법인의 문자를 병용함이 타당하다.

④ 제2조(사무소와 분사무소)를 적을 때, 정관이므로 그 소재장소의 지번까지 특정하여 확정하여야만 하는 것은 아니고 그가 소재하는 최소행정구역까지만 기재해도 무방하다. 이런 경우 최소구역 내에서의 주사무소의 이전에는 정관변경절차가 불필요한 장점이 있다.

⑤ 제4조(사업)는 민법법인의 사업은 수개의 사업이어도 무방하나 그 사업내용을 명확히 알 수 있도록 구체적으로 기재해야 하며 추상적으로 기재해서는 아니되고, 그 목적별로 법인의 사무를 감독하는 주무관청의 허가를 받아야 한다.

⑥ 제16조(임원의 종별 및 원수)에서, 서면에 기재된 이사와 감사의 원수는 공익법인에 대한 규정(공익 제5조)을 바탕으로 적은 것이다. 민법상으로 감사는 필수기관도, 등기사항도 아니며, 이사의 수에도 제한규정이 없다.

⑦ 제19조(임원의 임기)는 공익법인에 있어서는 임기는 4년, 감사의 임기는 2년을 초과할 수 없다(공익 제5조 3항).

⑧ 이사회는 민법상은 필수기관이 아니나 공익법인에 있어서는 반드시 이사회를 두어야 한다(공익 제6조).

♣ 【서식】 재단법인 임원선임서

선 임 서

재단법인 ○○회의 이사 및 감사를 다음과 같이 선임함.

이사(이 사 장)　○　○　○
이사(상무이사)　○　○　○
이사　　　　　　○　○　○
감사　　　　　　○　○　○

20○○년　○월　○일

재단법인　○ ○회

○○시 ○○구 ○○동 ○○번지
설 립 자　○　○　○　⑳

○○시 ○○구 ○○동 ○○번지

주 재단법인의 경우 설립당초의 임원을 정관에서 정하지 아니한 경우에 한하여 설립자가 선임한 선임서를 첨부한다. 이 때 설립자가 2인 이상일 때에는 그 전원이 연기명 날인하며, 설립자의 의사를 확인할 수 있는 인감증명을 첨부하여야 한다.

♣ 【서식】 취임승낙서

취임승낙서

본인은 20○○년 ○○월 ○○일 주주총회(또는 창립총회, 이사회)에서 귀 회사의

사내이사(또는 사외이사, 기타비상무이사, 대표이사, 집행임원, 대표집행임원, 감사,

감사위원회 위원 등)로 선임되었는바, 그 취임을 승낙합니다.

20○○년 ○○월 ○○일

	인 감
사내이사(또는 사외이사, 기타비상무이사, 대표이사, 집행임원, 대표집행임원, 감사, 감사위원회 위원 등) 홍 길 동	

사단(재단)법인 ○○회 귀중

※ 날인된 인감은 인영대조 전산시스템에 의하여 등기관이 조사를 합니다. 따라서 인감을 날인
  할 때에는 **인영이 인감날인란의 선내를 벗어나지 않도록** 각별히 주의하시기 바랍니다.
※ 이 양식은 주식회사뿐 아니라 모든 종류의 법인에 관하여 적용됩니다. 주식회사 이외의 다른
  법인은 양식의 해당 문구를 적절히 수정하여 사용하시기 바랍니다.

♣ 【서식】 이사회의사록

이사회의사록

1. 개회일시　20○○년　○월　○일 ○○시
2. 개최장소　○○시 ○○구 ○○동 ○○번지 본법인회의실
3. 이사총수　○○명
4. 출석이사수　○○명
　　　　내역 본인출석　○○명
　　　　　　위임출석　○○명

　최연장자인 이사 ○○○는 위와 같이 법정수에 달하는 이사가 출석하였으므로 본 이사회가 적법히 개회되었음을 알리고 의장을 선출하여 줄 것을 요구한 바, 출석이사 전원일치로 이사 ○○○를 의장으로 선출하니 동인은 의장석에 등단하여 다음 의안을 부의하고 심의를 구하다.

제1호 의안 이사장선임의건

　　　의장은 이사 중에서 본회를 대표할 이사를 선임해야 한다는 취지를 말한 바, 출석이사 전원이 진지하게 토의한 결과 만장일치로 다음과 같이 본회를 대표할 이사를 선임한다.

　　　이사장　○　　○　　○

　　　[유례] 의장은 이사 중에서 본회를 대표할 의사를 선임해야 한다는 취지를 말한 바, 이사 ○○○로부터 이사 ○○○를 본회를 대표할 이사로 추대하자는 취지의 발언이 있고 이사 ○○○의 동의가 있고, 전원 그에 찬동하여 다음과 같이 본회를 대표할 이사를 선임한다.

　　　　　이사장　○　　○　　○

　　　　　피선자는 즉석에서 취임을 승낙하다.

제2호 의안 사무소 및 분사무소 설치장소 결정의 건

　　　의장은 본회의 사무소와 분사무소를 다음 장소에 설치함이 상당하다는 취지를

설명하고 그 가부를 물은 바 전원 이의 없이 찬성하여 그를 승인 가결한다.
　사 무 소　○○시 ○○구 ○○동 ○○번지
　분사무소　○○시 ○○구 ○○동 ○○번지

　의장은 이상으로서 회의목적인 의안 전부의 심의를 종료하였으므로 폐회한다
고 선언하다(회의종료시각 ○○시 ○○분).

　위 결의를 명확하기 위하여 이 의사록을 작성하고 의장과 출석한 이사가 기
명날인한다.

20○○년　○월　○일

　　　　　　　　　　　　　　　　　　　사단법인　○○회
　　　　　　　　　　　　의장(이사장)　○　　○　　○　㊞
　　　　　　　　　　　　상무이사　　　○　　○　　○　㊞
　　　　　　　　　　　　이사　　　　　○　　○　　○　㊞

♣ 【서식】 법인설립허가서

법인설립허가서

1. 허가번호   제○○○○호(   )
2. 법인명칭   재단법인 ○○유치위원회
3. 소 재 지   ○○시 ○○구 ○○동 ○○번지
4. 대표자의 성명   ○○○(-   )
5. 법인설립목적   제○회 ○○대회를 유치하여 스포츠를 통하여 국가간의 우의를 증진하여 전세계가 화합하는 공동의 장을 마련하는 데 목적이 있다.
6. 허가조건

    가. 법인의 설립목적인'○○대회'한국유치를 달성할 수 있는 사업수지예산서 상의 구체적인 수입계획을 허가일로부터 90일 이내에 ○○부장관에게 제출 승일을 받아야 한다.

    나. 설립목적사업을 달성할 수 있는'대회유치 및 개최 종합계획'을 수립하여 허가일로부터 30일 이내에 ○○부장관에게 보고하여야 한다.

    다. 법인설립 허가 후 30일 이내에 신청서에 첨부된 재산을 법인에게 이전하고, 증명할 수 있는 등기부등본 및 금융기관 등의 증명서를 재산이전보고서에 첨부하여 ○○부장관에게 제출하여야 한다.

    라. 설립목적의 본질에 반하지 아니하는 범위 내에서 목적사업의 경비 충당하기 위한 수익사업을 하고자 할 때에는 미리 ○○부장관의 승인을 얻어야 한다.

    마 매수, 기부체납, 기타 방법으로 재산을 취득할 때(1건당 1천만원 이상의 재산)에는 지체없이 법인재산으로 편입조치하고 그 취득사유, 재산의 종류, 수량 및 금액을 기재한 재산취득보고서에 그 재산의 등기부등본 또는 금융기관 등의 증명서를 첨부하여 ○○부장관에게 제출하여야 한다.

    바. 전항의 조건을 위반하거나 설립목적 외의 사업을 할 때에는 ○○부 소관 비영리법인설립및감독에관한규칙 제○조에 따라 법인 설립허가를 취소할 수 있다.

민법 제32조 및 ○○부소관 비영리법인의설립및감독에관한규칙 제○조에 의하여 위 법인의 설립을 허가합니다.

[유례] 공익법인인 경우

민법 제32조 및 공익법인의 설립, 운영에관한법률 제4조에 의거 아래 법인의 설립을 인가한다(아래:생략).

20○○년 ○월 ○일

○○부장관   직인

주 위 6항의 허가조건을 하나의 예시로, 경우에 따라 달리 할 수 있을 것이다.

♣ 【서식】 법인설립등기신청서(종중의 경우)

사단(재단)법인설립등기신청

접 수	년　　월　　일	처리인	등기관 확인	각종통지
	제　　　　　호			

등기의 목적	사단(재단)법인설립등기
등기의 사유	사단(재단)법인을 설립하기 위하여 정관을 작성하고 사단법인의 경우, (20○○년 ○월 ○일 창립총회를 마치고) 20○○년 ○월 ○일 주무관청의 허가를 얻었으므로 다음 사항의 등기를 구함.
허가서도착연월일	20○○년 ○월 ○일
등기할 사항	
명　　　칭	사단(재단)법인 ○○이씨 ○○파 종중(재단법인 ○○이씨 중앙화수회 유지재단)
주 사 무 소	○○시 ○○구 ○○동 ○
이사, 감사의 성명, 주민등록번호 및 주소	이사　○ ○ ○ (　　-　　) 　　　○○시 ○○구 ○○동 ○ 이사　○ ○ ○ (　　-　　) 　　　○○시 ○○구 ○○동 ○ 이사　○ ○ ○ (　　-　　) 　　　○○시 ○○구 ○○동 ○ 감사　○ ○ ○ (　　-　　) 　　　○○시 ○○구 ○○동 ○ 감사　○ ○ ○ (　　-　　) 　　　○○시 ○○구 ○○동 ○
이사장의 성명과 주소, 주민등록번호	이사장　○ ○ ○ (　　-　　) 　　　　○○시 ○○구 ○○동 ○

이사의 대표권에 대한 제한	이사장 ○○○ 이외에는 대표권이 없음
목 적	별지 기재와 같음
분사무소	○○시 ○○구 ○○동 ○
설립인가연월일	20○○년 ○월 ○일
존립기간 또는 해산사유	없음
자산의 총액	금 ○○○ 원
출자의 방법	1. 회비(사단법인의 경우) 1. 출연금품 1. 찬조금 1. 기타 수입금
기 타	

<table>
<tr><td colspan="7">신청등기소 및 등록면허세/수수료</td></tr>
<tr><td rowspan="2">순번</td><td rowspan="2">신청등기소</td><td rowspan="2">구분</td><td>등록면허세</td><td rowspan="2">농어촌특별세</td><td rowspan="2">세액합계</td><td rowspan="2">등기신청수수료</td></tr>
<tr><td>지방교육세</td></tr>
<tr><td rowspan="2"></td><td rowspan="2"></td><td rowspan="2"></td><td>금 원</td><td rowspan="2">금 원</td><td rowspan="2">금 원</td><td rowspan="2">금 원</td></tr>
<tr><td>금 원</td></tr>
<tr><td rowspan="2"></td><td rowspan="2"></td><td rowspan="2"></td><td></td><td rowspan="2"></td><td rowspan="2"></td><td rowspan="2"></td></tr>
<tr><td></td></tr>
<tr><td colspan="3" rowspan="2">합 계</td><td></td><td rowspan="2"></td><td rowspan="2"></td><td rowspan="2"></td></tr>
<tr><td></td></tr>
<tr><td colspan="4">등기신청수수료 납부번호</td><td colspan="3"></td></tr>
<tr><td colspan="2">과 세 표 준 액</td><td colspan="5">금 원</td></tr>
<tr><td colspan="7">첨 부 서 면</td></tr>
<tr><td colspan="4">1. 정관 1통
1. 창립총회의사록(임원선임서) 1통
1. 설립인가서 1통
1. 재산목록(자산총액증명서) 1통
1. 취임승낙서 ○통
1. 인감신고서 ○통
1. 법인인감발급카드신청서 1통</td><td colspan="3">1. 주민등록표등본 ○통
1. 인감증명서 ○통
1. 등록면허세영수필확인서 1통
1. 등기신청수수료영수필확인서 1통
1. 위임장(대리인이 신청할 경우) 1통
<기 타></td></tr>
</table>

20○○년 ○월 ○일

신청인 명 칭 사단(재단)법인 ○○이씨 ○○파 종중
(재단법인 ○○이씨 중앙화수회유지재단)
주사무소 ○○시 ○○구 ○○동 ○○
대표자 성 명 이사장 ○ ○ ○ ㊞ (전화 :)
주 소 ○○시 ○○구 ○○동 ○○
대리인 성 명 법무사 ○ ○ ○ ㊞ (전화 :)
주 소 ○○시 ○○구 ○○동 ○○

○○지방법원 ○○등기소 귀중

- 신청서 작성요령 -

1. 해당란이 부족할 때에는 별지를 이용합니다.
1. 해당 등기신청과 관계없는 사항에 대하여는 "해당없음"으로 기재하거나 삭제하고, 필요한 사항은 추가 기재합니다.
1.「인감증명법」에 따른 인감증명서 제출과 함께 관련 서면에 인감을 날인하여야 하는 경우, 본인서명사실확인서를 제출하고 관련 서면에 서명을 하거나 전자본인서명확인서 발급증을 제출하고 관련 서면에 서명을 하면 인감증명서를 제출하고 관련 서면에 인감을 날인한 것으로 봅니다.

(용지규격 21㎝×29.7㎝)

 ① 종중은 원칙으로 사단법인으로 설립하나, 종중재산을 관리하기 위하여 재단법인으로 설립할 수도 있다.
② 이 등기는 종중을 대표할 대표가 신청해야 한다.
③ 등록면허세는 과세표준(자산의 총액)금의 1,000분의 2이며, 대도시에서는 그 3배를 가산하여야 한다. 그리고 지방교육세는 등록면허세액의 100분의 20이다. 다만, 설립과 동시에 분사무소를 설치하는 경우에도 주사무소에서는 설립에 관한 등록면허세 외에 분사무소설치에 관한 등록세 40,200원도 납부하여야 한다.
조특법, 관세법, 지세법에 의하여 등록면허세가 감면되는 경우에는 농어촌특별세로 그 감면등록세의 100분의 20을 납부하여야 한다.
등기신청수수료는 설립의 경우에는 30,000원(전자표준양식에 의한 신청의 경우에는 25,000원, 전자신청의 경우에는 20,000원)이고, 설립과 동시에 분사무소를 설치하는 경우는 별도로 6,000원(전자표준양식에 의한 신청의 경우에는 4,000원, 전자신청의 경우에는 2,000원)을 납부하여야 한다.
비영리법인의 설립에는 주택법에 의한 국민주택채권은 납부하지 아니한다.
④ 첨부서류 중 정관은 설립자가 민법 소정사항을 기재하여 기명날인한 것을 첨부하되, 주무관청의 인가를 증명하는 것이어야 한다.
⑤ 창립총회의사록은 이사의 자격을 증명하는 서면으로서 사단법인의 경우에는 창립총회의사록, 재단법인의 경우에는 설립자의 이사선임서 등을 첨부할 것이나, 설립당초의 이사를 정관으로 정한 때에는 이를 따로 첨부할 필요없이 정관의 기재를 원용하면 된다.
민법상 법인의 등기신청서에 첨부하는 의사록은 공증인의 인증을 받아야 한다(공증 제66조의2 1항, 4항).
⑥ 취임승낙서는 설립당초의 이사를 정관으로 정한 때에도 따로 첨부해야 하나 사단법인의 경우 그를 창립총회에서 선임하고 선임자의 기명날인과 그의 취임승낙의 기재가 있는 의사록을 첨부한 때에는 그 기재를 원용하여 이를 따로 첨부하지 않아도 무방하다. 취임승낙서에는 본인의 진의를 확인할 수 있도록 인감증명법에 의하여 신고한 인감을 찍고 그 인감증명서(발행일로부터 6월 이내의 것)을 첨부하여야 한다.
이사는 주민등록번호, 대표권 있는 이사는 주소와 주민등록번호를 등기하여야 하므로 이를 소명하는 이사의 주민등록등본을 첨부하여야 한다.
⑦ 이사회의사록은 대표권 있는 이사회 자격을 증명하는 서면으로서, 또한 정관에서 주사무소를 최소행정구역까지만 정한 경우 주사무소를 정한 서면으로서 필요한 것이다. 대표권 있는 이사를 정관으로 정하거나, 정관에서 주사무소의 주소를 확정적으로 정한 경우에는 이를 따로 첨부할 필요 없다.
⑧ 위임장은 대리인에 의하여 신청하는 경우에 한하여 첨부한다.

♣ 【서식】 사단법인 정관(종중)

정   관

종규

○○이씨 ○○공파종중

취지문

본 ○○공파종중의 설립취지는 과거 ○○이씨 후손이 계혜년(○○○○년)으로부터 종계를 구성하여 종토를 조성하고 윤회경작하면서 ○○공 이하 동 ○○(지명)에 같이 모셔져 있는 ○○파 직계선조 및 후손 10대묘소의 분향을 올리기 위한 숭조정신을 받들고 성역화하여 전국 자손들이 매년 봉제하기 편리하도록 하여 자손만대 영원이 수호하고 친목을 강구하기 위한 취지로 이 종규를 명확히 제정하는 바이다.

제1장 총 칙

제1조(명칭) 본 법인의 명칭은 '사단법인 ○○이씨 ○○파 종중'이라 칭한다.

　[유례]

　　제○조(명칭) 본회의 명칭은 '재단법인 ○○이씨 ○중앙화수회 유지재단'이라 칭한다.

제2조(목적) 본 법인은 재산의 유지, 관리 및 선조를 봉사하며 선조의 위업을 현양하고 종족의 친목과 번영을 도모하며, 문화창달, 유적보존, 관리를 목적으로 한다.

제3조(사무소와 분사무소) 본 법인의 사무소는 서울특별시에 두고, 필요할 때에는 각 지방에 분사무소를 둘 수 있다.

제4조(제규약 및 규정) 이 본 회칙에 정한 이외의 필요한 사항은 별도로 규약

및 규정으로 정할 수 있다.

제5조(존립기간) 본회의 존립기간은 영구로 한다.

제2장   회 원(사단법인으로 할 경우만)

제6조(회원의 자격)

① 본회의 회원이 될 자격은 ○○이씨 ○○공파의 후손으로 구성한다.

② 본회의 전항 중에서'정회원'과'준회원'으로 구분하여'정회원'은 법률상 성년 남자를 말한다.

③ 본회의 회원으로 표결을 할 권리와 기타 권리행사 및 의무이행자는'정회원'에 한하여 적용한다.

④ 본회는 매회계연도마다 회원에 대하여 상시 그 자격을 확인하여야 한다. 다만, 편의에 따라 신고등록제를 채택할 수 있다.

⑤ 본회의 정회원으로 취득될 때에는 본인 등이 본회에 그 자격사항을 신고하여 확인에 누락됨이 없이 하여야 하며, 누락된 불이익은 본인 등이 그 책임을 진다. 다만 신고는 구비서류를 갖추어 서면신고하여야 한다.

제7조(회원의 권리의무) 회원은 다음과 같은 권리를 취득한다.

1. 본회 재산권의 행사
2. 본회 재산의 이용권(소정의 절차에 따라)
3. 본회 총회에 출석발언권 및 의결권
4. 본회의 선거권 및 피선거권
5. 본회의 재산이용에 대한 이용료, 수수료, 운영에 필요한 부담 의무와 기타 필요에 따라 정한 의무

제8조(회원의 자격상실) 회원은 사망에 따라 그 자격을 상실한다.

제3장 사   업

제9조(사업범위)

본 법인은 이 규약의 목적을 달성하기 위하여 다음 각 호의 사업을 행할 수 있다.

1. 본 법인 소유재산의 유지, 보존, 관리에 관한 사업과 제례 및 행사에 관한 사업
2. 시조 ○○○○이 위업앙양, 유적보존, 관리에 관한 사항과 선조의 유물 유적에 대한 보존 유지사업
3. 선조제형봉행과 제각, 단소관리, 보존에 관한 사업
4. 회원의 복지와 교육 및 장학사업, 회원간의 친목 및 체육 문화사업
5. 회원 상호간의 경조에 대한 부조사업
6. 충효사상과 도의앙양을 위한 계몽활동에 관한 사업
7. 효행, 모범, 유공, 표창 및 포상
8. 기타 종중의 발전을 위한 부수사업
9. 각종 중요계약에 관한 사항
10. 대종보 및 제문헌의 모집번역과 회원명부 또는 간행물에 관한 사항
11. 회보발간사업
12. 기타 위 목적달성에 부대하는 일체의 사업

제4장 임원 및 직원

제10조(임원의 정수)

① 본회의 임원은 다음과 같이 두고 업무를 담당케 한다.
　1. 이사장: 1명
　2. 부이사장: 5명 이상
　3. 총무이사: 1명
　4. 이사: 10명 이상
　5. 감사: 2명

② 본회의 업무집행을 위하여 다음과 같이 임원을 두고 업무를 담당케 할 수 있다. 다만, 업무량을 감안하여 상무이사가 겸임할 수 있다.
　1. 관리이사　　　1명
　2. 재무이사　　　1명

　　3. 간사　　　　약간명

제11조(임원의 선임)

①　이사 및 감사는 중앙화수회상임위원회의 추천에 의하여 이사회에서 선출하고 주무관청의 승인을 받아 취임한다(또는 이사장은 총회에서 전형방법으로 선출하며 임원은 이사장의 제청에 의하여 선출한다). 또한 이사장은 이사 중에서 이사회에서 선임한다.

②　상무이사는 본회의 이사장이 임명한다.

③　임원의 결원이 있을 때에는 결원의 사유가 발생한 후 2월이내에 보선하여야 한다.

④　임원의 퇴임 전에 관여한 행위는 그 효력을 상실하지 아니한다.

⑤　임원은 임원 상호간에 민법 제777조에 규정된 친족관계가 있는 자가 임원정수의 반을 초과할 수 없다.

⑥　감사는 감사상호간 또는 감사와 이사간에 전항에 규정된 친족관계가 없는 자로 한다.

제12조(임원의 임기)

①　임원의 임기는 3년으로 한다. 다만 연임할 수 있다.

②　결원으로 인하여 선출된 임원의 임기는 전임자의 잔여기간으로 한다.

　　[유례]

　　제○조(임원의 임기)

　　①　이사의 임기는 4년, 감사의 임기는 2년으로 하고 1회에 한하여 중임할 수 있다.

　　②　설립최초의 이사 과반수의 임기는 2년으로 하고 감사 1인은 1년으로 한다.

　　③　보궐선임된 임원의 임기는 전임자의 잔임기간으로 한다.

제13조(이사장의 직무)

　이사장은 본회를 대표하고 업무를 통할하며, 이사회의 의장이 된다.

제14조(부이사장의 직무)

부이사장은 이사장을 보좌하며 이사장 유고시 연장순에 따라 직무를 대행한다.

제15조(상무이사 직무)

① 상무이사는 이사장을 보좌하며 업무집행을 항시 수행하며, 집행된 업무를 이사장 및 이사회에 보고하여야 한다.

② 상무이사는 이사장의 유고시 또는 긴급을 요하는 사항에 관하여 즉시 처리하고 추인을 받아야 한다.

제16조(이사의 직무)

이사는 임원회에 참석하여 의견을 진술하고 의결에 참여할 수 있다.

[유례]

제○조(이사의 직무)

① 이사장은 본 법인의 업무를 통할하고 본 법인을 대표한다.

② 이사장이 유고시에는 이사장이 지명했거나, 지명을 할 수 없을 때에는 이사중에 연장자가 이사장의 직무를 대행한다(또는 이사장이 유고시에는 부이사장이 직무를 대행하되 연장순에 의한다).

③ 이사장 직무대행이사는 지체없이 이사장선출절차를 밟아야 한다.

④ 이사는 이사회에 출석하여 법인의 업무에 관한 사항을 의결하고 이사회 또는 이사장으로부터 위임을 받은 사항을 처리한다.

제17조(감사의 직무) 감사는 다음 직무를 행한다.

 1. 본 법인의 재산상황 감사

 2. 이사회의 운영과 그 사업의 집행상황 감사

 3. 위 1.2항의 감사결과 부정 또는 부당한 점이 있음을 발견하였을 때에는 이를 이사회에 시정을 요구하고 이사회 또는 주무관청에 보고

 4. 위 3항의 보고를 하기 위하여 이사회의 소집요구

 5. 법인의 재산상황 또는 이사회의 운영과 그 업무에 관한 사항에 대하여 이사회에 출석하여 의견진술

[유례]

제○조(감사의 직무)

① 감사는 임원회에 참석 또는 참석요구가 있을 때에는 의견을 진술한다.

② 사는 본회의 재산과 업무집행 상황을 감사하여 총회에 보고하여야 한다.

제18조(임원 개선의 청구와 해임)

회원은 총회원 1/5 이상의 연서로서 서면에 의하여 임원개선을 총회에 청구할 수 있다. 이 경우 총회에서 회원의 과반수의 출석과 출석회원 2/3 이상의 찬성이 있을 때에는 당해 임원은 해임된다. 다만, 임원은 당해 회의 전에 변명할 기회를 주어야 한다.

[유례]

제○조(임원의 해임)

임원이 본 법인의 명예를 훼손하거나 본 법인의 목적에 반하는 행위를 한 때, 또는 임원의 직무를 위반한 때에는 이사회의 결의에 의하여해임할 수 있다.

제19조(제척사유)

임원이 다음 각항에 해당할 때에는 의결의 제척사유가 된다.

1. 임원의 취임 및 해임에 있어 자신에 관한 사항일 때

2. 금전 및 재산의 수수가 관련된 사항으로서 임원 자신이 본 법인 이해가 상반된 때

제20조(임원의 충실의무)

임원은 법령 및 규약과 총회의 의결사항을 준수하고 본회를 위하여 성실히 직무를 수행하여야 한다.

제21조(임원의 보수와 실비변상)

본회의 임원은 그에 상응한 보수를 지급할 수 있다. 다만, 재정면을 고려하여 무보수로 하고 직무처리에 필요한 여비 및 기타 설비에 변상을 받을 수 있다.

제22조(규약 및 기타 서류의 비치)

① 이사장은 규약과 총회 및 이사회 등의 의사록, 회원명부를 주사무소에 비치하여야 한다.

② 회원과 본회의 채권자는 언제든지 이사장에 대하여 전항의 서류의 열람

또는 사본을 청구할 수 있다.

제23조(결산관계 서류비치)

① 이사장은 정기총회 7일 전에 사업보고서, 대차대조표, 손익계산서, 잉여금 처분안을 주사무소에 비치하여야 한다.

② 이사장은 전항의 서류에 감사의 의견서를 첨부하여 정기총회에 제출하고 총회의 승인을 얻어야 한다.

③ 회원은 언제든지 이사장에게 회계장부와 서류의 열람을 청구할 수 있다.

제24조(직원) 직원에 관하여는 별도로 정하는 바에 의한다.

제5장 회 의(사단법인으로 설립하는 경우)

제25조(회의통칙) 본회의 종별은'총회'와'이사회'로 구분한다.

제26조(총회) 총회는'정기총회'와'임시총회'로 이를 구분한다.

제27조(정기총회)

① 정기총회는 매사업연도 마감 후 2월 이내에 이사장이 이를 소집한다.

② 매사업연도는 9월 1일부터 익년도 8월 31일까지로 한다.

제28조(임시총회)

임시총회소집은 다음 각 호의 1에 해당하는 경우에 이사장이 이를 행한다.

1. 이사장이 긴급 및 필요하다고 인정할 때

2. 이사회가 필요하다고 인정할 때(이사과반수)

3. 회원이 전회원의 1/5 이상의 동의를 얻어 회의의 목적사항과 소집사유를기재한 서면을 이사장에게 제출하고, 소집을 청구할 때(이사장은 청구를 접수한 날로부터 2주 내에 이를 소집한다).

제29조(총회의 소집절차)

① 총회의 소집절차는 회의 일시 2주 전에 회의 목적사항과 회의 일시 및 장소를 기재한 서면을 각 회원에게 통지하여야 한다. 회원이 부득이 참

석할 수 없을 때에는 서명날인하여 위임할 수 있다.

② 이사장이 유고로 인하여 총회를 소집할 수 없을 때에는 다음 예정하는 순위에 따라 이를 소집한다.

 1. 부이사장(연장순위에 의함)

제30조(총회의 의결사항)

① 다음 각 호의 사항은 총회에서 의결한다.

 1. 규약의 제정 및 변경과 폐지

 2. 매 사업연도의 수지 예산 수립

 3. 중요 사업계획의 설정 및 변경

 4. 결산의 승리

 5. 경비의 부과와 징수방법

 6. 임원의 선출과 해임

 7. 회비 및 잉여금의 처분과 손실금의 처리

 8. 재산의 취득과 변경 및 처분

 9. 차입금의 한도액과 설정

 10. 기타 이사회에서 필요하다고 인정되는 사항

② 전항 중 2, 3, 5호는 총회의 결의로서 이사회에 위임할 수 있다.

제31조(총회의 결의방법)

① 총회의 의사는 법령이나 규약에 특별한 약정이 없는 한 지정된 시간 내 참석된 총회원의 출석으로 개의하고, 출석회원 과반수의 찬성으로 의결하며 가부동수인 때에는 의장이 이를 결정한다.

② 총회의 의장은 이사장이 되며, 이사장이 유고시에는 부이사장이(연장순에 따라) 의장의 직무를 대행한다.

제32조(의결권의 제한)

총회에서 미리 통지한 사항에 한하여 의결하는 것을 원칙으로 한다. 다만, 총회에서 긴급하다고 인정된 사항에 대하여는 예외로 한다.

제33조(의결권과 선거권의 대리)

① 회원은 각각 의결권과 선거권을 행사할 수 있다.

② 회원은 부득이 한 경우에 한하여 미리 통지한 의안에 대하여 서면 또는 대리인으로 하여금 의결권 또는 선거권을 행사할 수 있다.

③ 대리인이 대리할 수 있는 회원의 수는 1인에 한하며, 대리권을 인정할 서면을 본회의 이사장에게 제출하여야 한다.

제34조(총회의 서면결의)

회원이 부득이한 사유로 인하여 총회에 참석할 수 없을 때에는 사전에 통지한 사항에 한하여 서면으로서 총회의 의결에 찬부를 통지할 수 있다.

제35조(회의록)

총회의 회의에 관하여는 회의의 경과와 의결사항을 작성하고 총회에서 참석한 임원이 서명날인하여야 한다.

제36조(이사회)

① 이사회는 이사장, 부이사장, 이사로서 구성한다.

② 이사장은 이사회를 소집하고 그 의장이 된다.

③ 이사회는 본회의 업무집행을 결정한다.

④ 이사회는 구성원 과반수의 출석과 출석이사 과반수의 찬성으로 의결한다. 다만, 가부동수일 때에는 의장이 결정한다.

제37조(이사회의 소집절차)

① 이사회의 소집절차는 회의 일시 1주 전에 회의목적사항과 회의일 및 장소를 기재한 서면을 각 임원에게 통지하여야 한다. 긴급을 요할 때에는 구성원의 과반수의 동의를 얻어 이사장이 소집절차를 생략할 수 있다.

② 이사가 이사회를 소집할 필요가 있을 때에는 구성원 과반수의 동의를 얻어 이사장에 대하여 이사회를 소집할 것을 요구할 수 있다.

제38조(이사회의 의결사항)

이사회는 다음 사항을 의결한다.

1. 정회원의 자격심사

  2. 기채와 상환에 관한 사항

  3. 총회에 부의할 사항

  4. 총회에 위임할 사항

  5. 본회에 업무집행에 관한 사항

  6. 각종 시행규정 및 규칙의 제정과 개정 및 폐지

  7. 기타 이사장이 필요하다고 인정하는 사항

제39조(회의)

이사회의 의사에 관하여는 회의록을 작성하고 이사회에 참석한 이사는 자필 서명날인하여야 한다.

[유례] 종중을 재단법인으로 설립한 경우 이사회

　　제○장 이사회

　　제○조(구성)   이사회는 이사장이 소집한다.

　　제○조(소집)

　　① 이사회는 이사장이 소집한다.

　　② 이사장은 재적이사 5분의 1 이상의 요청이 있을 때 또는 제○조의 4호에 의거감사가 회의목적을 제시하여 요청을 할 때에는 이사회를 소집한다.

　　③ 이사회를 소집하고자 할 때에는 적어도 회기 7일 전에 회의의 목적을 명시하여 각 이사에게 통지하여야 한다. 다만, 긴급하다고 인정되는 정당한 사유가 있을 때에는 통지기간에 대하여 예외로 할 수 있다.

　　④ 중앙화수회회장은 이사회에 출석하여 의견을 개진할 수 있다.

　　제○조(의장)   이사장은 이사회의 의장이 된다.

　　제○조(정기이사회)   정기이사회는 매년 1회 개최하고, 필요한 때에는 수시로 임시이사회를 개최한다.

　　제○조(의결정족수)

　　① 이사회의 의사는 본 정관에 다른 규정이 없는 한 재적이사 3분의 2 이상 출석과 출석이사 과반수의 찬성으로 의결한다.

② 가부동수인 때에는 의장이 이를 결정한다.

③ 이사회는 위임장에 의한 서면결의는 할 수 없다.

제○조(이사회의 기능)　이사회는 다음 사항을 심의결정한다.

　1. 본 법인의 사업계획운영에 관한 사항

　2. 세입세출의 예산 및 결산에 관한 사항

　3. 재산유지, 관리에 관한 사항

　4. 임원의 선출에 관한 사항

　5. 정관변경 및 법인의 해산에 관한 사항

　6. 기본재산의 처분(매매, 증여, 담보, 취득, 대여, 기채, 교환, 의무
　　의 부담, 권리의 포기)에 관한 사항

　7. 업무집행에 관한 사항

　8. 업무집행에 필요한 규칙 제정에 관한 사항

　9. 정관에 의하여 권한에 속하는 사항

　10. 이사장이 부의하는 사항

제○조(의사록) 이사회의 의사에 관하여는 다음 사항을 기재한 의사록
　　　을 작성하여 의장과 출석한 이사가 기명날인하여야 한다.

　1. 회의의 일시 및 장소

　2. 이사의 현재수

　3. 출석한 이사수

　4. 의결사항

　5. 의사의 경과요령 및 발언자의 발언요지

제6장　자산 및 회계

제40조(출자방법) 본 법인에 출자방법은 다음과 같다.

　1. 회원의 회비(사단법인의 경우에 한함)

　2. 출연금품

　3. 찬조금

  4. 기타수입금

제41조(자산의 구성) 본 법인의 자산은 다음과 같다.

  1. 별지목록기재의 재산

  2. 자산으로부터 생기는 과실

  3. 사업에 따른 수입

  4. 기타 수입

제42조(자산의 종류)

① 본회의 자산은 이를 기본재산과 보통재산 2종으로 한다.

② 기본재산은 다음 각호에 게기한 것으로 하되 이는 처분하거나 담보로 제공할 수 없다.

  다만, 부득이한 사유가 있는 때에는 총회의 결의를 거쳐 주무관청의 허가를 받아 그 일부를 처분하거나 담보로 제공할 수 있다.

  1. 별지 목록 기재의 재산 중 기본재산으로 기재된 재산

  2. 기본재산으로 하기로 지정하여 출연된 재산

  3. 이사회에서 기본재산으로 하기로 결의한 재산

② 보통재산은 기본재산의 원본 이외의 재산으로 한다.

  [유례] 재단법인의 경우

  제○조(자산의 종류)

  ① 본 법인의 자산은 이를 기본재산과 보통재산으로 한다.

  ② 기존재산은 아래와 같다.

    1. 본 법인설립시에 출연한 재산

    2. 기부에 의하거나 기타 무상으로 취득한 재산, 다만 기부목적에 비추어 기본재산으로 하기 곤란하여 주무관청의 승인을 얻은 것은 예외로 한다.

    3. 기타 보통재산 중 이사회에서 기본재산으로 편입한 재산

  ③ 보통재산은 기본재산 이외의 재산으로 한다.

  ④ 설립당초 및 현재의 기본재산의 목록은 별첨 목록과 같으며, 기본

재산은 연 1회 그 목적을 작성하여 주무관청에 보고한다.

제○조(재산의 관리)

기본재산을 매도, 증여, 교환 또는 담보로 제공하거나 의무의 부담, 권리의 포기 및 기채하고자 할 때에는 중앙화수회 대의원총회의 의결로 안건을 부의하여 이사회에서 의결하여 주무관청의 허가를 받아야 한다.

그 전부 또는 일부를 기본재산으로 하거나 다음 회계연도에 이월한다.

제43조(현금보관)

자산 중에서 현금은 금융기관에 예치하거나 국채 또는 공채등 확실한 유가증권으로 보관한다.

제44조(사업연도)

본회의 사업연도는 9월 1일부터 익년 8월 31일까지로 한다.

[유례]

제○조(회계연도)

본 법인의 회계연도는 매년 1월 1일부터 동년 12월 31일 까지로 한다.

제45조(재정경비)

본호의 재정경비는 회비, 사업수익금, 찬조금, 각종수수료로 종토에서 발생하는 도조로 충당한다.

[유례]

제○조(경비의 유지방법) 본 법인의 경비는 기본재산에서 나오는 과실 및 기타 수입으로 충당한다.

제46조(회계)

본회의 회계는 이사장이 정하거나 또는 일반 준칙에 의하여 처리한다.

제47조(회계규정)

회계규정에 관하여는 별도로 정하는 바에 의하여 처리할 수 있다.

[유례]

제○조(예산의 의결, 결산의 승리)

① 본 법인의 매회계연도 세입세출예산은 매회계연도 개시 1개월 전까지 편성하여 이사회의 결의에 의하여 이를 결정한다.

② 세입세출예산은 회계연도종료 후 2개월 내에 회계연도말 현재의 재산목록과 함께 감사의 감사를 거쳐 이사회(또는 총회)의 승인을 받아야 한다.

제○조(회계감사) 감사는 연 2회 이상 회계감사를 하여야 한다.

제○조(특별회계)

① 본 법인은 수익사업을 행하거나 또는 기타 필요한 때에는 이사회의 결의에 의하여 특별회계를 둘 수 있다.

② 전항의 특별회계는 전조의 세입세출예산에 계정하여야 한다.

제○조(수익 등의 사용) 전조의 특별회계로부터 생긴 수익 또는 잉여금은 이를 모두 기본재산으로 하여야 한다.

제48조(임원의 보수)

본 법인의 임원은 보수는 지급하지 아니함을 원칙으로 한다. 단, 실비보상은 예외로 한다.

제7장 사무국(사무국을 둔 경우)

제49조(사무국)

이사장의 지시를 받아 업무를 처리하기 위하여 사무국을 둔다.

제50조(직원)

① 사무국에 국장 1인과 직원 약간명을 둘 수 있다.

② 사무국장은 이사회의 동의를 얻어 이사장이 임명한다.

③ 사무국장은 이사장이 지시를 받아 업무를 수행한다.

④ 사무직원은 사무국장의 지시를 받아 사무국의 업무를 처리한다.

제8장 보 칙

제51조(해산사유 등)

　본회가 해산사유가 있을 때에는 민법 규정에 따라 준용처리한다.
　[유례] 재단법인의 경우
　　제○조(해산)　　본 법인을 해산하고자 할 때에는 재적이사 3분의 2 이상의
　　　　찬성으로 의결하여 주무관청의 허가를 받아 처리한다.
제52조(잔여재산의 귀속)
　본 법인을 해산하고자 할 때에는 그 잔여재산은 ○○이씨 ○○공파종중에
증여한다.
　[유례]
　　제○조(잔여재산의 귀속) 본 법인은 해산하고자 할 때에는 그 잔여재산은
　　　　주무관청의 허가를 받아 유사한 단체에 기증한다.

제53조(법규준용)
　이 규약에 대비된 사항과 법규에 저촉되는 사항은 법규에 의하여 준용처리한다.

제54조(시행규정)
　본회의 업무추진과 시행에 필요한 사항은 별도로 시행규정을 정하여 처리한다

제55조(규약개정)
　이 규약의 개정은 총회의 의결을 거쳐야 한다.
　[유례] 재단법인의 경우
　　제○조(정관의 변경)　　정관을 변경하고자 할 때에는 제적이사 3분의 2 이
　　　　상의 찬성으로 결의하여 주무관청의 허가를 받아 이를 변경한다.

제56조(공증 및 공시최고)
　본회의 업무처리를 위하여 필요한 사항은 공정증서 작성 또는 공시최고규
정에 따라 처리한다.

제57조(권리포기)
　본회의 규정 등에 의하여 권리행사할 사항에 관하여 참여 또는 위임 및 대
리행위 조차 의사표시를 하지 않을 경우에는 그 해당 권리에 관하여 포기
한 것으로 간주한다.

제58조(각종서식) 본회의 필요한 서식은 별도로 정한다.

　[유례]

　제○조(사업계획, 수지결산보고)　익년도 사업계획서 및 예산서, 해당연도사
　　　　업실적서와 수지결산서는 회계연도종료 후 2개월 이내에 재산목록,
　　　　사업현황, 감사보고서 등을 첨부하여 주무관청에 제출하여야 한다.

부　칙

제1조(시행일)

　이 규약은 20○○년 ○월 ○일부터 시행한다.

　[유례] (시행일) 본 법인의 정관은 설립등기일로부터 시행한다.

제2조(경과규정)

　① 이 규약시행 이전에 처리된 사항 중 정당히 처리된 사항은 이 규정에
　　의하여 처리된 것으로 본다.

　② 이 규약시행 이전에 처리된 사항 중 부당히 처리된 사항은 이 규정에
　　의하여 처리하기로 한다.

　③ 이 규정이 다수의 의견이 될 수 없다고 판단되었을 때에는 서면동의로
　　추인을 받거나 이 규정 제48조에 의하여 확정한다.

제3조(설립당초의 임원 및 임기)

　본 법인의 설립당초의 임원 및 임기는 별지와 같다(생략).

제 2 장   변경등기

1. 총 설

가. 변경등기의 의의

변경등기란 등기가 행해진 후에 후발적으로 등기사항에 변경이 생긴 경우에 등기의 기재내용이 변경 후의 사실에 부합토록 하기 위해 하는 등기를 말한다.

변경등기는 넓게는 등기할 당초부터 착오나 유루로 인하여 등기사항의 기재가 사실과 일치하지 아니한 경우 그를 시정하기 위하여 행하는 경정등기까지를 포함하나, 협의의 의미로는 최초에 등기할 때에는 등기사항의 기재가 사실과 일치하였으나 그 등기를 마친 후에 새로운 사실이 발생하여 등기사항의 기재가 사실과 일치하지 않게 된 경우 그 불일치한 등기사항을 일치시키기 위하여 행하는 등기만을 말한다.

여기서 이미 등기된 사항을 고쳐서 행하는 등기라 함은 종전의 명칭을 변경하거나, 주사무소를 이전하거나, 종전의 임원을 교체하는 경우와 같이 기존에 등기된 사항을 고쳐서 등기할 경우 뿐 아니라, 기존 분사무소를 폐지하거나 임원을 해임하는 경우와 같이 기존의 등기사항을 삭제하기만 하거나 설립등기 후에 분사무소를 새로 설치하거나 존립기간을 새로 설정하는 경우와 같이 아직 등기되지 아니한 새로운 등기사항을 추가하기만 하는 경우, 행정구역변경으로 인한 주소변경등기 및 단순한 자구 정정의 경우와 같은 형식적인 변경의 경우를 모두 포함한다.

나. 변경등기의 원인

변경등기는 사단법인의 경우 사원총회의 결의, 재단법인의 경우 이사회의 결의만에 의하여 주로 발생하나, 법인의 목적 및 명칭의 변경과 같이 정관의 변경에 수반하는 경우도 있다.

이 때 등기사항과 정관의 기재사항이 반드시 일치하지는 않으므로 정관변경이 있다고 하여 반드시 변경등기절차가 뒤따르는 것도 아니고, 변경등기에 정관변경이 필수적인 것도 아니다. 즉, 변경하고자 하는 등기사항이 정관에 규정된 사항인 경우에만 변경등기시 반드시 정관변경절차를 거쳐야 한다.

민법법인의 정관변경은 사단법인의 경우에는 사원총회, 재단법인의 경우에는 설립자나 이사가 그 변경절차를 밟은 후 각 주무관청의 허가를 받아야만 비로소 그 효력이 발생되는 것이기 때문에(민 제42조, 제46조), 정관변경에 기인한 변경등기신청서에는 정관변경을 증명하는 사원총회나 이사회의 의사록 등의 서면 이외에 주무관청의 허가서나 그 인증 있는 등본도 첨부해야 한다(비송사건절차법 제64조 1항).

대법원 선례

▶선례◀ 민법 중 사단법인에 관한 규정이 준용되는 법인이 합병으로 인한 변경등기를 할 수 있는지 여부(등기선례 5-863)

(1997.1.9, 등기 3402-16 질의회답)

민법상 법인에 대하여는 합병절차에 관한 규정이 없으며 비송사건절차법이나 다른 법규에 상법 등의 합병절차에 관한 준용규정이 없으므로 합병으로 인한 변경등기를 할 수 없다.

다. 변경등기의 효력

설립등기 이외의 등기사항은 그 등기 후가 아니면 제3자에게 대항할 수 없으므로(민 제54조), 변경등기는 제3자에 대한 대항요건이다(민 제54조, 제52조).

핵심판례

▶판례◀ 이사변경등기의 실체적 효력 유무(소극)

(대법원 2000.1.28.선고, 98다26187 판결)

민법 제54조 제1항에 의하면 설립등기 이외의 법인등기는 대항요건으로 규정되어 있으므로 이사 변경의 법인등기가 경료되었다고 하여 등기된 대로의 실체적 효력을 갖는 것은 아니다.

대법원 예규

▶예규◀ 변경등기 효력

(제정 1967.02.21 등기예규 제103호)

법인에 대한 등기사항의 변경이 있을 때 그 변경등기는 효력발생요건이 아니고 제3자에

대한 대항요건이라고 할 것이다.(67.2.21.선고66다1347판결)

라. 허가신청 및 변경보고

1) 정관변경허가신고

　　민법법인의 정관은 사원총회 또는 이사회의 결의를 얻은 후 주무관청의 허가를 받아야만 효력이 발생한다(민 제42조 2항, 제45조 3항). 민법 규정에 의한 정관변경의 허가를 받고자 하는 법인은 법인정관 변경허가신청서에 다음 각 호의 서류를 첨부하여 주무관청의 장에게 제출하여야 한다.

　　① 정관변경의 사유서 1부

　　② 개정된 정관(신구조문 대조표 첨부) 1부

　　③ 정관변경에 관한 총회 또는 이사회회의록 1부

　　④ 정관변경에 의하여 사업계획 및 수지예산의 변동이 있는 때에는 개정된 사업계획서 및 동 수지예산서 1부

2) 재산증가보고

　　종전에는 법인이 매수, 기부체납 기타의 방법으로 재산을 취득한 때에는 지체없이 이를 법인의 재산으로 편입하고, 취득사유, 취득재산의 종류, 수량 및 금액을 기재한 재산취득보고서에 그 재산의 등기부등본 또는 금융기관의 증명서를 첨부하여 주무관청에 신고하도록 정관 등에서 정한 경우에는 그를 보고하여야 하고, 다만, 그 증가금액의 최소한도액을 정관이나 설립허가신청시의 조건으로 정한 때에는 그 최소한의 금액 이상의 경우에만 보고하였다. 그러나 현재는 규제완화의 차원에서 주무관청에 하던 재산증가보고를 삭제하였다(보건복지부소관 비영리법인의 설립 및 감독에 관한 규칙 참조). 따라서 이제 재산증가보고는 불필요하게 되었다.

　　다만, 공익법인은 기본재산을 매도·증여·임대·교환 또는 용도변경하거나 담보로 제공하거나 대통령령으로 정하는 일정금액 이상을 장기차입하려면 주무 관청의 허가를 받아야 한다(공익법인의 설립·운영에 관한 법률 제11조 3항).

3) 기본재산의 처분 및 기채의 보고 등

　　종전에는 법인이 그 기본재산을 양도 또는 교환하거나 담보에 제공하고자 할 때에는 그 1월 전에 기본재산의 처분 또는 기채보고서에 다음 각 호의 서류를 첨부하여 주무관청에 보고하여야 했다.

① 처분 등 이유서 1부

② 양도 또는 교환하거나 담보로 제공하고자 하는 재산의 목록 1부

③ 총회 또는 이사회회의록 1부

④ 양도, 교환 또는 담보제공의 목적과 용도, 예정금액 및 그 방법, 그로 인하여 감소한 재산의 보충방법 등을 기재한 서류 1부

⑤ 기채를 하고자 할 때에는 제1호 및 제3호의 서류 외에 기채의 목적, 용도, 금액, 이율, 방법 및 상환방법과 기채선 등을 기재한 서류 1부

그러나 행정규제완화의 차원에서 주무관청에 따라서는 법인의 기본재산을 처분하거나 기채를 하고자 할 때에 주무관청에 관련 서류를 제출하고 승인을 얻도록 한 규정을 삭제하였다(보건복지부소관 비영리법인의 설립 및 감독에 관한 규칙 참조).

다만, 공익법인은 기본재산을 매도·증여·임대·교환 또는 용도변경하거나 담보로 제공하거나 대통령령으로 정하는 일정금액 이상을 장기차입(장기차입)하려면 주무 관청의 허가를 받아야 한다(공익법인의 설립·운영에 관한 법률 제11조 3항). 허가를 받고자 할 때 허가신청서에 첨부할 서류는 각 각 다음과 같다(공익법인의 설립·운영에 관한 법률 시행령 제17조).

즉, 기본재산의 매도·증여·임대 또는 교환에 관한 허가를 받고자 할 때에는 그 허가신청서에 다음의 서류를 첨부하여 주무관청에 제출하여야 한다.

① 처분재산명세서

② 「부동산 가격공시 및 감정평가에 관한 법률」 제28조의 규정에 의한 감정평가법인이 작성한 감정평가서 또는 시장·군수 또는 구청장(자치구의 구청장에 한한다)이 같은 법 제9조에 따라 표준지의 공시지가를 기준으로 하여 산정한 개별필지에 대한 지가확인서(교환의 경우에는 쌍방의 재산에 관한 것이어야 한다)

③ 이사회회의록 사본

④ 교환재산 또는 처분대금의 처리에 관한 사항을 기재한 서류(교환 또는 매도의 경우에 한한다)

그리고 기본재산의 담보에 관한 허가를 받고자 할 때에는 그 허가신청서에 다음의 서류를 첨부하여 주무관청에 제출하여야 한다.

① 담보에 제공할 재산목록

②. 피담보채권액

③ 담보권자

④ 상환방법 및 상환계획

⑤ 이사회의 회의록 사본

또한 기본재산의 용도변경에 관한 허가를 받고자 할 때 또는 기본재산에 대한 의무를 부담하거나 권리를 포기하고자 할 때에는 허가신청서에 그 사유를 명기하여야 한다.

4) 임원변경보고

종전에는 법인이 임원을 개선 또는 보선한 경우에는 지체 없이 임원개선 및 보선보고서에 다음 각 호의 서류를 첨부하여 주무관청의 장에게 제출하여야 했다.

① 임원의 개선 및 보선에 관한 총회 또는 이사회의 회의록 1부

② 이력서(명함판 사진첨부) 1부

③ 신원증명서 1부

④ 취임승낙서 1부

⑤ 인감증명 1부

또한 주무관청이 비영리법인의 취임인가 또는 승인을 한 경우에는 그 취임인가 또는 취소도 할 수 있다고 할 것인 바, 이 경우에도 당해 주무관청의 비영리법인의 설립 및 감독에 관한 규칙에서 취소사유를 정하는 것이 보통이었고, 주무관청에서 위와 같은 취소사유가 존재하는 경우에는 임원취임승인을 취소할 수 있었다. 그러나 현재는 행정규제완화의 차원에서 주무관청에 따라서는 종전의 임원승인취소 제도의 규정을 삭제하여 법인의 자율성을 제고하도록 한 경우도 있고, 임원선임허가 및 변경허가규정을 두지 않은 경우도 있다.

하지만 부처에 따라서는 임원선임보고를 받는 경우도 있다(법원행정처·헌법재판소소관 비영리법인의 설립 및 운영에 관한 규칙 제8조 참조).

또한 공익법인의 경우 임원은 주무관청의 승인을 받아야 한다(공익법인의 설립·운영에 관한 법률 제5조 2항). 공익법인이 임원취임승인을 신청할 때에는 임원취임승인신청서(전자문서로 된 신청서를 포함한다)에 다음의 서류(전자문서를 포함한다)를 첨부하여 주무관청에 제출하여야 한다.

① 임원의 선임을 결의한 총회 또는 이사회의 회의록 사본 1부
② 이력서 1부
③ 임원으로 취임하려는 사람의 가족관계기록사항에 관한 증명서
④ 취임승낙서 1부
⑤ 민간인 신원진술서 4부
⑥ 공익법인의 설립·운영에 관한 법률 시행령 제12조의 규정에 의한 당해 임원
  의 특수관계부존재각서

다만, 임원으로 취임하려는 사람의 가족관계기록사항에 관한 증명서와 민간인 신원진술서는 주무관청이 보안상 필요하다고 인정하는 경우에 한하여 제출하고, 연임되는 임원에 대한 취임의 승인을 신청하는 경우에는 이력서, 임원으로 취임하려는 사람의 가족관계기록사항에 관한 증명서, 민간인 신원진술서, 특수관계부존재각서는 이를 제출하지 아니한다(공익법인의 설립·운영에 관한 법률 시행령 제7조 1항). 그리고 공익법인의 경우 주무 관청은 다음의 어느 하나에 해당하는 사유가 있으면 그 사유의 시정을 요구한 날부터 1개월이 지나도 이에 응하지 아니한 경우에 이사의 취임승인을 취소할 수 있다(공익법인의 설립·운영에 관한 법률 제14조 2항).

① 공익법인의 설립·운영에 관한 법률 또는 정관을 위반한 경우
② 임원 간의 분쟁, 회계부정, 재산의 부당한 손실, 현저한 부당행위 등으로 해
  당 공익법인의 설립목적을 달성하지 못할 우려를 발생시킨 경우
③ 목적사업 외의 사업을 수행하거나 수행하려 한 경우

5) 분사무소 설치신고

법인이 분사무소를 설치하고자 할 때에는 그 명칭, 소재지, 대표자의 성명 및 주소를 기재한 분사무소설치신고서를 주무관청에 제출하도록 소속 비영리법인의 설립 및 감독에 관한 규칙에 정한 주무관청 소속 비영리법인은 이를 신고하여야 할 것이다.

♣ 【서식】 정관변경허가신청서

(앞쪽)

<table>
<tr><td colspan="5" align="center">정관변경허가신청서</td><td colspan="2" align="center">처 리 기 간
7일</td></tr>
<tr><td rowspan="2">신
청
인</td><td>① 성   명</td><td></td><td>② 주민등록번호</td><td></td><td></td><td></td></tr>
<tr><td>③ 주   소</td><td></td><td>④ 전 화 번 호</td><td></td><td></td><td></td></tr>
<tr><td rowspan="5">법
인</td><td>⑤ 명   칭</td><td colspan="5"></td></tr>
<tr><td>⑥ 소 재 지</td><td></td><td>⑦ 전 화 번 호</td><td></td><td></td><td></td></tr>
<tr><td>⑧ 대표자성명</td><td></td><td>⑨ 주민등록번호</td><td></td><td></td><td></td></tr>
<tr><td>⑩ 주   소</td><td></td><td>⑪ 전 화 번 호</td><td></td><td></td><td></td></tr>
<tr><td>⑫ 설 립 허 가
일   자</td><td></td><td>⑬ 설립허가번호</td><td></td><td></td><td></td></tr>
</table>

「민법」제42조, 제45조 및 제46조에 따라 위와 같이 정관변경을 신청하오니 허가하여 주시기 바랍니다.

년   월   일

신청인   (서명 또는 인)

귀 하

※ 구비서류	수 수 료 없 음

1. 변경사유서 1부
2. 개정될 정관(신·구대비표를 첨부합니다) 1부
3. 정관의 변경에 관계되는 총회 또는 이사회의 회의록 1부
4. 기본재산의 처분에 따른 정관변경의 경우에는 처분의 사유, 처분재산의 목록, 처분의 방법 등을 기재한 서류 1부

210mm×297mm[일반용지 60g/㎡(재활용품)]

(뒤쪽)

이 신청서는 아래와 같이 처리됩니다.

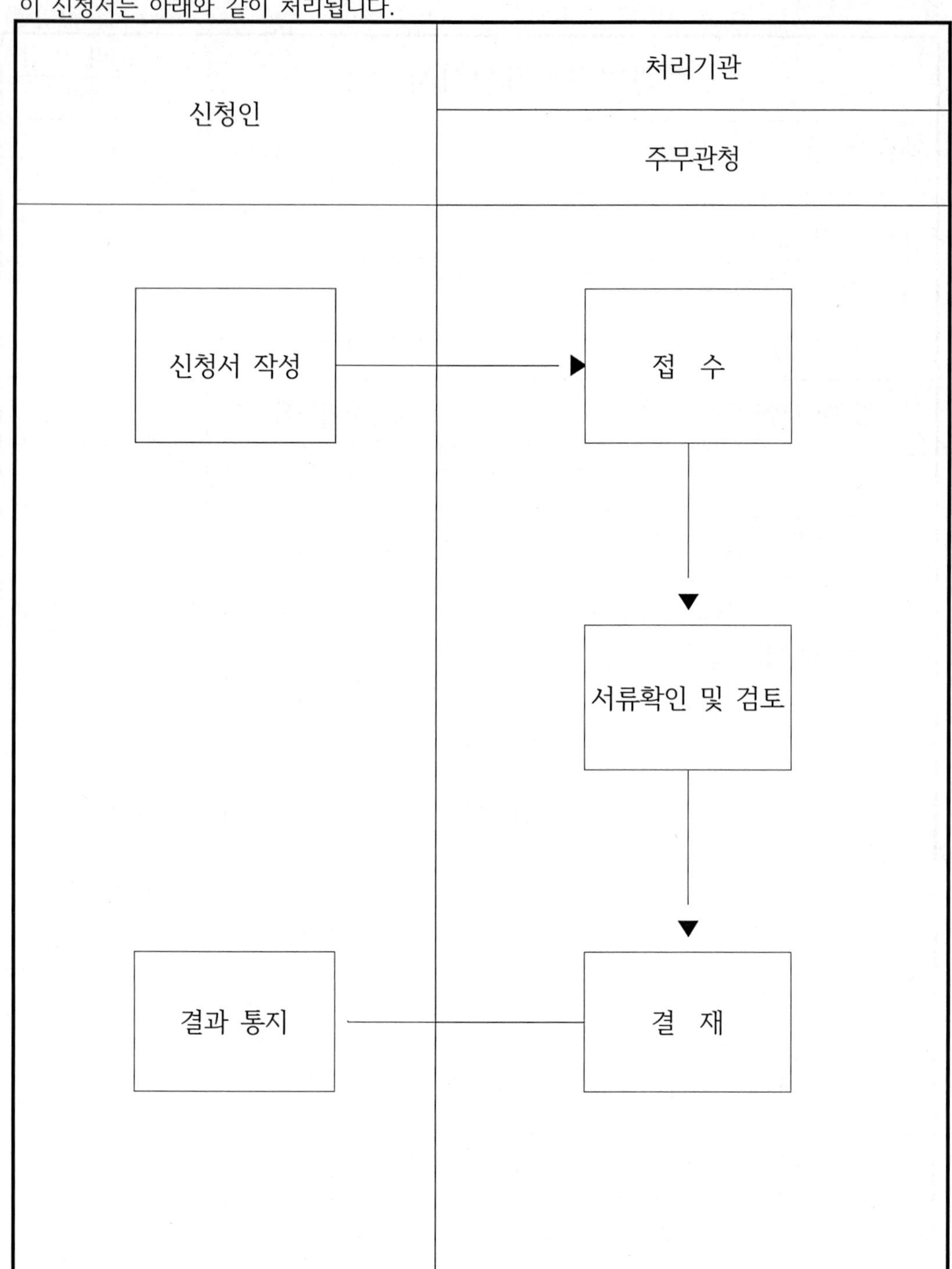

2. 사무소이전등기

가. 총 설

법인이 사무소를 이전하는 때에는 구소재지에서는 3주간 내에 이전등기를 하고, 신소재지에서는 같은 기간 내에 법인 소정의 등기사항을 등기하여야 한다. 다만 동일한 등기소의 관할구역 내에서 사무소를 이전한 때에는 그 이전한 것을 등기하면 된다(민 제49조, 제51조). 여기서 사무소란 주사무소뿐 아니라 분사무소도 의미하므로, 민법 제51조의 사무소의 이전은 주사무소뿐 아니라 분사무소에도 적용되어 분사무소를 이전한 경우에도 등기하여야 한다.

주사무소의 소재지는 정관의 절대적 기재사항이므로 정관변경절차를 밟아 주무관청의 허가를 받아야 하지만, 정관에 사무소의 기재가 최소행정구역까지만 표시된 경우에 동일한 행정구역 내에서 주사무소를 이전할 때에는 정관을 변경할 필요 없이 이사과반수의 결의만으로 할 수 있다.

신구소재지가 관할을 달리하는 경우, 위와 같이 신소재지에서 하는 주사무소 이전등기신청은 구소재지에서 하는 주사무소이전등기신청과 동시에 구소재지를 관할하는 등기소에 하여야 하고(법 제66조, 제184조, 등기선례 5-858), 구 등기소에서 각하사유가 없으면 신등기소로 송부한다. 동일 관할등기소 내에서 주사무소 이전은 위와 같은 등기는 필요 없이 주사무소이전등기만 하면 된다(민 제51조 2항).

대법원 선례

▶선례◀ 재단법인의 주사무소 이전등기신청(등기선례 5-858)

(1997.8.25, 등기 3402-643 질의회답)

재단법인의 주사무소를 다른 등기소의 관할구역으로 이전한 경우, 신소재지에서 하는 주사무소이전등기신청은 구소재지에서 하는 주사무소이전등기신청과 동시에 구소재지를 관할하는 등기소에 하여야 한다(비송 제66조, 제184조 참조).

나. 등기절차

1) 등기장소와 방법

주사무소를 타관내로 이전하고 주사무소소재지에서 등기절차를 행하는 경우 신, 구소재지에서 이를 각기 따로 행하도록 한다면 한쪽의 등기만 행해진 채 다른 쪽의 등기는 방치되어 부실등기가 발생할 우려가 있으므로, 신소재지에서 하는 주사무소이전등기신청은 구소재지에서 하는 주사무소이전등기신청과 동시에 구소재지를 관할하는 등기소에 신청하도록 규정하고 있다(비송사건절차법 제66조, 상업등기법 제55조 1항, 2항, 등기선례 5-858).

구소재지를 관할하는 등기소는 신소재지에서 하는 등기의 신청과 구소재지에서 하는 등기의 신청 중 어느 하나에 관하여 상업등기법 제26조 각 호의 어느 하나에 해당하는 사유가 있는 때에는 이들 신청을 함께 각하하여야 한다. 구소재지를 관할하는 등기소의 등기관은 조사결과 각하사유가 없을 때에는 지체 없이 등기의 신청이 있었다는 뜻을 신소재지를 관할하는 등기소에 통지하고, 인감에 관한 기록을 신소재지를 관할하는 등기소에 전산정보처리조직을 이용하여 보내야 한다. 신소재지를 관할하는 등기소는 이러한 신청서를 통지받아 등기를 한 때 또는 그 등기의 신청을 각하한 때에는 지체 없이 그 뜻을 구소재지를 관할하는 등기소에 통지하여야 한다. 그리고 구소재지를 관할하는 등기소는 신소재지를 관할하는 등기소의 등기를 한 뜻의 통지를 받을 때까지는 본점이전의 등기를 하여서는 아니 된다. 만약 신소재지를 관할하는 등기소가 등기의 신청을 각하한 때에는 구소재지에서 하는 등기의 신청도 각하된 것으로 본다(비송사건절차법 제66조, 상업등기법 제55조, 제56조).

2) 등기신청인

법인을 대표하는 이사가 등기신청인이 된다(민법법인 및 특수법인 등기규칙 제6조, 상업등기법 제23조 1항).

임시이사가 변경등기를 신청하는 경우에는 신청서에 그 자격을 증명하는 서면을 첨부하여야 한다(비송사건절차법 제64조 2항).

3) 등기기간

소재지에서는 이전일로부터 3주간 내에 사무소이전의 뜻을 등기하며, 신소재지에서도 동일한 기간 내에 법인 소정의 등기사항을 등기한다(민 제51조 1항).

기간은 주무관청의 허가가 필요한 경우에는 그 허가서가 도착한 날로부터 기산한다(민 제53조). 위와 같이 정해진 기간 내에 등기하지 아니하면 과태료의 제재를 받는다(민 제97조).

4) 등기사항

① 동일한 등기소관내에서 주사무소를 이전한 경우

주사무소소재지와 분사무소소소재지 모두에서 신주사무소소소재지와 그 이전 연월일을 등기하고 등기관이 이에 날인한다(민법 제51조 2항).

② 다른 등기소관내로 주사무소를 이전한 경우

구소재지에서는 신소재지와 이전연월일을, 신소재지에서는 민법 제49조 2항 각호의 사항(설립등기사항)과 법인성립의 연월일을, 주사무소이전의 뜻 및 그 연월일을 각 각 등기하여야 한다(민법 제51조 1항, 비송사건절차법 제66조, 상업등기법 제54조). 또한 이사, 대표이사, 감사 또는 감사위원회 위원의 취임 연월일을 등기하여야 한다(민법법인 및 특수법인 등기규칙 제6조, 상업등기규칙 제51조 2항).

5) 첨부서면

종전과 달리 주사무소이전등기신청은 1개의 신청서로 작성하므로 첨부서면도 1개의 신청서에 신·구소재지에 관한 등기신청서면을 같이 첨부하면 된다.

대리인에 의하여 신청하는 경우의 위임장, 지방세법 소정의 등록면허세 또는 등록면허세가 감면되는 경우 소정의 농어촌특별세, 등기신청수수료 등 일반적인 첨부서면을 첨부하여야 한다.

또한 주사무소이전에 정관변경이 필요한 경우에는 정관변경을 결의한 사단법인의 사원총회의사록이나 재단법인의 이사회의사록, 정관변경에 관한 주무관청의 허가서나 증인있는 등본을 첨부하고, 이전일자결정 등 이전업무집행사항을 결의한 이사회의사록 또는 이사과반수의 결의서를 첨부해야 한다.

정관의 변경이 필요없는 경우에는 이전장소 및 이전일자 등 이전업무집행사항을 결의한 이사회의사록 또는 이사과반수 결의서만 첨부하면 족하다.

민법법인의 사원총회 및 이사회의사록에는 기명날인하여야 하고 서명으로 대체할 수 없으며(민 제76조 2항), 민법상 법인등기신청서에 첨부하는 사원총회의사록 또는 이사회의사록은 공증인의 인증을 받아야 한다(공증 제66조의2). 다만, 공증인법에서 인증의 예외를 인정하는 법인의 경우에는 그러하지 아니하다.

종전에는 신소재지 관할등기소에는 법인의 주사무소가 변경되어 인감의 기재사항이 변경되므로 법인을 대표하는 이사의 인감신고서 및 인감대지를 다시 제출해야 했다(구민법법인 및 특수법인 등기규칙 제9조, 구상업등기처리규칙 제7조). 그러나 제정된 상업등기법은 상업등기 및 인감사무의 전산화로 인하여 등기사항의 변경은 인감사항의 변경으로 연결되므로, 인감의 제출은 요하지 아니하도록 하고 있다(비송사건절차법 제66조, 상업등기법 제25조). 또한 인감사무의 관할이 새로 제정된 상업등기법에서는 삭제되어 인감발급카드의 신청도 필요하지 아니한다. 다만, 주사무소이전과 동시에 대표자의 인감자체를 변경하는 경우에는 별도로 인감신고를 하여야 한다.

주사무소이전등기의 등록세는 112,500원이나 주사무소가 대도시 외에서 서울 등 대도시로 이전하는 경우에는 등록세는 설립으로 보고 그 설립에 해당하는 등록세의 3배의 등록세와 교육세를 납부하여야 하되(지세법 제28조 2항), 그 등록세가 112,500원 이하인 경우에는 하한선인 112,500원의 3배이다. 그러나 구사무소소재지에서는 변경등기로 보아 40,200원을 납부하면 된다.

조세특례제한법, 지방세법, 관세법에 의하여 등록면허세가 감면되는 경우에 그 감면세액의 100분의 20의 농어촌특별세를 납부하여야 하나(농특세법 제5조), 농어촌특별세도 감면 또는 면제되는 경우가 있다(농특세법 제4조).

그리고 대도시 외의 법인이 대도시 내로 이전하는 경우 이를 설립으로 보더라도 비영리법인은 주택채권이 면제되므로 이를 매입할 필요가 없다.

신소재지등기소에서는 등기신청수수료로 방문신청의 경우에는 설립등기와 동일한 금액인 30,000원을 납부한 대법원수입증지를 첨부하여야 한다. 전자표준양식에 의한 신청의 경우에는 25,000원, 전자신청의 경우에는 20,000원이다. 또한 주사무소이전에 부수하여 분사무소를 설치하는 경우에는 주사무소이전의 등기신청수수료 외에 부수하여 등기하는 부분에 대한 등기신청수수료를 별도로 납부하여야 한다.

그러나 구소재지등기소에서의 등기신청수수료는 일반 변경등기로 보아 방문신청의 경우에는 6,000원을 납부하면 된다. 전자표준양식에 의한 신청의 경우에는 4,000원, 전자신청의 경우에는 2,000원이다. 그러나 명칭, 주사무소, 이사 변경등기를 하나의 신청서로 신청할 경우에는 각각의 수수료 각 6,000원(전자표준양식에 의한 신청의 경우에는 각 4,000원, 전자신청의 경우에는 각 2,000원)을 합산하여야 한다.

(3) 등기의 신청

♣【서식】사단(재단)법인 주사무소이전등기신청서(동일 관할내에서 신청
   하는 경우)

<table>
<tr><td colspan="6" align="center">사단(재단)법인 주사무소이전등기신청</td></tr>
<tr><td rowspan="2">접
수</td><td colspan="2" align="center">년　월　일</td><td rowspan="2">처리인</td><td>등기관 확인</td><td>각종통지</td></tr>
<tr><td colspan="2" align="center">제　　　　호</td><td></td><td></td></tr>
</table>

명　칭	사단(재단)법인 ○○회	등기번호	제1000호
주사무소	○○시 ○○구 ○○동 ○		
등기의 목적	주사무소이전등기		
등기의 사유	20○○년 ○월 ○일 이사회의 결의에 의하여(20○○년 ○월 ○일 사원총회(또는 이사회)에서 정관변경을 결의하고 20○○년 ○월 ○일 주무관청의 허가를 받아) 20○○년 ○월 ○일 사무소를 다음 장소로 이전하였으므로 그 등기를 구함.		
허가서도착연월일	20○○년 ○월 ○일		
주사무소/분사무소 신청구분	1. 주사무소 신청 □ 2. 분사무소 신청□ 3. 주사무소.분사무소 일괄신청□		
등기할 사항			
신주사무소	○○시 ○○구 ○○동 ○○번지		
이전연월일			
기　타			

신청등기소 및 등록면허세/수수료						
순번	신청등기소	구분	등록면허세 지방교육세	농어촌특별세	세액합계	등기신청수수료
			금 원 금 원	금 원	금 원	금 원
합 계						
등기신청수수료 납부번호						
과 세 표 준 액	금			원		

첨 부 서 면	
1. 정관 1통	1. 등록세영수필확인서 1통
1. 사원총회 또는 이사회 의사록(공증) 1통	1. 등기신청수수료영수필확인서 1통
*이사결정서(이사회가 없는 경우)	1. 위임장(대리인이 신청하는 경우) 1통
1. 주무관청의 허가서 1통	<기 타>
(정관변경이 필요한 경우)	

20○○년 ○월 ○일

신청인 명   칭 사단(재단)법인 ○○회

　　　　주사무소 ○○시 ○○구 ○○동 ○○

대표자 성   명 이사장 ○ ○ ○ ㊞   (전화 :   )

　　　　주   소 ○○시 ○○구 ○○동 ○○

대리인 성   명 법무사 ○ ○ ○ ㊞   (전화 :   )

　　　　주   소 ○○시 ○○구 ○○동 ○○

○○지방법원 ○○등기소 귀중

- 신청서 작성요령 -

1. 해당란이 부족할 때에는 별지를 이용합니다.
1. 해당 등기신청과 관계없는 사항에 대하여는 "해당없음"으로 기재하거나 삭제하고, 필요한 사항은 추가 기재합니다.

(용지규격 21cm×29.7cm)

주

① 이 등기는 대표권제한규정이 없는 때에는 이사 중의 1인이 신청하면 되고 대표권제한규정이 있는 때에는 대표권 있는 이사가 신청한다.

② 주사무소는 구사무소소재지를 기재한다.

③ 등기의 사유 중 ( )의 내용은 주사무소이전에 정관변경이 필요한 경우에 적는 것으로, 사단법인의 경우는 사원총회, 재단법인의 경우는 이사회에서 결의한 취지로 기재할 것이다. 주사무소의 이전일자는 현실로 이전한 일자를 기재해야 할 것이나 실무에서는 동상 이전업무집행을 위한 이사회의사록에 기재된 이전일자를 기재한다. 그 일자보다 관청의 허가일자가 늦은 때에는 관청의 허가일자를 기재해야 한다.

④ 허가서도착 연월일은 주사무소이전에 정관변경이 필요한 경우에 한하여 기재한다.

⑤ 등록면허세는 주사무소를 동일등기소관내에서 이전하고 주사무소에서 그 등기를 신청할 때에는 112,500원이고, 주사무소를 다른 등기소관내로 이전하고 구사무소에서 그 등기를 신청할 때에는 일반 변경등기의 세목인 40,200원(지세법 제28조 1항)이며 지방교육세는 등록면허세액의 100분의 20이다.

조세특례제한법, 지방세법, 관세법에 의하여 등록면허세가 감면되는 경우에 그 감면세액의 100분의 20의 농어촌특별세를 납부하여야 하나(농특세법 제5조), 농어촌특별세도 감면 또는 면제되는 경우가 있다(농특세법 제4조). 관내이전 및 타관이전시 방문신청의 경우에는 구소재지에서는 등기신청수수료로 6,000원(전자표준양식에 의한 신청의 경우에는 4,000원, 전자신청의 경우에는 2,000원), 신소재지에서는 30,000원(전자표준양식에 의한 신청의 경우에는 25,000원, 전자신청의 경우에는 20,000원)을 납부한 대법원수입증지를 붙여야한다.

⑥ 주사무소이전에 정관변경이 필요한 때에는 사단법인의 경우에는 사원총회의사록, 재단법인의 경우에는 이사회의사록을 첨부해야 한다. 이들은 공증인의 인증을 받아야 한다(공증 제66조의2 1항, 4항).

⑦ 위임장의 첨부와 대리인의 표시는 법무사 또는 변호사 등 대리인에 의하여 신청하는 경우에 한한다.

♣ 【서식】 사원총회(이사회)의사록

사원총회(이사회)의사록

1. 개최일시   20○○년 ○월 ○일 ○○시
2. 개최장소   ○○시 ○○구 ○○동 ○○번지 본 법인 회의실
3. 총사원수(총이사수)   ○○명
4. 출석사원수(출석이사수)   ○○명
　　　　내 역 본인출석   ○○명
　　　　　　위임출석   ○○명

　의장인 이사 ○○○는 정관규정에 따라 의장석에 등단하여 위와 같이 법정수에 달하는 사원(이사)이 출석하였으므로 본 총회(이사회)가 적법히 성립되었음을 알리고 개회를 선언한 후, 사전에 통지한 의안인 다음 의안을 부의하고 심의를 구하다.

제1호 의안 주사무소이전의 건
　　　의장은 사업형편상 본회의 주사무소를 다음 장소로 이전할 필요가 있음을 설명하고 그 가부를 물으니 전원 이의 없이 그를 찬성하여 만장일치로 그를 승인 가결하다.
　　　주사무소이전장소   ○○시 ○○구 ○○동 ○○번지
　　　이전연월일   20○○년 ○월 ○일

제2호 의안   정관변경의 건
　　　의장은 위 주사무소이전에 수반하여 현행 정관 제○조를 다음과 같이변경해야 한다는 취지를 설명하고 그 가부를 물으니 전원 이의 없이 찬성하여 만장일치로 그를 승인 가결하다.
　　　제○조(주사무소) 본회의 주사무소는 ○○시 ○○구 ○○동 ○○번지에 둔다.
　　　　[유례] 제○조(주사무소) 본회의 사무소는 ○○시에 둔다.

의장은 이상으로서 회의목적인 의안 전부의 심의를 종료하였으므로 폐회한다고 선언하다(시간은 ○시 ○분이었음).

위 결의를 명확히 하기 휘하여 이 의사록을 작성하고 의장과 출석한 이사가 기명날인하다.

20○○년 ○월 ○일

사단(재단)법인 ○○회

○○시 ○○구 ○○동 ○○번지

의장이사 ○　　○　　○　㊞

이사 ○　　○　　○　㊞

이사 ○　　○　　○　㊞

① 이는 주사무소이전과 그에 따른 정관변경을 결의한 의사록으로서 사단법인의 경우에는 사원총회의사록, 재단법인의 경우에는 이사회의사록으로 작성한다. 이들은 등기신청시에 첨부하는 의사록이므로 공증인의 인증을 받아야 한다.

② 이사회가 없는 법인은 이사과반수의 결의서로 의사록을 대신할 수 있다.

♣ 【서식】 사단(재단)법인 주사무소이전등기신청서(관할 외)

사단(재단)법인 주사무소이전등기신청

접 수	년 월 일	처리인	등기관 확인	각종통지
	제 호			

명 칭	사단(재단)법인 ○○회	등기번호	제1000호

주 사 무 소	○○시 ○○구 ○○동 ○
등기의 목적	주사무소이전(관할 외)
등기의 사유	20○○년 ○월 ○일 이사회의 결의에 의하여(20○○년 ○월 ○일 사원총회(이사회)에서 정관변경을 결의하고 20○○년 ○월 ○일 주무관청의 허가를 받아) 20○○년 ○월 ○일 사무소를 ○○시 ○○구 ○○동 ○○번지로 이전하였으므로 다음 사항의 등기를 구함.
허 가 서 도 착 연 월 일	20○○년 ○월 ○일
구 주사무소 관할등기소에 등기할 사항	
주사무소를 이전한 뜻과 그 연월일	
신 주사무소 관할등기소에 등기할 사항	
주사무소를 이전한 뜻과 그 연월일	
이사의 성명 및 주민등록번호, 취임 연월일	
이사의 대표권을 제한한 때에는 대표권 있는 이사의 성명과 주소, 취임연월일	
기 타	

신청등기소 및 등록면허세/수수료						
순번	신청등기소	구분	등록면허세 지방교육세	농어촌특별세	세액합계	등기신청수수료
			금 원 금 원	금 원	금 원	금 원
합 계						
등기신청수수료 납부번호						
과 세 표 준 액	금			원		

첨   부   서   면

1. 정관 1통	1. 등록면허세영수필확인서 1통
1. 사원총회 또는 이사회 의사록(공증) 1통	1. 등기신청수수료영수필확인서 1통
*이사결정서(이사회가 없는 경우)	1. 위임장(대리인이 신청하는 경우) 1통
1. 주무관청의 허가서 1통	<기 타>
(정관변경이 필요한 경우)	

20○○년 ○월 ○

신청인 명   칭 사단(재단)법인 ○○회

　　　　주사무소 ○○시 ○○구 ○○동 ○○

대표자 성   명 이사장 ○ ○ ○ ㊞   (전화 :   )

　　　　주   소 ○○시 ○○구 ○○동 ○○

대리인 성   명 법무사 ○ ○ ○ ㊞   (전화 :   )

　　　　주   소 ○○시 ○○구 ○○동 ○○

○○지방법원 ○○등기소 귀중

- 신청서 작성요령 -

1. 해당란이 부족할 때에는 별지를 이용합니다.
1. 해당 등기신청과 관계없는 사항에 대하여는 "해당없음"으로 기재하거나 삭제하고, 필요한 사항은
　추가 기재합니다.

(용지규격 21㎝×29.7㎝)

주 ① 이 등기는 대표권의 제한규정이 없는 때에는 이사 중 1인이 신청하면 되나, 제한규정이 있는 때에는 대표권 있는 이사가 신청한다.

② 주사무소는 구사무소소재지를 기재한다.

③ 등기의 사유 중 (　)안의 내용은 주사무소이전에 정관변경이 필요한 경우에 적는 것으로, 사단법인의 경우는 사원총회, 재단법인의 경우에는 이사회에서 정관변경을 결의한 취지를 기재할 것이다. 주사무소의 이전일자는 현실로 사무소를 이전한 일자를 기재할 것이나 실무에서는 통상 이사회의사록 등에 기재된 이전일자를 기재한다. 다만, 주무관청의 허가일자가 그보다 늦은 때에는 주무관청의 허가일자를 기재해야 한다.

등기할 사항 중 명칭 이하의 사항은 구사무소소재지에서 등기한 사항 중 현재 효력있는 사항과 동일하게 기재한다.

④ 등기할 사항 중 법인성립연월일은 사무소이전으로 변경되는 것이 아니므로 구사무소 등기부에 기재된 최초의 설립등기일자를 기재한다.

⑤ 허가서 도착연월일은 주사무소이전에 정관변경이 필요한 경우에 한하여 기재한다.

⑥ 신소재지에서의 등록면허세는 112,500원이고, 지방교육세는 등록면허세액의 100분의 20이다.

조특법, 관세법, 지세법에 의하여 등록면허세가 감면되는 경우 그 감면세액의 100분의 20의 농특세를 납부하여야 한다. 등기신청수수료는 방문신청의 경우 30,000원(전자표준양식에 의한 신청의 경우에는 25,000원, 전자신청의 경우에는 20,000원)이다.

⑦ 위임장의 첨부와 대리인의 표시는 법무사, 변호사 등 대리인에 의하여 신청하는 경우에 한한다.

♣ 【서식】 사단(재단)법인 주사무소이전등기신청서(분사무소소재지에서 신청하는 경우)

<table>
<tr><td colspan="5" align="center">사단(재단)법인 주사무소이전등기신청</td></tr>
<tr><td rowspan="2">접
수</td><td colspan="2" align="center">년 월 일</td><td rowspan="2" align="center">처리인</td><td align="center">등기관 확인</td><td align="center">각종통지</td></tr>
<tr><td colspan="2" align="center">제   호</td><td></td><td></td></tr>
</table>

<table>
<tr><td align="center">명 칭</td><td>사단(재단)법인 ○○회</td><td align="center">등기번호</td><td>제1000호</td></tr>
<tr><td align="center">주사무소</td><td colspan="3">○○시 ○○구 ○○동 ○</td></tr>
<tr><td align="center">등기의 목적</td><td colspan="3">주사무소이전등기</td></tr>
<tr><td align="center">등기의 사유</td><td colspan="3">20○○년 ○월 ○일 이사회의 결의에 의하여(20○○년 ○월 ○일 사원총회(이사회)에서 정관변경을 결의하고 20○○년 ○월 ○일 주무관청의 허가를 받아) 20○○년 ○월 ○일 주사무소를 다음 장소로 이전하고 20○○년 ○월 ○일 주사무소소재지관할등기소에서 등기를 하였으므로 이 등기소에서 그 등기를 구함.</td></tr>
<tr><td align="center">허가서도착연월일</td><td colspan="3">20○○년 ○월 ○일</td></tr>
<tr><td align="center">분사무소</td><td colspan="3">○○시 ○○구 ○○동 ○</td></tr>
<tr><td colspan="4" align="center">등기할 사항</td></tr>
<tr><td align="center">주사무소를 이전한
뜻과 그 연월일</td><td colspan="3">(1) 주사무소 ○○시 ○○구 ○○동 ○○번지
(2) 이전연월일 20○○년 ○월 ○일</td></tr>
<tr><td align="center">기   타</td><td colspan="3"></td></tr>
</table>

등록면허세	금 ○○○ 원	지방교육세	금 ○○원	농어촌특별세	금 ○○ 원
세 액 합 계	금 ○○○ 원	등기신청수수료		금 ○○○ 원	
등기신청수수료 납부번호					

첨 부 서 면

1. 법인등기부등본　　　　　　　1통 1. 주무관청의 허가서 　(또는 인증있는 허가서등본)　　1통	1. 등록면허세영수필확인서　　　1통 1. 등기신청수수료영수필확인서　1통 1. 위임장(대리인이 신청할 경우)　1통 <기타>

20○○년 ○월 ○일

신청인 명　　칭　사단(재단)법인 ○○회
　　　　주사무소　○○시 ○○구 ○○동 ○○
대표자 성　　명　이사장 ○ ○ ○ ㊞　　　　　　(전화 :　　　　　)
　　　　주　　소　○○시 ○○구 ○○동 ○○
대리인 성　　명　법무사 ○ ○ ○ ㊞　　　　　　(전화 :　　　　　)
　　　　주　　소　○○시 ○○구 ○○동 ○○

○○지방법원 ○○등기소 귀중

- 신청서 작성요령 -
1. 해당란이 부족할 때에는 별지를 이용합니다.
1. 해당 등기신청과 관계없는 사항에 대하여는 "해당없음"으로 기재하거나 삭제하고, 필요한 사항은
　추가 기재합니다.

(용지규격 21cm×29.7cm)

□ 등기기재례

- 명칭, 임원란

주사무소	. . 변경
~~서울시 ○○구 ○○동 100번지~~	. . . 등기
	2007. 1. 5. 이전
인천시 남구 구월동 200번지	2007. 1. 10. 등기

주 ① 이 등기는 대표권제한이 없는 때에는 각자대표 원칙에 따라 이사 중 1인이 신청하면 되나, 대표권제한이 있는 때에는 대표권있는 이사가 신청한다.
② 이는 이미 주사무소에서 등기한 사항이므로 주사무소는 신사무소소재지를 기재한다.
③ 등기의 사유 중 ( )안은 주사무소이전에 정관변경이 필요한 경우의 서식례이다. 이전일자는 주사무소등기부에 기재된 이전일자를 기재한다.
④ 등록면허세는 변경등기에 해당하므로 40,200원(지세법 제28조 1항), 지방교육세는 등록면허세의 100분의 20이다. 등기신청수수료는 방문신청의 경우 6,000원(전자표준양식에 의한 신청의 경우에는 4,000원, 전자신청의 경우에는 2,000원)을 첨부한다.
⑤ 첨부서류, 분사무소에서는 다른 서면을 첨부할 필요 없이 주사무소이전등기를 마친 후의 주사무소 등기부등본이나 초본을 청구한다.

3. 분사무소의 설치, 이전, 폐지의 등기

가. 총 설

 법인이 분사무소를 설치한 때에는 주사무소소재지 및 그 분사무소소재지, 다른 분사무소소재지에서 3주간 내에 분사무소를 설치할 것을 등기해야 한다(민 제50조 1항). 또한 주사무소 또는 분사무소의 소재지를 관할하는 등기소의 관할구역 내에 분사무소를 설치한 때에는 위 기간 내에 그 사무소를 설치한 것을 등기한다(민 제50조).

 분사무소를 설치, 이전, 폐지함에는 사단법인의 경우에는 사원총회의 결의에 의하여, 재단법인의 경우에는 정관규정에 따라 설립자나 이사회에서 정관을 변경하고, 그 변경한 정관에 대하여 각각 주무관청의 허가를 받고 다시 그 설치, 이전, 폐지 등의 업무집행을 위한 이사회의 결의를 거쳐야 한다.

 다만 정관상 분사무소의 기재가 최소행정구역까지만 표시된 경우, 동일한 행정구역내에서 분사무소를 이전하는 데에는 정관변경의 절차를 필요로 하지 않고 업무집행의 일환으로 이사회 또는 이사과반수의 결의로 이전할 분사무소의 주소를 확정하면 된다.

분사무소설치, 이전, 폐지의 등기는 제3자에 대한 대항요건이므로(민 제54조), 분사무소설치 등에 관한 등기가 없이는 그 분사무소의 설치로써 제3자에게 대항하지 못한다.

여기서 제3자라 함은 법인의 기관 및 사단법인의 사원 등 법인에 관하여는 자 이외의 자를 말한다.

대법원 선례

▶선례◀ 동일 번지 내에 2개의 분사무소를 설치할 수 있는지 여부(등기선례 2-723)

(1989.5.22, 등기 997 질의회답)

동일한 행정구역 내의 동일한 번지 내에 분사무소로서의 실체를 갖춘 2개 이상의 분사무소가 설치되었다면 그 각 분사무소의 설치등기신청을 할 수 있다.

▶선례◀ 사단법인의 분사무소 폐지등기(등기선례 2-717)

(1989.2.9, 등기 285 질의회답)

사단법인의 분사무소 관할등기소에 주사무소 관할등기소에서 등기된 변경등기사항의 일부가 등기되지 아니한 경우에도 당해 분사무소가 폐지된 경우 그 분사무소 관할등기소에 위 변경사항의 등기를 하지 않고 막바로 그 폐지등기를 신청할 수는 있겠지만(이 경우 주사무소 관할등기소에 먼저 폐지등기를 한 후 그 등기부등본을 첨부하여야 한다)분사무소 관할등기소에서는 위 변경등기신청의 해태에 따른 과태료 통지를 하게 될 것이다(법 135, 민 50, 상업등기처리규칙 103, 법인과부부재산약정등기처리규칙 13 참조).

나. 등기절차

1) 등기신청인

이사의 대표권제한이 있는 때에는 대표권 있는 이사가 신청하며, 대표권제한이 없는 때에는 수인의 이사가 있어도 반드시 이사전원이 신청하여야 하는 것은 아니고, 그 중 1인이 신청하여도 무방하다(민법법인 및 특수법인 등기규칙 제6조, 상업등기법 제23조 1항).

임시이사가 등기를 신청할 때에는 등기신청서에 신청인의 자격을 증명하는 서면을 첨부하여야 하고(비송사건절차법 제64조 2항), 대리인에 의하여 신청할 때에는 그 권한을 증명하는 서면을 첨부하여야 한다(민법법인 및 특수법인 등기규칙 제6조,

상업등기규칙 제52조 1항). 신청권한 있는 이사가 이 등기를 해태할 때에는 과태료의 제재를 받는다(민 제97조).

민법법인의 대표권은 원칙으로 이사 각자에게 있으며(민 제59조 1항), 대표권 제한규정을 등기하지 아니한 법인에는 각 이사에게 등기신청권과 의무가 있으므로 해태시에는 각 이사가 과태료의 처벌을 받는다고 할 것이다.

2) 등기기간

등기기간은 분사무소를 실제로 설치, 이전, 폐지한 때로부터 3주간 내이다(민 제50조 내지 제53조).

등기기간은 주무관청의 허가를 필요로 하지 아니하는 경우에는 분사무소를 현실로 설치한 날부터, 주무관청의 허가가 필요한 경우에는 그 허가서가 도달한 날부터 계산하되(민 제53조), 민법의 기간계산의 원칙상 그 익일부터 계산한다(민 제157조).

등기에 관청의 허가가 필요한 때에는 그 허가서가 도착한 날부터 등기기간을 기산하므로, 분사무소의 설치, 이전, 폐지에 정관변경을 요하는 경우에는 실제로 분사무소를 설치, 이전, 폐지한 일자와 정관변경에 관한 관청의 허가서가 도착한 일자 중 늦은 쪽을 기준으로 하여 등기기간을 기산한다(민 제53조).

3) 등기사항

분사무소에서의 등기사항은 법인등의등기사항에관한특례법의 시행으로 ① 목적, ② 명칭, ③ 주사무소의 소재지, ④ 법인 등이 공고하는 방법, ⑤ 법인 등의 존립기간 또는 해산사유를 정한 때에는 그 기간 또는 사유, ⑥ 법인 등을 대표할 임원의 성명, 주소와 주민등록번호, ⑦ 수인이 공동으로 법인 등을 대표할 것을 정한 때에는 그 규정, ⑧ 법인 등의 이사의 대표권을 제한한 때에는 그 제한, ⑨ 기타 대법원규칙으로 정한 사항이다(동법 제3조). 대법원규칙으로 정한 등기사항 중 민법법인에 관계있는 규정으로는 ① 법인 등의 합병 또는 합병무효에 관한 등기, ② 법인 등의 해산, 청산종결에 관한 등기, ③ 설립의 무효 또는 취소에 관한 등기, ④ 청산 중인 법인 등에 대표할 자에 관한 등기, ⑤ 대표권 있는 임원의 선임의 결의의 부존재, 무효나 취소에 관한 등기, ⑥ 회생 또는 파산에 관한 등기 등이 있다.

분사무소에서의 등기사항 중 법인의 명칭은 그 말미에 '분사무소'라고 부기하여야 한다(민법법인 및 특수법인 등기규칙 제6조, 상업등기규칙 제102조).

① 분사무소설치의 경우

주사무소소재지에서는 '신설분사무소 소재지와 그 설치연월일'을, 당해 신설분사무소소재지에서는 '주사무소 소재지에서 등기한 사항 중 분사무소에서 등기할 현재 효력 있는 등기사항과 법인성립연월일 및 당해 분사무소 설치연월일'을 등기하고 등기관이 등기관의 식별부호를 기록하여야 한다(비송사건절차법 제66조, 상업등기법 제57조, 민법법인 및 특수법인 등기규칙 제6조, 상업등기규칙 제55조 1항).

법인의 성립연월일과 당해 분사무소의 설치연월일은 등기기록 중 등기기록의 개설사유와 연월일란에 기재하여야 한다(민법법인 및 특수법인 등기규칙 제6조, 상업등기규칙 제115조).

다만, 법인설립과 동시에 설치한 분사무소소재지에서 등기할 때에는 당해 분사무소설치연월일은 법인성립연월일과 같은 일자이므로 그를 따로 기재하지 아니한다.

② 분사무소이전의 경우

주사무소와 이전한 당해 분사무소의 구소재지에서는 '이전한 당해 분사무소의 신소재지와 그 이전연월일'을, 신소재지에서는 '주사무소소재지에서 등기한 사항 중 분사무소에서 등기할 현재 효력 있는 등기사항과 당해 분사무소 이전연월일 및 법인성립연월일'을 등기하고 등기관이 등기관의 식별부호를 기록하여야 한다(비송사건절차법 제66조, 상업등기법 제57조, 민법법인 및 특수법인 등기규칙 제6조, 상업등기규칙 제55조 1항).

법인의 성립연월일과 당해 분사무소의 설치연월일은 등기기록 중 등기기록의 개설사유와 연월일란에 기재하여야 한다(민법법인 및 특수법인 등기규칙 제6조, 상업등기규칙 제115조).

③ 분사무소폐지의 경우

분사무소폐지의 등기는 주사무소소재지에서는 '폐지한 분사무소와 그 폐지의 취지 및 연월일'을 폐지한 당해 분사무소소재지에서는 '분사무소폐지의 취지와 그 연월일'을 기재하고 등기관이 등기관의 식별부호를 기록하여야 한다(민법법인 및 특수법인 등기규칙 제6조, 상업등기규칙 제55조 1항).

4) 첨부서면

주사무소소재지에서 이 등기를 신청함에는 분사무소의 설치, 이전, 폐지 등에 따른 정관변경을 결의한 사단법인의 사원총회의사록이나 재단법인의 이사회의사록과 정관변경에 관한 주무관청의 허가서나 그 인증있는 등본을 첨부해야 한다. 그리고 분사무소의 설치, 이전, 폐지 업무집행사항을 결정한 이사회의사록 또는 이사과반수결의서(이사회가 없는 경우)도 첨부해야 할 것이다.

다만, 정관상의 분사무소표시가 최소행정구역까지만 기재된 경우에는 동일한 행정구역 내에서의 분사무소이전은 정관변경이 필요없으므로 정관변경을 결의한 총회나 이사회의 의사록과 정관변경에 관한 주무관청의 허가서 등은 첨부할 필요가 없을 것이다. 사무소 이전을 결의한 업무집행기관인 이사과반수의 결의서나 이사회의사록만을 첨부하면 된다.

법인의 분사무소설치, 이전, 폐지의 등록면허세는 40,200원이나, 법인이 분사무소를 대도시에 설치한 경우에는 법인의 분사무소설치등기시에 등록세가 3배 중과되며(지세법 제28조 2항), 분사무소를 설치한 효과로서 부동산등기에서는 (구)지방세법 제138조 1항 제3호, 같은법시행령 제102조 2항의 규정에 의하면 법인이 대도시 내에서의 분사무소의 설치 이후 5년 이내에 취득하는 일체의 부동산등기는 등록면허세 등의 중과세 등의 중과세대상이 된다(대판 1988.6.14, 88누3031).

조세특례제한법, 지방세법, 관세법에 의하여 등록면허세가 감면되는 경우에 그 감면세액의 100분의 20의 농어촌특별세를 납부하여야 하나(농특세법 제5조), 농어촌특별세도 감면 또는 면제되는 경우가 있다(농특세법 제4조).

등기신청수수료로 방문신청의 경우 6,000원(전자표준양식에 의한 신청의 경우에는 4,000원, 전자신청의 경우에는 2,000원)이다. 그러나 명칭, 주사무소, 이사변경등기를 하나의 신청서로 신청할 경우에는 각각의 수수료 각 6,000원(전자표준양식에 의한 신청의 경우에는 4,000원, 전자신청의 경우에는 2,000원)을 합산하여야 한다.

대법원 예규

▶예규◀ 법인의 분사무소설치등기

(1985.10.30, 등기예규 제604호)

법인의 사무소(분사무소 포함)의 소재지는 정관의 절대적 기재사항이고 정관에 사무소의 표시를 함에 있어서는 그 소재지의 최소 행정구역이 기재되어야 하는 바, 최소 행정구역의 기재가 없는 경우는 물론 막연히 분사무소를 둘 수 있다고만 규정하는 것은 정관에 사무소의 소재지를 기재한 것으로 볼 수 없으므로 그러한 경우에 분사무소를 설치하기 위하여 분사무소의 소재지가 표시되는 내용으로 정관을 변경하고 주무관청의 허가를 받아 그 등기신청서에 허가서 또는 인증있는 등본을 첨부하여야 한다.

▶예규◀ 외국법인(비영리법인)의 분사무소 설치등기 신청시 허가서 첨부

(1985.8.23, 등기예규 제578호)

외국법인(비영리법인)이 국내에서 최초의 분사무소를 설치하여 그 등기를 신청할 경우에는 주무관청의 허가를 얻어 신청서에 그 허가서 또는 인증있는 등본을 첨부하여야 한다.

대법원 선례

▶선례◀ 외국법인(비영리법인)의 국내 분사무소 설치등기의 절차(등기선례 1-889)

(1986.6.12, 등기 283 질의회답)

외국법인(비영리법인)이 국내에서 최초로 분사무소를 설치하여 그 등기를 신청할 경우에 1985.8.24부터는 주무관청의 허가를 받아 신청서에 그 허가서 또는 인증있는 등본을 첨부하도록 하고 있다.

(4) 등기의 신청

♣ 【서식】 사단(재단)법인 분사무소설치등기신청서

(설립과 동시에 분사무소를 설치하는 경우 분사무소소재지에서 신청하는 경우)

<table>
<tr><td colspan="6" align="center">사단(재단)법인 분사무소설치등기신청</td></tr>
<tr><td rowspan="2">접
수</td><td colspan="2" align="center">년　월　일</td><td rowspan="2">처리인</td><td>등기관 확인</td><td>각종통지</td></tr>
<tr><td colspan="2" align="center">제　　　　호</td><td></td><td></td></tr>
</table>

<table>
<tr><td>등 기 의 목 적</td><td colspan="2">분사무소설치</td><td>등록번호</td><td>제1000호</td></tr>
<tr><td>등 기 의 사 유</td><td colspan="4">사단(재단)법인을 설립하기 위하여 정관을 작성하고 20○○년 ○월 ○일 창립총회를 마치고) 20○○년 ○월 ○일 주무관청의 허가를 받아 같은 해 ○월 ○○일 주사무소소재지 관할등기소에서 설립등기를 하였으므로 분사무소소재지인 이 등기소에서 다음사항의 등기를 구함.</td></tr>
<tr><td>허가서 도착연월일</td><td colspan="4">20○○년 ○월 ○일</td></tr>
<tr><td colspan="5" align="center">등 기 할 사 항</td></tr>
<tr><td colspan="2">명　　　칭</td><td colspan="3">사단(재단)법인 ○○회</td></tr>
<tr><td colspan="2">주사무소</td><td colspan="3">○○시 ○○구 ○○동 ○○번지</td></tr>
<tr><td rowspan="2">분사무
소</td><td>명　칭</td><td colspan="3">사단(재단)법인 ○○회</td></tr>
<tr><td>소재지</td><td colspan="3">○○시 ○○구 ○○동 ○○번지</td></tr>
<tr><td colspan="2">대표권 있는
이사의 성명,
주민등록번호 및
주소, 취임연월일</td><td colspan="3">이사 ○ ○ ○(　　-　　)
　　　○○시 ○○구 ○○동 ○○번지
20○○년 ○월 ○일</td></tr>
<tr><td colspan="2">법인성립연월일</td><td colspan="3">20○○년 ○월 ○일</td></tr>
<tr><td colspan="2">분사무소이전연
월일</td><td colspan="3">20○○년 ○월 ○일</td></tr>
<tr><td colspan="2">목　　　적</td><td colspan="3">1. ○○○
1. ○○○
1. ○○○</td></tr>
<tr><td colspan="2">존립기간
또는 해산사유</td><td colspan="3">○○○○○○</td></tr>
<tr><td colspan="2">기　　　타</td><td colspan="3"></td></tr>
</table>

등록면허세	금 ○○○ 원	지방교육세	금 ○○원	농어촌특별세	금 ○○ 원
세 액 합 계	금 ○○○ 원	등기신청수수료		금 ○○○ 원	
등기신청수수료 납부번호					

첨 부 서 면

1. 법인등기부등본　　　　　　　　1통 1. 주무관청의 허가서 　(또는 인증있는 허가서등본)　　1통	1. 등록면허세영수필확인서　　　1통 1. 등기신청수수료영수필확인서　1통 1. 위임장(대리인이 신청할 경우)　1통 <기타>

20○○년 ○월 ○일

신청인 명　　칭　사단(재단)법인 ○○회
　　　　주사무소　○○시 ○○구 ○○동 ○○
대표자 성　　명　이사장 ○ ○ ○ ㊞　　　　　　　(전화 : 　　　　　　)
　　　　주　　소　○○시 ○○구 ○○동 ○○
대리인 성　　명　법무사 ○ ○ ○ ㊞　　　　　　　(전화 : 　　　　　　)
　　　　주　　소　○○시 ○○구 ○○동 ○○

○○지방법원 ○○등기소 귀중

- 신청서 작성요령 -

1. 해당란이 부족할 때에는 별지를 이용합니다.
1. 해당 등기신청과 관계없는 사항에 대하여는 "해당없음"으로 기재하거나 삭제하고, 필요한 사항은 추가 기재합니다.

(용지규격 21㎝×29.7㎝)

주 ① 이 등기는 대표권제한이 없는 때에는 이사 중 1인이 신청하면 되나, 대표권제한이 있는 때에는 대표권있는 이사가 신청한다.
② 분사무소는 설립과 동시에 수개의 분사무소를 설치한 경우라 할지라도 대표되는 하나만을 기재하면 된다.
③ 등기의 사유 중 ( )안의 사유는 사단법인의 경우 설립당초의 이사를 정관에서 정하지 않고 창립총회에서 선임한 때에 한하여 기재한다.
④ 등록면허세는 40,200원이나, 대도시에는 분사무소를 설치한 때에는 그 3배를 가산한다(지세법 제28조 2항). 지방육세는 등록면허세액의 100분의 20이다.
조특법 및 관세법, 지세법에 의하여 등록면허세가 감면되는 경우 그 감면세액의 100분의 20의 농어촌특별세를 납부하여야 한다(다만, 이것도 면제되는 경우가 있다). 등기신청 수수료는 방문신청의 경우 6,000원(전자표준양식에 의한 신청의 경우 4,000원, 전자신청의 경우 2,000원)의 대법원수입증지를 첩부하여야 한다.
⑤ 첨부서류 중 법인등기부등본은 주사무소소재지에서 설립등기를 마친 후의 주사무소의 것을 첨부한다.
⑥ 위임장의 첨부와 대리인의 표시는 법무사, 변호사 등 대리인에 의하여 신청하는 경우에 한한다.

□ 등기기재례

■ 명칭, 임원란

법인성립연월일	2007년 1월 21일
등기용지개설의 사유 및 연월일	분사무소설치
	2007년 1월 23일 등기

주 분사무소 등기용지는 주사무소 등기용지와 다르므로 분사무소 등기용지를 새로

♣ **【서식】** 사단(재단)법인 분사무소설치등기신청서(주사무소소재지에서 신청하는 경우)

<table>
<tr><td colspan="6" align="center">사단(재단)법인 분사무소설치등기신청</td></tr>
<tr><td rowspan="2">접
수</td><td colspan="2" align="center">년 월 일</td><td rowspan="2">처리인</td><td>등기관 확인</td><td>각종통지</td></tr>
<tr><td colspan="2" align="center">제 호</td><td></td><td></td></tr>
</table>

명 칭	사단(재단)법인 ○○회　　등기번호 제1000호
주 사 무 소	○○시 ○○구 ○○동 ○○
등 기 의 목 적	분사무소설치
등 기 의 사 유	20○○년 ○월 ○일 사원총회(이사회)에서 정관변경을 결의하고 20○○년 ○월 ○일 주무관청의 허가를 받아 분사무소를 설치하였으므로 그 등기를 구함.
허 가 서 도착연월일	20○○년 ○월 ○일
주사무소/분사무소 신청구분	1.주사무소신청 ☐　2.분사무소신청 ☐　3.주사무소.분사무소 일괄신청 ☐

<table>
<tr><td colspan="3" align="center">등 기 할 사 항</td></tr>
<tr><td rowspan="2">분사무소</td><td>명 칭</td><td>사단(재단)법인 ○○회(○○군 지부)</td></tr>
<tr><td>소재지</td><td>○○시 ○○구 ○○동 ○○번지</td></tr>
<tr><td colspan="2">설 치 연 월 일</td><td>20○○년 ○월 ○일</td></tr>
<tr><td colspan="2">기　　타</td><td></td></tr>
</table>

신청등기소 및 등록면허세/수수료						
순번	신청등기소	구분	등록면허세	농어촌특별세	세액합계	등기신청수수료
			지방교육세			
			금 원	금 원	금 원	금 원
			금 원			
합 계						
등기신청수수료 납부번호						

첨   부   서   면

1. 정관	1통	1. 등록면허세영수필확인서	1통
1. 사원총회 또는 이사회 의사록	1통	1. 등기신청수수료영수필확인서	1통
*이사결정서(이사회가 없는 경우)		1. 위임장(대리인이 신청할 경우)	1통
*정관이 변경되는 경우에는		<기 타>	
의사록 공증 필요			
1. 주무관청의 허가서	1통		
(정관변경이 필요한 경우)			

년   월   일

신청인 명   칭 사단(재단)법인 ○○회

　　　　주사무소 ○○시 ○○구 ○○동 ○○

대표자 성   명 이사장 ○ ○ ○ ㊞   (전화 :   )

　　　　주   소 ○○시 ○○구 ○○동 ○○

대리인 성   명 법무사 ○ ○ ○ ㊞   (전화 :   )

　　　　주   소 ○○시 ○○구 ○○동 ○○

○○지방법원   등기소 귀중

- 신청서 작성요령 -
1. 해당란이 부족할 때에는 별지를 이용합니다.
1. 해당 등기신청과 관계없는 사항에 대하여는 "해당없음"으로 기재하거나 삭제하고, 필요한 사항은 추가 기재합니다.

(용지규격 21cm× 29.7cm)

주 ① 이 등기는 대표권제한이 없는 때에는 각자대표 원칙이므로 이사 중 1인이 신청하면 되며, 대표권제한이 있는 때에는 대표권 있는 이사가 신청한다.

② 등록면허세는 변경등기의 등록면허세인 40,200원, 지방교육세는 등록면허세액의 100분의 20이다. 이는 변경등기에 해당하므로 대도시의 경우에도 3배 가산 되지 아니한다. 조특법 및 관세법, 지세법에 의하여 등록세가 감면되는 경우 그 감면세액의 100분의 20의 농어촌특별세를 납부하여야 하고(다만, 이것도 면제되는 경우가 있다), 등기신청수수료는 방문신청의 경우 6,000원(전자표준양식에 의한 신청의 경우 4,000원, 전자신청의 경우 2,000원)의 대법원수입증지를 첨부하여야 한다.

③ 분사무소설치에 따른 정관변경을 결의한 사단법인의 사원총회나 재단법인의 이사회의 의사록을 첨부해야 하며 민법상의 법인등기신청서에 첨부하는 의사록은 반드시 공증인의 인증을 받아야 한다(공증 제66조의2).

④ 분사무소설치업무집행사항 결정을 위한 이사회의사록 또는 이사회과반수결의서(이사회가 없는 경우)를 첨부한다.

⑤ 첨부서류 중 허가서는 원본을 첨부할 수 있고, 등본을 첨부하는 경우에는 허가관청의 인증있는 등본을 첨부해야 한다.

⑥ 위임장의 첨부와 대리인의 표시는 법무사, 변호사 등 대리인에 의하여 신청하는 경우에 한한다.

□ 등기기재례

■ 기타사항란

1. 분사무소 ○○시 ○○구 ○○동 7번지
2007년 1월 25일 설치 2007년 1월 30일 등기

♣ 【서식】 사단(재단)법인 분사무소설치등기신청서(신설분사무소소재지에서 신청하
　　는 경우)

<table>
<tr><td colspan="5" align="center">사단(재단)법인 분사무소설치등기신청</td></tr>
<tr><td rowspan="2">접
수</td><td colspan="2" align="center">년　　월　　일</td><td rowspan="2">처리인</td><td>등기관 확인</td><td>각종통지</td></tr>
<tr><td colspan="2" align="center">제　　　　　호</td><td></td><td></td></tr>
</table>

등 기 의 목 적	분사무소설치	등록번호	제1000호

등 기 의 사 유	20○○년 ○월 ○일 사원총회(이사회)에서 정관변경을 결의하고 20○○년 ○월 ○일 주무관청의 허가를 받아 20○○년 ○월　○일 ○○시 ○○구 ○○동 ○○번지에 분사무소를 설치하고 20○○년 ○월 ○일 주사무소소재지 관할등기소에서 그 등기를 하였으므로 이 등기소에서 다음 사항의 등기를 구함.

허가서 도착연월일	20○○년 ○월 ○일

<table>
<tr><td colspan="2" align="center">등 　기 　할 　사 　항</td></tr>
<tr><td>명　　　칭</td><td>사단(재단)법인 ○○회</td></tr>
<tr><td>주사무소</td><td>○○시 ○○구 ○○동 ○○○</td></tr>
<tr><td rowspan="2">분사무소</td><td>명　칭 사단(재단)법인 ○○회 ○○지회</td></tr>
<tr><td>소재지 ○○시 ○○구 ○○동 ○○</td></tr>
<tr><td>대표권 있는
이사의 성명,
주민등록번호,
주소 및
취임연월일</td><td>이사 ○　　○　　○(　　-　　)
　　　○○시 ○○구 ○○동 ○○번지
20○○년 ○월 ○일</td></tr>
<tr><td>법인성립연월일</td><td>20○○년 ○월 ○일</td></tr>
<tr><td>분사무소
설치연월일</td><td>20○○년 ○월 ○일</td></tr>
<tr><td>목　　　적</td><td>1. ○○○○○
1. ○○○○○</td></tr>
<tr><td>존 립 기 간
또는 해산사유</td><td>○○○○○</td></tr>
<tr><td>기　　　타</td><td></td></tr>
</table>

등록면허세	금	원	지방교육세	금	원	농어촌특별세	금	원
세 액 합 계	금			원	등기신청수수료		금	원

등기신청수수료 납부번호	

첨 부 서 면

1. 주사무소 법인등기부등본　　　　1통 1. 주무관청의 허가서 　(또는 인증있는 허가서등본)　　1통 1. 등록면허세영수필확인서　　　　1통	1. 등기신청수수료영수필확인서　　1통 1. 위임장(대리인이 신청할 경우)　1통 <기 타>

20○○년 ○월 ○일

신청인 명　　칭　사단(재단)법인 ○○회
　　　　주사무소　○○시 ○○구 ○○동 ○○
대표자 성　　명　이사장 ○ ○ ○ ㉞　　　　　(전화 :　　　　　)
　　　　주　　소　○○시 ○○구 ○○동 ○○
대리인 성　　명　법무사 ○ ○ ○ ㉞　　　　　(전화 :　　　　　)
　　　　주　　소　○○시 ○○구 ○○동 ○○

○○지방법원 ○○등기소 귀중

- 신청서 작성요령 -
1. 해당란이 부족할 때에는 별지를 이용합니다.
1. 해당 등기신청과 관계없는 사항에 대하여는 "해당없음"으로 기재하거나 삭제하고, 필요한 사항은
　　추가 기재합니다.

(용지규격 21㎝×29.7㎝)

주 ① 이 등기는 대표권제한이 없는 때에는 각자 대표하는 것이 원칙이므로 이사 중 1인이 신청하면 되며, 대표권제한이 있는 때에는 대표권 있는 이사가 신청한다.
② 분사무소는 수개의 분사무소를 설치한 경우라 할지라도 대표되는 분사무소 중 하나만을 기재하면 족하다.
③ 등기의 사유 중 분사무소를 설치한 연월일은 주사무소등기부에 기재된 설치연월일을 기재하며, 사원총회가 없는 재단법인의 이사회의 의결로써 한다.
④ 등기할 사항 중 법인성립연월일은 주사무소등기부에 기재된 최초의 설립등기일자를 기재한다. 이는 주사무소이전시에도 변경되지 아니한다.
⑤ 분사무소설치에 대한 등록면허세는 40,200원이나, 대도시에 설치한 분사무소를 설치한 경우에는 그 3배를 가산한다(지세법 제28조 2항). 지방교육세는 등록면허세액의 100분의 20이다. 조특법 및 관세법, 지세법에 의하여 등록면허세가 감면되는 경우 그 감면세액의 100분의 20의 농어촌특별세를 납부하여야 하고(다만, 이것도 면제되는 경우가 있다), 등기신청 수수료는 방문신청의 경우 6,000원(전자표준양식에 의한 신청의 경우 4,000원, 전자신청의 경우 2,000원)의 대법원수입증지를 첨부하여야 한다.
⑥ 첨부서류 중 법인등기부등본은 분사무소설치등기를 마친 후의 주사무소의 등기부등본을 첨부한다.
⑦ 위임장의 첨부와 대리인의 표시는 대리인에 의하여 신청하는 경우에 한한다.

□ 등기기재례

■ 명칭, 임원란

법인성립연월일	2007년 12월 21일
등기용지개설의 사유 및 연월일	
2000년 3월 5일 분사무소 설치	2007년 3월 23일 등기

주 새로운 분사무소 등기용지를 개설하여 분사무소에서 등기할 사항을 각 상당란에 기재하고 명칭, 임원란에 위와 같이 기재하여야 한다.
그러나 등기소 관내에 이미 설치된 분사무소의 등기가 있는 때에는 새로운 등기용지를 개설하지 않고 기존 분사무소등기부의 기타사항란 또는 분사무소란에 주사무소에서 분사무소 설치등기를 하는 경우와 같은 요령으로 등기한다.

♣ 【서식】 사단(재단)법인 분사무소이전등기신청서(주사무소소재지에서 신청하는 경우)

사단(재단)법인 분사무소이전등기신청

접수	년　　월　　일	처리인	등기관 확인	각종통지
	제　　　　　호			

명　　칭	사단(재단)법인 ○○회	등기번호	제1000호

주사무소	○○시 ○○구 ○○동 ○
등 기 의 목 적	분사무소이전
등 기 의 사 유	20○○년 ○월 ○일 이사회의 결의에 의하여(20○○년 ○월 ○일 사원총회(이사회)에서 정관변경을 결의하고 20○○년 ○월 ○일 주무관청의 허가를 받아) 20○○년 ○월 ○일 ○○시 ○○구 ○○동 ○○번지의 분사무소를 다음 장소로 이전하였으므로 그 등기를 구함.
허가서 도착연월일	20○○년 ○월 ○일
주사무소/분사무소 신청구분	1. 주사무소 신청□　2. 분사무소 신청□　3.주사무소.분사무소 일괄신청□

등 　 기 　 할 　 사 　 항

분사무소	명　칭	사단(재단)법인 ○○회 ○○지회
	소재지	○○시 ○○구 ○○동 ○○번지
이 전 연 월 일		20○○년 ○월 ○일
기　　　타		

순번	신청등기소	구분	등록면허세 지방교육세	농어촌특별세	세액합계	등기신청수수료
			금 원 금 원	금 원	금 원	금 원
합 계						
등기신청수수료 납부번호						

첨   부   서   면

1. 정관 1통	1. 주무관청의 허가서 1통
1. 사원총회 또는 이사회 의사록 1통	(정관변경이 필요한 경우)
*이사결정서(이사회가 없는 경우)	
*정관이 변경되는 경우에는	1. 등록면허세영수필확인서 1통
의사록 공증 필요	1. 등기신청수수료영수필확인서 1통
	1. 위임장(대리인이 신청할 경우) 1통
	<기 타>

년   월   일

신청인 명   칭   사단(재단)법인 ○○회

　　　　주사무소   ○○시 ○○구 ○○동 ○○

대표자 성   명   이사장 ○ ○ ○ ㉑   (전화 :   )

　　　　주   소   ○○시 ○○구 ○○동 ○○

대리인 성   명   법무사 ○ ○ ○ ㉑   (전화 :   )

　　　　주   소   ○○시 ○○구 ○○동 ○○

지방법원   등기소 귀중

- 신청서 작성요령 -

1. 해당란이 부족할 때에는 별지를 이용합니다.
1. 해당 등기신청과 관계없는 사항에 대하여는 "해당없음"으로 기재하거나 삭제하고, 필요한 사항은 추가 기재합니다.

(용지규격 21㎝×29.7㎝)

주 ① 이 등기는 대표권제한이 없는 때에는 이사 각자가 대표하는 것이 원칙이므로 이사 중 1인이 신청하면 되나, 대표권제한이 있는 때에는 대표권 있는 이사가 신청한다.
② 등기의 사유 중( )안의 내용은 분사무소이전에 정관변경이 필요한 경우의 서식례로서 사단법인에서는 사원총회, 재단법인에서는 이사회에서 정관변경을 결의한 취지를 기재할 것이다. 분사무소 이전일자는 그 이전결의일이나 주무관청허가일이 아니라, 현실로 분사무소를 이전한 일자로 기재할 것이며, 분사무소이전업무집행을 위한 이사회의사록(또는 이사과반수결의서)에 기재된 이전일자를 기재하는 것이 통상이다. 그러나 주무관청의 허가일자가 이전일자보다 늦은 때에는 주무관청의 허가일자를 기재해야 한다.
③ 허가서 도착연월일은 분사무소이전에 정관변경이 필요한 경우에 한하여 기재한다.
④ 등록면허세는 통상의 변경등기등록면허세인 40,200원(지세법 제28조 1항 6호)이며, 지방교육세는 등록면허세액의 100분의 20이다.
조특법 및 관세법, 지세법에 의하여 등록면허세가 감면되는 경우 그 감면세액의 100분의 20의 농어촌특별세를 납부하여야 하고(다만, 이것도 면제되는 경우가 있다), 등기신청 수수료는 방문신청의 경우 6,000원(전자표준양식에 의한 신청의 경우 4,000원, 전자신청의 경우 2,000원)의 대법원수입증지를 첨부하여야 한다.
⑤ 분사무소이전에 정관변경이 필요한 경우에는 정관변경을 결의한 사단법인의 사원총회의사록이나 재단법인의 이사회의사록을 첨부해야 한다.
⑥ 이전일자(정관변경이 필요 없거나 정관에 그 지번이 확정되지 아니한 때에는 이전장소도)등 이전업무집행사항결정을 위한 이사회의사록(이사회가 없는 경우에는 이사과반수결의서)를 첨부해야 하며, 민법상 법인의 등기신청서에 첨부하는 의사록은 공증인의 인증을 받아야 한다(공증 제66조의2).
⑦ 첨부서류 중 허가서는 분사무소이전에 정관변경이 필요한 경우에 한하여 첨부하되 등본을 첨부하는 경우에는 허가관청의 인증 있는 등본을 첨부해야 한다.
⑧ 위임장의 첨부와 대리인의 표시는 법무사, 변호사 등 대리인에 의하여 신청하는 경우에 한한다.

□ 등기기재례

■ 기타사항란

1. 분사무소　　　서울 중구 서소문동 1번지
1. 분사무소　　　서울 중구 장교동 100번지
2007년 1월 5일 서울 중구 서소문동 1의 분사무소 이전
2007년 1월 10일 등기

주 분사무소의 수가 5개소 이상으로서 분사무소란에 등기되어 있는 때에는 기타사항란이 아닌 분사무소란에 위와 같이 등기한다.

♣ **【서식】 사단(재단)법인 분사무소이전등기신청서**(신분사무소소재지에서 신청하는 경우)

<table>
<tr><td colspan="5" align="center">사단(재단)법인 분사무소이전등기신청</td></tr>
<tr><td rowspan="2">접
수</td><td colspan="2" align="center">년 월 일</td><td rowspan="2">처리인</td><td>등기관 확인</td><td>각종통지</td></tr>
<tr><td colspan="2" align="center">제 호</td><td></td><td></td></tr>
</table>

<table>
<tr><td>등 기 의 목 적</td><td>분사무소이전</td><td>등록번호</td><td>제1000호</td></tr>
<tr><td>등 기 의 사 유</td><td colspan="3">20○○년 ○월 ○일 ○○시 ○○구 ○○동 ○○번지의 분사무소를 ○○시 ○○구 ○○동 ○○번지로 이전하고, 20○○년 ○월 ○일 주사무소소재지 관할등기소에서 그 등기를 하였으므로 이 등기소에서 다음 사항의 등기를 구함.</td></tr>
<tr><td>허가서 도착연월일</td><td colspan="3">20○○년 ○월 ○일</td></tr>
<tr><td colspan="4" align="center">등 기 할 사 항</td></tr>
<tr><td colspan="2">명 칭</td><td colspan="2">사단(재단)법인 ○○회</td></tr>
<tr><td colspan="2">주사무소</td><td colspan="2">20○○년 ○월 ○일</td></tr>
<tr><td rowspan="2">분사무소</td><td>명 칭</td><td colspan="2">사단(재단)법인 ○○회 ○○지회</td></tr>
<tr><td>소재지</td><td colspan="2">○○시 ○○구 ○○동 ○○○번지</td></tr>
<tr><td colspan="2">대표권 있는 이사의 성명, 주민등록번호 및 주소, 취임연월일</td><td colspan="2">이사 ○ ○ ○(-)
　　　○○시 ○○구 ○○동 ○○번지
20○○년 ○월 ○일</td></tr>
<tr><td colspan="2">법인성립연월일</td><td colspan="2">20○○년 ○월 ○일</td></tr>
<tr><td colspan="2">분사무소이전연월일</td><td colspan="2">20○○년 ○월 ○일</td></tr>
<tr><td colspan="2">목 적</td><td colspan="2">1. ○○○○○
1. ○○○○○</td></tr>
<tr><td colspan="2">존립기간 또는 해산사유</td><td colspan="2">○○○○○</td></tr>
<tr><td colspan="2">기 타</td><td colspan="2"></td></tr>
</table>

<table>
<tr><td>등록면허세</td><td>금 ○○○ 원</td><td>지방교육세</td><td>금 ○○ 원</td><td>농어촌특별세</td><td>금 ○○ 원</td></tr>
<tr><td>세 액 합 계</td><td>금 ○○○ 원</td><td colspan="2">등기신청수수료</td><td colspan="2">금 ○○○ 원</td></tr>
<tr><td colspan="2">등기신청수수료 납부번호</td><td colspan="4"></td></tr>
<tr><td colspan="6">첨 부 서 면</td></tr>
<tr><td colspan="3">1. 주사무소 법인등기부등본 1통
1. 주무관청의 허가서
(또는 인증있는 허가서등본) 1통</td><td colspan="3">1. 등록세면허영수필확인서 1통
1. 등기신청수수료영수필확인서 1통
1. 위임장(대리인이 신청할 경우) 1통
<기타></td></tr>
<tr><td colspan="6">20○○년 ○월 ○일

신청인 명 칭 사단(재단)법인 ○○회
주사무소 ○○시 ○○구 ○○동 ○○
대표자 성 명 이사장 ○ ○ ○ [인] (전화 :)
주 소 ○○시 ○○구 ○○동 ○○
대리인 성 명 법무사 ○ ○ ○ [인] (전화 :)
주 소 ○○시 ○○구 ○○동 ○○

○○지방법원 ○○등기소 귀중</td></tr>
</table>

- 신청서 작성요령 -

1. 해당란이 부족할 때에는 별지를 이용합니다.
1. 해당 등기신청과 관계없는 사항에 대하여는 "해당없음"으로 기재하거나 삭제하고, 필요한 사항은 추가 기재합니다.

(용지규격 21cm×29.7cm)

 ① 이 등기는 대표권제한이 없는 때에는 이사 각자가 대표하는 것이 원칙이므로 이사 중 1인이 신청하면 되나, 대표권제한이 있는 때에는 대표권 있는 이사가 신청한다.

② 분사무소는, 관할등기소 내에 수개의 분사무소가 설치된 경우라도 당해 등기소관내의 대표되는 분사무소 중 하나만을 기재하면 된다.

③ 등기할 사항 중 법인성립연월일을 주사무소등기부에 기재된 최초의 설립등기일자를 기재한다.

④ 허가서 도착연월일은 분사무소 이전에 정관변경이 필요한 경우에 한하여 기재한다.

⑤ 분사무소이전의 등록면허세는 일반변경등기의 등록면허세인 40,200원이며, 대도시에서 대도시 외로 이전한 때에는 비과세(지세법 제28조 1항 6호, 2항)이고 지방교육세는 등록면허세액의 100분의 20이다.

조특법 및 관세법, 지세법에 의하여 등록면허세가 감면되는 경우 그 감면세액의 100분의 20의 농어촌특별세를 납부하여야 하고(다만, 이것도 면제되는 경우가 있다), 등기신청 수수료는 방문신청의 경우 6,000원(전자표준양식에 의한 신청의 경우 4,000원, 전자신청의 경우 2,000원)의 대법원수입증지를 첨부하여야 한다.

⑥ 첨부서류 중 법인등기부등본은 분사무소이전등기를 마친 후의 주사무소의 등기부등본을 첨부한다.

⑦ 위임장의 첨부와 대리인의 표시는 대리인에 의하여 신청하는 경우에 한한다.

□ 등기기재례

■ 명칭, 임원란

법인성립연월일	2005년 12월 21일
등기용지개설의 사유 및 연월일 2007년 1월 5일 ○○시 ○○구 ○○동 1번지로부터 분사무소 이전	2007년 1월 10일 등기

① 신분사무소소재지 관내에 주사무소나 다른 분사무소가 없는 경우의 기재례로서, 새로운 등기용지를 개설하여 각 상당란에 분사무소에서 등기할 사항을 등기하여야 한다.

② 신분사무소소재지에 주사무소나 다른 분사무소가 있는 때에는 신등기용지를 개설하지 아니하고 그 등기용지의 기타사항란 또는 분사무소란에 분사무소 이전의 뜻, 이전연월일과 등기연월일을 기재한다.

♣ **【서식】 사단**(재단)**법인　분사무소이전등기신청서**(신분사무소소재지에서　신청하는　경우)

사단(재단)법인　분사무소이전등기신청

접 수	년　　월　　일	처리인	등기관 확인	각종통지
	제　　　　　호			

등 기 의 목 적	분사무소이전	등록번호	제1000호

등 기 의 사 유	20○○년 ○월 ○일 ○○시 ○○구 ○○동 ○○번지의 분사무소를 ○○시 ○○구 ○○동 ○○번지로 이전하고, 20○○년 ○월 ○일 주사무소소재지 관할등기소에서 그 등기를 하였으므로 이 등기소에서 다음 사항의 등기를 구함.
허가서 도착연월일	20○○년 ○월 ○일

등 기 할 사 항

명　　　칭		사단(재단)법인 ○○회
주사무소		20○○년 ○월 ○일
분사무소	명　칭	사단(재단)법인 ○○회 ○○지회
	소재지	○○시 ○○구 ○○동 ○○○번지
대표권 있는 이사의 성명, 주민등록번호 및 주소, 취임연월일		이사 ○　○　○(　　　-　　　) 　　　○○시 ○○구 ○○동 ○○번지 20○○년 ○월 ○일
법인성립연월일		20○○년 ○월 ○일
분사무소이전연월일		20○○년 ○월 ○일
목　　　적		1. ○○○○○ 1. ○○○○○
존립기간 또는 해산사유		○○○○○
기　　　타		

등록면허세	금○○○원	지방교육세	금○○○원	농어촌특별세	금○○○원
세 액 합 계	금○○○원	등기신청수수료		금○○○원	
등기신청수수료 납부번호					

<table>
<tr><td colspan="6" align="center">첨 부 서 면</td></tr>
<tr>
<td colspan="3">
1. 주사무소 법인등기부등본   1통
1. 주무관청의 허가서
   (또는 인증있는 허가서등본)   1통
</td>
<td colspan="3">
1. 등록면허세영수필확인서   1통
1. 등기신청수수료영수필확인서   1통
1. 위임장(대리인이 신청할 경우)   1통
<기타>
</td>
</tr>
<tr>
<td colspan="6">

20○○년 ○월 ○일

신청인 명   칭   사단(재단)법인 ○○회
       주사무소   ○○시 ○○구 ○○동 ○○
대표자 성   명   이사장 ○ ○ ○ ㊞   (전화 :   )
       주   소   ○○시 ○○구 ○○동 ○○
대리인 성   명   법무사 ○ ○ ○ ㊞   (전화 :   )
       주   소   ○○시 ○○구 ○○동 ○○

○○지방법원 ○○등기소 귀중

</td>
</tr>
</table>

- 신청서 작성요령 -
1. 해당란이 부족할 때에는 별지를 이용합니다.
1. 해당 등기신청과 관계없는 사항에 대하여는 "해당없음"으로 기재하거나 삭제하고, 필요한 사항은
   추가 기재합니다.

(용지규격 21cm×29.7cm)

주 ① 이 등기는 대표권제한이 없는 때에는 이사 각자가 대표하는 것이 원칙이므로 이사 중 1인이 신청하면 되나, 대표권제한이 있는 때에는 대표권 있는 이사가 신청한다.
② 분사무소는, 관할등기소 내에 수개의 분사무소가 설치된 경우라도 당해 등기소관내의 대표되는 분사무소 중 하나만을 기재하면 된다.
③ 등기할 사항 중 법인성립연월일을 주사무소등기부에 기재된 최초의 설립등기일자를 기재한다.
④ 허가서 도착연월일은 분사무소 이전에 정관변경이 필요한 경우에 한하여 기재한다.
⑤ 등록면허세는 일반변경등기의 등록면허세인 40,200원이며, 지방교육세는 등록면허세액의 100분의 20이고, 등기신청 수수료는 방문신청의 경우 6,000원(전자표준양식에 의한 신청의 경우 4,000원, 전자신청의 경우 2,000원)의 대법원수입증지를 첨부하여야 한다.
⑥ 첨부서류 중 법인등기부등본은 분사무소이전등기를 마친 후의 주사무소의 등기부등본이나 초본을 첨부한다.
⑦ 위임장의 첨부와 대리인의 표시는 법무사, 변호사 등 대리인에 의하여 신청하는 경우에 한한다.

□ 등기기재례

■ 기타사항란

1. 분사무소	서울시 ○○구 ○○동 1번지
1. 분사무소	서울시 중구 장교동 1000번지
2007년 1월 5일 서울 서울 ○○구 ○○동 1의 분사무소 이전	
2007년 1월 10일 등기 동일 폐쇄	

주 구분사무소소재지 관내에 주사무소 또는 다른 분사무소가 없는 경우의 기재례이다. 다른 분사무소가 있는 때에는 분사무소이전의 사유만을 기재하고 등기용지를 폐쇄하지 아니한다.

♣ 【서식】 사단(재단)법인 분사무소폐지등기신청서(주사무소소재지에서 신청하는 경우)

<table>
<tr><td colspan="5" align="center">사단(재단)법인 분사무소폐지등기신청</td></tr>
<tr><td rowspan="2">접
수</td><td colspan="2" align="center">년　　월　　일</td><td rowspan="2">처리인</td><td>등기관 확인</td><td>각종통지</td></tr>
<tr><td colspan="2" align="center">제　　　　　호</td><td></td><td></td></tr>
</table>

명　칭	사단(재단)법인 ○○회	등기번호	제1000호
주사무소	○○시 ○○구 ○○동 ○		
등 기 의 목 적	분사무소폐지		
등기의 사유	20○○년 ○월 ○일, 사원총회(이사회)에서 정관변경을 결의하고 20○○년 ○월 ○일 주무관청의 허가를 받아 분사무소를 폐지하였으므로 그 등기를 구함.		
허가서 도착연월일	20○○년 ○월 ○일		
주사무소/분사무소 신청구분	1.주사무소 신청 ☐　　2.분사무소 신청 ☐　　3.주사무소.분사무소 일괄신청 ☐		
등　　기　　할　　사　　항			
폐지할 분사무소의 명칭 및 소재지	○○시 ○○구 ○○동 ○○○번지		
폐지연월일	20○○년 ○월 ○일		
기　　타			

<table>
<tr><td colspan="8" align="center">신청등기소 및 등록면허세/수수료</td></tr>
<tr><td rowspan="2">순번</td><td rowspan="2">신청등기소</td><td rowspan="2">구분</td><td>등록면허세</td><td rowspan="2">농어촌특별세</td><td rowspan="2">세액합계</td><td rowspan="2">등기신청수수료</td></tr>
<tr><td>지방교육세</td></tr>
<tr><td></td><td></td><td></td><td>금　　　　원
금　　　　원</td><td>금　　　원</td><td>금　　　원</td><td>금　　　원</td></tr>
<tr><td></td><td></td><td></td><td></td><td></td><td></td><td></td></tr>
<tr><td></td><td></td><td></td><td></td><td></td><td></td><td></td></tr>
<tr><td colspan="3" align="center">합　　　계</td><td></td><td></td><td></td><td></td></tr>
<tr><td colspan="3">등기신청수수료 납부번호</td><td colspan="4"></td></tr>
</table>

첨　　부　　서　　면

1. 정관　　　　　　　　　　　　　　　1통	1. 주무관청의 허가서　　　　　　　　1통
1. 사원총회 또는 이사회 의사록　　1통	(정관변경이 필요한 경우)
*이사결정서(이사회가 없는 경우)	1. 등록면허세영수필확인서　　　　1통
*정관이 변경되는 경우에는	1. 등기신청수수료영수필확인서　　1통
의사록 공증 필요	1. 위임장(대리인이 신청할 경우)　1통
	<기 타>

년　　월　　일

　　신청인　　　명　　칭　사단(재단)법인 ○○회

　　　　　　주사무소　　○○시 ○○구 ○○동 ○○

대표자 성　　명　이사장 ○ ○ ○ ㊞　　　　　(전화 :　　　　　)

　　　　　주　　소　　○○시 ○○구 ○○동 ○○

대리인 성　　명　법무사 ○ ○ ○ ㊞　　　　　(전화 :　　　　　)

　　　　　주　　소　　○○시 ○○구 ○○동 ○○

지방법원　　　등기소　귀중

- 신청서 작성요령 -

1. 해당란이 부족할 때에는 별지를 이용합니다.
1. 해당 등기신청과 관계없는 사항에 대하여는 "해당없음"으로 기재하거나 삭제하고, 필요한 사항은 추가 기재합니다.

(용지규격 21㎝×29.7㎝)

주 ① 이 등기는 대표권제한이 없는 때에는 이사 각자가 대표하는 것이 원칙이므로 이사 중 1인이 신청하면 되나, 대표권제한이 있는 때에는 대표권 있는 이사가 신청한다.
② 분사무소는, 관할등기소 내에 수개의 분사무소가 설치된 경우라도 당해 등기소관내의 대표되는 분사무소 중 하나만을 기재하면 된다.
③ 등기할 사항 중 법인성립연월일을 주사무소등기부에 기재된 최초의 설립등기일자를 기재한다.
④ 허가서 도착연월일은 분사무소 이전에 정관변경이 필요한 경우에 한하여 기재한다.
⑤ 등록면허세는 일반변경등기의 등록면허세인 40,200원이며, 지방교육세는 등록면허세액의 100분의 20이고, 등기신청 수수료는 방문신청의 경우 6,000원(전자표준양식에 의한 신청의 경우 4,000원, 전자신청의 경우 2,000원)의 대법원수입증지를 첨부하여야 한다.
⑥ 첨부서류 중 법인등기부등본은 분사무소이전등기를 마친 후의 주사무소의 등기부등본이나 초본을 첨부한다.
⑦ 위임장의 첨부와 대리인의 표시는 법무사, 변호사 등 대리인에 의하여 신청하는 경우에 한한다.

□ 등기기재례

■ 기타사항란

1. 분사무소　　　서울시 중구 서소문동 1번지
1. 2007년 1월 5일 서울시 중구 소공동 1번지의 분사무소 폐지
2007년 1월 10일 등기

♣ **【서식】** 사단(재단)법인 분사무소폐지등기신청서(폐지하는 당해 분사무소에서 신청하는 경우)

사단(재단)법인 분사무소폐지등기신청

접 수	년　월　일		처리인	등기관 확인	각종통지
	제　　　호				

명　　칭	사단(재단)법인 ○○회	등기번호	제1000호
주사무소	○○시 ○○구 ○○동 ○		
등기의 목적	분사무소폐지등기		
등기의 사유	20○○년 ○월 ○일 사원총회(이사회)에서 정관변경을 결의하고 20○○년 ○월 ○일 주무관청의 허가를 받아 20○○년 ○월 ○일 ○○시 ○○구 ○○동 ○○번지의 분사무소를 폐지하고 20○○년 ○월 ○일 주사무소소재지 관할등기소에서 등기를 하였으므로 이 등기소에서 그 등기를 구함.		
허가서도착연월일	20○○년 ○월 ○일		
분사무소	○○시 ○○구 ○○동 ○ (관할등기소 내에 수개의 분사무소가 설치된 경우라도 이 건 등기신청은 당해 등기소관내의 대표되는 분사무소 중 하나만을 기재하면 된다.)		
등기할 사항			
20○○년 ○월 ○일 ○○시 ○○구 ○○동 ○○번지의 분사무소 폐지			
기　　타			

신청등기소 및 등록면허세/수수료						
순번	신청등기소	구분	등록면허세 지방교육세	농어촌특별세	세액합계	등기신청수수료
			금 원 금 원	금 원	금 원	금 원
합 계						
등기신청수수료 납부번호						

첨 부 서 면	
1. 정관 1통 1. 사원총회 또는 이사회 의사록 1통 *이사결정서(이사회가 없는 경우) *정관이 변경되는 경우에는 의사록 공증 필요	1. 주무관청의 허가서 1통 (정관변경이 필요한 경우) 1. 등록면허세영수필확인서 1통 1. 등기신청수수료영수필확인서 1통 1. 위임장(대리인이 신청할 경우) 1통 <기 타>

년 월 일

신청인 명 칭 사단(재단)법인 ○○회
주사무소 ○○시 ○○구 ○○동 ○○
대표자 성 명 이사장 ○ ○ ○ ㊞ (전화 :)
주 소 ○○시 ○○구 ○○동 ○○
대리인 성 명 법무사 ○ ○ ○ ㊞ (전화 :)
주 소 ○○시 ○○구 ○○동 ○○

지방법원 등기소 귀중

- 신청서 작성요령 -
1. 해당란이 부족할 때에는 별지를 이용합니다.
1. 해당 등기신청과 관계없는 사항에 대하여는 "해당없음"으로 기재하거나 삭제하고, 필요한 사항은 추가 기재합니다.

(용지규격 21㎝×29.7㎝)

주 ① 이 등기는 대표권제한이 없는 때에는 이사 각자가 대표하는 것이 원칙이므로 이사 중 1인이 신청하면 되나, 대표권제한이 있는 때에는 대표권 있는 이사가 신청한다.
② 분사무소는, 관할등기소 내에 수개의 분사무소가 설치된 경우라도 당해 등기소관내의 대표되는 분사무소 중 하나만을 기재하면 된다.
③ 등기할 사항 중 법인성립연월일을 주사무소등기부에 기재된 최초의 설립등기일자를 기재한다.
④ 허가서 도착연월일은 분사무소 이전에 정관변경이 필요한 경우에 한하여 기재한다.
⑤ 등록면허세는 일반변경등기의 등록면허세인 40,200원이며, 지방교육세는 등록면허세액의 100분의 20이고, 등기신청 수수료는 방문신청의 경우 6,000원(전자표준양식에 의한 신청의 경우 4,000원, 전자신청의 경우 2,000원)의 대법원수입증지를 첨부하여야 한다.
⑥ 첨부서류 중 법인등기부등본은 분사무소이전등기를 마친 후의 주사무소의 등기부등본이나 초본을 첨부한다.
⑦ 위임장의 첨부와 대리인의 표시는 법무사, 변호사 등 대리인에 의하여 신청하는 경우에 한한다.

□ 등기기재례

■기타사항란

1. 분사무소   서울시 중구 서소문동 1번지
1. 2007년 1월 5일 서울시 중구 소공동 1번지의 분사무소 폐지 2007년 1월 10일 등기

주 폐지된 분사무소소재지 등기소관내에 주사무소 또는 다른 분사무소가 없는 경우이다.

4. 명칭(상호) 또는 목적의 변경등기

가. 총 설

사단법인은 자율적 법인이므로 사원총회의 결의로써 명칭 또는 목적을 변경할 수 있으나(민 제42조), 재단법인은 원칙적으로 정관변경이 안된다. 다만, 명칭, 사무소이전 등 경미한 사항은 목적달성 및 재산의 보전을 위하여 변경할 수 있다(민 제45조).

명칭이나 목적은 정관의 필요적 기재사항임과 동시에 등기사항(민 제40조, 제43조, 제49조 2항)이므로 이에 관한 변경등기를 하기 위해서는 반드시 정관변경절차를 거쳐야 한다. 즉, 사단법인의 경우에는 사원총회의 특별결의에 의하여, 재단법인의 경우에는 정관의 정하는 바에 따라 설립자나 이사회에서 정관을 변경하여 주무관청의 허가를 받아야 한다(민 제42조, 제45조, 제46조).

1) 명칭(상호)의 변경

법인의 명칭이란 법인이 자기를 표창하는 이름이며, 명칭의 변경이라 함은 법인이 자기를 표창하는 칭호를 변경하는 것으로서 '사단법인 명상'을 '명상 사단법인'으로 변경하는 경우처럼 문자의 배열순서를 바꾸는 경우도 포함한다 할 것이다.

법인의 명칭을 변경함에는 상사회사(상 제23조)와는 달리 유사상호에 대한 등기를 제한하는 규정은 없으나, 법령상 사용이 금지된 명칭으로 변경할 수 없다.

2) 목적의 변경

목적의 변경에는 목적의 교제뿐 아니라 종전의 목적에 새로운 목적을 추가하거나 종전의 목적 중 일부를 삭제하는 경우도 포함한다.

민법법인은 비영리목적으로 설립되는 법인이므로 영리를 목적으로 하는 사업으로는 변경할 수 없다. 다만 법인의 목적달성을 위하여 부수적인 영리행위는 가능하다고 할 것이다.

사단법인은 자율적인 법인이므로 사원총회에서 비영리법인 소정의 목적사항으로 자유로이 그 목적을 변경할 수 있으나, 재단법인은 사단법인과는 달리 타율적인 법인이므로 원칙적으로 그 변경이 허용되지 않을 것이다. 다만, 당해 재단법인의 정관에 정관변경에 관한 규정이 없더라도 재단법인의 목적을 달성할 수 없을 경우에는 설립자나 이사는 주무관청의 허가를 얻어 설립의 취지를 참작하여 그 목적 기타 정관의 규정을 변경할 수 있다(민 제46조).

민법법인의 정관변경은 주무관청의 허가를 받아야 그 효력이 발생한다(민 제42조 2항, 제45조 3항).

나. 등기절차

1) 등기신청인 및 등기기간

법인의 명칭이나 목적의 변경등기는 대표권의 제한이 없는 때에는 이사(이사가 없는 때에는 임시이사) 중 1인이, 대표권의 제한이 있는 때에는 대표권 있는 이사가 신청인이 된다(민법법인 및 특수법인 등기규칙 제6조, 상업등기법 제23조 1항).

등기기간은 명칭이나 목적변경의 효력이 발생한 때로부터 3주간 내이다(민 제52조). 따라서 명칭이나 목적의 변경등기는 그에 관한 정관규정의 변경의 효력이 발생하는 주무관청의 정관변경허가가 있은 때로부터 3주간 내에 신청해야 할 것이다. 그 기간은 주무관청의 허가서가 도착한 날로부터 기산한다(민 제53조).

2) 등기사항

용지의 해당란에 '변경된 명칭이나 목적과 변경의 취지 및 그 연월일'을 기재하고 등기관의 식별부호를 기록하여야 한다(민법법인 및 특수법인 등기규칙 제6조, 상업등기규칙 제55조).

3) 첨부서면

일반적인 첨부서류 외에 명칭이나 목적에 관한 정관규정의 변경을 특별결의한 사원총회의사록(사단법인의 경우)이나 이사회의사록(재단법인의 경우), 정관변경에 관한 주무관청의 허가서나 그 인증있는 등본을 첨부해야 한다. 의사록은 공증인의 인증을 받은 것이어야 한다(공증 제66조의2).

등록면허세는 일반변경등기의 등록면허세인 40,200원이고(지세법 제28조 1항 6호), 지방교육세는 등록면허세의 100분의 20이다.

조세특례제한법, 지방세법, 관세법에 의하여 등록세가 감면되는 경우에 그 감면세액의 100분의 20의 농어촌특별세를 납부하여야 하나(농특세법 제5조),

농어촌특별세도 감면 또는 면제되는 경우가 있다(농특세법 제4조).

등기신청수수료로 방문신청의 경우 6,000원(전자표준양식에 의한 신청의 경우에는 4,000원, 전자신청의 경우에는 2,000원)을 납부한 대법원수입증지를 첩부하여야 한다. 명칭, 주사무소, 이사변경등기를 하나의 신청서로 신청할 경우에는 각각의 수수료 각 6,000원(전자표준양식에 의한 신청의 경우에는 각 4,000원, 전자신청의 경우에는 각 2,000원)을 합산한다.

명칭의 변경·경정 등의 등기시에는 인감에 관한 전산기록도 동시에 변경되므로 명칭변경의 경우 인감의 재제출은 요하지 아니하나, 인감자체를 변경하는 경우에는 별도로 인감신고를 하여야 한다.

다. 등기의 신청

♣ 【서식】 사단(재단)법인 변경등기신청서(명칭변경의 경우)

<table>
<tr><td colspan="5" align="center">사단(재단)법인 변경등기신청</td></tr>
<tr><td rowspan="2">접
수</td><td colspan="2" align="center">년　월　일</td><td rowspan="2">처리인</td><td>등기관 확인</td><td>각종통지</td></tr>
<tr><td colspan="2" align="center">제　　　　호</td><td></td><td></td></tr>
</table>

명　칭	사단(재단)법인 ○○회	등기번호	제1000호
주사무소	○○시 ○○구 ○○동 ○		
등기의 목적	명칭변경의 등기		

등기의 사유	(1) 주사무소의 등기 　　20○○년 ○월 ○일 사원총회(이사회)에서 정관변경을 결의하고 20○○년 ○월 ○일 주무관청의 허가를 받아 명칭을 다음과 같이 변경하였으므로 그 등기를 구함. (2) 분사무소에서의 경우 　　20○○년 ○월 ○일 사원총회(이사회)에서 정관변경을 결의하고 20○○년 ○월 ○일 주무관청의 허가를 받아 명칭을 변경하고 20○○년 ○월 ○일 주사무소소재지 관할등기소에서 등기를 하였으므로 이 등기소에서 그 등기를 구함.
허가서도착연월일	20○○년 ○월 ○일
주사무소/분사무소 신청구분	1.주사무소 신청□　2.분사무소 신청□　3.주사무소.분사무소 일괄신청□

등기할 사항	
명칭, 목적, 존립기간 또는 해산사유의 변경과 그 연월일	명칭 - 사단(재단)법인 ○○회 20○○년 ○월 ○일 변경
기　　타	

<table>
<tr><td colspan="8" align="center">신청등기소 및 등록면허세/수수료</td></tr>
<tr><td rowspan="2">순번</td><td rowspan="2">신청등기소</td><td rowspan="2">구분</td><td>등록면허세</td><td rowspan="2">농어촌특별세</td><td rowspan="2">세액합계</td><td rowspan="2" colspan="2">등기신청수수료</td></tr>
<tr><td>지방교육세</td></tr>
<tr><td></td><td></td><td></td><td>금   원</td><td rowspan="2">금   원</td><td rowspan="2">금   원</td><td rowspan="2" colspan="2">금   원</td></tr>
<tr><td></td><td></td><td></td><td>금   원</td></tr>
<tr><td></td><td></td><td></td><td></td><td></td><td></td><td colspan="2"></td></tr>
<tr><td></td><td></td><td></td><td></td><td></td><td></td><td colspan="2"></td></tr>
<tr><td colspan="3" align="center">합   계</td><td></td><td></td><td></td><td colspan="2"></td></tr>
<tr><td colspan="3">등기신청수수료 납부번호</td><td colspan="5"></td></tr>
<tr><td colspan="8" align="center">첨   부   서   면</td></tr>
<tr><td colspan="4">1. 정관   1통
1. 사원총회 또는 이사회 의사록(공증)
                                              1통
  *이사결정서(이사회가 없는 경우)
1. 주무관청의 허가서   1통</td><td colspan="4">1. 등록면허세영수필확인서   1통
1. 등기신청수수료영수필확인서   1통
1. 위임장(대리인이 신청할 경우)   1통
<기 타></td></tr>
<tr><td colspan="8">

20○○년 ○월 ○일

신청인　명　　칭　사단(재단)법인 ○○회

　　　　주사무소　○○시 ○○구 ○○동 ○○

대표자　성　　명　이사장 ○ ○ ○ ㊞　　　　　(전화 :　　　　　)

　　　　주　　소　○○시 ○○구 ○○동 ○○

대리인　성　　명　법무사 ○ ○ ○ ㊞　　　　　(전화 :　　　　　)

　　　　주　　소　○○시 ○○구 ○○동 ○○

○○지방법원 ○○등기소 귀중

</td></tr>
</table>

- 신청서 작성요령 -
1. 해당란이 부족할 때에는 별지를 이용합니다.
1. 해당 등기신청과 관계없는 사항에 대하여는 "해당없음"으로 기재하거나 삭제하고, 필요한 사항은 추가 기재합니다.

(용지규격 21cm×29.7cm)

주　① 명칭은 변경등기 전이므로 변경 전의 명칭을 기재한다.

② 분사무소는 분사무소소재지에서 신청하는 경우에 한하여 기재한다.

③ 등록면허세는 변경등기의 등록면허세인 40,200원이고(지세법 제28조 1항 6호), 지방교육세는 등록면허세의 100분의 20이다.

조특법 및 관세법, 지세법에 의하여 등록면허세가 감면되는 경우 그 감면세액의 100분의 20의 농어촌특별세를 납부하여야 하고(다만, 이것도 면제되는 경우가 있다), 등기신청 수수료는 방문신청의 경우 6,000원(전자표준양식에 의한 신청의 경우 4,000원, 전자신청의 경우 2,000원)의 대법원수입증지를 첨부하여야 한다.

④ 정관을 변경하기 위하여 특별결의한 사단법인의 사원총회의사록이나 재단법인의 이사회의사록을 첨부해야하며, 이들 의사록은 공증인의 인증을 받아야 한다.

⑤ 첨부서류 중 법인등기부등본은 분사무소소재지에서 신청하는 경우에 주사무소에서 등기를 마친 사실을 증명하기 위하여 첨부하는 것으로서, 그 경우에는 정관변경을 위한 사원총회의사록이나 이사회의사록, 주무관청의 허가서나 그 등본 등 등기사유를 증명하는 서면 대신에 이 변경를 마친 후의 주사무소의 등기부등본이나 초본을 첨부한다.

⑥ 신청서 말미의 명칭은 이미 주사무소에서 변경등기를 한 명칭이므로 변경 후의 명칭으로 기재한다.

⑦ 위임장의 첨부와 대리인의 표시는 대리인에 의하여 신청하는 경우에 한한다.

□ 등기기재례

■ 명칭, 임원란

명칭	. 　 . 　 .변경
~~사단법인(재단법인)　○○화~~	. 　 . 　 .등기
사단법인(재단법인)　○○회	2007.　2.　1. 변경
	2007.　2.　1. 등기㊞

♣ 【서식】 인감 · 개인(改印) 신고서

인감·개인(改印) 신고서

(신고하는 인감날인란)   (인감제출자에 관한 사항)

	상호(명칭)		등기번호	
	본점(주사무소)			
인감제출자	자격/성명			
	주민등록번호			
	주 소			

□ 위와 같이 인감을 신고합니다. □ 위와 같이 개인(改印)하였음을 신고합니다.

년   월   일

신고인 본 인 성 명   (인)# (전화 :   )
　　　　대리인 성 명   (인) (전화 :   )

지방법원   등기소 귀중

주 1. 인감·개인(改印) 신고서의 **신고인의 날인란(#)에**는 「인감증명법」에 따라 신고한 인감을 날인하고 그 인감증명서(발행일로부터 3개월 이내의 것)를 첨부하거나, 등기소에 제출한 유효한 종전 인감(**법인인감**)을 날인하여야 합니다. 또한 인감제출자가 기명날인 또는 서명하였다는 공증인의 인증서면으로 갈음할 수 있습니다.
2. 인감·개인신고서에는 신고하는 인감을 날인한 인감대지를 첨부하여야 합니다.
3. 지배인이 인감을 신고하는 경우에는 인감제출자의 주소란에 지배인을 둔 장소를 기재하고, **위 1. 의 방법 대신** 「상업등기규칙」 제35조제3항의 보증서면(영업주가 등기소에 제출한 인감날인)을 첨부하여야 합니다. 위 보증서면은 아래의 보증서면란에 기재하는 것으로 갈음할 수 있습니다.
4. **위임에 의한 대리인**이 인감을 신고하거나 개인(改印)을 신고하는 경우에는 **위 1. 대신 아래 위임장의 신고인 날인란(*)에** 「인감증명법」에 따라 신고한 인감을 날인하고 그 인감증명서를 첨부하거나, 등기소에 제출한 유효한 종전 인감(**법인인감**)을 날인하여야 합니다.

보 증 서 면

위 신고하는 인감은 지배인   의 인감임이 틀림없음을 보증합니다.
　　　대표이사   (법인인감)

위 임 장

성 명 :   주민등록번호 : (-   )
주 소 :
　　　위의 사람에게, 위 인감(개인)신고에 관한 일체의 권한을 위임함.
　　　　　　　　　　년   월   일
　　　　　인감(개인) 신고인 성 명   (인)*

♣ 【서식】 사단(재단)법인 변경등기신청서(목적 변경의 경우)

<table>
<tr><td colspan="6" align="center">사단(재단)법인 변경등기신청</td></tr>
<tr><td rowspan="2">접
수</td><td colspan="2" align="center">년   월   일</td><td rowspan="2">처리인</td><td>등기관 확인</td><td>각종통지</td></tr>
<tr><td colspan="2" align="center">제   호</td><td></td><td></td></tr>
</table>

<table>
<tr><td align="center">명   칭</td><td>사단(재단)법인 ○○회</td><td>등기번호</td><td>제1000호</td></tr>
<tr><td align="center">주사무소</td><td colspan="3">○○시 ○○구 ○○동 ○</td></tr>
<tr><td align="center">등기의 목적</td><td colspan="3">목적변경의 등기</td></tr>
<tr><td align="center">등기의 사유</td><td colspan="3"><경우1> 주사무소에서 등기하는 경우
　20○○년 ○월 ○일 사원총회(이사회)에서 정관변경을 결의하고 20○○년 ○월 ○일 주무관청의 허가를 받아 목적을 다음과 같이 변경하였으므로 그 등기를 구함.
<경우2> 분사무소에서 등기하는 경우
　20○○년 ○월 ○일 사원총회(이사회)에서 정관변경을 결의하고 20○○년 ○월 ○일 주무관청의 허가를 받아 목적을 다음과 같이 변경하고 20○○년 ○월 ○일 주사무소소재지 관할등기소에서 등기를 하였으므로 이 등기소에서 그 등기를 구함.</td></tr>
<tr><td align="center">허가서도착연월일</td><td colspan="3">20○○년 ○월 ○일</td></tr>
<tr><td align="center">주사무소/분사무소
신청구분</td><td colspan="3">1.주사무소 신청□ 2.분사무소 신청□ 3.주사무소.분사무소 일괄신청□</td></tr>
<tr><td colspan="4" align="center">등기할 사항</td></tr>
<tr><td align="center">명칭, 목적, 존립기간 또는 해산사유의 변경과 그 연월일</td><td colspan="3">목적 - 1. ○○○○○○
　　　　1. ○○○○○○
20○○년 ○월 ○일 변경</td></tr>
<tr><td align="center">기　　　　타</td><td colspan="3"></td></tr>
</table>

신청등기소 및 등록면허세/수수료						
순번	신청등기소	구분	등록면허세 지방교육세	농어촌특별세	세액합계	등기신청수수료
			금 원 금 원	금 원	금 원	금 원
합 계						
등기신청수수료 납부번호						

<table>
<tr><td colspan="2" align="center">첨   부   서   면</td></tr>
<tr>
<td>
1. 정관   1통
2. 사원총회 또는 이사회 의사록(공증)
                             1통
 *이사결정서(이사회가 없는 경우)
2. 주무관청의 허가서   1통
</td>
<td>
1. 등록면허세영수필확인서   1통
1. 등기신청수수료영수필확인서   1통
1. 위임장(대리인이 신청할 경우) 1통
<기 타>
</td>
</tr>
</table>

2000년 O월 O일

신청인 명   칭 사단(재단)법인 OO회

　　　　주사무소 OO시 OO구 OO동 OO

대표자 성   명 이사장 O O O ㊞   (전화 :   )

　　　　주   소 OO시 OO구 OO동 OO

대리인 성   명 법무사 O O O ㊞   (전화 :   )

　　　　주   소 OO시 OO구 OO동 OO

OO지방법원 OO등기소 귀중

- 신청서 작성요령 -
1. 해당란이 부족할 때에는 별지를 이용합니다.
1. 해당 등기신청과 관계없는 사항에 대하여는 "해당없음"으로 기재하거나 삭제하고, 필요한 사항은 추가 기재합니다.

(용지규격 21cm×29.7cm)

주 ① 이 등기는 대표권제한이 없는 때에는 이사 각자가 대표하는 것이 원칙이므로 이사 중 1인이 신청하면 되나, 대표권제한이 있는 때에는 대표권 있는 이사가 신청한다.
② 분사무소는, 관할등기소 내에 수개의 분사무소가 설치된 경우라도 당해 등기소관내의 대표되는 분사무소 중 하나만을 기재하면 된다.
③ 등록면허세는 변경등기의 등록면허세인 40,200원이고(지세법 제28조 1항 6호), 지방교육세는 등록면허세의 100분의 20이다.
조특법 및 관세법, 지세법에 의하여 등록면허세가 감면되는 경우 그 감면세액의 100분의 20의 농어촌특별세를 납부하여야 하고(다만, 이것도 면제되는 경우가 있다), 등기신청 수수료는 방문신청의 경우 6,000원(전자표준양식에 의한 신청의 경우 4,000원, 전자신청의 경우 2,000원)의 대법원수입증지를 첨부하여야 한다.
④ 정관을 변경하기 위하여 특별결의한 사단법인의 사원총회의사록이나 재단법인의 이사회의사록을 첨부해야하며, 이들 의사록은 공증인의 인증을 받아야 한다.
⑤ 첨부서류 중 법인등기부등본은 분사무소소재지에서 신청하는 경우에 주사무소에서 등기를 마친 사실을 증명하기 위하여 첨부하는 것이다. 이 때에는 정관변경을 위한 사원총회의사록이나 이사회의사록과 주무관청의 허가서나 그 등본 등 등기사유를 증명하는 서면 대신에 이 변경등기를 마친 후의 주사무소의 등기부등본이나 초본을 첨부한다.
⑥ 위임장의 첨부와 대리인의 표시는 대리인에 의하여 신청하는 경우에 한한다.

□ 등기기재례

■ 목적란

목적	~~1. ○○○○의 설치운영~~
	2. ○○○○공동구입 및 판매알선
	3. ○○○○의 연구 및 조사
	4. 각 호에 관련된 부대사업
	5. ○○○○의 임대(2호 삭제)
	2007년 2월 2일 변경 2007년 2월 5일 등기

5. 출자방법의 변경등기

가. 총 설

출자란 자산에 관한 규정으로서 정관의 필요적 기재사항이며 이를 정한 때에는 등기사항이 된다(민 제40조Ⅳ, 제49조 2항Ⅶ).

출자의 방법이란 법인에 대한 재산의 출연방법을 말하는 것으로 이의 변경에는 기존의 출자방법을 폐지하거나, 다른 방법으로 변경하거나 이를 새로 신설하는 경우가 모두 포함된다.

나. 등기절차

1) 등기신청인 및 등기기간

민법법인의 이사는 각자가 법인을 대표하므로(민 제59조), 대표권의 제한규정이 없는 때에는 이사 중의 1인이, 대표권의 제한 규정이 있는 때에는 대표권있는 이사가 등기신청인이 된다(민법법인 및 특수법인 등기규칙 제6조, 상업등기법 제23조 1항).

이사가 없는 때에는 임시이사가 등기신청인이 되는데, 이 때에는 신청서에 그 자격을 증명하는 서면을 첨부하여야 한다(비송사건절차법 제64조 2항).

등기기간은 출자방법의 변경의 효력이 발생한 때로부터 3주간 내이며(민 제52조), 정관의 출자방법 변경에 관한 주무관청의 허가가 있은 때로부터 3주간 내에 신청해야 하나 그 기간은 주무관청의 출자방법 변경에 관한 허가서가 도달한 날로부터 기산한다(민 제53조).

2) 등기사항

변경 또는 신설된 출자의 방법과 변경, 신설, 폐지의 취지 및 그 연월일을 등기사항으로 기재하고, 등기관의 식별부호를 기록하여야 한다(민법법인 및 특수법인 등기규칙 제6조, 상업등기규칙 제55조).

3) 첨부서면

일반적인 첨부서류 외에 출자방법에 관한 정관규정의 변경을 특별결의한 사단법인의 사원총회의사록이나 재단법인의 이사회의사록, 정관변경에 관한 주무관청의 허가서나 그 인증 있는 등본을 첨부해야 한다.

등록면허세는 일반적인 변경등기의 등록면허세인 40,200원이고(지세법 제28조 1항 6호), 지방교육세는 그 100분의 20이다.

조세특례제한법, 지방세법, 관세법에 의하여 등록세가 감면되는 경우에 그 감면세액의 100분의 20의 농어촌특별세를 납부하여야 하나(농특세법 제5조), 농어촌특별세도 감면 또는 면제되는 경우가 있다(농특세법 제4조).

등기신청수수료로 방문신청의 경우 6,000원(전자표준양식에 의한 신청의 경우에는 4,000원, 전자신청의 경우에는 2,000원)을 납부한 대법원수입증지를 첨부하여야 한다. 명칭, 주사무소, 이사변경등기를 하나의 신청서로 신청할 경우에는 각각의 수수료 각 6,000원(전자표준양식에 의한 신청의 경우에는 각 4,000원, 전자신청의 경우에는 각 2,000원)을 합산한다.

다. 등기의 신청

♣【서식】 사단(재단)법인 변경등기신청서(출자방법 변경의 경우)

사단(재단)법인 변경등기신청

접수	년 월 일		처리인	등기관 확인	각종통지
	제 호				

명 칭	사단(재단)법인 ○○회	등기번호	제1000호

주사무소	○○시 ○○구 ○○동 ○

등기의 목적	출자방법의 변경등기

등기의 사유	20○○년 ○월 ○일 사원총회(이사회)에서 정관변경을 결의하고, 20○○년 ○월 ○일 주무관청의 허가를 받아 출자방법을 다음과 같이 변경하였으므로 그 등기를 구함.

허가서도착연월일	20○○년 ○월 ○일

주사무소/분사무소 신청구분	1.주사무소 신청□ 2.분사무소 신청□ 3 .주사무소.분사무소 일괄신청□

등기할 사항	
자산의 총액, 출자방법의 변경과 그 연월일	출자방법 - ○○○○○○ ○○○○○○ 20○○년 ○월 ○일 변경
기 타	

신청등기소 및 등록면허세/수수료						
순번	신청등기소	구분	등록면허세 지방교육세	농어촌특별세	세액합계	등기신청수수료
			금　　　원 금　　　원	금　　　원	금　　　원	금　　　원
합　　계						
등기신청수수료 납부번호						

<table>
<tr><td colspan="2" align="center">첨　　부　　서　　면</td></tr>
<tr>
<td>
1. 정관　　　　　　　　　　　　　1통
3. 사원총회 또는 이사회 의사록(공증)
　　　　　　　　　　　　　　　　1통
　*이사결정서(이사회가 없는 경우)
3. 주무관청의 허가서　　　　　1통
　　(정관변경이 필요한 경우)
</td>
<td>
1. 재산목록(재산총액증명서)　　1통
1. 등록면허세영수필확인서　　　1통
1. 등기신청수수료영수필확인서　1통
1. 위임장(대리인이 신청할 경우)　1통
<기 타>
</td>
</tr>
</table>

20○○년 ○월 ○일

신청인　명　　칭　사단(재단)법인 ○○회

　　　　주사무소　○○시 ○○구 ○○동 ○○

대표자 성　　명 이사장 ○ ○ ○ ㊞　　　　　(전화 :　　　　　　)

　　　　주　　소　○○시 ○○구 ○○동 ○○

대리인 성　　명 법무사 ○ ○ ○ ㊞　　　　　(전화 :　　　　　　)

　　　　주　　소　○○시 ○○구 ○○동 ○○

　　　　　　　　○○지방법원 ○○등기소 귀중

- 신청서 작성요령 -
1. 해당란이 부족할 때에는 별지를 이용합니다.
1. 해당 등기신청과 관계없는 사항에 대하여는 "해당없음"으로 기재하거나 삭제하고, 필요한 사항은 추가 기재합니다.

(용지규격 21㎝×29.7㎝)

주 ① 이 등기는 대표권제한이 없는 때에는 이사 각자가 대표하는 것이 원칙이므로 이사 중 1인이 신청하면 되나, 대표권제한이 있는 때에는 대표권 있는 이사가 신청한다.
② 분사무소는, 관할등기소 내에 수개의 분사무소가 설치된 경우라도 당해 등기소관내의 대표되는 분사무소 중 하나만을 기재하면 된다.
③ 등기할 사항 중 법인성립연월일을 주사무소등기부에 기재된 최초의 설립등기일자를 기재한다.
④ 허가서 도착연월일은 분사무소 이전에 정관변경이 필요한 경우에 한하여 기재한다.
⑤ 등록면허세는 일반변경등기의 등록면허세인 40,200원이며, 지방교육세는 등록면허세액의 100분의 20이고, 등기신청 수수료는 방문신청의 경우 6,000원(전자표준양식에 의한 신청의 경우 4,000원, 전자신청의 경우 2,000원)의 대법원수입증지를 첨부하여야 한다.
⑥ 첨부서류 중 법인등기부등본은 분사무소이전등기를 마친 후의 주사무소의 등기부등본이나 초본을 첨부한다.
⑦ 위임장의 첨부와 대리인의 표시는 법무사, 변호사 등 대리인에 의하여 신청하는 경우에 한한다.

□ 등기기재례

■ 기타사항란

1. 출자의 방법
~~가. 회비~~
~~나. 출연금품~~
다. 찬조금
라. 기타수입금
나호 삭제
2007년 2월 1일 변경 2007년 2월 5일 등기

♣ 【서식】 위임장

<table>
<tr><td colspan="3" align="center">위　　　　임　　　　장</td></tr>
<tr><td>법인의 표시</td><td colspan="2">상호 : 사단(재단)법인 ○○회
본점 : 서울특별시 ○○구 ○○동 ○○번지</td></tr>
<tr><td>등기의 목적</td><td colspan="2">출자방법의 변경등기</td></tr>
<tr><td>등기의 사유</td><td colspan="2">20○○년 ○월 ○일 출자방법의 변경</td></tr>
<tr><td>대리인</td><td colspan="2">법무사 ○○○
서울특별시 ○○구 ○○동 ○○번지</td></tr>
<tr><td colspan="3">위 대리인에게 위 등기의 신청 및 취하, 그리고 원본 환부청구 및 수령에 관한 모든 권한을 위임한다. 또한 복대리인 선임을 허락한다.
 년　　　월　　　일 </td></tr>
<tr><td rowspan="3">위임인</td><td>사단(재단)법인 ○○회
서울특별시 ○○구 ○○동 ○○번지</td><td></td></tr>
<tr><td>이사장 ○○○
서울특별시 ○○구 ○○동 ○○번지</td><td>인감</td></tr>
<tr><td></td><td>인감</td></tr>
<tr><td></td><td></td><td>인감</td></tr>
</table>

※ 날인된 인감은 인영대조 전산시스템에 의하여 등기관이 조사를 합니다. 따라서 인감을 날인할 때에는 **인영이 인감날인란의 선내를 벗어나지 않도록** 각별히 주의하시기 바랍니다.

※ 이 양식은 주식회사뿐 아니라 모든 종류의 법인에 관하여 적용됩니다. 주식회사 이외의 다른 법인은 양식의 해당 문구를 적절히 수정하여 사용하시기 바랍니다.

6. 자산총액의 변경등기

가. 총 설

자산의 총액이란 법인이 보유하고 있는 정관상의 기본재산은 물론 기타 부동산, 동산 및 채권 등을 포함하는 적극재산의 총액에서 채무 등의 소극재산을 공제한 순재산액을 의미한다(1998. 3. 9. 등기 3402-194).

자산은 결국 법인채무의 일반담보이기 때문에 제3자 보호의 취지에서 정관의 필요적 기재사항이며(민 제40조Ⅶ, 제43조), 등기사항으로 정하고 있다(민 제49조 2항Ⅵ).

일반공시를 목적으로 하는 등기에 있어서는 법인의 자력을 공시함으로써 제3자를 보호하기 위하여 자산의 총액을 등기사항으로 정하고 있지만(민 제49조 2항Ⅵ) 법인의 조직과 활동준칙의 대강만을 정하는 정관에 있어서는 자산에 관한 사항으로서 자산의 구성, 관리, 운용 등 재정활동에 대강만을 기재하면 족하다.

따라서 수시로 변동하는 자산총액은 정관의 필요적 기재사항이 아니므로(민 제40조Ⅵ, 제43조 참조) 자산의 총액을 정관에 기재할 필요가 없고 이 자산총액의 변경등기에도 정관변경절차가 필요하지 않다.

다만, 정관에 자산의 총액을 특정한 때에는 이를 변경할 때에도 변경등기를 하여야 할 것이다.

그러나 재단법인의 기본재산의 변경은 정관변경에 해당하고 이 정관변경은 주무관청의 허가를 받아야 하므로 재단법인에서는 정관변경절차가 필요하고 또한 공시지가의 변경, 장부가격의 변경 등 형식적 자산의 변경이 아닌 자산의 매입, 매도 등으로 인한 경우에는 주무관청의 허가도 필요하다고 할 것이다.

대법원 선례

▶선례◀ 민법법인의 자산총액의 변경등기(등기선례 2-715)

(1987.3.18, 등기 154 질의회답).

민법법인의 경우에도 자산의 총액은 등기할 사항이므로 그 변경이 있는 때에는 3주 내에 변경등기를 하여야 한다(민법 제49조 2항, 제52조 참조).

나. 등기절차

1) 등기신청인 및 등기기간

민법법인의 이사는 원칙으로 각자 대표권이 있으므로(민 제59조), 대표권제한이 없는 때에는 이사(이사가 없는 때에는 임시이사) 중 1인이, 대표권제한이 있는 때에는 대표권 있는 이사가 등기신청이 된다(민법법인 및 특수법인 등기규칙 제6조, 상업등기법 제23조 1항).

임시이사가 변경등기를 신청하는 경우에는 신청서에 그 자격을 증명하는 서면을 첨부하여야 한다(비송사건절차법 제64조 2항).

등기기간은 자산총액이 사실상 변경된 때로부터 3주간 내이다(민 제52조).

그러나 형식적인 자산변경의 경우에는 매년 3월 내 또는 사업연도말에 해도 무방하다 할 것이므로 결국 그 기간은 매년 3월말 또는 사업연도를 정한 때에는 사업연도말부터 기산하여 3주간 내라 할 것이다.

2) 등기사항

변경된 자산의 총액 및 변경취지와 그 연월일을 등기사항으로 기재하고 등기관의 식별부호를 기록하여야 한다(민법법인 및 특수법인 등기규칙 제6조, 상업등기규칙 제55조).

3) 첨부서면

사단법인의 경우 자산총액의 변경은 정관변경사항이 아니므로 주무관청의 허가는 필요 없다고 할 것이다. 그러나 재단법인의 경우 기본재산의 변경은 정관변경에 해당하고 이는 주무관청의 허가를 받아야 하므로 재단법인에서는 정관변경절차가 필요하고, 공시지가의 변경, 장부가격의 변경 등 형식적 자산의 변경이 아닌 자산의 매입, 매도 등으로 인한 경우에는 주무관청의 허가도 필요하다고 할 것이다.

따라서 일반적인 첨부서류 외에 자산총액의 변경을 증명하는 서면을 첨부해야 한다. 그 서면으로는 재산목록이나 대차대조표 등을 첨부하는 것이 적당할 것이나 재산목록 등을 승인결의한 사단법인의 사원총회나 재단법인의 이사회 의사록을 첨부해도 무방할 것이며, 형식적 변경의 경우에 그 변경을 증명하는 서면을 첨부하면 될 것이다.

등록면허세는 불입한 자산의 금액 또는 재산가액의 1,000분의 2의 등록면허세를 납부하여야 한다. 등록면허세액의 최저한은 112,500원이어서 등록면허세액이 그 미만인 경우에는 이를 112,500원으로 하여 납부하여야 한다. 또한 대도시에서 설립한 후 5년 이내의 법인이나 대도시로 전입 후 5년 이내의 법인이 자산의 총액을 증가하는 경우에는 그 3배의 등록면허세를 가산하여 납부하여야 한다(지세법 제28조 1항 6호, 2항), 지방교육세는 그 100분의 20이다.

조세특례제한법, 지방세법, 관세법에 의하여 등록면허세가 감면되는 경우에 그 감면세액의 100분의 20의 농어촌특별세를 납부하여야 하나(농특세법 제5조), 농어촌특별세도 감면 또는 면제되는 경우가 있다(농특세법 제4조).

등기신청수수료로 방문신청의 경우 6,000원(전자표준양식에 의한 신청의 경우에는 4,000원, 전자신청의 경우에는 2,000원)을 납부한 대법원수입증지를 첨부하여야 한다. 명칭, 주사무소, 이사변경등기를 하나의 신청서로 신청할 경우에는 각각의 수수료 각 6,000원(전자표준양식에 의한 신청의 경우에는 각 4,000원, 전자신청의 경우에는 각 2,000원)을 합산한다.

다. 등기의 신청

♣ 【서식】 사단(재단)법인 변경등기신청서(자산의 총액을 변경한 경우)

<table>
<tr><td colspan="6" align="center">사단(재단)법인 변경등기신청</td></tr>
<tr><td rowspan="2">접
수</td><td colspan="2" align="center">년   월   일</td><td rowspan="2">처리인</td><td>등기관 확인</td><td>각종통지</td></tr>
<tr><td colspan="2" align="center">제   호</td><td></td><td></td></tr>
</table>

<table>
<tr><td align="center">명   칭</td><td>사단(재단)법인 ○○회</td><td>등기번호</td><td>제1000호</td></tr>
<tr><td align="center">주사무소</td><td colspan="3">○○시 ○○구 ○○동 ○</td></tr>
<tr><td align="center">등기의 목적</td><td colspan="3">자산총액의 변경등기</td></tr>
<tr><td align="center">등기의 사유</td><td colspan="3">20○○년 ○월 ○일 사원총회(이사회)에서 자산의 총액변경 결의에 의하여 정관을 변경하고 20○○년 ○월 ○일 주무관청의 허가를 얻어 자산의 총액을 다음과 같이 변경하였으므로 그 등기를 구함.</td></tr>
<tr><td align="center">허가서도착연월일</td><td colspan="3">20○○년 ○월 ○일</td></tr>
<tr><td align="center">주사무소/분사무소
신청구분</td><td colspan="3">1.주사무소 신청□ 2.분사무소 신청□ 3.주사무소.분사무소 일괄신청□</td></tr>
<tr><td colspan="4" align="center">등기할 사항</td></tr>
<tr><td align="center">자산의 총액,
출자방법의 변경과
그 연월일</td><td colspan="3">자산의 총액 금○○○○○원
 20○○년 ○월 ○일 변경</td></tr>
<tr><td align="center">기   타</td><td colspan="3"></td></tr>
</table>

신청등기소 및 등록면허세/수수료						
순번	신청등기소	구분	등록면허세 지방교육세	농어촌특별세	세액합계	등기신청수수료
			금 원 금 원	금 원	금 원	금 원
합 계						
등기신청수수료 납부번호						

첨   부   서   면

1. 정관	1통	2. 재산목록(재산총액증명서)	1통
4. 사원총회 또는 이사회 의사록(공증)	1통	1. 등록면허세영수필확인서	1통
*이사결정서(이사회가 없는 경우)		1. 등기신청수수료영수필확인서	1통
4. 주무관청의 허가서	1통	1. 위임장(대리인이 신청할 경우)	1통
(정관변경이 필요한 경우)		<기 타>	

20○○년 ○월 ○일

신청인   명   칭   사단(재단)법인 ○○회

　　　　주사무소   ○○시 ○○구 ○○동 ○○

대표자 성   명   이사장 ○ ○ ○ ㊞　　　　(전화 :　　　　)

　　　　주   소   ○○시 ○○구 ○○동 ○○

대리인 성   명   법무사 ○ ○ ○ ㊞　　　　(전화 :　　　　)

　　　　주   소   ○○시 ○○구 ○○동 ○○

○○지방법원 ○○등기소 귀중

- 신청서 작성요령 -

1. 해당란이 부족할 때에는 별지를 이용합니다.
1. 해당 등기신청과 관계없는 사항에 대하여는 "해당없음"으로 기재하거나 삭제하고, 필요한 사항은 추가 기재합니다.

(용지규격21㎝×29.7㎝)

주 ① 이 등기는 대표권제한이 없는 때에는 이사 중 1인이, 대표권제한이 있는 때에는 대표권 있는 이사가 등기신청이 된다.
② 등기할 사항에는 종전 자산의 총액과 새로 증감한 자산금액을 합한 금액을 기재한다. 채무초과인 경우에는 '자산의 총액금0(영)원(채무초과액 금○○○원)'이라 기재한다.
③ 과세표준으로는 새로 증가한 자산금액을 기재하며, 감소한 때에는 이를 기재할 필요가 없다.
④ 등록면허세는 새로 증가한 자산금액의 1000분의 2로서, 대도시 내 설립 또는 전입 후 5년 내에는 그 3배를 가산하며(지세법 제28조 1항 6호, 제2항), 세액이 112,500원 미만인 때에는 112,500원으로 한다(지세법 제137조 2항). 교육세는 등록세액의 100분의 20이다.조특법 및 관세법, 지세법에 의하여 등록면허세가 감면되는 경우 그 감면세액의 100분의 20의 농어촌특별세를 납부하여야 하고(다만, 이것도 면제되는 경우가 있다), 등기신청수수료는 방문신청의 경우 6,000원(전자표준양식에 의한 신청의 경우에는 4,000원, 전자신청의 경우에는 2,000원)의 대법원수입증지를 첨부하여야 한다. 그러나 명칭, 주사무소, 이사변경등기를 하나의 신청서로 신청할 경우에는 각각의 수수료 각 6,000원(전자표준양식에 의한 신청의 경우에는 각 4,000원, 전자신청의 경우에는 각 2,000원)을 합산하여야 한다.
⑤ 첨부서류로 재산목록이나 대차대조표를 첨부하거나, 재산목록등을 승인결의한 사원총회(사단법인의 경우)또는 이사회(재단법인의 경우)의 의사록을 첨부한다. 의사록은 공증인의 인증을 받아야 한다.
⑥ 위임장의 첨부와 대리인의 표시는 대리인에 의하여 신청하는 경우에 한한다.

□ 등기기재례

■ 기타사항란

1. 자산의 총액 금○○○○○원
2. 자산의 총액 금○○○○○원
2007년 2월 1일 변경 2007년 2월 5일 등기

♣ 【서식】 재산목록

재 산 목 록

1. 자산의 부
  (1) 기본재산   금○○○원
    가. 토지(회관부지)○○○○㎡ 금○○○원
    나. 건물(회관건물)○○○○㎡ 금○○○원
  (2) 보통재산   금○○○원
    가. 현금 금○○○원
    나. 예금 금○○○원
    다. 유가증권   금○○○원
    라. 비품, 기타(자동차, 자전거 사무용품 등) 금○○○원
    자산의 총액   금○○○○○원
2. 부채의 부
  (1) 차입금 금○○○원
  (2) 미불금 금○○○원
  (3) 전수금 금○○○원
    부채의 총액   금○○○○○원
3. 순재산의 총액   금○○○○○원
  위는 20○○년 ○월   ○일 현재 본 법인의 재산목록임.

                    20○○년 ○월 ○일

                    신청인   사단(재단)법인 ○○회
                    이사 ○   ○   ○

♣ 【서식】 정관변경허가공문

서울특별시○○교육청

문서번호　사체 81721-○호

수행일자　20○○년 ○월 ○일

수　　신　재단법인 ○○대학교 의과대학 교육연구재단 이사장

제　　목　정관변경허가

1. 귀 법인이 ○○ ○○-9호로 제출한 ('○○.1.3.)로 제출한 정관변경허가신청에 대하여 민법 제45조 및 공익법인의설립, 운영에관한법률시행령 제10조의 규정에 의거 붙임과 같이 허가하니 법인 운영에 철저를 기하시기 바랍니다.

2. 변경사항에 대하여 민법 제52조의 규정에 의한 등기를 필하고 동 등기부등본 1부를 첨부하여 결과를 보고하시기 바랍니다.

　　붙임　1. 허가서　　　　　　　　　1부

　　　　　2. 정관변경 신, 구대조표　　1부　　끝.

　　　　　　　　　　　　　서울특별시 ○○교육청교육장　직인

♣ 【서식】 정관변경허가서

<h1 align="center">정관변경허가서</h1>

사   체   81721-○○○
재단법인 ○○대학교 의과대학 교육연구재단 이사장 귀하

  귀 법인이 총무 ○○-11호('○○.1.3.)로 제출한 정관변경허가신청에 대하여 민법 제45조 및 공익법인의설립, 운영에관한법률시행령 제10조의 규정에 의거 다음과 같이 허가합니다.

20○○년 ○월 ○일

서울특별시 ○○교육청교육장   직인

1. 허가사항
  정관 6조(재산구분) 제3항 2호 중 '별지목록 2'를 별첨과 같이 변경한다.

  부   칙
이 정관은 감독청의 허가를 받은 날로부터 시행한다.

7. 존립시기 또는 해산사유의 변경등기

가. 총 설

　존립시기인 해산사유는 정관의 상대적 기재사항으로서, 민법상 법인에 있어서 법인의 존립시기나 해산사유를 정한 때에는 그 시기나 사유를 반드시 정관에 기재하여 등기하여야 한다(민 제40조Ⅶ, 제49조 2항Ⅴ).

　따라서 이에 관한 변경등기를 하기 위해서는 사단법인의 경우에는 사원총회의 특별결의에 의하여, 재단법인의 경우에는 정관의 정하는 바에 따라 설립자나 이사회에서 정관을 변경하여 주무관청의 허가를 받아야 한다. 또한 변경된 존립기간이나 해산사유는 등기하여야 제3자에게 대항할 수 있다(민 제42조, 제45조, 제46조, 제54조).

　존립시기나 해산사유를 변경함에 있어서는 기존의 존립시기나 해산사유를 폐지하거나 다른 시기나 사유로 교체 또는 신설 할 수 있으나, 이는 반드시 기존의 존립시기 도래 전이거나 해산사유 발생 전이어야 한다.

나. 등기절차

1) 등기신청인 및 등기기간

　이 등기는 대표권의 제한규정이 없는 때에는 이사(이사가 없는 때에는 임시이사)중의 1인이, 대표권의 제한규정이 있는 때에는 대표권 있는 이사가 등기신청인이 된다(민법법인 및 특수법인 등기규칙 제6조, 상업등기법 제23조 1항).

　임시이사가 변경등기를 신청하는 경우에는 신청서에 그 자격을 증명하는 서면을 첨부하여야 한다(비송사건절차법 제64조 2항).

　등기기간은 존립시기나 해산사유 변경의 효력이 발생한 때로부터 3주간 내이며(민 제52조), 존립시기나 해산사유의 정관규정의 변경에 관한 주무관청의 허가가 있은 때로부터 3주간 내이다. 기간은 주무관청의 허가서가 도착한 날부터 기산한다(민 제53조)

2) 등기사항

　변경 또는 신설된 존립시기나 해산사유와 변경, 신설, 폐지의 취지 및 그 연월일을 등기사항으로 기재하고 등기관의 식별부호를 기록하여야 한다(민법법인 및 특수법인 등기규칙 제6조, 상업등기규칙 제55조).

3) 첨부서면

일반적인 첨부서류 외에 정관변경을 특별결의한 사단법인의 사원총회의 사록이나 재단법인의 이사회의사록, 정관변경에 관한 주무관청의 허가서나 그 인증있는 등본을 첨부해야 한다. 의사록은 공증인의 인증을 받아야 한다(공증 제66조의2).

등록면허세는 일반적인 변경등기의 등록면허세인 40,200원을 첨부하고(지세법 제28조 1항 6호), 지방교육세는 그 100분의 20을 납부하여야 한다.

조세특례제한법, 지방세법, 관세법에 의하여 등록면허세가 감면되는 경우에 그 감면세액의 100분의 20의 농어촌특별세를 납부하여야 하나(농특세법 제5조), 농어촌특별세도 감면 또는 면제되는 경우가 있다(농특세법 제4조).

등기신청수수료로 방문신청의 경우 6,000원(전자표준양식에 의한 신청의 경우에는 4,000원, 전자신청의 경우에는 2,000원)을 납부한 대법원수입증지를 첨부하여야 한다. 명칭, 주사무소, 이사변경등기를 하나의 신청서로 신청할 경우에는 각각의 수수료 각 6,000원(전자표준양식에 의한 신청의 경우에는 각 4,000원, 전자신청의 경우에는 각 2,000원)을 합산한다.

다. 등기의 신청

♣ 【서식】 사단(재단)법인 변경등기신청서(존립시기 또는 해산사유를 변경한 경우)

<table>
<tr><td colspan="5" align="center">사단(재단)법인 변경등기신청</td></tr>
<tr><td rowspan="2">접
수</td><td align="center">년　　월　　일</td><td rowspan="2">처리인</td><td align="center">등기관 확인</td><td align="center">각종통지</td></tr>
<tr><td align="center">제　　　　　호</td><td></td><td></td></tr>
</table>

<table>
<tr><td align="center">명　　칭</td><td>사단(재단)법인 ○○회</td><td align="center">등기번호</td><td align="center">제1000호</td></tr>
<tr><td align="center">주사무소</td><td colspan="3">○○시 ○○구 ○○동 ○</td></tr>
<tr><td align="center">등기의 목적</td><td colspan="3">존립시기(또는 해산사유)변경의 등기</td></tr>
<tr><td align="center">등기의 사유</td><td colspan="3"><경우1> 주사무소에서 등기하는 등기
20○○년 ○월 ○일 사원총회(이사회)에서 정관변경을 결의하고 20○○년 ○월 ○일 주무관청의 허가를 받아 존립시기(또는 해산사유)를 다음과 같이 변경(설정 또는 폐지)하였으므로 그 등기소에서 그 등기를 구함.
<경우2> 분사무소소재지에서 등기하는 경우
20○○년 ○월 ○일 사원총회(이사회)에서 정관변경을 결의하고 20○○년 ○월 ○일 주무관청의 허가를 받아 존립시기(또는 해산사유)를 변경 (설정, 폐지)하고, 20○○년 ○월 ○일 주사무소소재지 관할등기소에서 등기를 하였으므로 이 등기소에서 그 등기를 구함.</td></tr>
<tr><td align="center">허가서도착연월일</td><td colspan="3">20○○년 ○월 ○일</td></tr>
<tr><td align="center">주사무소/분사무소
신청구분</td><td colspan="3">1.주사무소 신청□ 2.분사무소 신청□ 3.주사무소.분사무소 일괄신청□</td></tr>
<tr><td colspan="4" align="center">등기할 사항</td></tr>
<tr><td align="center">명칭, 목적, 존립기간 또는 해산사유의 변경과 그 연월일</td><td colspan="3">존립시기(해산사유)　○○○○○
20○○년 ○월 ○일 변경</td></tr>
<tr><td align="center">기　　타</td><td colspan="3"></td></tr>
</table>

신청등기소 및 등록면허세/수수료						
순번	신청등기소	구분	등록면허세 지방교육세	농어촌특별세	세액합계	등기신청수수료
			금 원 금 원	금 원	금 원	금 원
합 계						
등기신청수수료 납부번호						

첨   부   서   면

1. 정관 1통	1. 등록면허세영수필확인서 1통

5. 사원총회 또는 이사회 의사록(공증)
                                              1통
  *이사결정서(이사회가 없는 경우)
	1. 등기신청수수료영수필확인서 1통
	1. 위임장(대리인이 신청할 경우) 1통
	<기 타>

5. 주무관청의 허가서 1통	

20○○년 ○월 ○일

신청인 명   칭 사단(재단)법인 ○○회

　　　　주사무소 ○○시 ○○구 ○○동 ○○

대표자 성   명 이사장 ○ ○ ○ ㊞   (전화 :   )

　　　　주   소 ○○시 ○○구 ○○동 ○○

대리인 성   명 법무사 ○ ○ ○ ㊞   (전화 :   )

　　　　주   소 ○○시 ○○구 ○○동 ○○

○○지방법원 ○○등기소 귀중

- 신청서 작성요령 -

1. 해당란이 부족할 때에는 별지를 이용합니다.
1. 해당 등기신청과 관계없는 사항에 대하여는 "해당없음"으로 기재하거나 삭제하고, 필요한 사항은 추가 기재합니다.

(용지규격 21cm×29.7cm)

주 ① 이 등기는 대표권제한이 없는 때에는 이사 중 1인이, 대표권제한이 있는 때에는 그 대표권 있는 이사가 등기신청인이 된다.
② 등기의 사유로는 존립시기 또는 해산사유를 설정, 변경, 폐지하기 위하여 정관변경을 결의한 취지를 기재한다.
③ 등기할 사항에서, 존립기간이나 해산사유를 폐지한 경우에는 이를 기재하지 아니하나, '존립기간(해산사유)의 폐지'로 기재한다.
④ 등록면허세는 변경등기의 등록면허세인 40,200원이고(지세법 제28조 1항 6호), 지방교육세는 등록면허세액의 100분의 20이다.
　조특법 및 관세법, 지세법에 의하여 등록면허세가 감면되는 경우 그 감면세액의 100분의 20의 농어촌특별세를 납부하여야 하고(다만, 이것도 면제되는 경우가 있다), 등기신청 수수료는 방문신청의 경우 6,000원(전자표준양식에 의한 신청의 경우 4,000원, 전자신청의 경우 2,000원)의 대법원수입증지를 첨부하여야 한다.
⑤ 정관을 변경하기 위하여 특별결의한 사단법인의 사원총회의사록이나 재단법인의 이사회의사록을 첨부해야하며, 이들 의사록은 공증인의 인증을 받아야 한다(공증 제66조의2).
⑥ 첨부서류 중 법인등기부등본은 분사무소소재지에서 신청하는 경우에 주사무소에서 등기를 마친 사실을 증명하기 위하여 첨부하는 것으로서, 정관변경을 위한 사원총회의사록이나 이사회의사록, 주무관청의 허가서나 그 등본 등 등기사유를 증명하는 서면 대신에 이 변경을 마친 후의 주사무소의 등기부등본이나 초본을 첨부한다.
⑦ 위임장의 첨부와 대리인의 표시는 대리인에 의하여 신청하는 경우에 한한다.

□ 등기기재례

■ 기타사항란

1. 존립시기 ~~법인성립일로부터 만 20년~~
2. 존립시기 법인성립일로부터 만 50년 　　　　　　　　　2007년 2월 1일 변경 2007년 2월 5일 등기

♣ 【서식】 위임장

<table>
<tr><td colspan="3" align="center">위　　　　임　　　　장</td></tr>
<tr><td>법인의 표시</td><td colspan="2">상호 : 사단(재단)법인 ○○회
본점 : 서울특별시 ○○구 ○○동 ○○번지</td></tr>
<tr><td>등기의 목적</td><td colspan="2">존립시기(해산사유)변경 (설정 또는 폐지)의 등기</td></tr>
<tr><td>등기의 사유</td><td colspan="2">20○○년 ○월 ○일 존립시기(해산사유)변경 (설정 또는 폐지)</td></tr>
<tr><td>대리인</td><td colspan="2">법무사 ○○○
서울특별시 ○○구 ○○동 ○○번지</td></tr>
<tr><td colspan="3">위 대리인에게 위 등기의 신청 및 취하, 그리고 원본 환부청구 및 수령에 관한 모든 권한을 위임한다. 또한 복대리인 선임을 허락한다.
 년　　　월　　　일 </td></tr>
<tr><td>위임인</td><td>사단(재단)법인 ○○회
서울특별시 ○○구 ○○동 ○○번지</td><td></td></tr>
<tr><td></td><td>이사장 ○○○
서울특별시 ○○구 ○○동 ○○번지</td><td>인감</td></tr>
<tr><td></td><td></td><td>인감</td></tr>
<tr><td></td><td></td><td>인감</td></tr>
</table>

※ 날인된 인감은 인영대조 전산시스템에 의하여 등기관이 조사를 합니다. 따라서 인감을 날인할 때에는 **인영이 인감날인란의 선내를 벗어나지 않도록** 각별히 주의하시기 바랍니다.

※ 이 양식은 주식회사뿐 아니라 모든 종류의 법인에 관하여 적용됩니다. 주식회사 이외의 다른 법인은 양식의 해당 문구를 적절히 수정하여 사용하시기 바랍니다.

8. 이사 및 대표권제한규정의 변경등기

가. 법인의 이사

법인은 이사를 두어야 한다(민 제57조). 이사는 대외적으로 법인을 대표하는 대내적으로는 법인의 업무를 집행하는 상설적 필요기관이다.

이사는 사단법인과 재단법인 모두에서 필수적으로 있어야 하는 기관이며, 이에 반하는 정관규정은 효력이 없다.

이사가 그 임무를 태만히 한 때에는 그 이사는 법인에 대하여 연대하여 손해배상의 책임을 진다(민 제65조). 그러나 이사는 법인의 기관으로서 이사와 제3자와의 사이에는 직접적인 법률관계가 존재하지 않으므로 불법행위의 요건을 구비하지 아니하는 한 책임을 지지 아니한다.

핵심판례

▶판례◀ 자본금 감소를 위한 주식소각 절차에 하자가 있고 이사가 주식소각 과정에서 법령을 위반하여 회사에 손해를 끼친 사실이 인정되는 경우, 감자무효 판결의 확정 여부와 관계없이 상법 제399조 제1항에 따라 회사에 대하여 손해배상책임을 부담하는지 여부(적극)

(대법원 2021. 7. 15. 선고 2018다298744 판결)

이사가 고의 또는 과실로 법령 또는 정관에 위반한 행위를 하거나 그 임무를 게을리한 경우에는 그 이사는 회사에 대하여 연대하여 손해를 배상할 책임이 있다(상법 제399조 제1항). 이사가 임무를 수행함에 있어서 법령을 위반한 행위를 한 때에는 그 행위 자체가 회사에 대하여 채무불이행에 해당하므로, 그로 인하여 회사에 손해가 발생한 이상 특별한 사정이 없는 한 손해배상책임을 면할 수 없다.
자본금 감소를 위한 주식소각 절차에 하자가 있다면, 주주 등은 자본금 감소로 인한 변경등기가 된 날부터 6개월 내에 소로써만 무효를 주장할 수 있다(상법 제445조). 그러나 이사가 주식소각 과정에서 법령을 위반하여 회사에 손해를 끼친 사실이 인정될 때에는 감자무효의 판결이 확정되었는지 여부와 관계없이 상법 제399조 제1항에 따라 회사에 대하여 손해배상책임을 부담한다.

▶판례◀ 한국교직원공제회 이사장이 주의의무를 게을리한 채 투자를 하여 공제회에 손해를 입힌 경우, 손해배상책임을 지는지 여부(적극)

(대법원 2017.12.22.선고, 2015다247912 판결)

한국교직원공제회(이하 '공제회'라 한다)에 관해서는 한국교직원공제회법에서 정하는 것을 제외하고는 민법 중 사단법인에 관한 규정을 준용한다(제25조). 공제회와 이사장의 관계는 사단법인과 이사의 관계와 유사하다. 이사장은 선량한 관리자의 주의로 직무를 수행할 주의의무(이하 '선관주의의무'라 한다)를 지고, 그 임무를 게을리한 때에는 공제회에 손해를 배상할 책임이 있다(민법 제61조, 제65조). 공제회의 이사장은 회원부담금 등으로 조성된 기금을 운용하여 부동산, 주식 등에 투자하는 업무를 통할하면서 투자의 대상과 규모, 방법, 그 회수 구조 등에 비추어 필요한 정보를 합리적인 범위에서 수집하여 투자에 적합한지 검토·심사하는 절차를 거쳐 투자가 공제회의 이익이나 사업 목적에 부합하는지를 판단하여 투자를 결정할 선관주의의무가 있다. 이사장이 이러한 주의의무를 게을리한 채 투자를 하여 공제회에 손해를 입힌 경우에는 공제회에 그 손해를 배상할 책임이 있다.

1) 이사의 원수

민법법인에서는 기본적으로 이사회제도를 채택하지 아니하므로, 그 최저한의 제한규정이 없다. 따라서 이사는 1인 또는 수인이라도 무방하며, 다만 이를 정관에 기재하여야 할 것이다(민 제57조, 제58조).

민법법인이 정관으로 이사회제도를 두었다면 회의체의 원칙상 이사는 최소한 3인 이상이어야 할 것이다.

그러나 공익법상의 경우에는 이사를 5인 이상 15인 이하로 하되 주무관청의 승인을 얻어 증감할 수 있다(공익 제5조).

2) 이사의 자격

이사의 자격에 관하여 민법에서는 특별히 규정하고 있지 않다. 따라서 정관에 특별한 규정이 없는 한 사원이 아닌 자도 이사가 될 수 있으나, 이사는 영리법인이나 비영리법인 모두 자연인에 한하고 법인은 이사가 될 수 없다는 것이 통설이다.

정관으로 이사의 자격요건을 정할 수 있으나 일반적으로 행위능력이 없는 자는 이사가 될 수 없고, 파산자도 이사 자격이 없으며, 사형, 무기징역, 무기금고의 판결을 받은 자와 자격상실 또는 자격정지 중인 자도 이사가 될 수 없다(형 제43조). 다만 미성년자는 법정대리인의 동의를 얻어 이사가 될 수 있다.

그러나 공익법인의 이사의 자격에 대하여는 특별한 제한이 있다. 즉, 이사의 과반수는 대한민국 국민이어야 하고(공익 제5조 4항), 미성년자, 금치산자 또는 한정치산자, 파산자로서 복권되지 아니한 자, 금고 이상의 형을 받고 집행이 종료되거나 집행을 받지 아니하기로 확정된 후 3년이 경과하지 아니한 자, 일정한 사유가 있어서 임원취임승인이 취소된 후 2년이 경과되지 아니한 자는 이사가 될 수 없다(공익 제5조 6항).

3) 이사의 선임

이사의 임면방법은 민법에 특별한 규정이 없고 정관으로 정할 수 있기 때문에 각 법인마다 반드시 통일되어 있는 것은 아니다.

즉, 사원총회를 가지는 사단법인의 경우에는 사원총회에서, 사원총회가 없는 재단법인의 경우에는 이사회에서 선임하도록 정하고 있는 것이 일반적이기는 하지만, 이사장이 선임할 수 있도록 위임되어 있는 경우도 있고 설립자나 이사장이 선임하되 이사회의 동의를 얻도록 되어 있는 경우도 있으며, 그 외 이사선임권한을 상급단체에 위임하거나 제3자인 행정기관에 부여하는 경우도 있다.

이사의 선임방법에 관하여 판례는 묵시적 방법으로도 가능하다고 한다. 즉, 법인 대표자의 유임 내지 중임을 금지하는 규약이 없는 한 임기만료 후에 대표자의 개임이 없었다면 그 대표자를 묵시적으로 다시 대표자로 선임하였다고 해석할 것이라고 한다(대판 1970. 9. 17, 70다1256).

그러나 어떠한 방법으로 선임되었든지 이사와 법인과의 관계는 위임관계이므로 이사의 취임은 그 선임행위만으로 곧바로 효력이 생기는 것은 아니고, 주무관청의 승인사항인 경우에는 그 승인과 피선자의 취임승낙이 있어야 비로소 그 효력이 발생한다 할 것이다.

현 이사의 임기만료 전에 후임이사를 미리 선임한 예선의 경우에는 전임자의 임기만료시부터 취임하여 임기가 개시된다.

정관으로 이사를 어느 보직에 취임한 자를 당연직으로 할 경우에는 그 당연직의 보직에 발령을 받은 자가 이사가 된다고 할 것이며, 이때에는 그 당연직에 보임되는 사령장이 선임결의서가 될 것이다.

① 임 기

민법에는 이사의 임기에 관한 규정이 없으나, 정관이나 선임기관의 결의로 임기를 정할 수 있다고 할 것이다.

최초의 임원의 임기는 법인(조합)성립일 즉, 설립등기일로부터 진행하며(등기선례 3-989), 임기의 기산점은 이사가 취임을 승낙할 때이다. 그리고 임기의 정함이 있는 경우 그 임기의 말일이 종료한 때에 임기는 만료한다(민 제157조, 제159조).

다만 공익법인은 이사의 임기를 정관으로 정할 수 있으나 그 법률의 제한으로 임기는 4년을 초과할 수 없고 연임은 가능하다(공익 제5조 3항).

재단법인의 이사의 임기는 그 취임일자로부터 기산하되 재단법인은 설립등기를 함으로써 설립하므로(민 제33조), 설립당시의 이사의 임기는 설립등기일로부터 기산하여야 하며(등기선례 4-881), 연임된 이사의 임기기산일에 관해 정관상 임기만료 후라도 후임자가 취임할 때까지는 그 직무를 행할 수 있고 또 연임할 수 있다고 규정되어 있는 경우, 임기만료 후에도 임기산정에 대한 업무착오로 개임 없이 그 전무이사가 계속 근무하고 있다가 다시 이사회에서 전무이사로 선임되었다면 그 전무이사의 임기는 취임일(선임결의일 또는 취임승낙일 중 늦은 날)부터 개시되는 것이며, 연임된 이사의 임기는 취임일(선임결의일 또는 취임승낙일 중 늦은 날)부터 개시된다(등기선례 3-980).

② 감독청의 승인

공익법인이 이사를 선임하는 때에는 주무관청의 허가를 받아야 하므로 그 이사선임에 관한 주무관청의 승낙서가 필요하나 일반 민법법인의 경우에는 그러한 규정이 없으므로 총회의 선임으로 가능하다고 할 것이다. 다만 정관이나 최초의 설립허가시에 주무관청에서 이사선임에 관하여 주무관청의 승낙을 조건으로 한 경우에는 그에 따라야 할 것이다.

정관에 의한 이사에 대한 감독청의 취임승인은 법인의 이사선임행위를 보충하여 그 법률상의 효력을 완성케 하는 보충적 행정행위로서, 성질상 그 기본행위를 떠나 승인처분 자체만으로는 법률상 아무런 효력도 발생할 수 없는 것이므로, 기본행위인 법인의 이사선임행위가 불성립 또는 무효인 경우에는 비록 그에 대한 감독청의 취임승인이 있었다 하여도 이로써 무효인 그 선임행위가 유효한 것으로 될 수는 없다(대판 1995.4.14, 94다12371).

4) 이사의 퇴임

이사의 퇴임에 관하여는 정관에 규정하는 바에 따르나(민 제40조 5항), 법인과 이사의 법률관계는 위임관계이므로, 정관에 정함이 없더라도 위임의 법정해제사유에 의하여 이사는 퇴임한다고 할 것이다.

따라서 이사는 절대로 해임할 수 없다는 정관규정이 있더라도 그러한 정관규정은 사적자치의 원칙을 극히 제한하는 규정으로서 무효가 되며, 이사는 언제나 자유로이 사임하여 그 직에서 물러날 수 있다(민 제689조 1항). 또한 정관에 해임에 관한 규정이 없는 경우라 할지라도 법인은 선임과 동일한 방법으로 이사를 해임하여 퇴임시킬 수 있다(민 제689조 1항).

이사는 사형이나 무기징역 또는 무기금고 등 형의 선고로 인하여 자격이 상실되면 당연히 그 직에서 퇴임하고(형 제43조 1항), 법인의 해산이나 이사 본인의 사망, 파산, 금치산선고에 의하여도 퇴임하게 된다(민 제690조).

① 임기만료

민법에는 이사의 임기에 관한 규정이 없으나 일반적으로 정관에 임기에 관한 규정이 있어 이 정관규정에 의하여 임기가 만료되면 이사는 퇴임하게 된다.

임기의 기산점은 이사가 취임의 승낙을 한 때이므로 승낙일의 익일을 초일로 하여 계산하고 임기로 정하여진 기간의 말일이 종료한 때에 임기가 만료되는 것으로 한다(민 제157조, 제159조).

상법상의 회사는 이사의 임기가 만료되어도 후임이사의 취임시까지 이사로서 권리의무가 있다는 명문규정이 있으나(상 제386조 1항), 민법에는 이와 같은 규정이 없다. 그러나 민법법인도 후임이사가 선임될 때까지는 전임자가 법인의 사무집행을 하여야 하므로(민 제127조, 제689조), 이사는 임기만료로 그 직을 떠난 후에도 법인의 사무집행에 관하여 선의로 관리 집행할 권한과 의무가 있다고 할 것이다(민 제691조, 대판 1972. 4. 11, 72누86).

임기의 만료와 동시에 이사로 재선되는 경우에는 이는 임기의 연장이 아니라 새로운 선임이며 이에 대하여 퇴임등기를 하고 다시 선임등기를 하여야 한다(민 제52조). 그러나 등기실무에서는 중임으로 등기하고 있다.

핵심판례

▶판례◀ 임기만료된 권리능력 없는 사단의 대표자의 업무수행권의 범위

(대판 2003.7.8., 2002다74817)

권리능력 없는 사단의 임기만료된 종전 대표자에게 후임자 선임시까지 업무수행권을 인정할 필요가 있는 경우에 해당한다 하더라도, 임기만료된 대표자의 업무수행권은 급박한 사정을 해소하기 위하여 그로 하여금 업무를 수행하게 할 필요가 있는지를 개별적·구체적으로 가려 인정할 수 있는 것이지 임기만료 후 후임자가 아직 선출되지 않았다는 사정만으로 당연히 포괄적으로 부여되는 것이 아니다.

▶판례◀ 법인 정관에 이사의 해임사유에 관한 규정이 있는 경우, 정관에서 정하지 아니한 사유로 이사를 해임할 수 있는지 여부(원칙적 소극)

(대판 2013.11.28. 선고, 2011다41741)

법인과 이사의 법률관계는 신뢰를 기초로 한 위임 유사의 관계로 볼 수 있는데, 민법 제689조 제1항에서는 위임계약은 각 당사자가 언제든지 해지할 수 있다고 규정하고 있으므로, 법인은 원칙적으로 이사의 임기 만료 전에도 이사를 해임할 수 있지만, 이러한 민법의 규정은 임의규정에 불과하므로 법인이 자치법규인 정관으로 이사의 해임사유 및 절차 등에 관하여 별도의 규정을 두는 것도 가능하다. 그리고 이와 같이 법인이 정관에 이사의 해임사유 및 절차 등을 따로 정한 경우 그 규정은 법인과 이사와의 관계를 명확히 함은 물론 이사의 신분을 보장하는 의미도 아울러 가지고 있어 이를 단순히 주의적 규정으로 볼 수는 없다. 따라서 법인의 정관에 이사의 해임사유에 관한 규정이 있는 경우 법인으로서는 이사의 중대한 의무위반 또는 정상적인 사무집행 불능 등의 특별한 사정이 없는 이상, 정관에서 정하지 아니한 사유로 이사를 해임할 수 없다.

---

② 사 임

법인과 이사의 관계는 위임계약관계이므로 각 당사자가 언제든지 해지할 수 있다(민 589①). 이사의 사임행위는 상대방 있는 단독행위라 할 것이어서 그 의사표시가 상대방에게 도달함과 동시에 효력을 발생하고 법인의 승낙을 요하지 아니하며, 그 의사표시가 효력을 발생한 후에는 마음대로 이를 철회할 수 없다.

또한 이사는 부득이한 사유없이 법인에 있어서 불리한 시기에 계약을 해지하는 때에는 손해를 배상하여야 한다(민 689②).

정관에 이사의 정원이 특정되어 있는 경우 이사가 사임하는 등기를 정원에 미달하도록 할 수는 없다. 즉, 정관에 임원의 정수가 이사장 1명, 이사 5명으로 되어 있는 재단법인의 현 등기부상 이사장 1명, 이사 4명만 있는 경우 그 중 이사 2명의 사임등기는 후임이사의 선임등기와 동시에 하지 아니하면 사임으로 인한 변경등기는 할 수 없고(등기선례 6-659), 정관에 규정된 이사의 정수를 등기관이 알 수 없으므로 이때에는 정관을 첨부하여야 한다고 할 것이다.

핵심판례

▶판례◀ 국가공무원의 강박행위에 의한 사임의 의사표시 효력여부

(대판 1996.12.23., 95다40038)

어떤 법률관계가 불평등한 것이어서 민법의 규정이 배제되는 공법적법률관계라고 하기 위하여는

그 불평등이 법률에 근거한 것이라야 하고, 당사자 간의 불평등이 공무원의 위법한 강박행위에 기인한 것일 때에는 이러한 불평등은 사실상의 문제에 불과하여 이러한 점만을 이유로 당사자 사이의 관계가 민법의 규정이 배제되어 공법적 법률관계라고 할 수 없으므로, 재단의 이사장직에서 사임한다는 의사표시의 성립과정에서 국가공무원들의 불법적인 강박행위가 개제되어 있었다 하더라도 사임의 의사표시를 하도록 강박하고 그 의사표시를 당해 법인에 전달한 국가공무원의 행위를 가리켜 국민의 재산권을 수용하는 수용에 유사한 행정처분이라고 할 수는 없으며, 의사표시의 효력은 의사표시의 하자에 관한 민법의 일반원리에 의하여 판단되어야 하고, 그 강박행위의 주체가 국가공권력이고 그 공권력 행사의 내용이 기본권을 침해하는 것이라고 하여 그 강박에 의한 의사표시가 항상 반사회성을 띠게 되어 당연히 무효로 된다고는 볼 수 없다.

▶판례◀ 사임의 의사표시

(대판 1992.7.14., 92다749)

이사의 사임의 의사표시는 일정한 방식을 요하지 아니하나 그 의사표시를 수령할 수 있는 권한이 있는 기관에 대하여 하여야 하므로 이사는 법인에 대한 일방적인 사임의 의사표시에 의하여 법률관계를 종료시킬 수 있고, 그 의사표시가 수령권한 있는 기관에 도달됨으로 효력을 발생하는 것이며, 법인의 승낙이 있어야만 효력이 있는 것은 아니다.

③ 해 임

상법에는 주식회사의 이사에 관하여 언제든지 주주총회에서 특별결의로 이사를 해임할 수 있다는 규정이 있으나(상 제385조 1항), 민법에는 비영리법인에 대하여 이사의 해임에 대한 규정이 없다.

그러나 대부분 정관으로 해임사유와 절차를 규정하고 있으므로 그 정관에 따라 해임을 하면 될 것이다.

이사 해임의 효력은 해임기관의 해임결의에 의하여 바로 발생하는 것이 아니라 이사에 대한 해임의 의사표시에 의하여 발생한다.

임기 만료된 이사장이 별다른 급박한 사정도 없이 임기만료 전의 다른 이사 해임을 위한 회의를 소집하여 이를 제안하는 일은 임기 만료된 이사장에게 수행케 함이 부적당한 임무에 해당하며(대판 1982. 3. 9, 81다614), 적법한 해임결의 요구 없이 된 재단법인 임원해임결의의 효력은 없다고 할 것이다.

불법 해임등기가 된 경우의 구제에 관하여 판례는, 예컨대 갑이 재단의 이사로 선임되어 그 선임등기가 완료되었는데 아무런 권원이 없는 사람들에 의하여 그 해임등기가 경료되고 법원이 임시이사 선임결정을 한 경우에는 등기부상 이사해임등기가 경료되었다 하더라도 권원 없는 자의 불법에 의하여 해임등기가 경료되었다는 소명이 있다면 갑은 위 임시이사 선임결정에 의하여 권리를 침해당한 자로서 그 결정에 대하여 항고할 수 있다(법 제20조, 대결 1964. 8. 17, 64마542)고 판시하고 있다.

④ 제 명

민법은 사원의 제명에 관하여 특별히 규정하고 있지 않으나, 인적결합체인 사단법인은 구성원에 대하여 제명을 할 수 있다고 할 것이다. 다만, 이 제명처분은 사원의 의사에 반하여 그 사원인 지위를 박탈하는 것이므로 법인의 이익을 위하여 불가피한 경우에 최종적인 수단으로서만 인정되어야 할 것이다.

법인이 사원을 제명처분한 경우에 법인은 그 제명사유의 존부와 결의내용의 당부 등을 가려 제명처분의 효력을 심사할 수 있다(대판 1994. 5. 10, 93다21750).

나. 임시이사

임시이사는 통상의 이사와 같은 법인의 대표, 업무집행기관으로서 그 권리의무 및 결의권이 있다(민 제58조, 제63조). 임시이사가 이사로서의 직권에 의하여 적법한 절차에 따라 변경한 정관은 유효하다고 대법원은 판결하고 있다(대판 1963. 12. 12, 63다449).

다만 법원이 특정의 행위만을 위하여 임시이사를 선임한 때에는 그 특정행위에 대하여만 권한이 한정된다고 할 것이다.

① 임시이사의 선임

법인에 이사가 없거나 결원이 있는 경우에 이로 인하여 손해가 생길 염려가 있는 때에는 이해관계인이나 검사의 청구에 의하여 임시이사를 선임하여야 한다(민 제63조).

임시이사의 선임은 이사가 전연 없거나 정관에서 정한 원수를 결한 경우, 이사가 있으나 사실상 및 법률상의 원인으로 임무를 수행할 수 없는 경우, 이사가 특별이해관계인으로 되어 법인의 의결권과 대표권이 배제된 경우 등에 한다.

그러나 이사가 결원이 된 경우에 관하여 정관에 대행의 규정이 있는 때에는 그 대행자가 대표권을 행사하면 되므로 이때에는 임시이사를 선임할 필요가 없다.

후임이사를 선임하지 아니한 채 임기만료로 퇴임한 이사가 있을 때는 이사의 결원이 있다 할 것이며(대결 1975. 3. 31, 74마562, 등기예규 제246호), 퇴임이유를 불문하고 후임이사 없이 이사가 퇴임한 경우 이사가 없는 경우에 해당한다 할 것이다(등기예규 제154호).

권리능력이 없는 사단이나 재단은 법률에 특별한 규정이 없는 한 민법 제63조의 임시이사를 선임할 수 없다(대결 1961. 11. 6, 4293민재항431).

② 신청권자 및 선임절차

임시이사의 선임신청권자는 이해관계인과 검사이다.

여기서 이해관계인이란 임시이사가 선임되는 것에 관하여 법률상의 이해관계가 있는 자 즉, 사건본인 법인의 다른 이사, 사원, 채권자 등을 포함한다 할 것이므로 그 법인의 정당한 최후 이사였다가 퇴임한 자이거나 이사선임 신청 당시 그 법인의 등기부상의 이사로서 동 법인의 업무처리를 담당해 온 자는 이에 해당된다(민 제3조, 대결 1976. 12. 10, 76마394).

임시이사 선임의 필요가 있는지 여부의 결정은 사실심 법원의 권한에 속하며 임시이사의 선임은 비송사건절차법에 의하여 법원이 선임한다. 또한 임시이사 선임에 대한 법원의 관할은 법인의 주된 사무소소재지의 지방법원 합의부이다(비송사건절차법 제33조 1항).

법원은 민법 제63조에 의하여 임시이사를 선임할 수 있을 뿐 임시이사장까지 선임할 수는 없으며, 임시이사의 선임은 비송사건절차법의 규제를 받는 것인 바, 법원은 임시이사 선임결정을 한 후에 사정변경이 생겨 그 선임결정이 부당하다고 인정될 때에는 이를 취소 또는 변경할 수 있다(대판 1992. 7. 3, 91마730).

③ 임시이사선임에 대한 불복절차

법원의 결정에 따른 임시이사선임에 관하여는 비송사건절차법에 의한 항고로써만 불복할 수 있으며, 일반 민사소송절차에서는 할 수 없다(비송사건절차법 20, 대판 1963. 12. 12, 3다449). 항고에는 특별한 규정이 없는 한 집행정지의 효력이 없다(비송사건절차법 제21조).

임시이사 선임결정 자체가 부당하다는 이유로 보통의 민사소송에 의하여 임시이사선임결의 취소를 구하는 청구는 할 수 없고(대판 1963.12.12, 63다449). 같은 이유로 민사소송법상 가처분절차에 따라 임시이사직무집행정지나 직무대행자선임결정을 구할 수도 없다(대판 1916. 12. 12, 63다321).

이사직무대행자 결정의 가처분을 법원이 한 경우 상법회사의 경우에는 제1심수소법원이 그 등기를 촉탁하나(비송사건절차법 제107조), 민법 법인에는 이 규정을 준용하는 조문이 없으므로 법원의 촉탁에 의하여 서는 할 수 없다고 할 것이다(1998. 10. 1. 등기 3402-954).

④ 임시이사선임등기의 여부

임시이사의 선임등기에 관한 별도의 규정은 없으나, 법인등의등기사항 에관한특례법 제3조 및 동 규칙 제3조 1호에서는 대표권 있는 임원의 직무를 일시 행할 자에 관한 등기를 하도록 규정하고 있고 임시이사의 선임시에는 이를 등기하여야 한다고 규정하고 있다. 이에 따르면 임시 이사 선임등기를 하여야 한다.

다만, 민법법인의 임시이사 선임등기에 관하여 상사회사와 같은 촉탁등 기의 규정(비송사건절차법 제107조)이 없으므로 법원의 촉탁이 아닌 당 해 법인에 의한 신청에 의한 등기를 하여야 할 것이란 견해와 비송사건 절차법 제64조 2항이 임시이사가 변경등기를 신청하는 경우에는 신청 서에 그 자격을 증명하는 서면을 첨부하도록 하고 있는 점과 민법에서 임시이사에 관하여 등기를 하여야 한다는 규정이 없는 점, 비송사건절 차법 중 민법법인의 임시이사선임에 관하여 법원에서 등기촉탁을 할 수 있는 근거규정이 없는 점 등을 들어 등기를 아니한다는 견해가 있는 바, 실무상 그 선임등기를 하지 아니한다(법원실무제요(비송), 508면).

⑤ 임시이사의 임기 및 퇴임

임시이사의 권한은 신임이사가 선임됨으로써 소멸한다는 것이 통설이 므로 임시이사의 임기는 신임이사가 선임될 때까지이다. 즉, 신임이사 가 선임되면 임시이사는 당연 퇴직한다. 임시이사는 언제라도 사임할 수 있고 법원의 승낙을 받을 필요는 없다. 다만, 법원이 선임한 이사 이므로 법원에 사임서를 제출한다.

⑥ 임시이사 취소결정

임시이사의 선임은 비송사건절차법의 규제를 받은 것인 바, 법원은 임시이사 선임결정을 한 후에 사정변경이 생겨 그 선임결정이 부당하다고 인정될 때에는 이를 취소 또는 변경할 수 있다(대결 1992. 7. 3, 91마730).

다. 특별대리인

① 특별대리인의 선임

법인과 이사의 이익이 상반하는 사항에 관하여는 이사는 대표권이 없다. 이 경우에는 이해관계인 또는 검사의 청구에 의하여 법원이 특별대리인을 선임하여야 한다(민 제64조).

이는 법인과 이사의 이익이 충돌하는 경우에 법인의 이익을 보호하기 위하여 둔 규정으로서, 이사가 있는데도 불구하고 특별한 사안에서만 이사로서의 직무가 제한되는 점에서 이사가 없거나 결원인 경우의 임시이사와 차이가 난다.

이사는 법인과 이익이 상반되는 사항에 관하여는 대표권이 없으므로 이에 위반한 경우에는 그 행위는 무권대리행위가 되어 추인이 있는 경우가 아니면 그 효력이 법인에 미치지 못하고 이사는 이행 또는 손해배상의 책임을 진다(민 제30조, 제135조).

② 특별대리인의 지위와 권한

특별대리인도 임시이사와 같이 법인의 기관이나, 임시이사는 법인의 사무에 관하여 포괄적인 권한을 가짐에 대하여 특별대리인은 그 선임의 사유가 된 사항에 대하여만 권한을 가진다.

특별대리인은 이사와 이익이 상반되는 행위만 대리하므로 그 대리행위가 종료하면 지위를 상실한다.

따라서 특별대리인 선임결정의 주문은 '○○법인과 ○○구 ○○동 ○○번지○○○과의 사이에 ○○시 ○○구 ○○동 ○○번지 대지 ○○평에 대한 임대차계약을 체결함에 있어서, ○○시 ○○구 ○○동 ○○번지 ○○○을 ○○법인의 특별대리인으로 선임한다'는 등 구체적으로 표시하여야 한다.

특별대리인에 관하여는 등기할 필요가 없다고 할 것이다.

라. 이사의 직무권한과 대표권

1) 이사의 사무집행과 대리인선임

법인의 이사는 대외적으로 법인을 대표하며, 대내적으로 법인의 사무를 집행할 권한과 의무가 있다.

여기서 사무집행이란 법인의 목적을 달성하기 위하여 필요한 모든 사무(계약의 체결, 소송수행, 사용인의 채용 및 지휘 등)를 말한다.

이사의 사무에 관하여 민법은 ① 법인의 등기(민 제50조, 제51조, 제52조), ② 재산목록 및 사원명부의 작성(민 제55조), ③ 총회의 소집(민 제69조, 제70조), ④ 총회의사록의 작성(민 제76조), ⑤ 파산의 신청(민 제79조), ⑥ 청산인이 되는 것(민 제82조) 등을 규정하고 있다.

이사가 수인인 경우 정관에 규정이 없으면 이사의 과반수로써 결정한다(민 제58조 2항). 이사는 정관 또는 총회의 결의로 금지하지 아니한 사항에 한하여 타인으로 하여금 특정한 행위를 대리하게 할 수 있다(민 제62조).

정관의 규정에 의하여 특정의 이사만이 대표권을 가지는 경우에는 그 대표권을 갖는 이사만이 복대리인을 선임할 수 있다. 복대리인이 될 수 있는 자격에 관하여는 특별한 제한이 없어서 법인의 대표권 없는 평이사도 복대리인이 될 수 있다. 복대리인의 대리권의 범위는 특정한 사항에 한정되고 포괄적인 대리는 할 수 없다.

2) 이사회

민법상 비영리법인의 이사는 원칙적으로 각자 법인을 대표하나(민 제59조), 정관으로 이사들로 구성된 합의체인 이사회를 둘 수 있고 법인의 사무집행을 이사회의 결의로써 할 수 있다.

이때의 이사는 이사회의 구성원에 불과하며 법인의 대표권은 이사장 또는 회장에게 있다. 이사회는 정관의 규정에 의하여 설치할 수 있는 임의기관이나, 공익법인과 학교법인의 이사회는 법률에 의하여 두어야 하는 필수기관이다(공익 제6조, 사학 제15조).

① 이사회의 소집과 통지

민법법인의 이사회는 원칙적으로 정관의 규정에 의하여 소집하여야 하며, 이사회소집권자는 원칙적으로 개개의 이사이지만(민 제59조), 정관에 별도로 소집하여야 할 자를 정한 경우에는 그 자만이 이사회를 소집할 수 있다. 소집권자에 의하지 않고 이사회를 개최하여 결의하여도 그 결의는 무효이다.

이사회를 소집할 때에는 모든 이사에게 정관 소정의 절차에 의하여 소집통지를 하여야 하며, 이사회 소집절차에 중대한 하자가 있는 경우에는 이사회의 결의는 무효라고 할 것이다. 그러나 이사회소집 통지에 하자가 있더라도 이사 전원이 참석하여 결의하였다면 유효하다고 할 것이다.

공익법인은 이사회를 이사장이 소집하고 그가 의장이 되자(공익 제6조 4항), 재적이사 과반수가 회의의 목적을 제시하여 소집을 요구하거나 감사가 공익법인의 업무와 재산상황을 감사한 결과 불법 또는 부당한 점이 있음을 발견하여 이사회의 소집을 요구할 때에는 이사장은 소집요구일로부터 20일 이내에 이사회를 소집하여야 한다(공익 제8조 2항). 또한 이사회를 소집하여야 할 경우에 소집권자가 궐위되거나 이를 기피하여 7일 이상 이사회 소집이 불가능할 때에는 재적이사 과반수의 찬성으로 감독청의 승인을 받아 이를 소집할 수 있다. 이때에는 정관이 정하는 이사가 이사회를 주재한다(공익 제8조 4항).

핵심판례

▶판례◀ 특정 이사에게 적법한 소집통지를 하지 아니하여 그 이사가 출석하지 아니한 채 개최된 이사회결의의 효력

(대판 1994.9.23., 94다35084)

민법상 비영리법인 이사회결의가 특정 이사에게 적법한 소집통지를 하지 아니하여 그 이사가 출석하지 아니한 채 개최되었거나, 정관에 이사회를 개최하기에 앞서 미리 일정한 기한을 두고 회의안건 등을 기재한 소집통지서를 발송하도록 하고 있음에도 불구하고 이러한 소집통지에 관한 절차를 거치지 아니한 경우에는 그 이사회결의는 존재하지 아니하거나 당연무효로 보아야 한다.

---

② 이사회의 결의

민법에는 이사회의 결의요건에 관한 명문규정이 없거나, 회의에 관한 일반결의요건에 따라 이사회의 결의는 이사전원의 과반수 출석과 출석이사의 과반수 찬성으로 결의할 수 있다고 할 것이다. 다만 정관으로 다르게 규정할 수 있다.

공익법인의 경우는 정관에 특별한 규정이 없는 한 재적이사 과반수의 찬
성으로 의결할 수 있다고 규정하고 있으므로(공익 제9조 1항), 정관에 다
른 정함이 있는 경우에는 그에 따른다.

이사회의 결의에 관하여 특별한 이해관계가 있는 이사는 의결권을 행사
하지 못한다고 할 것이다(상 제391조 2항, 제368조 4항, 공익 제7조 2
항, 사학 제16조 2항 등).

이사회 결의의 하자에 관하여 민법에는 규정이 없으나 이해관계인은 이
사회의 결의내용, 소집절차, 결의방법 등에 하자가 있는 경우 그 무효를
항변이나 소로써 주장할 수 있다고 할 것이다(대판 1982. 7. 13, 80다
2441).

민법법인의 이사회는 법률의 규정에 없고 정관으로 정할 수 있는 임의규
정이므로 결의사항에 관한 명문규정이 없다. 그러나 정관으로 이사회의
결의사항을 정할 수 있다고 할 것이다.

그러나 공익법인의 이사회는 필요기관으로서 공익법인의 예산, 결산, 차
입금 및 재산의 취득, 처분과 관리에 관한 사항, 정관의 변경에 관한 사
항, 공익법인의 해산에 관한 사항, 임원의 임면에 관한 사항, 수익사업에
관한 사항, 기타 법령이나 정관에 의하여 그 권한에 속하는 사항 등을
결의사항으로 하며 심의결정 하여야 한다(공익 제7조 1항).

3) 이사의 대표권

① 대표권과 대표권 제한

법인의 이사는 법인의 사무에 관하여 각자 법인을 대표함을 법인으로 한
다. 그러나 정관으로 달리 정할 수 있다(민 제59조).

이사가 수인인 경우에는 이사 중에서 이사장 또는 회장만이 대표권을 가
지고 이사의 대표권에 대하여 나머지 이사는 대표권이 없도록 하는 대표
권 제한규정을 둘 수도 있다.

이사가 법인을 대표함에는 자연인인 이사 개인과 구별하기 위하여 법인
의 명칭과 기관을 표시하여야 한다(민 제115조).

이사는 법인의 대표로서 법인의 사무집행에 필요한 모든 사항에 관하여
재판상 및 재판 외의 행위를 할 수 있는 권한을 가진다. 그러나 이 대표

권은 정관 소정의 목적범위 내로 제한한다.

이사의 대표권의 유무 및 공동대표 규정은 등기할 수 있으나 그 외의 대표권 제한은 등기가 되지 아니하는 바, 이 경우에는 선의의 제3자에게 대항할 수 없다고 할 것이다.

사단법인은 총회의 결의에 의하여 이사의 대표권을 제한할 수 있고 이사는 이에 반하여 대표권을 행사할 수 없다고 할 것이다.

예컨대, 재단법인의 대표자가 그 법인의 채무를 부담하는 계약을 함에 있어서 이사회의 결의를 거쳐 총회와 설립자의 승인을 얻고 주무관청의 인가를 받도록 정관에 규정되어 있다면 그와 같은 규정은 법인 대표권의 제한에 관한 규정으로써 이러한 제한은 등기하지 아니하면 제3자에게 대항할 수 없고, 법인의 정관에 법인 대표권의 제한에 관한 규정이 있으나 그와 같은 취지와 등기되어 있지 않다면 법인은 그와 같은 정관의 규정에 대하여 선의냐 악의냐에 관계없이 제3자에 대하여 대항할 수 없다(민 제60조, 제49조, 대판 1992. 2. 14, 91다24564).

또한 사단법인의 대표자가 채무를 인수함에 있어 사원총회와 이사회의 결의를 따로이 거치도록 되어 있다면 이와 같은 총회나 이사회의 결의는 법인대표권에 대한 제한으로서 이러한 제한은 등기하지 않으면 제3자에게 대항할 수 없다(대판 1987. 11. 24.86다카2484).

② 대표권제한규정의 신설, 변경, 폐지

이사의 대표권은 정관이나 사원총회의 결의에 의하여 제한할 수 있고(민 제59조 1항), 이와 같은 이사의 대표권의 제한은 등기하지 않으면 제3자에게 대항하지 못한다(민 제60조).

정관에 의한 대표권의 제한은 ① 이사의 다수결 또는 전원에 의한 공동대표, ② 사원총회의 의결을 조건으로 하는 결의, ③ 이사장에게만 대표권을 주고 평이사에게는 대표권을 제한하는 경우 등으로 할 수 있다. 그러나 이사 전원에 대한 대표권 제한은 성질상 허용되지 아니한다.

이사의 대표권의 제한은 정관에 기재하지 아니하면 효력이 없고 등기하지 아니하면 제3자에게 대항할 수 없다(민 제41조, 제60조).

정관에 대표권이 제한되어 있으나 이를 등기하지 아니한 경우에 이사가 대표권의 범위를 넘어 행사하여도 이는 법인의 행위로서 효력이 있으며,

다만 당해 이사는 법인에 대하여 손해배상책임을 진다.

대표권제한등기를 신청할 때에는 대표권제한을 증명하는 정관 또는 총회 의사록을 첨부하여야 한다(민 제41조).

사단법인의 대표자가 채무를 인수함에 있어 사원총회와 이사회의 결의를 따로이 거치도록 되어 있다면 이와 같은 총회나 이사회의 결의는 법인 대표권에 대한 제한으로서 이러한 제한은 등기하지 않으면 제3자에게 대항할 수 없고(대판 1987. 11. 24, 86다카2484), 재단법인의 대표자가 그 법인의 채무를 부담하는 계약을 함에 있어서 이사회의 결의를 거쳐 노회와 설립자의 승인을 얻고 주무관청의 인가를 받도록 정관에 규정되어 있다면, 그와 같은 규정은 법인 대표권의 제한에 관한 규정으로서 이러한 제한은 등기하지 아니하면 제3자에게 대항할 수 없으며, 법인의 정관에 법인 대표권의 제한에 관한 규정이 있으나 그와 같은 취지가 등기되어 있지 않다면, 법인은 그와 같은 정관의 규정에 대하여 선의냐 악의냐에 관계없이 제3자에 대하여 대항할 수 없다(대판 1992. 2. 14, 91다24564). 재단법인에 대표이사가 따로 있다면 상무이사의 재단법인을 대표할 수 있는 권한에 제한이 있는 것으로 볼 것이다(대판 1962. 1. 11, 4294민상473).

대표권제한규정을 신설 또는 폐지하거나 변경된 때에는 그에 따른 변경등기를 해야 하는 바, 이때 대표권제한규정의 신설이나 폐지는 정관변경사항이므로 정관변경절차를 밟아 주무관청의 허가를 받은 후에 등기신청 하여야 한다.

마. 등기절차

1) 등기신청인과 등기기간

이사의 취임, 변경, 퇴임 및 대표권설정, 변경, 폐지의 등기는 대표권제한규정이 없는 때에는 이사(이사가 없는 때에는 임시이사) 중의 1인이 신청인이 되고 대표권제한규정이 있는 때에는 대표권 있는 이사가 신청인이 된다(민법법인 및 특수법인 등기규칙 제6조, 상업등기법 제23조 1항). 다만, 임시이사가 변경등기를 신청하는 경우에는 신청서에 그 자격을 증명하는 서면을 첨부하여야 한다(비송사건절차법 제64조 2항).

이 등기의 등기기간은 이사나 대표권 있는 이사가 취임 또는 퇴임하거나 대표권제한 규정이 설정, 폐지, 임원승인 취소된 날로부터 3주간 내이다(민 제52조).

대표권제한규정의 설정, 변경, 폐지 등 정관변경을 필요로 하는 사항을 등기하는 경우에는 그에 관한 주무관청의 허가서가 도착한 날부터 기간을 계산한다(민 제53조).

2) 등기사항

① 이사의 취임등기

취임한 이사의 성명, 주민등록번호와 취임취지 및 등기연월일을 임원란에 기재하고 등기관의 식별부호를 기록하여야 한다(민법법인 및 특수법인 등기규칙 제6조, 상업등기규칙 제55조).

이사의 취임일자는 당해 이사의 선임행위 및 선임승낙일과 전임자의 임기만료일, 주무관청의 허가일 중 늦은 쪽의 일자이다.

② 이사의 퇴임등기

퇴임한 이사의 성명과 퇴임사유 및 그 등기연월일을 상당란에 기재하고 등기관의 식별부호를 기록하여야 한다(민법법인 및 특수법인 등기규칙 제6조, 상업등기규칙 제55조).

임기만료나 사임으로 퇴임한 이사가 정관규정에 따라 계속 그 권리의무를 행사하다가 후임자가 취임하여 비로소 퇴임등기를 하는 경우 퇴임일자는 그 권리의무행사 종료일이 아니라 당초의 임기만료일이나 사임일이다.

③ 중임등기

이사의 임기가 만료된 때에 그 사람이 재선되어 다시 취임하는 경우에도 그 변경등기를 생략할 수 없다. 동일인이 다시 취임하여 전임 임기만료일과 후임 임기개시일이 동일한 경우에는 원칙적으로 취임등기와 퇴임등기를 하여야 하나, 실무에서는 중임이라 하여 그 퇴임취지와 재취임취지를 중복하여 기재하지 않고 단순히 중임의 취지만 기재하고 있다.

그러나 임기만료된 이사가 정관규정에 따라 후임자가 취임할 때까지 권리의무를 행사하던 중에 재선된 때처럼 전임 임기만료일과 후임 임기개시일이 서로 다른 경우에는 중임등기가 아니라 퇴임 및 취임등기로 해야 할 것이다.

민법상 법인의 임원에 대한 중임결의가 그 임기만료 전에 이루어졌다 하더라도 임기만료일까지는 중임등기신청을 할 수 없다는 점에 유의해야 한다. 임기만료 전에 중임등기신청을 하려면 사임서를 받아 사임으로 인한 퇴임과 취임의 등기를 하면 될 것이다.

주민등록번호가 기재된 임원의 중임등기신청시에는 중임되는 임원의 주민등록번호를 증명하는 서면을 다시 제출하지 않아도 된다(1998.9.8, 등기예규 제943호).

또한 공익법인의설립, 운영에관한법률이 적용되는 재단법인의 이사가 중임되어 그 변경등기를 신청하는 경우에는 그 취임승낙을 증명하는 서면을 첨부하여야 하지만 인감증명은 첨부할 필요가 없다(등기선례 1995. 1. 10). 이는 취임승낙서면에 날인된 인영과 그가 이미 등기소에 제출한 인감으로서 확인이 가능하기 때문이다.

④ 대표권제한규정의 제정, 변경, 폐지등기

대표권제한규정의 설정등기는 대표권제한규정설정의 취지와 그 등기연월일 및 대표권 있는 이사의 성명, 주소, 변경등기의 경우는 변경된 대표권 있는 이사의 성명, 주소와 변경취지 및 그 연월일, 폐지등기의 경우는 대표권제한규정폐지의 취지와 그 등기연월일을 등기용지의 상당란에 등기하고 등기관의 식별부호를 기록하여야 한다(민법법인 및 특수법인 등기규칙 제6조, 상업등기규칙 제55조).

대표권제한에 관한 등기를 할 때 특정한 이사로 표시하거나 이사장으로 표시할 수 있으나 다만, 이 경우에도 이사장은 등기사항이 아니며, 특별법에서 규정하는 회장, 부회장은 민법에서 기관으로 규정하지 아니하므로 대표권제한규정을 회장, 부회장 이외에는 대표권 없음 등과 같이 등기할 수 없고'이사 ○○○ 외에는 대표권 없음'등으로 기재하여야 할 것이다.

3) 첨부서면

① 이사의 취임등기

이사 선임기관에서 그 선임을 한 서면으로 사단법인의 경우는 사원총회의사록, 재단법인의 경우는 이사회의사록, 주소 및 주민등록번호를 증명하는 주민등록등본 등을 첨부하여야 하며, 피선자의 취임승낙서도 첨부해야 한다. 등기관이 취임승낙서에 날인하는 인감은 인감증명법에 의하여 신고한 인감이어야 하며, 그 인감증명도 첨부해야 한다. 다만, 의사록에 피선자의 취임을 승낙한 취지의 기재가 있고 당해 피선자가 그 의사록에 날인한 경우에는 이를 승낙서에 갈음하여 피선자의 취임승낙서를 별도로 첨부하지 않아도 된다.

등기부에 주민등록번호가 기재된 임원의 중임등기신청서에는 중임되는 임원의 주민등록번호를 증명하는 서면은 첨부하지 않아도 된다(1998.9.8, 등기예규 제943호).

민법상 법인의 이사변경등기신청서에는 그 변경을 증명하는 서면을 첨부하여야 하며(비송사건절차법 제64조 1항), 그것이 사원총회(또는 이사회)의 의사록인 때에는 그 법인이 의사록인증제외대상법인(공증 제66조의2 1항 단서 및 동법시행령 2의3 별표 1)이 아닌 한 공증인의 인증을 받아야 한다(공증 제66조의2 1항, 등기선례 2-710).

대표권 있는 이사의 취임등기를 신청할 때에는 인감증명을 받을 수 있도록 인감신고서에 당해 이사의 인감(인감대지)도 제출해야 한다. 그러나 취임의 경우에는 종전에 제출한 인감에 변경사항이 없으면 제출하지 아니하여도 된다고 할 것이다.

대법원 선례

▶선례◀ 재단법인의 이사의 중임으로 인한 변경등기와 인감증명 첨부 요인(등기선례 4- 884)

(1995.1.10, 등기 3402-21 질의회답)

1. 공익법인의설립운영에관한법률이 적용되는 재단법인이 주무관청의 승인을 받아 이사가 중임되어 그 변경등기를 신청하는 경우 그 취임승낙을 증명하는 서면을 첨부하여야 할 것이나 인감증명은 첨부할 필요가 없다.
2. 재단법인의 감사는 등기사항이 아니다.

▶선례◀ 비영리법인의 대표권 없는 이사의 취임, 사임으로 인한 변기등기 신청시 인감증명 첨부 요부(등기선례 4-877)

(1994.11.7.등기 3402-1302 질의회답)

비영리법인의 대표권없는 이사 및 감사의 취임 또는 사임으로 인한 변경등기를 신청함에 있어서 그 취임 또는 사임을 증명하는 서면에는 인감증명을 첨부할 필요가 없다.

▶선례◀ 당연직 이사의 취임 또는 퇴임으로 인한 변경등기와 취임승낙서 제출 요부(등기선례 4-882)

(1994.7.14 등기 3402-650 질의회답)

지방자치단체가 공동으로 출연하여 설립된 민법상의 재단법인이 있어서 그 정관상 일정한 직에 재직하는 자는 당연히 이사가 되는 것으로 규정되어 있는 경우에는 그 당연직 이사의 취임 또는 퇴임으로 인한 변경등기신청시 위의 직이 공직인 당연직 이사에 대하여는 이사의 취임 또는 퇴임을 증명하는 서면으로서 그 직에의 인사발령장을 제출하면 되며, 이 경우에 별도로 취임승낙서나 인감증명서는 제출하지 않아도 된다(비송 제67조, 제204조, 상등규칙 제81조 참조).

② 이사의 퇴임등기

㉮ 정 관

퇴임등기의 경우에는 일반적 첨부서면 중 정관을 첨부하여야 한다. 이것은 정관상 당해 법인의 이사의 정수를 확인하기 위한 것이다.

㉯ 사임으로 인한 퇴임의 경우 사임서

이는 사임의 의사를 확인하기 위한 것이므로 의사록에 기명날인한 이사가 당해 사원총회나 이사회석상에서 사임하여 그 취지가 당해 의사록에 기재되어 있는 경우에는 그 기재를 사임서에 갈음하여 별도로 사임서를 첨부하지 아니해도 무방하다. 그러나 사임서에 날인된 인영은 인감증명법에 의하여 신고한 것이어야 하며 그 인감증명도 첨부해야 한다.

㉰ 사망으로 인한 퇴임의 경우 사망진단서 또는 가족관계등록부의 증명서

이는 사망사실을 증명하기 위한 것이다. 주민등록등본에 사망사실이 기재되어도 이는 신분에 관한 기록이 아니므로 이로써 위 증명서면을 대신할 수 없다고 할 것이다.

㉱ 해임에 의한 퇴임의 경우 사원총회의사록 또는 이사회의사록

이는 해임을 결의한 서면으로서 해임을 증명하기 위한 것이다. 이 의사록은 공증인의 인증을 받은 것이어야 한다(공증 제66조의2).

㉲ 파산, 금치산선고 또는 형의 선고 등으로 인한 퇴임의 경우 결격사유증명서 등

파산, 금치산선고 등은 이사의 결격사유가 되므로 그 결격사유를 증명하는 재판서의 등본과 확정증명서, 가족관계등록부의 증명서 등을 첨부해야 한다.

그 외 주무관청의 임원승인 취소로 인한 경우에는 그 취소를 한 사실을 증명하는 공문 등을 첨부해야 할 것이다.

③ 대표권제한규정의 신설, 변경, 폐지등기

정관으로 대표권제한규정을 신설한 경우에는 그 정관변경을 결의한 사원총회의사록(사단법인의 경우)이나 이사회의사록(재단법인의 경우)과 주무관청의 허가서를 첨부하여야 하고, 종전의 대표권 있는 이사가 경질된 때에는 구체적인 퇴임사유에 따라 이사퇴임의 경우와 같은 사임서.사망진단서.파산.금치산선고결정등본 등 전임자의 퇴임을 증명하는 서면과 새로 취임하는 이사의 자격을 증명하는 사원총회의사록 또는 이사회의사록과 취임승인서, 주무관청의 허가서 등을 첨부하여야 한다.

대표권제한규정을 폐지한 때에도 그 정관변경을 결의한 사원총회나 이사회의사록과 주무관청의 허가서 등을 첨부해야 할 것이다.

④ 등록면허세, 지방교육세, 등기신청수수료 등

일반적인 첨부서면 외에 등록면허세, 지방교육세 등 납부영수필과 등기신청수수료 수입증지를 첨부한다.

등록면허세는 일반적인 변경등기의 등록면허세인 40,200원이고(지세법 제28조 1항 6호), 지방교육세는 그 100분의 20이다.

조세특례제한법, 지방세법, 관세법에 의하여 등록면허세가 감면되는 경우에 그 감면세액의 100분의 20의 농어촌특별세를 납부하여야 하나(농특세법 제5조), 농어촌특별세도 감면 또는 면제되는 경우가 있다(농특세법 제14조).

등기신청수수료는 방문신청의 경우 6,000원(전자표준양식에 의한 신청의 경우에는 4,000원, 전자신청의 경우에는 2,000원)이며, 명칭, 주사무소, 이사변경등기를 하나의 신청서로 신청하는 때에는 각각의 수수료 각 6,000원(전자표준양식에 의한 신청의 경우에는 각 4,000원, 전자신청의 경우에는 각 2,000원)을 합산하여야 한다. 그러나 수인의 이사, 대표자 등 임원의 퇴임, 취임으로 인한 변경등기는 일괄하여 하나의 임원변경등기신청으로 보아 6,000원(전자표준양식에 의한 신청의 경우에는 4,000원, 전자신청의 경우에는 2,000원)을 납부한 대법원수입증지를 첨부 한다.

(6) 등기의 사항

♣【서식】사단(재단)법인 변경등기신청서(이사퇴임 및 보선의 경우)

<table>
<tr><td colspan="6" align="center">사단(재단)법인 변경등기신청</td></tr>
<tr><td rowspan="2">접
수</td><td colspan="2" align="center">년   월   일</td><td rowspan="2">처리인</td><td>등기관 확인</td><td>각종통지</td></tr>
<tr><td colspan="2" align="center">제   호</td><td></td><td></td></tr>
</table>

명 칭	사단(재단)법인 ○○회	등기번호	제1000호
주사무소	○○시 ○○구 ○○동 ○		
등기의 목적	이사변경등기		

등기의 사유	<경우1> 이사의 사망, 사임보선의 경우 이사 ○○○은 사망(사임)하고 다음 사람이 이사에 취임하였으므로 그 등기를 구함. 또는 이사 ○○○은 20○○년 ○월 ○일 사임하고, 20○○년 ○월 ○일 사원총회(이사회)에서 다음 사람을 이사로 선임하여 20○○원 ○월 ○○일 주무관청의 승인을 얻어 20○○년 ○월 ○일 취임하였<u>으므로</u> 그 등기를 구함. <경우2> 이사의 임기만료퇴임 보선의 경우 이사 ○○○은 임기만료로 퇴임하고 다음 사람이 이사에 취임하였<u>으므로</u> 그 등기를 구함. <경우3> 이사의 해임 보선의 경우 이사 ○○○은 해임되고 다음 사람이 이사에 취임하였<u>으므로</u> 그 등기를 구함. <경우4> 이사의 파산, 금치산선고에 의한 자격상실 보선의 경우 이사 ○○○은 파산(금치산)선고로 자격상실하고 다음 사람이 이사에 취임하였<u>으므로</u> 그 등기를 구함.

허가서도착연월일	20〇〇년 〇월 〇일
주사무소/분사무소 신청구분	1.주사무소 신청 □ 2.분사무소 신청 □ 3.주사무소.분사무소 일괄신청 □

등기할 사항	
이사의 성명, 주민등록번호 및 변경연월일	<경우1> 이사의 사망, 사임보선의 경우 　이사 〇〇〇 20〇〇년 〇월 〇일 사망(사임) 　이사 〇〇〇 20〇〇년 〇월 〇일 취임 　<경우2> 이사의 임기만료퇴임 보선의 경우 　이사 〇〇〇 20〇〇년 〇월 〇일 퇴임 　이사 〇〇〇 20〇〇년 〇월 〇일 취임 　(　　-　　) 　<경우3> 이사의 해임 보선의 경우 　이사 〇〇〇 20〇〇년 〇월 〇일 해임 　이사 〇〇〇 20〇〇년 〇월 〇일 취임 　(　　-　　) 　<경우4> 이사의 파산, 금치산선고에 의한 자격상실 보선의 경우 　이사 〇〇〇 20〇〇년 〇월 〇일 자격상실 　이사 〇〇〇 20〇〇년 〇월 〇일 취임
대표권제한규정 및 변경연월일	
기　타	

<table>
<tr><td colspan="8" align="center">신청등기소 및 등록면허세/수수료</td></tr>
<tr><td rowspan="2">순번</td><td rowspan="2">신청등기소</td><td rowspan="2">구분</td><td>등록면허세</td><td rowspan="2">농어촌특별세</td><td rowspan="2">세액합계</td><td colspan="2" rowspan="2">등기신청수수료</td></tr>
<tr><td>지방교육세</td></tr>
<tr><td rowspan="2"></td><td rowspan="2"></td><td rowspan="2"></td><td>금   원</td><td rowspan="2">금   원</td><td rowspan="2">금   원</td><td colspan="2" rowspan="2">금   원</td></tr>
<tr><td>금   원</td></tr>
<tr><td></td><td></td><td></td><td></td><td></td><td></td><td colspan="2"></td></tr>
<tr><td colspan="3">합   계</td><td></td><td></td><td></td><td colspan="2"></td></tr>
<tr><td colspan="3">등기신청수수료 납부번호</td><td colspan="5"></td></tr>
<tr><td colspan="8" align="center">첨 부 서 면</td></tr>
<tr><td colspan="4">
1. 사원총회 또는 이사회 의사록   1통
  * 해임, 선임 등의 경우
  * 이사결정서(이사회가 없는 경우)
1. 사임서(인감증명서나 본인서명사실
   확인서 또는 전자본인서명확인서의
   발급증 포함)   1통
1. 가족관계 등록사항별 증명서   1통
  * 사망, 개명의 경우
1. 취임승낙서(인감증명서나 본인서명사실
   확인서 또는 전자본인서명확인서의
   발급증 포함)   1통
</td><td colspan="4">
1. 주민등록표등(초)본(선임한 경우)   1통
1. 정관   1통
1. 주무관청의 허가서(허가가 필요한 경우)
1. 인감신고서   1통
1. 등록면허세영수필확인서   1통
1. 등기신청수수료영수필확인서   1통
1. 위임장(대리인이 신청할 경우)   1통
<기 타>
</td></tr>
<tr><td colspan="8">
20○○년 ○월 ○일
신청인 명   칭 사단(재단)법인 ○○회
      주사무소 ○○시 ○○구 ○○동 ○○
대표자 성   명 이사장 ○ ○ ○ ㊞   (전화 :   )
      주   소 ○○시 ○○구 ○○동 ○○
대리인 성   명 법무사 ○ ○ ○ ㊞   (전화 :   )
      주   소 ○○시 ○○구 ○○동 ○○
○○지방법원 ○○등기소 귀중
</td></tr>
</table>

- 신청서 작성요령 -

1. 해당란이 부족할 때에는 별지를 이용합니다.
1. 해당 등기신청과 관계없는 사항에 대하여는 "해당없음"으로 기재하거나 삭제하고, 필요한 사항은 추가 기재합니다.
1.「인감증명법」에 따른 인감증명서 제출과 함께 관련 서면에 인감을 날인하여야 하는 경우, 본인서명사실확인서를 제출하고 관련 서면에 서명을 하거나 전자본인서명확인서 발급증을 제출하고 관련 서면에 서명을 하면 인감증명서를 제출하고 관련 서면에 인감을 날인한 것으로 봅니다.

(용지규격 21cm× 29.7cm)

주 ① 이 등기는 대표권제한이 없는 때에는 각자대표의 원칙에 따라 이사 중 1인이 신청하며, 대표권 제한이 있는 때에는 대표권 있는 이사가 신청한다.

② 허가서도착연월일은 정관의 이사임면에 관하여 주무관청의 허가를 받도록 정한 경우에 한하여 기재한다.

③ 등록면허세는 40,200원이고(지세법 제28조 1항 6호), 지방교육세는 등록면허세액의 100분의 20이다. 조특법 및 관세법, 지세법에 의하여 등록면허세가 감면되는 경우 그 감면세액의 100분의 20의 농어촌특별세를 납부하여야 하고(다만 이것도 면제되는 경우가 있다), 등기신청 수수료는 방문신청의 경우 6,000원(전자표준양식에 의한 신청의 경우 4,000원, 전자신청의 경우 2,000원)의 대법원수입증지를 첨부하여야 한다. 명칭, 주사무소, 이사변경등기를 하나의 신청서로 신청할 경우에는 각각의 수수료 각 6,000원(전자표준양식에 의한 신청의 경우 4,000원, 전자신청의 경우 2,000원)을 합산하여야 하나, 수인의 이사, 대표자 등 임원의 퇴임, 취임으로 인한 변경등기를 이를 일괄하여 하나의 임원변경등기신청으로 보아 6,000원(전자표준양식에 의한 신청의 경우 4,000원, 전자신청의 경우 2,000원)을 납부한 대법원수입증지를 첨부하면 된다.

④ 첨부서류중 의사록들은 공증인의 인증을 받아야한다. 당연직이사인 경우에는 그 당연직에 취임 또는 발령받은 사실을 증명하는 인사발령문등을 첨부한다. 또한 당연직 이사가 당연직의 보직이 변경된 경우에는 자격상실을 증명하는 서류인 인사발령문등을 첨부한다.

⑤ 정관은 이사의 선임과 해임 등이 정관소정의 방법에 의한 것임을 증명하고, 당해 법인의 이사의 정수를 확인하기 위하여 첨부하는 것이다.

⑥ 허가서는 이사의 인원수 증원으로 정관변경을 위한 주무관청의 허가가 필요한 경우나 설립허가 조건이 임원취임을 주무관청의 승인사항으로 한 경우 등에 첨부한다. 등본을 첨부하는 때에는 허가관청의 인증있는 등본도 첨부해야 한다.

⑦ 첨부서류 중 인감증명서는 본인의 진정한 의사를 확인하기 위한 것으로, 취임승낙취지가 기재된 피선자의 기명날인이 있는 의사록을 첨부한 경우에는 이를 생략할 수 있다. 다만 대표자는 인감증명법에 의한 인감증명을 첨부하여야하나 중임의 경우는 예외이다.

⑧ 대표자는 등기소에서 인감증명을 받아야 하므로 인감증명을 받을 수 있는 대조용 인감 대지와 인감신고서를 제출하여야 한다. 다만, 중임의 경우에는 종전의 인감을 발용할 수 있다.

⑨ 사임시에는 인감증명법에 의하여 신고한 인장으로 날인해야 한다. 그러나 회의석상에서 사임한 취지의 기재가 있고 그 임원의 기명날인이 있는 의사록을 첨부한 때에는 이의 첨부를 생략할 수 있다.

⑩ 위임장의 첨부나 대리인의 표시는 대리인의 의하여 신청하는 경우에 한한다.

♣ 【서식】 취임승낙서

<table>
<tr><td colspan="2" align="center"><h2>취임승낙서</h2></td></tr>
<tr><td colspan="2">

 본인은 20○○년 ○월 ○일 사원총회(이사회)에서 귀 법인의 이사로 선임되었는 바, 이에 그 취임을 승낙합니다.

20○○년 ○○월 ○○일

</td></tr>
<tr><td>

이사　○　○　○
</td><td>인감</td></tr>
<tr><td colspan="2" align="right">사단(재단)법인 ○○회　귀중</td></tr>
</table>

※ 날인된 인감은 인영대조 전산시스템에 의하여 등기관이 조사를 합니다. 따라서 인감을 날인할 때에는 **인영이 인감날인란의 선내를 벗어나지 않도록** 각별히 주의하시기 바랍니다.

※ 이 양식은 주식회사뿐 아니라 모든 종류의 법인에 관하여 적용됩니다. 주식회사 이외의 다른 법인은 양식의 해당 문구를 적절히 수정하여 사용하시기 바랍니다.

♣ 【서식】 사임서

<table>
<tr><td colspan="2" align="center"><h1>사　임　서</h1></td></tr>
<tr><td colspan="2">

본인은 귀 법인의 이사인 바, 이번에 일신상의 형편에 의하여 그 직을 사임합니다.

2000년 ○월 ○일

</td></tr>
<tr><td></td><td>인감</td></tr>
<tr><td align="center">이사　○　○　○</td><td></td></tr>
<tr><td colspan="2" align="right">사단(재단)법인 ○○회　귀중</td></tr>
</table>

※ 날인된 인감은 인영대조 전산시스템에 의하여 등기관이 조사를 합니다. 따라서 인감을 날인할 때에는 **인영이 인감날인란의 선내를 벗어나지 않도록** 각별히 주의하시기 바랍니다.

※ 이 양식은 주식회사뿐 아니라 모든 종류의 법인에 관하여 적용됩니다. 주식회사 이외의 다른 법인은 양식의 해당 문구를 적절히 수정하여 사용하시기 바랍니다.

♣ 【서식】 임원 취임 및 해임 인가 공문

○ ○   부

문서번호   종이 86210-○○○

시행일자   20○○년 ○월 ○일

수   신   서울시 ○○구 ○○동 100번지

　　　　　재단법인 ○○유지재단 이사장 ○ ○ ○

제   목   임원 취임 및 해임인가.

1. 중화 제○○-1호('○○.1.1.)와 관련입니다.

2. 귀 법인의 임원 취임 및 해임을 다음과 같이 인가합니다.

　가. 인가내용

　　1) 임원취임

직 위	성 명	주 소	임 기	비 고
이 사	○○○		인가일로부터 2007.12.31.까지	신임
감 사	○○○		2007.1.1.부터 2007.12.31.까지	유임

2) 해임임원

직 위	성 명	해 임 사 유
이 사	○ ○ ○	사 임(해 임)
감 사	○ ○ ○	임 기 만 료

나. 인가조건

　　1) 상기 취임임원(감사 제외)에 대하여 본 인가일로부터 3주 내에 등기를
　　　완료하고, 법원발행 등기부등본 1부를 첨부하여 결과를 보고하기 바람.

　　2) 상기 조건 불이행시나 신청서상 허위 발견시에는 본 인가를 취소할 수도
　　　있음. 끝.

　　　　　　　　　　　　　　　　　　　　　　　○○부장관 직인

♣ 【서식】 사단(재단)법인 변경등기신청서(이사증원의 경우)

사단(재단)법인 변경등기신청

접수	년 월 일		처리인	등기관 확인	각종통지
	제 호				

명 칭	사단(재단)법인 ○○회		등기번호	제1000호
주사무소	○○시 ○○구 ○○동 ○			
등기의 목적	이사변경등기			
등기의 사유	정관변경에 의하여 이사의 정원을 증원하고 다음 사람이 이사에 취임하였으므로 그 등기를 구함.			
허가서도착연월일	20○○년 ○월 ○일			
주사무소/분사무소 신청구분	1.주사무소 신청 □ 2.분사무소 신청 □ 3.주사무소.분사무소 일괄신청 □			
등기할 사항				
이사의 성명, 주민등록번호 및 변경연월일	이사 ○○○ (-) 20○○년 ○월 ○일 취임			
대표권제한규정 및 변경연월일				
기 타				

<table>
<tr><td colspan="8" align="center">신청등기소 및 등록면허세/수수료</td></tr>
<tr><td>순번</td><td>신청등기소</td><td>구분</td><td>등록면허세
지방교육세</td><td>농어촌특별세</td><td colspan="2">세액합계</td><td>등기신청수수료</td></tr>
<tr><td></td><td></td><td></td><td>금　　　　원
금　　　　원</td><td>금　　　원</td><td colspan="2">금　　　원</td><td>금　　　원</td></tr>
<tr><td></td><td></td><td></td><td></td><td></td><td colspan="2"></td><td></td></tr>
<tr><td colspan="3" align="center">합　　　계</td><td></td><td></td><td colspan="2"></td><td></td></tr>
<tr><td colspan="3">등기신청수수료 납부번호</td><td colspan="5"></td></tr>
</table>

첨　　부　　서　　면

1. 사원총회 또는 이사회 의사록　　1통	1. 주민등록표등(초)본(선임한 경우)　　1통
* 해임, 선임 등의 경우	1. 정관　　1통
* 이사결정서(이사회가 없는 경우)	2. 주무관청의 허가서(허가가 필요한 경우)
1. 사임서(인감증명서나 본인서명사실	1. 인감신고서　　1통
확인서 또는 전자본인서명확인서의	1. 등록면허세영수필확인서　　1통
발급증 포함)　　1통	1. 등기신청수수료영수필확인서　　1통
1. 가족관계 등록사항별 증명서　　1통	1. 위임장(대리인이 신청할 경우)　　1통
* 사망, 개명의 경우	<기 타>
1. 취임승낙서(인감증명서나 본인서명사실	
확인서 또는 전자본인서명확인서의	
발급증 포함)　　1통	

20○○년 ○월 ○일

신청인 명　　칭　사단(재단)법인 ○○회

　　　　주사무소　○○시 ○○구 ○○동 ○○

대표자 성　　명　이사장 ○ ○ ○ ㊞　　　　　(전화 :　　　　　)

　　　　주　　소　○○시 ○○구 ○○동 ○○

대리인 성　　명　법무사 ○ ○ ○ ㊞　　　　　(전화 :　　　　　)

　　　　주　　소　○○시 ○○구 ○○동 ○○

○○지방법원 ○○등기소 귀중

- 신청서 작성요령 -

1. 해당란이 부족할 때에는 별지를 이용합니다.
1. 해당 등기신청과 관계없는 사항에 대하여는 "해당없음"으로 기재하거나 삭제하고, 필요한 사항은 추가 기재합니다.
1. 「인감증명법」에 따른 인감증명서 제출과 함께 관련 서면에 인감을 날인하여야 하는 경우, 본인서명사실확인서를 제출하고 관련 서면에 서명을 하거나 전자본인서명확인서 발급증을 제출하고 관련 서면에 서명을 하면 인감증명서를 제출하고 관련 서면에 인감을 날인한 것으로 봅니다.

(용지규격 21cm×29.7cm)

주 ① 이 등기는 대표권제한이 없는 때에는 각자대표의 원칙에 따라 이사 중 1인이 신청하며, 대표권 제한이 있는 때에는 대표권 있는 이사가 신청한다.

② 허가서도착연월일은 정관의 이사임면에 관하여 주무관청의 허가를 받도록 정한 경우에 한하여 기재한다.

③ 등록면허세는 40,200원이고(지세법 제28조 1항 6호), 지방교육세는 등록면허세액의 100분의 20이다. 조특법 및 관세법, 지세법에 의하여 등록면허세가 감면되는 경우 그 감면세액의 100분의 20의 농어촌특별세를 납부하여야 하고(다만 이것도 면제되는 경우가 있다), 등기신청 수수료는 방문신청의 경우 6,000원(전자표준양식에 의한 신청의 경우 4,000원, 전자신청의 경우 2,000원)의 대법원수입증지를 첨부하여야 한다. 명칭, 주사무소, 이사변경등기를 하나의 신청서로 신청할 경우에는 각각의 수수료 각 6,000원(전자표준양식에 의한 신청의 경우 4,000원, 전자신청의 경우 2,000원)을 합산하여야 하나, 수인의 이사, 대표자 등 임원의 퇴임, 취임으로 인한 변경등기를 이를 일괄하여 하나의 임원변경등기신청으로 보아 6,000원(전자표준양식에 의한 신청의 경우 4,000원, 전자신청의 경우 2,000원)을 납부한 대법원수입증지를 첨부하면 된다.

④ 첨부서류중 의사록들은 공증인의 인증을 받아야한다. 당연직이사인 경우에는 그 당연직에 취임 또는 발령받은 사실을 증명하는 인사발령문등을 첨부한다. 또한 당연직 이사가 당연직의 보직이 변경된 경우에는 자격상실을 증명하는 서류인 인사발령문등을 첨부한다.

⑤ 정관은 이사의 선임과 해임 등이 정관소정의 방법에 의한 것임을 증명하고, 당해 법인의 이사의 정수를 확인하기 위하여 첨부하는 것이다.

⑥ 허가서는 이사의 인원수 증원으로 정관변경을 위한 주무관청의 허가가 필요한 경우나 설립허가 조건이 임원취임을 주무관청의 승인사항으로 한 경우 등에 첨부한다. 등본을 첨부하는 때에는 허가관청의 인증있는 등본도 첨부해야 한다.

⑦ 첨부서류 중 인감증명서는 본인의 진정한 의사를 확인하기 위한 것으로, 취임승낙취지가 기재된 피선자의 기명날인이 있는 의사록을 첨부한 경우에는 이를 생략할 수 있다. 다만 대표자는 인감증명법에 의한 인감증명을 첨부하여야하나 중임의 경우는 예외이다.

⑧ 대표자는 등기소에서 인감증명을 받아야 하므로 인감증명을 받을 수 있는 대조용 인감 대지와 인감신고서를 제출하여야 한다. 다만, 중임의 경우에는 종전의 인감을 발용할 수 있다.

⑨ 사임시에는 인감증명법에 의하여 신고한 인장으로 날인해야 한다. 그러나 회의석상에서 사임한 취지의 기재가 있고 그 임원의 기명날인이 있는 의사록을 첨부한 때에는 이의 첨부를 생략할 수 있다.

⑩ 위임장의 첨부나 대리인의 표시는 대리인의 의하여 신청하는 경우에 한한다.

♣ 【서식】 사단(재단)법인 변경등기신청서(이사중임의 경우)

<table>
<tr><td colspan="6" align="center">사단(재단)법인 변경등기신청</td></tr>
<tr><td rowspan="2">접
수</td><td colspan="2" align="center">년　　월　　일</td><td rowspan="2">처리인</td><td>등기관 확인</td><td>각종통지</td></tr>
<tr><td colspan="2">제　　　　　　　　호</td><td></td><td></td></tr>
</table>

<table>
<tr><td>명　　칭</td><td>사단(재단)법인 ○○회</td><td>등기번호</td><td>제1000호</td></tr>
<tr><td>주사무소</td><td colspan="3">○○시 ○○구 ○○동 ○</td></tr>
<tr><td>등기의 목적</td><td colspan="3">이사변경등기</td></tr>
<tr><td>등기의 사유</td><td colspan="3">이사 ○○○은 중임하였으므로 그 등기를 구함.</td></tr>
<tr><td>허가서도착연월일</td><td colspan="3">20○○년 ○월 ○일</td></tr>
<tr><td>주사무소/분사무소
신청구분</td><td colspan="3">1. 주사무소 신청 □ 2. 분사무소 신청 □ 3.주사무소.분사무소 일괄신청 □</td></tr>
<tr><td colspan="4" align="center">등기할 사항</td></tr>
<tr><td>이사의 성명,
주민등록번호 및
변경연월일</td><td colspan="3">이사 ○○○ （　　-　　）
20○○년 ○월 ○일 중임</td></tr>
<tr><td>대표권제한규정 및
변경연월일</td><td colspan="3"></td></tr>
<tr><td>기　　타</td><td colspan="3"></td></tr>
</table>

신청등기소 및 등록면허세/수수료						
순번	신청등기소	구분	등록면허세 지방교육세	농어촌특별세	세액합계	등기신청수수료
			금　　　　원 금　　　　원	금　　　원	금　　　원	금　　　원
합　　　계						
등기신청수수료 납부번호						

첨　부　서　면

1. 사원총회 또는 이사회 의사록　　　1통 　* 해임, 선임 등의 경우 　* 이사결정서(이사회가 없는 경우) 1. 사임서(인감증명서나 본인서명사실 　확인서 또는 전자본인서명확인서의 　발급증 포함)　　　　　　　　1통 1. 가족관계 등록사항별 증명서　　1통 　* 사망, 개명의 경우 1. 취임승낙서(인감증명서나 본인서명　사 　실확인서 또는 전자본인서명확인서의 발 　급증　포함)　　　　　　　　1통	1. 주민등록표등(초)본(선임한 경우)　1통 1. 정관　　　　　　　　　　　1통 3. 주무관청의 허가서(허가가 필요한 경우) 1. 인감신고서　　　　　　　　1통 1. 등록면허세영수필확인서　　　1통 1. 등기신청수수료영수필확인서　1통 1. 위임장(대리인이 신청할 경우)　1통 <기 타>

20○○년 ○월 ○일

신청인　명　　　칭　사단(재단)법인 ○○회

　　　　　주사무소　○○시 ○○구 ○○동 ○○

대표자　성　　　명　이사장 ○ ○ ○ ㉑　　　　(전화 :　　　　　)

　　　　　주　　　소　○○시 ○○구 ○○동 ○○

대리인　성　　　명　법무사 ○ ○ ○ ㉑　　　　(전화 :　　　　　)

　　　　　주　　　소　○○시 ○○구 ○○동 ○○

○○지방법원 ○○등기소 귀중

- 신청서 작성요령 -

1. 해당란이 부족할 때에는 별지를 이용합니다.
1. 해당 등기신청과 관계없는 사항에 대하여는 "해당없음"으로 기재하거나 삭제하고, 필요한 사항은 추가 기재합니다.
1.「인감증명법」에 따른 인감증명서 제출과 함께 관련 서면에 인감을 날인하여야 하는 경우, 본인서명 사실확인서를 제출하고 관련 서면에 서명을 하거나 전자본인서명확인서 발급증을 제출하고 관련 서면에 서명을 하면 인감증명서를 제출하고 관련 서면에 인감을 날인한 것으로 봅니다.

(용지규격 21cm×29.7cm)

주 ① 이 등기는 대표권제한이 없는 때에는 각자 대표의 원칙에 따라 이사 중 1인이 신청하며, 대표권제한이 있는 때에는 대표권 있는 이사가 신청한다.

② 허가서도착연월일은 정관에 이사임면에 관하여 주무관청의 허가를 받도록 정한 경우에 한하여 기재한다.

③ 등록면허세는 40,200원이고(지세법 제28조 1항 6호), 지방교육세는 등록면허세액의 100분의 20이다. 조특법 및 관세법, 지세법에 의하여 등록면허세가 감면되는 경우 그 감면세액의 100분의 20의 농어촌특별세를 납부하여야 하고(다만 이것도 면제되는 경우가 있다), 등기신청 수수료는 방문신청의 경우 6,000원(전자표준양식에 의한 신청의 경우 4,000원, 전자신청의 경우 2,000원)의 대법원수입증지를 첨부하여야 한다. 명칭, 주사무소,이사변경등기를 하나의 신청서로 신청할 경우에는 각각의 수수료 각 6,000원(전자표준양식에 의한 신청의 경우 4,000원, 전자신청의 경우 2,000원)을 합산하여야 하나, 수인의 이사, 대표자 등 임원의 퇴임, 취임으로 인한 변경등기를 이를 일괄하여 하나의 임원변경등기신청으로 보아 6,000원(전자표준양식에 의한 신청의 경우 4,000원, 전자신청의 경우 2,000원)을 납부한 대법원수입증지를 첨부하면 된다.

④ 첨부서류 중 의사록들은 공증인의 받아야 한다.
당연직 이사인 경우에는 그 당연직에 취임 또는 발령받은 사실을 증명하는 인사발령문 등을 첨부한다. 또한 당연직 이사가 당연직의 보직이 변경된 경우에는 자격상실을 증명하는 서류인 인사발령문 등을 첨부한다.

⑤ 정관을 이사의 선임과 해임 등이 정관소정의 방법에 의한 것임을 증명하고, 당해 법인의 이사의 정수를 확인하기 위하여 첨부하는 것이다.

⑥ 허가서는 이사의 인원수 증원으로 정관변경을 위한 주무관청의 허가가 필요한 경우나 설립허가조건이 임원취임을 주무관청의 승인사항으로 한 경우 등에 첨부한다. 등본을 첨부하는 때에는 허가관청의 인증있는 등본도 첨부해야 한다.

⑦ 인감증명서는 본인의 진정한 의사를 확인하기 위한 것으로, 취임승낙취지가 기재된 피선자의 기명날인이 있는 의사록을 첨부한 경우에는 이를 생략할 수 있다. 다만 대표자는 인감증명법에 의한 인감증명을 첨부하여야 하나 중임의 경우는 예외이다.

⑧ 대표자는 등기서에서 인감증명을 받아야 하므로 인감증명을 받을 수 있는 대조용 인감대지와 인감신고서를 제출하여야 한다. 다만, 중임의 경우에는 종전의 인감을 발용할 수 있다.

⑨ 위임장의 첨부나 대리인의 표시는 대리인에 의하여 신청하는 경우에 한한다.

♣ 【서식】 사단(재단)법인 변경등기신청서(대표권제한규정 신설, 변경, 폐지의 경우)

사단(재단)법인 변경등기신청

접 수	년 월 일	처리인	등기관 확인	각종통지
	제 호			

명 칭	사단(재단)법인 ○○회	등기번호	제1000호
주사무소	○○시 ○○구 ○○동 ○		
등기의 목적	대표권이 제한규정의 변경등기		
등기의 사유	<경우1> 대표권제한규정 신설의 경우 <경우2> 대표권제한규정 변경의 경우 20○○년 ○월 ○일 대표권 있는 이사 ○○○는 이사직을 사임하고 20○○년 ○월 ○일 사원총회(이사회)에서 ○○○가 이사로 선임되어 같은 날 취임하고 20○○년 ○월 ○일 이사이사회에서 ○○○가 대표권 이는 이사로 선임되어 같은 날 취임함에 따라 이사 및 대표권 제한규정이 다음과 같이 변경되었으므로 회에서 ○○○가 대표권 이는 이사로 선임되어 같은 날 취임함으로(……변경되어 20○○년 ○월 ○일 주사무소소재지 관할등기소에서 등기를 하였으므로 이 등기소에서)그 등기를 구함. <경우3> 대표권제한규정 폐지의 경우 20○○년 ○월 ○일 사원총회(이사회)에서 대표권의 제한규정 폐지와 정관변경을 결의하고 20○○년 ○월 ○일 주무관청의 허가를 얻어 대표권의 제한규정을 폐지하였으므로(……폐지하여 20○○년 ○월 ○일 주사무소재지 관할등기소에서 등기를 하였으므로 이 등기소에서)그 등기를 구함.		
허가서도착연월일	20○○년 ○월 ○일		
주사무소/분사무소 신청구분	1. 주사무소 신청 □ 2. 분사무소 신청 □ 3.주사무소.분사무소 일괄신청 □		

등기할 사항

이사의 성명, 주민등록번호 및 변경연월일	
대표권제한규정 및 변경연월일	<경우1> 대표권제한규정 신설의 경우 　　이사 ○○○ 외에는 대표권이 없음. 　　○○시 ○○구 ○○동 200번지 　　20○○년　○월　○일 대표권제한규정 설정 <경우2> 대표권제한규정 변경의 경우 　　이사 ○○○ 20○○년 ○월 ○일 사임 　　이사 ○○○ 20○○년 ○월 ○일 취임 　　(　　-　　) 　　○○시 ○○구 ○○동 200 　　이사 ○○○ 외에는 대표권이 없음. <경우3> 대표권제한규정 폐지의 경우 　　20○○년 ○월 ○일　대표권제한규정에서
기　　타	

<table>
<tr><td colspan="9" align="center">신청등기소 및 등록면허세/수수료</td></tr>
<tr><td rowspan="2">순번</td><td rowspan="2">신청등기소</td><td rowspan="2">구분</td><td>등록면허세</td><td rowspan="2">농어촌특별세</td><td rowspan="2">세액합계</td><td rowspan="2">등기신청수수료</td></tr>
<tr><td>지방교육세</td></tr>
<tr><td></td><td></td><td></td><td>금　　　　원
금　　　　원</td><td>금　　　　원</td><td>금　　　　원</td><td>금　　　　원</td></tr>
<tr><td></td><td></td><td></td><td></td><td></td><td></td><td></td></tr>
<tr><td colspan="3" align="center">합　　　계</td><td></td><td></td><td></td><td></td></tr>
<tr><td colspan="3">등기신청수수료 납부번호</td><td colspan="4"></td></tr>
</table>

첨　　부　　서　　면

1. 사원총회 또는 이사회 의사록　1통 　* 해임, 선임 등의 경우 　* 이사결정서(이사회가 없는 경우) 1. 사임서(인감증명서나 본인서명사실 　확인서 또는 전자본인서명확인서의 　발급증 포함)　　　　　　1통 1. 가족관계 등록사항별 증명서　1통 　* 사망, 개명의 경우 1. 취임승낙서(인감증명서나 본인서명　사 　실확인서 또는 전자본인서명확인서의 발 　급증 포함)　　　　　　1통	1. 주민등록표등(초)본(선임한 경우)　1통 1. 정관　　　　　　　　　　　1통 4. 주무관청의 허가서(허가가 필요한 경우) 1. 인감신고서　　　　　　　　1통 1. 등록면허세영수필확인서　　　1통 1. 등기신청수수료영수필확인서　1통 1. 위임장(대리인이 신청할 경우)　1통 <기 타>

20○○년 ○월 ○일

신청인　명　　칭　사단(재단)법인 ○○회
　　　　　주사무소　○○시 ○○구 ○○동 ○○
대표자　성　　명　이사장 ○ ○ ○ ㊞　　　　　(전화 :　　　　　)
　　　　　주　　소　○○시 ○○구 ○○동 ○○
대리인　성　　명　법무사 ○ ○ ○ ㊞　　　　　(전화 :　　　　　)
　　　　　주　　소　○○시 ○○구 ○○동 ○○

○○지방법원 ○○등기소 귀중

- 신청서 작성요령 -

1. 해당란이 부족할 때에는 별지를 이용합니다.
1. 해당 등기신청과 관계없는 사항에 대하여는 "해당없음"으로 기재하거나 삭제하고, 필요한 사항은 추가 기재합니다.
1.「인감증명법」에 따른 인감증명서 제출과 함께 관련 서면에 인감을 날인하여야 하는 경우, 본인서명사실확인서를 제출하고 관련 서면에 서명을 하거나 전자본인서명확인서 발급증을 제출하고 관련 서면에 서명을 하면 인감증명서를 제출하고 관련 서면에 인감을 날인한 것으로 봅니다.

(용지규격 21㎝×29.7㎝)

주 ① 이 등기는 대표권제한이 없는 때에는 각자대표 원칙에 따라 이사 중 1인이 신청하며, 대표권 제한이 있는 때에는 대표권있는 이사가 신청한다.
② 분사무소는 분사무소소재지에서 신청하는 경우에 한하여 기재한다.
③ 등기의 사유의 기재 중 전란의 (   )는 재단법인인 경우의 예이며, 후란의 (   )는 분사무소에서 신청하는 경우의 예이다.
④ 정관변경이 필요한 경우에는 주무관청의 허가를 받아야 하는 바, 대표권제한규정을 신설, 폐지하는 등 등기사항이 정관변경사항인 때에는 7항의 주무관청 허가서도착연월일을 기재한다.
⑤ 등록면허세는 40,200원이고(지세법 제28조 1항 6호), 지방교육세는 등록면허세액의 100분의 20이다.
조특법 및 관세법, 지세법에 의하여 등록면허세가 감면되는 경우 그 감면세액의 100분의 20의 농어촌특별세를 납부하여야 하고(다만, 이것도 면제되는 경우가 있다). 등기신청 수수료는 방문신청의 경우 6,000원의 대법원수입증지를 첨부하여야 한다. 전자표준양식에 의한 신청은 4,000원, 전자신청의 경우에는 2,000원이다. 같은 난에 기재되는 수인의 이사변경, 퇴임 및 취임등기에는 1건의 등기신청수수료를 납부하면 되고, 등기되는 난이 다른 이사변경과 목적변경의 경우에는 2건의 등기신청수수료 12,000원(방문신청의 경우)을 납부하여야 한다. 전자표준양식에 의한 신청의 경우에는 8,000원, 전자신청의 경우에는 4,000원이다.
⑥ 대표권제한규정의 신설, 폐지를 위한 정관변경, 이사의 선임 등을 결의한 사원총회나 이사회의 의사록을 첨부한다. 민법상 법인의 등기신청서에 첨부하는 모든 의사록은 공증인의 인증을 받아야 한다.
⑦ 첨부서류 중 이사회의사록은 대표권있는 이사를 선임한 것을 첨부하되, 이사회가 없는 경우에는 이사과반수결의서를 첨부한다.
⑧ 취임승낙서는, 취임승낙의 취지가 기재된 피선자의 기명날인이 있는 의사록을 첨부한 때에는 그 첨부를 생략할 수 있다.
⑨ 대표자가 변경되면 인감증명을 위한 인감대지가 변경되어야 하고, 대표권규정의 신설, 변경, 폐지의 경우에도 동일하므로 이때에는 대표자의 인감신고서와 인감대지를 첨부하되, 대표자의 인감증명은 중임의 경우에는 등기소에 신고된 인감으로 족하나, 새로 취임하는 대표자는 인감증명법에 의한 인감증명서를 첨부하여야 한다.
⑩ 법인등기부등본은 분사무소소재지에서 신청하는 경우에 한하며 첨부하는 것으로서, 그 경우에는 등기사항을 증명하는 선임결의의사록이나 사임서 등 대신 이 변경등기를 마친 후의 주사무소의 등기부등본이나 초본만 첨부하면 그것으로 족하다.
⑪ 위임장의 첨부와 대리인의 표시는 대리인에 의하여 신청하는 경우에 한한다.

♣ 【서식】 임원 취임 및 인가 공문

○ ○ 부

문서번호 종이 86210-○○○

시행일자 20○○년 ○월 ○일

수   신 서울시 ○○구 ○○동 100번지

　　　　　재단법인 ○○유지재단 이사장 ○○○

제   목 대표권 있는 이사 변경승인

1. 중화 제○○-○호('○○.1.1.)와 관련입니다.

2. 귀 법인의 대표권 있는 이사의 변경승인을 아래와 같이 인가합니다.

　가. 인가내용

직 위	성 명	주 소	임 기	비고
회장(이사)	○○○		인가일로부터 2000.12.31.까지	변경

　나. 인가조건

1) 상기 대표권 있는 이사에 대하여 본 인가일로부터 3주 내에 등기를 완료하고, 법원발행 등기부등본 1부를 첨부하여 결과를 보고하기 바람.

2) 상기 조건 불이행시나 신청서상 허위 발견시에는 본 인가를 취소할 수도 있음. 끝.

○○부장관 직인

♣ 【서식】 위임장

<table>
<tr><td colspan="3" align="center">위　　　　　임　　　　　장</td></tr>
<tr><td>법인의 표시</td><td colspan="2">상호 : 사단(재단)법인 ○○회
본점 : 서울특별시 ○○구 ○○동 ○○번지</td></tr>
<tr><td>등기의 목적</td><td colspan="2">대표권의 제한규정 변경</td></tr>
<tr><td>등기의 사유</td><td colspan="2">20○○년 ○월 ○일 대표권의 제한규정 변경</td></tr>
<tr><td>대리인</td><td colspan="2">법무사 ○○○
서울특별시 ○○구 ○○동 ○○번지</td></tr>
<tr><td colspan="3">위 대리인에게 위 등기의 신청 및 취하, 그리고 원본 환부청구 및 수령에 관한 모든 권한을 위임한다. 또한 복대리인 선임을 허락한다.
 년　　　월　　　일 </td></tr>
<tr><td rowspan="3">위임인</td><td>사단(재단)법인 ○○회
서울특별시 ○○구 ○○동 ○○번지</td><td></td></tr>
<tr><td>이사장 ○○○
서울특별시 ○○구 ○○동 ○○번지</td><td>인감</td></tr>
<tr><td></td><td>인감

인감</td></tr>
</table>

※ 날인된 인감은 인영대조 전산시스템에 의하여 등기관이 조사를 합니다. 따라서 인감을 날인할 때에는 **인영이 인감날인란의 선내를 벗어나지 않도록** 각별히 주의하시기 바랍니다.

※ 이 양식은 주식회사뿐 아니라 모든 종류의 법인에 관하여 적용됩니다. 주식회사 이외의 다른 법인은 양식의 해당 문구를 적절히 수정하여 사용하시기 바랍니다.

♣ **【서식】사단**(재단)**법인 변경등기 신청서**(대표권제한규정 변경의 경우)

<table>
<tr><td colspan="6" align="center">사단(재단)법인 변경등기신청</td></tr>
<tr><td rowspan="2">접
수</td><td align="center">년   월   일</td><td rowspan="2">처리인</td><td>등기관 확인</td><td>각종통지</td></tr>
<tr><td align="center">제   호</td><td></td><td></td></tr>
</table>

<table>
<tr><td align="center">명   칭</td><td>사단(재단)법인 ○○회</td><td>등기번호</td><td>제1000호</td></tr>
<tr><td align="center">주사무소</td><td colspan="3">○○시 ○○구 ○○동 ○</td></tr>
<tr><td align="center">등기의 목적</td><td colspan="3">대표권제한규정의 변경등기</td></tr>
<tr><td align="center">등기의 사유</td><td colspan="3">

<경우1> 대표권 있는 이사직만 사임한 경우
20○○년 ○월 ○일 대표권 있는 이사 ○○○는 대표직만 사임하고 20○○년 ○월 ○일 이사회에서 이사 ○○○가 대표권 있는 이사로 선임되어 같은 날 취임함에 따라 대표권의 제한규정이 다음과 같이 변경되었으므로(……변경되어 20○○년 ○월 ○일 주사무소소재지 관할등기소에서 등기를 하였으므로 이 등기소에서) 그 등기를 구함.

<경우2> 대표권직만 해임하고 보선하는 경우
대표권 있는 이사 ○○○는 20○○년 ○월 ○일 이사회에서 대표직만을 해임하고 같은 날 이사 ○○○가 대표권 있는 이사로 선임되어 같은 날 취임함에 따라 대표권의 제한규정이 다음과 같이 변경되었으므로(……변경되어 20○○년 ○월 ○일 주사무소소재지 관할등기소에서 등기를 하였으므로 이 등기소에서)그 등기를 구함.

<경우3> 이사직 해임 임기만료 사망으로 대표권이 상실되어 보선하는 경우
20○○년 ○월 ○일 이사 ○○○은 사원총회(이사회)에서 이사직을 해임(이사 ○○○은 임기만료로 퇴임, 이사 ○○○은 사망으로 이사직을 상실)되어 같은 날 사원총회(이사회)에서 이사 ○○○가 대표권 있는 이사로 선임되고 같은 날 취임함에 따라 대표권의 제한규정이 다음과 같이 변경되었으므로(……변경되어 20○○년 ○월 ○일 주사무소소재지 관할등기소에서 등기를 하였으므로 이 등기소에서)그 등기를 구함.

</td></tr>
</table>

<table>
<tr>
<td></td>
<td>

<경우4> 단독대표를 공동대표로 변경하는 경우
20○○년 ○월 ○일 사원총회(이사회)에서 단독대표규정을 공동대표규정으로 변경하고 같은 날 사원총회(이사회)에서 이사 ○○○ 및 이사 ○○○가 공동으로 대표권있는 이사로 선임되고 같은 날 취임함에 따라 대표권의 제한규정이 다음과 같이 변경되었으므로(⋯⋯변경되어 20○○년 ○월 ○일 주사무소소재지 관할등기소에서 등기를 하였으므로 이 등기소에서) 그 등기를 구함.

<경우5> 공동대표를 단독대표로 변경하는 경우
20○○년 ○월 ○일 사원총회(이사회)에서 공동대표규정을 단독대표규정으로 변경하고 같은 날 사원총회(이사회)에서 이사○○○ 및 이사 ○○○가 대표권 있는 이사로 선임되고 같은 날 취임함에 따라 대표권의 제한규정이 다음과 같이 변경되었으므로(⋯⋯변경되어 20○○년 ○월 ○일 주사무소소재지 관할등기소에서 등기를 하였으므로 이 등기소에서) 그등기를 구함.

<경우6> 이사 성명변경으로 인한 대표권의 제한규정변경의 경우
이사 ○○○는 20○○년 ○월 ○일 ○○지방법원의 허가를 받아 그 성명을 ○○○로 변경함에 따라 대표권의 제한규정이 다음과 같이 변경되었으므로(⋯⋯변경되어 20○○년 ○월 ○일 주사무소소재지 관할등기소에서 등기를 변경하였으므로 이 등기소에서)그 등기를 구함.

</td>
</tr>
<tr>
<td>허가서도착연월일</td>
<td>20○○년 ○월 ○일</td>
</tr>
<tr>
<td>주사무소/분사무소
신청구분</td>
<td>1. 주사무소 신청 □ 2. 분사무소 신청 □ 3.주사무소.분사무소 일괄신청 □</td>
</tr>
</table>

등기할 사항	
이사의 성명, 주민등록번호 및 변경연월일	
대표권제한규정 및 변경연월일	<경우1> 대표권 있는 이사직만 사임한 경우 　이사 ○○○ 외에는 대표권이 없음. 　○○시 ○○구 ○○동 200번지 　20○○년 ○월 ○일 변경 <경우2> 대표권직만 해임하고 보선하는 경우 　이사 ○○○ 외에는 대표권이 없음. 　○○시 ○○구 ○○동 200번지 　20○○년 ○월 ○일 변경 <경우3> 이사직 해임 임기만료 사망으로 대표권이 상실되어 보선하는 경우 　이사 ○○○ 외에는 대표권이 없음. 　○○시 ○○구 ○○동 200번지 　20○○년 ○월 ○일 변경 <경우4> 단독대표를 공동대표로 변경하는 경우 　이사 ○○○와 이사 ○○○이 공동으로 대표함. 　이사 ○○○ ○○시 ○○구 ○○동 200번지 　이사 ○○○ ○○시 ○○동 200번지 　20○○년 ○월 ○일 변경 <경우5> 공동대표를 단독대표로 변경하는 경우 　이사 ○○○와 이사 ○○○ 이외에는 대표권이 없음 　이사 ○○○ ○○시 ○○구 ○○동 200번지 　이사 ○○○ ○○시 ○○구 ○○동 200번지 　20○○년 ○월 ○일 변경 <경우6> 이사 성명변경으로 인한 대표권의 제한규정변경의 경우 　이사 ○○○ 이외에는 대표권이 없음. 　　○○시 ○○구 ○○동 200번지 　　20○○년 ○월 ○일 변경
기　　타	

신청등기소 및 등록면허세/수수료						
순번	신청등기소	구분	등록면허세 지방교육세	농어촌특별세	세액합계	등기신청수수료
			금　　　　원 금　　　　원	금　　　원	금　　　원	금　　　　원
합　　계						
등기신청수수료 납부번호						

첨　부　서　면

1. 사원총회 또는 이사회 의사록　1통 　＊ 해임, 선임 등의 경우 　＊ 이사결정서(이사회가 없는 경우) 1. 사임서(인감증명서나 본인서명사실 　확인서 또는 전자본인서명확인서의 　발급증 포함)　　　　　　1통 1. 가족관계 등록사항별 증명서　1통 　＊ 사망, 개명의 경우 1. 취임승낙서(인감증명서나 본인서명 사 실확인서 또는 전자본인서명확인서의 발 급증 포함)　　　　　　　1통	1. 주민등록표등(초)본(선임한 경우)　1통 1. 정관　　　　　　　　　　1통 5. 주무관청의 허가서(허가가 필요한 경우) 1. 인감신고서　　　　　　　1통 1. 등록면허세영수필확인서　　1통 1. 등기신청수수료영수필확인서　1통 1. 위임장(대리인이 신청할 경우)　1통 <기 타>

20○○년 ○월 ○일

신청인 명　　칭　사단(재단)법인 ○○회
　　　　주사무소　○○시 ○○구 ○○동 ○○
대표자 성　　명　이사장 ○ ○ ○ ㊞　　　　　(전화 :　　　　　)
　　　　주　　소　○○시 ○○구 ○○동 ○○
대리인 성　　명　법무사 ○ ○ ○ ㊞　　　　　(전화 :　　　　　)
　　　　주　　소　○○시 ○○구 ○○동 ○○

○○지방법원 ○○등기소 귀중

- 신청서 작성요령 -
1. 해당란이 부족할 때에는 별지를 이용합니다.
1. 해당 등기신청과 관계없는 사항에 대하여는 "해당없음"으로 기재하거나 삭제하고, 필요한 사항은 추가 기재합니다.
1.「인감증명법」에 따른 인감증명서 제출과 함께 관련 서면에 인감을 날인하여야 하는 경우, 본인서명 사실확인서를 제출하고 관련 서면에 서명을 하거나 전자본인서명확인서 발급증을 제출하고 관련 서면에 서명을 하면 인감증명서를 제출하고 관련 서면에 인감을 날인한 것으로 봅니다.

(용지규격 21cm×29.7cm)

주 ① 이 등기는 대표권제한이 없는 때에는 각자대표 원칙에 따라 이사 중 1인이 신청하며, 대표권 제한이 있는 때에는 대표권있는 이사가 신청한다.

② 분사무소는 분사무소소재지에서 신청하는 경우에 한하여 기재한다.

③ 등기의 사유의 기재 중 전란의 ( )는 재단법인인 경우의 예이며, 후란의 ( )는 분사무소에서 신청하는 경우의 예이다.

④ 정관변경이 필요한 경우에는 주무관청의 허가를 받아야 하는 바, 대표권제한규정을 신설, 폐지하는 등 등기사항이 정관변경사항인 때에는 7항의 주무관청 허가서도착연월일을 기재한다.

⑤ 등록면허세는 40,200원이고(지세법 제28조 1항 6호), 지방교육세는 등록면허세액의 100분의 20이다.
조특법 및 관세법, 지세법에 의하여 등록면허세가 감면되는 경우 그 감면세액의 100분의 20의 농어촌특별세를 납부하여야 하고(다만, 이것도 면제되는 경우가 있다). 등기신청 수수료는 방문신청의 경우 6,000원의 대법원수입증지를 첨부하여야 한다. 전자표준양식에 의한 신청은 4,000원, 전자신청의 경우에는 2,000원이다. 같은 난에 기재되는 수인의 이사변경, 퇴임 및 취임등기에는 1건의 등기신청수수료를 납부하면 되고, 등기되는 난이 다른 이사변경과 목적변경의 경우에는 2건의 등기신청수수료 12,000원(방문신청의 경우)을 납부하여야 한다. 전자표준양식에 의한 신청의 경우에는 8,000원, 전자신청의 경우에는 4,000원이다.

⑥ 대표권제한규정의 신설, 폐지를 위한 정관변경, 이사의 선임 등을 결의한 사원총회나 이사회의 의사록을 첨부한다. 민법상 법인의 등기신청서에 첨부하는 모든 의사록은 공증인의 인증을 받아야 한다.

⑦ 첨부서류 중 이사회의사록은 대표권있는 이사를 선임한 것을 첨부하되, 이사회가 없는 경우에는 이사과반수결의서를 첨부한다.

⑧ 취임승낙서는, 취임승낙의 취지가 기재된 피선자의 기명날인이 있는 의사록을 첨부한 때에는 그 첨부를 생략할 수 있다.

⑨ 대표자가 변경되면 인감증명을 위한 인감대지가 변경되어야 하고, 대표권규정의 신설, 변경, 폐지의 경우에도 동일하므로 이때에는 대표자의 인감신고서와 인감대지를 첨부하되, 대표자의 인감증명은 중임의 경우에는 등기소에 신고된 인감으로 족하나, 새로 취임하는 대표자는 인감증명법에 의한 인감증명서를 첨부하여야 한다.

⑩ 법인등기부등본은 분사무소소재지에서 신청하는 경우에 한하며 첨부하는 것으로서, 그 경우에는 등기사항을 증명하는 선임결의의사록이나 사임서 등 대신 이 변경등기를 마친 후의 주사무소의 등기부등본이나 초본만 첨부하면 그것으로 족하다.

⑪ 위임장의 첨부와 대리인의 표시는 대리인에 의하여 신청하는 경우에 한한다.

9. 사무소 또는 이사의 표시변경등기 등

가. 총 설

법인 사무소의 소재 장소에 변경이 있는 것은 아니나 행정구역, 구획 또는 그 명칭이 변경되어 주사무소, 분사무소의 소재지나 이사의 주소 등 그 표시가 변경된 때에는 이에 관한 등기부의 기재는 그에 따라 당연히 변경된 것으로 보게 되므로(비송사건절차법 제66조, 상업등기법 제28조), 당사자의 신청이 없더라도 등기관이 직권으로 그 변경등기를 하여야 할 것이다(민법법인 및 특수법인 등기규칙 제6조, 상업등기규칙 제57조). 그러나 등기관의 직권발동을 촉구하는 의미에서 법인이 그 표시변경등기를 신청할 수 있다. 이때는 그 등록면허세가 면제되며(지세법 제26조 2항), 이에 따라 농어촌특별세도 면제된다(농특세령 제4조).

한편 당사자의 의사에 기한 변경행위로, 개명이나 주소의 전거 등으로 인하여 이사의 성명이나 주소 등 그 표시가 달라지게 된 때에는 행정구역의 변경과는 달리 당연히 변경된 것으로 보지 아니하고 일반등기와 같이 반드시 신청인인 법인이 그 표시변경등기를 신청하여야 한다. 이 때에는 등록세 및 등기신청수수료를 그대로 납부하여야 하며, 이 등기를 해태하면 과태료의 제재를 받는다.

주사무소의 행정구역변경, 대표권 있는 이사의 주소변경은 주사무소 뿐만 아니라 분사무소에서도 등기하여야 한다.

나. 등기절차

1) 등기신청인과 등기기간

이 등기는 대표권제한규정이 없는 이사(이사가 없는 때에는 임시이사) 중의 1인이, 대표권제한규정이 있는 때에는 대표권 있는 이사가 신청인이 된다(민법법인 및 특수법인 등기규칙 제6조, 상업등기법 제23조 1항).

행정구역 또는 그 명칭변경으로 인한 변경등기는 직권사항이므로 당사자측에 신청을 강제하는 의미의 등기기간이란 있을 수 없다.

그러나 당사자의 의사에 의한 변경인 개명, 전거 등으로 인한 등기는 그 변경사유 발생일로부터 3주간 내에 신청해야 한다.

변경등기 사항이 분사무소에도 등기하여야 하는 것인 때에는 그 변경사유가 발생한 날로부터 3주간 내에 신청하여야 한다(민 제50조).

2) 등기사항

① 사무소의 표시변경등기

변경된 사무소의 표시와 변경취지 및 등기연월일을 기재하고 등기관의 식별부호를 기록하여야 한다(민법법인 및 특수법인 등기규칙 제6조, 상업등기규칙 제69조).

② 이사의 표시변경등기

이사의 개명, 전거, 주민등록번호의 변경 등으로 인한 변경등기는 변경된 이사의 성명, 주민등록번호와 변경취지 및 등기의 연월일을 기재하고 등기관의 식별부호를 기록하여야 한다(민법법인 및 특수법인 등기규칙 제6조, 상업등기규칙 제55조).

3) 첨부서면

행정구역개편으로 변경등기를 신청하는 때에는 행정구역이 개편되었다는 사실을 증명하는 서면을 첨부하면 되고, 그 외에 총회의사록 또는 관할 행정관청의 인가증 등을 첨부할 필요는 없다.

① 토지대장등본

이는 행정구역 등의 명칭변경으로 인한 사무소의 소재지나 이사의 주소변경등기에서 그 변경사실을 증명하기 위한 서면이다.

② 가족관계등록부의 증명서 또는 주민등록등(초)본

이는 개명 또는 전거로 인한 이사의 성명이나 주소, 주민등록번호 등의 변경등기에서 그 변경사실을 증명하기 위한 서면이다.

③ 등록면허세, 지방교육세, 등기신청수수료 등

행정구역변경, 주민등록번호의 변경, 등기간의 착오로 인한 변경등기의 경우에는 등록면허세와 지방교육세, 농어촌특별세와 등기신청수수료도 면제된다(지세법 제26조 2항, 농특세령 제4조).

그러나 당사자의 의사에 기한 성명변경, 주소변경 등의 등기를 하는 때에는 일반 변경등기와 같이 등록면허세 40,200원과 그 100분의 20의 지방교육세(지세법 제28조 1항 6호, 제151조 1항), 방문신청의 경우 6,000원(전자표준양식에 의한 신청의 경우에는 4,000원, 전자신청의 경우에는 2,000원)의 등기신청수수료를 납부하여야 한다. 또한 명칭, 주사무소, 이사변경등기를 하나의 신청서로 신청할 경우의 등기신청수수료는 각각의 수수료 6,000원씩(전자표준양식에 의한 신청의 경우에는 4,000원, 전자신청의 경우에는 2,000원)을 합산하여야 한다.

대법원 선례

▶선례◀ 행정구역 개편으로 인한 사무소 주소지의 변경등기(등기선례 4-878)

(1995. 2. 22. 등기 3402-152 질의회답)

지방자치법의 개정으로 인한 행정구역 개편으로 사무소 소재지 변경등기를 신청함에 있어 위 행정구역이 개편되었다는 사실을 증명하는 서면(예컨대 관보 등)을 첨부하면 될 것이며, 그 이외에 총회의사록 또는 관할행정관청의 인가증 등은 첨부할 필요는 없다(비송 제9조, 제161조 참조).

(3) 등기의 신청

♣ **【서식】 사단(재단)법인 변경등기신청서**(행정구역변경으로 인하여 사무소표시가 변경된 경우)

<table>
<tr><td colspan="6" align="center">사단(재단)법인 변경등기신청</td></tr>
<tr><td rowspan="2">접
수</td><td colspan="2" align="center">년　　월　　일</td><td rowspan="2">처리인</td><td align="center">등기관 확인</td><td align="center">각종통지</td></tr>
<tr><td colspan="2" align="center">제　　　　　호</td><td></td><td></td></tr>
</table>

<table>
<tr><td align="center">명　칭</td><td>사단(재단)법인 ○○회</td><td align="center">등기번호</td><td align="center">제1000호</td></tr>
<tr><td align="center">주사무소</td><td colspan="3">○○시 ○○구 ○○동 ○</td></tr>
<tr><td align="center">등기의 목적</td><td colspan="3">행정구역변경(행정구역명칭변경)으로 인한 주사무소(분사무소)의 변경등기</td></tr>
<tr><td align="center">등기의 사유</td><td colspan="3">20○○년 ○월 ○일 행정구역변경(행정구역명칭변경)으로 인하여 주사무소(○○시 ○○구 ○○동 ○○번지의 분사무소)가 다음과 같이 변경되었으므로(……변경되어 20○○년 ○월 ○일 주사무소소재지 관할등기소에서 등기를 하였으므로 이 등기소에서)그 등기를 구함.</td></tr>
<tr><td align="center">허가서도착연월일</td><td colspan="3">20○○년 ○월 ○일</td></tr>
<tr><td align="center">분사무소</td><td colspan="3">○○시 ○○구 ○○동 ○</td></tr>
<tr><td colspan="4" align="center">등기할 사항</td></tr>
<tr><td colspan="4">주사무소(분사무소)○○시 ○○구 ○○동 ○○번지 20○○년 ○월 ○일 변경</td></tr>
<tr><td align="center">기　타</td><td colspan="3"></td></tr>
</table>

신청등기소 및 등록면허세/수수료						
순번	신청등기소	구분	등록면허세 지방교육세	농어촌특별세	세액합계	등기신청수수료
			금 원 금 원	금 원	금 원	금 원
				※ 등록면허세 및 지방교육세 지방세법 제26조 2항 　에 의하여 비과세 ※　농어촌특별세(농특세령 제4조) 및 등기신청수수 　료 면제		
합 계						
등기신청수수료 납부번호						

첨   부   서   면

1. 행정구역변경증명서(토지대장등본, 　관보 등)　　　　　　　　　　1통 1. 주사무소의 법인등기부등(초)본　1통	1. 인감신고서와 인감대지　　　　1통 1. 위임장(대리인이 신청할 경우)　1통 <기 타>

20○○년 ○월 ○일

신청인 명　　칭　사단(재단)법인 ○○회
　　　　주사무소　○○시 ○○구 ○○동 ○○
대표자 성　　명　이사장 ○ ○ ○ ㊞　　　　　(전화 :　　　　)
　　　　주　　소　○○시 ○○구 ○○동 ○○
대리인 성　　명　법무사 ○ ○ ○ ㊞　　　　　(전화 :　　　　)
　　　　주　　소　○○시 ○○구 ○○동 ○○

○○지방법원 ○○등기소 귀중

- 신청서 작성요령 -

1. 해당란이 부족할 때에는 별지를 이용합니다.
1. 해당 등기신청과 관계없는 사항에 대하여는 "해당없음"으로 기재하거나 삭제하고, 필요
　한 사항은 추가 기재합니다.

(용지규격 21cm×29.7cm)

주 ① 이 등기는 대표권제한이 없는 때에는 각자 대표의 원칙에 따라 이사 중 1인이 신청하며, 대표권 제한이 있는 때에는 대표권 있는 이사가 신청한다.
② 분사무소는 분사무소 소재지에서 신청하는 경우에 한하며 기재한다.
③ 등기의 사유에서 괄호안의 내용은 분사무소 소재지에서 신청하는 경우의 기재례이다.
④ 등록면허세 및 지방교육세, 농어촌특별세 및 등기신청수수료는 납부하지 아니한다.
⑤ 주사무소 소재지에서 행정구역변경, 개명 등으로 인한 주사무소 변경등기를 신청할 때에는 이미 제출한 인감의 사무소 등의 기재사항의 표시가 달라지게 되므로 변경된 사무소로 기재된 이사의 인감대지와 인감신고서도 제출하여야 한다.
⑥ 첨부서류 중 법인등기부등본은 분사무소에서 신청하는 경우에 첨부하는 것으로, 그 경우에는 주사무소 소재지에서 신청할 때 첨부하는 등기사항을 증명하는 서면인 토지대장등본 또는 관보 대신 이 등기를 마친 후의 주사무소의 등기부등본이나 초본만 첨부하면 된다.
⑦ 위임장의 첨부와 대리인의 표시는 대리인에 의하여 신청하는 경우에 한한다.

♣ 【서식】 위임장

<table>
<tr><td colspan="3" align="center">위   임   장</td></tr>
<tr><td>법인의 표시</td><td colspan="2">상호 : 사단(재단)법인 ○○회
본점 : 서울특별시 ○○구 ○○동 ○○번지</td></tr>
<tr><td>등기의 목적</td><td colspan="2">행정구역변경(행정구역명칭변경)으로 인한 사무소(분사무소)변경</td></tr>
<tr><td>등기의 사유</td><td colspan="2">20○○년 ○월 ○일 행정구역변경(행정구역명칭변경)으로 인한 사무소
(분사무소)변경</td></tr>
<tr><td>대리인</td><td colspan="2">법무사 ○○○
서울특별시 ○○구 ○○동 ○○번지</td></tr>
<tr><td colspan="3">위 대리인에게 위 등기의 신청 및 취하, 그리고 원본 환부청구 및 수령에 관한 모든 권한을 위임한다. 또한 복대리인 선임을 허락한다.
 년   월   일 </td></tr>
<tr><td rowspan="3">위임인</td><td>사단(재단)법인 ○○회
서울특별시 ○○구 ○○동 ○○번지</td><td></td></tr>
<tr><td>이사장 ○○○
서울특별시 ○○구 ○○동 ○○번지</td><td>인감</td></tr>
<tr><td></td><td>인감

인감</td></tr>
</table>

※ 날인된 인감은 인영대조 전산시스템에 의하여 등기관이 조사를 합니다. 따라서 인감을 날인할 때에는 **인영이 인감날인란의 선내를 벗어나지 않도록** 각별히 주의하시기 바랍니다.

♣ 【서식】 사단(재단)법인 변경등기신청서

(행정구역변경으로 인하여 이사의 주소가 변경된 경우)

사단(재단)법인 변경등기신청

접 수	년 월 일		처리인	등기관 확인	각종통지
	제 호				

명 칭	사단(재단)법인 ○○회	등기번호	제1000호
주사무소	○○시 ○○구 ○○동 ○		
등기의 목적	행정구역변경(행정구역명칭변경)으로 인한 이사의 주소의 변경등기		
등기의 사유	20○○년 ○월 ○일 행정구역변경(행정구역명칭변경)으로 인하여 이사 ○○○의 주소가 다음과 같이 변경되었으므로(……변경되어 20○○년 ○월 ○일 주사무소소재지 관할등기소에서 등기를 하였으므로 이 등기소에서)그 등기를 구함.		
허가서도착연월일	20○○년 ○월 ○일		
주사무소/분사무소 신청구분	1. 주사무소. 신청 □ 2. 분사무소 신청□ 3.주사무소.분사무소 일괄신청□		
등기할 사항			
변경된 주소와 변경연월일	이사 ○○○의 주소 ○○시 ○○구 ○○동 ○○번지 20○○년 ○○월 ○○일 변경		
기 타			

신청등기소 및 등록면허세/수수료						
순번	신청등기소	구분	등록면허세 지방교육세	농어촌특별세	세액합계	등기신청수수료
			금 원 금 원	금 원	금 원	금 원
				※ 등록면허세 및 지방교육세 지방세법 제26조 2항 　에 의하여 비과세 ※ 농어촌특별세(농특세령 제4조) 및 등기신청수수 　료 면제		
합 계						
등기신청수수료 납부번호						

첨 부 서 면	
1. 행정구역변경증명서(토지대장등본, 　관보 등) 1통 1. 주사무소의 법인등기부등(초)본 1통	1. 주민등록표등(초)본 1통 1. 위임장(대리인이 신청할 경우) 1통 <기 타>

20○○년 ○월 ○일

신청인 명   칭   사단(재단)법인 ○○회

　　　　주사무소   ○○시 ○○구 ○○동 ○○

대표자 성   명   이사장 ○ ○ ○ ㊞   (전화 :   )

　　　　주   소   ○○시 ○○구 ○○동 ○○

대리인 성   명   법무사 ○ ○ ○ ㊞   (전화 :   )

　　　　주   소   ○○시 ○○구 ○○동 ○○

○○지방법원 ○○등기소 귀중

- 신청서 작성요령 -

1. 해당란이 부족할 때에는 별지를 이용합니다.
1. 해당 등기신청과 관계없는 사항에 대하여는 "해당없음"으로 기재하거나 삭제하고, 필요한 사항은
　추가 기재합니다.

(용지규격 21cm×29.7cm)

주 ① 이 등기는 대표권제한이 없는 때에는 각자 대표의 원칙에 따라 이사 중 1인이 신청하며, 대표권 제한이 있는 때에는 대표권 있는 이사가 신청한다.

② 분사무소는 분사무소 소재지에서 신청하는 경우에 한하며 기재한다.

③ 등기의 사유에서 괄호안의 내용은 분사무소 소재지에서 신청하는 경우의 기재례이다.

④ 등록면허세 및 지방교육세, 농어촌특별세 및 등기신청수수료는 납부하지 아니한다.

⑤ 주사무소 소재지에서 행정구역변경, 개명 등으로 인한 주사무소 변경등기를 신청할 때에는 이미 제출한 인감의 사무소 등의 기재사항의 표시가 달라지게 되므로 변경된 사무소로 기재된 이사의 인감대지와 인감신고서도 제출하여야 한다.

⑥ 첨부서류 중 법인등기부등본은 분사무소에서 신청하는 경우에 첨부하는 것으로, 그 경우에는 주사무소 소재지에서 신청할 때 첨부하는 등기사항을 증명하는 서면인 토지대장등본 또는 관보 대신 이 등기를 마친 후의 주사무소의 등기부등본이나 초본만 첨부하면 된다.

⑦ 위임장의 첨부와 대리인의 표시는 대리인에 의하여 신청하는 경우에 한한다.

♣ 【서식】 사단(재단)법인 변경등기신청서

(개명, 전거로 인하여 이사의 성명, 주소가 변경된 경우)

<table>
<tr><td colspan="5" align="center">사단(재단)법인 변경등기신청</td></tr>
<tr><td rowspan="2">접
수</td><td align="center">년   월   일</td><td rowspan="2">처리인</td><td>등기관 확인</td><td>각종통지</td></tr>
<tr><td align="center">제   호</td><td></td><td></td></tr>
</table>

<table>
<tr><td align="center">명   칭</td><td>사단(재단)법인 ○○회</td><td>등기번호</td><td>제1000호</td></tr>
<tr><td align="center">주사무소</td><td colspan="3">○○시 ○○구 ○○동 ○</td></tr>
<tr><td align="center">등기의 목적</td><td colspan="3"><경우1> 개명의 경우
개명으로 인한 성명의 변경등기
<경우2> 주소변경의 경우
전거로 인한 주소의 변경등기</td></tr>
<tr><td align="center">등기의 사유</td><td colspan="3"><경우1> 개명의 경우
 20○○년 ○월 ○일 이사 ○○○의 개명으로 인하여 성명이 다음과 같이 변경되었으므로(……변경되어 20○○년 ○월 ○일 주사무소소재지 관할등기소에서 등기를 하였으므로 이 등기소에서)그 등기를 구함.
<경우2> 주소변경의 경우
 20○○년 ○월 ○일 이사 ○○○의 주소를 다음 장소로 이전하였으므로(……이전하여 20○○년 ○월 ○일 주사무소소재지 관할등기에서 등기를 하였으므로 이 등기소에서) 그 등기를 구함.</td></tr>
<tr><td align="center">허가서도착연월일</td><td colspan="3">20○○년 ○월 ○일</td></tr>
<tr><td align="center">주사무소/분사무소
신청구분</td><td colspan="3">1. 주사무소 신청 □ 2. 분사무소 신청 □ 3. 주사무소.분사무소 일괄신청 □</td></tr>
</table>

<table>
<tr><td colspan="2" align="center">등기할 사항</td></tr>
<tr><td align="center">변경된 주소와
변경연월일</td><td><경우1> 개명의 경우
  이사 ○○○ 20○○년 ○월 ○일 개명
<경우2> 주소변경의 경우
  이사 ○○○의 주소 ○○시 ○○구 ○○동 ○○번지 20번지 20○
  ○년 ○월 ○일 이전</td></tr>
<tr><td align="center">기   타</td><td></td></tr>
</table>

신청등기소 및 등록면허세/수수료						
순번	신청등기소	구분	등록면허세 지방교육세	농어촌특별세	세액합계	등기신청수수료
			금 원 금 원	금 원	금 원	금 원
합 계						
등기신청수수료 납부번호						

<table>
<tr><td colspan="2" align="center">첨   부   서   면</td></tr>
<tr>
<td>
1. 호적등, 초본(성명변경의 경우)   1통

1. 주민등록표등(초)본   1통
1. 주사무소의 법인등기부등(초)본 1통

1. 등록면허세영수필확인서   1통
</td>
<td>
1. 등기신청수수료영수필확인서   1통
1. 위임장(대리인이 신청할 경우)   1통
<기 타>
</td>
</tr>
</table>

20○○년 ○월 ○일

신청인 명   칭   사단(재단)법인 ○○회
　　　 주사무소   ○○시 ○○구 ○○동 ○○
대표자 성   명   이사장 ○ ○ ○ ㉞　　　　　　(전화 :   )
　　　 주   소   ○○시 ○○구 ○○동 ○○
대리인 성   명   법무사 ○ ○ ○ ㉞　　　　　　(전화 :   )
　　　 주   소   ○○시 ○○구 ○○동 ○○

○○지방법원 ○○등기소 귀중

- 신청서 작성요령 -
1. 해당란이 부족할 때에는 별지를 이용합니다.
1. 해당 등기신청과 관계없는 사항에 대하여는 "해당없음"으로 기재하거나 삭제하고, 필요한 사항은
   추가 기재합니다.

(용지규격 21cm×29.7cm)

 ① 이 등기는 대표권제한이 없는 때에는 이사 각자가 대표하는 것이 원칙이므로 이사 중 1인이 신청하면 되나, 대표권제한이 있는 때에는 대표권 있는 이사가 신청한다.

② 분사무소는, 관할등기소 내에 수개의 분사무소가 설치된 경우라도 당해 등기소관내의 대표되는 분사무소 중 하나만을 기재하면 된다.

③ 등기할 사항 중 법인성립연월일을 주사무소등기부에 기재된 최초의 설립등기일자를 기재한다.

④ 허가서 도착연월일은 분사무소 이전에 정관변경이 필요한 경우에 한하여 기재한다.

⑤ 등록면허세는 40,200원이고(지세법 제28조 1항 6호), 지방교육세는 등록면허세액의 100분의 20이다. 등기신청 수수료는 방문신청의 경우 6,000원(전자표준양식에 의한 신청의 경우 4,000원, 전자신청의 경우 2,000원)의 대법원수입증지를 첩부하여야 한다.

⑥ 첨부서류 중 법인등기부등본은 분사무소이전등기를 마친 후의 주사무소의 등기부등본이나 초본을 첨부한다.

⑦ 위임장의 첨부와 대리인의 표시는 법무사, 변호사 등 대리인에 의하여 신청하는 경우에 한한다.

제 3 장   해산과 청산에 관한 등기

1. 해산과 청산

가. 의 의

법인의 해산이란 법인의 법인격을 소멸시키는 원인이 되는 법률사실을 말한다. 해산으로써 법인격이 소멸되는 것은 아니고 청산절차가 종료되어야 비로소 법인이 소멸한다. 청산이란 해산에 이어 기존의 법률관계를 마무리하고 그 재산을 분배하는 것을 목적으로 하는 절차를 말한다.

요컨대 법인이 해산되었다고 해서 곧 바로 법인이 소멸하는 것은 아니다. 그 권리능력의 범위가 청산목적의 범위 내로 감축되고 그 청산목적의 범위 내에서는 여전히 법인은 존속한다(민 제81조). 이 법인을 청산법인이라고 하며, 법인은 청산절차가 종료되어야 비로소 소멸한다.

법인이 청산절차로 이행하면 업무집행을 담당하던 이사는 그 지위를 잃고 청산사무를 집행하는 청산인이 이에 갈음한다.

청산인은 파산의 경우를 제외하고는 취임 후 3주간 내에 주사무소 및 분사무소에서 해산 및 청산인취임등기를 해야 하고(민 제85조), 취임 후 2월 내에 채권자에 대하여 2월 이상의 기간을 정하여 그 기간 내에 채권을 신고할 것을 3회 이상 공고하고, 알고 있는 채권자에 대하여는 각별로 최고를 하여야 하며(민 제88조, 제89조), 잔존채권의 추심과 잔존채무의 변제를 완료한 다음 잔여재산이 있는 경우에는 정관과 법률의 정하는 바에 따라 이를 처분해야 한다(민 제80조).

그와 같은 절차에 따라 청산이 종결되면 청산인은 3주간 내에 청산종결등기를 하여야 하는 바, 이 청산종결등기는 일반공시적 효력에 불과할 뿐 법인소멸의 창설적 효력이 있는 것은 아니므로 설사 청산종결의 등기가 마쳐졌다 할지라도 사실상 잔존채권채무가 남아 있다면 법인은 소멸하지 않고 그 범위 내에서는 여전히 존속한다 할 것이어서 그 법인격이 소멸되었다고 볼 수 없고

(대판 1969. 2. 4. 68 다2284), 그 경우에는 청산종결등기가 착오임을 증명하여 사정의 방법으로 청산종결등기를 말소할 수 있다.

한편 영리법인인 회사는 해산 후에도 다시 법인을 계속하는 것이 허용되지만(상 제229조, 제530조, 제611조), 비영리법인인 민법법인의 경우에는 해산 후에 다시 법인을 계속할 수 없으므로 법인의 종결등기를 할 수 없다고 할 것이다.

나. 해산사유

법인은 ① 법인의 존립기간의 만료, ② 목적달성 또는 달성의 불능, ③ 정관에 정한 해산사유의 발생, ④ 파산, ⑤ 설립허가의 취소, ⑥ 사단법인의 경우 사원이 없게 되거나 사원총회의 해산결의 등으로 해산한다(민법 제77조).

1) 존립기간의 만료 기타 정관에 정한 해산사유의 발생

법인은 법정의 해산사유 이외에 따로 존립기간이 정해진 때에는 그 존립기간이 만료하면 당연히 해산하고 기타 특정한 사유가 발생하면 해산하기로 정해진 때에는 그 사유가 발생하면 당연히 해산한다. 법정 해산사유 외에 존립시기나 해산사유를 따로 정한 때에는 그 시기나 사유를 정관에 기재해야만 효력이 발생하며, 등기해야만 제3자에게 대항할 수 있다.

파산, 합병, 설립허가취소 등과 같은 법률이 정한 해산사유는 정관에 기재할 필요도 없고 또 설사 정관에 기재되어 있다 할지라도 이는 등기할 사항이 아니다.

2) 법인의 목적달성이나 그 달성불능

법인은 모두 일정한 목적의 달성을 위하여 설립되는 것이므로 그 목적을 달성하게 되면 그 존속사유를 잃기 때문에 당연히 해산하게 되고 또 법령의 개폐, 사회사정의 변화 등으로 인하여 법률상 또는 사실상 그 목적달성이 불가능하게 되면 법인 자체의 존속의의를 잃게 되어 해산할 수밖에 없다.

법인의 목적달성이나 그 달성불능에 대한 판단은 용이하지 않으므로 구체적으로는 사회통념에 따라 객관적으로 판단하며, 목적달성불능은 반드시 절대적 불능임을 요하지 아니한다.

3) 파 산

법인에 대하여 파산선고가 있게 되면 당해 법인은 해산한다. 법인이 채무를 완제할 수 없게 된 때에는 이사는 지체없이 파산신청을 하여야 한다(민 제79조).

채무를 완제할 수 없을 때란 부채가 자산을 초과하는 채무초과의 경우를 말한다.

법원의 파산선고의 결정이 있으면 그 형식적 확정을 기다릴 필요없이 그 결정을 선고한 때에 법인은 즉시 해산한다(채무자회생및파산에관한법률 제311조).

파산에 의하여 해산한 법인은 민법상 청산절차에 관한 규정이 적용되지 않고 채무자회생및파산에관한법률이 적용되어 그에 따라 파산법인은 파산목적범위 내에서만 존속하게 되고(채무자회생및파산에관한법률 제328조), 종전의 이사는 그 임무가 종료되어 퇴임하게 되나 이 때에는 청산법인이 아니므로 청산인이 아니라 파산관재인이 취임하여 법인의 잔존재산을 관리 처분하게 되며 파산절차에 따른 등기는 법원의 촉탁에 의하여 행하게 된다(채무자회생및파산에관한법률 제384조).

※ 파산절차의 개요를 설명하면 다음과 같다.

① 파산선고

채권자 또는 채무자의 신청이 있고 채무자가 지급불능 또는 채무초과의 상태에 있다고 인정되면 파산선고를 한다. 직권으로 파산선고를 하는 경우도 있다. 필요한 증거조사를 거쳐 신청인의 자격, 파산원인의 존부를 심리한다.

② 파산재단의 확보

파산선고와 동시에 파산관재인이 선임된다. 파산관재인은 선임 직후 압류금지물건 이외의 재산을 점유 관리하고, 필요한 경우 봉인을 하며, 파산자로부터 장부를 인도받아 검토하고, 재산목록 및 대차대조표를 작성한다. 또한 파산자로부터의 설명, 채권자와의 협의, 파산자의 우편물 관리 등을 통하여 파산관재 업무에 필요한 정보를 얻는다. 또 점유 관리에 의하여 재단의 현상을 파악한 후 즉시 환가에 착수한다.

③ 제1회 채권자집회

신고로부터 1개월 이내에 제1회 채권자집회를 개최하여 파산관재인의 업무보고를 받고, 부조료의 지급, 영업의 폐지 또는 존속, 고가품의 보관방법, 감사위원의 선임 등 법정결의사항에 관하여 결의한다.

④ 채권조사

장래배당의 기초로 될 채권액을 확정하는 절차이다. 채권조사기일 내에 신고된 채권 및 그 이후 신고된 것이라도 채권조사기일에서 함께 조사하는 데 이의가 없는 채권은 모두 채권조사의 일반기일에서 조사하고, 일반기일 이후 신고된 채권은 특별기일을 정하여 조사한다.

조사기일에서 파산관재인 또는 채권자가 이의를 하면 채권은 확정되지 않고 별도의 확정절차를 거쳐야 하지만, 이의를 하지 않으면 채권은 즉시 확정되고 채권표에 그 결과가 기재됨으로써 파산채권자 전원에 대하여 확정결정과 동일한 효력을 가진다.

⑤ 환가

파산관재인은 파산재단의 현상을 파악한 후 즉시 파산재단 소속 재산의 환가에 착수하여야 한다. 환가는 일반적으로 임의매각의 방법에 의한다.

동산은 산일 또는 가격 하락의 우려가 많으므로 신속히 매각하여야 한다.

부동산은 대부분 담보가 설정되어 있으므로 담보권자와 협의하여 임의매각을 시도하여야 한다. 고율의 배당을 위해서는 부동산의 고가매각이 매우 중요하다. 그러나 불가피한 경우 포기하는 것도 가능하다.

⑥ 배당

환가와 채권조사를 마치면 환가 대금을 채권자에게 배당한다.

⑦ 종결

배당을 마치면 채권자집회를 열어 계산보고를 하고, 이 집회에서 채권자의 이의가 없으면 법원이 파산종결 결정을 한다. 법인은 종결에 의하여 소멸한다.

⑧ 폐지

절차비용이 없는 경우와 채권자의 동의가 있는 경우에 폐지를 한다. 전자의 경우 법인은 소멸하지만 후자의 경우에는 존속한다. 선고와 동시에 폐지결정이 되면 그것으로 파산절차는 종료한다.

⑨ 강제화의

파산절차 진행 중에 파산자가 제공한 화의가 채권자집회에서 가결되고 법원의 인가를 받으면 파산절차는 종료한다.

파산결정에 대하여는 즉시항고가 인정되어(채무자회생및파산에관한법률 제13조) 즉시항고 결과 파산취소의 결정이 확정되면 소급하여 해산되지 아니하는 것으로 된다.

4) 설립허가의 취소

법인이 목적 이외의 사업을 하거나 설립허가조건에 위반하거나 기타 공익을 해하는 행위를 할 때에는 주무관청은 그 설립허가를 취소할 수 있는 바(민 제38조), 그 허가가 취소된 때에는 법인은 곧바로 해산된다(민 제77조).

목적이라 함은 정관에서 정한 목적을 말하며, 일정한 인적, 물적 설비를 갖출 것을 조건으로 설립허가가 된 경우에는 그 조건으로 정하여진 설비를 갖추지 아니하면 설립허가조건 위반이 된다. 비영리법인도 그 목적을 달성하는 범위 내에서는 영리목적의 행위를 할 수 있다.

주무관청은 법인에 대한 검사, 감독권(민 제37조)을 행사하거나 이를 행사함이 없이도 설립허가사유가 명백하면 언제든지 설립허가를 취소할 수 있다. 통상 주무관청은 법인이 다음 각호의 1에 해당된다고 인정할 때에는 그 설립허가를 취소할 수 있다. 다만, 아래의 취소사유는 주무관청별로 비영리법인의 감독에 관한 규칙으로 다르게 정할 수 있으나 전체적으로는 아래의 사유와 유사할 것이다(각 주무관청별비영리법인감독에관한규칙 참조).

1. 설립목적 이외의 사업을 한 때
2. 공익을 해하는 행위를 한 때
3. 설립허가의 조건을 위반한 때
4. 정당한 이유없이 설립허가를 받은 날로부터 6월 이내에 업무를 개시하지 아니한 때
5. 정당한 이유없이 2년 이상 사업실적이 없을 때

   주무관청이 위의 규정에 의하여 법인의 설립허가를 취소하고자 할 때에는 위의 규정에 해당되는 취지 및 이유를 당해 법인에게 문서로써 통지하여 의견을 진술할 기회를 주어야 한다.

공익법인에 대하여는 ① 사위 기타 부정한 방법으로 설립허가를 받은 때, ② 설립허가 조건에 위반한 때, ③ 목적달성이 불가능한 때, ④ 목적사업 이외의 사업을 한 때, ⑤ 이 법 또는 이 법에 따른 명령이나 정관을 위반한 경우, ⑥ 공익을 해하는 행위를 한 때, ⑦ 정당한 이유 없이 설립허가를 받은 날로부터 6월 이내에 목적사업을 개시하지 아니하거나 1년 이상 사업실적이 없을 때에는 주무관청은 설립허가를 취소할 수 있다(공익 제16조 1항).

다만 공익법인의 설립허가취소는 다른 방법으로는 감독목적을 달성할 수 없

거나 감독청이 시정을 명령한 후 1년이 경과되어도 이에 응하지 아니한 때에 한하여 한다(동법 제16조 2항). 설립허가취소에 불복이 있는 법인은 행정심판법에 의하여 심판청구를 할 수 있으며 이 심판청구에 대한 결정에 대하여는 행정소송법에 의한 행정소송을 제기할 수 있다.

법인에 대한 설립허가취소는 장래에 향해서만 효력을 발생하지 소급되지 않으며, 설립허가의 취소와 동시에 법인은 해산되어 청산절차에 들어가고, 당해 법인은 그 청산목적범위 내에서만 존속한다. 다만, 행정소송의 결과 법원의 판결에 의하여 주무관청의 설립허가취소처분의 효력이 상실하면 취소처분의 효과는 소급하여 효력을 가지며, 그 사이에 이루어진 청산목적을 넘은 행위도 모두 유효하다고 할 것이다.

대법원 예규

▶예규◀ 주무관청의 설립허가취소 등에 따른 법인등기 사무처리요령

(2018. 6. 28. 등기예규 제1650호)

제1조 (목적)
이 예규는 주무관청으로부터 사단법인이나 재단법인의 설립허가 취소 통보를 받은 경우(사단법인이나 재단법인에 관한 규정을 준용하는 경우를 포함한다) 등기관의 법인등기 사무처리절차를 정함을 목적으로 한다.

제2조 (직권해산등기 여부)
사단법인 또는 재단법인은 주무관청의 설립허가 취소에 의해 당연히 해산되고, 이사 등이 「민법」 제82조 등에 따라 청산인이 되지만 그 법인에 대한 해산등기 및 청산인 선임등기는 청산인이 신청하여야 하므로 이러한 등기를 등기관이 직권으로 하여서는 아니된다.

제3조 (등기관의 처리)
① 주무관청으로부터 설립허가 취소 통보를 받은 경우 등기관은 전산시스템의 부전지 기능을 이용하여 설립허가취소 사실, 설립허가취소 연월일, 취소기관, 문서번호 또는 관보번호 등을 입력하여 해산된 법인임을 알 수 있도록 하여야 한다.
② 설립허가가 취소된 법인에 대하여는 인감증명서를 발급하여서는 아니된다.

제4조 (등기의 제한)
설립허가가 취소된 법인에 대하여는 해산등기 및 청산인 선임등기 이외의 등기는 수리하여서는 아니된다.

제5조 (해산명령 등에의 준용)
민법 및 상법 외의 법령에 따라 설립된 법인에 대하여 주무관청의 해산명령이 있는 경우(주무관청의 인가를 받아 해산하는 경우를 포함한다)에는 제2조부터 제4조까지의 규정을 준용한다.

[해산명령 등의 예시]
1. 사립학교법에 따라 설립된 학교법인에 대하여 같은법에 따른 해산명령이나 해산인가가 있는 경우
2. 염업조합법에 따라 설립된 염업조합에 대하여 같은법에 따른 해산명령이 있는 경우

부 칙(2018.06.28 제1650호)
이 예규는 2018년 6월 28일부터 시행한다.

대법원 선례

▶선례◀ 설립허가취소된 민법법인에 대하여 해산등기신청을 아니하는 경우의 조치
　　　　(등기선례 3-981)

(1992.8.31, 등기 1879 질의회답)

설립허가가 취소된 민법법인이 스스로 해산등기를 신청하지 아니하는 경우 법원의 직권이나 주무관청의 촉탁으로 해산등기를 할 수 있는 법적 근거는 없다. 다만 민법 제97조의 규정에 의한 과태료에 처함으로서 그 등기신청을 간접적으로 강제할 수 있을 것이다.

---

5) 사원이 없게 된 때(사단법인의 경우)

사단법인은 사망, 탈퇴, 기타의 사유로 인하여 사원이 전혀 없게 된 때에는 당연히 해산된다.

사단법인에서 사원은 사원총회를 구성하는 구성원으로서 최고의사결정기관이므로 사단법인에서는 사원이 없으면 해산사유가 되나 재단법인은 사원이 존재하지 아니하므로 그러하지 아니하다.

6) 사원총회의 해산결의(사단법인의 경우)

사단법인은 사원총회의 결의에 의해서도 해산할 수 있는 바(민 제77조 2항), 정관에 다른 결의가 없는 한 총사원의 4분의 3 이상의 동의가 없으면 해산을 결의하지 못한다(민 제78조).

그러나 법인에 따라서는 정관으로서 재단법인에 있어서도 주무관청의 허가를 조건으로 이사회의 결의에 의하여 해산할 수 있다고 정하는 경우가 있고, 사단법인에 있어서도 사원총회의 결의 외에 주무관청의 허가를 얻어야만 비로소 해산할 수 있다고 정하는 경우가 있는 바, 그와 같은 정관규정도 모두 유효하다고 할 것이다.

(3) 잔여재산의 귀속

해산한 법인의 재산은 정관으로 지정한 자에게 귀속하되, 정관으로 귀속권리자를 정하지 아니하거나 이를 지정한 방법을 정하지 아니한 경우에는 이사 또는 청산인은 주무관청의 허가를 얻어 그 법인의 목적에 유사한 목적을 위하여 그 재산을 처분할 수 있다. 그러나 사단법인은 총회의 결의가 있어야 하며, 위와 같이 처분되지 아니한 재산은 국고에 귀속된다(민 제80조).

해산한 공익법인의 재산은 정관으로 지정한 자에게 귀속되는 것이 아니라 정관으로 정하는 바에 의하여 국가 또는 지방자치단체에 귀속하며(공익 제13조 1항), 이에 따라 국가 또는 지방자치단체에 귀속한 재산은 공익사업에 사용하거나 이를 유사한 목적을 가진 공익법인에게 증여 또는 무상대부한다(공익 제13조 2항).

핵심판례

▶판례◀ 해산한 공익법인의 잔여재산이 국가에 귀속되는 경우 취득시효 완성으로 인한 소유권이전등기의무도 국가에 귀속되는지 여부

(대판 1991.6.25, 91 다 10435)

해산한 공익법인의 잔여재산은 정관이 정하는 바에 의하여 국가 또는 지방자치단체에 귀속된다고 규정되어 있고, 공익법인의 정관에 법인을 해산하였을 때의 잔여재산은 국가에 귀속한다고 규정되어 있다고 하여 공익법인의 취득시효완성으로 인한 소유권이전등기의무까지 국가에 귀속된다고 할 수 없다.

2. 청산인

청산인이란 청산법인을 대표하고 그 청산사무를 집행하는 법인의 상설기관이다.

법인이 해산하면 정관이나 총회에서 특별히 정하지 않는 한 이사가 청산인이 되고 청산인은 청산법인의 능력의 범위 내에서 내부의 사무를 집행하고 외부에 대하여 청산법인을 대표한다(민 제87조 2항).

청산인은 법인의 사무에 관하여 원칙적으로 각자 대표권을 가지나 정관이나 사단법인의 경우 사원총회에서 이를 제한할 수 있으며(민 제96조, 제59조), 이 제한은 등기하여야 제3자에게 대항할 수 있다(민 제54조).

가. 청산인의 선임

법인이 해산한 때에는 파산의 경우를 제외하고는 이사가 청산인이 되나, 정관 또는 총회의 결의로 달리 정할 수 있다(민 제82조).

파산으로 인하여 해산한 때에는 파산관리인이 파산절차를 집행하기 때문에 청산인이 필요 없다.

1) 정관의 규정에 의한 청산인

정관의 규정에 의하여 이사가 아닌 자를 청산인으로 미리 정한 때에는 그 자가 청산인이 되며 정관의 규정으로 어느 기관에서 청산인을 선임하도록 정한 때에는 그 기관에서 선임된 자가 청산인이 된다.

2) 사원총회의 결의에 의한 청산인

사단법인에 있어서 정관에 청산인에 관한 정함이 없는 경우로서 사원총회의 결의에 의하여 청산인을 선임한 때에는 그 자가 청산인이 된다.

해산당시 이사가 존재하지 아니하고 또 정관이나 사원총회의 결의에 의하여 청산인을 선임할 수 있다는 규정을 정하지 아니한 경우에는 이사의 선임과 같은 방법으로 사원총회에서 청산인을 선임할 수 있다.

3) 법정청산인

정관의 규정이나 사원총회의 결의에 의한 청산인이 없을 때에는 해산당시의 이사가 당연히 청산인이 된다(민 제82조).

해산 전의 법인에서 이사장만이 대표권을 가진 경우 법정청산이 되면 정관이나 사원총회의 결의를 특별히 제한하지 않는 그 이사장이 대표청산인이 되고 나머지 이사는 청산인회의 구성원으로 그 권한에 속한 사항만 행할 수 있다고 할 것이다.

4) 법원의 선임에 의한 청산인

정관에 청산인에 관한 규정이 없고, 사원총회에서도 청산인을 선임하지 않아 청산인이 없는 때, 기타 중요한 사유가 있거나 청산인의 결원으로 인하여 손해가 생길 염려가 있는 때에는 법원이 직권 또는 이해관계인이나 검사의 청구에 의하여 청산인을 선임할 수 있다(민 제83조, 제84조).

법원이 청산인을 선임하는 때에는 미리 승인을 얻어 선임할 것이므로 선임

후에 다시 취임승낙을 받을 필요가 없으나 그 이외의 경우에는 청산인에 취임하는 자의 취임승낙이 필요하다.

법원의 청산인선임, 해임결정에 대하여는 불복을 신청할 수 없다(비송사건절차법 제36조, 제119조). 그러나 신청을 각하한 결정에 대하여는 비송사건절차법 제20조에 의하여 항고할 수 있다.

나. 청산인의 결격사유

미성년자, 금치산자와 한정치산자, 자격이 정지되거나 상실된 자, 법원에서 해임된 청산인, 파산자는 청산인의 자격이 없다(비송사건절차법 제36조, 제121조).

정관으로도 청산인의 자격요건을 정할 수 있으나 일반적으로 행위능력이 없는 자는 청산인이 될 수 없고, 사형, 무기징역, 무기금고의 판결을 받은 자는 청산인이 되는 자격이 상실된다. 또한 이사에 관한 결격사유 규정도 청산인에게 준용될 것이다.

다. 청산인의 직무

청산인은 현존사무의 종결, 채권의 추심 및 변제, 잔여재산의 인도 등의 직무를 행하며 위 직무를 행하는데 필요한 모든 행위를 할 수 있다(민 제87조). 청산절차를 밟는 도중에 법인의 재산이 그 채무를 완제하기에 부족한 것이 분명하게 된 때에는 청산인은 지체없이 파산선고를 신청하고 이를 공고하여야 한다(민 제93조).

여기서 채권의 추심이란 청산절차의 주목적인 채권자의 만족, 잔여재산귀속의 전재를 이루므로 본래의 의미에서 추심뿐 아니라 채권적 재산을 청산목적에 적합한 물권적 재산으로 변경시키는 일체의 행위를 포함한다고 보며, 잔여재산은 채무의 변제를 완료한 후에 잔존한 적극재산을 정관으로 정한 자 등 정당한 귀속권리자에게 인도되는 것이다.

청산인은 파산의 경우를 제외하고는 취임 후 3주간 내에 해산등기에 관한 사항인 해산사유 및 청산인에 관한 사항을 주무관청에 신고해야 하며, 청산 중에 취임한 청산인은 그 성명 및 주소를 신고하면 된다(민 제86조, 제85조).

청산인은 취임한 날로부터 2월 이내에 3회 이상 공고로 채권자에 대하여 일정한 기간 내에 그 채권을 신고할 것을 최고하여야 한다(민 제88조 1항). 이 공고에는 위 채권신고기간 내에 채권자가 신고하지 아니하면 청산으로부터 제외될 것을 표시하여야 하고 등기사항이 공고와 동일한 방법으로 공고한다(민 제88조 2항, 3항). 등기사항은 신문에 공고하나 공고에 적당한 신문이 없다고 인정하면 등기소와 그 관할구역안의 시, 군, 구의 게시판에 공고할 수 있다(비송사건절차법 제65조의 3, 제65조의 4).

채권신고의 공고는 2개월 이상으로 정하여야 하고 그 기간이 2개월 미만이거나 공고가 2회만 된 경우, 법원의 등기사항의 공고와 동일한 방법으로 하지 아니한 경우에는 공고는 무효라고 할 것이다.

청산인은 알고 있는 채권자에 대하여는 각각 그 채권신고를 최고하여야 한다. 이 때 최고는 서면이나 구두로 하여도 되고 최고의 횟수도 제한이 없다고 할 것이다.

청산인은 채권신고기간 내에는 채권자에게 변제하지 못한다. 다만, 이 경우 법인은 채권자에 대한 자연손해배상의무를 면하지 못한다(민 제90조).

청산으로부터 제외된 채권자는 법인의 채무를 완제한 후 귀속권리자에게 인도하지 아니한 재산에 대하여만 변제를 청구할 수 있다(민 제92조).

청산이 동결한 경우에는 청산인은 3주간 내에 이를 등기하고 주무관청에 신고하여야 한다(민 제94조).

청산인은 법인과 이익이 상반되는 사항에 대하여는 대표권을 갖지 않는다. 청산인은 정관이나 총회결의로 금지하지 아니하는 사항에 한하여 대리인을 선임할 수 있고(민 제96조, 제62조), 청산인과 법인의 이익이 상반되는 경우에는 법인이 이해 관계인이나 검사의 청구에 의하여 특별대리인으로 선임한다(민 제96조, 제64조).

청산인은 선량한 관리자의 주의로 그 청산직무를 행하여야 하며 청산인이 주의의무를 해태하여 청산법인에 손해가 있는 때에는 그에 대하여 손해배상책임을 지고(민 제61조, 제65조, 제96조), 청산인이 그 직무에 관하여 타인에게 가한 손해를 법인이 책임질 경우 청산인도 배상할 책임을 진다(민 제35조).

청산인은 청산 중인 법인의 적극재산이 그 책무를 완제하기에 부족한 때에는 지체없이 파산선고를 신청하여야 하며, 이를 지체하여 제3자에게 손해를 가한 경우에는 그 책임을 면하지 못한다(민 제93조).

파산선고가 결정되면 청산인은 파산관재인에게 그 사무를 인계함으로써 그 임무가 종료한다(민 제93조).

파산결정이 되면 파산채권인의 권한은 파산재단에 국한되므로, 그 외의 청산법인의 사무에 관하여 청산인은 법인을 대표한다고 할 것이다.

라. 청산인의 퇴임

청산인은 성질상 존속 중인 법인의 업무집행기관인 이사와 동일한 지위의 기관이라 할 수 있으므로 퇴임에 관하여도 이사에 관한 규정이 준용된다(민 제96조).

따라서 청산인은 사형 또는 무기징역이나 무기금고 등 형의 선고로 자격이 상실되면 당연히 퇴임되고 사임, 사망, 금치산선고나 파산선고로 인하여 퇴임되며 선임기관에 의한 해임으로도 퇴임된다. 또한 법원의 청산법인에 대한 감독권 행사로써도 퇴임된다.

법인의 업무는 주무관청이 감독하나 법인의 해산 및 청산에 대하여는 법원이 검사, 감독권을 가지므로(민 제95조), 중요한 사유가 있을 때에는 법원은 직권 또는 이해관계인, 검사의 청구에 의하여 청산인을 선임할 수도 있고(민 제83조), 사임, 사망, 금치산선고 등 외에 청산인에 대하여 중요한 사유가 있는 때에는 직권 또는 이해관계인이나 검사의 청구에 의하여 청산인을 해임할 수도 있다(민 제84조).

여기서 중요한 사유라 함은 청산인이 직권을 남용하고 부정행위를 하거나 이해관계인에게 현저하게 불공정한 행위를 하거나 청산인의 의무를 현저하게 위반하는 경우를 말한다.

청산인의 해임절차는 비송사건절차법에 의하여야 하며, 그 관할법인은 법인의 본점소재지의 지방법원이다(비송사건절차법 제36조, 제117조, 제119조).

청산인을 해임할 수 있는 법원의 권한은 청산에 대한 감독권에 기한 것이므로(민 제95조) 법원이 해임할 수 있는 청산인은 법원이 선임한 청산인(민 제83조)뿐만 아니라, 통상의 방법(민 제82조)에 따라 선임된 청산인도 포함한다.

법원의 청산인 해임에 대한 재판에 대하여는 불복할 수 없다(비송사건절차법 제36조, 제119조).

마. 청산인직무대리자 및 일시이사

상법과 같은 명문규정은 없으나 법원은 민사소송법의 규정에 따라 이사와 마찬

가지로 청산인직무집행정지 및 대행자 선임의 가처분을 할 수 있다. 임시청산인, 청산인 직무집행정지 및 대행자 선임과 해임에 대한 가처분등기는 이사에 대한 것과 같다. 이사와 마찬가지로 민법법인은 이를 등기할 수 없다고 할 것이다.

대법원 선례

▶선례◀ 민법상 사단법인의 회장 직무대행자 등기 가부(등기선례 5-861)

(1998.10.1,등기 3402-954 질의회답)

민법상 사단법인의 회장 직무대행자는 민법에 등기사항으로 규정되어 있지 아니하고 주식회사의 이사 직무대행자에 관한 규정은 민법상의 사단법인 회장 직무대행자에 준용되지 아니하므로, 법원의 민법상 사단법인의 회장 직무정지 및 직무대행자 선임 가처분결정이 있다고 하더라도, 민법상 사단법인의 회장 직무대행자에 관한 등기는 할 수 없다.

바. 청산인의 공동대표

　청산인이 수인이 있는 경우에는 각자 단독으로 법인을 대표함이 원칙이나(민 제59조, 제96조), 선임기관의 결의로 수인이 공동으로 법인을 대표하도록 정할 수 있고, 법원이 청산인을 선임하는 경우에도 공동으로 대표하도록 정할 수 있다.

　이사가 청산인이 된 경우 청산 전의 법인에 공동대표에 관한 정함이 있는 때에는 대표청산인의 경우에도 그 정함에 따른다고 할 것이다.

♣ 【서식】 인감 · 개인(改印) 신고서

인감·개인(改印) 신고서

(신고하는 인감날인란)   (인감제출자에 관한 사항)

	상호(명칭)		등기번호	
	본점(주사무소)			
인감제출자	자격/성명			
	주민등록번호			
	주 소			

☐ 위와 같이 인감을 신고합니다. ☐ 위와 같이 개인(改印)하였음을 신고합니다.

년   월   일

신고인 본 인 성 명   (인)[#] (전화 :   )
      대리인 성 명   (인) (전화 :   )
        지방법원   등기소 귀중

> 주 1. 인감·개인(改印) 신고서의 **신고인의 날인란(#)**에는 「인감증명법」에 따라 신고한 인감을 날인하고 그 인감증명서(발행일로부터 3개월 이내의 것)를 첨부하거나, 등기소에 제출한 유효한 종전 인감(**법인인감**)을 날인하여야 합니다. 또한 인감제출자가 기명날인 또는 서명하였다는 공증인의 인증서면으로 갈음할 수 있습니다.
> 2. 인감·개인신고서에는 신고하는 인감을 날인한 인감대지를 첨부하여야 합니다.
> 3. 지배인이 인감을 신고하는 경우에는 인감제출자의 주소란에 지배인을 둔 장소를 기재하고, **위 1. 의 방법 대신** 「상업등기규칙」 제35조제3항의 보증서면(영업주가 등기소에 제출한 인감날인)을 첨부하여야 합니다. 위 보증서면은 아래의 보증서면란에 기재하는 것으로 갈음할 수 있습니다.
> 4. **위임에 의한 대리인**이 인감을 신고하거나 개인(改印)을 신고하는 경우에는 **위 1. 대신에** 아래 위임장의 신고인 날인란(※)에 「인감증명법」에 따라 신고한 인감을 날인하고 그 인감증명서를 첨부하거나, 등기소에 제출한 유효한 종전 인감(**법인인감**)을 날인하여야 합니다.

보 증 서 면

위 신고하는 인감은 지배인   의 인감임이 틀림없음을 보증합니다.
      대표이사   (법인인감)

위 임 장

성 명 :   주민등록번호 : (-   )
주 소 :
위의 사람에게, 위 인감(개인)신고에 관한 일체의 권한을 위임함.
                년   월   일
      인감(개인) 신고인 성 명   (인)[※]

3. 청산의 종결

가. 청산종결

청산의 종결이란 청산인이 민법의 규정에 따라 현존사무를 종결, 잔존채권을 추심하고, 잔존채무를 변제한 후 잔여재산의 처분을 완료한 상태를 말한다.

청산절차가 종결되면 청산인은 3주간 내에 이를 등기하고 주무관청에 신고해야 하며(민법 제94조), 신고를 하지 아니하면 과태료의 제재를 받는다(민 제97조 제4호).

그러나 청산종결등기가 되어도 재산이 남아 있으면 청산은 종결되지 않은 것이며 따라서 남은 재산을 처리하기 위하여 청산법인은 법인격을 가지며 소송상의 당사자능력을 청산범위 내에서 가진다.

민법법인은 주무관청의 허가를 받아 설립한 법인이므로(민 제32조) 청산종결등기 후 법인의 뜻을 주무관청에 신고하여야 한다(민 제94조).

청산사무를 종료한 후 상법상 회사의 청산인은 재산목록과 대차대조표의 승인을 받기 위하여 주주총회를 소집하거나(상 제534조 제5호) 청산인회의 결의에 의하여 주주총회를 소집하여 그 승인을 받아야 한다(상 제542조 2항, 제382조, 제534조 5항).

그러나 민법법인 중 사단법인은 청산종결의 보고를 위한 사원총회 소집규정이 없으며, 재단법인은 사원총회가 없어 그 보고를 필요로 하지 아니한다고 할 수도 있으나, 정관으로 이사 또는 기타 임원에게 위임한 사항 외에는 총회의 결의에 의하여야 하고(민 제68조), 단체법의 특성상 청산인이 청산사무를 완료하면 이를 보고하고 감독할 기관이 있어야 하므로 사단법인의 경우에는 사원총회의 승인을 받아야 하고, 재단법인의 경우에는 청산인회에서 그 승인을 받아야 한다고 할 것이며, 청산종결등기시에는 청산결산보고서의 승인을 결의한 의사록을 첨부하여야 할 것이다.

따라서 청산종결등기가 경료된 경우에도 청산사무가 종료되었다고 할 수 없는 경우에는 청산법인으로 존속하며(민 제81조, 제87조, 제80조, 대판 1980. 4. 8, 79다2036), 사실상 청산종결이 된 때에 청산법인은 권리능력을 상실한다.

나. 청산종결등기의 효력

법인은 해산에 의하여 곧 소멸하는 것이 아니고 청산의 목적범위 내에서 존속하며 청산의 종결에 의하여 비로소 그 권리능력(인격)이 소멸한다.

청산종결등기는 청산종결의 사실을 공시하는 효력이 있으나, 일반변경등기와 같이 제3자에 대한 대항요건에 불과하며(민 제54조) 법인의 인격을 소멸시키는 효력은 없다.

4. 해산과 청산에 관한 등기절차

법인이 해산한 때에는 청산인은 파산의 경우를 제외하고 취임 후 3주간 내에 해산의 사유 및 연월일, 청산인의 성명, 및 주소와 청산인의 대표권을 제한한 때에는 그 제한을 주된 사무소 및 분사무소 소재지에서 하여야 한다(민 제85조).

여기서 주된 사무소라 함은 사무소가 둘 이상 있는 경우 법인의 활동의 중심이 되는 사무소를 말하나 형식적으로는 정관과 법인등기부에 주사무소로 기재된 곳을 말하고, 분사무소라 함은 주된 사무소 이외에 설치된 사무소로서 영리법인의 지점에 해당하는 개념이다.

해산등기와 청산인취임등기는 실무상 동시에 1건으로 신청하는 것이 일반적이다. 두 등기는 성질상 반드시 1건으로 신청해야 하는 것은 아니고 별건으로 신청해도 되나, 다만 별건으로 신청하는 경우에는 해산등기를 신청하기 전에 청산인취임등기를 먼저 신청할 수는 없다 할 것이다.

청산인 또는 대표청산인이 경질되거나 그 성명, 주소 등 표시가 변경되어 종전의 등기사항에 변경이 생긴 때에는 3주간 내에 그에 따를 변경등기를 해야 하고(민 제85조 2항, 제52조), 청산절차를 종료한 때에는 같은 기간 내에 청산종결의 등기를 해야 한다(민 제94조).

법인이 파산으로 인하여 해산한 경우에는 해산 및 청산인의 등기를 할 필요가 없으며, 이때에는 법원이 직권으로 촉탁서에 파산결정정본을 첨부하여 각 영업소 또는 각 사무소소재지의 등기소에 파산등기를 촉탁하여야 한다(파산 제109조).

법인의 설립등기는 법인의 성립요건이나, 해산등기는 대항요건이다(민 제54조 1항). 따라서 해산등기를 해태한 경우에도 청산인은 과태료의 처벌을 받는다(민 제97조 제1호).

가. 등기신청인

1) 해산등기 및 청산인취임등기

민법법인의 이사는 각자 대표권이 있는 것이 원칙(민 제59조)이고 이를 청산규정에서 준용하므로(민 제96조), 해산 및 청산인취임등기는 법인을 대표할 청산인이 신청해야 한다(민 제85조 1항, 비송사건절차법 제65조, 민법법인 및 특수법인 등기규칙 제6조, 상업등기법 제23조 1항).

임시청산인이 변경등기를 신청하는 경우에는 신청서에 그 자격을 증명하는 서면을 첨부하여야 한다(비송사건절차법 제64조 2항 유추). 이사가 청산인으로 된 경우를 제외하고는 청산인의 자격을 증명하는 서면을 첨부하여야 한다(비송사건절차법 제65조).

해산등기와 청산인 선임등기는 1건의 신청서로 신청하지 아니하여도 되나 통상 1건의 신청서에 의하여 동시에 신청한다.

2) 청산인변경등기

민법법인의 이사는 각자 대표권이 있는 것이 원칙(민 제59조)이고 이를 청산규정에서 준용하므로(민 제96조) 이 등기는 청산인의 대표권제한이 없는 때에는 청산인 중의 1인이, 대표권제한이 있는 때에는 대표권 있는 청산인이 신청해야 한다(민법법인 및 특수법인 등기규칙 제6조, 상업등기법 제23조 1항).

임시청산인이 변경등기를 신청하는 경우에는 신청서에 그 자격을 증명하는 서면을 첨부하여야 한다(비송사건절차법 제64조 2항 유추).

3) 청산종결등기

민법법인의 이사는 각자 대표권이 있는 것이 원칙(민 제59조)이고 이를 청산규정에서 준용하므로(민 제96조), 대표권제한이 없는 때에는 청산인 중의 1인이, 대표권제한이 있는 때에는 대표권 있는 청산인이 신청하여야 한다(민 제94조, 민법법인 및 특수법인 등기규칙 제6조, 상업등기법 제23조 1항).

나. 등기기간

1) 해산등기 및 청산인취임등기

청산인이 취임한 날로부터 3주간 내에 신청하여야 한다(민 제85조).

2) 청산인변경등기

등기사유가 발생한 때 즉, 종전 청산인의 퇴임이나, 대표권제한규정의 신설, 변경, 폐지, 새로운 청산인의 선임 또는 청산인의 성명이나 주소의 표시가 변경된 때로부터 3주간 내에 신청해야 한다.

3) 청산종결등기

청산종결등기는 청산이 종결된 날부터 3주간 내에 신청한다.

다. 등기사항

1) 해산등기 및 청산인 취임등기

① 해산등기의 경우

해산등기는 기타 사항란에 해산사유, 해산취지 및 그 연월일을 등기하고 등기관의 식별부호를 기록하여야 한다(민법법인 및 특수법인 등기규칙 제6조, 상업등기규칙 제55조). 해산의 등기를 한 때에는 등기관이 직권으로 이사에 관한 등기를 말소하는 기호를 기록하여야 한다(민법법인 및 특수법인 등기규칙 제6조, 상업등기규칙 제145조).

법인의 해산으로 종전의 이사는 당연히 종임되고 청산사무 담당자인 청산인이 취임하므로 해산등기와 동시에 청산인취임등기신청이 없더라도 등기관은 해산등기를 한 때에는 직권으로 종전의 이사의 등기를 말소하는 기호를 기록하여야 한다(민법법인 및 특수법인 등기규칙 제6조, 상업등기규칙 제145조).

② 청산인취임등기의 경우

청산인취임등기는 임원란에 청산인의 성명, 주민등록번호 및 대표권제한의 취지, 대표권 있는 청산인의 성명과 주소를 등기하고 등기관의 식별부호를 기록하여야 한다(민법법인 및 특수법인 등기규칙 제6조, 상업등기규칙 제55조).

2) 청산인변경등기

① 청산인이 퇴임한 경우

임원란에 퇴임한 청산인의 성명과 퇴임사유 및 퇴임취지와 그 연월일을 등기하고 등기관의 식별부호를 기록하여야 한다(민법법인 및 특수법인 등기규칙 제6조, 상업등기규칙 제55조).

② 청산인이 취임한 경우

청산인이 새로 취임한 경우에는 임원란에 취임한 청산인의 성명, 주민등록번호 및 취임취지와 그 연월일을 등기하고 대표권 있는 청산인의 경우에는 주소도 기재하여야 한다(민 제85조, 특례법 제2조).

③ 대표권제한규정을 변경한 경우

청산인의 대표권제한규정을 신설한 경우에는 임원란에 대표규정 설정의 취지와 그 연월일 및 대표권 있는 청산인의 성명, 주소를 등기하고, 규정을 폐지한 경우에는 대표권제한규정 폐지의 취지와 그 연월일, 변경한 경우에는 변경된 대표권 있는 청산인의 성명, 주소와 변경취지 및 그 연월일을 각 등기하고 등기관의 식별부호를 기록하여야 한다(민법법인 및 특수법인 등기규칙 제6조, 상업등기규칙 제55조).

④ 청산인 표시변경의 경우

청산인이 변경된 경우에는 임원란에 청산인의 변경된 성명 또는 주민등록번호 등과 변경취지 및 그 연월일을 등기하고 등기관의 식별부호를 기록하여야 한다(민법법인 및 특수법인 등기규칙 제6조, 상업등기규칙 제55조).

3) 청산종결등기

기타사항란에 청산종결의 취지와 그 연월일을 기재하고 등기관의 식별부호를 기록하여야 한다(민법법인 및 특수법인 등기규칙 제6조, 상업등기규칙 제55조).그리고 청산종결등기를 한 경우에는 그 등기기록은 폐쇄하여야 한다(민법법인 및 특수법인 등기규칙 제6조, 상업등기규칙 제116조).

라. 첨부서면

1) 해산등기 및 청산인취임등기

해산을 증명하는 서면, 청산인의 자격을 증명하는 서면, 주무관청의 허가서, 정관, 취임승낙서, 청산인의 주소 및 주민등록번호를 증명하는 서면, 등기신청수수료, 등록세영수필증 등을 첨부한다(비송사건절차법 제65조).

① 해산을 증명하는 서면

정관 소정의 해산사유발생으로 해산한 경우에는 그 사유발생을 증명하는 서면, 목적달성 또는 달성불능으로 해산한 경우에는 그 달성 또는 달성불능을 확인하는 사단법인의 사원총회의사록이나 재단법인의 이사회의사록을 첨부한다. 다만, 존립기간만료로 해산한 경우에는 그 해산이 등기부상 명백하므로 별도의 서류를 첨부할 필요가 없다.

또한 사원의 부족으로 해산한 경우에는 그로 인하여 청산인도 선임할 수 없기 때문에 법원이 청산인을 선임한 결정서의 등본, 설립허가가 취소되어 해산한 경우에는 주무관청의 설립허가취소서나 그 통지서, 사원총회(사단법인의 경우)나 이사회(재단법인의 경우)의 결의에 의하여 해산한 경우에는 사원총회나 이사회의 의사록 등을 첨부해야 한다. 이때 주무관청의 허가를 조건으로 해산을 결의한 때에는 그 허가서도 첨부해야 한다.

② 청산인의 자격을 증명하는 서면

청산인의 자격을 증명하는 서면으로서 정관으로 청산인을 정한 경우에는 정관을, 사원총회나 이사회에서 청산인을 선임한 경우에는 공증인의 인증을 받은 사원총회나 이사회의사록을, 법원이 청산인을 선임한 경우에는 법원의 청산인 선임결정서등본 등을 첨부해야 한다.

이사가 청산인으로 된 경우는 청산인의 자격을 증명하는 서면을 첨부하지 않아도 된다(비송사건절차법 제65조).

법원이 청산인을 선임한 경우 이외에는 청산인의 취임승낙서도 첨부해야 하나, 사원총회나 이사회에서 선임한 경우 의사록에 피선자의 취임승낙 취지의 기재와 기명날인이 있는 의사록을 첨부하는 때에는 그를 별도로 첨부하지 않아도 무방하다.

그러나 대표권 있는 청산인의 경우에는 의사록 외에 별도로 승낙서와 진정한 의사를 확인할 수 있는 인감증명법에 의한 인감증명을 첨부하여야 한다(민법법인 및 특수법인 등기규칙 제6조, 상업등기규칙 제35조 2항). 다만 중임의 경우에는 당해 대표자의 등기소에 제출한 인영을 날인하면 된다.

청산인의 대표권제한이 있는 경우에는 그 제한규정설정을 증명하는 정관이나 사단법인의 사원총회의사록과 대표권 있는 청산인의 자격을 증명하는 청산인회의사록을 첨부해야한다. 또한 수인의 청산인이 공동으로 법인을 대표할 것을 정한 경우에도 그 규정에 관한 사항을 증명하는 서면인 사원총회의사록 또는 청산인회의사록을 첨부하여야 한다.

③ 정 관

정관으로 청산인 선임방법이나 청산인의 최소한의 수를 정하는 것이 보통이므로 등기관이 이를 확인할 수 있도록 정관을 첨부한다.

④ 취임승낙서

청산인은 그 취임을 승낙하는 서면을 제출하여야 하는 바, 대표권이 없는 청산인은 등기신청서에 첨부된 사원총회의사록에 취임승낙의 뜻이 기재되고 당해 청산인의 날인이 있는 경우에는 인감증명의 첨부를 생략할 수 있으며, 대표권 있는 청산인은 언제나 취임승낙을 증명하는 서면에 인감증명법에 의한 인감증명을 첨부하여야 한다(민법법인 및 특수법인 등기규칙 제6조, 상업등기규칙 제35조 2항). 다만 중임의 경우에는 당해 대표자의 등기소에 제출한 인영을 날인하면 된다.

⑤ 주민등록등본

청산인은 주민등록번호, 대표청산인은 주민등록번호와 주소를 등기하여야 하는 바, 이를 증명하는 주민등록등본을 첨부한다.

⑥ 등록면허세, 농어촌특별세, 등기신청수수료 등

등록면허세는 일반적인 변경등기와 같이 40,200원을 납부하고(지세법 제28조 1항 6호), 지방교육세는 100분의 20을 납부하여야 한다.

조세특례제한법, 지방세법, 관세법에 의하여 등록면허세가 감면되는 경우에는 그 감면세액의 100분의 20의 농어촌특별세를 납부하여야 하나(농특세법 제5조) 농어촌 특별세도 감면 또는 면제되는 경우가 있다(농특세법 제4조).

등기신청수수료는 방문신청의 경우 6,000원(전자표준양식에 의한 신청의 경우에는 4,000원, 전자신청의 경우에는 2,000원)이나, 명칭, 주사무소, 이사, 청산인변경등기를 하나의 신청서로 신청할 경우에는 각각의 수수료 각 6,000원(전자표준양식에 의한 신청의 경우에는 4,000원, 전자신청의 경우에는 2,000원)을 합산하여야 한다.

2) 청산인변경등기

청산인 퇴임의 경우에는 퇴임사유에 따라 사임서, 사망진단서, 파산, 금치산 선고결정등본, 법원의 해임결정등본, 해임의사록 등 퇴임사유를 증명하는 서면을 첨부하여야 한다.

대표권 없는 청산인의 사임의 경우에 등기신청서에 첨부된 공증받은 의사록에 사임하는 청산인의 사임의 뜻이 기재되고 당해 청산인등이 날인한 경우에는 인감증명을 생략할 수 있으며, 대표권 있는 청산인은 원칙적으로 사임의 경우에도 인감증명을 첨부하여야 하나(민법법인 및 특수법인 등기규칙 제6조, 상업등기규칙 제35조 2항), 그 사임을 증명하는 서면에는 등기소에 제출된 인감이 날인되거나 공증받은 의사록에 사임의 뜻이 기재되고 당해 대표권 있는 이사 또는 대표청산인의 등기소에 신고된 인감이 있는 경우에는 인감증명의 첨부를 생략할 수 있다고 할 것이다(등기예규 제1145호).

그리고 청산인 표시변경의 경우에는 가족관계등록부의 증명서, 주민등록표 등본 등 그 표시변경을 증명하는 서류를 첨부해야 한다.

등록면허세는 40,200원을 납부하고(지세법 제28조 1항 6호), 지방교육세는 그 100분의 20을 납부하여야 한다. 조세특례제한법, 지방세법, 관세법에 의하여 등록면허세가 감면되는 경우에 그 감면세액의 100분의 20의 농어촌특별세를 납부하여야 하나(농특세법 제5조), 농어촌특별세도 감면 또는 면제되는 경우가 있다(농특세법 제4조).

등기신청수수료는 방문신청의 경우 6,000원(전자표준양식에 의한 신청의 경우에는 4,000원, 전자신청의 경우에는 2,000원)이나, 명칭, 주사무소, 이사, 청산인변경등기를 하나의 신청서로 신청할 경우에는 각각의 수수료 각 6,000원(전자표준양식에 의한 신청의 경우에는 4,000원, 전자신청의 경우에는 2,000원)을 합산하여야 한다.

3) 청산종결등기

청산종결 등기 신청서에는 사단법인의 경우에는 사원총회, 재단법인의 경우에는 청산인회에서 청산결산보고서의 승인을 결의한 의사록을 첨부한다.

등록면허세는 일반적인 변경등기의 등록면허세인 40,200원을 납부하고(지세법 제28조 1항 6호), 지방교육세는 그 100분의 20을 납부하여야 한다. 조세특례제한법, 지방세법, 관세법에 의하여 등록면허세가 감면되는 경우에 그 감면세액의 100분의 20의 농어촌특별세를 납부하여야 하나(농특세법 제5조), 농어촌특별세도 감면 또는 면제되는 경우가 있다(농특세법 제4조).

　등기신청수수료는 방문신청의 경우 6,000원(전자표준양식에 의한 신청의 경우에는 4,000원, 전자신청의 경우에는 2,000원)이나, 명칭, 주사무소, 이사, 청산인변경등기를 하나의 신청서로 신청할 경우에는 각각의 수수료 각 6,000원(전자표준양식에 의한 신청의 경우에는 4,000원, 전자신청의 경우에는 2,000원)을 합산하여야 한다.

대법원 선례

▶선례◀　사단법인의 청산종결등기신청시 채권신고의 공고를 증명하는 서면의 첨부
　　　　요부(등기선례 3-982)

(1993.2.9, 등기 321 질의회답)

사단법인이 청산종결등기신청을 할 경우에 민법 제88조의 규정에 의한 채권신고의 공고를 증명하는 서면은 이를 첨부할 필요는 없으나, 그 법인의 청산인은 적어도 취임 후 2월 이내에는 청산종결등기를 신청할 수는 없으며, 청산인이 채권신고의 공고를 해태한 때에는 과태료처분을 받게 된다(민법 제94조, 제97조, 제7호).

마. 등기의 신청

♣ 【서식】 사단(재단)법인 해산 및 청산인취임등기신청서

(해산등기와 청산인취임등기를 1건으로 신청하는 경우 주사무소소재지에서)

사단(재단)법인 해산 및 청산인취임등기신청

접수	년 월 일	처리인	등기관 확인	각종통지
	제 호			

명 칭	사단(재단)법인 ○○회	등기번호	제1000호
주사무소	○○시 ○○구 ○○동 ○		
등기의 목적	해산 및 청산인취임등기		
등기의 사유	(1) 20○○년 ○월 ○○일 사원총회(이사회)에서 해산을 결의하고 20○○년 ○월 ○일 주무관청의 허가를 얻어 해산하였으므로 다음 사항의 등기를 구함. [유례] 20○○년 ○월 ○일 존립기간 만료로(또는 ① 정관에 의한 어떠 어떠한 해산사유 발생으로, ② 목적달성으로, ③ 목적달성 불능으로, ④ 설립허가취소로, ⑤ 사원이 없게 되어)해산하였으므로 다음 사항의 등기를 구함. (2) 20○○년 ○월 ○일 사원총회(이사회)에서 다음 사람이 청산인으로 선임되어 같은 날 취임하고(또는 20○○년 ○월 ○일 ① 정관에 정하여진, ② 이사였던 다른 사람이 청산인으로 취임하고) 20○○년 ○월 ○일 청산인회에서 청산인 ○○○가 대표권 있는 청산인으로 선임되어 같은 날 취임하였으므로 그 등기를 구함.		
허가서도착연월일	20○○년 ○월 ○일		
주사무소/분사무소 신청구분	1.주사무소 신청 ■ 2.분사무소 신청 □ 3.주사무소.분사무소 일괄신청 □		

<table>
<tr><td colspan="2" align="center">등기할 사항</td></tr>
<tr><td>해산사유</td><td>20○○년 ○월 ○일 사원총회(이사회)결의로 해산</td></tr>
<tr><td>청산인의 성명,
주민등록번호,
취임연월일</td><td>20○○년 ○월 ○일 다음사람 취임
　　　청산인　○　　○　　○
　　　　　　　（　　　-　　　）
　　　　　　　○○시 ○○구 ○○동 ○○번지
　　　청산인　○　　○　　○
　　　　　　　（　　　-　　　）</td></tr>
<tr><td>청산인의
대표권에 관한
제한 규정</td><td>청산인 ○○○ 외에는 대표권이 없음.</td></tr>
<tr><td>기　　　타</td><td></td></tr>
</table>

신청등기소 및 등록면허세/수수료						
순번	신청등기소	구분	등록면허세 지방교육세	농어촌특별세	세액합계	등기신청수수료
			금 원 금 원	금 원	금 원	금 원
합 계						
등기신청수수료 납부번호						

첨 부 서 면

1. 정 관 1통	1. 주민등록표등(초)본 1통
1. 해산을 증명하는 서면 1통	1. 인감신고서(대표청산인) 1통
1. 주무관청 허가서 1통	1. 청산인회의사록 1통
1. 청산인의 자격을 증명하는 서면	1. 등록면허세영수필확인서 1통
(정관,총회의사록,선임결정서등본 1통	1. 등기신청수수료영수필확인서 1통
1. 취임승낙서(인감증명서나 본인서명 사실확인서 또는 전자본인서명확인의 발급증 포함) 1통	1. 위임장(대리인이 신청할 경우) 1통 <기 타>

20○○년 ○월 ○일

신청인 명   칭 사단(재단)법인 ○○회
        주사무소 ○○시 ○○구 ○○동 ○○
대표자 성   명 대표청산인 ○ ○ ○ ㊞   (전화 :   )
        주   소 ○○시 ○○구 ○○동 ○○
대리인 성   명 법무사 ○ ○ ○ ㊞   (전화 :   )
        주   소 ○○시 ○○구 ○○동 ○○

○○지방법원 ○○등기소 귀중

- 신청서 작성요령 -

1. 해당란이 부족할 때에는 별지를 이용합니다.
1. 해당 등기신청과 관계없는 사항에 대하여는 "해당없음"으로 기재하거나 삭제하고, 필요한 사항은 추가 기재합니다.
1.「인감증명법」에 따른 인감증명서 제출과 함께 관련 서면에 인감을 날인하여야 하는 경우, 본인서명사실확인서를 제출하고 관련 서면에 서명을 하거나 전자본인서명확인서 발급증을 제출하고 관련 서면에 서명을 하면 인감증명서를 제출하고 관련 서면에 인감을 날인한 것으로 봅니다.

(용지규격 21cm×29.7cm)

주 ① 이 등기는 청산인이 신청하되 청산인이 수인인 경우에는 그 중의 1인이, 대표권의 제한이 있는 때에는 대표청산인이 신청한다.

② 사단법인의 경우에는 사원총회, 재단법인의 경우에는 이사회에서 해산을 결의하고 주무관청의 허가를 얻어 해산할 수 있다는 정관의 규정이 있거나, 주무관청의 허가를 조건으로 해산하는 경우 등에는 주무관청의 허가서 도착일을 기재한다.

③ 등록면허세는 40,200원이고(지세법 제28조 1항 6호), 지방교육세는 등록면허세액의 100분의 20이다. 조특법 및 관세법, 지세법에 의하여 등록면허세가 감면되는 경우 그 감면세액의 100분의 20의 농어촌특별세를 납부하여야 한다(다만, 이것도 면제되는 경우가 있다).
등기신청 수수료는 방문신청의 경우 6,000원(전자표준양식에 의한 신청의 경우 4,000원, 전자신청의 경우 2,000원)이나, 이 경우와 같이 해산과 청산인 선임등기를 동시에 하는 경우에는 각 등기목적마다 납부하여야 하므로 12,000원(전자표준양식에 의한 신청의 경우 8,000원, 전자신청의 경우 4,000원)을 납부한다.

④ 첨부서류 중 사원총회(이사회)의사록은, 사단법인의 경우에는 사원총회, 재단법인의 경우에는 이사회에서 해산을 결의한 경우의 해산결의, 목적달성 또는 목적달성불능사실을 확인하는 결의, 청산인을 선임한 결의 등을 증명하는 서면이다. 민법상 법인의 등기신청서에 첨부하는 의사록은 공증인의 인증을 받아야 한다(공증 제66조의 2).

⑤ 허가서는 사원총회(사단법인 경우)나 이사회(재단법인의 경우)에서 해산을 결의하고 주무관청의 허가를 얻어 해산한 경우에 한하여 첨부한다.

⑥ 설립허가취소서는 주무관청의 설립허가취소로 해산한 경우에 한하여 첨부한다.

⑦ 선임결정서는 법정청산의 경우는 이사가 청산인이 되므로 필요가 없으나, 정관으로 청산인을 정한 경우에는 정관, 사원총회나 이사회에서 선임한 경우에는 그 의사록을 첨부한다.

⑧ 의사록은 청산인회를 두도록 정한 서면이나 정관규정이 있는 법인에서 대표권 있는 청산인을 선임한 경우 그 대표권 있는 청산인의 자격을 증명하는 서면으로서 첨부하는 것이다.

⑨ 취임승낙서는 피선자의 취임승낙취지의 기재가 있고 피선자의 기명날인이 있는 의사록을 첨부한 경우에는 그 의사록의 기재를 채용하여 그 첨부를 생략할 수 있다. 다만, 대표권 있는 청산인은 이를 첨부하여야 한다.

⑩ 통지서는 주무관청이 법인설립조건 위반, 목적달성 불능 등의 사유로 법인설립허가를 취소하는 경우에 첨부하는 것이다.

⑪ 위임장의 첨부와 대리인의 표시는 법무사, 변호사 등의 대리인에 의하여 신청하는 경우에 한하여 한다.

□ 등기기재례

(1) 해산등기

■ 기타사항란

1. 20○○년 6월 30일 사원총회 (이사회) 결의로 (또는 존립기간만료로, 정관소정
  의 해산사유 발생으로, 목적달성으로, 목적달성 불능으로, 설립허가 취소
  로 사원이 없게 되어)해산

20○○년 7월 10일 등기

주 해산의 등기를 한 때에는 이사에 관한 등기를 주말한다.

(2) 청산인 취임등기

■ 임원란

임원에 관한 사항	연 월 일 원 인 등 기 연 월 일	연 월 일 원 인 등 기 연 월 일
청산인 ○ ○ ○ (-)	. . . . . .등기	. . . . . .등기
청산인 ○ ○ ○ (-)	. . . . . .등기	. . . . . .등기
청산인 ○ ○ ○ (-)	. . . . . .등기	. . . . . .등기
청산인 ○ ○ ○ (-)	. . . . . .등기	. . . . . .등기
청산인 ○○○ 외에는 대표권이 없음	20○○. 5. 5. 이상 4인 취임 20○○. 5. 10. 등기	. . . . . .등기

♣ 【서식】 청산인회의사록

청산인회의사록

1. 개최일시   20○○년 ○월 ○일 ○○시
2. 개최장소   ○○시 ○○구 ○○동 ○○번지 본 법인 회의실
3. 총청산인수   ○○명
4. 출석청산인수   ○○명
    내역 본인출석   ○○명
        위임출석   ○○명

최연장자인 청산인 ○○○는 위와 같이 법정수에 달하는 청산인이 출석하므로 본 청산인회가 적법히 개회되었음을 알리고 회의를 주재할 의장을 선출하여 줄 것을 요구한 바, 전원일치로 청산인 ○○○를 의장으로 선출하니 동인은 그를 승낙하고 의장석에 등단하여 다음의 의안을 부의하고 심의를 구하다.

제1호 의안 대표권 있는 청산인 선임의 건
  의장은 청산인 중에서 본회를 대표할 대표청산인을 선임해야 한다는 취지를 말한 바, 전원 진지하게 토의한 결과 다음과 같이 대표청산인을 선임하다.
  대표청산인 ○ ○ ○
  위 피선자는 즉석에서 그 취임을 승낙하다.

의장은 이상으로 회의목적인 의안 전부의 심의를 종료하였으므로 폐회한다고 선언하다(시간은 ○○시 ○○분이었음).

위 결의를 명확히 하기 위하여 이 의사록을 작성하고 의장과 출석한 청산인이 기명날인하다.

20○○년 ○월 ○일

사단(재단)법인 ○○회

○○시 ○○구 ○○동 ○○번지

의장청산인 ○   ○   ○ ㊞

청산인 ○   ○   ○ ㊞

청산인 ○   ○   ○ ㊞

주 이는 정관에 의해 청산인회가 존재하거나 이사회제도를 두고 있는 법인에만 해당된다.

♣ 【서식】 취임승낙서

<table>
<tr><td align="center">

취임승낙서

</td></tr>
<tr><td>

본인은 귀 법인의 청산인에 취임함을 이에 승낙합니다.

20○○년 ○○월 ○○일

청산인 　○　○　○　　　　　인감

사단(재단)법인 ○○회　귀중

</td></tr>
</table>

※ 날인된 인감은 인영대조 전산시스템에 의하여 등기관이 조사를 합니다. 따라서 인감을 날인할 때에는 **인영이 인감날인란의 선내를 벗어나지 않도록** 각별히 주의하시기 바랍니다.

♣ 【서식】 사단(재단)법인 해산 및 청산인취임등기신청서(해산등기와 청산인취임등기를 1건으로 신청하는 경우 분사무소소재지에서)

사단(재단)법인 해산 및 청산인취임등기신청

접 수	년 월 일	처리인	등기관 확인	각종통지

명　칭	사단(재단)법인 ○○회	등기번호	제1000호
주사무소	○○시 ○○구 ○○동 ○		
등기의 목적	해산 및 청산인취임등기		

등기의 사유	(1) 20○○년 ○월 ○○일 사원총회(이사회)에서 해산을 결의하고 20○○년 ○월 ○일 주무관청의 허가를 얻어 해산하여 20○○년 ○월 ○일 주사무소소재지 관할등기소에서 그 등기를 하였으므로 이 등기소에서 다음 사항의 등기를 구함. 　[유례] 20○○년 ○월 ○일 존립기간 만료로(또는 ① 정관에 정한 어떠어떠한 해산사유 발생으로, ② 목적달성으로, ③ 목적달성 불능으로, ④ 설립허가취소로, ⑤ 사원이 없게 되어)하여 20○○년 ○월 ○일 주사무소소재지 관할등기소에서 그 등기를 하였으므로 이 등기소에서 다음 사항의 등기를 구함. (2) 20○○년 ○월 ○일 사원총회(이사회)에서 다음 사람이 청산인으로 선임되어 같은 날 취임하고(또는 20○○년 ○월 ○일 ① 정관에 정하여진, ② 이사였던 다음 사람이 청산인으로 취임하고)는 20○○년 ○월 ○일 청산인회에서 청산인 ○○○가 대표권 있는 청산인으로 선임되어 같은 날 취임하여 20○○년 ○월 ○일 주사무소소재지 관할등기소에서 등기를 하였으므로 이 등기소에서 그 등기를 구함.

허가서도착연월일	20○○년 ○월 ○일
주사무소/분사무소 신청구분	1.주사무소 신청 □ 2.분사무소 신청 ■ 3.주사무소.분사무소 일괄신청□

등기할 사항	
해산사유	20○○년 ○월 ○일 사원총회(이사회)결의로 해산
청산인의 성명, 주민등록번호, 취임연월일	20○○년 ○월 ○일 다음사람 취임 　　청산인　○　○　○ 　　　　　（　　－　　） 　　　　　○○시 ○○구 ○○동 ○○번지 　　청산인　○　○　○ 　　　　　（　　－　　）
청산인의 대표권에 관한 제한 규정	청산인 ○○○ 외에는 대표권이 없음.
기　　타	

<table>
<tr><td colspan="7" align="center">신청등기소 및 등록면허세/수수료</td></tr>
<tr><td rowspan="2">순
번</td><td rowspan="2">신청등기소</td><td rowspan="2">구분</td><td>등록면허세</td><td rowspan="2">농어촌특별세</td><td rowspan="2">세액합계</td><td rowspan="2">등기신청수수료</td></tr>
<tr><td>지방교육세</td></tr>
<tr><td rowspan="2"></td><td rowspan="2"></td><td rowspan="2"></td><td>금   원</td><td rowspan="2">금   원</td><td rowspan="2">금   원</td><td rowspan="2">금   원</td></tr>
<tr><td>금   원</td></tr>
<tr><td></td><td></td><td></td><td></td><td></td><td></td><td></td></tr>
<tr><td></td><td></td><td></td><td></td><td></td><td></td><td></td></tr>
<tr><td colspan="3" align="center">합   계</td><td></td><td></td><td></td><td></td></tr>
<tr><td colspan="3">등기신청수수료 납부번호</td><td colspan="4"></td></tr>
</table>

<table>
<tr><td colspan="2" align="center">첨   부   서   면</td></tr>
<tr><td>1. 정 관   1통</td><td>1. 주민등록표등(초)본   1통</td></tr>
<tr><td>1. 해산을 증명하는 서면   1통</td><td>1. 인감신고서(대표청산인)   1통</td></tr>
<tr><td>1. 주무관청 허가서   1통</td><td>1. 청산인회의사록   1통</td></tr>
<tr><td>1. 청산인의 자격을 증명하는 서면 1통</td><td>1. 등록면허세영수필확인서   1통</td></tr>
<tr><td> (정관, 총회의사록, 선임결정서등본 등)</td><td>1. 등기신청수수료영수필확인서   1통</td></tr>
<tr><td>1.   취임승낙서(인감증명서나   본인서명
 사실확인서   또는   전자본인서명확인서
의 발급증 포함)   1통</td><td>1. 위임장(대리인이 신청할 경우)   1통
<기 타></td></tr>
</table>

20○○년 ○월 ○일

신청인 명   칭 사단(재단)법인 ○○회
　　　주사무소 ○○시 ○○구 ○○동 ○○
대표자 성   명 대표청산인 ○ ○ ○ ㉑   (전화 :   )
　　　주   소 ○○시 ○○구 ○○동 ○○
대리인 성   명 법무사 ○ ○ ○ ㉑   (전화 :   )
　　　주   소 ○○시 ○○구 ○○동 ○○

○○지방법원 ○○등기소 귀중

- 신청서 작성요령 -
1. 해당란이 부족할 때에는 별지를 이용합니다.
1. 해당 등기신청과 관계없는 사항에 대하여는 "해당없음"으로 기재하거나 삭제하고, 필요한 사항은
   추가 기재합니다.
1.「인감증명법」에 따른 인감증명서 제출과 함께 관련 서면에 인감을 날인하여야 하는 경우, 본인서명
   사실확인서를 제출하고 관련 서면에 서명을 하거나 전자본인서명확인서 발급증을 제출하고 관련
   서면에 서명을 하면 인감증명서를 제출하고 관련 서면에 인감을 날인한 것으로 봅니다.

(용지규격 21cm×29.7cm)

주 ① 이 등기는 청산인이 신청하되 청산인이 수인인 경우에는 그 중의 1인이, 대표권의 제한이 있는 때에는 대표권청산인이 신청한다.

② 사단법인의 경우에는 사원총회, 재단법인의 경우에는 이사회에서 해산을 결의하고 주무관청의 허가를 얻어 해산할 수 있다는 정관의 규정이 있거나, 주무관청의 허가를 조건으로 해산하는 경우 등에는 주무관청의 허가도착서일을 기재한다.

③ 등록면허세는 40,200원이고(지세법 제28조 1항 6호), 지방교육세는 등록면허세액의 100분의 20이다. 조특법 및 관세법, 지세법에 의하여 등록면허세가 감면되는 경우 그 감면세액의 100분의 20의 농어촌특별세를 납부하여야 한다(다만, 이것도 면제되는 경우가 있다).
등기신청 수수료는 방문신청의 경우 6,000원(전자표준양식에 의한 신청의 경우 4,000원, 전자신청의 경우 2,000원)이나, 이 경우와 같이 해산과 청산인 선임등기를 동시에 하는 경우에는 각 등기목적마다 납부하여야 하므로 12,000원(전자표준양식에 의한 신청의 경우 8,000원, 전자신청의 경우 4,000원)을 납부한다.

④ 분사무소에서는 주사무소에서 등기한 사항을 등기하는 것이므로 법인등기부등본을 첨부한다. 분사무소소재지에서 등기를 신청하는 때에는, 이 경우에는 주사무소소재지에서 신청할 때 첨부하는 등기사항을 증명하는 서면을 모두 다시 첨부할 필요는 없고 등기를 마친 후의 주사무소소재지의 법인등기부등본만 첨부하면 족하다.

⑤ 위임장의 첨부와 대리인의 표시는 법무사, 변호사 등의 대리인에 의하여 신청하는 경우에 한하여 한다.

♣ 【서식】 사단(재단)법인 청산인변경등기신청서

<table>
<tr><td colspan="5" align="center">사단(재단)법인 청산인변경등기신청</td></tr>
<tr><td rowspan="2">접
수</td><td colspan="2" align="center">년　　월　　일</td><td rowspan="2" align="center">처리인</td><td align="center">등기관 확인</td><td align="center">각종통지</td></tr>
<tr><td colspan="2" align="center">제　　　　　　호</td><td></td><td></td></tr>
</table>

<table>
<tr><td align="center">명　　칭</td><td>사단(재단)법인 ○○회</td><td align="center">등기번호</td><td align="center">제1000호</td></tr>
<tr><td align="center">주사무소</td><td colspan="3">○○시 ○○구 ○○동 ○</td></tr>
<tr><td align="center">등기의 목적</td><td colspan="3">청산인변경등기</td></tr>
<tr><td align="center">등기의 사유</td><td colspan="3">

<경우1> 청산인경질의 경우

　청산인 ○○○는 20○○년 ○월 ○일 사임하고(① 사망하고, ② 사원총회(청산인회)에서 해임되고, ③ 사임하고)20○○년 ○월 ○일 사원총회(청산인회)에서 다음 사람이 청산인으로 선임되어 같은 날 취임하였으므로 그 등기를 구함.

<경우2> 대표권제한규정의 변경의 사유

　20○○년 ○월 ○일 대표권 있는 청산인 ○○○는 청산인직을 사임하고 20○○년 ○월 ○일 사원총회(청산인회)에서 ○○○가 청산인으로 선임되어 같은 날 취임하고 20○○년 ○월 ○일 청산인회에서 ○○○가 대표권 있는 청산인으로 선임되어 같은 날 취임함에 따라 청산임 및 대표권의 제한규정이 다음과 같이 변경되었으므로 그 등기를 구함.

<경우3> 대표권있는 청산인직만 사임하고 다른 자가 대표권있는 청산인으로 된 경우

　20○○년 ○월 ○일 대표권 있는 청산인 ○○○는 대표직만 사임하고 20○○년 ○월 ○일 청산인회에서 청산인 ○○○가 대표권 있는 청산인으로 선임되어 같은 날 취임함에 따라 청산임 및 대표권의 제한규정이 다음과 같이 변경되었으므로 그 등기를 구함.

</td></tr>
</table>

허가서도착연월일	20○○년 ○월 ○일
주사무소/분사무소 신청구분	1.주사무소. 신청 □ 2.분사무소 신청 □ 3.주사무소.분사무소 일괄신청 □
등기할 사항	
청산인의 성명, 주민등록번호 및 변경연월일	<경우1> 청산인경질의 경우 　청산인 ○○○ 20○○년 ○월 ○일 사임 　청산인 ○○○ 20○○년 ○월 ○일 취임 　　(　　　-　　　)
청산인의 대표권에 관한 제한 규정 및 변경연월일	<경우2> 대표권제한규정의 변경의 사유 　청산인 ○○○ 20○○년 ○월 ○일 사임 　청산인 ○○○ 20○○년 ○월 ○일 취임 　　(　　　-　　　) 　청산인 ○○○ 외에는 대표권이 없음. <경우3> 대표권있는 청산인직만 사임하고 다른 자가 대표권있는 청산인으로 된 경우 　20○○년 ○월 ○일 대표권제한규정 변경 　청산인 ○○○ 외에는 대표권이 없음.
기　　　타	

<table>
<tr><td colspan="7" align="center">신청등기소 및 등록면허세/수수료</td></tr>
<tr><td rowspan="2">순번</td><td rowspan="2">신청등기소</td><td rowspan="2">구분</td><td>등록면허세</td><td rowspan="2">농어촌특별세</td><td rowspan="2">세액합계</td><td rowspan="2">등기신청수수료</td></tr>
<tr><td>지방교육세</td></tr>
<tr><td rowspan="2"></td><td rowspan="2"></td><td rowspan="2"></td><td>금   원</td><td rowspan="2">금   원</td><td rowspan="2">금   원</td><td rowspan="2">금   원</td></tr>
<tr><td>금   원</td></tr>
<tr><td></td><td></td><td></td><td></td><td></td><td></td><td></td></tr>
<tr><td></td><td></td><td></td><td></td><td></td><td></td><td></td></tr>
<tr><td colspan="3">합   계</td><td></td><td></td><td></td><td></td></tr>
<tr><td colspan="3">등기신청수수료 납부번호</td><td colspan="4"></td></tr>
</table>

첨 부 서 면

1. 사원총회 또는 청산인회 의사록 1통 * 해임, 선임 등의 경우 * 청산인합의서(청산인회가 없는 경우) 1. 사임서(인감증명서나 본인서명사실 　확인서 또는 전자본인서명확인서의 　발급증 포함) 1통 1. 가족관계 등록사항별 증명서 1통 * 사망, 개명의 경우 1. 취임승낙서(인감증명서나 본인서명 사실확인서 또는 전자본인서명확인서의 발급증 포함) 1통	1. 주민등록표등(초)본(선임한 경우) 1통 1. 정관 1통 1. 주무관청의 허가서(허가가 필요한 경우) 1통 1. 인감신고서(대표청산인) 1통 1. 등록면허세영수필확인서 1통 1. 등기신청수수료영수필확인서 1통 1. 위임장(대리인이 신청할 경우) 1통 <기 타>

20○○년 ○월 ○일

신청인　명　　칭　사단(재단)법인 ○○회

　　　　주사무소　○○시 ○○구 ○○동 ○○

대표자　성　　명　대표청산인 ○ ○ ○ ㊞　　　　(전화 :　　　　　)

　　　　주　　소　○○시 ○○구 ○○동 ○○

대리인　성　　명　법무사 ○ ○ ○ ㊞　　　　(전화 :　　　　　)

　　　　주　　소　○○시 ○○구 ○○동 ○○

○○지방법원 ○○등기소 귀중

(용지규격 21cm×29.7cm)

주 ① 이 등기는 청산인이 신청해야 하며, 청산인이 수인인 경우 대표권제한이 있는 때에는 대표권 있는 청산인이, 그 제한이 없는 때에는 청산인 중 1인이 신청한다.

② 등기할 사항의 청산인이 대표권 있는 청산인인 때에는 그 주소도 기재해야 한다.

③ 청산인이 결원인 때에는 사단법인의 경우에는 사원총회, 재단법인의 경우에는 청산인회에서 그를 보선한다.

④ 등록면허세는 40,200원이고(지세법 제28조 1항 6호), 지방교육세는 등록면허세액의 100분의 20이다. 조특법 및 관세법, 지세법에 의하여 등록면허세가 감면되는 경우 그 감면세액의 100분의 20의 농어촌특별세를 납부하여야 한다(다만, 이것도 면제되는 경우가 있다). 등기신청 수수료는 방문신청의 경우 6,000원(전자표준양식에 의한 신청의 경우 4,000원, 전자신청의 경우 2,000원)의 대법원수입증지를 첩부하여야 한다.

⑤ 첨부서류 중 의사록을 청산인의 선임 또는 해임을 결의한 사단법인의 사원총회, 재단법인의 청산인회의 의사록을 첨부하되, 공증인의 인증을 받아야 한다.

⑥ 청산인회 의사록은 대표청산인을 선임한 것을 첨부해야 한다.

⑦ 새로 취임하는 대표청산인의 인감도 제출해야 한다.

⑧ 위임장의 첨부와 대리인의 표시는 법무사, 변호사 등 대리인에 의하여 신청하는 경우에 대하여 한다.

⑨ 분사무소소재지에서 신청하는 경우에는 주사무소의 주소 다음으로 분사무소의 주소를 기재하며, 주사무소소재지에서 신청할 때 첨부하는 등기사항을 증명하는 서면을 첨부할 필요 없이 등기를 마친 후의 주사무소의 등기부등(초)본만을 첨부한다.

♣ 【서식】 사원총회(청산인회)의사록

사원총회(청산인회)의사록

1. 개최일시   20○○년 ○월 ○일   ○○시
2. 개최장소   ○○시 ○○구 ○○동 ○○번지 본 법인 회의실
3. 총사원수(총청산인수)   ○○명
4. 출석사원수(출석청산인수)   ○○명
     내역 본인출석   ○○명
       위임출석   ○○명

청산인 ○○○는 위와 같이 의장석에 등단하여 위와 같이 법정수에 달하는 사원(청산인)이 출석하였으므로 본 총회(청산인회)가 적법히 성립되었음을 알리고 개회를 선언한 후, 통지한 사항인 다음의 의안을 부의한 심의를 구하다.

제1호 의안 청산인 해임의 건
　의장은 청산인 ○○○는 본회의 목적에 위배되는 어떠 어떠한 행위를 하였으므로 부득이 해임함이 상당하다는 취지를 상세히 설명하고 그 가부를 물은 바, 전원 이의없이 찬성하여 만장일치로 그 해임을 가결하다.

제2호 의안 청산인 보선의 건
　의장은 청산인 ○○○는 20○○년 ○월 ○일 사임하여(또는 ① 해임되어, ② 사망하여) 결원이 생겼으므로 그를 보선해야 한다는 취지를 설명하고 그 선출방법을 물은 바, 무기명비밀투표로 선출하기로 전원일치되어 즉시 실시한 결과 다음과 같이 선출되다.
　　　　청산인 ○ ○ ○
　　　　　　　(-   )
　　　　　　○○시 ○○구 ○○동 ○○번지

위 피선자는 즉석에서 그 취임을 승낙한다.

의장은 이상으로 회의목적인 의안 전부의 심의를 종료하였으므로 폐회한다고 선언하다(시간은 ○○시 ○○분이었음).

위 결의를 명확히 하기 위하여 이 의사록을 작성하고 의장과 출석한 청산인이 기명 날인한다.

20○○년 ○월 ○일

사단(재단)법인 ○○회

○○시 ○○구 ○○동 ○○번지

의장청산인 ○　○　○ ㊞

청산인 ○　○　○ ㊞

청산인 ○　○　○ ㊞

주 이는 청산인에 해임 및 보선을 결의한 의사록으로서 사단법인의 경우에는 사원총회의사록, 재단법인의 경우에는 청산인회의사록을 작성하되 공증인의 인증을 받아야 한다.

♣ 【서식】 청산인회의사록

청산인회의사록

1. 개최일시   20〇〇년 〇월 〇일
2. 개최장소   〇〇시 〇〇구 〇〇동 〇〇번지 본 법인 회의실
3. 총청산인수   〇〇명
4. 출석청산인수   〇〇명
        내역 본인출석   〇〇명
              위임출석   〇〇명

청산인 〇〇〇는 정관규정에 따라 의장석에 등단하여 위와 같이 법정수에 달하는 청산인이 출석하였으므로 본 청산인회가 적법히 성립되었음을 알리고 개회를 선언한 후, 통지한 사항인 다음의 의안을 부의하여 심의를 구하다.

제1호 의안 대표권 있는 청산인 선임의 건
  의장은 대표권 있는 청산인 〇〇〇의 사임에 따라 새로운 대표권 있는 청산인을 선임해야 한다는 취지를 설명하고 그 선출방법을 물은 바, 무기명비밀투표로 선출하기로 전원일치되어 즉시 투표를 실시한 결과 다음과 같이 선출되다.
  대표권 있는 청산인 〇 〇 〇
  피선자는 즉석에서 그 취임을 승낙한다.

의장은 이상으로서 회의목적인 의안 전부의 심의를 종료하였으므로 폐회한다고 선언하다(시간은 〇시 〇분이었음).

위 결의를 명확히 하기 위하여 이 의사록을 작성하고 의장과 출석한 청산인이 기명 날인한다.

20○○년 ○월 ○일

사단(재단)법인 ○○회

○○시 ○○구 ○○동 ○○번지

의장청산인 ○   ○   ○ ㉑

청산인 ○   ○   ○ ㉑

청산인 ○   ○   ○ ㉑

주 이는 당해 법인의 정관에서 이사회 제도를 도입한 경우의 대표청산인 선임의 의사록이다. 이사회 제도가 없으면 사원총회에서 선임한다.

♣ 【서식】 취임승낙서

취임승낙서

  본인은 20○○년 ○월 ○일 사원총회(청산인회)에서 청산(대표청산인)으로 선임되었는 바 그 취임을 승낙합니다.

20○○년 ○○월 ○○일

인감

청산인(대표청산인) ○ ○ ○

사단(재단)법인 ○○회 귀중

※ 날인된 인감은 인영대조 전산시스템에 의하여 등기관이 조사를 합니다.

따라서 인감을 날인할 때에는 **인영이 인감날인란의 선내를 벗어나지 않도록**

각별히 주의하시기 바랍니다.

♣ 【서식】 사단(재단)법인 청산종결등기신청서

<table>
<tr><td colspan="6" align="center">사단(재단)법인 청산종결등기신청</td></tr>
<tr><td rowspan="2">접
수</td><td colspan="2" align="center">년　　월　　일</td><td rowspan="2">처리인</td><td>등기관 확인</td><td>각종통지</td></tr>
<tr><td colspan="2" align="center">제　　　　호</td><td></td><td></td></tr>
</table>

명　　칭	사단(재단)법인 ○○회	등기번호	제1000호
주사무소	○○시 ○○구 ○○동 ○		
등기의 목적	청산종결등기		
등기의 사유	20○○년 ○월 ○일 청산을 종결하고 사원총회(청산인)에서 그 결산보고서의 승인을 받았으므로 다음 사항의 등기를 구함.		
허가서도착연월일	20○○년 ○월 ○일		
주사무소/분사무소 신청구분	1.주사무소 신청 □　2.분사무소 신청 □　3.주사무소.분사무소 일괄신청 □		

<table>
<tr><td colspan="2" align="center">등기할 사항</td></tr>
<tr><td>청산종결의 뜻과
그 연월일</td><td>20○○년 ○월 ○일</td></tr>
<tr><td>기　　타</td><td></td></tr>
</table>

<table>
<tr><td colspan="8" align="center">신청등기소 및 등록면허세/수수료</td></tr>
<tr><td rowspan="2">순
번</td><td rowspan="2">신청등기소</td><td rowspan="2">구분</td><td>등록면허세</td><td rowspan="2">농어촌특별세</td><td rowspan="2">세액합계</td><td rowspan="2" colspan="2">등기신청수수료</td></tr>
<tr><td>지방교육세</td></tr>
<tr><td rowspan="2"></td><td rowspan="2"></td><td rowspan="2"></td><td>금   원</td><td rowspan="2">금   원</td><td rowspan="2">금   원</td><td rowspan="2" colspan="2">금   원</td></tr>
<tr><td>금   원</td></tr>
<tr><td></td><td></td><td></td><td></td><td></td><td></td><td colspan="2"></td></tr>
<tr><td></td><td></td><td></td><td></td><td></td><td></td><td colspan="2"></td></tr>
<tr><td colspan="3" align="center">합   계</td><td></td><td></td><td></td><td colspan="2"></td></tr>
<tr><td colspan="3" align="center">등기신청수수료 납부번호</td><td colspan="5"></td></tr>
</table>

첨 부 서 면	
1. 사원총회 또는 청산인회 의사록 1통	
* 청산인합의서(청산인회가 없는 경우)	<기 타>
1. 등록면허세영수필확인서 1통	
1. 등기신청수수료영수필확인서 1통	
1. 위임장(대리인이 신청할 경우) 1통	

20○○년 ○월 ○일

신청인 명   칭 사단(재단)법인 ○○회

　　　　주사무소 ○○시 ○○구 ○○동 ○○

대표자 성   명 대표청산인 ○ ○ ○ ㊞   (전화 :   )

　　　　주   소 ○○시 ○○구 ○○동 ○○

대리인 성   명 법무사 ○ ○ ○ ㊞   (전화 :   )

　　　　주   소 ○○시 ○○구 ○○동 ○○

○○지방법원 ○○등기소 귀중

- 신청서 작성요령 -

1. 해당란이 부족할 때에는 별지를 이용합니다.
1. 해당 등기신청과 관계없는 사항에 대하여는 "해당없음"으로 기재하거나 삭제하고, 필요한 사항은 추가 기재합니다.
1.「인감증명법」에 따른 인감증명서 제출과 함께 관련 서면에 인감을 날인하여야 하는 경우, 본인서명사실확인서를 제출하고 관련 서면에 서명을 하거나 전자본인서명확인서 발급증을 제출하고 관련 서면에 서명을 하면 인감증명서를 제출하고 관련 서면에 인감을 날인한 것으로 봅니다.

(용지규격 21㎝×29.7㎝)

주 ① 이 등기는 청산인이 신청해야 되며, 대표권제한규정이 없는 때에는 청산인 중 1인이, 대표권 제한규정이 있는 때에는 대표권 있는 청산인이 신청한다.

② 등기할 사항의 결산보고서 승인결의일자를 기재한다.

③ 등록면허세는 40,200원이고(지세법 제28조 1항 6호), 지방교육세는 등록면허세액의 100분의 20이다.조특법 및 관세법, 지세법에 의하여 등록면허세가 감면되는 경우 그 감면세액의 100분의 20의 농어촌특별세를 납부하여야 한다(다만, 이것도 면제되는 경우가 있다), 등기신청 수수료는 방문신청의 경우 6,000원(전자표준양식에 의한 신청의 경우 4,000원, 전자신청의 경우 2,000원)의 대법원수입증지를 첨부하여야 한다.

④ 첨부서류 중 의사록으로, 사단법인의 사원총회 승인을 얻은 의사록을 첨부하고 재단법인은 청산인회의 승인 얻은 의사록을 첨부하되, 공증인의 인증을 받아야 한다.

⑤ 위임장의 첨부와 대리인의표시는 법무사, 변호사 등 대리인에 의하여 신청하는 경우에 한하여 한다.

⑥ 분사무소소소재지에서 신청하는 때에는 주사무소소소재지에서 신청할 때 첨부하는 증명서면을 모두 첨부할 필요 없이 이 등기를 마친 후의 주사무소의 등기부등(초)본만 첨부하면 된다.

♣ 【서식】 해산 및 채권계출공고 내용(신문공고)

채권자 제위

해산 및 채권계출공고

  당사는 서기 20○○년 ○월 ○일 임시사원총회에서 해산을 결의하고 서기 20○○년 ○월 ○일자로 해산등기를 완료하였으나 당사에 대하여 채권이 있는 채권자는 이 공고 게재일로부터 2개월 이내에 그 채권을 제출하여 주시기 바랍니다.

20○○년 ○월 ○일

사단(재단)법인　○○회

○○시 ○○구 ○○동 ○○번지

대표청산인　○　　○　　○　㉑

○○시 ○○구 ○○동 ○○번지

5. 파산, 해산 및 청산신고

가. 파산신청의 신고

법인이 파산한 경우 그 법인의 설립 또는 목적인 사업에 관하여 관청의 허가가 있는 것인 때에는 법원은 파산의 선고가 있다는 뜻을 주무관청에 통지하여야 한다. 파산폐지, 파산취소, 파산종결이 있는 때에도 동일하다(채무자회생 및 파산에 관한 법률 제314조). 법인이 파산하게 된 때에는 청산인으로 하여금 민법 제79조의 규정에 의한 파산신청서 사본 1부를 첨부한 신고서를 주무관청에 제출하도록 비영리법인의감독에관한규칙에 정한 경우가 많다. 이와 같이 파산하게 된 경우에 주무관청에 보고하도록 법인설립허가시 또는 정관으로 규정된 경우에는 이를 보고하여야 한다.

나. 해산신고

법인이 해산한 때에 청산인은 파산의 경우를 제외하고는 그 취임 후 3주간 내에 해산등기에 관한 사항인 해산사유 및 청산인에 관한 사항을 주무관청에 신고하여야 하며, 청산 중에 청산인이 경질된 경우에는 청산인은 그 성명 및 주소를 신고하여야 한다(민 제86조, 제85조). 또한 청산인은 규정에 의하여 해산등기를 완료한 후 지체없이 법인해산신고서에 다음의 서류를 첨부하여, 주무관청에 제출하여야 한다(비영리법인감독에관한규칙 제10조).

1. 해산당시의 재산목록   1부
2. 잔여재산의 처분방법을 기재한 서류   1부
3. 해산당시의 정관   1부
4. 등기부등본   1부
5. 사단법인이 총회의 결의에 의하여 해산할 때에는 당해 결의를 한 사원총회의사록, 재단법인인 경우에는 이사회회의록   1부

또한 법인은 정관이 정한 바에 의하여 주무관청으로부터 그 해산에 관한 허가를 받게 된 때에는 해산의 예정기일, 해산의 원인 및 청산인으로 될 자의 성명, 주소를 기재한 법인해산허가신청서에 다음 각호의 서류를 첨부하여 주무관청에 제출하여야 한다.

1. 신청당시의 재산목록   1부
2. 잔여재산의 처분방법을 기재한 서류   1부
3. 신청당시의 정관   1부

♣ 【서식】 비영리법인해산신고서

■ 행정안전부 및 그 소속청 소관 비영리법인의 설립 및 감독에 관한 규칙[별지 제5호서식] <개정 2017.7.26.>

비영리법인 해산 신고서

접수번호	접수일	처리일	처리기간 7일

| 청산인 | 성명 | | 생년월일 |
| | 주소 | | 전화번호 |

| 청산법인 | 명칭 | | 전화번호 |
| | 소재지 | | |

| 해산 연월일 | |
| 해산사유 | |

　「민법」 제86조제1항 및 「행정안전부 및 그 소속청 소관 비영리법인의 설립 및 감독에 관한 규칙」 제10조에 따라 위와 같이 법인 해산을 신고합니다.

년   월   일

신고인
(서명 또는 인)

행정안전부장관
경찰청장   귀하
소방청장

신고인 제출서류	1. 해산 당시의 재산목록 1부 2. 잔여재산 처분방법의 개요를 적은 서류 1부 3. 해산 당시의 정관 1부 4. 사단법인이 총회의 결의에 따라 해산하였을 때에는 그 결의를 한 총회의 회의록 1부 5. 재단법인의 해산 시 이사회가 해산을 결의하였을 때에는 그 결의를 한 이사회의 회의록 1부	수수료 없음
담당공무원 확인사항	법인 등기사항증명서	

처리절차

신고서 작성	→	접수	→	검토·확인	→	결재

신고인   처리기관: 행정안전부, 경찰청, 소방청(비영리법인의 설립 및 감독업무 담당부서)

210mm×297mm[일반용지 60g/㎡(재활용품)]

다. 해산시 잔여재산의 처분허가신청

해산한 법인의 재산은 정관으로 정한 자에게 귀속한(민 제80조 1항), 정관으로 귀속권리자를 지정하지 않고 그 법인의 목적과 유사한 목적을 위하여 재산을 처분할 수 있다.

민법 제80조 제2항의 규정에 의하여 법인의 이사 또는 청산인이 주무관청에 잔여재산의 처분에 관한 허가를 받고자 할 때에는 다음 각호의 서류를 첨부한 신청서를 주무관청에 제출하여야 한다.

1. 처분하고자 하는 재산목록   1부

2. 처분의 방법 및 그 사유를 기재한 서류   1부

3. 정관이 규정에 의한 절차를 거친 사실을 증명하는 서류   1부

법인이 위 허가를 받아 잔여재산을 처리하되 주무관청의 허가 전에 사단법인은 사원총회의 결의가 있어야 한다(민 제80조 1항). 그리고 위 처분되지 아니한 재산은 국고에 귀속한다(민 제80조 3항).

♣ 【서식】 잔여재산 처분허가 신청서

■ 행정안전부 및 그 소속청 소관 비영리법인의 설립 및 감독에 관한 규칙[별지 제6호서식] <개정 2017.07.25.>

잔여재산 처분허가 신청서

접수번호	접수일	처리일	처리기간　10일

신청법인	명칭		전화번호	
	소재지			

대 표 자 (이사·청산 인)	성명		생년월일	
	주소		전화번호	

처분재산	종류 및 수량
	금액
	처분 방법

　「민법」 제80조제2항 및 「행정안전부 및 그 소속청 소관 비영리법인의 설립 및 감독에 관한 규칙」 제11조에 따라 위와 같이 잔여재산 처분허가를 신청합니다.

년　　　　　월　　　　　일

신청인　　　　　　　　　　　　　　　　(서명 또는 인)

행정안전부장관
경찰청장　　　귀하
소방청장

신청(신고) 인 제출 서류	1. 해산 당시의 정관 1부(해산 신고 시의 정관을 확인할 필요가 있는 경우에만 제출합니다) 2. 총회의 회의록(사단법인의 경우만 제출합니다) 1부 (해산 신고 시에 제출한 서류만으로 확인이 되지 않을 경우에만 제출합니다)	수수료 없음

처리절차

신청서 작성 ➡ 접수 ➡ 확인 ➡ 결재 ➡ 결과 통지

신청인   처리기관: 행정안전부, 경찰청, 소방청(비영리법인의 설립 및 감독 업무 담당부서)

210mm×297mm[일반용지 60g/㎡(재활용품)]

라. 청산종결의 신고

민법법인은 주무관청의 허가를 받아 설립한 법인이므로(민 제32조) 청산을 종결한 때에는 청산인은 민법 제94조의 규정에 의하여 이를 등기하고, 청산종결등기가 되면 법인이 소멸하므로그 뜻을 등기부등본을 첨부하여 설립을 허가한 주무관청에 신고하여야 한다(민 제94조).

법인은 청산의 종결에 의하여 그 인격이 소멸하나, 현실적으로 아직 법인의 재산이 있으면 법인은 소멸하지 아니하고 그 재산이 존재하는 범위 내에서 청산법인으로서 권리능력이 있다(대판 1969. 11. 25, 69다1432. 등기예규 제142호, 대판 1968. 6. 18, 67다2528).

따라서 법인의 청산종결을 주무관청에 신고하여도 위와 같이 법인의 재산이 존재하면 청산이 종결되지 아니한 것이므로 그 범위 내에서는 법인격이 소멸하지 아니하므로, 청산종결의 주무관청에의 신고에는 어떤 법률상의 효력은 없다.

♣ 【서식】 청산종결 신고서

■ 행정안전부 및 그 소속청 소관 비영리법인의 설립 및 감독에 관한 규칙[별지 제7호서식] <개정 2017.7.26.>

청 산 종 결   신 고 서

접수번호		접수일	처리일	처리기간 즉시
청산인	성명			생년월일
	주소			전화번호
청산법인	명칭			전화번호
	소재지			
청산 연월일				
청산 취지				

「민법」 제94조 및 「행정안전부 및 그 소속청 소관 비영리법인의 설립 및 감독에 관한 규칙」 제12조에 따라 위와 같이 청산 종결을 신고합니다.

년   월   일

신고인(청산인)   (서명 또는 인)

행정안전부장관
경찰청장   귀하
소방청장

신고인(청산인) 제출서류	없 음	수수료 없음
담당 공무원 확인사항	법인 등기사항증명서	

210mm×297mm[일반용지 60g/㎡(재활용품)]

제 4 장　경정등기와 말소등기

1. 경정등기

경정등기란 이미 등기한 사항이 착오나 유루에 의하여 사실과 부합하지 아니한 경우 이를 사실과 일치시키기 위하여 행하는 등기를 한다(비송사건절차법 제66조, 상업등기법 제75조).

여기서 착오 또는 유루는 신청인의 착오는 기인한 것인가, 등기관의 과오에 기인한 것인가를 묻지 않는다. 등기의 사정은 등기가 현재의 사실과 불일치하는 경우에만 인정되는 것이고, 등기 당시에는 사실과 부합하지 아니하더라도 그 후 실체관계의 변동으로 인하여 현재 사실과 부합하는 때에는 인정되지 않아 경정등기를 할 수 없다.

또 경정 전후를 통하여 객관적으로 등기의 동일성이 인정되는 경우에만 등기의 경정이 인정된다. 즉 등기의 경정은 일단 완료한 등기의 일부에 착오 또는 유루가 있어 이것이 현재의 실체관계와 부합하지 아니하는 경우에 이를 실체관계에 부합시키기 위하여 시정하더라도 객관적으로 그 등기의 동일성이 유지되는 때에 한하여 인정되는 것이므로 등기 후에 불부합 원인이 새로 발생하는 경우에 하는 변경등기와 구별된다.

등기관은 등기를 한 후 그 등기에 착오가 있거나 빠진 것이 있음을 발견한 때에는 지체 없이 등기를 한 사람에게 그 뜻을 통지하여야 한다. 다만, 그 착오나 빠진 것이 등기관의 잘못으로 인한 것인 때에는 등기관은 지체 없이 등기의 경정을 한 후 그 사실을 등기를 한 사람에게 통지하여야 한다(비송사건절차법 제66조, 상업등기법 제76조). 2008년 상업등기법 제정 전에는 지방법원장으로부터 사전 허가를 받은 후에 경정등기를 하였으나, 제정 상업등기법에서는 등기관이 직권경정 후에 지방법원장에게 사후 보고하도록 하였고, 개정 상업등기법에서는 이러한 내용을 삭제하였다.

이처럼 경정등기는 직권에 의한 경정등기와 신청에 의한 경정등기로 나눌 수 있다.

당사자는 등기를 한 후 그 등기에 착오 또는 유루가 있는 것을 발견한 때에는 관할등기소에 그 경정을 신청할 수 있다(비송사건절차법 제66조, 상업등기법 제75조). 그 착오 또는 유루 있음을 등기의 당사자가 발견하기 전에 등기관이 먼저 이를 발견한 때에는 경정등기를 촉진하기 위하여 지체없이 그 뜻을 등기의 당사자에게 통지하여야 한다(비송사건절차법 제66조, 상업등기법 제76조).

경정등기는 경정의 사유가 주사무소 또는 분사무소의 등기 중 어느 일방에만 존재하는 것인 때는 그 사유가 존재하는 사무소나 분사무소의 등기만 경정하여 등기하면 된다.

2. 말소등기

말소등기란 무효원인이 있거나 이에 부합하는 실체관계가 존재하지 아니하는 경우에 이를 시정하기 위하여 행하는 등기를 말한다(비송사건절차법 제66조, 상업등기법 제77조).

등기한 사항이 상업등기법 제77조 각호의 1에 해당되는 것인 때에는 등기관은 당사자에게 1개월 이내의 기간을 정하여 그 기간 내에 이의가 없으면 그 등기를 말소한다는 취지를 통지하여 그 기간 내에 이의가 없거나 이의가 이유 없는 때에는 직권으로 그 등기를 말소하여야 한다(비송사건절차법 제66조, 상업등기법 제78조~제80조).

상업등기법 제77조에서 열거하고 있는 말소등기의 사유는

① 그 등기소의 관할에 속하지 아니한 등기를 한 때,

② 사건이 등기사항 이외의 사항을 등기목적으로 한 때,

③ 사건이 그 등기소에 이미 등기되어 있는 사항을 다시 등기한 때,

④ 등기된 사항에 관하여 무효의 원인이 있는 때(소로써만 무효를 주장할 수 있는 경우를 제외한다) 등이다.

말소등기는 주사무소와 분사무소소재지 모두에서 등기할 사항이라 할지라도 주사무소소재지에서 한 등기에 대해서만 적용되며 주사무소소재지에서 절차에 따라 등기를 말소한 후 그 뜻을 통지해 주면 분사무소소재지에서는 그 통지에 따라 등기를 말소하기만 하면 된다(비송사건절차법 제66조, 상업등기법 제81조).

등기사항에 관하여 무효의 원인이 있는 경우에 등기의 말소를 인정하는 것은, 이와 같은 등기는 등기사항에 부합하는 실체관계가 존재하지 아니하기 때문에 이를 존치시킨다는 것은 거래의 안전을 해칠 뿐만 아니라, 고의, 과실로 인하여 등기를 한 당사자는 그 등기의 부실을 들어 제3자에게 대항할 수 없는 불이익을 입기 때문이다.

그러므로 원인만에 의하여 그 무효를 주장할 수 있는 경우에는 판결에 의하여 그 무효가 확정되기까지는 일응 실체관계는 존재하는 것이고, 또 실체관계에 무효원인이 있다 하더라도 이를 기초로 법률관계가 형성되는 것이므로 그 등기의 말소신청을 할 수 없는 것이다. 원인만에 의하여 무효의 주장을 할 수 있는 경우로는 법인의 설립의 무효, 자본감소의 무효 등이다. 즉, 그러한 흠결이 있는 결의에 기인한 등기라 할지라도 확정판결에 의하지 아니하고는 그를 말소할 수 없다.

예컨대 민법상 비영리법인인 사단법인은 민법 제31조 및 제32조의 규정에 의하여 영리 아닌 사업을 목적으로 하여 주무관청의 허가를 얻어야 법인의 주된 사무소소재지에서 설립등기를 할 수 있는 것이므로 주무관청의 허가없이 설립한 법인은 등기말소 된다.

또한 착오로 위 규정에 의하지 아니하고 설립등기된 법인등기는 상업등기법 제26조 2호 소정의 '사건이 등기할 사항이 아닌 때'에 해당하는 무효의 등기로서 비송사건절차법 제66조, 상업등기법 제77조 내지 제80조의 규정에 의하여 직권말소된다(등기예규 제1507호, 1997. 1. 31. 등기 3402-79, 1996. 8. 7. 등기 3402-626).

- 무효인 법인등기의 말소

   민법상의 법인등기가 불법하게 이루어진 경우에 이해관계인은 이 법인의 설립이 무효인 것을 법원에 제소하고 그 승소의 확정판결을 받으면 상사 법인등기에 관한 비송사건절차법 제107조의 규정과 같이 수소법원이 등기관에게 촉탁하여 그 불법등기를 말소시키는 것이 정당하고, 이 경우에 이해관계인이 직접 그 불법인 재단법인 설립등기의 말소를 법원에 제소하지 못한다(대판 1973. 6. 12, 71다1915, 등기예규 제219호). 다만, 민법법인에 대하여 촉탁등기의 규정이 없으므로 당사자의 신청에 의함이 원칙일 것이다

대법원 예규

▶예규◀ 법인등기의 무효판결과 등기절차

(제정 1973.06.12 등기예규 제219호)

민법상의 법인등기가 이루어진 경우 이해관계인은 이 법인의 등기가 무효인 것을 법원에 제소하고 그 승소의 확정판결을 받으면 수소법원이 등기공무원에게 촉탁하여 그 불법등기를 말소시키는 것이 정당하고 그 등기의 말소를 직접 법원에 제소함은 부당하다(1973.6.12, 71다1915 판결).

대법원 선례

▶선례◀ 분사무소(지부) 폐지등기의 말소등기 신청(등기선례 4-885)

(1995.8.26, 등기 3402-648 질의회답)

민법법인의 경우 등기사항에 관하여 무효의 원인이 있는 때에는 당사자는 그 등기의 말소를 신청할 수 있고, 이 경우 그 신청서에는 무효의 원인이 있음을 증명하는 서면을 첨부하여야 하는 바(법 제66조, 제234조), 지부폐지를 결의한 이사회의 구성원인 이사들에 대하여 그 선임결의가 무효임을 확인하는 판결은 그 지부폐지등기의 말소등기를 신청함에 있어서 무효 원인이 있음을 증명하는 서면이 될 수 있으며, 별도로 위 이사회의 결의가 무효임을 확인하는 판결을 받을 필요가 없다(법 제234조, 제66조, 상등규칙 제100조 참조).

---

3. 등기절차

가. 등기신청인

착오나 유루있는 등기의 경정등기나 법률상 허용할 수 없는 등기의 말소등기는 대표권의 제한이 있는 때에는 대표권 있는 이사, 그 제한이 없는 때에는 이사 중 1인이 등기신청인이 된다(민법법인 및 특수법인 등기규칙 제6조, 상업등기법 제23조 1항). 이사가 없는 때에는 임시이사가 신청인이 되는데, 임시이사가 등기를 신청하는 경우에는 신청서에 그 자격을 증명하는 서면을 첨부하여야 한다(비송사건절차법 제64조 2항).

사원총회결의무효(부존재)의 확정판결 등 재판에 의하여 등기를 말소하는 경우도 민법상 법인의 등기에 대해서는 수소법원의 촉탁에 의하여 말소하는 상업등기에 관한 비송사건절차법 제107조 등을 준용하는 규정이 없기 때문에 결국 당사자의 신청에 의하여 말소할 수밖에 없다. 따라서 이 경우의 신청인도 역시 대표권제한이 있는 때에는 대표권 있는 이사, 그 제한이 없는 때에는 이사 중의 1인이 된다.

그러나 위 말소등기를 신청해야 할 자가 그 등기를 신청하지 아니할 때에는 그 사원총회결의무효(부존재)의 승소판결을 받은 자 자신이 법인을 대위하여 신청할 수도 있다해야 할 것이다(1996. 12. 23. 등기 3402-818).

나. 등기기간

등기는 당사자의 과오에 기인한 착오나 유루있는 등기의 경정등기에 한하여 당사자가 그 착오나 유루사실을 안 날로부터 3주간 내에 신청해야 한다.

다. 등기사항

1) 경정등기

신청에 의한 경정의 경우는 상당란에 경정되는 등기사항과 경정취지, 경정사유와 그 연월일을 기재하고 경정할 등기에 대하여 말소하는 기호를 기록하고, 그 등기로 인하여 말소된 등기사항이 있는 때에는 그 등기를 회복하여야 한다.

직권에 의한 경정의 경우는 상당란에 경정사유 대신 허가한 법원의 명칭과 허가 연월일을 기재하고 경정할 등기에 대하여 말소하는 기호를 기록하고, 그 등기로 인하여 말소된 등기사항이 있는 때에는 그 등기를 회복하여야 한다(민법법인 및 특수법인 등기규칙 제6조, 상업등기규칙 제168조).

2) 말소등기

말소등기는 상당란에 말소(또는 부활)하는 등기사항과 말소(또는 부활)취지, 말소사유와 그 연월일을 법원의 허가에 의한 경우에는 말소사유 대신 허가연월일을 기재하고 등기관의 식별부호를 기록한다. 등기를 말소하는 경우에는 말소할 등기에 대하여 말소하는 기호를 기록하고 그 등기로 인하여 말소된 등기사항이 있는 때에는 회복하여야 한다. 다만, 등기의 말소로 인하여 등기기록을 폐쇄하여야 할 때에는 그러하지 아니하다(민법법인 및 특수법인 등기규칙 제6조, 상업등기규칙 제170조).

3) 주무관청의 설립허가취소에 따른 등기

당해법인의 등기용지 중 명칭, 임원란의 여백에 설립허가취소연월일, 취소기간, 문서번호 또는 관보번호 등을 기재한 부전을 첨부하여 해산된 법인임을 알 수 있도록 하고, 인감부 해당란에도 위 사항을 기재한 부전을 첨부하고 인감증명신청이 있더라도 인감증명을 발행하여서는 아니 된다.

그리고 이 등기는 법인의 설립허가취소로 당해 법인이 청산법인으로 들어가는 것이므로 기타 사항란에 등기하고 이에 등기관이 그 식별부호를 기록하여야 하나, 아직 청산종결이 되지 아니하였으므로 등기용지는 폐쇄하지 아니한다.

라. 첨부서면

1) 착오 또는 유루 있음을 증명하는 서면

신청서에는 일반적인 기재사항을 기재하여야 하며 착오 또는 유루 있음을 증명하는 서면을 첨부하여야 한다(민법법인 및 특수법인 등기규칙 제6조, 상업등기규칙 제167조). 그러나 신청서 및 그 첨부서면에 의하여 등기에 착오 또는 유루 있음을 알 수 있는 경우에는 신청서에 그 취지만을 기재하면 된다.

2) 무효인 등기에 대한 말소신청과 무효의 원인이 있음을 증명하는 서면

민법법인의 경우 등기사항에 관하여 무효의 원인이 있는 때에는 당사자는 그 등기의 말소를 신청할 수 있고, 이 경우 그 신청서에는 무효의 원인이 있음을 증명하는 서면을 첨부하여야 한다(민법법인 및 특수법인 등기규칙 제6조, 상업등기규칙 제169조). 지부폐지를 결의한 이사회의 구성원인 이사들에 대하여 그 선임결의가 무효임을 확인하는 판결은 그 지부폐지등기의 말소등기를 신청함에 있어서 무효원인이 있음을 증명하는 서면이 될 수 있으며, 별도로 위 이사회의 결의가 무효임을 확인하는 판결을 받을 필요가 없다(등기 1995. 8. 26).

3) 등록면허세, 지방교육세, 등기신청수수료 등

등록면허세는 당사자의 잘못으로 인한 착오, 유루인 경우에는 40,200원(지세법 제28조 1항 6호)을 납부하여야 하고, 지방교육세는 100분의 20을 납부하여야 한다(지세법 제151조). 조세특례제한법, 지방세법, 관세법에 의하여 등록면허세가 감면되는 경우에 그 감면세액의 100분의 20의 농어촌특별세를 납부하여야 하나(농특세법 제5조), 농어촌특별세도 감면 또는 면제되는 경우가 있다(농특세법 제4조). 그러나 등기관의 착오, 유루로 인한 경우 등록면허세가 면제된다(지세법 제26조 2항). 또한 농어촌특별세법시행령 제4조에 의하여 농어촌특별세까지도 면제된다.

등기신청수수료는 방문신청의 경우 6,000원이다. 전자표준양식에 의한 신청의 경우에는 4,000원, 전자신청의 경우에는 2,000원이다. 다만, 등기관의 과오로 인한 착오 또는 유루발견 및 행정구역, 지번변경, 주민등록번호정정 등을 원인으로 하는 경우에는 신청수수료는 첨부하지 않는다. 그러나 신청에 의한 경정등기와 명칭, 주사무소, 이사변경등기를 하나의 신청서로 신청할 경우에는 각각의 수수료 6,000원씩(전자표준양식에 의한 신청의 경우에는 4,000원, 전자신청의 경우에는 2,000원씩)을 합산하여야 한다.

마. 등기의 신청

♣ 【서식】 사단(재단)법인 경정등기신청서

(신청의 착오나 유루의 등기를 경정하는 경우-주사무소)

<table>
<tr><td colspan="5" align="center">사단(재단)법인 경정등기신청</td></tr>
<tr><td rowspan="2">접
수</td><td colspan="2" align="center">년   월   일</td><td rowspan="2">처리인</td><td>등기관 확인</td><td>각종통지</td></tr>
<tr><td colspan="2" align="center">제   호</td><td></td><td></td></tr>
</table>

<table>
<tr><td align="center">명   칭</td><td>사단(재단)법인 ○○회</td><td>등기번호</td><td>제1000호</td></tr>
<tr><td>주사무소</td><td colspan="3">○○시 ○○구 ○○동 ○
(사무소경정의 경우에는 현재 등기되어 있는 착오된 사무소소재지를 기재한다.)</td></tr>
<tr><td>등기의 목적</td><td colspan="3">신청의 착오(유루)로 인한 경정등기</td></tr>
<tr><td>등기의 사유</td><td colspan="3">20○○년 ○월 ○일 신청의 착오(유루)를 20○○년 ○월 ○일 발견하였으므로 명칭(① 사무소, ② ○○시 ○○구 ○○동 ○○번지의 분사무소, ③ 목적, ④ 존립시기 또는 해산사유, ⑤ 자산의 총액, ⑥ 출자의 방법, ⑦ 이사 ○○○의 성명, ⑧ 이사 ○○○의 퇴임일자 및 퇴임사유, ⑨ 이사 ○○○의 성명, 주민등록번호 및 취임일자, ⑩ 설립허가연월일, ⑪ 대표권제한규정)을 다음과 같이 경정하는 등기를 구함.</td></tr>
<tr><td>허가서도착연월일</td><td colspan="3">20○○년 ○월 ○일</td></tr>
<tr><td>주사무소/분사무소
신청구분</td><td colspan="3">1.주사무소 신청 □ 2. 분사무소 신청 □ 3.주사무소.분사무소 일괄신청 □</td></tr>
<tr><td colspan="4" align="center">등기할 사항</td></tr>
<tr><td colspan="4">명칭 사단(재단)법인 ○○회
　　　(또는 ① 주사무소 ○○시 ○○구 ○○동 ○○번지
　　　　　② 분사무소 ○○시 ○○구 ○○동 ○○번지
　　　　　③ 목   적 1. ○○○○○○○○○○○
　　　　　　　　　　 1. ○○○○○○○</td></tr>
</table>

④ 존립시기 또는 해산사유 ○○○

⑤ 자산의 총액 금○○○○○원

⑥ 출자의 방법 ○○○○○○

⑦ 이사 ○　　○　　○

　　　（　　-　　）

⑧ 이사 ○○○는 20○○년　○월　○일 사임(또는 해임)

⑨ 20○○년　○월　○일 다음 사람 취임

　이사 ○　　○　　○

⑩ 법인설립허가연월일 20○○년　○월　○일)

| 기　타 | |

<table>
<tr><td colspan="8" align="center">신청등기소 및 등록면허세/수수료</td></tr>
<tr><td rowspan="2">순번</td><td rowspan="2">신청등기소</td><td rowspan="2">구분</td><td>등록면허세</td><td rowspan="2">농어촌특별세</td><td rowspan="2">세액합계</td><td colspan="2" rowspan="2">등기신청수수료</td></tr>
<tr><td>지방교육세</td></tr>
<tr><td></td><td></td><td></td><td>금   원
금   원</td><td>금   원</td><td>금   원</td><td colspan="2">금   원</td></tr>
<tr><td></td><td></td><td></td><td></td><td></td><td></td><td colspan="2"></td></tr>
<tr><td></td><td></td><td></td><td></td><td></td><td></td><td colspan="2"></td></tr>
<tr><td colspan="3" align="center">합   계</td><td></td><td></td><td></td><td colspan="2"></td></tr>
<tr><td colspan="3">등기신청수수료 납부번호</td><td colspan="5"></td></tr>
</table>

첨 부 서 면	
1. 착오(유루)를 증명하는 서면 1통 1. 주무관청의 허가서 (또는 인증있는 허가서등본) 1통	1. 등록면허세영수필확인서 1통 1. 등기신청수수료영수필확인서 1통 1. 위임장(대리인이 신청할 경우) 1통 <기 타>

20○○년 ○월 ○일

신청인 명   칭   사단(재단)법인 ○○회

　　　　주사무소   ○○시 ○○구 ○○동 ○○

대표자 성   명   대표이사 ○ ○ ○ ㊞   (전화 :   )

　　　　주   소   ○○시 ○○구 ○○동 ○○

대리인 성   명   법무사 ○ ○ ○ ㊞   (전화 :   )

　　　　주   소   ○○시 ○○구 ○○동 ○○

○○지방법원 ○○등기소 귀중

- 신청서 작성요령 -

1. 해당란이 부족할 때에는 별지를 이용합니다.
1. 해당 등기신청과 관계없는 사항에 대하여는 "해당없음"으로 기재하거나 삭제하고, 필요한 사항은 추가 기재합니다.
1. 「인감증명법」에 따른 인감증명서 제출과 함께 관련 서면에 인감을 날인하여야 하는 경우, 본인서명사실확인서를 제출하고 관련 서면에 서명을 하거나 전자본인서명확인서 발급증을 제출하고 관련 서면에 서명을 하면 인감증명서를 제출하고 관련 서면에 인감을 날인한 것으로 봅니다.

(용지규격 21cm×29.7cm)

주 ① 이 등기는 대표권제한규정이 있는 때에는 대표권 있는 이사가, 제한규정이 없는 때에는 이사 중 1인이 등기신청인이 된다.
② 주사무소등기와 분사무소등기 중 어느 일방의 등기만이 착오나 유루가 있을 때에는 그 착오나 유루있는 등기만 경정하면 족하다.
③ 명칭경정의 경우에는 현재 등기되어 있는 착오된 명칭을 기재한다.
④ 사무소경정의 경우에는 주사무소에 현재 등기되어 있는 착오된 사무소소재지를 기재한
⑤ 등록면허세는 40,200원이고(지세법 제28조 1항 6호), 지방교육세는 등록면허세액의 100분의 20이다. 다만, 등기관의 과오로 기인하는 경우에는 무세이다. 조특법 및 관세법, 지세법에 의하여 등록면허세가 감면되는 경우 그 감면세액의 100분의 20의 농어촌특별세를 납부하여야 하나, 이것도 면제되는 경우가 있다. 등기신청 수수료는 방문신청의 경우 6,000원(전자표준양식에 의한 신청의 경우 4,000원, 전자신청의 경우 2,000원)의 대법원수입증지를 첩부하여야 한다.
⑥ 첨부서류 중 착오(유루)를 증명하는 서면은, 등기부나 신청서에 기재로 착오(유루)의 사실이 명백히 인정되는 때에는 별도로 첨부할 필요 없이 그 취지만 기재하면 된다.
⑦ 명칭이나 주사무소소재지 경정의 경우에는 경정된 명칭이나 주사무소로 기재된 이사의 인감신고서와 인감대지도 제출해야 한다.
⑧ 신청서 하단의 신청인과 그 주소를 기재함에 있어, 명칭변경의 경우에는 신청인에 경정하고자 하는 명칭을 기재하며, 주사무소경정의 경우에는 그 주소에 경정하고자 하는 주사무소소재지를 기재한다.
⑨ 위임장의 첨부와 대리인의 표시는 법무사, 변호사 등 대리인에 의하여 신청하는 경우에 한하여 한다.

♣ 【서식】 신청의 착오나 유루의 등기를 경정하는 경우-분사무소

사단(재단)법인 경정등기신청

접 수	년 월 일	처리인	등기관 확인	각종통지
	제 호			

명 칭	사단(재단)법인 ○○회	등기번호	제1000호
주사무소	○○시 ○○구 ○○동 ○		
등기의 목적	신청의 착오(유루)로 인한 경정등기		
등기의 사유	20○○년 ○월 ○일 신청의 착오(유루)를 20○○년 ○월 ○○일 발견하였으므로 명칭(① 사무소, ② ○○시 ○○구 ○○동 ○○번지의 분사무소, ③ 목적, ④ 존립시기 또는 해산사유, ⑤ 자산의 총액, ⑥ 출자의 방법, ⑦ 이사 ○○○의 성명, ⑧ 이사 ○○○의 퇴임일자 및 퇴임사유, ⑨ 이사 ○○○의 성명, 주민등록번호 및 취임일자, ⑩ 설립허가연월일, ⑪ 대표권제한 규정을 다음과 같이 하였으므로 이 등기소에서 그 등기를 구함.		
허가서도착연월일	20○○년 ○월 ○일		
주사무소/분사무소 신청구분	1.주사무소 신청 □ 2.분사무소 신청 ■ 3.주사무소.분사무소 일괄신청 □		
등기할 사항			

　　명칭　사단(재단)법인 ○○회
　　　명칭　사단법인 ○○회
　　　　20○○년 ○월 ○일 변경
　　　설립허가연월일 20○○년 ○월 ○일 변경
　　　　20○○년 ○월 ○일 변경

존립시기   법인성립일로부터 ○년
           20○○년 ○월 ○일 변경
이사 ○○○ 외에는 대표권이 없음
           20○○년 ○월 ○일 변경
목적   1. ○○○
           1. ○○○
           20○○년 ○월 ○일 변경
주사무소(분사무소)   ○○시 ○○구 ○○동 100번지
                     20○○년 ○월 ○일 변경

기 타	

<table>
<tr><td colspan="8" align="center">신청등기소 및 등록면허세/수수료</td></tr>
<tr><td rowspan="2">순번</td><td rowspan="2">신청등기소</td><td rowspan="2">구분</td><td>등록면허세</td><td rowspan="2">농어촌특별세</td><td rowspan="2">세액합계</td><td rowspan="2" colspan="2">등기신청수수료</td></tr>
<tr><td>지방교육세</td></tr>
<tr><td></td><td></td><td></td><td>금   원
금   원</td><td>금   원</td><td>금   원</td><td colspan="2">금   원</td></tr>
<tr><td></td><td></td><td></td><td></td><td></td><td></td><td colspan="2"></td></tr>
<tr><td></td><td></td><td></td><td></td><td></td><td></td><td colspan="2"></td></tr>
<tr><td colspan="2" align="center">합   계</td><td></td><td></td><td></td><td></td><td colspan="2"></td></tr>
<tr><td colspan="3">등기신청수수료 납부번호</td><td></td><td></td><td></td><td colspan="2"></td></tr>
</table>

<table>
<tr><td colspan="2" align="center">첨   부   서   면</td></tr>
<tr><td>1. 착오(유루)를 증명하는 서면   1통
1. 주무관청의 허가서
   (또는 인증있는 허가서등본)   1통</td><td>1. 등록면허세영수필확인서   1통
1. 등기신청수수료영수필확인서   1통
1. 위임장(대리인이 신청할 경우)   1통
<기 타></td></tr>
</table>

20○○년 ○월 ○일

신청인 명   칭   사단(재단)법인 ○○회
          주사무소   ○○시 ○○구 ○○동 ○○
대표자 성   명   대표이사 ○ ○ ○ ㊞   (전화 :   )
          주   소   ○○시 ○○구 ○○동 ○○
대리인 성   명   법무사 ○ ○ ○ ㊞   (전화 :   )
          주   소   ○○시 ○○구 ○○동 ○○

○○지방법원 ○○등기소 귀중

- 신청서 작성요령 -

1. 해당란이 부족할 때에는 별지를 이용합니다.
1. 해당 등기신청과 관계없는 사항에 대하여는 "해당없음"으로 기재하거나 삭제하고, 필요한 사항은 추가 기재합니다.
1.「인감증명법」에 따른 인감증명서 제출과 함께 관련 서면에 인감을 날인하여야 하는 경우, 본인서명사실확인서를 제출하고 관련 서면에 서명을 하거나 전자본인서명확인서 발급증을 제출하고 관련 서면에 서명을 하면 인감증명서를 제출하고 관련 서면에 인감을 날인한 것으로 봅니다.

(용지규격 21cm×29.7cm)

주 ① 이 등기는 대표권제한규정이 있는 때에는 대표권 있는 이사, 제한규정이 없는 때에는 이사 중 1인이 등기신청인이 된다.
② 명칭경정의 경우에는 현재 등기되어 있는 착오된 명칭을 기재한다.
③ 사무소경정의 경우에는 주사무소에 현재 등기되어 있는 착오된 사무소소재지를 기재한다.
④ 분사무소표시는 분사무소소재지에서 신청하는 경우에 한하여 기재한다.
　주사무소등기와 분사무소등기 중 어느 일방의 등기만이 착오나 유루가 있을 때에는 그 착오나 유루있는 등기만 경정하면 족하다.
⑤ 등록면허세는 40,200원이고(지세법 제28조 1항 6호), 지방교육세는 등록면허세액의 100분의 20이다. 다만, 등기관의 과오로 기인하는 경우에는 무세이다. 조특법 및 관세법, 지세법에 의하여 등록면허세가 감면되는 경우 그 감면세액의 100분의 20의 농어촌특별세를 납부하여야 하나, 이것도 면제되는 경우가 있다. 등기신청 수수료는 방문신청의 경우 6,000원(전자표준양식에 의한 신청의 경우 4,000원, 전자신청의 경우 2,000원)의 대법원수입증지를 첨부하여야 한다.
⑥ 첨부서류 중 착오(유루)를 증명하는 서면은, 등기부나 신청서에 기재로 착오(유루)의 사실이 명백히 인정되는 때에는 별도로 첨부할 필요없이 그 취지만 기재하면 된다.
⑦ 명칭이나 주사무소소재지 경정의 경우에는 경정된 명칭이나 주사무소로 기재된 이사의 인감신고서와 인감대지도 제출해야 한다.
⑧ 신청서 하단의 신청인과 그 주소를 기재함에 있어, 명칭변경의 경우에는 경정하고자 하는 명칭을 기재하며, 주사무소경정의 경우에는 그 주소에 경정하고자 하는 주사무소소재지를 기재한다.
⑨ 위임장의 첨부와 대리인의 표시는 법무사, 변호사 등 대리인에 의하여 신청하는 경우에 한하여 한다.

♣ 【서식】 사단(재단)법인 경정등기신청서

(등기부기재의 착오나 유루의 등기를 경정하는 경우-주사무소)

사단(재단)법인 경정등기신청

접수	년 월 일		처리인	등기관 확인	각종통지
수	제 호				

명 칭	사단(재단)법인 ○○회	등기번호	제1000호

주사무소	○○시 ○○구 ○○동 ○

등기의 목적	등기부기재의 착오(유루)로 인한 경정등기

등기의 사유	20○○년 ○월 ○일 등기부기재의 착오(유루)를, 20○○년 ○월 ○일 발견하였으므로 명칭(① 사무소, ② ○○시 ○○구 ○○동 ○○번지의 분사무소, ③ 목적, ④ 존립시기 또는 해산사유, ⑤ 자산의 총액, ⑥ 출자의 방법, ⑦ 이사 ○○○의 성명, ⑧ 이사 ○○○의 퇴임일자 및 퇴임사유, ⑨ 이사 ○○○의 성명, 주민등록번호 및 취임일자, ⑩ 설립허가연월일, ⑪ 대표권제한규정을 다음과 같이 경정하는 등기를 구함.

허가서도착연월일	20○○년 ○월 ○일

주사무소/분사무소 신청구분	1.주사무소 신청 ■ 2.분사무소 신청 □ 3.주사무소.분사무소 일괄신청 □

등기할 사항

명칭 사단(재단)법인 ○○회
  (또는 ① 주사무소 ○○시 ○○구 ○○동 ○○번지
   ② 분사무소 ○○시 ○○구 ○동 ○○번지
   ③ 목   적 1. ○○○○○○○○○○○
           1. ○○○○
   ④ 존립시기 또는 해산사유 ○○○○○○○○○○
   ⑤ 자산의 총액 금○○○○○원
   ⑥ 출자의 방법 ○○○○○○○○
   ⑦ 이사 ○   ○   ○
       (-   )
   ⑧ 이사 ○○○는 20○○년 ○월 ○일 사임(또는 해임)
   ⑨ 20○○년 ○월 ○일 다음 사람 취임
    이사 ○   ○   ○
   ⑩ 법인설립허가연월일 20○○년 ○월 ○일)

기 타	

순번	신청등기소	구분	등록면허세 / 지방교육세	농어촌특별세	세액합계	등기신청수수료
			신청등기소 및 등록면허세/수수료			
			금　　　　원 금　　　　원	금　　　원	금　　　원	금　　　원
합　　계						

등기신청수수료 납부번호	

<table>
<tr><td colspan="2" align="center">첨　　부　　서　　면</td></tr>
<tr>
<td>1. 착오(유루)를 증명하는 서면　　　1통
1. 주무관청의 허가서
　 (또는 인증있는 허가서등본)　　1통</td>
<td>1. 등록면허세영수필확인서　　　1통
1. 등기신청수수료영수필확인서　　1통
1. 위임장(대리인이 신청할 경우)　1통
<기　타></td>
</tr>
</table>

20○○년 ○월 ○일

신청인 명　　　칭　사단(재단)법인 ○○회

　　　　주사무소　○○시 ○○구 ○○동 ○○

대표자 성　　　명　대표이사 ○ ○ ○ ㊞　　　(전화 :　　　　)

　　　　주　　　소　○○시 ○○구 ○○동 ○○

대리인 성　　　명　법무사 ○ ○ ○ ㊞　　　(전화 :　　　　)

　　　　주　　　소　○○시 ○○구 ○○동 ○○

○○지방법원 ○○등기소 귀중

-- 신청서 작성요령 -

1. 해당란이 부족할 때에는 별지를 이용합니다.

1. 해당 등기신청과 관계없는 사항에 대하여는 "해당없음"으로 기재하거나 삭제하고, 필요한 사항은 추가 기재합니다.

1.「인감증명법」에 따른 인감증명서 제출과 함께 관련 서면에 인감을 날인하여야 하는 경우, 본인서명사실확인서를 제출하고 관련 서면에 서명을 하거나 전자본인서명확인서 발급증을 제출하고 관련 서면에 서명을 하면 인감증명서를 제출하고 관련 서면에 인감을 날인한 것으로 봅니다.

(용지규격 21㎝×29.7㎝)

 ① 이 등기는 대표권제한규정이 있는 때에는 대표권 있는 이사가, 제한규정이 없는 때에는 이사 중 1인이 등기신청인이 된다.
② 명칭경정의 경우에는 현재 등기되어 있는 착오된 명칭을 기재한다.
③ 사무소경정의 경우에는 주사무소에 현재 등기되어 있는 착오된 사무소소재지를 기재한다.
④ 주사무소등기와 분사무소등기 중 어느 일방의 등기만이 착오나 유루가 있을 때에는 그 착오나 유루 있는 등기만 경정하면 족하다.
⑤ 첨부서류 중 착오(유루)를 증명하는 서면은, 등기부나 신청서의 기재로 착오(유루)의 사실이 명백히 인정되는 때에는 별도로 첨부할 필요 없이 그 취지만 기재하면 된다.
⑥ 명칭이나 주사무소소재지 경정의 경우에는 경정된 명칭이나 주사무소로 기재된 이사의 인감신고서와 인감대지도 제출하여야 한다.
⑦ 신청서 하단의 신청인과 그 주소를 기재함에 있어, 명칭변경의 경우에는 신청인에 경정하고자 하는 주사무소소재지를 기재한다.
⑧ 위임장의 첨부와 대리인의 표시는 법무사, 변호사 등 대리인에 의하여 신청하는 경우에 한하여 한다.

♣ 【서식】 사단(재단)법인 경정등기신청서

(등기부기재의 착오나 유루의 등기를 경정하는 경우-주사무소)

<table>
<tr><td colspan="6" align="center">사단(재단)법인 경정등기신청</td></tr>
<tr><td rowspan="2">접
수</td><td colspan="3" align="center">년　　　월　　　일</td><td rowspan="2" align="center">처리인</td><td align="center">등기관 확인</td><td align="center">각종통지</td></tr>
<tr><td colspan="3"></td><td></td><td></td></tr>
</table>

<table>
<tr><td align="center">명　　칭</td><td>사단(재단)법인 ○○회</td><td align="center">등기번호</td><td align="center">제1000호</td></tr>
<tr><td align="center">주사무소</td><td colspan="3">○○시 ○○구 ○○동 ○</td></tr>
<tr><td align="center">등기의 목적</td><td colspan="3">등기부기재의 착오(유루)로 인한 경정등기</td></tr>
<tr><td align="center">등기의 사유</td><td colspan="3">20○○년 ○월 ○일 신청의 착오(유루)를, 20○○년 ○월 ○일 발견하였으므로 명칭(① 사무소, ② ○○시 ○○구 ○○동 ○○번지의 분사무소, ③ 목적, ④ 존립시기 또는 해산사유, ⑤ 자산의 총액, ⑥ 출자의 방법, ⑦ 이사 ○○○의 성명, ⑧ 이사 ○○○의 퇴임일자 및 퇴임사유, ⑨ 이사 ○○○의 성명, 주민등록번호 및 취임일자, ⑩ 설립허가연월일, ⑪ 대표권제한규정을 다음과 같이 주사무소 관할등기소에서 20○○년 ○월 ○일 경정등기를 하였으므로 이 등기소에서 등기를 구함.</td></tr>
<tr><td align="center">허가서도착연월일</td><td colspan="3">20○○년 ○월 ○일</td></tr>
<tr><td align="center">주사무소/분사무소
신청구분</td><td colspan="3">1.주사무소 신청 ■ 2.분사무소 신청 □ 3.주사무소.분사무소 일괄신청 □</td></tr>
<tr><td colspan="4" align="center">등기할 사항</td></tr>
<tr><td colspan="4">명칭 　사단법인 ○○회
　　　　20○○년 ○월 ○일 변경
　설립허가연월일 　20○○년 ○월 ○일
　　　　20○○년 ○월 ○일 변경
　존립시기 　법인성립일로부터 ○년
　　　　20○○년 ○월 ○일 변경</td></tr>
</table>

이사 ○○○ 외에는 대표권이 없음
　　20○○년 ○월 ○일 변경
목적　1. ○○○
　　　1. ○○○
　　20○○년 ○월 ○일 변경
주사무소(분사무소) ○○시 ○○구 ○○동 100번지
　　20○○년 ○월 ○일 변경

기　　타	

순번	신청등기소	구분	등록면허세 지방교육세	농어촌특별세	세액합계	등기신청수수료
			금　　　　원 금　　　　원	금　　　　원	금　　　　원	금　　　　원
합　　　계						

등기신청수수료 납부번호	

첨　부　서　면

1. 착오(유루)를 증명하는 서면　　1통	1. 등록면허세영수필확인서　　1통		
1. 주무관청의 허가서 　(또는 인증있는 허가서등본)　　1통	1. 등기신청수수료영수필확인서　　1통		
	1. 위임장(대리인이 신청할 경우)　　1통		
	<기 타>		

20○○년 ○월 ○일

신청인 명　　칭　사단(재단)법인 ○○회

　　　　주사무소　○○시 ○○구 ○○동 ○○

대표자 성　　명　대표이사 ○ ○ ○ ㊞ (전화 :　　　　　　)

　　　　주　　소　○○시 ○○구 ○○동 ○○

대리인 성　　명　법무사 ○ ○ ○ ㊞　　　　　(전화 :　　　　　　)

　　　　주　　소　○○시 ○○구 ○○동 ○○

○○지방법원 ○○등기소 귀중

- 신청서 작성요령 -

1. 해당란이 부족할 때에는 별지를 이용합니다.
1. 해당 등기신청과 관계없는 사항에 대하여는 "해당없음"으로 기재하거나 삭제하고, 필요한 사항은 추가 기재합니다.
1.「인감증명법」에 따른 인감증명서 제출과 함께 관련 서면에 인감을 날인하여야 하는 경우, 본인서명사실확인서를 제출하고 관련 서면에 서명을 하거나 전자본인서명확인서 발급증을 제출하고 관련 서면에 서명을 하면 인감증명서를 제출하고 관련 서면에 인감을 날인한 것으로 봅니다.

(용지규격 21㎝×29.7㎝)

주 ① 이 등기는 대표권제한규정이 있는 때에는 대표권 있는 이사가, 제한규정이 없는 때에는 이사 중 1인이 등기신청인이 된다.

② 명칭경정의 경우에는 현재 등기되어 있는 착오된 명칭을 기재한다.

③ 사무소경정의 경우에는 주사무소에 현재 등기되어 있는 착오된 사무소소재지를 기재한다.

④ 주사무소등기와 분사무소등기 중 어느 일방의 등기만이 착오나 유루가 있을 때에는 그 착오나 유루 있는 등기만 경정하면 족하다.

⑤ 첨부서류 중 착오(유루)를 증명하는 서면은, 등기부나 신청서의 기재로 착오(유루)의 사실이 명백히 인정되는 때에는 별도로 첨부할 필요 없이 그 취지만 기재하면 된다.

⑥ 명칭이나 주사무소소재지 경정의 경우에는 경정된 명칭이나 주사무소로 기재된 이사의 인감신고서와 인감대지도 제출하여야 한다.

⑦ 신청서 하단의 신청인과 그 주소를 기재함에 있어, 명칭변경의 경우에는 신청인에 경정하고자 하는 주사무소소재지를 기재한다.

⑧ 위임장의 첨부와 대리인의 표시는 법무사, 변호사 등 대리인에 의하여 신청하는 경우에 한하여 한다.

♣ 【서식】 사단(재단)법인 말소등기신청서(착오로 등기된 청산종결등기를 말소하는 경우)

<table>
<tr><td colspan="6" align="center">사단(재단)법인 말소등기신청</td></tr>
<tr><td rowspan="2">접
수</td><td colspan="2" align="center">년　　월　　일</td><td rowspan="2">처리인</td><td>등기관 확인</td><td>각종통지</td></tr>
<tr><td colspan="2" align="center">제　　　　　호</td><td></td><td></td></tr>
</table>

<table>
<tr><td align="center">명　　칭</td><td>사단(재단)법인 ○○회</td><td align="center">등기번호</td><td align="center">제1000호</td></tr>
<tr><td align="center">주사무소</td><td colspan="3">○○시 ○○구 ○○동 ○</td></tr>
<tr><td align="center">등기의 목적</td><td colspan="3">청산종결등기의 말소등기</td></tr>
<tr><td align="center">등기의 사유</td><td colspan="3">20○○년 ○월 ○일 신청의 착오를 20○○년 ○월 ○일 발견하였으므로 청산종결의 등기를 말소하는 등기를 구함.</td></tr>
<tr><td align="center">허가서도착연월일</td><td colspan="3">20○○년 ○월 ○일</td></tr>
<tr><td align="center">주사무소/분사무소
신청구분</td><td colspan="3">1.주사무소 신청 □ 2.분사무소 신청 □ 3.주사무소.분사무소 일괄신청 □</td></tr>
<tr><td colspan="4" align="center">등기할 사항</td></tr>
<tr><td colspan="4">청산종결등기의 말소</td></tr>
<tr><td align="center">기　　타</td><td colspan="3"></td></tr>
</table>

신청등기소 및 등록면허세/수수료						
순번	신청등기소	구분	등록면허세 지방교육세	농어촌특별세	세액합계	등기신청수수료
			금 원 금 원	금 원	금 원	금 원
합 계						
등기신청수수료 납부번호						

첨 부 서 면	
1. 부동산등기부등본 1통 1. 주무관청의 허가서 (또는 인증있는 허가서등본) 1통	1. 등록면허세영수필확인서 1통 1. 등기신청수수료영수필확인서 1통 1. 위임장(대리인이 신청할 경우) 1통 <기 타>

20○○년 ○월 ○일

신청인 명 칭 사단(재단)법인 ○○회

주사무소 ○○시 ○○구 ○○동 ○○

대표자 성 명 대표청산인 ○ ○ ○ [인] (전화 :)

주 소 ○○시 ○○구 ○○동 ○○

대리인 성 명 법무사 ○ ○ ○ [인] (전화 :)

주 소 ○○시 ○○구 ○○동 ○○

○○지방법원 ○○등기소 귀중

- 신청서 작성요령 -

1. 해당란이 부족할 때에는 별지를 이용합니다.
1. 해당 등기신청과 관계없는 사항에 대하여는 "해당없음"으로 기재하거나 삭제하고, 필요한 사항은 추가 기재합니다.
1.「인감증명법」에 따른 인감증명서 제출과 함께 관련 서면에 인감을 날인하여야 하는 경우, 본인서명사실확인서를 제출하고 관련 서면에 서명을 하거나 전자본인서명확인서 발급증을 제출하고 관련 서면에 서명을 하면 인감증명서를 제출하고 관련 서면에 인감을 날인한 것으로 봅니다.

(용지규격 21㎝×29.7㎝)

주

① 이 등기는 청산인이 신청인이 된다.

② 등록면허세는 40,200원이고(지세법 제28조 1항 6호), 지방교육세는 등록면허세액의 100분의 20이다.

조특법 및 관세법, 지세법에 의하여 등록면허세가 감면되는 경우 그 감면세액의 100분의 20의 농어촌특별세를 납부하여야 하고(다만, 이것도 면제되는 경우가 있다), 등기신청 수수료는 방문신청의 경우 6,000원(전자표준양식에 의한 신청의 경우 4,000원, 전자신청의 경우 2,000원)의 대법원수입증지를 첨부하여야 한다. 다만, 등기관의 과오로 인한 경우에는 등록세, 농어촌특별세, 등기신청수수료 모두가 면제된다.

③ 청산이 종결되지 아니한 사실을 증명하는 서면으로서 잔존부동산의 등기부등본 등을 첨부한다.

④ 위임장 외에 청산인의 인감도 다시 제출해야 한다.

♣ **【서식】사단(재단)법인 말소등기신청서**(착오나 등기된 이중등기를 말하는 등의 경우)

<table>
<tr><td colspan="5" align="center">사단(재단)법인 말소등기신청</td></tr>
<tr><td rowspan="2">접
수</td><td colspan="2">년   월   일</td><td rowspan="2">처리인</td><td>등기관 확인</td><td>각종통지</td></tr>
<tr><td colspan="2">제   호</td><td></td><td></td></tr>
</table>

<table>
<tr><td>명   칭</td><td>사단(재단)법인 ○○회</td><td>등기번호</td><td>제1000호</td></tr>
<tr><td>주사무소</td><td colspan="3">○○시 ○○구 ○○동 ○</td></tr>
<tr><td>등기의 목적</td><td colspan="3">이중등기(등기사항 아닌 사항의 등기, 관할위반등기)의 말소등기</td></tr>
<tr><td>등기의 사유</td><td colspan="3">비송사건절차법 제234조에 의하여 다음 사항의 등기를 구함.</td></tr>
<tr><td>허가서도착연월일</td><td colspan="3">20○○년 ○월 ○일</td></tr>
<tr><td>주사무소/분사무소
신청구분</td><td colspan="3">1.주사무소 신청 □ 2.분사무소 신청 □ 3.주사무소.분사무소 일괄신청 □</td></tr>
<tr><td colspan="4" align="center">등기할 사항</td></tr>
<tr><td colspan="4"><경우1> 이중등기

　　이중등기이므로 20○○년 ○월 ○일 등기한 이사 ○○○의 취임등기를 말소하는 등기를 구함.

<경우2> 등기사항 아닌 사항의 등기

　　등기사항이 아니므로 감사 ○○○(또는 공고방법)에 관한 등기를 말소하는 등기를 구함.

<경우3> 관할위반등기

　　관할위반등기이므로 등기사항 전부를 말소하는 등기를 구함.</td></tr>
<tr><td>기   타</td><td colspan="3"></td></tr>
</table>

신청등기소 및 등록면허세/수수료						
순번	신청등기소	구분	등록면허세 지방교육세	농어촌특별세	세액합계	등기신청수수료
			금 원 금 원	금 원	금 원	금 원
합 계						
등기신청수수료 납부번호						

첨 부 서 면	
1. 말소사유를 증명하는 서면 1통 1. 주무관청의 허가서 (또는 인증있는 허가서등본) 1통	1. 등록면허세영수필확인서 1통 1. 등기신청수수료영수필확인서 1통 1. 위임장(대리인이 신청할 경우) 1통 <기 타>

20○○년 ○월 ○일

신청인 명 칭 사단(재단)법인 ○○회
주사무소 ○○시 ○○구 ○○동 ○○
대표자 성 명 대표청산인 ○ ○ ○ ㊞ (전화 :)
주 소 ○○시 ○○구 ○○동 ○○
대리인 성 명 법무사 ○ ○ ○ ㊞ (전화 :)
주 소 ○○시 ○○구 ○○동 ○○

○○지방법원 ○○등기소 귀중

- 신청서 작성요령 -

1. 해당란이 부족할 때에는 별지를 이용합니다.
1. 해당 등기신청과 관계없는 사항에 대하여는 "해당없음"으로 기재하거나 삭제하고, 필요한 사항은 추가 기재합니다.
1.「인감증명법」에 따른 인감증명서 제출과 함께 관련 서면에 인감을 날인하여야 하는 경우, 본인서명사실확인서를 제출하고 관련 서면에 서명을 하거나 전자본인서명확인서 발급증을 제출하고 관련 서면에 서명을 하면 인감증명서를 제출하고 관련 서면에 인감을 날인한 것으로 봅니다.

(용지규격 21㎝×29.7㎝)

주
① 이 등기는 대표권의 제한규정이 있는 때에는 대표권 있는 이사가, 제한규정이 없는 때에는 이사중 1인이 신청인이 된다.
② 이러한 말소대상의 등기는 신청인의 과오도 있지만 등기부나 신청서의 기재상 위법한 등기임이 명백함에도 불구하고 이를 간과하고 수리한 등기관의 과오에 기인한 등기이므로 그를 말소하는 등기신청에는 지방세법 제26조 2항에 의하여 등록면허세가 부과되지 아니한다.
③ 말소사무소에 있어서 이 경우는 그 사유가 등기부나 신청서의 기재상 명백할 것이므로 첨부서류 중 말소사유를 증명하는 서면을 따로 첨부할 필요없이 신청서에 그 취지만 기재하면 될 것이다.
④ 위임장의 첨부와 대리인의 표시는 법무사, 변호사 등 대리인에 의하여 신청하는 경우에 한하여 한다.

♣ **【서식】사단(재단)법인 말소등기신청서**(등기사항의 무효나 부존재의 등기를 말소하는 경우)

<table>
<tr><td colspan="6" align="center">사단(재단)법인 말소등기신청</td></tr>
<tr><td rowspan="2">접
수</td><td>년　　월　　일</td><td rowspan="2">처리인</td><td>등기관 확인</td><td>각종통지</td></tr>
<tr><td>제　　　　　　호</td><td></td><td></td></tr>
</table>

명　　칭	사단(재단)법인 ○○회	등기번호	제1000호
주사무소	○○시 ○○구 ○○동 ○		
등기의 목적	사원총회결의무효(부존재)로 인한 말소등기		
등기의 사유	20○○년 ○월 ○일 ○○지방법원 99가합○○○호 사원총회결의무효(부존재) 확인판결이 20○○년 ○월 ○일 확정되었으므로 다음 사항의 등기를 구함.		
허가서도착연월일	20○○년 ○월 ○일		
주사무소/분사무소 신청구분	1.주사무소 신청 □ 2.분사무소 신청 □ 3.주사무소.분사무소 일괄신청 □		

등기할 사항
이사 ○○○의 해임등기와 이사 ○○○의 취임등기말소

기　　타	

순번	신청등기소	구분	등록면허세 / 지방교육세	농어촌특별세	세액합계	등기신청수수료
			금 원 금 원	금 원	금 원	금 원
합 계						
등기신청수수료 납부번호						

<table>
<tr><td colspan="2" align="center">첨   부   서   면</td></tr>
<tr>
<td>
1. 판결정본　　　　　　　　　　1통
1. 주무관청의 허가서
　(또는 인증있는 허가서등본)　　1통
1. 확정증명서　　　　　　　　　1통
</td>
<td>
1. 등록면허세영수필확인서　　　　1통
1. 등기신청수수료영수필확인서　　1통
1. 위임장(대리인이 신청할 경우)　1통
<기 타>
</td>
</tr>
</table>

20○○년 ○월 ○일

신청인 명   칭 사단(재단)법인 ○○회

　　　　주사무소 ○○시 ○○구 ○○동 ○○

대표자 성   명 대표이사 ○ ○ ○ ㊞   (전화 :   )

　　　　주   소 ○○시 ○○구 ○○동 ○○

대리인 성   명 법무사 ○ ○ ○ ㊞   (전화 :   )

　　　　주   소 ○○시 ○○구 ○○동 ○○

○○지방법원 ○○등기소 귀중

- 신청서 작성요령 -

1. 해당란이 부족할 때에는 별지를 이용합니다.
1. 해당 등기신청과 관계없는 사항에 대하여는 "해당없음"으로 기재하거나 삭제하고, 필요한 사항은 추가 기재합니다.
1.「인감증명법」에 따른 인감증명서 제출과 함께 관련 서면에 인감을 날인하여야 하는 경우, 본인서명사실확인서를 제출하고 관련 서면에 서명을 하거나 전자본인서명확인서 발급증을 제출하고 관련 서면에 서명을 하면 인감증명서를 제출하고 관련 서면에 인감을 날인한 것으로 봅니다.

(용지규격 21㎝×29.7㎝)

주

① 이 등기는 대표권제한규정이 있는 때에는 대표권 있는 이사, 제한규정이 없는 때에는 이사 중 1인이 등기신청인이 된다.
　그러나 그가 신청하지 아니할 때에는 사원총회결의무효(부존재)의 승소판결을 받은 원고가 법인을 대신하며 신청할 수도 있을 것이다.

② 등록면허세는 40,200원이고(지세법 제28조 1항 6호), 지방교육세는 등록면허세액의 100분의 20이다. 조특법 및 관세법, 지세법에 의하여 등록면허세가 감면되는 경우 그 감면세액의 100분의 20의 농어촌특별세를 납부하여야 하고(다만, 이것도 면제되는 경우가 있다), 등기신청 수수료는 방문신청의 경우 6,000원(전자표준양식에 의한 신청의 경우 4,000원, 전자신청의 경우 2,000원)의 대법원수입증지를 첨부하여야 한다.

③ 첨부서류 중 판결정본은 결의무효나 부존재확인판결뿐 아니라 말소사유가 인정되는 한 사원총회의사록을 위조한 형사판결 등에 의해서도 신청할 수 있다.

④ 위임장의 첨부와 대리인의 표시는 법무사, 변호사 등 대리인에 의하여 신청하는 경우에 한하여 한다.

♣ 【서식】 위임장

<table>
<tr><td colspan="2" align="center">위   임   장</td></tr>
<tr><td>법인의 표시</td><td>상호 : 사단(재단)법인 ○○회
본점 : 서울특별시 ○○구 ○○동 ○○번지</td></tr>
<tr><td>등기의 목적</td><td>사원총회결의무효(부존재)로 인한 등기사항말소의 등기</td></tr>
<tr><td>등기의 사유</td><td>사원총회결의무효(부존재)로 인한 20○○년 ○월 ○일자 등기사
항말소의 등기</td></tr>
<tr><td>대리인</td><td>법무사 ○○○
서울특별시 ○○구 ○○동 ○○번지</td></tr>
<tr><td colspan="2">위 대리인에게 위 등기의 신청 및 취하, 그리고 원본 환부청구 및 수령에 관한 모든 권한을 위임한다. 또한 복대리인 선임을 허락한다.
 년   월   일 </td></tr>
<tr><td>위임인</td><td>사단(재단)법인 ○○회
서울특별시 ○○구 ○○동 ○○번지

 이사장 ○○○   　인감
서울특별시 ○○구 ○○동 ○○번지　인감

인감</td></tr>
</table>

※ 날인된 인감은 인영대조 전산시스템에 의하여 등기관이 조사를 합니다. 따라서 인감을 날인할 때에는 **인영이 인감날인란의 선내를 벗어나지 않도록** 각별히 주의하시기 바랍니다.

제 5 장   합병등기 등

1. 합병등기

법인의 합병이란 2개 이상의 법인이 계약에 의하여 법률이 규정하는 절차에 따라 1개의 법인으로 되는 것을 말한다.

합병에 대하여 민법상 법인에는 그 규정이 없으며 상법 등의 합병절차에 관한 준용규정도 없으므로 민법법인과 민법을 준용하는 법인은 합병으로 인한 변경등기를 할 수 없다(등기예규 5-863).

그리고 특수법인 중에도 당해 특별법에 합병에 관한 규정이 없고 민법을 준용하는 규정이 있는 법인은 합병을 할 수 없다고 할 것이다.

종전에는 사내복지기금법에 의하여 설립된 사내근로복지기금간에 상호 합병을 하더라도 등기관으로서는 합병등기를 할 수 없을 것이며 각하하여야 했다. 그러나 2001년 사내근로복지법의 개정으로 사내복지기금은 사업주의 합병 및 분할 등에 따라 합병, 분할·분할합병을 할 수 있다(근로복지기본법 제72조~제77조).

2. 법인계속등기

상법은 회사가 일정한 해산사유에 의하여 해산한 경우에는 그 해산 전의 상태로 복귀하는 것을 인정하고 있다.

그러나 비영리법인인 민법법인의 경우에는 해산 후에 다시 법인을 계속할 수 있는 규정이 없다. 따라서 민법상 법인에 있어서 법인계속등기는 적용되지 않는다 할 것이다.

3. 조직변경등기

회사 인격의 동일성을 변하지 않고 법률상의 조직을 변경하여 다른 종류의 회사를 만드는 조직변경에 대하여 상법은 합명회사가 합자회사로(상 제242조),

합자회사가 합명회사로(상 286), 주식회사가 유한회사로(상 제604조), 유한회사가 주식회사로(상 제607조) 되는 조직변경만을 제한적으로 인정하고 있다.

이러한 조직변경에 대해 민법에는 그 규정이 없으므로 원칙으로 조직변경의 등기는 있을 수 없다 할 것이다.

그러나 민법법인을 특수법인으로 전환하기 위하여 일정한 경우 그 특수법인의 근거법률에서 조직변경규정을 두는 경우와 특수법인을 민법법인으로 전환하기 위하여 그 특별법에서 조직변경에 관한 규정을 두는 경우가 있는 바, 이 경우에는 조직변경등기가 가능하다고 할 것이다.

특별법에 법인의 조직변경이 규정된 경우로서 민법상의 재단법인이 사회복지법인으로 조직을 변경할 수 있는 경우와 그 반대의 경우, 그리고 재단법인이 학교법인으로 조직변경을 할 수 있는 경우가 있다.

가. 재단법인이 학교법인으로 조직변경

사립학교 경영자 중 민법에 의한 재단법인은 그 조직을 변경하여 학교법인이 될 수 있다(사학 제50조).

민법법인 중 재단법인이 학교법인을 조직변경함으로써 하는 설립등기는 사립학교법 제8조의 학교법인 설립등기절차를 준용하는 바, 이 등기는 조직변경인가를 받은 날로부터 3주간 이내에 설립등기사항을 등기하여야 한다(사학령 제20조).

나. 재단법인이 사회복지법인으로

1) 유아교육진흥법 부칙 제5항의 사회복지법인에 관한 등기의 이기

유아교육진흥법 부칙 제5조는 유아교육진흥법 시행 당시 기존 새마을유아원을 운영하는 자로서 아동복지법에 의한 탁아시설의 운영만을 목적으로 설립된 사회복지사업법에 의한 사회복지법인인 경우에는 동 법인을 새마을유아원을 운영할 목적으로 민법에 의하여 설립된 재단법인으로 본다고 규정하고 있다.

따라서 유아교육진흥법 부칙 5항의 규정에 의하여 민법상의 재단법인으로 간주되는 사회복지법인에 관하여는 등기관이 직권으로 재단법인등기부에 그 등기사항을 이기하여야 하고 따로 명칭변경등기를 할 것이 아니다(선례 Ⅰ-886).

2) 탁아시설 및 새마을유아원의 운영만을 목적으로 하는 기존 재단법인등기부를 사회복지법인등기부로 변경

영유아보육법(1991. 1. 14, 공포) 부칙 제7조의 규정에 의하여 동법 시행당시 아동복지법에 의한 탁아시설 및 유아교육진흥법에 의한 새마을유아원이 동법 부칙 제2조 및 제4조의 규정에 의하여 동법에 의한 보육시설로 인정받은 경우로서 동 탁아시설 내지 새마을유아원만을 운영하는 자가 민법에 의하여 설립된 재단법인 경우에는 동 법인을 보육시설의 운영만을 목적으로 사회복지사업법에 의하여 설립된 사회복지법인으로 보게 되므로, 이에 해당하는 법인에 관한 등기는 다음과 같이 처리한다(등기예규 제735호).

① 법인에 대하여 직권으로 명칭변경등기를 하여야 한다.

② 명칭변경등기는 그를 보육시설로 본다는 통보가 있는 때 또는 위 법인에 대한 변경등기의 신청, 등기부등(초)본 또는 인감증명의 발급신청이 있는 때에 할 것이며, 그 변경등기 후에 신청에 대한 처리를 하고 인감증명은 신청인에게 인감의 제출을 하게 한 후 발급하여야 한다.

③ 명칭변경등기를 함에 있어서는 변경란에 영유아보육법 부칙 제7조의 규정에 의하여 그 등기를 한다는 취지를 기재하고 사회복지법인 ○○○으로 그 명칭을 변경한다.

4. 합병절차

학교법인은 다음과 같은 절차를 밟은 다음, 합병 후 존속하는 법인 또는 합병에 의하여 설립되는 법인의 주된 사무소소재지에서 합병으로 인한 변경등기 또는 설립등기를 함으로써 그 효력이 생긴다(사학 제41조).

가. 합병약정의 체결

학교법인이 다른 학교법인과 합병하려면, 우선 합병당사법인 사이에 합병약정을 체결하고 합병약정서를 작성해야 한다.

합병약정서의 기재사항은 명문으로 규정한 바는 없으나, 합병에 관한 기본적인 사항을 명확히 기재하여야 할 것이다.

나. 합병승인결의 및 정관작성등

법인이 다른 법인과 합병하기 위해서는 당사자인 각 법인의 이사회에서 이사 정수의 3분의 2 이상의 동의에 의한 결의가 있어야 한다(사학 제36조 제1항).

그리고 신설합병의 경우에는 합병으로 인하여 설립되는 법인의 정관을 새로 작성해야 하고, 흡수합병의 경우에는 합병 후에 존속하는 법인의 정관을 그에 따라 변경하지 않으면 아니된다.

(3) 합병인가

학교법인이 다른 법인과 합병하고자 할 때에는 교육부장관의 합병인가를 받아야 한다(사학 제36조 제2항).

(4) 채권자보호절차의 이행

법인은 인가통지를 받은 날로부터 학교법인은 15일 이내에(사학 제37조 제1항), 사회복지법인은 3주일 이내에 그리고 농업협동조합은 2주일 이내에(농협 제95조) 재산목록과 대차대조표를 작성하고, 같은 기간 내에 그 채권자에 대하여 2월 이상의 기간을 정하여 합병에 이의가 있으면 그 기간 내에 이의할 것을 공고하고 알고 있는 채권자에 대하여는 이를 최고해야 하며(사학 제37조 제2항), 그 기간 내에 이의를 제출하는 채권자에게는 그 채무를 변제하거나 담보를 제공해야 하고(사학 제38조 제2항), 이의를 제출하지 않는 채권자는 합병으로 인한 존속 또는 신설법인의 채무인수를 승인한 것으로 본다.

그러나 신용협동조합의 경우는 이 절차를 요하지 아니한다. 다만 합병으로 인하여 자본감소의 결과를 초래하는 경우에는 손실금 누적으로 인한 자본감소절차에 관한 규정(신협 제52조 제2항)을 유추하여 출석조합원 3분의 2 이상의 찬성에 의한 총회의 결의를 거쳐 중앙회장의 승인을 얻어야 한다.

(5) 합병의 실행

위의 절차를 마친 후에는 합병을 실행해야 한다. 합병의 실행이라 함은 합병약정서에 정해진 사항을 실행하는 것을 말하는 것으로서 흡수합병의 경우에는 소멸하는 법인의 재산승계 등의 절차를 행하여야 한다.

(6) 등 기

법인의 합병은 합병 후 존속하는 법인 또는 합병에 의하여 설립되는 법인의 주된 사무소에서 등기함으로써 그 효력이 발생한다.

♣ 【서식】 합병으로 인한 주식회사 변경등기신청서(주식회사가 존속회사로 되어 흡수합병을 한 경우)

합병으로 인한 주식회사 변경등기신청

접 수	년 월 일 제 호	처리인	등기관 확인	각종통지

상 호		등기번호	
본 점			
등 기 의 목 적	흡수합병으로 인한 변경등기		
등 기 의 사 유			
본/지점 신청구분	1.본점신청 □ 2.지점신청 □ 3.본.지점 일괄신청 □		

등 기 할 사 항	
합병으로 인하여 소멸한 회사의상호및본점과 합병한 취지	
합병 후 존속회사가발행할 주식의 총수(증가변경의경우)	
합병 후 존속회사의 발행주식의 총수와 그 종류 및 각각의 수	
합병 후 존속회사의 자본금총액	
합병으로인한 전환사채 또는 신주인수권부사채의승계사항(승계한 경우)	
기 타	

<table>
<tr><td colspan="8" align="center">신청등기소 및 등록면허세/수수료</td></tr>
<tr>
<td rowspan="2">순번</td>
<td rowspan="2">신청등기소</td>
<td rowspan="2">구분</td>
<td>등록면허세</td>
<td rowspan="2">농어촌특별세</td>
<td rowspan="2">세액합계</td>
<td rowspan="2" colspan="2">등기신청수수료</td>
</tr>
<tr>
<td>지방교육세</td>
</tr>
<tr>
<td rowspan="2"></td>
<td rowspan="2"></td>
<td rowspan="2"></td>
<td>금   원</td>
<td rowspan="2">금   원</td>
<td rowspan="2">금   원</td>
<td rowspan="2" colspan="2">금   원</td>
</tr>
<tr>
<td>금   원</td>
</tr>
<tr>
<td colspan="3" align="center">합   계</td>
<td></td>
<td></td>
<td></td>
<td colspan="2"></td>
</tr>
<tr>
<td colspan="3" align="center">등기신청수수료 납부번호</td>
<td colspan="5"></td>
</tr>
</table>

<table>
<tr><td colspan="2" align="center">첨   부   서   면</td></tr>
<tr>
<td>

1. 합병계약서   통
1. 합병승인의 주주(사원)총회의사록(공증
   받은 것)   통
1. 합병보고총회의 공증받은 주주총회
   의사록 또는 이사회의사록과 공고를
   증명하는 서면   통
1. 종류주주총회의사록   통
1. 공고 및 최고를 한 증명서   통

</td>
<td>

1.변제영수증 또는 이의없다는 진술서 통
1.주권제출공고증명서   통
1.등록면허세영수필확인서   통
1.등기신청수수료영수필확인서   통
1.위임장(대리인이 신청할 경우)   통
<기 타>

</td>
</tr>
</table>

년   월   일

신청인   상 호
          본 점
대표이사 성 명   (인)   (전화 :   )
          주 소
대리인   성 명   (인)   (전화 :   )
          주 소

지방법원   등기소 귀중

- 신청서 작성요령 -

1. 해당란이 부족할 때에는 별지를 이용합니다.
1. 해당 등기신청과 관계없는 사항에 대하여는 "해당없음"으로 기재하거나 삭제하고, 필요한 사항은 추
   가 기재합니다.

(용지규격 21cm× 29.7cm)

♣ 【서식】 주식회사 계속등기신청서

주식회사 계속등기신청

접수	년 월 일	처리인	등기관 확인	각종통지
	제 호			

상 호	○○ 주식회사	등기번호	제1000호
본 점	서울특별시 ○○구 ○○로 ○○		
등 기 의 목 적	회사계속 및 이사.감사 및 대표이사의 취임 등의 등기		
등 기 의 사 유	20○○년 ○월 ○일 주주총회 결의로(존립기간 만료로 인하여, 정관에 정한 해산사유의 발생으로 인하여) 해산하여 20○○년 ○월 ○일 해산등기를 마쳤으나 20○○년 ○월 ○일 주주총회의 결의로 회사를 계속하였으므로 다음사항의 등기를 구함		
본/지점 신청구분	1.본점신청 □ 2.지점신청 □ 3.본.지점 일괄신청 □		

등 기 할 사 항

회사계속연월일	20○○년 ○월 ○일
이사·감사의 성명, 주민등록번호 및 취임연월일	사내이사 ○○○ (XXXXXX-XXXXXXX) 사외이사 ○○○ (XXXXXX-XXXXXXX) 기타비상무이사 ○○○ (XXXXXX-XXXXXXX) 감사 ○○○ (XXXXXX-XXXXXXX) 20○○년 ○월 ○일 취임
대표이사의 성명, 주소 및 취임연월일	대표이사 ○○○ (XXXXXX-XXXXXXX) 서울특별시 ○○구 ○○로 ○○ 20○○년 ○월 ○일 취임
기 타	

신청등기소 및 등록면허세/수수료						
순번	신청등기소	구분	등록면허세 지방교육세	농어촌특별세	세액합계	등기신청수수료
			금 원 금 원	금 원	금 원	금 원
합 계						
등기신청수수료 납부번호						

<table>
<tr><td colspan="2" align="center">첨   부   서   면</td></tr>
<tr><td>
1. 주주총회의사록(공증받은 것)   통
1. 이사회의사록(공증받은 것)   통
1. 취임승낙서(인감증명서 포함)   통
1. 주민등록표등본   통
1. 인감신고서   통
</td><td>
1.등록면허세영수필확인서   통
1.등기신청수수료영수필확인서   통
1.위임장(대리인이 신청할 경우)   통
<기 타>
</td></tr>
</table>

                                                    년   월   일

신청인   상   호
          본   점
대표이사 성   명   (인)   (전화 :   )
          주   소
대리인   성   명   (인)   (전화 :   )
          주   소

                    지방법원   등기소 귀중

- 신청서 작성요령 -

1. 해당란이 부족할 때에는 별지를 이용합니다.
1. 해당 등기신청과 관계없는 사항에 대하여는 "해당없음"으로 기재하거나 삭제하고, 필요한 사항은 추
   가 기재합니다.

(용지규격 21cm× 29.7cm)

등기신청안내 - 주식회사계속등기신청

☐ 주식회사계속등기신청이란?

주식회사의 계속이란 해산된 회사가 청산이 종료되기 전에 다시 해산 전의 상태로 복귀하는 것을 말합니다. 회사가 존립기간의 만료 기타 정관에 정한 사유의 발생 또는 주주총회의 결의에 의하여 해산한 경우, 휴면회사로서 해산한 것으로 의제된 때로부터 3년 이내에는 회사의 계속을 할 수 있습니다. 그리고 해산 당시의 이사는 해산으로 인하여 그 자격이 소멸되므로 다시 이사를 선임하여야 하며, 일반적으로 청산인에 의하여 주주총회를 소집하고 회사계속 결의를 하면서 동시에 이사 등의 임원을 선임하고 있습니다. 법원의 해산명령 또는 판결에 의하여 해산한 경우, 합병으로 인하여 해산한 경우, 청산절차의 종료에 의하여 회사가 소멸한 경우 등은 회사계속을 할 수 없습니다.

☐ 관할등기소 및 등기의 신청

주식회사가 회사계속을 결의하면서 동시에 새로운 이사.감사 및 대표이사를 선임하고 있으므로 일반적으로 회사계속등기 신청시 청산인 퇴임, 이사.감사 및 대표이사의 취임등기를 동시에 신청하고 있습니다. 등기신청은 주주총회에서 회사계속을 결의한 때로부터 본점소재지에서는 2주간, 지점소재지에서는 3주간 내에 새로 취임한 대표이사 또는 그 대리인이 회사계속등기를 신청하여야 합니다.

☐ 등기신청서 기재 요령

신청서는 원칙적으로 한글과 아라비아 숫자로 기재합니다(다만 취임하는 임원이 외국인인 경우 성명은 국적과 원지음을 한글 등으로 기재한 후, 괄호를 사용하여 본국에서의 표기를 병기할 수 있습니다). 신청서의 기재사항 난이 부족할 경우 별지를 사용하고 신청서와 별지 각 장 사이에 간인을 하여야 합니다.

① 상호

법인 등기사항증명서상의 상호를 기재합니다.

② 등기번호

법인 등기사항증명서상의 등기번호를 기재합니다.

③ 본점

법인 등기사항증명서상의 본점소재지를 기재합니다.

④ 등기의 목적

"회사계속 및 이사.감사 및 대표이사의 취임 등의 등기"라고 기재합니다.

⑤ 등기의 사유

등기를 신청하는 이유를 기재하는 항목으로 일반적으로" 20○○년 ○월 ○일 주주총회 결의로(존립기간 만료로 인하여, 정관에 정한 해산사유의 발생으로 인하여) 해산하여 20○○년 ○월 ○일 해산등기를 마쳤으나 20○○년 ○월 ○일 주주총회의 결의로 회사를 계속하였으므로 다음사항의 등기를 구함"으로 기재합니다.

⑥ 본/지점 신청구분

본점에서의 등기신청, 지점에서의 등기신청, 또는 본점 및 지점에 관한 등기를 본점에서 일괄하여 신청하는지 여부를 표시하는 항목입니다. 주식회사 계속등기는 본점 뿐 아니라 지점에서도 등기를 하여야 하는 바, 본점관할등기소에서 지점등기사항증명서의 회사계속등기도 일괄하여 신청할 수 있으며 이 경우 본·지점 일괄신청임을 표시하면 됩니다.

⑦ 회사계속연월일

회사계속의 효력이 발생하는 일자, 즉 주주총회에서 회사계속을 결의한 일자를 기재합니다.

⑧ 이사.감사의 성명, 주민등록번호 및 취임연월일

취임하는 사내이사.사외이사.기타비상무이사.감사의 성명, 주민등록번호, 등기원인(취임)과 그 연월일을 기재합니다. 주민등록번호가 없는 재외국민 또는 외국인은 주민등록번호를 대신하여 그 생년월일을 기재하며, 취임하는 이사.감사가 외국인인 경우 성명은 국적과 원지음을 한글 등으로 기재한 후, 괄호를 사용하여 본국에서의 표기를 병기할 수 있습니다(예 : 사내이사 미합중국인 존에프케네디 (John. F. Kennedy)).

⑨ 대표이사의 성명, 주소 및 취임연월일

취임하는 대표이사의 성명, 주민등록번호, 주소, 취임연월일을 기재하여야 합니다. 주민등록번호가 없는 재외국민 또는 외국인의 경우는 상기 내용과 같습니다.

⑩ 신청등기소 및 등록면허세/수수료

신청하는 등기소를 기재하며, 납부한 등록면허세액, 지방교육세액(지방세법 제137조 제1항) 및 등기신청수수료(등기사항증명서등수수료규칙 제5조의3)를 기재합니다. 본·지점 일괄신청의 경우 지점의 등기신청과 관련된 등록면허세 등을 별도로 납부하여야 합니다.

⑪ 첨부서면

등기신청서에 첨부하는 서면을 기재하여야 합니다.

⑫ 신청인 등

등기를 신청하는 법인의 상호와 본점 및 새로 선임된 대표이사의 성명과 주소를 기재하며, 위임받은 대리인이 신청할 경우 대리인의 성명과 주소를 기재합니다. 대표이사는 등기신청과 동시에 제출하는 법인 인감을 날인하여야 하며 대리인의 경우는 날인할 도장에 대한 제한은 없습니다.

□ 등기신청서에 첨부할 서면

1. 주주총회 의사록

  가. 주식회사는 주주들의 의사결정에 의하여 회사를 계속할 수 있으며 회사계속의 사유에 대하여는 특별한 제한이 없습니다. 존립기간 만료로 인하여 해산된 후 회사계속을 하는 경우는 정관의 존립기간에 대한 규정을 폐지 또는 변경하는 결의를 하여야합니다. 주주총회의 결의요건은 정관변경 등과 동일한 특별결의로서 출석주주의 의결권의 3분의2 이상의 수와 발행주식 총수의 3분의1 이상의 수로 합니다.

  나. 회사 계속의 결의 후 이사·감사를 선임하여야 하며 주주총회에서 선출되는 이사는 사내이사·사외이사·기타비상무이사를 명확하게 구분하여 선출되어야 합니다. 다만 사외이사·기타비상무이사는 필요에 따라 둘 수 있으나 사내이사는 반드시 1인 이상을 두어야 합니다. 임원선출의 결의요건은 주주총회의 보통결의 즉 출석한 주주의 의결권의 과반수와 발행주식 총수의 1/4이상으로 선임합니다.

  다. 주주총회의 의사에 관하여는 의사록을 작성하여야 하며, 의사록에는 의사의 경과요령과 그 결과를 기재하고 의장과 출석한 이사가 기명날인 또는 서명하여야 합니다. 등기신청시 첨부되는 의사록은 공증인의 인증을 받아 제출하여야 합니다.

2. 이사회 의사록

  가. 대표이사는 이사회의 결의로 이사 중에서 선정하는 것이 원칙이며, 정관으로 주주총회에서 선정하는 것으로 정할 수도 있습니다. 대표이사의 수는 1인 또

는 정관으로 그 이상으로 정하는 것도 가능하며, 이사가 1인인 회사는 대표이사를 선정하지 아니하고 그 1인의 이사가 회사를 대표합니다. 이사회의 결의는 이사 과반수의 출석과 출석이사의 과반수로써 하며 정관으로 그 비율을 높게 정할 수 있습니다.

나. 이사회의 의사에 관하여는 의사록을 작성하여야 하며 의사록에는 의사의 의안, 경과요령, 그 결과, 반대하는 자와 그 이유를 기재하고 출석한 이사 및 감사가 기명날인 또는 서명하여야 합니다. 등기신청시 첨부되는 의사록은 공증인의 인증을 받아 제출하여야 합니다.

3. 취임승낙서(인감증명서 포함)

이사.감사 및 대표이사로 선임된 사람은 취임승낙서를 제출하여야 합니다. 취임승낙서에는 본인이 취임의 의사를 표시하고 개인인감을 날인하여야 하며, 인감증명법에 의하여 신고한 인감증명서(발행일로부터 3개월 이내)를 첨부하여야 합니다. 취임하는 사람이 재외국민 또는 외국인인 경우에는 그 서면에 본국 관공서에 신고한 인감을 날인하고 그 인감증명서를 첨부할 수 있으며, 본국에 인감증명제도가 없는 외국인의 경우에는 본인이 서명을 하였다는 본국 관공서의 증명서면이나 본국 또는 우리나라 공증인의 공증서면으로 대신할 수 있습니다.

4. 주민등록표등(초)본

취임하는 이사·감사의 주민등록번호를 증명하는 서면으로, 대표이사는 주민등록번호 및 주소를 증명하는 서면으로 주민등록표등(초)본(발행일로부터 3개월 이내)을 제출하여야 합니다. 대표이사 이외의 이사·감사는 여권 사본, 주민등록증 사본 또는 자동차운전면허증 사본으로도 가능합니다.

5. 인감신고서

등기신청서에 기명날인할 사람(법인의 대표자 등)은 등기소에 인감을 제출하여야 하는바, 새로운 대표이사가 선임되어 취임등기를 신청하는 때에는 인감신고서도 같이 제출하여야 합니다. 인감신고서의 인감 날인 란에는 대표이사가 사용할 인감을 날인하여야 하며 개인인감 날인란에는 신고인의 인감증명법에 의한 인감을 날인하고, 발행일로부터 3월 이내의 인감증명서를 첨부하여야 합니다. 또한 인감신고서와 함께 인감대지도 함께 제출하여야 합니다(인감의 제출·관리 및 인감증명서 발급에 관한 업무처리지침).

6. 등록면허세영수필확인서

본점소재지 관할 시·군·구청장으로부터 등록면허세납부서를(지방세법 제137조 제1항) 발부받아 납부한 후 등록면허세영수필확인서를 첨부하여야 합니다. 본·지점 일괄신청의 경우 지점등기 신청과 관련된 등록면허세 등을 별도로 납부하여야 하며, 이사.감사 등의 임원에 관한 등록면허세 등 또한 별도로 납부하여야 합니다. 주식회사계속등기는 등록면허세액이 정액으로 대법원 인터넷등기소(www.iros.go.kr)에서 정액등록면허세 납부서를 작성·출력할 수 있으므로 수납기관에 납부한 후 제출하면 됩니다.

7. 위임장

등기신청권자의 위임에 의한 대리인이 등기신청을 하는 때에는 그 권한을 증명하는 서면으로 위임장을 첨부하여야 합니다. 실무상 수임자, 위임자, 위임내용을 기재하고 등기소에 제출(신고)하는 인감을 날인합니다.

□ 등기신청서 편철순서

신청서, 등록면허세영수필확인서, 주주총회의사록, 이사회의사록, 취임승낙서(인감증명서), 주민등록표등본, 인감신고서, 등록면허세영수필확인서, 위임장 등의 순서로 편철하시면 업무처리에 편리합니다.

□ 과태료

주식회사가 주주총회에서 회사계속을 결의하면 결의일로부터 등기기간(본점소재지는 2주, 지점소재지는 3주)내에 회사계속 및 이사.감사 및 대표이사의 취임 등의 등기를 신청하여야 합니다. 위 등기기간 내에 등기를 신청하지 아니한 경우에는 상법 제635조에 따라 500만 원 이하의 과태료가 부과되므로 기간을 도과하지 않도록 유의하시기 바랍니다.

□ 기타

1. 주식회사의 신청에 의하여 해산등기를 한 후 청산절차를 진행하고 있는 경우는 회사계속에 대한 시기적인 제한은 없습니다(다만 해산등기후 10년이 도과된 경우는 등기기록을 폐쇄할 수 있으므로 이 경우는 회사계속등기를 할 수 없습니다.). 주식회사가 현재 상법 제520조의2 제1항의 규정에 의하여 해산된 것으로 보는 해산간주의 상태인 경우 동조 제3항에 의하여 그 후 3년 이내에 주주총회

의 결의에 의하여 회사를 계속할 수 있습니다. 이 경우 등기신청은 청산인선임등기, 회사계속등기, 임원취임등기신청을 동시에 하여야 합니다(실무상 주주총회에서 청산인선임, 회사계속의 결의, 임원선출의 안건을 일괄하여 결의하고 있습니다).

2. 등기신청과 관련된 의사록 등 각종 서식에 관하여는 대법원 인터넷등기소(자료센터), 법무부 홈페이지(법무지식), 중소기업청 홈페이지(자료마당), 사단법인 한국상장회사협의회 홈페이지(법률정보)를 참고하시면 많은 도움이 됩니다.

3. 이상은 주식회사의 회사계속 및 이사.감사 및 대표이사의 취임 등의 등기신청시작성·제출하여야 하는 일반적인 서식과 그 내용에 대한 안내인바, 회사가 파산폐지가 된 경우, 회생절차를 진행 중인 경우, 해산등기가 되어 있지 않은 경우 등 회사의 구체적인 사정에 따라 신청서 기재 방식과 첨부서면 등이 달라질 수 있습니다. 따라서 개별·구체적인 사항에 대하여는 등기과·소의 민원담당자 또는 변호사·법무사 등 등기와 관련된 전문가에게 문의하시기 바랍니다.

♣ 【서식】 조직변경으로 인한 주식회사 해산등기신청서

<table>
<tr><td colspan="7" align="center">조직변경으로 인한 주식회사 해산등기신청</td></tr>
<tr><td rowspan="2">접
수</td><td colspan="2" align="center">년　　월　　일</td><td rowspan="2">처리인</td><td colspan="2">등기관 확인</td><td>각종통지</td></tr>
<tr><td colspan="2" align="center">제　　　　호</td><td></td><td></td></tr>
</table>

상　　　　호	○○ 주식회사	등기번호	제1000호
본　　　　점	서울특별시 ○○구 ○○로 ○○		
등 기 의 목 적	조직변경으로 인한 주식회사 해산등기		
등 기 의 사 유			
본/지점 신청구분	1.본점신청　□　　　2.지점신청　□　　　3.본.지점 일괄신청　□		

<table>
<tr><td colspan="2" align="center">등　기　할　사　항</td></tr>
<tr><td>해산연월일</td><td>20○○년 ○월 ○일</td></tr>
<tr><td>해산사유</td><td></td></tr>
<tr><td>기　타</td><td></td></tr>
</table>

신청등기소 및 등록면허세/수수료						
순번	신청등기소	구분	등록면허세 지방교육세	농어촌특별세	세액합계	등기신청수수료
			금 원 금 원	금 원	금 원	금 원
합 계						
등기신청수수료 납부번호						

<table>
<tr><td colspan="2">첨   부   서   면</td></tr>
<tr><td>
1.등록면허세영수필확인서   통
1.등기신청수수료영수필확인서   통
1.위임장(대리인이 신청할 경우)   통
<기 타>
</td><td></td></tr>
</table>

　　　　　　　　　　　　　　　　　　　　년　　월　　일

신청인　　상　호
　　　　　　본　점
대표이사　성　명　　　　　　　　　　(인)　　(전화 :　　　　　)
　　　　　　주　소
대리인　　성　명　　　　　　　　　　(인)　　(전화 :　　　　　)
　　　　　　주　소

　　　　　　　　지방법원　　등기소　귀중

- 신청서 작성요령 -

1. 해당란이 부족할 때에는 별지를 이용합니다.
1. 해당 등기신청과 관계없는 사항에 대하여는 "해당없음"으로 기재하거나 삭제하고, 필요한 사항은 추가 기재합니다.

(용지규격 21㎝× 29.7㎝)

제 3 편
특수법인의 등기

제1장　사회복지법인의 등기

一. 총 설

1. 사회복지법인의 의의

사회복지법인이라 함은 「사회복지사업법」 제2조의 "사회복지사업"을 행할 목적으로 설립된 법인이나 그 연합체를 말한다.

"사회복지사업"이란 다음 각 목의 법률에 따른 보호·선도(善導) 또는 복지에 관한 사업과 사회복지상담, 직업지원, 무료 숙박, 지역사회복지, 의료복지, 재가복지(在家福祉), 사회복지관 운영, 정신질환자 및 한센병력자의 사회복귀에 관한 사업 등 각종 복지사업과 이와 관련된 자원봉사활동 및 복지시설의 운영 또는 지원을 목적으로 하는 사업을 말한다. 따라서 사회복지법인이 수행할 수 있는 목적사업은 "사회복지사업"에 한정되므로. 사회복지사업 이외의 사업을 목적사업으로 수행할 수 없다.

> 가. 「국민기초생활 보장법」
> 나. 「아동복지법」
> 다. 「노인복지법」
> 라. 「장애인복지법」
> 마. 「한부모가족지원법」
> 바. 「영유아보육법」
> 사. 「성매매방지 및 피해자보호 등에 관한 법률」
> 아. 「정신건강증진 및 정신질환자 복지서비스 지원에 관한 법률」
> 자. 「성폭력방지 및 피해자보호 등에 관한 법률」
> 차. 「국내입양에 관한 특별법」 및 「국제입양에 관한 법률」
> 카. 「일제하 일본군위안부 피해자에 대한 생활안정지원 및 기념사업 등에 관한 법률」
> 타. 「사회복지공동모금회법」

파. 「장애인·노인·임산부 등의 편의증진 보장에 관한 법률」
하. 「가정폭력방지 및 피해자보호 등에 관한 법률」
거. 「농어촌주민의 보건복지증진을 위한 특별법」
너. 「식품등 기부 활성화에 관한 법률」
더. 「의료급여법」
러. 「기초연금법」
머. 「긴급복지지원법」
버. 「다문화가족지원법」
서. 「장애인연금법」
어. 「장애인활동 지원에 관한 법률」
저. 「노숙인 등의 복지 및 자립지원에 관한 법률」
처. 「보호관찰 등에 관한 법률」
커. 「장애아동 복지지원법」
터. 「발달장애인 권리보장 및 지원에 관한 법률」
퍼. 「청소년복지 지원법」
허. 그 밖에 대통령령으로 정하는 법률
　-「건강가정기본법」
　-「북한이탈주민의 보호 및 정착지원에 관한 법률」
　-「자살예방 및 생명존중문화 조성을 위한 법률」
　-「장애인·노인 등을 위한 보조기기 지원 및 활용촉진에 관한 법률」

2. 사회복지법인의 성립요건

사회복지법인을 설립하려는 자는 대통령령으로 정하는 바에 따라 시·도지사의 허가를 받아야 한다(복지 제16조 제1항).

사회복지법인의 성립요건은 다음과 같다.

가. 사회복지사업을 목적으로 할 것

사회복지법인은 사회복지사업법 제2조 1항 소정의 사회복지사업을 목적으로 해야 하며 그 이외의 사업을 목적으로 하여서는 아니된다.

다만, 그 본래의 목적을 달성하기 위하여 필요한 경우에는 그 본질에 반하지 않는 범위 내에서 정관의 정하는 바에 따라 그 사업운영에 충당하기 위하여 영리적 이익사업을 행하는 것은 무방하다(복지 제28조).

나. 설립행위(재산출연 및 정관작성)

1) 재산출연행위

사회복지법인은 사회복지사업운영에 필요한 자산을 소유해야 하므로(복지 제23조 1항)설립자는 법인을 설립하기 위하여 반드시 일정한 재산을 출연해야 한다.

재산의 출연이란 자기의 재산상의 손실행위로서, 생전행위의 증여든 사후행위인 유증이든 상관없다.

출연재산은 동산이건 부동산이건 채권이건 상관없다.

2) 정관의 작성

정관이란 법인의 기본준칙을 기재한 서면으로서 사회복지법인의 정관에는 반드시 아래 각호 소정의 필요적 기재사항을 기재해야 하고(복지 제17조) 그 외에도 어떠한 사항이건 임의로 이를 정관에 기재할 수 있는 바, 이러한 임의적 기재사항도 공서양속과 강행법규에 반하지 않는 한 일단 정관에 기재되면 필요적 기재사항과 동일하게 정관의 기재로서 유효하다.

1. 목적

2. 명칭

3. 주된 사무소의 소재지

4. 사업의 종류

5. 자산 및 회계에 관한 사항

6. 임원의 임면(任免) 등에 관한 사항

7. 회의에 관한 사항

8. 수익(收益)을 목적으로 하는 사업이 있는 경우 그에 관한 사항

9. 정관의 변경에 관한 사항

10. 존립시기와 해산 사유를 정한 경우에는 그 시기와 사유 및 남은 재산의 처리방법

11. 공고 및 공고방법에 관한 사항

다. 시·도지사의 허가

사회복지법인을 설립하기 위해서는 시·도지사의 허가를 받아야 한다(복지 제
16조 1항).

사회복지법인의 설립허가신청서에는 다음의 서류를 첨부해야 한다. 다만,
「전자정부법」 제36조 제1항에 따른 행정정보의 공동이용을 통하여 건물등기
부 등본 및 토지등기부 등본과 「부동산 가격공시 및 감정평가에 관한 법률」
제11조에 따른 개별공시지가 확인서를 확인해야 한다(복지규칙 제7조).

1. 설립취지서 1부
2. 정관 1부
3. 재산출연증서 1부
4. 삭제 <2008. 11. 5>
5. 재산의 소유를 증명할 수 있는 서류(시·도지사가 「전자정부법」 제36조 제
   1항에 따른 행정정보의 공동이용을 통하여 소유권에 대한 정보를 확인할
   수 있는 경우에는 그 확인으로 첨부서류를 갈음한다. 이하 같다) 각 1부
6. 재산의 평가조서(「부동산 가격공시 및 감정평가에 관한 법률」에 따른 감
   정평가업자의 감정평가서를 첨부하되, 개별공시지가 확인서로 첨부서류에
   대한 정보를 확인할 수 있는 경우에는 그 확인으로 첨부서류를 갈음한다.
   이하 같다) 1부
7. 재산의 수익조서(수익용 기본재산을 갖춘 경우에 한하며, 공인된 감정평가
   기관의 수익증명 또는 수익을 증명할 수 있는 기관의 증빙서류를 첨부하
   여야 한다. 이하 같다) 1부
8. 임원의 취임승낙서 및 이력서 각 1부
8의2. 법 제18조 제2항 각 호의 어느 하나에 해당하는 기관으로부터 받은
   이사 추천서 1부
9. 임원 상호간의 관계에 있어 법 제18조 제3항의 규정에 저촉되지 아니함
   을 입증하는 각서 1부
9의2. 법 제19조제1항 각 호의 어느 하나에 해당하지 않음을 입증하는 각서 1부
10. 설립 해당 연도 및 다음 연도의 사업계획서 및 예산서 각 1부
   사회복지법인의 설립허가를 받으려는 자는 법인설립허가신청서에 보건복
   지부령으로 정하는 서류를 첨부하여 사회복지법인의 주된 사무소의 소재

지를 관할하는 시장(「제주특별자치도 설치 및 국제자유도시 조성을 위한 특별법」 제11조제2항에 따른 행정시장을 포함한다. 이하 같다)·군수·구청장(자치구의 구청장을 말한다. 이하 같다)을 거쳐 특별시장·광역시장·특별자치시장·도지사·특별자치도지사(이하 "시·도지사"라 한다)에게 제출(전자문서에 의한 제출을 포함한다)하여야 한다. 시장·군수·구청장은 법인설립허가신청서를 받은 때에는 자산에 관한 실지조사의 결과와 사회복지법인 설립의 필요성에 관한 검토의견을 첨부하여 시·도지사에게 송부(전자문서에 의한 송부를 포함한다)하여야 한다(시행령 제8조).

핵심판례

▶판례◀ 사회복지시설의 설치·운영허가의 취소에 사회복지법인의 설립허가취소에 관한 구 사회복지사업법 제20조 제2항의 규정이 유추적용될 수 있는지 여부(소극)

(대법원 2000. 6. 23. 선고 98두11120 판결)

사회복지시설의 설치·운영허가의 취소는 사회복지법인의 설립허가취소와는 그 성질이나 법적 효과 등이 다르므로 사회복지법인의 설립허가취소의 경우 취소사유에 해당하더라도 다른 방법으로 감독목적을 달성할 수 없거나 시정을 명한 후 1년이 지날 때까지 이를 이행하지 아니한 경우에 한하여 취소할 수 있다는 구 사회복지사업법(1997. 8. 22. 법률 제5358호로 전문 개정되기 전의 것) 제20조 제2항의 규정이 유추적용될 수 없다.

▶판례◀ 설립허가취소결정 및 시설폐쇄처분취소

(부산고법 2015.6.12. 선고, 2015누20336)

甲 사회복지법인이 운영하는 아동보호치료시설에서 반복적·집단적 성폭력범죄가 발생하였다는 이유로 甲 법인에 대하여 관할 시장이 사회복지법인 설립허가를 취소하는 처분(제1처분)을, 관할 구청장이 시설의 폐쇄를 명하는 처분(제2 처분)을 한 사안에서, 甲 법인의 대표이사 등은 가족 중심의 족벌체제를 구축하여 지배·운영하고 있고, 아동보호치료시설을 정상적으로 운영하는 데 관심이 있는 것이 아니라 개인 혹은 가족들의 특혜와 특권을 유지·확대하는 데 주된 관심이 있는 점 등에 비추어 보면, 甲 법인은 사회복지사업법 제26조 제2항의 '다른 방법으로 감독 목적을 달성할 수 없는 경우'에 해당하므로 제1 처분은 설립허가 취소의 요건을 갖추었고, 처분으로 달성하고자 하는 공익 목적이 이로 인하여 원고가 입게 될 불이익보다 가볍다고 볼 수 없으므로 재량의 범위 내에서 이루어진 적법한 처분이며, 제1 처분이 적법한 이상 같은 법 제40조 제1항 제2호에 따른 제2 처분 역시 적법하고, 사회복지사업법 제40조 제3항 및 같은 법 시행규칙 제26조의2 [별표4]에 의하면 사회복지법인이 설치·운영하는 시설의 경우 사회복지법인의 설립허가가 취소된 때에는 구청장 등은 시설폐쇄를 명하도록 규정하고 있는 점 등에 비추어 보면 재량권을 일탈·남용한 위법이 없다고 한 사례.

▶판례◀ 관할 행정청이 사회복지법인의 정식이사 선임보고를 수리하는 처분에 종전 임시이사 해임처분이 포함된 것으로 보아야 하는지 여부(원칙적 적극)

(대법원 2020. 10. 29. 선고 2017다269152 판결)

구 사회복지사업법(2011. 8. 4. 법률 제10997호로 개정되기 전의 것) 제18조 제5항, 구 사회복지사업법 시행규칙(2012. 8. 3. 보건복지부령 제147호로 개정되기 전의 것) 제10조 등에 따르면, 관할 행정청은 사회복지법인으로부터 정식이사 선임에 대한 보고를 받으면 첨부하여 제출된 이사회 회의록, 이력서, 특수관계 부존재 각서 등을 기초로 해당 임원이 적법한 이사회결의를 통해 선임되었는지 여부와 출연자와 특수한 관계가 있는지 등을 심사한 다음 이를 수리하는 처분을 하게 된다. 임시이사는 이사의 결원을 보충하기 위하여 정식이사가 선임될 때까지만 재임하는 것이 원칙이므로, 정식이사의 선임과 종전 임시이사의 해임은 동시에 이루어져야 한다. 따라서 새로 선임된 정식이사와 종전 임시이사가 일시적으로라도 병존하여야 하는 다른 특별한 사정이 없는 한, 관할 행정청이 사회복지법인의 정식이사 선임보고를 수리하는 처분에는 정식이사가 선임되어 이사의 결원이 해소되었음을 이유로 종전 임시이사를 해임하는 의사표시, 즉 임시이사 해임처분이 포함된 것으로 보아야 한다.

▶판례◀ 사회복지법인 이사의 지위와 권한 및 해임절차

(대법원 2008. 7. 10. 선고 2007다78159 판결)

사회복지법인의 이사는 단순한 집행기관이 아니고 각자가 공익을 위해 독립적인 기관에 준하는 지위와 권한을 가지고 있고, 상호 견제와 균형을 통해 그 권한을 공익을 위해 적정하게 행사하여야 하는 고도의 공공성을 가지는 직책이다. 이러한 점에 비추어 보면, 사회복지법인 이사회에 의한 새로운 이사 임명과 이사회에 의한 기존 이사의 해임은 사회복지법인의 핵심 기관인 이사회 구성원의 직접적인 변동을 초래하여 사회복지법인의 공익적 활동에 결정적인 영향을 미치게 되고, 해임된 이사가 해임의 실체적 사유를 원인으로 그 해임의 취소를 주장할 수 있는 근거 법령이 마련되어 있지도 아니하므로, 그 해임의 절차, 특히 이사회에 의한 기존 이사의 해임절차에는 사회복지사업법과 공익법인의 설립·운영에 관한 법률의 목적에 부합할 수 있도록 위 법률들과 당해 사회복지법인의 정관에서 정하는 절차가 엄격하게 적용되어, 공익을 대변하는 이사의 심의권을 적정하게 행사할 수 있도록 준비할 기회가 사전에 제공되어야 한다.

▶판례◀ 부동산임의경매절차에서 사회복지법인의 기본재산인 부동산에 관한 낙찰에 대하여 주무관청의 허가가 없는 경우 기본재산의 소유권이 낙찰인에게 이전되는지 여부(소극)

(대법원 2003. 9. 26.자 2002마4353 결정)

사회복지법인의 기본재산의 매도, 담보제공 등에 관한 사회복지사업법 제23조 제3항의 규정은 강행규정으로서 사회복지법인이 이에 위반하여 주무관청의 허가를 받지 않고 그 기본재산을 매도하더라도 효력이 없으므로, 법원의 부동산임의경매절차에서 사회복지법인의 기본재산인 부동산에 관한 낙찰이 있었고 낙찰대금이 완납되었다 하더라도 위 낙찰에 대하여 주무관청의 허가가 없었다면 그 부동산에 관한 소유권은 사회복지법인으로부터 낙찰인에게로 이전되지 아니한다.

二. 설립등기

1. 총 설

사회복지법인은 소정의 절차를 마친 후 그 주된 사무소의 소재지를 관할하는 등기소에서 설립등기를 함으로써 성립한다(복지 제16조 2항, 민 제33조).

설립등기 외의 등기의 등기사항에 대해서는 그 등기가 제3자에 대한 대항요건일 뿐이지만 법인의 설립사항 그 자체에 대해서는 설립등기가 그 성립요건인 것이다.

2. 등기절차

가. 등기신청인 및 등기기간

사회복지법인의 설립등기는 이사 전원이 공동으로 신청해야 한다.

등기기간은 보건복지가족부장관의 설립인가가 있는 때로부터 3주간 내이며 그 기간 내에 등기를 신청하지 아니하면 과태료가 부과된다.

나. 등기사항

사회복지법인의 등기사항은 다음과 같다.

1) 목 적

2) 명 칭

반드시 사회복지법인이라는 문자를 사용하도록 법률상 강제 받지는 않으나 다른 종류의 법인과 확연히 구별될 수 있도록 그 명칭 중에 사회복지법인이라는 문자를 사용하는 것이 보통이며 기존법인과 혼동될 우려 있는 명칭은 사용하지 않는 것이 좋다.

3) 사무소

4) 설립인가연월일

5) 존립시기나 해산사유를 정한 때에는 그 시기 또는 사유

6) 자산의 총액

7) 출자방법을 정한 때에는 그 방법

8) 이사의 성명, 주민등록번호와 이사의 대표권의 제한

다. 첨부서류

일반적인 첨부서류 외에 다음의 서류를 첨부한다.

1) 정 관

정관에는 목적, 명칭, 주된 사무소의 소재지, 사업의 종류, 자산 및 회계에 관한 사항, 임원의 임면 등에 관한 사항, 회의에 관한 사항, 정관의 변경에 관한 사항, 존립시기와 해산사유를 정한 때에는 그 시기와 사유 및 잔여재산의 처리방법, 공고 및 그 방법에 관한 사항을 기재한다.

2) 이사의 자격증명서

이사의 자격을 증명하는 서면으로서는 이사선임서 등을 첨부해야 할 것이다. 그러나 최초의 이사는 정관에 이를 기재하는 것이 통례이므로 그 경우에는 정관 이외에 이사의 자격을 증명하는 서면은 이를 따로 첨부할 필요가 없을 것이다. 다만, 그 경우에도 이사의 취임승낙서는 별도로 첨부해야 한다.

3) 설립허가서

시·도지사로부터 설립허가를 받은 허가서나 허가기관의 인증이 있는 등본을 첨부해야 한다.

4) 자산의 총액을 증명하는 서면

명문의 규정은 없으나 자산의 총액에 관한 등기사항의 진정을 보장하기 위하여 실무상 주무관청이 발행하는 자산증명서나 법인의 비치장부인 재산목록 등을 첨부하도록 하고 있다.

이 외에 대리인에 의하여 신청할 때에는 그 대리권을 증명하는 서면으로서 위임장을 첨부해야 하고, 설립등기신청인인 이사 전원의 인감도 제출해야 한다.

핵심판례

▶판례◀　어떠한 부동산이 사회복지법인의 기본재산이라고 보기 위해서는 사회복지법인 명의로 소유권에 관한 등기가 마쳐져야 하는지 여부(원칙적 적극)

(대법원 2022. 9. 29.자 2022마118 결정)

사회복지사업법은 '사회복지법인은 사회복지사업의 운영에 필요한 재산을 소유하여야 하고, 사회복지법인의 재산은 기본재산과 보통재산으로 구분하며 기본재산은 그 목록을 정관에 적어야 한다.'고 규정하고 있다(제23조 제1항, 제2항). 한편 사회복지법인 설립허가신청서에는 재산의 소유를 증명할 수 있는 서류 등을 첨부하여 제출해야 하고, 허가권자인 시·도지사는 건물 및 토지의 등기사항을 확인해야 한다(사회복지사업법 시행규칙 제7조 제2항 참조). 사회복지법인이 정관을 변경하고자 정관변경인가신청서를 제출할 경우에도 시·도지사는 건물 및 토지의 등기사항을 확인해야 한다(사회복지사업법 시행규칙 제8조 참조). 이러한 사회복지사업법령에 의하면 어떠한 부동산이 사회복지법인의 기본재산이라고 보기 위해서는 원칙적으로 사회복지법인 명의로 소유권에 관한 등기가 마쳐져야 한다고 해석된다. 사회복지법인이 시·도지사의 허가를 받아 기본재산인 부동산을 처분하고 그에 따라 매수자 등의 소유권이전등기까지 마쳐 준 경우라면, 특별한 사정이 없는 한 사회복지법인이 정관변경절차를 소홀히 하여 정관에 기본재산으로 남아 있다는 사유만으로 이를 사회복지법인의 기본재산으로 볼 수는 없다.

3. 등기의 신청

♣ 【서식】 사회복지법인 설립등기신청서

<table>
<tr><td colspan="6" style="text-align:center">사회복지법인 설립등기신청</td></tr>
<tr><td rowspan="2">접
수</td><td>년   월   일</td><td rowspan="2">처리인</td><td>등기관 확인</td><td>각종통지</td></tr>
<tr><td>제   호</td><td></td><td></td></tr>
</table>

등기의 목적	사회복지법인의 설립
등기의 사유	사회복지법인을 설립하기 위하여 정관을 작성하고 20○○년 1월 20일 주무관청의 인가를 받았으므로 다음 사항의 등기를 구함.
인가서도착연월일	20○○년 ○월 ○일
등기할 사항	
명 칭	사회복지법인 ○○
주 사 무 소	○○시 ○○구 ○○동 ○

이사, 감사의 성명, 주민등록번호 및 주소	이사 ○ ○ ○ (-)
	      ○○시 ○○구 ○○동 ○
	이사 ○ ○ ○ (-)
	      ○○시 ○○구 ○○동 ○
	이사 ○ ○ ○ (-)
	      ○○시 ○○구 ○○동 ○
	감사 ○ ○ ○ (-)
	      ○○시 ○○구 ○○동 ○
	감사 ○ ○ ○ (-)
	      ○○시 ○○구 ○○동 ○

이사장의 성명과 주소, 주민등록번호	이사장 ○ ○ ○ (-) ○○시 ○○구 ○○동 ○

이사의 대표권에 대한 제한	이사장 ○○○ 이외에는 대표권이 없음
목　　적	별지 기재와 같음
분사무소	○○시 ○○구 ○○동 ○
설립인가연월일	20○○년 ○월 ○일
존립기간 또는 해산사유	(1) 법인의 사업목적을 달성할 수 없게 된 때 (2) 재적이사 3분의 2 이상의 찬성에 의한 이사회에 해산 결의가 　　있은 때
자산의 총액	금 ○○○ 원
출자의 방법	없음
기　　타	

등록면허세	금	원	지방교육세	금	원	농어촌특별세	금	원
세 액 합 계	금		원	등기신청수수료	금			원
등기신청수수료 납부번호								
과세표준액	금		원					

첨　부　서　면

1. 정관	1통	1. 인감증명서	○통
1. 설립인가서(또는 인가서등본)	1통	1. 등록면허세영수필확인서	1통
1. 자산총액증명서	1통	1. 등기신청수수료영수필확인서	1통
1. 이사자격증명서	○통	1. 위임장(대리인이 신청할 경우)	1통
1. 인감신고서	○통	<기 타>	
1. 주민등록표등본	○통		

20○○년 ○월 ○일

신청인 명　　칭　사회복지법인 ○○

　　　　주사무소　○○시 ○○구 ○○동 ○○

대표자 성　　명　　　　이사장 ○ ○ ○ ㉐　　(전화 :　　　　　)

　　　　주　　소　　　　○○시 ○○구 ○○동 ○○

대리인 성　　명　법무사 ○ ○ ○ ㉐　　　　　(전화 :　　　　　)

　　　　주　　소　　　　○○시 ○○구 ○○동 ○○

　　　　　　　　○○지방법원 ○○등기소 귀중

- 신청서 작성요령 -

1. 해당란이 부족할 때에는 별지를 이용합니다.
1. 해당 등기신청과 관계없는 사항에 대하여는 "해당없음"으로 기재하거나 삭제하고, 필요한 사항은 추
　가 기재합니다.

(용지규격 21cm× 29.7cm)

주 ① 사무소 기재는 정관의 경우와는 달리 그 소재지번까지 기재해야 한다.

② 분사무소 기재는 설립당초부터 분사무소를 설치한 경우에 한하여 기재한다.

③ 등기할 사항 중 목적을 기재할 때에는 정관에 목적과 사업을 별도의 조항으로 규정하고 있는 경우에는 목적의 조항에 기재된 사항뿐 아니라 사업의 조항에 기재된 사항도 아울러 기재해야 한다.

④ 설립허가연월일은 인가서에 기재된 인가일자를 기재한다.

⑤ 존립시기 또는 해산사유의 기재는 정관에 특히 정한 때에 한하여 기재한다. 다만, 파산.합병.설립인가취소 및 법정해산사유는 정관이 필요적 기재사항도 아니고 등기사항도 아니다.

⑥ 대표권제한규정의 등기는 이사장 또는 대표이사 등의 취지로 등기하지 않고 이사 ○○○ 이외는 대표권이 없다는 취지로 등기한다.

⑦ 인가서도착연월일은 등기기간의 기산점을 명시하기 위한 기재이다.

⑧ 과세표준액란에는 자산의 총액을 기재한다.

⑨ 등록면허세는 과세표준(자산의 총액)금이 1,000분의 2, 대도시에서는 그 3배(지세 제28조 1항 6호, 제28조 2항)이고 지방교육세는 등록면허세액의 100분의 20이다. 단, 「사회복지사업법」에 따른 사회복지법인의 설립등기 및 합병등기에 대한 등록면허세는 2022년 12월 31일까지 면제한다.

⑩ 첨부서류 중 이사자격증명서는 이사나 대표권있는 이사의 자격을 증명하는 서면으로서 그 선임서 등을 첨부해야 할 것이나 설립당초의 이사나 대표권있는 이사를 정관으로 정한 때에는 이를 따로 첨부할 필요가 없다. 그러나 그 경우에도 취임승낙서는 별도로 첨부해야 한다.

⑪ 자산총액증명서는 사실과 부합하지 않는 등기를 방지하기 위하여 주무관청에서 발행하는 증명서나 법인의 비치장부(복지 제37조)인 재산목록, 대차대조표 등을 첨부하는 것이 관례이다.

⑫ 이 등기는 이사 전원이 공동으로 신청하고 신청인인 이사 전원의 인감도 제출한다.

⑬ 위임장의 첨부와 대리인의 표시는 대리인에 의하여 신청하는 경우에 한하여 한다.

♣ 【서식】 사회복지법인 정관

사회복지법인○○○ 정관(예시)

제1장 총 칙

제1조(목적) 이 법인은 ‥‥‥법의 규정에 의한 ‥‥‥을 수행함으로써 ‥‥‥
‥‥함을 목적으로 한다.

(비고) 1) 당해 법인의 특성에 따라 목적을 개괄적으로 기재한다.

제2조(명칭) 이 법인의 명칭은 "사회복지법인" ○○○회·원·단(이하 "법인
회·원·단"이라 한다) 이라 칭한다.

(비고) 1) 다른 법인과의 명칭상의 혼동을 피하기 위하여 다른 법인과 유사
하거나 동일한 명칭은 가급적 사용하지 않도록 한다.

※ 이하 "법인" 이라 칭한다.

제3조(사무소 등의 소재지)

① 이 법인의 주된 사무소는 ○○시·도 ○○○시·군·구 ○○○로 ○○ (○
○동, ○○○) 에 둔다.

② 이 법인은 민법 제50조의 규정에 의하여 다음과 같은 분사무소(지부)를 둔다.

1. ○○○분사무소 : ○○시·도 ○○○시·군·구 ○○○로 ○○ (○○동, ○○○)

2. ○○(사회복지시설) : ○○시·도 ○○○시·군·구 ○○로 ○○ (○○동, ○○○)

(비고)

1) 분 사무소가 없는 경우에는 제2항은 필요하지 않다.

2) 사무소의 소재지는 도로명 주소까지 구체적으로 기입한다.

제4조(목적사업의 종류) ① 이 법인은 제1조의 목적을 달성하기 위하여 다음
의 사업을 수행한다.

1. 「국민기초생활보장법」 제○○조의 ○○사업

2. 「노인복지법」 제○○조의 노인의료복지지설 중 무료노인요양시설 운영

3. 「아동복지법」 제○○조의 아동양육시설

(비고) 1) 각종시설 운영사업은 사회복지관계 법령에서 정하는 시설명칭을 사용한다.

제2장 자산 및 회계
제1절 자 산

제5조(자산구분)

① 이 법인의 자산은 기본재산과 보통재산으로 구분하되, 기본재산은 목적 사업용 기본재산과 수익용 기본재산으로 구분하여 관리한다.

② 기본재산은 다음 각 호의 재산으로 하며, 평가가액에 변동이 있을 때에는 지체없이 정관 변경의 절차를 밟아야 한다.

1. 설립당시 기본재산으로 출연한 재산

2. 부동산

3. 이사회의 결의에 의하여 기본재산으로 편입된 재산

③ 기본재산의 목록과 평가가액은 '별지 1'과 같다.

④ 기본재산 이외의 모든 재산은 보통재산으로 한다.

(비고)

1) 설립당초의 기본재산은 반드시 별표의 기본재산 목록에 등재되어야 한다.

2) 시설운영을 목적으로 하지 않고 일정한 출연재산에서 얻어지는 과실로서 보호대상자에 대한 단순한 지원 등 사회복지사업을 지원하는 것을 목적으로 하는 경우에는 목적사업용 기본재산과 수익용 기본재산으로 구분하지 아니한다.

3) 기본재산의 목록은 정관의 일부로서 간인 필요

제6조(자산의 관리)

① 기본재산을 매도·증여·교환·임대·담보제공 또는 용도변경하거나 그 밖의 권리의 포기, 의무의 부담 등의 처분을 하고자 하는 때에는 이사회의 의

결을 거쳐 주무관청의 사전허가를 얻어야 한다.

② 법인이 매수·기부채납·후원 등의 방법으로 재산을 취득한 때에는 지체 없이 이를 법인의 재산으로 편입조치 하여야 한다.

③ 제2항의 재산을 취득한 경우 법인은 그 취득사유, 취득재산의 종류·수량 및 가액을 매년 1월말까지 전년도의 재산취득상황을 주무관청에게 보고 하여야 한다.

④ 법인이 보건복지부령이 정하는 금액이상을 장기차입 하고자 하는 때에는 주무관청의 허가를 받아야 한다.

⑤ 기본재산과 보통재산의 운영과 관리에 관하여는 법령과 이 정관에 따로 정한 경우를 제외하고는 별도의 규정이 정하는 바에 의한다.

제7조(경비와 유지방법)

이 법인의 운영비는 기본재산에서 발생하는 과실, 수익사업의 수익금, 기부금과 그 밖의 수입으로 충당한다.

제2절 회 계

제8조(회계의 구분 등)

이 법인의 회계는 법인에 속하는 법인 일반회계와 시설운영에 속하는 시설회계 수익사업에 속하는 수익사업회계로 구분한다.

제9조(회계의 처리)

이 법인의 회계처리는 「사회복지사업법」 및 관련 법령에서 따로 정한 경우를 제외하고는 별도의 규정이 정하는 바에 따른다.

제10조(회계연도)

이 법인의 회계연도는 정부의 회계연도에 따른다.

제11조(사업계획 및 예산)

이 법인의 매 회계연도의 사업계획 및 예산은 대표이사가 매 회계연도 개시 5일전 까지 이사회의 의결을 거쳐 확정한 후 「사회복지법인 및 사회복지시설 재무·회계규칙」(보건복지부령)이 정하는 서류를 첨부하여 주무관청에 제출하여야 한다.

제12조(사업실적 및 결산)

이 법인의 매 회계연도의 사업실적 및 결산은 회계연도가 끝난 후 1월 이내에 대표이사가 작성하여 감사의 감사를 거친 후 이사회의 의결을 거쳐 「사회복지법인 및 사회복지시설 재무·회계규칙」(보건복지부령)이 정하는 서류를 첨부하여 3월 31일까지 주무관청에 제출하여야 한다.

제13조(잉여금의 처리)

이 법인의 매회계년도 결산 잉여금은 차입금 상환 또는 다음 회계연도에 이월 사용하는 것을 원칙으로 하되, 이사회의 결의에 의하여 특정한 사업을 위한 기금으로 적립할 수 있다.

제14조(예산외의 채무부담)

수지예산으로서 정한 것 이외의 의무부담 또는 권리의 포기는 이사회의 의결을 거쳐야 한다.

제3장 임 원

제15조(임원의 종류와 정수)

이 법인은 다음의 임원을 둔다.

1. 대표이사 1인

2. 상임이사 1인

3. 이사 7인(대표이사 및 상임이사 포함)

4. 감사 2인

  (비고)

1) 대표이사의 명칭은 회장 등의 명칭을 붙이는 것도 가능하다.

2) 상임이사의 직이 필요한 때에는 상임이사를 두되, 필요가 없는 때에는 두지 아니하여도 된다.

3) 이사의 정수는 7인 이상 감사는 2인 이상으로 하고, 업무의 심의에 적정한 수를 확정적으로 기재하되, 약간인 또는 7인 이상 10인 이하 등으로 표기하지 않아야 한다.

제16조(임원의 선임)

① 대표이사, 이사 및 감사는 이사회에서 선출한다.

② 상임이사는 대표이사가 선임된 이사 중에서 지명하여 이사회의 의결을 거쳐 선임한다.

③ 이사정수의 1/3(소수점 이하는 버림) 이상은 사회복지위원회 또는 지역사회복지협의체에서 추천을 받아 이사회의 의결을 거처 선임한다.

④ 이사를 임면하는 경우에는 보건복지부령이 정하는 바에 의하여 지체없이 이를 주무관청에 보고하여야 한다.

(비고)

1) 대표이사는 선임된 이사 중에서 호선하여도 가능하다.

2) 상임이사가 없는 때에는 제2항은 필요없다.

3) 상임이사의 선임방법은 달리하여도 된다.

제17조(임원선임의 제한)

① 이 법인은 이사 상호간의 관계에 있어서 「사회복지사업법」 제18조제3항의 규정에 의한 "특별한 관계에 있는 자"가 이사현원의 5분의 1을 초과할 수 없다.

② 감사는 감사 상호간 또는 이사와의 관계에 있어서 「사회복지사업법」 제18조 제3항의 규정에 의한 "특별한 관계에 있는 자"가 아니어야 한다.

제18조(임원의 임기 등)

① 이 법인의 대표이사 및 이사의 임기는 3년으로 하고 감사의 임기는 2년으로

하되, 연임할 수 있다.

② 임원중 결원이 생긴 때에는 2월 이내에 보충하여야 하며, 임기가 만료되는 임원의 후임자는 임기만료 1월 이전에 선임하여야 한다.

(비고) 1) 임원의 법정임기를 초과하여 종신직으로 하는 것 등은 불가하다.

제19조(임원의 결격사유)

① 「사회복지사업법」 제19조 각호의 1에 해당하는 자는 법인의 임원이 될 수 없다.

② 법인의 임원이 제1항의 사유에 해당할 때에는 그 직을 상실한다.

제20조(임원의 해임)

① 이 법인은 그의 임원에 대하여 「사회복지사업법」 제22조의 규정에 의한 시·도지사의 해임명령을 받은 때에는 지체없이 해임하여야 한다.

② 이 법인은 그의 임원이 다음 각 호의 1에 해당할 때에는 이사회의 의결을 거쳐 해임할 수 있다.

1. 법령, 법인의 정관 또는 규정에 위반한 때
2. 고의 또는 중대한 과실로 법인에 상당한 손해를 끼친 때
3. 직무태만·품위손상 기타 사유로 인하여 임원으로서 적당하지 아니하다고 인정되는 때
4. 기타 임원으로서의 능력이나 자질이 현저히 부족하다고 판단되는 때

제21조(임원의 직무)

① 대표이사는 이 법인을 대표하고, 제반 사무를 총괄하여 이사회의 의장이 된다.

② 이사는 이사회를 구성하고, 이사회의 권한에 속하는 사항을 심의·의결한다.

③ 대표이사 유고시에는 대표이사가 지명하는 이사가 대표이사의 직무를 대행한다. 다만, 대표이사가 직무대행자를 지명하지 못한 경우에는 나머지 이사 중에서 연장자순으로 그 직무를 대행한다.

④ 감사는 다음의 직무를 행한다.

    1. 이 법인의 재산상황과 회계를 감사하는 일
    2. 이사회의 운영과 그 업무에 관한 사항을 감사하는 일
    3. 제1호 및 제2호의 감사결과 부정 또는 불비한 점이 있음을 발견하는 때에는 이를 이사회와 주무관청에 보고하는 일
    4. 제3호의 보고를 하기 위하여 필요한 때에는 이사회의 소집을 요구하는 일
    5. 그 밖에 이사회 운영과 그 업무에 관한 사항에 대하여 이사회에 참석하여 의견을 진술하는 일

제22조(대표권의 제한)

이 법인의 대표이사이외의 이사는 이 법인을 대표하지 않는다.

제23조(임원의 대우)

이 법인의 상임이사를 제외한 임원은 명예직으로 하되, 예산의 범위 안에서 임원의 활동에 필요한 실비를 지급할 수 있다.

제24조(겸직금지)

① 이사는 이 법인의 시설장을 제외한 직원을 겸할 수 없다.
② 감사는 이 법인의 이사, 시설장 또는 직원을 겸할 수 없다.

제4장 이 사 회

제25조(이사회 구성)

① 이 법인에 대표이사 및 이사로 구성되는 이사회를 둔다.
② 감사는 이사회에 출석하여 발언할 수 있다.

제26조(의결사항)

이사회는 다음 사항을 심의·의결한다.
① 정관의 변경에 관한사항
② 제규정의 제정 및 개정에 관한 사항

③ 법인 합병 및 해산에 관한 사항

④ 임원임면에 관한 사항

⑤ 사업계획·실적 및 예산·결산에 관한 사항

⑥ 재산의 취득, 처분 및 관리에 관한 사항

⑦ 법인이 설치한 시설의 장의 임면에 관한 사항

⑧ 법인이 설치한 시설의 운영에 관한 사항

⑨ 수익사업에 관한 사항

⑩ 그밖에 법령이나 이 정관에 의하여 이사회의 권한에 속하는 사항

(비고) 1) 법인특성에 따라서 의결사항의 변동이 있을 수 있다.

2) 지원법인의 경우에는 7, 8호는 해당되지 않는다.

제27조(이사회의 소집 등)

① 이사회는 정기이사회와 임시이사회로 구분한다.

② 정기이사회는 매년 1월중에 개최하고, 임시이사회는 대표이사가 필요하다고인정하는 때 또는 재적이사의 과반수가 회의의 목적을 제시하여 소집을 요구할 때와 감사가 소집을 요구할 때에 소집한다.

③ 이사회를 소집하고자 하는 때에는 대표이사가 회의목적을 명시하여 회의개최 7일 이전까지 각 이사에게 통지하여야 한다.

④ 대표이사는 재적이사 과반수가 회의안건을 명시하여 소집을 요구한 때와 감사가 소집을 요구한 때로부터 20일 이내에 이사회를 소집하여야 한다.

제28조(이사회의 개의와 의결정족수)

① 이사회는 이 정관에서 따로 정한 바를 제외하고는 재적이사 과반수의 출석으로 개의하고, 출석이사 과반수의 찬성으로 의결한다.

② 이사회의 의사는 대리인이나 서면결의에 의할 수 없다.

제29조(의결제척사유)

대표이사 또는 이사가 다음 각 호의 1에 해당하는 때에는 그 의결에 참여

하지 못한다.

① 임원선임 및 해임에 있어서 자신에 관한 사항

② 금전 및 재산의 수수를 수반하는 사항으로서 임원자신이 법인과 직접 관계되는 사항

제30조(이사회 회의록)

① 이사회의 의사에 관하여는 회의록을 작성하여야 한다.

② 회의록에는 의사의 경과, 요령 및 결과를 기재하고, 의장과 참석이사 전원이 기명·인감 날인하여야 한다.

③ 회의록은 회의일부터 10일 이내에 법인 홈페이지와 주무관청에서 지정하는 인터넷 홈페이지에 3개월간 공개하며, 법인 사무실에도 비치하여야 한다.

제5장 수익사업

제31조(수익사업의 종류)

① 이 법인은 「사회복지사업법」 제28조의 규정에 의하여 법인의 목적사업 수행에 지장이 없는 범위 안에서 각 사업마다 이사회의 의결 및 정관변경 인가를 거쳐 다음 각 호의 수익사업을 할 수 있다.

㉮ 부동산임대업

㉯ 간행물발행사업

② 제1항의 수익사업을 경영하기 위하여 대표이사는 이사회의 의결을 거쳐 관리자 또는 책임자를 임명한다.

제32조 (수익의 처분 및 관리)

수익사업에서 얻어지는 순수익은 법인 목적사업에 충당하거나, 이사회의 결의에 의거 특정한 기금으로 적립할 수 있다.

<h2 align="center">제6장 사무조직 및 운영</h2>

제33조(사무국)

① 이 법인의 업무를 처리하기 위하여 법인사무국을 둔다.

② 사무국의 조직과 운영에 관하여는 별도의 규정으로 정한다.

제34조(상근임직원)

　① 법인사무국 및 시설에는 필요한 상근임직원을 둔다.

　② 상근임직원의 임용·복무·보수 등에 관하여는 별도의 규정으로 정한다.

　③ 제2항의 규정에는 종사자의 정년을 규정한 인사규정이 반드시 포함되어야 한다.

　④ 제2항의 규정은 주무관청에 보고하여야 한다.

<h2 align="center">제7장 정관변경 및 해산</h2>

제35조(정관변경)

　이 법인의 정관을 변경하고자 하는 때에는 재적이사 3분의 2이상의 의결을 거쳐 주무관청의 허가를 받아야 한다.

제36조(해산 및 합병)

　이 법인을 해산하거나 다른 법인과 합병하고자 하는 때에는 재적이사 4분의 3 이상의 의결을 거쳐 주무관청의 허가를 받아야 한다.

제37조(잔여재산의 귀속)

　이 법인이 해산하는 때의 청산 후 잔여재산은 주무관청의 허가를 받아 국가 또는 지방자치단체에 귀속한다.

<h2 align="center">제8장 공고방법</h2>

제38조(공고의 방법)

① 이 법인의 법령과 정관 및 이사회의 의결에 의하여 공고하여야 할 사항은 일간신문에 싣는다.

② 제1항의 공고기간은 7일 이상으로 한다.

제9장 보 칙

제39조(준용규정)

이 정관에 규정하지 아니한 사항에 대하여는 「사회복지사업법」, 「공익법인의 설립·운영에 관한 법률」 및 「민법」과 그 밖의 관계법규를 준용한다.

제40조(운영규정)

이 정관시행에 관하여 필요한 사항은 별도의 운영규정으로 정한다.

제41조(규정의 제·개정)

① 이 법인의 운영과 관련된 규정의 제·개정에 대하여는 이사회의 의결을 거쳐야 한다.

② 제1항의 내용 중 규정의 여부는 이사회에서 결정한다.

부 칙

① (시행일) 이 정관은 주무관청의 허가를 받은 날부터 시행한다.

② (설립당시의 임원선임에 대한 경과조치) 이 법인 설립당시 발기인총회에서 선임된 임원은 이 정관에 의하여 선임된 것으로 본다.

③ (설립당시의 임원 등) 이 법인 설립당시의 임원 및 법인이 사용할 인장은 '별지 2' 또는 '별지 3'과 같다.

(비고) 부칙으로 정한 사항이 5개항 이상일 경에는 각각 조문으로 표기한다.

三. 변경등기

1. 주사무소 이전등기

♣ 【서식】 사회복지법인 주사무소 이전등기신청서

(관내이전이나 타관이전시 구사무소재지에서 신청하는 경우)

<table>
<tr><td colspan="6" align="center">사회복지법인 주사무소 이전등기신청</td></tr>
<tr><td rowspan="2">접
수</td><td colspan="2" align="center">년　　월　　일</td><td rowspan="2">처리인</td><td>등기관 확인</td><td>각종통지</td></tr>
<tr><td colspan="2" align="center">제　　　　　호</td><td></td><td></td></tr>
</table>

<table>
<tr><td align="center">명　　칭</td><td>사회복지법인 ○○원</td><td>등기번호</td><td>제1000호</td></tr>
<tr><td align="center">주사무소</td><td colspan="3">○○시 ○○구 ○○동 ○</td></tr>
<tr><td align="center">등기의 목적</td><td colspan="3">주사무소 이전등기</td></tr>
<tr><td align="center">등기의 사유</td><td colspan="3">서기 20○○년 2월 15일 이사회의 결의에 의하여(서기 20○○년 2월 5일 이사회에서 정관변경을 결의하고 20○○년 2월 10일 주무관청의 허가를 받아) 20○○년 2월 18일 사무소를 다음 장소로 이전하였으므로 그 등기를 구함.</td></tr>
<tr><td align="center">허가서도착연월일</td><td colspan="3">20○○년 ○월 ○일</td></tr>
<tr><td colspan="4" align="center">등기할 사항</td></tr>
<tr><td colspan="4">주사무소　○○시 ○○구 ○○동 ○○번지</td></tr>
<tr><td align="center">기　　타</td><td colspan="3"></td></tr>
</table>

등록면허세	금	원	지방교육세	금	원	농어촌특별세	금	원
세 액 합 계	금		원	등기신청수수료	금			원
등기신청수수료 납부번호								
과세표준액	금		원					

첨 부 서 면

1. 이사회의사록 1통 1. 주무관청의 허가서(또는 인증있는 허가서등본) 1통	1. 등록면허세영수필확인서 1통 1. 등기신청수수료영수필확인서 1통 1. 위임장(대리인이 신청할 경우) 1통 <기 타>

20○○년 ○월 ○일

신청인 명   칭 사회복지법인 ○○
        주사무소 ○○시 ○○구 ○○동 ○○
대표자 성   명 이사장 ○ ○ ○ ⑩   (전화 :   )
        주   소   ○○시 ○○구 ○○동 ○○
대리인 성   명 법무사 ○ ○ ○ ⑩   (전화 :   )
        주   소   ○○시 ○○구 ○○동 ○○

○○지방법원 ○○등기소 귀중

- 신청서 작성요령 -

1. 해당란이 부족할 때에는 별지를 이용합니다.
1. 해당 등기신청과 관계없는 사항에 대하여는 "해당없음"으로 기재하거나 삭제하고, 필요한 사항은 추
   가 기재합니다.

(용지규격 21cm×29.7cm)

주 ① 사무소는 구사무소 소재지를 기재한다.

② 등기사유란의 ( )안은 주사무소이전에 정관변경이 필요한 경우의 서식이며, 주사무소를 이전한 일자는 현실적으로 이전한 일자를 기재해야 할 것이나 통상 실무에서는 이전업무집행을 위한 이사회의사록에 기재된 이전일자를 기재한다. 다만, 그보다 주무관청의 허가일자가 늦은 때에는 관청의 허가일자를 기재한다.

③ 허가서 도착연월일은 주사무소이전에 정관변경이 필요한 경우에 한하여 기재이다.

④ 등록면허세는 주사무소를 동일등기소 관내에서 이전하고 주사무소에서 그 등기를 신청할 때에는 112,500원, 대도시 내에서인 때에는 그 3배(지세 제28조 1항 6호, 2항), 다른 등기소 관내로 이전하고 구사무소에서 그 등기를 신청할 때에는 40,200원(지세 제28조 1항 6호)이며, 지방교육세는 각 등록면허세액의 100분의 20이다.

⑤ 첨부서류 중 이사회의사록은 사무소이전에 정관변경이 필요한 때에는 정관변경을 결의한 이사회의사록, 주무관청의 허가서, 이전일자 결정을 위한 이사회의사록 등을 첨부해야 하고 정관변경이 필요 없는 때에는 이전장소 및 일자결정을 위한 이사회의사록만 첨부하면 된다. 이 의사록은 공증인의 인증대상에서 제외된다.

⑥ 허가서는 주사무소이전에 정관변경이 필요한 경우에 한하여 첨부하되, 등본을 첨부하는 경우에는 허가관청의 인증하는 등본을 첨부한다.

⑦ 이 등기는 대표권제한규정이 없는 때에는 이사 중의 1인이 신청하고 대표권제한규정이 있는 때에는 대표권 있는 이사가 신청한다.

⑧ 위임장의 첨부와 대리인의 표시는 대리인에 의하여 신청하는 경우에 한하여 한다.

♣ 【서식】 사회복지법인 주사무소 이전등기신청(타관이전시 신사무소소재지에서 신청하는 경우)

<table>
<tr><td colspan="6" align="center">사회복지법인 주사무소 이전등기신청</td></tr>
<tr><td rowspan="2">접
수</td><td colspan="2" align="center">년   월   일</td><td rowspan="2">처리인</td><td align="center">등기관 확인</td><td align="center">각종통지</td></tr>
<tr><td colspan="2" align="center">제   호</td><td></td><td></td></tr>
<tr><td align="center">명   칭</td><td colspan="2">사회복지법인 ○○원</td><td>등기번호</td><td colspan="2">제1000호</td></tr>
<tr><td align="center">주사무소</td><td colspan="5">○○시 ○○구 ○○동 ○</td></tr>
<tr><td align="center">등기의 목적</td><td colspan="5">주사무소 이전등기</td></tr>
<tr><td align="center">등기의 사유</td><td colspan="5">20○○년 2월 15일 이사회의 결의에 의하여(20○○년 2월 5일 이사회에서 정관변경을 결의하고 서기 20○○년 2월 10일 주무관청의 허가를 받아) 20○○년 2월 18일 사무소를 ○○시 ○○구 ○○동 ○○번지로 이전하였으므로 다음 사항의 등기를 구함.</td></tr>
<tr><td align="center">허가서도착연월일</td><td colspan="5">20○○년 ○월 ○일</td></tr>
<tr><td align="center">법인성립연월일</td><td colspan="5">20○○년 ○월 ○일</td></tr>
<tr><td colspan="6" align="center">등기할 사항</td></tr>
<tr><td colspan="6">명   칭 사회복지법인 ○○원
주사무소 ○○시 ○○구 ○○동 ○○번지
분사무소 ○○시 ○○구 ○○동 ○○번지
목   적 ○○○○○
설립인가연월일 20○○년 ○월 ○일
존립시기 및 해산사유 ○○○○
자산의 총액 금○○○○○원
출자의 방법 ○○○○○
임원에 관한 사항
이 사 ○ ○ ○(-   )
이 사 ○ ○ ○(-   )
이 사 ○ ○ ○(-   )
이 사 ○ ○ ○(-   )
이 사 ○ ○ ○
      ○○시 ○○구 ○○동 ○○번지
      외에는 대표권이 없음.</td></tr>
<tr><td align="center">기   타</td><td colspan="5"></td></tr>
</table>

등록면허세	금　　　　원	지방교육세	금　　　원	농어촌특별세	금　　　원
세 액 합 계	금　　　　　　원		등기신청수수료	금　　　　　　원	
등기신청수수료 납부번호					
과세표준액	금　　　　　　원				

첨　부　서　면

1. 이사회의사록　　　　　　1통 1. 주무관청의 허가서(또는 인증있는 　허가서등본)　　　　　　　1통 1. 법인등기부등(초)본　　　1통	1. 등록면허세영수필확인서　　1통 1. 등기신청수수료영수필확인서　1통 1. 위임장(대리인이 신청할 경우)　1통 <기 타>

20○○년 ○월 ○일

신청인 명　　칭　사회복지법인 ○○

　　　　주사무소　○○시 ○○구 ○○동 ○○

대표자 성　　명　이사장 ○ ○ ○ ㉛　　　　　(전화 :　　　　　)

　　　　주　　소　　　　○○시 ○○구 ○○동 ○○

대리인 성　　명　법무사 ○ ○ ○ ㉛　　　　　(전화 :　　　　　)

　　　　주　　소　　　　○○시 ○○구 ○○동 ○○

○○지방법원 ○○등기소 귀중

- 신청서 작성요령 -

1. 해당란이 부족할 때에는 별지를 이용합니다.
1. 해당 등기신청과 관계없는 사항에 대하여는 "해당없음"으로 기재하거나 삭제하고, 필요한 사항은 추
　가 기재합니다.

(용지규격 21cm×29.7cm)

주

① 사무소 기재란에는 구사무소 소재지를 기재한다.

② 등기사유란의 ( )안의 내용은 주사무소이전에 정관변경이 필요한 경우의 서식이며, 이 전일자는 현실로 이전한 일자를 기재해야 하는 것이나 이사회의사록에 기재된 이전일자 를 기재하는 것이 실무례이다. 다만, 관청의 허가일자가 그보다 늦은 때에는 관청의 허 가일자를 기재해야 한다. 그리고 등록의 사유란에 기재하는 사항으로서 명칭 이하의 사 항은 구사무소 소재지에서 등기한 사항 중 현재 효력있는 사항과 동일하게 기재한다.

③ 허가서도착연월일은 주사무소이전에 정관변경이 필요한 경우에 한하여 기재한다.

④ 법인설립일은 구사무소등기부에 기재된 최초의 설립등기일자를 기재한다.

⑤ 등록면허세는 112,500원, 대도시 외에는 대도시로 이전한 때에는 전입을 설립으로 보아 적용한 세율의 3배, 대도시에서 대도시 외로 이전한 때에는 비과세(지세 제28조 1항 6 호, 2항)이고 지방교육세는 등록면허세액의 100분의 20이다.

⑥ 첨부서류 중 이사회의사록은 주사무소이전에 정관변경이 필요한 경우에는 정관변경을 위한 이사회의사록과 이전일자 중 이전업무집행사항 결정을 위한 이사회의사록을 첨부 해야 하나 그에 정관변경이 필요없는 경우에는 이전장소와 이전일자 등의 결정을 위한 이사회의사록만 첨부한다. 이의 의사록은 공증인의 인증을 받지 않아도 된다.

⑦ 허가서는 주사무소이전에 정관변경이 필요한 경우에 한하여 첨부하되 등본을 첨부하는 경우에는 허가관청의 인증있는 등본을 첨부해야 한다.

⑧ 법인등기등본은 구사무소에서 등기된 사항을 확인할 수 있도록 구사무소의 법인등기부등본 을 첨부하고 사무소의 소재지를 변경기재한 이사 전원의 인감을 다시 제출해야 한다.

⑨ 등록면허세는 과세표준(자산의 총액)금이 1,000분의 2, 대도시에서는 그 3배이고 지방교 육세는 등록면허세액의 100분의 20이다.

⑩ 위임장의 첨부와 대리인의 표시는 대리인에 의하여 신청하는 경우에 한하여 한다.

♣ **【서식】** 사회복지법인의 **주사무소 이전등기신청서**(분사무소소재지에서 신청하는 경우)

<table>
<tr><td colspan="7" align="center">사회복지법인 주사무소 이전등기신청</td></tr>
<tr><td rowspan="2">접
수</td><td colspan="2" align="center">년　월　일</td><td rowspan="2">처리인</td><td>등기관 확인</td><td>각종통지</td></tr>
<tr><td colspan="2" align="center">제　　　　호</td><td></td><td></td></tr>
</table>

명　　칭	사회복지법인 ○○원	등기번호	제1000호
주사무소	○○시 ○○구 ○○동 ○		
등기의 목적	주사무소 이전등기		

등기의 사유	20○○년 2월 15일 이사회의 결의에 의하여(20○○년 2월 5일 이사회에서 정관변경을 결의하고 서기 20○○년 2월 10일 주무관청의 허가를 받아) 20○○년 2월 18일 사무소를 다음 장소로 이전하고 20○○년 2월 25일 주사무소 소재지 관할등기소에서 그 등기를 하였으므로 이 등기소에서 그 등기를 구함.
허가서도착연월일	20○○년 ○월 ○일
분사무소	○○시 ○○구 ○○동 ○

등기할 사항
사 무 소　서울시 마포구 공덕동 444번지

등록면허세	금	원	지방교육세	금	원	농어촌특별세	금	원
세 액 합 계	금		원	등기신청수수료		금		원
등기신청수수료 납부번호								
과세표준액	금		원					

<table>
<tr><td colspan="2" align="center">첨　부　서　면</td></tr>
<tr>
<td>
1. 법인등기부등(초)본　　　　　　　1통
1. 주무관청의 허가서(또는 인증있는 허
　가서등본)　　　　　　　　　　　1통
</td>
<td>
1. 등록면허세영수필확인서　　　1통
1. 등기신청수수료영수필확인서　1통
1. 위임장(대리인이 신청할 경우)　1통
<기 타>
</td>
</tr>
</table>

2000년 ○월 ○일

신청인 명　　칭　사회복지법인 ○○

　　　　주사무소　○○시 ○○구 ○○동 ○○

대표자 성　　명　이사장 ○ ○ ○ ㊞　　　　　　(전화 :　　　　　)

　　　　주　　소　　　　○○시 ○○구 ○○동 ○○

대리인 성　　명　법무사 ○ ○ ○ ㊞　　　　　　(전화 :　　　　　)

　　　　주　　소　　　　○○시 ○○구 ○○동 ○○

○○지방법원 ○○등기소 귀중

- 신청서 작성요령 -
1. 해당란이 부족할 때에는 별지를 이용합니다.
1. 해당 등기신청과 관계없는 사항에 대하여는 "해당없음"으로 기재하거나 삭제하고, 필요한 사항은 추
　가 기재합니다.

(용지규격　21cm×29.7cm)

주 ① 사무소 기재란에는 구사무소 소재지를 기재한다.

② 분사무소 기재란에는 이건 등기를 신청하는 당해 등기소관내의 분사무소를 기재한다.

③ 등기사유란의 ( )안의 내용은 주사무소이전에 정관변경이 필요한 경우의 서식이며 이전일자는 주사무소등기부에 기재된 이전일자를 기재한다.

④ 허가서도착연월일은 주사무소이전에 정관변경이 필요한 경우에 한하여 기재한다.

⑤ 등록면허세는 40,200원이고(지세법 제28조 1항 6호), 지방교육세는 등록면허세액의 100분의 20이다.

⑥ 첨부서류 중 법인등기부 (초)본은 사무소이전등기를 마친 후의 주사무소등기부등본이나 초본을 첨부한다.

⑦ 신청서 하단의 날인란에는 신사무소 소재지를 기재한다.

⑧ 위임장의 첨부와 대리인의 표시는 대리인에 의하여 신청하는 경우에 한하여 한다.

□ 등기기재례

사항번호	등 기 사 항 (변 경 란)
2	20○○년 ○월 ○일 사무소 이전 사무소 ○○시 ○○구 ○○동 ○○번지 20○○년 ○월 ○일 등기

2. 분사무소의 설치, 이전, 폐지의 등기

♣ 【서식】 사회복지법인의 주사무소 이전등기신청서

(법인설립과 동시에 분사무소를 설치한 경우)

<table>
<tr><td colspan="6" align="center">사회복지법인 분사무소 설치등기신청</td></tr>
<tr><td rowspan="2">접
수</td><td colspan="2" align="center">년   월   일</td><td rowspan="2" align="center">처리인</td><td align="center">등기관 확인</td><td align="center">각종통지</td></tr>
<tr><td colspan="2" align="center">제   호</td><td></td><td></td></tr>
</table>

<table>
<tr><td align="center">명   칭</td><td>사회복지법인 ○○원</td><td align="center">등기번호</td><td align="center">제1000호</td></tr>
<tr><td align="center">주사무소</td><td colspan="3">○○시 ○○구 ○○동 ○</td></tr>
<tr><td align="center">등기의 목적</td><td colspan="3">분사무소 설치등기</td></tr>
<tr><td align="center">등기의 사유</td><td colspan="3">사회복지법인을 설립하기 위하여 정관을 작성하고(20○○년 2월 5일 주무관청의 인가를 받아 같은 해 2월 18일 주사무소 소재지 관할등기소에서 설립등기를 하였으므로 분사무소 소재지인 이 등기소에서 다음 사항의 등기를 구함.</td></tr>
<tr><td align="center">인가서도착연월일</td><td colspan="3">20○○년 ○월 ○일</td></tr>
<tr><td align="center">법인성립연월일</td><td colspan="3">20○○년 ○월 ○일</td></tr>
<tr><td align="center">분사무소</td><td colspan="3">○○시 ○○구 ○○동 ○</td></tr>
<tr><td colspan="4" align="center">등기할 사항</td></tr>
<tr><td colspan="4">명   칭 사회복지법인 ○○원
사 무 소 ○○시 ○○구 ○○동 ○○번지
분사무소 ○○시 ○○구 ○○동 ○○번지
목   적 (1) ○○○○
        (2) ○○○○
        (3) ○○○○
설립인가연월일 20○○년 ○월 ○일
존립시기 또는 해산사유 (1) ○○○○</td></tr>
</table>

(2) ○○○○

자산의 총액 금 ○○○○○원

출자의 방법 ○○○○

임원의 관한 사항

　　　이 사 ○ ○ ○(　　-　　)

　　　이 사 ○ ○ ○(　　-　　)

　　　이 사 ○ ○ ○(　　-　　)

　　　이 사 ○ ○ ○(　　-　　)

　　　이 사 ○ ○ ○(　　-　　)

　　　이 사 ○ ○ ○(　　-　　)

　　　　○○시 ○○구 ○○동 ○○번지

　　　　외에는 대표권이 없음.

| 기　타 | |

등록면허세	금 원	지방교육세	금 원	농어촌특별세	금 원
세 액 합 계	금 원		등기신청수수료	금 원	
등기신청수수료 납부번호					
과세표준액	금 원				
첨 부 서 면					
1. 법인등기부등(초)본 1통 1. 주무관청의 허가서(또는 인증있는 허가서등본) 1통			1. 등록면허세영수필확인서 1통 1. 등기신청수수료영수필확인서 1통 1. 위임장(대리인이 신청할 경우) 1통 <기 타>		

20○○년 ○월 ○일

신청인 명 칭 사회복지법인 ○○

주사무소 ○○시 ○○구 ○○동 ○○

대표자 성 명 이사장 ○ ○ ○ ㉙ (전화 :)

주 소 ○○시 ○○구 ○○동 ○○

대리인 성 명 법무사 ○ ○ ○ ㉙ (전화 :)

주 소 ○○시 ○○구 ○○동 ○○

○○지방법원 ○○등기소 귀중

- 신청서 작성요령 -

1. 해당란이 부족할 때에는 별지를 이용합니다.
1. 해당 등기신청과 관계없는 사항에 대하여는 "해당없음"으로 기재하거나 삭제하고, 필요한 사항은 추가 기재합니다.

(용지규격 21㎝×29.7㎝)

주 ① 분사무소 기재란에는 설립과 동시에 수개의　분사무소를 설치한 경우라 할지라도 이 건 등기를 신청하는 당해 등기소 관내의 분사무소 중 하나만을　기재한다.
② 등기의 사유란에 기재하는 사항으로서 명칭 이하의 사항은 주사무소 소재지에서 설립등 기한 사항과 동일하게 기재한다.
③ 법인성립연월일은 주사무소 소재지에서 설립등기한 일자를 기재한다.
④ 등록면허세는 40,200원, 대도시에 설치한 때에는 그 3배이고(지세법 제28조 1항 6호, 2 항), 지방교육세는 등록면허세액의 100분의 20이다.
⑤ 첨부서류 중 법인등기부등본은 주사무소 소재지에서 설립등기를 마친 후의 주사무소의 등기부등본을 첨부한다.
⑥ 위임장의 첨부와 대리인의 표시는 대리인에 의하여 신청하는 경우에 한한다.

□ 등기기재례

사항번호	등 기 사 항 (예 비 란)
13	법인설립과 동시에 이 관내에 분사무소 설치 법인성립연월일　20○○년 ○월 ○일　등기

주 새로운 등기용지를 개설하여 사항번호 제1란부터 제9란까지 각 해당란에 주사무소에서 설립등기한 사항과 동일하게 기재하고, 제9란 다음의 등기연월일란에 이 등기소에서 등 기한 연월일을 기재, 날인한 다음 예비란에 위와 같이 등기한다.

♣ 【서식】 사회복지법인의 분사무소 설치등기신청서

(법인설립 후 분사무소설치시 주사무소소재지에서 신청하는 경우)

<table>
<tr><td colspan="7" align="center">사회복지법인 분사무소 설치등기신청</td></tr>
<tr><td rowspan="2">접
수</td><td colspan="3" align="center">년   월   일</td><td rowspan="2">처리인</td><td>등기관 확인</td><td>각종통지</td></tr>
<tr><td colspan="3" align="center">제   호</td><td></td><td></td></tr>
</table>

명 칭	사회복지법인 ○○원	등기번호	제1000호
주사무소	○○시 ○○구 ○○동 ○		
등기의 목적	분사무소 설치등기		
등기의 사유	20○○년 2월 5일 이사회의 결의에 의하여(20○○년 1월 5일 이사회에서 정관변경을 결의하고 20○○년 2월 10일 주무관청의 허가를 받아)20○○년 2월 18일 다음 장소에 분사무소를 설치하였으므로 그 등기를 구함.		
허가서도착연월일	20○○년 ○월 ○일		
분사무소	○○시 ○○구 ○○동 ○		

등기할 사항
분사무소 ○○시 ○○구 ○○동 ○○번지

기 타	

등록면허세	금 원	지방교육세	금 원	농어촌특별세	금 원
세 액 합 계	금 원		등기신청수수료	금 원	
등기신청수수료 납부번호					
과세표준액	금 원				
첨 부 서 면					
1. 이사회의사록 1통 1. 주무관청의 허가서(또는 인증있는 허가서등본) 1통			1. 등록면허세영수필확인서 1통 1. 등기신청수수료영수필확인서 1통 1. 위임장(대리인이 신청할 경우) 1통 <기 타>		

20○○년 ○월 ○일

신청인 명 칭 사회복지법인 ○○

주사무소 ○○시 ○○구 ○○동 ○○

대표자 성 명 이사장 ○ ○ ○ [인] (전화 :)

주 소 ○○시 ○○구 ○○동 ○○

대리인 성 명 법무사 ○ ○ ○ [인] (전화 :)

주 소 ○○시 ○○구 ○○동 ○○

○○지방법원 ○○등기소 귀중

- 신청서 작성요령 -

1. 해당란이 부족할 때에는 별지를 이용합니다.
1. 해당 등기신청과 관계없는 사항에 대하여는 “해당없음”으로 기재하거나 삭제하고, 필요한 사항은 추가 기재합니다.

(용지규격 21㎝×29.7㎝)

주

① 등기사유란의 사회복지법인에서의 분사무소는 정관상 그 기재 여부가 임의에 속하는 사항이므로 정관에는 기재하지 않고 이사회결의만으로써 그를 설치할 수도 있으나 정관변경절차를 거쳐 설치한 때에는 ( )안의 내용과 같이 정관변경 사유도 기재할 것이다. 분사무소설치일자는 현실로 분사무소를 설치한 일자를 기재해야 할 것이나 이사회의사록에 기재된 설치일자를 기재함이 통상의 실무례이다.

② 7항의 허가서도착여부연월일은 분사무소설치를 위하여 정관변경절차를 거친 경우에 한하여 기재한다.

③ 등록면허세는 40,200원이고(지세법 제28조 1항 6호), 지방교육세는 등록면허세액의 100분의 20이다.

④ 첨부서류 중(1) 이사회의사록은 분사무소설치에 정관변경절차를 거친 때에는 정관변경을 위한 이사회의사록, 주무관청의 허가서, 설치업무집행사항의 결정을 위한 이사회의사록 등을 첨부하고 정관변경절차를 거치지 아니한 때에는 설치장소 및 설치일자결정을 위한 이사회의사록만 첨부한다. 의사록에는 공증인의 인증이 필요없다.

⑤ (2)의 허가서는 분사무소설치를 위하여 정관변경절차를 거친 경우에 한하여 첨부한다.

⑥ 위임장의 첨부와 대리인의 표시는 대리인에 의하여 신청하는 경우에 한한다.

♣ 【서식】 사회복지법인의 분사무소 설치등기신청서

(당해 신설분사무소소재지에서 신청하는 경우)

<table>
<tr><td colspan="5" align="center">사회복지법인 분사무소 설치등기신청</td></tr>
<tr><td rowspan="2">접
수</td><td>년　　월　　일</td><td rowspan="2">처리인</td><td>등기관 확인</td><td>각종통지</td></tr>
<tr><td>제　　　　　호</td><td></td><td></td></tr>
</table>

<table>
<tr><td>명　　칭</td><td>사회복지법인 ○○원</td><td>등기번호</td><td>제1000호</td></tr>
<tr><td>주사무소</td><td colspan="3">○○시 ○○구 ○○동 ○</td></tr>
<tr><td>등기의 목적</td><td colspan="3">분사무소 설치등기</td></tr>
<tr><td>등기의 사유</td><td colspan="3">20○○년 2월 25일 이사회의 결의에 의하여(20○○년 2월 5일 이사회에서 정관변경을 결의하고 20○○년 2월 14일 주무관청의 허가를 받아)20○○년 2월 28일 ○○시 ○○구 ○○동 ○○번지에 분사무소를 설치하고 20○○년 2월 5일 주사무소 소재지 관할등기소에서 그 등기를 하였으므로 이 등기소에서 다음 사항의 등기를 구함.</td></tr>
<tr><td>허가서도착연월일</td><td colspan="3">20○○년 ○월 ○일</td></tr>
<tr><td>법인성립연월일</td><td colspan="3">20○○년 ○월 ○일</td></tr>
<tr><td>분사무소</td><td colspan="3">○○시 ○○구 ○○동 ○</td></tr>
<tr><td colspan="4" align="center">등기할 사항</td></tr>
<tr><td colspan="4">
명　　칭　사회복지법인 ○○원
주사무소　○○시 ○○구 ○○동 ○○번지
분사무소　○○시 ○○구 ○○동 ○○번지
목　　적　(1) ○○○○
　　　　　　(2) ○○○○
설립인가연월일　20○○년 ○월 ○일
존립시기 또는 해산사유　(1) ○○○○
</td></tr>
</table>

<table>
<tr><td colspan="2">

(2) ○○○○

자산의 총액 금 ○○○○○원
출자의 방법 ○○○○
임원의 관한 사항
　　　이　사　○　○　○(　　-　　)
　　　이　사　○　○　○(　　-　　)
　　　이　사　○　○　○(　　-　　)
　　　이　사　○　○　○(　　-　　)
　　　이　사　○　○　○(　　-　　)
　　　이　사　○　○　○(　　-　　)
　　　　　○○시 ○○구 ○○동 ○○번지
　　　　　외에는 대표권이 없음.

</td></tr>
<tr><td>기　타</td><td></td></tr>
</table>

등록면허세	금	원	지방교육세	금	원	농어촌특별세	금	원
세 액 합 계	금		원	등기신청수수료	금			원
등기신청수수료 납부번호								
과세표준액	금			원				

첨　부　서　면

1. 법인등기부등(초)본　　　　　　1통 1. 주무관청의 허가서(또는 인증있는 　 허가서등본)　　　　　　　　1통	1. 등록면허세영수필확인서　　　1통 1. 등기신청수수료영수필확인서　1통 1. 위임장(대리인이 신청할 경우)　1통 <기 타>

20○○년 ○월 ○일

신청인 명　　칭　사회복지법인 ○○

　　　　주사무소　○○시 ○○구 ○○동 ○○

대표자 성　　명　이사장 ○ ○ ○ ⑪　　　　　(전화 :　　　　　)

　　　　주　　소　　　　○○시 ○○구 ○○동 ○○

대리인 성　　명　법무사 ○ ○ ○ ⑪　　　　　(전화 :　　　　　)

　　　　주　　소　　　　○○시 ○○구 ○○동 ○○

○○지방법원 ○○등기소 귀중

- 신청서 작성요령 -

1. 해당란이 부족할 때에는 별지를 이용합니다.
1. 해당 등기신청과 관계없는 사항에 대하여는 “해당없음”으로 기재하거나 삭제하고, 필요한 사항은 추
　 가 기재합니다.

(용지규격 21㎝×29.7㎝)

주 ① 분사무소 기재란에는 수개의 분사무소를 설치한 경우라 할지라도 이 건 등기를 신청하는 당해 등기소 관내의 분사무소 중 하나만을 기재하면 된다.
② 등기사유란의 ( )안은 정관변경절차를 거쳐 분사무소를 설치한 경우의 서식례이며 분사무소설치연월일은 주사무소등기부에 기재된 설치연월일을 기재한다. 그리고 등기사유란에 기재하는 사항으로서 명칭 이하의 사항은 주사무소 소재지에서 등기한 사항 중 현재 효력있는 사항과 동일하게 기재한다.
③ 허가서도착연월일은 분사무소설치를 위하여 정관변경절차를 거친 경우에 한하여 기재한다.
④ 법인성립연월일은 주사무소등기부에 기재된 최초의 설립등기일자를 기재한다.
⑤ 등록면허세는 40,200원, 대도시에 설치한 때에는 그 3배이고(지세법 제28조 1항 6호, 2항), 지방교육세는 등록면허세액의 100분의 20이다.
⑥ 법인등기부등본은 분사무소설치등기를 마친 후의 주사무소의 등기부등본을 첨부한다.
⑦ 위임장의 첨부와 대리인의 표시는 대리인에 의하여 신청하는 경우에 한하여 한한다.

□ 등기기재례

사항번호	등 기 사 항 (예 비 란)
13	20○○년 ○월 ○일 이 관내로 분사무소 설치 법인성립연월일 20○○년 ○월 ○일 등기

주 새로운 등기용지를 개설하여 사항번호 제1란부터 제9란까지 각 해당란에 주사무소에서 등기한 사항 중 현재 효력있는 사항과 동일하게 기재하고, 제9란 다음의 등기연월일란에 이 등기소에 서 등기한 연월일을 기재, 날인한 다음 예비란에 위와 같이 등기한다.
다만, 이 등기소에 이미 다른 분사무소의 등기가 있는 때에는 새로운 등기용지를 개설하지 않고 기존 분사무소등기부의 변경란에 주사무소에서 분사무소설치등기를 하는 경우와 같은 요령으로 등기한다.

♣【서식】 사회복지법인의 분사무소 설치등기신청서

(기존 타분사무소소재지에서 신청하는 경우)

<table>
<tr><td colspan="7" align="center">사회복지법인 분사무소 설치등기신청</td></tr>
<tr><td rowspan="2">접
수</td><td colspan="3" align="center">년　월　일</td><td rowspan="2">처리인</td><td>등기관 확인</td><td>각종통지</td></tr>
<tr><td colspan="3" align="center">제　　　　호</td><td></td><td></td></tr>
</table>

<table>
<tr><td align="center">명　　칭</td><td>사회복지법인 ○○원</td><td>등기번호</td><td>제1000호</td></tr>
<tr><td align="center">주사무소</td><td colspan="3">○○시 ○○구 ○○동 ○</td></tr>
<tr><td align="center">등기의 목적</td><td colspan="3">분사무소 설치등기</td></tr>
<tr><td align="center">등기의 사유</td><td colspan="3">20○○년 2월 7일 이사회의 결의에 의하여(20○○년 1월 20일 이사회에서 정관변경을 결의하고 20○○년 1월 28일 주무관청의 허가를 받아)20○○년 2월 10일 다음 장소에 분사무소를 설치하고 20○○년 2월 17일 주사무소 소재지 관할등기소에서 등기를 하였으므로 이 등기소에서 그 등기를 구함.</td></tr>
<tr><td align="center">허가서도착연월일</td><td colspan="3">20○○년 ○월 ○일</td></tr>
<tr><td align="center">분사무소</td><td colspan="3">○○시 ○○구 ○○동 ○</td></tr>
<tr><td colspan="4" align="center">등기할 사항</td></tr>
<tr><td colspan="4">분사무소　○○시 ○○구 ○○동 ○○번지</td></tr>
<tr><td align="center">기　　타</td><td colspan="3"></td></tr>
</table>

등록면허세	금 원	지방교육세	금 원	농어촌특별세	금 원
세 액 합 계	금 원		등기신청수수료	금 원	
등기신청수수료 납부번호					
과세표준액	금 원				
첨 부 서 면					
1. 법인등기부등(초)본 1통 1. 주무관청의 허가서(또는 인증있는 허가서등본) 1통			1. 등록면허세영수필확인서 1통 1. 등기신청수수료영수필확인서 1통 1. 위임장(대리인이 신청할 경우) 1통 <기 타>		

20○○년 ○월 ○일

신청인 명 칭 사회복지법인 ○○
주사무소 ○○시 ○○구 ○○동 ○○
대표자 성 명 이사장 ○ ○ ○ [인] (전화 :)
주 소 ○○시 ○○구 ○○동 ○○
대리인 성 명 법무사 ○ ○ ○ [인] (전화 :)
주 소 ○○시 ○○구 ○○동 ○○

○○지방법원 ○○등기소 귀중

- 신청서 작성요령 -

1. 해당란이 부족할 때에는 별지를 이용합니다.
1. 해당 등기신청과 관계없는 사항에 대하여는 "해당없음"으로 기재하거나 삭제하고, 필요한 사항은 추가 기재합니다.

(용지규격 21cm×29.7cm)

주 ① 분사무소 기재란에는 수개의 분사무소를 설치한 경우라 할지라도 이 건 등기를 신청하는 당해 등기소관내의 분사무소 중 하나만을 기재하면 된다.
② 등기사유란의 (　)안은 정관변경절차를 거쳐 분사무소를 설치한 경우의 서식례이다. 분사무소설치연월일은 주사무소등기부에 기재된 설치연월일을 기재한다.
③ 허가서도착일 기재는 분사무소설치를 위하여 정관변경절차를 거친 경우에 한하여 기재한다.
④ 등록면허세는 40,200원이고(지세법 제28조 1항 6호), 지방교육세는 등록면허세액의 100분의 20이다.
⑤ 첨부서류 중 법인등기부등본은 분사무소설치등기를 마친 후의 주사무소의 등기부등본이나 초본을 첨부한다
⑥ 위임장의 첨부와 대리인의 표시는 대리인에 의하여 신청하는 경우에 한하여 한다.

□ **등기기재례**

사항번호	등 기 사 항 (변 경 란)
3	20○○년 ○월 ○일　분사무소 설치 분사무소　○○시 ○○구 ○○동 ○○번지 20○○년 ○월 ○일　등기

♣ 【서식】 사회복지법인의 분사무소 이전등기신청서(주사무소소재지에서 신청하는 경우)

사회복지법인 분사무소 이전등기신청

접 수	년 월 일	처리인	등기관 확인	각종통지

명 칭	사회복지법인 ○○원	등기번호	제1000호
주사무소	○○시 ○○구 ○○동 ○		
등기의 목적	분사무소 이전등기		
등기의 사유	서기 20○○년 2월 10일 이사회의 결의에 의하여(20○○년 1월 20일 이사회에서 정관변경을 결의하고 20○○년 1월 30일 주무관청의 허가를 받아) 20○○년 2월 15일 ○○시 ○○구 ○○동 ○○번지의 분사무소를 다음 장소로 이전하였으므로 그 등기를 구함.		
허가서도착연월일	20○○년 ○월 ○일		

등기할 사항

분사무소 ○○시 ○○구 ○○동 ○○번지	
기 타	

등록면허세	금	원	지방교육세	금	원	농어촌특별세	금	원
세 액 합 계	금			원	등기신청수수료	금		원
등기신청수수료 납부번호								
과세표준액	금				원			

첨 부 서 면

1. 이사회의사록   1통
1. 주무관청의 허가서(또는 인증있는
   허가서등본)   1통

1. 등록면허세영수필확인서   1통
1. 등기신청수수료영수필확인서   1통
1. 위임장(대리인이 신청할 경우) 1통
<기 타>

20○○년 ○월 ○일

신청인 명   칭   사회복지법인 ○○
        주사무소   ○○시 ○○구 ○○동 ○○
대표자 성   명   이사장 ○ ○ ○ ⑪   (전화 :   )
        주   소   ○○시 ○○구 ○○동 ○○
대리인 성   명   법무사 ○ ○ ○ ⑪   (전화 :   )
        주   소   ○○시 ○○구 ○○동 ○○

○○지방법원 ○○등기소 귀중

- 신청서 작성요령 -

1. 해당란이 부족할 때에는 별지를 이용합니다.
1. 해당 등기신청과 관계없는 사항에 대하여는 "해당없음"으로 기재하거나 삭제하고, 필요한 사항은
   추가 기재합니다.

(용지규격 21cm×29.7cm)

 ① 등기사유란의 (   )안은 분사무소이전에 정관변경이 필요한 경우의 서식이다. 분사무소 이전일자는 현실로 분사무소를 이전한 일자를 기재 할 것이나, 그 이전업무집행을 위한 이사회의사록에 기재된 이전일자를 기재하는 것이 통상의 실무례이다. 다만, 주무관청의 허가일자가 그 보다 늦은 때에는 주무관청의 허가일자를 기재해야 한다.
② 허가서도착연월일은 분사무소이전에 정관변경이 필요한 경우에 기재한다.
③ 등록면허세는 40,200원이고(지세법 제28조 1항 6호), 지방교육세는 등록면허세액의 100분의 20이다.
④ 첨부서류 중 이사회의사록은 분무소이전에 정관변경이 필요한 경우에는 정관변경을 위한 이사회의사록 및 주무관청의 허가서와, 이전일자 등 이전업무집행사항 결정을 위한 이사회의사록 첨부해야 하나 그에 정관변경이 필요없는 경우에는 이전장소와 이전일자 결정을 위한 이사회의사록만 첨부한다. 이 의사록은 공증인의 인증대상에서 제외된다.
⑤ 허가서는 분사무소이전에 정관변경이 필요한 경우에 한하여 첨부하되, 등본을 첨부하는 경우에는 허가관청의 인증하는 등본을 첨부한다.
⑥ 위임장의 첨부와 대리인의 표시는 대리인에 의하여 신청하는 경우에 한다.

□ 등기기재례

사항번호	등 기 사 항 (변 경 란)
3	20○○년 ○월 ○일 ○○시 ○○구 ○○동 ○○번지의 분사무소를 이전 분사무소 ○○시 ○○구 ○○동 ○○번지 20○○년 ○월 ○일 등기

3. 명칭 또는 목적의 변경등기

♣ 【서식】 사회복지법인의 변경등기신청서(명칭변경의 경우)

<table>
<tr><td colspan="6" align="center">사회복지법인 변경등기신청</td></tr>
<tr><td rowspan="2">접
수</td><td colspan="2" align="center">년　　월　　일</td><td rowspan="2">처리인</td><td>등기관 확인</td><td>각종통지</td></tr>
<tr><td colspan="2" align="center">제　　　　　호</td><td></td><td></td></tr>
</table>

<table>
<tr><td align="center">명　　칭</td><td>사회복지법인 ○○원</td><td align="center">등기번호</td><td>제1000호</td></tr>
<tr><td align="center">주사무소</td><td colspan="3">○○시 ○○구 ○○동 ○</td></tr>
<tr><td align="center">등기의 목적</td><td colspan="3">명칭변경의 등기</td></tr>
<tr><td align="center">등기의 사유</td><td colspan="3">20○○년 1월 20일 이사회에서 정관변경을 결의하고 20○○년 1월 30일 주무관청의 허가를 받아 명칭을 다음과 같이 변경하였으므로(…변경하고 20○○년 2월 10일 사무소 소재지 관할등기소에서 등기를 하였으므로 이 등기소에서) 그 등기를 구함.</td></tr>
<tr><td align="center">허가서도착연월일</td><td colspan="3">20○○년 ○월 ○일</td></tr>
<tr><td align="center">분사무소</td><td colspan="3">○○시 ○○구 ○○동 ○</td></tr>
<tr><td colspan="4" align="center">등기할 사항</td></tr>
<tr><td colspan="4">명　　칭 : 사회복지법인 ○○원</td></tr>
<tr><td align="center">기　　타</td><td colspan="3"></td></tr>
</table>

등록면허세	금 원	지방교육세	금 원	농어촌특별세	금 원
세 액 합 계	금 원		등기신청수수료	금 원	
등기신청수수료 납부번호					
과세표준액	금 원				

첨　부　서　면

1. 이사회의사록　　　　　　1통	1. 등록면허세영수필확인서　　1통
1. 주무관청의 허가서(또는 인증있는	1. 등기신청수수료영수필확인서　1통
허가서등본)　　　　　　1통	1. 위임장(대리인이 신청할 경우)　1통
1. 법인등기부등(초)본　　　1통	<기 타>

20○○년 ○월 ○일

신청인 명　　칭　사회복지법인 ○○

　　　　주사무소　○○시 ○○구 ○○동 ○○

대표자 성　　명　이사장 ○ ○ ○ ⑩　　　　　　(전화 :　　　　　　)

　　　　주　　소　　　　○○시 ○○구 ○○동 ○○

대리인 성　　명　법무사 ○ ○ ○ ⑩　　　　　　(전화 :　　　　　　)

　　　　주　　소　　　　○○시 ○○구 ○○동 ○○

○○지방법원 ○○등기소 귀중

- 신청서 작성요령 -

1. 해당란이 부족할 때에는 별지를 이용합니다.
1. 해당 등기신청과 관계없는 사항에 대하여는 "해당없음"으로 기재하거나 삭제하고, 필요한 사항은
　추가 기재합니다.

(용지규격 21㎝×29.7㎝)

주
① 명칭은 변경 전의 것으로 기재한다.
② 분사무소는 분사무소소재지에서 신청하는 경우에 한하여 기재한다.
③ 등기사유란의 ( )안은 분사무소소재지에서 신청하는 경우의 서식이다.
④ 등록면허세는 40,200원이고(지세법 제28조 1항 6호), 지방교육세는 등록면허세액의 100분의 20이다. 수개의 변경사항을 동시에 1건으로 신청하는 경우에도 그 세목이 같은 때에는 1건분의 등록면허세만 납부한다.
⑤ 첨부서류 중 이사회의사록은 정관변경을 결의한 것을 첨부해야 하며 이에 첨부하는 의사록은 공증인의 공증대상에서 제외된다.
⑥ 허가서는 등본을 첨부하는 경우에는 허가관청의 인증 있는 등본을 첨부해야 한다.
⑦ 법인등기부등(초)본은 분사무소소재지에서 신청하는 경우에 한하여 첨부하는 것으로서 그 경우에는 정관변경을 위한 이사회의사록과 주무관청의 허가서 대신 이 변경등기를 마친 후의 주사무소의 등기부등본이나 초본을 첨부한다.
⑧ 위임장은 이외에 이미 제출한 인감의 명칭의 기재가 달라지므로 주사무소에서 이 등기를 신청할 때에는 이사 전원은 변경된 명칭으로 기재된 인감을 다시 제출해야 한다.
⑨ 신청서 하단의 날인란에는 변경된 명칭으로 기재한다.
⑩ 위임장의 첨부와 대리인의 표시는 대리인에 의하여 신청하는 경우에 한다.

♣ 【서식】 사회복지법인의 변경등기신청서(목적변경의 경우)

사회복지법인 변경등기신청

접수	년 월 일		처리인	등기관 확인	각종통지
	제 호				

명 칭	사회복지법인 ○○원	등기번호	제1000호
주사무소	○○시 ○○구 ○○동 ○		
등기의 목적	목적변경의 등기		
등기의 사유	20○○년 1월 20일 이사회에서 정관변경을 결의하고 20○○년 1월 30일 주무관청의 허가를 받아 목적을 다음과 같이 변경하였으므로(…변경하고 20○○년 2월 10일 사무소 소재지 관할등기소에서 등기를 하였으므로 이 등기소에서) 그 등기를 구함.		
허가서도착연월일	20○○년 ○월 ○일		
분사무소	○○시 ○○구 ○○동 ○		
등기할 사항			
목 적 : (1) ○○○○○ (2) ○○○○○			
기 타			

등록면허세	금 원	지방교육세	금 원	농어촌특별세	금 원
세 액 합 계	금 원		등기신청수수료	금 원	
등기신청수수료 납부번호					
과세표준액	금 원				

첨　부　서　면

1. 이사회의사록　　　　　　　　　1통 1. 주무관청의 허가서(또는 인증있는 　허가서등본)　　　　　　　　　1통 1. 법인등기부등(초)본　　　　　　1통	1. 등록면허세영수필확인서　　　1통 1. 등기신청수수료영수필확인서　1통 1. 위임장(대리인이 신청할 경우)　1통 <기 타>

20○○년 ○월 ○일

신청인 명　　칭　사회복지법인 ○○

　　　　주사무소　○○시 ○○구 ○○동 ○○

대표자 성　　명　이사장 ○ ○ ○ ㊞　　　　　(전화 :　　　　　)

　　　　주　　소　　　　○○시 ○○구 ○○동 ○○

대리인 성　　명　법무사 ○ ○ ○ ㊞　　　　　(전화 :　　　　　)

　　　　주　　소　　　　○○시 ○○구 ○○동 ○○

○○지방법원 ○○등기소 귀중

- 신청서 작성요령 -

1. 해당란이 부족할 때에는 별지를 이용합니다.
1. 해당 등기신청과 관계없는 사항에 대하여는 "해당없음"으로 기재하거나 삭제하고, 필요한 사항은
　추가 기재합니다.

(용지규격 21㎝×29.7㎝)

주 ① 분사무소는 분사무소소재지에서 신청하는 경우에 한하여 기재한다.
② 등기사유란의 (   )안은 분사무소소재지에서 신청하는 경우의 서식이다.
③ 등기할 사항인 목적 기재시 정관상 사업의 조항에 기재된 사항의 변경도 목적변경으로 등기한다.
④ 등록면허세는 40,200원이고(지세법 제28조 1항 6호), 지방교육세는 등록면허세액의 100분의 20이다. 이를 다른 등기사항과 아울러 수개의 변경사항을 동시에 1건으로 신청하는 경우에도 그 세목이 같은 때에는 1건분의 등록면허세만 납부한다.
⑤ 첨부서류 중 이사회의사록은 정관변경을 결의한 이사회의사록을 첨부해야 하며 이에 첨부하는 의사록은 공증인의 공증대상에서 제외된다.
⑥ 허가서는 등본을 첨부하는 경우에는 허가관청의 인증있는 등본을 첨부해야 한다.
⑦ 법인등기부등(초)본은 분사무소소재지에서 신청하는 경우에 한하여 첨부하는 것으로서 그 경우에는 정관변경을 위한 이사회의사록과 주무관청의 허가서 대신 이 변경등기를 마친 후의 주사무소의 등기부등본이나 초본을 첨부한다.
⑧ 위임장의 첨부와 대리인의 표시는 대리인에 의하여 신청하는 경우에 한다.

♣ 【서식】 사회복지법인 정관변경인가 신청서

■ 사회복지사업법 시행규칙 [별지 제9호서식] <개정 2012.8.3>

사회복지법인 정관변경인가 신청서

(앞쪽)

접수번호	접수일	인가일	처 리 기 간　5일
신청인 (대표자)	법인명		대표자 성명
	주소		전화번호

	변경전의 정관 조문	변경후의 정관 조문	변경사유
변경 내용 및 사유			

　「사회복지사업법」 제17조 및 같은 법 시행규칙 제8조에 따라 사회복지법인 정관
변경인가를 신청합니다.

년　　　월　　　일

신청인

(서명 또는 인)

시·도지사　　　귀하

신청인 제출서류	1. 정관의 변경을 결의한 이사회 회의록 사본 1부 2. 정관변경안 1부 3. 사업계획서 및 예산서 각 1부 4. 재산의 소유를 증명할 수 있는 서류 각 1부(사업변동이 있는 경우에만 해당하며, 행정정보의 공동이용을 통하여 소유권에 대한 정보를 확인할 수 있는 경우에는 그 확인으로 첨부서류를 갈음합니다)	수수료 없음

	5. 재산의 평가조서 1부(감정평가업자의 감정평가서를 첨부하되, 개별공시지가 확인서로 첨부서류에 대한 정보를 확인할 수 있는 경우에는 그 확인으로 첨부서류를 갈음합니다)
	6. 재산의 수익조서 1부(사업의 변동이 있는 경우에만 해당하며, 수익용 기본재산을 갖춘 경우에 한하며, 공인된 감정평가기관의 수익증명 또는 수익을 증명할 수 있는 기관의 증빙서류를 첨부하여야 합니다)
담당 공무원 확인사항	1. 건물 등기사항증명서 2. 토지 등기사항증명서 3. 개별공시지가 확인서

210mm×297mm[백상지 80g/㎡]

(뒤쪽)

처리 절차

이 신청서는 아래와 같이 처리됩니다.

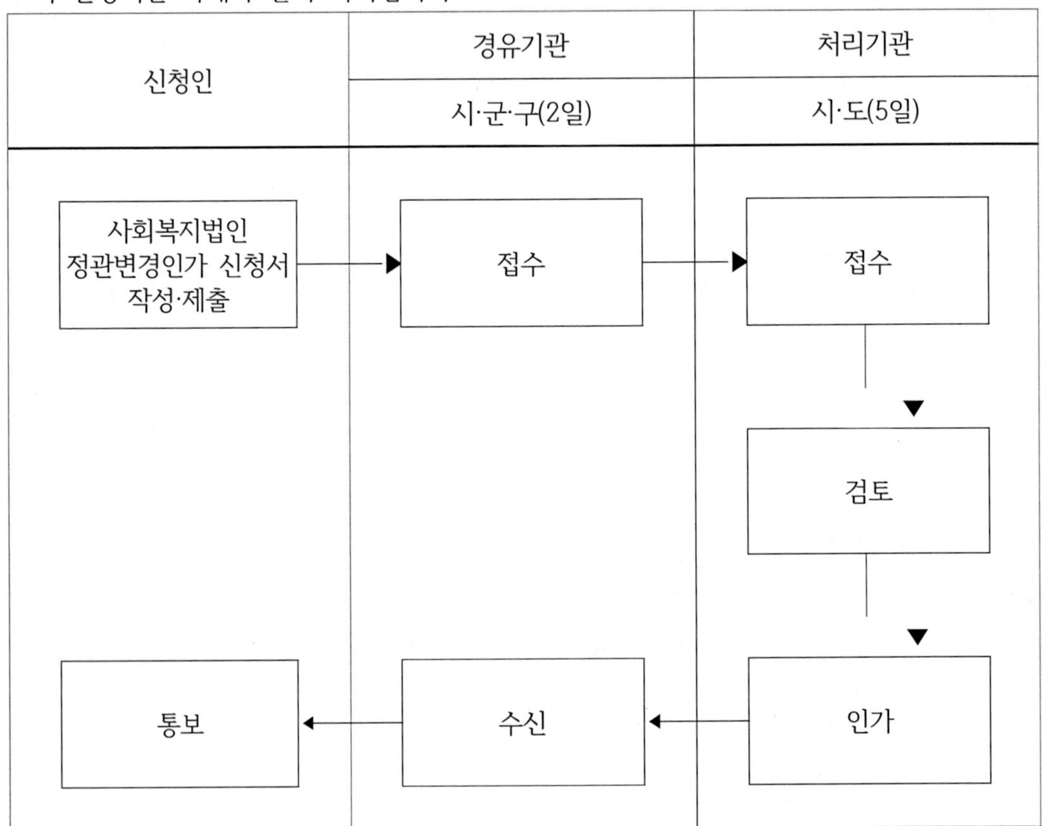

4. 출자방법의 변경등기

♣【서식】 사회복지법인의 변경등기신청서(출자방법 변경의 경우)

<table>
<tr><td colspan="6" align="center">사회복지법인 변경등기신청</td></tr>
<tr><td rowspan="2">접
수</td><td colspan="2" align="center">년   월   일</td><td rowspan="2">처리인</td><td>등기관 확인</td><td>각종통지</td></tr>
<tr><td colspan="2">제   호</td><td></td><td></td></tr>
</table>

명 칭	사회복지법인 ○○원	등기번호	제1000호
주사무소	○○시 ○○구 ○○동 ○		
등기의 목적	출자방법변경의 등기		
등기의 사유	20○○년 1월 20일 이사회에서 정관변경을 결의하고 20○○년 1월 30일 주무관청의 허가를 받아 목적을 다음과 같이 변경하였으므로(…변경하고 20○○년 2월 9일 사무소 소재지 관할등기소에서 등기를 하였으므로 이 등기소에서) 그 등기를 구함.		
허가서도착연월일	20○○년 ○월 ○일		
분사무소	○○시 ○○구 ○○동 ○		
등기할 사항			
출자방법 : 1. ○○○○○ 　　　　　 1. ○○○○○			
기 타			

등록면허세	금	원	지방교육세	금	원	농어촌특별세	금	원
세 액 합 계	금		원	등기신청수수료	금			원
등기신청수수료 납부번호								
과세표준액	금		원					

첨　부　서　면

1. 이사회의사록　　　　　　　1통 1. 주무관청의 허가서(또는 인증있는 　　허가서등본)　　　　　　　1통 1. 법인등기부등(초)본　　　　1통	1. 등록면허세영수필확인서　　1통 1. 등기신청수수료영수필확인서　1통 1. 위임장(대리인이 신청할 경우)　1통 <기 타>

20○○년 ○월 ○일

신청인 명　　칭　사회복지법인 ○○

　　　　주사무소　○○시 ○○구 ○○동 ○○

대표자 성　　명　이사장 ○ ○ ○ ㊞　　　　　(전화 :　　　　　)

　　　　주　　소　　　　○○시 ○○구 ○○동 ○○

대리인 성　　명　법무사 ○ ○ ○ ㊞　　　　　(전화 :　　　　　)

　　　　주　　소　　　　○○시 ○○구 ○○동 ○○

○○지방법원 ○○등기소 귀중

- 신청서 작성요령 -

1. 해당란이 부족할 때에는 별지를 이용합니다.
1. 해당 등기신청과 관계없는 사항에 대하여는 "해당없음"으로 기재하거나 삭제하고, 필요한 사항은 추
　가 기재합니다.

(용지규격　21cm×29.7cm)

주 ① 분사무소는 분사무소소재지에서 신청하는 경우에 한하여 기재한다.
② 등기사유란의 (　)안은 분사무소소재지에서 신청하는 경우의 서식이다.
③ 등록면허세는 40,200원이고(지세법 제28조 1항 6호), 지방교육세는 등록면허세액의 100분의 20이다. 이를 다른 등기사항과 아울러 수개의 변경사항을 동시에 1건으로 신청하는 경우에는 그 세목이 같은 때에는 1건분의 등록면허세만 납부한다.
④ 첨부서류 중 이사회의사록은 정관변경을 결의한 것을 첨부해야 하며 이에 첨부하는 의사록은 공증인의 공증대상에서 제외된다.
⑤ 허가서는 등본을 첨부하는 경우에는 허가관청의 인증있는 등본을 첨부해야 한다.
⑥ 법인등기부등(초)본은 분사무소소재지에서 신청하는 경우에 한하여 첨부하는 것으로서 그 경우에는 정관변경을 위한 이사회의사록과 주무관청의 허가서 대신 이 변경등기를 마친 후의 주사무소의 등기부등본이나 초본을 첨부한다.
⑦ 위임장의 첨부와 대리인의 표시는 대리인에 의하여 신청하는 경우에 한다.

5. 존립시기 또는 해산사유의 변경등기

♣ 【서식】 사회복지법인의 변경등기신청서(존립시기 또는 해산사유 변경의 경우)

<table>
<tr><td colspan="6" align="center">사회복지법인 변경등기신청</td></tr>
<tr><td rowspan="2">접
수</td><td align="center">년　월　일</td><td rowspan="2">처리인</td><td>등기관 확인</td><td>각종통지</td></tr>
<tr><td align="center">제　　　　호</td><td></td><td></td></tr>
</table>

명　칭	사회복지법인 ○○원	등기번호	제1000호
주사무소	○○시 ○○구 ○○동 ○		
등기의 목적	존립시기(해산사유) 변경의 등기		
등기의 사유	20○○년 1월 20일 이사회에서 정관변경을 결의하고 20○○년 1월 30일 주무관청의 허가를 받아 존립시기(해산사유)를 다음과 같이 변경(설정.폐지)하였으므로 …변경(설정.폐지)하고 20○○년 2월 10일 사무소 소재지 관할등기소에서 등기를 하였으므로 이 등기소에서) 그 등기를 구함.		
허가서도착연월일	20○○년 ○월 ○일		
분사무소	○○시 ○○구 ○○동 ○		
등기할 사항			
존립시기(해산사유)　○○○○○			
기　타			

등록면허세	금　　　원	지방교육세	금　　　원	농어촌특별세	금　　　원
세 액 합 계	금　　　　원		등기신청수수료	금	원
등기신청수수료 납부번호					
과세표준액	금　　　　원				

<table>
<tr><td colspan="2" align="center">첨　부　서　면</td></tr>
<tr>
<td>
1. 이사회의사록　　　　　　　1통
1. 주무관청의 허가서(또는 인증있는
　허가서등본)　　　　　　　1통
1. 법인등기부등(초)본　　　　1통
</td>
<td>
1. 등록면허세영수필확인서　　1통
1. 등기신청수수료영수필확인서　1통
1. 위임장(대리인이 신청할 경우)　1통
<기 타>
</td>
</tr>
</table>

20○○년 ○월 ○일

신청인 명　　　칭　사회복지법인 ○○

　　　　주사무소　○○시 ○○구 ○○동 ○○

대표자 성　　　명　이사장 ○ ○ ○ ㊞　　　　　(전화 :　　　　　)

　　　　주　　　소　○○시 ○○구 ○○동 ○○

대리인 성　　　명　법무사 ○ ○ ○ ㊞　　　　　(전화 :　　　　　)

　　　　주　　　소　○○시 ○○구 ○○동 ○○

○○지방법원 ○○등기소 귀중

- 신청서 작성요령 -

1. 해당란이 부족할 때에는 별지를 이용합니다.
1. 해당 등기신청과 관계없는 사항에 대하여는 "해당없음"으로 기재하거나 삭제하고, 필요한 사항은 추가 기재합니다.

(용지규격 21cm×29.7cm)

주 ① 분사무소는 분사무소소재지에서 신청하는 경우에 한하여 기재한다.
② 등기사유란의 ( )안은 분사무소소재지에서 신청하는 경우의 서식이다.
③ 존립시기나 해산사유를 폐지한 경우에는 등기할 사항의 존립시기(해설사유)는 이는 기재하지 아니한다.
④ 등록면허세는 40,200원이고(지세법 제28조 1항 6호), 지방교육세는 등록면허세액의 100분의 20이다. 이를 다른 등기사항과 아울러 수개의 변경사항을 동시에 1건으로 신청하는 경우에도 그 세목이 같은 때에는 1건분의 등록면허세만 납부한다.
⑤ 첨부서류 중 이사회의사록은 정관변경을 결의한 것을 첨부해야 하며 이에 첨부하는 의사록은 공증인의 인증대상에서 제외된다.
⑥ 허가서는 등본을 첨부하는 경우에는 허가관청의 인증있는 등본을 첨부해야 한다.
⑦ 법인등기부등(초)본은 분사무소소재지에서 신청하는 경우에 한하여 첨부하는 것으로서 그 경우에는 정관변경을 위한 이사회의사록과 주무관청의 허가서 대신 이 변경등기를 마친 후의 주사무소의 등기부등본이나 초본을 첨부한다.
⑧ 위임장의 첨부와 대리인의 표시는 대리인에 의하여 신청하는 경우에 한다.

6. 자산의 총액의 변경등기

♣ 【서식】 사회복지법인의 변경등기신청서(자산의 총액 변경의 경우)

<table>
<tr><td colspan="6" align="center">사회복지법인 변경등기신청</td></tr>
<tr><td rowspan="2">접
수</td><td colspan="2" align="center">년   월   일</td><td rowspan="2">처리인</td><td>등기관 확인</td><td>각종통지</td></tr>
<tr><td colspan="2" align="center">제   호</td><td></td><td></td></tr>
</table>

<table>
<tr><td align="center">명   칭</td><td>사회복지법인 ○○원</td><td>등기번호</td><td>제1000호</td></tr>
<tr><td align="center">주사무소</td><td colspan="3">○○시 ○○구 ○○동 ○</td></tr>
<tr><td align="center">등기의 목적</td><td colspan="3">자산총액 변경의 등기</td></tr>
<tr><td align="center">등기의 사유</td><td colspan="3">20○○년 1월 20일 자산의 총액이 다음과 같이 변경되었으므로(…
변경되어 20○○년 1월 30일 주사무소 소재지 관할등기소에서 등
기를 하였으므로 이 등기소에서) 그 등기를 구함.</td></tr>
<tr><td align="center">허가서도착연월일</td><td colspan="3">20○○년 ○월 ○일</td></tr>
<tr><td align="center">분사무소</td><td colspan="3">○○시 ○○구 ○○동 ○</td></tr>
<tr><td colspan="4" align="center">등기할 사항</td></tr>
<tr><td colspan="4">자산의 총액 : 금○○○○○원</td></tr>
<tr><td align="center">기   타</td><td colspan="3"></td></tr>
</table>

등록면허세	금 원	지방교육세	금 원	농어촌특별세	금 원
세 액 합 계	금 원		등기신청수수료	금 원	
등기신청수수료 납부번호					
과세표준액	금 원				
첨 부 서 면					
1. 재산목록(또는 이사회의사록) 1통 1. 주무관청의 허가서(또는 인증있는 허가서등본) 1통 1. 법인등기부등(초)본 1통			1. 등록면허세영수필확인서 1통 1. 등기신청수수료영수필확인서 1통 1. 위임장(대리인이 신청할 경우) 1통 <기 타>		

20○○년 ○월 ○일

신청인 명 칭 사회복지법인 ○○

주사무소 ○○시 ○○구 ○○동 ○○

대표자 성 명 이사장 ○ ○ ○ [인] (전화 :)

주 소 ○○시 ○○구 ○○동 ○○

대리인 성 명 법무사 ○ ○ ○ [인] (전화 :)

주 소 ○○시 ○○구 ○○동 ○○

○○지방법원 ○○등기소 귀중

- 신청서 작성요령 -

1. 해당란이 부족할 때에는 별지를 이용합니다.
1. 해당 등기신청과 관계없는 사항에 대하여는 "해당없음"으로 기재하거나 삭제하고, 필요한 사항은 추가 기재합니다.

(용지규격 21㎝×29.7㎝)

주 ① 분사무소는 분사무소소재지에서 신청하는 경우에 한하여 기재한다.

② 등기사유란의 (   )안은 분사무소소재지에서 신청하는 경우의 서식이다.

③ 등기할 사항인 자산의 총액은 종전의 자산의 총액과 새로 증가한 자산금액을 합한 금액을 기재한다.

④ 과세표준란에는 새로 증가한 자산금액을 기재한다.

⑤ 등록면허세는 과세표준금(새로 증가한 자산금액)의 1000분의 2, 대도시 내 설립 또는 전입 후 5년 내에는 그 3배(지세 제28조 1항 6호, 제2항)이나 세액이 112,500원 미만인 때에는 112,500원으로 하며, 지방교육세는 등록면허세액의 100분이 20이다.

⑥ 첨부서류는 재산목록 또는 대차대조표를 첨부하거나 재산목록 등을 승인한 이사회의사록을 첨부한다.

⑦ 법인등기부등(초)본은 분사무소소재지에서 신청하는 경우에 한하여 첨부하는 것으로서 그 경우에는 변경등기를 마친 후의 주사무소의 등기부등본이나 초본만 첨부한다.

⑧ 위임장의 첨부와 대리인의 표시는 대리인에 의하여 신청하는 경우에 한다.

7. 이사 등의 변경등기

핵심판례

▶판례◀ 사회복지법인 이사의 지위와 권한 및 해임절차

(대판 2008.07.10. 선고 2007다78159)

사회복지법인의 이사는 단순한 집행기관이 아니고 각자가 공익을 위해 독립적인 기관에 준하는 지위와 권한을 가지고 있고, 상호 견제와 균형을 통해 그 권한을 공익을 위해 적정하게 행사하여야 하는 고도의 공공성을 가지는 직책이다. 이러한 점에 비추어 보면, 사회복지법인 이사회에 의한 새로운 이사 임명과 이사회에 의한 기존 이사의 해임은 사회복지법인의 핵심 기관인 이사회 구성원의 직접적인 변동을 초래하여 사회복지법인의 공익적 활동에 결정적인 영향을 미치게 되고, 해임된 이사가 해임의 실체적 사유를 원인으로 그 해임의 취소를 주장할 수 있는 근거 법령이 마련되어 있지도 아니하므로, 그 해임의 절차, 특히 이사회에 의한 기존 이사의 해임절차에는 사회복지사업법과 공익법인의 설립·운영에 관한 법률의 목적에 부합할 수 있도록 위 법률들과 당해 사회복지법인의 정관에서 정하는 절차가 엄격하게 적용되어, 공익을 대변하는 이사의 심의권을 적정하게 행사할 수 있도록 준비할 기회가 사전에 제공되어야 한다.

▶판례◀ 구 사회복지사업법상 갑 사회복지법인의 임시이사들에게 정식이사 선임에 관한 의결권한이 있는지 문제 된 사안

(대판 2013.06.13. 선고 2012다40332

구 사회복지사업법(이하 '사회복지법'이라 한다)상 갑 사회복지법인의 임시이사들에게 정식이사 선임에 관한 의결권한이 있는지 문제 된 사안에서, 사립학교법은 학교교육의 자주성과 학교운영의 자율성을 강조하고 있는 반면 사회복지법은 사회복지법인의 공공성을 강조하고 있는 점, 사립학교법 제25조는 민법 제63조에 대한 특칙으로서 임시이사의 선임 사유, 임무, 재임기간 및 정식이사로의 선임 제한 등에 관하여 구체적인 별도의 규정을 두는 반면, 사회복지법은 임시이사의 선임사유 및 절차에 관하여만 규정할 뿐 직무범위, 재임기간, 선임 제한 등에 관하여는 아무런 규정을 두지 아니하고 사회복지법에 규정된 것을 제외하고는 민법의 규정을 준용하는 점 등을 종합하여, 사회복지법인의 임시이사는 정식이사와 동일한 권한을 갖는다는 이유로, 갑 법인의 임시이사들에게 정식이사 선임에 관한 의결권한이 있다고 본 원심판단을 정당하다

♣ 【서식】 사회복지법인의 변경등기신청서(이사 변경의 경우)

<table>
<tr><td colspan="6" align="center">사회복지법인 변경등기신청</td></tr>
<tr><td rowspan="2">접
수</td><td colspan="2" align="center">년   월   일</td><td rowspan="2" align="center">처리인</td><td align="center">등기관 확인</td><td align="center">각종통지</td></tr>
<tr><td colspan="2" align="center">제   호</td><td></td><td></td></tr>
</table>

명 칭	사회복지법인 ○○원	등기번호	제1000호
주사무소	○○시 ○○구 ○○동 ○		
등기의 목적	이사변경의 등기		

등기의 사유	

<경우1> 이사를 증원하는 경우

20○○년 1월 20일 이사회에서 이사 인원수변경과 정관변경을 결의하고 20○○년 1월 30일 주무관청의 허가를 받은 후 20○○년 2월 7일 이사회에서 다음 사람이 이사로 선임되어 20○○년 2월 17일 감독청의 승인을 받아 20○○년 2월 20일 취임하였으므로(…취임하여 20○○년 2월 22일 주사무소 소재지 관할등기소에서 등기를 하였으므로 이 등기소에서) 그 등기를 구함.

<경우2> 사망, 사임 보선의 경우

이사 ○○○는 20○○년 1월 10일 사망, 동 ○○○는 20○○년 1월 15일 사임하고 1월 20일 이사회에서 다음 사람이 이사로 선임되어 20○○년 1월 25 감독청의 승인을 받아 20○○년 1월 30일 취임하였으므로(…취임하여 20○○년 2월 3일 주사무소 소재지 관할등기소에서 등기를 하였으므로 이 등기소에서) 그 등기를 구함.

<경우3> 임기만료로 인한 퇴임 보선의 경우

이사 ○○○ 20○○년 1월 10일 임기만료로 퇴임하고 20○○년 1월 15일 이사회에서 다음 사람이 이사로 선임되어 20○○년 1월 20일 감독청의 승인을 받아 20○○년 1월 30일 취임하였으므로(…취임하여 20○○년 2월 3일 주사무소 소재지 관할등기소에서 등기를 하였으므로 이 등기소에서) 그 등기를 구함.

<경우4> 해임보선의 경우

이사 ○○○은 20○○년 1월 20일 이사회에서 해임되고 20○○년 1월 25일 이사회에서 다음 사람이 이사로 선임되어 20○○년 1월 30일 감독청의 승인을 받아 20○○년 2월 1일 취임하였으므로(⋯취임하여 20○○년 2월 5일 주사무소 소재지에서 등기를 하였으므로 이 등기소에서) 그 등기를 구함.

<경우5> 사임, 임기만료 후 권리행사 중 보선의 경우

이사 ○○○은 20○○년 1월 10일 사임(임기만료로 퇴임)하였으나 정관 제15조의 규정에 의하여 권리행사 중 20○○년 2월 10일 이사회에서 다음 사람이 이사로 선임(또는 재선)되어 20○○년 2월 17일 감독청의 승인을 받아 20○○년 2월 25일 취임하였으므로(⋯취임하여 20○○년 3월 2일 주사무소 소재지 관할등기소에서 등기를 하였으므로 이 등기소에서) 그 등기를 구함.

<경우6> 파산 또는 금치산선고로 인한 퇴임 보선의 경우

이사 ○○○ 20○○년 1월 15일 파산(금치산)선고를 받아 퇴임하고 20○○년 2월 20일 이사회에서 다음 사람이 이사로 선임되어 20○○년 2월 25일 감독청의 승인을 받아 20○○년 3월 2일 취임하였으므로(⋯취임하여 20○○년 3월 5일 주사무소 소재지 관할등기소에서 등기를 하였으므로 이 등기소에서) 그 등기를 구함.

<경우7> 승인취소로 인한 퇴임 보선의 경우

이사 ○○○는 20○○년 1월 20일 감독청의 취임승인이 취소되어 퇴임하고 20○○년 2월 28일 이사회에서 다음 사람이 이사로 선임되어 20○○년 3월 5일 감독청의 승인을 받아 20○○년 3월 15일로 취임하였으므로(⋯취임하여 20○○년 3월 20일 주사무소 소재지 관할등기소에서 등기를 하였으므로 이 등기소에서) 그 등기를 구함.

<경우8> 중임의 경우

이사 ○○○은 20○○년 1월 20일 임기만료이나 20○○년 1월 15일 이사회에서 재선되어 20○○년 1월 17일 감독청의 승인을 받아 20○○년 1월 21일 중임하였으므로(⋯중임하여 20○○년 1월 30일 주사무소 소재지관할등기소에서 등기를 하였으므로 이 등기소에 그 등기를 구함.

허가서도착연월일	20○○년 ○월 ○일
승인서도착연월일	20○○년 ○월 ○일
분사무소	○○시 ○○구 ○○동 ○

등기할 사항

<경우1> 이사를 증원하는 경우

  이 사 ○ ○ ○(-   )

<경우2> 사망, 사임 보선의 경우

  이 사 ○ ○ ○(-   )
  이 사 ○ ○ ○(-   )

<경우3> 임기만료로 인한 퇴임 보선의 경우

  이 사 ○ ○ ○(-   )

<경우4> 해임보선의 경우

  이 사 ○ ○ ○(-   )

<경우5> 사임, 임기만료 후 권리행사 중 보선의 경우

  이 사 ○ ○ ○(-   )

<경우6> 파산 또는 금치산선고로 인한 퇴임 보선의 경우

  이 사 ○ ○ ○(-   )

<경우7> 승인취소로 인한 퇴임 보선의 경우

  이 사 ○ ○ ○(-   )

<경우8> 중임의 경우

  이 사 ○ ○ ○(-   )

기 타	

등록면허세	금	원	지방교육세	금	원	농어촌특별세	금	원
세 액 합 계	금		원	등기신청수수료	금			원
등기신청수수료 납부번호								
과세표준액	금		원					

첨 부 서 면

1. 이사회의사록	1통	1. 사임서		1통
1. 주무관청의 허가서(또는		1. 취임승낙서		1통
인증있는 허가서등본)	1통	1. 사망진단서(또는 호적등본)		1통
1. 법인등기부등(초)본	1통	1. 승인취소통지서		1통
1. 주무관청의 승인서(또는		1. 등록면허세영수필확인서		1통
인증있는 승인서등본)	1통	1. 등기신청수수료영수필확인서		1통
1. 재판서등본(파산·금치산)	1통	1. 위임장(대리인이 신청할 경우)		1통
		<기 타>		

20○○년 ○월 ○일

신청인 명　　칭　사회복지법인 ○○

　　　　주사무소　○○시 ○○구 ○○동 ○○

대표자 성　　명　이사장 ○ ○ ○ ⓐ　　　　　(전화 :　　　　　　)

　　　　주　　소　○○시 ○○구 ○○동 ○○

대리인 성　　명　법무사 ○ ○ ○ ⓐ　　　　　(전화 :　　　　　　)

　　　　주　　소　○○시 ○○구 ○○동 ○○

○○지방법원 ○○등기소 귀중

- 신청서 작성요령 -

1. 해당란이 부족할 때에는 별지를 이용합니다.
1. 해당 등기신청과 관계없는 사항에 대하여는 "해당없음"으로 기재하거나 삭제하고, 필요한 사항은 추
　가 기재합니다.

(용지규격 21cm×29.7cm)

주 ① 분사무소는 분사무소소재지에서 신청하는 경우에 한하여 기재한다.
② 등기사유란의 (   )안은 분사무소소재지에서 신청하는 경우의 서식이다.
③ 허가서도착연월일은 이사의 인원수 증원의 경우처럼 정관변경을 요하는 경우에 한하여 기재하는 사항으로서 정관변경에 관한 주무관청의 허가서가 도착한 일자를 기재한다.
④ 승인서도착연월일은 이사취임의 경우에 한하여 감독청의 이사취임승인서가 도착한 일자를 기재한다.
⑤ 등록면허세는 40,200원이고(지세법 제28조 1항 6호), 지방교육세는 등록면허세액의 100분의 20이다. 이를 다른 등기사항과 아울러 수개의 변경사항을 동시에 1건으로 신청하는 경우에 세목이 같으면 1건분의 등록면허세만 납부한다.
⑥ 첨부서류 중 이사회의사록은 이사의 인원수 증원을 위한 정관변경의 경우나 이사의 선임 또는 해임의 경우에는 그를 결의한 이사회의사록을 첨부한다. 의사록은 공증인의 인증대상에서 제외된다.
⑦ 취임승낙서는 그 취임승낙취지가 기재된 피선자의 기명날인이 있는 의사록을 첨부한 경우에는 이의 첨부를 생략한다.
⑧ 허가서는 이사의 인원수증원의 경우처럼 정관변경을 요하는 경우에 한하여 정관변경에 관한 주무관청의 허가서를 첨부한다.
⑨ 사임서에는 등기소에 제출된 인감과 동일한 인장으로 날인해야 한다. 회의석상에서 사임한 취지의 기재가 되고 그 임원의 기명 날인이 있는 의사록을 첨부한 때에는 이의 첨부를 생략할 수 있다.
⑩ 법인등기부등(초)본은 분사무소소재지에서 신청하는 경우에 한하여 첨부하는 것이다. 이 경우에는 등기사항의 변경을 증명하는 서면 대신 이 변경등기를 마친 후의 주사무소의 등기부등본이나 초본만 첨부한다.
⑪ 위임장은 주사무소소재지에서 이사의 취임등기를 신청할 때에는 새로 취임하는 이사의 인감도 제출해야 한다. 다만 중임의 경우에는 종전의 인감을 사용할 수 있다.
⑫ 위임장의 첨부와 대리인의 표시는 대리인에 의하여 신청하는 경우에 한다. 년월일을 기재하고 우측란에는 인감제출연월일을 기재합니다.

♣ 【서식】 사회복지법인의 변경등기신청서(대표권제한규정 변경의 경우)

<table>
<tr><td colspan="6" align="center">사회복지법인 변경등기신청</td></tr>
<tr><td rowspan="2">접
수</td><td colspan="3" align="center">년   월   일</td><td rowspan="2">처리인</td><td>등기관 확인</td><td>각종통지</td></tr>
<tr><td colspan="3" align="center">제   호</td><td></td><td></td></tr>
</table>

<table>
<tr><td align="center">명　　칭</td><td>사회복지법인 ○○원</td><td>등기번호</td><td>제1000호</td></tr>
<tr><td align="center">주사무소</td><td colspan="3">○○시 ○○구 ○○동 ○</td></tr>
<tr><td align="center">등기의 목적</td><td colspan="3">대표권제한규정 변경의 등기</td></tr>
<tr><td align="center">등기의 사유</td><td colspan="3">20○○년 1월 20일 대표권 있는 이사 ○○○는 이사직을 사임한 20○○년 2월 2일 이사회에서 ○○○이 이사로 선임되고, 이사 ○○○가 대표권 있는 이사로 선임되어 같은 날 취임함에 따라 이사 및 대표권의 제한규정이 다음과 같이 변경되었으므로(…변경되어 20○○년 2월 7일 주사무소 소재지 관할등기소에서 등기를 하였으므로 이 등기소에서) 그 등기를 구함.</td></tr>
<tr><td align="center">허가서도착연월일</td><td colspan="3">20○○년 ○월 ○일</td></tr>
<tr><td align="center">분사무소</td><td colspan="3">○○시 ○○구 ○○동 ○</td></tr>
<tr><td colspan="4" align="center">등기할 사항</td></tr>
<tr><td colspan="4">

　　　　이 사 ○ ○ ○(-   )
　　　　이 사 ○ ○ ○(-   )
　　○○시 ○○구 ○○동 ○○번지
　　외에는 대표권이 없음.
[유례] 또는 20○○년 1월 20일 대표권 있는 이사 ○○○는 대표직만 사임하고 20○○년 1월 30일 이사회에서 이사 ○○○가 대표권 있는 이사로 선임되어 같은 날 취임함에 따라 대표권의 제한규정이 다음과 같이 변경되었으므로(…변경되어 20○○년 2월 7일 주사무소 소재지 관할등기소에서 등기를 하였으므로 이 등기소에서) 그 등기를 구함.
　　　　　이 사 ○ ○ ○
　　　　　　○○시 ○○구 ○○동 ○○번지
　　　　　　외에는 대표권이 없음.

</td></tr>
<tr><td align="center">기　　타</td><td colspan="3"></td></tr>
</table>

등록면허세	금　　　원	지방교육세	금　　　원	농어촌특별세	금　　　원
세 액 합 계	금　　　　　원	등기신청수수료	금		원
등기신청수수료 납부번호					
과세표준액	금　　　　　원				

첨　부　서　면

1. 이사회의사록	1통	1. 사임서	1통
1. 주무관청의 허가서(또는		1. 등록면허세영수필확인서	1통
인증있는 허가서등본)	1통	1. 등기신청수수료영수필확인서	1통
1. 법인등기부등(초)본	1통	1. 위임장(대리인이 신청할 경우)	1통
1. 취임승낙서	1통	<기 타>	

2000년 ○월 ○일

신청인 명　　칭　사회복지법인 ○○
　　　　주사무소　○○시 ○○구 ○○동 ○○
대표자 성　　명　이사장 ○ ○ ○ ㊞　　　(전화 :　　　　　)
　　　　주　　소　○○시 ○○구 ○○동 ○○
대리인 성　　명　법무사 ○ ○ ○ ㊞　　　(전화 :　　　　　)
　　　　주　　소　○○시 ○○구 ○○동 ○○

○○지방법원 ○○등기소 귀중

- 신청서 작성요령 -

1. 해당란이 부족할 때에는 별지를 이용합니다.
1. 해당 등기신청과 관계없는 사항에 대하여는 "해당없음"으로 기재하거나 삭제하고, 필요한 사항은 추
　 가 기재합니다.

(용지규격 21㎝×29.7㎝)

주 ① 분사무소는 분사무소소재지에서 신청하는 경우에 한하여 기재한다.

② 등기사유란의 (   )안은 분사무소소재지에서 신청하는 경우의 서식이다.

③ 등록면허세는 40,200원이고(지세법 제28조 1항 6호), 지방교육세는 등록면허세액의 100분의 20이다. 이를 다른 등기사항과 아울러 수개의 변경사항을 동시에 1건으로 신청하는 경우에도 세목이 같으면 1건분의 등록면허세만 납부한다.

④ 첨부서류 중 이사회의사록은 이사 또는 대표권 있는 이사를 선임한 이사회의사록을 첨부해야 한다. 의사록은 공증인의 인증대상에서 제외된다.

⑤ 취임승낙서는 그 취임승낙취지가 기재된 피선자의 기명날인이 있는 의사록을 첨부한 경우에는 이의 첨부를 생략한다.

⑥ 사임서에는 등기소에 제출된 인감과 동일한 인장으로 날인한다.

⑦ 법인등기부등(초)본은 분사무소소재지에서 신청하는 경우에 한하여 첨부하는 것이다. 그 경우에는 이사나 대표권있는 이사의 변경을 증명하는 서면 대신 이 변경등기를 마친 후의 주사무소의 등기부등본이나 초본만 첨부한다.

⑧ 위임장 외에는 주사무소 소재지에서는 새로 취임하는 이사나 대표권 있는 이사의 인감도 제출한다. 다만 중임의 경우에는 종전의 인감을 사용할 수 있다.

⑨ 위임장의 첨부와 대리인의 표시는 대리인에 의하여 신청하는 경우에 한하여야 한다

8. 사무소 또는 이사의 표시변경등기

♣ 【서식】 사회복지법인의 변경등기신청서

(행정구역변경으로 인하여 사무소표시가 변경된 경우)

<table>
<tr><td colspan="7" align="center">사회복지법인 변경등기신청</td></tr>
<tr><td rowspan="2">접
수</td><td colspan="3" align="center">년   월   일</td><td rowspan="2">처리인</td><td>등기관 확인</td><td>각종통지</td></tr>
<tr><td colspan="3" align="center">제   호</td><td></td><td></td></tr>
</table>

<table>
<tr><td>등록면허
세</td><td align="center">금
원</td><td>지방교육
세</td><td align="center">금   원</td><td>농어촌특
별세</td><td align="center">금
원</td></tr>
<tr><td>세 액 합
계</td><td colspan="2" align="center">금   원</td><td>등기신청수
수료</td><td colspan="2" align="center">금   원</td></tr>
<tr><td>등기신청수수료 납부번호</td><td colspan="5"></td></tr>
<tr><td>과세표준
액</td><td colspan="5" align="right">금   원</td></tr>
<tr><td colspan="6" align="right">첨   부   서   면</td></tr>
<tr><td colspan="3">1. 토지대장   1통

1. 법인등기부등(초)본   1통</td><td colspan="3">1. 위임장(대리인이 신청할 경우) 1통
<기 타></td></tr>
</table>

<table>
<tr><td colspan="2" align="center">20○○년 ○월 ○일</td></tr>
<tr><td>신청인 명   칭</td><td>사회복지법인 ○○</td></tr>
<tr><td>주사무소</td><td>○○시 ○○구 ○○동 ○○</td></tr>
<tr><td>대표자 성   명</td><td>이사장 ○ ○ ○ ㊞   (전화 :   )</td></tr>
<tr><td>주   소</td><td>○○시 ○○구 ○○동 ○○</td></tr>
<tr><td>대리인 성   명</td><td>법무사 ○ ○ ○ ㊞   (전화 :   )</td></tr>
<tr><td>주   소</td><td>○○시 ○○구 ○○동 ○○</td></tr>
<tr><td colspan="2" align="center">○○지방법원 ○○등기소 귀중</td></tr>
</table>

명 칭	사회복지법인 ○○원	등기번호	제1000호
주사무소	○○시 ○○구 ○○동 ○		
등기의 목적	행정구역변경(행정구역명칭변경)으로 인한 사무소(분사무소)의 변경등기		
등기의 사유	20○○년 1월 10일 대행정구역변경(행정구역명칭변경)으로 인하여 사무소(○○시 ○○구 ○○동 ○○번지의 분사무소)가 다음과 같이 변경되었으므로(…변경되어 20○○년 1월 20일 주사무소 소재지 관할등기소에서 등기를 하였으므로 이 등기소에서) 그 등기를 구함.		
분사무소	○○시 ○○구 ○○동 ○		
등기할 사항			
사무소(분사무소) ○○시 ○○구 ○○동 ○○번지			
기 타			

- 신청서 작성요령 -

1. 해당란이 부족할 때에는 별지를 이용합니다.
1. 해당 등기신청과 관계없는 사항에 대하여는 "해당없음"으로 기재하거나 삭제하고, 필요한 사항은 추가 기재합니다.

(용지규격 21cm×29.7cm)

주 ① 분사무소는 분사무소소재지에서 신청하는 경우에 한하여 기재한다.
② 등기사유란의 ( )안은 분사무소소재지에서 신청하는 경우의 서식이다.
③ 첨부서류 중 법인등기부등본은 분사무소 소재지에서 신청하는 경우에 한하여 첨부하는 것이다. 그 경우에는 등기사유를 증명하는 서면 대신 이 등기를 마친 후의 주사무소의 등기부등본이나 초본만 첨부하면 된다.
④ 위임장 첨부시 주사무소 소재지에서 행정구역변경 등으로 인한 주사무소표시변경등기를 신청할 때에는 이미 제출한 인감의 사무소의 표시가 달라지게 되므로 변경된 사무소로 기재된 이사의 인감도 제출한다.
⑤ 위임장의 첨부와 대리인의 표시는 대리인에 의하여 신청하는 경우에 한다.

□ 등기기재례

사항번호	등 기 사 항 (변 경 란)
2 (3)	20○○년 ○월 ○일 행정구역변경(행정구역명칭변경)으로 인하여 사무소(분사무소) 변경 사무소(분사무소) ○○시 ○○구 ○○동 ○○번지 20○○년 ○월 ○일 등기

♣ 【서식】 사회복지법인의 변경등기신청서

(행정구역변경으로 인하여 이사의 주소가 변경된 경우)

<table>
<tr><td colspan="5" align="center">사회복지법인 변경등기신청</td></tr>
<tr><td rowspan="2">접
수</td><td>년   월   일</td><td rowspan="2">처리인</td><td>등기관 확인</td><td>각종통지</td></tr>
<tr><td>제   호</td><td></td><td></td></tr>
</table>

<table>
<tr><td>명   칭</td><td>사회복지법인 ○○원</td><td>등기번호</td><td>제1000호</td></tr>
<tr><td>주사무소</td><td colspan="3">○○시 ○○구 ○○동 ○</td></tr>
<tr><td>등기의 목적</td><td colspan="3">행정구역변경(행정구역명칭변경)으로 인한 이사의 변경 등기</td></tr>
<tr><td>등기의 사유</td><td colspan="3">20○○년 1월 20일 행정구역변경(행정구역명칭변경)으로 인하여 이사장 ○○○의 주소가 다음과 같이 변경되었으므로(…변경되어 20○○년 2월 2일 주사무소 소재지 관할등기소에서 등기를 하였으므로 이 등기소에서) 그 등기를 구함.</td></tr>
<tr><td>분사무소</td><td colspan="3">○○시 ○○구 ○○동 ○</td></tr>
<tr><td colspan="4" align="center">등기할 사항</td></tr>
<tr><td colspan="4">주소 ○○시 ○○구 ○○동 ○○번지</td></tr>
<tr><td>기   타</td><td colspan="3"></td></tr>
</table>

등록면허세	금 원	지방교육세	금 원	농어촌특별세	금 원
세 액 합 계	금 원		등기신청수수료	금 원	
등기신청수수료 납부번호					
과세표준액	금 원				
첨 부 서 면					
1. 토지대장 1통 1. 법인등기부등(초)본 1통			1. 위임장(대리인이 신청할 경우) 1통 <기 타>		

20○○년 ○월 ○일

신청인 명 칭 사회복지법인 ○○
주사무소 ○○시 ○○구 ○○동 ○○
대표자 성 명 이사장 ○ ○ ○ ㊞ (전화 :)
주 소 ○○시 ○○구 ○○동 ○○
대리인 성 명 법무사 ○ ○ ○ ㊞ (전화 :)
주 소 ○○시 ○○구 ○○동 ○○

○○지방법원 ○○등기소 귀중

- 신청서 작성요령 -

1. 해당란이 부족할 때에는 별지를 이용합니다.
1. 해당 등기신청과 관계없는 사항에 대하여는 "해당없음"으로 기재하거나 삭제하고, 필요한 사항은 추가 기재합니다.

(용지규격 21㎝×29.7㎝)

주 ① 분사무소는 분사무소소재지에서 신청하는 경우에 한하여 기재한다.
② 등기사유란 후단의 ( )안은 분사무소소재지에서 이 등기를 신청하는 경우의 서식이다.
③ 첨부서류 중 법인등기부등(초)본은 분사무소 소재지에서 신청하는 경우에 한하여 첨부하는 것이다. 그 경우에는 주사무소 소재지에서 신청할 때 첨부하는 등기사항을 증명하는 서면인 토지대장등본 대신 이 등기를 마친 후의 주사무소의 등기부등본이나 초본만 첨부하면 된다.
④ 위임장의 첨부와 대리인의 표시는 대리인에 의하여 신청하는 경우에 한다.

□ 등기기재례

사항번호	등 기 사 항 (변 경 란)
9	20○○년 ○월 ○일 행정구역변경(행정구역명칭변경)으로 인하여 이사장 ○○○의 주소 변경 주 소 ○○시 ○○구 ○○동 ○○번지 20○○년 ○월 ○일 등기

♣ 【서식】 사회복지법인의 변경등기신청서

(개명, 전거로 인하여 이사의 성명·주소가 변경된 경우)

<table>
<tr><td colspan="6" align="center">사회복지법인 변경등기신청</td></tr>
<tr><td rowspan="2">접
수</td><td colspan="2" align="center">년　　월　　일</td><td rowspan="2">처리인</td><td>등기관 확인</td><td>각종통지</td></tr>
<tr><td colspan="2" align="center">제　　　　　　호</td><td></td><td></td></tr>
</table>

<table>
<tr><td align="center">명　칭</td><td>사회복지법인 ○○원</td><td align="center">등기번호</td><td>제1000호</td></tr>
<tr><td align="center">주사무소</td><td colspan="3">○○시 ○○구 ○○동 ○</td></tr>
<tr><td align="center">등기의 목적</td><td colspan="3">이사의 성명(주소) 변경등기</td></tr>
<tr><td align="center">등기의 사유</td><td colspan="3"><경우1> 성명변경의 경우
20○○년 1월 20일 ○○지방법원의 허가를 받아 이사 ○○○의 성명을 다음과 같이 변경하였으므로(…변경하고 20○○년 1월 30일 주사무소 소재지 관할등기소에서 등기를 하였으므로 이 등기소에서) 그 등기를 구함.

<경우2> 주소변경의 경우
20○○년 1월 20일 이사장 ○○○의 주소를 다음 장소로 이전하였으므로(…이전하여 20○○년 1월 30일 주사무소 소재지 관할등기소에서 등기를 하였으므로 이 등기소에서) 그 등기를 구함.</td></tr>
<tr><td align="center">허가서도착연월일</td><td colspan="3">20○○년 ○월 ○일</td></tr>
<tr><td align="center">분사무소</td><td colspan="3">○○시 ○○구 ○○동 ○</td></tr>
<tr><td colspan="4" align="center">등기할 사항</td></tr>
<tr><td colspan="4"><경우1> 성명변경의 경우
　이 사 ○ ○ ○(　　-　　)

<경우2> 주소변경의 경우
　주 소　○○시 ○○구 ○○동 ○○번지</td></tr>
<tr><td align="center">기　타</td><td colspan="3"></td></tr>
</table>

등록면허세	금	원	지방교육세	금	원	농어촌특별세	금	원
세 액 합 계	금	원	등기신청수수료	금				원
등기신청수수료 납부번호								
과세표준액	금		원					

첨   부   서   면

1. 호적등(초)본(성명변경의 경우)　　1통	1. 법인등기부등(초)본　　1통
1. 주무관청의 허가서(또는	1. 등록면허세영수필확인서　　1통
인증있는 허가서등본)　　1통	1. 등기신청수수료영수필확인서　　1통
1. 주민등록표등(초)본(주소변경의 경우1통	1. 위임장(대리인이 신청할 경우)　　1통
	<기타>

20○○년 ○월 ○일

신청인 명　　칭　사회복지법인 ○○

　　　　주사무소　○○시 ○○구 ○○동 ○○

대표자 성　　명　이사장 ○ ○ ○ ⑩　　　　　　(전화 :　　　　　)

　　　　주　　소　○○시 ○○구 ○○동 ○○

대리인 성　　명　법무사 ○ ○ ○ ⑩　　　　　　(전화 :　　　　　)

　　　　주　　소　○○시 ○○구 ○○동 ○○

○○지방법원 ○○등기소 귀중

- 신청서 작성요령 -

1. 해당란이 부족할 때에는 별지를 이용합니다.
1. 해당 등기신청과 관계없는 사항에 대하여는 "해당없음"으로 기재하거나 삭제하고, 필요한 사항은 추
　가 기재합니다.

(용지규격 21cm×29.7cm)

주 ① 분사무소는 분사무소소재지에서 신청하는 경우에 한하여 기재한다.
② 등기사유란 후단의 ( )안은 분사무소소재지에서 이 등기를 신청하는 서식이다.
③ 등록면허세는 40,200원이고(지세법 제28조 1항 6호), 지방교육세는 등록면허세액의 100분의 20이다. 이를 다른 등기사항과 아울러 수개의 변경사항을 동시에 1건으로 신청하는 경우에도 그 세목이 같으면 1건분의 등록면허세만 납부한다.
④ 첨부서류 중 법인등기부등 (초)본은 분사무소소재지에서 신청하는 경우에 한하여 첨부하는 것이다. 그 경우에는 주사무소 소재지에서 신청할 때 첨부하는 등기사항을 증명하는 서면인 가족관계등록부나 주민등록표등본 대신 이 등기를 마친 후의 주사무소의 등기부등본이나 초본만 첨부하면 된다.
⑤ 위임장 첨부시 주사무소소재지에서 이사장인 이사의 성명변경의 등기를 신청할 때에는 이미 제출한 인감의 성명의 표시가 달라지게 되므로 변경된 성명으로 기재된 이사장의 인감도 제출한다.
⑥ 위임장의 첨부와 대리인의 표시는 대리인에 의하여 신청하는 경우에 한다.

□ 등기기재례

사항번호	등 기 사 항 (변 경 란)
9	20○○년 ○월 ○일 이사 ○○○의 성명(주민등록번호) 변경 이 사 ○ ○ ○ (또는 -) 20○○년 ○월 ○일 등기

四. 합병등기

법인은 시·도지사의 허가를 받아 이 법에 따른 다른 법인과 합병할 수 있다. 다만, 주된 사무소가 서로 다른 특별시·광역시·특별자치시·도·특별자치도(이하 "시·도"라 한다)에 소재한 법인 간의 합병의 경우에는 보건복지부장관의 허가를 받아야 한다. 제1항에 따라 법인이 합병하는 경우 합병 후 존속하는 법인이나 합병으로 설립된 법인은 합병으로 소멸된 법인의 지위를 승계한다(복지 제30조).

1. 흡수합병으로 인한 사회복지법인 변경등기

사회복지법인이 다른 법인을 흡수하여 합병한 때에는 존속하는 법인에서는 합병으로 인한 변경등기를 한다(복지 제30조, 민 제52조).

가. 등기신청인과 등기기간

이 등기는 대표권의 제한규정이 없는 때에는 합병 후 존속하는 법인의 이사 중 1인이 신청하고, 대표권의 제한규정이 있는 때에는 그 대표권 있는 이사가 신청한다.

등기기간은 합병으로 인하여 등기사항에 변경이 생긴 때, 즉 주무관청으로부터 합병허가를 받은 후 채권자에 대한 공고.최고기간이 만료된 익일이나 채권자의 이의가 있는 때에는 그에 대한 변제일이나 담보제공일로부터 3주간 내이다.

나. 등기사항

합병으로 인하여 소멸한 사회복지법인의 명칭과 사무소, 합병 후 자산의 총액을 등기한다. 분사무소 소재지에서는 합병연월일(주사무소에서의 합병으로 인한 변경등기일자)도 등기한다.

다. 첨부서류

이 등기를 신청할 때에는 일반적인 첨부서류 이외에 합병으로 인한 등기사항의 변경을 증명하는 서면으로서 다음 서류를 첨부한다.

1) 합병계약서

합병계약을 승인한 이사회의사록에 부속서류로 첨부되어 있는 때에는 이사회의사록 이외에 이는 별도로 첨부하지 아니하여도 무방하다.

2) 합병허가서

시·도지사 또는 보건복지부장관으로부터 합병허가를 받은 허가서나 인증있는 등본을 첨부한다.

3) 이사회의사록

존속하는 사회복지법인 및 소멸하는 사회복지법인의 각 이사회에서 합병승인을 결의한 이사회의사록과 존속하는 사회복지법인의 합병으로 인한 정관의 변경을 결의한 이사회의사록을 첨부한다.

사회복지법인의 등기신청서 첨부하는 의사록은 공증인의 인증은 받지 아니한다(공증령 제2조의3 별표 1의 83호).

4) 채권자보호절차이행증명서

사회복지법인의 채권자에 대하여 기간 내에 이의할 것을 공고 및 최고한 증명서와 이의가 있은 때에는 그 변제영수증이나 담보제공증명서, 이의가 없는 때에는 그 취지의 진술서를 첨부한다.

5) 자산총액증명서

합병 후의 자산의 총액을 증명할 수 있는 재산목록 또는 대차대조표나 이사회의사록 등을 첨부한다.

그러나 합병 후의 자산의 총액이 합병당사법인의 합병 전 자산총액의 합산액과 같은 때에는 신청서에 그 취지를 기재하고 이를 첨부하지 않아도 무방하다.

6) 소멸법인의 등기부등본

합병으로 인하여 소멸하는 법인의 명칭, 사무소, 자산의 내용 등을 확인할 수 있도록 합병으로 인하여 소멸하는 법인의 등기부등본을 첨부한다.

그러나 존속하는 법인의 주사무소 소재지 관할등기소에 소멸하는 법인의 주사무소나 분사무소의 등기가 있는 때에는 이를 첨부할 필요가 없다.

라. 등기의 신청

♣ 【서식】 합병으로 인한 사회복지법인의 변경등기신청서

(흡수합병시 존속하는 사회복지법인에서 신청하는 경우)

<table>
<tr><td colspan="6" align="center">사회복지법인 변경등기신청</td></tr>
<tr><td rowspan="2">접
수</td><td colspan="2" align="center">년   월   일</td><td rowspan="2">처리인</td><td align="center">등기관 확인</td><td align="center">각종통지</td></tr>
<tr><td colspan="2" align="center">제   호</td><td></td><td></td></tr>
</table>

<table>
<tr><td align="center">명   칭</td><td>사회복지법인 ○○원</td><td align="center">등기번호</td><td>제1000호</td></tr>
<tr><td align="center">주사무소</td><td colspan="3">○○시 ○○구 ○○동 ○</td></tr>
<tr><td align="center">등기의 목적</td><td colspan="3">합병으로 인한 사회복지법인 변경등기</td></tr>
<tr><td align="center">등기의 사유</td><td colspan="3">20○○년 1월 10일 이사회에서 ○○시 ○○구 ○○동 ○○번지 사회복지법인 ○○원을 흡수합병하기로 결의하고. 20○○년 1월 25일 주무관청의 허가를 받아 20○○년 4월 20일 공고와 최고의 절차를 종료하였으므로(…종료하고 20○○년 5월 10일 주사무소 소재지 관할등기소에서 등기를 하였으므로 이 등기소에서) 다음과 같이 변경등기를 구함.</td></tr>
<tr><td align="center">허가서도착연월일</td><td colspan="3">20○○년 ○월 ○일</td></tr>
<tr><td align="center">분사무소</td><td colspan="3">○○시 ○○구 ○○동 ○</td></tr>
<tr><td colspan="4" align="center">등기할 사항</td></tr>
<tr><td colspan="4">목 적 ……다음 사업을 행한다.
　　(1) ……시설의 설치.운영
　　(2) ……시설의 설치.운영
　　(3) ……시설의 설치.운영
　　(4) ……시설의 설치.운영
자산총액 : 금○○○○○원</td></tr>
<tr><td align="center">기   타</td><td colspan="3"></td></tr>
</table>

등록면허세	금 원	지방교육세	금 원	농어촌특별세	금 원
세 액 합 계	금 원	등기신청수수료	금 원		
등기신청수수료 납부번호					
과세표준액	금 원				

첨　부　서　면

1. 합병계약서　　　　　　　　1통	1. 변제영수증(담보제공증명서)	
1. 의사회의사록　　　　　　　1통	또는 이의없다는 진술서　　1통	
1. 공고 및 최고증명서　　　　1통	1. 재산목록　　　　　　　　　1통	
1. 주무관청의 허가서(또는	1. 등록면허세영수필확인서　　1통	
인증있는 허가서등본)　　1통	1. 등기신청수수료영수필확인서　1통	
1. 법인등기부등(초)본(존속법인분)　1통	1. 위임장(대리인이 신청할 경우)　1통	
1. 법인등기부등(초)본(소멸법인분)　1통	<기타>	

20○○년 ○월 ○일

신청인 명　　칭　사회복지법인 ○○

　　　　주사무소　○○시 ○○구 ○○동 ○○

대표자 성　　명　이사장 ○ ○ ○ ㊞　　　　(전화 :　　　　)

　　　　주　　소　○○시 ○○구 ○○동 ○○

대리인 성　　명　법무사 ○ ○ ○ ㊞　　　　(전화 :　　　　)

　　　　주　　소　○○시 ○○구 ○○동 ○○

○○지방법원 ○○등기소 귀중

- 신청서 작성요령 -

1. 해당란이 부족할 때에는 별지를 이용합니다.
1. 해당 등기신청과 관계없는 사항에 대하여는 "해당없음"으로 기재하거나 삭제하고, 필요한 사항은 추가 기재합니다.

(용지규격 21cm×29.7cm)

주 ① 분사무소는 분사무소 소재지에서 신청하는 경우에 한하여 기재한다.

② 등기사유란 중 공고와 최고절차를 종료한 일자는 공고와 최고기간의 만료일 익일 또는 채권자의 이의가 있는 경우에는 그에 대한 변제일자나 담보제공일자 등을 기재한다. 후단의 ( )안은 분사무소 소재지에서 이 등기를 신청하는 경우의 서식이다.

③ 등기할 사항 중 자산의 총액란에는 합병 후 존속하는 법인의 변경된 자산의 총액을 기재한다.

④ 허가서도착일은 보건복지부장관의 합병허가서가 도착한 일자를 기재한다. 그러나 여기서는 이 일자로부터 등기기간을 기산하는 것이 아니라, 채권자에 대한 공고.최고절차를 종료한 때인 공고.최고기간만료 익일이나 채권자의 이의가 있는 때에는 그에 대한 변제일이나 담보제공일로부터 등기기간을 기산한다.

⑤ 과세표준은 합병으로 인하여 증가한 자산금액을 기재한다.

⑥ 등록면허세는 과세표준금(새로 증가한 자산금액)의 1000분의 2, 대도시 내 설립 또는 전입 후 5년 내에는 그 3배(지세 제28조 1항 6호, 제2항)이나 세액이 112,500원 미만인 때에는 112,500원으로 하며, 지방교육세는 등록면허세액의 100분이 20이다.

⑦ 합병동의를 결의한 합병당사자인 각 사회복지법인의 이사회의사록과 합병으로 인한 정관변경을 결의한 존속하는 사회복지법인의 이사회의사록을 첨부한다. 이 의사록은 공증인의 인증대상에서 제외된다(공증령 제2조의3 별표 1의 83호).

⑧ 합병 후의 자산의 총액을 증명하는 재산목록 등을 첨부할 것이나 합병 후의 자산의 총액이 합병당사자인 사회복지법인의 합병 전 자산총액의 합산액과 동일할 때에는 이를 첨부하지 아니할 수 있다.

⑨ 존속하는 사회복지법인의 주사무소관내에 소멸하는 사회복지법인의 주사무소나 분사무소의 등기가 있는 때에는 소멸법인의 등기부등본의 첨부를 생략할 수 있다.

⑩ 존속법인등기부등본은 분사무소 소재지에서 신청하는 경우에 한하여 첨부하는 것이다. 그 경우에는 주사무소 소재지에서 신청할 때 첨부하는 증명 서류들 대신 이 등기를 마친 후의 주사무소의 등기부등본이나 초본만 첨부하면 된다.

⑪ 이 등기는 합병 후 존속하는 법인의 대표권제한규정이 없는 경우에는 그 법인의 이사 중 1인이 신청하고, 그 제한규정이 있는 경우에는 대표권 있는 이사가 신청하여야 한다.

⑫ 위임장의 첨부와 대리인의 표시는 대리인에 의하여 신청하는 경우에 한한다.

♣ 【서식】 합병계약서

합병계약서

　사회복지법인 ○○원(이하'갑'이라 한다)과 사회복지법인 ○○원(이하 '을'이라 한다)이 합병하기 위하여 다음과 같이 계약을 체결한다.

제1조 '갑'은'을'을 합병하여 존속하고'을'은 이에 따라 해산한다.

제2조 '갑'은 합병에 의하여 자산 금 ○○○원을 증가시켜 그 총액을 금 ○○ ○○○원으로 한다.

제3조 '갑'은'을'의 20○○년 1월 5일 현재의 대차대조표 및 재산목록을 기초로 하여 이후 합병기일까지 사이의 수입지출을 가감하여 합병기일에 있어서의'을'의 권리의무 일체를 승계하기로 한다.

제4조 합병기일은 20○○년 ○월 ○일로 한다. 다만, 위 기일까지 합병에 필요한 절차를 종료하지 못한 때에는'갑','을'의 대표이사간의 협의에 의하여 위 기일을 연기할 수 있다.

제5조 '갑', '을'은 본 계약체결 후 그 소유에 속하는 일체의 재산을 최선의 주의로써 관리하고 새로운 의무의 부담, 기타 중요한 거래에 대해서는 미리 상대방의 동의를 받아야 한다.

제6조 합병 후'을'의 해산에 관한 비용은'갑'이 부담한다.

제7조 합병당시의'을'의 직원은'갑'이 전부 계속 채용한다.

제8조 '갑'과'을'은 본 계약의 승인과 합병에 필요한 의결을 받기 위하여 20 ○○년 1월 10일 이사회를 소집하기로 한다.

제9조 본 계약에 규정하지 아니한 합병에 관하여 필요한 사항은 본 계약취지에 반하지 않는 범위 내에서'갑', '을'의 대표이사간의 협의에 따라 이를 집행한다.

제10조 본 계약은'갑', '을'의 이사회의 합병승인결의를 거쳐 주무관청의 합병허가를 받은 날부터 효력이 생기는 것으로 한다.

위 계약을 확실히 하기 위하여 본 약정서 2통을 작성하여'갑','을'은 각기 1통씩 소지 보관한다.

20○○년 ○월 ○일

'갑' 사회복지법인 ○○원
○○시 ○○구 ○○동 ○○번지
대표이사 ○ ○ ○ ㊞
'을' 사회복지법인 ○○원
○○시 ○○구 ○○동 ○○번지
대표이사 ○ ○ ○ ㊞

2. 신설합병으로 인한 사회복지법인 설립등기

2개 이상의 사회복지법인이 합병으로 인하여 해산하고 새로운 사회복지법인이 설립한 때에는 합병으로 인한 사회복지법인 설립등기를 한다.

가. 등기신청인과 등기기간

이 등기는 합병으로 인하여 새로 설립되는 사회복지법인의 이사 전원이 공동으로 신청한다.

등기기간은 주무관청의 합병설립허가를 받은 날로부터 3주간 내이다.

나. 등기사항

통상의 설립등기사항과 그 외에, 각 소멸법인의 명칭 및 사무소와 합병취지를 등기한다.

다. 첨부서류

일반적인 첨부서류 외에 다음의 서류를 첨부한다.

1) 합병계약서

합병당사법인의 대표자간에 작성한 합병계약서를 첨부한다. 그러나 합병계약을 승인한 이사회의사록에 부속서류로서 첨부되어 있는 경우에는 이사회의사록 이외에 이를 별도로 첨부할 필요가 없다.

2) 합병허가서

시·도지사로부터 합병허가를 받은 허가서나 인증있는 등본을 첨부한다.

3) 이사회의사록

소멸하는 각 법인의 이사회에서 합병승인을 결의하고 설립위원을 선임한 이사회의사록을 첨부한다.

이 의사록은 공증인의 인증이 필요없다(공증령 제2조의3 별표 1의 83호).

4) 정 관

새로 설립하는 사회복지법인의 정관을 첨부한다.

5) 채권자보호절차이행증명서

각 사회복지법인의 채권자에 대하여 기간 내에 이의할 것을 공고 및 최고를 한 증명서와 이의가 있은 때에는 그 변제영수증이나 담보제공증명서, 이의가 없는 때에는 그 취지의 진술서 등을 첨부한다.

6) 자산총액증명서

새로 설립되는 사회복지법인의 자산의 총액을 증명할 수 있는 재산목록이나 대차대조표 또는 그러한 서류 등이 첨부되어 있는 이사회의사록을 첨부한다.

다만, 신설되는 사회복지법인의 자산의 총액이 합병당사 법인의 합병 전 자산총액의 합산액과 같은 경우에는 신청서에 그 취지를 기재하고 이를 따로 첨부하지 아니할 수 있다.

7) 이사와 자격증명서

새로 설립되는 사회복지법인의 이사의 자격을 증명하는 서면도 첨부할 것이나, 설립당초의 이사는 정관으로 정하는 것이 대부분이므로 이 때에는 신청서에 그 기재를 원용하는 취지를 기재하면 된다.

8) 소멸법인의 등기부등본

합병으로 인하여 소멸하는 법인의 명칭, 사무소, 자산의 내용 등을 확인할 수 있도록 합병으로 인하여 소멸하는 법인의 등기부등본을 첨부한다.

그러나 새로 설립하는 사회복지법인의 주사무소 소재지 관할등기소에 소멸하는 법인의 주사무소나 분사무소의 등기가 있을 경우에는 그 법인의 등기부등본의 첨부는 생략할 수 있다.

9) 이 외에 신설 사회복지법인의 이사 전원의 인감도 제출하여야 한다.

라. 등기의 신청

♣ 【서식】 합병으로 인한 사회복지법인의 설립등기신청서

(신설합병시 새로 설립하는 사회복지법인에서 신청하는 경우)

<table>
<tr><td colspan="5" align="center">합병으로 인한 사회복지법인 설립등기신청</td></tr>
<tr><td rowspan="2">접
수</td><td colspan="2" align="center">년　월　일</td><td rowspan="2">처리인</td><td>등기관 확인</td><td>각종통지</td></tr>
<tr><td colspan="2" align="center">제　　　　호</td><td></td><td></td></tr>
</table>

<table>
<tr><td>명　　　칭</td><td>사회복지법인 ○○원</td><td>등기번호</td><td>제1000호</td></tr>
<tr><td>주 사 무 소</td><td colspan="3">○○시 ○○구 ○○동 ○○</td></tr>
<tr><td>등기의 목적</td><td colspan="3">합병으로 인한 사회복지법인의 설립</td></tr>
<tr><td>등기의 사유</td><td colspan="3">○○시 ○○구 ○○동 ○○번지의 사회복지법인 ○○원과 ○○시 ○○구 ○○동 ○○번지의 사회복지법인 ○○원이 합병하여 사회복지법인 ○○원을 설립하기 위하여 20○○년 1월 10일 각 이사회에서 각기 합병을 의결하고 설립위원을 선임하여 정관을 작성하고 20○○년 1월 25일 주무관청의 허가를 받아 20○○년 5월 10일 공고와 최고의 절차를 종료하였으므로 다음 사항의 등기를 구함.</td></tr>
<tr><td>허가서도착연월일</td><td colspan="3">20○○년 ○월 ○일</td></tr>
<tr><td colspan="4" align="center">등기할 사항</td></tr>
<tr><td>명　　　칭</td><td colspan="3">사회복지법인 ○○원</td></tr>
<tr><td>주 사 무 소</td><td colspan="3">○○시 ○○구 ○○동 ○</td></tr>
<tr><td>이사, 감사의 성명,
주민등록번호 및
주소</td><td colspan="3">이사　○ ○ ○ (　　　-　　　)
　　　○○시 ○○구 ○○동 ○
이사　○ ○ ○ (　　　-　　　)
　　　○○시 ○○구 ○○동 ○
이사　○ ○ ○ (　　　-　　　)
　　　○○시 ○○구 ○○동 ○
감사　○ ○ ○ (　　　-　　　)
　　　○○시 ○○구 ○○동 ○
감사　○ ○ ○ (　　　-　　　)
　　　○○시 ○○구 ○○동 ○</td></tr>
</table>

이사장의 성명과 주소, 주민등록번호	이사장 ○ ○ ○ (-) ○○시 ○○구 ○○동 ○
이사의 대표권에 대한 제한	이사장 ○○○ 이외에는 대표권이 없음
목 적	○○○○○○○○○
분사무소	
설립허가연월일	20○○년 ○월 ○일
존립기간 또는 해산사유	○○○○○○
자산의 총액	금○○○○○○원
출자의 방법	○○○○○○
기 타	

등록면허세	금	원	지방교육세	금	원	농어촌특별세	금	원
세 액 합 계	금			원	등기신청수수료	금		원
등기신청수수료 납부번호								
과세표준액	금			원				

첨　부　서　면

1. 합병계약서	1통	1. 이사자격증명서	1통
1. 합병허가서	1통	1. 법인등기부등(초)본	1통
1. 정관	1통	1. 재산목록	1통
1. 이사회의사록	1통	1. 등록면허세영수필확인서	1통
1. 변제영수증(담보제공증명서)		1. 등기신청수수료영수필확인서	1통
또는 이의없다는 진술서	1통	1. 위임장(대리인이 신청할 경우)	1통
		<기타>	

20○○년 ○월 ○일

신청인 명　　칭　사회복지법인 ○○

　　　　주사무소　○○시 ○○구 ○○동 ○○

대표자 성　　명　이사장 ○ ○ ○ ㊞　　　　(전화 :　　　　　)

　　　　주　　소　○○시 ○○구 ○○동 ○○

대리인 성　　명　법무사 ○ ○ ○ ㊞　　　　(전화 :　　　　　)

　　　　주　　소　○○시 ○○구 ○○동 ○○

○○지방법원 ○○등기소 귀중

- 신청서 작성요령 -

1. 해당란이 부족할 때에는 별지를 이용합니다.
1. 해당 등기신청과 관계없는 사항에 대하여는 "해당없음"으로 기재하거나 삭제하고, 필요한 사항은 추가 기재합니다.

(용지규격 21cm×29.7cm)

주 ① 등기사유란의 공고와 최고절차를 종료한 일자는 공고와 최고기간의 만료일 익일 또는 채권자의 이의가 있은 때에는 그에 대한 변제일자나 담보제공일자 등을 기재한다.
② 여기서는 허가서도착일자가 등기기간의 기산일이 아니라 채권자에 대한 공고.최고절차를 종료한 때인 공고.최고기간만료일 익일이나 이의가 있는 때에는 그에 대한 변제일 또는 담보제공일이 등기기간의 기산일이 된다.
③ 과세표준은 자산의 총액을 기재한다.
④ 등록면허세는 과세표준금(자산의 총액)의 1000분의 2, 대도시에서는 그 3배(지세 제28조 1항 6호, 제2항)이며, 지방교육세는 등록면허세액의 100분이 20이다.
⑤ 첨부서류 중 이사회의사록은 합병당사자인 각 사회복지법인의 이사회에서 합병동의를 결의하고 설립사무담당자(설립위원)의 선임을 결의한 이사회의사록을 첨부한다.
⑥ 이사의 자격을 증명하는 서면으로서 그 선임서 등을 첨부할 것이나 설립당초의 이사는 정관으로 정하므로 이를 따로 첨부할 필요가 없다. 다만, 그 경우에도 취임승낙서는 별도로 첨부한다.
⑦ 자산의 총액을 증명하는 재산목록을 첨부할 것이나 합병당사자인 사회복지법인의 합병 전 자산총액의 합산액과 동일할 때에는 이를 첨부하지 아니한다.
⑧ 합병으로 인하여 소멸하는 각 사회복지법인의 명칭.사무소.자산 등을 확인하기 위하여 각 소멸법인의 등기부등본을 첨부해야 할 것이나, 새로 설립하는 사회복지법인의 주사무소 관내에 소멸하는 사회복지법인의 주사무소나 분사무소의 등기가 있는 때에는 등기부등본의 첨부를 생략할 수 있다.
⑨ 이 등기는 합병으로 인하여 새로 설립되는 사회복지법인의 이사장이 신청해야 한다.
⑩ 위임장의 첨부와 대리인의 표시는 대리인에 의하여 신청하는 경우에 한한다.

3. 합병으로 인한 사회복지법인 해산등기

사회복지법인이 합병으로 인하여 다른 사회복지법인에 흡수되거나 새로운 사회복지 법인을 설립하여 소멸하게 된 경우에는 해산등기를 한다. 이때는 청산절차가 필요없이 합병으로 인한 변경등기나 설립등기를 한 때에 당연히 법인이 소멸하게 된다.

합병으로 인한 해산등기는 합병으로 인한 변경등기나 설립등기를 한 후 또는 적어도 그와 동시에 해야 할 것이다.

가. 등기신청인과 등기기간

이 등기는 합병으로 인하여 해산하는 당해 법인의 대표권의 제한이 없는 때에는 그 법인의 이사 중의 1인이 신청하고 대표권의 제한이 있는 때에는 대표권 있는 이사가 신청하여야 한다.

등기기간은 합병으로 인한 변경등기나 설립등기와 같은 기간 내이다.

나. 등기사항

존속 또는 신설되는 법인의 명칭과 사무소 및 합병으로 인하여 해산한 취지와 그 연월일을 등기하며, 신설합병의 경우에는 합병으로 인하여 함께 소멸한 다른 법인의 명칭과 사무소도 기재해야 한다.

여기서 해산연월일은 존속하는 법인의 변경등기나 신설하는 법인의 설립등기 일자를 기재한다.

다. 첨부서류

1) 합병계약서

2) 합병허가서

3) 이사회의사록

합병으로 인하여 소멸하는 당해 사회복지법인의 이사회에서 합병승인을 결의한 이사회의사록을 첨부한다.

4) 채권자보호절차이행증명서

5) 존속 또는 신설하는 법인의 등기부등본

소멸하는 법인의 관할등기소에 존속 또는 신설하는 법인의 주사무소나 분사무소의 등기가 있는 때에는 첨부를 생략할 수 있다.

라. 등기의 신청

♣ 【서식】 합병으로 인한 사회복지법인의 해산등기신청서

<table>
<tr><td colspan="7" align="center">합병으로 인한 사회복지법인 해산등기신청</td></tr>
<tr><td rowspan="2">접
수</td><td colspan="2" align="center">년　　월　　일</td><td rowspan="2">처리인</td><td>등기관 확인</td><td>각종통지</td></tr>
<tr><td colspan="2" align="center">제　　　　　호</td><td></td><td></td></tr>
</table>

명　　칭	사회복지법인 ○○원	등기번호	제1000호
주사무소	○○시 ○○구 ○○동 ○		
등기의 목적	합병으로 인한 사회복지법인 해산등기		

등기의 사유	<경우1> 합병으로 인한 해산의 경우 20○○년 1월 10일 이사회의 의결을 거쳐 20○○년 1월 25일 주무관청의 허가를 받아 20○○년 4월 20일 공고와 최고의 절차를 종료하고 20○○년 5월 5일 ○○시 ○○구 ○○동 ○○번지 사회복지법인 ○○원과 합병하고 해산하였으므로(…해산하여 20○○년 5월 10일 주사무소 소재지 관할등기소에서 그 등기를 하였으므로 이 등기소에서) 다음 사항의 등기를 구함. <경우2> 신설합병으로 인한 해산의 경우 20○○년 ○월 ○일 이사회의 의결을 거쳐 20○○년 ○월 ○일 주무관청의 허가를 받아, 20○○년 ○월 ○일 공고와 최고의 절차를 종료하고 20○○년 ○월 ○일 ○○시 ○○구 ○○동 ○○번지 사회복지법인 △△원과 합병하여 ○○시 ○○구 ○○동 ○○번지 사회복지법인 ○○원을 설립하고 해산하였으므로(…해산하여 20○○년 ○월 ○일 주사무소 소재지 관할등기소에서 그 등기를 하였으므로 이 등기소에서) 다음 사항의 등기를 구함.
허가서도착연월일	20○○년 ○월 ○일
분사무소	○○시 ○○구 ○○동 ○

등기할 사항
<경우1> 합병으로 인한 해산의 경우 20○○년 4월 30일 ○○시 ○○구 ○○동 ○○번지 사회복지법인 ○○원과 합병하고 해산   <경우2> 신설합병으로 인한 해산의 경우 20○○년 ○월 ○일 ○○시 ○○구 ○○동 ○○번지 사회복지법인 △△원과 합병하여 ○○시 ○○구 ○○동 ○○번지 사회복지법인 ○○원을 설립하고 해산

기　　타	

등록면허세	금 원	지방교육세	금 원	농어촌특별세	금 원
세 액 합 계	금 원		등기신청수수료	금 원	
등기신청수수료 납부번호					
과세표준액	금 원				

첨 부 서 면	
1. 합병계약서 1통	1. 공고 및 최고를 한 증명서 1통
1. 의사회의사록 1통	1. 변제영수증(담보제공증명서) 또는 이의없다는 진술서 1통
1. 주무관청의 허가서(또는 인증있는 허가서등본) 1통	1. 등록면허세영수필확인서 1통
1. 법인등기부등(초)본(주사무소) 1통	1. 등기신청수수료영수필확인서 1통
1. 법인등기부등본(존속, 소멸, 신설법인분) 1통	1. 위임장(대리인이 신청할 경우) 1통
	<기타>

20○○년 ○월 ○일

신청인 명 칭 사회복지법인 ○○
주사무소 ○○시 ○○구 ○○동 ○○
대표자 성 명 이사장 ○ ○ ○ ㊞ (전화 :)
주 소 ○○시 ○○구 ○○동 ○○
대리인 성 명 법무사 ○ ○ ○ ㊞ (전화 :)
주 소 ○○시 ○○구 ○○동 ○○

○○지방법원 ○○등기소 귀중

- 신청서 작성요령 -

1. 해당란이 부족할 때에는 별지를 이용합니다.
1. 해당 등기신청과 관계없는 사항에 대하여는 "해당없음"으로 기재하거나 삭제하고, 필요한 사항은 추가 기재합니다.

(용지규격 21cm×29.7cm)

주 ① 분사무소는 분사무소 소재지에서 신청하는 경우에 한하여 기재한다.

② 등기사유란의 (   )안은 분사무소 소재지에서 이 등기를 신청하는 경우의 서식이다.

③ 등기할 사항 중 해산한 연월일은 합병 후 존속하는 법인의 변경등기일자나 합병으로 인하여 신설되는 법인의 설립등기일자를 기재한다.

④ 등록면허세는 40,200원이고(지세법 제28조 1항 6호), 지방교육세는 등록면허세액의 100분의 20이다.

⑤ 첨부서류 중 법인등기부등본은 분사무소소재지에서 이 등기를 신청하는 경우에 한하여 첨부하는 것으로서 그 경우에는 각 증명서류 대신 이 등기를 마친 후의 주사무소의 등기부등본만 첨부하면 된다.

⑥ 이 등기는 해산하는 당해 법인의 대리권의 제한이 없는 때에는 이사 중의 1인이 신청하고 그 제한이 있는 때에는 대표권 있는 이사가 신청한다.

⑦ 위임장의 첨부와 대리인의 표시는 대리인에 의하여 신청하는 경우에 한한다.

□ 등기기재례

■ 흡수합병으로 인한 해산의 경우

사항번호	등 기 사 항 (변 경 란)
10	해산의 사유 및 연월일 20○○년 ○월 ○일 ○○시 ○○구 ○○동 ○○번지 사회복지법인 ○○원과 합병하고 해산 20○○년 ○월 ○일 등기

♣ 【서식】 사회복지법인 합병허가 신청서

사회복지법인 합병허가 신청서

(앞쪽)

접수번호	접수일	허가일	처리기간	보건복지부: 22일 시·도: 17일

신청인 (대표자)	성명		생년월일
	주소		전화번호

법인	법인의 명칭	
	주된 사무소의 소재지	전화번호
	합병 목적	
	사업의 종별	

자산	기본 재산	목적 사업 용	종류	규모	평가액 (천원)	연간수익액 (천원)	출연자
			계				
		수익 용					
			계				
	보통 재산		종류		수량		가액(천원)

임직원	임원	직위	임기	성명	생년월일	주소
	직원	총인원 명		사회복지사자격증 소지자 수 명		

「사회복지사업법」 제30조, 같은 법 시행령 제11조 및 같은 법 시행규칙 제19조제1항에 따라 사회복지법인의 합병허가를 신청합니다.

년   월   일

신청인

(서명 또는 인)

보건복지부장관
시·도지사   귀하

(뒤쪽)

신청인 (대표자) 제출서류	1. 합병 후 존속하는 법인의 경우 　가. 관계법인의 합병결의서·정관·재산목록 및 재무상태표 각 1부 　나. 정관변경안 1부 　다. 사업계획서 및 예산서 각 1부 　라. 재산의 소유를 증명할 수 있는 서류 각 1부(행정정보의 공동이용을 통하여 소유권에 　　　대한 정보를 확인할 수 있는 경우에는 그 확인으로 첨부서류를 갈음합니다) 　마. 재산의 평가조서 1부(감정평가업자의 감정평가서를 첨부하되, 개별공시지가 확인서로 　　　첨부서류에 대한 정보를 확인할 수 있는 경우에는 그 확인으로 첨부서류를 갈음합니다) 　바. 재산의 수익조서 1부(수익용 기본재산을 갖춘 경우에만 첨부하며, 공인된 감정평가기 　　　관의 수익증명 또는 수익을 증명할 수 있는 기관의 증빙서류를 첨부하여야 합니다) 2. 합병에 의하여 새로이 설립되는 법인의 경우 　가. 합병취지서·재산목록 및 재무상태표 각 1부 　나. 합병 해당 연도 및 다음 연도의 사업계획서 및 예산서 각 1부 　다. 「사회복지사업법 시행규칙」 제7조제2항제2호부터 제9호까지의 서류 각 1부	수수료 없음
담당 공무원 확인사항	1. 건물등기부 등본 2. 토지등기부 등본 3. 개별공시지가 확인서	

처리 절차

이 신청서는 아래와 같이 처리됩니다.

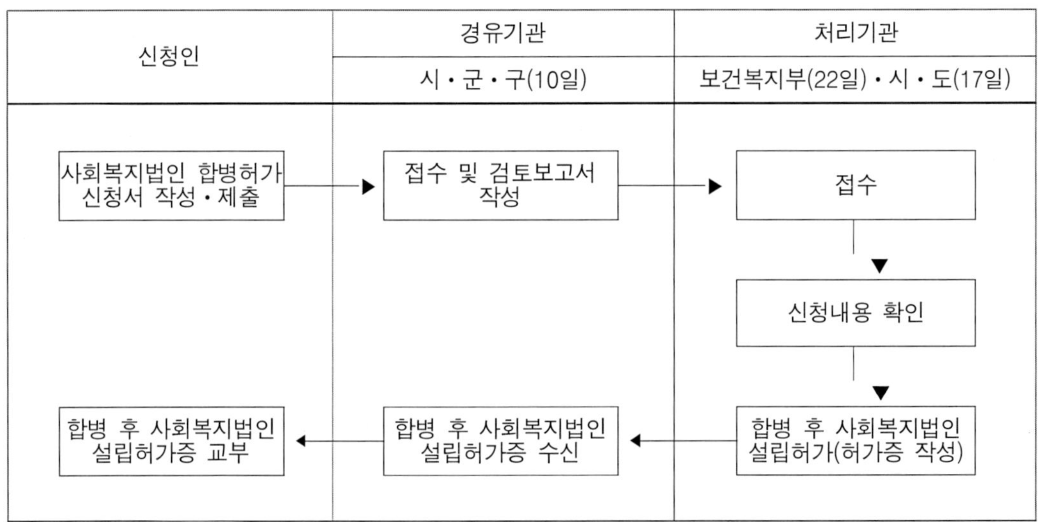

五. 해산과 청산에 관한 등기

1. 해산 및 청산인취임등기

♣ 【서식】 사회복지법인 해산 및 청산인취임의 등기신청서

(해산등기 및 청산인취임등기를 1건으로 신청하는 경우)

<table>
<tr><td colspan="6" align="center">사회복지법인 해산 및 청산인취임 등기신청</td></tr>
<tr><td rowspan="2">접
수</td><td colspan="2">년 　 월 　 일</td><td rowspan="2">처리인</td><td>등기관 확인</td><td>각종통지</td></tr>
<tr><td colspan="2">제 　 　 　 호</td><td></td><td></td></tr>
</table>

명　　칭	사회복지법인 ○○원	등기번호	제1000호
주사무소	○○시 ○○구 ○○동 ○		
등기의 목적	해산 및 청산인취임 등기		

등기의 사유	
	(1) 20○○년 1월 15일 이사회에서 해산을 결의하고 20○○년 1월 20일 주무관청의 허가를 얻어 해산하였으므로(…해산하여 20○○년 1월 25일 주사무소 소재지 관할등기소에서 그 등기를 하였으므로 이 등기소에서) 다음 사항의 등기를 구함. [유례] 20○○년 1월 15일 존립기간 만료로(또는 ① 정관에 정한 어떠어떠한 해산사유 발생으로, ② 목적달성으로, ③ 목적달성 불능으로, ④ 설립허가취소로) 해산하였으므로 (…해산하여 20○○년 1월 25일 주사무소 소재지 관할등기소에서 그 등기를 하였으므로 이 등기소에서) 다음 사항의 등기를 구함. (2) 20○○년 1월 15일 이사회에서 다음 사람이 청산인으로 선임되어 같은 날 취임하고(또는 20○○년 ○월 ○일 ① 정관에 정하여진, ② 이사였던 다음 사람이 청산인으로 취임하고) 20○○년 1월 20일 청산인회에서 청산인 ○○○가 대표권 있는 청산인으로 선임되어 같은 날 취임하였으므로 (…취임하여 20○○년 1월 25일 주사무소 소재지 관할등기에서 등기를 하였으므로 이 등기소에서) 그 등기를 구함.

허가서도착연월일	20○○년 ○월 ○일
분사무소	○○시 ○○구 ○○동 ○
등기할 사항	

(1) 20○○년 1월 15일
   이사회결의로 해산
(2) 청산인 ○　○　○(　　　－　　　)
　　청산인 ○　○　○(　　　－　　　)
　　청산인 ○　○　○(　　　－　　　)
　　청산인 ○　○　○
　　　　　○○시 ○○구 ○○동 ○○번지
　　　　외에는 대표권이 없음.

| 기　　타 | |

등록면허세	금	원	지방교육세	금	원	농어촌특별세	금	원
세 액 합 계	금		원	등기신청수수료	금			원
등기신청수수료 납부번호								

<table>
<tr><td colspan="4" align="center">첨 부 서 면</td></tr>
<tr><td>1. 또는 이사회의사록</td><td>1통</td><td>1. 설립허가취소서(또는 통지서)</td><td>1통</td></tr>
<tr><td>1. 주무관청의 허가서(또는
　인증있는 허가서등본)</td><td>1통</td><td>1. 청산인회의사록</td><td>1통</td></tr>
<tr><td></td><td></td><td>1. 등록면허세영수필확인서</td><td>1통</td></tr>
<tr><td>1. 정관</td><td>1통</td><td>1. 등기신청수수료영수필확인서</td><td>1통</td></tr>
<tr><td>1. 법인등기부등(초)본</td><td>1통</td><td>1. 위임장(대리인이 신청할 경우)</td><td>1통</td></tr>
<tr><td>1. 취임승낙서</td><td>1통</td><td><기타></td><td></td></tr>
</table>

20○○년 ○월 ○일

신청인 명　　칭　사회복지법인 ○○
　　　　주사무소　○○시 ○○구 ○○동 ○○
대표자 성　　명　청산인 ○ ○ ○ ㉶　　　　(전화 :　　　　　)
　　　　주　　소　○○시 ○○구 ○○동 ○○
대리인 성　　명　법무사 ○ ○ ○ ㉶　　　　(전화 :　　　　　)
　　　　주　　소　○○시 ○○구 ○○동 ○○

○○지방법원 ○○등기소 귀중

- 신청서 작성요령 -
1. 해당란이 부족할 때에는 별지를 이용합니다.
1. 해당 등기신청과 관계없는 사항에 대하여는 "해당없음"으로 기재하거나 삭제하고, 필요한 사항은
　추가 기재합니다.

(용지규격 21cm×29.7cm)

주 ① 분사무소는 분사무소 소재지에서 신청하는 경우에 한하여 기재한다.
② 사회복지법인은 정관에 규정이 있는 때에는 이사회의 결의에 의해서도 해산할 수 있을 것이다. 등기사유란 후단의 ( )안은 분사무소에서 신청하는 경우의 내용이다.
③ 허가서도착연월일은 정관에 이사회에서 해산을 결의하고 주무관청의 허가를 얻어 해산할 수 있다는 규정에 따라 해산한 때에 한하여 기재한다.
④ 등록면허세는 40,200원이고(지세법 제28조 1항 6호), 지방교육세는 등록면허세액의 100분의 20이다. 이 등기와 아울러 수개의 등기사항을 동시에 1건으로 신청하는 때에는 세목이 같은 경우에는 1건분의 등록면허세만 납부한다.
⑤ 첨부서류 중 이사회의사록은 이사회에서 해산을 결의한 경우의 해산결의, 목적달성 또는 달성불능으로 해산한 경우의 그 목적달성 또는 달성불능사실을 확인하는 결의, 청산인을 선임한 결의 등을 증명하는 서면으로서 첨부한다.
⑥ 이사회에서 해산을 결의하고 주무관청의 허가를 얻어 해산한 경우에 한하여 그 허가서나 허가관청의 인증있는 등본을 첨부한다.
⑦ 설립허가취소서는 주무관청의 설립허가취소로 해산한 경우에 한하여 첨부한다.
⑧ 청산인회의사록은 대표권 있는 청산인의 자격을 증명하는 서면으로서 첨부한다.
⑨ 취임승낙서는 피선자의 취임승낙취지의 기재가 있고 피선자의 기명 날인이 있는 의사록을 첨부한 경우에는 그 의사록의 기재를 원용하여 첨부를 생략할 수 있다.
⑩ 법인등기부등(초)본은 분사무소 소재지에서 신청하는 경우에 한하여 첨부하는 것으로서 그 경우에는 주사무소 소재지에서 신청할 때 첨부하는 등기사항을 증명하는 서면을 모두 다시 첨부할 필요가 없고 그 등기를 마친 후의 주사무소의 법인등기부등본이나 초본만 첨부하면 된다.
⑪ 위임장 이외에 등기신청인인 청산인의 인감도 제출한다.
⑫ 이 등기는 청산인이 신청하되 청산인이 수인인 경우에는 그 전원이 신청할 것이다.
⑬ 위임장의 첨부와 대리인의 표시는 대리인에 의하여 신청하는 경우에 한한다.

2. 청산인의 변경
♣ 【서식】 사회복지법인 청산인의 변경등기신청서
(청산인이 경질되거나 대표권제한규정이 변경된 경우)

<table>
<tr><td colspan="5" align="center">사회복지법인 청산인 변경등기신청</td></tr>
<tr><td rowspan="2">접
수</td><td colspan="2" align="center">년   월   일</td><td rowspan="2">처리인</td><td>등기관 확인</td><td>각종통지</td></tr>
<tr><td colspan="2" align="center">제   호</td><td></td><td></td></tr>
</table>

<table>
<tr><td>명   칭</td><td>사회복지법인 ○○원</td><td>등기번호</td><td>제1000호</td></tr>
<tr><td>주사무소</td><td colspan="3">○○시 ○○구 ○○동 ○</td></tr>
<tr><td>등기의 목적</td><td colspan="3">청산인(대표권제한규정) 변경등기</td></tr>
<tr><td>등기의 사유</td><td colspan="3"><경우1> 청산인 경질의 경우
청산인 ○○○는 20○○년 1월 10일 사임(사망)하고 20○○년 1월 20일 청산인회에서 다음 사람이 청산인으로 선임되어 같은 날 취임하였으므로(…취임하여 20○○년 1월 25일 주사무소 소재지 관할등기소서 등기를 하였으므로 이 등기소에서) 그 등기를 구함.

<경우2> 대표권제한규정 변경의 경우
20○○년 1월 15일 대표권 있는 청산인 ○○○는 청산인직을 사임하고 20○○년 1월 25일 청산인회에서 ○○○이 청산인으로 선임되어 같은 날 취임하고 20○○년 1월 30일 청산인회에서 ○○○이 대표권 있는 다음 청산인으로 선임되어 같은 날 취임함에 따라 청산인 및 대표권의 제한규정이 다음과 같이 변경되었으므로(…변경되어 20○○년 2월 5일 주사무소 소재지 관할등기소서 등기를 하였으므로 이 등기소에서) 그 등기를 구함.</td></tr>
<tr><td>허가서도착연월일</td><td colspan="3">20○○년 ○월 ○일</td></tr>
<tr><td>분사무소</td><td colspan="3">○○시 ○○구 ○○동 ○</td></tr>
</table>

등기할 사항

<경우1> 청산인 경질의 경우
청산인 ○ ○ ○(-   )
        ○○시 ○○구 ○○동 ○○번지
 	
<경우2> 대표권제한규정 변경의 경우
청산인 ○ ○ ○(-   )
청산인 ○ ○ ○
        ○○시 ○○구 ○○동 ○○번지
외에는 대표권이 없음.

기 타	

등록면허세	금	원	지방교육세	금	원	농어촌특별세	금	원
세 액 합 계	금		원	등기신청수수료	금			원
등기신청수수료 납부번호								

<table>
<tr><td colspan="2" align="center">첨　　부　　서　　면</td></tr>
<tr><td>
1. 청산인회의사록　　　　　　1통
1. 주무관청의 허가서(또는
　　인증있는 허가서등본)　　1통
1. 취임승낙서　　　　　　　　1통
1. 법인등기부등(초)본　　　　1통
</td><td>
1. 사임서(사망진단서)　　　　1통
1. 등록면허세영수필확인서　　1통
1. 등기신청수수료영수필확인서　1통
1. 위임장(대리인이 신청할 경우)　1통
<기타>
</td></tr>
</table>

20○○년 ○월 ○일

신청인 명　　칭　사회복지법인 ○○
　　　　주사무소　○○시 ○○구 ○○동 ○○
대표자 성　　명　청산인 ○ ○ ○ ㊞　　　　(전화 :　　　　　)
　　　　주　　소　○○시 ○○구 ○○동 ○○
대리인 성　　명　법무사 ○ ○ ○ ㊞　　　　(전화 :　　　　　)
　　　　주　　소　○○시 ○○구 ○○동 ○○

○○지방법원 ○○등기소 귀중

- 신청서 작성요령 -

1. 해당란이 부족할 때에는 별지를 이용합니다.
1. 해당 등기신청과 관계없는 사항에 대하여는 "해당없음"으로 기재하거나 삭제하고, 필요한 사항은 추
　　가 기재합니다.

(용지규격 21cm×29.7cm)

주 ① 분사무소는 분사무소 소재지에서 신청하는 경우에 한하여 기재한다.

② 등기사유란 후단의 ( )안은 분사무소 소재지에서 신청하는 경우의 내용이다.

③ 등록면허세는 40,200원이고(지세법 제28조 1항 6호), 지방교육세는 등록면허세액의 100분의 20이다.

④ 법인등기부등(초)본은 분사무소 소재지에서 신청하는 경우에 한하여 첨부하는 것으로서 그 경우에는 각종 증명 서류 대신 이 등기를 마친 후의 주사무소의 등기부등본만을 첨부하면 된다.

⑤ 이 등기는 대표권 있는 청산인이 신청한다.

⑥ 위임장의 첨부와 대리인의 표시는 대리인에 의하여 신청하는 경우에 한다.

3. 청산종결등기

♣ 【서식】 사회복지법인 청산종결의 등기신청서

<table>
<tr><td colspan="5" align="center">사회복지법인 청산종결 등기신청</td></tr>
<tr><td rowspan="2">접
수</td><td colspan="2" align="center">년   월   일</td><td rowspan="2">처리인</td><td>등기관 확인</td><td>각종통지</td></tr>
<tr><td colspan="2" align="center">제   호</td><td></td><td></td></tr>
</table>

명 칭	사회복지법인 ○○원	등기번호	제1000호
주사무소	○○시 ○○구 ○○동 ○		
등기의 목적	청산종결 등기		
등기의 사유	20○○년 1월 10일 청산을 종결하고 청산인회에서 그 결산보고서의 승인을 받았으므로(…받아 20○○년 1월 20일 주사무소 소재지 관할등기소에서 등기를 하였으므로 이 등기소에서) 다음 사항의 등기를 구함.		
분사무소	○○시 ○○구 ○○동 ○		
등기할 사항			
	청산종결연월일 20○○년 1월 10일		
기 타			

등록면허세	금　　　　원	지방교육세	금　　　원	농어촌특별세	금　　　원
세 액 합 계	금　　　　　원		등기신청수수료	금	원

등기신청수수료 납부번호	

첨　　부　　서　　면

1. 청산인회의사록(결산보고서첨부)	1통	1. 등록면허세영수필확인서		1통
1. 주무관청의 허가서(또는		1. 등기신청수수료영수필확인서		1통
인증있는 허가서등본)	1통	1. 위임장(대리인이 신청할 경우)		1통
1. 법인등기부등(초)본	1통	<기타>		

20○○년 ○월 ○일

신청인 명　　칭　사회복지법인 ○○
　　　　주사무소　○○시 ○○구 ○○동 ○○
대표자 성　　명　청산인 ○ ○ ○ ㊞　　　　　(전화 :　　　　　)
　　　　주　　소　○○시 ○○구 ○○동 ○○
대리인 성　　명　법무사 ○ ○ ○ ㊞　　　　　(전화 :　　　　　)
　　　　주　　소　○○시 ○○구 ○○동 ○○

○○지방법원 ○○등기소 귀중

- 신청서 작성요령 -

1. 해당란이 부족할 때에는 별지를 이용합니다.
1. 해당 등기신청과 관계없는 사항에 대하여는 "해당없음"으로 기재하거나 삭제하고, 필요한 사항은
　추가 기재합니다.

(용지규격 21cm×29.7cm)

주 ① 분사무소는 분사무소 소재지에서 신청하는 경우에 한하여 기재한다.

② 등기사유란 후단의 ( )안은 분사무소 소재지에서 신청하는 경우의 서식이다.

③ 청산종결일자는 결산보고서 승인일자를 기재한다.

④ 등록면허세는 40,200원이고(지세법 제28조 1항 6호), 지방교육세는 등록면허세액의 100분의 20이다.

⑤ 법인등기부등(초)본은 분사무소 소재지에서 신청하는 경우에 한하여 첨부하는 것으로서 그 경우에는 각종 증명 서류 대신 이 등기를 마친 후의 주사무소의 등기부등본만을 첨부하면 된다.

⑥ 이 등기는 대표권 있는 청산인이 신청한다.

⑦ 위임장의 첨부와 대리인의 표시는 대리인에 의하여 신청하는 경우에 한한다.

六.　경정등기와 말소등기

1. 경정등기와 말소등기

♣ **【서식】 사회복지법인의 경정등기신청서**(신청의 착오나 유루의 등기를 경정하는 경우)

<table>
<tr><td colspan="6" align="center">사회복지법인 경정등기신청</td></tr>
<tr><td rowspan="2">접
수</td><td align="center">년　　월　　일</td><td rowspan="2" align="center">처리인</td><td align="center">등기관 확인</td><td align="center">각종통지</td></tr>
<tr><td align="center">제　　　　호</td><td></td><td></td></tr>
</table>

<table>
<tr><td align="center">명　　칭</td><td>사회복지법인 ○○원</td><td align="center">등기번호</td><td>제1000호</td></tr>
<tr><td align="center">주사무소</td><td colspan="3">○○시 ○○구 ○○동 ○</td></tr>
<tr><td align="center">등기의 목적</td><td colspan="3">신청의 착오(유루)로 인한 경정등기</td></tr>
<tr><td align="center">등기의 사유</td><td colspan="3">20○○년 1월 10일 신청의 착오(유루)를 20○○년 1월 20일 발견하였으므로 명칭(① 사무소, ② ○○시 ○○구 ○○동 ○○번지의 분사무소, ③ 목적, ④ 존립시기 또는 해산사유, ⑤ 자산의 총액, ⑥ 출자의 방법, ⑦ 이사 ○○○의 성명, ⑧ 이사 ○○○의 퇴임일자 및 퇴임사유, ⑧ 이사 ○○○의 성명.주소 및 취임일자)을 각 다음과 같이 경정하는 등기를 구함.</td></tr>
<tr><td align="center">허가서도착연월일</td><td colspan="3">20○○년 ○월 ○일</td></tr>
<tr><td align="center">분사무소</td><td colspan="3">○○시 ○○구 ○○동 ○</td></tr>
</table>

<table>
<tr><td colspan="2" align="center">등기할 사항</td></tr>
<tr><td colspan="2">

명   칭 사회복지법인 ○○원

    ① 사 무 소 ○○시 ○○구 ○○동 ○○번지

    ② 분사무소 ○○시 ○○구 ○○동 ○○번지

    ③ 목   적 1. ○○○○○

            2. ○○○○○

    ④ 존립시기 또는 해산사유 ○○○○

    ⑤ 자산총액 금 ○○○○○원

    ⑥ 출자방법 ○○○○○

    ⑦ 이   사 ○ ○ ○(-   )

    ⑧ 이사 ○○○는 20○○년 ○월 ○일 사임(또는 해임)

    ⑨ 20○○는 ○월 ○일 다음 사람 취임

</td></tr>
<tr><td>기   타</td><td></td></tr>
</table>

등록면허세	금	원	지방교육세	금	원	농어촌특별세	금	원
세 액 합 계	금		원	등기신청수수료	금			원
등기신청수수료 납부번호								

<table>
<tr><td colspan="9" align="center">첨　부　서　면</td></tr>
</table>

1. 착오(유루)를 증명하는 서면　　　1통	1. 등록면허세영수필확인서　　　1통
1. 주무관청의 허가서(또는	1. 등기신청수수료영수필확인서　　1통
인증있는 허가서등본)　　　1통	1. 위임장(대리인이 신청할 경우)　　1통
	<기타>

20○○년 ○월 ○일

신청인 명　　칭　사회복지법인 ○○
　　　　주사무소　○○시 ○○구 ○○동 ○○
대표자 성　　명　이사장 ○ ○ ○ ㉞　　　　(전화 :　　　　　)
　　　　주　　소　○○시 ○○구 ○○동 ○○
대리인 성　　명　법무사 ○ ○ ○ ㉞　　　　(전화 :　　　　　)
　　　　주　　소　○○시 ○○구 ○○동 ○○

○○지방법원 ○○등기소 귀중

- 신청서 작성요령 -
1. 해당란이 부족할 때에는 별지를 이용합니다.
1. 해당 등기신청과 관계없는 사항에 대하여는 "해당없음"으로 기재하거나 삭제하고, 필요한 사항은
　추가 기재합니다.

(용지규격 21㎝×29.7㎝)

주 ① 명칭은 명칭변경의 경우에는 현재 등기되어 있는 착오된 명칭을 기재한다.

② 사무소경정의 경우에는 사무소에 현재 등기되어 있는 착오된 사무소 소재지를 기재한다.

③ 분사무소는 분사무소 소재지에서 신청하는 경우에 기재하는 것으로서 그 경우에는 주사무소 소재지 다음에 이 등기를 신청하는 당해 등기소 관내의 분사무소 소재지도 아울러 기재한다.

주사무소 등기와 분사무소 등기 중 어느 일방의 등기만이 착오나 유루가 있을 때에는 그 착오나 유루있는 등기만 경정한다.

④ 등록면허세는 40,200원이고(지세법 제28조 1항 6호), 지방교육세는 등록면허세액의 100분의 20이다.

⑤ 등기부나 신청서, 또는 그 밖의 서류로써 착오나 유루의 사실이 명백히 인정되는 때에는 이를 별도로 첨부할 필요 없이 신청서에 그 취지만 기재한다.

⑥ 주사무소 소재지에서의 명칭이나 주사무소경정의 경우에는 경정된 명칭이나 주사무소로 기재된 이사 전원의 인감도 제출한다.

⑦ 신청서 하단의 날인란에는 명칭경정의 경우에는 경정하고자 하는 명칭을 기재한다.

⑧ 주사무소경정의 경우에는 신청서 하단의 주소에 경정하고자 하는 주사무소 소재지를 기재한다.

⑨ 이 등기는 대표권의 제한규정이 있는 경우에는 대표권있는 이사가 신청하고, 그 제한규정이 없는 때에는 이사 중의 1인이 신청한다.

⑩ 위임장의 첨부와 대리인의 표시는 대리인에 의하여 신청하는 경우에 한한다.

七. 사회복지법인 Q&A 모음

■ 사회복지법인의 설립

Q 사회복지법인을 설립하려면 어떻게 하나요?

A 사회복지법인을 설립하고자 하는 자는 사회복지사업법 시행규칙 제7조에 규정되어 있는 사회복지법인 설립허가 신청서 등 관련서류를 구청을 거쳐 시에 제출하여야 하며, 사전 법인 설립과 관련 상담하실 경우 목적사업에 따라해당 부서(복지정책과, 어르신장애인복지과, 사회복지과)로 문의 바랍니다.

〈구비서류〉

사회복지법인 설립허가 신청서

①법인설립취지서 1부, ②정관1부, ③재산출연증서 1부, ④재산의 소유를 증명할 수 있는 서류 1부, ⑤재산의 평가조서 1부(부동산인 경우 감정평가서 등), ⑥재산의 수익조서 1부, ⑦임원의 취임승낙서 및 이력서 각 1부, ⑧ 사회복지사업법 제18조제2항 각 호의 어느 하나에 해당하는 기관으로부터 받은 이사 추천서, ⑨임원 상호간의 관계에 있어 사회복지사업법 제18조제3항에 저촉되지 않음을 입증하는 각서 1부, ⑨-2 사회복지사업법 제19조제1항 각 호의 어느 하나에 해당하지 않음을 입증하는 각서 1부, ⑩설립 해당 연도 및 다음 연도의 사업계획서 및 예산서 각 1부

■ 법인의 기본재산 출연 규모

Q 사회복지법인 설립시 기본재산 출연 규모는 어느 정도인가요?

A 사회복지시설의 설치·운영을 목적으로 하는 법인은 당해 법인이 설치·운영하고자 하는 시설을 갖출 수 있는 목적사업용 기본재산을 갖추어야 하고, 사회복지사업을 지원하는 것을 목적으로 하는 법인은 법인의 운영경비의 전액을 충당할 수 있는 기본재산을 갖추어야 하는 바, 시설법인은 시설을 설

치할 수 있는 부동산과 건축물을 구입·설치할 수 있는 정도의 재산(현금 또는 유가증권 등) 또는 시설로 사용할 수 있는 부동산을 소유하여야 할 것이며, 그 시설의 운영에 소요되는 경비를 충당할 수 있는 재산(일정한 수익을 얻을 수 있는 부동산 또는 현금)을 소유하여야 할 것입니다. 특히 시설 운영경비는 종사자 인건비, 시설운영비 등으로 기본재산을 지출하는 것이 아니라 기본재산에서 발생되는 수익에 의하여 운영되어야 할 것이며, 기본재산은 시설 운영에 따라 잠식되어서는 안 됩니다. 시설의 설치운영을 목적으로 하지 아니하는 법인의 경우에는 법인의 설립목적사업을 수행하기 위하여 매년 소요되는 사업비용의 전액을 충당할 수 있는 기본재산의 출연이 필요합니다. 이와 같이 사회복지법인은 법인이 하고자 하는 목적사업의 종류·규모 및 운영방법에 따라 개별적으로 정해져야 하며 일반적인 출연재산의 규모를 제한하고 있지는 않습니다.

■ 사회복지법인의 의료기관 설치·운영 여부

Q 「의료법」 상 비영리법인은 의료기관을 설립할 수 있는데, 사회복지법인도 의료기관 설립이 가능한가요?

A 사회복지법인의 의료기관 설립은 엄격하게 제한되어지고 있습니다. 물론 「의료법」 제33조제2항에 의거하여 비영리법인인 사회복지법인은 의료기관을 설치·운영할 수 있으나, 사회복지법인은 「사회복지사업법」 제2조에 규정한 사업을 행하기 위하여 설립되는 법인으로 의료사업은 사회복지사업의 종류에 해당하지 않습니다. 다만, 사회복지법인은 "의료복지"는 행할 수 있으며 그 범위는 「국민기초생활보장법」 제7조1항3호에 의한 수급자에 대하여 의료급여를 행하는 사업, 「노인복지법」 제34조에 의한 노인의료복지시설을 운영하는 사업, 「장애인복지법」 제58조제1항제2호 중 장애인의료재활시설을 운영하는 사업은 가능합니다.

특히, 신설 사회복지법인이 법인의 목적사업으로 "의료시설"을 운영하는 것으로 정관을 만든 사례와, 기존 설립 허가 받은 법인이 의료시설을 설치하는 것으로 정관 변경을 요구하는 경우는 엄격하게 금지되고 있으며 기존에 의료시설을 설립할 수 있도록 허가된 법인의 경우에도 정관변경을 요구하고 있습니다.

※ 관련 시달 공문

- 보건복지부 복정65010-201(2000.6.8) "의료기관을 운영하는 사회복지법인에 대한 지도·감독 철저"
- 보건복지부 복정65115-470(2001.10.4) "의료기관운영 사회복지법인 관리방안 통보"

　그리고 사회복지법인의 의료기관 운영을 금지하는 지침 시달 이전에 허가받은 법인의 경우에도 "본인분담금 감면 또는 면제, 무료병원운영, 00세이상 노인 무료진료" 등 본인부담금 면제를 표방하는 내용이 법인정관에 규정된 경우는 정관을 개정하고 삭제하도록 조치하였으며, 기 설치한 법인은 재무회계규칙에 따라 예산·결산서를 제출하게 하는 등 법인관리에 철저를 기하고 있습니다.

■ 사회복지법인 설립 전 출연재산의 사전 조건

Q　사회복지시설법인 설립허가와 관련하여 시설을 신축하고자 하는 기본재산 토지가 군사보호구역일 경우, 시설 신축이 가능하도록 사전에 군과 협의를 해야만 하나요?

A　사회복지 시설법인은 그 설립 목적이 사회복지시설을 설치 운영하는 것이기에, 목적사업 시행 가능 여부가 확인되지 않은 상태에서는 법인 설립을 허가할 수는 없습니다.

（「사회복지사업법 시행규칙」 제13조 및 「사회복지법인 관리안내」의 재산의 출연 조항 참조）

법인설립 신청자가 시설을 설치하고자 하는 지역이 군사보호구역인 경우, 군 당국의 허가가 있어야 시설 입지가 가능하기에, 법인설립 신청자가 군 당국과 사전에 시설 설립에 대한 합의가 이루어졌음을 서면으로 증명하지 않으면, 목적사업 실현가능 여부가 확인되지 않은 것이기에 법인 설립을 허가할 수 없습니다.

(동 사항은 상수도보호구역, 개발제한구역, 농지전용지역 등 법률에 따라 허가·승인 등이 필요한 경우에도 동일하게 적용)

■ 지원법인의 시설위탁운영 가능여부

Q 사회복지법인 중 시설을 직접 운영하지 아니하는 지원법인이 시설을 위탁 운영할 수 있는지요?

A 사회복지사업에 대한 지원을 목적사업으로 하는 지원법인을 설립한 후 사회복지시설 등의 위탁운영까지 목적사업의 범위를 확대코자 하는 경우에는 정관 변경등을 통하여 사회복지시설 등을 위탁받아 운영할 수 있습니다. 다만, 이 경우 해당법인은 지원 법인으로서의 기본재산 외에 사회복지시설의 위탁운영에 필요한 기본재산(연간 운영비 등 충당재원)을 갖추고 있어야 하며, 사회복지지원사업에 대한 성실한 실적, 재정·인력·조직 등의 안정성, 공신력 등 시설을 수탁 받을 수 있는 요건을 필요로 할 것입니다.

■ 법인의 기본재산 처분관련

Q 사회복지법인 기본재산 처분과 관련하여 법인 관할 행정기관의 사전 허가 없는 처분은 무효인지요?

A 사회복지법인의 부채를 반환받기 위하여 법인의 기본재산에 대한 강제경매를 실시하여 채권자에게 소유권이전등기가 이루어졌음에도 법인관할 행정관청의 사회복지법인 기본재산 처분에 대한 허가가 없었기에 원인무효라 하는 것은 채권자의 재산권을 침해하는 것으로 위헌이라는 의견이 있어 헌법소원 행위가 있었으나, 국가 또는 지방자치단체는 사회복지를 증진할 책임이 있고 사회복지사업의 운영 또는 지원이 공동체 다수의 이익과 밀접한 관련이 있는바, 사적 거래의 안전 및 개인의 재산권 보장보다 사회복지법인의 재정 건전화에 대한 요구가 더 중요한 가치이기에 이는 자의적인 차별이나 침해

라고 볼 수 없으며 사회복지법인에 대한 채권자의 기본재산 강제경매의 경우에도 사회복지법인의 기본재산이 아닌 그 밖의 보통재산을 대상으로 경매절차를 이행하거나, 「파산법」 등의 특별절차를 통하여 채권을 변재 받을 수 있기에 헌법상 재산권 또는 평등권을 위배하지 않는다고 할 수 있습니다 (2004헌바10 「사회복지사업법」 제23조제2항의 위헌소원).

즉 사회복지법인의 기본재산은 법원의 경매처분이 있다 할지라도, 관할행정관청의 허가 없이는 원인무효행위이며, 행정관청이 이를 허가하는 경우에는 기본재산의 잠식으로 인하여 법인의 목적사업 달성이 불가능하게 되면 법인해산의 사유가 되며, 기본재산 잠식을 이유로 관련 이사의 해임을 명할 수도 있습니다.

■ 주무관청의 허가가 없는 경우 소유권이 낙찰인에게 이전여부

Q 법원의 부동산임의경매절차에서 보육사업을 하는 사회복지법인 甲이 설치한 영유아 보육시설에 관한 낙찰이 있었고 낙찰대금이 완납되었는데, 위 낙찰에 대하여 주무관청의 허가가 없다면 그 부동산에 관한 소유권이 낙찰인에게 이전되는지요?

A 대법원은 유사한 사안에서 "사회복지사업법 제2조 제1항 제6호, 제23조 제2항, 사회복지사업법시행규칙 제13조 제1항 제1호 (가)목에 의하면, 보육사업을 하는 사회복지법인이 영유아보육법 제8조, 영유아보육법시행규칙 제7조 [별표 2]에 의하여 설치한 영유아 보육시설은 사회복지법인의 기본재산에 해당한다.

사회복지법인의 기본재산의 매도, 담보제공 등에 관한 사회복지사업법 제23조 제3항의 규정은 강행규정으로서 사회복지법인이 이에 위반하여 주무관청의 허가를 받지 않고 그 기본재산을 매도하더라도 효력이 없으므로, 법원의 부동산임의경매절차에서 사회복지법인의 기본재산인 부동산에 관한 낙찰이 있었고 낙찰대금이 완납되었다 하더라도 위 낙찰에 대하여 주무관청의 허가가 없었다면 그 부동산에 관한 소유권은 사회복지법인으로부터 낙찰인에게로 이전되지 아니한다."라고 판시하였습니다(대법원 2003. 9. 26. 자 2002마4353 결정 참조).

결국 위 법리에 따르면, 甲이 설치한 영유아 보육시설은 사회복지법인의 기본재산에 해당한다고 할 것이고, 이러한 기본재산의 낙찰에 대하여 주무관청의 허가가 없었다면 그 부동산에 관한 소유권은 사회복지법인으로부터 낙찰인에게로 이전되지 않을 것입니다.

■ 정부 지원대상자의 기본재산 인정 여부

Q 정부의 지원을 받아 시설을 설치하기로 결정된 자가 정부예산지원 확정내역을 가지고 법인설립 신청시 기본재산의 소유를 증명할 수 있는 서류로 제출하는 경우 인정이 되나요?

A 「사회복지사업법 시행령」 제8조, 같은 법 시행규칙 제7조에 따르면 법인설립허가를 받고자 하는 자는 설립 허가신청서에 재산출연증서와 함께 그 재산이 출연자 소유임을 증명할 수 있는 서류(부동산의 경우에는 등기부등본)를 제출하도록 규정하고 있는 바, 시설(건물)건립에 필요한 정부의 예산지원을 전제하는 것만으로는 기본재산의 소유를 증명할 수 있는 서류로 인정할 수는 없습니다. 참조로 시설 운영을 위한 수익용 기본재산을 마련하지 아니하고, 후원금 및 기부금등의 재원을 통하여 시설 운영비를 조달하려는 법인설립의 경우도 후원금 및 기부금은 후원단체(또는 후원인) 및 기부자의 상황과 여건에 의하여 그 수입이 유동적이며, 수입의 유동성으로 인하여 법인 및 시설이 목적사업을 달성하지 못하는 경우에는 법인의 해산 사유가 되기에 후원금 또는 기부금은 법인 및 시설의 목적사업 운영비 조달 방법으로 인정하지 않고 있습니다.

■ 기본재산의 용도변경

Q 사회복지법인의 목적사업용 기본재산을 수익사업용 기본재산으로 변경 하고자 하는 경우 허가가 가능한지요?

A 사회복지법인은 비영리 공익법인으로서 원칙적으로 영리목적의 수익사업은 행할 수 없고, 예외적으로 법인의 목적사업의 원활한 수행을 위해 부수적으로 수익사업을 행할 수 있습니다. 이에 법인이 목적사업용 기본재산을 법인의 목적사업(시설 설치 등)에 직접 사용되거나 직접 사용될 계획이 있는지 여부와 총 기본재산에서 차지하는 비중, 목적사업용 기본재산을 수익사업용 재산으로 처분 시 법인 목적사업 수행가능여부, 해당 기본재산 처분의 의도, 처분 후 수익금의 사용용도, 현재 법인의 재정여건 등에 대해 종합적이고 엄격한 심사를 수행한 후 신중하게 허가여부를 결정하여야 할 것이다. 또한, 기본재산의 변경에 따른 이사회 소집의 적법성 확인(이사에 대한 소집통보여부, 정관상 절차 준수여부 등)과 이사회 회의록을 검토하여 동 사항이 이사들 간 충분히 논의되었는지 여부와 참석이사 전원의 인감 날인 등 절차적 타당성도 아울러 검토하여야 할 것입니다.

■ 채무가 있는 재산의 기본재산 편입 가능 여부

Q 사회복지법인이 채무를 부담하는 조건으로 기본재산을 추가로 증여 받는 경우 기본재산으로 편입이 가능한지요?

A 사회복지법인은 「사회복지사업법」 제23조 및 같은 법 시행규칙 제14조에 의거하여 매도, 증여, 교환(대체), 임대, 담보제공 또는 용도변경과 기본재산에 관한 의무부담 및 권리 포기 시 관할행정기관의 처분허가를 받아야 합니다. 이에 법인은 증여를 받는 경우 무상증여를 받는 것이 원칙이나, 채무를 부담하는 조건으로 증여를 받는 경우 동 증여재산의 수익성, 매도가능성 및 매도할 때 부과되는 제세공과금 등을 감안한 실질적인 순 자산 가치를 세밀하게 판단하여 실질적인 재산의 증가가 있는 경우라면 기본재산의 목록과 가액변경에 따른 기본재산 취득허가 및 정관변경을 할 수 있을 것입니다. 다만, 부동산의 경우는 「사회복지사업법」 제23조제2항 및 같은 법 시행규칙 제12조제1항 제1호에 따라 당연히 기본재산이 되므로 기본재산 취득허가 절차는 불필요합니다.

■ 목적사업을 불이행 법인의 행정처분

Q 설립 허가받은 사회복지법인이 목적사업의 일부는 이행하고 있으나 일부는 이행하지 아니하는 경우 행정처분이 가능한지요?

A 사회복지법인은 설립 허가 시 법인이 정관으로 정한 목적사업을 실시할 능력이 있는지를 확인한 후 해당 목적사업을 시행할 수 있다고 판단되어질 때 설립허가가 이루어집니다. 설립허가 이후 법인이 목적사업의 전부 또는 일부를 정당한 사유없이 이행하지 않았을 경우 「사회복지사업법」 제26조제2항, 제3항 또는 제6항에 의거하여 법인의 설립 취소까지 행할 수 있습니다. 만약 목적사업을 이행하지 아니하는 사유가 법인의 능력 부족 등에 기인한 고의성이 없는 경우에는 정관의 변경을 통하여 실시가 가능한 사업 이외의 목적사업은 삭제하도록 하여야 할 것이며, 능력이 있음에도 불구하고 고의적으로 목적사업을 이행하지 아니하는 경우에는 「행정절차법」에 의거하여 시정명령을 내리고 이후에도 시정하지 아니하면 청문회를 거쳐 소명의 기회를 준 후 이행을 촉구하나 충분한 기회를 주었음에도 불구하고 이행하지 아니하는 경우 「사회복지사업법」 제26조에 의거하여 법인설립 허가 취소를 하여야 할 것입니다.

■ 법인 예산의 성립 시

Q 법인 재무회계 규칙상 매 회계년도에 편성한 세입 세출 예산(안)은 관할 시·군·구에 보고 사항인지요? 승인 사항인지요?

A 재무회계규칙 제10조(예산의 편성 및 결정절차)에 의하면 예산은 "이사회의 의결을 거쳐 확정" 되고 시·군·구청장에게 제출하도록 되어 있으니 법률적으로 법인예산은 행정청의 승인사항은 아닙니다. 다만, 동 규칙 제9조에 시·군·구청장이 특히 필요하다고 인정되는 사항에 관하여 예산편성 요령을 정하여 법인에 통보할 수 있으며, 법인 및 시설이 시·군·구의 정당한 요청에 대하여 이행하지 아니하여 발생한 회계 및 시설운영과 관련한 부당행위는 시행규칙 제26조2에 의거하여 행정처분을 행할 수 있습니다.

■ 법인 임원의 결격사유 조회관련

Q 사회복지법인 임원의 결격사유에 대해 전국 시·도 또는 시·군·구에 모두 조회를 해야 하는지요?

A ◎법인에서 임원을 임명하는 경우(법 제18조제6항)
- 법인에서 임원 임명 시 임원 결격사유 해당여부에 대한 입증책임은 해당 법인과 해당 법인에 임원으로 임명되는 자에 있다.
- 해당 시·도 및 시·군·구는 신규로 임명되는 임원에 대해 신원조회 등을 통해 법인임원으로 적합한지 여부를 판단하고 이를 승인해야할 법적의무는 없으며, 당해 법인으로부터 신규 임원임명에 대한 보고를 받음으로써 그 법적 의무를 다하는 것이다.
- 때문에 시·도 및 시·군·구에서는 법인에서 신규임원임명 보고 시 시행규칙 제10조의 법인임원임면보고서와 구비서류 완비여부만 확인하기 바란다.
  - ※ 시·도 및 시·군·구는 신규임원 임명시에, 임원결격사유에 해당하는 자를 법인에서 고의 또는 과실로 임명하는 경우, 임원결격사유에 해당하는 자가 자신의 결격사유를 고의 또는 과실로 감추고 임원으로 임명되는 경우 등 결격자가 법인의 임원으로 임명된 경우에는 그로 인해 발생하는 모든 민형사상 책임은 해당 법인 및 결격사유가 있는 임원에게 있음을 통보하고 이에 대한 각서를 받을 것

◎시·도에서 임시이사를 선임하는 경우(법 제22조의3)
- 법인에서 임원의 결원이 생겼음에도 2월 이내 보충하지 않아 해당 법인 주사무소 소재지 시·도지사가 이해관계인의 청구 또는 직권으로 임시이사를 선임하였을 경우에는 해당 시·도 및 시·군·구에게 임원결격사유(법 제19조제1항제2호)에 대한 입증책임이 있다.
- 다만, 상기사항(임시이사의 선임)에 해당할 경우에도 해당 시·도 및 시·군·구는 타 시·도 및 시·군·구에 조회하지 말고 임시이사로 선임되는 자에게 결격사유를 설명한 후 결격사유가 없다는 각서를 받은 후 선임하도록 할 것이다.

■ 임원의 겸직금지 관련

Q 법인의 임원은 타 법인의 임원 또는 타 시설의 장 등을 겸직할 수 없는지요?

A ◎법인의 이사는 법 제18조제2항 및 시행령 제9조의 특별한 관계가 있는 자의 범위에 해당하지 않는 한 타 법인의 이사로 겸직이 가능합니다.
  - 때문에, 법인이사의 신규임명보고 시 시행규칙 제10조에 의해 특별한 관계에 있는 자의 범위에 해당하지 않는다는 각서를 받기 때문에 추가적으로 시·도 및 시·군·구에 신원조회가 필요 없습니다.
 ◎법 제21조제2항은 법인의 감사는 당해 법인의 이사, 당해 법인이 설치한 시설장 또는 그 직원으로 겸할 수 없다는 의미입니다.
  - 이를 모든 법인의 이사, 모든 시설의 시설장 또는 그 직원으로 부당하게 확대해석할 경우 헌법상 직업선택의 자유를 심각하게 침해할 우려가 있으므로, 시·도 및 시·군·구는 신규감사의 임용시 당해 법인의 이사, 법인이 설치한 시설장 또는 그 직원에 해당하는지 여부만 판단할 것입니다.

■ 법인 주사무소 이전

Q 사회복지법인이 타 시·도로 주사무소를 이전할 수 있는지요?

A 법 제17조제2항에 의거 관할 주무관청의 정관변경 인가 시 주사무소 이전이 가능합니다. 단, 법인의 주사무소가 타 시·도로 이전될 시에는 이전하고자 하는 시·도와 반드시 협의 후 주사무소 변경을 위한 정관변경의 인가 여부를 결정해야 할 것입니다.

■ 법인의 수익용 기본재산의 용도변경

Q 사회복지법인이 수익용 기본재산 처분 금액을 고유목적사업준비금으로 용
　도 변경이 가능한지요?

A 법인이 수익용 기본재산을 처분한 금액 중 일부를 고유목적사업준비금으로
　용도 변경하고자 하는 경우에는 시행규칙 제14조(기본재산의 처분) 제1항
　에 별지 제11호 서식의 기본재산처분허가신청서에 관련 서류를 첨부하여
　주무관청에 허가를 받아야 합니다.
　(주무관청은 기본재산처분허가 신청 시 관련 서류의 적정성 여부, 사업계획
　의 적정성 여부를 면밀히 검토할 것)

■ 기본재산처분허가 신청권자

Q 채권자가 주무관청에 사회복지법인 기본재산처분허가를 요구하는 경우 허가가
　가능한지요?

A 법 제23조 및 시행규칙 제14조에 따르면 기본재산처분허가신청은 법인에
　게 있음으로 채권자는 주무관청에 대하여 처분허가신청절차를 이행할 것을
　청구할 권한이 없습니다(참조판례, 대법원 1998.8.21. 선고 98다19202,
　19219판결).
　재단법인이 정관의 변경을 초래하는 기본재산의 처분을 위하여 주무관청의
　허가를 신청할 것인지 여부는 특별한 사정이 없는 한 재단법인의 의사에
　맡겨져 있다고 할 것이므로, 채무자인 재단법인에 다른 재산이 없어 기본재
　산을 처분하지 않고는 채무의 변제가 불가능하다고 하더라도, 재단법인으로
　부터 기본 재산을 양수한 자도 아니고 금전채권자들에 불과한 자에게는 강
　제이행청구권의 실질적인 실현을 위하여 필요하다는 사유만으로 기본재산의
　처분을 희망하지도 않는 재단법인을 상대로 주무관청에 대하여 기본재산에
　대한 처분허가신청절차를 이행할 것을 청구할 권한이 없습니다. 청산·파산
　절차가 진행 중인 경우는 청산인 또는 파산관재인이 신청할 수 있습니다.

■ **사회복지법인의 해산관련**

Q 민법상 법인 해산신고는 수리를 요하는 신고인지 아니면 자기 완결적 신고
  인지 여부

A 신고란 특정한 사실관계와 법률관계의 존부 및 그 내용을 행정청에 통보하
  면 그것으로 종료하는 것이므로 행정청의 별도의 의사표시를 요하지 않으
  며, 「행정절차법」 제40조에서도 신고가 자기완결적인 행위임을 규정하고
  있습니다. 신고가 수리를 요하는 경우도 있지만 이는 관련 법령의 취지를
  종합할 때 행정청에 인·허가적 의미를 가지는 사항에 관한 법령의 요건에
  관한 심사의무가 있는 경우로 제한되고, 「민법」 제86조의 해산신고는 이와
  같이 특정행위나 시설설치 등에 대한 인·허가적인 의미를 가지는 사항에
  해당한다고 보기는 어려우므로, 수리를 요하는 신고로 볼 필요는 없을 것으
  로 판단됩니다.

■ **사회복지법인의 해산관련**

Q 위 해산신고가 수리를 요하는 신고가 아니라 하더라도 청산인 선임을 둘러싼
  소송이 진행 중인 상황에서 법인 해산신고 수리를 보류할 수 있는지 여부

A 법인은 해산 시 파산의 경우를 제외하고는 해산등기를 하여야 하고(「민법」
  제85조제1항), 등기를 해태하면 과태료가 부과될 뿐 아니라(「민법」 제97조
  제1호), 해산등기를 하지 아니하면 제3자에게 해산사실을 대항할 수 없어
  대외적으로 해산의 효력을 주장할 수 없게 됩니다. 해산등기사항은 해산의
  사유 및 연월일, 청산인에 관한 사항(성명, 주소, 대표권
  제한)이고, 해산신고는 이러한 해산등기사항을 주무관청에 신고하는 것으로
  서, 해산에 관한 어떠한 사법적 효력을 전제로 하는 것이 아니라 해산등기
  사실 및 관련 내용을 주무관청에 알리는 것에 불과하고 해산등기사항에 관
  한 어떠한 요건심사를 전제로 하는 것이 아닙니다.
  질의사안과 같이 청산인과 관련한 소송이 있을 경우, 후에 청산인이 변경되

면 이는 변경등기를 하게 될 것이고(「민법」 제85조제2항), 그러한 변경가능
성을 이유로 신고자체를 수리거절 할 필요는 없을 것으로 판단됩니다. 또한
이사자격 등과 관련한 취소소송이 진행 중인 때에도 해당 이사의 임기는 진
행된다거나, 무효 등을 다투는 해당 결의에 의하여 선임된 이사도 회사대표
로서의 자격을 인정한 판결 등에 비추어 볼 때, 청산인에 대한 해임청구소
송이 진행 중이라고 하여도 신고를 유보할 사항은 아니라고 판단됩니다.

■ 사회복지법인의 해산관련

Q A도로부터 설립허가가 취소된 사회복지법인 청산법인이 민법에 의거하여
법인청산절차를 진행하는 과정에서 채권의 추심, 변제 등을 위한 기본재산
및 잔여재산을 처리하는 업무를 A도에서 수행하여야 하는지, A도의 사무
처리위임규칙에 따라 사회복지 법인의 기본재산처분허가권이 위임된 B군에
서 수행하여야 하는지 여부

A 청산은 법인격이 해소되어 향후 소멸되기 전에 채권채무 관계를 정리하는
것이라 할 것이므로, 법인 존속 중에 하는 기본재산의 처분과는 다른 문제
라 할 것입니다. 즉 해산·청산은 설립허가와 같은 위치에서 논의되어야 할
사항이라고 할 것인바, 해당 위임사무규칙에서는 설립이나 해산(청산) 등에
대해서는 위임하고 있지 않는 것으로 보이므로, 설립허가청에서 해산(청산)
에 관한 업무를 담당하는 것이 적절하다고 판단됩니다.

■ 이사회 회의록의 인감날인 관련

Q 사회복지법인 이사회 회의록 작성 시, 반드시 참석임원이 인감날인을 하여
야 하는지요?

A 「사회복지사업법」 제25조제2항에서는 "회의록 및 회의조서에는 출석임원
전원이 날인하되, 그 회의록 또는 회의조서가 2매 이상인 경우에는 간인하
여야 한다." 라고 규정하고 있습니다. 이에, 이사회 회의록에는 출석한 임

원, 즉 이사와 감사가 날인을 하여야 하며, 다만, 회의록을 확인하여 행정처분을 하는 주무관청에서는 회의록에 날인된 도장이 임원 본인의 도장인지, 법인이 임원 명의의 도장을 제작하여 임의로 날인한 것인지 등 그 진정성에 대한 판단이 곤란하고 이와 관련된 분쟁의 소지도 있을 수 있으므로 회의록에 날인하는 도장은 「인감증명법」에 따른 인감을 날인토록 하는 것이 바람직합니다.

아울러, 참석이사가 당일 인감도장을 소지하지 아니하여 인감날인을 할 수 없을 경우, 당일 발행한 인감증명서를 제출하는 것으로 출석확인을 대신하고(이사회 제출용으로 용도를 명시함) 이후에 반드시 날인하여야 할 것이며, 자필서명으로 대체하는 경우에는 「본인서명사실 확인 등에 관한 법률」 제2조 제3호 또는 제4호의 확인서를 제출하여야 합니다(제13조제2항 관련).

■ 사회복지법인의 기본재산인 부동산 관련

Q 법원의 부동산임의경매절차에서 보육사업을 하는 사회복지법인 甲이 설치한 영유아 보육시설에 관한 낙찰이 있었고 낙찰대금이 완납되었는데, 위 낙찰에 대하여 주무관청의 허가가 없다면 그 부동산에 관한 소유권이 낙찰인에게 이전되는지요?

A 대법원은 유사한 사안에서 "사회복지사업법 제2조 제1항 제6호, 제23조 제2항, 사회복지사업법시행규칙 제13조 제1항 제1호 (가)목에 의하면, 보육사업을 하는 사회복지법인이 영유아보육법 제8조, 영유아보육법시행규칙 제7조 [별표 2]에 의하여 설치한 영유아 보육시설은 사회복지법인의 기본재산에 해당한다.

사회복지법인의 기본재산의 매도, 담보제공 등에 관한 사회복지사업법 제23조 제3항의 규정은 강행규정으로서 사회복지법인이 이에 위반하여 주무관청의 허가를 받지 않고 그 기본재산을 매도하더라도 효력이 없으므로, 법원의 부동산임의경매절차에서 사회복지법인의 기본재산인 부동산에 관한 낙찰이 있었고 낙찰대금이 완납되었다 하더라도 위 낙찰에 대하여 주무관청의 허가가 없었다면 그 부동산에 관한 소유권은 사회복지법인으로부터 낙찰인에게로 이전되지 아니한다."라고 판시하였습니다(대법원 2003. 9. 26. 자 2002마4353 결정 참조).

결국 위 법리에 따르면, 甲이 설치한 영유아 보육시설은 사회복지법인의 기본재산에 해당한다고 할 것이고, 이러한 기본재산의 낙찰에 대하여 주무관청의 허가가 없었다면 그 부동산에 관한 소유권은 사회복지법인으로부터 낙찰인에게로 이전되지 않을 것입니다.

제 2 장   의료법인의 등기

一. 총 론

의료법인이란 의료업을 목적으로 설립된 법인을 말한다(의료법 제33조 제2항 제3호). 의료법인은 1973년에 의료법이 전부개정 되면서 생겨났다. 의료법인이 아니면, 의료법인이나 이와 비슷한 명칭을 사용할 수 없다(의료법 제48조 제4항). 의료법인에 대하여 의료법에 규정된 것 외에는 민법 중 재단법에 관한 규정을 준용한다(의료법 제50조).

二. 설립등기

의료법인은 그 법인이 개설하는 의료기관에 필요한 시설이나 시설을 갖추는 데에 필요한 자금을 보유하여야 한다(의료법 제48조 제2항). 의료법인을 설립하려는 자는 대통령령으로 정하는 바에 따라 정관과 그 밖의 서류를 갖추어 그 법인의 주된 사무소의 소재지를 관할하는 시·도지사의 허가를 받아야 한다(의료법 제48조 제1항). 또한, 의료법인이 재산을 처분하려면 시·도지사의 허가를 받아야 한다(동조).

三. 부대사업

의료법인은 그 법인이 개설하는 의료기관에서 의료업무 외에 다음의 부대사업을 할 수 있으나(의료법 제49조 제1항 전문), 이 경우 부대사업으로 얻은 수익에 관한 회계는 의료법인의 다른 회계와 구분하여 계산하여야 한다(같은 항 후문).

1. 의료인과 의료관계자 양성이나 보수교육
2. 의료나 의학에 관한 조사 연구
3.「노인복지법」제31조제2호에 따른 노인의료복지시설의 설치·운영
4.「장사 등에 관한 법률」제29조제1항에 따른 장례식장의 설치·운영

5. 「주차장법」 제19조제1항에 따른 부설주차장의 설치·운영

6. 의료업 수행에 수반되는 의료정보시스템 개발·운영사업 중 대통령령으로 정하는 사업

7. 그 밖에 휴게음식점영업, 일반음식점영업, 이용업, 미용업 등 환자 또는 의료법인이 개설한 의료기관 종사자 등의 편의를 위하여 보건복지부령으로 정하는 사업

부대사업 중 장례식장의 설치·운영, 부설주차장의 설치·운영, 그 밖에 휴게음식점영업, 일반음식점영업, 이용업, 미용업 등 환자 또는 의료법인이 개설한 의료기관 종사자 등의 편의를 위하여 보건복지부령으로 정하는 사업은 의료법인이 타인에게 임대 또는 위탁하여 운영할 수 있다(같은 조 제2항).

또한 부대사업을 하려는 의료법인은 보건복지부령으로 정하는 바에 따라 미리 의료기관의 소재지를 관할하는 시·도지사에게 신고하여야 한다. 신고사항을 변경하려는 경우에도 또한 같다(같은 조 제3항).

四. 설립 허가 취소

보건복지부장관 또는 시·도지사는 의료법인이 다음 각 호의 어느 하나에 해당하면 그 설립 허가를 취소할 수 있다(의료법 제51조).

- 정관으로 정하지 아니한 사업을 한 때

- 설립된 날부터 2년 안에 의료기관을 개설하지 아니한 때

- 의료법인이 개설한 의료기관이 개설허가를 취소당한 때

- 보건복지부장관 또는 시·도지사가 감독을 위하여 내린 명령을 위반한 때

- 법이 정한 부대사업 외의 사업을 한 때

핵심판례

▶판례◀ 의료법 제64조 제1항 제8호에 해당하는 경우, 관할 행정청은 반드시 해당 의료기관에 대하여 개설 허가 취소처분(또는 폐쇄명령)을 해야 하는지 여부(적극)

(대판 2021.03.11. 선고 2019두57831)

의료법 제64조 제1항의 문언과 규정 체계, 입법 취지 등을 종합하면 다음과 같이 보아야 한다. 의료법 제64조 제1항에서 정하고 있는 의료기관 개설 허가의 취소와 의료기관 폐쇄명령은 의료법상 의무를 중대하게 위반한 의료기관에 대해서 의료업을 더 이상 영위할 수 없도록 하는 제재처분으로서, 실질적으로 동일한 법적 효과를 의도하고 있다. 다만 의료법 제33조 제4항에 따라 허가에 근거하여 개설된 의료기관에 대해서는 개설 허가 취소처분의 형식으로 하고, 제33조 제3항과 제35조 제1항 본문에 따라 신고에 근거하여 개설된 의료기관에 대해서는 폐쇄명령의 형식으로 해야 한다.

의료기관이 의료법 제64조 제1항 제1호에서 제7호, 제9호의 사유에 해당하면 관할 행정청이 1년 이내의 의료업 정지처분과 개설 허가 취소처분(또는 폐쇄명령) 중에서 제재처분의 종류와 정도를 선택할 수 있는 재량을 가지지만, 의료기관이 의료법 제64조 제1항 제8호에 해당하면 관할 행정청은 반드시 해당 의료기관에 대하여 더 이상 의료업을 영위할 수 없도록 개설 허가 취소처분(또는 폐쇄명령)을 하여야 할 뿐 선택재량을 가지지 못한다.

▶판례◀ 의료법인 명의로 개설된 의료기관을 실질적으로 비의료인이 개설·운영하였다고 판단하기 위한 요건 및 이에 해당하는 것으로 인정할 수 있는 경우

(대판 2023. 10. 26. 선고 2022도90)

의료법인 명의로 개설된 의료기관을 실질적으로 비의료인이 개설·운영하였다고 판단하려면, 비의료인이 의료법인 명의 의료기관의 개설·운영에 주도적으로 관여하였다는 점을 기본으로 하여, 비의료인이 외형상 형태만을 갖추고 있는 의료법인을 탈법적인 수단으로 악용하여 적법한 의료기관 개설·운영으로 가장하였다는 사정이 인정되어야 한다. 이러한 사정은 비의료인이 실질적으로 재산출연이 이루어지지 않아 실체가 인정되지 아니하는 의료법인을 의료기관 개설·운영을 위한 수단으로 악용한 경우, 의료법인의 재산을 부당하게 유출하여 의료법인의 공공성, 비영리성을 일탈한 경우에 해당되면 인정될 수 있다.

▶판례◀ 의료법 제33조 제2항에서 금지하는 비의료인의 의료기관 개설행위

(대판 2011.10.27. 선고 2009도2629)

의료법 제30조 제2항, 제66조 제3호에 의하여 금지되는 의료기관 개설행위는 비의료인이 그 의료기관의 시설 및 인력의 충원·관리. 개설신고, 의료업의 시행, 필요한 자금의 조달, 그 운영 성과의 귀속 등을 주도적인 입장에서 처리하는 것을 의미한다. 의료인의 자격이 없는 일반인이 필요한 자금을 투자하여 시설을 갖추고 유자격 의료인을 고용하여 그 명의로 의료기관 개설신고를 한 행위는 형식적으로만 적법한 의료기관의 개설설로 가장한 것일 뿐 실질적으로는 의료인 아닌 자가 의료기관을 개설한 경우에 해당하고, 개설신고가 의료인 명의로 되었다거나 개설신고 명의인인 의료인이 직접 의료행위를 하였다 하여 달리 볼 수 없다. 비의료인이 이미 개설된 의료기관의 의료시설과 의료진을 인수하고 개설자의 명의 변경절차 등을 거쳐 그 운영을 지배·관리하는 등 종전 개설자의 의료기관 개설·운영행위를 한 것으로 볼 수 있는 경우에는 의료법 제33조 제2항에서 금지하는 비의료인의 의료기관 개설행위에 해당한다.

▶판례◀ 비의료인이 의료기관 개설자격을 위반하여 의료법인 명의 의료기관을 개설·운영하였는지 판단하는 기준

(대판 2023. 8. 18. 선고 2020도6492)

의료법인 명의로 개설된 의료기관을 실질적으로 의료인의 자격이 없는 일반인(이하 '비의료인'이라고 한다)이 개설·운영하였다고 판단하려면, 비의료인이 의료법인 명의 의료기관의 개설·운영에 주도적으로 관여하였다는 점을 기본으로 하여, 비의료인이 외형상 형태만을 갖추고 있는 의료법인을 탈법적인 수단으로 악용하여 적법한 의료기관 개설·운영으로 가장하였다는 사정이 인정되어야 한다.

이러한 사정은, 비의료인이 실질적으로 재산출연이 이루어지지 않아 실체가 인정되지 아니하는 의료법인을 의료기관 개설·운영을 위한 수단으로 악용한 경우이거나 의료법인의 재산을 부당하게 유출하여 의료법인의 공공성, 비영리성을 일탈한 경우 중 어느 하나에 해당되면 인정될 수 있다.

그중 전자의 경우, 비의료인이 실질적인 재산출연 없이 주무관청인 시·도지사를 기망하여 의료법인 설립허가를 받는 등 의료기관을 개설·운영할 시설과 자금이 없는 의료법인을 의료기관 개설의 외형만을 갖추기 위하여 설립한 것으로 평가할 수 있다면, 비의료인이 의료법인을 탈법적인 수단으로 악용하여 적법한 의료기관 개설·운영으로 가장한 채 실질적으로는 비의료인 자신이 의료기관을 개설·운영하였다고 보아야 한다.

후자의 경우, 형식적으로는 의료법인 명의로 의료기관이 개설·운영되었더라도, 비의료인이 의료법인을 지배하면서 의료기관 운영수익 등을 상당한 기간 동안 부당하게 유출하는 등 공공성, 비영리성을 일탈한 것으로 평가할 수 있다면, 공공성, 비영리성을 전제로 의료기관 개설자격을 부여받은 의료법인의 규범적 본질이 부정되는 것으로 평가할 수 있다.

다만 의료법인 설립과정에 하자가 있었다는 사정이나 비의료인이 의료법인의 재산을 일시적으로 유출하였다는 정황만을 근거로 곧바로 비의료인이 의료기관 개설자격을 위반하여 의료기관을 개설·운영하였다고 평가할 수는 없고, 의료법인 설립과정의 하자가 의료법인 설립허가에 영향을 미치거나 의료기관 개설·운영이 실질적으로 불가능할 정도에 이르는 것인지 여부나 의료법인의 재산이 유출된 정도, 기간, 경위 및 이사회 결의 등 정당한 절차나 적정한 회계처리 절차가 있었는지 여부 등을 종합적으로 고려하여 의료법인의 규범적 본질이 부정될 정도에 이르러 의료기관 개설·운영을 위한 탈법적인 수단으로 악용되었다고 평가될 수 있는지를 판단하여야 한다.

▶판례◀ 의료법인이 재산을 처분하거나 정관을 변경하려면 시·도지사의 허가를 받아야 한다고 정하고 있는 의료법 제48조 제3항이 강행규정인지 여부(적극)

(대판 2023. 8. 31. 선고 2021다234528)

의료법 제48조 제3항은 "의료법인이 재산을 처분하거나 정관을 변경하려면 시·도지사의 허가를 받아야 한다."라고 규정한다. 이는 의료법인이 그 재산을 부당하게 감소시키는 것을 방지함으로써 경영에 필요한 재산을 항상 갖추고 있도록 하여 의료법인의 건전한 발달을 도모하고 의료의 적정을 기하여 국민건강을 보호증진하게 하려는 데 목적이 있는 조항으로서 강행규정에 해당한다.

▶판례◀ 의료법 제33조 제2항에서 의료법인 등 비영리법인이 아닌 자의 의료기관 개설을 원천적으로 금지하고, 제87조 제1항 제2호에서 이를 위반하는 경우 처벌하는 규정을 둔 취지

(대판 2022. 4. 14. 선고 2019다299423)

의료법이 의료인이나 의료법인 등 비영리법인이 아닌 자의 의료기관 개설을 원천적으로 금지하고(제33조 제2항), 이를 위반하는 경우 처벌하는 규정(제87조 제1항 제2호)을 둔 취지는 의료기관 개설자격을 의료전문성을 가진 의료인이나 공적인 성격을 가진 자로 엄격히 제한함으로써 건전한 의료질서를 확립하고, 영리 목적으로 의료기관을 개설하는 경우에 발생할지도 모르는 국민 건강상의 위험을 미리 방지하고자 하는 데에 있다. 위 의료법 제33조 제2항은 의료인이나 의료법인 등이 아닌 자가 의료기관을 개설하여 운영하는 경우에 초래될 국민 보건위생상의 중대한 위험을 방지하기 위하여 제정된 이른바 강행법규에 속하는 것으로서 이에 위반하여 이루어진 약정은 무효이다.

▶판례◀ 의료인이나 의료법인이 아닌 자가 의료기관을 개설하여 운영하는 경우, 그 의료기관운영업무가 업무방해죄의 보호대상이 되는 '업무'에 해당하는지 여부(소극)

(대판 2001. 11. 30. 선고 2001도2015)

의료인이나 의료법인이 아닌 자가 의료기관을 개설하여 운영하는 행위는 그 위법의 정도가 중하여 사회생활상 도저히 용인될 수 없는 정도로 반사회성을 띠고 있으므로 업무방해죄의 보호대상이 되는 '업무'에 해당하지 않는다.

고시

▶고시◀ 의료법인 및 비영리법인의 의료기관 개설을 위한 세부 기준

(2017. 4. 6., 제정 보건복지부고시 제2017-66호)

제1조(목적)
　이 고시는 「의료법」 제33조제9항 및 같은법 시행령 제16조에 따라 의료법인 및 비영리법인이 의료기관을 개설하려는 경우에 정관변경 등에 대한 작성기준, 작성방법 및 세부내용 등을 정함으로써 의료기관 개설·운영의 적정을 기하고 국민들의 보건의료 질 향상에 기여함을 목적으로 한다.

제2조(적용범위)
　이 고시는 「의료법」 제33조제2항제3호에 따른 의료법인 및 제4호에 따른 「민법」이나 「특별법」에 따라 설립된 비영리 법인(법인 설립 절차를 진행 중인 경우도 포함, 이하 "의료법인 등"이라 한다)이 의료기관을 개설·운영하고자 하는 경우에 대하여 적용한다.

제3조(의료법인 등의 정관)
　제2조에 따른 의료법인 등이 의료기관을 개설하려는 경우에는 그 법인의 정관에 다음 각호의 사항을 기재하여 해당 법인의 주무관청에 제4조 및 제5조에서 정하는 바에 따라 법인 설립허가 또는 정관 변경허가를 받아야 한다.
　1. 목적 사업에 관한 사항 : 의료기관 개설·운영을 목적 사업으로 명시
　2. 의료기관의 소재지 : 법인의 사무소 소재지란 아래에 개설하고자 하는 의료기 관 소재지의 주소를 기재(지번까지 포함한 전체주소, 건물의 경우에는 층수나 동호수를 포함)

제4조(의료법인 등의 법인 설립허가)

의료법인 등이 의료기관 개설을 위한 법인 설립허가를 받으려는 경우 창립총회를 개최하고 「의료법 시행령」 제16조제1항제1호에 따라 다음 각호에서 정하고 있는 서류를 첨부하여 주무관청에 제출하여야 한다.
1. 제3조에 따른 정관 기재사항이 반영된 정관안
2. 의료기관 개설·운영을 위한 의료기관의 종류 및 사업 내용을 담은 별지 제1호 서식의 사업계획서 및 별지 제2호 서식의 자금 조달계획서
3. 별지 제3호 서식의 의료기관의 시설, 장비 및 인력 등의 확보 계획서
4. 의료기관을 개설·운영하는 의료법인 등의 별지 제4호 서식의 수입·지출 예산서
5. 「의료법」 제33조제2항제4호에 따른 비영리법인이 법인 설립허가 시 관계 법령에 따라 필요한 서류(비영리법인만 해당한다)
6. 「의료법」 제48조제1항에 따른 의료법인 설립허가에 필요한 서류(의료법인만 해당한다)

제5조(의료기관 개설을 위한 정관변경허가)
의료법인 등이 의료기관 개설을 위한 정관 변경허가를 받으려는 경우 「의료법 시행령」 제16조제1항제2호에 따라 다음 각호에서 정하고 있는 서류를 첨부하여 그 법인의 주무관청에 제출하여야 한다.
1. 제3조에 따른 정관 기재사항이 반영된 정관변경안
2. 의료기관 개설·운영을 위한 의료기관의 종류 및 사업 내용을 담은 별지 제1호 서식의 사업계획서 및 별지 제2호 서식의 자금 조달계획서
3. 별지 제3호 서식의 의료기관의 시설, 장비 및 인력 등의 확보 계획서
4. 의료기관을 개설·운영하는 의료법인 등의 별지 제4호 서식의 수입·지출 예산서
5. 「의료법」 제33조제2항제4호에 따른 비영리법인이 정관 변경허가 시 관계 법령에 따라 필요한 서류(비영리법인만 해당한다)
6. 「의료법」 제48조제3항에 따른 정관 변경허가에 필요한 서류(의료법인만 해당한다)

제6조(협의사항)
① 의료법인 등의 주무관청은 제4조 및 제5조에 따라 의료법인 등이 의료기관 개설을 위해 법인 설립허가 또는 정관 변경허가를 요청하는 경우 「의료법」제33조제9항에 따라 법인 설립허가 또는 정관변경허가를 하기 전에 제4조 또는 제5조에서 정한 서류를 첨부하여 그 법인이 개설하고자 하는 의료기관이 소재하는 시·도지사 또는 시장·군수·구청장에게 서면으로 협의하여야 한다.
② 제1항에 따라 의료법인 등의 주무관청으로부터 법인 설립허가 또는 정관변경허가에 대한 의견을 요청받은 시·도지사 또는 시장·군수·구청장은 관련 내용을 검토하여 해당 법인의 주무관청에 의료기관의 개설에 관한 의견을 회신하여야 한다.

제7조(주무관청의 허가)
① 의료법인 등의 주무관청은 제6조에 따른 협의 결과를 반영하여 법인 설립허가 또는 정관변경허가 여부를 결정하여야 한다.
② 주무관청은 제1항에 따른 허가 여부를 의료기관이 소재하는 시·도지사 또는 시장·군수·구청장에게 서면으로 통보하여야 한다.

제8조(의료기관의 추가 개설)
의료법인 등에서 의료기관을 추가로 개설하고자 하는 경우에는 그 법인의 정관에 추가로 개설하고자 하는 의료기관 소재지의 주소를 제3조에 의한 방식으로 기재하여 제5조에 따라 주무관청으로부터 정관 변경허가를 받아야 한다.

제9조(재검토기한)
보건복지부장관은 「훈령·예규 등의 발령 및 관리에 관한 규정」(대통령훈령 제334호)에 따라 이 고시에 대하여 2017년 1월 1일을 기준으로 매 3년이 되는 시점(매 3년째의 12월 31일까지를 말한다)마다 그 타당성을 검토하여 개선 등의 조치를 하여야 한다.

부 칙   <제2017-66호,2017.4.6.>
이 고시는 발령한 날부터 시행한다.

♣ 【서식】 사업계획서

사업계획서

(제1쪽)

조직 개요	법인명		설립 연월일	
	대표자		대표자 생년월일	
	주소	주사무소		
		분사무소(1)		
		분사무소(2)		
	출자금(출연금)		백만원	

설립 목적	

의사결정 기구	[　]총회　　　　[　]총회(대의원)　　　[　]이사회 ※ 중복 표시 가능

조직도	

	직위	성명	경력	직원 겸직 여부
임원 현황				

직원 고용계획	명

작성방법
1. 조직 개요 중 "주소"는 ○○시(도) ○○구(군) ○○동(면) ○○리 ○○번지로 적습니다. 건물의 경우에는 층수나 동호수를 포함하여 적습니다.

(제2쪽)

사업계획	1. 목적
	2. 사업내용(의료기관의 종별, 의료기관의 주요 진료과목 등 의료업 내용을 구체적으로 기재)
	3. 시행방법 : 관련사항, 예산액 등
	4. 기대효과
	5. 향후계획

작성방법

1. "목적"은 동 사업 추진이 법인의 설립 목적을 위해 왜 필요한지에 대한 구체적 설명을 작성합니다.
2. 사업내용은 법인이 운영할 의료기관의 종별, 주요 진료과목 등 의료업의 내용을 구체적으로 작성합니다
3. 법인의 재산 및 운영규모에 비추어 실질적인 사업계획을 작성합니다.

♣ 【서식】 의료기관의 시설·장비·인력 등 확보계획서

의료기관의 시설·장비·인력 등 확보계획서

구 분		수 량	평 가 액	취득방법(형태)	취득예정일	비고
의료기관 및 주요시설	의료기관 건물					
	입원병상					
	검사장비(A)					
	검사장비(B)					
	의료기기 (품목구체적)					
	계					

구 분		명 수	인 건 비	채용방법(공개모집등)	취득예정일	비고
인력	의사 (한의사, 치과의사)					
	약사					
	간호사					
	간호조무사					
	방사선사					
	임상병리사					
	치위생사					
	치기공사					
	의무기록사					
	기타 인력					
	계					
합 계			원			

작성방법

1. 의료기관의 건물 소유형태(임대 또는 법인의 기본재산)에 대하여 명확히 작성합니다.
2. 입원병상 및 주요장비에 대한 취득방법(구입처 등) 및 취득예정일을 구체적으로 작성합니다.
3. 의료인 및 의료관계자에 대한 인원수 및 채용방법 등을 명확히 작성합니다.

五. 의료법인 Q&A 모음

■ 의료법인 설립 허가 기준

Q 의료법인 설립허가 시 관련법령에 명시되어 있지 않는 사항에 대하여 허가권자가 자율적으로 심사기준안을 마련하여 규제할 수 있는지요?

A 의료법인의 경우 비영리법인으로서 그 설립 운영에 관하여 민법상 재단법인에 관한 규정이 준용되고, 의료법에는 의료법인 설립허가와 관련하여 당해 의료법인이 개설하는 의료기관에 필요한 시설이나 시설을 갖추는 데에 필요한 자금을 보유할 것을 요건으로 규정하고 있을 뿐, 그 외에는 설립허가의 구체적 기준을 규정해 두고 있지 않은 점 등을 종합해보면, 의료법인에 대한 설립허가는 정책적 판단에 따른 재량행위인 바, 허가권자가 지역의 특수성을 반영한 의료법인 설립허가 기준안을 마련하여 운영할 수 있을 것입니다. 다만, 그 설립 허가 기준안은 지역의 의료수요 및 의료자원 현황, 의료기관의 규모 분포 정도 등 지역의 특수성 등을 고려한 합리적이고 타당한 기준으로서 재량권 일탈, 남용이 없도록 해야 할 것으로 사료됩니다.

■ 의료법인 설립허가시 주무관청에서 일정규모 이상을 요구

Q 의료법인 설립허가시 개설할 의료기관에 대해 주무관청에서 일정규모 이상을 요구하는게 가능한지요?

A 가능합니다.
- 의료법인은 지역 간 의료불균형 해소정책의 일환으로 도입된 제도로서 의료법인의 경우 비영리법인으로서 그 설립 운영에 관하여 민법상 재단법인에 관한 규정이 준용됩니다.
- 의료법에는 의료법인 설립허가와 관련하여 당해 의료법인이 개설하는 의료기관에 필요한 시설이나 시설을 갖추는 데에 필요한 자금을 보유할 것을 요건으로 규정하고 있을뿐 그 외에는 설립허가의 구체적 기준을 규정해

두고 있지 않은 점 등을 종합해보면,

- 의료법인에 대한 설립허가는 정책적 판단에 따른 재량행위인 바, 허가권자가 지역의 특수성을 반영한 의료법인 설립허가 기준안을 마련하여 운영할 수 있을 것입니다.

• 다만, 그 설립 허가 기준안은 지역의 의료수요 및 의료자원 현황, 의료기관의 규모 분포정도 등 지역의 특수성 등을 고려한 합리적이고 타당한 기준으로서 재량권 일탈, 남용이 없도록 해야 할 것으로 사료됩니다.

■ 의료법인 설립 시 자산

Q 의료법인 설립 시 출연할 부동산이 없으면 현금 및 유가증권으로도 기본재산으로 출현하여 의료법인을 설립할 수가 있는지요?

A 의료법 제48조제2항에 의료법인은 그 법인이 개설하는 의료기관에 필요한 시설이나 시설을 갖추는 데에 필요한 자금을 보유하여야 한다고 규정하고 있으며, 의료법 및 민법상에 출연재산의 종류에 대한 제한 규정이 없고, 비영리법인의 설립 허가는 시 도지사의 정책적 판단에 따른 재량이 부여되어 있는 점 등을 고려 시, 출연 재산을 통한 재정적 기초 확립 여부, 목적사업의 안정적인 수행 가능성, 법인설립의 필요성 등을 종합적으로 심사하여 설립 허가 여부를 결정할 사안으로 판단됩니다.

또한, 법인 설립 허가 시 주무관청이 관련 법령 규정의 적법성 검토와 더불어 의료기관을 설치하고자 하는 인근의 의료수요 및 의료자원 현황, 의료기관 분포, 규모 등의 적정여부와 의료기관의 확충에 관한 정책적 차원에서 그 타당성을 검토할 수 있도록 <u>법인 설립 허가 신청 시 의료기관 개설 예정지가 확정되어야 할 것입니다.</u>

의료법인의 기본재산은 법인의 실체를 이루는 것임을 감안할 때, 의료사업의 계속성과 법인운영의 안정성을 도모하기 위해서는 목적사업 수행에 필요한 건물 등을 안정적으로 확보하여 기본재산으로 편입하도록 하는 것이 바람직할 것입니다.

■ 의료법인 설립 시 출연재산 종류·범위

Q 의료법인 설립 시 의료법인에 출연할 재산이 집합건물 1-6층 중 1, 2, 6층은 소유주가 따로 있으며, 설립허가 시 기본재산으로 출연할 재산은 3-5층인 바, 이러한 경우 법인 설립이 가능한지요?

A 의료법 제48조에 의거 의료법인을 설립하고자 하는 자는 목적사업인 의료기관 개설, 운영에 필요한 충분한 재산(토지, 건물 등)을 출연하여야 합니다. 그 이유는 목적사업인 의료사업의 계속성과 법인의 안정성을 도모하기 위해서입니다. 대지를 포함하지 아니한 일부 층을 기본재산으로 출연하는 것은 위에서 적시한 법인 설립취지에 합당하지 않으나, 의료법인 설립을 위한 출연재산의 종류에 대하여 의료법 및 민법 상 제한 규정이 없는 점, 의료법인의 설립 허가는 시도지사의 정책적 판단에 따른 재량이 부여되어 있는 점 등을 고려 시, 의료법인의 설립 허용 여부에 대한 최종 판단은 의료기관 종별 시설기준 등의 준수사항, 의료기관의 공익성, 안정성, 계속성 등을 종합적으로 판단하여 허가권자인 시도지사가 정책적으로 결정할 사항으로 사료됨

■ 의료법인 출연재산 평가

Q 경매로 낙찰받은 부동산을 출연하여 의료법인을 설립하고자 하는 경우 재산의 평가액을 감정평가법인의 감정평가서를 기준으로 해야 하나요? 낙찰가를 기준으로 해야 하나요?

A 의료법인이 출연하는 기본재산은 법인의 실체를 이루는 것임을 감안할 때 재산의 평가액을 객관적으로 인정할 수 있는 자료가 필요함. 따라서 경매 낙찰가는 유찰 등으로 인하여 가격이 낮게 책정될 수도 있는 등 경매시 조건에 따라 변동 가능성이 크므로 출연재산에 대한 평가액은 「부동산 가격공시 및 감정평가에 관한 법률」 제28조에 의한 감정평가법인의 감정평가서를 기준으로 하는 것이 타당할 것입니다.
처분 재산목록에 대한 감정평가서는 「감정평가 및 감정평가사에 관한 법률」 제21조에 의한 감정평가사무소 또는 동법 제29조에 의한 감정평가법인이 작

성한 것이면 가능합니다.

■ **부동산을 출연하여 의료법인 설립**

Q 담보신탁 부동산을 출연하여 의료법인 설립이 가능한지요?

A ● 담보신탁 부동산의 소유권은 대내외적으로 수탁자(은행)에게 이전되는 것
    이므로, 법인설립허가 신청 시점에서 출연하고자 하는 기본재산이 신탁등
    기된 경우에 설립자의 출연 확약만으로는 안정적인 기본재산이 확보되지
    않은 것으로 볼 수 있으므로 바람직하지 않습니다.
  ● 다만, 의료법 및 민법상에 출연재산의 종류에 대한 세부적인 규정이 없고,
    비영리법인의 설립 허가는 시·도지사의 정책적 판단에 따른 재량이 부여
    되어 있는 점 등을 고려한다면
  - 출연재산을 통한 재정적 기초 확립 여부, 목적사업의 안정적인 수행 가능
    성, 법인설립의 필요성 등을 종합적으로 심사하여 주무관청에서 설립 허가
    여부를 최종적으로 결정합니다.
  ☞ 수탁자(은행)가 해당 법인 설립시 수탁된 재산을 기부 또는 출연하는 것으
    로 약정을 하고 실제 법인 설립 후 그러한 출연행위를 완료해 해당 재산
    이 법인으로 이전된다는 이유로 허가한다면, 관할 주무관청에서는 법인 설
    립시 언제까지 신탁된 부동산(출연재산) 소유권을 법인에 이전할지 기한을
    명시하고 그 기한을 미준수할 경우 법인설립 허가를 취소하겠다는 조건을
    명시할 필요가 있습니다.

■ **의료기관 다수 개설**

Q ○○의료원 동일건물 내 정신병원 및 요양병원을 1개 병원으로 허가가 가
   능한지요?

A 의료법 제33조제4항 및 정신보건법 제12조를 근거로 개설을 하는 요양병
   원과 정신병원은 개설허가 주체가 서로 다르므로 2개 기관으로 개설 운영
   하여야 합니다.

■ 비영리법인 의료기관 개설 요건

Q 비영리법인이 주사무소외 타 지역에서 의료기관 개설시 정관변경을 반드시 해야 하는지요?

A 민법 제32조에 따라 설립된 비영리법인은 의료법 제33조제2항제4호에 의거 의료기관을 개설할 수 있으나, 민법 제34조에 따라 법인은 정관으로 정한 목적의 범위내에서 권리와 의무의 주체가 되므로 목적사업으로서 의료기관 개설이 법인 설립 목적에 부합하는 경우로 한정하여야 합니다. 따라서 비영리법인의 의료기관 개설은 정관의 목적사업에 의료기관 개설의 기재 여부는 물론이거니와, 법인 설립 목적에 부합하는 지 여부를 면밀히 검토하여 승인하여야 합니다. 결국 비영리법인이 의료기관을 추가 개설하기 위해서는 기본재산 등 자산 변동이 필수적으로 초래되므로 <u>정관의 목적사업에 의료기관 추가 개설에 대해 명시하고 자산에 관한 사항(재산목록)을 변경하여야 할 것입니다.</u>

■ 의료법인 적용 법률

Q 의료법인에 대하여 의료법 및 민법(재단에 관한 규정)은 물론 공익법인의 설립 및 운영에 관한 법률도 적용할 수 있는지요?

A 의료법 제48조에 의거 설립된 의료법인은 이 법에 규정된 것 외에는 동법 제50조에 의거 민법 중 재단법인에 관한 규정을 준용하며, 「공익법인의 설립 운영에 관한 법률」 제2조에 의거 설립된 공인법인과는 별개이나 임원결격사유에 한하여 적용토록 하고 있습니다.

■ 의료법인의 기본재산 처분허가 대상

Q 의료법인의 기본재산 처분허가 범위에 "담보신탁"이 포함되는지요?

A 재산의 소유권 이전 형태로 진행되는 담보신탁*에 관하여 의료법에 규정을 두고 있지 아니하나 기본재산의 매도, 증여 등 소유권을 처분하는 행위와 기본재

산의 담보제공 행위를 허가대상 행위로 규정하고 있으므로, 담보의 목적으로 소유권을 수탁자에게 이전하는 담보신탁 또한 상기 규정의 허가대상이 되는 담보제공 행위로 해석함이 상당합니다(법무부 상사법무과-2090(2013.6.26.)) 다만, 기본재산은 법인의 실체를 이루는 것임을 감안하여 담보신탁의 필요성 및 적정성과 문제점 등을 종합적으로 검토하여 그 허가 여부를 판단해야 될 것으로 사료되며, 의료업의 안정적 계속적 수행을 해하지 않은 범위 내에서 그 처분허가가 이루어 져야 할 것입니다.

■ 의료법인의 특수관계자 범위

Q 의료법인 개설 병원의 직원(의료인, 기타 직원 등)이 그 법인의 이사로 취임할 시 출연자 또는 이사와 특수관계에 있는 것으로 보는지요?

A 의료법인의 그 법인에 고용된 자가 당해 법인의 출연자 또는 이사와 사용인 기타 고용관계에 있는 경우, 당사자 간에 지휘 감독 관계가 있는지 또는 일방의 의사에 따라 상대방이 사무를 집행하는지 여부 등 구체적 사정에 따라 특수관계자로 인정될 수 있을 것으로 주무관청은 당해 법인에 고용된 자와 출연자 또는 이사와의 관계를 살펴 특수관계자 해당 여부를 판단해야 할 것입니다.

■ 의료법인 주사무소 이전에 대한 정관 변경

Q 의료법인의 주사무소를 정관 변경 없이 타 시도로 이전 할 경우 효력이 있는지요?

A 민법 제45조제3항은 법인이 정관을 변경하고자 할 때 주무관청의 허가를 얻지 아니 한 경우에 대해 다음과 같이 효력이 없음을 규정하고 있습니다.

제45조(재단법인의 정관변경)
② 재단법인의 목적달성 또는 그 재산의 보전을 위하여 적당한 때에는 전항의 규정에 불구하고 명칭 또는 사무소의 소재지를 변경할 수 있다.
③ 제42조제2항의 규정은 전2항의 경우에 준용한다.

제42조(사단법인의 정관의 변경)

① 사단법인의 정관은 총사원 3분의 2이상의 동의가 있는때에 한하여 이를 변경할 수 있다. 그러나 정수에 관하여 정관에 다른 규정이 있는 때에는 그 규정에 의한다.

② 정관의 변경은 주무관청의 허가를 얻지 아니하면 그 효력이 없다.

■ 기본재산 증가에 따른 정관 변경

Q 의료법인이 재산을 취득한 경우 정관 변경을 하여야 하는 지요?

A 의료법 제48조제3항 및 같은 법 시행규칙 제53조 등에 의하여 의료법인이 재산을 취득한 때에는 관련서류를 첨부하여 재산증가보고 및 정관변경 절차를 이행하여야 하며, 주무관청은 등기부등본 또는 금융기관의 증명서 등 재산취득에 대한 증빙서류를 확인하여 정관변경 허가를 해야 할 것입니다. 의료법인이 재산을 취득한 때에는 의료법 시행규칙 제53조에 의하여 지체 없이 재산에 편입 조치하고, 주무관청에 재산증가 보고와 기본재산 목록 변경에 따른 정관변경 허가신청을 동시에 진행하면 될 것으로 판단됩니다.

■ 의료법인 부대사업 범위

Q 의료법인이 노인요양시설을 운영 가능한지요?

A 의료법인은 목적사업인 의료업 외에 의료법 제49조 및 같은 법 시행규칙 제60조 규정에 의하여 부대사업을 할 수 있으며, 노인복지시설 중 노인복지법 제31조제2호에 따른 노인의료복지시설(노인요양시설, 노인요양공동생활가정)의 설치 운영이 부대사업으로 가능합니다.

이 경우 의료법 제49조제3항에 의하여 의료기관의 소재지를 관할하는 시 도지사에게 미리 부대사업 신고를 하여야 하며, 법인 정관에 부대사업 운영의 근거 조항이 있다면 별도의 정관변경 절차는 필요하지 않습니다(위 조건에 부합 시에는 의료법 제49조 제1항 제3호의 부대사업을 할 수 있다고 사료됩니다)

■ 의료법인 부대사업 범위

Q 의료법인이 노인요양원 위탁 운영이 가능한지요?

A 의료법인은 의료업무 외에 수익사업을 위하여 의료법 제49조에 규정한 부
대사업을 개설 의료기관 내에서 설치 운영할 수 있으나, 의료기관을 벗어난
부대사업은 법 취지에 위배된다고 사료됩니다.

■ 의료법인 장례식장 운영

Q 의료법인이 병원 내 장례식장을 설치하기 위해 의료기관 개설 허가 사항의
변경허가를 득한 후 장례식장 운영을 제3자에게 맡기는 게 가능한지요?

A 의료법 제49조 제2항에 의거 장례식장은 위탁운영 가능합니다.

■ 의료법인 자법인

Q 의료법인의 자법인을 허용할 수 있는지요?

A 의료공공성 강화정책에 따라 기존 가이드라인(행정지침)을 통한 영리 목적의
자법인 허용은 중단하였고, 의료법인의 자법인 설립이 일정한 조건하에 가
능하다고 안내한 기존의 민원질의 회신이나 유권해석은 적용하지 않습니다.

■ 의료법인 설립허가 취소절차

Q 의료법인 설립허가 취소절차는?

A - 의료법 제51조에 따라 주무관청이 의료법인 설립허가를 취소할 수 있는 사
유 외에 설립허가 취소 처리 절차에 대해 별도로 규정하고 있지 않습니다.
  * 의료법 제51조(설립 허가 취소) 보건복지부장관 또는 시·도지사는 의료법

인이 다음 각호의 어느 하나에 해당하면 그 설립 허가를 취소할 수 있다.

1. 정관으로 정하지 아니한 사업을 한 때
2. 설립된 날부터 2년 안에 의료기관을 개설하지 아니한 때
3. 의료법인이 개설한 의료기관이 제64조에 따라 개설허가를 취소당한 때
4. 보건복지부장관 또는 시·도지사가 감독을 위하여 내린 명령을 위반한 때
5. 제49조제1항에 따른 부대사업 외의 사업을 한 때

- 또한, 민법에서도 법인의 설립허가의 일반적 취소 사유만 정하고 있지 별도 절차를 정하고 있지 않으므로, 주무관청은 의료법 제51조 또는 민법 제38조 위반을 이유로 법인에 대한 검사·감독권(시정명령 등)을 행사한 후 이에 따르지 않을 경우 행정절차법에 따라 취소처분을 하여야 할 것입니다.
* 민법 제38조(법인의 설립허가의 취소) 법인이 목적 이외의 사업을 하거나 설립허가의 조건에 위반하거나 기타 공익을 해하는 행위를 한 때에는 주무관청은 그 허가를 취소할 수 있다.

■ 의료법인 기본재산 멸실에 따른 설립 허가 취소

Q 의료법인의 기본재산(토지 및 건물)이 임의 강제경매로 소멸되어 의료법인의 목적사업 수행에 차질이 발생된 바, 법인 등기사항 등 기본재산 관련서류를 제출토록 행정명령 한 후, 미 이행시 의료법 제51조(설립 허가 취소) 및 제64(개설 허가 취소 등)의 규정에 의거 법인 및 의료기관의 허가권 취소가 가능한지요?

A 의료법인은 파산절차법에 의거하지 않은 기본재산은 의료법 제48조제3항에 의거 기본재산처분 허가를 득한 후 이루어지지 않을 시에는 법적인 효력이 없습니다(대법원 2005.9.30. 선고2003다63937 판결, 대법원 2006.3.23 선고2004다25727 판결).

의료법인이 기본재산 멸실로 인한 병원 운영이 불가능하다고 판단될 때는 일정기간을 정하여 감소된 재산의 보충방법 및 재산의 확보계획 등 의견 제출의 기회를 주고 이를 어길 시에는 행정절차에 의거 법인 취소 및

의료기관 개설 허가 취소를 할 수 있습니다.

■ 기본재산 멸실에 따라 설립허가 취소

Q 기본재산 멸실에 따라 설립허가 취소가 가능한지요?

A
- 파산법에 의한 파산절차를 제외하고는 의료법인의 기본재산은 제48조제3항에 의거 기본재산처분 허가를 득한 후 이루어지지 않을 시에는 법적인 효력이 없음(대법원 2005. 9.30. 선고2003다63937 판결, 대법원 2006.3.23 선고2004다25727 판결)
- 주무관청은 의료법인이 기본재산 멸실로 인해 병원 운영이 불가능하다고 판단될 때는 일정기간을 정하여 감소된 재산의 보충방법 및 재산의 확보계획 등을 받고 일정기간 시정의 기회를 주고 이를 지키지 못할 경우에는 법인 설립허가 취소처분을 할 수 있습니다.

■ 의료법인 잔여재산 사단법인에 기증

Q 의료법인 잔여재산을 사단법인에 기증할 수 있는지요?

A
- 의료법인 해산 시 청산인은 해산등기 후 관할 주무관청에 해산신고를 하여야 하며, 또한「의료법 시행규칙」제58조(잔여재산 처분의 허가)에 따라 잔여재산 처분 허가 신청을 시·도지사에게 하여야 합니다.
- 해산 중 법인은 「민법」제80조(잔여재산의 귀속)에 따라 의료법인의 잔여재산은 주무관청의 허가를 얻어 그 법인의 목적에 유사한 목적을 위하여 그 재산을 처분할 수 있으며, 그 처분 상대방을 별도로 제한하지는 않습니다.
  ※「민법」제80조(잔여재산의 귀속) "정관으로 귀속권리자를 지정하지 아니하거나 이를 지정하는 방법을 정하지 아니한 때에는 이사 또는 청산인은 주무관청의 허가를 얻어 그 법인의 목적에 유사한 목적을 위하여 그 재산을 처분할 수 있다"
- 해산 중인 의료법인이 그 잔여재산을 사단법인에 기증 할 수 있는지 여부

는 잔여재산처분의 허가권자인 주무관청에서 사례별로 종합적 상황을 고려하여 최종 판단하여야 하나,

- 다만, 잔여재산을 기증받는 법인은 의료법인과 성격이 유사한 비영리 재단법인이 적절할 것으로 사료됩니다. 추가적으로 해당 법인은 해산되는 의료법인과 목적이 유사해야 하므로, 해당 법인의 정관에 "의료기관 설치 운영"이 설립목적으로 포함되어 있어야 할 것입니다.

♣ 【서식】 의료법인 설립허가신청서

의료법인 설립허가신청서

※ 색상이 어두운 란은 신청인이 작성하지 않습니다.

접수번호		접수일		처리기간	30일
신청인	성명		생년월일		
	주소		전화번호		
설립될 의료법 인	명칭				
	소재지		전화번호		
	대표자 성명		대표자 생년월일		
	주소				

「의료법 시행령」 제19조 및 같은 법 시행규칙 제48조에 따라 위와 같이 법인 설립 허가를 신청합니다.

년   월   일

신청인   (서명 또는 날인)

___

시・도지사 귀하

| 신청인 제출서류 | 1. 의료법인을 설립하려는 자(이하 "설립발기인"이라 한다)의 성명・주소・약력(설립발기인이 법인 또는 조합인 경우에는 그 명칭・소재지, 대표자의 성명・주소와 정관 또는 조합 규약 및 최근의 사업활동)을 적은 서류
2. 설립취지서
3. 정관
4. 재산의 종류・수량・금액 및 권리관계를 적은 재산목록(기본재산과 보통재산으로 구분하여 적습니다) 및 기부신청서(기부자의 재산을 확인할 수 있는 서류를 첨부하되, 시・도지사가 「전자정부법」 제36조제1항에 따른 행정정보의 공동이용을 통하여 첨부서류에 대한 정보를 확인할 수 있는 경우에는 그 확인으로 갈음합니다) 1부
5. 부동산・예금・유가증권 등 주된 재산에 관한 등기소・금융기관 등의 증명서
6. 사업 시작 예정 연월일과 해당 사업연도 분(分)의 사업계획서 및 수지예산서
7. 임원 취임 예정자의 이력서(가로 3.5센티미터, 세로 4.5센티미터의 사진을 첨부합니다)・취임승낙서 및 「가족관계의 등록 등에 관한 법률」 제15조제1항제2호에 따른 기본증명서
8. 설립 발기인이 둘 이상인 경우 그 대표자가 신청하는 경우에는 나머지 설립발기인의 위임장 | 수수료 없음 |
| 담당 공무원 확인사항 | 건물 등기사항증명서와 토지 등기사항증명서 | |

210mm×297mm[백상지(80g/㎡) 또는 중질지(80g/㎡)]

♣ 【서식】 의료법인 정관변경 허가신청서

의료법인 정관변경 허가신청서

※ 색상이 어두운 란은 신청인이 작성하지 않습니다.

접수번호	접수일	처리기간	7일

법인	법인명		대표자성명	
	소재지 (전화번호 :　　　　　　　　　　　　　　)			

정관 변경내용 및 사유	변경전의 조문	변경후의 조문	변경사유

「의료법 시행령」 제21조 및 같은 법 시행규칙 제51조에 따라 정관을 변경하려 하니 허가하여 주시기 바랍니다.

년　　　월　　　일

신청인　　　　　　　　　　　　　　　　(서명 또는 인)

보건복지부장관
시 · 도지사　　　귀하

신청인 제출서류	1. 정관변경이유서 1부. 2. 정관개정안(신 · 구 정관의 조문대비표를 첨부하여야 합니다) 1부. 3. 정관 변경에 관한 이사회의 회의록 1부. 4. 정관변경에 따라 사업계획 및 수지예산에 변동이 있는 경우에는 그 변동된 사업계획서 및 수지예산서(신 · 구대비표를 첨부하여야 합니다) 1부	수수료 없음

210mm×297mm[백상지(80g/㎡) 또는 중질지(80g/㎡)]

♣ 【서식】 의료법인 설립등기신청서

<table>
<tr><td colspan="5" align="center">의료법인 설립등기신청</td></tr>
<tr><td rowspan="2">접
수</td><td>년   월   일</td><td rowspan="2">처리인</td><td>등기관 확인</td><td>각종통지</td></tr>
<tr><td>제   호</td><td></td><td></td></tr>
</table>

등기의 목적	의료법인의 설립
등기의 사유	의료법인을 설립하기 위하여 정관을 작성하고 20○○년 ○월 ○일 주무관청의 허가를 받았으므로 그 등기를 구함.
허가서도착연월일	20○○년 ○월 ○일
등기할 사항	
명 칭	의료법인 ○○의료재단
주 사 무 소	○○시 ○○구 ○○동 ○
이사, 감사의 성명, 주민등록번호 및 주소	이사 ○ ○ ○ (-) 　　　 ○○시 ○○구 ○○동 ○ 이사 ○ ○ ○ (-) 　　　 ○○시 ○○구 ○○동 ○ 이사 ○ ○ ○ (-) 　　　 ○○시 ○○구 ○○동 ○ 감사 ○ ○ ○ (-) 　　　 ○○시 ○○구 ○○동 ○ 감사 ○ ○ ○ (-) 　　　 ○○시 ○○구 ○○동 ○

이사장의 성명과 주소, 주민등록번호	이사장　　　　　○ ○ ○ (　　　-　　　) 　　　　　　　○○시 ○○구 ○○동 ○
이사의 대표권에 대한 제한	이사장 ○○○ 이외에는 대표권이 없음
목　　　적	별지 기재와 같음
분사무소	
설립허가연월일	20○○년 ○월 ○일
존립기간 또는 해산사유	
자산의 총액	금 ○○○○원
출자의 방법	1. 재산의 과실, 2. 사업수익, 3. 기부금·보조금 및 기타 수입금
기　　　타	

순번	신청등기소	구분	등록면허세 지방교육세	농어촌특별세	세액합계	등기신청수수료
			금 원 금 원	금 원	금 원	금 원
합 계						
등기신청수수료 납부번호						

<table>
<tr><td colspan="4" align="center">첨   부   서   면</td></tr>
<tr><td>1. 정관</td><td align="right">1통</td><td>1. 주민등록표등본</td><td align="right">○통</td></tr>
<tr><td>1. 창립총회의사록(임원선임서)</td><td align="right">1통</td><td>1. 등록세영수필확인서</td><td align="right">1통</td></tr>
<tr><td>1. 설립허가서</td><td align="right">1통</td><td>1. 등기신청수수료영수필확인서</td><td align="right">1통</td></tr>
<tr><td>1. 재산목록</td><td align="right">1통</td><td>1. 잔액증명서</td><td align="right">1통</td></tr>
<tr><td>1. 취임승낙서</td><td align="right">○통</td><td>1. 인감증명서</td><td align="right">○통</td></tr>
<tr><td>1. 인감신고서</td><td align="right">○통</td><td>1. 위임장(대리인이 신청할 경우)</td><td align="right">1통</td></tr>
<tr><td></td><td></td><td><기 타></td><td></td></tr>
</table>

20○○년 ○월 ○일

신청인 명   칭   의료법인 ○○의료재단

주사무소   ○○시 ○○구 ○○동 ○○

대표자 성   명   이사장 ○ ○ ○ ㉑   (전화 :   )

주   소   ○○시 ○○구 ○○동 ○○

대리인 성   명   법무사 ○ ○ ○ ㉑   (전화 :   )

주   소   ○○시 ○○구 ○○동 ○○

○○지방법원 ○○등기소 귀중

- 신청서 작성요령 -

1. 해당란이 부족할 때에는 별지를 이용합니다.
1. 해당 등기신청과 관계없는 사항에 대하여는 "해당없음"으로 기재하거나 삭제하고, 필요한 사항은 추가 기재합니다.
1.「인감증명법」에 따른 인감증명서 제출과 함께 관련 서면에 인감을 날인하여야 하는 경우, 본인서명사실확인서를 제출하고 관련 서면에 서명을 하거나 전자본인서명확인서 발급증을 제출하고 관련 서면에 서명을 하면 인감증명서를 제출하고 관련 서면에 인감을 날인한 것으로 봅니다.

(용지규격 21cm×29.7cm)

♣ 【서식】 의료법인 정관

의료법인○○○ 정관(예시)

제1장 총 칙

제1조(명칭) 이 법인은 의료법인 ○○○의료재단(이하 "이 법인"이라 한다)이라 한다.

(비고) 1) 다른 법인과의 명칭상의 혼동을 피하기 위하여 다른 법인과 유사하거나 동일한 명칭을 가급적 사용하지 않도록 한다.

2) 의료법인 명칭과 병원명칭을 분리하여 명칭한다.(예 : 의료법인○○의료재단, ○○병원)

제2조(목적) 이 법인은 비영리 의료법인으로서 의료기관을 설치 운영하고 보건의료에 관한 연구개발 등을 통하여 국민보건향상에 이바지함을 목적으로 한다.

(비고) 당해 법인의 특성에 따라 목적을 개괄적으로 기재한다.

제3조(사업) 이 법인은 제2조의 목적을 달성하기 위하여 다음 각호의 사업을 수행한다.

1. 의료기관의 설치운영
2. 지역영세민 구료 및 무의촌 순회진료 등 공익을 위한 보건의료사업
3. 기타 목적달성에 필요한 부대사업

(비고) 설립예정 법인의 설립취지와 목적에 따라 추가할 수 있으며, 의료기관 종류, 위치 등 사업을 구체적으로 기재한다.

제4조(사무소) 이 법인의 주사무소는 ○○시(도) ○○구(군) ○○동(면) ○○리 ○○번지에 둔다.

(비고) 사무소의 소재지는 소재지 지번까지 구체적으로 기입하여야 한다.

제2장 재산과 회계

제5조(재산의 구분)

① 이 법인의 재산은 기본재산과 보통재산으로 구분하여 관리한다.

② 기본재산은 법인소유의 부동산과 이사회에서 기본재산으로 취득 또는 편입하기로 의결한 재산으로 한다.

③ 기본재산의 목록과 평가가액은 별표 1과 같다.

④ 보통재산은 제2항에서 규정한 기본재산 이외의 모든 재산으로 한다.

(비고) 기본재산은 반드시 별표 1 기본재산 목록에 등재되어야 한다.

제6조(재산의 관리)

① 이 법인의 기본재산을 매도, 증여, 교환 또는 이를 담보로 제공하거나 기본재산에 관한 의무의 부담 또는 권리의 포기를 하고자 할 때에는 이사회에서 재적이사 3분의 2 이상의 찬성으로 의결하여 시 도지사의 허가를 받아야 한다.

② 보통재산의 유지운영 및 그 관리에 관하여는 이사회에서 정하는 바에 의한다.

제7조(경비의 지출) 이 법인의 목적수행을 위하여 필요한 모든 경비의 지출은 다음 각호의 수입금으로 충당한다.

  1. 재산의 과실

  2. 사업수입

  3. 기부금 및 기타 수입금

제8조(사업계획 및 사업실적)

① 이 법인은 매 회계연도 개시전에 다음 회계연도에 실시하여야 할 사업계획과 수지예산에 관한 서류를 작성하여 이사회의 의결을 거친 후 시 도지사에게 제출하여야 한다.

② 이 법인은 매 회계연도 종료 후 2월 이내에 지난 회계연도의 사업실적과 수지예산에 관한 서류를 작성하여 감사의 감사를 받은 후 이사회의 의결을 거쳐 시 도지사에게 제출하여야 한다.

제9조(회계연도) 이 법인의 회계연도는 정부의 회계연도에 따른다.

제10조(회계손익금의 처리) 이 법인의 매 회계연도 결산잉여금은 이사회의 의결에 의하여 다음 회계연도에 이월 사용하거나 시설대체 적립금으로 보전하여야 하고 결손금은 다음 회계연도의 세계잉여금으로 충당한다.

제3장 임 원

제11조(임원의 종류와 정수)

이 법인에 두는 임원의 종류와 정수는 다음 각호와 같다.

1. 이사장 1인
2. 상임이사 1인
3. 이사(이사장 포함) 5인이상 15인 이내
4. 감사 2인 이내

(비고) 상임이사가 필요 없을 경우에는 두지 아니하여도 됨

제12조(임원의 선임과 해임)

① 임원은 임기만료 1월전에 이사회에서 선임하고 그 결과를 시 도지사에게 보고한다.

② 이 법인이 이사회의 개최지연 등으로 차기임원을 선출하지 못한 채 임원의 임기가 만료된 경우에는 차기 임원이 선출될 때까지 전임 이사장 및 임원이 이 법인의 업무를 관장한다.

③ 제1항의 규정에 의하여 취임한 임원이 법인 또는 공익을 해하는 행위를 하거나 임원으로서 직무를 정상적으로 수행할 수 없다고 인정되어 임기만료 전에 자신의 의사에 반하여 해임하고자 할 때에는 이사회에서 재적이사 3분의 2 이상 찬성으로 해임을 의결하고 그 결과를 시 도지사에게 보고하여야 한다.

④ 이 법인의 임원 중 결원이 발생할 경우에는 그 결원이 발생한 날부터 2월 이내에 이사회에서 후임자를 선임하고 그 결과를 시 도지사에게 보고하여야 한다.

제13조(임원의 임기)

① 이 법인 이사의 임기는 3년으로 하고 감사의 임기는 2년으로 한다. 다만, 보선에 의하여 취임한 임원의 임기는 전임자의 잔임기간으로 한다.

② 임원은 연임할 수 있다.

(비고) 임원의 임기를 종신직으로 하는 것등은 불가능하다.

제14조(임원의 결격사유)

다음 각호의 1에 해당하는 자는 이 법인의 임원이 될 수 없다.

1. 미성년자

2. 금치산자 또는 한정치산자

3. 파산자로서 복권되지 아니한 자

4. 금고 이상의 형을 받고 집행이 종료되거나 집행을 받지 아니하기로 확정된 후 3년이 경과되지 아니한 자

제15조(이사장 및 상임이사의 선출)

① 이사장은 이사중에서 호선하되 이사회에서 재적이사 3분의 2 이상의 찬성으로 선출하여 취임하며, 그 임기는 이사로서의 재직기간으로 한다.

② 상임이사는 이사장이 지명하는 이사로서 이사회에서 재적이사 과반수 이상의 찬성을 얻어 이사장이 임명하되 그 임기는 이사로서의 재임기간으로 한다.

(비고) 상임이사가 없을 경우 제2항은 불필요함

제16조(이사장의 직무)

이사장은 이 법인의 업무를 대표하고 법인의 업무를 총괄하며 이사회의 의장이 된다.

제17조(이사장의 직무대행)

① 이사장이 유고 또는 궐위된 때에는 상임이사가 이사장의 직무를 대행하고, 이사장 및 상임이사가 동시에 유고 또는 궐위된 때에는 이사 중 연장자가 이사장의 직무를 대행한다.

② 이사장이 궐위된 때에는 이사장 직무 대행자는 지체없이 이사장 선임절

차를 취하여야 한다.

(비고) 상임이사가 없을 경우 상임이사의 직무대행 문구는 삭제함

제18조(임원의 직무)

① 이사는 이사회의 구성원으로서 이사회를 구성하며 법인의 유지운영과 관리 등에 대한 중요업무를 심의 결정하고 이사회 또는 이사장으로부터 법인의 업무에 관하여 수임된 직무를 수행한다.

② 상임이사는 이사로서의 직무 이외에 이사장을 보좌하며 이사회 또는 이사장으로부터 수임된 소관업무를 상근하며 집행한다.

③ 감사는 다음 각호의 직무를 수행한다.

　1. 이 법인의 재산상황과 재정집행상황을 감사하는 일

　2. 이사회의 운영과 임직원(이사장 및 이사포함)의 업무진행상황을 감사하는 일

　3. 제1호 및 제2호의 감사결과 부정 또는 부당한 점이 있음을 발견한 때는 이사회에 그 시정을 요구하거나 감독관청에 보고하는 일

　4. 제3호의 보고를 하기 위하여 필요한 때에는 이사회의 소집을 요구하는 일

　5. 이사회에 출석하여 의견을 진술하는 일

(비고) 상임이사가 없는 경우 제2항은 불필요함

제19조(대표권 제한)

이 법인의 이사장을 제외하고는 이 법인을 대표할 수 없다.

제4장 이 사 회

제20조(이사회의 구성 및 구분)

① 이 법인의 최고의결기관으로서 이사회를 두며 이사회는 정관 제12조의 규정에 의하여 선임된 이사로서 구성한다.

② 이사회는 정기이사회와 임시이사회로 구분하며 정기이사회는 매년 2회 개최하되 그 개최시기는 2월과 12월로 하고 임시이사회는 필요에 따라 수시로 개최할 수 있다

제21조(이사회의 소집 및 절차)

① 이사회는 다음 각호의 1에 해당하는 경우 이사장이 이를 소집 개최한다.
　　1. 정기이사회 개최시기가 도래되었을 때
　　2. 이사장이 필요하다고 인정할 때
　　3. 재적이사 3분의 1 이상이 이사회 소집을 요구할 때
　　4. 감사가 감사결과를 보고하기 위하여 이사회 소집을 요구할 때
② 이사장은 재적이사 3분의 1 이상이 이사회소집을 요구한 때와 감사가 감사결과를 보고하기 위하여 이사회 소집을 요구한 때에는 그 소집요구일부터 20일 이내에 이사회를 소집하여야 한다.
③ 이사회를 소집하고자 할 때에는 늦어도 회의 7일전에 목적과 부의안건, 일시, 장소 등을 명시한 서면에 의하여 각 이사 및 감사에게 소집통지를 해야 한다.
④ 이사회는 제2항의 규정에 의하여 통지한 사항에 한하여 의결할 수 있다. 다만, 재적이사 전원이 참석하고 참석이사 전원이 참석할 때에는 예외로 할 수 있다.
⑤ 소집권자인 이사장이 정당한 이유 없이 이사회 소집을 거절하는 경우에는 재적이사 과반수의 찬성으로 다른 이사가 이사회를 소집할 수 있다.

제22조(이사회의 의결사항)

이사회는 이 법인의 업무에 관한 다음 각호의 사항을 심의 의결한다.
1. 사업계획과 수지예산에 관한 사항과 그 추가경정에 관한 사항
2. 사업실적과 수지결산의 확정에 관한 사항
3. 기본재산의 취득과 처분 및 그 유지관리에 관한 사항
4. 임원의 선임과 해임에 관한 사항
5. 정관의 변경에 관한 사항
6. 법인의 해산에 관한 사항
7. 법인의 유지운영에 필요한 제규정의 제정과 그 개폐에 관한 사항
8. 관계법령 및 정관의 규정에 의하여 이사회의 의결을 필요로 하는 사항
9. 기타 이사장 또는 재적이사 3분의 1 이상의 이사회 의결로서 결정하고자

　제안하는 사항

(비고) 법인 특성에 따라서 의결사항의 변동이 있을 수 있다.

제23조(의결정족수)

　이사회는 이 정관에서 따로 정한 바를 제외하고는 재적이사 과반수의 출석으로 개회하고 출석이사 과반수 이상의 찬성으로 의결한다.

제24조(의결제척사유)

　이사장 또는 이사가 다음 각호의 1에 해당하게 된 때에는 그 의결에 참가하지 못한다.

1. 임원의 취임 및 해임에 있어 자신에 관한 사항을 의결할 때
2. 금전 및 재산에 관한 사항으로서 자신과 법인의 이해관계가 상반할 때

제5장 사 업 기 관

제25조(사업기관의 설치)

① 이 법인의 사업을 효율적으로 수행하기 위하여 이사회의 의결에 의하여 필요한 사업기관을 설치할 수 있다.

② 제1항의 규정에 의한 사업기관의 설치 및 운영에 관하여 필요한 사항은 이사회의 의결을 거쳐 내규로 정한다.

③ 병원과 사업기관의 임직원, 병원장 임명에 관한 사항은 이사회의 의결을 거쳐 내규로 정한다.

④ 제1항 및 제2항의 규정에 의하여 사업기관을 설치할 때에는 이를 시 도지사에게 보고하여야 한다.

제6장 정관의 변경

제26조(정관의 변경)

이 법인이 정관을 변경하고자 할 때에는 이사회에서 재적이사 3분의 2 이상의 찬성으로 의결하여 시 도지사의 허가를 받아야 한다.

제7장 해 산

제27조(해산)

이 법인을 해산하고자 할 때에는 이사회에서 재적이사 4분의 3 이상의 찬성으로 의결하여 시 도지사의 허가를 받아야 한다.

제28조(잔여재산의 처분)

이 법인이 해산한 때의 잔여재산은 해산 당시의 이사회 또는 청산인회에서 재적인원 4분의 3 이상의 찬성으로 의결하고 시 도지사의 허가를 받아 이 법인의 설립목적과 유사한 목적을 가진 비영리법인에 기증 처분하거나 국가 또는 지방자치단체에 귀속 처분한다.

제29조(청산인)

이 법인이 해산한 때의 청산인은 법인의 임원중에서 해산 당시의 이사회에서 선출하여 시 도지사의 승인을 받아 취임한다.

제8장 보 칙

제30조(공고)

이 법인이 공고하여야 할 사항은 ○○○도(시)에서 발간되는 주요 일간신문 및 법인의 게시판에 공고한다.

제31조(준용규정)

이 정관에 규정되지 아니한 사항은 의료법 및 민법중 재단법인에 관한 규정을 준용하며 기타는 일반 관례에 의한다.

제32조(시행세칙)

　이 정관의 시행과 법인의 유지운영 및 관리에 관하여 필요한 사항은 이사회의 의결을 거쳐서 세칙으로 정한다.

부 칙

① (시행일) 이 정관은 시 도지사의 허가를 받은 날부터 시행한다.

② (발기인 회의) 이 정관을 의결한 설립발기인회의는 이 정관에서 규정한 이사회로 본다.

③ (발기인 명단) 이 법인의 설립발기인은 별표 2와 같다.

제 3 장   사내근로복지기금의 등기

一. 총 론

사업주로 하여금 사업의 이익의 일부를 재원으로 사내근로복지기금을 설치하여 이를 효율적으로 관리·운영하게 함으로써 근로자의 생활안정과 복지증진에 이바지하게 하고자 1991년 사내근로복지기금법이 제정되었다. 이후 '근로와 관련된 복지'전반을 포괄하고 근로복지에 관한 기본법으로서의 성격을 명확히 하기 위하여, 「사내근로복지기금법」을 「근로자복지기본법」에 통합하면서 법률의 제명을 「근로자복지기본법」에서 「근로복지기본법」으로 변경하였다.

이 법에 의하여 설립된 법인이 사내근로복지기금이다. 이 법인은 기금의 출연에 의하여 운영되므로 기본적으로 재단법인으로서의 성격을 가진다.

사내근로복지기금의 협의회는 근로자와 사용자를 대표하는 동수의 위원으로 구성되는 바(근로복지기본법 제55조), 여기서 근로자란 직업의 종류를 불문하고 사업 또는 사업장에 임금을 목적으로 근로를 제공하는 사람을 말하고, 사용자란 사업주 또는 사업경영담당자 기타 근로자에 관한 사항에 대하여 사업주를 위하여 행위를 하는 자를 말한다(근로복지기본법 제2조).

二. 설립등기

사내근로복지기금은 기본적으로 재단법인의 성격을 가지므로 그 설립에는 설립행위, 재산의 출연, 주무관청의 허가, 설립등기 등 4가지 요건이 필요하다. 여기서 설립행위란 정관작성이라는 요식행위를 통하여 법인설립의 의사를 표시하는 것을 말한다. 법인을 설립하고자 하는 사업주는 기금법인설립준비위원회를 구성하여 설립에 관한 사무와 설립당시의 이사 및 감사의 선임에 관한 사무를 담당하게 하고 정관을 작성, 고용노동부장관의 인가를 얻어 주된 사무소에서 준비위원의 연명으로 설립등기를 하는데, 이 설립등기를 함으로써 기금이 성립한다(근로복지기본법 제52조).

♣【서식】근로복지기금법인 설립인가신청서

[　] 사내근로복지기금법인
[　] 공동근로복지기금법인　설립인가신청서

※ 아래의 작성방법을 읽고 작성하시기 바랍니다.

접수번호	접수일		처리기간	20일

기금법인	명칭		전화번호	
	주사무소 소재지			

대표자	성명(한글)	(한자)	생년월일	
	주소		직책	

기금법인 설립준비 위원회 위원	근로자측	성명		생년월일		직책	
	사용자측	성명		생년월일		직책	

분사무소	대표자 성명		전화번호	
	소재지			

「근로복지기본법」 제52조제5항·제86조의15 및 같은 법 시행규칙 제20조에 따라 위와 같이

[　] 사내근로복지기금법인
[　] 공동근로복지기금법인　의 설립인가를 신청합니다.

년　　　　월　　　　일

신청인 대표　　　　　　(서명 또는 인)

○○지방고용노동청(○○○○지청)장 귀하

| 첨부서류 | 1. 정관 1부
2. 기금법인 설립준비위원회 위원의 재직증명서나 그 밖에 신분을 증명하는 서류(근로계약서 등 소속 근로자임을 증명하는 서류를 말합니다) 1부
3. 사내(공동)근로복지기금 출연확인서 또는 재산목록 1부
4. 사업계획서 및 예산서 1부
5. 그 밖에 고용노동부장관이 정하는 서류 | 수수료
없음 |

작성방법

1. 대표자란에는 기금법인 대표이사의 인적사항을, 직책란, 근로자측란, 사용자측란의 직책란에는 사업 또는 사업장에서의 직책을 적습니다.
2. 분사무소에 관한 사항은 분사무소를 설치한 경우에만 적습니다.
3. 근로자와 사용자를 대표하는 기금법인 설립준비위원회 위원이 각 4명 이상일 경우에는 별도 용지에 작성하여 첨부합니다.

처리절차

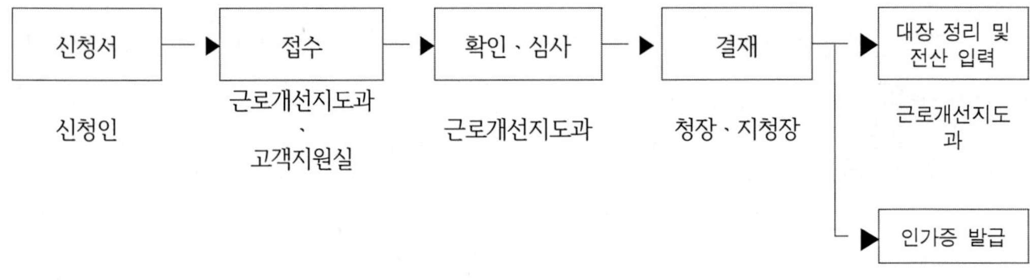

210mm×297mm[백상지(80g/㎡) 또는 중질지(80g/㎡)]

♣ 【서식】 사내근로복지기금 설립등기신청서

<table>
<tr><td colspan="6" align="center">사내근로복지기금 설립등기신청</td></tr>
<tr><td rowspan="2">접
수</td><td colspan="2" align="center">년   월   일</td><td rowspan="2">처리인</td><td>등기관 확인</td><td>각종통지</td></tr>
<tr><td colspan="2" align="center">제   호</td><td></td><td></td></tr>
</table>

등기의 목적	사내근로복지기금의 설립
등기의 사유	사내근로복지기금을 설립하기 위하여 정관을 작성하고 20○○년 ○월 ○일 준비위원회의 결의에 의하여 동년 ○월 ○일 노동부 장관의 인가를 받았으므로 다음 사항의 등기를 구함.
인가서도착연월일	20○○년 ○월 ○일
등기할 사항	
명 칭	○○주식회사 사내근로복지기금
주 사 무 소	○○시 ○○구 ○○동 ○

이사, 감사의 성명, 주민등록번호 및 주소	이사 ○ ○ ○ (-)
	      ○○시 ○○구 ○○동 ○
	이사 ○ ○ ○ (-)
	      ○○시 ○○구 ○○동 ○
	이사 ○ ○ ○ (-)
	      ○○시 ○○구 ○○동 ○
	감사 ○ ○ ○ (-)
	      ○○시 ○○구 ○○동 ○
	감사 ○ ○ ○ (-)
	      ○○시 ○○구 ○○동 ○

이사장의 성명과 주소, 주민등록번호	이사장 ○ ○ ○ (-) ○○시 ○○구 ○○동 ○
이사의 대표권에 대한 제한	이사장 ○○○ 이외에는 대표권이 없음

목 적	별지 기재와 같음
분사무소	
설립인가연월일	20○○년 ○월 ○일
존립기간 또는 해산사유	기금은 ○○주식회사의 사업폐지로 해산한다.
자산의 총액	금 ○○○○○○ 원
출자의 방법	기금의 출연금 　[유례] 1. ○○주식회사 기금의 재원으로 직전 사업연도의 세전 　　　　　　 순이익의 100분의 5이내에서 협의회가 협의 결정한 　　　　　　 금액을 출현할 수 있다. 　　　　　 2. ○○주식회사는 전1항의 규정에 의한 출연 외에 유가 　　　　　　 증권, 현금, 기타재산을 출연할 수 있다.
기 타	

<table>
<tr><td colspan="7" align="center">신청등기소 및 등록면허세/수수료</td></tr>
<tr><td rowspan="2">순번</td><td rowspan="2">신청등기소</td><td rowspan="2">구분</td><td>등록면허세</td><td rowspan="2">농어촌특별세</td><td rowspan="2">세액합계</td><td rowspan="2">등기신청수수료</td></tr>
<tr><td>지방교육세</td></tr>
<tr><td></td><td></td><td></td><td>금　　　　원</td><td rowspan="2">금　　　원</td><td rowspan="2">금　　　원</td><td rowspan="2">금　　　　원</td></tr>
<tr><td></td><td></td><td></td><td>금　　　　원</td></tr>
<tr><td></td><td></td><td></td><td></td><td></td><td></td><td></td></tr>
<tr><td></td><td></td><td></td><td></td><td></td><td></td><td></td></tr>
<tr><td colspan="3" align="center">합　　　계</td><td></td><td></td><td></td><td></td></tr>
<tr><td colspan="3" align="center">등기신청수수료 납부번호</td><td colspan="4"></td></tr>
</table>

첨　　부　　서　　면	
1. 정관　　　　　　　　　　1통	1. 법인인감카드 발급증명서　　　1통
1. 준비위원회회의록　　　　1통	1. 주민등록표등본　　　　　　　○통
1. 설립인가서　　　　　　　1통	1. 등록세영수필확인서　　　　　1통
1. 재산목록증명　　　　　　1통	1. 등기신청수수료영수필확인서　1통
1. 취임승낙서　　　　　　　○통	1. 인감증명서　　　　　　　　　○통
1. 인감신고서　　　　　　　○통	1. 위임장(대리인이 신청할 경우)　1통
	<기 타>

20○○년 ○월 ○일

신청인 명　　　칭　○○주식회사 사내근로복지기금

　　　　주사무소　○○시 ○○구 ○○동 ○○

신청인 성　　　명　기금설립준비위원회위원 ○ ○ ○ ⑪ (전화 :　　)

　　　　주　　　소　○○시 ○○구 ○○동 ○○

대리인 성　　　명　법무사 ○ ○ ○ ⑪　　　　　(전화 :　　)

　　　　주　　　소　○○시 ○○구 ○○동 ○○

○○지방법원 ○○등기소 귀중

- 신청서 작성요령 -

1. 해당란이 부족할 때에는 별지를 이용합니다.
1. 해당 등기신청과 관계없는 사항에 대하여는 "해당없음"으로 기재하거나 삭제하고, 필요한 사항은 추가 기재합니다.
1.「인감증명법」에 따른 인감증명서 제출과 함께 관련 서면에 인감을 날인하여야 하는 경우, 본인서명사실확인서를 제출하고 관련 서면에 서명을 하거나 전자본인서명확인서 발급증을 제출하고 관련 서면에 서명을 하면 인감증명서를 제출하고 관련 서면에 인감을 날인한 것으로 봅니다.

(용지규격 21cm×29.7cm)

주 ① 이 등기는 준비위원회 위원이 연명으로 신청하여야 한다.
② 설립인가연월일은 등기할 사항에 포함되지 않는다.
③ 「근로복지기본법」에 따른 기금법인의 설립등기 및 변경등기에 대하여는 2016년 12월 31일까지 등록면허세를 면제한다. 따라서 이 경우 등록면허세액의 100분의 20의 농어촌특별세를 납부하여야 한다.
　등기신청수수료는 방문신청의 경우 30,000원(전자표준양식에 의한 신청의 경우 25,000원, 전자신청의 경우 20,000원)의 대법원수입증지를 첨부하여야 하고 설립과 동시에 분사무소를 설치하는 경우 분사무소설치에 대한 등기신청수수료 방문신청의 경우 6,000원(전자표준양식에 의한 신청의 경우 4,000원, 전자신청의 경우 2,000원)을 추가 납부한 대법원수입증지를 첨부하여야 한다.
④ 첨부서류 중 인감증명은 취임승낙서에 날인한 인영과 동일한 인감증명서를 첨부한다.
⑤ 위임장의 첨부와 대리인의 표시는 법무사, 변호사 등 대리인에 의하여 신청하는 경우에 한한다.

목   적

　기금은 ○○주식회사가 출연한 자산을 효율적으로 관리·운영함으로써 근로자의 생활안정과 복지증진에 이바지하게 함을 목적으로 한다.

　[유례] 기금은 ○○주식회사가 출연한 자산을 효율적으로 관리·운영함으로써 근로자의 생활안정과 복지증진에 이바지하게 함을 목적으로 하며, 이 목적을 달성하기 위하여 다음 각호의 사업을 행한다.

1. 사원의 대학생자녀의 학자금지원
2. 사원의 복지증진과 관련된 사업 중 협의회에서 협의하여 결정한 사업
3. 기금의 운영을 위한 제경비의 지출
4. 제3호의 제경비는 매년 총사업비의 20분의 1의 범위에서 집행한다.

♣ 【서식】 사내근로복지기금 정관

정　관

제1장　총　칙

제1조(명칭)

　이 법인은 '○○주식회사 사내근로복지기금'(이하'기금'이라 한다)이라 칭한다.

제2조(목적)

　기금은 ○○주식회사(이하'회사'라 한다)가 출연한 자산을 효율적으로 관리.운영함으로써 근로자의 생활안정과 복지증진에 이바지하게 함을 목적으로 한다.

　　[유례] 기금은 ○○주식회사(이하 '회사'라 한다)가 출연한 자산을 효율적으로 관리.운영함으로써 근로자의 생활안정과 복지증진에 이바지하게 함을 목적으로 하며, 이 목적을 달성하기 위하여 다음 각호의 사업을 행한다.

　　1. 사원의 대학생자녀의 학자금지원

　　2. 사원의 복지증진과 관련된 사업 중 협의회에서 협의하여 결정한 사업

　　3. 기금의 운영을 위한 제경비의 지출

　　4. 제3의 제경비는 매년 총사업비의 20분의 1의 범위에서 집행한다.

제3조(주사무소 및 분사무소)

　기금은 주사무소를 본사 내에 두며 필요한 경우 사내근로복지기금 협의회(이하 '협의회'라 한다)의 결의에 따라 지점에 분사무소를 설치할 수 있다.

제4조(수혜대상)

　기금의 수혜대상은 회사 재직 근로자로 하되, 사업별 수혜범위는 이사의 합의에 의하여 정한다.

제2장 기금의 기관
제1절 협의회

제5조(구성)

① 협의회는 근로자와 사용자를 대표하는 각각 5인의 위원으로 구성한다.

② 근로자를 대표하는 위원은 평사원협의회장과 회장이 위촉하는 자가 되고, 사용자를 대표하는 위원은 대표이사 및 대표이사가 위촉하는 자가 되며, 근로자참여및협력증진에관한법률에 의한 노사협의회의 위원이 겸할 수 있다.

③ 협의회에는 근로자위원측과 사용자위원측에서 회의의 기록 등 사무를 담당하는 간사 각 1인을 둔다.

[유례] 제○조(협의회 구성) 협의회는 근로자참여및협력증진에관한법률의 규정에 의한 노사협의회 위원으로 구성한다.

  1. 근로자를 대표하는 위원 10인(이하‘근로자위원’이라 한다)
  2. 사용자를 대표하는 위원 10인(이하‘사용자위원’이라 한다)

제○조(의장 등)

① 협의회에는 의장을 두며, 의장은 위원 중에서 호선한다.

② 의장은 협의회를 대표하며 회무를 통리한다.

③ 협의회에는 회의의 기록 등 사무를 담당하는 간사를 노사 각 1인씩 둔다.

제○조(보궐위원) 협의회의 위원에 결원이 생긴 경우에는 30일 이내에 보궐위원을 위촉하여야 하며, 보궐위원의 임기는 전임자의 잔임기간으로 한다.

제○조(협의회 위원의 임기) 협의회 위원의 임기는 1년으로 하며 연임할 수 있다.

제6조(기능)

① 협의회는 다음 사항을 협의, 결정한다.

  1. 기금조성을 위한 출연금액 및 시기 등의 결정
  2. 이사 및 감사의 선임과 해임

   3. 감사보고서의 승인

   4. 정관의 변경

   5. 다른 근로복지기금과의 통합운영 여부

   6. 정관 및 기금운영에 필요한 기타 규정의 제정 및 개정에 관한 사항

   7. 기금해산시 기금재산의 처분에 관한 사항

   8. 결산재무제표 및 사업계획서의 승인

   9. 기타 기금운영과 관련한 중요사항과 감사가 부의한 사항

② 의장은 협의회를 대표하며, 회무를 통리한다.

[유례] 제○조(회기) 협의회는 매년 1회 3월 중에 정기회의를 개최하고
필요가 있을 때에는 수시 임시회의를 개최한다.

제7조(회의소집)

① 협의회는 의장이 소집한다.

② 의장은 근로자위원측 또는 사용자위원측에서 회의의 목적사항을 문서로
명시하여 회의의 소집을 요구한 때에는 이에 응하여야 한다.

③ 의장은 회의개최 7일 전까지 회의 일시, 장소, 의제 등을 각 위원에게
통보하여야 한다.

[유례] 제○조(회의의 소집)

   ① 협의회는 의장이 소집한다.

   ② 회의의 소집은 늦어도 회의개최 7일 전까지 회의일시, 장소 및
의제 등을 명시하여 각 위원에게 통지하여야 한다. 다만, 긴급하
다고 인정되는 정당한 사유가 있을 때에는 그러하지 아니하다.

   ③ 의장은 다음 각호의 1에 해당하는 때에는 그 사유를 통보받은
날로부터 10일 이내에 협의회를 소집하여야 한다.

      1. 근로자 또는 사용자위원의 대표자가 회의 목적사항을 문서
로 명시하여 회의소집을 요구한 때

      2. 제36조 2항 3호의 규정에 의하여 감사가 소집을 요구한 때

제8조(정족수)

회의는 근로자위원과 사용자위원의 각 과반수 출석으로 개의하고, 출석위원 3분의 2이상의 찬성으로 의결한다.

[유례]

① 위 8조와 동일함.

② 협의회 회의의 참석위원수는 노사쌍방이 각각 7인을 초과하지 않도록 한다.

제9조(의결제적사유)

협의회 위원이 다음 각호의 1에 해당하는 때에는 그 의결에 참여하지 못한다.

1. 임원의 해임에 있어 자신에 관한 사항을 의결할 때

2. 금전 및 재산의 수수를 수반하는 사항으로서 자신과 기금의 이해가 상반될 때

제10조(서면결의 금지)

협의회의 의사는 서면결의에 의할 수 없다.

제11조(회의의 공개)

협의회의 회의는 공개한다. 다만, 협의회의 의결에 의하여 공개하지 아니할 수 있다.

제12조(회의록 보관)

협의회는 다음 각호의 사항을 기록한 회의록을 작성하여 출석위원 전원이 서명날인하고 이를 영구 보관하여야 한다.

1. 개최일시 및 장소

2. 출석위원

3. 협의내용 및 결정사항

4. 기타 토의사항

제2절   임·직원

제13조(이사 및 감사)

기금에 근로자와 사용자를 대표하는 각 1인의 이사와 감사를 둔다.

　[유례] 제○조(임원의 종류와 정수)

　① 기금에 6인의 이사를 두되 근로자와 사용자를 대표하는 각 3인으로 한다.

　② 기금에 2인의 감사를 두되 근로자와 사용자를 대표하는 각 1인으로 한다.

제14조(이사.감사의 임기)

　① 협의회의 위원의 임기는 1년, 이사 및 감사의 임기는 각각 2년으로 한다. 다만, 협의회의 위원, 이사 및 감사가 궐위될 때에는 후임자의 임기는 전임자의 잔임기간으로 한다.

　② 협의회의 위원, 이사 및 감사는 그 임기가 만료된 경우라도 그 후임자가 선임될때까지 계속 그 직무를 담당한다.

　[유례]

　제○조(보궐임원의 선임) 임원 중 결원이 생긴 때에는 30일 이내에 이를 보선하여야 한다. 이 때 후임자의 임기는 전임자의 잔임기간으로 한다.

　제○조(이사의 대표권)

　　① 이사는 공동으로 기금을 대표한다.

　　② 1항의 규정에 불구하고 기금의 대표권 행사는 주임이사 2인의 연명 날인(또는 기금인감)으로 한다.

　　③ 2항의 규정에 의한 주임이사는 근로자 및 사용자를 대표하는 각 1인의 이사로 하고, 주임이사의 선임은 근로자 및 사용자측 이사가 각각 행한다.

　　④ 2 항의 규정에 의한 주임이사의 성명은 이를 등기하고 주임이사의 인장(또는 기금인감)은 등기소에 제출한다.

　제○조(신분)

　　① 위원은 비상근, 무보수로 한다.

　　② 사용자는 위원에 대하여 기금에 관한 직무수행을 이유로 불이익한 처우를 하여서는 아니된다.

　　③ 위원의 기금업무수행에 소요되는 시간에 대하여는 근무한 것으로 본다.

제15조(이사의 직무)

① 이사는 공동으로 기금을 대표하며, 다음 사항의 사무를 담당한다.

  1. 기금의 관리.운영

  2. 예산의 편성 및 결산

  3. 사업보고서의 작성

  4. 기금법령 및 이 정관의 규정에 의하여 그 권한에 관한 사항

  5. 기타 협의회가 협의.결정하는 사항

② 기금의 사무집행은 이사의 합의에 의하여 행한다.

③ 이사회의 회의에 관한 사항은 협의회의 규정에 준용한다.

제16조(감사의 직무)

감사는 기금의 업무 및 회계와 관련하여 다음 사무를 담당한다.

  1. 기금의 재산상황과 사업 및 예산집행 상황의 간사

  2. 감사결과의 협의회 보고 및 의견진술

    [유례] 제○조(감사의 직무)

        ① 감사는 매회계연도 개시일로부터 2월 이내에 전년도 기금의 재산상황과 업무집행에 관한 사항을 정기감사하고, 감사보고서를 작성하여야 하며, 협의회의 요청이 있을 경우에는 수시감사를 할 수 있다.

        ② 감사는 다음 각호의 직무를 행한다.

          1. 기금의 업무 및 회계에 관한 사항을 감사하는 일

          2. 제1호의 규정에 의한 감사결과 위법.부당한 사실을 발견하였을 때에는 이사회에 그 시정을 요구하거나, 협의회 및 감독관청에 보고하는 일

          3. 제2호의 규정에 의한 보고를 하기 위하여 필요한 때에는 협의회의 소집을 요구하는 일

          4. 협의회에 출석하여 의견을 진술하는 일

제17조(이사 등의 신분)

이사 및 감사는 비상근, 무보수로 한다.

  [유례] 제○조(임원의 의무와 직무)

    ① 이사와 감사는 기금의 사업과 관련하여 자기 또는 제3자의 계산
    으로 기금과 그 재산 등의 운영방법의 부류에 속하는 경영 또는
    자기거래를 할 수 없다.

    ② 이사 및 감사가 업무태만, 의무위배 또는 기타의 불법행위를 저질
    렀을 경우, 고의 또 는 중대한 과실이 인정되면 협의회의 의결
    에 의하여 당해자를 해임할 수 있으며, 그 이사 및 감사는 기금
    에 대하여 손해배상의 책임을 진다.

제18조(직원) ① 기금은 기금업무를 담당할 최소한의 직원을 두며, 회사는 이
들 직원을 파견 조치한다.

② 직원의 기금업무수행에 소요되는 시간에 대하여는 근로한 것으로 보며
기금으로부터 별도의 보수를 받지 아니한다.

제3장 기금의 사업

제19조(기금의 용도)

① 기금은 그 수익금으로 다음 각호의 사업을 행한다.

 1. 주택구입자금의 보조 등 재산형성을 위한 사업

 2. 생활안정을 위한 자금대부

 3. 장학금, 재난구호금 및 경조금의 지급 등 생활원조

 4. 체육·문화활동의 지원

 5. 근로자의 날 행사 등의 지원

 6. 근로자 복지시설에 대한 출자 또는 출연

 7. 기금운영을 위한 경비지급

 8. 기타 협의회가 의결하는 사항

② 1항 각호의 사업을 위한 세부 운영기준 및 절차는 이사가 따로 합의하

는 바에 따른다.

[유례] 제○조(사업)

기금은 제1조의 목적을 달성하기 위하여 다음 각호의 사업을 행한다.

1. 사원의 대학생자녀 학자금지원
2. 사원의 복지증진과 관련된 사업 중 협의회에서 협의하여 결정한사업
3. 기금의 운영을 위한 제경비의 지출
4. 제3호의 제경비는 매년 총사업비의 20분의 1의 범위 내에서 집행한다.

제○조(사업의 제한)

① 기금은 기금법령에서 정하지 아니한 사업은 행할 수 없다.

② 퇴직금 지급 등 법정복지와 기능이 중복되는 사업은 행할 수 없다.

제○조(사업비 재원)

기금의 사업비는 기금증식사업에 의한 기본재산의 과실, 사업수익 및 기타의 수입으로 조달한다.

제20조(기금의 증식)

① 기금의 증식, 여유자금의 운용 또는 적립금의 관리는 다음 각호의 방법으로 한다.

1. 금융기관에의 예입 및 금전신탁
2. 투자신탁 등의 수익증권 매입
3. 국가, 지방자치단체 또는 금융기관이 직접 발행하거나 채무이행을 보증하는 유가증권의 매입
4. 주택 신축구입 또는 세입자자금 등의 유상대부
5. 사내 구판장 운영
6. 기타 협의회가 의결하는 방법 및 기타 기금법령에서 정하는 제반사업

② 1항 각호에 의한 세부 증식방법은 이사의 합의에 의하여 정한다.

제21조(다른 복지와의 관계)

① 회사는 기금의 설치를 이유로 기금설치 당시에 운영하고 있는 복지제도 또는 시설의 운영을 중단하거나 이를 감축하여서는 아니된다.

② 회사는 협의회의 협의.결정에 의하여 회사에서 이미 행하고 있는 복지관련사업을 기금에 통합하여 운영할 수 있다.

[유례] 제○조(기금의 사업과 복지사업과의 통합운영) 기금이 이미 회사가 시행하고 있는 기금의 목적사업을 행하고자 할 경우에는 협의회의 의결에 의하여 결정한다.

제4장 기금의 재산과 회계

제22조(자산의 구성)

기금의 자산은 다음 각호에 게기한 것으로 구성한다.

1. 회사가 출연한 재산
2. 자산으로부터 생기는 과실
3. 기금사업에 따른 수익금

[유례] 제○조(재산의 구분)

① 기금의 재산은 이를 기본재산과 보통재산으로 구분한다.

② 다음 각호에 해당하는 재산은 이를 기본재산으로 하고 기본재산 이외의 재산은 보통재산으로 한다.

1. 회사가 기금으로 출연한 재산

2. 기부에 의하거나 다른 복지제도와의 통합에 의하여 취득한 재산

3. 보통재산 중 협의회에서 기본재산으로 편입할 것을 의결한 재산

제○조(재산의 관리)

① 기본재산은 매도, 증여, 임대, 교환하거나 담보의제공, 의무부담 또는 권리의 포기를 할 수 없다.

② 기금이 매수, 기부채납, 기타 방법으로 재산을 취득할 때에는 지체없이 이를 기금의 재산으로 편입조치를 하여야 한다.

③ 기금은 자금차입을 할 수 없으며 기금의 명의로 다른 법인 또는 기업체에 출자할 수 없다.

④ 기본재산 및 보통재산의 유지, 보존 및 기타관리(제1항 및 제2항의 경우

　　는 제외한다)에 관하여는 이사가 행한다.
제○조(재산의 평가)
　기금의 모든 재산의 평가는 취득 당시의 시가에 의한다. 다만, 재평가를 실시한 재산은 재평가액으로 한다.

제23조(기금의 출연)
　① 회사는 전 회계연도의 법인세 차감전 순이익의 100분의 5를 기준으로 협의회가 협의.결정하는 금액을 출연하며, 협의회의 출연결정일로부터 30일 이내에 출연시기를 정하여 협의회에 통보하여야 한다.
　② 기금은 일시에 출연함을 원칙으로 한다. 다만, 협의회의 의결에 따라 분할하여 출연할 수 있다.
　　[유례] ①② 제23조와 같음
　③ 회사는 1항의 규정에 의한 출연 외에 유가증권, 현금, 기타 재산을 출연할 수 있다.

제24조(차입 불인정 등)
　① 기금은 자금 차입을 할 수 없다.
　② 기금은 기금의 업무수행상 필요한 경우를 제외하고는 부동산을 소유할 수 없으며 기금의 재산을 타인의 채무에 대한 담보로 제공할 수 없다.
　　[유례] 제○조(부동산 소유)
　　　① 기금은 기금의 업무수행상 필요한 다음 각호의 경우를 제외하고는 부동산을 소유하지 아니한다.
　　　　1. 기금의 운영 및 관리에 필요한 사무실과 그 부속시설의 소유
　　　　2. 사내구판장의 소유
　　　　3. 기금에 기부 또는 출연된 부동산의 소유
　　　② 1항 1호 및 2호의 경우에는 회사 등이 직접 현물로 기금에 출연 또는 기부한 경우를 제외하고는 기금의 기본재산으로 매입할 수 없으며, 기금이 직접 구입 또는 신축한 때에는 기금의 보통재산으로 한다.

제25조(회계연도)

기금의 회계연도는 회사의 회계연도에 따른다.

[유례] 제○조(회계연도)

본 기금의 회계연도는 매년 4월 1일에 시작하여 익년 3월 31일에 종료한다. 다만, 기금의 설립 후 최초의 회계연도는 익년 3월 31일로 한다.

제○조(회계의 구분)

① 기금의 회계는 목적사업회계와 수익사업회계로 구분한다.

② 1항의 경우에 법인세법의 규정에 의한 법인세 과세대상이 되는 수익과 이에 대응하는 비용은 수익사업회계로 계리하고 기타의 수익과 비용은 목적사업회계로 계리한다.

③ 2항의 경우에 목적사업회계와 수익사업회계로 구분하기 곤란한 비용은 법인세 법령에 의한 공동비용 배분에 관한 규정을 준용하여 처리한다.

제26조(회계처리)

① 기금의 회계는 기업회계의 원칙에 따라 처리한다.

② 기금은 고유목적사업에 사용하기 위하여 지급준비금을 설정하여야 하며, 결손의 보전 및 부득이한 사유에 의한 회계사고에 충당하기 위하여 특별적립금을 적립할 수 있다.

③ 매 회계연도 결산결과 기금의 손실금이 발생한 경우에는 다음 회계연도로 이월하며 기금의 잉여금이 발생한 경우에는 손실금을 보전한 후 기금에 전입한다.

[유례] (회계처리)

① 기금의 회계는 경영성과와 수지상태를 정확하게 파악하기 위하여 모든 회계거래를 발생의 사실에 의하여 기업회계의 원칙에 따라 처리한다.

② 기금은 법인세에 관한 법령이 정하는 바에 따라 이자소득 전액을 세법상 손금 인정받을 수 있도록 고유목적사업 지급준비금을 설정한다.

③ 매년도 회계잉여금은 결손의 보전 및 부득이한 사유에 의한 회계
사고에 충당하기 위하여 특별 적립하거나 기본재산에 편입한다.

제27조(예산계획)

① 이사는 매회계연도 개시 전에 다음 회계연도의 사업 및 예산계획을 수
립하여 협의회에 보고하고 승인을 받아야 한다.

② 이사는 회계연도 중 협의회의 요구가 있을 때에는 사업 및 예산집행 상
황을 보고하여야 한다.

[유례] 제○조(예산)

① 이사는 다음 각호의 내용을 포함한 예산(사업계획)서를 매회계연도
개시 전까지 작성, 협의회의 승인을 얻어야 한다.

1. 세입세출예산서 총칙
2. 목적사업계획서
3. 추정대차대조표
4. 추정손익계산서
5. 기금운용계획서

② 협의회에서 부득이한 경우로 매사업연도 개시 전까지 사업계획 및
예산안이 의결되지 못할 때에는 기금의 유지.운영에 필요한 비용은
전년도에 준하여 지출할 수 있다.

제28조(결산보고)

이사는 매회계연도의 사업집행 실적 및 결산결과를 감사의 의견을 첨부하여 다음
회계연도 개시일로부터 2개월 이내에 협의회에 보고하여 승인을 받아야 한다.

[유례] 제○조(결산)

이사는 사업연도 종료 후 2월 이내에 당해 사업연도의 결산을 완료
하고 다음 각호의 서류 및 협의회가 요구한 부속명세서를 작성하여
감사의 의견을 첨부, 협의회의 승인을 얻어야 한다.

1. 대차대조표
2. 손익계산서

   3. 이익잉여금 처분계산서 또는 결손금 처리계산서

   4. 사업보고서

제29조(업무 및 회계감사)

① 감사는 매회계연도 개시일로부터 2월 이내에 기금의 전 회계연도 사업 및 예산집행에 관한 정기감사를 행하며, 협의회의 요구가 있을 때에는 수시감사를 행한다.

② 감사는 매분기 1회 이상 기금의 재산상황과 사업 및 예산집행상황을 확인 점검하여야 하며 필요하다고 인정하는 경우에는 협의회에 보고하거나 의견을 진술할 수 있다.

제30조(기금운영상황보고)

기금은 당해 회계연도의 운영상황, 결산서, 다음 회계연도의 사업계획서 및 노동부장관이 정하는 사항을 매 회계연도 종료 후 3개월 이내에 관할 지방노동관서의 장에게 보고하여야 한다.

제31조(장부)

기금은 그 업무에 관한 서류를 회계연도말로부터 3년간 보존하여야 한다.

제32조(기금의 관리운영사항)

기금은 다음 각호의 서류를 사내신문에 게재하는 방법을 통하여 공개하며 이를 열람할 수 있게 하여야 한다.

1. 대차대조표

2. 손익계산서

3. 감사보고서

4. 사업보고서

5. 협의회회의록

6. 협의회에서 공개가 필요하다고 인정하는 서류

제5장 정관의 변경 및 기금의 해산

제33조(정관의 변경)

정관을 변경하고자 할 때에는 협의회의 의결을 거쳐 노동부장관의 인가를 받아야 한다.

제34조(공개사항 및 방법)

다음 각호의 사항을 사내게시판에 공고하거나, 공람등을 통해 임직원에게 공개하여야 하며, 항시 열람할 수 있도록 하여야 한다.

1. 기금법 제17조 및 동법시행령 제23조의 규정에 의한 기금의 관리.운영에 관한 사항
2. 사업계획서
3. 기타 필요한 사항

제35조(기금의 해산)

① 기금은 회사의 사업폐지로 해산한다.
② 기금이 해산한 때에는 이사가 청산인이 된다. 다만, 협의회의 의결에 의하여 따로 청산인을 선임하는 때에는 그러하지 아니할 수 있다.
③ 해산한 기금의 재산은 근로자에게 지급할 의무가 있는 금품을 지급하는 데 사용하고, 그 잔여재산은 협의회의 의결을 거쳐 처분한다.
④ 기금이 해산된 때에는 청산인은 지체없이 그 사유를 명시하여 노동부장관에게 신고하여야 한다.
　[유례] 제○조(잔여재산의 귀속)
　　　　① 해산한 기금의 재산은 기금법령의 규정에 의하여 회사가 임직원에게 미지급한 금품을 지급하는 데 우선 사용한다.
　　　　② 제1항의 규정에 의하여 처분되지 아니한 잔여재산은 협의회의 의결을 거쳐 노동부장관의 인가를 받아 공익사업 등을 목적으로 하는 비영리 재단법인에 기증한다.

제6장 보 칙

제36조(준용규정)

　기금에 관하여 이 정관에 규정되지 아니한 사항에 관해서는 '사내근로복지금법', '동법 시행령', '동법 시행규칙', '민법 중 재단법인에 관한 규정'및 협의회의 결의에 의한다.

제37조(시행세칙)

　이 정관 시행에 필요한 사항은 협의회의 의결을 거쳐 세칙으로 정한다.

제38조(최초의 협의회)

　이 법인의 설립준비위원회는 법인설립등기와 동시에 최초로 구성된 협의회로 본다.

제39조(기밀유지 등)

　협의회의 위원, 이사 및 감사는 그 직무수행과 관련하여 알게 된 기밀을 누설하여서는 아니된다.

제40조(시행일)

　이 정관은 설립등기일로부터 시행한다.

제41조(준비위원의 서명날인)

　근로복지기금 설립준비위원회의 위원은'사내근로복지기금법 제5조 4항'에 의거 이 정관을 작성하고 다음과 같이 서명날인한다.

20○○년　○월　○○일

(근로자측 위원)　　　　　　　(사용자측 위원)

위 원 장　○　○　○　㊞　　　회　　　장　○　○　○　㊞

부위원장　○　○　○　㊞　　　사무국장　○　○　○　㊞

사무국장　○　○　○　㊞　　　사무국차장　○　○　○　㊞

조사부장　○　○　○　㊞　　　이사부장　○　○　○　㊞

여성부장 ○ ○ ○ ㊞	총무부장 ○ ○ ○ ㊞
조 합 원 ○ ○ ○ ㊞	기획부장 ○ ○ ○ ㊞
조 합 원 ○ ○ ○ ㊞	서무부장 ○ ○ ○ ㊞

[주] 기금설립준비위원회 위원이 서명날인하여야 한다.

三. 변경등기

변경등기라 함은 이미 등기한 사항에 변경이 생긴 경우에 변경 후의 사실에 부합하게 하기 위하여 하는 등기로서, 등기할 당초부터 착오나 유루로 인하여 등기부의 기재가 사실과 일치하지 아니한 경우 그를 시정하기 위하여 행하는 경정등기와 구별된다.

♣ 【서식】 사내근로복지기금 정관변경 인가신청서

■ 근로복지기본법 시행규칙 [별지 제11호서식] <개정 2021.6.9.>

[ ] 사내근로복지기금법인
[ ] 공동근로복지기금법인 정관변경 인가신청서

접수번호	접수일	처리기간 7일

신청인	대표자 성명(한글)	(한자)
	생년월일	직책

기금법인	명칭	인가번호
	주사무소 소재지	

변경내용

「근로복지기본법 시행령」 제38조제1항·제55조의6 및 같은 법 시행규칙 제23조에 따라 위와 같이 기금법인의 정관변경 인가를 신청합니다.

년   월   일

기금법인

신청인 대표자

(서명 또는 인)

○○지방고용노동청(○○○○지청)장 귀하

첨부서류	1. 정관변경 이유서 1부 2. 개정될 정관(신·구조문대비표 첨부) 1부 3. 정관변경에 관한 사내(공동)근로복지기금협의회 회의록 사본 1부	수수료 없음

처리절차

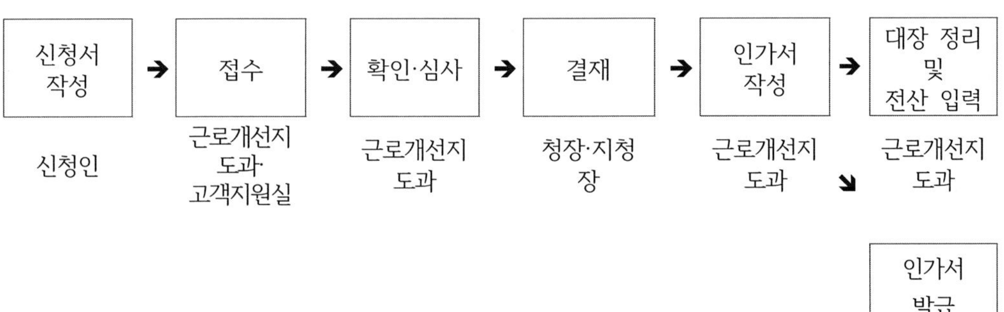

210mm×297mm[백상지(80g/㎡) 또는 중질지(80g/㎡)]

♣ 【서식】 사내근로복지기금 주사무소이전등기신청서

(관내이전이나 타관이전시 구사무소소재지에서 신청하는 경우)

<table>
<tr><td colspan="6" align="center">사내근로복지기금법인 주사무소이전등기신청</td></tr>
<tr><td rowspan="2">접
수</td><td colspan="2" align="center">년   월   일</td><td rowspan="2">처리인</td><td>등기관 확인</td><td>각종통지</td></tr>
<tr><td colspan="2" align="center">제   호</td><td></td><td></td></tr>
</table>

<table>
<tr><td align="center">명   칭</td><td>○○ 사내근로복지기금</td><td align="center">등기번호</td><td align="center">제1000호</td></tr>
<tr><td align="center">주사무소</td><td colspan="3">○○시 ○○구 ○○동 ○</td></tr>
<tr><td align="center">등기의 목적</td><td colspan="3">주사무소 이전등기</td></tr>
<tr><td align="center">등기의 사유</td><td colspan="3">20○○년 ○월 ○일 협의회의 결의에 의하여 정관변경을 결의하고 20○○년 ○월 ○일 주무관청의 인가를 받아 20○○년 ○월 ○일 사무소를 다음 장소로 이전하였으므로 그 등기를 구함.</td></tr>
<tr><td align="center">허가서도착연월일</td><td colspan="3">20○○년 ○월 ○일</td></tr>
<tr><td align="center">분사무소</td><td colspan="3">○○시 ○○구 ○○동 ○</td></tr>
<tr><td colspan="4" align="center">등기할 사항</td></tr>
<tr><td colspan="4">주사무소 ○○시 ○○구 ○○동 ○○번지
이전연월일 20○○년 ○월 ○일</td></tr>
<tr><td align="center">기   타</td><td colspan="3"></td></tr>
</table>

등록면허세	금　　　원	지방교육세	금　　　원	농어촌특별세	금　　　원
세 액 합 계	금　　　　　원		등기신청수수료	금　　　　　　원	
등기신청수수료 납부번호					

첨　　부　　서　　면

1. 협의회회의록　　　　　　　1통 1. 주무관청의 허가서(또는 　 인증있는 허가서등본)　　　1통 1. 이사과반수 동의서　　　　1통	1. 등록면허세영수필확인서　　　1통 1. 등기신청수수료영수필확인서　　1통 1. 위임장(대리인이 신청할 경우)　1통 　<기 타>

20○○년 ○월 ○일

신청인 명　　칭　　　○○주식회사 사내근로복지기금
　　　　주사무소　　　○○시 ○○구 ○○동 ○○
대표자 성　　명　　　이사장 ○ ○ ○ ⑩　　(전화 :　　　　)
　　　　주　　소　　　○○시 ○○구 ○○동 ○○
대리인 성　　명　　　법무사 ○ ○ ○ ⑩　　(전화 :　　　　)
　　　　주　　소　　　○○시 ○○구 ○○동 ○○

○○지방법원 ○○등기소 귀중

- 신청서 작성요령 -
1. 해당란이 부족할 때에는 별지를 이용합니다.
1. 해당 등기신청과 관계없는 사항에 대하여는 "해당없음"으로 기재하거나 삭제하고, 필요한 사항은 추
　 가 기재합니다.

(용지규격 21cm×29.7cm)

주 ① 이 등기는 대표권 있는 이사가 신청한다.

② 주사무소는, 아직 주사무소이전이 되지 않은 것이므로 구사무소소재지를 기재한다.

③ 등기사유에서 주사무소를 이전한 일자는 현실로 이전한 일자를 기재해야 할 것이나 통상 실무에서는 이전업무집행을 위한 이사과반수결의서에 기재된 이전일자를 기재한다

④ 「근로복지기본법」에 따른 기금법인의 설립등기 및 변경등기에 대하여는 2016년 12월 31일까지 등록면허세를 면제되므로 감면세액의 100분의 20의 농어촌특별세를 납부하여야 한다(농특세법 제5조).

등기신청수수료로는 방문신청의 경우 구소재지에서는 6,000원(전자표준양식에 의한 신청의 경우에는 4,000원, 전자신청의 경우에는 2,000원), 신소재지에서는 30,000원(전자표준양식에 의한 신청의 경우에는 25,000원, 전자신청의 경우에는 20,000원)을 납부한 대법원수입증지를 첨부하여야 한다.

⑤ 첨부서류 중 회의록은 사무소이전에 정관변경이 필요한 경우에 첨부하며, 이 회의록은 공증인의 인증을 받아야 한다.

⑥ 인가서는 사무소이전에 정관변경이 필요한 경우에 한하여 첨부하되, 등본을 첨부하는 경우에는 인가관청의 인증 있는 등본을 첨부해야 한다.

⑦ 주사무소이전등기를 신사무소에 제출하는 경우에는 신청서 하단의 신청인란에 신사무소소재지를 기재한다.

⑧ 위임장의 첨부와 대리인의 표시는 대리인에 의하여 신청하는 경우에 한하여 한다.

♣ 【서식】 사내근로복지기금 주사무소이전등기신청서

(타관이전시 신사무소소재지에서 신청하는 경우)

<table>
<tr><td colspan="6" align="center">사내근로복지기금 변경등기신청</td></tr>
<tr><td rowspan="2">접
수</td><td colspan="2" align="center">년   월   일</td><td rowspan="2">처리인</td><td>등기관 확인</td><td>각종통지</td></tr>
<tr><td colspan="2">제   호</td><td></td><td></td></tr>
</table>

<table>
<tr><td align="center">명   칭</td><td>○○ 사내근로복지기금</td><td>등기번호</td><td>제1000호</td></tr>
<tr><td align="center">주사무소</td><td colspan="3">○○시 ○○구 ○○동 ○</td></tr>
<tr><td align="center">등기의 목적</td><td colspan="3">주사무소 이전등기</td></tr>
<tr><td align="center">등기의 사유</td><td colspan="3">20○○년 ○월 ○일 협의회의 결의에 의하여 정관변경을 결의하고 20○○년 ○월 ○일 주무관청의 인가를 받아 20○○년 ○월 ○일 사무소를 다음 장소로 이전하였으므로 그 등기를 구함.</td></tr>
<tr><td align="center">인가서도착연월일</td><td colspan="3">20○○년 ○월 ○일</td></tr>
<tr><td align="center">분사무소</td><td colspan="3">○○시 ○○구 ○○동 ○</td></tr>
<tr><td colspan="4" align="center">등기할 사항</td></tr>
<tr><td colspan="4">

명   칭   ○○주식회사 사내근로복지기금
주사무소   ○○시 ○○구 ○○동 ○○번지
분사무소   ○○시 ○○구 ○○동 ○○번지
목   적   ○○○○○○
존립시기 또는 해산사유   ○○○○○
자산의 총액   금○○○○○원
이사의 성명과 주민등록번호
　　　　이사   ○   ○   ○
</td></tr>
</table>

(-   )
　　　　20〇〇년 〇월 〇일 취임
이사 〇　〇　〇
(-   )
　　　　20〇〇년 〇월 〇일 취임
이사 〇　〇　〇
(-   )
　　　　20〇〇년 〇월 〇일 취임
이사 〇　〇　〇
　　　　20〇〇년 〇월 〇일 취임
법인을 대표할 이사의 성명과 주소
이사 〇　〇　〇
(-   )
〇〇시 〇〇구 〇〇동 〇〇번지
　　　　20〇〇년 〇월 〇일 취임
이사 〇　〇　〇
(-   )
〇〇시 〇〇구 〇〇동 〇〇번지
　　　　20〇〇년 〇월 〇일 취임
감사의 성명과 주민등록번호
감사 〇　〇　〇
(-   )
　　　　20〇〇년 〇월 〇일 취임
감사 〇　〇　〇
(-   )
　　　　20〇〇년 〇월 〇일 취임
이전연월일 20〇〇년 〇월 〇일
법인성립연월일 20〇〇년 〇월 〇일

기　　타	

등록면허세	금　　　원	지방교육세	금　　　원	농어촌특별세	금　　　원
세 액 합 계	금　　　　　원		등기신청수수료	금	원
등기신청수수료 납부번호					

첨　　부　　서　　면

1. 주무관청의 허가서(또는 　인증있는 허가서등본)　　1통	1. 등록면허세영수필확인서　　1통 1. 등기신청수수료영수필확인서　　1통 　1. 위임장(대리인이 신청할 경우)　1통 　　<기 타>

20○○년 ○월 ○일

신청인 명　　칭　　　○○주식회사 사내근로복지기금
　　　　주사무소　　　○○시 ○○구 ○○동 ○○
대표자 성　　명　　　이사장 ○ ○ ○ ⑪　　　(전화 :　　　)
　　　　주　　소　　　○○시 ○○구 ○○동 ○○
대리인 성　　명　　　법무사 ○ ○ ○ ⑪　　　(전화 :　　　)
　　　　주　　소　　　○○시 ○○구 ○○동 ○○

○○지방법원 ○○등기소 귀중

- 신청서 작성요령 -

1. 해당란이 부족할 때에는 별지를 이용합니다.
1. 해당 등기신청과 관계없는 사항에 대하여는 "해당없음"으로 기재하거나 삭제하고, 필요한 사항은 추
　가 기재합니다.

(용지규격 21cm×29.7cm)

주 ① 이 등기는 대표권 있는 이사가 공동으로 신청한다.

② 등기번호는 신사무소에서 새로 부여하므로 기재하지 아니한다.

③ 주사무소는, 아직 주사무소의 이전이 완료된 것이 아니므로 구사무소소재지를 기재한다.

④ 등기사유에서 이전일자는 현실로 사무소를 이전한 일자를 기재할 것이나 실무에서는 통상 이사과반수결의에 의하여 그에 기재된 이전일자를 기재한다.

⑤ 등기할 사항 중 법인성립연월일은 사무소이전으로 변경되는 것이 아니므로 구사무소등기부에 기재된 최초의 설립등기일자를 기재한다.

⑥ 「근로복지기본법」에 따른 기금법인의 설립등기 및 변경등기에 대하여는 2016년 12월 31일까지 등록면허세를 면제되므로 등록면허세가 감면되는 경우 그 감면세액의 100분의 20의 농특세를 납부하여야 한다. 그리고 등기신청수수료로 방문신청의 경우 30,000원(전자표준양식에 의한 신청의 경우에는 25,000원, 전자신청의 경우에는 20,000원)을 납부한 대법원수입증지를 첨부하여야 한다.

⑦ 신소재지에서 하는 등기이므로 신청서 하단의 신청인란에는 주사무소를 이전한 것을 전제로 신사무소소재지를 기재한다.

⑧ 위임장의 첨부와 대리인의 표시는 대리인에 의하여 신청하는 경우에 한하여 한다.

♣ 【서식】 사내근로복지기금주사무소이전등기신청서(분사무소소재지에서　신청하는 경우)

<table>
<tr><td colspan="5" align="center">사내근로복지기금 주사무소이전등기신청</td></tr>
<tr><td rowspan="2">접
수</td><td align="center">년　월　일</td><td rowspan="2">처리인</td><td>등기관 확인</td><td>각종통지</td></tr>
<tr><td align="center">제　　　　호</td><td></td><td></td></tr>
</table>

명　　칭	○○ 사내근로복지기금	등기번호	제1000호
주사무소	○○시 ○○구 ○○동 ○		
등기의 목적	주사무소 이전등기		
등기의 사유	20○○년 ○월 ○일 협의회의 결의에 의하여 정관변경을 결의하고 20○○년 ○월 ○일 주무관청의 인가를 받아 20○○년 ○월 ○일 사무소를 다음 장소로 이전하고 20○○년 ○월 ○일 주사무소소재지 관할등기소에서 등기를 하였으므로 그 등기소에서 그 등기를 구함.		
인가서도착연월일	20○○년 ○월 ○일		
분사무소	○○시 ○○구 ○○동 ○		
	등기할 사항		
사무소　○○시 ○○구 ○○동 ○○번지 이전연월일　20○○년 ○월 ○일 취임			
기　　타			

등록면허세	금	원	지방교육세	금	원	농어촌특별세	금	원
세 액 합 계	금		원	등기신청수수료	금			원
등기신청수수료 납부번호								

첨　부　서　면

1. 주무관청의 허가서(또는 　 인증있는 허가서등본)　　　1통 1. 법인등기부등(초)본　　　　1통	1. 등록면허세영수필확인서　　1통 1. 등기신청수수료영수필확인서　1통 1. 위임장(대리인이 신청할 경우)　1통 　〈기 타〉

20○○년 ○월 ○일

신청인 명　　칭　　○○주식회사 사내근로복지기금
　　　　주사무소　　○○시 ○○구 ○○동 ○○
대표자 성　　명　　이사장 ○ ○ ○ ㊞　　　　(전화 :　　)
　　　　주　　소　　○○시 ○○구 ○○동 ○○
대리인 성　　명　　법무사 ○ ○ ○ ㊞　　　　(전화 :　　)
　　　　주　　소　　○○시 ○○구 ○○동 ○○

○○지방법원 ○○등기소 귀중

- 신청서 작성요령 -

1. 해당란이 부족할 때에는 별지를 이용합니다.
1. 해당 등기신청과 관계없는 사항에 대하여는 "해당없음"으로 기재하거나 삭제하고, 필요한 사항은
　 추가 기재합니다.

(용지규격 21㎝×29.7㎝)

주 ① 이 등기는 대표권 있는 이사가 공동으로 신청한다.

② 이 등기는 주사무소에서 등기한 사항이므로 주사무소는 신사무소소재지를 기재한다.

③ 등기사유 중 이전일자는 주사무소등기부에 기재된 이전일자를 기재한다.

④ 「근로복지기본법」에 따른 기금법인의 설립등기 및 변경등기에 대하여는 2016년 12월 31일까지 등록면허세를 면제되므로 등록면허세가 감면되는 경우 그 감면세액의 100분의 20의 농특세를 납부하여야 한다. 그리고 등기신청수수료로 방문신청의 경우 6,000원(전자표준양식에 의한 신청의 경우 4,000원, 전자신청의 경우 2,000원)을 납부한다.

⑤ 이 등기신청서에는 다른 서면을 첨부할 필요없이 사무소이전등기를 마친 후의 주사무소등기부등본이나 초본을 첨부하면 된다.

⑥ 이 등기는 주사무소를 이전한 후에 분사무소에서 신청하는 것이므로 신청서 하단의 신청인란에는 신사무소소재지를 기재한다.

⑦ 대리인의 표시는 대리인에 의하여 신청하는 경우에 한하여 한다.

♣ **【서식】 사내근로복지기금 분사무소설치등기신청서**(설립과 동시에 분사무소를 설치한 경우)

사내근로복지기금 분사무소설치등기신청

접 수	년 월 일 제 호	처리인	등기관 확인	각종통지

명 칭	○○ 사내근로복지기금	등기번호	제1000호
주사무소	○○시 ○○구 ○○동 ○		
등기의 목적	분사무소 설치등기		
등기의 사유	사내근로복지기금을 설립하기 위하여 기금설립준비위원회에서 정관을 작성하여 20○○년 ○월 ○일 주무관청의 설립인가를 받아 같은 해 ○월 ○일 주사무소소재지 관할등기소에서 설립등기를 하였으므로 분사무소소재지인 이 등기소에서 다음 사항의 등기를 구함.		
인가서도착연월일	20○○년 ○월 ○일		
법인성립연월일	20○○년 ○월 ○일		
분사무소	○○시 ○○구 ○○동 ○		

등기할 사항

```
 명 칭   ○○주식회사 사내근로복지기금
 주사무소   ○○시 ○○구 ○○동 ○○번지
 분사무소   ○○시 ○○구 ○○동 ○○번지
 목 적  1. ○○○
        1. ○○○
        1. ○○○
존립시기 또는 해산사유   ○○○○○○
 법인을 대표할 이사의 성명, 주소와 주민등록번호
        이사  ○   ○   ○
              (      -      )
              ○○시 ○○구 ○○동 ○○번지
        이사  ○   ○   ○
              (      -      )
              ○○시 ○○구 ○○동 ○○번지
 기    타
```

등록면허세	금	원	지방교육세	금	원	농어촌특별세	금	원
세 액 합 계	금		원	등기신청수수료	금			원
등기신청수수료 납부번호								

첨   부   서   면

1. 주무관청의 허가서(또는 　인증있는 허가서등본)　　1통 1. 법인등기부등(초)본　　　1통	1. 등록면허세영수필확인서　　1통 1. 등기신청수수료영수필확인서　1통 1. 위임장(대리인이 신청할 경우)　1통 　　<기 타>

20○○년 ○월 ○일

신청인 명　　칭　　○○주식회사 사내근로복지기금
　　　　주사무소　　○○시 ○○구 ○○동 ○○
대표자 성　　명　　이사장 ○ ○ ○ ㊞　　(전화 :　　　)
　　　　주　　소　　　　○○시 ○○구 ○○동 ○○
대리인 성　　명　　법무사 ○ ○ ○ ㊞　　(전화 :　　　)
　　　　주　　소　　　　○○시 ○○구 ○○동 ○○

○○지방법원 ○○등기소 귀중

- 신청서 작성요령 -

1. 해당란이 부족할 때에는 별지를 이용합니다.
1. 해당 등기신청과 관계없는 사항에 대하여는 "해당없음"으로 기재하거나 삭제하고, 필요한 사항은 추
　가 기재합니다.

(용지규격　21cm×29.7cm)

주 ① 이 등기는 대표권 있는 이사가 공동으로 신청한다.

② 분사무소소재지에서 최초로 등기하므로 등기번호는 기재하지 아니한다.

③ 분사무소의 표시는 설립과 동시에 수개의 분사무소를 설치한 경우라도 이 건 등기를 신청하는 당해 등기소 관내의 분사무소 중 대표되는 하나만을 기재하면 된다.

④ 등기사유란에 기재하는 사항으로서 명칭 이하의 사항은 주사무소소재지에서 설립등기한 사항과 동일하게 기재하며, 법인성립연월일은 주사무소소재지에서 설립등기한 일자를 기재한다.

⑤ 사내근로복지기금은 지방세법에 의하여 등록면허세가 면제되므로 그 면제액의 100분의 20의 농어촌특별세를 납부해야 한다. 등기신청수수료로 방문신청의 경우 6,000원(전자표준양식에 의한 신청의 경우 4,000원, 전자신청의 경우 2,000원)을 납부한다.

⑥ 첨부서류 중 법인등기부등본은 주사무소소재지에서 설립등기를 마친 후의 주사무소의 등기부등본을 첨부한다.

♣ 【서식】 사내근로복지기금 분사무소설치등기신청서

(법인설립 후 분사무소설치시 주사무소소재지에서 신청하는 경우)

사내근로복지기금 분사무소설치등기신청

접 수	년 월 일		처리인	등기관 확인	각종통지
	제 호				

명 칭	○○ 사내근로복지기금	등기번호	제1000호
주사무소	○○시 ○○구 ○○동 ○		
등기의 목적	분사무소 설치등기		
등기의 사유	20○○년 ○월 ○일 당 기금의 협의회에서 분사무소를 설치하는 정관변경을 결의하고 20○○년 ○월 ○일 주무관청의 인가를 받아 분사무소를 설치하였으므로 그 등기를 구함.		
인가서도착연월일	20○○년 ○월 ○일		
분사무소	○○시 ○○구 ○○동 ○		
등기할 사항			
분사무소 ○○시 ○○구 ○○동 ○○번지(○○군 지부) 설치연월일 20○○년 ○월 ○일			
기 타			

등록면허세	금 원	지방교육세	금 원	농어촌특별세	금 원
세 액 합 계	금 원	등기신청수수료	금 원		
등기신청수수료 납부번호					

첨 부 서 면	
1. 협의회회의록 1통 1. 주무관청의 인가서(또는 인증있는 인가서등본) 1통 1. 이사과반수결의서 1통	1. 등록면허세영수필확인서 1통 1. 등기신청수수료영수필확인서 1통 1. 위임장(대리인이 신청할 경우) 1통 <기 타>

20○○년 ○월 ○일

신청인	명 칭	○○주식회사 사내근로복지기금
	주사무소	○○시 ○○구 ○○동 ○○
대표자	성 명	이사장 ○ ○ ○ ㊞ (전화 :)
	주 소	○○시 ○○구 ○○동 ○○
대리인	성 명	법무사 ○ ○ ○ ㊞ (전화 :)
	주 소	○○시 ○○구 ○○동 ○○

○○지방법원 ○○등기소 귀중

- 신청서 작성요령 -

1. 해당란이 부족할 때에는 별지를 이용합니다.
1. 해당 등기신청과 관계없는 사항에 대하여는 "해당없음"으로 기재하거나 삭제하고, 필요한 사항은 추가 기재합니다.

(용지규격 21㎝×29.7㎝)

주

① 이 등기는 대표권 있는 이사가 공동으로 신청한다.

② 등기사유 중 분사무소의 설치일자는 현실로 분사무소를 설치한 일자를 기재해야 할 것이나 실무에서는 통상 분사무소설치 업무집행결정을 위한 이사과반수결의서에 기재된 설치일자를 기재한다.

③ 「근로복지기본법」에 따른 기금법인의 설립등기 및 변경등기에 대하여는 2016년 12월 31일까지 등록면허세를 면제되므로 등록면허세가 감면되는 경우 그 감면세액의 100분의 20의 농특세를 납부하여야 한다. 그리고 등기신청수수료로 방문신청의 경우 6,000원(전자표준양식에 의한 신청의 경우 4,000원, 전자신청의 경우 2,000원)을 납부한다.

④ 첨부서류 중 회의록은 분사무소설치에 따른 정관변경을 결의한 것으로 공증인의 인증을 받은 것이어야 한다.

♣ 【서식】 사내근로복지기금 분사무소설치등기신청서

(당해 신설분사무소소재지에서 신청하는 경우)

<table>
<tr><td colspan="6" align="center">사내근로복지기금 분사무소설치등기신청</td></tr>
<tr><td rowspan="2">접
수</td><td colspan="2" align="center">년   월   일</td><td rowspan="2">처리인</td><td>등기관 확인</td><td>각종통지</td></tr>
<tr><td colspan="2" align="center">제   호</td><td></td><td></td></tr>
</table>

<table>
<tr><td>명   칭</td><td>○○ 사내근로복지기금</td><td>등기번호</td><td>제1000호</td></tr>
<tr><td>주사무소</td><td colspan="3">○○시 ○○구 ○○동 ○</td></tr>
<tr><td>등기의 목적</td><td colspan="3">분사무소 설치등기</td></tr>
<tr><td>등기의 사유</td><td colspan="3">20○○년 ○월 ○일 협의회의 결의로 정관변경을 분사무소를 설치하는 결의를 20○○년 ○월 ○일 주무관청의 인가를 받아 20○○년 ○월 ○일 ○○시 ○○구 ○○동 ○○번지에 분사무소를 설치하고 20○○년 ○월 ○일 주사무소소재지 관할등기소에서 그 등기를 하였으므로 이 등기소에서 그 등기를 구함.</td></tr>
<tr><td>인가서도착연월일</td><td colspan="3">20○○년 ○월 ○일</td></tr>
<tr><td>분사무소</td><td colspan="3">○○시 ○○구 ○○동 ○</td></tr>
<tr><td colspan="4" align="center">등기할 사항</td></tr>
<tr><td colspan="4">명칭   ○○주식회사 사내근로복지기금
주사무소   ○○시 ○○구 ○○동 ○○번지
분사무소   ○○시 ○○구 ○○동 ○○번지
　　　20○○년 ○월 ○일 취임
목적   1. ○○○○○
　　　　1. ○○○○○
존립시기 또는 해산사유   ○○○○○
자산의 총액 금○○○○○원
법인을 대표할 이사의 성명.주소와 주민등록번호
　　　이사 ○   ○   ○
　　　　　(-   )
　　　　　○○시 ○○구 ○○동 ○○번지
　　　이사 ○   ○   ○
　　　　　(-   )
　　　　　○○시 ○○구 ○○동 ○○번지
설치연월일   20○○년 ○월 ○일
법인성립연월일   20○○년 ○월 ○일</td></tr>
<tr><td>기   타</td><td colspan="3"></td></tr>
</table>

등록면허세	금 원	지방교육세	금 원	농어촌특별세	금 원
세 액 합 계	금 원		등기신청수수료	금 원	
등기신청수수료 납부번호					

첨   부   서   면

1. 주무관청의 인가서(또는 　인증있는 인가서등본)　　1통 1. 법인등기부등(초)본　　　　1통	1. 등록면허세영수필확인서　　1통 1. 등기신청수수료영수필확인서　1통 1. 위임장(대리인이 신청할 경우)　1통 　　<기 타>

20○○년 ○월 ○일

신청인 명　　칭　　　　○○주식회사 사내근로복지기금
　　　　주사무소　　　　○○시 ○○구 ○○동 ○○
대표자 성　　명　　　　이사장 ○ ○ ○ ㊞　　　(전화 :　　)
　　　　주　　소　　　　○○시 ○○구 ○○동 ○○
대리인 성　　명　　　　법무사 ○ ○ ○ ㊞　　　(전화 :　　)
　　　　주　　소　　　　○○시 ○○구 ○○동 ○○

○○지방법원 ○○등기소 귀중

- 신청서 작성요령 -

1. 해당란이 부족할 때에는 별지를 이용합니다.
1. 해당 등기신청과 관계없는 사항에 대하여는 "해당없음"으로 기재하거나 삭제하고, 필요한 사항은
　추가 기재합니다.

(용지규격 21cm×29.7cm)

주 ① 이 등기는 대표권 있는 이사가 공동으로 신청한다.

② 등기번호는 신설분사무소에서 최초로 등기할 때 부여하므로 기재하지 아니한다.

③ 분사무소는, 수개의 분사무소를 설치한 경우라도 이 건 등기를 신청하는 당해 등기소관 내의 대표되는 분사무소 중 하나만을 기재하면 족하다.

④ 등기사유 중 분사무소를 설치한 연월일은 주사무소 등기부에 기재된 설치연월일을 기재한다.

⑤ 등기할 사항에서 법인성립연월일은 주사무소등기부에 기재된 최초의 설립등기일자를 기재한다. 이는 주사무소 이전시에도 변경되지 않는다.

⑥ 「근로복지기본법」에 따른 기금법인의 설립등기 및 변경등기에 대하여는 2016년 12월 31일까지 등록면허세를 면제되므로 등록면허세가 감면되는 경우 그 감면세액의 100분의 20의 농특세를 납부하여야 한다. 그리고 등기신청수수료로 방문신청의 경우 6,000원 (전자표준양식에 의한 신청의 경우 4,000원, 전자신청의 경우 2,000원)을 납부한다.

⑦ 첨부서류로는 분사무소설치등기를 마친 후의 주사무소의 등기부등본을 첨부한다.

♣ **【서식】** 사내근로복지기금 분사무소이전등기신청서(주사무소소재지에서 신청하는 경우)

사내근로복지기금 분사무소이전등기신청

접 수	년　　월　　일		처리인	등기관 확인	각종통지
	제　　　　　　호				

명　　칭	○○ 사내근로복지기금	등기번호		제1000호
주사무소	○○시 ○○구 ○○동 ○			
등기의 목적	분사무소 이전등기			
등기의 사유	20○○년 ○월 ○일 협의회의 결의(이사과반수의 결의)에 의하여 분사무소를 설치하는 정관변경을 결의하고 20○○년 ○월 ○일 주무관청의 인가를 받아 20○○년 ○월 ○일 ○○시 ○○구 ○○동 ○○번지의 분사무소를 다음 장소로 이전하였으므로 그 등기를 구함.			
인가서도착연월일	20○○년 ○월 ○일			
분사무소	○○시 ○○구 ○○동 ○			
등기할 사항				
분사무소　○○시 ○○구 ○○동 ○○번지 이전연월일　20○○년 ○월 ○일				
기　타				

등록면허세	금 원	지방교육세	금 원	농어촌특별세	금 원
세 액 합 계	금 원		등기신청수수료	금 원	

등기신청수수료 납부번호	

첨　부　서　면

1. 협의회회의록　　　　　　　1통 1. 주무관청의 인가서(또는 　　인증있는 인가서등본)　　1통 1. 이사과반수결의서　　　　　1통	1. 등록면허세영수필확인서　　1통 1. 등기신청수수료영수필확인서　1통 1. 위임장(대리인이 신청할 경우)　1통 　<기 타>

20○○년 ○월 ○일

신청인 명　　칭　　○○주식회사 사내근로복지기금
　　　　주사무소　　○○시 ○○구 ○○동 ○○
대표자 성　　명　　이사장 ○ ○ ○ ㉢　　　　(전화 :　　)
　　　　주　　소　　○○시 ○○구 ○○동 ○○
대리인 성　　명　　법무사 ○ ○ ○ ㉢　　　　(전화 :　　)
　　　　주　　소　　○○시 ○○구 ○○동 ○○

○○지방법원 ○○등기소 귀중

- 신청서 작성요령 -

1. 해당란이 부족할 때에는 별지를 이용합니다.
1. 해당 등기신청과 관계없는 사항에 대하여는 "해당없음"으로 기재하거나 삭제하고, 필요한 사항은 추
　가 기재합니다.

(용지규격 21cm×29.7cm)

주

① 이 등기는 대표권 있는 이사가 공동으로 신청한다.

② 등기사유 중 (   )안의 내용은 분사무소이전의 정관변경이 필요없는 경우의 기재이다. 분사무소 이전일자는 현실로 이전한 일자를 기재해야 할 것이며 실무에서는 통상 분사무소 이전 업무집행을 위한 이사과반수결의서에 기재된 일자를 기재한다. 다만, 주무관청의 인가일자가 이전일보다 늦은 때에는 주무관청의 허가일자를 기재해야 할 것이다.

③ 「근로복지기본법」에 따른 기금법인의 설립등기 및 변경등기에 대하여는 2016년 12월 31일까지 등록면허세를 면제되므로 등록면허세가 감면되는 경우 그 감면세액의 100분의 20의 농특세를 납부하여야 한다. 그리고 등기신청수수료로 방문신청의 경우 6,000원(전자표준양식에 의한 신청의 경우 4,000원, 전자신청의 경우 2,000원)을 납부한다.

♣【서식】사내근로복지기금 분사무소이전등기신청서

(당해 신설분사무소소재지에서 신청하는 경우)

사내근로복지기금 분사무소이전등기신청

접 수	년 월 일	처리인	등기관 확인	각종통지
	제 호			

명 칭	○○ 사내근로복지기금	등기번호	제1000호

주사무소	○○시 ○○구 ○○동 ○
등기의 목적	분사무소 이전등기
등기의 사유	20○○년 ○월 ○일 ○○시 ○○구 ○○동 ○○번지의 분사무소를 ○○시 ○○구 ○○동 ○○번지로 이전하고, 20○○년 ○월 ○일 주사무소소재지 관할등기소에서 그 등기를 하였으므로 다음 사항의 등기를 구함.
인가서도착연월일	20○○년 ○월 ○일
분사무소	○○시 ○○구 ○○동 ○

등기할 사항

명   칭 ○○주식회사 사내근로복지기금
주사무소 ○○시 ○○구 ○○동 ○○번지
분사무소 ○○시 ○○구 ○○동 ○○번지
          20○○년 ○월 ○일 이전
목   적 ○○○○
존립시기 또는 해산사유   ○○○○○○
법인을 대표할 이사의 성명, 주소와 주민등록번호
          이사 ○   ○   ○
                (-   )
                ○○시 ○○구 ○○동 ○○번지
          이사 ○   ○   ○
                (-   )
                ○○시 ○○구 ○○동 ○○번지
법인성립연월일   20○○년 ○월 ○일

기 타	

등록면허세	금　　원	지방교육세	금　　원	농어촌특별세	금　　원
세 액 합 계	금　　　　원		등기신청수수료	금　　　　원	
등기신청수수료 납부번호					

<table>
<tr><td colspan="2" align="center">첨　부　서　면</td></tr>
<tr>
<td>
1. 주무관청의 인가서(또는
   인증있는 인가서등본)　　1통
1. 법인등기부등(초)본　　　　1통
</td>
<td>
1. 등록면허세영수필확인서　　1통
1. 등기신청수수료영수필확인서　1통
1. 위임장(대리인이 신청할 경우)　1통
   <기 타>
</td>
</tr>
</table>

20○○년 ○월 ○일

신청인　명　　칭　　○○주식회사 사내근로복지기금
　　　　　주사무소　　○○시 ○○구 ○○동 ○○
대표자　성　　명　　이사장 ○ ○ ○ ㊞　　　(전화 :　　)
　　　　　주　　소　　○○시 ○○구 ○○동 ○○
대리인　성　　명　　법무사 ○ ○ ○ ㊞　　　(전화 :　　)
　　　　　주　　소　　○○시 ○○구 ○○동 ○○

○○지방법원 ○○등기소 귀중

- 신청서 작성요령 -
1. 해당란이 부족할 때에는 별지를 이용합니다.
1. 해당 등기신청과 관계없는 사항에 대하여는 "해당없음"으로 기재하거나 삭제하고, 필요한 사항은
　추가 기재합니다.

(용지규격 21cm×29.7cm)

주 ① 신분사무소에서 최초등기할 때 부여하는 등기번호는 기재하지 아니한다.
② 분사무소는, 관할등기소 내에 수개의 분사무소가 설치된 경우라도 당해 등기소 관내의 대표되는 분사무소 중 하나만을 기재하면 된다.
③ 등기할 사항 중 법인성립연월일은 주사무소등기부에 기재된 최초의 설립등기일자를 기재한다.
④ 인가서 도착연월일은 정관변경이 필요한 경우에 한하여 기재한다.
⑤ 「근로복지기본법」에 따른 기금법인의 설립등기 및 변경등기에 대하여는 2016년 12월 31일까지 등록면허세를 면제되므로 등록면허세가 감면되는 경우 그 감면세액의 100분의 20의 농특세를 납부하여야 한다. 그리고 등기신청수수료로 방문신청의 경우 6,000원(전자표준양식에 의한 신청의 경우 4,000원, 전자신청의 경우 2,000원)을 납부한다.
⑥ 첨부서류로 분사무소이전등기를 마친 후의 주사무소의 등기부등본을 첨부한다.

♣ **【서식】** 사내근로복지기금 분사무소이전등기신청서(구분사무소소재지에서 신청
하는 경우)

<table>
<tr><td colspan="6" align="center">사내근로복지기금 분사무소이전등기신청</td></tr>
<tr><td rowspan="2">접
수</td><td colspan="2" align="center">년   월   일</td><td rowspan="2">처리인</td><td>등기관 확인</td><td>각종통지</td></tr>
<tr><td colspan="2" align="center">제   호</td><td></td><td></td></tr>
</table>

<table>
<tr><td align="center">명   칭</td><td>○○ 사내근로복지기금</td><td align="center">등기번호</td><td align="center">제1000호</td></tr>
<tr><td align="center">주사무소</td><td colspan="3">○○시 ○○구 ○○동 ○</td></tr>
<tr><td align="center">등기의 목적</td><td colspan="3">분사무소 이전등기</td></tr>
<tr><td align="center">등기의 사유</td><td colspan="3">20○○년 ○월 ○일 ○○시 ○○구 ○○동 ○○번지의 분사무소를 다음 장소로 이전하고 20○○년 ○월 ○일 주사무소소재지 관할등기소에서 그 등기를 하였으므로 이 등기소에서 그 등기를 구함.</td></tr>
<tr><td align="center">인가서도착연월일</td><td colspan="3">20○○년 ○월 ○일</td></tr>
<tr><td align="center">분사무소</td><td colspan="3">○○시 ○○구 ○○동 ○</td></tr>
<tr><td colspan="4" align="center">등기할 사항</td></tr>
<tr><td colspan="4">분사무소 ○○시 ○○구 ○○동 ○○번지
이전연월일 20○○년 ○월 ○일

</td></tr>
<tr><td align="center">기   타</td><td colspan="3"></td></tr>
</table>

등록면허세	금 원	지방교육세	금 원	농어촌특별세	금 원
세 액 합 계	금 원		등기신청수수료	금 원	
등기신청수수료 납부번호					

<table>
<tr><td colspan="2" align="center">첨　부　서　면</td></tr>
<tr>
<td>
1. 주무관청의 인가서(또는
　 인증있는 인가서등본)　　　1통
1. 주사무소 법인등기부등(초)본　　1통
</td>
<td>
1. 등록면허세영수필확인서　　　1통
1. 등기신청수수료영수필확인서　　1통
1. 위임장(대리인이 신청할 경우)　1통
　 <기 타>
</td>
</tr>
<tr><td colspan="2">

20○○년 ○월 ○일

신청인 명　　칭　　○○주식회사 사내근로복지기금
　　　　주사무소　　○○시 ○○구 ○○동 ○○
대표자 성　　명　　이사장 ○ ○ ○ ㊞　　　　(전화 :　　)
　　　　주　　소　　○○시 ○○구 ○○동 ○○
대리인 성　　명　　법무사 ○ ○ ○ ㊞　　　　(전화 :　　)
　　　　주　　소　　○○시 ○○구 ○○동 ○○

○○지방법원 ○○등기소 귀중

</td></tr>
</table>

- 신청서 작성요령 -
1. 해당란이 부족할 때에는 별지를 이용합니다.
1. 해당 등기신청과 관계없는 사항에 대하여는 "해당없음"으로 기재하거나 삭제하고, 필요한 사항은 추
　 가 기재합니다.

(용지규격 21cm×29.7cm)

주

① 분사무소는, 관할등기소 내에 수개의 분사무소가 설치된 경우라도 당해 등기소관내의 대표되는 분사무소 중 하나만을 기재하면 된다.

② 등기할 사항에서 분사무소이전일자는 주사무소등기부에 기재된 일자를 기재한다.

③ 인가서 도착연월일은 분사무소이전에 정관변경이 필요한 경우에 한하여 기재한다.

④ 「근로복지기본법」에 따른 기금법인의 설립등기 및 변경등기에 대하여는 2016년 12월 31일까지 등록면허세를 면제되므로 등록면허세가 감면되는 경우 그 감면세액의 100분의 20의 농특세를 납부하여야 한다. 그리고 등기신청수수료로 방문신청의 경우 6,000원(전자표준양식에 의한 신청의 경우 4,000원, 전자신청의 경우 2,000원)을 납부한다.

⑤ 첨부서류로 분사무소이전등기를 마친 후의 주사무소 등기부등본이나 초본을 첨부한다.

♣【서식】사내근로복지기금 분사무소폐지등기신청서(주사무소소재지에서 신청하는 경우)

<table>
<tr><td colspan="5" align="center">사내근로복지기금 분사무소폐지등기신청</td></tr>
<tr><td rowspan="2">접
수</td><td>년   월   일</td><td rowspan="2">처리인</td><td>등기관 확인</td><td>각종통지</td></tr>
<tr><td>제   호</td><td></td><td></td></tr>
</table>

<table>
<tr><td>명   칭</td><td>○○ 사내근로복지기금</td><td>등기번호</td><td>제1000호</td></tr>
<tr><td>주사무소</td><td colspan="3">○○시 ○○구 ○○동 ○</td></tr>
<tr><td>등기의 목적</td><td colspan="3">분사무소 폐지등기</td></tr>
<tr><td>등기의 사유</td><td colspan="3">20○○년 ○월 ○일 협의회에서 분사무소를 폐지하는 정관변경을 결의하고 20○○년 ○월 ○일 주무관청의 인가를 받아 분사무소를 폐지하였으므로 그 등기를 구함.</td></tr>
<tr><td>인가서도착연월일</td><td colspan="3">20○○년 ○월 ○일</td></tr>
<tr><td>분사무소</td><td colspan="3">○○시 ○○구 ○○동 ○</td></tr>
<tr><td colspan="4" align="center">등기할 사항</td></tr>
<tr><td colspan="4">20○○년 ○월 ○일 ○○시 ○○구 ○○동 ○○번지의 분사무소 폐지</td></tr>
<tr><td>기   타</td><td colspan="3"></td></tr>
</table>

등록면허세	금　　원	지방교육세	금　　원	농어촌특별세	금　　원
세 액 합 계	금　　　　　원		등기신청수수료	금　　　　　원	
등기신청수수료 납부번호					

첨　　부　　서　　면

1. 협의회회의록　　　　　　　1통	1. 등록면허세영수필확인서　　1통
1. 주무관청의 인가서(또는	1. 등기신청수수료영수필확인서　1통
인증있는 인가서등본)　　1통	1. 위임장(대리인이 신청할 경우)　1통
1. 이사과반수결의서　　　　　1통	<기 타>

20○○년 ○월 ○일

신청인　명　　칭　　○○주식회사 사내근로복지기금
　　　　　주사무소　　○○시 ○○구 ○○동 ○○
대표자　성　　명　　이사장 ○ ○ ○ ㊞　　　　(전화 :　　)
　　　　　주　　소　　○○시 ○○구 ○○동 ○○
대리인　성　　명　　법무사 ○ ○ ○ ㊞　　　　(전화 :　　)
　　　　　주　　소　　○○시 ○○구 ○○동 ○○

○○지방법원 ○○등기소 귀중

- 신청서 작성요령 -

1. 해당란이 부족할 때에는 별지를 이용합니다.
1. 해당 등기신청과 관계없는 사항에 대하여는 "해당없음"으로 기재하거나 삭제하고, 필요한 사항은 추
　 가 기재합니다.

(용지규격21㎝×29.7㎝)

주 ① 등기사유 중 분사무소를 폐지한 일자는 협의회에서 폐지일자를 별도로 정한 경우에는 그 정해진 일자를 기재할 것이나, 그렇지 아니한 경우에는 주무관청의 인가일자에 폐지된 것으로 기재해야 할 것이다. 다만, 등기기간의 기산은 인가서 도착일을 기준으로 한다.

② 「근로복지기본법」에 따른 기금법인의 설립등기 및 변경등기에 대하여는 2016년 12월 31일까지 등록면허세를 면제되므로 등록면허세가 감면되는 경우 그 감면세액의 100분의 20의 농특세를 납부하여야 한다. 그리고 등기신청수수료로 방문신청의 경우 6,000원(전자표준양식에 의한 신청의 경우 4,000원, 전자신청의 경우 2,000원)을 납부한다.

③ 첨부서류 중 (1)의 회의록은 분사무소 폐지에 따른 정관변경을 결의한 것으로서, 공증인의 인증을 받은 것이어야 한다.

♣ **【서식】 사내근로복지기금 분사무소폐지등기신청서**(폐지하는 당해 분사
무소에서 신청하는 경우)

<table>
<tr><td colspan="7" align="center">사내근로복지기금 분사무소폐지등기신청</td></tr>
<tr><td rowspan="2">접
수</td><td colspan="2" align="center">년　월　일</td><td rowspan="2" align="center">처리인</td><td colspan="2" align="center">등기관 확인</td><td align="center">각종통지</td></tr>
<tr><td colspan="2" align="center">제　　　　호</td><td colspan="2"></td><td></td></tr>
</table>

명　　칭	○○ 사내근로복지기금	등기번호	제1000호
주사무소	○○시 ○○구 ○○동 ○		
등기의 목적	분사무소 폐지등기		
등기의 사유	20○○년 ○월 ○일 협의회에서 분사무소를 폐지하는 정관변경을 결의하고 20○○년 ○월 ○일 주무관청의 인가를 받아 20○○년 ○월 ○일 ○○시 ○○구 ○○동 ○○번지의 분사무소를 폐지하고 20○○년 ○월 ○일 주사무소소재지 관할등기소에서 등기를 하였으므로 이 등기소에서 그 등기를 구함.		
인가서도착연월일	20○○년 ○월 ○일		
분사무소	○○시 ○○구 ○○동 ○		
등기할 사항			
20○○년 ○월 ○일 ○○시 ○○구 ○○동 ○○번지의 분사무소 폐지			
기　　타			

등록면허세	금 원	지방교육세	금 원	농어촌특별세	금 원
세 액 합 계	금 원		등기신청수수료	금 원	
등기신청수수료 납부번호					

첨 부 서 면	
1. 주무관청의 인가서(또는 인증있는 인가서등본) 1통 1. 주사무소 법인등기부등(초)본 1통	1. 등록면허세영수필확인서 1통 1. 등기신청수수료영수필확인서 1통 1. 위임장(대리인이 신청할 경우) 1통 <기 타>

20○○년 ○월 ○일

신청인 명 칭 ○○주식회사 사내근로복지기금
주사무소 ○○시 ○○구 ○○동 ○○
대표자 성 명 이사장 ○ ○ ○ ㊞ (전화 :)
주 소 ○○시 ○○구 ○○동 ○○
대리인 성 명 법무사 ○ ○ ○ ㊞ (전화 :)
주 소 ○○시 ○○구 ○○동 ○○

○○지방법원 ○○등기소 귀중

- 신청서 작성요령 -

1. 해당란이 부족할 때에는 별지를 이용합니다.
1. 해당 등기신청과 관계없는 사항에 대하여는 "해당없음"으로 기재하거나 삭제하고, 필요한 사항은 추가 기재합니다.

(용지규격 21㎝×29.7㎝)

주 ① 관할등기소 내에 수개의 분사무소가 설치된 경우라도 3항의 분사무소는 당해 등기소관 내의 대표하는 분사무소 중 하나만을 기재하면 된다.

② 등기사유 중 분사무소 폐지연월일은 주사무소등기부에 기재된 폐지연월일을 기재한다.

③ 「근로복지기본법」에 따른 기금법인의 설립등기 및 변경등기에 대하여는 2016년 12월 31일까지 등록면허세를 면제되므로 등록면허세가 감면되는 경우 그 감면세액의 100분의 20의 농특세를 납부하여야 한다. 그리고 등기신청수수료로 방문신청의 경우 6,000원(전자표준양식에 의한 신청의 경우 4,000원, 전자신청의 경우 2,000원)을 납부한다.

④ 첨부서류로 분사무소 폐지등기를 마친 후의 주사무소의 등기부등본이나 초본을 첨부한다.

♣ 【서식】 사내근로복지기금 변경등기신청서(명칭변경의 경우)

<table>
<tr><td colspan="5" align="center">사내근로복지기금 변경등기신청</td></tr>
<tr><td rowspan="2">접
수</td><td colspan="2" align="center">년   월   일</td><td rowspan="2">처리인</td><td>등기관 확인</td><td>각종통지</td></tr>
<tr><td colspan="2" align="center">제   호</td><td></td><td></td></tr>
</table>

명 칭	○○ 사내근로복지기금	등기번호	제1000호
주사무소	○○시 ○○구 ○○동 ○		
등기의 목적	명칭 변경의 등기		
등기의 사유	<경우1> 주사무소에서 신청하는 경우 20○○년 ○월 ○일 기금의 협의회에서 기금의 명칭변경에 관한 정관변경을 결의하고 20○○년 ○월 ○일 주무관청의 인가를 받아 명칭을 다음과 같이 변경하였으므로 그 등기를 구함. <경우2> 분사무소에서 신청하는 경우 20○○년 ○월 ○일 기금의 협의회에서 기금의 명칭변경에 관한 정관변경을 결의하고 20○○년 ○월 ○일 주무관청의 인가를 받아 명칭을 변경하고 20○○년 ○월 ○일 주사무소소재지 관할등기소에서 등기를 하였으므로 이 등기소에서 그 등기를 구함.		
인가서도착연월일	20○○년 ○월 ○일		
분사무소	○○시 ○○구 ○○동 ○		
등기할 사항			
명칭 ○○주식회사 사내근로복지기금 20○○년 ○월 ○일 변경			
기 타			

등록면허세	금　　　원	지방교육세	금　　　원	농어촌특별세	금　　원
세 액 합 계	금　　　　　원	등기신청수수료	금		원
등기신청수수료 납부번호					

첨　　부　　서　　면

1. 협의회회의록　　　　　　　　1통 1. 주무관청의 인가서(또는 　　인증있는 인가서등본)　　　1통 1. 주사무소 법인등기부등(초)본　1통	1. 등록면허세영수필확인서　　　1통 1. 등기신청수수료영수필확인서　1통 1. 위임장(대리인이 신청할 경우)　1통 <기 타>

20○○년 ○월 ○일

신청인 명　　　칭　　○○주식회사 사내근로복지기금
　　　　주사무소　　○○시 ○○구 ○○동 ○○
대표자 성　　　명　　이사장 ○ ○ ○ ㉠　　　(전화 :　　)
　　　　주　　　소　　○○시 ○○구 ○○동 ○○
대리인 성　　　명　　법무사 ○ ○ ○ ㉠　　　(전화 :　　)
　　　　주　　　소　　○○시 ○○구 ○○동 ○○

○○지방법원 ○○등기소 귀중

- 신청서 작성요령 -

1. 해당란이 부족할 때에는 별지를 이용합니다.
1. 해당 등기신청과 관계없는 사항에 대하여는 "해당없음"으로 기재하거나 삭제하고, 필요한 사항은
　 추가 기재합니다.

(용지규격 21㎝×29.7㎝)

주 ① 명칭은 명칭변경등기를 하기 전이므로 변경 전의 명칭을 기재한다.

② 분사무소는 분사무소소재지에서 신청하는 경우에 한하여 기재한다.

③ 「근로복지기본법」에 따른 기금법인의 설립등기 및 변경등기에 대하여는 2016년 12월 31일까지 등록면허세를 면제되므로 등록면허세가 감면되는 경우 그 감면세액의 100분의 20의 농특세를 납부하여야 한다. 그리고 등기신청수수료로 방문신청의 경우 6,000원(전자표준양식에 의한 신청의 경우 4,000원, 전자신청의 경우 2,000원)을 납부한다.

④ 첨부서류 중 회의록은 정관변경을 결의한 것으로서 공증인의 인증을 받은 것이어야 한다.

⑤ 등기부등(초)본은 분사무소소재지에서 신청하는 경우에 주사무소에서 등기를 마친 사실을 증명하기 위하여 첨부하는 것으로서 그 경우에는 등기사유를 증명하는 여러 서면 대신에 이 변경등기를 마친 후의 주사무소의 등기부등본이나 초본을 첨부하면 된다.

⑥ 주사무소에서 이 등기를 신청할 때에는 법인을 대표하는 이사는 변경된 명칭으로 기재된 인감대지를 다시 제출해야 한다.

♣ 【서식】 사내근로복지기금 변경등기신청서(목적변경의 경우)

<table>
<tr><td colspan="6" align="center">사내근로복지기금 변경등기신청</td></tr>
<tr><td rowspan="2">접
수</td><td colspan="2" align="center">년　월　일</td><td rowspan="2">처리인</td><td>등기관 확인</td><td>각종통지</td></tr>
<tr><td colspan="2" align="center">제　　　　호</td><td></td><td></td></tr>
</table>

명　　칭	○○ 사내근로복지기금	등기번호	제1000호
주사무소	○○시 ○○구 ○○동 ○		
등기의 목적	목적 변경의 등기		

<table>
<tr><td rowspan="2">등기의 사유</td><td colspan="3"><경우1> 주사무소에서 신청하는 경우
20○○년 ○월 ○일 협의회에서 목적변경에 관한 정관변경을 결의하고 20○○년 ○월 ○일 주무관청의 인가를 받아 목적을 다음과 같이 변경하였으므로 그 등기를 구함.</td></tr>
<tr><td colspan="3"><경우2> 분사무소에서 신청하는 경우
20○○년 ○월 ○일 협의회에서 목적변경에 관한 정관변경을 결의하고 20○○년 ○월 ○일 주무관청의 인가를 받아 목적을 다음과 같이 변경하고, 20○○년 ○월 ○일 주사무소소재지 관할등기소에서 등기를 하였으므로 이 등기소에서 그 등기를 구함.</td></tr>
<tr><td>인가서도착연월일</td><td colspan="3">20○○년 ○월 ○일</td></tr>
<tr><td>분사무소</td><td colspan="3">○○시 ○○구 ○○동 ○</td></tr>
<tr><td colspan="4" align="center">등기할 사항</td></tr>
<tr><td colspan="4">목적　1. ○○○○○○○○
　　　　1. ○○○○○　20○○년 ○월 ○일</td></tr>
<tr><td>기　　타</td><td colspan="3"></td></tr>
</table>

등록면허세	금 원	지방교육세	금 원	농어촌특별세	금 원
세 액 합 계	금 원		등기신청수수료	금 원	
등기신청수수료 납부번호					

첨 부 서 면

1. 협의회회의록 1통 1. 주무관청의 인가서(또는 인증있는 인가서등본) 1통 1. 주사무소 법인등기부등(초)본 1통	1. 등록면허세영수필확인서 1통 1. 등기신청수수료영수필확인서 1통 1. 위임장(대리인이 신청할 경우) 1통 <기 타>

20○○년 ○월 ○일

신청인 명   칭   ○○주식회사 사내근로복지기금
        주사무소   ○○시 ○○구 ○○동 ○○
대표자 성   명   이사장 ○ ○ ○ ⑩   (전화 :   )
        주   소   ○○시 ○○구 ○○동 ○○
대리인 성   명   법무사 ○ ○ ○ ⑩   (전화 :   )
        주   소   ○○시 ○○구 ○○동 ○○

○○지방법원 ○○등기소 귀중

- 신청서 작성요령 -

1. 해당란이 부족할 때에는 별지를 이용합니다.
1. 해당 등기신청과 관계없는 사항에 대하여는 "해당없음"으로 기재하거나 삭제하고, 필요한 사항은
   추가 기재합니다.

(용지규격 21cm×29.7cm)

주

① 분사무소는 분사무소소재지에서 신청하는 경우에 한하여 기재한다.

② 「근로복지기본법」에 따른 기금법인의 설립등기 및 변경등기에 대하여는 2016년 12월 31일까지 등록면허세를 면제되므로 등록면허세가 감면되는 경우 그 감면세액의 100분의 20의 농특세를 납부하여야 한다. 그리고 등기신청수수료로 방문신청의 경우 6,000원 (전자표준양식에 의한 신청의 경우 4,000원, 전자신청의 경우 2,000원)을 납부한다.

③ 첨부서류 중 회의록은 정관변경을 결의한 것으로서 공증인의 인증을 받은 것이어야 한다.

④ 법인등기부등(초)본은 분사무소소재지에서 신청하는 경우에 주사무소에서 등기를 마친 사실을 증명하기 위하여 첨부하는 것으로서 등기사유를 증명하는 서면 대신에 이 변경등기를 마친 후의 주사무소의 등기부등본이나 초본을 첨부하면 된다.

♣ 【서식】 사내근로복지기금 변경등기신청서(자산총액 변경의 경우)

<table>
<tr><td colspan="6" align="center">사내근로복지기금 변경등기신청</td></tr>
<tr><td rowspan="2">접
수</td><td colspan="3" align="center">년   월   일</td><td rowspan="2" align="center">처리인</td><td align="center">등기관 확인</td><td align="center">각종통지</td></tr>
<tr><td colspan="3"></td><td></td><td></td></tr>
</table>

명 칭	○○ 사내근로복지기금	등기번호	제1000호
주사무소	○○시 ○○구 ○○동 ○		
등기의 목적	자산총액 변경의 등기		
등기의 사유	20○○년 ○월 ○일 협의회에서 기금이 사업주인 회사로부터 금○○○○○원을 출연받기로 결의하여 동년 ○월 ○일자로 위 금원을 출연받아 같은날 자산의 총액을 다음과 같이 변경하였으므로 그 등기를 구합니다.		
분사무소	○○시 ○○구 ○○동 ○		
등기할 사항			
자산의 총액 : 금○○○○○원			
기 타			

등록면허세	금　　원	지방교육세	금　　원	농어촌특별세	금　　원
세 액 합 계	금　　　　원		등기신청수수료	금　　　　원	
등기신청수수료 납부번호					

첨　　부　　서　　면

1. 협의회회의록　　　　　　　　　　1통 1. 잔액증명서(또는 재산목록)　　　1통	1. 등록면허세영수필확인서　　　1통 1. 등기신청수수료영수필확인서　1통 1. 위임장(대리인이 신청할 경우)　1통 <기 타>

20○○년 ○월 ○일

신청인　명　　칭　　○○주식회사 사내근로복지기금
　　　　주사무소　　○○시 ○○구 ○○동 ○○
대표자　성　　명　　이사장 ○ ○ ○ ㊞　　　(전화 :　　)
　　　　주　　소　　○○시 ○○구 ○○동 ○○
대리인　성　　명　　법무사 ○ ○ ○ ㊞　　　(전화 :　　)
　　　　주　　소　　○○시 ○○구 ○○동 ○○

○○지방법원 ○○등기소 귀중

- 신청서 작성요령 -

1. 해당란이 부족할 때에는 별지를 이용합니다.
1. 해당 등기신청과 관계없는 사항에 대하여는 "해당없음"으로 기재하거나 삭제하고, 필요한 사항은 추
　가 기재합니다.

(용지규격 21cm×29.7cm)

♣ 【서식】 사내근로복지기금 변경등기신청서(이사 변경의 경우)

<table>
<tr><td colspan="5" align="center">사내근로복지기금 변경등기신청</td></tr>
<tr><td rowspan="2">접
수</td><td colspan="2" align="center">년   월   일</td><td rowspan="2">처리인</td><td>등기관 확인</td><td>각종통지</td></tr>
<tr><td colspan="2" align="center">제   호</td><td></td><td></td></tr>
</table>

<table>
<tr><td align="center">명   칭</td><td>○○ 사내근로복지기금</td><td align="center">등기번호</td><td align="center">제1000호</td></tr>
<tr><td align="center">주사무소</td><td colspan="3">○○시 ○○구 ○○동 ○</td></tr>
<tr><td align="center">등기의 목적</td><td colspan="3">이사 변경의 등기</td></tr>
<tr><td align="center">등기의 사유</td><td colspan="3">

<경우1> 이사 임기만료 및 사임의 경우

이사 ○○○은 20○○년 ○월 ○일 임기만료로 퇴임하고 이사 ○○○는 같은날 사임하여, 협의회에서 이사 ○○○ 및 이사 ○○○이 선임되어 취임하였으므로 그 등기를 구함.

<경우2> 이사 및 감사의 사망, 사임보선의 경우

① 이사 ○○○은 20○○년 ○월 ○일 사망(사임)하고 다음 사람이 20○○년 ○월 ○일 협의회에서 선임되어 이사에 취임하였으므로 그 등기를 구함.

② 이사 ○○○은 20○○년 ○월 ○일 사임하고, 감사 ○○○은 협의회에서 해임되어 20○○년 ○월 ○일 협의회에서 다음 사람을 이사 및 감사로 선임되어 20○○년 ○월 ○일 취임하였으므로 그 등기를 구함.

<경우3> 중임의 경우

이사 ○○○은 20○○년 ○월 ○일 협의회에서 이사로 재선되었으므로 그 등기를 구함.

</td></tr>
<tr><td align="center">인가서도착연월일</td><td colspan="3">20○○년 ○월 ○일</td></tr>
</table>

등기할 사항
<경우1> 이사 임기만료 및 사임의 경우 이사 ○○○ 20○○년 ○월 ○일 사임 이사 ○○○ 20○○년 ○월 ○일 사임 (-   )   <경우2> 이사 및 감사의 사망, 사임보선의 경우 이사 ○○○ 20○○년 ○월 ○일 사망(사임) 이사 ○○○ 20○○년 ○월 ○일 취임 (-   ) 감사 ○○○ 20○○년 ○월 ○일 취임 (-   )   <경우3> 중임의 경우 이사 ○○○ 20○○년 ○월 ○일 중임
기   타

등록면허세	금 원	지방교육세	금 원	농어촌특별세	금 원
세 액 합 계	금	원	등기신청수수료	금	원
등기신청수수료 납부번호					

첨 부 서 면

1. 협의회회의록	1통	1. 결정등본(파산, 금치산)	1통
1. 주무관청의 인가서(또는		1. 인감신고서 및 인감대지	1통
인증있는 인가서등본)	1통	1. 승낙서	1통
1. 주사무소 법인등기부등(초)본	1통	1. 사망진단서(또는 호적등본)	1통
1. 정관	1통	1. 등록면허세영수필확인서	1통
1. 취임승낙서, 주민등록등본	1통	1. 등기신청수수료영수필확인서	1통
1. 인감증명서	1통	1. 위임장(대리인이 신청할 경우)	1통
		<기 타>	

20○○년 ○월 ○일

신청인 명   칭   ○○주식회사 사내근로복지기금
　　　 주사무소   ○○시 ○○구 ○○동 ○○
대표자 성   명   이사장 ○ ○ ○ ㊞   (전화 :   )
　　　 주   소   ○○시 ○○구 ○○동 ○○
대리인 성   명   법무사 ○ ○ ○ ㊞   (전화 :   )
　　　 주   소   ○○시 ○○구 ○○동 ○○

○○지방법원 ○○등기소 귀중

- 신청서 작성요령 -

1. 해당란이 부족할 때에는 별지를 이용합니다.
1. 해당 등기신청과 관계없는 사항에 대하여는 "해당없음"으로 기재하거나 삭제하고, 필요한 사항은 추가 기재합니다.
1.「인감증명법」에 따른 인감증명서 제출과 함께 관련 서면에 인감을 날인하여야 하는 경우, 본인서명사실확인서를 제출하고 관련 서면에 서명을 하거나 전자본인서명확인서 발급증을 제출하고 관련 서면에 서명을 하면 인감증명서를 제출하고 관련 서면에 인감을 날인한 것으로 봅니다.

(용지규격 21cm×29.7cm)

주 ① 이 등기는 대표권 있는 이사가 공동으로 신청한다.

② 「근로복지기본법」에 따른 기금법인의 설립등기 및 변경등기에 대하여는 2016년 12월 31일까지 등록면허세를 면제되므로 등록면허세가 감면되는 경우 그 감면세액의 100분의 20의 농특세를 납부하여야 한다. 그리고 등기신청수수료로 방문신청의 경우 6,000원(전자표준양식에 의한 신청의 경우 4,000원, 전자신청의 경우 2,000원)을 납부한다.

③ 첨부서류 중 협의회회의록은 이사나 감사를 선임한 것으로 공증인의 인증을 받은 것이어야 한다.

④ 취임승낙서에는 인감증명법에 의한 인감증명을 첨부하여야 한다.

⑤ 사임서에는 인감증명법에 의하여 신고한 인장으로 날인해야 한다.

♣ 【서식】 사내근로복지기금 변경등기신청서(대표권제한규정 신설.폐지.변경의 경우)

<table>
<tr><td colspan="5" align="center">사내근로복지기금 변경등기신청</td></tr>
<tr><td rowspan="2">접
수</td><td colspan="2">년   월   일</td><td rowspan="2">처리인</td><td>등기관 확인</td><td>각종통지</td></tr>
<tr><td colspan="2">제   호</td><td></td><td></td></tr>
</table>

<table>
<tr><td>명   칭</td><td>○○ 사내근로복지기금</td><td>등기번호</td><td>제1000호</td></tr>
<tr><td>주사무소</td><td colspan="3">○○시 ○○구 ○○동 ○</td></tr>
<tr><td>등기의 목적</td><td colspan="3">대표권의 제한규정의 설정등기(변경.폐지)</td></tr>
<tr><td>등기의 사유</td><td colspan="3">

<경우1> 대표권의 제한규정 설정의 경우

○○○은 20○○년 ○월 ○일 협의회에서 대표권의 제한규정설정을 결의하고 20○○년 ○월 ○일 동 협의회에서 이사 ○○○가 대표권 있는 이사로 선임되어 주무관청의 정관변경인가를 받아 같은 날 취임함에 따라, 대표권의 제한규정을 다음과 같이 설정하였으므로(…설정하여 20○○년 ○월 ○일 주사무소소재지 관할등기소에서 등기를 하였으므로 이 등기소에서) 그 등기를 구함.

<경우2> 대표권의 제한규정 폐지의 경우

20○○년 ○월 ○일 협의회에서 대표권의 제한규정 폐지와 정관변경을 결의하고 주무관청의 인가를 받아 대표권의 제한규정을 폐지하였으므로(…폐지하여 20○○년 ○월 ○일 주사무소소재지 관할등기소에서 등기를 하였으므로 이 등기소에서) 그 등기를 구함.

<경우3> 대표권의 제한규정 변경의 경우

20○○년 ○월 ○일 대표권 있는 이사 ○○○는 이사직을 사임하고 20○○년 ○월 ○일 협의회에서 ○○○가 이사 및 대표권 있는 이사로 선임되어 같은 날 취임함에 따라 이사 및 대표권의 제한규정이 다음과 같이 변경되었으므로(…변경되어 20○○년 ○월 ○일 주사무소소재지 관할등기소에서 등기를 하였으므로 이 등기소에서) 그 등기를 구함.

</td></tr>
</table>

인가서도착연월일	20○○년 ○월 ○일
분사무소	○○시 ○○구 ○○동 ○

등기할 사항

<경우1> 대표권의 제한규정 설정의 경우
  이사 ○ ○ ○
    ○○시 ○○구 ○○동 200번지
  이사 ○ ○ ○
    ○○시 ○○구 ○○동 200번지
  외에는 대표권이 없음.
  20○○년 ○월 ○일 대표권제한규정 설정
 	
<경우2> 대표권의 제한규정 폐지의 경우
  20○○년 ○월 ○일 대표권제한규정 폐지
 	
<경우3> 대표권의 제한규정 변경의 경우
  이사 ○○○ 20○○년 ○월 ○일 사임
  이사 ○○○ 20○○년 ○월 ○일 취임
  (-   )
    ○○시 ○○구 ○○동 200번지
  이사 ○○○ 및 이사 ○○○ 외에는 대표권이 없음.

기 타	

등록면허세	금 원	지방교육세	금 원	농어촌특별세	금 원
세 액 합 계	금 원	등기신청수수료	금		원

첨　부　서　면

1. 협의회회의록　　　　　　1통	1. 인감증명　　　　　　　　1통
1. 주무관청의 인가서(또는	1. 사임서　　　　　　　　　1통
인증있는 인가서등본)　 1통	1. 등록면허세영수필확인서　1통
1. 주사무소 법인등기부등(초)본　1통	1. 등기신청수수료영수필확인서　1통
1. 취임승낙서, 주민등록등본　1통	1. 위임장(대리인이 신청할 경우)　1통
	<기 타>

20○○년 ○월 ○일

신청인 명　　칭　　　○○주식회사 사내근로복지기금
　　　　주사무소　　　○○시 ○○구 ○○동 ○○
대표자 성　　명　　　이사장 ○ ○ ○ ㊞　(전화 :　　　　　)
　　　　주　　소　　　○○시 ○○구 ○○동 ○○
대리인 성　　명　　　법무사 ○ ○ ○ ㊞　(전화 :　　　　　)
　　　　주　　소　　　○○시 ○○구 ○○동 ○○

○○지방법원 ○○등기소 귀중

- 신청서 작성요령 -
1. 해당란이 부족할 때에는 별지를 이용합니다.
1. 해당 등기신청과 관계없는 사항에 대하여는 "해당없음"으로 기재하거나 삭제하고, 필요한 사항은 추가 기재합니다.
1.「인감증명법」에 따른 인감증명서 제출과 함께 관련 서면에 인감을 날인하여야 하는 경우, 본인서명사실확인서를 제출하고 관련 서면에 서명을 하거나 전자본인서명확인서 발급증을 제출하고 관련 서면에 서명을 하면 인감증명서를 제출하고 관련 서면에 인감을 날인한 것으로 봅니다.

(용지규격 21cm×29.7cm)

주 ① 이 등기는 대표권 있는 이사가 공동으로 신청한다.

② 분사무소는 분사무소소재지에서 신청하는 경우에 한하여 기재한다.

③ 등기사유 중 (   )안의 내용은 분사무소소재지에서 신청하는 경우의 내용이다.

④ 「근로복지기본법」에 따른 기금법인의 설립등기 및 변경등기에 대하여는 2016년 12월 31일까지 등록면허세를 면제되므로 등록면허세가 감면되는 경우 그 감면세액의 100분의 20의 농특세를 납부하여야 한다. 그리고 등기신청수수료로 방문신청의 경우 6,000원(전자표준양식에 의한 신청의 경우 4,000원, 전자신청의 경우 2,000원)을 납부한다.

⑤ 첨부서류 중 회의록은 공증인의 인증을 받을 것이어야 한다.

⑥ 취임승낙서에는 인감증명법에 의한 인감증명을 첨부하여야 한다.

⑦ 등기부등(초)본은 분사무소소재지에서 신청하는 경우에 한하여 첨부하는 것으로서 그 경우에는 등기사항을 증명하는 선임결의회의록이나 사임서 등 대신 이 변경등기를 마친 후의 주사무소의 등기부등본이나 초본만 첨부하면 그것으로 족하다.

♣ 【서식】 사내근로복지기금 변경등기신청서

(행정구역변경(행정구역명칭변경)으로 인한 주사무소(분사무소)·이사의 주소변경)

<table>
<tr><td colspan="3" align="center">사내근로복지기금 변경등기신청</td><td></td><td></td></tr>
<tr><td rowspan="2">접
수</td><td colspan="2" align="center">년   월   일</td><td rowspan="2" align="center">처리인</td><td align="center">등기관 확인</td><td align="center">각종통지</td></tr>
<tr><td colspan="2" align="center">제   호</td><td></td><td></td></tr>
</table>

<table>
<tr><td align="center">명   칭</td><td>○○ 사내근로복지기금</td><td align="center">등기번호</td><td align="center">제1000호</td></tr>
<tr><td align="center">주사무소</td><td colspan="3">○○시 ○○구 ○○동 ○</td></tr>
<tr><td align="center">등기의 목적</td><td colspan="3">행정구역변경(행정구역명칭변경)으로 인한 주사무소(분사무소)·이사의 주소변경</td></tr>
<tr><td align="center">등기의 사유</td><td colspan="3"><경우1> 주사무소 변경의 경우
20○○일 ○월 ○일 행정구역변경(행정구역명칭변경)으로 인하여 주사무소(○○시 ○○구 ○○동 ○○번지의 분사무소)가 다음과 같이 변경되었으므로(…변경되어 20○○년 ○월 ○일 주사무소소재지 관할등기소에서 등기를 하였으므로 이 등기소에서) 그 등기를 구함.

<경우2> 이사의 주소 변경의 경우
20○○일 ○월 ○○일 행정구역변경(행정구역명칭변경)으로 인하여 이사 ○○○의 주소가 다음과 같이 변경되었으므로(…변경되어 20○○년 ○월 ○일 주사무소소재지 관할등기소에서 등기를 하였으므로 이 등기소에서) 그 등기를 구함.</td></tr>
<tr><td align="center">분사무소</td><td colspan="3">○○시 ○○구 ○○동 ○</td></tr>
<tr><td colspan="4" align="center">등기할 사항</td></tr>
<tr><td colspan="4"><경우1> 주사무소 변경의 경우
주사무소(분사무소) ○○시 ○○구 ○○동 ○○번지 20○○년 ○월 ○일 변경

<경우2> 이사의 주소 변경의 경우
이사 ○○○의 주소 ○○시 ○○구 ○○동 ○○번지 20○○년 ○월 ○일 변경</td></tr>
<tr><td align="center">기   타</td><td colspan="3"></td></tr>
</table>

등록면허세	금 원	지방교육세	금 원	농어촌특별세	금 원
세 액 합 계	금 원		등기신청수수료	금 원	
등기신청수수료 납부번호					

<table>
<tr><td colspan="2" align="center">첨　부　서　면</td></tr>
<tr>
<td>
1. 토지대장등본　　　　　　　　　1통
1. 주사무소 법인등기부등(초)본　　1통
1. 인감신고서 및 인감대지　　　　1통
</td>
<td>
1. 위임장(대리인이 신청할 경우)　1통
<기 타>
</td>
</tr>
</table>

2000년 ○월 ○일

신청인 명　　칭　　○○주식회사 사내근로복지기금
　　　　주사무소　　○○시 ○○구 ○○동 ○○
대표자 성　　명　　이사장 ○ ○ ○ ㊞　　　(전화 :　　)
　　　　주　　소　　○○시 ○○구 ○○동 ○○
대리인 성　　명　　법무사 ○ ○ ○ ㊞　　　(전화 :　　)
　　　　주　　소　　○○시 ○○구 ○○동 ○○

○○지방법원 ○○등기소 귀중

- 신청서 작성요령 -
1. 해당란이 부족할 때에는 별지를 이용합니다.
1. 해당 등기신청과 관계없는 사항에 대하여는 "해당없음"으로 기재하거나 삭제하고, 필요한 사항은 추가 기재합니다.
1. 「인감증명법」에 따른 인감증명서 제출과 함께 관련 서면에 인감을 날인하여야 하는 경우, 본인서명사실확인서를 제출하고 관련 서면에 서명을 하거나 전자본인서명확인서 발급증을 제출하고 관련 서면에 서명을 하면 인감증명서를 제출하고 관련 서면에 인감을 날인한 것으로 봅니다.

(용지규격 21cm×29.7cm)

주 ① 분사무소는 분사무소소재지에서 신청하는 경우에 한하여 기재한다.
② 등기사유 중 ( )안의 내용은 분사무소소재지에서 신청하는 경우의 내용이다.
③ 행정구역의 변경, 등기관의 과오나 유루로 인한 변경등기의 등록면허세 및 지방교육세, 농어촌특별세와 등기신청수수료는 면제되지만, 이사 개인의 개명이나 전거로 인한 변경등기의 경우에는 농어촌특별세와 등기신청수수료를 납부해야 한다.
④ 첨부서류 중 등기부등(초)본은 분사무소소재지에서 신청하는 경우에 첨부하는 것으로서 그 경우에는 주사무소소재지에서 신청할 때 첨부하는 등기사항을 증명하는 서면인 토지대장등본 또는 관보 대신 이 등기를 마친 후의 주사무소의 등기부등본이나 초본만 첨부하면 된다.
⑤ 주사무소소재지에서 행정구역변경 등으로 인한 주사무소 변경등기를 신청할 때에는 이미 제출한 인감의 사무소의 표시가 달라지게 되므로 변경된 사무소로 기재된 이사의 인감대지와 인감신고서도 제출해야 한다.

♣ 【서식】 사내근로복지기금 변경등기신청서(개명, 전거로 인한 이사의 성명.주소 변경등기)

<table>
<tr><td colspan="6" align="center">사내근로복지기금 변경등기신청</td></tr>
<tr><td rowspan="2">접
수</td><td colspan="2" align="center">년   월   일</td><td rowspan="2" align="center">처리인</td><td align="center">등기관 확인</td><td align="center">각종통지</td></tr>
<tr><td colspan="2"></td><td></td><td></td></tr>
</table>

명 칭	○○ 사내근로복지기금	등기번호	제1000호
주사무소	○○시 ○○구 ○○동 ○		
등기의 목적	개명(전거)으로 인한 성명(주소)의 변경등기		

등기의 사유	<경우1> 개명의 경우 20○○일 ○월 ○일 이사 ○○○의 개명으로 인하여 성명이 다음과 같이 변경되었으므로(…변경되어 20○○년 ○월 ○일 주사무소소재지 관할등기소에서 등기를 하였으므로 이 등기소에서)그 등기를 구함. <경우2> 주소 변경의 경우 20○○일 ○월 ○○일 이사 ○○○의 주소를 다음 장소로 이전하였으므로(…변경되어 20○○년 ○월 ○일 주사무소소재지 관할등기소에서 등기를 하였으므로 이 등기소에서) 그 등기를 구함.
분사무소	○○시 ○○구 ○○동 ○

등기할 사항
<경우1> 개명의 경우 　이사 ○○○의 20○○년 ○월 ○일 개명 <경우2> 주소 변경의 경우 이사 ○○○의 주소 ○○시 ○○구 ○○동 ○○번지 20○○년 ○월 ○일 이전

기 타	

등록면허세	금 원	지방교육세	금 원	농어촌특별세	금 원
세 액 합 계	금 원		등기신청수수료	금 원	
등기신청수수료 납부번호					

첨 부 서 면

1. 호적등·초본(성명변경의 경우) 1통 1. 주민등록표등·초본(주소변경) 1통 1. 주사무소 법인등기부등(초)본 1통 1. 인감신고서 및 인감대지 1통	1. 등록면허세영수필확인서 1통 1. 등기신청수수료영수필확인서 1통 1. 위임장(대리인이 신청할 경우) 1통 <기 타>

20○○년 ○월 ○일

신청인 명   칭   ○○주식회사 사내근로복지기금
        주사무소   ○○시 ○○구 ○○동 ○○
대표자 성   명   이사장 ○ ○ ○ ㊞   (전화 :   )
        주   소   ○○시 ○○구 ○○동 ○○
대리인 성   명   법무사 ○ ○ ○ ㊞   (전화 :   )
        주   소   ○○시 ○○구 ○○동 ○○

○○지방법원 ○○등기소 귀중

- 신청서 작성요령 -

1. 해당란이 부족할 때에는 별지를 이용합니다.
1. 해당 등기신청과 관계없는 사항에 대하여는 "해당없음"으로 기재하거나 삭제하고, 필요한 사항은 추가 기재합니다.
1.「인감증명법」에 따른 인감증명서 제출과 함께 관련 서면에 인감을 날인하여야 하는 경우, 본인서명사실확인서를 제출하고 관련 서면에 서명을 하거나 전자본인서명확인서 발급증을 제출하고 관련 서면에 서명을 하면 인감증명서를 제출하고 관련 서면에 인감을 날인한 것으로 봅니다.

(용지규격 21cm×29.7cm)

주 ① 분사무소는 분사무소소재지에서 신청하는 경우에 한하여 기재한다.

② 등기사유 중 (   )안의 내용은 분사무소소재지에서 신청하는 경우의 내용이다.

③ 행정구역의 변경, 등기관의 과오나 유루로 인한 변경등기의 등록면허세 및 지방교육세, 농어촌특별세와 등기신청수수료는 면제되지만, 이사 개인의 개명이나 전거로 인한 변경등기의 경우에는 농어촌특별세와 등기신청수수료를 납부해야 한다.

④ 첨부서류 중 등기부등(초)본은 분사무소소재지에서 신청하는 경우에 첨부하는 것으로서 그 경우에는 주사무소소재지에서 신청할 때 첨부하는 등기사항을 증명하는 서면인 토지대장등본 또는 관보 대신 이 등기를 마친 후의 주사무소의 등기부등본이나 초본만 첨부하면 된다.

⑤ 주사무소소재지에서 행정구역변경 등으로 인한 주사무소 변경등기를 신청할 때에는 이미 제출한 인감의 사무소의 표시가 달라지게 되므로 변경된 사무소로 기재된 이사의 인감대지와 인감신고서도 제출해야 한다.

四. 해산과 청산에 관한 등기

법인은 일정한 사유에 의하여 해산한다.

법인의 법인격을 소멸시키는 원인이 되는 법률사실을 해산이라 하며, 해산에 이어 기존의 법률관계를 마무리하고 잔존 재산을 분배하는 것을 목적으로 하는 절차를 청산이라 한다.

여기서 법인격의 소멸이라 함은 법인이 권리능력을 상실하는 것을 말한다.

법인의 해산은 법인격을 소멸시키는 원인이 되는 법률사실에 불과할 뿐, 이로써 곧 바로 법인격 소멸 자체의 효과를 가져오는 법률요건은 아니다. 따라서 법인이 해산되었다고 해서 그와 동시에 법인이 소멸하는 것은 아니며, 그 권리능력의 범위가 청산목적의 범위 내로 감축되고 그 청산목적의 범위 내에서 여전히 존속한다(근로복지기본법 제80조, 민 제81조). 이 법인을 청산법인이라고 하며, 청산법인의 청산절차가 종료되어야 비로소 법인이 소멸된다.

법인이 청산절차로 이행하면 업무집행을 담당하던 이사는 그 지위를 잃고 청산사무를 집행하는 청산인이 이에 갈음하여 청산업무를 담당한다.

법인이 해산한 경우에 청산인은 파산의 경우를 제외하고는 해산등기를 하여야 한다.

근로복지기본법은 기금의 해산과 청산에 관하여 별도로 규정하고 있지 않으므로 근로복지기본법 제80조에 의하여 민법법인 중 재단법인에 관한 규정을 준용한다.

♣ 【서식】 사내근로복지기금 해산통지서

[   ] 사내근로복지기금법인
[   ] 공동근로복지기금법인   해산통지서

※ 아래의 작성방법을 읽고 작성해 주시기 바랍니다.

접수번호	접수일		처리기간	즉시

해산 연월일			

청산인	성명(한글)		(한자)
	생년월일		직책

기금법인	명칭		인가번호
	주사무소 소재지		

해산 사유

「근로복지기본법 시행령」 제52조 또는 제55조의6 및 같은 법 시행규칙 제28조에 따라 위와 같이 기금법인의 해산을 알립니다.

년   월   일

(청산인)   (서명 또는 인)

○○지방고용노동청(○○○○지청)장 귀하

첨부서류	1. 해산을 증명하는 서류(법인 등기사항증명서, 해산등기, 파산선고, 법원 판결문 등의 서류를 말합니다) 1부 2. 정관 1부 3. 재산목록 1부 4. 재산의 처분방법 및 처분계획서 1부	수수료 없음

처리절차

통지서 작성 ▸ 접수 ▸ 확인·검토 ▸ 결재 ▸ 대장 정리 및 전산 입력 ▸ 통보

통지서 작성	접수	확인·검토	결재	대장 정리 및 전산 입력	통보
	근로개선지도과 · 고객지원실	근로개선 지도과	청장·지청장	근로개선 지도과	

210mm×297mm[백상지(80g/㎡) 또는 중질지(80g/㎡)]

♣ 【서식】 사내근로복지기금 해산 및 청산인취임등기신청서

(해산등기와 청산인취임등기를 1건으로 신청하는 경우)

<table>
<tr><td colspan="6" align="center">사내근로복지기금 해산 및 청산인취임등기신청</td></tr>
<tr><td rowspan="2">접
수</td><td colspan="2" align="center">년   월   일</td><td rowspan="2">처리인</td><td>등기관 확인</td><td>각종통지</td></tr>
<tr><td colspan="2" align="center">제   호</td><td></td><td></td></tr>
</table>

명 칭	○○ 사내근로복지기금	등기번호	제1000호
주사무소	○○시 ○○구 ○○동 ○		
등기의 목적	해산 및 청산인취임등기		

등기의 사유	<경우1> 해산등기의 경우 20○○일 ○월 ○일 기금 협의회에서 해산을 결의하고 20○○일 ○월 ○일 주무관청의 허가를 얻어 해산하였으므로(해산하여 20○○년 ○월 ○일 주사무소소재지 관할등기소에서 등기를 하였으므로 이 등기소에서) 다음 사항의 등기를 구함. [유례] 20○○일 ○월 ○일 존립기간 만료로(또는 ① 정관에 정한 어떠어떠한 해산사유발생으로, ② 목적달성으로, ③ 목적달성불능으로, ④ 설립허가취소로, ⑤ 사업주의 당해 사업폐지로) 해산하였으므로(…해산하여 20○○일 ○월 ○일 주사무소소재지 관할등기소에서 그 등기를 하였으므로 이 등기소에서) 다음 사항의 등기를 구함. <경우2> 청산선임등기의 경우 20○○일 ○월 ○일 협의회에서 다음 사람이 청산인으로 선임되어 같은 날 취임하고(또는 ① 정관에 정하여진, ② 이사였던 다음 사람이 청산인으로 취임하고)20○○일 ○월 ○일 청산인회에서 청산인 ○○○가 대표권 있는 청산인으로 선임되어 같은 날 취임하였으므로(…취임하여 20○○년 ○월 ○일 주사무소소재지 관할등기소에서 등기를 하였으므로 이 등기소에서) 그 등기를 구함.

인가서도착연월일	20○○년 ○월 ○일
분사무소	○○시 ○○구 ○○동 ○

등기할 사항

<경우1> 해산등기의 경우

 20○○년 ○월 ○일 협의회 결의로 해산

 [유례] 20○○일 ○월 ○일 존립기간 만료로 (또는 ① 정관에 정한 어떠 어떠한 해산사유발생으로, ② 목적달성으로, ③ 목적달성 불능으로, ④ 설립허가취소로, ⑤ 사업주의 당해 사업폐지로) 해산

<경우2> 청산선임등기의 경우

 20○○년 ○월 ○일 다음사람 취임

 청산인 A ○ ○

  (-   )

  ○○시 ○○구 ○○동 ○○번지

 청산인 B ○ ○

  (-   )

  ○○시 ○○구 ○○동 ○○번지

 청산인 ○ ○ ○

  (-   )

 청산인 ○ ○ ○

  (-   )

 청산인 A○○, B○○ 외에는 대표권이 없음

기 타	

<table>
<tr><td colspan="8" align="center">신청등기소 및 등록면허세/수수료</td></tr>
<tr><td rowspan="2">순
번</td><td rowspan="2">신청등기소</td><td rowspan="2">구분</td><td>등록면허세</td><td rowspan="2">농어촌특별세</td><td rowspan="2">세액합계</td><td rowspan="2" colspan="2">등기신청수수료</td></tr>
<tr><td>지방교육세</td></tr>
<tr><td></td><td></td><td></td><td>금　　　　원</td><td rowspan="2">금　　　원</td><td rowspan="2">금　　　원</td><td rowspan="2" colspan="2">금　　　　원</td></tr>
<tr><td></td><td></td><td></td><td>금　　　　원</td></tr>
<tr><td></td><td></td><td></td><td></td><td></td><td></td><td colspan="2"></td></tr>
<tr><td></td><td></td><td></td><td></td><td></td><td></td><td colspan="2"></td></tr>
<tr><td colspan="2" align="center">합　　　계</td><td></td><td></td><td></td><td></td><td colspan="2"></td></tr>
<tr><td colspan="3" align="center">등기신청수수료 납부번호</td><td colspan="5"></td></tr>
<tr><td colspan="8" align="center">첨　부　서　면</td></tr>
<tr><td colspan="4">
1. 협의회회의록 1통
1. 주무관청의 허가서(또는
　 인증있는 허가서등본) 1통
1. 정관 1통
1. 설립인가취소서(또는 그
　 취소통지서) 1통
1. 주사무소 법인등기부등(초)본 1통
</td><td colspan="4">
1. 청산인인감신고서와 인감증명 1통
1. 청산인회의사록 1통
1. 취임승낙서 및 인감증명,
　 주민등록등본 1통
1. 등록면허세영수필확인서 1통
1. 등기신청수수료영수필확인서 1통
1. 위임장(대리인이 신청할 경우) 1통
<기 타>
</td></tr>
</table>

20○○년 ○월 ○일

신청인 명　　　칭　　○○주식회사 사내복지근로기금
　　　　주사무소　　○○시 ○○구 ○○동 ○○
대표자 성　　　명　　청산인 ○ ○ ○ ㊞　　　　(전화 :　　)
　　　　주　　　소　　○○시 ○○구 ○○동 ○○
대리인 성　　　명　　법무사 ○ ○ ○ ㊞　　　　(전화 :　　)
　　　　주　　　소　　○○시 ○○구 ○○동 ○○

○○지방법원 ○○등기소 귀중

- 신청서 작성요령 -
1. 해당란이 부족할 때에는 별지를 이용합니다.
1. 해당 등기신청과 관계없는 사항에 대하여는 "해당없음"으로 기재하거나 삭제하고, 필요한 사항은 추가 기재합니다.
1.「인감증명법」에 따른 인감증명서 제출과 함께 관련 서면에 인감을 날인하여야 하는 경우, 본인서명사실확인서를 제출하고 관련 서면에 서명을 하거나 전자본인서명확인서 발급증을 제출하고 관련 서면에 서명을 하면 인감증명서를 제출하고 관련 서면에 인감을 날인한 것으로 봅니다.

(용지규격 21cm×29.7cm)

주 ① 이 등기는 청산인이 공동으로 신청하되 그 중의 일부만이 공동대표권이 있는 때에는 대표청산인 공동으로 신청해야 할 것이다.
② 분사무소는 분사무소소재지에서 신청하는 경우에 한하여 기재한다.
③ 등기사유 중 후단의 (　)안의 내용은 분사무소소재지에서 신청하는 경우에 기재하는 내용이다.
④ 인가서도착연월일은 기금의 정관에 협의회의 결의로 해산을 결의하고 주무관청의 인가를 얻어 해산할 수 있다는 규정이 있거나, 최초의 법인인가조건에 해산시에는 주무관청의 인가를 조건으로 해산한다고 한 경우 등에 기재한다.
⑤ 「근로복지기본법」에 따른 기금법인의 설립등기 및 변경등기에 대하여는 2016년 12월 31일까지 등록면허세를 면제되므로 등록면허세가 감면되는 경우 그 감면세액의 100분의 20의 농특세를 납부하여야 한다. 그리고 등기신청수수료는 방문신청의 경우 6,000원(전자표준양식에 의한 신청의 경우 4,000원, 전자신청의 경우 2,000원)의 대법원수입증지를 첩부하여야 한다. 다만, 해산과 청산인 선임을 동시에 하는 경우에는 각 등기목적마다 납부하여야 하므로 12,000원(전자표준양식에 의한 신청의 경우에는 8,000원, 전자신청의 경우에는 4,000원)을 납부한다.
⑥ 첨부서류 중 설립인가취소서는 주무관청의 설립인가취소로 해산한 경우에 한하여 첨부한다.
⑦ 법인등기부등(초)본은 분사무소소재지에서 신청하는 경우에 한하여 첨부한다. 이 경우에는 주사무소소재지에서 신청할 때 첨부하는 등기사항을 증명하는 서면을 모두 다시 첨부할 필요는 없고 그 등기를 마친 후의 주사무소소재지의 법인등기부등본만 첨부하면 족하다.

♣ 【서식】 사내근로복지기금 청산인변경등기신청서

(청산인이 경질되거나 대표권제한규정이 변경된 경우)

사내근로복지기금 청산인변경등기신청

접 수	년 월 일		처리인	등기관 확인	각종통지
	제 호				

명 칭	○○ 사내근로복지기금	등기번호	제1000호
주사무소	○○시 ○○구 ○○동 ○		
등기의 목적	청산인(대표권제한규정) 변경등기		

등기의 사유	<경우1> 청산인 경질의 경우 청산인 ○○○는 20○○일 ○월 ○일 사임하고(또는 사망하고, 협의회에서 해임되고) 20○○일 ○월 ○일 협의회에서 다음 사람이 청산인으로 선임되어 같은 날 취임하였으므로 그 등기를 구함. <경우2> 대표권 있는 청산인 직만 사임하고 다른 자가 대표권 있는 청산인으로 된 경우 　20○○일 ○월 ○일 대표권 있는 청산인 ○○○는 대표직만 사임하고 20○○일 ○월 ○일 청산인회에서 청산인 ○○○가 대표권 있는 청산인으로 선임되어 같은 날 취임함에 따라 대표권의 제한규정이 다음과 같이 변경되었으므로(…변경되어 20○○일 ○월 ○일 주사무소소재지 관할등기소에서 등기를 하였으므로 이 등기소에서) 그 등기를 구함. <경우3> 대표권제한규정 변경의 경우 20○○일 ○월 ○일 대표권 있는 청산인 ○○○는 청산인직을 사임하고 20○○일 ○월 ○일 협의회에서 ○○○가 청산인으로 선임되어 같은 날 취임함에 따라 청산인 및 대표권의 제한 규로 정이 다음과 같이 변경되었으므로(…변경되어 20○○일 ○월 ○일 주사무소소재지 관할등기소에서 등기를 하였으므로 이 등기소에서) 그 등기를 구함.

분사무소	○○시 ○○구 ○○동 ○
등기할 사항	

<경우1> 청산인 경질의 경우
  청산인 ○○○ 20○○년 ○월 ○일 사임
  청산인 ○○○ 20○○년 ○월 ○일 취임
          (-   )

<경우2> 대표권 있는 청산인 직만 사임하고 다른 자가 대표권 있는 청산인으로 된 경우
  20○○년 ○월 ○일 대표권제한규정 변경
  청산인 ○○○ 외에는 대표권이 없음.

<경우3> 대표권제한규정 변경의 경우
  청산인 ○○○ 20○○년 ○월 ○일 사임
  청산인 ○○○ 20○○년 ○월 ○일 취임
          (-   )
  청산인 ○○○, ○○○ 외에는 대표권이 없음.

기 타	

<table>
<tr><td colspan="8" align="center">신청등기소 및 등록면허세/수수료</td></tr>
<tr><td rowspan="2">순번</td><td rowspan="2">신청등기소</td><td rowspan="2">구분</td><td>등록면허세</td><td rowspan="2">농어촌특별세</td><td rowspan="2">세액합계</td><td rowspan="2">등기신청수수료</td></tr>
<tr><td>지방교육세</td></tr>
<tr><td rowspan="2"></td><td rowspan="2"></td><td rowspan="2"></td><td>금   원</td><td rowspan="2">금   원</td><td rowspan="2">금   원</td><td rowspan="2">금   원</td></tr>
<tr><td>금   원</td></tr>
<tr><td></td><td></td><td></td><td></td><td></td><td></td><td></td></tr>
<tr><td colspan="3" align="center">합   계</td><td></td><td></td><td></td><td></td></tr>
<tr><td colspan="3">등기신청수수료 납부번호</td><td colspan="4"></td></tr>
</table>

<table>
<tr><td colspan="2" align="center">첨   부   서   면</td></tr>
<tr><td>1. 협의회회의록   1통</td><td>1. 대표청산인의 인감신고서</td></tr>
<tr><td>1. 청산인회회의록   1통</td><td>   및 인감증명   1통</td></tr>
<tr><td>1. 주사무소 법인등기부등(초)본   1통</td><td>1. 등록면허세영수필확인서   1통</td></tr>
<tr><td>1. 취임승낙서 및 인감증명,</td><td>1. 등기신청수수료영수필확인서   1통</td></tr>
<tr><td>   주민등록등본   1통</td><td>1. 위임장(대리인이 신청할 경우)   1통</td></tr>
<tr><td>1. 사임서(사망진단서)   1통</td><td><기 타></td></tr>
</table>

20○○년 ○월 ○일

신청인 명   칭   ○○주식회사 사내복지근로기금

　　　　주사무소   ○○시 ○○구 ○○동 ○○

대표자 성   명   청산인 ○ ○ ○ ㊞   (전화 :   )

　　　　주   소   ○○시 ○○구 ○○동 ○○

대리인 성   명   법무사 ○ ○ ○ ㊞   (전화 :   )

　　　　주   소   ○○시 ○○구 ○○동 ○○

○○지방법원 ○○등기소 귀중

- 신청서 작성요령 -

1. 해당란이 부족할 때에는 별지를 이용합니다.
1. 해당 등기신청과 관계없는 사항에 대하여는 "해당없음"으로 기재하거나 삭제하고, 필요한 사항은 추가 기재합니다.
1.「인감증명법」에 따른 인감증명서 제출과 함께 관련 서면에 인감을 날인하여야 하는 경우, 본인서명사실확인서를 제출하고 관련 서면에 서명을 하거나 전자본인서명확인서 발급증을 제출하고 관련 서면에 서명을 하면 인감증명서를 제출하고 관련 서면에 인감을 날인한 것으로 봅니다.

(용지규격 21cm×29.7cm)

주 ① 분사무소는 분사무소소재지에서 신청하는 경우에 한하여 기재한다.

② 등기사유 중 후단의 ( )안의 내용은 분사무소소재지에서 시청하는 경우에 기재하는 내용이다.

③ 「근로복지기본법」에 따른 기금법인의 설립등기 및 변경등기에 대하여는 2016년 12월 31일까지 등록면허세를 면제되므로 등록면허세가 감면되는 경우 그 감면세액의 100분의 20의 농특세를 납부하여야 한다. 그리고 등기신청수수료로 방문신청의 경우 6,000원(전자표준양식에 의한 신청의 경우 4,000원, 전자신청의 경우 2,000원)을 납부한다.

④ 첨부서류 중 취임승낙서에는 인감증명법에 의한 인감증명을 첨부하여야 한다.

⑤ 법인등기부등(초)본은 분사무소소재지에서 신청하는 경우에 한하여 첨부하는 것으로서 그 경우에는 위의 서류 대신 이 등기를 마친 후의 주사무소 등기부등본이나 초본만 첨부하면 된다.

♣ 【서식】 사내근로복지기금 청산종결등기신청서

<table>
<tr><td colspan="6" align="center">사내근로복지기금 청산종결등기신청</td></tr>
<tr><td rowspan="2">접
수</td><td colspan="2" align="center">년　　월　　일</td><td rowspan="2">처리인</td><td>등기관 확인</td><td>각종통지</td></tr>
<tr><td colspan="2" align="center">제　　　　　　호</td><td></td><td></td></tr>
</table>

<table>
<tr><td align="center">명　　칭</td><td>○○ 사내근로복지기금</td><td align="center">등기번호</td><td>제1000호</td></tr>
<tr><td align="center">주사무소</td><td colspan="3">○○시 ○○구 ○○동 ○</td></tr>
<tr><td align="center">등기의 목적</td><td colspan="3">청산종결등기</td></tr>
<tr><td align="center">등기의 사유</td><td colspan="3">20○○년 ○월 ○일 청산을 종결하고 협의회에서 그 결산보고서의 승인을 받았으므로(…받아 20○○일 ○월 ○일 주사무소소재지 관할 등기소에서 그 등기를 하였으므로 이 등기소에서) 다음 사항의 등기를 구함.</td></tr>
<tr><td align="center">분사무소</td><td colspan="3">○○시 ○○구 ○○동 ○</td></tr>
<tr><td colspan="4" align="center">등기할 사항</td></tr>
<tr><td colspan="4">20○○년 ○월 ○일</td></tr>
<tr><td align="center">기　　타</td><td colspan="3"></td></tr>
</table>

<table>
<tr><td colspan="7" align="center">신청등기소 및 등록면허세/수수료</td></tr>
<tr><td rowspan="2">순
번</td><td rowspan="2">신청등기소</td><td rowspan="2">구분</td><td>등록면허세</td><td rowspan="2">농어촌특별세</td><td rowspan="2">세액합계</td><td rowspan="2">등기신청수수료</td></tr>
<tr><td>지방교육세</td></tr>
<tr><td></td><td></td><td></td><td>금   원
금   원</td><td>금   원</td><td>금   원</td><td>금   원</td></tr>
<tr><td></td><td></td><td></td><td></td><td></td><td></td><td></td></tr>
<tr><td colspan="3" align="center">합   계</td><td></td><td></td><td></td><td></td></tr>
<tr><td colspan="3">등기신청수수료 납부번호</td><td colspan="4"></td></tr>
</table>

첨 부 서 면	
1. 협의회회의록(결산보고서 첨부) 1통	1. 등록면허세영수필확인서 1통
1. 주사무소 법인등기부등(초)본 1통 1통	1. 등기신청수수료영수필확인서 1통
	1. 위임장(대리인이 신청할 경우) 1통
	<기 타>

20○○년 ○월 ○일

신청인 명   칭   ○○주식회사 사내복지근로기금

     주사무소   ○○시 ○○구 ○○동 ○○

대표자 성   명   청산인 ○ ○ ○ ⑪   (전화 :   )

     주   소   ○○시 ○○구 ○○동 ○○

대리인 성   명   법무사 ○ ○ ○ ⑪   (전화 :   )

     주   소   ○○시 ○○구 ○○동 ○○

○○지방법원 ○○등기소 귀중

- 신청서 작성요령 -

1. 해당란이 부족할 때에는 별지를 이용합니다.
1. 해당 등기신청과 관계없는 사항에 대하여는 "해당없음"으로 기재하거나 삭제하고, 필요한 사항은 추가 기재합니다.
1. 「인감증명법」에 따른 인감증명서 제출과 함께 관련 서면에 인감을 날인하여야 하는 경우, 본인서명사실확인서를 제출하고 관련 서면에 서명을 하거나 전자본인서명확인서 발급증을 제출하고 관련 서면에 서명을 하면 인감증명서를 제출하고 관련 서면에 인감을 날인한 것으로 봅니다.

(용지규격 21cm×29.7cm)

주

① 분사무소는 분사무소소재지에서 신청하는 경우에 한하여 기재한다.

② 등기사유 중 후단의 (   )안의 내용은 분사무소소재지에서 신청하는 경우에 기재하는 내용이다.

③ 청산종결일자는 결산보고서 승인결의일자를 기재한다.

④ 「근로복지기본법」에 따른 기금법인의 설립등기 및 변경등기에 대하여는 2016년 12월 31일까지 등록면허세를 면제되므로 등록면허세가 감면되는 경우 그 감면세액의 100분의 20의 농특세를 납부하여야 한다. 그리고 등기신청수수료로 방문신청의 경우 6,000원(전자표준양식에 의한 신청의 경우 4,000원, 전자신청의 경우 2,000원)을 납부한다.

⑤ 법인등기부등(초)본은 분사무소소재지에서 신청하는 경우에 한하여 첨부하는 것으로서 그 경우에는 주사무소소재지에서 신청할 때 첨부하는 등기사항을 증명하는 서면을 모두 다시 첨부할 필요는 없고 이 등기를 마친 후의 주사무소의 등기부등본이나 초본만 첨부하면 된다.

五. 경정등기와 말소등기

대법원 선례

▶선례◀ 무효인 등기에 대한 말소신청과 무효의 원인이 있음을 증명하는 서면(등기선례 4-885)

(1995.8.26, 등기 3402-648 질의회답)

민법법인의 경우 등기사항에 관하여 무효의 원인이 있는 때에는 당사자는 그 등기의 말소를 신청할 수 있고, 이 경우 그 신청서에는 무효의 원인이 있음을 증명하는 서면을 첨부하여야 하는바(비송사건절차법 제66조, 제234조), 지부폐지를 결의한 이사회의 구성원인 이사들에 대하여 그 선임결의가 무효임을 확인하는 판결은 그 지부폐지등기의 말소등기를 신청함에 있어서 무효원인이 있음을 증명하는 서면이 될 수 있으며, 별도로 위 이사회의 결의가 무효임을 확인하는 판결을 받을 필요가 없다(비송 제234조, 제66조, 상등규칙 제100조 참조).

대법원 예규

▶예규◀ 법인등기의 무효판결과 등기절차(등기예규 제219호)

(1973.6.12, 71다1915 판결)

민법상 법인등기가 이루어진 경우 이해관계인은 이 법인의 등기가 무효인 것을 법원에 제소하고 그 승소의 확정판결을 받으면 수소법원이 등기관에게 촉탁하여 그 불법등기를 말소시키는 것이 정당하고, 그 등기의 말소를 직접 법원에 제소함은 부당하다.

♣ 【서식】 사내근로복지기금 경정등기신청서

(신청의 착오나 유루의 등기를 경정하는 경우-명칭경정)

<table>
<tr><td colspan="5" align="center">사내근로복지기금 경정등기신청</td></tr>
<tr><td rowspan="2">접
수</td><td align="center">년　월　일</td><td rowspan="2">처리인</td><td>등기관 확인</td><td>각종통지</td></tr>
<tr><td align="center">제　　　　호</td><td></td><td></td></tr>
</table>

<table>
<tr><td align="center">명　칭</td><td>○○ 사내근로복지기금</td><td>등기번호</td><td>제1000호</td></tr>
<tr><td align="center">주사무소</td><td colspan="3">○○시 ○○구 ○○동 ○</td></tr>
<tr><td align="center">등기의 목적</td><td colspan="3">신청의 착오(유루)로 인한 경정등기</td></tr>
<tr><td align="center">등기의 사유</td><td colspan="3"><경우1> 주사무소의 경우
20○○일 ○월 ○일 신청의 착오(유루)를 20○○일 ○월 ○일 발견하였으므로 명칭을 다음과 같이 경정하는 등기를 구함.

<경우2> 분사무소의 경우
20○○일 ○월 ○일 신청의 착오(유루)를 20○○일 ○월 ○일 발견하였으므로 명칭을 다음과 같이 주사무소 관할등기소에서 20○○일 ○월 ○일 경정등기를 하였으므로 이 등기소에서 그 등기를 구함.</td></tr>
<tr><td align="center">분사무소</td><td colspan="3">○○시 ○○구 ○○동 ○</td></tr>
<tr><td colspan="4" align="center">등기할 사항</td></tr>
<tr><td colspan="4"><경우1> 주사무소의 경우
　명칭　사단(재단)법인 ○○회

<경우2> 분사무소의 경우
　명칭　사단법인 ○○회
　　　　20○○년 ○월 ○일</td></tr>
</table>

설립허가연월일 20○○년 ○월 ○일
　　　　20○○년 ○월 ○일
존립시기 법인성립일로부터 ○년
　　　　20○○년 ○월 ○일
이사 ○○○ 외에는 대표권이 없음
　　　　20○○년 ○월 ○일
목적 1. ○○○
　　　1. ○○○
　　　　20○○년 ○월 ○일
주사무소(분사무소) ○○시 ○○구 ○○동 100번지
　　　　20○○년 ○월 ○일

기　타	

등록면허세	금 원	지방교육세	금 원	농어촌특별세	금 원
세 액 합 계	금 원	등기신청수수료	금 원		
등기신청수수료 납부번호					
첨 부 서 면					
1. 착오(유루)를 증명하는 서면 1통 1. 인감신고서 및 인감대지 1통		1. 등록면허세영수필확인서 1통 1. 등기신청수수료영수필확인서 1통 1. 위임장(대리인이 신청할 경우) 1통 <기 타>			

20○○년 ○월 ○일

신청인	명 칭	○○주식회사 사내근로복지기금	
	주사무소	○○시 ○○구 ○○동 ○○	
대표자	성 명	이사장 ○ ○ ○ ㊞	(전화 :)
	주 소	○○시 ○○구 ○○동 ○○	
대리인	성 명	법무사 ○ ○ ○ ㊞	(전화 :)
	주 소	○○시 ○○구 ○○동 ○○	

○○지방법원 ○○등기소 귀중

- 신청서 작성요령 -

1. 해당란이 부족할 때에는 별지를 이용합니다.
1. 해당 등기신청과 관계없는 사항에 대하여는 "해당없음"으로 기재하거나 삭제하고, 필요한 사항은 추가 기재합니다.

(용지규격 21㎝×29.7㎝)

주 ① 명칭은, 명칭경정의 경우이므로 현재 등기되어 있는 착오된 명칭을 기재한다.
② 분사무소는 분사무소소재지에서 신청하는 경우에 한하여 기재한다.
③ 주사무소와 분사무소의 등기 중 어느 일방만이 착오나 유루가 있는 때에는 그 착오나 유루있는 등기만 경정하면 족하다.
④ 「근로복지기본법」에 따른 기금법인의 설립등기 및 변경등기에 대하여는 2016년 12월 31일까지 등록면허세를 면제되므로 등록면허세가 감면되는 경우 그 감면세액의 100분의 20의 농특세를 납부하여야 한다. 다만, 그 경정이 등기관의 과오에 기인한 경우에는 등록세 및 농어촌특별세가 모두 무세이다.
⑤ 신청서 하단의 신청인란에는 경정하고자 하는 명칭을 기재한다.
⑥ 명칭이 경정되는 경우이므로 경정된 명칭으로 기재된 이사의 인감신고서와 인감대지도 제출해야 한다.

♣ 【서식】 사내근로복지기금 말소등기신청서(착오로 등기된 이중등기의 말소)

<table>
<tr><td colspan="7" align="center">사내근로복지기금 말소등기신청</td></tr>
<tr><td rowspan="2">접
수</td><td colspan="3" align="center">년   월   일</td><td rowspan="2">처리인</td><td>등기관 확인</td><td>각종통지</td></tr>
<tr><td colspan="3" align="center">제   호</td><td></td><td></td></tr>
</table>

명 칭	○○ 사내근로복지기금	등기번호	제1000호
주사무소	○○시 ○○구 ○○동 ○		
등기의 목적	이중등기의 말소등기		
등기의 사유	비송사건절차법 제234조에 의하여 다음 사항의 등기를 구함.		
분사무소	○○시 ○○구 ○○동 ○		

등기할 사항
이중등기이므로 20○○일 ○월 ○일 등기한 이사 ○○○의 취임등기를 말소하는 등기를 구함.

기 타	

등록면허세	금 원	지방교육세	금 원	농어촌특별세	금 원
세 액 합 계	금 원		등기신청수수료	금 원	
등기신청수수료 납부번호					
첨 부 서 면					
1. 말소사유를 증명하는 서면 1통			1. 위임장(대리인이 신청할 경우) 1통 <기 타>		

20○○년 ○월 ○일

신청인 명   칭   ○○주식회사 사내근로복지기금
　　　주사무소   ○○시 ○○구 ○○동 ○○
대표자 성   명   이사장 ○ ○ ○ ㊞   (전화 :   ).
　　　주   소   ○○시 ○○구 ○○동 ○○
대리인 성   명   법무사 ○ ○ ○ ㊞   (전화 :   )
　　　주   소   ○○시 ○○구 ○○동 ○○

○○지방법원 ○○등기소 귀중

- 신청서 작성요령 -
1. 해당란이 부족할 때에는 별지를 이용합니다.
1. 해당 등기신청과 관계없는 사항에 대하여는 "해당없음"으로 기재하거나 삭제하고, 필요한 사항은 추가 기재합니다.

(용지규격 21cm×29.7cm)

주 ① 이러한 말소대상의 등기는 신청인의 과오도 있지만 등기부나 신청서의 기재상 위법한 등기임이 명백함에도 불구하고 이를 간과하고 수리한 등기관의 과오에 기인한 등기이므로 그를 말소하는 등기신청에는 지방세법 제26조에 의하여 등록면허세가 부과되지 아니한다.

② 말소사유를 증명하는 서면을 첨부할 것이나 이 경우는 그 사유가 등기부나 신청서의 기재상 명백할 것이므로 이를 따로 첨부할 필요없이 신청서에 그 취지만 기재하면 될 것이다.

제 4 장

농업법인의 등기
(영농조합법인과 농업회사법인)

一. 총 설

　농업법인이라 함은 「농어업경영체 육성 및 지원에 관한 법률」 제16조에 따라 설립된 영농조합법인과 같은 법 제19조에 따라 설립되고 업무집행권을 가진 자 중 3분의 1 이상이 농업인인 농업회사법인을 말한다(농지법 제2조).

　영농조합법인이란 협업적 농업경영을 통하여 생산성을 높이고 농산물의 출하 및 가공·수출 등을 공동으로 하고자 할 경우 농어업경영체 육성 및 지원에 관한 법률 제16조의 규정에 의하여 설립하는 법인이다.

　영농조합법인은 법인이 농지를 소유하면서 협업적 영농을 하는 제도로서 영리법인의 성격을 가지며, 법인세법 적용에 있어서 영리법인으로 취급된다.

　농업회사법인이란 농업의 경영이나 농산물의 유통·가공·판매를 기업적으로 하려는 자나 농업인의 농작업을 대행하거나 농어촌 관광휴양사업을 하려는 자가 농어업경영체 육성 및 지원에 관한 법률 제19조의 규정에 의하여 설립하는 상법상의 회사형태를 의미한다. 농업회사법인은 합명회사, 합자회사, 유한회사, 주식회사 등으로 설립할 수 있다.

　통상 민법법인이나 특수법인은 주무관청의 허가나 인가가 요건이나 영농조합법인 및 농업회사법인은 농어업경영체 육성 및 지원에 관한 법률에 의하여 설립되는 특수법인으로서 법인설립에 따른 인기나 허가가 필요 없으며 일정한 요건을 갖추어 설립등기함으로써 법인으로 성립한다(농어업경영체 육성 및 지원에 관한 법률 제16조 3항, 제19조 8항).

　농업회사법인은 농어업경영체 육성 및 지원에 관한 법률에서 규정하지 아니한 사항은 상법 중 회사에 관한 규정을 준용하고 그 설립형태가 합명회사, 합자회사, 유한회사, 주식회사이므로, 이는 상법상의 회사와 같다고 할 수 있다. 따라서 이에 대하여는 상업등기부분을 참조해야 할 것이고 여기서는 영농조합법인 중심의 설명이 될 것이다.

二. 설립등기

영농조합법인 및 농업회사법인은 그 주된 사무소소재지에서 조합법인을 대표할 조합원 또는 대표이사가 관할등기소에서 등기신청하여 설립등기를 함으로써 성립한다(농어업경영체 육성 및 지원에 관한 법률 제16조 3항, 제19조 8항). 즉, 설립등기는 법인의 성립요건으로서 설립등기를 하지 아니하면 정관을 작성하고 창립총회를 하여도 법인으로 성립하지 아니한다.

이는 같은 주체에 관한 등기인 상법상의 회사도 민법법인과 동일하게 설립등기가 법인의 성립요건이며(상 제172조), 설립등기에 한하여 법인의 성립요건으로 하여 설립등기에 창설적 효력을 부여하고, 법인설립등기 이외의 다른 변경등기 등은 민법법인 및 상사회사와 동일하게 영농조합법인도 모두 제3자에 대한 대항요건으로 해석하여야 할 것이다.

설립등기가 법인의 대항요건인 것은 본점 또는 주사무소에 한하는 것이고 분사무소 또는 지점에서의 설립등기는 엄밀한 의미에서 설립등기는 아니며 이는 대항요건에 불과하다(민 제54조 1항 참조).

핵심 판례

▶판례◀ 영농조합법인의 조합원이 영농조합법인의 장부 등에 대하여 열람·등사를 청구할 수 있는지 여부(원칙적 적극)

(대법원 2021. 1. 14. 선고 2020다222580 판결)

농어업경영체 육성 및 지원에 관한 법률(이하 '농어업경영체법'이라 한다) 제16조 제8항은 "영농조합법인 및 영어조합법인에 관하여 이 법에서 규정한 사항 외에는 민법 중 조합에 관한 규정을 준용한다."라고 정하고 있다. 농어업경영체법은 영농조합법인 조합원의 업무와 재산상태 검사권에 관하여 별다른 규정을 두고 있지 않으므로 민법 중 조합에 관한 규정을 준용하여야 한다.
민법 제710조는 '조합원의 업무, 재산상태 검사권'이라는 제목으로 "각 조합원은 언제든지 조합의 업무 및 재산상태를 검사할 수 있다."라고 정하고 있다. 이 규정에 따라 각 조합원은 장부 그 밖의 서류를 열람하여 조합의 업무와 재산의 유무를 검사할 수 있으므로, 조합원의 검사권에는 업무와 재산상태를 검사하기 위하여 필요한 범위에서 장부 그 밖의 서류의 열람·등사를 청구할 권한이 포함된다. 따라서 영농조합법인의 조합원은 특별한 사정이 없는 한 영농조합법인의 장부 등에 대하여 열람·등사를 청구할 수 있다.

▶판례◀ 甲 법인은 乙 법인을 상대로 채무의 이행을 구할 수 있을 뿐 丙 등을 상
　　　　대로 이를 구할 수는 없다고 한 사례

(전주지법 2020. 5. 20. 선고 2019가합4341 판결 : 확정)

甲 영농조합법인이 乙 영농조합법인에 벼와 잡곡을 공급하기로 하는 공급계약에 따라 벼
와 잡곡을 공급하였으나 판매대금 일부를 지급받지 못하자 乙 법인의 조합원인 丙 등을
상대로 지분율에 따른 채무 부담금의 지급을 구한 사안이다.
농어업경영체 육성 및 지원에 관한 법률이 2015. 1. 6. 법률 제12961호로 개정되면서 제
17조 제3항으로 영농조합법인의 조합원의 책임은 납입한 출자액을 한도로 한다는 규정을
신설하였고, 위 조항은 영농조합법인의 채권자가 조합원에 대하여 권리를 행사하는 경우
에도 적용되어 개정 법률이 시행된 후 발생한 채무에 관하여 조합원은 납입한 출자액을
초과하여 영농조합법인의 채권자에게 책임을 부담하지 않는데, 영농조합법인의 경우 조합
원의 출자의무 일부 이행이라는 개념을 상정할 수 없으므로 영농조합법인의 조합원은 영
농조합법인의 채무에 대하여 실제로 출자한 출자액을 한도로 책임을 부담하고, 따라서
영농조합법인의 채권자로서는 해당 영농조합법인을 상대로 채무의 이행을 구할 수 있을
뿐 조합원을 상대로 이를 구할 수는 없다고 한 사례이다.

▶판례◀ 구 농어업경영체 육성 및 지원에 관한 법률상 영농조합법인의 채권자가
　　　　채권 발생 당시의 각 조합원에 대하여 채무의 이행을 청구할 수 있는지
　　　　여부(원칙적 적극)

(대법원 2018. 8. 1. 선고 2017다246739 판결)

구구 농어업경영체 육성 및 지원에 관한 법률(2015. 1. 6. 법률 제12961호로 개정되기
전의 것, 이하 '구 농어업경영체법'이라 한다)은 영농조합법인의 실체를 민법상 조합으로
보면서 협업적 농업경영을 통한 농업생산성의 향상 등을 도모하기 위해 일정한 요건을
갖춘 조합체에 특별히 법인격을 부여하고 있다(제16조 제3항). 영농조합법인에 대하여는
구 농어업경영체법 등 관련 법령에 특별한 규정이 없으면 법인격을 전제로 한 것을 제외
하고는 민법의 조합에 관한 규정이 준용된다(제16조 제7항).
영농조합법인의 채권자가 조합원에 대하여 권리를 행사하는 경우에 관하여는 구 농어업
경영체법 등에 특별히 규정된 것이 없다. 따라서 영농조합법인의 채권자는 원칙적으로
조합원에 대한 채권자의 권리행사에 관한 민법 제712조에 따라 채권 발생 당시의 각 조
합원에 대하여 지분비율에 따라 또는 균분해서 해당 채무의 이행을 청구할 수 있다. 다
만 조합채무가 조합원 전원을 위하여 상행위가 되는 행위로 부담하게 된 것이라면 상법
제57조 제1항을 적용하여 조합원들의 연대책임을 인정하여야 하는데, 이러한 법리는 영
농조합법인의 채권자가 권리를 행사하는 경우에도 마찬가지이다.

▶판례◀ 영농조합법인과 대표이사의 이익이 상반하는 사항에 관하여 대표이사에게
　　　　대리권이 있는지 여부(소극)

(대법원 2018. 4. 12. 선고 2017다271070 판결)

구 농어업경영체 육성 및 지원에 관한 법률(2015. 1. 6. 법률 제12961호로 개정되기 전
의 것, 이하 '구 농어업경영체법'이라 한다) 제16조는, 제1항에서 협업적 농업경영을 통하
여 생산성을 높이고 농산물의 출하·유통·가공·수출 등을 공동으로 하려는 농업인 등은 5

인 이상을 조합원으로 하여 영농조합법인을 설립할 수 있다고 하면서, 제3항과 제7항에서 영농조합법인은 법인으로 하되 영농조합법인에 관하여 위 법에서 규정한 사항 외에는 민법 중 조합에 관한 규정을 준용한다고 정하고 있다. 그리고 이러한 규정은 구 농어업경영체 육성 및 지원에 관한 법률(2009. 4. 1. 법률 제9620호로 제정된 것) 부칙 제3조에 의하여 위 법 제정 전에 설립된 영농조합법인의 경우에도 그대로 적용된다.

영농조합법인과 대표이사의 이익이 상반하는 사항에 관하여는 구 농어업경영체법 등에 특별히 규정된 것이 없으므로, 민법 중 조합에 관한 규정을 준용하여야 한다. 민법 제709조에 의하면, 조합계약으로 업무집행자를 정하였거나 또는 선임한 때에는 업무집행조합원은 조합의 목적을 달성하는 데 필요한 범위에서 조합을 위하여 모든 행위를 할 대리권이 있는 것으로 추정된다. 또한 민법 제124조는, 대리인은 본인의 허락이 없으면 본인을 위하여 자기와 법률행위를 하지 못한다고 규정하고 있는데, 본인과 대리인 간의 이해의 충돌이 있는 때에도 위 규정이 적용된다. 이러한 규정에 비추어 보면, 영농조합법인과 대표이사의 이익이 상반하는 사항에 관하여 대표이사는 대리권이 없다. 그럼에도 대표이사가 민법 제124조를 위반하여 영농조합법인을 대리한 경우에 그 행위는 무권대리행위로서 영농조합법인에 대하여 효력이 없다.

▶판례◀ 구 농어업경영체 육성 및 지원에 관한 법률상 영농조합법인의 채권자가 채권 발생 당시의 각 조합원에 대하여 채무의 이행을 청구할 수 있는지 여부(적극)

(대법원 2018. 4. 12. 선고 2016다39897 판결)

구 농어업경영체 육성 및 지원에 관한 법률(2015. 1. 6. 법률 제12961호로 개정되기 전의 것, 이하 '구 농어업경영체법'이라고 한다) 제16조는, 제1항에서 협업적 농업경영을 통하여 생산성을 높이고 농산물의 출하·유통·가공·수출 등을 공동으로 하려는 농업인 등은 5인 이상을 조합원으로 하여 영농조합법인을 설립할 수 있다고 하면서, 제3항과 제7항에서 영농조합법인은 법인으로 하되 영농조합법인에 관하여 위 법에서 규정한 사항 외에는 민법 중 조합에 관한 규정을 준용한다고 정하고 있다. 그리고 이러한 규정은 구 농어업경영체 육성 및 지원에 관한 법률(2009. 4. 1. 법률 제9620호로 제정된 것) 부칙 제3조에 의하여 위 법 제정 전에 설립된 영농조합법인의 경우에도 그대로 적용된다.

이러한 규정 내용과 어떤 단체에 법인격을 줄 것인지는 입법정책의 문제라는 점 등을 종합하여 보면, 구 농어업경영체법은 영농조합법인의 실체를 민법상의 조합으로 보면서 협업적 농업경영을 통한 농업생산성의 향상 등을 도모하기 위해 일정한 요건을 갖춘 조합체에 특별히 법인격을 부여한 것이라고 이해된다. 따라서 영농조합법인에 대하여는 구 농어업경영체법 등 관련 법령에 특별한 규정이 없으면 법인격을 전제로 한 것을 제외하고는 민법의 조합에 관한 법리가 적용된다.

그런데 영농조합법인의 채권자가 조합원에 대하여 권리를 행사하는 경우에 관하여는 구 농어업경영체법 등에 특별히 규정된 것이 없으므로 민법 중 조합에 관한 법리가 적용되고, 결국 영농조합법인의 채권자는 민법 제712조에 따라 채권 발생 당시의 각 조합원에 대하여 당해 채무의 이행을 청구할 수 있다.

이처럼 구 농어업경영체법상 영농조합법인의 조합원이 민법상 조합원으로서의 책임을 부담한다는 점은 아래와 같은 사정에 의해서도 뒷받침된다. 구 농어업경영체법 제18조 제2항과 제7항은 영농조합법인이 조합원의 일부를 유한책임사원으로 하거나 유한책임사원을 새로 가입시켜 합자회사인 농업회사법인으로 조직변경을 할 수 있도록 하면서 그 경우 종전 조합원으로서 유한책임사원으로 된 자는 일정 기간 동안 기존의 영농조합법인 채무에 대하여 조합원으로서의 책임을 지도록 하고 있다. 이는 유한책임사원으로 되기 전에는 민법상 조합원으로서의 책임을 부담하고 있었음을 전제로 한 것이라고 보인다. 또한 구 농어업경영체법이 2015. 1. 6. 개정되면서 영농조합법인 조합원의 책임을 납입한 출자액의 한도로 제한하는 규정(제17조 제3항)이 신설되었는데, 부칙 제3조에서 이 규정은 개정법 시행 후 최초로 발생하는 채무부터 적용된다고 하였다. 이 역시 구 농어업경영체법상 영농조합법인의 조합원은 민법상 조합원으로서의 책임을 부담하고 있었음을 전제로 하는 것이라고 볼 수밖에 없다.

▶판례◀ 조합원과 별개의 인격체로서 독자적인 권리의무의 주체가 되는 영농조합법인의 채무를 조합원의 채무로 볼 수 없다는 이유로 丙의 청구를 기각한 사례

(서울서부지법 2016. 4. 28. 선고 2015가합32844 판결 : 확정)

甲 영농조합법인이 乙에게 지급하기로 약정한 하도급 공사대금을 지급하지 않자, 乙이 甲 법인을 상대로 소를 제기하여 전부 승소판결을 받고 판결이 확정되었는데, 그 후 위 공사대금채권을 양수한 丙이 甲 법인의 조합원인 丁 등을 상대로 양수금의 지급을 구한 사안에서, 甲 법인이 乙에게 하도급 공사대금의 지급을 약정할 당시 시행 중이던 구 농업·농촌기본법(2007. 12. 21. 법률 제8749호 농업·농촌 및 식품산업 기본법으로 전부 개정되기 전의 것) 제15조 제8항은 "영농조합법인에 관하여 이 법에서 규정한 사항 외에는 민법 중 조합에 관한 규정을 준용한다."라고 규정하고 있으나, '조합의 채무는 조합원의 채무'라는 법리는 조합원과 별개의 인격체로서 독자적인 권리의무의 주체가 되는 영농조합법인의 법률관계에는 준용되지 않고, 상법 제212조와 같은 별도의 명문 규정이 없는 한 영농조합법인의 채무를 조합원의 채무로 볼 수 없다는 이유로 丙의 청구를 기각한 사례.

▶판례◀ 영농조합법인의 대표자가 임원 변경의 등기를 해태하였다는 이유로 과태료에 처할 수 있는지 여부(소극)

(대법원 2013. 6. 5. 자 2013마219 결정)

영농조합법인의 설립과 등기 등에 관하여 규정하고 있는 농어업경영체 육성 및 지원에 관한 법률(이하 '농어업경영체법'이라 한다)은 제16조 제6항에서 "영농조합법인의 등기에 관하여 이 법에서 규정한 사항 외에는 상업등기법 제3조, 제4조, 제5조 제2항·제3항, 제6조부터 제15조까지, 제17조부터 제29조까지, 제56조 및 제58조부터 제76조까지의 규정을 준용한다."고 규정하면서, 영농조합법인의 대표자에게 임원 변경에 따른 등기의무를 부과하는 규정이나 그 등기기간에 관하여 아무런 규정을 두고 있지 않을 뿐만 아니라 그러한 등기의무를 해태한 경우에 그 대표자를 과태료에 처한다는 규정을 두고 있지도 않다. 또한 농어업경영체법은 제16조 제7항에서 '영농조합법인 및 영어조합법인에 관하여 이 법에서 규정한 사항 외에는 민법 중 조합에 관한 규정을 준용한다'고 규정하고 있을 뿐이고 민법 중 등기해태 시의 과태료에 관한 규정을 준용한다는 규정을 두고 있지도 않다. 그 밖에 영농조합법인의 임원 변경에 관한 등기의무를 해태한 경우에 그 대표자를 과태료에 처하는 근거가 될 수 있는 법령의 규정은 없다. 따라서 임원 변경의 등기를 해태하였다는 이유로 영농조합법인의 대표자를 과태료에 처할 수는 없다.

♣ 【서식】 복합영농조합법인 설립등기신청서

<table>
<tr><td colspan="5" align="center">복합영농조합법인 설립등기신청</td></tr>
<tr><td rowspan="2">접
수</td><td align="center">년   월   일</td><td rowspan="2">처리인</td><td>등기관 확인</td><td>각종통지</td></tr>
<tr><td align="center">제   호</td><td></td><td></td></tr>
</table>

등기의 목적	영농조합법인의 설립
등기의 사유	영농조합법인을 설립하기 위하여 20○○년 ○월 ○일 정관을 작성하고 20○○년 ○월 ○일 출자를 납입하고 창립총회를 종료하여 영농조합법인의 설립절차를 마쳤으므로 다음 사항의 등기를 구함.
	등기할 사항
명 칭	○○복합영농조합법인
주 사 무 소	○○시 ○○구 ○○동 ○
목 적	별지 기재와 같음
분사무소	○○시 ○○구 ○○동 ○
존립기간 또는 해산사유	본 조합법인은 다음 각호의 1에 해당하는 경우에는 해산된다. 　　1. 총회에서 해산 및 합병을 의결한 경우 　　2. 파산한 경우 　　3. 조합원이 5인 미만이 된 후 1년 이내에 5인 이상이 되지 아니한 경우
자산의 총액	
출좌1좌의 금액	금 1,000원
출자액의 산정방법	없음(또는 현물출자액의 산정은 이사회에서 정하고 평가율에 의하여 환가한다).

출자의 방법	현금으로(또는 농지, 현금 및 가축, 농기계, 차량, 창고 등의 현물) 이사회에서 정하는 납입일자에 일시 납입한다.
조합원 1인이 출자할 수 있는 최고한도	총출좌자수 3분의 1을 초과하지 못한다.
출자의 총좌수와 납입출자액의 총액	출자의 총좌수 10,000좌 출좌의 총액 금100,000,000원
이사, 감사의 성명, 주민등록번호 및 주소	이사　○ ○ ○ (　　　-　　　) 　　　　○○시 ○○구 ○○동 ○ 이사　○ ○ ○ (　　　-　　　) 　　　　○○시 ○○구 ○○동 ○ 이사　○ ○ ○ (　　　-　　　) 　　　　○○시 ○○구 ○○동 ○ 감사　○ ○ ○ (　　　-　　　) 　　　　○○시 ○○구 ○○동 ○ 감사　○ ○ ○ (　　　-　　　) 　　　　○○시 ○○구 ○○동 ○
대표이사의 성명과 주소, 주민등록번호	대표이사 ○ ○ ○ (　　　-　　　) 　　　　○○시 ○○구 ○○동 ○
이사의 대표권에 대한 제한	대표이사 ○○○ 이외에는 대표권이 없음
기　　타	

등록면허세	금 원	지방교육세	금 원	농어촌특별세	금 원
세 액 합 계	금 원		등기신청수수료	금 원	
등기신청수수료 납부번호					

첨 부 서 면			
1. 정관	1통	1. 취임승낙서	○통
1. 창립총회의사록	1통	1. 주민등록표등본	○통
1. 출자자산의 내역을 기재한 서류		1. 법인인감카드발급신청서	1통
(납입증명)	1통	1. 인감증명서	○통
1. 임원 및 대표조합원 증명서류	1통	1. 등기신청수수료영수필확인서	1통
1. 대표이사의 인감신고서(대표이사		1. 위임장(대리인이 신청할 경우)	1통
없는 경우에는 조합 대표조합원)	1통	<기 타>	

20○○년 ○월 ○일

신청인 명   칭   ○○복합영농조합
　　　 주사무소   ○○시 ○○구 ○○동 ○○
대표자 성   명   대표이사 ○ ○ ○ ㊞   (전화 :   )
　　　 주   소   ○○시 ○○구 ○○동 ○○
대리인 성   명   법 무 사 ○ ○ ○ ㊞   (전화 :   )
　　　 주   소   ○○시 ○○구 ○○동 ○○

○○지방법원 ○○등기소 귀중

- 신청서 작성요령 -

1. 해당란이 부족할 때에는 별지를 이용합니다.
1. 해당 등기신청과 관계없는 사항에 대하여는 "해당없음"으로 기재하거나 삭제하고, 필요한 사항은 추
　 가 기재합니다.
1.「인감증명법」에 따른 인감증명서 제출과 함께 관련 서면에 인감을 날인하여야 하는 경우, 본인서명사
　　실확인서를 제출하고 관련 서면에 서명을 하거나 전자본인서명확인서 발급증을 제출하고 관련 서면
　　에 서명을 하면 인감증명서를 제출하고 관련 서면에 인감을 날인한 것으로 봅니다.

(용지규격 21㎝×29.7㎝)

목　적

농업 경영의 합리화로 농업 생산성의 향상과 조합원의 소득증대를 도모함을
목적으로 다음 사업을 한다.

1. 포장센타 설립 및 운영
2. 농산물 가공 및 판매
3. 직판장 설립 및 운영
4. 공동 육묘장 설치 및 운영
5. 조합원 및 준조합원 생산물량 운송 및 판매
6. 농자재 구매 및 인력 수급
7. 농기계 수리센타 설치 및 운영, 농기계 및 시설 대여사업
8. 관광농업 및 주말농장 설치 운영
9. 본 조합법인의 구역내의 농업인영농교육 및 선진지 견학
10. 농업의 경영 및 부대사업
11. 농업의 경영
12. 집단재배 및 공동작업에 관한 사업
13. 농업에 관련된 공동이용시설의 설치 및 운영
14. 농작업의 대행
15. 위 사업에 관련 부대사업 일체

주 ① 이 등기는 영농조합법인을 대표할 조합원이 신청하여야 한다.

② 주사무소는 정관의 기재와 달리 그 소재지번까지 확정하여 기재해야 한다.

③ 등기할 사항에서 분사무소의 기재는 설립당초부터 분사무소를 설치한 경우에 한하여 한다.

④ 등기할 사항 중 법인의 해산사유는 정관에 정하여진 경우에 한하여 기재한다.

⑤ 임원의 성명과 주소는 임원을 둔 법인에 한하여 기재한다.

⑥ 영농조합법인의 설립등기에는 등록면허세가 면제되므로 과세표준을 기재하지 않아도 된다.

⑦ 이 등기는 등록면허세와 지방교육세가 면제된다. 다만, 설립과 동시에 분사무소를 설치하는 경우에는 분사무소설치에 관한 등록면허세 40,200원만 납부하여야 한다.

조특법, 관세법, 지세법에 의하여 등록세가 감면되는 경우에는 농어촌특별세로 그 감면등록세의 100분의 20을 납부하여야 하나 영농조합법인 및 농업회사법인의 설립등기에는 이것도 면제된다.

등기신청수수료는 방문신청시 설립의 경우에는 30,000원(전자표준양식에 의한 신청의 경우에는 25,000원, 전자신청의 경우에는 20,000원)이고, 설립과 동시에 분사무소를 설치하는 경우 주사무소소재지에서의 등기신청수수료는 36,000원(전자표준양식에 의한 신청의 경우에는 29,000원, 전자신청의 경우에는 22,000원)이다.

⑧ 첨부서류 중 정관은 인증이 필요없다. 주식회사와 유한회사 외의 비영리법인과 영리법인을 정관인증이 필요없기 때문이다.

⑨ 의사록은 대표권 있는 조합원의 자격증명 또는 이사 및 감사의 자격을 증명하는 서면으로서 공증인의 인증을 받아야 한다.

⑩ 출자내역을 기재한 서류로서 재산목록 등을 첨부하되, 현물출자를 한 경우에는 현물출자계약서를 첨부하고 현금 등을 출지한 경우에는 그 납입을 증명하는 서면도 첨부한다.

⑪ 법인의 대표자의 인감을 신고하여야 법원으로부터 인감증명을 발행받을 수 있으므로 법원이 인감을 발행할 수 있는 대표자의 인감이 날인된 인감대지를 인감신고서에 첨부하여 제출하여야 하고, 대표자의 진의를 확인할 수 있는 인감증명법에 의하여 동사무소발행의 인감증명서를 첨부하여야 한다. 인감증명서는 본인의 의사를 확인할 수 있는 역할도 한다.

⑫ 전산정보처리조직에 의한 등기를 실시하는 등기소에서 법인의 설립등기를 하고자 하는 경우에는 대표자의 인감증명을 발급받기 위하여 법인인감발급카드신청서를 작성 제출하여 법인인감카드를 발급받아야 한다.

⑬ 위임장의 첨부나 대리인의 표시는 대리인에 의하여 신청하는 경우에 한한다.

♣【서식】임업영농조합법인 설립등기신청서

<table>
<tr><td colspan="7" align="center">임업협동조합 설립등기신청</td></tr>
<tr><td rowspan="2">접
수</td><td rowspan="2">년 월 일</td><td rowspan="2">처리인</td><td>접수</td><td>조사</td><td>기입</td><td>교합</td><td>각종통지</td></tr>
<tr><td></td><td></td><td></td><td></td><td></td></tr>
</table>

등기의 목적	임업협동조합의 설립
등기의 사유	임업협동조합법인을 설립하기 위하여 20○○년 ○월 ○일 정관을 작성하고 20○○년 3월 19일 출자를 납입하고 창립총회를 종료하여 임업협동조합법인의 설립절차를 마쳤으므로 다음 사항의 등기를 구함.
	등기할 사항
명　칭	○○임업협동조합
주 사 무 소	○○시 ○○구 ○○동 ○
이사, 감사의 성명, 주민등록번호 및 주소	이사　○ ○ ○ (　　-　　) 　　　　○○시 ○○구 ○○동 ○ 이사　○ ○ ○ (　　-　　) 　　　　○○시 ○○구 ○○동 ○ 이사　○ ○ ○ (　　-　　) 　　　　○○시 ○○구 ○○동 ○ 감사　○ ○ ○ (　　-　　) 　　　　○○시 ○○구 ○○동 ○ 감사　○ ○ ○ (　　-　　) 　　　　○○시 ○○구 ○○동 ○
대표이사의 성명과 주소, 주민등록번호	대표이사 ○ ○ ○ (　　-　　) 　　　　○○시 ○○구 ○○동 ○

이사의 대표권에 대한 제한	대표이사 ○○○ 이외에는 대표권이 없음
목 적	별지 기재와 같음
분사무소	
존립기간 또는 해산사유	1. 총회에서 해산 및 합병을 의결한 경우 2. 파산한 경우 3. 조합원이 5인 미만이 된후 1년 이내에 5인 이상이 되지 아니한 경우
자산의 총액	금 ○○○○○○ 원
출자의 방법	출자의 총좌수와 납입한 출자의 총액 　출자의 총좌수 10,000좌 　납입한 출자의 총액 금100,000,000원정 출자의 납입방법 　농지, 농기계, 현금, 기타 현물에 한하여 납입일자에 일시 납입하며 조합원은 1좌 이상의 출자를 불입하여야 하며 조합원 1인의 출자수는 조합법인 총출자수 3분의 1을 초과할 수 없다. 출자 1좌의 금액 　금 10,0000원정
기 타	

<table>
<tr><td>등록면허세</td><td>금　　　원</td><td>지방교육세</td><td>금　　　원</td><td>농어촌특별세</td><td>금　　원</td></tr>
<tr><td>세 액 합 계</td><td colspan="2">금　　　　　원</td><td>등기신청수수료</td><td colspan="2">금　　　　　　원</td></tr>
<tr><td colspan="2">등기신청수수료 납부번호</td><td colspan="4"></td></tr>
</table>

첨　부　서　면

1. 정관　　1통		1. 취임승낙서	○통
1. 창립총회의사록　　1통		1. 주민등록표등본	○통
1. 출자자산의 내역을 기재한 서류 　（납입증명）　　1통		1. 법인인감카드발급신청서	1통
		1. 인감증명서	○통
1. 임원 및 대표조합원 증명서류　　1통		1. 등기신청수수료영수필확인서	1통
1. 대표이사의 인감신고서(대표이사 　없는 경우에는 조합 대표조합원)　　1통		1. 위임장(대리인이 신청할 경우)	1통
		<기 타>	

20○○년 ○월 ○일

신청인　명　　칭　　　○○임업협동조합
　　　　　주사무소　　○○시 ○○구 ○○동 ○○
대표자　성　　명　　　대표이사 ○ ○ ○ ㊞　　　　(전화 :　　　　)
　　　　　주　　소　　　○○시 ○○구 ○○동 ○○
대리인　성　　명　　　법 무 사 ○ ○ ○ ㊞　　　　(전화 :　　　　)
　　　　　주　　소　　　○○시 ○○구 ○○동 ○○

○○지방법원 ○○등기소 귀중

- 신청서 작성요령 -

1. 해당란이 부족할 때에는 별지를 이용합니다.
1. 해당 등기신청과 관계없는 사항에 대하여는 "해당없음"으로 기재하거나 삭제하고, 필요한 사항은 추가 기재합니다.
1. 「인감증명법」에 따른 인감증명서 제출과 함께 관련 서면에 인감을 날인하여야 하는 경우, 본인서명사실확인서를 제출하고 관련 서면에 서명을 하거나 전자본인서명확인서 발급증을 제출하고 관련 서면에 서명을 하면 인감증명서를 제출하고 관련 서면에 인감을 날인한 것으로 봅니다.

(용지규격 21cm×29.7cm)

♣ 【서식】 영농조합법인 등록면허세(비과세, 감면) 확인서

등록면허세(비과세, 감면)확인서

제○○호

성명 ○○영농조합법인

주소 ○○시 ○○읍 ○○리 100번지

　20○○년 ○월 ○일 등록면허세 납부명세서에 의하여 다음의 등록면허세가(비과세, 감면)됨을 확인합니다.

지방세무서기 ○   ○   ○   ㊞

등기 또는 등록		등기 또는 등록의 표시						⑨과세 표준	⑩세율	⑪비과세 또는 감면 세액
						수량				
①목적	②종류	③소재지	④재산종류	⑤지목 또는 구조	⑥등급 또는 건물분류기호	⑦공부	⑧현황			
등기	법인	○○읍 ○○리 100						1억원	4 --- 1,000	400,000

결정이유 : 지방세특례제한법 제11조 1항

20○○년 ○월 ○일

○○시장 직인

♣ 【서식】 영농조합법인 정관

정   관

농림축산식품부고시 제2015-141호,
2015. 10. 1. 일부개정

제1장 총 칙

제1조(명칭)

본 조합법인은 농어업 경영체 육성 및 지원에 관한 법률 제16조에 의하여 설립된 영농조합법인으로서 그 명칭은 ○○영농조합법인(이하 "조합법인"이라 한다)이라 한다.

(비고) 명칭 중에는 반드시 「영농조합법인」이라는 명칭을 사용하여야 한다.

제2조(목적)

본 조합법인은 협업적 농업경영을 통하여 생산성을 높이고 농산물의 출하·유통·가공·수출 및 농어촌관광휴양사업 등을 통하여 조합원의 소득증대를 도모함을 목적으로 한다.

(비고)

조합법인의 목적을 구체적으로 표현할 수 있으나, 농어업경영체 육성 및 지원에 관한 법률 제16조 제1항의 규정에 부합되어야 한다.

제3조(사무소의 소재지)

본 조합법인의 사무소는 ○○(시·도) ○○(시·군구) ○○(읍·면) ○○(도로명)에 둔다.

(비고)

별도의 (분)사무소를 두는 조합법인은「본 조합법인의 사무소는」을「본 조합법인의 주된 (주)사무소는」으로 고치고 제1항으로 하며 제2항을 다음과 같이 한다.

② 본 조합법인의 분사무소는○○(시·도) ○○(시·군·구) ○○(읍·면) ○○(도

로명)에 둔다.

제4조(사업)

본 조합법인은 생산성 향상을 위한 협업적 농업의 경영과 ○○사업을 주사업으로 하며 다음 각 호의 사업을 부대사업으로 한다.

1. 집단재배 및 공동작업에 관한 사업
2. 농업에 관련된 공동이용시설의 설치 및 운영
3. 농기계 및 시설의 대여사업
4. 농작업의 대행
5. 농산물의 출하·가공 및 수출
6. 농어촌 관광휴양사업

(비고)

1. 각 사업별 용어의 정의는 다음 각 호와 같다.

　　가. 농업의 경영 : 조합법인이 직접 농산물을 생산하여 생산지에서 판매하기까지의 전과정을 포함함.

　　나. 집단재배 및 공동작업에 관한 사업 : 조합법인의 농업경영에 부수하여 조합원 또는 조합원이외의 자의 농작업을 협력하고 수수료를 받는 경제활동을 말함

　　다. 농업에 관련된 공동이용시설의 설치 및 운영 : 조합법인이 공동경영을 위하여 농사·창고·축사·퇴비사 등 공동이용시설을 설치하여 운영하고, 부수적으로 조합원 이외의 자에게 이용하게 하여 사용료 등을 받는 경제활동을 말함.

　　라. 농기계 및 시설의 대여사업 : 조합법인이 농기계·농기구·건조시설 등을 보유하여 이용하면서 부수적으로 조합원 이외의 자에게 대여·사용하게 하고 사용료 및 임대료를 받는 경제활동을 말함.

　　마. 농작업의 대행 : 조합법인이 조합원이외의 자로부터 농작업의 전부 또는 일부를 위탁받아 이를 대행하고 수수료를 받는 경제활동을 말함.

　　바. 농산물의 출하·가공 및 수출 : 조합법인의 조합원(혹은 조합법인)이

생산한 농산물 또는 지역 농가로부터 수매한 농산물을 조합법인을 통하여 판매하거나, 가공 또는 수출하는 경제활동을 말함.

2. 제1호 내지 제6호에 열거한 사업이외의 사업도 제2조의 목적과 부합되는 것은 적절히 열거할 수 있으며 부대사업을 명기할 수 있다.

예) 6. 관광농원

제5조(협동조합의 가입)

본 조합법인은 □□○○협동조합에 준조합원으로 가입한다.

(비고)

가입하는 협동조합은 농어업 경영체 육성 및 지원에 관한 법률 시행령 제15조에서 규정된 협동조합중에서 사업실시와 관련하여 적당하다고 인정되는 조합을 선택하여 정한다.

제6조(공고방법)

① 본 조합법인의 공고는 본 조합법인의 사무소 게시판에 게시하고 필요하다고 인정할 때에는 서면으로 조합원과 준조합원에게 통지하거나 일간신문 등에 게재할 수 있다.

② 제1항의 공고기간은 7일 이상으로 한다.

제7조(규정의 제정)

이 정관에서 정한 것 이 외에 업무의 집행, 회계, 직원의 채용, 기타 필요한 사항은 별도의 규정으로 정할 수 있다.

제2장 조합원 및 준조합원

제8조(조합원의 자격)

① 본 조합법인의 조합원이 될 수 있는 농업인은 다음 각 호의 요건을 갖춘 자로 한다.

1. 1천 제곱미터 이상의 농지를 경영 또는 경작하는 자나 농업경영을 통

　　한 농산물의 연간 판매액이 120만원 이상인 자 또는 1년중 90일 이상 농업에 종사하는 자

2. 만○○세 이상의 성년으로서 본 조합법인의 설립취지에 찬동하는 자

3. ○○만원 이상의 현금 또는 이에 상응하는 농지, 농기계, 가축, 기타의 현물을 출자한 자

② 본 조합법인의 조합원이 될 수 있는 농산물의 생산자단체는 ○○협동조합, ○○○○법인으로 한다.

(비고)

1. 제1항 제1호의 경우는 조합법인의 실정에 따라 그 요건을 강화할 수 있음.

2. 제1항 제2호의 ○○은 19세 이상으로 하되 조합실정에 따라 자율적으로 결정한다.

3. 제1항 제3호의 경우 조합법인이 출자를 허용하고자 하는 것만을 기재한다.

4. 제2항의 협동조합, 법인은 농어업·농어촌 및 식품산업 기본법 시행령 제4조에 의한 농산물 생산자단체임.

제9조(준조합원의 자격)

　본 조합법인의 준조합원이 될 수 있는자는 다음 각호의 요건을 갖춘자로 한다.

1. 본조합법인에 생산자재를 공급하거나 생산기술을 제공하는 자

2. 본조합법인에 농지를 임대하거나 농지의 경영을 위탁하는 자

3. 본조합법인이 생산한 농산물을 구입·유통·가공 또는 수출하는 자

4. 그 밖에 농업인이 아닌자로서 영농조합법인의 사업에 참여하기 위하여 영농조합법인에 출자를 하는 자

(비고)

　준조합원의 자격은 제1호 내지 제3호 중에서 조합실정에 따라 정할 수 있으며 그 범위내에서 구체적으로 기술할 수 있음.

제10조(가입)

① 본 조합법인에 조합원으로 가입하고자 하는 자는 다음 각호의 사항을 기재한(혹은 증명할 수 있는 서류를 첨부한) 가입신청서를 본 조합법인에 제출하여야 한다. 단, 생산자단체의 경우는 제3호 및 사업자등록증(혹은 법인등기부 등본)을 제출한다.
 1. 주소, 성명, 생년월일
 2. 납입 혹은 인수하고자 하는 출자좌수 및 출자의 목적인 재산 <종전의 제3호에서 이동>
 3. 경영규모(경지면적, 농산물의 연간판매액) 및 연중 농업종사일 수 <종전의 제4호에서 이동>
② 본 조합법인에 준조합원으로 가입하고자 하는 자는 제1항제1호 내지 제2호 및 제9조에 의한 준조합원의 자격에 해당함을 증명할 수 있는 서류를 제출하여야 한다. 단, 사업자 등록이 된자(법인포함)는 제1항제1호 대신 사업자등록증(혹은 법인등기부 등본)을 제출한다.
③ 조합법인은 제1항 및 제2항에 의한 조합원 또는 준조합원의 가입신청서를 접수 하였을 경우에는 총회에서 그 가입여부를 결정하고, 가입을 승인한 때에는 가입신청자에게 통지하여 출자의 불입(출자의 목적인 재산을 양도하고 등기·등록 기타 권리의 설정 또는 이전이 필요한 경우에는 이에 관한 서류를 완비하여 교부하는 것을 말한다. 이하 같다)을 하게 한 후 조합원 또는 준조합원 명부에 기재한다.
④ 가입신청자는 제3항의 규정에 의하여 출자를 불입함으로써 조합원 또는 준조합원의 자격을 갖는다.
⑤ 출자좌수를 늘리려는 조합원 또는 준조합원에 대해서는 제1항 내지 제4항의 규정을 준용한다.
(비고)
조합원 또는 준조합원 가입허용 여부를 이 조에서 특별히 규정하고자 하는 경우에는 제3항의 내용을 적절히 수정 기입할 수 있다.

제11조(권리)
① 본 조합법인의 조합원의 권리는 다음 각호와 같다.
 1. 조합법인의 공동작업에 종사하여 노동에 대한 응분의 대가를 받을 권리

　2. 지분 환불에 대한 청구권

　3. 조합법인 해산시 잔여재산 분배청구권

　4. 조합법인의 임원의 선거권 및 피선거권

　5. 조합법인의 제반회의에 참석하여 의결할 권리

　6. 조합법인의 운영에 참여하여 의견을 제시할 권리

　7. 조합법인의 업무집행에 대한 감독 및 감사의 권리

② 제1항 제1호의 조합원의 노동과 대가에 대한 사항을 별도의 규정으로 정한다.

③ 조합원은 출자의 다소에 관계없이 1개의 의결권과 선거권을 가진다.

④ 본 조합법인의 준조합원은 제1항 제2호, 제3호 및 제6호의 권리를 갖는다.

(비고)

조합원의 의결권을 출자의 비율에 따라 가지도록 정하고자 하는 조합법인은 제3항을 다음과 같이 수정한다.

③ 조합원은 출자지분에 따라 그 비례대로 의결권과 선거권을 가진다.

제12조(의무)

① 본 조합법인의 조합원의 의무는 다음 각호와 같다.

　1. 정관 및 제규정을 준수할 의무

　2. 조합법인에 대한 출자의무

　3. 조합법인의 제반 노동에 참가하고 노동규정을 준수할 의무

　4. 총회에 출석할 의무와 총회의 의결사항을 준수할 의무

　5. 조합법인의 발전을 위하여 노력할 의무

② 본조합법인의 준조합원의 의무는 제1항의 제1호, 제2호 및 제5호와 같으며 제4호중 총회의 의결사항을 준수할 의무도 있다.

(비고)

조합법인의 사업, 규모 등에 따라 의무사항을 적절히 추가하여 정할 수 있다.

제13조(탈퇴)

① 탈퇴를 원하는 조합원 또는 준조합원은 60일 전에 탈퇴의사를 서면으로 본 조합법인에 예고하여 탈퇴하며 그에 따른 모든 정산은 당해 회계년도

말에 한다.

② 조합원 또는 준조합원은 다음 각호의 1에 해당하는 사유가 발생하였을 때에는 자연탈퇴 된다.

1. 제8조에 의한 조합원 및 제9조에 의한 준조합원의 자격을 상실하였을 경우

2. 사망

3. 파산(법인의 경우 파산 또는 해산)

4. 금치산 선고

5. 제명

6. 지분을 전부 양도하였을 경우

③ 제2항제1호의 자격상실은 총회의 결의에 의한다.

④ 조합원 또는 준조합원은 1항의 규정에도 불구하고 부득이한 사유없이 조합법인이 경영상 어려움에 처해 있는 시기에 탈퇴하지 못한다.

제14조(제명)

① 조합원 또는 준조합원이 다음 각호의 1에 해당하는 경우에는 총회의 의결로써 제명할 수 있다.

 1. 제12조에서 규정한 의무를 이행하지 아니한 경우

 2. 고의 또는 중대한 과실로 조합법인에 상당한 손해를 입힌 경우

 3. 조합을 빙자하여 부당이익을 취한 경우

② 조합법인은 제1항 각호의 사유로 인한 제명대상 조합원 또는 준조합원에게 총회 개최 10일전에 제명의 사유를 통지하고, 총회에서 변명할 기회를 주어야 하며, 제명을 결정한 때에는 서면으로 통지하여야 한다.

(비고)

제명의 사유를 추가로 정하고자 하는 경우에는 제1항에 제4호부터 추가하여 열거한다.

제3장 출자와 적립금 및 지분

제15조(출자)

① 본 조합법인에의 출자는 농지·농기계·현금·기타 현물로 할 수 있다.

② 농지·농기계 등 현물의 출자액 산출은 이사회(설립시는 창립총회)에서 정하는 평가율에 의하여 환가한다.

③ 1좌의 금액은 1만원으로 한다.

④ 조합원 1명이 출자할 수 있는 출자액은 ○○만원으로 한다.

⑤ 조합원은 ○○좌이상의 출자를 불입하여야 하며, 준조합원은 ○○좌이상의 출자를 불입하여야 한다. <종전의 제4항에서 이동>

⑥ 제1항의 규정에 의하여 본 조합법인에 농지를 출자하는 조합원 및 준조합원의 성명, 출자대상 농지 및 그 평가액과 농지출자 좌수를 별표와 같이 한다. <종전의 제5항에서 이동>

⑦ 현물로 출자한 농지는 해당 농지를 출자한 조합원 또는 준조합원의 동의가 없으면 처분하지 못한다. <종전의 제6항에서 이동>

(비고)

축산업을 주업으로 하는 조합법인은 제1항중「기타의 현물」을 가축(축종명시), 초지, 축산, 축산기계 등으로 적절히 규정할 수 있으며, 그 외의 조합법인도 「기타의 현물」을 구체적으로 정할 수 있다.

제16조(출자증서의 발행)

① 조합법인은 출자를 불입한 조합원 및 준조합원에게 지체없이 출자증서를 발급하여야 한다.

② 출자증서는 대표이사 명의로 발급하고 출자좌수, 출자액, 출자재산의 표시(토지의 경우 지번, 지목, 면적을 말한다) 등을 기재하여야 한다.

③ 조합법인이 토지 등을 취득하여 조합원과 준조합원에게 증좌 배분하는 경우에 대해서도 제1항과 제2항의 규정을 준용한다.

(비고)

출자증서의 발행은 출자지분의 상속공제 등 세금과 관련되어 있으므로 반드시 출자재산 특히 토지의 경우는 지번, 지목, 면적 등이 기재된 출자증서를 발행하여야 한다.

제17조(출자의 균등화)

  조합원의 출자를 균등화할 목적으로 소액출자자에게 그 사정을 고려하여
총회의 의결로써 회계년도말에 증자를 허용할 수 있다.

제18조(법정적립금)

  본 조합법인은 출자총액과 같은 금액이 될 때까지 매회계년도 이익금의
100분의 10 이상을 법정적립금으로 적립한다.
  (비고)
  법정적립금으로 출자총액의 2배를 적립하고자 할 경우에는「출자총액과 같
은 금액이 될때까지」를「출자총액의 2배에 달할때까지」로 수정한다.

제19조(사업준비금)

  본 조합법인은 장기적인 사업확장 및 다음년도의 사업운영을 위하여 매회
계년도 이익금의 100분의 ○○을 사업준비금으로 적립한다.
  (비고)
  ○○은 10이상 50이내에서 정한다.

제20조(자본적립금)

  본 조합법인은 다음 각호의 1에 의하여 생기는 금액을 자본적립금으로 적
립한다.
 1. 재산 재평가 차익
 2. 합병에 의한 차익
 3. 인수재산 차익
 4. 외부로부터 증여된 현물 및 현금
 5. 국고보조금 등
 6. 감자에 의한 차익
 7. 고정자산에 대한 보험차익

제21조(적립금 등의 사용 및 처분)

① 제18조의 규정에 의한 법정적립금(이하 "법정 적립금"이라 한다)과 제20조의 규정에 의한 자본적립금(이하 "자본적립금"이라 한다)은 조합법인의 결손을 보전하는데 사용한다.

② 법정적립금과 자본적립금은 조합원 또는 준조합원의 탈퇴나 제명시 지분으로 환불할 수 없다.

③ 제19조의 규정에 의한 사업준비금(이하 "사업준비금"이라 한다)은 조합원 또는 준조합원이 가입한 날부터 5년이내에 탈퇴하거나 제명되는 경우에는 환불할 수 없다.

제22조(지분의 계산)

본 조합법인의 재산에 대한 조합원과 준조합원의 지분은 다음의 기준에 의하여 계산한다.

1. 납입출자금에 대하여는 납입한 출자액에 따라 o매회계년도마다 이를 계산한다. 다만, 그 재산이 납입출자액의 총액보다 감소되었을 경우에는 각 조합원과 준조합원의 출자액에 따라 감액하여 계산한다.

2. 사업준비금은 매회계년도마다 전조합원과 준조합원에게 분할하여 가산하되 제35조 제2항의 규정을 준용한다.

(비고)

제2호의 사업준비금 배분을 출자지분에 비례하여야 할 경우에는 제2호를 다음과 같이 한다.

2. 사업준비금은 매회계연도마다 전조합원 과 준조합원에게 분할하여 가산하되 조합원의 출자지분의 비율에 따라 배분한다.

제23조(지분의 상속)

① 조합원 또는 준조합원의 상속인으로서 조합원 또는 준조합원의 사망으로 인하여 지분환불권의 전부 또는 일부를 취득한 자가 즉시 조합법인에 가입을 신청하고 조합법인이 이를 승인한 경우에는 상속인은 피상속인의 지분을 승계한다.

② 제1항의 규정에 의한 상속인의 가입신청과 조합법인의 가입승인은 제10

　　조 제1항 내지 제4항의 규정을 준용한다.

제24조(조합법인의 지분취득금지)

　본 조합법인은 조합원 또는 준조합원의 지분을 취득하거나 또는 담보의 목
적으로 수입하지 못한다.

제25조(지분의 양도, 양수 및 공유금지) 조합원 및 준조합원은 총회의 승인의
　　결 없이는 그 지분을 양도·양수 할 수 없으며 공유할 수 없다.

제26조(탈퇴시의 지분환불)

　① 조합원 또는 준조합원이 탈퇴하는 경우에는 그 조합원의 지분을 현금
　　또는 현물로 환불한다.

　② 환불재산 가운데 토지나 건물 등이 조합법인의 공동경영조직을 깨뜨릴
　　염려가 있어 환불이 곤란한 경우에는 그에 상당하는 다른 토지 및 현금
　　으로 지불할 수 있다.

　③ 탈퇴 조합원 및 준조합원이 출자한 토지가 공동경영의 결과로 인하여
　　지력이 증대되었거나, 노력과 자본의 투자로 인하여 가치가 상승하였을
　　경우에는 이에 상당하는 금액을 토지를 환불받는 자로부터 징수한다.

　④ 탈퇴 조합원 또는 준조합원이 조합법인에 대하여 채무가 있는 경우에는
　　환불해야 될 지분에서 상계할 수 있다.

　⑤ 지분의 환불은 당해 회계년도말에 한다.

제27조(출자액의 일부 환불)

　① 조합원 또는 준조합원은 부득이한 사유가 있는 경우에는 조합법인에 대
　　하여 출자액의 일부의 환불을 요구할 수 있다.

　② 제1항의 규정에 의하여 환불요구를 받은 조합법인은 총회의 의결이 있
　　는 경우에 회계년도말에 환불할 수 있다. 다만, 부득이한 사유가 있는
　　경우에는 회계년도중에 환불하고, 회계년도말에 정산한다.

<h2 style="text-align:center">제4장　회　계</h2>

제28조(회계연도)

본 조합법인의 회계년도는 매년 1월1일에 시작하여 12월 31일에 종료한다.

(비고)

조합법인의 사업성격에 따라 「매년 4월1일에 시작하여 다음해 3월 31일에 종료한다」로 정하는 등 회계년도를 다르게 정할 수 있다.

제29조(자금관리)

본 조합법인의 여유자금은 다음 각호의 방법에 따라 운용한다.

1. 농업협동조합, 축산업협동조합, 수산업협동조합, 은행, 신용금고에의 예치
2. 국채, 지방채, 정부보증채권 등 금융기관이 발행하는 채권의 취득

(비고)

제1호의 경우 주로 거래하고자 하는 금융기관을 구체적으로 정할 수 있다.

제30조(경리공개)

본 조합법인의 모든 장부는 사무소에 비치하여 항상 조합원 및 준조합원에게 공개하며 주요계정에 대한 내역은 정기적으로 게시한다.

(비고)

주요계정에 대한 내역의 정기적 게시시기를 구체적으로 정하고자 할 경우에는 「정기적으로」를 「매월」, 「분기마다」 등으로 정한다.

제31조(사용료 및 수수료)

① 본 조합법인은 조합법인이 행하는 사업에 대하여 사용료 또는 수수료를 징수 할 수 있다.
② 제1항의 규정에 의한 사용료 및 수수료에 관하여는 별도의 규정으로 정 할 수 있다.

(비고)

조합법인의 사업에서 조합원이 아닌자가 부수적으로 사업을 이용하는 경우, 조합법인이 농작업을 수탁하여 대행한 경우와 농기계 및 시설의 공공이용 등에 대하여 사용료 및 수수료를 징수하고자 하는 조합법인은 반드시 규정

하여야 한다.

제32조(선급금제)

　조합법인은 조합원에게 지불할 노임을 회계년도말 결산전에 선급금으로 지불할 수 있다.

제33조(차입금)

　조합법인은 제4조의 사업을 위하여 필요한 경우 자금을 차입할 수 있다.

제34조(수입배부 순위)

　본 조합법인의 총수입은 다음 각호의 순서로 배부한다.

 1. 제세공과금

 2. 생산자재비, 임차료, 고용노임 및 생산부대 비용(제잡비를 말한다)

 3. 차입금에 대한 원리금 상환

 4. 조합원 노임

 5. 자산설비에 대한 감가삼각

 6. 이월 결손금 보전

제35조(이익금 처분)

　① 조합법인의 결산결과 발생된 매회계년도의 이익금은 제18조의 규정에 의한 법정적립금, 제19조의 규정에 의한 사업준비금을 공제하고 나머지에 대해서는 조합원과 준조합원에게 배당한다.

　② 제1항의 배당은 배당할 이익금의 총액을 전조합원과 준조합원의 출자지분의 비율에 따라 배당한다.

　(비고)

제2항의 배당을 달리 하고자 할 경우에는 제2항을 다음과 같이 한다.

　② 제1항의 배당은 배당할 이익금의 100분의 30은 전조합원에게 배당하고 나머지 100분의 70은 전조합원 및 준조합원의 출자지분의 비율에 따라 배당한다.

제36조(손실금 처리)

조합법인의 결산결과 손실이 발행하였을 경우에는 사업준비금으로 보전하고 사업준비금으로도 부족할 때에는 법정적립금 및 자본적립금이 순서로 보전하며 그 적립금으로도 부족할 때에는 차년도에 이월한다.

제5장 임 원

제37조(임원의 수) 본 조합법인은 다음 각호의 임원을 둔다.
  1. 대표이사   1명
  2. 이사   ○명
  3. 감사   ○명
  4. 총무   ○명
  5. 부장   ○명
(비고)
  1. 조합법인의 조합원수, 사업규모 등에 따라 이사 및 감사의 정수를 정한다.
  2. 제5호의 부장은 조합법인의 사업에 따라 영농부장, 축산부장, 구매부장, 판매부장, 가공부장 등으로 명기한다.

제38조(임원의 선출) 임원은 총회의 의결로 조합원중에서 선출한다.

제39조(이사회)
  ① 이사회는 대표이사, 이사 및 총무로 구성하며 대표이사가 그 의장이 된다.
  ② 이사회 대표이사가 필요하다고 인정하는 경우 또는 이사 2인 이상의 요구가 있는 경우 소집한다.

제40조(이사회의 기능)
  이사회는 다음 각호의 사항을 재적이사 과반수의 찬성으로 의결한다
  1. 총회의 소집과 총회에 부의할 안건
  2. 업무를 운영하는 기본방침에 관한 사항
  3. 고정자산의 취득 또는 처분에 관한 사항
  4. 총회에서 위임된 사항의 의결

　　5. 기타 조합법인의 운영상 필요한 사항
(비고)
조합법인의 형편에 따라 이사회의 의결사항을 추가하여 정할 수 있다.

제41조(이사회의록)
　이사회에서 의결된 사항은 총무가 기록하여 이사회에 참석한 이사가 기명날인한 후 보관한다.

제42조(임원의 임무)
　① 대표이사는 본 조합법인을 대표하고 조합법인의 각종회의의 의장이 되며 조합의 업무를 총괄하고 조합법인의 경영성과에 대해 책임을 진다.
　② 감사는 회계년도마다 조합의 재산과 업무집행상황을 1회이상 감사하여 그 결과를 총회 및 대표이사에게 보고하여야 한다.
　③ 이사는 이사회에서 미리 정한 순서에 따라 조합장 유고시 그 직무를 대리하고 궐위된 때에는 그 직무를 대행한다.
　④ 총무는 이사중에서 선임하며 조합법인의 일반사무와 회계사무를 담당한다.
　⑤ 각 부장은 조합장과 총무를 보좌하며 각 부의 업무를 관장·집행한다.
　(비고)
　제5항의 경우 각부의 업무관장의 범위를 구체적으로 정할 수 있다.

제43조(임원의 책임)
　① 본 조합법인의 임원은 법령, 법령에 의한 행정기관의 처분과 정관·규정·사업지침 및 총회와 이사회의 의결사항을 준수하여 본 조합법인을 위하여 그 직무를 성실히 수행하여야 한다.
　② 임원이 그 직무를 수행함에 있어 태만, 고의 또는 중대한 과실로 조합법인이나 다른 사람에게 끼친 손해에 대하여는 단독 또는 연대하여 손해배상의 책임을 진다.
　③ 이사회가 불법행위 또는 중대한 과실로 조합법인에 손해를 끼친 경우에는 그 불법행위 또는 중대한 과실에 관련된 이사회에 출석한 구성원은

그 손해에 대하여 조합법인에 연대하여 책임을 진다. 다만, 그 회의에서 명백히 반대의사를 표시한 구성원은 그러하지 아니한다.

④ 제2항내지 제3항의 구상권의 행사는 이사회에 대하여는 대표이사가, 대표이사와 이사에 대하여는 감사가, 임원 전원에 대하여는 조합원의 3분의 1이상의 동의를 얻은 조합원 대표가 이를 행한다.

(비고)

제4항의 경우 조합법인의 형편에 따라「조합원의 3분의 1이상」을 적절히 정할 수 있다.

제44조(임원의 임기)

① 임원의 임기는 3년으로 하되, 감사의 임기는 2년으로 한다.

② 제1항의 임원의 임기는 전임자의 임기만료일의 다음날부터 기산한다.

③ 보궐선거에 의한 임원의 임기는 전임자의 잔임기간으로 한다.

(비고)

임원의 임기는 조정할 수 있으나, 감사와 감사이외의 임원 임기는 다르게 하여야 한다.

제45조(임원의 해임)

조합원이 임원을 해임하고자 하는 경우에는 조합원 3분의 1이상의 서면동의를 얻어 총회에 해임을 요구하고 총회의 의결로써 해임한다.

제46조(임원의 보수)

임원에 대한 보수는 지급하지 아니하며 여비 등 필요한 경비는 별도 규정에 의하여 실비로 지급할 수 있다.

제47조(서류비치의 의무)

① 대표이사는 다음 각호의 서류를 조합법인의 사무실에 비치하여야 한다.

  1. 정관 및 규정
  2. 조합원과 준조합원 명부 및 지분대장
  3. 총회의사록

　　4. 기타 필요한 서류

② 대표이사는 정기총회 1주일 전까지 결산보고서를 사무소에 비치하여야 한다.

제6장　회의의 운영

제48조(총회)　총회는 조합원으로 구성하며 정기총회와 임시총회로 구분한다.

제49조(총회의 소집)

① 정기총회는 회계연도마다 1회 ○월에 대표이사가 소집하며 대표이사는 총회소집 5일 전까지 회의내용과 회의자료를 서면으로 조합원에게 통지하여야 한다.

② 임시총회는 조합원 3분의 1 이상의 소집요구가 있거나 이사회가 필요하다고 인정되는 때

③ 감사는 다음 각호 1에 해당하는 경우에는 임시총회를 소집한다.

　1. 대표이사의 직무를 행할 자가 없을 때

　2. 제2항의 요구가 있는 경우에 대표이사가 정당한 사유없이 2주일 이내에 총회소집의 절차를 취하지 아니한 때

　3. 감사가 조합법인의 재산상황 또는 사업의 집행에 관하여 부정사실을 발견하여 이를 신속히 총회에 보고할 필요가 있을 때

제50조(총회의 의결사항)

다음 각호의 사항은 총회의 의결을 얻어야 한다.

1. 정관의 변경

2. 규정의 제정 및 개정

3. 해산·합병 또는 분할

4. 조합원 및 준조합원의 가입·탈퇴 및 제명

5. 사업계획 및 수지예산의 승인·책정과 변경

6. 사업보고서, 결산서, 이익금 처분 및 결손금 처리

7. 출자에 관한 사항
8. 임원의 선출
9. 임기중 임원의 해임
(비고)
조합법인의 운영을 위하여 반드시 총회의 의결이 필요한 사항은 추가로 열거한다.

제51조(총회의 개의와 의결정족수)

① 총회는 조합원 과반수의 출석으로 개의하고 출석조합원 과반수의 찬성으로 의결한다.

② 다음 각호에 해당하는 사항은 총조합원 3분의 2 이상의 출석과 출석조합원 3분의 2 이상의 찬성으로 의결한다.

1. 정관의 변경
2. 해산.합병 및 분할
3. 조합원의 가입 승인
4. 제14조의 규정에 의한 조합원의 제명
5. 제45조의 규정에 의한 임원의 해임

③ 1항의 총회소집이 정족수 미달로 유회된 경우에는 10일 이내에 다시 소집하여야 한다.

제52조(의결권의 대리)

① 조합원은 대리인으로 하여금 의결권을 행사하게 할 수 있다.

② 대리인은 조합원과 동일세대에 속하는 성년이어야 하며, 대리인이 대리할 수 있는 조합원의 수는 1인에 한한다.

③ 1항의 규정에 의한 대리인은 대리권을 증명하는 위임장을 조합법인에 제출하여야 한다.

제53조(의사록의 작성)

총회의 의사에 관하여는 의사의 경과 및 결과를 기재한 의사록을 작성하고,

대표이사 및 총회에 참석한 조합원 3분의 2이상이 서명날인 한다..

제54조(회의내용 공고) 총회의 의결사항은 제6조의 공고방법에 의하여 공고한다.

제7장 해 산

제55조(해산)

 본 조합법인은 다음 각호 1에 해당하는 경우에 해산한다.

 1. 총회에서 해산 및 합병을 의결한 경우

 2. 파산한 경우

 3. 조합원이 5인 미만이 된 후 1년 이내에 5인 이상이 되지 않는 경우

 (비고)

 조합법인의 해산에 관하여 특별히 정하고자 하는 경우에는 제4호부터 구체
적으로 열거한다.

제56조(청산인)

 본 조합법인이 해산하는 경우에는 파산으로 인한 경우를 제외하고는 청산
인은 대표이사가 된다. 다만, 총회에서 다른 사람을 청산인으로 정한 경우
에는 그러하지 아니한다.

제57조(청산인의 직무)

 ① 청산인은 취임 후 지체없이 재산상황을 조사하여 재산목록과 대차대조
  표를 작성하고 재산처분의 방법을 정하여 총회의 승인을 얻어야 한다.

 ② 청산의무가 종결된 경우에는 청산인은 지체없이 결산보고서를 작성하여
  총회의 승인을 얻어야 한다.

 ③ 청산인은 그 취임 후 3주일 이내에 해산의 사유 및 연월일과 청산인의
  성명 및 주소를 등기하여야 한다.

 (비고)

 조합법인이 해산하였을 경우에는 반드시 해산등기를 하여야 한다.

제58조(청산재산의 처리)

 해산의 경우 조합법인의 재산은 채무를 완제하고 잔여가 있는 경우에는 다음 각호의 방법에 의하여 조합원에게 분배한다.

 1. 출자금액은 출자조합원에게 환급하되 출자총액에 미달시는 출자액의 비례로 분배한다.

 2. 자본적립금, 법정적립금, 사업준비금은 출자지분의 비율에 따라 분배한다.

본 정관은 창립총회의 의결을 얻은 날부터 시행한다.

부 칙

제1조(시행일) 이 고시는 2015년 10월 1일부터 시행한다.

제2조(재검토기한) 농림축산식품부장관은 「훈령·예규 등의 발령 및 관리에 관한 규정」에 따라 이 고시에 대하여 2016년 1월 1일 기준으로 매3년이 되는 시점(매 3년째의 12월31일까지를 말한다)마다 그 타당성을 검토하여 개선 등의 조치를 하여야 한다.

20○○년 ○월 ○일

발기인 김　○　○(　-　)㊞

　　　　○○시 ○○면 ○○리 571번지

발기인 최　○　○(　-　)㊞

　　　　○○시 ○○면 ○○리 321번지

발기인 김　○　○(　-　)㊞

　　　　○○시 ○○면 ○○리 571번지

발기인 김   ○   ○(-   ) ㊞
○○시 ○○면 ○○리 571번지
발기인 김   ○   ○(-   ) ㊞
○○시 ○○면 ○○리 571번지

주 1. 영농조합법인의 정관은 발기인의 조합원 전원의 합의로 작성하여야 하고 정관작성에 참여한 조합원이 기명날인하여야 하나, 공증인의 인증을 받을 필요가 없다. 다만, 농업 회사법인 중 주식회사나 유한회사로 설립하는 경우에는 정관에 공증인의 인증을 받아야 한다.

2. 제4조 용어정리

① 농업경영:조합법인이 직접 농산물을 생산하여 생산지에서 판매하기까지의 전과정을 포함한다.

② 집단재배 및 공동작업에 관한 사업:조합법인의 농업경영에 부수하여 조합원 또는 조합원 이외의 자의 농작업을 협력하여 수수료를 받는 경제활동을 말한다.

③ 농업에 관련된 공동이용시설의 설치 및 운영:조합법인이 공동경영을 위하여 농사창고.축사.퇴비사 등 공동이용시설을 설치하여 운영하고, 부수적으로 조합원 이외의 자에게 이용하게 하여 사용료 등을 받는 경제활동을 말한다.

④ 농기계 및 시설의 대여사업:조합법인이 농기계.농기구 등을 보유하여 이용하면서 부수적으로 조합원 이외의 자에게 대여 사용하게 하고 사용료 및 임대료를 받는 경제활동을 말한다.

⑤ 농작업의 대행:조합법인이 조합원 이외의 자로부터 농작업의 전부 또는 일부를 위탁받아 이를 대행하고 수수료를 받는 경제활동을 말한다.

⑥ 농림수산물의 공동출하.가공 및 수출:조합법인의 조합원(혹은 조합법인)이 생산한 농림수산물을 조합법인을 통하여 공동으로 판매하거나, 가공 또는 수출하는 경제활동을 말한다.

3. 제15조에서 1항과 4항 중 '조합원 1인의 출자좌수는 조합법인 총출자좌수의 3분의 1을 초과할 수 없다'는 부분 및 7항은 정관으로 변경할 수 있다.

4. 제5장 임원에 관한 사항은 임원을 두지 아니한 경우에는 불필요하나, 그때에는 조합법인을 대표할 조합원의 권한과 의무, 각 조합원의 권한등을 정하여야 할 것이다.

♣ 【서식】 농업회사법인의 합병회사설립등기신청서

<table>
<tr><td colspan="6" align="center">농업회사법인의 합병회사설립등기신청</td></tr>
<tr><td rowspan="2">접
수</td><td colspan="2" align="center">년   월   일</td><td rowspan="2">처리인</td><td>등기관 확인</td><td>각종통지</td></tr>
<tr><td colspan="2" align="center">제   호</td><td></td><td></td></tr>
</table>

<table>
<tr><td>명   칭</td><td colspan="2">농업회사법인의
○○합병회사</td><td>등기번호</td><td>제1000호</td></tr>
<tr><td>본   점</td><td colspan="4">○○군 ○○면 ○○리 ○○번지</td></tr>
<tr><td>등기의 목적</td><td colspan="4">농업회사법인의 합병회사설립등기</td></tr>
<tr><td>등기의 사유</td><td colspan="4">농업·농촌기본법 및 상법의 규정에 의하여 농업회사법인 합명회사를 설립하기 위하여 20○○년 ○월 ○일 정관을 작성하였으므로 다음 사항의 등기를 구함.</td></tr>
<tr><td>허가서도착연월일</td><td colspan="4">20○○년 ○월 ○일</td></tr>
<tr><td colspan="5" align="center">등기할 사항</td></tr>
<tr><td>명   칭</td><td colspan="4">○○합명회사</td></tr>
<tr><td>본   점</td><td colspan="4">○○군 ○○면 ○○리 ○○번지</td></tr>
<tr><td>대표사원의 성명과 주소, 주민등록번호</td><td colspan="4">대표사원의 성명과 주소
    ○ ○ ○ (-   )
    서울 동대문구 전농동 111번지</td></tr>
<tr><td>목   적</td><td colspan="4">별지 기재와 같음</td></tr>
<tr><td>지   점</td><td colspan="4">○○군 ○○면 ○○리 ○○번지(○○지점)</td></tr>
<tr><td>설립인가연월일</td><td colspan="4">20○○년 ○월 ○일</td></tr>
<tr><td>존립기간 또는
해산사유</td><td colspan="4"></td></tr>
<tr><td>자산의 총액</td><td colspan="4"></td></tr>
</table>

사원의 성명, 주민등록번호와 출자의 목적, 가격 및 이행한 부분	사원 ○ ○ ○(-) 금 8,000,000원 중 금 3,000,000원 이행 사원 ○ ○ ○(-) 부동산 서울 종로구 종로 2가 1번지 대 150평방미터 위 지상 목조 기와지붕 2층 사무실 건평 1층 50평방미터 2층 40평방미터 가격 금 2,500,000원 전부이행 사원 ○ ○ ○(-) 채권 금 2,500,000원 단, 이○○에 대하여 가지고 있는 약속어음채권, 가격 금 2,500,000원 전부이행 사원 ○ ○ ○(-) 노무 사원 ○ ○ ○(-) 신용
기 타	

등록면허세	금 원	지방교육세	금 원	농어촌특별세	금 원
세 액 합 계	금 원		등기신청수수료	금 원	
등기신청수수료 납부번호					

첨 부 서 면

1. 정관(공증인 불요)   1통
1. 영수증 또는 출자이행증명서(금전
   출자 이행부분이 있는 경우)   1통
1. 인도증(현물출자의 이행부분이
   있는 경우)   1통
1. 허가서(관청의 허가가 효력발생요건인
   경우)   1통
	1. 대표사원의 인감신고서
	   (인감대지포함) 1통
	1. 주민등록등본 ○통
	1. 대표사원의 취임승낙서 1통
	1. 법인인감카드발급신청서 1통
	1. 등기신청수수료영수필확인서 1통
	1. 위임장(대리인이 신청할 경우) 1통
	
	<기 타>

20○○년 ○월 ○일

신청인 명   칭 농업회사법인 ○○합명회사
　　　　주사무소 ○○시 ○○구 ○○동 ○○
대표자 성   명 대표사원 ○ ○ ○ ㊞   (전화 :   )
　　　　주   소 ○○시 ○○구 ○○동 ○○
대리인 성   명 법무사 ○ ○ ○ ㊞   (전화 :   )
　　　　주   소 ○○시 ○○구 ○○동 ○○

○○지방법원 ○○등기소 귀중

- 신청서 작성요령 -

1. 해당란이 부족할 때에는 별지를 이용합니다.
1. 해당 등기신청과 관계없는 사항에 대하여는 "해당없음"으로 기재하거나 삭제하고, 필요한 사항은
   가 기재합니다.
1.「인감증명법」에 따른 인감증명서 제출과 함께 관련 서면에 인감을 날인하여야 하는 경우, 본인서명
   사실확인서를 제출하고 관련 서면에 서명을 하거나 전자본인서명확인서 발급증을 제출하고 관련 서
   면에 서명을 하면 인감증명서를 제출하고 관련 서면에 인감을 날인한 것으로 봅니다.

(용지규격 21cm×29.7cm)

목 적

1. 농·축산물 가공, 유통, 판매
2. 집단영농 및 공동작업에 관한 사업
3. 농기계 및 시설 대여사업
4. 농업인의 농작업 대행사업
5. 농자재 생산, 공급 및 공동구매, 판매업
6. 각호에 부수하는 일체의 사업

 ① 이 등기신청은 대표사원이 신청한다(상 180, 법 149). 다만, 대표사원을 정하지 아니하였으면 각 사원이 신청하고, 공동대표를 정한 경우에는 공동대표사원 전원이 신청하여야 한다.
② 등기할 사항 중 지점의 표시는 설립당초부터 지점을 설치한 경우에 한하여 기재한다.
③ 사원의 출자이행부분에 대하여는 구체적으로 기재하되, 노무.신용은 비재산권상 출자이므로 그 이행부분과 가액을 기재할 필요가 없다고 할 것이다.
④ 대표사원의 성명과 주소는 정관 또는 총사원의 동의로 이를 따로 정한 경우에 한하여 기재한다. 대표사원을 따로 정하지 아니하였으면 각 사원의 주소도 각 사원란에 기재한다.
⑤ 농업회사법인등기의 설립등기에 대한 등록면허세는 지방세특례제한법 제11조 제1항에 의하여 면제되고, 조세특례제한법, 관세법, 지방세법에 의하여 등록면허세가 감면되는 경우 그 감면액의 100분의 20에 해당하는 농특세를 납부하여야 한다. 농업회사법인과 영농조합법인의 설립등기에는 면제된다. 그리고 등록면허세가 면제됨에도 불구하고 농어촌특별세도 농어촌특별세법 제4조 및 동법시행령 제4조에 의하여 면제되고, 등록면허세가 면제되므로 지방교육세도 면제된다.
　주택채권은 과세표준의 1,000분의 1을 매입하여야 한다.
⑥ 전산정보처리조직에 의한 등기를 실시하는 등기소에서 법인의 설립등기를 하고자 하는 경우에는 대표자의 인감증명을 발급받기 위하여 법인인감발급카드신청서를 작성 제출하여 법인인감발급카드를 발급받아야 한다.

♣ 【서식】 농업회사법인 합명회사 정관

농업회사법인 합명회사정관(예)

제1장 총 칙

제1조(상호)

본 회사는 농어업경영체 육성 및 지원에 관한 법률 제19조에 의하여 설립된 회사로서 그 명칭은 농업회사법인○○합명회사라 칭한다. (註1)

(비고) 상호는 반드시「농업회사법인○○합명회사」라는 명칭을 사용하여야 한다.

제2조(목적)

본 회사는 기업적 농업경영을 통하여 생산성을 향상시키거나 생산된 농산물을 유통·가공판매함으로써 농업의 부가가치를 높이고 노동력의 부족 등으로 농업경영이 곤란한 농업인의 농작업의 전부 또는 일부를 대행하여 영농의 편의를 도모함을 목적으로 한다.

제3조(사업)

① 본 회사는 생산성 향상을 위한 기업적 농업경영과 ○○사업을 주사업으로 한다.

② 본 회사는 다음 각호의 사업을 부대사업으로 한다.(註2)

  1. 농산물의 유통·가공·판매
  2. 농작업의 전부 또는 일부대행
  3. 영농에 필요한 자재의 생산·공급
  4. 영농에 필요한 종묘생산 및 종균배양사업
  5. 농산물의 매취·비축사업
  6. 농업기계 기타장비의 임대·수리·보관사업
  7. 소규모 관개시설의 수탁·관리사업

제4조(본점의 소재지 및 지점의 설치)

  1. 본 회사의 본점은 ○○ 시·도 ○○시·군에 둔다.(註3)
  2. 본 회사는 필요한 경우에는 총사원의 결의로 지점, 영업소, 출장소를 둘 수 있다.

제5조(공고방법) 본 회사의 공고사항은 ○○시·도에서 발간되는 ○○신문에 게재한다.

제2장 사원과 출자

제6조(사원의 자격) 본 회사의 사원은 농업인, 농업관련 생산자단체로 하되 제7조에서 정한 출자한도 내에서 출자한 농업인이나 농업관련 생산자단체가 아닌 자(이하 비농업인이라 한다)도 사원이 될 수 있다.

제7조(비농업인의 출자한도) 비농업인이 출자하는 출자액의 합계는 본 회사의 총출자액의 100분의 90을 초과할 수 없다.(註4)

제8조(사원의 성명, 주소 및 출자) 사원의 성명과 주소, 그 출자의 목적, 가격 또는 평가의 기준은 다음과 같다(註5)

1. 금○○○원

   성명 ○ ○ ○ (   ) 주민등록번호 :   -

   시도   시군   읍면   리동   번지

1. ○○시도 ○○시군 ○○읍면 ○○리동 ○○번지

   대 ○○○○㎡

   위 지상

   목조 기와지붕 2층 사무실

        건평 1층 ○○㎡

        2층 ○○㎡

   가격 금 ○○○○○원

   성명 ○ ○ ○ (   ) 주민등록번호 :   -

   ○○시도 ○○시군 ○○읍면 ○○리동 ○○번지

1. 채권 금 ○○○○○원 단, ○○○에 대하여 가지고 있는 약속어음

   금 가격 금 ○○○○○원

   성명 ○ ○ ○ (   ) 주민등록번호 :   -

   ○○시도 ○○시군 ○○읍면 ○○리동 ○○번지

1. 노무 단, 회사를 위하여 ○○○을 하는 것

   가격표준 1년 금○○○원

   성명 ○ ○ ○ (   ) 주민등록번호 :   -

   ○○시도 ○○시군 ○○읍면 ○○리동 ○○번지

1. 신용

   평가표준 1년 금 ○○○원

   성명 ○ ○ ○ (   ) 주민등록번호 :   -

   ○○시도 ○○시군 ○○읍면 ○○리동 ○○번지

   ※ 위 성명 다음의 (   ) 내는 농업인인 경우 '농업인', 생산자단체인 경우 생
      산자단체명을 기재하고, 주민등록번호란에는 생산자단체인 경우 '사업자등
      록번호를 기재

제9조(지분양도) ① 사원은 다른 사원 전원의 동의에 의하여 그 지분의 전부
   나 일부를 타인에게 양도할 수 있다.

   ② 전항의 경우 비농업인인 사원에게 양도하여 비농업인의 총출자액이 제7
   조에서 규정한 한도를 초과할 때에는 그 양도는 효력이 없다.

   ③ 상속 또는 유증에 의하여 비농업인의 총출자액이 제7조에서 규정한 한도
   를 초과할 경우에는 그 초과지분을 지체없이 농업인에게 양도하여야 한다.

제10조(경업금지) ① 사원은 다른 사원의 동의가 없으면 자기 또는 제3자를
   위하여 회사의 영업부류에 속하는 거래를 하거나 동종영업을 목적으로 하는
   다른 회사의 무한책임사원이나 이사가 될 수 없다.

제11조(자기거래) 사원은 다른 사원 과반수의 승낙이 없으면 자기 또는 제3자
   를 위하여 회사와 거래를 할 수 없다.

제3장 업무집행과 회사대표

제12조(업무집행과 대표사원) 본 회사는 사원 ○○○을(를) 업무집행사원 겸

대표사원으로 한다.

[유례] 1. 〈수인이 업무를 집행하고 회사를 대표하는 경우〉

　본 회사는 사원 ○○○과(와) 사원○○○이 공동하여 업무를 집행하고 회사를 대표한다.

[유례] 2. 〈수인이 업무를 집행하고 그중 1인이 회사를 대표하는 경우〉

　본 회사는 사원 ○○○, 사원 ○○○을(를) 업무집행사원으로 하고 사원 ○○○을(를)대표사원으로 한다.(註6)

제13조(선임과 임기) 업무집행사원과 대표사원은 총사원의 동의로 선임하고 임기는 각 3년으로 한다.

제14조(통지의무) 업무를 집행하고 회사를 대표하는 사원은 다른 사원의 청구가 있으면 언제든지 회사의 업무 및 재산상태를 그 사원에게 통지하여야 한다.

제15조(지배인의 임면) ① 회사의 영업전반에 걸쳐 포괄적인 대리권을 갖고 보조하기 위한 지배인(혹은 지점장, 영업부장)을 둘 수 있다.

② 지배인의 선임 및 해임은 사원 과반수의 동의로 결정한다.

제16조(권한상실) 업무를 집행하고 회사를 대표하는 사원에게 다음 사유가 있는 때에는 다른 사원은 과반수의 결의로써 법원에 그 권한상실신고를 청구할 수 있다.

1. 업무집행 또는 회사대표에 현저히 부적임한 때

2. 기타 중대한 의무위반이 있는 때

제4장 사원의 입사와 퇴사

제17조(입사) 총사원의 동의가 없으면 새로운 사원으로 입사할 수 없다.

제18조(퇴사) 각 사원은 부득이한 사유가 있는 때를 제외하고는 영업년도 말에 한하여 퇴사할 수 있으며 이 경우 6개월 전에 이를 예고하여야 한다.

제19조(퇴사이유) 사원은 전조 및 지분압류가 있는 경우 외에는 다음 사유로

인하여 퇴사한다.
1. 총사원의 동의
2. 사망
3. 파산
4. 금치산
5. 제명

제20조(상속) 재산을 출자의 목적으로 한 사원이 사망한 때에는 그 상속인은 다른 사원 전원의 동의를 얻어 피상속인의 지분을 승계하여 사원이 될 수 있다.
　[유례] ① 사원이 사망한 때에는 그 상속인이 피상속인의 지분을 승계하여 사원이 될 수 있다.
　② 상속인은 상속개시를 안 날로부터 3월내에 그 승계여부를 회사에 통지해야 하고 위 기간내에 통지를 하지 아니한 때에는 승계하지 않는 뜻으로 본다.

제21조(제명) 사원에게 다음의 사유가 있는 때에는 다른 사원은 과반수의 결의로 법원에 그 사원의 제명선고를 청구할 수 있다.
1. 출자의 의무를 이행하지 아니한 때
2. 사원의 경업금지의무에 위반한때
3. 회사의 업무집행과 회사대표에 관하여 부정한 행위가 있거나 권한없이 업무를 집행하거나 회사를 대표한 때
4. 기타 중요한 사유가 있는 때

제22조(지분의 환급) ① 퇴사한 사원은 퇴사당시 회사재산에서 그 출자비율에 따라 그 지분을 환급 받을 수 있다. 다만, 노무 또는 신용을 출자의 목적으로 한 사원과 제명선고로 인하여 퇴사한 사원은 그 지분을 환급받지 못한다.(註7)
② 제1항의 경우 농지를 출자한 비농업인 사원이 퇴사한 경우에는 회사는 그에 상당하는 현금 등으로 그 지분을 환급할 수 있다.

제5장 계 산

제23조(영업연도) 본 회사의 영업연도는 매년 ○월 ○일부터 ○월 ○일까지로 한다.

제24조(계산서류의 승인)

업무집행사원은 매 영업연도말에 각 사원에게 다음 서류를 제출하고 그 승인을 받아야 한다.

1. 재산목록 및 사원별 출자내역
2. 대차대조표
3. 영업보고서
4. 손익계산서
5. 이익배당에 관한 의안

제25조(이익배당) ① 본 회사는 순익금으로 결손금을 채운 후가 아니면 어떠한 명목으로도 사원에게 이익배당을 할 수 없다.

② 각 사원의 이익배당비율은 그 출자액의 비율에 의한다.

제6장 해 산

제26조(존립기간) 본 회사의 존립기간은 설립등기일로부터 만 ○○년간으로 한다.(註8)

제27조(해산사유) 본 회사는 다음 사유로 인하여 해산한다.

1. 제26조에서 정한 존립기간의 만료
2. 총사원의 동의
3. 사원이 1인으로 된 때
4. 합병
5. 파산
6. 법원의 명령 또는 판결

제28조(회사의 계속) ① 제27조 제1호와 제2호의 사유로 인하여 해산한 경우에는 사원의 전부 또는 일부의 동의로써 회사를 계속할 수 있다. 그러나 동의하지 아니한 사원은 퇴사한 것으로 본다.

② 제27조 제3호의 사유로 인하여 해산한 경우에는 새로운 사원을 가입시켜 회사를 계속할 수 있다.

제29조(합병) 본 회사가 합병을 함에는 총사원의 동의를 얻어야 한다.

제7장 청 산

제30조(청산방법) 본 회사가 해산한 경우, 회사재산의 처분은 총사원의 동의로써 정한 방법에 의한다.

제31조(청산인의 임면) 청산인의 선임 및 해임은 총사원 과반수의 결의에 의한다.

제32조(잔여재산분배) 잔여재산은 각 사원의 출자액의 비율에 따라 분배하되 농지는 농업인 사원에게 분배한다.

제33조(적용범위) 본 정관에 규정되지 않은 사항은 농어업경영체 육성 및 지원에 관한 법률과 상법 및 기타 법령에 정한 규정에 따른다.

제34조(세부내규) 본 회사는 필요에 따라 총사원의 결의로써 업무추진 및 경영상 필요한 회사 세부내규를 정할 수 있다.

위 농업회사법인 ○○합명회사를 설립하기 위하여 본 정관을 작성하고 각 사원이 이에 기명 날인한다. (註9)

서기   년   월   일

농업회사법인 ○○합명회사

사원 ○ ○ ○ ㉑

(이하 사원전원이 기명 날인한다.) 제○○조 (○○○○)

♣ 【서식】 농업회사법인 합자회사설립등기신청서

<table>
<tr><td colspan="5" align="center">농업회사법인 합자회사설립등기신청</td></tr>
<tr><td rowspan="2">접
수</td><td colspan="2" align="center">년   월   일</td><td rowspan="2">처리인</td><td>등기관 확인</td><td>각종통지</td></tr>
<tr><td colspan="2" align="center">제   호</td><td></td><td></td></tr>
</table>

명 칭	○○영합자회사법인	등기번호	제1000호
본 점	○○시 ○○구 ○○동 ○		
등기의 목적	농업회사법인 합자회사설립등기		
등기의 사유	농업.농촌기본법 및 상법의 규정에 의하여 농업회사법인 합자회사를 설립하기 위하여 20○○년 ○월 ○일 정관을 작성하였으므로 다음 사항의 등기를 구함.		
허가서도착연월일	20○○년 ○월 ○일		
등기할 사항			
명 칭	농업회사법인 ○○합자회사		
본 점	○○시 ○○구 ○○동 ○		
목 적	별지 기재와 같음		
지 점	○○시 ○○구 ○○동 ○(○○지점)		
존립기간 또는 해산사유	회사성립연월일로부터 만 30년으로 한다.		
자산의 총액	금 ○○○ 원		
출자의 방법			

사원의 성명, 주민등록번호와 출자의 목적, 가격 및 이행한 부분	무한책임사원 ○ ○ ○(-) 　　　　금 8,000,000원 중 금 3,000,000원 이행 무한책임사원 ○ ○ ○(-) 　　　　　　부동산 　　　　　　　○○시 ○○동 100번지 　　　　　　　대 150평방미터 　　　　　　위 지상 　　　　　　　목조 기와지붕 2층 사무실 　　　　　　　건평 1층 50평방미터 　　　　　　　2층 40평방미터 　　　　　　　가격 금 2,500,000원 전부이행 무한책임사원 ○ ○ ○(-) 　　　　채권 　　　　금 2,500,000원 단, 박○○에 대하여 가지고 있는 　　　　약속어음채권, 가격 금 2,500,000원 전부 이행 유한책인사원 ○ ○ ○(-) 　　　　노무 무한책임사원 ○ ○ ○(-) 　　　　신용
대표사원의 성명과 주소, 주민등록번호	대표사원 ○ ○ ○ (-) 　　　○○시 ○○구 ○○동 ○
기　　타	

등록면허세	금 원	지방교육세	금 원	농어촌특별세	금 원
세 액 합 계	금 원		등기신청수수료	금 원	
등기신청수수료 납부번호					

첨 부 서 면

1. 정관(공증인 인증불요) 1통	1. 대표사원의 취임승낙서 ○통
1. 영수증 또는 출자이행증명서(금전 출자 이행부분이 있는 경우) 1통	1. 법인인감카드발급신청서 1통
1. 인도증(현물출자의 이행부분이 있는 경우) 1통	1. 주민등록표등본 ○통
1. 허가서(관청의 허가가 효력발생요건인 경우) 1통	1. 인감증명서 ○통
	1. 등기신청수수료영수필확인서 1통
	1. 위임장(대리인이 신청할 경우) 1통
	<기 타>

20○○년 ○월 ○일

신청인 명   칭   농업회사법인 ○○합자회사
          주사무소   ○○시 ○○구 ○○동 ○○
대표자 성   명   대표사원 ○ ○ ○ ㊞   (전화 :   )
          주   소   ○○시 ○○구 ○○동 ○○
대리인 성   명   법무사 ○ ○ ○ ㊞   (전화 :   )
          주   소   ○○시 ○○구 ○○동 ○○

○○지방법원 ○○등기소 귀중

- 신청서 작성요령 -

1. 해당란이 부족할 때에는 별지를 이용합니다.
1. 해당 등기신청과 관계없는 사항에 대하여는 "해당없음"으로 기재하거나 삭제하고, 필요한 사항은 추
   가 기재합니다.
1. 「인감증명법」에 따른 인감증명서 제출과 함께 관련 서면에 인감을 날인하여야 하는 경우, 본인서명
   사실확인서를 제출하고 관련 서면에 서명을 하거나 전자본인서명확인서 발급증을 제출하고 관련
   서면에 서명을 하면 인감증명서를 제출하고 관련 서면에 인감을 날인한 것으로 봅니다.

(용지규격 21cm×29.7cm)

목　적

1. 농.축산물 가공, 유통, 판매
2. 집단영농 및 공동작업에 관한 사업
3. 농기계 및 시설 대여사업
4. 농업인의 농작업 대행사업
5. 농자재 생산, 공급 및 공동구매, 판매업
6. 각호에 부수하는 일체의 사업

주 ① 이 등기신청은 대표사원이 신청한다. 다만, 대표사원을 정하지 아니하였으면 무한책임사원 중 1인이 신청할 수 있고, 공동대표사원을 정하였으면 그 전원에 신청한다.
② 등기할 사항에서 지점표시는 설립당초부터 지점을 설치한 경우에 한하여야 한다.
③ 사원의 출자이행부분은 구체적으로 기재하되, 노무.신용은 비재산권상 출자이므로 그 이행부분과 가액을 기재할 필요가 없다.
④ 과세표준은 현실로 이행한 부분이 아니라 각 사원이 출자키로 약속한 출자목적금액 또는 가액의 총액을 기재한다.
⑤ 농업회사법인등기의 설립등기에 대한 등록면허세는 지방세특례제한법 제11조 제1항에 의하여 면제되고, 등록면허세가 감면됨에도 불구하고 농어촌특별세도 농어촌특별세법 제4조 및 동법시행령 제4조에 의하여 면제되고, 등록면허세가 면제되므로 지방교육세도 면제된다. 조세특례제한법, 관세법, 지방세법에 의하여 등록면허세가 감면되는 경우 그 감면세액의 100분의 20에 해당하는 농특세를 납부하여야 하나, 농업회사법인과 영농조합법인의 설립등기에는 면제된다. 주택채권은 과세표준의 1,000분의 1을 매입하여야 한다.
⑥ 전산정보처리조직에 의한 등기를 실시하는 등기소에서 법인의 설립등기를 하고자 하는 경우에는 대표자의 인감증명을 발급받기 위하여 법인인감발급카드신청서를 작성 제출하여 법인인감발급카드를 발급받아야 한다.

♣ 【서식】 농업회사법인 합자회사 정관

농업회사법인 합자회사정관(예)

제1장 총 칙

제1조(상호) 본 회사는 농업·농촌 및 식품산업 기본법에 의하여 설립된 회사로서 그 명칭은 농업회사법인○○합자회사라 칭한다(註1)

제2조(목적) 본 회사는 기업적 농업경영을 통하여 생산성을 향상시키거나 생산된 농산물을 유통·가공·판매함으로써 농업의 부가가치를 높이고 노동력 부족 등으로 농업경영이 곤란한 농업인의 농작업의 전부 또는 일부를 대행하여 영농의 편의를 도모함을 목적으로 함.

제3조(사업) ① 본 회사는 생산성 향상을 위한 기업적 농업경영과 ○○사업을 주사업으로 한다.

② 본 회사는 다음 각호의 사업을 부대사업으로 한다.(註2)

1. 농산물의 유통·가공·판매

2. 농작업의 전부 또는 일부대행

3. 영농에 필요한 자재의 생산·공급

4. 영농에 필요한 종묘생산 및 종균배양사업

5. 농림수산물의 매취·비축사업

6. 농업기계 기타장비의 임대·수리·보관사업

7. 소규모 관개시설의 수탁·관리사업

제4조(본점의 소재지 및 지점의 설치)

① 본 회사의 본점은 ○○시·도 ○○시·군에 둔다.(註3)

② 본 회사는 필요한 경우는 총사원의 결의로 지점, 영업소, 출장소를 둘 수 있다.

제5조(공고방법) 본 회사의 공고사항은 ○○시도에서 발간되는 ○○신문에 게재한다.

<h1 align="center">제2장 사원과 출자</h1>

제6조(사원의 자격) 본 회사의 사원은 농업인, 농산물의 생산자 단체로 하되 제7조에서 정한 출자한도 내에서 출자한 비농업인도 사원이 될 수 있다. 단, 농산물의 생산자 단체 및 비농업인은 무한책임사원이 될 수 없다. (註4)

제7조(비농업인의 출자한도) 농업인, 농산물의 생산자 단체가 아닌자가 출자하는 출자액의 합계는 본 회사의 총출자액의 10분의 9을 초과할 수 없다.

제8조(사원의 성명·주소 및 출자) 사원의 성명과 주소 및 책임과 그 출자의 목적, 가격 또는 그 평가의 표준은 다음과 같다(註5)

1. 금 ○○○원

   무한책임사원 ○ ○ ○ (   )   주민등록번호 :

   ○○시도 ○○시군 ○○읍면 ○○리동 ○○번지

1. ○○시도 ○○시군 ○○읍면 ○○리동 ○○번지

   대 ○○○○㎡

   위 지산

   목조 기와지붕 2층 사무실

       건평 1층 ○○㎡

           2층 ○○㎡

   가격 금 ○○○○○원

   무한책임사원 ○ ○ ○ (   )   주민등록번호 :

   ○○시도 ○○시군 ○○읍면 ○○리동 ○○번지

1. 채권 금 ○○○○○원 단, ○○○에 대하여 가지고 있는 약속어음금

   가격 금 ○○○○○원

   유한책임사원 ○ ○ ○ (   )   주민등록번호 :

   ○○시도 ○○시군 ○○읍면 ○○리동 ○○번지

1. 노무 단, 회사를 위하여 ○○○을 하는 것

   가격표준 1년 금 ○○○원

　　　무한책임사원 ○ ○ ○ (　　　　　) 　주민등록번호 :

　　　○○시도 　○○시군 　○○읍면 　○○리동 　○○번지

　1. 신용

　　　평가표준 1년 금 ○○○원

　　　무한책임사원 ○ ○ ○ (　　　　　) 　주민등록번호 :

　　　○○시도 　○○시군 　○○읍면 　○○리동 　○○번지

※ 위 성명 다음의 (　　) 내는 농업인인 경우 '농업인', 생산자단체인 경우 생산자단체명, '비농업인'인 경우 '비농업인'을 기재하고, 주민등록번호란에는 사업자인 경우 사업자등록번호를 기재

제9조(지분양도)　① 사원은 무한책임사원 전원의 동의가 있으면 그 지분의 전부 또는 일부를 타인에게 양도할 수 있다.

　② 전항의 경우 비농업인인 사원에게 양도하여 비농업인의 총출자액이 제7조에서 규정한 한도를 초과할 때에는 그 양도는 효력이 없다.

　③ 상속 또는 유증에 의하여 비농업인의 총출자액이 제7조에서 규정한 한도를 초과할 경우에는 그 초과지분을 지체없이 농업인에게 양도하여야 한다.

제10조(유한책임사원의 경업의 자유)　유한책임 사원은 다른 사원의 동의없이 자기 또는 제3자의 계산으로 회사의 영업부류에 속하는 거래를 할 수 있고 동종영업을 목적으로 하는 다른 회사의 무한책임사원 또는 이사가 될 수 있다.

제11조(자기거래)　사원은 다른 사원 과반수의 승낙이 없으면 자기 또는 제3자를 위하여 회사와 거래를 할 수 없다.

제3장　업무집행과 회사대표

제12조(업무집행사원과 대표사원)　본 회사는 무한책임사원 ○○○을(를) 업무집행사원 겸 대표사원으로 한다.

　[유례] 1. <수인이 업무를 집행하고 회사를 대표하는 경우>

　　　본 회사는 무한책임사원 ○○○과(와) 동 ○○○이 공동하여 업무를 집행

하고 회사를 대표한다.

[유례] 2. <수인이 업무를 집행하고 그중 1인이 회사를 대표하는 경우>
  본 회사는 무한책임사원 ○○○과 동 ○○○을(를) 업무집행사원으로 하고 동 ○○○을(를) 대표사원으로 한다.(註6)

제13조(선임과 임기)
  업무집행사원과 대표사원은 총사원의 동의로 선임하고 임기는 각 2년으로 한다.

제14조(통지의무)
  업무를 집행하고 회사를 대표하는 사원은 다른 사원의 청구가 있으면 언제든지 회사의 업무 및 재산상태를 그 사원에게 통지해야 한다.

제15조(지배인의 임면) ① 회사의 영업전반에 걸쳐 포괄적인 대리권을 갖고 보조하기 위한 지배인(혹은 지점장, 영업부장)을 둘 수 있다.
  ② 지배인의 선임 및 해임은 무한책임사원 과반수의 동의로 결정한다.

제16조(권한상실) 업무를 집행하고 회사를 대표하는 사원에게 다음 사유가 있는 때에는 다른 사원은 과반수의 결의로서 법원에 그 권한상실신고를 청구할 수 있다.
  1. 업무집행 또는 회사대표에 현저히 부적임한 때
  2. 기타 중대한 의무위반이 있는 때

제4장 사원의 입사와 퇴사

제17조(입사) 총사원의 동의가 없으면 새로운 사원으로 입사할 수 없다.

제18조(퇴사) 각 사원은 부득이한 사유가 있는 때를 제외하고는 영업년도말에 한하여 퇴사할 수 있으며 이 경우 6개월 전에 이를 예고하여야 한다.

제19조(퇴사사유)
  사원은 지분압류가 있는 경우 외에 다음 사유로 인하여 퇴사한다.
  1. 총사원의 동의

  2. 사망

  3. 파산 또는 해산

  4. 금치산

  5. 제명

제20조(상속)   재산을 출자의 목적으로 한 사원이 사망한 때에는 그 상속인은 다른 사원 전원의 동의를 얻어 피상속인의 지분을 승계하여 사원이 될 수 있다.

  [유례] ① 사원이 사망한 때에는 그 상속인이 피상속인의 지분을 승계하여 사원이 될 수 있다.

  ② 상속인은 상속개시를 안 날로부터 3월내에 그 승계여부를 회사에 통지해야 하고 위 기간내에 통지를 하지 아니한 때에는 승계하지 않는 뜻으로 본다.

제21조(제명)

  사원에게 다음의 사유가 있는 때에는 다른 사원은 과반수의 결의로 법원에 그 사원의 제명선고를 청구할 수 있다.

  1. 출자의무를 이행하지 아니한 때

  2. 사원의 경업금지의무에 위반한때

  3. 회사의 업무집행과 회사대표에 관하여 부정한 행위가 있거나 권한없이 업무를 집행하거나 회사를 대표한 때

  4. 기타 중대한 의무를 위반한 때

제22조(지분의 환급)   ① 퇴사한 사원은 퇴사당시 회사재산에서 그 출자비율에 따라 그 지분을 환급받을 수 있다. 다만, 노무 또는 신용을 출자의 목적으로 한 사원과 제명선고로 인하여 퇴사한 사원은 그 지분을 환급 받지 못한다.

  ② 제1항의 경우 농지를 출자한 비농업인 사원이 퇴사한 경우에는 회사는 그에 상당하는 현금 등으로 그 지분을 환급할 수 있다.

제5장   계 산

제23조(영업연도) 본 회사의 영업년도는 매년 ○월 ○일부터 ○월 ○일까지로 한다.

제24조(계산서류의 승인) 본 회사의 영업년도는 매년 ○월 ○일부터 ○월 ○일까지로 한다.

제25조(이익배당)

① 본 회사는 순익금으로 결손금을 채운 후가 아니면 어떠한 명목으로도 사원에게 이익배당을 할 수 없다.

② 각 사원은 이익배당비율은 그 출자액의 비율에 의한다.

제6장   해 산

제26조(존립기간) 본 회사의 존립기간은 설립등기일로부터 만 ○○년으로 한다.(註7)

제27조(해산사유) 본 회사는 다음 사유로 인하여 해산한다.

1. 제26조 소정 존립기간의 만료

2. 총사원의 동의

3. 무한책임사원 또는 유한책임사원 전원의 퇴사

4. 합병

5. 파산

6. 법원의 명령 또는 판결

제28조(회사계속)

① 제27조 제1호와 제2호의 사유로 인하여 해산한 경우에는 사원의 전부 또는 일부의 동의로써 회사를 계속할 수 있다. 그러나 동의하지 아니한 사원은 퇴사한 것으로 본다.

② 제27조 제3호의 사유로 인하여 해산한 경우에는 새로운 사원을 가입시켜 회사를 계속할 수 있다.

제29조(합병) 본 회사가 합병을 함에는 총사원의 동의를 얻어야 한다.

제7장 청 산

제30조(청산방법) 본 회사가 해산한 경우, 회사재산의 처분은 총사원의 동의로써 정한 방법에 의한다.

제31조(청산인의 임면) 청산인이 선임 및 해임은 총사원 과반수의 결의에 의한다.

제32조(잔여재산분배) 잔여재산은 각 사원의 출자액의 비율에 따라 분배하되 농지는 농업인 사원에게 분배한다.

제33조(적용범위)

본 정관에 규정되지 않은 사항은 농업·농촌 및 식품산업 기본법과 상법 및 기타 법령에 정한 규정에 따른다.

제34조(세부내규) 본 회사는 필요에 따라 총사원의 결의로써 업무추진 및 경영상 필요한 회사 세부내규를 정할 수 있다.

위 농업회사법인 ○○합자회사를 설립하기 위하여 본 정관을 작성하고 각 사원이 이에 기명 날인한다. (註8)

서기   년   월   일

농업회사법인 ○○합자회사

무한책임사원 ○ ○ ○ ㊞

(이하 무한책임사원과 유한책임사원 전원이 기명 날인한다)

♣ 【서식】 농업회사법인 주식회사설립등기신청서

농업회사법인 주식회사설립등기신청

접 수	년　　월　　일		처리인	등기관 확인	각종통지
	제　　　　　호				

명　　칭	농업회사법인 ○○주식회사	등기번호	제1000호	
본　　점	○○시 ○○구 ○○동 ○			
등기의 목적	주식회사 설립등기			
등기의 사유	<경우1> 모집설립의 경우 　정관을 작성하고 공증인의 인증을 받아 발기인이 회사 설립시에 발행하는 주식의 총수를 인수하지 아니하고 주주를 모집하여 주금 납입을 완료하고 20○○년 ○월 ○일 창립총회를 종결하였으므로 다음 사항의 등기를 구함. <경우2> 발기설립의 경우 　정관을 작성하고 공증인의 인증을 받아 발기인이 회사 설립시에 발행하는 주식의 총수를 인수받고, ① 상법 제299조의 검사인의 조사.보고에 갈음하여 20○○년 ○월 ○일 상법 제299조의2의 사항을 공증인의 조사.보고로 하고, 또한 현물출자에 대하여 공인된 감정인이 감정하였으므로(변태설립사항 및 현물출자가 있는 경우), ② 20○○년 ○월 ○일 상법 제298조의 절차를 종료하였으므로(변태설립사항이 없는 경우), ③ 20○○년 ○월 ○일 상법 제299조의 절차를 종료하였으므로(변태설립사항을 법원선임 검사인이 조사할 경우), 다음 사항의 등기를 구함.			
허가서도착연월일	20○○년 ○월 ○일			

등기할 사항

상호　농업회사법인 ○○주식회사
본점　○○군 ○○읍 ○○리 ○○번지
지점　○○시 ○○구 ○○동 111번지(○○지점)
목적과 사업 기업적 농업경영을 통하여 생산성을 향상시키고, 생산된 농산물을 유통,
　　　가공, 판매함으로서 농가의 부가가치를 높이고 노동력의 부족 등으로 농
　　　업 경영이 곤란한 농업인의 농작업의 전부 또는 일부를 대행하여 영농의
　　　편의를 도모함을 목적으로 그 목적을 달성하기 위하여 다음 사업을 행한
　　　다.
　(1) 포장센타 설립 및 운영
　(2) 농산물 가공 판매
　(3) 직판장 설립 및 운영
　(4) 농기계 수리센타 설치 및 운영, 농기계 및 대여사업
　(5) 농.축.수산업의 경영
　(6) 인분 및 가축분뇨 비료제조업
　(7) 각호에 관련된 부대사업 일체
회사가 발행할 주식의 총수 50,000주
1주의 금액 금 10,000원
회사가 발행시에 발행하는 주식의 총수 20,000주
발행주식의 총수, 그 종류와 각종 주식의 내용과 수
　보통주식 15,000주
　우선주식 5,000주
　자본의 총액 200,000,000원
공고방법　○○시에서 발행하는 일간 ○○일보에 기재한다.
회사의 존립기간　회사성립일로부터 만 50년
해산사유　1. 일반주주총회에서 주주들의 2분의 1이 회사의 해산을 결의할 때
　　　　　2. 회사가 다른 회사와 합병할 때
　　　　　3. 회사가 해산을 명하는 법원의 판결이 있을 때
　　　　　4. 회사가 법원에 의한 파산신고를 받았을 때
이사의 성명과 주민등록번호
　이사 ○　○　○(　-　)

<table>
<tr><td colspan="2">

　　이사 ○　○　○(　　-　　)
　　이사 ○　○　○(　　-　　)
회사를 대표할 이사의 성명, 주소
　대표이사 ○　○　○
　　○○군 ○○면 ○○리 ○○번지
감사 ○　○　○(　　-　　)
주식양도제한규정 주식의 양도는 이사회의 승인이 있어야 함

</td></tr>
<tr><td>기　타</td><td></td></tr>
</table>

등록면허세	금 원	지방교육세	금 원	농어촌특별세	금 원
세 액 합 계	금 원		등기신청수수료	금 원	
등기신청수수료 납부번호					

첨　부　서　면

1. 정관	1통	1. 검사인조사보고서(법원선임) 등본	1통
1. 주식인수증	1통	1. 검사인보고에 관한 재판서등본	1통
1. 주식청약서(모집설립의 경우)	○통	1. 발기인총회의사록	1통
1. 주식발행사항동의서	1통	1. 이사회의사록	1통
1. 재산인도증	1통	1. 관청 허가서	1통
1. 주식납입금 보관증명서　1통		1. 취임승낙서 및 인감증명	4통
1. 창립총회동의서 단축동의서	1통	1. 인감신고서 및 인감증명(대표자)	1통
1. 창립총회의사록	1통	1. 상호번역문(외국어 상호인 경우)	1통
1. 창립사항보고서	1통	1. 주민등록등본(인원)	○통
1. 이사.감사의 조사보고서		1. 법인인감카드발급신청서	1통
(공증인의 조사보고서)	1통	1. 등기신청수수료영수필확인서	1통
1. 공증인의 변태설립보고서	1통	1. 위임장(대리인이 신청할 경우)	1통
1. 감정인의 감정서	1통	<기 타>	
1. 공증인(이사회 선임)조사보고서	1통		

20○○년 ○월 ○일

신청인 명　　칭　　농업회사법인 ○○주식회사

　　　　주사무소　　○○시 ○○구 ○○동 ○○

대표자 성　　명　　대표이사 ○ ○ ○ ⑩　　(전화 :　　　　)

　　　　주　　소　　○○시 ○○구 ○○동 ○○

대리인 성　　명　　법 무 사 ○ ○ ○ ⑩　　(전화 :　　　　)

　　　　주　　소　　○○시 ○○구 ○○동 ○○

○○지방법원 ○○등기소 귀중

- 신청서 작성요령 -

1. 해당란이 부족할 때에는 별지를 이용합니다.
1. 해당 등기신청과 관계없는 사항에 대하여는 "해당없음"으로 기재하거나 삭제하고, 필요한 사항은 추가 기재합니다.
1.「인감증명법」에 따른 인감증명서 제출과 함께 관련 서면에 인감을 날인하여야 하는 경우, 본인서명 사실확인서를 제출하고 관련 서면에 서명을 하거나 전자본인서명확인서 발급증을 제출하고 관련 서면에 서명을 하면 인감증명서를 제출하고 관련 서면에 인감을 날인한 것으로 봅니다.

(용지규격 21㎝×29.7㎝)

주 ① 이 등기는 대표이사 또는 공동대표이사 전원이 신청한다.

② 등록면허세 및 지방교육세는 지방세특례제한법 제11조 제1항에 의하여 면제되고, 등록면허세가 면제됨에도 불구하고 농어촌특별세는 조특법, 지세법 등에 의한 감면등록세액의 100분의 20을 납부하여야함에도 농업회사법인의 설립에도 농어촌특별세가 면제된다(농특세법 제4조, 농특세령 제4조). 국민주택채권은 1,000분의 1로서 국민주택채권의 최저매입금액은 1만원이다.

③ 첨부서류 중 주식인수증은 발기인에 한하여 이를 첨부한다.

④ 주식청약서는 모집주주에 한하여 이를 첨부한다.

⑤ 재산인도증은 현물출자가 있는 경우에 한하여 첨부한다.

⑥ 단축동의서는 상법 제363조 소정의 기간을 단축하여 창립총회를 소집하는 경우에 한하여 첨부한다.

⑦ 재판서등본은 검사인의 조사보고에 대하여 법원의 변경처분이 있는 경우에 한하여 이를 첨부한다.

♣ 【서식】 농업회사법인 주식회사 정관

농업회사법인 주식회사정관(예)

제1조(상호) 본 회사는 농어업경영체 육성 및 지원에 관한 법률 제19조에 의하여 설립된 회사로서 그 명칭은 농업회사법인○○주식회사라 칭한다(註1)
(비고) 상호는 반드시「농업회사법인○○주식회사」라는 명칭을 사용하여야 한다.

제2조(목적) 본 회사는 기업적 농업경영을 통하여 생산성을 향상시키거나, 생산된 농산물을 유통·가공·판매함으로써 농업의 부가가치를 높이고 노동력 부족 등으로 농업경영이 곤란한 농업인의 농작업의 전부 또는 일부를 대행하여 영농의 편의를 도모함을 목적으로 한다.

제3조(주주의 자격) 본 회사의 주주는 농업인, 농업관련 생산자단체로 하되 제10조에서 정한 출자한도 내에서 출자한 농업인이나 농업관련 생산자단체가 아닌자(이하 비농업인이라 한다)도 주주가 될 수 있다(註2)

제4조(사업)
  ① 본 회사는 생산성 향상을 위한 기업적 농업경영과 ○○사업을 주 사업으로 한다.
  ② 본 회사는 다음 각 호의 사업을 부대사업으로 한다(註3)
  1. 농산물의 유통·가공·판매
  2. 농작업의 전부 또는 일부 대행
  3. 영농에 필요한 자재의 생산·공급
  4. 영농에 필요한 종묘생산 및 종균배양사업
  5. 농산물의 매취·비축사업
  6. 농업기계 기타 장비의 임대·수리·보관사업
  7. 소규모 관개시설의 수탁·관리사업

제5조(본점의 소재지 및 지점의 설치) ① 본 회사의 본점은 ○○ 시·도 ○○ 시·군에 둔다.(註4)
  ② 본 회사는 필요한 경우에 주주총회의 결의로 지점, 영업소, 출장소를 둘 수 있다.(註5)

제6조(공고방법) 본 회사의 공고사항은 ○○시도에서 발간되는 ○○신문에 게재한다(註6)

제7조(존립기간) 본 회사의 존립기간은 회사성립일로부터 만 ○○년으로 한다.(註7)
 [유례] 본회사는 ○○특허권의 기간이 만료할 때까지 존속한다.

제2장 주식과 주권

제8조(회사가 발행할 주식의 총수 및 각종주식의 내용과 수) 본 회사가 발행할 주식의 총수는 ○○만주로서 보통주식으로 한다.
 [유례] 본 회사가 발행할 주식의 총수는 10만주로서 그중 보통주식은 6만주, 우선주식은 2만주, 후배주식은 2만주로 한다.
  제○조(우선주식의 내용) 우선주식의 이익배당률은 연 1할로서 당해결산기의 이익배당률이 그에 미달할 때에는 다음 결산기에 그를 우선하여 배당받는다.
  제○조(후배주식의 내용) 후배주식은 보통주식에 대하여 연○푼의 이액배당을 하고 잉여가 있는 경우에 한하여 이익배당을 받을 수 있다.
  제○조(의결권 없는 주식) 우선주식의 주주는 의결권이 없는 것으로 한다.
  제○조(상환주식) 상환주식은 주식발행후 ○년이내에 주주에게 배당할 이익으로서 상환할 수 있다. 이때 상환가액은 1주당 금○○원으로 한다.

제9조(1주의 금액)
  본 회사가 발행하는 주식 1주의 금액은 금 ○○만원으로 한다.(註8)

제10조(비농업인의 출자한도)
  비농업인이 출자하는 출자액의 합계는 본 회사의 총출자액의 100분의 90을 초과할 수 없다.(註9)

제11조(회사설립시 발행하는 주식의 총수)
  본 회사가 회사설립시에 발행하는 주식의 총수는 ○만주로 한다.

제12조(주권)

　본 회사의 주식은 기명주식으로서 주권은 1주권, 10주권, 100주권 3종으로 한다.

제13조(주권의 명의개서)　주식의 양도로 인하여 명의개서를 청구할 때에는 본 회사 소정의 청구서에 주권을 첨부하여 제출하여야 한다. 상속, 유증 기타 계약이외의 사유로 인하여 명의개서를 청구할 때에는 본 회사 소정의 청구서에 주권 및 취득원인을 증명하는 서류를 첨부하여 제출하여야 한다.

　[유례] 명의개서대리인을 두기로 한 때

　제○조 본 회사는 주주명부의 기재에 관한 사무를 처리하기 위하여 명의개서 대리인을 둔다. 명의개서대리인은 이사회의 결의에 의하여 선정한다.

제14조(주식의 양도제한)

　① 본 회사의 주식은 이사회의 승인이 없으면 양도할 수 없다.

　② 전항과 관련 비농업인인 주주에게 양도하여 비농업인의 총출자액이 제10조에서 규정한 제한을 초과하는 경우에는 그 양도는 효력이 없다.

　③ 상속 또는 유증에 의하여 비농업인의 총출자액이 제10조에서 규정한 한도를 초과하는 경우에는 그 초과지분을 지체없이 농업인에게 양도하여야 한다.

제15조(주권의 재발행)　주권의 재발행을 청구할 때에는 본 회사 소정의 청구서에 다음 서류를 첨부하여 제출해야 한다.

　1. 주권을 상실한 때에는 확정된 제권판결정본

　2. 주권을 훼손한 때에는 그 주권, 다만 훼손으로 인하여 그 진위를 판별할 수 없는 때에는 전호에 준한다.

제16조(주주의 주소신고 등)　주주나 등록질권자 및 그 법정대리인은 성명주소 및 인감을 신고해야 한다. 그 변경이 있는 때에도 역시 같다.

제17조(주주명부의 폐쇄)

　본 회사는 매 결산기 종료일 익일부터 그 결산에 관한 정기 주주총회 종료일까지 주주명부기재의 변경을 정지한다.

제3장   주주총회

제18조(정기총회와 임시총회)

　정기주주총회는 매 결산기 종료후 1월내에 이를 소집하고 임시주주총회는 필요한 경우에 수시로 이를 소집할 수 있다.

제19조(의장)　주주총회의 의장은 대표이사가 된다. 대표이사가 유고인 때에는 이사회에서 정한 순서에 따라 다른 이사가, 다른 이사 전원이 유고인때에는 출석한 주주중에서 선임된 자가 그 직무를 대행한다.

제20조(결의사항)

　주주총회는 법령에서 정한 사항 이외에 다음 사항을 결의한다.

　1. 신주발행사항의 결정

　2. 주식의 분할

　3. 영업의 전부 또는 일부의 양도

제21조(결의)

　주주총회의 결의는 법령에 별도의 규정이 있는 경우를 제외하고는 발행주식총수의 과반수에 해당하는 주식을 가진 주주의 출석과 그 의결권을 과반수로 한다.

제22조(의결권의 대리행사)

　주주는 본 회사의 주주중에서 정한 대리인으로 하여금 대리행사하게 할 수 있다. 이 경우에는 총회 개회전에 그 대리권을 증명하는 서면을 제출해야 한다.

제4장   이사와 감사

제23조(이사와 감사의 수)

　본 회사의 이사는 3인 이상 5인 이내, 감사는 1인 이상 3인 이내로 한다.(註10)

제24조(선임) 이사와 감사는 주주총회에서 선임하되 이사의 3분의 1이상은 농업인으로 한다.

제25조(업무집행과 회사대표) 본 회사의 업무집행과 회사대표는 이사회의 결의로 이사 중에서 선임한 대표이사가 행한다.(註11)

제26조(임기) 이사와 대표이사의 임기는 3년, 감사의 임기는 3년으로 한다. 다만 재임중 최종결산기에 관한 정기주주총회 이전에 그 임기가 만료될 때에는 그 총회 종결시까지 그 임기를 연장할 수 있다.(註12)

제27조(보선) 이사와 감사에 결원이 생긴 경우에는 임시주주총회에서 그를 보선한다. 다만 그 법 정원수를 결하지 아니하는 때에는 그러하지 아니할 수 있다. 보선된 이사나 감사의 임기는 전임자의 잔여기간으로 한다.

제28조(보수) 이사와 감사의 보수는 주주총회에서 이를 정한다.

제5장   이사회

제29조(이사회)
  본 회사의 이사회는 정기이사회와 임시이사회로 한다. 정기이사회는 매월 최초의 월요일에, 임시이사회는 필요에 따라 수시로 이를 소집한다.

제30조(지배인의 임면) 이사회의 결의로 회사의 영업전반에 걸쳐 포괄적인 대리권을 갖고 보조하기 위한 지배인(혹은 지점장, 영업부장)을 둘 수 있다.

제31조(소집권자와 의장) 이사회는 대표이사가 소집하고 그 의장이 된다. 다만 대표이사의 유고중에는 제19조의 순서에 따라 다른 이사가 의장의 직무를 대행한다.

제32조(결의) 이사회의 결의는 이사 전원의 과반수로 하고 가·부동수인 때에는 의장이 결정한다.

제33조(고문)
  본 회사는 이사회의 결의로 고문 약간명을 둘 수 있다.

제6장   계 산

제34조(영업년도)

　본 회사의 영업년도는 매년 ○월○일부터 ○월○일까지로 하여 결산한다.

제35조(이익배당)　이익배당금은 매 결산기 말일 현재의 주주명부에 기재된 주주 또는 등록질권자에게 이를 지급한다.

　위 배당금은 지급개시일로부터 3년이내에 지급청구를 하지 아니한 때에는 그 청구권을 포기한 것으로 간주하고 이를 본 회사에 귀속시킨다.

제7장　해 산

제36조(해산사유)　본 회사는 다음 사유로 인하여 해산한다.
　1. 제7조에서 정한 존립기간의 만료
　2. 합병
　3. 파산
　4. 법원의 명령 또는 판결
　5. 주주총회의 결의

제37조(해산의 결의)

　해산의 결의는 발행주식 총수의 과반수에 해당하는 주식을 가진 주주의 출석으로 그 의결권의 3분의 2이상의 다수로써 하여야 한다.

제38조(회사계속)

　회사가 존립기간의 만료, 주주총회의 결의에 의하여 해산한 경우에는 제37조의 규정에 의한 결의로 회사를 계속할 수 있다.

제39조(해산의 통지)　사가 해산한 때에는 파산의 경우외에는 대표이사는 지체없이 주주에 대하여 그 통지를 한다.

제40조(합볍계약서와 그 승인의결)

　회사가 합병을 함에는 합병계약서를 작성하여 주주총회의 승인을 얻어야 한다.

<h2 align="center">제8장 청 산</h2>

제41조(청산방법) 본 회사가 해산한 경우, 회사재산의 처분은 주주총회의 동의로써 정한 방법에 의한다.

제42조(청산인의 임면) 청산인의 선임 및 해임은 주주총회의 결의에 의한다.

제43조(잔여재산의 분배) 잔여재산은 각 주주가 가진 주식의 수에 따라 주주에게 분배한다.

[유례] 현물출자가 있는 경우

제○조(현물출자) 본 회사의 설립당시 현물출자를 하는 자의 성명, 출자목적인 재산, 그 가격과 이에 대하여 부여하는 주식의 종류와 수는 다음과 같다.

1. 출자자

발기인 ○ ○ ○ (   ) 주민등록번호 :   -

2. 출자재산

○○시도 ○○시군 ○○읍면 ○○리동 ○○번지

대 ○○㎡

위 지상 철근 콘크리트 3층 사무소

1층 ○○㎡

2층 ○○㎡

3층 ○○㎡

3. 출자재산의 평가액 : 금○○○원

4. 이에 부여하는 주식의 종류와 수 : 보통주식 ○○주

※ 위 성명 다음의 (   ) 내는 농업인인 경우 '농업인', 생산자단체인 경우 생산자단체명, '비농업인'인 경우 '비농업인'을 기재하고, 주민등록번호란에는 사업자인 경우 사업자등록번호를 기재

제44조(적용범위) 본 정관에 규정되지 않은 사항은 농어업 경영체 육성 및 지원에 관한 법률과 상법 및 기타 법령에 정한 규정에 따른다.

제45조(세부내규) 본 회사는 필요에 따라 주주총회의 결의로써 업무추진 및 경영상 필요한 회사 세부내규를 정할 수 있다.

제46조(최초의 영업년도) 본 회사의 제1기 영업년도는 본 회사 설립일로부터 서기 년월일까지로 한다.

제47조(최초의 이사 및 감사의 임기) 본 회사의 최초의 이사와 감사의 임기는 그 취임후 최초의 정기주주총회의 종료일까지로 한다.

제48조(발기인의 성명과 주소) 본 회사 발기인의 성명과 주소는 이 정관 말미의 기재와 같다.

  위 농업회사법인 ○○주식회사를 설립하기 위하여 본 정관을 작성하고 사원전원이 이에 기명 날인한다.(註13)

서기   년 월 일

발기인 ○ ○ ○ ⑪

시도   시군   읍면   리동   번지

발기인 ○ ○ ○ ⑪

시도   시군   읍면   리동   번지

발기인 ○ ○ ○ ⑪

시도   시군   읍면   리동   번지

(발기인 전원 연기명 날인한다.)

♣ 【서식】 농업회사법인 유한회사설립등기신청서

농업회사법인 유한회사설립등기신청

접 수	년 월 일		처리인	등기관 확인	각종통지
	제 호				

명 칭	농업회사법인 ○○유한회사	등기번호	제1000호
주사무소	○○시 ○○구 ○○동 ○		
등기의 목적	유한회사 설립등기		
등기의 사유	농업·농촌기본법 및 상법의 규정에 의하여 정관을 작성하고 공증인의 인증을 받고 20○○년 ○월 ○일 출자전액을 납부하였으므로[현물출자가 있는 경우에는 (20○○년 ○월 ○일 출자전액을 납입하고 목적재산 전부를 급여하였으므로), 다음 사항의 등기를 구함.		

등기할 사항

　상호 농업회사법인 ○○유한회사
목적 1. 농·축산물 가공, 유통, 판매
　　 2. 집단영농 및 공동작업에 관한 사업
　　 3. 농기계 및 시설 대여사업
　　 4. 농업인의 농작업 대행사업
　　 5. 농자재 생산, 공급 및 공동구매, 판매업
　　 6. 각호에 부수하는 일체의 사업
자본총액　○○○○○원
출자　1좌의 금액　○○○원
회사의 존립기간 및 해산사유　회사성립일로부터 만 50년
이사의 성명과 주민등록번호
　　　이사 ○　○　○(　-　)
　　　이사 ○　○　○(　-　)
　　　이사 ○　○　○(　-　)

<table>
<tr><td colspan="2">

대표이사 성명과 주소
  대표이사 ○ ○ ○
    ○○군 ○○면 ○○리 ○○번지

[유례] 공동대표이사 ○ ○ ○
    ○○군 ○○면 ○○리 ○○번지
  공동대표이사 ○ ○ ○
    ○○군 ○○면 ○○리 ○○번지
  감사의 성명과 주민등록번호
    감사 ○ ○ ○(_)
    감사 ○ ○ ○(-)

</td></tr>
<tr><td>기 타</td><td></td></tr>
</table>

등록면허세	금 원	지방교육세	금 원	농어촌특별세	금 원
세 액 합 계	금 원		등기신청수수료	금 원	
등기신청수수료 납부번호					

첨 부 서 면

1. 정관	1통	1. 인감증명서	1통
1. 사원총회의사록	1통	1. 주민등록등본	○통
1. 이사회과반수 결의서	1통	1. 인감신고서 및 인감증명	○통
1. 출자납입증명서(출자금영수증)	1통	1. 법인인감카드발급신청서	1통
1. 관청의 허가서	1통	1. 등기신청수수료영수필확인서	1통
1. 재산인수증	1통	1. 위임장(대리인이 신청할 경우)	1통
1. 임원취임승낙서	1통	<기 타>	

20○○년 ○월 ○일

신청인 명   칭   농업회사법인 ○○유한회사
　　　　 주사무소   ○○시 ○○구 ○○동 ○○
대표자 성   명   대표이사 ○ ○ ○ ㊞   (전화 :   )
　　　　 주   소   ○○시 ○○구 ○○동 ○○
대리인 성   명   법무사 ○ ○ ○ ㊞   (전화 :   )
　　　　 주   소   ○○시 ○○구 ○○동 ○○

○○지방법원 ○○등기소 귀중

- 신청서 작성요령 -

1. 해당란이 부족할 때에는 별지를 이용합니다.
1. 해당 등기신청과 관계없는 사항에 대하여는 "해당없음"으로 기재하거나 삭제하고, 필요한 사항은 추가 기재합니다.
1.「인감증명법」에 따른 인감증명서 제출과 함께 관련 서면에 인감을 날인하여야 하는 경우, 본인서명사실확인서를 제출하고 관련 서면에 서명을 하거나 전자본인서명확인서 발급증을 제출하고 관련 서면에 서명을 하면 인감증명서를 제출하고 관련 서면에 인감을 날인한 것으로 봅니다.

(용지규격 21cm×29.7cm)

주 ① 등기할 사항 중 감사는 필수기관이 아니므로 이를 둔 경우에 한하여 기재한다. 지점도 설립시 정한 경우에만 기재한다.

② 농업회사법인등기의 설립등기에 대한 등록면허세는 지방세특례제한법 제11조 제1항에 의하여 면제되고, 등록면허세가 감면됨에도 불구하고 조세특례제한법, 관세법, 지방세법에 의하여 등록면허세가 감면되는 경우 그 감면세액의 100분의 20에 해당하는 농특세를 납부하여야 하나, 농업회사법인과 영농조합법인의 설립등기에는 면제된다. 등록면허세가 면제되므로 지방교육세도 면제된다(농특세법 4, 동법시행령 4).

다만, 주택채권은 과세표준의 1,000분의 1을 매입하여야 한다. 등기신청수수료는 방문신청의 경우 설립등기의 경우에만 3만원이다. 전자표준양식에 의한 신청의 경우에는 25,000원, 전자신청의 경우에는 20,000원이다.

③ 전산정보처리조직에 의한 등기를 실시하는 등기소에서 법인의 설립등기를 하고자 하는 경우에는 대표자의 인감증명을 발급받기 위하여 법인인감발급카드신청서를 작성 제출하여 법인인감발급카드를 발급받아야 한다.

♣ 【서식】 농업회사법인 유한회사 정관

농업회사법인 유한회사정관(예)

제1장 총 칙

제1조(상호) 본 회사는 농어업경영체 육성 및 지원에 관한 법률 제19조에 의하여 설립된 회사로서 그 명칭은 농업회사법인○○유한회사라 칭한다.(註1)
(비고) 상호는 반드시「농업회사법인○○유한회사」라는 명칭을 사용하여야 한다.

제2조(목적) 본 회사는 기업적 농업경영을 통하여 생산성을 향상시키거나 생산된 농산물을 유통·가공·판매함으로써 농업의 부가가치를 높이고 노동력의 부족 등으로 농업경영이 곤란한 농업인의 농작업의 전부 또는 일부를 대행하여 영농의 편의를 도모함을 목적으로 한다.

제3조(사업) ①본 회사는 생산성 향상을 위한 기업적 농업경영과 ○○사업을 주사업으로 한다.
② 본 회사는 다음 각호의 사업을 부대사업으로 한다.(註2)
1. 농산물의 유통·가공·판매
2. 농작업의 전부 또는 일부 대행
3. 영농에 필요한 자재의 생산·공급
4. 영농에 필요한 종묘생산 및 종균배양사업
5. 농산물의 매취·비축사업
6. 농업기계, 기타장비의 임대·수리·보관사업
7. 소규모 관개시설의 수탁·관리사업

제4조(본점의 소재지 및 지점의 설치) ① 본 회사의 본점은 ○○시도 ○○시·군에 둔다(註3)
② 본 회사는 필요한 경우에는 총사원의 결의로 지점, 영업소, 출장소를 둘 수 있다.

제5조(공고방법) 본 회사의 공고사항은 ○○시도에서 발간되는 ○○신문에 게재한다.

제6조(자본의 총액) 본 회사의 자본의 총액은 금○○만원으로 한다.(註4)

제7조(존립기간) 본 회사의 존립기간은 회사 성립일로부터 만 ○○년으로 한다.(註5)

제2장 사원과 출자

제8조(사원의 자격) 본 회사의 사원은 농업인, 농업관련 생산자단체로 하되, 제9조에서 정한 출자한도 내에서 출자한 농업인이나 농업관련 생산자단체가 아닌자(이하 비농업인이라 한다)도 사원이 될 수 있다.

제9조(비농업인의 출자한도) 비농업인이 출자하는 출자액의 합계는 본 회사의 총출자액의 100분의 90을 초과할 수 없다.(註6)

제10조(출자의 좌수 및 1좌의 금액) 본 회사의 자본은 이를 0000좌로 나누고, 1좌의 금액은 ○○○○○원으로 한다. (註7)

제11조(사원의 성명, 주소 및 출자좌수) 사원의 성명, 주소 및 그 출자 좌수는 다음과 같다.

2,000좌 성명 ○ ○ ○ (   ) 주민등록번호 :

○○시도 ○○시군 ○○읍면 ○○리동 ○○번지

1,000좌 성명 ○ ○ ○ (   ) 주민등록번호 :

○○시도 ○○시군 ○○읍면 ○○리동 ○○번지

(유례) 사원의 성명, 주소 및 그 출자좌수는 말미 기재와 같다.

※ 위 성명 다음의 (   ) 내는 농업인인 경우 '농업인', 생산자단체인 경우 생산자단체, '비농업인'인 경우 '비농업인'을 기재하고, 주민등록번호란에는 사업자인 경우 사업자등록번호를 기재

제12조(지분의 양도제한) ①사원은 사원총회의 결의가 있는 때에 한하여 그 지분의 전부 또는 일부를 타인에게 양도할 수 있다.
②전항과 관련, 지분을 비농업인 사원에게 양도하여 비농업인의 총출자액이 제9조에서 규정한 제한을 초과하는 경우에는 그 양도는 효력이 없다.
③상속 또는 유증에 의하여 비농업인의 총출자액이 제9조에서 규정한 한도를 초과할 경우에는 그 초과지분을 지체없이 농업인에게 양도하여야 한다.

제3장 사원총회

제13조(사원총회) 본 회사의 사원총회는 정기총회와 임시총회로 하고, 정기총회는 매년 3월과 9월에 개최하며 임시총회는 필요에 따라 수시로 개최할 수 있다.

제14조(총회의 소집) 사원총회는 대표이사가 회의일자 5일전까지 회의일자와 회의 목적·사항 등을 각 사원에게 통지하여 이를 소집한다.

제15조(결의방법) 사원총회의 결의는 법령에 다른 규정이 없는 경우에는 총사원의 의결권의 과반수를 가지는 사원이 출석하고 그 의결권의 과반수로써 한다.

제16조(의결권) 각 사원은 출자 1좌에 대하여 1개의 의결권을 가진다.(註8)

제17조(의장) 사원총회의 의장은 대표이사가 되고 대표이사가 유고인 때에는 미리 정한 순서에 따라 다른 이사가 그 직무를 대행한다.

제4장 임 원

제18조(임원) 본 회사는 이사 3인과 감사 1인을 두되 이사 중 2인이상은 농업인이어야 한다.(註9)

제19조(선임) 이사와 감사는 사원인 자 중에서 사원총회에서 이를 선임한다.

제20조(임기) 이사의 임기는 2년, 감사의 임기는 1년으로 한다.

제21조(대표이사) 본 회사는 대표이사 1인을 둔다.(註10) 단, 대표이사는 사원총회에서 선임한다.

제22조(업무집행과 회사대표) 본 회사의 업무집행은 이사 과반수로서 결정하고 회사의 대표는 대표이사가 행한다.

제23조(지배인의 임면) ①회사의 영업전반에 걸쳐 포괄적인 대리권을 갖고 보조하기 위한 지배인(혹은 지점장, 영업부장)을 둘 수 있다.
②지배인의 선임 및 해임은 사원과반수의 동의로 결정한다.

제5장 계 산

제24조(영업연도) 본 회사의 영업연도는 매년 ○월 ○일로부터 ○월 ○일까지로 한다.

제25조(장부의 열람) 본 회사의 사원은 언제든지 이유를 붙인 서면으로서 회
  계에 관한 장부 및 기타 서류의 열람 또는 등사를 청구할 수 있다.

제6장 해 산

제27조(해산사유) 본 회사는 다음 사유로 인하여 해산한다.(註11)
  1. 존립기간의 만료
  2. 사원총회의 결의
  3. 사원의 1인으로 된 때
  4. 합 병
  5. 파 산
  6. 법원의 명령 또는 판결

제28조(청산인) 본 회사가 해산한 경우에는 해산당시의 대표이사가 청산인이 된다.

제29조(잔여재산분배) 잔여재산은 각 사원의 출자액의 비율에 따라 분배하되
  농지는 농업인 사원에게 분배한다.

제30조(재산인수) 회사성립후 양수할 것을 약정한 계산, 그 가격 및 양도인
  의 성명은 다음과 같다.
  1. 양도인의 성명 ○ ○ ○ (   ) 주민등록번호 :
          시도   시군   읍면   리동   번지
  2. 재산의 종류 및 수량 ○○○○
  3. 가격 금 ○○○원
※ 위 성명 다음의 (   ) 내는 농업인인 경우 '농업인', 생산자단체인 경우
  생산자단체, '비농업인'인 경우 '비농업인'을 기재하고, 주민등록번호란에는
  사업자인 경우 사업자등록번호를 기재

제31조(현물출자) 본 회사의 설립당시 현물출자를 하는 자의 성명과 그 목적 재산의 종류·수량·가격과 이에 대하여 부여하는 출자좌수는 다음과 같다.

  1. 현물출자자의 성명

   사원 ○ ○ ○ (   ) 주민등록번호 :

  2. 출자목적인 재산의 종류 및 수량 ○○○○○○

  3. 출자자산의 가격   금○○○원

  4. 이에 대하여 부여하는 출자좌수 ○좌

※ 위 성명 다음의 (   ) 내는 농업인인 경우 '농업인', 생산자단체인 경우 생산자단체, '비농업인'인 경우 '비농업인'을 기재하고, 주민등록번호란에는 사업자인 경우 사업자등록번호를 기재

제32조(적용범위)   본 정관에 규정되지 않은 사항은 농어업 경영체 육성 및 지원에 관한 법률과 상법 및 기타 법령에 정한 규정에 따른다.

제33조(세부내규)   회사는 필요에 따라 사원총회의 결의로써 업무추진 및 경영상 필요한 회사 세부내부를 정할 수 있다.

(註1) 유한회사의 상호 중에는 "농업회사법인"과 "유한회사"라는 문자를 사용해야 하는 점 이외에는 별다른 제한이 없으나 동일한 시·군내에서 동종영업을 위하여 타인이 등기한 것과 동일 또는 유사한 상호로는 등기할 수 없음에 유의해야 한다.

(註2) 제2조의 목적과 부합하고 농어업경영체 육성 및 지원에 관한 법률 시행령 제19조의 부대사업 범위에 해당하는 사업이면 수개의 사업을 목적으로 해도 무방하나 그 영업내용을 명확히 알 수 있도록 구체적으로 기재해야 하며 막연히 "물품도매업" 등과 같이 추상적으로 기재해서는 안 된다. 또한, 제1항의 ○○내에는 농업경영외의 사업으로서 회사가 역점을 두는 사업을 기재한다.

(註3) 그 소재장소의 지번까지 확정해야 하는 것은 아니고 최소행정구역까지만 정해도 무방하다. 본점의 소재지는 정관의 절대적 기재사항이나, 지점은 정관의 절대적 기재사항이 아니므로 이의 기재 여부는

회사의 임의에 속한다.

(註4) 자본의 총액에 대한 제한은 없다.

(註5) 이는 정하지 아니할 수도 있으며 이를 정한 경우에 한하여 정관에 기재한다.

(註6) 농업관련 생산자 단체는 농어업·농어촌 및 식품산업 기본법 시행령 제4조에서 정한 생산자 단체를 말하며, 총 출자액이 80억원을 초과하는 경우에는 총 출자액에서 8억을 제외한 금액까지 출자할 수 있다고 정할 수 있다.

(註7) 1좌의 금액은 100원 이상으로서 균일해야 한다.

(註8) 의결권의 수에 관하여 달리 정할 수 있다.

(註9) 이사는 1인이상 반드시 두어야 하나 감사는 그를 두지 아니할 수도 있으며, 이사 중 농업인의 수는 이사 총 수의 3분의 1 이상의 정수로 정한다.

(註10) 대표이사는 수인으로 정할 수도 있는 바, 그 경우 특히 수인이 공동으로 회사를 대표하도록 정한 때에는 정관에 기재해야 한다.

(註11) 이는 상법 제227조 및 제609조 제1항의 사유로서 정하지 아니할 수도 있으며 정과넹 정한 경우에 한하여 이를 기재한다.

(註12) 이 정관은 공증인의 인증을 받음으로써 효력이 생긴다. 다만, 자본금 총액이 10억원 미만인 회사를 발기 설립하는 경우에는 각 발기인이 정관에 기명날인 또는 서명함으로써 효력이 발생한다.

三. 변경등기

변경등기라 함은 최초에 등기할 때에는 등기부의 기재가 사실과 일치하였으나 그 등기를 마친 후에 새로운 사실을 발생하여 등기부의 기재가 사실과 일치하지 않게 된 경우 그 불일치한 등기사항을 일치시키기 위하여 행하는 등기를 말한다.

이는 당초부터 사실과 불일치하게 기재된 등기사항으로 바로잡기 위한 등기인 경정등기와 구별되는 개념이다.

변경에는 기존등기사항의 변경과 새로운 등기사항의 추가(새로운 존립기간을 정한 때 등), 등기사항의 일부 또는 전부의 소멸(기존 분사무소의 폐지), 형식적인 변경(지구수전)등이 포함된다. 구체적으로 변경등기를 요하는 경우로서는 사무소의 이전, 분사무소의 설치.이전.폐지, 명칭, 목적, 자산의 총액, 출자의 방법, 이사 등 이사의 재취임, 중임, 사망, 이사 등의 주소의 지번변경, 행정구역 변경 등의 변경 및 대표권제한규정의 설정.변경.폐지 등이나 존립시기 또는 해산사유의 설정.변경.폐지 등 여러 경우가 있다.

법인에 대한 등기사항의 변경이 있을 때 그 변경등기는 효력발생요건이 아니고 제3자에 대한 대항요건이라고 할 것이다.

♣ 【서식】 영농조합법인 주사무소이전등기신청서

(관내이전이나 타관이전시 구사무소소재지에서 신청하는 경우)

<table>
<tr><td colspan="7" align="center">영농조합법인 주사무소이전등기신청</td></tr>
<tr><td rowspan="2">접
수</td><td colspan="3" align="center">년　월　일</td><td rowspan="2">처리인</td><td>등기관 확인</td><td>각종통지</td></tr>
<tr><td colspan="3" align="center">제　　　호</td><td></td><td></td></tr>
</table>

<table>
<tr><td align="center">명　　칭</td><td>○○영농조합법인</td><td>등기번호</td><td>제1000호</td></tr>
<tr><td align="center">주사무소</td><td colspan="3">○○시 ○○구 ○○동 ○</td></tr>
<tr><td align="center">등기의 목적</td><td colspan="3">주사무소 이전등기</td></tr>
<tr><td align="center">등기의 사유</td><td colspan="3">20○○년 ○월 ○○일 이사회의 결의에 의하여(20○○년　○월 ○일 조합원총회에서 정관변경을 결의하고) 20○○년　○월 ○일 주사무소를 다음 장소로 이전하였으므로 그 등기를 구함.</td></tr>
<tr><td colspan="4" align="center">등기할 사항</td></tr>
<tr><td colspan="4">주사무소 ○○시　○○구　○○동 ○○번지
이전연월일 20○○년　○월 ○○일</td></tr>
<tr><td align="center">기　　타</td><td colspan="3"></td></tr>
</table>

<table>
<tr><td>등록면허세</td><td>금   원</td><td>지방교육세</td><td>금   원</td><td>농어촌특별세</td><td>금   원</td></tr>
<tr><td>세 액 합 계</td><td colspan="2">금   원</td><td>등기신청수수료</td><td colspan="2">금   원</td></tr>
<tr><td colspan="3">등기신청수수료 납부번호</td><td colspan="3"></td></tr>
</table>

첨   부   서   면

1. 조합원총회의사록 1통 1. 이사회의사록(이사과반수결의서) 1통	1. 등록면허세영수필확인서 1통 1. 등기신청수수료영수필확인서 1통 1. 위임장(대리인이 신청할 경우) 1통 <기 타>

20○○년 ○월 ○일

신청인 명   칭   ○○영농조합법인
        주사무소   ○○시 ○○구 ○○동 ○○
대표자 성   명   대표이사 ○ ○ ○ ㉲   (전화 :   )
        주   소   ○○시 ○○구 ○○동 ○○
대리인 성   명   법무사 ○ ○ ○ ㉲   (전화 :   )
        주   소   ○○시 ○○구 ○○동 ○○

○○지방법원 ○○등기소 귀중

- 신청서 작성요령 -

1. 해당란이 부족할 때에는 별지를 이용합니다.
1. 해당 등기신청과 관계없는 사항에 대하여는 "해당없음"으로 기재하거나 삭제하고, 필요한 사항은 추가 기재합니다.

(용지규격 21cm×29.7cm)

주 ① 이 등기는 조합법인을 대표하는 조합원 또는 대표이사가 신청한다.

② 주사무소는, 아직 주사무소이전이 완료되지 않았으므로 주사무소소재지를 기재한다.

③ 등기사유에서 ( )안의 내용을 주사무소이전에 정관변경이 필요한 경우의 내용이다. 주사무소를 이전한 일자는 현실로 이전한 일자를 기재할 것이나, 실무에서는 통상 이사회의 사록에 기재된 일자를 기재한다.

④ 등록면허세는 주사무소를 동일 등기소관내에서 이전하고 주사무소에서 그 등기를 신청할 때에는 112,500원이고, 법인의 주사무소를 수도권정비계획법 제6조의 규정에 의한 과밀억제권역 안의 대도시에서 당해 대도시 외로 이전하는 경우에는 등록면허세를 면제하며, 반대로 대도시 외에는 대도시내로 이전하는 때에는 그 3배를 가산하여야 한다(지세법 제28조 1항 6호, 2항). 주사무소를 다른 등기소관내로 이전하고 구사무소에서 그 등기를 신청할 때에는 일반 변경등기의 세목인 40,200원(지세법 28조 1항 6호)이며 지방교육세는 등록면허세액의 100분의 20이다.
조세특례제한법, 지방세법, 관세법에 의하여 등록면허세가 감면되는 경우에 그 감면세액의 100분의 20의 농어촌특별세를 납부하나(농특세법 제5조), 농어촌특별세도 감면 또는 면제되는 경우가 있다(농특세법 제4조). 관내이전 및 타관이전시 구소재지에서는 방문신청의 경우 등기신청수수료로 6,000원(전자표준양식에 의한 신청의 경우에는 4,000원, 전자신청의 경우에는 2,000원), 신소재지에서는 30,000원(전자표준양식에 의한 신청의 경우에는 25,000원, 전자신청의 경우에는 20,000원)을 납부한 대법원수입증지를 첨부하여야 한다.

⑤ 첨부서류 중 의사록은 공증인의 인증을 받을 것이어야 한다.

⑥ 위임장의 첨부와 대리인의 표시는 대리인에 의하여 신청하는 경우에 한하여 한다.

♣ 【서식】 영농조합법인 주사무소이전등기신청서
(타관이전시 신사무소소재지에서 신청하는 경우)

<table>
<tr><td colspan="4" align="center">영농조합법인 주사무소이전등기신청</td></tr>
<tr><td rowspan="2">접
수</td><td>년   월   일</td><td rowspan="2">처리인</td><td>등기관 확인</td><td>각종통지</td></tr>
<tr><td>제   호</td><td></td><td></td></tr>
</table>

명 칭	○○영농조합법인	등기번호	제1000호
주사무소	○○시 ○○구 ○○동 ○		
등기의 목적	주사무소 이전등기		
등기의 사유	20○○년 ○월 ○일 이사회의 결의에 의하여(20○○년 ○월 ○일 조합원총회에서 정관변경을 결의하고) 20○○년 ○월 ○일 주사무소를 ○○시 ○○구 ○○동 ○○번지로 이전하였으므로 다음 사항의 등기를 구함.		

등기할 사항

명칭   ○○복합영농조합법인

주사무소 ○○시 ○○면 ○○리 100번지

분사무소 ○○시 ○○면 ○○리 100번지

목적과 사업   농업 경영의 합리화로 농업 생산성의 향상과 조합원의 소득증대를 도모
함을 목적으로 다음 사업을 한다.

　　1. 포장센타 설립 및 운영

　　2. 농산물의 가공 및 판매,축산 및 우유의 공동가공 판매

　　3. 직판장 설립 및 운영

　　4. 공동 육묘장 설치 및 운영

　　5. 조합원 및 준조합원 생산물량 운송 및 판매

　　6. 농자재 구매 및 인력 수급

　　7. 농기계 수리센타 설치 및 운영, 농기계 및 시설 대여사업

　　8. 관광농업 및 주말농장 설치 운영

　　9. 본 조합법인의 구역 내의 농업인 영농교육 및 선진지 견학

　　10. 농업의 경영 및 부대사업

      11. 농업의 경영

      12.집단재배 및 공동작업에 관한 사업

      13. 농업에 관련된 공동이용시설의 설치 및 운영

      14. 농작업의 대행

      15. 위 사업에 관련 부대 일체 사업

출자 1좌의 금액   금10,000원

출자액의 납입방법 현금으로(또는 현금 및 가축, 농기계, 차량, 창고등의 현물) 이사회에서 정하는 납입일자에 일시 납입한다.

출자액의 산정방법 없음(또는 현물출자액의 산정은 이사회에서 정하고 평가율에 의하여 환가한다)

조합원 1인이 출자할 수 있는 최고한도 총출자좌수의 3분의 1을 초과하지 못한다.

출자의 총좌수와 납입출자액의 총액 출자의 총좌수   10,000좌

법인의 해산사유   본 조합법인은 다음 각호의 1에 해당하는 경우에는 해산된다

      1. 총회에서 해산 및 합병을 의결한 경우

      2. 파산한 경우

      3. 조합원이 5인 미만이 된 후 1년 이내에 5인 이상이 되지 아니한 경우

  임원 성명과 주민등록번호

  이사의 성명과 주민등록번호

  이사 ○ ○ ○(-)

  이사 ○ ○ ○(-)

  이사 ○ ○ ○(-)

  이사 ○ ○ ○(-)

  이사 ○ ○ ○(-)

영농조합법인을 대표할 조합원의 성명과 주소

  대표이사 전   ○   ○

      ○○시 ○○면 ○○리 300번지

감사의 성명과 주민등록번호

  감사 ○ ○ ○(-)

  감사 ○ ○ ○(-)

이전연월일 20○○년 ○월 ○일

법인성립연월일	20○○년 ○월 ○일
기　타	

등록면허세	금　　　원	지방교육세	금　　　원	농어촌특별세	금　　　원
세 액 합 계	금　　　　원		등기신청수수료	금　　　　원	
등기신청수수료 납부번호					

첨　부　서　면

1. 등록면허세영수필확인서　　　1통 1. 등기신청수수료영수필확인서　1통	1. 위임장(대리인이 신청할 경우)　1통 <기 타>

20○○년 ○월 ○일

신청인 명　　칭　　　○○영농조합법인
　　　　주사무소　　　○○시 ○○구 ○○동 ○○
대표자 성　　명　　　대표이사 ○ ○ ○ ㊞　　　(전화 :　　　　)
　　　　주　　소　　　○○시 ○○구 ○○동 ○○
대리인 성　　명　　　법무사 ○ ○ ○ ㊞　　　(전화 :　　　　)
　　　　주　　소　　　○○시 ○○구 ○○동 ○○

○○지방법원 ○○등기소 귀중

- 신청서 작성요령 -

1. 해당란이 부족할 때에는 별지를 이용합니다.
1. 해당 등기신청과 관계없는 사항에 대하여는 "해당없음"으로 기재하거나 삭제하고, 필요한 사항은 추가 기재합니다.

(용지규격 21㎝×29.7㎝)

주 ① 이 등기는 신사무소소재지에서 처음으로 등기하는 것이므로 등기번호를 기재하지 아니한다.

② 주사무소는, 주사무소이전이 아직 완료된 것이 아니므로 구사무소소재지를 기재한다.

③ 등기사유 중 ( )안의 내용은 주사무소이전에 정관변경이 필요한 경우의 내용이다. 이전일자는 현실로 사무소를 이전한 일자를 기재할 것이나, 실무에서는 통상 이사회의사록 등에 기재된 이전일자를 기재한다.

④ 본점이전의 신소재지에서의 등록면허세는 112,500원이나 대도시 외에서 대도시로 이전한 때에는 적용한 세율의 3배의 등록면허세를 납부하여야 하고, 대도시에서 대도시 외로 이전한 때에는 비과세(지세법 제28조 1항 6호, 2항)이다. 지방교육세는 등록면허세액의 100분의 20이다.

조세법, 관세법, 지세법에 의하여 등록면허세가 감면되는 경우 감면규정이 없는 한 그 감면세액의 100분의 20의 농특세를 납부하여야 한다. 그리고 등기신청수수료로 방문신청의 경우 30,000원을 납부한 대법원수입증지를 첨부하여야 한다. 전자표준양식에 의한 신청의 경우 25,000원, 전자신청의 경우 20,000원이다.

⑤ 실무에서는 구사무소소재지에서 본점이전등기를 완료한 후에 그 등기부등본을 첨부하여 신사무소소재지에 송부한다.

⑥ 신청서 하단의 신청인 주소는, 주사무소를 이전한 것을 전제로 신사무소소재지를 기재한다.

♣ 【서식】 인감 · 개인(改印) 신고서

<table>
<tr><td rowspan="5">(신고하는 인감날인란)

□</td><td colspan="4">인감 · 개인(改印) 신고서
(인감제출자에 관한 사항)</td></tr>
<tr><td colspan="2">상호(명칭)</td><td>등기번호</td><td></td></tr>
<tr><td colspan="2">본점(주사무소)</td><td colspan="2"></td></tr>
<tr><td rowspan="3">인
감
제
출
자</td><td>자격/성명</td><td colspan="2"></td></tr>
<tr><td>주민등록번호</td><td colspan="2"></td></tr>
<tr><td>주 소</td><td colspan="2"></td></tr>
</table>

□ 위와 같이 인감을 신고합니다. □ 위와 같이 개인(改印)하였음을 신고합니다.

년   월   일

신고인 본 인 성   명   (인)# (전화 :   )
       대리인 성   명   (인) (전화 :   )

지방법원   등기소 귀중

주 1. 인감·개인(改印) 신고서의 **신고인의 날인란(#)에는** 「인감증명법」에 따라 신고한 인감을 날
     인하고 그 인감증명서(발행일로부터 3개월 이내의 것)를 첨부하거나, 등기소에 제출한 유
     효한 종전 인감(**법인인감**)을 날인하여야 합니다. 또한 인감제출자가 기명날인 또는 서명
     하였다는 공증인의 인증서면으로 갈음할 수 있습니다.
  2. 인감·개인신고서에는 신고하는 인감을 날인한 인감대지를 첨부하여야 합니다.
  3. 지배인이 인감을 신고하는 경우에는 인감제출자의 주소란에 지배인을 둔 장소를 기재하고,
     위 1. 의 방법 대신 「상업등기규칙」 제35조제3항의 보증서면(영업주가 등기소에 제출한
     인감날인)을 첨부하여야 합니다. 위 보증서면은 아래의 보증서면란에 기재하는 것으로 갈
     음할 수 있습니다.
  4. **위임에 의한 대리인이** 인감을 신고하거나 개인(改印)을 신고하는 경우에는 **위 1. 대신에아**
     래 위임장의 신고인 날인란(※)에 「인감증명법」에 따라 신고한 인감을 날인하고 그 인감증
     명서를 첨부하거나, 등기소에 제출한 유효한 종전 인감(**법인인감**)을 날인하여야 합니다.

보 증 서 면

위 신고하는 인감은 지배인   의 인감임이 틀림없음을 보증합니다.
                   대표이사   (법인인감)

위 임 장

성 명 :   주민등록번호 : (-   )
주 소 :
위의 사람에게, 위 인감(개인)신고에 관한 일체의 권한을 위임함.
년   월   일
인감(개인) 신고인 성 명   (인)※

♣ 【서식】 영농조합법인 분사무소설치등기신청서
(설립과 동시에 분사무소를 설치하여 신분사무소에서 신청하는 경우)

<table>
<tr><td colspan="5" align="center">영농조합법인 분사무소설치등기신청</td></tr>
<tr><td rowspan="2">접
수</td><td align="center">년　월　일</td><td rowspan="2">처리인</td><td>등기관 확인</td><td>각종통지</td></tr>
<tr><td align="center">제　　　　호</td><td></td><td></td></tr>
</table>

명　　칭	○○영농조합법인	등기번호	제1000호
주사무소	○○시 ○○구 ○○동 ○		
등기의 목적	분사무소 설치등기		
등기의 사유	영농조합법인을 설립하기 위하여 정관을 작성하고 20○○년 ○월 ○일 창립총회를 마치고 ○월 ○일 주사무소소재지관할등기소에서 설립등기를 하였으므로 분사무소소재지인 이등기소에서 다음 사항의 등기 및 분사무소설치의 등기를 구함.		
분사무소	○○시 ○○구 ○○동 ○		

등기할 사항

명칭　○○복합영농조합법인

주사무소　○○시 ○○면 ○○리 100번지

분사무소　○○시 ○○면 ○○리 100번지

목적과 사업　농업 경영의 합리화로 농업 생산성의 향상과 조합원의 소득증대를 도모
　　　　　　함을 목적으로 다음 사업을 한다.

　　　1. 포장센타 설립 및 운영

　　　2. 농산물의 가공 및 판매, 축산 및 우유의 공동가공 판매

　　　3. 직판장 설립 및 운영

　　　4. 공동 육묘장 설치 및 운영

　　　5. 조합원 및 준조합원 생산물량 운송 및 판매

　　　6. 농자재 구급 및 인력 수급

　　　7. 농기계 수리센타 설치 및 운영, 농기계 및 시설 대여사업

　　　8. 관광농업 및 주말농장 설치 운영

　　　　9. 본 조합법인의 구역내의 농업인 영농교육 및 선진지 견학

　　　　10. 농업의 경영 및 부대사업

　　　　11. 농업의 경영

　　　　12. 집단재배 및 공동작업에 관한 사업

　　　　13. 농업에 관련된 공동이용시설의 설치 및 운영

　　　　14. 농작업의 대행

　　　　15. 위 사업에 관련 부대 일체 사업

법인의 해산사유 본 조합법인은 다음 각호의 1에 해당하는 경우에는 해산된다.

　　　　1. 총회에서 해산 및 합병을 의결한 경우

　　　　2. 파산의 경우

　　　　3. 조합법인이 5인 미만이 된 후 1년 이내에 5인 이상이 되지 아니한 경우

영농조합법인을 대표할 조합원의 성명과 주소

　대표이사 전　　○　　○

　　　○○시 ○○면 ○○리 300번지

법인성립연월일 20○○년 ○월 ○일

기　타	

등록면허세	금 원	지방교육세	금 원	농어촌특별세	금 원
세 액 합 계	금 원		등기신청수수료	금 원	
등기신청수수료 납부번호					

첨 부 서 면

1. 법인등기부등(초)본 　　　　　　1통 1. 등록면허세영수필확인서 　　　　1통	1. 등기신청수수료영수필확인서 　　1통 1. 위임장(대리인이 신청할 경우) 　1통 <기 타>

20○○년 ○월 ○일

신청인 명　　칭　　　○○영농조합법인
　　　　주사무소　　　○○시 ○○구 ○○동 ○○
대표자 성　　명　　　대표이사 ○ ○ ○ ㊞　　(전화 :　　　　　)
　　　　주　　소　　　○○시 ○○구 ○○동 ○○
대리인 성　　명　　　법무사 ○ ○ ○ ㊞　　(전화 :　　　　　)
　　　　주　　소　　　○○시 ○○구 ○○동 ○○

○○지방법원 ○○등기소 귀중

- 신청서 작성요령 -

1. 해당란이 부족할 때에는 별지를 이용합니다.
1. 해당 등기신청과 관계없는 사항에 대하여는 "해당없음"으로 기재하거나 삭제하고, 필요한 사항은 추가 기재합니다.

(용지규격 21cm×29.7cm)

주 ① 이 등기는 조합법인을 대표하는 조합원 또는 대표이사가 신청한다.

② 설립과 동시에 수개의 분사무소를 설치한 경우라 할지라도 같은 관내에는 한 등기부에 기재하므로 분사무소는 이 건 등기를 당해 등기소 관내의 분사무소 중 대표되는 하나만을 기재하면 된다.

③ 등록면허세는 40,200원이며, 대도시에 분사무소를 설치한 때에는 그 3배를 가산한다. 지방교육세는 등록면허세액의 100분의 20이다. 조특법 및 관세법, 지세법에 의하여 등록면허세가 감면되는 경우 그 감면세액의 100분의 20의 농어촌특별세를 납부하여야 하고(다만, 이도 면제되는 경우도 있다), 등기신청수수료로 방문신청의 경우 6,000원의 대법원수입증지를 첨부하여야 한다. 전자표준양식에 의한 신청의 경우 4,000원, 전자신청의 경우 2,000원이다.

④ 첨부서류로, 주사무소소재에서 설립등기를 마친 후의 등기부등본을 첨부한다.

⑤ 위임장의 첨부와 대리인의 표시는 대리인에 의하여 신청하는 경우에 한한다.

♣ 【서식】 영농조합법인 분사무소설치등기신청서

(법인설립 후 분사무소설치시 주사무소소재지에서 신청하는 경우)

<table>
<tr><td colspan="6" align="center">영농조합법인 분사무소설치등기신청</td></tr>
<tr><td rowspan="2">접
수</td><td colspan="2" align="center">년　월　일</td><td rowspan="2">처리인</td><td>등기관 확인</td><td>각종통지</td></tr>
<tr><td colspan="2" align="center">제　　　　호</td><td></td><td></td></tr>
</table>

명　　칭	○○영농조합법인	등기번호	제1000호
주사무소	○○시 ○○구 ○○동 ○		
등기의 목적	분사무소 설치등기		
등기의 사유	20○년 ○월 ○일 조합원총회에서 정관변경을 결의하여 분사무소를 설치하였으므로 그 등기를 구함.		
분사무소	○○시 ○○구 ○○동 ○		

<table>
<tr><td colspan="2" align="center">등기할 사항</td></tr>
<tr><td colspan="2">분사무소 ○○시 ○○구 ○○동 ○○번지(○○분사무소)
　설치연월일 20○년 ○월 ○일</td></tr>
<tr><td>기　　타</td><td></td></tr>
</table>

등록면허세	금	원	지방교육세	금	원	농어촌특별세	금	원
세 액 합 계	금		원	등기신청수수료	금			원
등기신청수수료 납부번호								

첨　부　서　면

1. 조합원총회의사록　　　　　1통 1. 이사회의사록　　　　　　　1통	1. 등록면허세영수필확인서　　1통 1. 등기신청수수료영수필확인서　1통 1. 위임장(대리인이 신청할 경우)　1통 　　<기 타>

20○○년 ○월 ○일

신청인 명　　칭　　　○○영농조합법인
　　　　주사무소　　　○○시 ○○구 ○○동 ○○
대표자 성　　명　　　대표이사 ○ ○ ○ ㉑　　　(전화 :　　　　　　)
　　　　주　　소　　　○○시 ○○구 ○○동 ○○
대리인 성　　명　　　법무사 ○ ○ ○ ㉑　　　(전화 :　　　　　　)
　　　　주　　소　　　○○시 ○○구 ○○동 ○○

○○지방법원 ○○등기소 귀중

- 신청서 작성요령 -

1. 해당란이 부족할 때에는 별지를 이용합니다.
1. 해당 등기신청과 관계없는 사항에 대하여는 "해당없음"으로 기재하거나 삭제하고, 필요한 사항은 추
　가 기재합니다.

(용지규격 21cm×29.7cm)

주 ① 이 등기는 조합법인을 대표하는 조합원 또는 대표이사가 신청한다.

② 등기사유에서 분사무소의 설치일자는 신청일자가 아니라 현실로 분사무소를 설치한 일자로 기재해야 할 것이나 실무에서는 통상 분사무소설치 업무집행결정을 위한 이사회의사록 또는 이사과반수결의서(이사회가 없는 경우)에 기재된 설치일자를 기재한다.

③ 등록면허세는 변경등기의 등록면허세인 40,200원(지세법 제28조 1항 6호), 지방교육세는 등록면허세액의 100분의 20이다. 대도시의 경우에도 이는 변경등기에 해당하므로 3배 가산은 되지 아니한다. 조특법 및 관세법, 지세법에 의하여 등록면허세가 감면되는 경우 그 감면세액의 100분의 20의 농어촌특별세를 납부하여야 하고(다만, 이도 면제되는 경우도 있다), 등기신청수수료로 방문신청의 경우 6,000원의 대법원수입증지를 첩부하여야 한다. 전자표준양식에 의한 신청의 경우 4,000원, 전자신청의 경우 2,000원이다.

④ 조합총회의사록은 공증인의 인증을 받은 것이어야 한다.

♣【서식】영농조합법인 분사무소설치등기신청서(당해 신분사무소소재지에서 신청하는 경우)

<table>
<tr><td colspan="6" align="center">영농조합법인 분사무소설치등기신청</td></tr>
<tr><td rowspan="2">접
수</td><td colspan="2" align="center">년   월   일</td><td rowspan="2">처리인</td><td>등기관 확인</td><td>각종통지</td></tr>
<tr><td colspan="2" align="center">제   호</td><td></td><td></td></tr>
</table>

<table>
<tr><td align="center">명   칭</td><td>○○사단법인</td><td>등기번호</td><td>제1000호</td></tr>
<tr><td align="center">주사무소</td><td colspan="3">○○시 ○○구 ○○동 ○</td></tr>
<tr><td align="center">등기의 목적</td><td colspan="3">분사무소 설치등기</td></tr>
<tr><td align="center">등기의 사유</td><td colspan="3">20○○년 ○월 ○일 조합원총회에서 정관변경을 결의하여 20○○년 ○월 ○일 ○○시 ○○구 ○○동 ○○번지에 분사무소를 설치하고 20○○년 ○월 ○일 주사무소소재지 관할등기소에서 그 등기를 하였으므로 이 등기소에서 다음 사항의 등기를 구함.</td></tr>
<tr><td align="center">분사무소</td><td colspan="3">○○시 ○○구 ○○동 ○</td></tr>
<tr><td colspan="4" align="center">등기할 사항</td></tr>
<tr><td colspan="4">

명칭   ○○영농조합법인

주사무소   ○○시 ○○구 ○○번지

분사무소   ○○시 ○○구 ○○번지

　　　　20○○년 ○월 ○일

목적 1. ○○○○

　　　1. ○○○○

존립시기 또는 해산사유 ○○○○○

법인을 대표할 이사의 성명.주소와 주민등록번호

　　　대표이사 ○   ○   ○

　　　　　　　　(　-　)

설치연월일   20○○년 ○월 ○일

법인성립연월일   20○○년 ○월 ○일
</td></tr>
<tr><td align="center">기   타</td><td colspan="3"></td></tr>
</table>

등록면허세	금 원	지방교육세	금 원	농어촌특별세	금 원
세 액 합 계	금 원	등기신청수수료	금 원		
등기신청수수료 납부번호					

첨 부 서 면	
1. 법인등기부등(초)본 1통 1. 등록면허세영수필확인서 1통	1. 등기신청수수료영수필확인서 1통 1. 위임장(대리인이 신청할 경우) 1통 <기 타>

20○○년 ○월 ○일

신청인 명 칭 ○○영농조합법인
주사무소 ○○시 ○○구 ○○동 ○○
대표자 성 명 대표이사 ○ ○ ○ ㊞ (전화 :)
주 소 ○○시 ○○구 ○○동 ○○
대리인 성 명 법무사 ○ ○ ○ ㊞ (전화 :)
주 소 ○○시 ○○구 ○○동 ○○

○○지방법원 ○○등기소 귀중

- 신청서 작성요령 -

1. 해당란이 부족할 때에는 별지를 이용합니다.
1. 해당 등기신청과 관계없는 사항에 대하여는 “해당없음”으로 기재하거나 삭제하고, 필요한 사항은 추가 기재합니다.

(용지규격 21㎝×29.7㎝)

주 ① 이 등기는 조합법인을 대표하는 조합원 또는 대표이사가 신청한다.

② 분사무소 표시는 수개의 분사무소를 설치한 경우라도 같은 관내에는 한 등기부에 기재하므로 이전 등기를 신청하는 당해 등기소관내의 대표되는 분사무소중 하나만을 기재하면 족하다.

③ 등기사유에서 분사무소설치 연월일은 주사무소등기부에 기재된 일자를 기재한다.

④ 등기할 사항 중 법인설립연월일을 주사무소등기부에 기재된 최초의 설립등기일자를 기재한다. 이는 주사무소이전시에도 변경되지 아니한다.

⑤ 등록면허세는 40,200원이며, 대도시에 분사무소를 설치한 경우에는 그 3배를 가산한다(지세법 제28조 1항 6호, 2항). 지방교육세는 등록면허세액의 100분의 20이다. 조특법 및 관세법, 지세법에 의하여 등록면허세가 감면되는 경우 그 감면세액의 100분의 20의 농어촌특별세를 납부하여야 하고(다만, 이도 면제되는 경우도 있다), 등기신청수수료로 방문신청의 경우 6,000원의 대법원수입증지를 첨부하여야 한다. 전자표준양식에 의한 신청의 경우 4,000원, 전자신청의 경우 2,000원이다.

⑥ 첨부서류로는 분사무소의 설치를 증명하는 서면으로서 분사무소설치등기를 마친 후의 주사무소의 등기부등본을 첨부한다.

⑦ 위임장의 첨부와 대리인의 표시는 대리인에 의하여 신청하는 경우에 한한다.

♣ 【서식】 영농조합법인 분사무소설치등기신청서

(당해 신분사무소소재지에서 신청하는 경우)

영농조합법인 분사무소설치등기신청

접 수	년　월　일	처리인	등기관 확인	각종통지
	제　　　　호			

명　　칭	○○영농조합법인	등기번호	제1000호
주사무소	○○시 ○○구 ○○동 ○		
등기의 목적	분사무소 설치등기		
등기의 사유	20○○년 ○월 ○일 이사회의 결의에 의하여(20○○년　○월 ○○일 조합원총회에서 정관변경을 결의하고) 20○○년 ○월 ○일 ○○시 ○○군 ○○동 ○○번지의 분사무소를 다음 장소로 이전하였으므로 그 등기를 구함.		
분사무소	○○시 ○○구 ○○동 ○		
등기할 사항			

분사무소　○○시 ○○군 ○○동 ○○번지
이전연월일　20○○ ○월 ○○일

기　　타	

등록면허세	금	원	지방교육세	금	원	농어촌특별세	금	원
세 액 합 계	금			원	등기신청수수료	금		원
등기신청수수료 납부번호								

첨 부 서 면

1. 조합원총회의사록	1통	1. 등록면허세영수필확인서	1통
1. 이사회의사록	1통	1. 등기신청수수료영수필확인서	1통
		1. 위임장(대리인이 신청할 경우)	1통
		<기 타>	

20○○년 ○월 ○일

신청인 명   칭   ○○영농조합법인
　　　　주사무소   ○○시 ○○구 ○○동 ○○
대표자 성   명   대표이사 ○ ○ ○ ㉑   (전화 :   )
　　　　주   소   ○○시 ○○구 ○○동 ○○
대리인 성   명   법무사 ○ ○ ○ ㉑   (전화 :   )
　　　　주   소   ○○시 ○○구 ○○동 ○○

○○지방법원 ○○등기소 귀중

- 신청서 작성요령 -

1. 해당란이 부족할 때에는 별지를 이용합니다.
1. 해당 등기신청과 관계없는 사항에 대하여는 "해당없음"으로 기재하거나 삭제하고, 필요한 사항은 추
　 가 기재합니다.

(용지규격 21㎝×29.7㎝)

주 ① 등기사유 중 ( )안의 내용은 분사무소이전에 정관변경이 필요한 경우의 내용이다. 분사무소이전 일자는 이전결의일이 아니라 현실로 분사무소를 이전한 일자를 기재할 것이나 실무에서는 통상 이사회회의록(또는 이사과반수결의서)에 기재된 일자를 기재한다.

② 등록면허세는 통상의 변경등기등록면허세인 40,200원(지세법 제28조 1항 6호)이며, 지방교육세는 등록면허세액의 100분의 20이다. 조특법 및 관세법, 지세법에 의하여 등록면허세가 감면되는 경우 그 감면세액의 100분의 20의 농어촌특별세를 납부하여야 하고 (다만, 이도 면제되는 경우도 있다), 등기신청수수료로 방문신청의 경우 6,000원의 대법원수입증지를 첩부하여야 한다. 전자표준양식에 의한 신청의 경우 4,000원, 전자신청의 경우 2,000원이다.

♣ 【서식】 영농조합법인 분사무소이전등기신청서

(당해 신분사무소소재지에서 신청하는 경우)

<table>
<tr><td colspan="6" align="center">영농조합법인 분사무소이전등기신청</td></tr>
<tr><td rowspan="2">접
수</td><td>년　월　일</td><td rowspan="2">처리인</td><td>등기관 확인</td><td>각종통지</td></tr>
<tr><td>제　　　　호</td><td></td><td></td></tr>
</table>

<table>
<tr><td>명　　칭</td><td>○○영농조합법인</td><td>등기번호</td><td>제1000호</td></tr>
<tr><td>주사무소</td><td colspan="3">○○시 ○○구 ○○동 ○</td></tr>
<tr><td>등기의 목적</td><td colspan="3">분사무소 이전등기</td></tr>
<tr><td>등기의 사유</td><td colspan="3">20○○년 ○월 ○일 ○○시 ○○구 ○○동 ○○번지의 분사무소를 ○○시 ○○군 ○○동 ○○번지로 이전하고, 20○○년 ○월 ○일 주사무소소재지 관할등기소에서 그 등기를 하였으므로 이 등기소에서 다음 사항의 등기를 구함.</td></tr>
<tr><td>분사무소</td><td colspan="3">○○시 ○○구 ○○동 ○</td></tr>
<tr><td colspan="4" align="center">등기할 사항</td></tr>
<tr><td colspan="4">

명칭　○○영농조합법인

주사무소　○○시 ○○구 ○○번지

분사무소　○○시 ○○구 ○○번지

　　　　　20○○년 ○월 ○일

목적 ○○○○

존립시기 또는 해산사유 ○○○○○

법인을 대표할 이사의 성명.주소와 주민등록번호

대표이사(또는 대표조합원)　○　　○　　○

　　　　　　　　　　　(　-　)

법인성립연월일 20○○년 ○월 ○일

</td></tr>
<tr><td>기　　타</td><td colspan="3"></td></tr>
</table>

등록면허세	금	원	지방교육세	금	원	농어촌특별세	금	원
세 액 합 계	금		원	등기신청수수료	금			원

등기신청수수료 납부번호	

첨　부　서　면

1. 법인등기부등(초)본　　　　1통 1. 등록면허세영수필확인서　　1통	1. 등기신청수수료영수필확인서　　1통 1. 위임장(대리인이 신청할 경우)　1통 　　<기 타>

20○○년 ○월 ○일

신청인 명 　 칭　　　○○영농조합법인
　　　　주사무소　　　○○시 ○○구 ○○동 ○○
대표자 성 　 명　　　대표이사 ○ ○ ○ ㊞　　(전화 :　　　　　)
　　　　주 　 소　　　○○시 ○○구 ○○동 ○○
대리인 성 　 명　　　법무사 ○ ○ ○ ㊞　　(전화 :　　　　　)
　　　　주 　 소　　　○○시 ○○구 ○○동 ○○

○○지방법원 ○○등기소 귀중

- 신청서 작성요령 -

1. 해당란이 부족할 때에는 별지를 이용합니다.
1. 해당 등기신청과 관계없는 사항에 대하여는 "해당없음"으로 기재하거나 삭제하고, 필요한 사항은 추가 기재합니다.

(용지규격 21㎝×29.7㎝)

주 ① 신분사무소에서 최초로 하는 등기이므로 등기번호는 기재할 수 없다.

② 분사무소는 관할등기소내의 수개의 분사무소가 설치된 경우라도 같은 관내에는 한 등기부에 기재하므로 이 건 등기신청은 당해 등기소관내의 대표되는 분사무소 중 하나만을 기재하면 된다.

③ 등기할 사항 중 법인설립연월일을 주사무소등기부에 기재된 최초의 설립등기일자를 기재한다.

④ 분사무소이전의 등록면허세는 일반변경등기의 등록면허세인 40,200원이나, 대도시에서 대도시외로 이전한 때에는 비과세이고 지방교육세는 등록면허세액의 100분의 20이다. 조특법 및 관세법, 지세법에 의하여 등록면허세가 감면되는 경우 그 감면세액의 100분의 20의 농어촌특별세를 납부하여야 하고(다만, 이도 면제되는 경우가 있다), 등기신청수수료로 방문신청의 경우 6,000원의 대법원수입증지를 첨부하여야 한다. 전자표준양식에 의한 신청의 경우 4,000원, 전자신청의 경우 2,000원이다.

♣ **【서식】** 영농조합법인　분사무소이전등기신청서(구분사무소소재지에서　신청하는 경우)

<table>
<tr><td colspan="5" align="center">영농조합법인 분사무소이전등기신청</td></tr>
<tr><td rowspan="2">접
수</td><td align="center">년　월　일</td><td rowspan="2">처리인</td><td>등기관 확인</td><td>각종통지</td></tr>
<tr><td align="center">제　　　호</td><td></td><td></td></tr>
</table>

<table>
<tr><td align="center">명　칭</td><td>○○영농조합법인</td><td align="center">등기번호</td><td>제1000호</td></tr>
<tr><td align="center">주사무소</td><td colspan="3">○○시 ○○구 ○○동 ○</td></tr>
<tr><td align="center">등기의 목적</td><td colspan="3">분사무소 이전등기</td></tr>
<tr><td align="center">등기의 사유</td><td colspan="3">20○○년 ○월 ○일 ○○시 ○○구 ○○동 ○○번지의 분사무소를 다음 장소로 이전하고, 20○○년 ○월 ○일 주사무소소재지 관할등기소에서 그 등기를 하였으므로 이 등기소에서 다음 사항의 등기를 구함.</td></tr>
<tr><td align="center">분사무소</td><td colspan="3">○○시 ○○구 ○○동 ○</td></tr>
<tr><td colspan="4" align="center">등기할 사항</td></tr>
<tr><td colspan="4">분사무소　○○시 ○○구 ○○번지
이전연월일 20○○년 ○월 ○일</td></tr>
<tr><td align="center">기　타</td><td></td><td></td><td></td></tr>
</table>

등록면허세	금 원	지방교육세	금 원	농어촌특별세	금 원
세 액 합 계	금 원	등기신청수수료	금		원
등기신청수수료 납부번호					

<table>
<tr><td colspan="6" align="center">첨   부   서   면</td></tr>
</table>

1. 법인등기부등(초)본	1통	1. 등기신청수수료영수필확인서	1통
1. 등록면허세영수필확인서	1통	1. 위임장(대리인이 신청할 경우)	1통
		<기 타>	

20○○년 ○월 ○일

신청인 명   칭   ○○영농조합법인
       주사무소   ○○시 ○○구 ○○동 ○○
대표자 성   명   대표이사 ○ ○ ○ ㊞   (전화 :   )
       주   소   ○○시 ○○구 ○○동 ○○
대리인 성   명   법무사 ○ ○ ○ ㊞   (전화 :   )
       주   소   ○○시 ○○구 ○○동 ○○

○○지방법원 ○○등기소 귀중

- 신청서 작성요령 -
1. 해당란이 부족할 때에는 별지를 이용합니다.
1. 해당 등기신청과 관계없는 사항에 대하여는 "해당없음"으로 기재하거나 삭제하고, 필요한 사항은 추
   가 기재합니다.

(용지규격 21㎝×29.7㎝)

주 ① 분사무소이전이 관할등기소의 구역내의 경우에는 위 분사무소 이전시 구소재지 분사무소에 신청하는 경우와 동일하다.

② 3항의 분사무소는 관할등기소내의 수개의 분사무소가 설치된 경우라도 같은 관내에는 한 등기부에 기재하므로 이 건 등기신청은 당해 등기소관내의 대표되는 분사무소 중 하나만을 기재하면 된다.

③ 6항의 등기할 사항 중 분사무소이전일자는 주사무소 등기부에 기재된 이전일자를 기재한다.

④ 등록면허세는 일반변경등기의 등록면허세인 40,200원(지세법 제28조 1항 6호)이며, 지방교육세는 등록면허세액의 100분의 20이다. 그리고 등기신청수수료로 방문신청의 경우 6,000원의 대법원수입증지를 첨부하여야 한다. 전자표준양식에 의한 신청의 경우 4,000원, 전자신청의 경우 2,000원이다.

♣ **【서식】영농조합법인 분사무소폐지등기신청서**(주사무소소재지에서 신청하는 경우)

<table>
<tr><td colspan="5" align="center">영농조합법인 분사무소폐지등기신청</td></tr>
<tr><td rowspan="2">접
수</td><td>년   월   일</td><td rowspan="2">처리인</td><td>등기관 확인</td><td>각종통지</td></tr>
<tr><td>제   호</td><td></td><td></td></tr>
</table>

<table>
<tr><td>명   칭</td><td>○○영농조합법인</td><td>등기번호</td><td>제1000호</td></tr>
<tr><td>주사무소</td><td colspan="3">○○시 ○○구 ○○동 ○</td></tr>
<tr><td>등기의 목적</td><td colspan="3">분사무소 폐지등기</td></tr>
<tr><td>등기의 사유</td><td colspan="3">20○○년 ○월 ○일 조합원총회에서 정관변경을 결의하여 다음 분사무소를 폐지하였으므로 그 등기를 구함.</td></tr>
<tr><td colspan="4" align="center">등기할 사항</td></tr>
<tr><td colspan="4">20○○ ○월 ○○일 ○○시 ○○군 ○○동 ○○번지의 분사무소 폐지</td></tr>
<tr><td>기   타</td><td colspan="3"></td></tr>
</table>

등록면허세	금 원	지방교육세	금 원	농어촌특별세	금 원
세 액 합 계	금 원		등기신청수수료	금 원	
등기신청수수료 납부번호					
첨 부 서 면					
1. 조합원총회의사록 1통 1. 이사회의사록 1통			1. 등록면허세영수필확인서 1통 1. 등기신청수수료영수필확인서 1통 1. 위임장(대리인이 신청할 경우) 1통 <기 타>		

20○○년 ○월 ○일

신청인 명 칭 ○○영농조합법인
주사무소 ○○시 ○○구 ○○동 ○○
대표자 성 명 대표이사 ○ ○ ○ ㊞ (전화 :)
주 소 ○○시 ○○구 ○○동 ○○
대리인 성 명 법무사 ○ ○ ○ ㊞ (전화 :)
주 소 ○○시 ○○구 ○○동 ○○

○○지방법원 ○○등기소 귀중

- 신청서 작성요령 -

1. 해당란이 부족할 때에는 별지를 이용합니다.
1. 해당 등기신청과 관계없는 사항에 대하여는 “해당없음”으로 기재하거나 삭제하고, 필요한 사항은 추가 기재합니다.

(용지규격 21㎝×29.7㎝)

주 ① 등기사유에서 분사무소를 폐지한 일자는 조합원총회나 이사회에서 폐지일자를 별도로 정한 경우에는 그 정해진 일자를 기재할 것이다.

② 등록면허세는 일반변경등기의 등록면허세인 40,200원(지세법 제28조 1항 6호)이며, 지방교육세는 등록면허세액의 100분의 20이다. 조특법 및 관세법, 지세법에 의하여 등록면허세가 감면되는 경우 그 감면세액의 100분의 20의 농어촌특별세를 납부하여야 하고 (다만, 이도 면제되는 경우도 있다), 등기신청수수료로 방문신청의 경우 6,000원의 대법원수입증지를 첨부하여야 한다. 전자표준양식에 의한 신청의 경우 4,000원, 전자신청의 경우 2,000원이다.

♣ 【서식】 영농조합법인 분사무소폐지등기신청서

(폐지하는 당해 분사무소에서 신청하는 경우)

<table>
<tr><td colspan="7" align="center">영농조합법인 분사무소폐지등기신청</td></tr>
<tr><td rowspan="2">접
수</td><td colspan="3" align="center">년   월   일</td><td rowspan="2" align="center">처리인</td><td align="center">등기관 확인</td><td align="center">각종통지</td></tr>
<tr><td colspan="3" align="center">제   호</td><td></td><td></td></tr>
</table>

<table>
<tr><td align="center">명   칭</td><td>○○영농조합법인</td><td align="center">등기번호</td><td>제1000호</td></tr>
<tr><td align="center">주사무소</td><td colspan="3">○○시 ○○구 ○○동 ○</td></tr>
<tr><td align="center">등기의 목적</td><td colspan="3">분사무소 폐지등기</td></tr>
<tr><td align="center">등기의 사유</td><td colspan="3">20○○년 ○월 ○일 조합원총회에서 정관변경을 결의하여 20○○년 ○월 ○일 다음의 분사무소를 폐지하고 20○○년 ○월 ○일 주사무소소재지 관할등기소에서 등기를 하였으므로 이 등기소에서 그 등기를 구함.</td></tr>
<tr><td align="center">분사무소</td><td colspan="3">○○시 ○○구 ○○동 ○</td></tr>
<tr><td colspan="4" align="center">등기할 사항</td></tr>
<tr><td colspan="4">20○○ ○월 ○○일 ○○시 ○○군 ○○동 ○○번지의 분사무소폐지</td></tr>
<tr><td align="center">기   타</td><td colspan="3"></td></tr>
</table>

등록면허세	금	원	지방교육세	금	원	농어촌특별세	금	원
세 액 합 계	금		원	등기신청수수료	금			원
등기신청수수료 납부번호								

<table>
<tr><td colspan="9" align="center">첨　부　서　면</td></tr>
</table>

1. 법인등기부등(초)본　　　　　1통	1. 등기신청수수료영수필확인서　　1통
1. 등록면허세영수필확인서　　　1통	1. 위임장(대리인이 신청할 경우)　1통
	<기 타>

20○○년 ○월 ○일

신청인 명　　칭　　○○영농조합법인
　　　　주사무소　　○○시 ○○구 ○○동 ○○
대표자 성　　명　　대표이사 ○ ○ ○ ⑩　　(전화 :　　　　)
　　　　주　　소　　○○시 ○○구 ○○동 ○○
대리인 성　　명　　법무사 ○ ○ ○ ⑩　　(전화 :　　　　)
　　　　주　　소　　○○시 ○○구 ○○동 ○○

○○지방법원 ○○등기소 귀중

- 신청서 작성요령 -

1. 해당란이 부족할 때에는 별지를 이용합니다.
1. 해당 등기신청과 관계없는 사항에 대하여는 "해당없음"으로 기재하거나 삭제하고, 필요한 사항은
　 추가 기재합니다.

(용지규격 21cm×29.7cm)

주 ① 이 등기는 조합법인을 대표하는 조합원 또는 대표이사가 신청한다.

② 분사무소 관할등기소내의 수개의 분사무소가 설치된 경우라도 같은 관내에는 한 등기부에 기재하므로 이 건 등기신청은 당해 등기소관내의 대표되는 분사무소 중 하나만을 기재하면 된다.

③ 등기사유에서 분사무소폐지연월일을 주사무소등기부에 기재된 일자를 기재한다.

④ 등록면허세는 일반변경등기의 등록면허세인 40,200원(지세법 제28조 1항 6호)이며, 지방교육세는 등록면허세액의 100분의 20이다. 조특법 및 관세법, 지세법에 의하여 등록면허세가 감면되는 경우 그 감면세액의 100분의 20의 농어촌특별세를 납부하여야 하고(다만, 이도 면제되는 경우도 있다), 등기신청수수료로 방문신청의 경우 6,000원의 대법원수입증지를 첨부하여야 한다. 전자표준양식에 의한 신청의 경우 4,000원, 전자신청의 경우 2,000원이다.

⑤ 첨부서류로는 주사무소에서 등기한 사항을 증명하는 분사무소폐지등기를 마친 후의 주사무소의 등기부등(초)본을 첨부한다.

⑥ 위임장의 첨부와 대리인의 표시는 대리인에 의하여 신청하는 경우에 한한다.

♣ 【서식】 영농조합법인 변경등기신청서(명칭변경의 경우)

<table>
<tr><td colspan="6" align="center">영농조합법인 변경등기신청</td></tr>
<tr><td rowspan="2">접
수</td><td colspan="2" align="center">년　　월　　일</td><td rowspan="2">처리인</td><td>등기관 확인</td><td>각종통지</td></tr>
<tr><td colspan="2" align="center">제　　　　　호</td><td></td><td></td></tr>
</table>

<table>
<tr><td align="center">명　　칭</td><td>○○영농조합법인</td><td align="center">등기번호</td><td>제1000호</td></tr>
<tr><td align="center">주사무소</td><td colspan="3">○○시 ○○구 ○○동 ○</td></tr>
<tr><td align="center">등기의 목적</td><td colspan="3">명칭변경의 등기</td></tr>
<tr><td align="center">등기의 사유</td><td colspan="3">20○○년 ○월 ○일 조합원총회에서 정관변경을 결의하여 명칭과 다음과 같이 변경하였으므로 명칭을 변경하고 20○○년 ○월 ○일 주사무소소재지 관할등기소에서 등기를 하였으므로 이 등기소에서) 그 등기를 구함.</td></tr>
<tr><td align="center">분사무소</td><td colspan="3">○○시 ○○구 ○○동 ○</td></tr>
<tr><td colspan="4" align="center">등기할 사항</td></tr>
<tr><td colspan="4">명칭 ○○영농조합법인 20○○년 ○월 ○일</td></tr>
<tr><td align="center">기　　타</td><td colspan="3"></td></tr>
</table>

등록면허세	금　　원	지방교육세	금　　　원	농어촌특별세	금　　원
세 액 합 계	금　　　　　원		등기신청수수료	금	원
등기신청수수료 납부번호					

첨　부　서　면

1. 조합원총회의사록　　　　1통 1. 인감신고서 및 인감증명　　1통 1. 법인등기부등(초)본　　　　1통	1. 등록면허세영수필확인서　　1통 1. 등기신청수수료영수필확인서　1통 1. 위임장(대리인이 신청할 경우)　1통 <기 타>

20○○년 ○월 ○일

신청인　명　　칭　　　○○영농조합법인
　　　　주사무소　　　○○시 ○○구 ○○동 ○○
대표자　성　　명　　　대표이사 ○ ○ ○ ⑪　　(전화 :　　　　　)
　　　　주　　소　　　○○시 ○○구 ○○동 ○○
대리인　성　　명　　　법무사 ○ ○ ○ ⑪　　(전화 :　　　　　)
　　　　주　　소　　　○○시 ○○구 ○○동 ○○

○○지방법원 ○○등기소 귀중

- 신청서 작성요령 -

1. 해당란이 부족할 때에는 별지를 이용합니다.
1. 해당 등기신청과 관계없는 사항에 대하여는 "해당없음"으로 기재하거나 삭제하고, 필요한 사항은 추
　 가 기재합니다.

(용지규격 21cm×29.7cm)

주 ① 명칭은 명칭변경등기가 완료되지 않은 상태이므로 변경 전의 명칭을 기재한다.
② 분사무소는 분사무소소재지에서 신청하는 경우에 한하여 기재한다.
③ 등기사유에서 ( )안의 내용은 분사무소에서 신청하는 경우의 내용이다.
④ 등록면허세는 일반변경등기의 등록면허세인 40,200원(지세법 제28조 1항 6호)이며, 지방교육세는 등록면허세액의 100분의 20이다. 조특법 및 관세법, 지세법에 의하여 등록면허세가 감면되는 경우 그 감면세액의 100분의 20의 농어촌특별세를 납부하여야 하고 (다만, 이도 면제되는 경우도 있다), 등기신청수수료로 방문신청의 경우 6,000원의 대법원수입증지를 첩부하여야 한다. 전자표준양식에 의한 신청의 경우 4,000원, 전자신청의 경우 2,000원이다.
⑤ 첨부서류 중 조합원총회의사록은 공증인의 인증을 받은 것이어야 한다.
⑥ 주사무소의 법인등기부등본은 분사무소소재지에서 신청하는 경우에 주사무소에서 등기를 마친 사실을 증명하기 위하여 첨부하는 것으로서 그 경우에는 정관변경을 위한 조합원총회의사록 등 등기사유를 증명하는 서면 대신에 이 변경등기를 마친 후의 주사무소의 등기부등본이나 초본을 첨부한다.
⑦ 신청서 하단의 신청인 표시는 변경 후의 명칭으로 기재한다.

♣ 【서식】 영농조합법인 변경등기신청서(목적변경의 경우)

<table>
<tr><td colspan="6" align="center">영농조합법인 변경등기신청</td></tr>
<tr><td rowspan="2">접
수</td><td colspan="3" align="center">년　월　일</td><td rowspan="2">처리인</td><td>등기관 확인</td><td>각종통지</td></tr>
<tr><td colspan="3" align="center">제　　　　호</td><td></td><td></td></tr>
</table>

명　칭	○○영농조합법인	등기번호	제1000호
주사무소	○○시 ○○구 ○○동 ○		
등기의 목적	목적변경의 등기		
등기의 사유	20○○년 ○월 ○일 조합원총회에서 정관변경을 결의하여 목적을 다음과 같이 변경하였으므로(목적을 다음과 같이 변경하고 20○○년 ○월 ○일 주사무소소재지 관할등기소에서 등기를 하였으므로 이 등기소에서) 그 등기를 구함.		
분사무소	○○시 ○○구 ○○동 ○		
등기할 사항			

명칭　1. ○○○○○○○○
　　　1. ○○○○○　　20○○년 ○월 ○일

기　타	

등록면허세	금 원	지방교육세	금 원	농어촌특별세	금 원
세 액 합 계	금 원	등기신청수수료	금 원		
등기신청수수료 납부번호					

첨   부   서   면

1. 조합원총회의사록 1통 1. 법인등기부등(초)본 1통	1. 등록면허세영수필확인서 1통 1. 등기신청수수료영수필확인서 1통 1. 위임장(대리인이 신청할 경우) 1통 <기 타>

20○○년 ○월 ○일

신청인 명   칭   ○○영농조합법인
      주사무소   ○○시 ○○구 ○○동 ○○
대표자 성   명   대표이사 ○ ○ ○ ㊞   (전화 :   )
      주   소   ○○시 ○○구 ○○동 ○○
대리인 성   명   법무사 ○ ○ ○ ㊞   (전화 :   )
      주   소   ○○시 ○○구 ○○동 ○○

○○지방법원 ○○등기소 귀중

- 신청서 작성요령 -

1. 해당란이 부족할 때에는 별지를 이용합니다.
1. 해당 등기신청과 관계없는 사항에 대하여는 "해당없음"으로 기재하거나 삭제하고, 필요한 사항은 추가 기재합니다.

(용지규격 21cm×29.7cm)

주 ① 분사무소는 분사무소에서 등기신청하는 경우에 한하여 기재한다.

② 등록면허세는 일반변경등기의 등록면허세인 40,200원(지세법 제28조 1항 6호)이며,지방교육세는 등록면허세액의 100분의 20이다. 조특법 및 관세법, 지세법에 의하여 등록면허세가 감면되는 경우 그 감면세액의 100분의 20의 농어촌특별세를 납부하여야 하고(다만, 이도 면제되는 경우도 있다), 등기신청수수료로 방문신청의 경우 6,000원의 대법원수입증지를 첩부하여야 한다. 전자표준양식에 의한 신청의 경우 4,000원, 전자신청의 경우 2,000원이다.

③ 첨부서류 중 조합원총회의사록은 공증인의 인증을 받은 것이어야 한다.

④ 법인등기부등(초)본은 분사무소소재지에서 신청하는 경우에 주사무소에서 등기를 마친 사실을 증명하기 위하여 첨부하는 것으로서 그 경우에는 정관변경을 위한 조합원총회의사록 등 등기사유를 증명하는 서면 대신에 이 변경등기를 마친 후의 주사무소의 등기부 등본이나 초본을 첨부한다.

⑤ 신청서 하단의 신청인 표시는 변경 후의 명칭으로 기재한다.

♣ 【서식】 영농조합법인 변경등기신청서(출자방법 변경의 경우)

<table>
<tr><td colspan="6" align="center">영농조합법인 변경등기신청</td></tr>
<tr><td rowspan="2">접
수</td><td colspan="2" align="center">년   월   일</td><td rowspan="2">처리인</td><td>등기관 확인</td><td>각종통지</td></tr>
<tr><td colspan="2" align="center">제   호</td><td></td><td></td></tr>
</table>

명 칭	○○영농조합법인	등기번호	제1000호
주사무소	○○시 ○○구 ○○동 ○		
등기의 목적	출자방법 변경등기		
등기의 사유	20○○년 ○월 ○일 조합원총회에서 출자방법에 관하여 정관변경을 결의하여 출자방법을 다음과 같이 변경하였으므로 그 등기를 구함.		

<table>
<tr><td colspan="2" align="center">등기할 사항</td></tr>
<tr><td colspan="2">출자방법   1. 현금, 농지, 기타 현물
          1. ○○○○○○   20○○년 ○월 ○일</td></tr>
<tr><td>기   타</td><td></td></tr>
</table>

등록면허세	금　　원	지방교육세	금　　　원	농어촌특별세	금　　원
세 액 합 계	금　　　　원		등기신청수수료	금　　　　　　원	
등기신청수수료 납부번호					

<table>
<tr><td colspan="2" align="center">첨　부　서　면</td></tr>
<tr>
<td>
1. 조합원총회의사록　　　　　　1통
1. 등록면허세영수필확인서　1통
1. 등기신청수수료영수필확인서　　1통
</td>
<td>
1. 위임장(대리인이 신청할 경우)　　1통
<기 타>
</td>
</tr>
</table>

20○○년 ○월 ○일

신청인 명　　칭　　　○○영농조합법인
　　　　주사무소　　　○○시 ○○구 ○○동 ○○
대표자 성　　명　　　대표이사 ○ ○ ○ ㊞　　(전화 :　　　　)
　　　　주　　소　　　○○시 ○○구 ○○동 ○○
대리인 성　　명　　　법무사 ○ ○ ○ ㊞　　(전화 :　　　　)
　　　　주　　소　　　○○시 ○○구 ○○동 ○○

○○지방법원 ○○등기소 귀중

- 신청서 작성요령 -

1. 해당란이 부족할 때에는 별지를 이용합니다.
1. 해당 등기신청과 관계없는 사항에 대하여는 "해당없음"으로 기재하거나 삭제하고, 필요한 사항은 추
　가 기재합니다.

(용지규격 21㎝×29.7㎝)

주 ① 등록면허세는 일반변경등기의 등록면허세인 40,200원(지세법 제28조 1항 6호)이며, 지방교육세는 등록면허세액의 100분의 20이다. 조특법 및 관세법, 지세법에 의하여 등록면허세가 감면되는 경우 그 감면세액의 100분의 20의 농어촌특별세를 납부하여야 하고(다만, 이도 면제되는 경우도 있다), 등기신청수수료로 방문신청의 경우 6,000원의 대법원수입증지를 첩부하여야 한다. 전자표준양식에 의한 신청의 경우 4,000원, 전자신청의 경우 2,000원이다.
② 조합원총회의사록은 공증인의 인증을 받은 것이어야 한다.

♣ **【서식】 영농조합법인 변경등기신청서**(총출자좌수와 납입할 총출자액 변경
의 경우)

<table>
<tr><td colspan="5" align="center">영농조합법인 변경등기신청</td></tr>
<tr><td rowspan="2">접
수</td><td align="center">년　월　일</td><td rowspan="2">처리인</td><td>등기관 확인</td><td>각종통지</td></tr>
<tr><td align="center">제　　　호</td><td></td><td></td></tr>
</table>

<table>
<tr><td>명　　칭</td><td>○○영농조합법인</td><td>등기번호</td><td>제1000호</td></tr>
<tr><td>주사무소</td><td colspan="3">○○시 ○○구 ○○동 ○</td></tr>
<tr><td>등기의 목적</td><td colspan="3">총출자좌수와 납입할 총출자액의 변경등기</td></tr>
<tr><td>등기의 사유</td><td colspan="3">20○○년 ○월 ○일 조합원총회(또는 이사회)에서 총출자좌수와 납입할 총출자액을 다음과 같이 변경하였으므로 그 등기를 구함.</td></tr>
<tr><td colspan="4" align="center">등기할 사항</td></tr>
<tr><td colspan="4">총출자좌수와 납입할 총출자액
○○○○좌 금○○○○○○○원 20○○ ○월 ○○일 변경</td></tr>
<tr><td>기　　타</td><td colspan="3"></td></tr>
</table>

등록면허세	금 원	지방교육세	금 원	농어촌특별세	금 원
세 액 합 계	금 원		등기신청수수료	금 원	
등기신청수수료 납부번호					

<table>
<tr><td colspan="2" align="center">첨   부   서   면</td></tr>
<tr>
<td>
1. 조합원총회의사록　　　　1통
1. 출자재산 납입을 증명하는 서면　　1통
1. 출자의 인수 및 청약을
　 증명하는 서면　　　　　○통
</td>
<td>
1. 등록면허세영수필확인서　　1통
1. 등기신청수수료영수필확인서　　1통
1. 위임장(대리인이 신청할 경우)　　1통
<기 타>
</td>
</tr>
</table>

20○○년 ○월 ○일

신청인 명　　칭　　　○○영농조합법인
　　　　주사무소　　　○○시 ○○구 ○○동 ○○
대표자 성　　명　　　대표이사 ○ ○ ○ ㊞　　　(전화 :　　　　　　)
　　　　주　　소　　　○○시 ○○구 ○○동 ○○
대리인 성　　명　　　법무사 ○ ○ ○ ㊞　　　(전화 :　　　　　　)
　　　　주　　소　　　○○시 ○○구 ○○동 ○○

○○지방법원 ○○등기소 귀중

- 신청서 작성요령 -
1. 해당란이 부족할 때에는 별지를 이용합니다.
1. 해당 등기신청과 관계없는 사항에 대하여는 "해당없음"으로 기재하거나 삭제하고, 필요한 사항은 추
　 가 기재합니다.

(용지규격 21cm×29.7cm)

주 ① 등기할 사항에서 그 액을 종전 총출자좌수와 총출자액에서 새로 증감한 총출자좌수와 총출자액을 합한 금액을 기재한다.

② 과세표준은 증가한 출자자산액을 기재한다. 총출자산액이 감소한 경우에는 이를 기재할 필요가 없다.

③ 등록면허세는 새로 증가한 자산금액의 1000분의 4, 대도시내 설립 또는 전입후 5년 내에는 그 3배를 가산하나, 세액이 112,500원 미만인 때에는 112,500원으로 하며(지세법 제28조 1항 6호), 지방교육세는 등록면허세의 100분의 20이다.

조특법 및 관세법, 지세법에 의하여 등록면허세가 감면되는 경우 그 감면세액의 100분의 20의 농어촌특별세를 납부하여야 하고(다만, 이것도 면제되는 경우도 있다), 등기신청수수료로 방문신청의 경우 6,000원의 대법원수입증지를 첨부하여야 한다. 전자표준양식에 의한 신청의 경우 4,000원, 전자신청의 경우 2,000원이다.

④ 첨부서류에서 의사록은 공증인의 인증을 받은 것이어야 한다.

⑤ 출자재산의 납입을 증명하는 서면으로는 출자의 납입을 증명하는 금융기관의 납입증명, 대표이사의 납입내역서 등을 첨부한다

♣ **【서식】 영농조합법인 변경등기신청서**(출자증서의 병합 또는 분할의 경우)

<table>
<tr><td colspan="6" align="center">영농조합법인 변경등기신청</td></tr>
<tr><td rowspan="2">접
수</td><td align="center">년　　월　　일</td><td rowspan="2" align="center">처리인</td><td align="center">등기관 확인</td><td align="center">각종통지</td></tr>
<tr><td align="center">제　　　　　호</td><td></td><td></td></tr>
</table>

<table>
<tr><td align="center">명　　칭</td><td>○○영농조합법인</td><td align="center">등기번호</td><td>제1000호</td></tr>
<tr><td align="center">주사무소</td><td colspan="3">○○시 ○○구 ○○동 ○</td></tr>
<tr><td align="center">등기의 목적</td><td colspan="3">출자증서의 병합(또는 분할)으로 인한 변경등기</td></tr>
<tr><td align="center">등기의 사유</td><td colspan="3">20○○년 ○월 ○일 조합원총회에서 1좌의 금액 금5,000원의 출자증서 4좌를 병합하여 1좌의 금액 금10,000원의 출자 1좌로 하기로 결의하여(또는 1좌의 금액 금20,000원의 출자 1좌를 분할하여 1좌의 금액 금5,000원의 출자 2좌로 하기로 결의하여), 1좌의 금액, 납입할 출자의 총액을 변경하였으므로 다음 사항의 등기를 구함.</td></tr>
<tr><td colspan="4" align="center">등기할 사항</td></tr>
<tr><td colspan="4">1좌의 금액　금10,000원(또는 금5,000원)
납입할 출자의 총액　금○○○원</td></tr>
<tr><td align="center">기　　타</td><td colspan="3"></td></tr>
</table>

등록면허세	금 원	지방교육세	금 원	농어촌특별세	금 원
세 액 합 계	금 원		등기신청수수료	금	원
등기신청수수료 납부번호					

첨 부 서 면

1. 조합원총회의사록 1통 1. 출자증서의 제출공고증명서 1통 1. 변제영수증·담보제공증명서 또는 　 이의 없다는 진술서 각 1통 1. 공고 및 최고증명서 각 1통	1. 등록면허세영수필확인서 1통 1. 등기신청수수료영수필확인서 1통 1. 위임장(대리인이 신청할 경우) 1통 　<기 타>

20○○년 ○월 ○일

신청인 명　　칭　　○○영농조합법인
　　　　주사무소　　○○시 ○○구 ○○동 ○○
대표자 성　　명　　대표이사 ○ ○ ○ ㉑   (전화 :   )
　　　　주　　소　　○○시 ○○구 ○○동 ○○
대리인 성　　명　　법무사 ○ ○ ○ ㉑   (전화 :   )
　　　　주　　소　　○○시 ○○구 ○○동 ○○

○○지방법원 ○○등기소 귀중

- 신청서 작성요령 -

1. 해당란이 부족할 때에는 별지를 이용합니다.
1. 해당 등기신청과 관계없는 사항에 대하여는 "해당없음"으로 기재하거나 삭제하고, 필요한 사항은 추
　 가 기재합니다.

(용지규격 21cm×29.7cm)

주 등록면허세는 자본감소의 경우에는 기본세액인 40,200원이고, 자본이 증가하는 경우에는 증가한 자본액의 1,000분의 4이다. 다만, 최저등록세액은 112,500원이며, 지방교육세는 등록면허세의 100분의 20이다.

조특법 및 관세법, 지세법에 의하여 등록면허세가 감면되는 경우 그 감면세액의 100분의 20의 농어촌특별세를 납부하여야 하고(다만, 이도 면제되는 경우도 있다), 등기신청수수료로 방문신청의 경우 6,000원의 대법원수입증지를 첨부하여야 한다. 전자표준양식에 의한 신청의 경우 4,000원, 전자신청의 경우 2,000원이다.

♣ 【서식】 영농조합법인 변경등기신청서(이익소각의 경우)

<table>
<tr><td colspan="6" align="center">영농조합법인 변경등기신청</td></tr>
<tr><td rowspan="2">접
수</td><td colspan="2" align="center">년   월   일</td><td rowspan="2">처리인</td><td>등기관 확인</td><td>각종통지</td></tr>
<tr><td colspan="2" align="center">제   호</td><td></td><td></td></tr>
</table>

명 칭	○○영농조합법인	등기번호	제1000호
주사무소	○○시 ○○구 ○○동 ○		
등기의 목적	이익의 소각으로 출자변경등기		
등기의 사유	20○○년 ○월 ○일 조합원총회에서 조합법인이 이익금으로 출자좌수 ○○좌중 ○○좌를 소각할 것을 결의하고 20○○년 ○월 ○일 출자의 총좌수를 변경하였으므로 다음 사항의 등기를 구함.		

<table>
<tr><td colspan="2" align="center">등기할 사항</td></tr>
<tr><td colspan="2">출자의 총좌수 ○○○좌</td></tr>
<tr><td>기   타</td><td></td></tr>
</table>

등록면허세	금 원	지방교육세	금 원	농어촌특별세	금 원
세 액 합 계	금 원		등기신청수수료	금 원	
등기신청수수료 납부번호					

<table>
<tr><td colspan="6" align="center">첨　부　서　면</td></tr>
<tr><td colspan="3">
1. 조합원총회의사록　　　　　1통
1. 이사회의사록　　　　　　　1통
1. 이익금의 존재를 증명하는 서면　1통
1. 출자증서의 제출공고증명서
(신문원본 등)　　　　　　　1통
</td><td colspan="3">
1. 등록면허세영수필확인서　　1통
1. 등기신청수수료영수필확인서　1통
1. 위임장(대리인이 신청할 경우)　1통
<기 타>
</td></tr>
</table>

20○○년 ○월 ○일

신청인　명　　칭　　　　○○영농조합법인
　　　　주사무소　　　　○○시 ○○구 ○○동 ○○
대표자　성　　명　　　　대표이사 ○ ○ ○ ㊞　　　(전화 :　　　　　)
　　　　주　　소　　　　○○시 ○○구 ○○동 ○○
대리인　성　　명　　　　법무사 ○ ○ ○ ㊞　　　(전화 :　　　　　)
　　　　주　　소　　　　○○시 ○○구 ○○동 ○○

○○지방법원 ○○등기소 귀중

- 신청서 작성요령 -
1. 해당란이 부족할 때에는 별지를 이용합니다.
1. 해당 등기신청과 관계없는 사항에 대하여는 "해당없음"으로 기재하거나 삭제하고, 필요한 사항은
　추가 기재합니다.

(용지규격 21cm×29.7cm)

주 ① 등기사유에서 변경연월일은 출자증서제출기간만료 익일을 기재한다. 그리고 출자좌수 등은 소각된 수만큼 공제한 수를 기재한다.

② 등록면허세는 40,200원, 지방교육세는 등록면허세액의 100분의 20이다.

조특법 및 관세법, 지세법에 의하여 등록면허세가 감면되는 경우 그 감면세액의 100분의 20의 농어촌특별세를 납부하여야 하고(다만, 이도 면제되는 경우도 있다), 등기신청 수수료로 방문신청의 경우 6,000원의 대법원수입증지를 첨부하여야 한다. 전자표준양식에 의한 신청의 경우 4,000원, 전자신청의 경우 2,000원이다.

③ 첨부서류에서 이사회의사록은 소각기간을 조합원총회에서 정하지 않고 이사회에서 정한 때에 한하여 첨부한다.

④ 이익금의 존재를 증명하는 서면(조합원총회 승인 대차대조표 또는 소관세무서장이 인정하는 대차대조표 등)은 조합원총회의사록에 의하여 이익금의 존재를 증명하는 경우에는 별도로 첨부할 필요가 없다.

♣ **【서식】 영농조합법인 변경등기신청서**(존립기간 변경의 경우)

<table>
<tr><td colspan="6" align="center">영농조합법인 변경등기신청</td></tr>
<tr><td rowspan="2">접
수</td><td colspan="3" align="center">년   월   일</td><td rowspan="2">처리인</td><td>등기관 확인</td><td>각종통지</td></tr>
<tr><td colspan="3" align="center">제   호</td><td></td><td></td></tr>
</table>

<table>
<tr><td>명   칭</td><td>○○영농조합법인</td><td>등기번호</td><td>제1000호</td></tr>
<tr><td>주사무소</td><td colspan="3">○○시 ○○구 ○○동 ○</td></tr>
<tr><td>등기의 목적</td><td colspan="3">존립기간 변경의 등기</td></tr>
<tr><td>등기의 사유</td><td colspan="3">20○○년 ○월 ○일 조합원총회에서 정관변경을 결의하여 존립기간을 다음과 같이 변경(설정 또는 폐지)하였으므로 (존립기간을 변경하고, 20○○년 ○월 ○일 주사무소소재지 관할등기소에서 등기를 하였으므로 이 등기소) 그 등기를 구함.</td></tr>
<tr><td>분사무소</td><td colspan="3">○○시 ○○구 ○○동 ○</td></tr>
<tr><td colspan="4" align="center">등기할 사항</td></tr>
<tr><td colspan="4">존립시기 ○○○○○ 20○○년 ○월 ○일 변경</td></tr>
<tr><td>기   타</td><td colspan="3"></td></tr>
</table>

등록면허세	금 원	지방교육세	금 원	농어촌특별세	금 원
세 액 합 계	금 원	등기신청수수료	금 원		

등기신청수수료 납부번호	

첨 부 서 면

1. 조합원총회의사록 1통 1. 법인등기부등(초)본 1통	1. 등록면허세영수필확인서 1통 1. 등기신청수수료영수필확인서 1통 1. 위임장(대리인이 신청할 경우) 1통 <기 타>

20○○년 ○월 ○일

신청인 명   칭   ○○영농조합법인
　　　 주사무소   ○○시 ○○구 ○○동 ○○
대표자 성   명   대표이사 ○ ○ ○ ㉖   (전화 :   )
　　　 주   소   ○○시 ○○구 ○○동 ○○
대리인 성   명   법무사 ○ ○ ○ ㉖   (전화 :   )
　　　 주   소   ○○시 ○○구 ○○동 ○○

○○지방법원 ○○등기소 귀중

- 신청서 작성요령 -
1. 해당란이 부족할 때에는 별지를 이용합니다.
1. 해당 등기신청과 관계없는 사항에 대하여는 "해당없음"으로 기재하거나 삭제하고, 필요한 사항은 추가 기재합니다.

(용지규격 21cm×29.7cm)

주 ① 분사무소는 분사무소소재지에서 신청하는 경우에 한하여 기재한다.
② 등기사유에서 ( )안의 내용도 분사무소에서 등기신청하는 경우의 내용이다.
③ 존립기간을 폐지한 경우에는 등기할 사항을 기재하지 아니하거나 '존립기간의 폐지'로 기재한다.
④ 등록면허세는 변경등기의 등록면허세인 40,200원, 지방교육세는 등록면허세액의 100분의 20이다.
 조특법 및 관세법, 지세법에 의하여 등록면허세가 감면되는 경우 그 감면세액의 100분의 20의 농어촌특별세를 납부하여야 하고(다만, 이도 면제되는 경우도 있다), 등기신청수수료로 방문신청의 경우 6,000원의 대법원수입증지를 첨부하여야 한다. 전자표준양식에 의한 신청의 경우 4,000원, 전자신청의 경우 2,000원이다.
⑤ 첨부서류에서 조합원총회의사록은 공증인의 인증을 받을 것이어야 한다.
⑥ 법인등기부등(초)본은 분사무소소재지에서 신청하는 경우에 주사무소에서 등기를 마친 사실을 증명하기 위하여 첨부하는 것으로서 그 경우에는 정관변경을 위한 조합원총회의사록 등 등기사유를 증명하는 서면 대신에 이 변경등기를 마친 후의 주사무소의 등기부등본이나 초본을 첨부한다.

♣ **【서식】 영농조합법인 변경등기신청서**(해산사유 변경의 경우)

영농조합법인 변경등기신청

접 수	년 월 일		처리인	등기관 확인	각종통지
	제 호				

명 칭	○○영농조합법인		등기번호	제1000호
주사무소	○○시 ○○구 ○○동 ○			
등기의 목적	해산사유 변경의 등기			
등기의 사유	20○○년 ○월 ○일 조합원총회에서 정관변경을 결의하여 다음과 같이 변경(설정 또는 폐지)하였으므로 (해산사유를 변경하고, 20○○년 ○월 ○일 주사무소소재지 관할등기소에서 등기를 하였으므로 이 등기소) 그 등기를 구함.			
분사무소	○○시 ○○구 ○○동 ○			

등기할 사항

존립시기 ○○○○○ 20○○년 ○월 ○일 변경

기 타	

등록면허세	금	원	지방교육세	금	원	농어촌특별세	금	원
세 액 합 계	금		원	등기신청수수료	금			원
등기신청수수료 납부번호								

첨　부　서　면

1. 조합원총회의사록　　　　　1통 1. 법인등기부등(초)본　　　　1통	1. 등록면허세영수필확인서　　1통 1. 등기신청수수료영수필확인서　1통 1. 위임장(대리인이 신청할 경우)　1통 <기 타>

20○○년 ○월 ○일

신청인 명　　칭　　　　○○영농조합법인
　　　　주사무소　　　　○○시 ○○구 ○○동 ○○
대표자 성　　명　　　　대표이사 ○ ○ ○ ㉑　　　(전화 :　　　　　)
　　　　주　　소　　　　○○시 ○○구 ○○동 ○○
대리인 성　　명　　　　법무사 ○ ○ ○ ㉑　　　(전화 :　　　　　)
　　　　주　　소　　　　○○시 ○○구 ○○동 ○○

○○지방법원 ○○등기소 귀중

- 신청서 작성요령 -

1. 해당란이 부족할 때에는 별지를 이용합니다.
1. 해당 등기신청과 관계없는 사항에 대하여는 "해당없음"으로 기재하거나 삭제하고, 필요한 사항은 추가 기재합니다.

(용지규격 21㎝×29.7㎝)

주 ① 분사무소는 분사무소소재지에서 신청하는 경우에 한하여 기재한다.
② 등기사유에서 (　)안의 내용도 분사무소에서 등기신청하는 경우의 내용이다.
③ 해산사유를 폐지한 경우에는 등기할 사항을 기재하지 아니하거나 '해산사유의 폐지'로 기재한다.
④ 등록면허세는 변경등기의 등록면허세인 40,200원, 지방교육세는 등록면허세액의 100분의 20이다.
조특법 및 관세법, 지세법에 의하여 등록면허세가 감면되는 경우 그 감면세액의 100분의 20의 농어촌특별세를 납부하여야 하고(다만, 이도 면제되는 경우도 있다), 등기신청수수료로 방문신청의 경우 6,000원의 대법원수입증지를 첨부하여야 한다. 전자표준양식에 의한 신청의 경우 4,000원, 전자신청의 경우 2,000원이다.
⑤ 첨부서류에서 법인등기부등(초)본은 분사무소소재지에서 신청하는 경우에 주사무소에서 등기를 마친 사실을 증명하기 위하여 첨부하는 것으로서 그 경우에는 정관변경을 위한 조합원총회의사록 등 등기사유를 증명사는 서면 대신에 이 변경등기를 마친 후의 주사무소의 등기부등본이나 초본을 첨부한다.

♣ **【서식】 영농조합법인 변경등기신청서**(이사 또는 감사변경의 경우)

<table>
<tr><td colspan="6" align="center">영농조합법인 변경등기신청</td></tr>
<tr><td rowspan="2">접
수</td><td colspan="2" align="center">년   월   일</td><td rowspan="2">처리인</td><td>등기관 확인</td><td>각종통지</td></tr>
<tr><td colspan="2" align="center">제   호</td><td></td><td></td></tr>
</table>

명 칭	○○영농조합법인	등기번호	제1000호
주사무소	○○시 ○○구 ○○동 ○		
등기의 목적	이사변경등기		

등기의 사유	
	<경우1> 이사 또는 감사 증원의 경우 정관변경에 의하여 이사(감사)의 정원을 증원하고 다음 사람이 이사(감사)에 취임하였으므로 그 등기를 구함. **<경우2>** 이사 또는 감사 사망, 사임보선의 경우 이사(감사) ○○○은 사망(사임)하고 다음 사람이 이사(감사)에 취임하였으므로 그 등기를 구함. 또는 이사(감사) ○○○은 20○○년 ○월 ○일 사임하고, 20○○년 ○월 ○일 조합원총회에서 다음 사람을 이사(감사)로 선임하여 20○○년 ○월 ○일 취임하였으므로 그 등기를 구함. **<경우3>** 이사 또는 감사의 임기만료퇴임, 보선의 경우 이사(감사) ○○○은 임기만료로 퇴임하고 다음 사람이 이사(감사)에 취임하였으므로 그 등기를 구함. **<경우4>** 이사 또는 감사의 해임 및 보선의 경우 등기사유 이사(감사) ○○○은 해임되고 다음 사람이 이사에 취임하였으므로 그 등기를 구함. **<경우5>** 이사 또는 감사의 파산·금치산선고로 인한 자격상실 및 보선의 경우

이사(감사) ○○○은 파산(금치산)선고로 자격상실하고 다음 사람이 이사(감사)에 취임하였으므로 그 등기를 구함.

<경우6> 중임의 경우
이사(감사) ○○○은 20○○년 ○월 ○일이 임기만료이나 조합원 총회에서 재선되어 같은 날 중임하였으므로 그 등기를 구함.

등기할 사항

<경우1>   이사 또는 감사 증원의 경우
 이사(감사) ○○○   20○○년 ○월 ○일
     (-   )

<경우2>   이사 또는 감사 사망, 사임보선의 경우
 이사(감사) ○○○은 20○○년 ○월 ○일 사망(사임)
 이사(감사) ○○○ 20○○년 ○월 ○일 취임
     (-   )

<경우3>   이사 또는 감사의 임기만료퇴임, 보선의 경우
 이사(감사) ○○○은 20○○년 ○월 ○일 퇴임
 이사(감사) ○○○ 20○○년 ○월 ○일 취임
     (-   )

<경우4>   이사 또는 감사의 해임 및 보선의 경우
 이사(감사) ○○○ 20○○년 ○월 ○일 해임
 이사(감사) ○○○ 20○○년 ○월 ○일 취임
     (-   )

<경우5>   이사 또는 감사의 파산.금치산선고로 인한 자격상실 및 보선의 경우
 이사(감사) ○○○ 20○○년 ○월 ○일 자격상실
 이사(감사) ○○○ 20○○년 ○월 ○일 취임
     (-   )

<경우6>   중임의 경우
 이사(감사) ○○○ 20○○년 ○월 ○일 중임

기 타	

등록면허세	금　　　원	지방교육세	금　　　원	농어촌특별세	금　　　원
세 액 합 계	금　　　　　원	등기신청수수료	금		원
등기신청수수료 납부번호					

첨　　부　　서　　면

1. 조합원총회의사록　　　　　　1통	1. 사망진단서(또는 호적등본)　　　　1통
1. 정관　　　　　　　　　　　　1통	1. 결정등본(파산, 금치산)　　　　　1통
1. 취임승낙서와 인감증명서,	1. 등록면허세영수필확인서　　　　　1통
주민등록등본　　　　　　　1통	1. 등기신청수수료영수필확인서　　　1통
1. 대표자 인감신고서와 인감대지　1통	1. 위임장(대리인이 신청할 경우)　　1통
1. 사임서　　　　　　　　　　　1통	<기 타>

20○○년 ○월 ○일

신청인 명　　칭　　　　○○영농조합법인
　　　　주사무소　　　　○○시 ○○구 ○○동 ○○
대표자 성　　명　　　　대표이사 ○ ○ ○ ⑪　　　(전화 :　　　　　)
　　　　주　　소　　　　○○시 ○○구 ○○동 ○○
대리인 성　　명　　　　법무사 ○ ○ ○ ⑪　　　　(전화 :　　　　　)
　　　　주　　소　　　　○○시 ○○구 ○○동 ○○

○○지방법원 ○○등기소 귀중

- 신청서 작성요령 -

1. 해당란이 부족할 때에는 별지를 이용합니다.
1. 해당 등기신청과 관계없는 사항에 대하여는 "해당없음"으로 기재하거나 삭제하고, 필요한 사항은 추가 기재합니다.
1.「인감증명법」에 따른 인감증명서 제출과 함께 관련 서면에 인감을 날인하여야 하는 경우, 본인서명사실확인서를 제출하고 관련 서면에 서명을 하거나 전자본인서명확인서 발급증을 제출하고 관련 서면에 서명을 하면 인감증명서를 제출하고 관련 서면에 인감을 날인한 것으로 봅니다.

(용지규격 21cm×29.7cm)

주 ① 등록면허세는 40,200원, 지방교육세는 등록면허세액의 100분의 20이다.

조특법 및 관세법, 지세법에 의하여 등록면허세가 감면되는 경우 그 감면세액의 100분의 20의 농어촌특별세를 납부하여야 하고(다만, 이도 면제되는 경우도 있다), 방문신청의 경우 등기신청수수료로 6,000원(전자표준양식에 의한 신청의 경우에는 4,000원, 전자신청의 경우에는 2,000원)의 대법원수입증지를 첨부하여야 한다. 명칭, 주사무소, 이사변경등기를 하나의 신청서로 신청할 경우에는 각각의 수수료 6,000원씩(전자표준양식에 의한 신청의 경우에는 4,000원, 전자신청의 경우에는 2,000원씩)을 합산하여야 하나, 수인의 이사, 대표자 등 임원의 퇴임.취임으로 인한 변경등기를 이를 일괄하여 하나의 임원변경등기신청으로 보아 6,000원(전자표준양식에 의한 신청의 경우에는 4,000원, 전자신청의 경우에는 2,000원)을 납부한 대법원수입증지를 첨부하면 된다.

② 첨부서류 중 조합원총회의사록은 공증인의 인증을 받은 것이어야 한다.

③ 원칙적으로 취임승낙서와 본인의 진정한 의사를 확인하는 인감증명을 첨부하여야 하나, 그 취임승낙취지가 기재된 피선자의 기명날인이 있는 의사록을 첨부한 경우에는 이의 첨부를 생략할 수 있다. 다만 대표자는 인감증명법에 의한 인감증명을 첨부하여야 하나 중임의 경우는 예외이다.

④ 사임서는 회의석상에서 사임한 취지의 기재가 있고 그 임원의 기명날인이 있는 의사록을 첨부한 때에는 이의 첨부를 생략할 수 있다.

♣ 【서식】 영농조합법인 변경등기신청서(대표권제한규정의 신설.폐지.변경의 경우)

<table>
<tr><td colspan="6" align="center">영농조합법인 변경등기신청</td></tr>
<tr><td rowspan="2">접
수</td><td colspan="2" align="center">년   월   일</td><td rowspan="2">처리인</td><td align="center">등기관 확인</td><td align="center">각종통지</td></tr>
<tr><td colspan="2" align="center">제   호</td><td></td><td></td></tr>
</table>

명 칭	○○영농조합법인	등기번호	제1000호
주사무소	○○시 ○○구 ○○동 ○		
등기의 목적	대표권의 제한규정의 변경등기		

등기의 사유	**<경우1> 대표권제한규정 설정의 경우** 　20○○ ○월 ○○일 조합원총회에서 대표권의 제한규정의 설정과 정관변경을 결의하고 20○○ ○월 ○일 이사회에서 이사 ○○○가 대표이사로 선임되어 같은 날 취임함에 따라, 대표권의 제한규정을 다음과 같이 설정하였으므로(…설정하여 20○○ ○월 ○○일 주사무소소재지 관할등기소에서 등기를 하였으므로 이 등기소에서) 그 등기를 구함. **<경우2> 대표권제한규정 폐지의 경우** 　20○○년 ○월 ○일 조합원총회에서 대표권의 제한규정 폐지와 정관변경을 결의하여 대표권의 제한규정을 폐지하였으므로(…폐지하여 20○○년 ○월 ○일 주사무소소재지 관할등기소에서 등기를 하였으므로 이 등기소에서) 그 등기를 구함. **<경우3> 이사 및 대표이사직을 사임한 경우** 　20○○년 ○월 ○일 대표이사 ○○○는 이사직을 사임하고 20○○년 ○월 ○일 조합원총회에서 ○○○가 이사로 선임되어 같은 날 취임하고 20○○년 ○월 ○일 이사회에서 ○○○가 대표이사로 선임되어 같은 날 취임하였으므로(…변경되어 20○○년 ○월 ○일 주사무소소재지 관할등기소에서 등기를 하였으므로 이 등기소에서) 그 등기를 구함.

<경우4> 대표이사직만 사임한 경우

20○○년 ○월 ○일 대표이사 ○○○는 대표이사직만 사임하고 20○○년 ○월 ○일 이사회에서 이사 ○○○가 대표이사로 선임되어 같은 날 취임하였으므로(…변경되어 20○○년 ○월 ○일 주사무소 소재지 관할등기소에서 등기를 하였으므로 이 등기소에서) 그 등기를 구함.

<경우5> 대표이사직만 해임하고 보선하는 경우

대표권 있는 이사 ○○○은 20○○년 ○월 ○일 이사회에서 대표이사직만을 해임하고 같은날 이사 ○○○가 대표권 있는 이사로 선임되어 같은 날 취임함으로(…변경되어 20○○년 ○월 ○일 주사무소소재지 관할등기소에서 등기를 하였으므로 이 등기소에서) 그 등기를 구함.

<경우6> 이사직 해임.임기만료.사망으로 대표권이 상실되어 보선하는 경우

20○○년 ○월 ○일 이사 ○○○은 조합원총회에서 이사직을 해임(이사 ○○○은 임기만료로 퇴임, 이사 ○○○은 사망으로 이사직을 상실)되어 같은날 조합원총회에서 이사 ○○○가 대표이사로 선임되고 같은날 취임함으로(…변경되어 20○○년 ○월 ○일 주사무소소재지 관할등기소에서 등기를 하였으므로 이 등기소에서) 그 등기를 구함.

<경우7> 단독대표를 공동대표로 변경하는 경우

20○○년 ○월 ○일 조합원총회에서 단독대표규정을 공동대표규정으로 변경하고 같은 날 조합원총회에서 이사 ○○○ 및 이사 ○○○가 공동대표이사로 선임되고 같은 날 취임하였으므로(…변경되어 20○○년 ○월 ○일 주사무소소재지 관할등기소에서 등기를 하였으므로 이 등기소에서) 그 등기를 구함.

	<경우8> 공동대표를 각자대표로 변경하는 경우 20○○년 ○월 ○일 조합원총회에서 공동대표규정을 단독대표 규정으로 변경하고 같은 날 조합원총회에서 이사 ○○○가 대표권 있는 이사로 선임되고 같은 날 취임하였으므로(…변경되어 20○○년 ○월 ○일 주사무소소재지 관할등기소에서 등기를 하였으므로 이 등기소에서) 그 등기를 구함. <경우9> 대표이사 성명변경의 경우 이사 겸 대표이사 ○○○는 20○○ ○월 ○○일 ○○지방법원의 허가를 받아 그 성명을 ○○○로 변경되었으므로(…변경되어 20○ ○ ○월 ○○일 주사무소소재지 관할등기소에서 등기를 하였으므로 이 등기소에서) 그 등기를 구함.
분사무소	○○시 ○○구 ○○동 ○

등기할 사항

<경우1> 대표권제한규정 설정의 경우
대표이사 ○　○　○
　　○○시 ○○군 ○○동 200번지
　　20○○ ○월 ○일 대표권제한규정 설정

<경우2> 대표권제한규정 폐지의 경우
20○○년 ○월 ○일 대표권제한규정 폐지

<경우3> 이사 및 대표이사직을 사임한 경우
이사(감사) ○　○　○　20○○년 ○월 ○일 사임
이사(감사) ○　○　○　20○○년 ○월 ○일 취임
　　　（　　-　　）
대표이사 ○　○　○
　　○○시 ○○군 ○○동 200번지

<경우4> 대표이사직만 사임한 경우
대표이사 ○　○　○
　　○○시 ○○군 ○○동 200번지
　　20○○년 ○월 ○일 변경

<경우5> 대표이사직만 해임하고 보선하는 경우
　대표이사　○　　○　　○
　　　　○○시 ○○군 ○○동 200번지
　　2000년 ○월 ○일 변경

<경우6> 이사직 해임.임기만료.사망으로 대표권이 상실되어 보선하는 경우
　대표이사　○　　○　　○
　　　　○○시 ○○군 ○○동 200번지
　　2000년 ○월 ○일 변경

<경우7> 단독대표를 공동대표로 변경하는 경우
　대표이사　○　　○　　○
　　　　○○시 ○○군 ○○동 200번지
　　2000년 ○월 ○일 변경

<경우8> 공동대표를 각자대표로 변경하는 경우
　대표이사　○　　○　　○
　　　　○○시 ○○군 ○○동 200번지
　대표이사　○　　○　　○
　　　　○○시 ○○군 ○○동 200번지

<경우9> 대표이사 성명변경의 경우
　이사 겸 대표이사　○　　○　　○
　　　　　　○○시 ○○군 ○○동 200번지
　　2000 ○월 ○○일 변경

기　타	

등록면허세	금 원	지방교육세	금 원	농어촌특별세	금 원
세 액 합 계	금 원		등기신청수수료	금 원	
등기신청수수료 납부번호					

<table>
<tr><td colspan="2" align="center">첨   부   서   면</td></tr>
<tr><td>
1. 조합원총회의사록　　　　1통
1. 이사회회의록　　　　　　1통
1. 취임승낙서 및 인감증명서,
　　주민등록등본　　　　　1통
1. 인감신고서 및 인감대지　1통
</td><td>
1. 사임서 및 인감증명　　　1통
1. 법인등기부등(초)본　　　1통
1. 등록면허세영수필확인서　1통
1. 등기신청수수료영수필확인서　1통

1. 위임장(대리인이 신청할 경우)　1통
<기 타>
</td></tr>
</table>

20○○년 ○월 ○일

신청인 명　　칭　　　○○영농조합법인
　　　　주사무소　　　○○시 ○○구 ○○동 ○○
대표자 성　　명　　　대표이사 ○ ○ ○ ㊞　　　(전화 :　　　　　　)
　　　　주　　소　　　○○시 ○○구 ○○동 ○○
대리인 성　　명　　　법무사 ○ ○ ○ ㊞　　　(전화 :　　　　　　)
　　　　주　　소　　　○○시 ○○구 ○○동 ○○

○○지방법원 ○○등기소 귀중

- 신청서 작성요령 -

1. 해당란이 부족할 때에는 별지를 이용합니다.
1. 해당 등기신청과 관계없는 사항에 대하여는 "해당없음"으로 기재하거나 삭제하고, 필요한 사항은 추가 기재합니다.
1.「인감증명법」에 따른 인감증명서 제출과 함께 관련 서면에 인감을 날인하여야 하는 경우, 본인서명사실확인서를 제출하고 관련 서면에 서명을 하거나 전자본인서명확인서 발급증을 제출하고 관련 서면에 서명을 하면 인감증명서를 제출하고 관련 서면에 인감을 날인한 것으로 봅니다.

(용지규격 21cm×29.7cm)

주 ① 분사무소는 분사무소소재지에서 등기하는 경우에 한하여 기재한다.

② 등기사유에서 (   )안의 내용은 분사무소소재지에서 신청하는 경우의 내용이다.

③ <경우2>의 대표권제한규정 폐지의 경우, 대표권제한규정의 폐지만이 등기할 사항인 때에는 대표이사를 주말하는 기재를 한다. 그러면 각 이사가 각자 대표권을 가지게 된다.

④ 등록면허세는 40,200원, 지방교육세는 등록면허세액의 100분의 20이다. 조특법 및 관세법, 지세법에 의하여 등록면허세가 감면되는 경우 그 감면세액의 100분의 20의 농어촌특별세를 납부하여야 하고(다만, 이도 면제되는 경우도 있다), 방문신청의 경우 등기신청수수료로 6,000원의 대법원수입증지를 첨부하여야 한다. 전자표준양식에 의한 신청의 경우에는 4,000원, 전자신청의 경우에는 2,000원이다. 다만 같은 난에 기재되는 수인의 이사변경, 퇴임 및 취임등기에는 1건의 등기신청수수료를 납부하면 되고, 등기되는 난이 다른 이사변경과 목적변경의 경우에는 2건의 등기신청수수료 12,000원을 납부하여야 한다. 전자표준양식에 의한 신청의 경우에는 8,000원, 전자신청의 경우에는 4,000원이다.

⑤ 원칙적으로 취임승낙을 증명하는 서면과 그 취지를 확인하는 인감증명을 첨부하여야 하나, 그 취임승낙의 취지가 기재된 피선자의 기명날인이 있는 의사록을 첨부한 경우에는 이의 첨부를 생략할 수 있다.

⑥ 대표자가 변경되면 인감증명을 위한 인감대지가 변경되어야 하고, 대표권규정의 신설.변경.폐지의 경우에는 동일하므로 이때에는 대표자의 인감신고서와 인감대지를 첨부하되, 대표자의 인감증명은 중임의 경우에는 등기소에 신고된 인감으로 족하나, 새로 취임하는 대표자는 인감증명법에 의한 인감증명서를 첨부하여야 한다.

⑦ 첨부서류에서 법인등기부등(초)본은 분사무소소재지에서 신청하는 경우에 한하여 첨부하는 것으로서 그 경우에는 등기사항을 증명하는 선임결의의사록이나 사임서 등 대신 이변경등기를 마친후의 주사무소의 등기부등본이나 초본만 첨부하면 그것으로 족하다.

♣ **【서식】 영농조합법인 변경등기신청서**(행정구역변경으로 인한 사무소표시
의 경우)

<table>
<tr><td colspan="6" align="center">영농조합법인 변경등기신청</td></tr>
<tr><td rowspan="2">접
수</td><td colspan="2" align="center">년   월   일</td><td rowspan="2">처리인</td><td>등기관 확인</td><td>각종통지</td></tr>
<tr><td colspan="2" align="center">제   호</td><td></td><td></td></tr>
</table>

<table>
<tr><td align="center">명   칭</td><td>○○영농조합법인</td><td>등기번호</td><td>제1000호</td></tr>
<tr><td align="center">주사무소</td><td colspan="3">○○시 ○○구 ○○동 ○</td></tr>
<tr><td align="center">등기의 목적</td><td colspan="3">행정구역변경(행정구역명칭변경)으로 인한 주사무소(분사무소)의 변경등기</td></tr>
<tr><td align="center">등기의 사유</td><td colspan="3">20○○ ○월 ○일 행정구역변경(행정구역명칭변경)으로 인하여 주사무소(○○시 ○○군 ○○동 ○○번지의 분사무소)가 다음과 같이 변경되었으므로(…변경되어 20○○년 ○월 ○일 주사무소소재지 관할등기소에서 등기를 하였으므로 이 등기소에서) 그 등기를 구함.</td></tr>
<tr><td align="center">분사무소</td><td colspan="3">○○시 ○○구 ○○동 ○</td></tr>
<tr><td colspan="4" align="center">등기할 사항</td></tr>
<tr><td colspan="4">주사무소(분사무소) ○○시 ○○군 ○○동 ○○번지 20○○년 ○월 ○일 변경</td></tr>
<tr><td align="center">기   타</td><td colspan="3"></td></tr>
</table>

등록면허세	금　　　　원	지방교육세	금　　　　원	농어촌특별세	금　　　원
세 액 합 계	금　　　　원		등기신청수수료	금　　　　　원	
등기신청수수료 납부번호					

첨　부　서　면

1. 행정구역변경증명서(토지대장등본. 　　관보 등)　　　　　　　　　1통 1. 주사무소 법인등기부등(초)본　1통 1. 인감신고서 및 인감대지　　　1통	1. 위임장(대리인이 신청할 경우)　1통 　　<기 타>

20○○년 ○월 ○일

신청인 명　　칭　　○○영농조합법인
　　　　주사무소　　○○시 ○○구 ○○동 ○○
대표자 성　　명　　대표이사 ○ ○ ○ ㊞　　(전화 :　　　　　)
　　　　주　　소　　○○시 ○○구 ○○동 ○○
대리인 성　　명　　법무사 ○ ○ ○ ㊞　　(전화 :　　　　　)
　　　　주　　소　　○○시 ○○구 ○○동 ○○

○○지방법원 ○○등기소 귀중

- 신청서 작성요령 -

1. 해당란이 부족할 때에는 별지를 이용합니다.
1. 해당 등기신청과 관계없는 사항에 대하여는 "해당없음"으로 기재하거나 삭제하고, 필요한 사항은 추
　　가 기재합니다.

(용지규격　21㎝×29.7㎝)

주
① 분사무소는 분사무소소재지에서 등기하는 경우에 한하여 기재한다.
② 등기사유란에서 후단의 ( )안의 내용은 분사무소소재지에서 신청하는 경우의 내용이다.
③ 주사무소소재지에서 행정구역변경, 개명 등으로 인한 주사무소 변경등기를 신청할 때에는 이미 제출한 인감의 사무소 등의 기재사항의 표시가 달라지게 되므로 변경된 사무소로 기재된 이사의 인감대지와 인감신고서도 제출해야 한다.
④ 분사무소소재지에서 신청하는 경우에는 주사무소에서 등기한 등기부등본 또는 초본을 첨부하면 되는 바, 그 경우에는 주사무소소재지에서 신청할 때 첨부하는 등기사항을 증명하는 서면인 토지대장등본 또는 관보 대신 이 등기를 마친 후의 주사무소의 등기부등본이나 초본만 첨부하면 될 것이다.

♣ **【서식】영농조합법인 변경등기신청서**(행정구역변경으로 인한 대표이사의 주소변경)

<table>
<tr><td colspan="5" align="center">영농조합법인 변경등기신청</td></tr>
<tr><td rowspan="2">접
수</td><td align="center">년　　월　　일</td><td rowspan="2">처리인</td><td align="center">등기관 확인</td><td align="center">각종통지</td></tr>
<tr><td align="center">제　　　　호</td><td></td><td></td></tr>
</table>

<table>
<tr><td align="center">명　　칭</td><td>○○영농조합법인</td><td align="center">등기번호</td><td>제1000호</td></tr>
<tr><td align="center">주사무소</td><td colspan="3">○○시 ○○구 ○○동 ○</td></tr>
<tr><td align="center">등기의 목적</td><td colspan="3">행정구역변경(행정구역명칭변경)으로 인한 대표이사주소의 변경등기</td></tr>
<tr><td align="center">등기의 사유</td><td colspan="3">20○○년 ○월 ○일 행정구역변경(행정구역명칭변경)으로 인하여 대표이사 ○○○의 주소가 다음과 같이 변경되었으므로(…변경되어 20○○년 ○월 ○일 주사무소소재지 관할등기소에서 등기를 하였으므로 이 등기소에서) 그 등기를 구함.</td></tr>
<tr><td align="center">분사무소</td><td colspan="3">○○시 ○○구 ○○동 ○</td></tr>
<tr><td colspan="4" align="center">등기할 사항</td></tr>
<tr><td colspan="4">대표이사 ○○○의 주소 ○○시 ○○군 ○○동 ○○번지 20○○년 ○월 ○일 변경</td></tr>
<tr><td align="center">기　　타</td><td colspan="3"></td></tr>
</table>

등록면허세	금 원	지방교육세	금 원	농어촌특별세	금 원
세 액 합 계	금 원		등기신청수수료	금 원	
등기신청수수료 납부번호					

<table>
<tr><td colspan="2" align="center">첨   부   서   면</td></tr>
<tr>
<td>
1. 행정구역변경증명서(토지대장등본.
   관보 등)   1통
1. 주사무소 법인등기부등(초)본   1통
1. 인감신고서 및 인감대지   1통
</td>
<td>
1. 위임장(대리인이 신청할 경우)   1통
  <기 타>
</td>
</tr>
</table>

20○○년 ○월 ○일

신청인 명   칭   ○○영농조합법인
　　　　주사무소   ○○시 ○○구 ○○동 ○○
대표자 성   명   대표이사 ○ ○ ○ ㊞   (전화 :   )
　　　　주   소   ○○시 ○○구 ○○동 ○○
대리인 성   명   법무사 ○ ○ ○ ㊞   (전화 :   )
　　　　주   소   ○○시 ○○구 ○○동 ○○

○○지방법원 ○○등기소 귀중

- 신청서 작성요령 -

1. 해당란이 부족할 때에는 별지를 이용합니다.
1. 해당 등기신청과 관계없는 사항에 대하여는 "해당없음"으로 기재하거나 삭제하고, 필요한 사항은 추
　　가 기재합니다.

(용지규격 21cm×29.7cm)

주
① 분사무소는 분사무소소재지에서 등기하는 경우에 한하여 기재한다.
② 등기사유란에서 후단의 ( )안의 내용은 분사무소소재지에서 신청하는 경우의 내용이다.
③ 첨부서류에서 법인등기부등(초)본은 분사무소소재지에서 신청하는 경우에 한하여 첨부하는 것으로서 그 경우에는 주사무소소재지에서 신청할 때 첨부하는 등기사항을 증명하는 서면인 토지대장등본 대신 주사무소에서 이 등기를 마친 후의 주사무소의 등기부등본·초본만 첨부하면 될 것이다.

♣【서식】영농조합법인 변경등기신청서(개명, 전거로 인한 이사의 성명, 주소변경)

<table>
<tr><td colspan="6" align="center">영농조합법인 변경등기신청</td></tr>
<tr><td rowspan="2">접
수</td><td colspan="2" align="center">년　월　일</td><td rowspan="2">처리인</td><td>등기관 확인</td><td>각종통지</td></tr>
<tr><td colspan="2" align="center">제　　　　호</td><td></td><td></td></tr>
</table>

<table>
<tr><td>명　　칭</td><td colspan="2">○○영농조합법인</td><td>등기번호</td><td>제1000호</td></tr>
<tr><td>주사무소</td><td colspan="4">○○시 ○○구 ○○동 ○</td></tr>
<tr><td>등기의 목적</td><td colspan="4">개명(전거)으로 인한 성명(주소)의 변경등기</td></tr>
<tr><td rowspan="2">등기의 사유</td><td colspan="4"><경우1>　개명의 경우
　2000년 ○월 ○일 대표이사 ○○○의 개명으로 인하여 성명이 다음과 같이 변경되었으므로(…변경되어 2000년 ○월 ○일 주사무소소재지 관할등기소에서 등기를 하였으므로 이 등기소에서) 그 등기를 구함.

<경우2>　주소변경의 경우
　2000년 ○월 ○\○일 대표이사 ○○○의 주소를 다음 장소로 이전하였으므로(…이전하여 2000년 ○월 ○일 주사무소소재지 관할등기소에서 등기를 하였으므로 이 등기소에서) 그 등기를 구함.</td></tr>
<tr></tr>
<tr><td>분사무소</td><td colspan="4">○○시 ○○구 ○○동 ○</td></tr>
<tr><td colspan="5" align="center">등기할 사항</td></tr>
<tr><td colspan="5"><경우1>　개명의 경우
　대표이사 ○○○ 2000년 ○월 ○일 개명
<경우2>　주소변경의 경우
　대표이사 ○○○의 주소 ○○시 ○○군 ○○동 ○○번지 2000년 ○월 ○일 이전</td></tr>
<tr><td>기　　타</td><td colspan="4"></td></tr>
</table>

등록면허세	금 원	지방교육세	금 원	농어촌특별세	금 원
세 액 합 계	금 원		등기신청수수료	금 원	
등기신청수수료 납부번호					

첨   부   서   면

1. 호적등·초본(성명변경의 경우) 1통	1. 등록면허세영수필확인서 1통
1. 주민등록표등·초본(주소변경의 경우) 1통	1. 등기신청수수료영수필확인서 1통
1. 인감신고서 및 인감대지 1통	1. 위임장(대리인이 신청할 경우) 1통
	<기 타>

20○○년 ○월 ○일

신청인 명   칭   ○○영농조합법인
　　　주사무소   ○○시 ○○구 ○○동 ○○
대표자 성   명   대표이사 ○ ○ ○ ㊞   (전화 :   )
　　　주   소   ○○시 ○○구 ○○동 ○○
대리인 성   명   법무사 ○ ○ ○ ㊞   (전화 :   )
　　　주   소   ○○시 ○○구 ○○동 ○○

○○지방법원 ○○등기소 귀중

- 신청서 작성요령 -

1. 해당란이 부족할 때에는 별지를 이용합니다.
1. 해당 등기신청과 관계없는 사항에 대하여는 "해당없음"으로 기재하거나 삭제하고, 필요한 사항은 추가 기재합니다.

(용지규격 21cm×29.7cm)

주 ① 분사무소는 분사무소소재지에서 신청하는 경우에 한하여 기재한다.

② 등기의 사유에서 ( )안의 내용은 분사무소소재지에서 신청하는 경우의 내용이다.

③ 등록면허세는 40,200원이고(지세법 제28조 1항 6호), 지방교육세는 등록면허세액의 100분의 20이다. 등기신청수수료로 방문신청의 경우 6,000원의 대법원수입증지를 첨부하여야 한다. 전자표준양식에 의한 신청의 경우 4,000원, 전자신청의 경우 2,000원이다.

④ 주사무소소재지에서 대표이사의 성명변경의 등기를 신청할 때에는 이미 제출한 인감의 성명의 표시가 달라지게 되므로 변경된 성명으로 기재된 당해 대표이사의 인감신고서 및 인감대지도 제출해야 한다.

⑤ 첨부서류에서 법인등기부등본은 분사무소소재지에서 신청하는 경우에 한하여 첨부하는 것으로서 그 경우에는 주사무소소재지에서 신청할 때 첨부하는 등기사항을 증명하는 서면인 호적등본(2008. 1. 1.부터는 가족관계등록부의 증명서로 변경)이나 주민등록표등본 대신 이 등기를 마친 후의 주사무소의 등기부등본이나 초본만 첨부하면 될 것이다.

四. 해산과 청산에 관한 등기

　법인의 해산이라 함은 법인의 법인격을 소멸시키는 원인이 되는 법률사실을 말하며, 청산이란 해산에 이어 기존의 법률관계를 마무리하고 그 재산을 분배하는 것을 목적으로 하는 절차를 말한다. 여기서 법인격의 소멸이라 함은 법인이 권리능력을 상실하는 것을 말한다.

　법인의 해산은 법인의 법인격을 소멸시키는 원인이 되는 법률사실에 불과할 뿐이어서 해산으로 인하여 곧 바로 법인격 소멸 자체의 효과를 가져오지는 않는다. 따라서 법인이 해산되었다 하여 곧 바로 법인이 소멸하는 것은 아니나, 그 권리능력의 범위가 청산목적의 범위 내로 감축되고 그 청산목적의 범위 내에서는 여전히 법인은 존속하게 된다(민 제81조). 이 법인을 청산법인이라고 하며, 청산법인의 청산절차가 종료되어야 비로소 법인이 소멸한다.

　청산법인은 해산 전의 법인과 동일성은 있지만 그 권리능력이 청산의 범위 내로 한정되는 점이 다르다.

　법인이 청산절차로 이행하면 업무집행을 담당하던 이사는 그 지위를 잃고 청산사무를 집행하는 청산인이 이에 갈음한다.

　법인이 해산할 때에는 청산절차가 개시되는 것이 원칙이다. 다만, 합병의 경우에는 청산을 요하지 아니하며, 파산의 경우에는 파산절차에 들어간다. 청산중의 법인은 권리능력의 범위가 축소되어 청산의 목적 범위 내에서만 존속하고, 그 결과 영농조합법인은 영업능력을 잃고, 조합법인의 대표 및 집행기관은 그 권한을 잃으며, 청산인이 조합법인의 대표자.집행자가 된다.

♣ 【서식】 영농조합법인의 해산 및 청산인취임등기신청서

(해산등기와 청산인취임등기를 1건으로 신청하는 경우)

<table>
<tr><td colspan="6" align="center">영농조합법인 해산 및 청산인취임등기신청</td></tr>
<tr><td rowspan="2">접
수</td><td colspan="2" align="center">년　월　일</td><td rowspan="2">처리인</td><td>등기관 확인</td><td>각종통지</td></tr>
<tr><td colspan="2" align="center">제　　　　호</td><td></td><td></td></tr>
</table>

<table>
<tr><td align="center">명　　　칭</td><td>○○영농조합법인</td><td>등기번호</td><td>제1000호</td></tr>
<tr><td align="center">주사무소</td><td colspan="3">○○시 ○○구 ○○동 ○</td></tr>
<tr><td align="center">등기의 목적</td><td colspan="3">해산 및 청산인취임등기</td></tr>
<tr><td align="center">등기의 사유</td><td colspan="3">

<경우1>　해산등기의 경우

20○○년 ○월 ○일 조합원총회에서 해산을 결의하여 해산하였으므로 (20○○년 ○월 ○일 주사무소소재지 관할등기소에서 그 등기를 하였으므로 이 등기소에서) 다음 사항의 등기를 구함.

[유례] 20○○년 ○월 ○일 존립기간 만료로(또는 ① 정관에 정한 어떠 어떠한 해산사유 발생으로, ② 조합원이 5인 미만으로 된 후 1년이 경과하여) 해산하였으므로(…해산하여 20○○년 ○월 ○일 주사무소소재지 관할등기소에서 그 등기를 하였으므로 그 등기소에서) 다음 사항의 등기를 구함.

<경우2>　청산인 선임의 등기신청의 경우

20○○년 ○월 ○일 조합원총회에서 다음 사람이 청산인으로 선임되어 같은 날 취임하고 20○○년 ○월 ○일 청산인회에서 청산인 ○○○가 대표청산인으로 선임되어 같은 날 취임하였으므로(…취임하여 20○○년 ○월 ○일 주사무소소재지 관할등기소에서 등기를 하였으므로 이 등기소에서) 그 등기를 구함.

</td></tr>
<tr><td align="center">분사무소</td><td colspan="3">○○시 ○○구 ○○동 ○</td></tr>
</table>

등기할 사항

<경우1>　해산등기의 경우
20○○년 ○월 ○일 조합원총회 결의로 해산

　　[유례] 20○○년 ○월 ○일 존립기간 만료로(또는 ① 정관에 정한 어떠 어떠한 해
　　　　　산사유 발생으로, ② 조합원이 5인 미만으로 된 후 1년이 경과하여) 해산

<경우2>　청산인 선임의 등기신청의 경우
20○○년 ○월 ○일 다음 사람 취임
청산인　○　　○　　○
　　　　(　　-　　)
　　청산인　○　　○　　○
　　　　(　　-　　)
　　청산인　○　　○　　○
　　　　(　　-　　)
　　대표청산인　○　　○　　○
　　　　　　　　○○시 ○○군 ○○동 ○○번지

기　타	

등록면허세	금 원	지방교육세	금 원	농어촌특별세	금 원
세 액 합 계	금 원		등기신청수수료	금 원	
등기신청수수료 납부번호					
첨 부 서 면					
1. 조합원총회의사록 1통 1. 정관 1통 1. 청산인선임결정서(총회의사록 또는 정관, 조합원명부 등) 1통 1. 취임승낙서 및 인감증명, 주민등록등본 ○통 1. 청산인회의사록 1통 1. 청산인 인감신고서.인감증명 1통			1. 법인등기부등(초)본) 1통 1. 등록면허세영수필확인서 1통 1. 등기신청수수료영수필확인서 1통 1. 위임장(대리인이 신청할 경우) 1통 <기 타>		

20○○년 ○월 ○일

신청인 명 칭 ○○영농조합법인
주사무소 ○○시 ○○구 ○○동 ○○
대표자 성 명 대표청산인 ○ ○ ○ ㊞ (전화 :)
주 소 ○○시 ○○구 ○○동 ○○
대리인 성 명 법무사 ○ ○ ○ ㊞ (전화 :)
주 소 ○○시 ○○구 ○○동 ○○

○○지방법원 ○○등기소 귀중

- 신청서 작성요령 -

1. 해당란이 부족할 때에는 별지를 이용합니다.
1. 해당 등기신청과 관계없는 사항에 대하여는 "해당없음"으로 기재하거나 삭제하고, 필요한 사항은 추가 기재합니다.
1.「인감증명법」에 따른 인감증명서 제출과 함께 관련 서면에 인감을 날인하여야 하는 경우, 본인서명사실확인서를 제출하고 관련 서면에 서명을 하거나 전자본인서명확인서 발급증을 제출하고 관련 서면에 서명을 하면 인감증명서를 제출하고 관련 서면에 인감을 날인한 것으로 봅니다.

(용지규격 21㎝×29.7㎝)

주 ① 이 등기는 청산인이 신청하되 청산인이 수인인 경우에는 그 중 1인이, 대표권의 제한이 있는 때에는 대표청산인이 신청한다.
② 분사무소는 분사무소소재지에서 신청하는 경우에 한하여 기재한다.
③ 등기사유 중 (   )안의 내용도 분사무소소재지에서 신청하는 경우의 내용이다.
④ 등록면허세는 40,200원이고(지세법 제28조 1항 6호), 지방교육세는 등록면허세액의 100분의 20이다. 조특법 및 관세법, 지세법에 의하여 등록면허세가 감면되는 경우 그 감면세액의 100분의 20의 농어촌특별세를 납부하여야 하고(다만, 이것도 면제되는 경우가 있다), 등기신청수수료는 방문신청의 경우 6,000원(전자표준양식에 의한 신청의 경우 4,000원, 전자신청의 경우 2,000원)의 대법원수입증지를 첨부하여야 한다. 다만, 해산과 청산인선임을 동시에 하는 경우에는 각 등기목적마다 납부하여야 하므로 12,000원(전자표준양식에 의한 신청의 경우 8,000원, 전자신청의 경우 4,000원)을 납부한다.
⑤ 첨부서류 중 조합원총회의사록은 조합원총회에서 해산을 결의한 경우의 해산결의, 청산인을 선임한 결의 등을 증명하는 서면으로서 이를 첨부한다. 이 의사록은 공증인의 인증을 받아야 한다(공증 제66조의2).
⑥ 청산인회의사록은 청산인회를 두로록 정한 서면이나 정관규정이 있는 법인에서 대표청산인을 선임한 경우에 대표청산인의 자격을 증명하는 서면으로서 첨부한다.
⑦ 취임승낙서는 피선자의 취임승낙취지의 기재가 있고 피선자의 기명날인이 있는 의사록을 첨부한 경우에는 그 의사록의 기재를 원용하여 이의 첨부를 생략할 수 있다. 다만, 대표청산인은 이를 첨부하여야 한다.
⑧ 법인등기부등(초)본은 분사무소소재지에서 신청하는 경우에 한하여 첨부한다. 이 경우에는 주사무소소재지에서 신청할 때 첨부하는 등기사항을 증명하는 서면을 모두 다시 첨부할 필요는 없고 이 등기를 마친 후의 주사무소소재지의 법인등기부등본만 첨부하면 족하다.

♣ 【서식】 영농조합법인의 청산인변경등기신청서

<table>
<tr><td colspan="6" align="center">영농조합법인 청산인변경등기신청</td></tr>
<tr><td rowspan="2">접
수</td><td colspan="2" align="center">년   월   일</td><td rowspan="2">처리인</td><td>등기관 확인</td><td>각종통지</td></tr>
<tr><td colspan="2" align="center">제   호</td><td></td><td></td></tr>
</table>

<table>
<tr><td align="center">명   칭</td><td>○○영농조합법인</td><td align="center">등기번호</td><td>제1000호</td></tr>
<tr><td align="center">주사무소</td><td colspan="3">○○시 ○○구 ○○동 ○</td></tr>
<tr><td align="center">등기의 목적</td><td colspan="3">청산인(대표권제한규정)변경등기</td></tr>
<tr><td align="center">등기의 사유</td><td colspan="3">

<경우1> 청산인 경질의 경우

청산인 20○○년 ○월 ○일 사임하고(① 사망하고, ② 조합원총회에서 해임되고, ③ 사임하고) 20○○년 ○월 ○일 조합원총회에서 다음 사람이 청산인으로 선임되어 같은 날 취임하였으므로 그 등기를 구함.

<경우2> 대표청산인변경시

20○○년 ○월 ○일 대표청산인 ○○○는 청산인직을 사임하고 20○○년 ○월 ○일 조합원총회에서 ○○○가 청산인으로 선임되어 같은 날 취임하고 20○○년 ○월 ○일 청산인회에서 ○○○가 대표청산인으로 선임되어 같은 날 취임하므로(…변경되어 20○○년 ○월 ○일 주사무소소재지 관할등기소에서 등기를 하였으므로 이 등기소에서) 그 등기를 구함.

<경우3> 대표권 있는 청산인직만 사임하고 다른 자가 대표권 있는 청산인으로 된 경우

20○○년 ○월 ○일 대표권 있는 청산인 ○○○는 대표직만 사임하고 20○○년 ○월 ○일 청산인회에서 청산인 ○○○가 대표권 있는 청산인으로 선임되어 같은 날 취임하므로(…변경되어 20○○년 ○월 ○일 주사무소소재지 관할등기소에서 등기를 하였으므로 이 등기소에서) 그 등기를 구함.

</td></tr>
</table>

분사무소	○○시 ○○구 ○○동 ○
등기할 사항	

<경우1>　청산인 경질의 경우
청산인　○　○　○　20○○년 ○월 ○일 사임
청산인　○　○　○　20○○년 ○월 ○일 취임
　　　　　　　（　　-　　）

<경우2>　대표청산인변경시
청산인　○　○　○　20○○년 ○월 ○일 사임
청산인　○　○　○　20○○년 ○월 ○일 취임
　　　　　　　（　　-　　）

　대표청산인　○　　○　　○
　　○○시 ○○군 ○○동 ○○번지

<경우3> 대표권 있는 청산인직만 사임하고 다른 자가 대표권 있는 청산인으로 된 경우
　대표청산인　○　　○　　○
　　20○○년 ○월 ○일 취임
　　　　○○시 ○○군 ○○동 ○○번지

기　　　타	

등록면허세	금 원	지방교육세	금 원	농어촌특별세	금 원
세 액 합 계	금 원		등기신청수수료	금 원	
등기신청수수료 납부번호					
첨 부 서 면					

1. 조합원총회의사록 1통 1. 청산인회의사록 1통 1. 취임승낙서 및 인감증명, 주민등록등본 1통 1. 사임서(사망진단서) 1통 1. 인감신고서 및 인감증명 각 1통	1. 법인등기부등(초)본 1통 1. 등록면허세영수필확인서 1통 1. 등기신청수수료영수필확인서 1통 1. 위임장(대리인이 신청할 경우) 1통 <기 타>

20○○년 ○월 ○일

신청인 명 칭 ○○영농조합법인
주사무소 ○○시 ○○구 ○○동 ○○
대표자 성 명 대표청산인 ○ ○ ○ ㊞ (전화 :)
주 소 ○○시 ○○구 ○○동 ○○
대리인 성 명 법무사 ○ ○ ○ ㊞ (전화 :)
주 소 ○○시 ○○구 ○○동 ○○

○○지방법원 ○○등기소 귀중

- 신청서 작성요령 -

1. 해당란이 부족할 때에는 별지를 이용합니다.
1. 해당 등기신청과 관계없는 사항에 대하여는 "해당없음"으로 기재하거나 삭제하고, 필요한 사항은 추가 기재합니다.
1.「인감증명법」에 따른 인감증명서 제출과 함께 관련 서면에 인감을 날인하여야 하는 경우, 본인서명사실확인서를 제출하고 관련 서면에 서명을 하거나 전자본인서명확인서 발급증을 제출하고 관련 서면에 서명을 하면 인감증명서를 제출하고 관련 서면에 인감을 날인한 것으로 봅니다.

(용지규격 21㎝×29.7㎝)

주

① 분사무소는 분사무소소재지에서 신청하는 경우에 한하여 기재한다.

② 등록면허세는 40,200원이고(지세법 제28조 1항 6호), 지방교육세는 등록면허세액의 100분의 20이다. 조특법 및 관세법, 지세법에 의하여 등록면허세가 감면되는 경우 그 감면세액의 100분의 20의 농어촌특별세를 납부하여야 하고(다만, 이도 면제되는 경우도 있다), 등기신청수수료로 방문신청의 경우 6,000원의 대법원수입증지를 첨부하여야 한다. 전자표준양식에 의한 신청의 경우 4,000원, 전자신청의 경우 2,000원이다.

③ 첨부서류 중 조합원총회의사록은 청산인의 선임 또는 해임을 결의한 조합원총회의 의사록으로 공증인의 인증을 받은 것이어야 한다.

④ 취임승낙서는, 청산인으로 피선된 자의 취임승낙취지와 기재가 있고 그의 기명날인이 있는 의사록을 첨부한 경우에는 그 의사록의 기재를 원용하여 이의 첨부를 생략할 수 있다.

⑤ 새로 취임하는 대표청산인의 인감도 제출해야 한다. 다만, 중임의 경우에는 인감신고서를 제출하지 않아도 된다.

⑥ 법인등기부등(초)본은 분사무소소재지에서 신청하는 경우에 한하여 첨부하는 것으로서, 그 경우에는 위의 서류 대신 이 등기를 마친 후의 주사무소 등기부등본이나 초본만 첨부하면 족하다.

♣ 【서식】 영농조합법인의 청산종결등기신청서

<table>
<tr><td colspan="6" align="center">영농조합법인 청산종결등기신청</td></tr>
<tr><td rowspan="2">접
수</td><td align="center">년　월　일</td><td rowspan="2">처리인</td><td>등기관 확인</td><td>각종통지</td></tr>
<tr><td align="center">제　　　　호</td><td></td><td></td></tr>
</table>

<table>
<tr><td align="center">명　　칭</td><td>○○영농조합법인</td><td align="center">등기번호</td><td>제1000호</td></tr>
<tr><td align="center">주사무소</td><td colspan="3">○○시 ○○구 ○○동 ○</td></tr>
<tr><td align="center">등기의 목적</td><td colspan="3">청산종결등기</td></tr>
<tr><td align="center">등기의 사유</td><td colspan="3">20○○년 ○월 ○일 청산을 종결하고 조합원총회에서 그 결산보고서의 승인을 받았으므로(…받아 20○○년 ○월 ○일 주사무소소재지 관할등기소에서 그 등기를 하였으므로 이 등기소에서) 다음 사항의 등기를 구함.</td></tr>
<tr><td align="center">분사무소</td><td colspan="3">○○시 ○○구 ○○동 ○</td></tr>
<tr><td colspan="4" align="center">등기할 사항</td></tr>
<tr><td colspan="4">20○○년 ○월 ○일 청산종결</td></tr>
<tr><td align="center">기　　타</td><td colspan="3"></td></tr>
</table>

등록면허세	금 원	지방교육세	금 원	농어촌특별세	금 원
세 액 합 계	금 원		등기신청수수료	금 원	
등기신청수수료 납부번호					

첨 부 서 면

1. 조합원총회의사록(결산보고서 　첨부)　　　　　　　　1통 1. 법인등기부등(초)본　　　　1통	1. 등록면허세영수필확인서　　1통 1. 등기신청수수료영수필확인서　1통 1. 위임장(대리인이 신청할 경우)　1통 　　<기 타>

20○○년 ○월 ○일

신청인 명　　칭　　　○○영농조합법인
　　　　주사무소　　　○○시 ○○구 ○○동 ○○
대표자 성　　명　　　대표청산인 ○ ○ ○ ㊞　　(전화 :　　　　　)
　　　　주　　소　　　○○시 ○○구 ○○동 ○○
대리인 성　　명　　　법무사 ○ ○ ○ ㊞　　　　(전화 :　　　　　)
　　　　주　　소　　　○○시 ○○구 ○○동 ○○

○○지방법원 ○○등기소 귀중

- 신청서 작성요령 -
1. 해당란이 부족할 때에는 별지를 이용합니다.
1. 해당 등기신청과 관계없는 사항에 대하여는 "해당없음"으로 기재하거나 삭제하고, 필요한 사항은 추
　가 기재합니다.

(용지규격 21cm×29.7cm)

주 ① 분사무소는 분사무소소재지에서 신청하는 경우에 한하여 기재한다.

② 등기사유에서 ( )안의 내용은 분사무소소재지에서 신청하는 경우의 내용이다.

③ 등기할 사항에서 청산종결일자는 결산보고서 승인결의일자를 기재한다.

④ 등록면허세는 40,200원이고(지세법 제28조 1항 6호), 지방교육세는 등록면허세액의 100분의 20이다. 조특법 및 관세법, 지세법에 의하여 등록면허세가 감면되는 경우 그 감면세액의 100분의 20의 농어촌특별세를 납부히여야 하고(다민, 이깃도 면제되는 경우도 있다), 등기신청수수료로 방문신청의 경우 6,000원의 대법원수입증지를 첨부하여야 한다. 전자표준양식에 의한 신청의 경우 4,000원, 전자신청의 경우 2,000원이다.

⑤ 첨부서류 중 조합원총회의사록은 조합원총회의 승인을 얻고 의사록으로 공증인의 인증을 받은 것이어야 한다.

⑥ 법인등기부등(초)본은 분사무소소재지에서 신청하는 경우에 한하여 첨부하는 것으로서, 그 경우에는 주사무소소재지에서 신청할 때 첨부하는 등기사항을 증명하는 서면을 모두 다시 첨부할 필요는 없고 그 대신 이 등기를 마친 후의 주사무소의 등기부등본이나 초본만 첨부하면 족하다.

五. 농업법인 Q&A 모음

■ 법인의 농업회사법인 출자

Q 비농업인의 농업회사법인 출자가 가능하다고 하는데, 그렇다면 자연인만 출자할 수 있는 건가요? 법인의 경우에도 농업회사법인 에 출자할 수 있나요?

A 네 가능합니다. 농업회사법인에 대한 출자는 자연인 뿐 아니라 법인격을 가진 주체도 가능합니다. 다만, 농업인 또는 농업생산자단체가 아닌 자의 출자는 농업회사법인의 총출자액의 90%를 초과할 수 없습니다.

■ 비농업인의 영농조합법인 설립

Q 농업인의 명의를 빌려 영농조합법인을 설립하는 것이 적법한지요? 또 법인 임원과 조합원의 수에는 제한이 있는지 궁금합니다.

A 적법하지 않습니다. 발기인들이 실제 농업인이 아니면서 다른 농업인의 명의를 빌렸다면, 「농어업 경영체 육성 및 지원에 관한 법률」에 의해 적법하게 설립된 법인으로 볼 수 없을 것입니다. 한편 영농조합법인의 임원 수에 대해서 별도의 규정사항은 없으며 법인의 상황에 따라 운영하면 됩니다, 다만 조합원의 수는 5명 이상으로 두어야 합니다. 또한 의결권을 갖는 영농조합법인의 조합원은 농업인 또는 농업생산자단체로 한정하며, 비농업인 또는 농업생산자단체가 아닌 법인은 의결권이 없는 준조합원으로 참여가 가능합니다.

■ 상법상 일반법인의 농업회사법인 전환

Q 상법상의 일반법인이 농업 및 부대사업 실적 없이 농업회사법인으로 전환하는 것이 가능한가요?

A 가능합니다. 농어업경영체법에서 정하고 있는 농업법인의 설립요건(명칭변경, 비농업인의 출자한도, 사업목적 등)을 갖추어 정관변경, 총회 의결 등의 절차를 거치어 변경등기하셔야 합니다.

■ **출자금 반환**

Q 영농조합법인을 운영하다가 조합원 5명 중 2명이 탈퇴선언을 하고 출자금
을 전액 반환하라고 요구하고 있습니다. 탈퇴조합원들에게 그들이 출자한
금액 전부를 반환하여야 하는지요? 지금 조합에는 재산이 전혀 없고 오히
려 부채가 있는 상태입니다.

A 출자금 반환 요구는 합당하지 않습니다. 영농조합은 민법상 조합의 형태를
가지는 단체로서 조합에서 조합원이 탈퇴하는 경우, 탈퇴조합원과 남은 조
합원들 사이의 정산은 출자금을 기준으로 하는 것이 아니라 탈퇴 당시 조합
의 재산 상태를 평가하여 지분을 계산하여야 합니다. 그러므로 탈퇴 당시에
영농조합에 적극재산이 전혀 없이 소극재산만을 가지고 있는 상태라면 탈퇴
조합원은 민법 제711조 규정에 의하여 소극재산을 부담하면서 탈퇴할 수밖
에 없습니다. 위 민법조항은 조합의 손익분배의 비율을 규정하면서 '당사자
가 손익분배의 비율을 정하지 아니한 때에는 각 조합원의 출자가액에 비례
하여 이를 정하고, 이익 또는 손실에 대하여 분배의 비율을 정한 때에는 그
비율은 이익과 손실에 공통된 것으로 추정한다'고 규정하기 때문입니다

■ **부정한 조합원 제명**

Q 저희 영농조합은 18명의 조합원들로 구성되어 있는데 조합장편 조합원들과
다른 조합원들 사이에 감정의 골이 깊어지자 조합장편 조합원 15명이 결의
하여 일방적으로 다른 조합원들 3명을 제명하였습니다. 너무 억울한데 이
에 대항할 방법을 알고 싶습니다.

A 영농조합은 정관에 의하여 운영되는데, 정관에 조합원의 제명에 관한 사항
이 있으면 그에 따르며 그것이 없으면 민법의 조합규정에 의하게 됩니다.
민법의 조합규정에 의하여 조합원의 제명관계를 살펴보면 민법 제718조에
'조합원의 제명은 정당한 사유 있는 때에 한하여 다른 조합원의 일치로써
결정한다'고 규정되어 있습니다. 이 규정에 의하여 '정당한 사유'가 있는지

여부를 검토하여 단순한 감정의 골에 의하여 제명한 경우라면 당연히 그 제명은 무효일 것입니다. 한편, 조합원에 대한 제명은 '다른 조합원의 일치'로써 결정한다고 하는 점으로 미루어 18명의 조합원들 중 1명을 제명할 경우 다른 17명의 일치가 있어야 합니다. 한 번에 3명의 조합원을 제명하는 경우는 제명결의를 충족시키지 못하는
결의에 해당되어 당연히 무효라 할 것입니다. 그러므로 조합에 대하여 제명 무효를 통보하고 이에 불응 시 법원에 조합원제명결의 무효 청구의 소송을 제기하여 해결할 수 있습니다.

■ 영농조합법인 해산 절차

Q 조합원과의 갈등으로 영농조합법인을 해산하고자 합니다. 어떤 절차를 밟아야 하나요?

A 조합이 해산한 때에는 청산을 해야 합니다. 이를 위해서는 청산인을 선임해야 하는데 청산업무는 총 조합원 공동으로 행사할 수 있고 또는 그들이 선임한 대표자(청산인)가 청산 사무를 집행하게 됩니다. 청산인은 청산이 종결된 때에는 3주 내에 이를 등기하고, 관할 시·군·구청에 그 사실을 신고합니다. 또한 잔여재산은 각 조합원의 출자가액에 비례하여 이를 배분합니다. 해산 및 청산을 함에 있어서, 각 조합원들은 인감증명서를 첨부하여 조합의 대표자가 해산결의서를 공증받도록 하고, 이를 해산 등기 신청서에 첨부하여 등기소에 신청합니다.

■ 부채가 있을 때의 해산

Q 농업법인을 설립한 지 5년이 지났는데 더 이상 운영이 힘든 상황입니다. 해산을 하려 하는데 부채가 현재 재산보다 많습니다. 파산 신청을 해야 할지, 일단 폐업신고를 한 뒤 채권자들을 설득하라는 조언도 있어 고민입니다.

A 법인의 소멸은 법인등기부상 청산종결이 이루어짐으로써 끝나게 됩니다. 법인의 부채가 재산보다 많아 변제가 다 이루어지지 않은 경우에는 상대방인

채권자의 이해관계가 있으므로 부채를 남겨두고 소멸될 수는 없습니다. 따라서 귀 법인의 경우에는 파산 신청을 해야 하고 법원으로부터 파산선고가 결정되어 나머지 부채가 사라진 뒤에야 청산등기가 받아들여질 것입니다. 파산 절차를 진행하기 위해서는 법원에 파산신청을 위한 대리인 선임비용, 법원에 납금 비용 등이 필요합니다. 파산 신청 법인으로서는 다소 부담이 될 수가 있습니다. 그래서 소기업법인의 경우, 정상적인 파산 절차를 밟지 않고 폐업만을 하고 법인을 그대로 방치하는 경우가 있습니다. 하지만 폐업은 법인 소멸이 아니라 단순히 영업활동을 중지하는 것이기 때문에 이해관계자들에게 큰 손해를 끼치는 것으로 해석됩니다. 법률 전문가에게 반드시 자문을 받아 진행하길 권고 드립니다.

■ 부채가 있을 때의 해산

Q 부친이 위탁영농법인을 설립하시고 2년 후 돌아가셨습니다. 본인이 법인을 승계받으면서 구성원을 5명(가족)으로 변경했습니다. 창고부지는 대지 150평에 창고 60평, 2층 주택 및 관리사가 30평 정도 되는데 명의를 변경하려고 보니 비용이 많이 들어서 그냥 나뒀습니다. 그래도 좋은지 아니면 처분하는 것이 좋은지 문의 드립니다. 참고로 사업실적이 미미해 지난해 폐업신고를 하고 현재 법인등록만 되어 있는 상태입니다.

A 귀 영농조합은 폐업신고를 했지만, 조합의 해산-청산 절차를 거쳐 청산등기를 하지 않은 것으로 보입니다. 그렇다면 여전히 조합의 실체를 지니고 있는 것으로 해석됩니다. 따라서 조합의 재산을 계속 소유할지, 분배할지는 당해 조합원들이 사정을 참작하여 결정하면 됩니다. 조합원들이 가족들로 구성되어 있고, 가족들 사이에 조합의 운영, 존속 등에 관하여 이견이 없는 한 굳이 비용을 들여 개인소유로 명의를 바꿀 필요는 없다고 판단됩니다. 다만, 조합원 개개인들에 관한 채권채무 관계가 조합재산에 영향을 미칠 수 있다는 사실을 명심하여야 할 것입니다. 즉, 조합원 개개인이 채무를 지고 있을 경우, 채권자가 조합원의 조합지분에 관하여 강제집행을 시행할 수 있다는 것입니다.

제5장   어업회사법인의 등기

一. 총 설

수산업의 경영이나 수산물의 유통·가공·판매를 기업적으로 하려는 자나 농어촌 관광휴양사업을 하려는 자는 대통령령으로 정하는 바에 따라 어업회사법인(漁業會社法人)을 설립할 수 있다. 어업회사법인을 설립할 수 있는 자는 어업인과 어업생산자단체로 하되, 어업인이나 어업생산자단체가 아닌 자도 대통령령으로 정하는 비율 또는 금액의 범위에서 어업회사법인에 출자할 수 있다(농어업경영체 육성 및 지원에 관한 법률 제19조제3항 및 제4항).

농업회사법인 및 어업회사법인에 관하여 이 법에서 규정한 사항 외에는 「상법」 중 회사에 관한 규정을 준용한다(농어업경영체 육성 및 지원에 관한 법률 제19조제11항).

二. 설립등기

1. 정관의 작성

정관은 어업회사법인의 조직, 활동을 정한 근본 규칙으로 법인의 설립에 관계된 자는 정관에 이를 기재하는 동시에 서명이 요구된다. 정관의 절대적 기재사항은 다음과 같다. ① 목적, ② 상호, ③ 회사가 발행할 주식의 총수, ④ 액면주식을 발행하는 경우 1주의 금액, ⑤ 회사의 설립시에 발행하는 주식의 총수, ⑥ 본점소재지, ⑦ 회사가 공고를 하는 방법, ⑧ 발기인의 성명·주민등록번호·주소

회사의 공고는 관보 또는 시사에 관한 사항을 게재하는 일간신문에 하여야 한다. 다만, 회사는 그 공고를 정관으로 정하는 바에 따라 전자적 방법으로

할 수 있다. 회사는 전자적 방법으로 공고할 경우 대통령령으로 정하는 기간까지 계속 공고하고, 재무제표를 전자적 방법으로 공고할 경우에는 제450조에 정한 기간까지 계속 공고하여야 한다. 다만, 공고기간 이후에도 누구나 그 내용을 열람할 수 있도록 하여야 한다. 회사가 전자적 방법으로 공고를 할 경우에는 게시 기간과 게시내용에 대하여 증명하여야 한다, 회사의 전자적 방법으로 하는 공고에 관하여 필요한 사항은 대통령령으로 정한다.

2. 창립총회

창립총회의 구성원은 발기인 및 창립당시의 주주(주식회사의 예)이다. 창립총회에서 의결해야 할 사항은 ① 정관의 변경 또는 승인, ② 이사와 감사를 선임, ③ 출자 납입에 관한 사항, ④ 설립 당해 연도 사업계획의 승인 등이다. 창립총회의 의결은 법인 설립의 기본이 되는 중요사항이므로 회의경과를 명확히 하기 위하여 「창립총회의사록」을 반드시 작성하고, 참석자들이 기명날인하여 보관하여야 한다. 창립총회의사록은 공증인의 인증을 받아 설립 등기 시 첨부(공증인법 제66조의2 및 어업회사법인 정관(예) 참조)해야 한다.

3. 출자

어업인 또는 어업생산단체가 아닌 자가 어업회사 법인에 출자할 수 있는 한도는 어업회사법인의 총 출자액의 100분의 90을 초과할 수 없다. 사원(주주)은 출자의 목적인 재산을 양도하고 등기, 등록 기타 권리의 설정이나 이전에 필요한 경우에는 이에 관한 서류를 완비하여 교부하여야 한다. 출자를 불입한 사원(주주) 등에게 대표이사 명의로 출자증서를 발급하고 출자증서에 출자좌수, 출자액, 출자재산의 표시 등을 기재해야 하고, 현물출자의 경우 출자액 산정방법, 출자최고한도, 출자액의 납입방법 등을 정관으로 반드시 작성하여야 한다.

4. 설립등기

가. 등기 시 필수 기재사항

① 목적, ② 상호, ③ 회사가 발행할 주식의 총수, ④ 액면주식을 발행하는

경우 1주의 금액, ⑤ 본점의 소재지, ⑥ 회사가 공고를 하는 방법, ⑦ 자본금의 액, ⑧ 발행주식의 총수, 그 종류와 각종 주식의 내용과 수, ⑨ 회사의 존립기간 또는 해산사유를 정한 때에는 그 기간 또는 사유, ⑩ 주주에게 배당할 이익으로 주식을 소각할 것을 정한 때에는 그 규정, ⑪ 회사를 대표할 이사 또는 집행임원의 성명 · 주민등록번호 및 주소

나. 등기신청 시 첨부서류

① 정관 ② 주식의 인수를 증명하는 서면 ③ 주식청약서 ④ 발기인이 정한 주식발행사항을 증명하는 서면 ⑤ 창립총회의 의사록 등

三. 어업회사법인과 영어조합법인의 비교

구분	어업회사법인	영어조합법인
법인의 성격	기업적 경영체	협업적 어업경영체
관련법률	농어업경영체육성및지원에관한법률 제19조	농어업경영체육성및지원에관한법률 제16조
준용규정	상법상 회사	민법상 조합
발기인수	1인 이상	5인 이상
사업의 범위	수산업의 경영이나 수산물의 유통, 가공, 판매 외에 영어에 필요한 자재의 생산 및 공급사업, 영어에 필요한 종묘생산사업, 수산물의 구매 및 비축사업, 수산장비 등의 임대· 수리 및 보관사업등	어업의 경영 및 부대사업, 어업과 관련된 공동 시설의 설치 및 운영, 수산물의 공동 출하, 가공 및 수출, 그밖의 법인 목적 달성을 위해 필요한 정관으로 정하는 사업

♣ 【서식】 어업회사법인 주식회사 설립등기신청서

<table>
<tr><td colspan="6" align="center">어업회사법인 주식회사 설립등기신청</td></tr>
<tr><td rowspan="2" align="center">접수</td><td align="center">년 월 일</td><td rowspan="2" align="center">처리인</td><td align="center">등기관확인</td><td align="center">각종통지</td></tr>
<tr><td align="center">제   호</td><td></td><td></td></tr>
</table>

등기의 목적	어업회사법인 주식회사 설립
등기의 사유	농어업경영체 육성 및 지원에 관한 법률의 규정에 의하여 정관을 작성하고 발기인이 회사 설립시에 발행하는 주식의 총수를 인수받고, 20○○년 월 일 발기인총회를 종결하였으므로 다음 사항의 등기를 구함.
본/지점 신청구분	1. 본점신청 □ 2. 지점신청 □ 3. 본·지점 일괄신청 □

등 기 할 사 항

상 호	어업회사법인 ○○ 주식회사
본 점	○○시 ○○구 ○○○로 2길 6-4(만수동)
공 고 방 법	○○시에서 발행하는 일간지 ○○일보에 게재한다.
1 주의 금액	○○○○원
발행할 주식의 총수	○○○○주
발행주식의 총수와 그 종류 및 각각의 수	10,000주 : 보통주식 5,000주 　　　　　　　우선주식 5,000주
자본금의 액	○○○○원
목 적	본 회사는 기업적 어업경영을 통하여 생산성을 향상시키거나, 생산된 수산물을 유통·가공·판매 등을 통하여 어업인의 소득증대를 도모함을 목적으로 다음 각 호의 사업을 한다. 1. 공동양식, 어로 및 공동작업에 관한 사업 2. 어업에 관련된 공동이용시설의 설치 및 운영 3. 어선 및 어업기자재와 시설의 대여사업 4. 어업작업의 대행 5. 수산물의 공동출하, 가공 및 수출

	6. 위 각호에 부수하는 일체의 사업
이사·감사의 성명, 주민등록번호	이사 ○○○(　　　　-　　　　) 이사 ○○○(　　　　-　　　　) 감사 ○○○(　　　　-　　　　)
대표이사의 성명, 주민등록번호와 주소	김 성 종(0000-0000) ○○시 ○○구 ○○○로 3길 5-3(○○동)
지 점	없음
존립기간 또는 해산사유	회사성립일로부터 만 ○○년으로 한다.
기 타 (주식의 양도에 관하여 이사회의 승인을 얻도록 정한 때에는 그 규정, 명의개서대리인을 둔 때에는 그 상호와 본점소재지 등)	

신청등기소 및 등록면허세/수수료						
순번	신청등기소	구분	등록면허세 지방교육세	농어촌특별세	세액합계	등기신청수수료
			금 원 금 원	금 원	금 원	금 원
합 계						
등기신청수수료 납부번호						
과 세 표 준 액	금 원					

첨 부 서 면	
1. 정관 1통 1. 주식인수증 1통 1. 주식발행사항동의서 1통 1. 발기인총회의사록 1통 1. 이사회의사록 1통 1. 주식납입금보관증명서 1통 1. 이사·감사 또는 감사위원회 의 조사 보고서(공증인의 조사보고서) 1통 1. 검사인조사보고서 등본 1통	1. 취임승낙서(이사, 대표이사, 감사) 1통 1. 주민등록등본(임원) ○통 1. 인감신고서 및 인감증명(대표자) ○통 1. 법인인감카드신청서 1통 1. 등록면허세영수필확인서 1통 1. 등기신청수수료영수필확인서 1통 1. 위임장(대리인이 신청할 경우) 1통 <기 타>

20○○년 ○월 ○일

신 청 인 상 호 어업회사법인 ○○주식회사
본 점 ○○시 ○○구 ○○로 ○길 ○○-○○(○○동)
대표이사 성 명 ○ ○ ○ ㊞ (전화 :)
주 소 ○○시 ○○구 ○○로 ○길 ○○-○○(○○동)
대 리 인 성 명 법무사 ○ ○ ○ ㊞ (전화 :)
주 소 ○○시 ○○구 ○○로 ○길 ○○-○○(○○동)

○○지방법원 ○○등기소 귀중

- 신청서 작성요령 -

1. 해당란이 부족할 때에는 별지를 이용합니다.
1. 해당 등기신청과 관계없는 사항에 대하여는 "해당없음"으로 기재하거나 삭제하고, 필요한 사항은 추가 기재합니다.
1.「인감증명법」에 따른 인감증명서 제출과 함께 관련 서면에 인감을 날인하여야 하는 경우, 본인서명사실확인서를 제출하고 관련 서면에 서명을 하거나 전자본인서명확인서 발급증을 제출하고 관련 서면에 서명을 하면 인감증명서를 제출하고 관련 서면에 인감을 날인한 것으로 봅니다.

(용지규격 21cm× 29.7cm)

주 ① 등기할 사항 중 감사는 필수기관이 아니므로 이를 둔 경우에 한하여 기재한다. 지점도 설립시 정한 경우에만 기재한다.

② 농업회사법인등기의 설립등기에 대한 등록면허세는 지방세특례제한법 제11조 제1항에 의하여 면제되고, 등록면허세가 감면됨에도 불구하고 조세특례제한법, 관세법, 지방세법에 의하여 등록면허세가 감면되는 경우 그 감면세액의 100분의 20에 해당하는 농특세를 납부하여야 하나, 농업회사법인과 영농조합법인의 설립등기에는 면제된다. 등록면허세가 면제되므로 지방교육세도 면제된다(농특세법 4, 동법시행령 4).

다만, 주택채권은 과세표준의 1,000분의 1을 매입하여야 한다. 등기신청수수료는 방문신청의 경우 설립등기의 경우에만 3만원이다. 전자표준양식에 의한 신청의 경우에는 25,000원, 전자신청의 경우에는 20,000원이다.

③ 전산정보처리조직에 의한 등기를 실시하는 등기소에서 법인의 설립등기를 하고자 하는 경우에는 대표자의 인감증명을 발급받기 위하여 법인인감발급카드신청서를 작성 제출하여 법인인감발급카드를 발급받아야 한다.

♣ 【서식】 어업경영체 등록신청서(어업법인용)

■ 농어업경영체 육성 및 지원에 관한 법률 시행규칙 [별지 제4호서식] <개정 2024. 3. 18.>

어업경영체 등록신청서(어업법인용)

※ 제5쪽의 작성방법을 읽고 작성하시기 바라며, 색상이 어두운 란은 신청인이 작성하지 않습니다.
※ [ ]에는 해당되는 곳에 √표시를 합니다.

(5쪽 중 제1쪽)

접수번호		접수일		처리기간	30일
신청인	성 명				
	주민등록지(신고거소지) 주소				

1. 일반현황

①형태	[ ]영어조합법인, 어업회사법인 ([ ]합명 [ ]합자 [ ]유한책임 [ ]유한 [ ]주식)

②법인 현황	법인명	법인등록번호	사업자등록번호
	전화번호	팩스	전자우편
	설립연도		
	주사무소 소재지		

③대표자	성명	주민등록번호	
	전화번호	휴대전화번호	전자우편
	주소		

④구성원	성명	주민등록번호 (외국인등록번호)	직책	어업인 여부	증빙서류

조합원, 사원, 주주의 인원수	[ ]조합원: 명, [ ]준조합원: 명, [ ]사원: 명, [ ]주주: 명

⑤어업현황 및 시설	어업 구분		어업 현황(품종 · 종류 등)	시설
	해수면어업	정치망어업	어업종류:	구획면적(ha):
		양식업 (어류:)	어류:	양식면적(ha):
			패류:	양식면적(ha):
			해조류:	양식면적(ha):
			기타:	양식면적(ha):
		마을어업	대표품종:	면허면적(ha):
		어선어업 근해어업	어업종류:	어선 수(척):
		어선어업 연안어업	어업종류:	어선 수(척):
		구획어업	어업종류:	어선 수(척):
		신고어업	어업종류:	
	내수면어업	양식업	어류:	양식면적(ha):
			갑각류:	양식면적(ha):
			기타:	양식면적(ha):
		허가어업	어업종류:	어선 수(척):
		신고어업	어업종류:	
	기타어업	관상어양식	대표품종:	생산면적(㎡):
		소금제조업		생산면적(ha):

210mm×297mm[백상지(80g/㎡) 또는 중질지(80g/㎡)]

(5쪽 중 제2쪽)

2. 양식시설 현황

면허·허가번호	어장 소재지				⑥경영형태 (자영·임차)	⑦면허·허가증 상 어장면적 (ha)	⑧실제 사용 중인 어장면적(ha)			
	시·도	시·군	읍·면	리·동 지번			해상 가두리	육상 수조식	축제식	기타

3. 어류양식 생산규모

면허·허가 번호	⑨양식어종	⑩현 양식량(kg)	⑪지난해 생산 규모		⑫유통정보 (비율, %)	
			생산량(kg)	생산금액 (만원)	위·공판장 판매	기타

4. 그 밖의 양식 생산규모

면허·허가 번호	⑬양식품종	⑭현 양식량(kg)	⑮지난해 생산 규모		⑯유통정보 (비율, %)	
			생산량(kg)	생산금액 (만원)	위·공판장 판매	기타

5. 어선어업 생산규모

선명	⑰어선 선적지		⑱동력 구분	⑲어업 구분	⑳어선 톤수	㉑주요 어종	㉒지난해 생산 규모		㉓유통정보 (비율, %)	
	시·도	시·군					생산량 (톤)	생산금액 (만원)	위·공판장 판매	기타

6. 그 밖의 어업(정치망어업, 구획어업, 신고어업, 내수면어업, 관상어양식 및 소금제조업) 생산 규모

| 면허·허가·신고 번호 | ㉔대표품종 또는 대표어종 | ㉕지난해 생산 규모 | | ㉖유통정보(비율, %) | |
		생산량(kg)	생산금액(만원)	위·공판장 판매	기타

7. 어업경영 관련 교육 이수

㉗성명	㉘교육기관	㉙교육과정명	㉚교육기간

8. 어업에 관련된 융자·보조금 등의 수령

㉛지원받은 정책사업명	㉜면적(㎡)	㉝톤	㉞총사업비(원)	정부보조금(원)	정부융자금(원)	해당연도

9. 유기식품의 인증 및 무항생제수산물등의 인증 정보

신청자	㉟인증종류	㊱소재지	㊲인증면적(㎡)	대표품종	㊳인증번호

10. 소득, 자산 및 부채 정보(작성 기준일: 전년도 12월 31일)

㊴어업 소득(만원)	㊵어업 외 소득(만원)	㊶자산(만원)	㊷부채(만원)

「농어업경영체 육성 및 지원에 관한 법률」 제4조 및 같은 법 시행규칙 제3조의2에 따라 어업경영
정보의 등록을 신청합니다.

년   월   일

신청인   (서명 또는 인)

지방해양수산청장 귀하

유의사항

※ 「농어업경영체 육성 및 지원에 관한 법률」 제4조제2항에 따라 농업경영정보는 등록·변경
  등록일부터 3년간 유효하며, 유효기간이 경과한 경우에는 등록정보가 말소될 수 있습니다.
※ 거짓이나 그 밖의 부정한 방법으로 농업경영정보를 등록하거나 변경등록을 하는 경우 「농어
  업경영체 육성 및 지원에 관한 법률」 제6조의2에 따라 등록이 말소되거나 등록정보가 정정될
  수 있으며, 같은 법 제31조의2제2항에 따라 500만원 이하의 벌금에 처해질 수 있습니다.

(5쪽 중 제4쪽)

담당 공무원 확인사항	전산시스템
신청인의 주민등록표 등본 또는 외국인등록 사실증명, 법인 등기사항증명서	행정정보공동이용시스템
신청인의 어업현황과 관련한 소재지의 토지대장·임야대장, 건축물대장	
토지 등기사항증명서, 건물 등기사항증명서, 개별공시지가 확인서, 개별주택가격 확인서, 공동주택가격 확인서, 자동차등록원부 및 이륜자동차사용신고필증 등 고정자산 정보	
소득금액증명	
어선, 어업인허가 및 양식업 관련 정보	수산정보시스템
수산물위판정보(판매, 중도매인, 위탁인 및 정산 관리 등) 관련 정보	수산물유통정보시스템
유기식품의 인증 정보 및 무항생제수산물등의 인증 정보	수산물검사정보시스템

행정정보 공동이용 등에 대한 동의

신청인은 이 건 업무처리와 관련하여 위의 전산시스템을 이용하여 담당 공무원 확인사항을 확인하는 것에 동의합니다.

※ 위 확인사항 중 토지대장, 임야대장, 건축물대장, 토지 등기사항증명서, 건물 등기사항증명서, 개별공시지가 확인서, 개별주택가격 확인서, 공동주택가격 확인서 및 보조금 수령정보는 신청인의 동의 없이 확인할 수 있는 서류임을 알려드립니다.

※ 신청인이 담당 공무원의 확인에 동의하지 않거나 「전자정부법」 제36조제1항에 따른 행정정보의 공동이용 및 해양수산부가 관리하는 각종 시스템을 통해 확인할 수 없는 경우에는 해당 서류를 신청인이 직접 제출해야 합니다.

년   월   일
년   월   일

신청인 (행정정보 공동이용 동의자)	대표자	(서명 또는 인)
	대표자 외 조합원 또는 등기이사	(서명 또는 인)
	대표자 외 조합원 또는 등기이사	(서명 또는 인)
	대표자 외 조합원 또는 등기이사	(서명 또는 인)

개인정보의 이용 및 제3자 제공·활용 동의

1. 이 신청서에 기재한 **신청인의 개인정보를 해양수산부와 그 소속 기관, 지방자치단체, 「공공기관의 운영에 관한 법률」 제4조에 따른 공공기관**(이하 "공공기관"이라 합니다.)의 수산행정지원, 융자·보조금 등의 관리 등 어업경영체 육성 및 지원을 위한 기초자료로 이용하는 것에 동의합니다.

   [   ] 동의 [   ] 거부

2. 이 신청서에 기재한 **신청인의 개인정보를 이용하여 해양수산부와 그 소속 기관, 지방자치단체, 공공기관으로부터 어업경영정보의 등록·변경등록, 수산보조금 정보, 그 밖의 행정정보를 문자 메시지 및 우편으로 받아보는 것에 동의합니다.**

   [   ] 동의 [   ] 거부

3. 이 신청서에 기재한 **신청인의 개인정보를 수산업에 관련된 융자·보조금 등의 지급대상자 심사, 보조금 등의 부정·중복 지원 방지 등을 위한 확인 자료로 활용** 하는데 동의합니다.

   [   ] 동의 [   ] 거부

4. 이 신청서에 기재한 **신청인의 개인정보를 「농어업경영체 육성 및 지원에 관한 법률」 제5조에 따른 등록정보의 확인을 위해 관계 중앙행정 기관, 지방자치단체, 관할 세무서, 공공기관, 「수산업협동조합법」 제2조제5호에 따른 수산업협동조합중앙회와 그 회원조합에 제공하고, 종합소득, 복지급여액, 면세유류 배정정보 등 등록정보와 관련된 개인정보를 제공받아 활용**하는 것에 동의합니다.

   [   ] 동의 [   ] 거부

※ 위 개인정보 수집·이용 및 제공 동의는 **어업경영체 등록이 말소되는 날까지 유효**하며(등록정보를 변경하는 경우에도 동일합니다) 등록말소 후에도 해양수산부, 지방자체단체가 보조금 등 수혜 정보 관리 등을 위해 위 개인정보를 보유·이용할 수 있습니다.

※ **위 개인정보 수집·이용 및 제공에 관한 동의는 거부**할 수 있습니다. 다만, 동의하지 않을 경우 「농어업경영체 육성 및 지원에 관한 법률」 제4조에 따른 융자·보조금의 지원이나 맞춤형 행정지원 및 안내 서비스 제공, 다른 법률에 따른 어업인에 대한 지원 등이 제한될 수 있습니다.

년   월   일

신청인 (개인정보 이용·제공·활용 동의자)	대표자	(서명 또는 인)
	대표자 외 조합원 또는 등기이사	(서명 또는 인)
	대표자 외 조합원 또는 등기이사	(서명 또는 인)
	대표자 외 조합원 또는 등기이사	(서명 또는 인)

(5쪽 중 제5쪽)

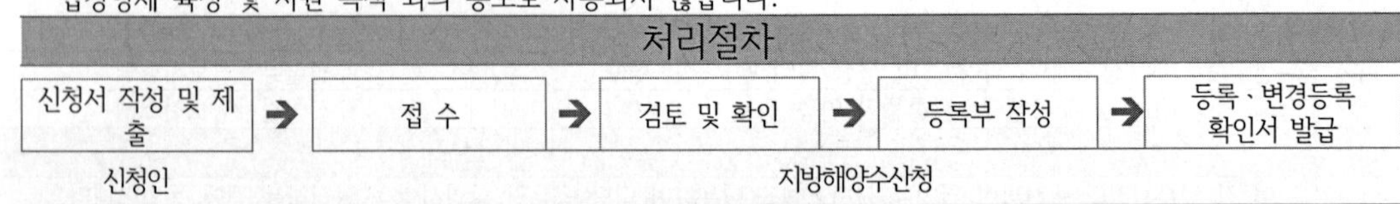

유의사항

*「농어업경영체 육성 및 지원에 관한 법률」 제8조에 따라 어업경영정보를 등록하지 않은 어업경영체와 등록정보의 수정 등을 하지 않은 어업경영체에 대해서는 어업경영체의 육성 및 소득 안정 등을 위한 각종 지원의 전부 또는 일부가 제한될 수 있습니다.

* 이 신청서에 작성한 어업경영정보는 「농어업경영체 육성 및 지원에 관한 법률」 제7조에 따라 보호를 받으며, 어업경영체 육성 및 지원 목적 외의 용도로 사용되지 않습니다.

처리절차

신청서 작성 및 제출	➔	접 수	➔	검토 및 확인	➔	등록부 작성	➔	등록·변경등록 확인서 발급
신청인		지방해양수산청						

작성방법

①란은 법인 등기사항증명서상의 법인 형태에 해당되는 [ ]칸에 √표시를 합니다.
②란은 법인 등기사항증명서상의 법인명, 법인등록번호, 법인 주사무소 소재지 및 법인 설립연도를 적습니다.
  * 전화번호, 휴대전화번호, 팩스 및 전자우편은 법인사무소에서 이용하는 것을 적되, 법인이 소유·이용하는 것이 없는 경우에는 법인 대표자가 사용하는 것을 적습니다.
③란은 대표자의 성명, 주민등록번호 및 주민등록지 주소를 적습니다.
④란은 영어조합법인의 경우 대표자 포함 어업인 5인 이상, 어업회사법인은 등기이사와 어업인 출자자의 성명, 주민등록번호(외국인등록번호), 직책, 어업인 여부 및 증빙서류(어업경영체 등록증명·어업인확인서·고용계약서)를 적습니다.
  * 해당 법인의 조합원(또는 사원·주주)임을 증명할 수 있는 서류(정관 및 조합원 명부 등)를 첨부합니다.
⑤란은 어업현황 및 시설에 대하여 해당되는 모든 사항을 전부 적습니다.
  1) 정치망어업은 「수산업법 시행령」 제7조에 따른 정치망어업의 종류 및 구획면적을 적습니다.
  2) 양식업(해수면 및 내수면)과 마을어업은 대표품종(아래 ㉕란 및 ㉘란의 작성 예시에 따른 대표품종을 말합니다)과 어장면적(양식면적 또는 면허 면적)을 적습니다.
  3) 해수면 어선어업 중 근해어업은 어업종류(「수산업법 시행령」 제24조제1항에 따른 근해어업의 종류)와 어선 수를 적습니다.
  4) 해수면 어선어업 중 연안어업은 어업종류(「수산업법 시행령」 제25조제1항에 따른 연안어업의 종류)와 어선 수를 적습니다.
  5) 해수면 중 구획어업은 어업종류(「수산업법 시행령」 제26조제1항에 따른 구획어업의 종류)와 어선 수를 적습니다.
  6) 해수면 신고어업은 「수산업법 시행령」 제29조제1항에 따른 신고어업의 종류를 적고, 내수면 신고어업은 「내수면어업법 시행령」 제9조제1항에 따른 신고어업의 종류를 적습니다.
  7) 내수면 허가어업은 「내수면어업법」 제9조제1항에 따른 허가어업의 종류 및 어선 수를 적습니다.
  8) 관상어양식은 대표품종과 생산면적을 적습니다.
  9) 소금제조업은 생산면적을 적습니다.
⑥란은 양식업의 경영 형태를 자영 또는 임차로 구분하여 적습니다.
  - 자영 : 본인 소유의 양식장에서 수산물을 양식하는 형태
  - 임차 : 타인 소유의 어업권을 임차하여 수산물을 양식하는 형태
⑦란은 해당 양식업 면허·허가증 상의 어장면적을 적습니다.
⑧란은 실제 양식에 사용하고 있는 어장면적을 적습니다.
⑨란은 양식하는 어종을 적습니다. 이 경우 아래 ㉑란 및 ㉔란의 작성 예시에 따라 적습니다.
⑩, ⑭란은 등록신청일 현재 기준으로 양식량을 적습니다.
⑪, ⑮, ㉒, ㉕란의 생산량 및 생산금액은 지난해 1년간(1. 1. ~ 12. 31.) 생산한 것을 적습니다.
⑫, ⑯, ㉓, ㉖란은 위판·공판장을 통해 위탁 판매한 비율과 그 외 수집상, 직거래 등으로 판매한 비율을 적습니다.
⑬란은 양식하는 품종을 적습니다.
⑰란은 어선이 등록된 선적지를 적습니다.
⑱란은 동력 또는 무동력으로 구분하여 적습니다.
⑲란은 연안, 근해, 정치망 또는 내수면 등으로 구분하여 적습니다.
⑳란은 선박원부에 등재된 톤수를 적습니다.
㉑란의 주요어종, ㉔란의 대표품종 또는 대표어종은 아래의 작성 예시에 따라 적습니다.
  - 작성 예시
    가. 양식업
      · 패류: 전복, 굴, 바지락, 고막, 홍합, 피조개
      · 해조류: 김, 미역, 다시마, 톳, 우렁쉥이, 미더덕
      · 어류: 새우, 돔, 넙치, 볼락, 복어, 전어
    나. 어선어업: 가자미, 갈치, 고등어, 꽁치, 넙치, 농어, 돔, 대구, 멸치 등
    다. 내수면어업: 장어, 쏘가리, 잉어, 송어, 다슬기, 미꾸라지, 자라
㉗란은 법인의 대표자, 조합원, 사원 또는 주주가 법인명의로 교육을 받은 경우 그 이수자의 이름을 적습니다.
㉘란은 교육을 시행한 기관명을 적습니다.
㉙란은 이수한 어업경영 관련 직업·전문 교육과정명을 적습니다.
㉚란은 교육 받은 기간을 연월일로 표시합니다.(예: 2016. 3. 8. ~ 2016. 5. 15.)

㉛란은 지원받은 수산사업 정책명을 적습니다.
㉜란은 정책자금과 관련된 양식장 등이 있을 경우 그 면적을 적습니다.
㉝란은 어선관련 지원 사업 등의 어선톤수를 적습니다.
㉞란은 자기부담금, 정부보조금 및 정부융자금을 포함한 총사업비를 적습니다.
㉟란은 유기식품 또는 무항생제수산물등으로 적습니다.
㊱란은 인증과 관련된 양식장 및 시설 등의 소재지를 적습니다.
㊲란은 인증과 관련된 양식장 등의 인증면적을 적습니다.
㊳란은 인증서상의 인증번호를 적습니다.
㊴, ㊵란은 지난해 1년간 법인의 어업 소득 및 어업 외 소득을 각각 적습니다.
　　＊ 어업 소득: 어업경영 결과로 얻은 총수익, 어업 외 소득: 겸업소득, 임대료, 배당금, 이자 및 유가증권 매매차익 등
㊶란은 전년도 12월 31일 기준 법인의 자산을 적습니다.
　　＊ 자산: 토지, 건물, 선박, 기계·기구, 금융자산, 미처분 수산물, 사용중인 어업용 자재 및 미사용 구입자재 등의 총
　　　　액
㊷란은 전년도 12월 31일 기준 법인의 부채를 적습니다.
　　＊ 부채: 차입금, 미지급금 및 선수금

♣ 【서식】 어업회사법인 설립신고서

■ 농어업경영체 육성 및 지원에 관한 법률 시행규칙[별지 제22호의3서식] <신설 2022. 5. 19.>

<h2 style="text-align:center">어업회사법인
합명[ ]합자[ ] 유한책임[ ] 유한[ ] 주식[ ]회사 　설립신고서</h2>

※ 바탕색이 어두운 칸은 신청인이 작성하지 않으며, [ ]에는 해당되는 곳에 √표시를 합니
다.
(앞쪽)

접수번호		접수일		처리기간	20일
신고인	성명(어업생산자단체명)			생년월일(법인등록번호)	
	주소			전화번호	
신고 내용	법인명			전화번호	
	소재지				
	사업 내용	목적 및 사업			
		주사업	어업·양식업의 경영[　] 수산물의 출하·유통·가공·판매 및 수출[　] 어작업의 대행[　] 농어촌관광휴양사업[　] 낚시터업[　]		
		부대사업	영어에 필요한 자재의 생산 및 공급사업[　] 영어에 필요한 수산종자 생산업[　] 수산물의 구매 및 비축사업[　] 수산장비 등의 임대·수리 및 보관사업[　] 수산업과 관련된 공동이용시설의 설치·운영[　]		
		생산분야	연근해어업[　] 해면양식어업[　] 내수면양식어업[　] 원양어업[　] 소금생산업[　] 그 밖의 분야[　]		
		생산품종			
	임원	구분	성명		어업인 여부
	출자 규모	구분	사원·주주의 수(명)		출자액(원)
		어업인, 어업생산자 단체			
		비어업인			
		계			

210mm×297mm[백상지 80g/㎡]

♣ 【서식】 어업회사법인 변경신고서

■ 농어업경영체 육성 및 지원에 관한 법률 시행규칙[별지 제22호의5서식] <신설 2022. 5. 19.>

어업회사법인

합명[ ] 합자[ ] 유한책임[ ] 유한[ ] 주식[ ]회사　　**변경신고서**

※ 바탕색이 어두운 칸은 신청인이 작성하지 않으며, [ ]에는 해당되는 곳에 √ 표시를 합니다.

접수번호		접수일	처리기간	20일
신고인	성명(어업생산자단체명)		생년월일(법인등록번호)	
	주소		전화번호	
법 인	법인명		전화번호	
	소재지			
	변경사항	명칭[ ] 목적[ ] 사업[ ] 사무소의 소재지[ ] 임원의 성명[ ] 출자총좌수·총주식수, 납입한 총 출자액[ ] 출자액의 납입방법·산정방법과 사원·주주 1명이 출자할 수 있는 출자액의 최고한도에 관한 사항[ ] 해산 사유(해산 사유를 정한 경우만 해당합니다)[ ]		
신고내용	첨부서류 참조			

「농어업경영체 육성 및 지원에 관한 법률」 제19조제5항 후단에 따라 위와 같이 어업회사법인의 설립신고사항 중 변경사항을 신고합니다.

년　　월　　일

(서명 또는 인)

신고인

시장·군수·구청장　　귀하

첨부서류	1. 설립신고한 사항 중 변경되는 사항을 적은 서류 1부 2. 제1호에 따른 사항을 의결한 총회의사록 등 변경사항을 확인할 수 있는 서류 1부 3. 법인 인감증명서 1부	수수료 없음
담당 공무원 확인사항	법인 등기사항증명서	

작 성 방 법

해당란이 부족할 경우 별지를 이용합니다.

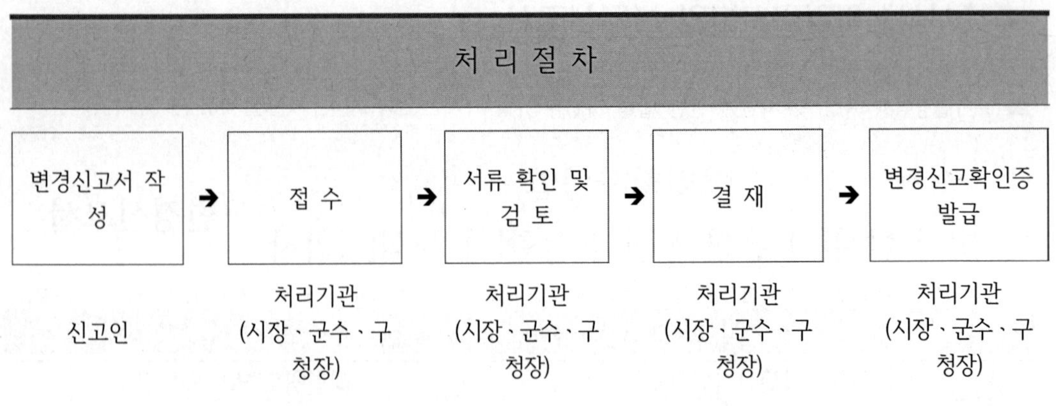

210㎜×297㎜[백상지 80g/㎡]

♣ 【서식】 어업회사법인 주식회사정관(예)

어업회사법인 주식회사정관(예)

제1장 총칙

제1조(상호) 본 회사는 「농어업 경영체 육성 및 지원에 관한 법률」 제19조에 의하여 설립된 회사로서 그 명칭은 어업회사법인○○주식회사라 칭한다.
　(비고) 상호는 반드시 「어업회사법인」 과 「주식회사」라는 문자를 모두 사용하여야 함.

제2조(목적) 본 회사는 기업적 수산업 경영을 통하여 생산성을 향상시키고 생산된 수산물의 유통·가공·판매와 농어촌 관광휴양사업을 통하여 수산업의 부가가치를 높이는데 목적이 있다.

제3조(사업) ① 본 회사는 제2조의 목적을 달성하기 위하여 ○○사업을 주사업으로 한다.
　② 본 회사는 다음 각 호의 사업을 부대사업으로 한다.
　　1. 수산물의 유통·가공·판매
　　2. 영어에 필요한 자재의 생산 및 공급사업
　　3. 영어에 필요한 종자생산사업
　　4. 수산물의 구매 및 비축사업
　　5. 수산장비 등의 임대·수리 및 보관사업
　　6. 농어촌 관광휴양사업
　(비고) 제2조의 목적란에 기재할 내용을 제3조 사업란에 중복기재하지 말 것. 다만 정관과 달리 법인등기부상에는 '목적'만 등재하도록 되어 있으므로 등기신청시에는 정관 제3조의 '사업'내용을 등기부상 '목적' 사항으로 신청해야 하고 그 영업내용을 명확히 알 수 있도록 구체적으로 기재해야 하며 막연히 "물품도매업" 등과 같이 추상적으로 기재해서는 안된다. 또한 제1항 주사업은 어업경영외의 사업으로 회사가 역점을 두는 사업을 기재하여야 함.

제4조(본점의 소재지 및 지도) ○○(시·군·구) ○○(읍·면) ○○(도로명) 에 둔다.
　② 본 회사는 필요한 경우에 주주총회의 결의로 지점, 영업소, 출장소를 둘
　수 있다.
　(비고) 제1항의 본점의 소재지는 정관의 절대적 기재사항이나, 지점 등은 정
　관의 절대적인 기재사항이 아니므로 이의 기재여부는 회사의 임의에 속함.
　[종전의 제5조에서 이동]

제5조(공고방법) 본 회사의 공고사항은 ○○시도에서 발간되는 일간 ○○
　신문에 게재한다.
　(비고) 회사의 인터넷 홈페이지가 있는 경우 홈페이지에 게재 가능함.(홈페
　이지 주소명시하여야 함)
　[종전의 제6조에서 이동]

제2장 주식과 주권

제6조(회사가 발행할 주식의 총수 및 각종주식의 내용과 수) 본 회사가 발
　행할 주식의 총수는 ○주로서 보통주식으로 한다.
　(예) 본 회사가 발행할 주식의 총수는 10만주로서 그중 보통주식은 6만
　주, 우선주식은 2만주, 후배주식은 2만주로 한다.
　제○조(우선주식의 내용) 우선주식의 이익 배당률은 연 1할로서 당해결
　산기의 이익 배당률이 그에 미달할 때에는 다음 결산기에 그를 우선하
　여 배당받는다.
　제○조(후배주식의 내용) 후배주식은 보통주식에 대하여 연○푼의 이액
　배당을 하고 잉여가 있는 경우에 한하여 이익배당을 받을 수 있다.
　제○조(의결권 없는 주식) 우선주식의 주주는 의결권이 없는 것으로 한다.
　제○조(상환주식) 상환주식은 주식발행 후 ○년 이내에 주주에게 배당할
　이익으로서 상환할 수 있다. 이때 상환가액은 1주당 금○○원으로 한다.
　[종전의 제8조에서 이동]

제7조(1주의 금액) 본 회사가 발행하는 주식 1주의 금액은 금 ○원으로 한다.
　(비고) 1좌 당 100원 이상이어야 함.(「상법」 제546조)
　[종전의 제9조에서 이동]

제8조(비어업인의 출자한도) 어업인이나 어업 관련 생산자단체가 아닌 자가 출자하는 출자액의 합계는 본 회사의 총출자액의 100분의 90을 초과할 수 없다.

(비고) 1. 총출자액이 80억원 이하인 경우 : 총출자액의 100분의 90

(비고) 2. 총출자액이 80억원을 초과한 경우 : 총출자액의 8억원을 제외한 금액

[종전의 제10조에서 이동]

제9조(주주의 자격) 본 회사의 주주는 어업인이나 어업 관련 생산자단체로 하되 제8조에서 정한 출자한도 내에서 출자한 비어업인도 주주가 될 수 있다.

[종전의 제3조에서 이동]

제10조(회사설립시 발행하는 주식의 총수) 본 회사는 설립시에 ○주의 주식을 발행하기로 한다.

[종전의 제11조에서 이동]

제11조(주권) 본 회사의 주식은 제11조(주권)으로서 주권은 1주권, 10주권, 100주권 전부 기명주식로 한다.

[종전의 제12조에서 이동]

제12조(주권의 명의개서) ① 본 회사의 주식에 관하여 명의개서를 청구함에 있어서 본 회사 소정의 청구서에 기명날인하고 이에 주권을 첨부하여 제출하여야 한다.

② 양도 이외의 사유로 인하여 주식을 취득한 경우에는 그 사유를 증명하는 서류를 첨부하여 제출하여야 한다.

[종전의 제13조에서 이동]

제13조(주식의 양도제한) ① 본 회사의 주식은 이사회의 승인이 없으면 양도할 수 없다.

② 전항과 관련 비어업인인 주주에게 양도하여 비어업인의 총출자액이 제10조에서 규정한 제한을 초과하는 경우에는 그 양도는 효력이 없다.

③ 상속 또는 유증에 의하여 비어업인의 총출자액이 제10조에서 규정한 한도를 초과하는 경우에는 그 초과지분을 지체 없이 어업인에게 양도하여야 한다.

[종전의 제14조에서 이동]

제14조(주권의 재발행) 주권의 재발행을 청구할 때에는 본 회사 소정의 청

구서에 다음 서류를 첨부하여 제출해야 한다.

1. 주권을 상실한 때에는 확정된 제권판결정본 또는 등본
2. 주권을 훼손한 때에는 그 주권, 다만 훼손으로 인하여 그 진위를 판별할 수 없는 때에는 전호에 준한다.

[종전의 제15조에서 이동]

제15조(주주 등의 주소, 성명 및 인감의 신고) 주주, 등록질권자 또는 그 법정대리인이나 대표자는 본 회사 소정의 서식에 의하여 성명, 주소 및 인감을 신고해야 한다. 신고사항에 변경이 있는 때에도 또한 같다.

[종전 제16조에서 이동]

제16조(주주명부의 폐쇄 및 기준일) ① 본 회사에서는 매년 1월 1일부터 정기 주주총회의 종결일자까지 주주명부 기재의 변경을 정지한다.

② 제1항의 경우 이외에 주주 또는 질권자로서 권리를 행사할 자를 확정하기 위하여 필요한 때에는 이사회의 결의에 의하여 일정한 기간 동안 주주명부 기재의 변경을 정지하거나 또는 기준일을 정할 수 있다. 이 경우에는 그 기간 또는 기준일의 2주간 전에 공고하는 것으로 한다.

[종전의 제17조에서 이동]

제3장 주주총회

제17조(소집) 정기 주주총회 정기 주주총회는 매 결산기 종료후 1월내에 이를 소집하고 임시주주총회는 필요한 경우에 수시로 이를 소집할 수 있다.

[종전 제18조에서 이동]

제18조(의장) 주주총회의 의장은 대표이사가 된다. 대표이사가 유고일 때에는 이사회에서 선임한 다른 이사가 의장이 된다.

[종전의 제19조에서 이동]

제19조(결의사항) 주주총회는 법령에서 정한 사항 이외에 다음 사항을 결의한다.

1. 신주 발행사항의 결정
2. 주식의 분할

3. 영업의 전부 또는 일부의 양도
[종전의 제20조에서 이동]

제20조(결의) 주주총회의 결의는 제20조(결의) 규정이 있는 경우를 제외하고는 발행주식 총수의 과반수에 해당하는 주식을 가진 주주의 출석과 그 의결권을 과반수로 한다.
[종전의 제21조에서 이동]

제4장 이사와 감사

제21조(의결권의 대리행사 및 총회의 의사록) ① 주주는 대리인으로 그 의결권을 행사하게 할 수 있다.
② 총회는 의사록을 작성하여야 하며, 의사록에는 의사의 경과요령과 그 결과를 기재하고 의장과 출석한 이사가 기명날인하여야 한다.

제22조(이사와 감사의 수) 본 회사의 이사는 3인 이상, 감사는 1인 이상으로 한다.
(비고)「상법」제383조에 따라 이사는 3명 이상이어야 한다. 다만, 자본금 총액이 10억원 미만인 회사는 1명 또는 2명으로 할 수 있음.
[종전의 제23조에서 이동]

제23조(선임) 이사와 감사는 주주총회에서 선임하되 이사의 3분의 1 이상은 어업인으로 한다.
(비고) 자본금 총액이 10억원 미만인 회사는 1명 이상이 어업인이어야 함.

제24조(업무집행과 회사대표) 본 회사의 업무집행과 회사대표는 이사회의 결의로 이사 중에서 선임한 대표이사가 행한다.
[종전의 제25조에서 이동]

제25조(임기) ① 이사의 임기는 취임 후 3년으로 한다. 다만, 임기 중의 최종의 결산기에 관한 정기주주총회의 종결시까지 연장할 수 있다.
② 감사의 임기는 취임 후 3년 내외 최종의 결산기에 관한 정기주주총회의 종결시까지로 한다.

제26조(보선) 이사와 감사에 결원이 생긴 경우에는 임시주주총회에서 그를

보선한다. 다만 제26조(보선)를 결하지 아니하는 법정 수에는 그러하지 아니할 수 있다. 보선된 이사나 감사의 임기는 전임자의 잔여기간으로 한다.
[종전의 제27조에서 이동]

제27조(보수와 퇴직금) 임원의 보수 또는 퇴직금은 보수는 주주총회에서 이를 정한다.
(비고) 주주총회가 정하는 별도의 규정에 의할 수도 있음.

제5장 이사회

제28조(이사회의 소집) 이사회는 대표이사 또는 이사회에서 따로 정한 이사가 있을 때에는 그 이사가 회의 개최 7일전에 각 이사 및 감사에게 통지하여 소집한다. 그러나 이사 및 감사 전원의 동의가 있는 때에는 소집절차를 생략할 수 있다.

제29조(지배인의 임면) 이사회의 결의로 회사의 영업전반에 걸쳐 포괄적인 대리권을 갖고 보조하기 위한 지배인(혹은 지점장, 영업부장)을 둘 수 있다.
(비고) 지배인을 임면하지 않을 경우 생략 가능함.
[종전의 제30조에서 이동]

제30조(소집권자와 의장) 이사회는 대표이사가 소집하고 그 의장이 된다. 다만 대표이사의 유고 중에는 제19조의 순서에 따라 다른 이사가 의장의 직무를 대행한다.
[종전의 제31조에서 이동]

제31조(이사회의 결의) 이사회의 결의는 과반수의 출석과 출석이사의 과반수로 하고 가·부동수인 때에는 의장이 결정한다.
[종전의 제32조에서 이동]

제32조(감사의 직무) 감사는 본 회사의 회계와 업무를 감사한다. 감사는 이사회에 출석하여 의견을 진술할 수 있다.

제33조(고문) 본 회사는 이사회의 결의로 고문 약간 명을 둘 수 있다.

[종전의 제33조에서 이동]

제6장 계산

제34조(영업년도) 본 회사의 영업년도는 매년 1월1일부터 12월31까지로 하여 결산한다.

제35조(이익배당) 이익배당금은 매 결산기 말일 현재의 주주명부에 기재된 주주 또는 등록 질권자에게 이를 지급한다.

위 배당금은 지급개시일로부터 3년 이내에 지급청구를 하지 아니한 때에는 그 청구권을 포기한 것으로 간주하고 이를 본 회사에 귀속시킨다.

제7장 해산

제36조(해산사유) 본 회사는 다음 사유로 인하여 해산한다.
1. 합병
2. 파산
3. 법원의 명령 또는 판결
4. 주주총회의 결의

제37조(해산의 결의) 해산의 결의는 발행주식 총수의 과반수에 해당하는 주식을 가진 주주의 출석으로 그 의결권의 3분의 2이상의 다수로써 하여야 한다.

제38조(회사계속) 회사가 존립기간의 만료, 주주총회의 결의에 의하여 해산한 경우에는 제37조의 규정에 의한 결의로 회사를 계속할 수 있다.

제39조(해산의 통지) 회사가 해산한 때에는 파산의 경우 외에는 대표이사는 지체 없이 주주에 대하여 그 통지를 한다.

제40조(합병계약서와 그 승인의결) 회사가 합병을 함에는 합병계약서를 작성하여 주주총회의 승인을 얻어야 한다.

제8장 청산

제41조(청산방법) 본 회사가 해산한 경우, 회사재산의 처분은 주주총회의

동의로써 정한 방법에 의한다.

제42조(청산인의 임면) 청산인의 선임 및 해임은 주주총회의 결의에 의한다.

제43조(잔여재산의 분배) 잔여재산은 각 주주가 가진 주식의 수에 따라 주
  주에게 분배한다.
  (예) 현물출자가 있는 경우
  제○조(현물출자) 본 회사의 설립당시 현물출자를 하는 자의 성명, 출자
  목적인 재산, 그 가격과 이에 대하여 부여하는 주식의 종류와 수는 다음
  과 같다.
  1. 출자자
     발기인 ○   ○   ○   주민등록번호 :   -
  2. 출자재산
     ○○(시·도) ○○(시·군·구) ○○(읍·면) ○○(도로명)
     대 ○○㎡
     위 지상 철근 콘크리트 3층 사무소
     1층 ○○㎡
     2층 ○○㎡
     3층 ○○㎡
  3. 출자재산의 평가액 : 금○○○원
  4. 이에 부여하는 주식의 종류와 수 : 보통주식 ○○주
     ※ 위 성명 다음의 내는 어업인인 경우 '어업인', 생산자단체인 경우 생
     산자단체명, '비어업인'인 경우 '비어업인'을 기재하고, 주민등록번호 란
     에는 사업자인 경우 사업자등록번호를 기재

제9장 부칙

제44조(적용범위) 본 정관에 규정되지 않은 사항은 「농어업경영체 육성 및
  지원에 관한 법률」과「상법」 및 기타 법령에 정한 규정에 따른다.

제45조(세부내규) 본 회사는 필요에 따라 주주총회의 결의로써 업무추진
  및 경영상 필요한 회사 세부내규를 정할 수 있다.

  위와 같이 어업회사법인 ○○주식회사(회사명)를 설립하기 위하여 이 정

관을 작성하고 발기인 전원이 이에 기명날인한다.

서기   년   월   일
어업회사법인 ○○주식회사(회사명)
(주소)
발기인 : 성명 (주민등록번호)
(주소)
발기인 : 성명 (주민등록번호)
(주소)
발기인 : 성명 (주민등록번호)
(주소)
(발기인 전원 연기명 날인한다.)

부 칙

제1조(시행일) 이 고시는 2019년 1월 1일부터 시행한다.

제2조(재검토 기한) 해양수산부장관은 「훈령·예규 등의 발령 및 관리에 관한 규정」에 따라 이 고시에 대하여 2019년 1월 1일 기준으로 매 3년이 되는 시점(매 3년째의 12월 31일까지를 말한다)마다 그 타당성을 검토하여 개선 등의 조치를 하여야 한다.

제 6 장   영어조합법인의 등기

一. 총 설

"영어조합법인"은 협업적 수산업경영을 통하여 생산성을 높이고 수산물의 출하·유통·가공·수출 및 농어촌 관광휴양사업 등을 공동으로 하려는 어업인 또는 어업생산자단체가 5인 이상을 조합원으로 하여 설립한 법인이다(농어업경영체 육성 및 지원에 관한 법률 제16조 2항).

영어조합법인의 성격은 농어업경영체 육성 및 지원에 관한 법률에 의하여 설립되는 특수법인이나 민법법인과는 달리 법인이 어장, 부동산 등을 소유하면서 협업적 영어를 하는 법인으로서 영리법인의 성격을 가지며, 법인세법 적용에 있어서도 영리법인으로 취급된다.

영어조합법인의 종류에 대하여 관련법은 명확한 구분을 하고 있지 않으나 협동양식어업면허의 취득여부에 따라 일반영어조합법인과 협동양식영어조합법인으로 구분된다.

영어조합법인을 설립하고자 할 때에는 5인 이상의 어업인이 공동으로 정관을 작성하고, 기타 설립에 필요한 행위를 하여야 한다.(농어업경영체 육성 및 지원에 관한 법률 제16조 3항).

통상 민법법인이나 특수법인은 주무관청의 허가나 인가를 받아야 하지만 영어조합법인은 농어업경영체 육성 및 지원에 관한 법률에 의하여 설립되는 특수법인으로서 어촌계, 지구별수산업협동조합 등과는 달리 법인설립에 따른 인가나 허가가 필요없으며 일정한 요건을 갖추어 설립등기함으로써 법인으로 성립한다(농어업경영체 육성 및 지원에 관한 법률 제16조 3항).

<영어조합법인·지구별수산업협동조합·어촌계>

구분	영어조합법인	수산업협동조합	어촌계
성 격	○협업적 어업경영	○어업인, 수산제조업자의 협동조직	○일정 구역 내 어촌계원의 공동사업수행
설 립 근 거	○농어업경영체 육성 및 지원에 관한 법률 제16조	○수산업협동조합법 제13조 등	○수산업협동조합법 제15조
목 적	○협업적 어업경영으로 생산성을 높이고 수산물의 공동출자 및 가공·수출 등을 통하여 소득을 증대시키는 것	○협동조직을 촉진하여 경제적·사회적 지위의 향상과 수산업 생산력의 증강 도모	○어촌계 계원의 생산력의 증진과 생활향상을 위한 공동사업의 수행 및 경제적 사회적 지위의 향상도모
구성원 자 격	○일반 조합법인 -어업인 ○협동양식 어업 조합법인 -어촌계 계원 또는 수협조합원	○지구별 수협 -지역 내 거주하는 어업인 ○업종별 수협 -특정어업을 경영하는 어업인 ○제조별 수협 -특정수산제조업 경영자	○어촌계의 구역 내에 거주하는 지구별 조합의 조합원
업 무 구 역	○제한 없음	○지구별 수협-시·군 ○업종별 수협-도 또는 전국 ○제조별 수협-도 또는 전국	○행정구역·경제권 등을 중심으로 정관에서 정함 (통상 마을 단위)
설 립 절 차	○5인 이상의 어업인이 공동으로 정관 작성 ○창립 총회의 의결 ○주된 사무소의 소재지에서 설립등기 ※정부의 인·허가 불요	○조합원 자격자 20인 이상 발기 및 당해 업무구역 내에 거주하는 조합원 자격자 과반수(최소한 200인 이상) 동의로 설립→해양수산부장관의 설립 인가	○지구별 수산업협동조합원 10인 이상 발기 및 정관 작성→시장·군수·구청장 인가

구분				
의결 기관의 임원		○총회 ○이사회 ○이사 및 감사 ※ 이사회, 이사 및 감사는 임의기관임	○총회 ○이사회 ○대의원회 ○조합장 및 상임이사 ○감사	○총회 -계원으로 구성
대상 사업		○어업의 경영과 그 부대사업 ○어업에 관련된 공동 시설설치 또는 운영 ○수산물의 공동출하, 가공 및 수출 ○기타 조합법인의 목적달성을 위하여 정관이 정하는 사업 등	○생산 및 생활지도사업 ○구매, 보관, 판매 및 검사사업 ○신용사업, 이용·제조가공사업 ○공제, 후생 복지사업 ○차관사업 등	○지도사업 ○어업권의 취득 및 어업의 경쟁 ○소속 지구별 조합에 속하는 어업권의 행사 ○어업인의 생활필수품, 어선 및 어구의 공동구매 ○어업인의후생복지사업
상호 관계		○사업수행을 위해 필요시 수협으로부터 자금 차입가능	○지구별조합은 어장의 관리 등 계의 구역 내의 업무를 지도감독 -필요시 소속 직원으로 하여금 계를 감사	○사업수행을 위해 필요시 수협으로부터 자금 차입가능
정부 지원		○수산사업의 우선지원 ○협동망식어업면허	○수산사업의 우선지원 ○마을어업 우선면허	○수산사업의 우선지원 ○마을어업 우선면허
세제 지원	국세	○법인세 면제 ○부가가치세 면제 ○출자조합원 양도소득세 면제 및 배당소득세 감면	○부과금 면제(수협법 제8조) -조합과 중앙회의 업무 및 재산에 대하여는 국가 및 지방자치단체의 조세 외의 부과금을 면제	
	지방세	지방세특례제한법에 따라 각종 지방세 감면 혜택부여	지방세특례제한법에 따라 각종 지방세 감면 혜택부여	지방세특례제한법에 따라 각종 지방세 감면 혜택부여

二. 설립등기

1. 정관의 작성

영어조합법인의 정관은 영어조합법인의 조직, 사업, 관리, 운영 등 영어조합법인에 관한 기본적인 사항을 정하는 자치규범으로서 조합법인 설립시 발기인

5인 이상이 공동으로 작성한다(전원 합의작성). 정관은 조합법인의 운영에 있어 기준이 되므로 개별조합법인의 사업, 규모, 운영방식에 따라 적절히 규정하되 다음의 사항(절대적 기재사항)은 반드시 정관으로 정하여야 한다.

① 명칭, ② 목적, ③ 사업, ④ 사무소의 소재지, ⑤ 조합원의 자격에 관한 사항, ⑥ 조합원의 가입·탈퇴 및 제명에 관한 사항, ⑦ 조합원의 탈퇴 및 제명의 경우 지분의 계산에 관한 사항, ⑧ 출자액의 납입방법·산정방법과 조합원 1인이 출자할 수 있는 출자액의 최고한도에 관한 사항, ⑨ 이익금 및 손실금의 처리에 관한 사항, ⑩ 적립금의 비율과 그 적립방법에 관한 사항, ⑪ 회계년도와 회계에 관한 사항, ⑫ 총회 그 밖의 의결기관과 임원의 정수, 선출 및 해임에 관한 사항, ⑬ 해산사유를 정한 경우 그 사유에 관한 사항

상기이외의 사항(임의적 기재사항)은 필요에 따라 영어조합법인의 실정에 맞게 임의로 정할 수 있다. 정관을 작성하고 다음과 같이 「기타 설립에 필요한 행위」를 하여야 한다. 「기타 설립에 필요한 행위」는 다음과 같다. ① 조합원의 결성 : 정관과 설립취지에 찬성하고 영어조합법인에의 가입을 원하는 조합원 자격이 있는 어업인을 대상으로 함, ② 조합원 명부의 작성 : 설립당시 조합원의 명부 작성, ③ 출자 1좌당 금액과 총출자 좌수의 결정, ④ 설립 당해년도의 사업계획 수립, ⑤ 설립에 필요한 자산의 취득 등

2. 창립총회

정관, 「기타 설립에 필요한 행위」는 창립총회의 의결을 거쳐 최종 확정한다. 창립총회는 발기인 및 창립 당시의 조합원으로 구성된다. 창립총회에서 의결할 사항은 ① 정관의 승인, ② 정관에서 정한 임원의 선임(이사회의 구성, 이사는 조합원 중에서 선임한다), ③ 출자납입에 관한 사항, ④ 설립 당해년도

사업계획의 승인 등이다. 창립총회의 의결은 영어조합법인 설립의 기본이 되는 중요사항이므로 회의경과를 명확히 하기 위하여 창립총회의사록 을 반드시 작성하고 참석자들이 기명날인하여 보관하여야 한다. 창립총회의사록은 공증인의 인증을 받아 설립등기시에 첨부한다.

3. 출자

영어조합법인에의 출자는 정관에서 정하는 바에 따라 어장, 현금 및 그 밖의 현물로 출자할 수 있다. 출자의 목적인 재산을 양도하고 토지 또는 어장과 같이 등기, 등록 기타 권리의 설정이나 이전에 필요한 경우에는 이에 관한 서류를 완비하여 교부하여야 한다. 출자를 불입한 조합원에게 대표이사 명의로 출자증서를 발급하고 출자증서에 출자좌수, 출자액, 출자재산의 표시등을 기재한다. 출자와 관련하여 현물출자의 경우 출자액 산정방법, 조합원 1인의 출자최고한도, 출자액의 납입방법 등을 정관으로 반드시 정하여야 한다.

4. 설립등기

등기신청인은 조합법인을 대표할 조합원(대표이사)이다. 등기신청서는 특별히 정해진 서식은 없으나 다음의 등기사항을 기재하여 작성하여야 한다. ① 명칭, ② 목적, ③ 사업, ④ 사무소의 소재지, ⑤ 출자액의 납입방법, 출자액의 산정방법 및 조합원 1인이 출자할 수 있는 출자액의 최고한도에 관한 사항, ⑥ 해산사유를 정한 때에는 그 사유에 관한 사항, ⑦ 조합법인을 대표할 조합원의 성명과 주소, ⑧ 복수의 조합원이 공동으로 조합법인을 대표(공동대표) 할 것을 정한 때에는 그 규정.

등기신청서에 첨부해야 할 서류는 다음과 같다. ① 창립총회의사록 (공증인의 인증을 받아야 함), ② 정관 (공증인의 인증을 받아야 함), ③ 출자자산의 내역을 기재한 서류, ④ 조합법인의 대표조합원임을 증명하는 서류. 등기는 영어조합법인의 사무소 소재지를 관할하는 지방법원이나 지방법원의 지원 또는 등기소에 하면 된다.

♣ 【서식】 영어조합법인 설립등기신청서

영어조합법인 설립등기신청

접 수	년 월 일	처리인	등기관 확인	각종통지
	제 호			

등기의 목적	영어조합법인의 설립
등기의 사유	정관을 작성하고 출자를 납입하여 수산업법 제9조의2의 규정에 의한 영어조합법인의 설립을 종료하였으므로 다음 사항의 등기를 구함.

등기할 사항

명 칭	○○영어조합법인
주 사 무 소	○○시 ○○구 ○○동 ○
이사, 감사의 성명, 주민등록번호 및 주소	이사 ○ ○ ○ (-) 　　　○○시 ○○구 ○○동 ○ 이사 ○ ○ ○ (-) 　　　○○시 ○○구 ○○동 ○ 이사 ○ ○ ○ (-) 　　　○○시 ○○구 ○○동 ○ 감사 ○ ○ ○ (-) 　　　○○시 ○○구 ○○동 ○ 감사 ○ ○ ○ (-) 　　　○○시 ○○구 ○○동 ○
대표이사의 성명과 주소, 주민등록번호	대표이사 ○ ○ ○ (-) 　　　　○○시 ○○구 ○○동 ○
이사의 대표권에 대한 제한	대표이사 ○○○ 이외에는 대표권이 없음
목 적	별지 기재와 같음

분사무소	○○시 ○○구 ○○동 ○
설립인가연월일	20○○년 ○월 ○일
존립기간 또는 해산사유	해산사유 1) 총회에서 해산 및 합병을 의결한 경우 　　　　2) 파산 　　　　3) 조합원이 5인 미만이 된 후 1년 이내에 5인 이상이 되지 아니한 경우
자산의 총액	금 ○○○○○○ 원
출자의 산정방법	현물출자액의 산정은 이사회에서 정하는 평가율에 의하여 환가한다.
출자액의 납입방법	현금이나 어장, 어선, 육상양식, 종묘시설, 기타의 현물(어업권, 양식장, 어업기자재, 창고, 토지, 차량 등)을 이사회에서 정하는 납입일자에 일시 납입한다.
조합원 1인이 출자할 수 있는 최고한도	총출자좌수의 3분의 1을 초과하지 못한다.
출자의 총좌수와 납입출자액의 총액	출자의 총좌수　10,000좌 출자의 총액　금100,000,000원
기　　타	

신청등기소 및 등록면허세/수수료						
순번	신청등기소	구분	등록면허세 지방교육세	농어촌특별세	세액합계	등기신청수수료
			금　　　　　원 금　　　　　원	금　　　원	금　　　원	금　　　　원
합　　　계						

등기신청수수료 납부번호	
과 세 표 준 액	금　　　　　원

첨　　　부　　　서　　　면

1. 정관	1통	1. 이사회의사록	1통
1. 창립총회의사록(임원선임서)	1통	1. 주민등록표등본	○통
1. 출자자산의 내역을 기재한 서류		1. 대표이사 인감신고서	1통
(출자이행증명서, 현물출자액		1. 법인인감발급신청서	1통
산출 및 출자인명부 등)	1통	1. 등기신청수수료영수필확인서	1통
1. 대표조합원 증명서류	1통		
1. 취임승낙서	○통	1. 위임장(대리인이 신청할 경우)	1통
1. 인감증명서	○통	<기 타>	

20○○년 ○월 ○일

신청인 명　　　칭　　○○영어조합법인

　　　　주사무소　　○○시 ○○구 ○○동 ○○

대표자 성　　　명　　대표이사 ○ ○ ○ ㊞　　　　(전화 :　　　)

　　　　주　　　소　　○○시 ○○구 ○○동 ○○

대리인 성　　　명　　법무사 ○ ○ ○ ㊞　　　　(전화 :　　　)

　　　　주　　　소　　○○시 ○○구 ○○동 ○○

○○지방법원 ○○등기소 귀중

- 신청서 작성요령 -

1. 해당란이 부족할 때에는 별지를 이용합니다.
1. 해당 등기신청과 관계없는 사항에 대하여는 "해당없음"으로 기재하거나 삭제하고, 필요한 사항은 추가 기재합니다.
1.「인감증명법」에 따른 인감증명서 제출과 함께 관련 서면에 인감을 날인하여야 하는 경우, 본인서명사실확인서를 제출하고 관련 서면에 서명을 하거나 전자본인서명확인서 발급증을 제출하고 관련 서면에 서명을 하면 인감증명서를 제출하고 관련 서면에 인감을 날인한 것으로 봅니다.

(용지규격 21㎝×29.7㎝)

목적과 사업

어업경영의 합리화로 어업생산성의 향상과 조합원의 소득증대를 도모함을 목적으로 하고 그 목적을 달성하기 위하여 다음 사업을 행한다.

　　① 공동양식, 어로 및 공동작업에 관한 사업
　　② 어업에 관련된 공동이용시설의 설치 및 운영
　　③ 어선 및 어업기자재와 시설의 대여사업
　　④ 어업작업의 대행
　　⑤ 수산물의 공동출하, 가공 및 수출

　[유례] ⑥ 양식업
　　　　　⑦ 근해형망의 운영
　　　　　⑧ 위 각호에 부대되는 사업일체

주　① 이 등기는 영어조합법인을 대표할 조합원 또는 대표이사가 신청한다.
　② 등기사유에서 분사무소는 설립당시부터 분사무소를 설치한 경우에 한하여 기재한다.
　③ 이사의 성명과 주민등록번호는 대표권 없는 이사 전원의 성명과 주민등록번호를 기재하되, 이사를 선임하지 않은 경우에는 이를 기재하지 않는다.
　④ 감사도 이사와 같이 필수기관은 아니므로 선임하지 않아도 되나, 선임한 경우에는 이를 등기하여야 한다.
　⑤ 등록면허세와 지방교육세는 면제되나, 다만 설립과 동시에 분사무소를 설치하는 때에는 분사무소설치에 관한 등록면허세 40,200원을 납부하여야 한다.
　조특법 및 관세법, 지세법에 의하여 등록면허세가 감면되는 경우에는 농어촌특별세로 그 감면세액의 100분의 20을 납부하여야 하나 영어조합법인의 설립등기에는 이것도 면제된다. 등기신청수수료는 방문신청시 설립의 경우에는 30,000원(전자표준양식에 의한 신청의 경우에는 25,000원, 전자신청의 경우에는 20,000원)이고, 설립과 동시에 분사무소를 설치하는 경우 주사무소소재지에서의 등기신청수수료는 36,000원(전자표준양식에 의한 신청의 경우에는 29,000원, 전자신청의 경우에는 22,000원)이다.
　영어조합법인은 상법에 의하여 설립되는 법인이 아니므로 국민주택채권에 매입의무는 없다(주택령 별표 3 부표 28).
　⑥ 첨부서류 중 창립총회의사록은 공증인의 인증을 받은 것이어야 한다.
　⑦ 출자내역을 기재한 서류로서 재산목록을 첨부하여야 한다.
　현물출자를 한 경우에는 현물출자계약서를 첨부하고 조합원이 현금 등을 출자한 경우에는 그 납입을 증명하는 서면도 첨부한다.
　⑧ 전산정보처리조직에 의한 등기를 실시하는 등기소에서 법인의 설립등기를 하고자 하는 경우에는 대표자의 인감증명을 발급받기 위하여 법인인감발급카드신청서를 작성 제출하여 법인인감카드를 발급받아야 한다.

♣ 【서식】 영어조합법인 설립신고서

■ 농어업경영체 육성 및 지원에 관한 법률 시행규칙[별지 제12호서식] <개정 2022. 5. 19.>

영어조합법인 설립신고

※ 바탕색이 어두운 칸은 신청인이 작성하지 않으며, [ ]에는 해당되는 곳에 √표시를 합니다.   (앞쪽)

<table>
<tr><td>접수번호</td><td colspan="2">접수일</td><td colspan="2">처리기간</td><td>20일</td></tr>
<tr><td rowspan="4">신고인</td><td colspan="2">성명(어업생산자단체명)</td><td colspan="3">생년월일(법인등록번호)</td></tr>
<tr><td colspan="2">주소</td><td colspan="3">전화번호</td></tr>
<tr><td colspan="2">법인명</td><td colspan="3">전화번호</td></tr>
<tr><td colspan="2">소재지</td><td colspan="3"></td></tr>
<tr><td rowspan="13">신고 내용</td><td rowspan="6">사업
내용</td><td>목적 및 사업</td><td colspan="3"></td></tr>
<tr><td>주사업</td><td colspan="3">어업·양식업의 경영[   ] 수산물의 출하·유통·가공·판매 및 수출[   ] 어작업의 대행[   ] 농어촌관광휴양사업[   ] 낚시터업[   ] 유어장의 운영[   ] 어촌어항재생사업[   ]</td></tr>
<tr><td>부대사업</td><td colspan="3">영어에 필요한 자재의 생산 및 공급사업[   ] 영어에 필요한 수산종자 생산업[   ] 수산물의 구매 및 비축사업[   ] 수산장비 등의 임대·수리 및 보관사업[   ] 수산업과 관련된 공동이용시설의 설치·운영[   ]</td></tr>
<tr><td>생산분야</td><td colspan="3">연근해어업[   ] 해면양식어업[   ] 내수면양식어업[   ] 원양어업[   ] 소금생산업[   ] 그 밖의 분야[   ]</td></tr>
<tr><td>생산품종</td><td colspan="3"></td></tr>
<tr><td rowspan="5">임원</td><td>구분</td><td>성명</td><td colspan="2">어업인 여부</td></tr>
<tr><td></td><td></td><td colspan="2"></td></tr>
<tr><td></td><td></td><td colspan="2"></td></tr>
<tr><td></td><td></td><td colspan="2"></td></tr>
<tr><td></td><td></td><td colspan="2"></td></tr>
<tr><td rowspan="4">출자
규모</td><td>구분</td><td>출자자수(명)</td><td colspan="2">출자액(원)</td></tr>
<tr><td>조합원
(어업인,
어업생산자단체)</td><td></td><td colspan="2"></td></tr>
<tr><td>준조합원
(비어업인)</td><td></td><td colspan="2"></td></tr>
<tr><td>계</td><td></td><td colspan="2"></td></tr>
</table>

210mm×297mm[백상지 80g/㎡]

(뒤쪽)

출자 관련 사항	총 출자좌수 및 출자 1좌의 금액	
	납입방법	
	산정방법	
	조합원 1인당 출자한도	
해산 사유		

「농어업경영체 육성 및 지원에 관한 법률」 제16조제3항 전단에 따라 위와 같이 영어조합법인의 설립을 신고합니다.

년   월   일

신고인   (서명 또는 인)

시장 · 군수 · 구청장   귀하

첨부서류	1. 정관 1부 2. 조합원 · 준조합원 및 임원의 명부 1부 3. 창립총회의사록 1부 4. 각 조합원이 어업인이나 「수산업 · 어촌 발전 기본법」에 따른 생산자단체임을 확인할 수 있는 서류 1부 5. 출좌 1좌당 금액과 조합원 · 준조합원별 보유 중인 출좌좌수를 적은 서류 1부 6. 출자자산의 명세를 적은 서류 1부 7. 합병 또는 분할을 의결한 총회의사록(합병 또는 분할로 인하여 설립되는 경우만 해당하며, 합병 또는 분할로 인하여 존속하거나 설립되는 영어조합법인이 승계해야 할 권리 · 의무의 범위가 의결사항으로 적혀 있어야 합니다) 1부	수수료 없음

작 성 방 법

1. 목적 및 사업란은 설립등기신청서에 기재할 예정인 목적 및 사업의 내용을 그대로 작성합니다.
2. 생산분야와 생산품종란은 사업유형에 어업 · 양식업의 경영이 포함되는 경우만 작성합니다.
3. 해산 사유란은 해산 사유를 정한 경우만 작성합니다.
4. 해당란이 부족할 경우 별지를 이용합니다.

처 리 절 차

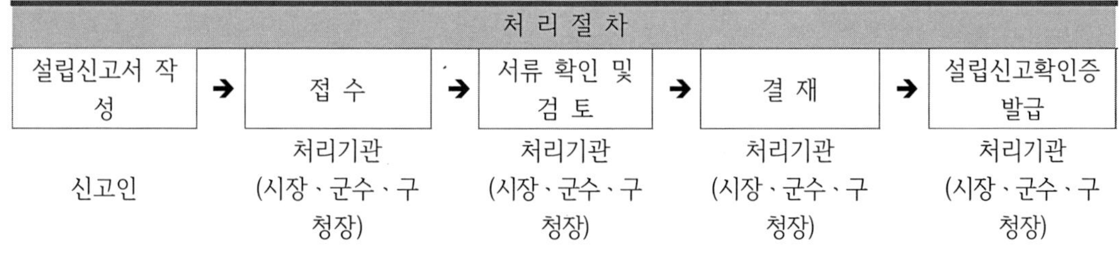

210mm×297mm[백상지 80g/㎡]

♣ 【서식】 영어조합법인 변경신청서

■ 농어업경영체 육성 및 지원에 관한 법률 시행규칙[별지 제14호서식] <개정 2022. 5. 19.>

영어조합법인 변경신고서

※ 바탕색이 어두운 칸은 신청인이 작성하지 않으며, [ ]에는 해당되는 곳에 √표시를 합니다.

접수번호		접수일	처리기간	20일
신고인	성명(어업생산자단체명)		생년월일(법인등록번호)	
	주소		전화번호	
법 인	법인명		전화번호	
	소재지			
	변경사항	명칭[ ] 목적[ ] 사업[ ] 사무소의 소재지[ ] 대표조합원 및 임원(이사와 감사를 두는 영어조합법인만 해당합니다)의 성명[ ] 출자 총좌수와 납입한 총출자액[ ] 출자액의 납입방법·산정방법과 조합원 1명이 출자할 수 있는 출자액의 최고한도에 관한 사항[ ] 해산 사유(해산 사유를 정한 경우만 해당합니다)[ ]		
신고내용	첨부서류 참조			

「농어업경영체 육성 및 지원에 관한 법률」 제16조제3항 후단에 따라 위와 같이 영어조합법인의 설립신고사항 중 변경사항을 신고합니다.

년   월   일

신고인   (서명 또는 인)

시장·군수·구청장   귀하

첨부서류	1. 설립신고한 사항 중 변경되는 사항을 적은 서류 1부 2. 제1호에 따른 사항을 의결한 총회의사록 등 변경사항을 확인할 수 있는 서류 1부 3. 법인 인감증명서 1부	수수료 없음
담당 공무원 확인사항	법인 등기사항증명서	

작 성 방 법

해당란이 부족할 경우 별지를 이용합니다.

<table>
<tr><td colspan="9" align="center">처 리 절 차</td></tr>
<tr>
<td align="center">변경신고서 작성</td>
<td align="center">→</td>
<td align="center">접 수</td>
<td align="center">→</td>
<td align="center">서류 확인 및
검 토</td>
<td align="center">→</td>
<td align="center">결 재</td>
<td align="center">→</td>
<td align="center">변경신고확인증 발
급</td>
</tr>
<tr>
<td align="center">신고인</td>
<td></td>
<td align="center">처리기관
(시장·군수·구청
장)</td>
<td></td>
<td align="center">처리기관
(시장·군수·구청
장)</td>
<td></td>
<td align="center">처리기관
(시장·군수·구청
장)</td>
<td></td>
<td align="center">처리기관
(시장·군수·구청
장)</td>
</tr>
</table>

210mm×297mm[백상지 80g/㎡]

♣ 【서식】 영어조합법인 정관

영어조합법인 정관(예)

제1장 총 칙

제1조(명칭) 본 조합법인은 「농어업경영체육성 및 지원에 관한 법률」 제
  16조에 따라 설립된 영어조합법인으로서 그 명칭은 ○○영어조합법인
  (이하 "조합법인"이라 한다)이라 한다.
  (비고) 명칭 중에는 반드시 「영어조합법인」이라는 명칭을 사용하여야 함.

제2조(목적) 본 조합법인은 수산물 생산의 협업을 통하여 어업 생산성을
  높이고 수산물의 공동출하·유통·가공·수출 및 농어촌 관광휴양사업 등을
  통하여 조합원의 소득증대를 도모함을 목적으로 한다.
  (비고) 조합법인의 목적을 구체적으로 표현할 수 있으나, 농어업경영체
  육성 및 지원에 관한 법률 제16조 제2항의 규정에 부합되어야 함.

제3조(사무소의 소재지) ① 본 조합법인의 사무소는 ○○(시·도) ○○(시·
  군·구) ○○(읍·면) ○○(도로명)에 둔다.
  ② 본 조합법인의 분사무소는 ○○(시·도) ○○(시·군·구) ○○(읍·면) ○○
  (도로명)에 둔다.

제4조(사업의 종류) 본 조합법인은 생산성 향상을 위한 수산업의 공동경영과
  ○○사업을 주 사업으로 하며 다음 각 호의 사업을 부대사업으로 한다.
  1. 공동어로 및 양식 등 공동어업활동에 관한 사업
  2. 어업과 관련된 공동이용시설의 설치 및 운영
  3. 어선 및 어업기자재와 시설의 대여사업
  4. 어업작업의 대행
  5. 수산물의 공동출하·유통·가공 및 수출
  6. 농어촌 관광휴양사업
  (비고) 1. 각 사업별 용어의 정의는 다음 각 호와 같음.
    가. 수산업의 경영 : 조합법인이 직접 수산물을 생산하여 생산지에서 판
      매하기까지의 전 과정을 포함함.

　　나. 공동어로 및 양식등 공동어업에 관한 사업 : 조합법인의 어업경영에 부수하여 조합원 또는 조합원이외의 자의 어업에 협력하고 수수료를 받는 경제활동을 말함.

　　다. 어업에 관련된 공동이용시설의 설치 및 운영 : 조합법인이 공동경영을 위하여 어선, 창고, 양식장, 냉동시설 등 공동이용시설을 설치하여 운영하고, 부수적으로 조합원 이외의 자에게 이용하게 하여 사용료 등을 받는 경제활동을 말함.

　　라. 어선 및 어업기자재와 시설의 대여사업 : 조합법인이 어선, 어업기계, 어구, 건조시설 등을 보유하여 이용하면서 부수적으로 조합원 이외의 자에게 대여·사용하게 하고 사용료 또는 임대료를 받는 경제활동을 말함.

　　마. 어업작업의 대행 : 조합법인이 조합원 이외의 자로부터 어업 작업의 전부 또는 일부를 위탁받아 이를 대행하고 수수료를 받는 경제활동을 말함.

　　바. 수산물의 공동출하·유통·가공 및 수출 : 조합법인의 조합원(혹은 조합법인)이 생산한 수산물 또는 지역 어업인으로부터 수매한 수산물을 조합법인을 통하여 공동으로 판매하거나 가공 또는 수출하는 경제 활동을 말함.

　(비고) 2. 제1호 내지 제5호에 열거한 사업이외의 사업도 제2조의 목적과 부합되는 것을 적절히 열거할 수 있음.

　　　　예) 낚시 및 유어장 관련사업(낚시어선업 등)

제5조(공고방법) ① 본 조합법인의 공고는 본 조합법인의 주된 사무소의 게시판에 게시하고 필요하다고 인정할 때에는 서면으로 조합원과 준조합원에게 통지하거나 일간신문 등에 게재할 수 있다.

② 제1항의 공고기간은 7일 이상으로 한다.

제6조(규정의 제정) 이 정관에서 정한 것 이외에 업무의 집행, 회계, 직원의 채용, 기타 필요한 사항은 별도의 규정으로 정할 수 있다.

제2장 조합원 및 준조합원

제7조(조합원의 자격) 본 조합법인이 조합원이 될 수 있는 어업인은 다음

각 호의 요건을 갖춘 자로 한다.

1. 어업경영을 통한 수산물 판매액이 연간 120만원 이상인 자 또는 1년중 60일 이상 어업에 종사한 자
2. 만 ○○세 이상의 성년으로서 본 조합법인의 설립취지에 찬동하는 자
3. ○○만원 이상의 현금 또는 이에 상응하는 어장, 어선, 육상양식·종자시설 및 기타의 현물을 출자한 자

(비고) 1. 제1호의 경우는 조합법인의 실정에 따라 그 요건을 강화할 수 있음.
(비고) 2. 제2호의 ○○은 19세이상으로 하되 조합실정에 따라 자율적으로 결정함.
(비고) 3. 제3호의 경우 조합법인이 출자를 허용하고자 하는 것만을 기재함.

제8조(준조합원의 자격) 본 조합법인의 준조합원이 될 수 있는 자는 다음 각 호의 요건을 갖춘 자로 한다.

1. 본 조합법인에 생산자재를 공급하거나 생산기술 및 자본을 제공하는 자
2. 본 조합법인이 생산한 수산물의 구입·유통·가공 및 수출하는 자
3. 본 조합법인에 어업경영을 위탁하는 자

(비고) 어업인이 아닌자의 준조합원의 자격은 제1호 및 제2호 중에서 조합법인 실정에 따라 정할 수 있으므로 어업인이 준조합원에 가입할 경우에는 제3호에 그 범위 내에서 구체적으로 기술할 수 있음.

제9조(가입) ① 본 조합법인에 조합원으로 가입하고자 하는 자는 별지 제1호 서식에 따른 가입신청서를 다음 각 호의 사항을 증명할 수 있는 서류를 첨부하여 본 조합법인에 제출하여야 한다.

1. 성명, 생년월일, 주소
2. 납입 혹은 인수하고자 하는 출자좌수 및 출자의 목적인 재산
3. 영어경영규모(어장면적, 보유어선, 수산물의 연간 판매액) 및 연중 어업 종사일수(어업경영체등록확인서 및 어업인확인서)

② 본 조합법인에 준조합원으로 가입하고자 하는 자는 별지 제1호 서식에 따른 가입신청서를 제1항제1호, 제2호 및 제8조에 따른 준조합원의 자격에 해당함을 증명할 수 있는 서류를 첨부하여 본 조합법인에 제출하여야 한다. 다만, 사업자 등록이 된 자(법인포함)는 제1항제1호 대신 사업자등

록증(혹은 법인등기부등본)을 제출한다.

③ 조합법인은 제1항 및 제2항에 따른 조합원 또는 준조합원의 가입신청서를 접수하였을 경우에는 총회에서 그 가입여부를 결정하고, 가입을 승인한 때에는 가입신청자에게 통지하여 출자의 불입(출자의 목적인 재산을 양도하고 등기·등록 기타 권리의 설정 또는 이전이 필요한 경우에는 이에 관한 서류를 완비하여 교부하는 것을 말한다. 이하 같다)을 하게 한 후 별지 제2호 서식의 조합원 또는 준조합원 명부에 기재한다.

④ 가입신청자는 제3항에 따라 출자를 불입함으로써 조합원 또는 준조합원의 자격을 갖는다.

⑤ 출자좌수를 늘리려는 조합원 또는 준조합원에 대하여는 제1항부터 제4항까지를 준용한다.

(비고) 조합원 또는 준조합원 가입 허용 여부를 이 조에서 특별히 규정하고자 하는 경우에는 제3항의 내용을 적절히 수정 기입할 수 있음.

제10조(권리) ① 본 조합법인의 조합원의 권리는 다음 각 호와 같다.
 1. 조합법인의 공동 작업에 종사하여 노동에 대한 응분의 대가를 받을 권리
 2. 지분 환불에 대한 청구권
 3. 조합법인 해산시 잔여재산 분배 청구권
 4. 조합법인의 임원의 선거권 및 피선거권
 5. 조합법인의 제반회의에 참석하여 의결할 권리
 6. 조합법인의 운영에 참여하여 의견을 제시할 권리
 7. 조합법인의 업무집행에 대한 감독 및 감사의 권리

② 제1항 제1호의 조합원의 노동과 대가에 대한 사항은 별도의 규정으로 정한다.

③ 조합원은 출자의 다소에 관계없이 1개의 의결권과 선거권을 가진다.

④ 본 조합법인의 준조합원은 제1항 제2호, 제3호 및 제6호의 권리를 갖는다.

(비고) 1. 조합원의 의결권을 출자의 비율에 따라 가지도록 정하고자 하는 조합법인은 제3항을 다음과 같이 수정함.

③ 조합원은 출자지분에 따라 그 비례대로 의결권과 선거권을 가진다.

(비고) 2. 준조합원은 법 제17조제2항에 따라 의결권은 행사하지 못한다. 따라서 제10조제1항제1호, 제4호, 제5호 및 제7호의 권리를 행사하지 못함.

제11조(의무) ① 본 조합법인의 조합원의 의무는 다음 각 호와 같다.
  1. 정관 및 제규정을 준수할 의무
  2. 조합법인에 대한 출자 의무
  3. 조합법인의 제반 노동에 참가하고 노동 규정을 준수할 의무
  4. 총회에 출석할 의무와 총회의 의결사항을 준수할 의무
  5. 조합법인의 발전을 위하여 노력할 의무
  ② 본 조합법인의 준조합원은 제1항제1호·제2호·제5호 및 제4호 중 총회의 의결사항을 준수할 의무를 가진다.
  (비고) 조합법인의 사업, 규모 등에 따라 의무사항을 적절히 추가하여 정할 수 있음.

제12조(탈퇴) ① 탈퇴를 원하는 조합원 또는 준조합원은 60일전에 탈퇴의사를 서면으로 본 조합법인에 예고하여 탈퇴하며 그에 따른 모든 정산은 당해 회계연도 말에 한다.
  ② 조합원 또는 준조합원은 다음 각 호의 1에 해당하는 사유가 발생하였을 때에는 자연 탈퇴된다.
  1. 제7조에 따른 조합원 및 제8조에 따른 준조합원의 자격을 상실하였을 경우
  2. 사 망
  3. 파 산 (법인의 경우 파산 또는 해산)
  4. 성년후견개시
  5. 제 명
  6. 지분을 전부 양도하였을 경우
  ③ 제2항 제1호의 자격상실은 총회의 결의에 따른다.
  ④ 조합원 또는 준조합원은 제1항의 규정에도 불구하고 부득이한 사유없이 조합법인이 경영상 어려움에 처해 있는 시기에 탈퇴하지 못한다.

제13조(제명) ① 조합원 및 준조합원이 다음 각 호의 1에 해당하는 경우에는 총회의 의결로써 제명할 수 있다.
  1. 제12조에서 규정한 의무를 이행하지 아니한 경우
  2. 고의 또는 중대한 과실로 조합법인에 상당한 손해를 입힌 경우

3. 조합법인을 빙자하여 부당한 이익을 취득한 경우

② 조합법인은 제1항 각 호의 사유로 인한 제명대상 조합원 및 준조합원에게 총회 개최 10일전에 제명의 사유를 통지하고, 총회에서 변명할 기회를 주어야 하며, 제명을 결정한 때에는 서면으로 통지하여야 한다.

제3장 출자와 적립금 및 지분

제14조(출자) ① 본 조합법인에의 출자는 현금이나 어장, 어선, 육상양식·종묘시설, 기타 현물(부동산, 차량 등)로 할 수 있다.

② 어장, 어선, 육상양식·종묘시설 등 현물(이하 "현물 출자물"이라 한다)의 출자액 산출은 이사회(설립시는 창립총회)에서 정하는 평가율에 따라 환가한다.

③ 1좌의 금액은 1만원으로 한다.

④ 조합원 1명이 출자할 수 있는 출자액은 ○○만원으로 한다.

⑤ 조합원은 ○○좌 이상의 출자를 불입하여야 하며, 준조합원은 ○○좌 이상의 출자를 불입하여야 한다.

⑥ 제1항에 따라 본 조합법인에 현물 출자물 을 출자하는 경우에는 조합원 및 준조합원의 성명, 현물 출자물 및 그 평가액과 현물 출자물에 따른 출자좌수를 별지 제3호 서식에 기재하여 관리한다.

⑦ 현물 출자물은 이를 출자한 조합원 또는 준조합원의 동의가 없으면 처분하지 못한다.

제15조(출자증서의 발행) ① 조합법인은 출자를 불입한 조합원 및 준조합원에게 즉시 출자증서를 발급하여야 한다.

② 출자증서는 대표이사 명의로 발급하고 출자좌수, 출자액, 출자재산의 표시(어장(양식장)의 경우에는 어장(양식장)종류, 면허번호, 유효기간, 위치, 면적을 말하며, 어선의 경우에는 어선명, 어선번호, 건조연도, 총톤수, 어업종류(허가번호)를 말하며, 부동산의 경우에는 지번, 지목, 면적을 말한다) 등을 기재하여야 한다.

③ 조합법인이 토지 등을 취득하여 조합원 및 준조합원에게 증좌 배분하

는 경우에 대해서도 제1항과 제2항의 규정을 준용한다.

 (비고) 출자증서의 발행은 출자지분의 상속공제 등 세금과 관련될 수 있으므로 반드시 출자재산의 표시, 특히 토지의 경우는 지번, 지목, 면적 등이 기재된 출자증서를 발행하여야 함.

제16조(출자의 균등화) 조합원의 출자를 균등하게 하기 위하여 소액 출자자에게 증좌를 허용할 경우에는 그 사정을 고려하여 총회의 의결로써 회계연도 말에 증좌하게 할 수 있다.

제17조(법정적립금) 본 조합법인은 출자총액과 같은 금액이 될 때까지 매 회계연도 이익금의 100분의 10이상을 법정적립금으로 적립한다.

 (비고) 법정적립금으로 출자총액의 2배를 적립하고자 할 경우에는 {출자총액과 같은 금액이 될 때까지}를 {출자총액의 2배에 달할 때까지}로 수정한다.

제18조(사업 준비금) 본 조합법인은 장기적인 사업 확장 및 다음연도의 사업운영을 위하여 매 회계연도 이익금의 100분의 ○○을 사업 준비금으로 적립한다.

 (비고) ○○은 10이상 50이내에서 정하여야 함.

제19조(자본적립금) 본 조합법인은 다음 각 호의 1에 따라 얻어지는 금액을 자본적립금으로 적립한다.

 1. 재산 재평가 차익

 2. 합병에 따른 차익

 3. 인수재산 차익

 4. 외부로부터 증여된 현물 및 현금

 5. 국고보조금 등

 6. 감자에 따른 차익

 7. 고정자산에 대한 보험차익

제20조(적립금 등의 사용 및 처분) ① 제17조에 따른 법정적립금(이하 "법정적립금"이라 한다)과 제19조에 따른 자본적립금(이하 "자본적립금"이라 한다)은 조합법인의 결손을 보전하는데 사용한다.

 ② 법정적립금과 자본적립금은 조합원 또는 준조합원의 탈퇴나 제명시 지

분으로 환불할 수 없다.

　③ 제18조에 따른 사업 준비금(이하 "사업 준비금"이라 한다)은 조합원 또는 준조합원이 가입한 날부터 5년 이내에 탈퇴하거나 제명되는 경우에는 환불할 수 없다.

제21조(지분의 계산) 본 조합법인의 재산에 대한 조합원 및 준조합원의 지분은 다음의 기준에 따라 계산한다.

　1. 납입출자금에 대하여는 납입한 출자액에 따라 매 회계연도 마다 이를 계산한다. 다만, 그 재산이 납입출자액의 총액보다 감소되었을 경우에는 각 조합원 및 준조합원의 출자액에 따라 감액하여 계산한다.

　2. 사업 준비금은 매 회계연도마다 조합원 및 준조합원에게 분할하여 가산하되 제34조제2항의 규정을 준용한다.

　(비고) 제2호의 사업 준비금 배분을 출자지분에 비례하여야 할 경우에는 제2호를 다음과 같이 한다.

　2. 사업 준비금은 매 회계연도마다 조합원 및 준조합원에게 분할하여 가산하되 조합원의 출자지분의 비율에 따라 배분한다.

제22조(지분의 상속) ① 조합원 또는 준조합원의 상속인으로서 조합원 또는 준조합원의 사망으로 인하여 지분환불권의 전부 또는 일부를 취득한 자가 즉시 조합법인에 가입을 신청하고 조합법인이 이를 승인한 경우에는 상속인은 피상속인의 지분을 승계한다.

　② 제1항에 따른 상속인의 가입신청과 조합법인의 가입승인은 제9조제1항 내지 제4항의 규정을 준용한다.

제23조(조합법인의 지분취득 금지) 본 조합법인은 조합원 또는 준조합원의 지분을 취득하거나 또는 담보의 목적으로 취득하지 못한다.

제24조(지분의 양도, 양수 및 공유 금지) 조합원 또는 준조합원은 총회의 승인 의결 없이는 그 지분을 양도·양수할 수 없으며 공유할 수 없다.

제25조(탈퇴시의 지분 환불) ① 조합원 또는 준조합원이 탈퇴하는 경우에는 그 조합원의 지분을 현금 또는 현물로 환불할 수 있다.

　② 환불할 재산 가운데 어장(양식장), 어선, 토지, 건물 등이 조합법인의 경

영에 심각한 지장을 초래할 우려가 있어 환불이 곤란한 경우에는 그에 상당하는 다른 어장(양식장), 어선, 토지, 시설 및 현금으로 지불할 수 있다.
③ 탈퇴 조합원 및 준조합원이 출자한 어장(양식장), 어선, 토지, 시설 등이 조합경영의 결과로 인하여 그 가치가 현저히 증대되었거나, 자본의 투자로 인하여 가치가 상승하였을 경우에는 이에 상당하는 금액을 환불받는 자로부터 징수한다.
④ 탈퇴 조합원 또는 준조합원이 조합법인에 대하여 채무가 있는 경우에는 환불해야 될 지분과 상계할 수 있다.
⑤ 지분의 환불은 당해 회계연도 말에 한다.

제26조(출자액의 일부 환불) ①조합원 또는 준조합원은 부득이한 사유가 있는 경우에는 조합법인에 대하여 출자액의 일부의 환불을 요구할 수 있다.
② 제1항에 따라 환불요구를 받은 조합법인은 총회의 의결이 있는 경우에 회계연도 말에 환불할 수 있다. 다만, 부득이한 사유가 있는 경우에는 회계연도 중에 환불하고, 회계연도 말에 정산한다.

제4장 회 계

제27조(회계연도) 본 조합법인의 회계연도는 매년 1월 1일에 시작하여 12월 31일에 종료한다.
(비고) 조합법인의 사업성격에 따라 「매년 4월 1일에 시작하여 다음해 3월 31일에 종료한다.」로 정하는 등 회계연도를 다르게 정할 수 있음.

제28조(자금관리) 본 조합법인의 여유자금은 다음 각 호의 방법에 따라 운용한다.
1. 수산업협동조합, 농업협동조합, 축산업협동조합, 은행, 신용금고에의 예치
2. 국채, 지방채, 정부보증채권 등 금융기관이 발행하는 채권의 취득
(비고) 제1호의 경우 주로 거래하고자 하는 금융기관을 구체적으로 정할 수 있음.

제29조(경리공개) 본 조합법인의 모든 장부는 사무소에 비치하여 항상 조합원

및 준조합원에게 공개하며 주요계정에 대한 내역은 정기적으로 게시한다.

(비고) 주요계정에 대한 내역의 정기적 게시시기를 구체적으로 정하고자 할 경우에는 「정기적으로」를 「매월」, 「분기마다」 등으로 정함.

제30조(사용료 및 수수료) ① 본 조합법인은 조합법인이 행하는 사업에 대하여 사용료 또는 수수료를 징수할 수 있다.

② 제1항에 따른 사용료 및 수수료에 관하여는 별도의 규정으로 정할 수 있다.

(비고) 조합법인의 사업에서 조합원이 아닌 자가 부수적으로 사업을 이용하는 경우, 시설의 공동이용 등에 대하여 사용료 및 수수료를 징수하고자 하는 조합법인은 이에 대하여 반드시 규정하여야 함.

제31조(선급금제) 조합법인은 조합원에게 지불할 노임을 회계연도 말 결산 전에 선급금으로 지불할 수 있다.

제32조(차입금) 조합법인은 제4조의 사업을 위하여 필요한 경우 자금을 차입할 수 있다.

제33조(수익배분 순위) 본 조합법인의 총수익은 다음 각 호의 순서로 배분한다.
  1. 제세공과금
  2. 생산자재비, 임차료, 고용노임 및 생산부대비용(제잡비를 말한다)
  3. 차임금에 대한 원리금 상환
  4. 조합원 노임
  5. 자산설비에 대한 감가상각
  6. 이월결손금 보전

제34조(이익금의 처분) ① 조합법인의 결산 결과 발생된 매 회계연도의 이익금은 제17조에 따른 법정적립금, 제18조에 따른 사업 준비금을 공제하고 나머지에 대해서는 조합원 및 준조합원에 배당한다.

② 제1항의 배당은 배당할 이익금의 총액을 조합원과 준조합원의 출자지분의 비율에 따라 배당한다.

(비고) 제2항의 배당을 달리하고자 할 경우에는 제2항을 다음과 같이 한다.

② 제1항의 배당할 이익금의 100분의 30은 조합원에게 배당하고 나머지

100분의 70은 조합원 및 준조합원의 출자지분의 비율에 따라 배당한다.

제35조(손실금의 처리) 조합법인의 결산 결과 손실이 발생하였을 경우에는 사업 준비금으로 보전하고 사업 준비금으로 부족할 때에는 법정적립금 및 자본적립금의 순서로 보전하며 그 적립금으로 부족할 때에는 다음 년도에 이월한다.

제5장 임 원

제36조(임원의 수) 본 조합법인은 다음 각 호의 임원을 둔다.
1. 대표이사 1인
2. 이 사   ○인
3. 감 사   ○인
4. 총 무   ○인
5. 부 장   ○인
(비고) 1. 조합법인의 조합원수, 사업규모 등에 따라 임원의 명칭과 그 정 수를 정함.
(비고) 2. 제5호의 부장을 임원으로 할 경우에는 사업에 따라 영어부장, 구매부장, 판매부장, 가공부장 등으로 명기함.

제37조(임원의 선출) 임원은 총회의 의결로 조합원 중에서 선출한다.

제38조(이사회) ① 이사회는 대표이사 및 이사로 구성하며 대표이사가 그 의장이 된다.
② 이사회는 대표이사가 필요하다고 인정하는 경우 또는 이사 2인 이상의 요구가 있는 경우 소집한다.

제39조(이사회의 기능) 이사회는 다음 각 호의 사항을 재적이사 과반수의 찬성으로 의결한다.
1. 총회의 소집과 총회에 부의할 안건
2. 업무를 운영하는 기본방침에 관한 사항
3. 고정자산의 취득 또는 처분에 관한 사항
4. 총회에서 위임된 사항의 의결
5. 기타 조합법인의 운영상 필요한 사항

(비고) 조합법인의 형편에 따라 이사회의 의결사항을 추가하여 정할수 있음.

제40조(이사회 의사록) 이사회에서 의결된 사항은 총무가 기록하여 이사회에 참석한 이사가 기명날인 한 후 보관한다.

제41조(임원의 임무) ① 대표이사는 본 조합법인을 대표하고 조합법인의 각종회의의 의장이 되며 조합법인의 업무를 총괄하고 조합법인의 경영성과에 대하여 책임을 진다.

② 감사는 회계연도마다 조합법인의 재산과 업무집행상황을 1회이상 감사하여 그 결과를 총회 및 대표이사에게 보고하여야 한다.

③ 이사는 이사회에서 미리 정한 순서에 따라 대표이사 유고시 그 직무를 대리하고 궐위된 때에는 그 직무를 대행한다.

④ 총무는 이사 중에서 선임하며 조합법인의 일반사무와 회계사무를 담당한다.

⑤ 각 부장은 대표이사와 총무를 보좌하며 각부의 업무를 관장·집행한다.

(비고) 제5항의 경우 각부의 업무관장의 범위를 구체적으로 정할 수 있음.

제42조(임원의 책임) ① 본 조합법인의 임원은 법령, 법령에 따른 행정기관의 처분과 정관·규정·사업지침 및 총회와 이사회의 의결사항을 준수하고 본 조합법인을 위하여 그 직무를 성실히 수행하여야 한다.

② 임원이 그 직무를 수행함에 있어 태만, 고의 또는 중대한 과실로 조합법인이나 다른 사람에게 끼친 손해에 대하여는 단독 (또는 연대하여) 손해배상의 책임을 진다.

③ 이사회가 불법행위 또는 중대한 과실로 조합법인에 손해를 끼친 경우에는 그 불법행위 또는 중대한 과실에 관련된 이사회에 출석한 구성원은 그 손해에 대하여 조합법인에 연대하여 책임을 진다. 다만, 그 회의에서 명백히 반대의사를 표시한 구성원은 그러하지 아니한다.

④ 제2항 내지 제3항의 구상권의 행사는 이사회에 대하여는 대표이사가, 대표이사와 이사에 대하여는 감사가, 임원 전원에 대하여는 조합원의 3분의 1이상의 동의를 얻은 조합원대표가 이를 행한다.

(비고) 제4항의 경우 조합법인의 형편에 따라 「조합원의 3분의 1이상」을 적절히 정할 수 있음.

제43조(임원의 임기) ① 임원의 임기는 3년으로 하되 감사의 임기는 2년으로 한다.
　② 제1항의 임원의 임기는 전임자의 임기만료일의 다음 날부터 기산한다.
　③ 보궐선거에 따른 임원의 임기는 전임자의 잔임 기간으로 한다.
　(비고) 임원의 임기는 조정할 수 있으나, 감사와 감사 이외의 임원 임기는 다르게 하여야 함.

제44조(임원의 해임) 조합원이 임원을 해임하고자 하는 경우에는 조합원 3분의 1이상의 서면동의를 얻어 총회에 해임을 요구하고 총회의 의결로써 해임한다.

제45조(임원의 보수) 임원에 대한 보수는 지급하지 아니하며 여비 등 필요한 경비는 별도 규정에 따라 실비로 지급할 수 있다.

제46조(서류비치의 의무) ① 대표이사는 다음 각 호의 서류를 조합법인의 사무소에 비치하여야 한다.
　1. 정관 및 규정
　2. 조합원과 준조합원 명부 및 지분대장
　3. 총회의사록
　4. 기타 필요한 서류
　② 대표이사는 정기총회 1주일 전까지 결산 보고서를 사무소에 비치하여야 한다.

제6장 회의의 운영

제47조(총회) 총회는 조합원으로 구성하며 정기총회와 임시총회로 구분한다.

제48조(총회의 소집) ① 정기총회는 회계연도마다 1회 ○월에 대표이사가 소집하며 대표이사는 총회소집 5일전까지 회의내용과 회의 자료를 서면으로 조합원에게 통지하여야 한다.
　② 임시총회는 조합원 3분의 1이상의 소집요구가 있거나 이사회가 필요하다고 인정하여 소집을 요구한 때 또는 대표이사가 필요하다고 인정한 때

대표이사가 소집한다.

③ 감사는 다음 각 호의 1에 해당하는 경우에는 임시총회를 소집한다.

1. 대표이사의 직무를 행할 자가 없을 때

2. 제2항의 요구가 있는 경우에 대표이사가 정당한 이유 없이 2주일이내
   에 총회소집의 절차를 취하지 아니한 때

3. 감사가 조합법인의 재산상황 또는 사업의 집행에 관하여 부정사실을
   발견하여 이를 신속히 총회에 보고할 필요가 있을 때

제49조(총회의 의결사항) 다음 각 호의 사항은 총회의 의결을 얻어야 한다.

1. 정관의 변경

2. 규정의 제정 및 개정

3. 해산·합병 또는 분할

4. 조합원 및 준조합원의 가입·탈퇴 및 제명

5. 사업계획 및 수지예산의 승인·책정과 변경

6. 사업보고서, 결산서, 이익금 처분 및 결손금 처리

7. 출자에 관한 사항

8. 임원의 선출

9. 임기 중의 임원의 해임

   (비고) 조합법인의 운영을 위하여 반드시 총회의 의결이 필요한 사항은
   추가로 열거함.

제50조(총회의 개의와 의결정족수) ① 총회는 조합원 과반수의 출석으로
   개의하고 출석조합원 과반수의 찬성으로 의결한다.

② 다음 각 호에 해당하는 사항은 총 조합원 3분의 2이상의 출석과 출석
   조합원 3분의 2이상의 찬성으로 의결한다.

1. 정관의 변경

2. 해산·합병 또는 분할

3. 조합원 및 준조합원의 가입 승인

4. 제13조에 따른 조합원 및 준조합원의 제명

5. 제44조에 따른 임원의 해임

③ 제1항의 총회 소집이 정족수 미달로 유회된 경우에는 10일 이내에 다

시 소집하여야 한다.

제51조(의결권의 대리) ① 조합원은 대리인으로 하여금 의결권을 행사하게 할 수 있다.

② 대리인은 조합원과 동일세대에 속하는 성년이어야 하며, 대리인이 대리할 수 있는 조합원의 수는 1인에 한한다.

③ 제1항에 따른 대리인은 대리권을 증명하는 위임장을 조합법인에 제출하여야 한다.

제52조(의사록의 작성) 총회의 의사에 관하여는 의사의 경과 및 결과를 기재한 의사록을 작성하고, 대표이사 및 총회에 참석한 조합원 3분의 2 이상이 서명 날인한다.

제53조(회의내용 공고) 총회의 의결사항은 제5조의 공고방법에 따라 공고한다.

제7장 해 산

제54조(해산) 본 조합법인은 다음 각 호의 1에 해당하는 경우에는 해산된다.
   1. 총회에서 해산 및 합병을 의결한 경우
   2. 파산한 경우 및 법원의 해산명령을 받은 경우
   3. 조합원이 5인 미만이 된 후 1년 이내에 5인 이상이 되지 아니한 경우
     (비고) 조합원의 해산에 관하여 특별히 정하고자 하는 경우에는 제4호부터 구체적으로 열거함.

제55조(청산인) 본 조합법인이 해산하는 경우에는 파산으로 인한 경우를 제외하고는 청산인은 대표이사가 된다. 다만, 총회에서 다른 사람을 청산인으로 정한 경우에는 그러하지 아니하다.

제56조(청산인의 직무) ① 청산인은 취임 후 지체 없이 재산상황을 조사하여 재산목록과 대차대조표를 작성하고 재산처분의 방법을 정하여 총회의 승인을 얻어야 한다.

② 청산사무가 종결된 경우에는 청산인은 지체 없이 결산 보고서를 작성하여 총회의 승인을 얻어야 한다.

③ 청산인은 그 취임 후 3주일 이내에 해산의 사유 및 연월일과 청산인의 성명 및 주소를 등기하여야 한다.

(비고) 조합법인이 해산하였을 경우에는 반드시 해산등기를 하여야 함.

제57조(청산재산의 정리) 해산의 경우 조합법인의 재산은 채무를 완제하고 잔여가 있는 경우에는 다음 각 호의 방법에 따라 조합원과 준조합원에게 분배한다.

1. 출자금액은 출자조합원 및 출자준조합원에게 환급하되 출자총액에 미달 시는 출자액의 비례로 분배한다.

2. 자본적립금, 법정적립금, 사업 준비금은 출자지분의 비율에 따라 분배한다.

제58조(통지 및 최고방법) 조합원 및 준조합원에 대한 통지나 최고는 조합원명부에 적힌 주소로 한다. 다만, 조합원 등이 따로 조합 법인에 연락처를 알린 경우에는 이에 따른다.

부칙

제1조(시행일) 이 고시는 2019년 1월 1일부터 시행한다.

제2조(재검토 기한) 해양수산부장관은「훈령·예규 등의 발령 및 관리에 관한 규정」에 따라 이 고시에 대하여 2019년 1월 1일 기준으로 매 3년이 되는 시점(매 3년째의 12월 31일까지를 말한다)마다 그 타당성을 검토하여 개선 등의 조치를 하여야 한다.

핵심 판례

▶판례◀ 영어조합법인의 출자자는 구 국세기본법 제39조 제2호에 따라 제2차 납세의무를 지는 과점주주가 될 수 있는지 여부(소극)

(대법원 2022. 5. 26. 선고 2019두60226 판결)

가. 구 국세기본법 제39조 본문은 "법인의 재산으로 그 법인에 부과되거나 그 법인이 납부할 국세·가산금과 체납처분비에 충당하여도 부족한 경우에는 그 국세의 납세의무 성립일 현재 다음 각호의 어느 하나에 해당하는 자는 그 부족한 금액에 대하여 제2차 납세의무를 진다."라고 규정하고, 그 제2호는 "주주 또는 유한책임사원 1명과 그의 특수관계인 중 대통령령으로 정하는 자로서 그들의 소유주식 합계 또는 출자액

합계가 해당 법인의 발행주식 총수 또는 출자총액의 100분의 50을 초과하면서 그에 관한 권리를 실질적으로 행사하는 자들(이하 '과점주주'라 한다)"을 제2차 납세의무를 지는 자의 하나로 규정하고 있다(이하 '이 사건 조항'이라 한다).

이러한 과점주주의 제2차 납세의무는 상법상 주주 등의 유한책임 원칙에 대한 중대한 예외로서 본래의 납세의무자가 아닌 제3자에게 보충적인 납세의무를 부과하는 것이므로 그 적용 요건을 엄격하게 해석하여야 한다(대법원 2019. 5. 16. 선고 2018두36110 판결 참조).

나. 이 사건 조항의 문언과 위 법리 등에 비추어 보면, 영어조합법인의 출자자는 이 사건 조항에 따라 제2차 납세의무를 지는 과점주주가 될 수 없다고 봄이 타당하다. 그 구체적인 이유는 다음과 같다.

　1) 구 국세기본법은 이 사건 조항에서 말하는 '주주' 또는 '유한책임사원'의 개념에 관하여 별도의 정의 규정을 두고 있지 않으므로, 이에 관하여는 상법상의 개념과 동일하게 해석하는 것이 법적 안정성이나 조세법률주의가 요구하는 엄격해석의 원칙에 부합한다.

　2) 그런데 영어조합법인의 출자자를 상법상 '주주'나 '유한책임사원'으로 볼 수는 없고, 오히려 농어업경영체법 제16조 제8항에 따르면 영어조합법인에 관하여는 위 법에서 규정한 사항 외에는 민법 중 조합에 관한 규정이 준용될 뿐이다.

다. 원심은 같은 취지에서 영어조합법인의 출자자는 이 사건 조항에서 정한 과점주주가 될 수 없다고 보고, 이와 다른 전제에 선 이 사건 처분이 위법하다고 판단하였다. 원심의 이러한 판단에 상고이유 주장과 같이 출자자의 제2차 납세의무에 관한 법리를 오해하는 등의 잘못이 없다.

▶판례◀ 영농조합법인의 대표자가 임원 변경의 등기를 해태하였다는 이유로 과태료에 처할 수 있는지 여부(소극)

(대법원 2013. 6. 5.자 2013마219 결정)

영농조합법인의 설립과 등기 등에 관하여 규정하고 있는 농어업경영체 육성 및 지원에 관한 법률(이하 '농어업경영체법'이라 한다)은 제16조 제6항에서 "영농조합법인의 등기에 관하여 이 법에서 규정한 사항 외에는 상업등기법 제3조, 제4조, 제5조 제2항·제3항, 제6조부터 제15조까지, 제17조부터 제29조까지, 제56조 및 제58조부터 제76조까지의 규정을 준용한다."고 규정하면서, 영농조합법인의 대표자에게 임원 변경에 따른 등기의무를 부과하는 규정이나 그 등기기간에 관하여 아무런 규정을 두고 있지 않을 뿐만 아니라 그러한 등기의무를 해태한 경우에 그 대표자를 과태료에 처한다는 규정을 두고 있지도 않다. 또한 농어업경영체법은 제16조 제7항에서 '영농조합법인 및 영어조합법인에 관하여 이 법에서 규정한 사항 외에는 민법 중 조합에 관한 규정을 준용한다'고 규정하고 있을 뿐이고 민법 중 등기해태 시의 과태료에 관한 규정을 준용한다는 규정을 두고 있지도 않다. 그 밖에 영농조합법인의 임원 변경에 관한 등기의무를 해태한 경우에 그 대표자를 과태료에 처하는 근거가 될 수 있는 법령의 규정은 없다. 따라서 임원 변경의 등기를 해태하였다는 이유로 영농조합법인의 대표자를 과태료에 처할 수는 없다.

제7장   학교법인의 등기

一. 총 설

1. 학교법인의 의의

학교법인이라 함은 사립학교만을 설치·경영함을 목적으로 사립학교법에 의하여 설립되는 법인을 말한다(사학 제2조 2호).

사립학교의 설치·경영을 목적으로 한다는 것은 학교설치·경영 이외에 다른 사업을 겸할 것을 목적으로 해서는 안 된다는 금지의 뜻이 포함되어 있다고 할 것이다.

그러나 학교법인도 수익을 목적으로 하는 사업을 할 수 있다. 다만, 이는 오직 그 설치한 사립학교의 교육에 지장이 없는 한도 내에서, 그리고 그 수익으로 사립학교의 교육에 충당하기 위해서만 허용될 뿐이다(사학 제6조 1항). 각급학교의 설립·운영규정을 보면 학교법인은 일정한 수익이 보장되는 수익용 기본재산을 확보하도록 의무사항으로 규정하고 있다(대학설립.운영규정 제7조, 고등학교이하각급학교설립.운영규정 제13조 등 참조).

학교법인은 사립학교법에 의하여 설립되는 특수법인이다. 따라서 상법에 의하여 설립되는 영리법인인 회사와는 물론, 민법에 의하여 설립되는 사단법인 및 재단법인과도 다르다.

그러나 그 성격상 사법인 중 비영리.공익법인으로서 사원의 존재를 법인설립의 요건으로 하지 않고 사립학교법 시행 전에는 재단법인으로 규율되었으며, 그 설치·경영하는 사립학교에 필요한 시설·설비 및 기타 재산의 존재를 요건으로 하고 있기 때문에 재산법인에 속한다 할 것이다. 실제로 사립학교법에서 재단법인에 관한 민법의 규정을 대부분 준용하고 있다(사학 제9조, 제13조, 제27조, 제42조).

사립학교의 설치·경영의 주체를 민법상의 재단법인으로 한다면 임원의 수나 선임요건에 제한이 없기 때문에 ① 법인운영이 소수의 임원이나 특정친족에 의한 전단에 흐르기 쉬울 뿐 아니라, ② 법인운영에 교육경험이 있는 자의 의사를 반영시킬 수 없으며, ③ 법인의 합병제도가 없기 때문에 학교 및 법인의 결합이 불편하고, ④ 법적규제나 행정감독이 엄격하지 아니하기 때문에 설립자와 법인이 결탁하기 쉬운 폐단이 있다. 이러한 폐단을 극복하고 사학의 공공성을 높이기 위하여 사립학교법을 제정, 그에 의해 설립되는 학교법인으로 하여금 사립학교를 설치·운영하도록 한 것이다.

이러한 점에서 학교법인은 특별법인 사립학교법에 의하여 법적규제 등이 강화되어 있는 특수법인일 뿐 그 성격은 민법상 재단법인과 동일하다 할 것이다.

또한 그 실체가 사원이라는 인적요소가 아니라 일정한 목적을 위한 특별재산의 집합체(재단)인 물적요소이기 때문에 그 활동기관에 있어서도 사원이라는 존재를 전제로 한 사원총회라는 기관은 존재하지 않고 집행기관인 이사 및 이사회와 감사기관인 감사만이 존재한다(사학 제14조).

2. 학교법인의 기본재산과 재산처분

가. 학교법인의 기본재산

학교법인은 그가 설치.경영하는 사립학교에 필요한 시설·설비와 당해 학교운영에 필요한 재산을 갖추어야 한다(사학 제5조).

학교법인의 재산 중 ① 부동산, ② 정관에 의하여 기본재산으로 되는 재산, ③ 이사회 결의에 의하여 기본재산으로 편입되는 재산, ④ 학교법인에 속하는 회계의 매년도 세계잉여금 중 적립금에 해당하는 재산은 기본재산으로 하고, 그 외의 재산은 보통재산으로 한다(사학령 제5조).

학교법인이 해산되는 경우에 잔여재산은 정관의 규정이 없으면 국가에 귀속되고, 국가는 이를 다른 학교법인에 무상양여 또는 대여하거나 보조금으로 지급하는 등 교육사업에 사용하며(사학 제35조), 학교법인이 합병하면 잔존하는 법인이 소멸하는 법인의 권리.의무를 승계한다(사학 제40조).

나. 학교법인재산의 처분

학교법인이 그 기본재산을 매도.증여.교환 또는 용도변경하거나 담보에 제공하고자 할 때, 또는 의무의 부담이나 권리의 포기를 하고자 할 때는 관할청의 허가를 받아야 한다.

다만, 대통령령이 정하는 경미한 사항인 경우에는 이를 관할청에 신고하여야 한다(사학 제28조). 여기서 경미한 사항이라 함은

1) 「대학설립·운영 규정」 제7조제1항 및 「사이버대학 설립·운영 규정」 제7조제1항에 따른 수익용기본재산을 확보한 대학·산업대학·사이버대학 또는 전문대학을 경영하는 학교법인이 수익증대를 목적으로 다른 수익용기본재산으로 대체취득하기 위하여 수익용기본재산을 매도 또는 교환하는 경우

2) 「공익사업을 위한 토지 등의 취득 및 보상에 관한 법률」의 규정에 의한 협의 또는 수용에 의하여 기본재산을 처분하는 경우(손실보상금을 당해 기본재산의 용도와 동일하게 사용하는 경우에 한한다)

3) 위 ①, ②에 해당하지 아니하는 경우로서 기본재산의 매도·증여·교환·용도변경 또는 담보의 제공가액이 5천만원 미만(대학·산업대학·사이버대학 또는 전문대학을 경영하는 학교법인의 경우는 5억원 미만)인 경우

4) 대학·산업대학·사이버대학 또는 전문대학을 경영하는 학교법인이 법 제29조제2항에 따른 교비회계·부속병원회계 및 법 제29조제3항에 따른 일반업무회계(이하 이 항에서 "교비회계등"이라 한다)의 회계별로 기본금(총자산에서 총부채를 뺀 순자산으로서 법인 및 학교에 계속적으로 투입·운용되는 기본적자산의 가액을 말한다)에 대한 총 차입금(차입하고자 하는 차입금을 포함한다. 이하 같다)의 비율(이하 이 항에서 "차입비율"이라 한다)이 각각 30퍼센트 미만인 범위에서 금융기관(「금융산업의 구조개선에 관한 법률」 제2조제1호 각 목의 금융기관을 말한다)으로부터 차입하는 경우

5) 대학·산업대학·사이버대학 또는 전문대학을 경영하는 학교법인이 「한국사학진흥재단법」 제17조에 따른 사학진흥기금에서 융자받는 경우

6) 수익용기본재산에 전세권을 설정하는 경우

7) 위 4) 내지 6)에 해당하지 않는 경우로서 의무의 부담 또는 권리의 포기 가액이 다음 각 목의 어느 하나에 해당하는 경우

　　　가) 대학·산업대학·사이버대학 또는 전문대학을 경영하는 학교법인: 의무의 부담 또는 권리의 포기가액이 5억원 미만인 경우. 이 경우 의무의 부담가액은 해당 부담가액을 포함하여 다음의 어느 하나에 해당하는 경우이어야 한다.

　　　　① 교비회계등의 의무의 부담가액 총 합계액이 200억원 미만인 경우

　　　　② 교비회계등의 회계별 차입비율이 각각 30퍼센트 미만인 경우

　　　나) 가목 외의 학교법인: 의무의 부담 또는 권리의 포기가액이 5천만원 미만인 경우

　즉 교육용 재산으로서 교지, 교사, 체육장, 실습 또는 연구시설, 기타 교육에 직접사용되는 시설 또는 설비로서 교육부장관이 지정한 것은 매도하거나 담보로 제공할 수 없고 강제집행도 할 수 없다(사학령 제12조, 대결 1972. 4. 14, 72마330).

　이에 대해서는 감독청의 처분허가를 받는다고 해도 그 효력이 없다(대판 1975. 4. 8, 75다357). 다만 교육용재산으로 지정되기 전에 한 압류나 담보권설정은 유효하다(대판 1969. 2. 25, 68다2196).

　학교법인의 기본재산의 처분에 관하여는 학교법인에 신탁된 재산이라도 일단 기본재산이 되었으면 신탁해지에 있어서 감독청의 허가를 받아야 하며(대판 1972. 6. 13, 72다598), 기본재산에 대한 처분의 허가가 있으면 그 처분의 가격 등은 법인의 재량에 속하고(대판 1969. 10. 14, 69도1420), 이를 담보로 기재할 수 있는 허가가 있는 경우에는 그 금액 한도 내에서 타인의 기존채무를 위해 담보로 제공하고 연대보증하거나 채무인수를 해도 허가범위 내이며(대판 1975. 5. 27, 75다45), 먼저 학교법인의 기본재산에 관하여 담보로 제공할 당시 주무부장관의 허가를 받았을 경우에는 그 저당권의 실행으로 경락이 될 때에 다시 주무부장관의 허가를 필요로 하지 않는다(대판 1977. 12. 27, 77다511.584).

　법인의 목적수행 및 존립자체를 위하여 필요불가결하고 그 존립자체를 위태롭게 하는 정도의 것인 재산인 경우에는 설사 그 증여에 대한 관할청의 허가를 얻었다 하더라도 그 증여는 당연무효이고(대판 1976. 4. 13, 75다2234), 학교법인의 이사장이 아닌 자가 학교 법인의 이사회의 결의나 감독관청의 허가 없이 기본재산인 토지를 매도하면 이는 무효이다(대판 1994. 12. 22, 94다12005).

1) 주무관청의 허가

학교법인이 그 기본재산을 매도.증여.교환 또는 용도변경하거나 담보에 제공하고자 할 때 또는 의무의 부담이나 권리의 포기를 하고자 할 때에는 관할청의 허가를 받아야 한다(사학 제28조).

다만 관할청의 허가 없이 신고만으로 처분할 수 있는 기본재산 등의 한도액은 종전에는 일률적으로 5천만원 미만으로 하였으나, 1998.11.3, 사립학교법시행령의 개정으로 대학 또는 산업대학을 경영하는 학교법인에 대하여는 이를 3억원 미만으로 상향조정하였다.

학교법인이 타인으로부터 금원을 차용하면서 사립학교법 제16조, 제28조의 규정에 의한 이사회의 결의와 감독청의 허가절차를 거치지 않았다면 그 차금행위는 무효이고(대판 1974. 5. 28, 74다244), 또한 학교법인이 은행대출을 받음에 있어 그 물상보증인이 된 자에게 물상보증으로 인한 손해를 배상하기로 한 약정이 사립학교법 제28조 소정의 의무부담행위에 해당되어 감독청의 허가절차를 거치지 아니하였다면 무효(대판 1991. 10. 11, 91다14604)라고 한다.

그리고 학교법인을 대표하는 이사장이라고 하더라도 사립학교법 제16조에 의하여 이사회의 심의결정을 거쳐야 하는 학교법인의 재산처분 등에 관하여는 법률상 그 권한이 제한되어 이사회의 심의결정 없이는 이를 대리하여 결정할 권한이 없다(대판 1983. 12. 27, 83다548).

학교법인에게 명의신탁된 부동산이 사립학교법시행령 제5조의 규정에 따라 동법인의 기본재산이 되었더라도 그 명의신탁을 해지한 명의신탁자는 학교법인이 사립학교법 제28조의 규정에 따라 감독청의 허가를 받으면 이를 반환받을 수 있고(대판 1983. 11. 8, 83다549), 명의신탁자가 명의신탁을 해지한 경우에는 명의수탁자인 학교법인으로서는 관할청에 대하여 명의신탁 부동산 반환에 관하여 관할청의 허가를 신청할 의무를 부담하고, 명의수탁자가 이러한 의무를 이행하지 않는 경우에는 명의신탁자로서는 민법 제389조 2항에 의하여 허가신청의 의사표시에 갈음하는 재판을 청구할 수 있다(대판 1995. 5. 9, 93다62478).

학교법인에게 신탁한 재산이라도 그것이 기본재산이 된 이상 감독관청의 허가가 없는 한 신탁자의 신탁해지로써 소유권이 신탁자에게 환원될 수 없고 수탁자가 신탁자에게 소유권이전등기를 하여 주어도 효력이 없으나(사학 제28

조, 대판 1972. 6. 13, 72다598), 명의신탁해지는 실질적인 소유자에게 그 명의를 돌려주는 것에 지나지 아니하여 학교법인의 실질적인 기본재산에는 아무런 영향이 없는 명의신탁해지의 경우에는 그 대상이 형식상으로는 명의수탁자인 학교법인의 기본재산이라고 할지라도, 교육에 직접 사용하는 교사 및 학교용지 등의 매도 또는 담보제공을 금지하는 같은 조 2항 및 같은 법시행령 제12조 1항의 적용이 없음은 물론, 관할청으로서는 특별한 사정이 없는 한 그 처분행위를 허가하여야 한다(대판 1997. 12. 26, 97누14538).

명의신탁자가 학교법인의 기본재산에 관한 명의신탁관계를 해지하였음에도 명의를 수탁받은 학교법인이 관할청에 대한 그 기본재산처분에 관한 의사표시를 거부하여 신탁자가 그 의사표시에 갈음하는 확정판결을 받아 그 판결정본이나 등본을 관할청에 제출한 경우에는 민사소송법 제695조에 의하여 그 학교법인이 직접 처분허가 신청을 한 것으로 의제되므로, 관할청으로는 학교법인 내부의 적법한 의사형성 여부를 심사하기 위한 자료인 사립학교법시행령 제11조 1항 3호 소정의 이사회회의록 사본이 제출되지 아니하였다는 이유로 그 허가를 거부할 수 없다(사학 제28조, 민 제389조 2항, 민소 제695조, 사학령 제11조 1항 Ⅲ, 대판 1997. 12. 26, 97누14538).

2) 처분할 수 없는 재산의 범위

학교법인이 매도하거나 담보에 제공할 수 없는 재산은 당해 학교법인이 설치.경영하는 사립학교의 교육에 직접 사용되는 재산으로서 ① 교지, ② 교사(강당포함), ③ 체육장(실내체육장 포함), ④ 실습 또는 연구시설, ⑤ 기타 교육에 직접 사용되는 시설·설비 및 교재·교구이다(사학령 제12조).

따라서 기본재산을 처분하고자 하는 경우에는 원칙적으로 일단 그 기본재산을 보통재산으로 한 후에 처분하여야 하고, 다만 교육환경의 개선을 위하여 교지의 전부와 교육용 기본시설의 일부를 확보한 후 학교를 이전하거나 본교와 분교를 통합하고자 하는 경우로서 이전 또는 통합으로 용도가 폐지되는 교지, 체육장과 교육.연구의 경쟁력 강화 및 특성화를 위하여 학교법인간에 교환하는 교지, 교사, 체육장은 예외로서 주무관청의 허가를 받아 처분할 수 있다고 할 것이다(사학령 제12조 2항).

이 경우 관할청이 허가할 때에는 부동산의 명도일 또는 담보로 제공된 부동산과 관련된 채무의 변제일을 학교 위치변경 인가일 후로 하는 것을 조건으로 허가하여야 한다(사학령 제12조 3항).

핵심판례

▶**판례**◀ 학교법인이 이사회의 심의·의결 없이 한 학교법인 재산의 취득·처분행위나 관할청의 허가 없이 한 의무부담행위의 효력(무효)

(대판 2016. 6. 9., 선고, 2014다64752, 판결)

학교법인의 재산의 취득·처분과 관리에 관한 사항은 이사회의 심의·의결사항이고(사립학교법 제16조 제1항), 학교법인이 의무의 부담을 하고자 할 때에는 관할청의 허가를 받아야 한다(사립학교법 제28조 제1항). 학교법인이 사립학교법 제16조 제1항에 따른 이사회의 심의·의결 없이 학교법인 재산의 취득·처분행위를 하거나 사립학교법 제28조 제1항의 규정에 따른 관할청의 허가 없이 의무부담행위를 한 경우에 행위는 효력이 없고, 학교법인이 나중에 의무부담행위를 추인하더라도 효력이 생기지 아니한다.

▶**판례**◀ 사립학교 경영자가 사립학교의 교지, 교사로 사용하기 위하여 출연·편입시킨 경영자 개인 명의의 부동산에 마쳐진 근저당권설정등기의 효력(무효)

(대판 2011.9.29. 선고 2010다5892 판결)

사립학교법 제28조 제2항, 사립학교법 시행령 제12조는 학교교육에 직접 사용되는 학교법인의 재산 중 교지, 교사, 체육장, 실습 또는 연구시설 등은 매도하거나 담보에 제공할 수 없다고 규정하고 있고, 사립학교법 제51조는 사립학교 경영자에게도 학교법인에 관한 같은 법 제28조 제2항을 준용한다고 규정하고 있다. 그러므로 사립학교 경영자가 사립학교의 교지, 교사로 사용하기 위하여 출연·편입시킨 토지나 건물이 등기부상 사립학교 경영자 개인 명의로 있는 경우에도 그 토지나 건물에 관하여 마쳐진 근저당권설정등기는 사립학교법 제51조에 의하여 준용되는 같은 법 제28조 제2항, 같은 법 시행령 제12조에 위배되어 무효이다.

---

3) 기본재산의 매도, 담보제공 등의 허가신청서

학교법인이 기본재산을 매도.증여.교환하는 경우에는 주무관청에 대한 허가신청서 또는 신고서에 ① 처분재산명세서, ② 부동산가격공시및감정평가에관한법률에 의한 감정평가업자의 감정평가서(교환의 경우에 쌍방의 재산), ③ 이사회회의록 사본, ④ 교환재산 또는 처분대금의 처리에 관한 사항을 기재한 서류(교환 또는 매도한 경우에 한함)를 첨부하여야 한다(사학령 제11조 1항).

그리고 그 기본재산을 담보제공하는 경우에는 그 허가신청시에 ① 담보에 제공할 재산목록, ② 피담보액, ③ 담보처, ④ 상환방법 및 상환계획, ⑤ 이사회회의록 사본(원본대조필) 등의 서류를 구비하여야 한다(사학령 제11조 3항).

또한 학교법인의 기본재산의 용도변경, 의무의 부담 또는 권리의 포기 등에 관한 허가 신청서 또는 신고서에는 그 사유를 명기하여야 한다(사학령 제11조 4항).

핵심판례

▶판례◀ 학교법인이 기본재산에 대한 용도변경이나 의무부담을 내용으로 하는 계약을 체결한 경우 반드시 계약 전에 관할청의 허가를 받아야 하는 것은 아니고 계약 후라도 관할청의 허가를 받으면 유효하게 될 수 있는지 여부(적극)

(대판 2022. 1. 27. 선고 2019다289815 판결)

학교법인이 기본재산에 대한 용도변경 등을 하거나 의무를 부담하려는 경우에는 관할청의 허가를 받아야 하고(사립학교법 제28조 제1항 본문), 관할청의 허가 없이 이러한 행위를 하면 효력이 없다. 위 규정은 학교법인의 용도변경 등 자체를 규제하려는 것이 아니라 사립학교를 설치·운영하는 학교법인의 재산을 유지·보전하기 위하여 관할청의 허가 없이 용도를 변경하거나 의무를 부담하는 것 등을 규제하려는 것이다. 따라서 학교법인이 용도변경이나 의무부담을 내용으로 하는 계약을 체결한 경우 반드시 계약 전에 관할청의 허가를 받아야만 하는 것은 아니고 계약 후라도 관할청의 허가를 받으면 유효하게 될 수 있다. 이러한 계약은 관할청의 불허가 처분이 있는 경우뿐만 아니라 당사자가 허가신청을 하지 않을 의사를 명백히 표시하거나 계약을 이행할 의사를 철회한 경우 또는 그 밖에 관할청의 허가를 받는 것이 사실상 불가능하게 된 경우 무효로 확정된다.

대법원 예규

▶예규◀ 학교법인의 부동산 취득 또는 처분 등에 따른 등기예규

(개정 2008.07.14 등기예규 제1255호)

제1조(목적)
　이 예규는 사립학교법에 의한 학교법인이 부동산을 취득하거나 또는 처분함에 따른 등기사무에 관한 세부사항을 정함을 목적으로 한다.

제2조(부동산의 취득)
　학교법인이 매매, 증여, 유증, 그 밖의 원인으로 부동산을 취득하고 학교법인 명의로의 소유권이전등기를 신청하는 경우에는 그 등기신청서에 관할청의 허가를 증명하는 서면을 첨부할 필요가 없다.

제3조(부동산의 처분 등)
　① 학교법인이 그 소유 명의의 부동산에 관하여 매매, 증여, 교환, 그밖의 처분행위를 원인으로 한 소유권이전등기를 신청하거나 근저당권 등의 제한물권 또는 임차권의 설정등기를 신청하는 경우에는 그 등기신청서에 관할청의 허가를 증명하는 서면을 첨부하여야 한다. 다만, 사립학교법 시행령 제11조제5항 제1호부터 제3호, 제6호, 제7호의 신고사항에 해당하는 경우에는 이를 소명할 수 있는 서면(관할청의 신고수리공문 등)을 첨부하여야 한다.
　② 학교법인에게 신탁한 부동산이라 하더라도 그 신탁해지로 인한 소유권이전등기를 신청하는 경우에는 관할청의 허가를 증명하는 서면을 첨부하여야 한다.
　③ 학교법인이 공유자 중 1인인 부동산에 관하여 공유물분할등기를 신청하는 경우에도 관할청의 허가를 증명하는 서면을 첨부하여야 한다.

제4조(시효취득, 경락의 경우)
① 학교법인 소유 명의의 부동산에 관하여 시효취득을 원인으로 한 소유권이전등기신청 또는 경락을 원인으로 한 소유권이전등기촉탁 및 소유권이전청구권 보전의 가등기신청을 하는 경우에는 관할청의 허가를 증명하는 서면을 첨부할 필요가 없다.
② 학교법인 소유 명의의 부동산에 관하여 계약의 취소 또는 해제(단, 합의해제의 경우는 제외)를 원인으로 한 소유권이전등기말소 또는 진정한 등기명의의 회복을 원인으로 한 소유권이전등기를 신청하는 경우에도 제1항과 같다.

제5조(사립학교경영자 개인 소유명의의 부동산)
① 사립학교(특수학교, 유치원 등 포함)의 기본재산에 편입되어 학교교육에 직접 사용되는 부동산은 그것이 학교법인이 아닌 사립학교경영자 개인 소유라 하더라도 이를 매도하거나 담보에 제공할 수 없다.(사립학교법 제51조, 제28조 제2항)
② 등기신청서에 첨부된 토지대장 또는 건축물대장 등에 의하여 당해 부동산이 학교교육에 직접 사용되는 부동산임을 알 수 있는 경우(공부상 등기의 목적물인 건물의 용도가 유치원으로 되어 있는 경우 등)에는 그 소유자가 사립학교법상 사립학교경영자가 아닌 때에 한하여 그 부동산의 처분으로 인한 소유권이전등기신청 또는 저당권설정등기신청 등을 수리하여야 한다.

부 칙(1997.09.11 제887호)
(다른 예규의 폐지) 학교법인의 기본재산에 대한 타인의 시효취득과 감독청의 허가(등기예규 제321호, 예규집 95항), 학교법인 기본재산의 시효취득과 사립학교법 제28조의 저촉여부(등기예규 제301호, 예규집 96항), 학교법인의 기본재산이 된 수탁(명의신탁)재산의 환원과 주무관청의 허가(등기예규 제206호, 예규집 97항), 학교경영자 개인명의의 사립학교기본재산의 처분(등기예규 제235호, 예규집 98항), 학교법인의 기본재산취득시 감독청의 허가서첨부 여부(등기예규 제553호, 예규집 99항), 공유물분할과 사립학교법 제28조 제1항의 허가 여부(등기예규 제366호, 예규집 100항), 사인소유명의 유치원건물에 대한 매매 등(등기예규 제827호, 예규집 102항)을 각 폐지한다.

대법원 선례

▶선례◀ 학교법인의 기본재산 처분에 대한 관할청의 허가(등기선례5-64)

(1996. 9. 5. 등기 3402-698 질의회답)

학교법인의 기본재산인 토지에 관하여 명의신탁해지를 원인으로 한 소유권이전등기 승소판결을 받아 소유권이전등기를 신청하는 경우에도 사립학교법 제28조 제1항의 규정에 의한 관할관청의 허가서를 첨부하여야 한다.

핵심판례

▶판례◀ 학교법인이 이사회의 심의 · 의결 없이 한 학교법인 재산의 취득 · 처분행위나 관할청의 허가 없이 한 의무부담행위의 효력(무효)

(대법원 2021. 2. 4. 선고 2017다207932 판결)

학교법인의 재산의 취득·처분과 관리에 관한 사항은 이사회의 심의·의결사항이고(사립학교법 제16조 제1항), 학교법인이 의무의 부담을 하고자 할 때에는 관할청의 허가를 받아야 한다(사립학교법 제28조 제1항 본문). 학교법인이 사립학교법 제16조 제1항에 의한 이사회의 심의·의결 없이 학교법인 재산의 취득·처분행위를 하거나 사립학교법 제28조 제1항의 규정에 의하여 관할청의 허가 없이 의무부담행위를 한 경우에 그 행위는 효력이 없다.

▶판례◀ **학교법인이 구황실과 사용대차계약을 체결하여 구황실재산 토지를 무상으로 학교부지로 사용한 경우**

(대법원 2018. 6. 28. 선고 2014두14181 판결)

갑 학교법인이 구황실과 사용대차계약을 체결하여 구황실재산 토지를 무상으로 학교부지로 사용하여 왔는데, 위 토지의 관리·처분에 관한 사무를 위탁받은 한국자산관리공사가 1992년에 위 토지의 관리청이었던 용산구청장이 변상금을 부과·고지함으로써 무상사용의 의사표시를 철회하였다는 이유로 갑 법인에 구 국유재산법(2012. 12. 18. 법률 제11548호로 개정되기 전의 것) 제72조 등에 따라 변상금을 부과한 사안에서, 사용대차계약에 이르게 된 경위, 구 구왕궁재산처분법(1954. 9. 23. 법률 제339호 구황실재산법 부칙 제14조로 폐지), 구 구황실재산법(1963. 2. 9. 법률 제1265호 문화재보호법 부칙 제2조 제1항으로 폐지), 문화재보호법의 제정 및 개정 경위, 그동안 위 토지를 관리한 구황실재산사무총국장과 문화재관리국장이 사용기간을 따로 정하지 않은 채 수차례 위 토지의 사용을 허락해 온 점, 갑 법인이 설립한 대학교를 정상적으로 운영하여 왔고 현재 위 토지 위에는 교수회관, 대학본부, 학생회관, 대학원관 등의 건물이 있는 점에 비추어, 용산구청장이 종전 변상금 부과처분을 할 당시 사용대차계약 체결 후 상당한 시간이 지났다는 사정만으로 갑 법인이 위 토지를 사용·수익하기에 충분한 기간이 경과한 것으로 볼 수 없다고 본 원심판단이 정당하고, 사용대차계약에 해지사유가 인정되지 않는 이상 이와 다른 전제에 선 한국자산관리공사의 변상금 부과처분이 위법하다고 한 사례.

▶판례◀ **학교법인이 명의신탁한 부동산을 매도하면서 그 부동산을 취득하여 매수인에게 직접 소유권을 이전하기로 약정한 경우, 감독 관청의 허가를 요하는지 여부(적극)**

(대법원 1999. 10. 22. 선고 97다52400 판결)

구 사립학교법(199. 4. 7. 법률 제4226호로 개정되기 전의 것) 제28조 1항은, 학교법인이 그 기본재산을 매도·증여·교환 또는 용도변경하거나 담보에 제공하고자 할 때 또는 의무의 부담이나 권리의 포기를 하고자 할 때에는 감독청의 허가를 받아야 한다고 규정하고 있고, 같은법시행령 제5조 1항 1호는 부동산은 학교법인의 기본재산의 하나로 규정하고 있으므로 학교법인이 명의신탁한 부동산을 매도하고 학교법인이 이를 취득하여 매수인에게 직접 소유권을 이전하기로 하는 매매계약을 체결한 경우에는 위 법이 정한 감독청 허가를 요한다.

3. 학교법인의 수익사업

학교법인은 영리아닌 교육사업을 목적으로 설립·운영되고 있는 비영리법인이다.

이러한 비영리재단법인이 수익사업을 할 수 있느냐에 대하여 사립학교법 제6조는 명문으로 학교법인은 사립학교 교육에 지장이 없는 한 사립학교의 경영에 충당하기 위하여 수익을 목적으로 하는 사업을 행할 수 있다고 규정하고 있다.

여기서 수익사업이란 교육과는 별도로 수익 자체를 목적으로 하는 사업을 말한다. 학교 자체의 유지라고 볼 수 있는 의과대학부속병원의 경영은 여기에 해당하지 아니한다(대판 1971. 11. 23, 71도1513).

학교법인이 수익사업을 하고자 할 때에는 그 사업의 종류와 계획을 관할청에 신고하여야 하고, 그 사업의 중요내용을 공고하여야 하며 그 수익사업에 관한 회계는 학교경영에 관한 회계와 분리하여 별도 회계로 하여야 한다(사학 제6조).

학교법인은 수익용 기본재산에서 생긴 소득의 100분의 80이상에 해당되는 금액을 그가 설치.경영하는 학교의 연간 운영경비에 충당하여야 한다(대학설립·운영규정 제8조, 기술대학설립·운영규정 제11조, 고등학교 이하 각급 학교 설립.운영규정 제14조).

또한 학교법인의 수익용 기본재산은 ① 토지, ② 건물, ③ 주식(공개법인 또는 상장법인의 주식과 교육인적자원부장관이 인정하는 법인의 주식에 한함), ④ 정기예금 또는 금전신탁(만기 2년 이상인 정기예금 또는 금전신탁에 한함), ⑤ 국채·공채 기타 교육인적자원부장관이 수익용 기본재산으로 인정하여 공시한 것에 해당하는 재산으로서 수익이 있는 것이어야 한다.

학교법인은 수익사업을 하고자 하는 경우에는 ① 사업의 명칭과 그 사무소의 소재지, ② 사업의 종류, ③ 사업경영에 관한 자본금, ④ 사업경영의 대표자의 성명.주소, ⑤ 사업의 시기 및 기간, ⑥ 기타 필요한 사항을 일간신문에 공고하여야 하고(사학 제6조 3항), 공고 후 지체없이 그 공고의 내용을 관할청에 보고하여야 한다(사학령 제3조).

종전에는 학교법인이 수익사업을 할 경우 관할청에 신고하여야 하였으나(개

정전 사학 제6조 2항), 1999. 8. 31. 법률 제6004호로 신고의무 규정이 삭제
되었다.

핵심판례

▶판례◀ 학교법인이 그 소유 건물을 임대보증금 이외의 사실상 수입에 해당되는
        거액의 장학기금을 수령하면서 임대한 점과 그 구체적인 이용실태를 고
        려하여 학교법인이 위 건물을 수익사업에 사용한 것으로 본 사례

(대판 2002.04.26. 선고 2000두3238, 판결)

구 지방세법(2000.12.29, 법률 제6312호로 개정되기 전의 것)제107조 제1호 소정의 비영
리사업자가 부동산을 그 사업에 사용한 것인가, 아니면 수익사업에 사용한 것인가의 여
부를 당해 비영리사업자의 사업목적을 고려하여 그 실제의 사용관계를 기준으로 객관적
으로 판단하여야 할 것이다(대법원 1996. 1. 26. 선고, 95누13104판결 참조). 원심판결
이유에 의하면 원심은, 학교법인인 원고가 1998.1.12. 지하 1층 지상 4층 연면적
6,299.79㎡의 이 사건 국제관을 신축하여 그 무렵 그 중 2층 접견실 등을 제외한 이 사
건 건물 6,105.03㎡와 부대시설 및 집기 등을 임대기간은 2년으로 하여 이××에게 임대
를 함에 있어 임대보증금을 5,000만원으로 정하고 이××는 대학발전을 위한 장학기금으
로 원고에게 1억원을 지급하기로 한 사실, 이××는 관할세무서에 음식점 및 숙박업자로
서 사업자등록을 한 후 이 사건건물 내의 객실 28실, 회의실 8실을 원고의 지침에 따라
사용료(회의실은 크기에 따라 1일 30,000원에서 200,000원까지이고, 객실은 1일 40,000
원임)를 받고 빌려주고, 그 외 이 사건 건물 내에서 커피숍, 고급식당, 예식장을 운영한
사실을 인정한 다음, 원고가 이 사건 건물을 임대보증금 이외의 사실상 수입에 해당되는
거액의 장학기금을 수령하면서 이××에게 임대하였으며, 그 구체적인 이용실태에 있어서
도 회의실과 객실의 이용료가 다른 외부시설의 이용료와 비교하여 비영리적인 이용실태
에 있어서도 회의실과 객실의 이용료가 다른 외부시설의 이용료와 비교하여 비영리적인
운영으로 인식될 만큼 현저히 싼 것도 아닌 점 등에 비추어 보면, 원고가 이 사건 건물
을 수익사업에 사용한 것으로 보아야 한다고 판단하였다. 앞서 본 법리 및 기록에 비추
어 살펴보면, 원심의 위와 같은 인정 및 판단은 정당하고, 거기에 상고이유에서 주장하는
바와 같은 입증책임 분배법칙 및 채증법칙 위배의 위법이 없다.

▶판례◀ 학교법인이 수익용 기본재산으로 보유하는 택지의 임대수입을 학교경비에
        충당하는 경우 법인고유업무에 사용한 것인지 여부

(대판 1994. 8. 26., 선고, 93누22302, 판결]

사립학교법 제5조 제1항, 제6조 제1항, 제10조 제1항 제8호, 학교법인의학교경영재산기
준령 제3조 제1항 등 각 규정에 비추어, 학술 등 공익사업을 영위하는 학교법인이 그 정
관에 학교의 운영을 위한 수익사업의 일종으로 임대사업을 하도록 규정되어 있어 수익용
기본재산으로 증여받은 토지를 임대하여 그 수입을 학교경영의 경비에 충당하였다면 그
토지는 학교법인의 고유업무에 직접 사용하는 것이라고 할 것이다.

---

4. 주무관청의 감독

가. 주무관청의 감독

일반적으로 법인의 업무에 대하여는 주무관청이 감독하고(사학 제8조, 제70조 등, 민 제37조) 법인의 해산과 청산에 대하여는 법원이 감독하는 바(사학 제42조, 민 제95조), 사립학교를 감독하는 주무관청으로서는 교육부장관과 시·도 교육감이 있다(사학 제4조).

사립의 초등학교·중학교·고등학교·고등기술학교·공민학교·고등공민학교·특수학교·유치원 및 이에 준하는 학교와 이들을 설치·경영하는 학교법인 또는 사립학교경영자는 그 주소지를 관할하는 특별시, 광역시, 도교육감의 지도·감독을 받으며, 사립의 대학·산업대학·사이버대학·기술대학 및 이에 준하는 학교와 이를 설치·경영하는 학교법인, 이러한 사립학교와 기타의 사립학교를 아울러 설치·경영하는 학교법인은 교육부장관의 지도·감독을 받는다(사학 제4조).

공.의무부담행위에 대한 허가(사학 제28조 1항), 학교법인에 대한 지원(사학 제43조 2항), 수익사업의 정지명령(사학 제46조), 보고징수(사학 제48조), 교원 임면에 관한 보고 및 해직요구(사학 제54조), 학교장의 해임요구(사항 제54조의 2) 등이 있다.

사립학교에 의한 주무관청인 교육부장관의 권한은 그 일부를 대통령령이 정하는 바에 의하여 시·도교육감에게 위임할 수 있으며(사학 제71조), 이에 의하여 ① 법 제10조 제1항에 따른 설립허가, ② 법 제34조 제2항에 따른 해산인가, ③ 법 제36조 제2항에 따른 합병인가, ④ 법 제45조 제2항에 따른 정관변경 보고의 접수, ⑤ 법 제45조 제3항에 따른 시정 또는 변경 명령, ⑥ 법 제47조 제1항에 따른 해산명령, ⑦ 법 제47조의2에 따른 청문(제5호에 따라 위임된 사항에 한정한다)은 특별시·광역시·도의 교육감에게 이를 위임하고 있다(사학령 제28조).

핵심판례

▶판례◀ 학교법인의 금전 차용행위가 구 사립학교법 제28조 1항의 소정의 감독청

의 허가를 받아야 하는 '의무부담행위'에 해당하는지 여부(적극)

(대법원 1998.12.8, 선고 98다 44642 판결)

[1] 구 사립학교법(1997.1.13, 법률 제5274호로 개정되기 전의 것) 제28조 1항에서 학교법인이 '의무의 부담이나 권리의 포기를 하고자 할 때는 관할청의 허가를 받아야 한다'고 규정하고 있는 것은 학교법인 재산의 원활한 관리와 유지보호를 기함으로써 사립학교의 건전한 발달을 도모하고자하는 데 그 목적이 있다 할 것이므로 위 법조에서 말하는 의무부담에 해당하는가 여부는 그 목적과 대조하여 구체적으로 결정되어야 하고, 학교법인의 행위에 의하여 발생하는 모든 의무가 일률적으로 이에 해당한다고 단정할 수는 없다.

[2] 학교법인이 타인으로부터 금전을 차용하는 행위는 학교 운영상의 통상적인 거래행위도 아닐 뿐만 아니라 그로 인하여 학교법인은 일방적인 의무부담의 대가로 소비에 용이한 금전을 취득하는 결과가 되어 이를 감독하지 아니하면 학교재산의 원활한 유지 보호를 기할 수 없음이 분명하므로 그 차용액수의 과다, 변제 기간의 장단, 예산편성의 범위 내인지의 여부에 관계없이 구 사립학교법(1997. 1. 13, 법률 제5274호로 개정되기 전의 것) 제28조 1항의 의하여 감독청의 허가를 받아야 할 의무부담행위에 해당하는 것으로 해석하지 않을 수 없다.

[3] 학교법인이 구 사립학교법(1997.1.13, 법률 제5274호로 개정되기 정의 것) 제16조, 제28조의 규정에 의하여 이사회의 결의와 감독청의 허가 없이 타인으로부터 금원을 차용한 경우에 그 차용행위는 학교법인에 대하여 효력이 없다.

[4] 학교법인의 피용자가 그 업무집행에 관하여 이사회의 결의와 감독청의 허가 없이 타인으로부터 금원을 차용함으로써 타인에게 손해를 가한 경우에는 학교법인은 그 사용자로서 손해배상책임이 있다 할 것이나, 이 경우 그 타인이 학교법인의 의무부담행위가 감독관청의 허가 없이 하는 것이라는 사정을 미리 알고 이에 적극 가담한 경우 그 타인은 그러한 학교법인의 행위가 자신에 대하여 불법행위가 됨을 내세워 학교법인에 그로 인한 손해배상책임을 물을 수 없다.

▶판례◀ 학교법인이 명의신탁약정에 기하여 명의수탁자로서 기본재산에 관한 등기를 마침으로써 관할청이 기본재산 처분에 관하여 허가권을 갖게 되는 경우

(대법원 2013. 8. 22., 선고, 2013다31403, 판결)

사립학교법 제28조 제1항은 학교법인이 기본재산에 대한 처분행위를 하고자 할 때에는 관할청의 허가를 받아야 한다고 규정하고 있고, 이는 사립학교의 설치경영을 위하여 설립된 학교법인이 기본재산을 부당하게 감소시키는 것을 방지함으로써 사립학교의 건전한 발달을 도모하고자 하는 데 목적이 있는바, 학교법인이 명의신탁약정에 기하여 명의수탁자로서 기본재산에 관한 등기를 마침으로써 관할청이 기본재산 처분에 관하여 허가권을 갖게 된다고 하더라도, 위 관할청의 허가권은 위와 같은 목적 달성을 위하여 관할청에게 주어진 행정상 권한에 불과한 것이어서 위 관할청을 명의수탁자인 학교법인이 물권자임을 기초로 학교법인과 사이에 직접 새로운 이해관계를 맺은 자라고 볼 수 없으므로, 부동산 실권리자명의 등기에 관한 법률 제4조 제3항에서 규정하는 제3자에 해당한다고 할 수 없다.

二. 설립등기

1. 학교법인의 성립

학교법인은 다음과 같이 성립한다.

먼저 법인을 설립하고자 하는 자가 사립학교의 설치.경영을 목적으로 하여 시설.설비 및 운영에 필요한 일정한 재산을 출원하고 사립학교법 소정의 사항을 기재한 정관을 작성하여 교육부장관의 설립허가를 받아야 하며, 이 허가를 받은 후 3주간 이내에 그 주된 사무소의 소재지에서 설립등기를 해야 하는데, 학교법인은 그 설립등기를 함으로써 성립한다(사학 제8조, 제10조, 제12조).

학교법인이 성립하려면 ① 설립자가 사립학교의 설치.경영만을 목적으로 하여야 하고, ② 설립행위로서 재산출원과 정관작성이 있어야 한다. 다만, 그 설치한 사립학교의 교육에 지장이 없는 범위 안에서 그 수익을 사립학교의 경영에 충당하기 위하여는 수익을 목적으로 하는 사업을 할 수 있는 바(사학 제6조 1항), 이 수익사업은 사립학교 경영에 충당하여야 하고 다른 목적으로는 사용할 수 없다.

2. 학교법인설립허가신청과 학교설립인가

가. 법인설립허가신청

학교법인을 설립하고자 하는 자는 사립학교법에서 정한 일정한 사항을 기재한 정관과 설립허가신청서(일정한 구비서류 첨부)를 작성·제출하여 교육부장관의 허가를 받아야 한다(사학 제10조).

사립학교를 설치·경영하기 위해서는 학교법인을 설립하여야 하며, 학교법인이 아닌 자는 초등학교, 중학교, 고등학교, 대학, 산업대학, 사이버대학, 전문대학, 기술대학과 산업대학·전문대학·기술대학에 준하는 학교를 설립·경영할 수 없으며(사학 제3조), 학교법인은 그 설치·경영하는 학교에 필요한 시설, 설비와 해당학교의 운영에 필요한 재산을 갖추어(사학 제5조, 학교시설·설비기준령.전문대학설치기준령) 학교법인설립허가신청을 하여야 한다.

초·중등교육법 제52조 2항에 의하여 산업체는 그가 고용하는 청소년을 위하

여 중학교 및 고등학교를 설치·경영할 수 있는 바, 이 경우에는 학교법인이 아
니어도 가능하다(사학 제3조 1항 단서).

설립허가신청을 할 때에는 설립허가신청서에 다음의 서류를 첨부, 제출하여
교육부장관의 허가를 받아야 한다(사학 제10조, 사학령 제4조).

 1) 설립취지서
 2) 정관(법 제10조)
 3) 재산목록(총괄표, 기본재산으로 교육용·수익용재산, 보통재산으로 구분)
 4) 재산출연증서
 5) 재산출연자의 인감증명
 6) 재산의 소유권 증명(건물등기부등본 및 토지등기부 등본 외의 것)
 7) 재산의 평가조서(지가공시및토지등의평가에관한법률에 의한 감정평가업자
    의 평가감정서)
 8) 재산의 수익조서(증빙서류 첨부)
 9) 임원의 이력서
    . 겸직허가서(해당자의 경우 : 임용권자 발행)
    . 교육경력 증명서(해당자)
 10) 임원의 신원증명서(임원의 민간인 신원진술서)
 11) 임원의 취임승낙서
 12) 임원의 가족관계등록부의 증명서
 13) 각서(임원 상호간 사립학교법 제21조 2항 및 4항의 친족관계 불저촉 입증)
 14) 수익사업계획서(수익사업을 하는 경우 설립 후 3년간, 예산서 첨부)

나. 설립허가신청서 작성시 유의사항

1) 출연재산

학교법인 설립시에 첨부하는 재산관계 자료는 교육용 및 수익용 기본재산을
개인별로 구분하고 그 순서에 따라 편철하여야 한다.

또한 출연자가 법인인 경우에는 주주총회 또는 이사회회의록 사본, 법인인
감, 법인등기부등본을 별도로 첨부하여야 한다.

또한 출연재산에 근저당설정 등 재산권의 제한이 설정된 경우에는 이를 해
제하거나 출연재산에서 제외하고 현금재산 출연인 경우에는 금융기관발행의

잔고증명서를 첨부하여야 하며, 교지매입계획인 경우 부동산(교지) 평가감정서를 첨부하여야 하고, 재산수익조서는 수익용 기본재산에 대한 수익을 증명할 수 있는 기관의 증빙서류를 첨부하여야 한다.

학교법인이 전문대학유지 학교법인을 별도로 설립하기 위해 일정재산을 출연하는 경우에는 이사회회의록 사본, 법인등기부 등본 기타 동 법인의 수익용 기본재산 기분대비확보현장 등을 추가로 제출하여야 한다.

2) 임원선임

학교법인의 설립당초의 임원은 정관으로 정하여야 하고(사학 제10조 2항), 법인설립시에 첨부하는 임원관계서류는 취임승낙서 작성시 이사, 감사, 임기, 주소 성명을 기재하고 날인하여야 하며, 개인별로 구분하여 그 순서에 따라 편철하고, 각서는 설립자 명의로 취임예정임원 전원에 대하여 사립학교법 제21조 내지 제23조의 규정(대한민국 국민이나 임원간의 친족관계의 제한, 임원의 결격사유, 임원의 겸직금지)에 저촉되지 않음을 확인하고 작성하여야 한다.

3) 수익사업 예산편성

학교법인은 설치.경영하는 학교의 종류에 따라 수익사업으로 확보할 재산의용 기본재산을 확보하여야 하는 바,(대학설립·운영규정 제7조, 기술대학설립·운영규정 제10조, 고등학교이하각급학교설립·운영규정 제13조), 수익사업세출예산 중 전출금 등의 예산은 법인세인예산 중 전입금 등에 편성한다.

4) 창립총회회의록

창립총회회의록에는 일시, 장소, 참석자 현황과 함께 다음 협의사항을 기재하고 날인하여야 한다.

(가) 발기인 대표(설립자) 선정

(나) 설립취지서, 정관안 채택

(다) 학교법인에 관한 사항

- 명칭, 사무소소재지
- 설립당초의 임원(이사장, 이사, 감사, 임기구분)
- 기본재산출연에 관한 사항
- 수익사업에 관한 사항

　(라) 학교에 관한 사항

　　. 명칭, 위치, 학과, 편제 및 임원

　　. 교지(체육장) 및 시설.설비규모 등

　학교법인 설립당초의 임원은 정관으로 정하여야 하므로(사학 제10조 2항), 창립총회에서 선정하더라도 이를 정관에 다시 기재하여야 할 것이다.

다. 학교설립인가

　사립학교법 제3조에 규정한 학교를 설치·경영하기 위해서는 학교법인의 설립이 전제되어야 하며, 유아교육법, 초.중등교육법, 고등교육법에 의하여 학교설립인가를 받아야 한다(유아교육법 제8조, 초.중등교육법 제4조, 고등교육법 제4조). 즉, 학교법인설립인가 외에 유아교육법, 초·중등교육법, 고등교육법이 정한 학교설립의 인가를 별도로 받아야 한다.

　초등학교·중학교·고등학교 및 이에 준하는 학교를 설립하고자 하는 자는 시·도의 교육감의 인가를 받아야 하고(유아교육법 제8조 제2항, 초.중등교육법 제4조 제2항), 대학.교육대학.전문대학.방송통신대학.산업대학.기술대학 및 이에 준하는 각급 학교를 설립하고자 하는 자는 교육부장관의 인가를 받아야 한다(고등교육법 제4조 2항). 이러한 위 규정에 의하여 학교를 설립하고자 하는 자는 설립허가신청서에 ① 목적, ② 명칭, ③ 위치,④ 학칙, ⑤ 경비와 유지방법, ⑥ 설비, ⑦ 교지·교사·체육장과 실습지의 평면도, ⑧ 개교 및 개강연월일, ⑨ 부속학교.병설학교 또는 부설의 연구시설을 둘 때에는 그 계획서, ⑩ 설립자가 법인인 때에는 기부행위 또는 정관과 등기 및 기부금 등에 관한 증빙서류, ⑪ 설립자가 자연인인 때에는 그 이력서와 경비 지변 능력에 대한 증빙서류 등을 기재한 서류를 갖추어 설립인가 기관에 신청하여야 한다. 주무관청의 설립인가를 받지 아니하면 설립등기를 할 수 없다(등기선례 5-860).

♣ 【서식】 학교법인 설립허가신청 공문

(가칭) 학교법인 ○○학원

(DDD-111-1111)

20○○년 ○월 ○일

○○   081421-

수신   교육부장관
참조   전문대학행정과장
제목   학교법인 설립허가 신청

　가칭 학교법인 ○○학원을 설립하고자 구비서류를 첨부하여 별첨과 같이 신청합니다.

첨부 : 신청서류 1건 끝.

(가칭) 학교법인 ○○학원 설립자 ○　○　○ ⑩

♣ 【서식】 학교법인설립허가신청서

<table>
<tr><td colspan="4" align="center">학교법인설립허가신청</td></tr>
<tr><td rowspan="3">신청자
(설립대표자)</td><td>주   소</td><td colspan="2"></td></tr>
<tr><td>주민등록번호</td><td>전화번호</td><td>(-   )</td></tr>
<tr><td>성   명</td><td colspan="2"></td></tr>
<tr><td rowspan="6">신청내용</td><td>명   칭</td><td colspan="2">학교법인   학원</td></tr>
<tr><td>소 재 지</td><td colspan="2"></td></tr>
<tr><td>설 치 학 교</td><td colspan="2">학교(학교   명)</td></tr>
<tr><td>자 산 총 액</td><td colspan="2">원</td></tr>
<tr><td>임 원 수</td><td colspan="2">이사   명   감사   명</td></tr>
<tr><td>기   타</td><td colspan="2"></td></tr>
<tr><td colspan="4">사립학교법 제10조의 규정에 의거 위와 같이 학교법인 설립허가를 신청합니다.

　　　　　　　20○○년 ○월　○일

　　　　　　　　　　　　　　　　신청인　　　　　　　　㊞

교육부장관　귀하</td></tr>
</table>

<table>
<tr><td colspan="4" align="center">구 비 서 류</td></tr>
<tr><td>1. 설립취지서</td><td>1부</td><td>9. 임원의 취임승낙서</td><td>1부</td></tr>
<tr><td>2. 정관</td><td>2부</td><td>10. 임원의 이력서</td><td>2부</td></tr>
<tr><td>3. 재산목록</td><td>2부</td><td>11. 임원의 신원증명서</td><td>5부</td></tr>
<tr><td>4. 재산출연증서</td><td>1부</td><td>12. 임원의 호적등본</td><td>2부</td></tr>
<tr><td>5. 재산출연자의 인감증명</td><td>1부</td><td>13. 임원 상호간의 친족관계</td><td></td></tr>
<tr><td>6 재산평가조서</td><td>1부</td><td>　　불저촉각서</td><td>1부</td></tr>
<tr><td>7. 재산의 소유권 증명</td><td>1부</td><td>14. 수익사업계획서(설립후</td><td></td></tr>
<tr><td>8. 재산의 수익조서</td><td>○부</td><td>　　3년간예산서첨부)</td><td>1부</td></tr>
<tr><td></td><td></td><td>15. 창립총회회의록</td><td>1부</td></tr>
</table>

3. 법인의 설립행위

학교법인은 그 성격상 민법상의 재단법인과 유사하여 학교법인의 설립자는 일정한 재산을 출연하고 정관을 작성하여 교육부장관의 허가를 받아야 한다(사학 제10조 1항).

가. 재산출연행위

학교법인은 설치.경영하는 사립학교에 필요한 시설·설비와 당해 학교의 경영에 필요한 재산을 갖추어야 하므로(사학 제5조 1항), 그 설립자는 법인을 설립하기 위하여 반드시 일정한 재산을 출연하여야 한다(사학 제10조 1항).

출연재산은 동산이건 부동산이건 채권이건 확실한 것이면 무방하고, 재산의 귀속에 관하여 생전처분으로 재단법인을 설립하는 때에는 출연재산은 법인이 성립된 때로부터 법인의 재산이 되고, 유언으로 재단법인을 설립하는 때에는 출연재산은 유언의 효력이 발생한 때로부터 법인에 귀속한 것으로 본다(사학 제13조, 민 제48조).

나. 정관의 작성 행위

학교법인 법인의 설립자는 규칙을 정하여 이를 서면에 기재한 정관을 작성하여야 한다(사학 제10조 1항).

정관에는 목적, 명칭, 설치·경영하고자 하는 사립학교의 종류와 명칭, 사무소의 소재지, 자산 및 회계에 관한 사항, 임원의 정원 및 그 임면에 관한 사항, 이사회에 관한 수익사업에 관한 사항, 정관변경에 관한 사항, 해산에 관한 사항, 공고에 관한 사항 등의 필요적 기재사항과 그 외 존립기간 및 해산사유 등 필요에 따라 임의적 기재사항을 기재하여야 한다.

학교법인의 설립자가 정관기재사항 중 그 목적과 자산에 관한 사항만을 정하고 사망한 경우에는 교육부장관은 이해관계인의 청구에 의하여 그 이외의 사항을 정할 수 있다(사학 제11조).

다. 교육부장관의 설립허가

학교법인의 설립에는 법인과 같이(민 제32조) 허가주의를 채택하고 있다(사학 제10조 1항).

허가주의는, 법률이 정한 요건만 구비되면 인가권자가 반드시 인가해야만 하는 인가주의와 달리 허가 여부가 전적으로 허가권자의 자유재량에 맡겨져 있기 때문에 허가를 하지 않더라도 이는 행정소송의 대상이 되지 않는다.

주무관청의 허가가 없는 때에는 법인설립등기를 할 수 없다(등기선례 5-860).

라. 설립등기

학교법인은 정관작성과 재산의 출연, 교육부장관의 학교법인설립허가를 받는 일련의 법인설립절차를 마친 후 3주간 내에 주된 사무소에서 설립등기를 함으로써 성립한다(사학 제8조 1항, 제12조). 학교법인의 설립등기는 이 등기를 함으로써 비로소 그 법인격을 취득하는 창설적 효력이 있는 것이고 설립등기의 등기사항은 그 등기한 후가 아니면 제3자에게 대항할 수 없다(사학 제8조 2항).

설립등기가 법인의 성립요건인 것은 주사무소에 한하는 것이고 분사무소에서의 설립등기는 엄밀한 의미에서 설립등기는 아니며 대항요건에 불과하다(사학 제13조, 민 제54조 1항).

핵심판례

▶판례◀ 학교법인 설립자라고 주장하는 자가 한 학교법인설립자 명의정정신청을 거부한 행정청의 회신이 항고소송의 대상이 되는 거부처분에 해당하는지 여부(소극)

(대판 1998.7.10., 96누14036)

사립학교법령이 학교법인 설립자의 명의정정 또는 명의변경에 관하여 아무런 규정을 두지 않고 있을 뿐 아니라, 학교법인의 설립자가 이미 설립된 학교법인에 대하여 어떠한 법적 지위도 가지고 있지 않는 것으로 해석되므로 학교법인의 설립자 명의정정 또는 명의변경이 공권력의 행사 또는 이에 준하는 행정작용이라거나 그 거부행위가 신청인의 법률관계에 어떤 변동을 일으키는 것이라고 할 수 없고, 따라서 종중의 설립자 명의정정신청을 거부한 당해 회신이 항고소송의 대상이 되는 거부처분에 해당한다고 할 수 없다.

▶판례◀ 갑이 학교법인의 설립자임을 확인하라는 청구에 확인의 이익이 있는지 여부(소극)

(대판 1989.2.14., 88다카4710)

갑이 학교법인의 설립자임의 확인을 구하는 청구는 학교법인의 설립자는 일단 학교법인을 설립하고 난 다음에는 비록 사실상으로 그 운영에 영향력을 행사할 수 있다 하더라도 학교법인과는 현재 구체적인 권리 내지 법률관계가 성립될 수는 없다고 할 것이고, 설립 당시에 법률관계가 존재할 여지가 있었다 하더라도 이는 과거의 법률관계에 대한 확인이므로 특히 설립자임이 확인되더라도 현재의 권리 또는 법률관계에 구체적인 영향을 미칠만한 사정이 없는 이상 확인의 이익이 없다.

4. 법인설립신고와 사업자등록신청

가. 법인설립신고

학교법인은 그 설립등기일(사업의 실질적 관리장소를 두게 되는 경우에는 그 실질적 관리장소를 두게 된 날)부터 2월 이내에 다음의 사항을 기재한 법인설립신고서에 대통령령이 정하는 서류를 첨부하여 이를 납세지 관할세무서장에게 신고하여야 한다. 이 경우 법인세법 제111조의 규정에 의한 사업자등록을 한 때에는 법인설립신고를 한 것으로 본다(법인세법 제109조 1항).

1. 법인의 명칭과 대표자의 성명
2. 본점이나 주사무소 또는 사업의 실질적 관리장소의 소재지
3. 사업목적
4. 설립일

나. 사업자등록신청

신규로 사업을 개시하는 법인은 사업자 등록을 하여야 한다. 부가가치세법에 의하여 사업자등록을 한 사업자는 당해 사업에 관하여 법인사업자등록을 한 것으로 보며, 법인세법 제109조의 규정에 의하여 법인설립신고서를 한 경우에도 사업자등록신청을 한 것으로 본다(법인세법 제111조).

신규로 사업장을 개시하는 자는 사업개시일부터 20일 이내에 사업장관할 세무서장에게 등록하여야 한다. 다만, 신규로 개시하고자 하는 자는 사업개시일 전이라도 등록할 수 있다(부가가치세법 제8조).

사업자가 사업등록을 하기 위하여는 사업자등록신청서에 사업자의 인적사항, 사업자등록신청사유, 사업개시연월일 또는 사업장설치 착수연월일, 기타 참고사항을 기재한 사업자등록신청서를 관할세무서장에게 제출한다(부가가치세법 시행령 제11조). 사업자등록신청서에는 ① 법령에 의하여 허가를 받거나 등록 또는 신고를 하여야 하는 사업의 경우에는 사업허가증 사본·사업등록증 사본 또는 신고필증 사본, ② 사업장을 임차한 경우에는 임대차계약서 사본, ③「상가건물 임대차보호법」 제2조제1항의 규정에 의한 상가건물을 임차한 경우 해당 부분의 도면(상가건물의 일부분을 임차하는 경우에 한한다), ④ 사업자금 내역 또는 재무상황 등을 확인할 수 있는 서류로서 기획재

정부령으로 정하는 서류[「조세특례제한법」제106조의3제1항에 따른 금지금(金地金, 이하 "금지금"이라 한다) 도.소매업 및 「개별소비세법」제1조제4항에 따른 과세유흥장소에의 영업을 영위하려는 경우만을 말한다], ⑤ 부가가치세법 제5조제2항 및 제3항에 따라 사업자단위로 등록하려는 사업자는 사업자단위과세적용사업장 외의 사업장(이하 "종된 사업장"이라 한다)에 대한 ①부터 ④까지의 규정에 따른 서류 및 사업장 소재지.업태.종목 등 기획재정부령으로 정하는 서류를 첨부하여야 한다(부가가치세법 시행령 제11조).

이 신청을 받은 세무서장은 사업자의 인적사항과 그 밖에 필요한 사항을 기재한 사업자등록증을 신청일부터 3일(토요일,「관공서의 공휴일에 관한 규정」제2조에 따른 공휴일 또는「근로자의 날 제정에 관한 법률」에 따른 근로자의 날은 제외한다. 이하 이 항에서 같다) 이내에 신청자에게 교부하여야 한다. 다만, 사업장시설이나 사업현황을 확인하기 위하여 국세청장이 필요하다고 인정하는 경우에는 교부기한을 5일 이내에서 연장하고 조사한 사실에 따라 사업자등록증을 교부할 수 있다(부가가치세법 시행령 제11조).

5. 등기절차

가. 등기신청서

그 법인을 대표하는 자인 이사장(사학 제19조 1항)이 신청인이 된다.
학교법인의 대표권 있는 이사장은 관할등기소에 인감신고를 하여야 한다.

나. 등기기간

학교법인 설립등기의 등기간은 설립허가를 받은 날로부터 3주일 이내이며(사학 제8조 1항), 이 등기간은 교육과학기술부장관의 허가서가 도착한 날로부터 기산해야 한다(사학 제13조, 민 제53조). 여기서'허가서가 도착한 날로부터'라 함은 그 도착일은 삽입하지 않고 그 익일부터 기산하는 것임에 유의해야 한다(민 제157조).

위 기간 내에 등기를 해태하면 과태료의 제재를 받는다(사학 제74조). 학교법인의 등기해태에 대한 부과.징수는 민법법인 및 상사회사와는 달리 법원이 아닌 관할청이 하며, 과태료 처분을 받은 자가 이에 불복하여 처분의 고지를 받은 날로부터 30일 이내에 이의를 제기하면 관할청은 지체없이 이를 관할지방법원에 통보하고(사학 제74조 3항, 4항, 5항), 관할법원이 비송사건절차법에 의하여 과태료 재판을 한다(법 제247조). 이 결정에 대하여는 즉시 항고를 할 수 있다.

다. 등기사항

민법법인은 감사를 등기사항으로 하지 아니하였고 정관에 임의규정으로 둘 수 있도록 하고 있는데 비해(민 제40조, 제43조, 제49조), 학교법인은 2인 이상의 감사를 필요적으로 두도록 하고 있다(사학 제14조 1항). 그러나 학교법인도 등기에는 민법법인과 같이 감사를 등기사항으로 규정하고 있지 않다(사학 제8조 2항 Ⅷ 참조). 학교법인의 등기사항은 다음과 같다(사학 제8조 2항).

1) 명 칭

명칭이란 당해 학교법인이 자기를 표창하는 칭호로서 이를 등기할 때에는 정관에 기재된 명칭을 그대로 기재한다.

민법법인의 경우 법인의 명칭에 사단.재단법인 등 법인의 종류를 기재해야 한다는 규정(민법법인 및 특수법인 등기규칙 제4조)이 있으나, 특수법인의 등기에 관하여는 그러한 규정이 없다. 그러나 사립학교법에 의하여 설립된 학교법인은 그 명칭 중에 학교법인이라는 것을 기재하면 일반인들이 법인의 종류를 인식하는 데 좋을 것이다.

2) 사무소

사립학교법에서 규정하는 등기사항중의 사무소라 함은 분사무소를 모두 포함하여 말하는 것이므로 분사무소를 설치한 때에는 분사무소도 등기해야 한다(사학 제13조, 제50조). 사무소는 반드시 그 소재지까지 확정하여 제3자도 알 수 있도록 등기하여야 한다.

3) 목 적

따라서 학교법인이 목적을 등기함에 있어서는 법인의 권리능력의 범위를 명확히 알 수 있도록 하기 위하여 정관과 목적조항에 기재된 사항뿐 아니라, 정관에 기재된 당해 학교법인이 설치.경영할 사립학교의 종류와 명칭 및 수익사업의 종류 등도 어울러 기재해야 한다.

4) 주무관청의 설립허가연월일

교육부장관으로부터 설립허가를 얻은 연월일을 말한다. 이에 대해 설립허가가 법인의 성립요건인 법제하에서는(일본 민 제45조) 설립허가연월일을 따로 등기할 실익이 있으나 설립등기를 법인의 성립요건으로 하고 있는 우리 법제하(사학 제12조, 민 제33조)에서는 설립등기가 단순히 대항요건일 뿐 이를 따로 등기할 실익이 없다 할 것이다.

5) 존립기간이나 해산사유를 정한 때에는 그 시기 또는 사유

존립기간이라 함은 '법인성립일로부터 만10년간' 또는 '서기 20○○년 12월 31일까지'라고 정하는 것과 같이 법인이 존속에 시간적 제한을 가하여 그 시기의 도래로써 법인은 당연히 해산하기로 정하는 것을 말한다. 또한 해산사유라 함은 '설립자 ○○○가 사망하면 법인은 해산한다.'라고 정하는 것과 같이 법정의 해산사유 이외의 일정한 사유가 발생하면 법인은 당연히 해산하기로 정하는 것을 말한다.

이러한 존립기간이나 해산사유는 정관의 절대적 기재사항도 아니고 강제규정도 아니므로 반드시 정해야 하는 것은 아니지만, 이에 관한 사항을 정한 때에는 정관에 기재해야만 효력이 발생하고 또 이를 등기해야만 제3자에게 대항할 수 있다(사학 제13조, 민 제54조).

파산, 주무관청의 설립허가취소 등과 같이 법률이 정한 해산사유는 정관에 정할 필요도 없고, 정했다 하더라도 이는 등기할 사항이 아니라고 할 것이다.

그러나 학교법인은 이사 정수의 3분의 2 이상의 동의와 주무관청의 인가를 받아 해산할 수 있으므로 이를 특별히 정할 특별한 실익은 없으며, 법인의 존립기간을 정하는 것은 오히려 법인의 등기관리에 불편할 수도 있을 것이다.

6) 자산의 총액

자산의 총액이라 함은 학교법인이 보유하고 있는 정관상의 기본재산은 물론 기타 부동산, 동산 및 채권 등을 포함하는 적극재산의 총액에서 채무 등의 소극재산을 공제한 총재산액을 의미한다(1998. 3. 9. 등기 3402-194). 이는 법인 채무의 일반담보인 법인의 재산상태를 공시하여 거래안전을 보호하기 위하여 등기사항으로 한 것이다.

7) 출자방법을 정한 경우에는 그 방법

출자방법에 관한 정함은 자산 및 회계에 관한 규정으로서 이를 정하지 아니한 때에는 등기할 필요가 없으나 정관에 따로 정한 때에는(사학 제10조 1항 Ⅶ) 등기사항이 되며, 출자의 방법으로서 재산출연의 방법, 시기, 액수 등을 등기해야 한다(사학 제8조 1항 Ⅶ).

8) 이사의 성명, 주민등록번호와 이사장의 성명, 주소

학교법인에는 그 업무집행에 관한 의사결정기관으로서 이사로 구성되는 필요상설의 이사회를 두어야 하고(사학 제15조) 그 이사회의 구성원이 이사의 성명과 주소를 등기해야 한다(사학 제8조 1항). 다만, 법인등의등기사항에관한특례법 제2조에 의하여 학교법인을 대표하는 이사장 외에는 그 주소는 기재할 필요가 없고, 등기할 때의 법인을 대표할 자의 주소는 주민등록지 주소로 해야 한다(1993. 5. 11. 등기 제1138호). 그러나 민법법인의 감사와 같이 학교법인의 감사의 성명과 주소는 등기사항이 아니다(사학 제8조 참조).

학교법인의 이사장은 등기할 사항으로 규정되어 있지 않지만(사학 제8조) 이사 중의 1인으로 학교법인을 대표하는 자이므로(동법 제14조 2항, 제19조 1항), 등기부에 그 성명을 공시할 필요성이 있고, 대표권 없는 이사와 대표권 있는 이사는 법인등의등기사항에관한특례법상 그 등기사항이 다르므로 법률상 등기사항으로 정하지는 아니하였을지라도 이사의 성명과 주소 외에 이사장인 이사를 별도로 등기해야 한다.

주식회사나 일반 민법법인 등에는 당해 회사 또는 법인을 대표할 자를 수인이 공동으로 할 수 있는 공동대표규정이 있거나, 정관으로 규정할 수 있으나(상 제389조, 민 제59조), 학교법인의 경우에는 이사 중의 1인이 이사장이 되고, 이 이사장이 법인을 대표하므로(사학 제14조 2항, 제19조 1항), 학교법인의 대표자는 1인 이상일 수 없다고 할 것이다.

대법원 예규

▶예규◀ 학교법인 이사장에 관한 등기

(1989.3.8, 등기예규 제683호)

학교법인의 이사장은 등기할 사항으로 규정되어 있지 않지만(사학법 제8조) 이사 중의 1인으로 학교법인을 대표하는 자이므로(동법 제14조 2항, 제19조 1항) 등기부에 그 성명을 공시할 필요성이 있는 바, 앞으로 학교법인의 등기를 함에 있어서는 명칭·임원란에 이사(이사장인 이사 포함)의 성명과 주소를 기재한 다음 이사장의 성명을 반드시 별도로 기재한다.

대법원 선례

▶선례◀ 학교법인의 이사장 직무대행자의 등기 및 인감제출 가부(등기선례 1-905)

(1986.5.17, 등기 238 질의회답).

학교법인의 이사 등에 직무대행정지 또는 직무대행자 선임의 가처분등기는 사립학교법상 등기할 사항이 아니고, 만일 이사장의 직무대행자의 등기가 경료된 경우에도 이는 비송사건절차법이 규정하는 절차에 따라 직권말소되어야 할 것이므로(특수법인등기처리규칙 제13조), 그의 인감의 제출은 이를 수리할 것이 아니다.

라. 첨부서면

1) 정 관

등기사항의 진실성을 확보하기 위하여 사립학교법 제10조 소정사항을 기재한 정관을 첨부한다.

학교법인의 정관은 상법상 주식회사나 유한회사의 정관(상 제292조, 제543조 3항)과는 달리 공증인의 인증을 받아야 효력이 생긴다는 명문의 규정이 없으므로 공증인의 인증을 받을 필요가 없으나, 등기신청서에 첨부하는 정관은 주무관청의 허가를 받은 정관이어야 하므로, 주무관청의 허가를 받은 사실을 소명하는 자료를 첨부하여야 한다. 통상 주무관청은 허가한 정관에 관인을 날인하며, 공문으로 설립허가서와 정관을 설립자에게 통보하므로 이를 첨부하면 될 것이다.

2) 이사의 자격증명서

학교법인의 설립등기신청서에는 이사의 자격을 증명하는 서면도 첨부해야 할 것이나(법 제67조, 제63조) 학교법인의 설립당초 임원은 정관으로 정해야 하기 때문에(사학 제10조 2항) 이는 별도로 첨부할 필요없이 전술한 최초의 원시정관의 기재를 수용하면 될 것이다.

3) 이사의 취임승낙서

이사와 법인의 관계는 위임관계이므로 이사에 취임하는 자의 승낙이 필요하다. 이 승낙서는 원칙으로 본인의 진정한 의사를 확인할 수 있도록 인감증명법에 의한 인감증명서를 첨부하여야 한다.

4) 주민등록번호

이사의 주소와 성명이 등기사항이나(사학 제8조 1항 Ⅷ) 법인등의등기사항에관한특례법 제2조에 의하여 대표권자를 제외하고는 주민등록번호와 성명을 기재하고 주소기재를 생략하는 바, 이 주민등록번호를 증명하는 서면도 첨부하여야 한다.

5) 교육부장관의 설립허가서나 그 인증있는 등본

학교법인의 법인설립은 반드시 교육부장관의 허가를 받아야 하고(사학 제10조 1항) 그 설립등기신청서에는 허가서나 허가서의 등본을 첨부해야 한다(법 제67조, 제63조 2항). 등본은 허가기관이 인증한 등본이어야 한다.

6) 재산목록

학교법인의 정관에는 자산 및 회계에 관한 규정을 두어야 하고(사학 제10조 1항 Ⅴ), 그 등기사항으로 자산의 총액을 등기하도록 규정하고 있으므로(사학 제8조 1항 Ⅵ), 자산의 총액을 등기하는 경우에는 실제와 부합하는 등기를 위하여 재산목록을 첨부하여야 한다(법 제67조, 제63조 2항 Ⅳ). 이 재산목록은 주무관청에서 설립허가시에 인가한 재산목록을 첨부하면 될 것이다.

7) 등록면허세 및 지방교육세, 농어촌특별세, 등기신청수수료 등

각종 법인등기시에는 소정의 등록면허세와 지방교육세, 농어촌특별세를 납부한 영수필통지서 및 확인서를 첨부하여야 하고, 등기신청수수료로 소정의 대법원수입증지를 첨부하여야 한다.

지방세특례제한법 제41조 제5항에 의하여 학교법인과 국가가 국립대학법인으로 설립하는 국립학교의 설립등기 및 합병등기시에는 등록면허세가 면제된다. 또한 농어촌특별세법 제4조 12호 및 동법시행령 제4조 5호의 규정에 의하여 농어촌특별세도 면제된다.

법인설립등기와 동시에 분사무소 설치등기를 하는 경우에는 설립의 등록면허세 항목과 분사무소설치의 세목이 다르므로 일반적으로 설립에 관한 등록면허세와 분사무소설치에 관한 등록면허세를 각각 납부하여야 할 것이며, 또한 주사무소 이전과 이사변경도 등록면허세의 세목이 다르므로 세목에 따라 각별로 등록면허세를 납부하여야 한다(등기예규 제1038호). 그러나 학교법인의 설립등기시 등록면허세는 전술한 바와 같이 면제된다.

한편 수개의 등기사항을 1건으로 일괄신청하는 경우에 있어서 설립, 목적, 이사변경 등을 1건으로 신청하는 경우처럼 등록면허세의 세목이 같은 경우에는 1개분의 등록면허세만 납부하여도 되지만, 본점이전과 이사변경 등과 같이 등록면허세의 세목이 다른 경우에는 세목에 따라 각별로 등록면허세를 납부하여야 한다. 조세특례제한법, 관세법, 지방세법에 의하여 등록면허세가 감면되는 경우 원칙적으로 감면세액의 100분의 20에 해당하는 농어촌특별세를 납부하여야 한다(농특세법 제5조). 그러나 지방세법에 의하여 등록면허세가 면제되는 경우에도 회사정리사건의 촉탁등기, 착오·유루발견에 의한 직권등기, 행정구역변경등기 등에는 농어촌특별세가 면제된다(농특세법 제4조, 동법시행령 제4조). 지방세법 제264조 등에 의한 등록면허세 감면의 경우 등기신청서에 감면확인서를 첨부하여야 하고, 지방세법 제261조 등에 의한 등록면허세 경감의 경우에는 시·군 작성의 전산처리된 용지나 수납일련번호 및 세무공무원의 날인이 있는 용지에 의한 영수필 확인서 및 영수필통지서만을 첨부하면 되나(1995. 5. 12. 등기 3402 -376), 이 때에는 농어촌특별세를 납부하여야 한다.

법인설립등기의 등기신청수수료는 방문신청의 경우 3만원(전자표준양식에 의한 신청의 경우에는 2만5천원, 전자신청의 경우에는 2만원)이며, 설립과 동시에 분사무소를 설치하는 경우에는 설립등기의 등기신청수수료 외에 별도로 분사무소설치에 관한 등기신청수수료 6,000원(전자표준양식에 의한 신청의 경우에는 4,000원, 전자신청의 경우에는 2,000원)을 납부하여야 한다(등기사항증명서 등 수수료규칙 제5조의3, 제5조의4).

8) 기타 위임장 등 서류

(가) 위임장

법무사, 변호사 등 대리인에 의하여 신청할 때에는 그 대리권을 증명하는 서면으로서 위임장을 첨부해야 한다(법 제67조, 제66조, 제152조).

(나) 인감신고서 및 인감증명

법인의 인감증명은 지방법원 및 동지원 등기과, 등기소에서 발행하므로 법인의 대표자의 인감증명을 받기 위하여는 인감신고서를 제출하여야 하는 바, 이 신고서에는 인감대지도 함께 제출하여야 하고, 그 신청인의 진정한 의사를 확인할 수 있는 인감증명을 첨부하여야 한다(법 제66조, 제67조, 제156조).

(다) 법인인감발급카드신청서

전산정보처리조직에 의한 등기를 실시하는 등기소에서 법인의 설립등기를 하고자 하는 경우에는 대표자의 인감증명을 발급받기 위하여 법인인감발급카드신청서를 작성 제출하여 법인인감카드를 발급받아야 한다(규칙 제10조, 상등규 제111조의 4).

마. 등기의 신청

♣【서식】학교법인설립등기신청서

<table>
<tr><td colspan="6" align="center">학교법인 설립등기신청</td></tr>
<tr><td rowspan="2">접
수</td><td colspan="2" align="center">년   월   일</td><td rowspan="2">처리인</td><td>등기관 확인</td><td>각종통지</td></tr>
<tr><td colspan="2" align="center">제   호</td><td></td><td></td></tr>
</table>

등기의 목적	학교법인설립등기
등기의 사유	학교법인을 설립하기 위하여 정관을 작성하고 20○○년 ○월 ○일 주무관청인 교육과학기술부장관의 허가를 받았으므로 다음 사항의 등기를 구함.
허가서도착연월일	20○○년 ○월 ○일
	등기할 사항
명 칭	학교법인 ○○학원
주 사 무 소	○○시 ○○구 ○○동 ○

이사, 감사의 성명, 주민등록번호 및 주소	이사 ○ ○ ○ (-)
	       ○○시 ○○구 ○○동 ○
	이사 ○ ○ ○ (-)
	       ○○시 ○○구 ○○동 ○
	이사 ○ ○ ○ (-)
	       ○○시 ○○구 ○○동 ○
	감사 ○ ○ ○ (-)
	       ○○시 ○○구 ○○동 ○
	감사 ○ ○ ○ (-)
	       ○○시 ○○구 ○○동 ○

이사장의 성명과 주소, 주민등록번호	이사장 ○ ○ ○ (-) ○○시 ○○구 ○○동 ○
이사의 대표권에 대한 제한	이사장 ○○○ 이외에는 대표권이 없음

목 적	이 법인은 대한민국의 교육이념에 입각하여 중등보통교육(기타 필요에 따라 기재)을 실시함을 목적으로 한다. 위 목적을 달성하기 위하여 다음의 학교를 설치.경영한다. 　　　1. ○○○○학교 　　　1. ○○○○대학교 　　　1. ○○(예술)학교
분사무소	○○시 ○○구 ○○동 ○
설립인가연월일	20○○년 ○월 ○일
존립기간 또는 해산사유	법인일로부터 만○일
자산의 총액	금○○○○○원
출자의 방법	없음
기 타	

신청등기소 및 등록면허세/수수료						
순번	신청등기소	구분	등록면허세 지방교육세	농어촌특별세	세액합계	등기신청수수료
			금 원 금 원	금 원	금 원	금 원
합 계						
등기신청수수료 납부번호						
과 세 표 준 액	금 원					

첨 부 서 면	
1. 정관 1통	1. 법인인감발급카드 신청서 1통
1. 창립총회의사록(임원선임서) 1통	1. 주민등록표등본 ○통
1. 주무관청의 허가서(또는 인증있는 허가서 등본) 1통	1. 등기신청수수료영수필확인서 1통
1. 재산목록 1통	1. 위임장(대리인이 신청할 경우) 1통
1. 취임승낙서 ○통	<기 타>
1. 인감신고서 ○통	

20○○년 ○월 ○일

신청인 명 칭 학교법인 ○○학원

주사무소 ○○시 ○○구 ○○동 ○○

대표자 성 명 이사장 ○ ○ ○ [인] (전화 :)

주 소 ○○시 ○○구 ○○동 ○○

대리인 성 명 법무사 ○ ○ ○ [인] (전화 :)

주 소 ○○시 ○○구 ○○동 ○○

○○지방법원 ○○등기소 귀중

- 신청서 작성요령 -

1. 해당란이 부족할 때에는 별지를 이용합니다.
1. 해당 등기신청과 관계없는 사항에 대하여는 "해당없음"으로 기재하거나 삭제하고, 필요한 사항은 추가 기재합니다.
1. 「인감증명법」에 따른 인감증명서 제출과 함께 관련 서면에 인감을 날인하여야 하는 경우, 본인서명사실확인서를 제출하고 관련 서면에 서명을 하거나 전자본인서명확인서 발급증을 제출하고 관련 서면에 서명을 하면 인감증명서를 제출하고 관련 서면에 인감을 날인한 것으로 봅니다.

(용지규격 21㎝×29.7㎝)

♣ 【서식】 학교법인 정관

<h1 style="text-align:center;">학교법인 ○○학원 정관</h1>

개정 1990.7.31, 문교예규 제206호

1997.7.22, 교육부예규 제215호

<h2 style="text-align:center;">제 1 장 총 칙</h2>

제1조(목적) 이 법인은 대한민국의 교육이념에 입각(의거)하여 (중등보통교육 및 고등보통교육 ○○○○)교육을 실시함을 목적으로 한다.

제2조(명칭) 이 법인은 학교법인 ○○학원(이하 '법인'이라 한다)이라 한다.

제3조(설치학교) 이 법인은 제1조의 목적을 달성하기 위하여 (다음 각호의) 학교를 설치.경영한다.

    1. ○○○○학교

    2. ○○○○학교

    3. ○○○○학교

제4조(주소) 이 법인은 ○○시 ○○구 ○○동 ○○번지에 둔다.

제5조(정관의 변경) 이 법인의 정관의 변경은 이사정수의 3분의 2 이상의 찬성에 의한 이사회의 의결을 거쳐 교육인적자원부장관의 인가를 받아야 한다.

<h2 style="text-align:center;">제 2 장 자산과 회계</h2>

제 1 절 자 산

제6조(자산의 구분) ① 이 법인의 자산은 기본재산과 보통재산으로 구분하되 기본재산은 교육용 기본재산과 수익용 기본재산으로 구분하여 관리한다.

② 기본재산은 별지목록의 재산과 제11조의 규정에 의한 적립금 및 기타 이사회의 의결에 의하여 기본재산으로 정하는 재산으로 한다.

③ 보통재산은 2항에서 정하는 기본재산 이외의 재산으로 한다.

제7조(재산의 관리) ① 제6조 2항의 규정에 의한 기본 재산의 매도.증여.교환 또는 용도를 변경하거나 담보에 제공하고자 할 때에는 이사회의 의결을 거쳐 관할청의 허가를 받아야 한다.

② 기본재산과 보통재산의 운영과 관리에 관하여는 법령과 이 정관에 특별히 규정이 있는경우를 제외하고는 이사회에서 따로 정한다.

제8조(경비와 유지방법) 이 법인의 경비는 기본재산에서 나는 과실과 수익사업의 수입과 기타의 수입으로 충당한다.

제 2 절 회 계

제9조(회계의 구분) ① 이 법인의 회계는 학교에 속하는 회계와 법인에 속하는 회계로 구분한다.

② 법인회계는 일반회계와 수익사업회계로 구분할 수 있다.

③ 1항의 학교에 속하는 회계(부속병원이 있을 경우에는 부속병원회계를 따로 두어야 한다)의 예산은 당해 학교의 장이 편성하여 학교법인 이사회가 심의.의결하고 학교의 장이 집행하고, 법인의 업무에 속하는 회계의 예산은 이사장이 편성하여 학교법인 이사회가 심의.의결하고 이사장이 집행한다.

제10조(예산 외의 채무부담) 수지예산으로써 정한 이외의 의무부담 또는 권리 포기는 이사회의 의결을 거쳐 관할청의 허가를 받아야 한다.

제11조(세계잉여금의 처리) 이 법인에 속하는 회계의 매연도 세계잉여금은 차임금의 상환과 익년도에 이월 사용하는 분을 제외하고는 적립하여야 하며, 이 적립금은 기본재산으로 한다.

제12조(회계연도) 이 법인의 회계연도는 3월 1일부터 익년 2월 말일까지로 한다.

제 3 절   예산.결산자문위원회

제13조(예산.결산자문위원회의 설치) 학교회계에 속하는 예산의 편성 및 결산에 관하여 학교의 장의 자문에 응하기 위하여 학교별로 예산.결산자문위원회(이하 이 절에서 '위원회'라 한다)를 설치한다.

제14조(위원회의 조직) ① 위원회는 10인 이상의 교직원으로 구성하되 교원인 위원회 수가 위원의 2분의 1 이상이어야 한다. 다만, 당해 학교 교원 및 사무직원의 수가 10인 이하인 학교에서는 교원 및 사무직원회가 위원회의 기능을 수행할 수 있다.

② 위원회의 위원은 학교의 장이 임명하되, 임기는 1년으로 한다.

제15조(위원장 선출 및 직무) ① 위원회의 위원장은 호선으로 선출한다.

② 위원장은 위원회를 대표하며, 회무를 통리한다.

③ 위원회는 위원장이 소집하고 그 의장이 된다.

제16조(회의) 위원회의 회의는 학교의 장의 요청이 있을 때 또는 위원장이 필요하다고 인정할 때 소집한다. 이 경우 학교의 장이 회의 목적을 명시하여 회의 소집을 요구한 때에는 3일 이내에 회의를 소집하여야 한다.

제17조(위원회의 간사 등) ① 위원회의 사무를 처리하기 위하여 간사를 둘 수 있다.

② 간사는 교직원 중에서 학교의 장이 임명한다.

제 3 장 기 관
제 1 절 임 원

제22조(임원의 종류와 정수) 이 법인에 다음의 임원을 둔다.

① 이사   ○인(이사장 1인을 포함한다)

② 감사   ○인

제23조(임원의 임기) ① 임원의 임기는 다음 각 호와 같다. 다만, 최초의 임원반수의 임기는 그 임기의 반으로 한다.

㉮ 이사 ○년

㉯ 감사 ○년

② 보선에 의하여 취임하는 임원의 임기는 전임자의 잔임기간으로 한다.

제24조(임원의 선임방법) ① 이사와 감사는 이사회에서 선임하여 관할청의 승인을 받아 취임한다.

② 임기 전의 임원의 해임은 이사회의 의결을 거쳐 관할청의 승인을 받아야 한다.

③ 임원 중 결원이 생긴 때에는 2월 이내에 이를 보충하여야 한다.

④ 임원의 선임은 임기만료 2개월 전에 하여야 하며 늦어도 임기개시 1개월 전에 관할청에 취임승인을 신청하여야 한다.

제25조(임원선임의 제한) ① 이사정수의 반수 이상은 대한민국 국민이어야 한다.

② 이사회의 구성에 있어서 각 이사 상호간에 민법 제777조에 규정된 친족관계가 있는 자가 이사정수의 3분의 1을 초과하여서는 아니된다.

③ 이사정수의 1/3이상은 교육경험이 3년 이상 있는 자라야 한다.

④ 감사는 감사 상호간 또는 이사와 민법 제777조에 규정된 친족관계나 처의 3촌 이내의 혈족관계가 있는 자가 아니어야 한다.

⑤ 감사 중 1인은 공인회계사의 자격을 가진 자라야 한다.

제26조(이사장의 선출방법과 그 임기 등) ① 이사장은 이사의 호선으로 관할청의 승인을 받아 취임한다.

② 이사장의 임기는 이사로 재임하는 기간으로 한다.

③ 이사장은 이 법인이 설치.경영하는 학교의 장을 겸하지 못한다.

제27조(이사장 및 이사의 직무) ① 이사장은 법인을 대표하고 법인의 업무를 통리한다.

② 이사는 이사회에 출석하여 법인의 업무에 관한 사항을 심의 결정하며, 이사회 또는 이사장으로부터 위임받은 사항을 처리한다.

제28조(이사장 직무대행자 지정) ① 이사장이 사고가 있을 때에는 이사장이 지명하는 이사가 이사장의 직무를 대행한다.

② 이사장이 궐위되었을 때에는 이사회에서 지명하는 이사가 직무를 대행한다.

③ 1항 및 2항의 규정에 의하여 이사장 직무대행자로 지명된 이사는 지체없이 이사장 선출의 절차를 밟아야 한다.

제29조(감사의 직무) 감사는 다음의 직무를 행한다.

　① 법인의 재산상황과 회계를 감사하는 일

　② 이사회의 운영과 그 업무에 관한 사항을 감사하는 일

　③ 1호 및 2호의 감사결과 부정 또는 불미한 점이 있음을 발견한 때 이를 이사회와 관할청에 보고하는 일

　④ 3호의 보고를 하기 위하여 필요한 때에는 이사회의 소집을 요구하는 일

　⑤ 법인의 재산상황과 회계 또는 이사회의 운영과 그 업무에 관한 사항에 대하여 이사장 또는 이사에게 의견을 진술하는 일

제30조(임원의 겸직금지)　① 이사는 감사 또는 당해 학교법인의 설치.경영하는 학교의 교원 기타 직원을 겸할 수 없다. 다만, 학교의 장은 예외로 한다.

　② 감사는 이사장.이사 또는 학교법인의 직원(당해 학교법인이 설치.경영하는 학교의 교원 기타 직원을 포함한다)를 겸할 수 없다.

제 2 절　이사회

제31조(이사회의 구성 및 기능 등) ① 이사회는 이사로서 구성한다.

　② 이사회는 다음 각호의 사항을 심의.결정한다.

　1. 학교법인의 예산.결산.차입금 및 재산의 취득.처분과 관리에 관한 사항

　2. 정관의 변경에 관한 사항

　3. 학교법인의 합병 또는 해산에 관한 사항

　4. 임원의 임면에 관한 사항

　5. 법인이 설치한 학교의 장 및 교원의 임면에 관한 사항(사립학교법 제53조의 2항의 규정에 의하여 교원 임면권을 전부 총학장에게 위

　　　임하는 경우에는 제외한다)
　　6. 법인이 설치한 학교의 경영에 관한 중요사항
　　7. 수익사업에 관한 사항
　　8. 기타 법령이나 정관에 의하여 그 권한에 속하는 사항
　③ 감사는 이사회에 출석하여 발언할 수 있다.

제32조(이사회의 개회 및 의결정족수) ① 이사회는 이사정수의 과반수가 출석하지 아니하면 개회하지 못한다.
　② 이사회의 의사는 이 정관에 특별히 규정한 경우를 제외하고는 재적이사 과반수의 찬성으로 의결한다.

제33조(이사회 의결 제척사유) 이사장 또는 이사가 다음 각호의 1에 해당할 때에는 그 의결에 참여하지 못한다.
　① 임원 및 학교의 장의 선임과 해임에 있어 자신에 관한 사항
　② 금전 및 재산의 수수를 수반하는 사항으로서 임원 자신이 법인과 직접 관계되는 사항

제34조(이사회의 소집) ① 이사회는 이사장 또는 직무대행이사가 소집하고 그 의장이 된다.
　② 이사회를 소집하고자 할 때에는 적어도 회의 7일 전에 회의의 목적을 명시하여 각 이사에게 통지하여야 한다. 다만, 이사 전원이 집합되고 또 전원이 이사회의 개최를 요구한 때에는 예외로 한다.

제35조(이사회 소집특례) ① 이사장은 다음 각호의 1에 해당하는 소집 요구가 있을 때에는 그 소집요구일로부터 20일 이내에 이사회가 개최될 수 있도록 7일 이내에 회의소집통지를 하여야 한다.
　　1. 재적이사 반수 이상이 희의의 목적을 제시하여 소집을 요구한 때
　　2. 제29조 4호의 규정에 의하여 감사가 소집을 요구한 때
　② 이사회 소집권자가 궐위되거나 또는 이를 기피함으로서 7일 이상 회의소집이 불가능할 때에는 재적이사 과반수의 찬성으로 관할청의 승인을 받아 이사회를 소집할 수 있다.

제 3 절 대학평의원회(대학평의원회를 두는 경우)

제35조의2(대학평의원회의 설치) 대학교육기간에 교육에 관한 중요사항을 심의하기 위하여 대학평의원회를 둔다.

제35조의3(대학평의원회 조직) ① 대학평의원회는 당해 대학교 직원.학교법인 임원.학생 외의 교육에 저명의 인사 중에서 학교법인이 임명 또는 위촉하는 ○○인으로 구성하되, 보직교수[부총(학)장.대학원장.단과대학장.교무처(과)장.학생처(과)장을 말한다. 이하같다], 학교법인 임원 및 대학 외의 인사중에서 임명 또는 위촉하는 평의원의 수는 전 평의원의 2분의 1 이내로 한다.

② 평의원의 임기는 2년으로 하되, 평의원에 임명된 보직교수 또는 학교법인 임원은 평의원의 임기 중에 보직교수 또는 학교법인 임원의 임기가 만료되거나 해임된 때에는 평의원에서 해촉되며, 보궐평의원의 임기는 전임자의 잔임기간으로 한다.

제35조의4(의장 등) ① 평의원회에 의장과 부의장 각 1인을 둔다.

② 의장과 부의장은 평의원회에서 호선하되, 그 임기는 평의원 임기와 같다. 의장은 평의원회를 대표하며, 회의를 주재하고, 부의장은 의장을 보좌하며, 의장유고시 이를 대리한다.

제35조의5(소집) 평의원회는 이사장, 대학교육기관의 장 또는 재적 평의원 3분의 1 이상의 요구에 의하여 소집한다.

제35조의6(심의사항) 평의원회에서는 대학교육기관의 장의 권한에 속하는 사항 중 다음 사항은 심의한다.

① 학부 또는 학과의 설치.폐지에 관한 사항

② 학칙 기타 제규정의 제정과 변경에 관한 사항

③ 예산운영의 기본계획에 관한 사항

④ 교원인사에 관한 주요 사항

⑤ 기타 이사장 또는 총(학)장이 대학의 운영상 중요하다고 인정하여 심의요구하는 사항

제 4 장 수익사업

제36조(수익사업의 종류) 이 법인이 설치하여 유지.경영하는 학교의 운영을
  위하여 다음 각호의 사업을 한다.
  ① (임야영림사업)
  ② ○○○○○
  ③ ○○○○○

제37조(수익사업의 명칭) 제36조의 사업을 하기 위하여(○○조림원)을 경영한다.

제38조(수익사업체의 주소) ○○의 사무(업)소(조림원)는 ○○시 ○○구 ○○
  동 ○○번지에 둔다.

제39조(관리인) ① 제37조에 규정된 사업을 경영하기 위하여 관리인을 둔다.
  ② 1항의 규정에 의한 관리인의 임용.복무.보수 및 기타 필요한 사항은
  이사회의 의결을 거쳐 이사장이 정한다.

제 5 장 해 산

제40조(해산) 이 법인을 해산하고자 할 때에는 이사정수가 3분의 2 이상의 찬
  성으로 교육인적자원부장관의 인가를 받아야 한다.

제41조(잔여재산의 귀속) 이 법인을 해산하였을 때의 잔여재산은 합병 및 파
  산의 경우를 제외하고는 교육인적자원부장관에 대한 청산종결의 신고
  가 종료된 후 국고(또는 ○○지방자치단체, ○○학교법인, 다른 학교법
  인이나 기타 교육사업을 경영하는 자)에 귀속된다.

제42조(청산인) 이 법인이 해산한 때에는 청산인은 해산 당시의 이사 중에서
  선출하되 교육인적자원부장관의 승인을 받아야 한다.

제 6 장 교직원
제 1 절 교 원

제1관 임 명

제43조(임면) ① 이 법인이 설치.경영하는 학교의 장은 이사회의 의결을 거쳐 이사장이 임면한다.

<고등학교 이하의 학교의 경우>

② 학교의 장 이외의 교원은 당해 학교의 장의 제청으로 이사회의 의결을 거쳐 이사장이 임면한다.

<대학교육기관의 경우>

• 제1안 : 이사장이 임면하고 부분적 임기제를 채택하는 경우

② 학교의 장 이외의 교원은 인사위원회의 심의를 거쳐 당해 학교의 장의 제청으로 이사회의 의결를 거쳐 이사장이 임면한다. 다만, 조교수 이하의 교원은 다음과 같이 기간을 정하여 임명한다.

㉮ 조교수 ○년

㉯ 전임강사 ○년

㉰ 조교 ○년

• 제2안 : 임기제 규정없이 이사장이 임명하는 경우

② 학교의 장 이외의 교원은 인사위원회의 심의를 거쳐 당해 학교의 장의 제청으로 이사회의 의결을 거쳐 이사장이 임면한다.

• 제3안 이사장이 임명하고 모두 임기제를 채택하는 경우

② 학교의 장 이외의 교원은 인사위원회의 심의를 거쳐 당해 학교의 장의 제청으로 이사회의 의결을 거쳐 이사장이 임면한다.

이 경우 다음과 같이 기간을 정하여 임명한다.

㉮ 교수 ○년

㉯ 부교수 ○년

㉰ 조교수 ○년

㉱ 전임강사 ○년

㉲ 조교 ○년

• 제4안 : 임면권을 총.학장에게 위임하는 경우

위 제1안 내지 제3안 본문 중 '당해 학교의 장의 제청으로 이사회의 의결을 거쳐 이사장이 임면한다'를 '당해 학교의 장이 임면한다'로 한다.

③ 대학교육기간의 부총장.학장(대학교의 학장에 한한다) 및 대학원장 등의 보직은 학교의 장의 제청을 받아 이사장이 보한다.

• 임용권을 총.학장에게 위임하는 경우

③ 대학교육기간의 부총장.학장(대학교의 학장에 한한다) 및 대학원장 등의 보직은 당해 교육기관의 장이 보한다. 이 경우 대학교육기관의 장은 지체없이 이를 이사장에게 보고하여야 한다.

④ 1항 내지 2항의 규정에 의하여 임면권자가 교원을 임면하였을 때에는 임면한 날로부터 7일 이내에 관계증빙서류를 첨부하여 관할청에 보고하여야 한다.

제43조의2(임시교원) ① 교원이 직무를 이탈하여 후임자의 보충이 불가피할 때에는 그 기간중 당해 교원자격기준에 해당하는 자를 임시교원으로 임용할 수 있다.

② 임시교원은 임용기간이 만료되면 당연히 퇴직된다.

제2관　신분보장

제44조(휴직의 사유) 교원이 다음 각호의 1에 해당되는 사유로 휴직을 원하는 경우에는 교원의 임면권자는 휴직을 면할 수 있다. 1호 내지 4호 및 11호의 경우에는 본인의 의사에 불구하고 휴직을 명하여야 하고, 제7조의 경우에는 본인이 원하는 경우 휴직을 명하여야 한다.

① 신체 또는 정신상의 장애로 장기의 휴양을 요할 때

② 병역법에 의한 병역의 업무를 위하여 징집 또는 소집된 때

③ 천재.지변 또는 전시.사변이나 기타의 사유로 인하여 생사 또는 소재가 불명하게 된 때

④ 기타 법률의 규정에 의한 의무를 수행하기 위하여 직무를 이탈하게 된 때

⑤ 학업취득을 목적으로 해외유학을 하게 된 때 또는 외국에서 1년 이상

연구 또는 연수하게 된 때

⑥ 국제기구.외국기관 또는 재외국민교육기관에 고용된 때

⑦ 자녀(휴직신청 당시 1세 미만의 자녀에 한한다)를 양육하기 위하여 필요하거나 여교원이 임신 또는 출산하게 된 때

⑧ 교육인적자원부장관이 지정하는 국내의 연구기관이나 교육기관 등에서 연수하게 된 때

⑨ 사고 또는 질병 등으로 장기간의 요양을 요하는 부모, 배우자, 자녀 또는 배우자의 부모의 간호를 위하여 필요한 때

⑩ 배우자가 국외근무를 하게 되거나 5호에 해당하게 된 때

⑪ 교원의 노동조합설치 및 운영 등에 관한 법률 5호의 규정에 의하여 노동조합 전임자로 종사하게 된 때

⑫ (기타 사유)

제45조(휴직의 기간) 교원의 휴직기간은 다음과 같다.

① 제44조 1호의 규정에 의한 휴직기간은 1년을 초과하지 아니하는 범위로 한다.

② 제44조 2호 및 4호의 규정에 의한 휴직기간은 그 복무기간이 만료될 때 까지로 한다.

③ 제44조 3호의 규정에 의한 휴직기간은 3월로 한다.

④ 제44조 5호의 규정에 의한 휴직기간은 3년 이내로 한다.

⑤ 제44조 6호의 규정에 의한 휴직기간은 그 고용기간으로 한다.

⑥ 제44조 7호의 규정에 의한 휴직은 재직중 2회에 한하되, 그 기간은 각각 3년 이내로 한다.

⑦ 제44조 8호 규정에 의한 휴직기간은 2년 이내로 한다.

제46조(휴직교원의 신분) ① 휴직 중의 교원은 신분을 보유하나 직무에 종사하지 못한다.

② 휴직기간 중에 그 사유가 소멸될 때에는 30일 이내에 임용권자에게 이를 신고하여야 하며, 임용권자는 지체없이 복직을 명하여야 한다.

③ 제41조 3호의 경우를 제외하고는 휴직기간이 만료된 교원이 30일 이내에 복귀를 신고한 때에는 당연히 복직된다.

제47조(휴직교원의 처우) ① 제44조 1호 및 5호의 규정에 의하여 휴직된 교원에 대하여는 그 휴직기간 중 봉급의 반액을 지급한다. 다만, 결핵성 질환으로 인한 휴직의 경우에는 그 휴직기간 중 봉급의 8할을 지급한다.

② 제44조 2호 내지 4호와 제6호 내지 8호 규정에 의하여 휴직된 교원에 대하여는 봉급을 지급하지 아니한다.

제48조(직위해제 및 해임) ① 형사사건으로 기소된 교원에 대하여는 직위를 부여하지 아니한다.

② 임면권자는 다음 각호의 1에 해당되는 교원에 대하여는 직위를 부여하지 아니할 수 있다.

㉮ 직무수행능력이 부족하거나 근무성적이 극히 불량한 자 또는 교원으로서 근무태도가 심히 불성실한 자

㉯ 징계의결의 요구된 자

③ 1항 또는 2항의 규정에 의하여 직위를 부여하지 아니한 경우에 그 사유가 소멸된 때에는 임면권자는 지체없이 직위를 부여하여야 한다.

④ 1항 또는 2항의 규정에 의하여 직위가 해제된 자에 대하여는 봉급의 8할을 지급한다. 다만, 1항 또는 2항 2호의 규정에 의하여 직위 해제된 자가 직위해제일로부터 3월이 경과하여도 직위를 부여받지 못할 때에는 그 3월이 경과한 이후의 기간 중에는 봉급의 5할을 지급한다.

⑤ 임면권자는 2항 1호에 의하여 직위해제된 자에 대하여 3월 이내의 기간 대기를 명한다.

⑥ 5항의 규정에 의하여 대기명령을 받은 자에 대하여는 임면권자는 능력회복이나 태도개선을 위한 교육훈련 또는 특별한 연구과제의 부여 등 필요한 조치를 하여야 한다.

⑦ 2항 1호와 2호 또는 1항의 직위해제사유가 경합하는 때에는 2항 2호 또는 1항의 직위해제처분을 하여야 한다.

⑧ 2항 1호의 규정에 의하여 대기명령을 받은 자가 그 기간 중 능력의 향상 또는 개전의 정이 없다고 인정된 때에는 임면권자는 교정징계위원회의 동의를 얻어 면직시킬 수 있다.

제49조(보수) 교원의 보수는 자격과 경력 및 직무의 곤란성과 책임의 정도에 따라 이사회의 의결을 거쳐 따로 규칙으로 정한다.

제50조(의사에 반한 휴직.면직 등의 금지) ① 교원은 형의 선고.징계처분 또는 사립학교법이 정하는 사유에 의하지 아니하고는 본인의 의사에 반하여 휴직 또는 면직 등 부당한 처분을 당하지 아니한다. 다만, 학교.학과의 개폐에 의하여 폐직이나 과원이 된 때에는 그러하지 아니한다

② 교원은 권고에 의하여 해직을 당하지 아니한다.

③ 교원은 징계처분 기타 그 의사에 반한 불리한 처분에 대하여 불복이 있을 때에는 재심위원회에 재심을 청구할 수 있다.

제50조의2(명예퇴직 수당)

(명예퇴직수당 지급제도 실시여부와 지급대상, 지급액, 지급절차에 대하여는 법인에게 자율 결정)

예) ① 교원이 정년전에 자진하여 퇴직하는 경우에는 예산의 범위 안에서 명예퇴직수당을 지급할 수 있다.

② 명예퇴직수당을 지급받을 수 있는 자는 교원으로 20년 이상 근속한 자[교육경력(교육행정경력과 교육연구경력 포함)이 30년 이상인 자 또는 교육경력이 20년 이상이고 재직 중 현저한 공로가 있는 자]로서 정년퇴직일 전 1년 이상 10년 이내에 자진 퇴직하는 자로 한다. 단, 근속기간은 사립학교교원 연금법상 재직기간에 따라 계산한다.

③ 수당지급액은'별표 3'에 의하여 산정한 금액으로 한다.

④ 수당지급절차는 다음 각호의 순서에 따라 행한다.

㉮ 수당지급공고 : 임면권자는 예산이 편성되어 있는 경우에 수당을 받을 수 있는 자의 범위.수당지급신청기간.수당지급방법.수당지급일.기타 수당지급에 관한 사항을 명시하여 늦어도 수당지급 신청

기간 개시일 30일 전까지 이를 공고한다.

㉯ 지급심사.결정 : 임면권자는 수당지급신청서를 받은 때에는 이를 심사.결정하기 위하여 30일 이내로 이사회의 의결을 거친다.

㉰ 지급대상자통지 : 지급대상자를 결정한 때에는 10일 이내에 이를 학교장을 거쳐 신청인에게 통지하여야 한다.

㉱ 수당지급 대상자의 사직원 제출 : 수당지급 대상자는 통지를 받은 날로부터 10일 이내에 사직원을 제출하여야 한다.

⑤ 기타 필요한 사항은 이사회의 의결을 거쳐 규칙으로 정한다.

제50조의3(후임자 보충발령의 유예) 교원이 봉인의 의사에 반하여 파면 또는 해임되거나 근무성적불량으로 면직되었을 때에는 그 처분한 날로부터 30일 이내에 후임자의 발령을 받지 못한다.

제3관   교원인사위원회

제51조(교원인사위원회 설치) 교원(학교의 장을 제외한다)의 인사에 관한 중요 사항을 심의하게 하기 위하여 당해 학교에 교원인사위원회(이하'인사위원회'라 한다)를 둔다.

 <초등학교, 기술학교, 공민학교, 고등공민학교 유치원과 이들에 준하는 학교는 제외한다>

제52조(인사위원회회의기능) ① 인사위원회는 다음 각호의 사항을 심의한다.

 <대학교육기관의 경우>

㉮ 대학교육기관의 장이 교수.부교수.조교수.전임강사.조교를 임면 또는 임면제청하고자 할 때의 임면 또는 임면제청 동의에 관한 사항

㉯ 대학교육기관의 장이 부총장.대학원장.학장(대학교의 학장에 한한다)을 보하고자 할 때에 그 보직 동의에 관한 사항

㉰ 인사위원회의 심의를 요하거나 학교장이 필요하다고 인정하는 사항

 <중.고.특수교의 경우>

(1) 교원의 보직에 관한 사항

(2) 교원의 연수대상자 및 포상대상자 추천에 관한 사항

(3) 기타 학교의 장이 인사위원회의 심의를 필요로 한다고 인정하는 사항

② 인사위원회가 제43조 2항의 규정에 의하여 임용기간이 만료되는 교원에 대하여 1항의 규정에 의한 임명의 동의를 함에 있어서 전용기간 중의 다음 사항을 참작하여야 한다.

㉮ 연구실적 및 전문영역의 학회 활동

㉯ 학생의 교수.연구 및 생활지도에 대한 능력과 실적

㉰ 교육관계법령의 준수 및 기타 교원으로서의 품위 유지

제53조(인사위원회의 조직) ① 인사위원회는 학교별로 학교의 장이 임명하는 10인 이내의 교원으로 조직한다.

② 인사위원회 위원의 임기는 1년 이내로 하되, 중임할 수 있다.

제54조(인사위원회위원장 및 직무) ① 인사위원회의 위원장은 당해 학교의 장이 임명한다. 다만, 대학교육기관의 경우에는 교무처(과)장이 위원장이 된다.

② 인사위원회의 위원장은 위원회를 대표하며, 회무를 통리한다.

③ 인사위원회의 회의는 위원장이 이를 소집하고 의장이 된다.

④ 위원장이 사고가 있을 때에는 위원장이 미리 지정한 위원이 그 직무를 대행한다.

제55조(인사위원회의 회의소집 등) ① 인사위원회의 회의는 학교의 장의 요청이 있을 때 위원장이 필요하다고 인정할 때에 위원장이 이를 소집한다.

② 인사위원회는 재적위원 과반수의 출석과 출석위원 과반수의 찬성으로 의결한다.

제56조(회의록 작성) ① 인사위원회는 회의록을 작성하여 당해 학교의 장에게 보고하여야 한다.

② 1항의 회의록에는 위원장을 포함한 출석위원 2인 이상이 서명.날인한다.

제57조(인사위원회의 간사 등) ① 인사위원회의 서무를 처리하기 위하여 간

사와 서기를 둘 수 있다.

② 간사와 서기는 당해 학교의 교직원 중에서 학교의 장이 임명한다.

제58조(운영세칙) 인사위원회의 운영에 관하여 이 정관에 규정되지 아니한 사항은 당해 인사위원회의 의결을 거쳐 위원장이 이를 정한다.

제2절 교원징계위원회

제59조(교원징계위원회의 조직) ① 교원징계위원회는 ○인의 위원으로 조직한다.

② 교원징계위원회의 위원은 교원 또는 학교법인의 이사 중에서 이사회의 의결을 거쳐 이사장이 임명한다. 다만, 학교법인의 이사인 위원의 수가 위원의 2분의 1을 초과할 수 없다.

제60조(삭제)

제61조(교원징계위원회의 위원장선출 및 직무) ① 교원징계위원회 위원장은 위원회의 호선으로 선출한다.

② 교원징계위원회의 위원장은 위원회를 대표하며 회무를 통리한다.

③ 교원징계위원회의 회의는 위원장이 이를 소집하고 그 의장이 된다.

④ 원장이 사고가 있을 때에는 위원 중에서 연장자가 그 직무를 대행한다.

제62조(징계의결의 기한) 교원징계위원회가 징계의결 요구를 받은 때에는 그 요구서를 접수한 날로부터 60일 이내에 징계에 관한 의결을 하여야 한다. 다만, 부득이한 사유가 있을 때에는 당해 징계위원회의 의결로 30일의 범위안에서 1차에 한하여 그 기한을 연장할 수 있다.

제63조(제척사유) 교원징계위원회 위원은 그 자신에 관한 징계사건을 심리하거나 피징계자와 친족관계가 있을 때에는 당해 징계사건의 심리에 관여하지 못한다.

제63조의2(위원회 기피 등) ① 징계대상자는 교원징계위원회의 위원이 불공정한 의결을 할 우려가 있다고 인정할만한 상당한 사유가 있을 때에는 그 사실을 서면으로 소명하고 기피를 신청할 수 있다.

② 1항의 규정에 의한 기피신청이 있는 때에는 위원회의 의결로 기피여부를 결정하여야 한다. 이 경우 기피신청을 받은 자는 그 의결에 참여하지 못한다.

③ 제63조의 규정에 의한 제척 또는 1항의 규정에 의한 기피로 교원징계위원회의 출석위원이 재적위원의 3분의 2에 미달되어 징계사건을 심리할 수 없게 된 때에는 교원징계위원회의 위원장은 위원의 수가 재적위원수의 3분의 2 이상이 될 수 있도록 위원의 임명권자에게 임시위원의 임명을 요청하여야 한다.

제63의3(징계의결 요구사유 통지) 교원의 임면권자가 교원에 대한 징계의결을 요구할 때에는 징계의결요구와 동시에 징계대상자에게 징계사유를 기재한 설명서를 송부하여야 한다.

제64조(진상조사 및 의견의 개진) ① 교원징계위원회는 징계사건을 심리함에 있어서 진상을 조사하여야 하며, 징계의결을 행하기 전에 본인의 진술을 들어야 한다. 다만, 2회 이상 서면으로 소환하여도 불응한 때에는 그 사실을 기록에 명시하고 징계의결을 할 수 있다.

② 교원징계위원회는 필요하다고 인정한 때에는 관계인을 출석시켜 의견을 들을 수 있다.

제65조(징계의결) ① 징계의결은 재적위원 3분의 2 이상의 출석과 재적위원 과반수의 찬성으로 행하여야 한다.

② 교원징계위원회는 징계사건을 심리하고 징계를 의결한 때에는 주문과 사유를 기록한 징계의결서를 작성하고 이를 임면권자에게 통고하여야 한다.

③ 임면권자가 2항의 통고를 받은 때에는 그 통고를 받은 날로부터 7일 이내에 그 의결내용에 따라 징계처분을 하여야 한다. 이 경우에 임면권자가 법인인 때에는 징계처분권을 이사장에게 위임한다.

④ 징계처분권자는 징계처분의 사유를 기재한 결정서를 당해 교원에게 교부하여야 한다.

⑤ 교원징계위원회 회의는 공개하지 아니한다.

제66조(징계의결시 정상참작 등) 교원징계위원회가 징계사건을 의결함에 있어서는 징계대상자의 소행, 근무성적, 공적, 개전의 정, 징계요구의 내용, 기타 정상을 참작하여야 한다.

제66조의2(징계사유의 시효) ① 교원징계의결의 요구는 징계사유가 발생한 날로부터 2년을 경과한 때에는 이를 행하지 못한다.

  ② 징계위원회의 구성.징계의결 기타 절차상의 하자나 징계양정의 과다를 이유로 교원지위향상을위한특별법에 의한 교원징계재심위원회 또는 법원에서 징계처분의 무효 또는 취소의 결정이나 판결을 한 때에는 1항의 기간이 경과하거나 그 잔여기간이 3월미만인 경우에도 그 결정 또는 판결이 확정된 날로부터 3월 이내에는 다시 징계의결을 요구할 수 있다.

제67조(교원징계위원회의 간사 등) ① 교원징계위원회의 서무를 처리하게 하기 위하여 간사와 서기를 둘 수 있다.

  ② 간사와 서기는 교원징계위원회가 설치된 당해 기관 소속직원 중에서 그 임명권자가 임명한다.

제 3 절 재심위원회

제69조   내지 제82조(생략)

제 4 절 사무직원

제83조(자격) ① 다음 각호의 1에 해당하는 자는 사무직원(기능직 및 고용원 등을 포함한다. 이하 '일반직원'이라 한다)으로 임용될 수 없다.

  ㉠ 금치산자 또는 한정치산자

  ㉡ 파산자로서 복권되지 아니한 자

  ㉢ 금고 이상의 형을 받고 그 집행유예의 기간이 완료된 날로부터 2년을 경과하지 아니한 자

㉢ 금고 이상의 형의 선고유예를 받은 경우에 그 선고유예기간 중에 있는 자

㉤ 법원의 판결 또는 다른 법률에 의하여 자격이 상실 또는 정지된 자

㉥ 이 법인과 이 법인이 설치.경영하는 학교에서 징계에 의하여 파면에 처분을 받은 때로부터 5년을 경과하지 아니한 자와 해임처분을 받은 때로부터 3년을 경과하지 아니한 자

② 일반직원의 신규임용에 있어서는 학력에 제한을 두지 아니한다. 다만, 기술직 및 기능직은 임용될 직종에 관한 자격증, 면허증 기타 임용권자가 필요로 하는 자격이 있는 자를 인사규칙이 정하는 바에 따라 우선 임용할 수 있다.

③ 재직 중인 일반직원이 1항의 규정에 해당하게 될 때에는 당연 퇴직한다.

제84조(임용)　① 일반직원의 신규임용.승진.승급.전직.전보.강임.휴직.직위해제.복직.면직.해임 및 파면(이하 '임용'이라 한다)은 임용권자가 공개채용.전형 또는 근무성적 기타 능력의 실증에 의하여 행함을 원칙으로 한다.

② 1항의 규정에 의한 임용에 있어서 그 시험과목.방법.절차 등에 관하여는 따로 인사규칙으로 정한다.

③ 일반직원은 이사장이 임용하되, 학교소속 일반직원은 당해 학교의 장의 제청이 있어야 한다.

제85조(복무)　일반직원의 복무에 관하여는 사립학교 교원에게 적용하는 규정을 준용한다.

제86조(보수)　일반직원의 보수는 일반의 표준생계비 및 민간인의 임금 등을 고려하여 직무의 난이성 및 책임의 정도에 따라 적당하도록 직급 및 근속기간에 따라 이사회의 의결을 거쳐 따로 인사규칙으로 정한다.

제87조(신분보장)　일반직원의 신분보장에 관하여는 사립학교 교원에게 적용하는 규칙을 준용한다.

제88조(징계 및 재심청구)　① 일반직원의 징계는 사립학교 교원에게 적용하는

규정을 준용하되, 일반직원 징계위원회는 법인에 따로 두어야 한다.

② 일반직원의 재심청구를 위하여 법인에 일반직원 재심위원회를 두되, 그 조직 및 운영 등에 관하여는 이사회의 의결을 거쳐 이사장이 따로 규칙으로 정한다.

제 7 장 직 제
제 1 절 법 인

제89조(법인사무조직) ① 이 법인의 업무를 처리하게 하기 위하여 법인사무국(과)을 두며, 국(과) 장은 참여(부참여) 또는 참사(부참사)로 보한다.

② 법인사무국에는 (   )과와 (   )를 두며 각 과장은 참사(주사) 또는 부참사(부주사)로 보한다.

③ 1항 2항의 규정에 의한 분장업무는 따로 규칙으로 정한다.

제 2 절 대학교

제90조(총장 등)   ① 대학교에 총장을 둔다.

② 총장은 교무를 통할하고 소속교직원을 지휘·감독하며 학생을 지도하고 대학교를 대표한다.

③ 대학교에 (   )인의 부총재를 둘 수 있으며 교수 또는 부교수로 보한다.

④ 부총장은 총장을 보좌하며 총장이 사고가 있을 때에는 총장의 직무를 대행한다.

제91조(학장·대학원장) ① 대학교의 각 단과대학에 학장을 대학원에 대학원장을 둔다.

② 학장과 대학원장은 교수 또는 부교수로 겸보한다.

③ 학장과 대학원장은 총장의 명을 받아 당해 단과대학 또는 대학원의 교무를 통할하고, 소속직원을 지휘·감독하며 학생을 지도한다.

제92조(하부조직)   ① 대학교에 사무국(총무처), 교무처 및 학생처를 둔다(필요한 경우 재무처 또는 기획실을 둘 수 있다).

② (국)장(또는 교수).처(장)은 교수.부교수 또는 참여로 보한다.

③ 사무국(재무처, 기획실)에 (   )과와 (   )를 두며 각 과장은 참사로 보한다.

④ 사무국(재무처, 기획실)에 (   )과와 (   )를 두며 각 과장은 조교수 이상의 직원 또는 참사로 보한다.

⑤ 학생처에 (   )과와 (   )과를 두며 각 과장은 조교수 이상의 직원 또는 참사로 보한다.

⑥ 1항 내지 5항의 규정에 의한 분장업무는 따로 규칙으로 정한다.

제93조(단과대학 등의 하부조직) ① 대학교의 단과대학 및 대학원에 서무과. 교무과 및 학생과 (   )를 둔다.

② 서무과장은 참사로 보하고 교무과장 및 학생과장은 조교수 이상의 교원으로 겸보한다.

③ 1항 및 2항의 규정에 의한 분장업무는 따로 규칙으로 정한다.

제94조(부속시설) ① 대학교에는 다음의 부속시설을 둔다.

   1. ○○○○○○○○○

   2. ○○○○○○○○○

② 부속시설에 필요한 각각 장을 두며 부속시설의 장은 조교수 이상의 교원으로 겸보한다.

③ 부속시설의 장은 총장 또는 학장의 명을 받아 시설에 관한 사무를 관장하고 소속 교직원을 지휘.감독한다.

④ 부속시설에 필요한 부서를 둘 수 있으며 부서장은 일반직 또는 교원으로 보하되 그 분장업무는 따로 규칙으로 정한다.

제95조(도서관) ① 도서관에 수서과.열람과와(   )과를 두며 수서과장은 참사로 보하고, 열람과장은 사서자격증을 소지한 일반직 또는 교원으로 보한다.

② 1항의 규정에 의한 분장업무는 따로 규칙으로 정한다.

제96조(부속병원) ① 대학교 부속병원에 원장을 둔다.

② 원장은 총장 또는 학장의 명을 받아 당해 부속병원의 업무 및 시설에 관

한 사무를 관장하고 소속직원을 지휘.감독한다.

④ 부원장은 원장을 보좌하며, 원장이 사고가 있을 때에는 그 직무를 대행한다.

⑤ 부속병원에는 사무국(처).의무처(원)을 두며 (   )은 교수.부교수 또는 참사로 보한다.

⑥ 사무국(처)에는 총무과.회계과.(   )과와 (   )를 두며 각 과장은 참사로 보한다.

⑦ 의무처(원)에는 간호과.약제과.(   )과와 진료각과를 두며 간호과장과 약제과장은 당해 자격증을 소지한 일반직(참여)으로 보하고, 각 과장은 조교수 이상 교원으로 보한다.

제 3 절 대 학

제97조(학장 등) ① 대학에 학장을 둔다.

② 학장은 교무를 통할하고 소속교직원을 지휘.감독하며 학생을 지도하고 대학을 대표한다.

③ 대학은 1인의 부학장을 둘 수 있으며 교수.부교수 또는 조교수로 겸보한다.

④ 부학장은 학장을 보좌하며 학장이 사고가 있을 때에는 학장의 직무를 대행한다.

제98조(하부조직) ① 대학에 사무국(과).교무처(과) 및 학생처(과)를 둔다(필요한 경우 재무처 또는 기획실을 둘 수 있다).

② 국(과)은 참여 또는 부참여로 보하고 각처장은 교수.부교수 또는 조교수로 보한다.

④ 교무처(과)에는 (   )과와 (   )를 두며 각 과장은 조교수 이상의 교원 또는 참사로 보한다.

⑤ 학생처(과)에는 (과)에는 (   )과와 (   )를 두며 각 과장은 조교수 이상의 교원 또는 참사로 보한다.

⑥ 1항 내지 5항의 규정에 의한 분장업무는 따로 규칙으로 정한다.

제99조(부속시설) ① 대학에는 필요한 부속시설을 둘 수 있다.

② 부속시설에 각각 장을 두며 부속시설의 장은 조교수 이상의 교원으로 겸보한다.

③ 부속시설의 장은 학장의 명을 받아 시설에 관한 사물을 관장하고 소속 교직원을 지휘.감독한다.

④ 부속시설의 필요한 부서를 둘 수 있으며 부서장은 일반직 또는 교원으로 보하되 그 분장업무는 따로 규칙으로 정한다.

제100조(도서관)　① 도서관에 수서과.열람과와 (　)과를 두며 수서과장은 참사로 보하고 열람과장은 사서자격증을 소지한 일반직 또는 교원으로 보한다.

② 1항의 규정에 분장업무는 따로 규칙으로 정한다.

제3절의2　개방대학

제100조의　2(개방대학) 개방대학의'학장 등''하부조직' '부속시설' '도서관'에 관한 사항은'제97조' 내지'제100조'를 준용한다. 단,'제98조(하부조직)' 중 개방대학에는 교재개발과, 산학협력과, 실습과를 둘 수 있으며 각 과장은 조교수 이상의 참사로 보한다.

제 4 절　전문대학

제101조(학장 등)　① 전문대학에 학장을 둔다.

② 학장은 교무를 통할하고 소속교직원을 지휘.감독하며 학생을 지도하고 대학을 대표한다.

③ 전문대학은 1인의 부학장을 둘 수 있으며　교수.부교수 또는 조교수로 겸보한다.

④ 부학장은 학장을 보좌하며 학장이 사고가 있을 때에는 학장의 직무를 대행한다.

제102조(하부조직) ① 전문대학에 서무과, 교무과 학생과를 둔다.

② 서무과장은 참사로 보하고 교무과장 및 학생과장은 조교수 이상의 교원 또는 참사로 보한다.

③ 1항 및 2항의 규정에 의한 분장업무는 따로 규칙으로 정한다.

제103(부속시설) ①전문 대학에는 필요한 부속시설을 둘 수 있다.

　② 부속시설에 각각 장을 두며 부속시설의 장은 전임강사 이상의 교원으로 겸보한다.

　③ 부속시설의 장은 학장의 명을 받아 시설에 관한 사무을 관장하고 소속직원을 지휘.감독한다.

　④ 부속시설의 필요한 부서를 둘 수 있으며 부서장은 일반직 또는 교원으로 보하되 그 분장업무는 따로 규칙으로 정한다.

제104조 ① 도서관에 수서과, 열람과를 두며 수서과장은 참사로 보하고 열람과장은 사서자격증을 소지한 일반직 또는 교원으로 보한다.

　② 제1항의 규정에 분장업무는 따로 규칙으로 정한다.

제 5 절　고등학교

제105조(교장 등)　① 고등학교에는 교장 1인과 교감 1인(또는 2인)을 둔다.

　② 교장은 교무을 통할하고 소속교직원을 지휘.감독하며 학생을 지도하고 학교를 대표한다.

　③ 교감은 교장을 보좌하며 교장이 사고가 있을 때에는 교장의 직무를 대행한다.

제106조(하부조직)　① 고등학교에 서무과를 두고, 과장은 부참사로 보하되 그 분장업무는 규칙으로 정한다.

제 6 절　중학교

제107조 (교장 등)　① 중학교에는 교장 1인과 교감 1인(또는 2인)을 둔다.

　② 교장은 교감을 통할하고 소속교직원을 지휘.감독하며 학생을 지도하고 학교를 대표한다.

　③ 교감은 교장을 보좌하며 교장이 사고가 있을 때에는 교장의 직무를 대행한다.

　④ 교사는 교장의 명을 받아 학생을 교육한다.

제108조(하부조직) ① 중학교에 서무과를 두며 과장은 주사로 보하되 그 분장업무는 규칙으로 정한다.

제 7 절 초등학교

제109조 (교장 등) ① 초등학교에는 교장 1인과 교감 1인(또는 2인)을 둔다.
　② 교장은 교무를 통할하고 소속교직원을 지휘·감독하며 학생을 지도하고 학교를 대표한다.
　③ 교감은 교장을 보좌하며 교장이 사고가 있을 때에는 교장의 직무를 대행한다.
제110조(하부조직) ① 초등학교에 서무과를 두며 과장은 부주사로 보하되 그 분장업무는 규칙으로 정한다.

제 8 절 기술학교·고등기술학교·공민학교·고등공민학교·특수학교

제111조(교장 등 하부조직) 기술학교는 제107조 및 108조의 규정을, 고등기술학교는 제105조 및 제106조의 규정을, 공민학교는 제109조 및 제110조의 규정을, 고등공민학교는 제107조 및 제108조의 규정을 특수학교는 그 정도에 따라 제105조 내지 제110조의 규정을 준용한다.

제 9 절 각종학교

제112조 (교장 등 하부조직) 각급 학교에 준하는 각종 학교는 그 정도에 따라 제90조 내지 제110조의 규정을 준용한다.

제 10 절 유치원

제113조(원장 등) ① 유치원에 원장과 원감 1인을 둔다.
　② 원장은 원무를 통할하고 소속직원을 감독하며 원아를 보육한다.

③ 원감은 원장의 명을 받아 원무를 정리하며 원아를 보육하고 원장 유고시에는 원장의 직무를 대행한다.

④ 유치원에 서무과를 두며 과장은 부주사로 보하되 그 분장업무는 규칙으로 정한다.

제 11 절   정   원

제114조(정원) 법인 및 각급 학교에 두는 일반적인 정원은 각각 별표 1 및 별표 2와 같다.

제 8 장   보   칙

제115조(공고)   이 법인이 법령과 정관 기타 이사회의 의결에 공고하여야 할 사항은 ( )신문에 공고한다.

제116조(시행세칙)   이 정관의 시행에 관하여 필요한 사항은 이사회의 의결을 거쳐 세칙으로 정한다.

제117조(설립당초의 임원) 이 법인의 설립당초의 임원은 다음과 같다.

직 위	성 명	생년월일	임 기	주 소
이사장				
이 사				
이 사				
감 사				
감 사				

부   칙

(1991. 7. 22, 교육부예규 제215호)

이 준칙은 1991. 7. 22.부터 시행한다.

(별표 1) 법인일반직 정원

총계   명

일반직계

2급(참여)   명,   3급(부참여)   명,   4급(참사)   명

5급(부참사)   명,   6급(주사)   명,   7급(부주사)   명

8급(서기)   명,   9급(부서기)   명.

기술직계

4급(사서참사)   명,   5급(사서부참사)   명,   6급(사서)   명,

6급(실험기사)   명,   7급(부사서)   명,   7급(실험기사)   명,

8급(사서보)   명,   8급(실험기사보)   명,   9급(사서보)   명,

9급(실험기사보)   명.

기능직계

6등급계

운전기사   명,   목공기사   명,   건축기사   명,

전기기사   명,   수도기사   명,   교환원   명.

7등급계

운전기사   명,   목공기사   명,   건축기사   명,

전기기사   명,   수도기사   명,   교환원   명.

8등급계

운전기사   명,   목공기사   명,   건축기사   명,

전기기사   명,   수도기사   명,   교환원   명.

9등급계

운전기사보   명,   목공기사보   명,   건축기사보   명,

전기기사보   명,   수도기사보   명,   교환원보   명.

10등급계

운전기사보   명,   목공가사보   명,   건축기사보   명,

전기기사보   명,   수도기사보   명,   교환원보   명,

고용원   명.

(별표 2) 학교일반직 정원(법인일반직과 동일 -생략-)

(별표 3) 명예퇴직수당 지급액 산정표

정년잔여기간	산　　정　　기　　준
1. 1년 이상 5년 이내	퇴직당시 월봉급액의 반액×정년잔여월수
2. 5년 초과 10년 이내	퇴직당시 월봉급액의 $$반액 \times \left(\frac{정년잔여월수 - 60}{2} \right)$$

비고 : ① 수당지급액의 계산에 있어서 정년 잔여기간의 계산은 수당지급대상자의 퇴직일을 기준으로 하되, 정년 잔여월수 계산에 있어서 15일 이상은 1월로 하고 1일 미만은 계산하지 아니한다.

② 정년 잔여기간이 5년을 초과하는 경우의 수당지급액은 위 표 1호 및 2호에 의하여 산정한 금액의 합산액으로 한다.

주 ① 이 등기는 학교법인을 대표하는 이사장이 신청한다.

② 명칭표시에 반드시 '학교법인'이라는 문자를 사용하도록 하는 규정은 없으나 다른 종류의 법인과 구별될 수 있도록 그 명칭 중에 '학교법인'이라는 문자를 사용하는 것이 좋다.

③ 주사무소를 표시할 때에는 그 소재지번까지 특정하여야 한다.

④ 등기할 사항에서 분사무소의 표시는 설립 당초부터 분사무소를 설치한 경우에 한하여 기재한다.

⑤ 등기할 사항 중 출자의 방법을 정관으로 이를 기재하지 아니하며, 정관으로 정한 때에는 그 내용을 반드시 기재해야 한다.

⑥ 허가서도착연월일은 등기기간의 기산점을 명시하기 위하여 기재하는 것이다.

⑦ 과세표준은 자산의 총액을 기재한다.

⑧ 학교법인의 설립등기와 합병등기는 지방세특례제한법 제41조 제5항의 규정에 의하여 등록면허세가 면제되고, 농어촌특별세도 농어촌특별세법 제4조 12호에 의하여 면제된다. 다만, 설립과 동시에 분사무소를 설치하는 경우에도 주사무소에서 설립에 관한 등록면허세 외에 분사무소설치에 관한 등록면허세 40,200원을 납부하여야 한다.
등기신청수수료는 방문신청시 설립의 경우에는 30,000원(전자표준양식에 의한 신청의 경우에는 25,000원, 전자신청의 경우에는 20,000원)이고, 설립과 동시에 분사무소를 설치하는 경우는 등기신청수수료는 36,000원(전자표준양식에 의한 신청의 경우에는 29,000원, 전자신청의 경우에는 22,000원)이다. 비영리법인의 설립에는 주택법에 의한 국민주택채권은 납부하지 아니한다.

⑨ 첨부서류 중 정관은 설립자가 사립학교법 제10조 1항의 소정사항을 기재하여 교육과학기술부장관의 허가를 받은 정관을 첨부한다. 공증인의 인증을 받지 않아도 된다.

⑩ 취임승낙서에는 본인의 진의를 확인할 수 있도록 인감증명법에 의하여 신고한 인감을 찍고 그 인감증명서(발행일로부터 6월 이내의 것)를 첨부하여야 한다. 이사는 주민등록번호, 이사장은 주소와 주민등록번호를 등기하여야 하므로, 이를 증명하는 주민등록등본을 첨부한다.

⑪ 법인의 대표자인 이사장의 인감을 신고하여야 법원 또는 등기소로부터 인감증명을 발행할 수 있으므로 이사장의 인감이 날인된 인감대지를 인감신고서에 첨부하여 제출하여야 하고, 이사장의 진의를 확인할 수 있는 동사무소발행의 인감증명서를 첨부하여야 한다. 인간증명서는 취임승낙의 의사를 확인할 수 있는 역할도 한다.

⑫ 법인인감발급카드 신청서는 전산정보처리조직에 의한 등기를 실시하는 등기소에서 법인의 설립등기를 하고자 하는 경우에 대표자의 인감증명을 발급받기 위하여 제출하는 것이다.

⑬ 위임장의 첨부와 대리인의 표시는 법무사, 변호사 등이 대리하여 신청하는 경우에 한하여 한다.

주 ① 제22조(임원의 종류와 정수) 관련 : 학교법인의 이사는 7인 이상, 감사는 2인 이상이어야 하고(사학 제14조), 이사장은 이사 중에서 1인이 정관으로 정하는 바에 의하여 선임된다. 이사 및 감사의 정원의 상한선은 법률상 제한이 없으므로 정관으로 정하여 주무관청의 허가를 받으면 된다.

② 제23조(임원의 임기) 1항 관련 : 이사의 임기는 5년, 감사의 임기는 2년을 초과할 수 없으나 중임할 수 있다(사학 제20조).

③ 제25조(임원선임의 제한) 5항관련 : 대학.산업대학 및 이에 준하는 각종 학교를 설치.경영하는 학교법인에 한하여 감사 중 1인이 공인회계사이어야 한다(사학 제9조의3).

④ 제59조(교육징계위원회의 조직) 관련 : 위원은 5인 이상 9인 이하이다(사학 제62조).

⑤ 제117조(설립당초의 임원) 관련 : 이사는 7인 이상, 감사는 2인 이상이어야 한다.

三. 변경등기

1. 총 설

가. 변경등기의 의의

변경등기라 함은 등기가 행해진 후에 등기사항에 변경이 생긴 경우 변경 후의 사실에 부합하게 위하여 하는 등기를 말한다.

등기사항의 변경에는 종전의 명칭을 변경하거나, 목적사업을 변경하거나, 주사무소를 이전하거나, 임원을 교체하는 경우와 같이 기존의 등기사항을 고쳐서 등기하는 경우뿐 아니라, 기존 분사무소를 폐지하거나 임원을 해임하기만 하는 경우, 목적사업의 일부를 삭제하는 경우와 같이 기존의 등기사항을 삭제하기만 하거나, 설립등기 후에 분사무소를 새로 설치하거나 존립기간을 새로 설정하는 경우와 같이 아직 등기하지 아니한 새로운 등기사항을 추가하기만 하는 경우는 물론, 행정구역변경으로 인한 주소변경과 같은 형식적인 변경의 경우도 포함된다.

학교법인에 대한 등기사항의 변경이 있을 때 그 변경등기는 효력발생요건이 아니고 제3자에 대한 등기요건이다(사학 제13조, 민 제54조, 대판 1967 2 21, 66다 1347 판결).

나. 등기사항의 변경과 정관의 변경

학교법인에 있어서 변경등기의 원인은 주로 이사회의 결의에 의하여 발생하지만, 법인의 목적 및 명칭의 변경과 같이 정관의 변경에 수반하는 경우도 많다.

그러나 정관의 기재사항과 등기사항에 있어서는 반드시 그 범위가 일치하는 것이어서 정관변경이 있다고 하여 반드시 변경등기절차가 뒤따르는 것도 아니고 또 변경등기에 정관변경이 반드시 수반되는 것도 아니다. 그러나 변경되는 등기사항이 정관에 규정된 사항인 경우에는 반드시 정관변경절차를 거쳐야 한다.

사립학교법 개정 전에는 학교법인의 정관변경은 이사정수 3분의 2 이상의 찬성에 의한 이사회의 의결을 거친 후에 교육부장관의 인가를 받아야만 비로소 그 효력이 발생되는 것이었기 때문에(사학 제45조) 정관변경에 기인한 변경등기신청서에는 정관변경을 결의한 이사회 의사록 이외에 정관변경을 인가한 교육부장관의 인가서나 그 인증있는 등본도 첨부해야 했다. 그러나 2012년 1월 26일 시행된 개정 사립학교법에서는 사립학교 운영의 자율성을 확대하기 위하여 사전인가제로 운영되고 있는 정관변경 절차를 사후보고제로 전환하도록 하였다. 즉, 사립 학교법인이 정관을 변경하려는 경우에는 이사회 의결을 거친 후 일부 사항을 제외하고는 원칙적으로 교육부장관의 인가를 받도록 하고 있었던 것을, 학교법인의 정관은 이사회 의결만으로 변경할 수 있도록 하되, 학교법인이 정관을 변경한 경우에는 교육부장관에게 보고하도록 하여 변경된 정관이 법령에 위반되는 경우에는 시정 또는 변경 명령을 할 수 있도록 한 것이다.

2. 사무소이전등기

가. 총 설

사무소를 이전하는 때에는 구소재지에서 3주간 내에 이전등기를 하고, 신사무소소재지에서는 같은 기간 내에 법인 소정의 등기사항을 등기하여야 한다. 다만, 동일한 등기소의 관할구역 내에서 이전한 때에는 그 이전한 것을 등기하면 된다(사학 제8조 1항, 제13조, 민 제51조). 사무소에는 주사무소와 분사무소가 모두 포함되므로 주사무소뿐만 아니라 분사무소를 이전한 경우에도 등기하여야 한다.

사무소의 소재지는 정관의 시대적 기재사항이므로 소정의 정관변경절차를 밟아 주무관청의 허가를 받아야 하지만, 정관에서 그 소재지를 기재할 때는 최소행정구역까지만 표시하여도 되므로 정관상 사무소의 기재가 최소행정구역까지만 표시된 경우에 동일한 행정구역 내에서 주사무소를 이전할 때에는 정관의 변경할 필요 없이 이사회의 결의만으로 할 수 있다.

나. 등기절차

주사무소의 이전등기절차는 일반적인 등기절차와 동일하나, 주사무소를 타관할로 이전하고, 주사무소소재지에서 행하는 등기절차에 관하여 신·구소재지에서 이를 각기 따로 행하도록 한다면 한쪽을 등기만 행해진 채 다른 쪽의 등기는 방치될 수도 있기 때문에 신소재지에서 하는 주사무소이전등기신청은 구소재지에서 주사무소이전등기신청과 동시에 구소재지를 관할하는 등기소에 신청하도록 규정하고 있다(비송사건절차법 제67조, 제66조, 상업등기법 제55조 1항, 2항).

주사무소이전등기신청을 받은 구소재지등기소에서는 신.구소재지에의 등기신청 모두를 심사하여 그 중 어느 하나에만 각하사유가 있어도 그 모두를 함께 각하하여야 한다(비송사건절차법 제67조, 제66조, 상업등기법 제56조 1항). 심사결과 각하사유가 없을 때에는 등기의 신청이 있었다는 뜻을 신소재지를 관할하는 등기소에 통지하고, 인감에 관한 기록을 신소재지를 관할하는 등기소에 전산정보처리조직을 이용하여 보내야 한다(비송사건절차법 제67조, 제66조, 상업등기법 제56조 2항). 그를 송부 받은 신소재지등기소에서는 다시 신소재지의 등기신청서의 사항에 대하여 심사한 후 그 등기를 하는데, 이때 각하사유가 있을 때에는 지체 없이 그 뜻을 구소재지등기소에 통지하여야 한다(비송사건절차법 제66조, 상업등기법 제56조 4항). 신사무소소재지에서 등기를 각하할 수도 있으므로 구소재지등기소에서는 신소재지등기소로부터 등기를 마쳤다는 통지를 받을 때까지는 주사무소이전등기를 하여서는 아니 되며, 신소재지등기소에서 이 등기신청을 각하한 때에는 구소재지에도 각하한 것으로 본다(비송사건절차법 제67조, 제66조, 상업등기법 제56조 5항, 6항).

주사무소의 이전은 모든 분사무소의 주사무소 표시변경에 해당하므로 각각의 분사무소소재지에서도 주사무소이전에 따라 주사무소소재지의 변경등기를 하여야 한다(사학 제13조, 민 제52조).

1) 등기신청인

학교법인을 대표하는 이사장이 신청인이 된다(사학 제19조 1항, 비송사건절차법 제67조, 제66조, 상업등기법 제23조).

임시이사가 변경등기를 신청하는 경우에는 신청서에 그 자격을 증명하는 서면을 첨부하여야 한다(비송사건절차법 제67조, 제64조 2항).

2) 등기기간

이 등기는 구사무소에서 실제로 이전한 날로부터 3주간 내에 사무소이전의 뜻을 등기하여야 하고, 신사무소소재지에서는 동일한 기간 내에 학교법인 소정의 등기사항을 등기한다(사학 제13조, 민 제51조 1항). 그러나 이 등기는 이 제 신.구 등기소의 신청서를 동시에 구등기소에 신청하여야 하므로(비송사건절차법 제67조, 제66조, 상업등기법 제55조), 신소재지에서의 등기신청기간은 별 의미가 없다고 할 것이다.

주무관청의 허가가 필요한 경우에는 그 허가서가 도착한 날로부터 기산한다(사학 제13조, 민 제53조).

3) 등기사항

(가) 동일한 등기소관내에서 주사무소를 이전한 경우

주사무소를 이전한 날로부터 주사무소소재지 및 분사무소소재지에서 각 3주간 내에 신주사무소소재지와 이전연월일을 등기하여야 한다(사학 제13조, 민법 제51조).

(나) 다른 등기소관내로 주사무소를 이전한 경우

주사무소를 이전한 날로부터 3주간 내에 구소재지에서는 신소재지와 이전연월일을, 신소재지에서는 민법 제49조 2항 각호의 사항(설립등기사항)과 법인성립의 연월일을, 주사무소이전의 뜻 및 그 연월일을 각 각 등기하여야 한다(사학 제13조, 민법 제51조, 비송사건절차법 제66조, 상업등기법 제54조). 분사무소소재지에서도 3주간 내에 신주사무소소재지와 이전연월일을 등기하여야 한다(사학 제13조, 민법 제51조).

4) 첨부서면

주사무소이전의 정관변경이 필요한 경우에는 정관변경을 결의한 이사회회의록과 정관변경에 관한 주무관청의 허가서나 인증있는 등본을 첨부하여야 하고(사학령 제7조) 이전일자결정 등 이전업무집행사항을 결의한 이사회회의록을 첨부해야 한다. 그러나 정관에 규정된 동일구역 내에서의 소재지 변경으로서 주사무소이전에 정관의 변경이 필요없는 경우에는 정관의 변경 및 주무관청의 승인은 필요 없으며(1997. 1. 18. 등기 3402-27), 이전장소 및 이전일자 등 이전업무변행사항을 결의한 이사회회의록만 첨부하면 족하다. 일반적인 민법법인과는 달리 학교법인등기신청서에 첨부하는 이사회회의록은 공증인의 인증이 필요 없다.(공증령 제2조의3 별표 1.33호).

주사무소이전에는 종전과 달리 인감대지의 제출은 필요하지 아니하다. 그러나 주사무소이전과 동시에 인감을 변경하려는 경우에는 등기신청서에 인감을 첨부하여 제출하면, 등기관은 이를 인감등록을 한 후에 인감정보를 신등기소에 송부하게 된다. 구소재지 관할등기소에 관리하는 법인인감을 주사무소이전에 관한 전산통지와 함께 신소재지 관할등기소에 정보처리시스템을 이용하여 송부하기 때문에 인감 자체가 변경되지 아니하면 별도로 주사무소이전에 따른 인감을 제출하지 아니하여도 된다.

주사무소이전등기의 등록세는 112,500원이나, 주사무소가 대도시 외에서 서울 등 대도시로 이전하는 경우에는 설립으로 보므로 설립에 해당하는 등록면허세의 3배의 등록면허세와 지방교육세를 납부하여야 한다(지세법 제28조 2항). 등록면허세가 112,500원 이하인 경우에는 하한선인 112,500원의 3배이다. 그러나 구사무소소재지에서는 변경등기로 보므로 40,200의 등록면허세를 납부한다. 학교법인의 설립등기시에는 등록면허세가 면제되나(지방세특례제한법 제41조 5항), 대도시 외에서 대도시로 전입되는 경우에는 설립으로 의제되어 등록면허세를 중과하는 것이므로, 즉 의제된 것일 뿐 실제는 설립등기는 아니므로 이 경우 등록면허세는 면제되지 않는다고 해석된다.

한편 주사무소를 수도권정비계획법 제6조의 규정에 의한 과밀억제권역 안의 대도시에서 당해 대도시 외로 이전하는 경우에는 등록면허세를 면제한다(지방세특례제한법 제79조 2항). 조세특례제한법, 지방세법, 관세법에 의하여 등록면허세가 감면되는 경우에 그 감면세액의 100분의 20의 농어촌특별세를 납부하여야 하나(농특세법 제5조), 이 농어촌특별세도 감면 또는 면제되는 경우가 있다(농특세법 제4조). 그리고 주사무소에서 대도시 외로 이전하는 경우에 이를 설립으로 보더라도 주택채권은 비영리법인에 대하여는 면제되므로 납부할 필요가 없다. 방문신청시 등기신청수수료는 신소재지등기소에서는 설립등기와 동일한 금액인 30,000원을 납부한다. 전자표준양식에 의한 신청의 경우에는 25,000원, 전자신청의 경우에는 20,000원이다. 또한 주사무소이전에 부수하여 분사무소를 설치하는 경우에는 주사무소 이전의 등기신청수수료 외에 부수하여 등기하는 부분에 대한 등기신청수수료를 별도로 납부하여야 한다.

구소재지등기소에서는 방문신청시 일반 변경등기와 같이 6,000원(전자표준양식에 의한 신청의 경우에는 4,000원, 전자신청의 경우에는 2,000원)을 납부한다. 그러나 명칭, 주사무소, 이사변경등기를 하나의 신청서로 신청할 경우에는 각각의 수수료 6,000원씩(전자표준양식에 의한 신청의 경우에는 4,000원, 전자신청의 경우에는 2,000원씩) 합산하여야 한다.

다. 등기의 신청

♣【서식】학교법인 주사무소이전등기신청서

(관내이전이나 타관이전시 구사무소소재지에서 신청하는 경우)

<table>
<tr><td colspan="6" align="center">학교법인 주사무소이전등기신청</td></tr>
<tr><td rowspan="2">접
수</td><td colspan="2" align="center">년　　월　　일</td><td rowspan="2">처리인</td><td align="center">등기관 확인</td><td align="center">각종통지</td></tr>
<tr><td colspan="2" align="center">제　　　　　호</td><td></td><td></td></tr>
</table>

<table>
<tr><td align="center">명　　칭</td><td>학교법인 ○○학원</td><td align="center">등기번호</td><td>제1000호</td></tr>
<tr><td align="center">주사무소</td><td colspan="3">○○시 ○○구 ○○동 ○</td></tr>
<tr><td align="center">등기의 목적</td><td colspan="3">주사무소 이전등기</td></tr>
<tr><td align="center">등기의 사유</td><td colspan="3">20○○년 ○월 ○일 이사회의 결의에 의하여(20○○년 ○월 ○일 이사회에서 정관변경을 결의하고 20○○년 ○월 ○일 주무관청의 인가를 받아) 20○○년 ○월 ○일 사무소를 다음 장소로 이전하였으므로 그 등기를 구함.</td></tr>
<tr><td align="center">허가서도착연월일</td><td colspan="3">20○○년 ○월 ○일</td></tr>
<tr><td colspan="4" align="center">등기할 사항</td></tr>
<tr><td colspan="4">주사무소　○○시 ○○구 ○○동 ○○번지 20○○년 ○월 ○일

</td></tr>
<tr><td align="center">기　　타</td><td colspan="3"></td></tr>
</table>

신청등기소 및 등록면허세/수수료						
순번	신청등기소	구분	등록면허세 지방교육세	농어촌특별세	세액합계	등기신청수수료
			금 원 금 원	금 원	금 원	금 원
합 계						
등기신청수수료 납부번호						

첨 부 서 면	
1. 이사회회의록 1통 1. 주무관청의 허가서(또는 인증있는 허가등본) 1통	1. 등록면허세영수필확인서 1통 1. 등기신청수수료영수필확인서 1통 1. 위임장(대리인이 신청할 경우) 1통 <기 타>

20○○년 ○월 ○일

신청인 명 칭 학교법인 ○○학원

주사무소 ○○시 ○○구 ○○동 ○○

대표자 성 명 이사장 ○ ○ ○ ㊞ (전화 :)

주 소 ○○시 ○○구 ○○동 ○○

대리인 성 명 법무사 ○ ○ ○ ㊞ (전화 :)

주 소 ○○시 ○○구 ○○동 ○○

○○지방법원 ○○등기소 귀중

- 신청서 작성요령 -

1. 해당란이 부족할 때에는 별지를 이용합니다.
1. 해당 등기신청과 관계없는 사항에 대하여는 "해당없음"으로 기재하거나 삭제하고, 필요한 사항은 추가 기재합니다.
1. 「인감증명법」에 따른 인감증명서 제출과 함께 관련 서면에 인감을 날인하여야 하는 경우, 본인서명사실확인서를 제출하고 관련 서면에 서명을 하거나 전자본인서명확인서 발급증을 제출하고 관련 서면에 서명을 하면 인감증명서를 제출하고 관련 서면에 인감을 날인한 것으로 봅니다.

(용지규격 21㎝×29.7㎝)

주

① 등기는 학교법인을 대표하는 자인 이사장이 신청한다(비송사건절차법 제67조, 제66조, 상업등기법 제23조).

② 주사무소에는 구사무소소재지를 기재한다.

③ 등기사유에서 (   )안의 내용은 주사무소이전에 정관변경 필요한 경우에 기재하는 내용이다.

주사무소를 이전한 일자는 그 이전결의일이나 주무관청인가일이 아니라 현실로 주사무소를 이전한 일자로 기재할 것이나, 실무에서는 통상 이사회회의록에 기재된 이전일자를 기재한다. 다만, 주무관청의 인가일자가 그보다 늦은 때에는 주무관청의 인가일자를 기재해야 한다.

④ 인가서 도착연월일은 주사무소이전에 정관변경이 필요한 경우에만 기재한다. 정관변경에 주무관청의 인가를 받아야 하기 때문이다.

⑤ 등록세는 주사무소를 동일등기소관내에서 이전하고 주사무소에서 그 등기를 신청할 때에는 112,500원이고, 수도권정비계획법 제6조의 규정에 의한 과밀억제권역 안의 대도시에서 당해 대도시 외로 이전하는 경우에는 면제되며, 대도시 외에서 대도시 내로 이전하는 때에는 그 3배가 가산된다(지세법 제28조 2항). 주사무소를 다른 등기소관내로 이전하고 구사무소에서 그 등기를 신청할 때에는 일반변경등기의 세목인 40,200원이 되며 교육세는 등록면허세액의 100분의 20이다.

조세특례제한법, 지방세법, 관세법에 의하여 등록면허세가 감면되는 경우에는 그 감면세액의 100분의 20의 농어촌특별세를 납부하여야 하나(농특세법 제5조), 이 농어촌특별세도 감면 또는 면제되는 경우가 있다(농특세법 제4조). 주사무소의 관내이전 및 타관이전시 구소재지에서는 방문신청시 등기신청수수료로 6,000원(전자표준양식에 의한 신청의 경우에는 4,000원, 전자신청의 경우에는 2,000원) 신소재지에서는 30,000원(전자표준양식에 의한 신청의 경우에는 25,000원, 전자신청의 경우에는 20,000원)을 납부한 대법원 수입증지를 첨부하여야 한다.

⑥ 주사무소이전에 정관변경이 필요한 경우에는 정관변경을 위한 이사회회의록 및 주무관청의 인가서와 이전일자 등 이전업무집행사항결정을 위한 이사회회의록을 첨부해야 하나, 정관변경이 필요없는 경우에는 이전장소와 이전일자결정을 위한 이사회회의록만 첨부하면 된다. 등기신청서에 첨부하는 학교법인의 이사회회의록은 공증인의 인증을 받지 않아도 된다.

⑦ 첨부서류 중 인가서는 주사무소이전의 정관변경이 필요한 경우에 한하여 첨부하며, 등본을 첨부하는 경우에는 인가관청의 인증있는 등본을 첨부해야 한다.

⑧ 위임장에는 '20○○년 ○월 ○○시 ○○구 ○○동 ○○번지의 주사무소를 ○○시 ○○구 ○○동 ○○번지로 이전하였으므로 그 등기신청에 관한 일체의 행위'라는 내용을 기재한다.

⑨ 위임장의 첨부와 대리인의 표시는 대리인에 의하여 신청하는 경우에 한하여 한다.

♣ 【서식】 학교법인 주사무소이전등기신청서

(타관이전시 신사무소소재지에서 신청하는 경우)

학교법인 주사무소이전등기신청

접 수	년 월 일	처리인	등기관 확인	각종통지
	제 호			

명 칭	학교법인 ○○학원	등기번호	제1000호

주사무소	○○시 ○○구 ○○동 ○
등기의 목적	주사무소 이전등기
등기의 사유	20○○년 ○월 ○일 이사회의 결의에 의하여(20○○년 ○월 ○일 이사회에서 정관변경을 결의하고 20○○년 ○월 ○일 주무관청의 인가를 받아) 20○○년 ○월 ○일 사무소를 ○○시 ○○구 ○○동 ○○번지로 이전하였으므로 그 등기를 구함.
허가서도착연월일	20○○년 ○월 ○일

등기할 사항

명   칭 학교법인 ○○학원
주사무소 ○○시 ○○구 ○○동 ○○번지 20○○년 ○월 ○일 이전
분사무소 ○○시 ○○구 ○○동 ○○번지
목   적 ○○○○○○
존립시기 또는 해산사유 ○○○○○○○○○○
자산의 총액 금○○○○○원
출자의 방법 1. ○○○○○
          1. ○○○○○
이사의 성명과 주민등록번호

　　○　　　○　　　○
　　（　　-　　　） 20○○년 ○월 ○일 취임
　　○　　　○　　　○
　　（　　-　　　） 20○○년 ○월 ○일 취임
　　○　　　○　　　○
　　（　　-　　　） 20○○년 ○월 ○일 취임
　　○　　　○　　　○
　　（　　-　　　） 20○○년 ○월 ○일 취임
　　○　　　○　　　○
　　（　　-　　　） 20○○년 ○월 ○일 취임
이사장의 성명.주소
　　이사장　○　　○　　○
　　　　　　○○시 ○○구 ○○동 ○○번지
법인성립연월일 20○○년 ○월 ○일

기　　타	

<table>
<tr><td colspan="8" align="center">신청등기소 및 등록면허세/수수료</td></tr>
<tr><td rowspan="2">순번</td><td rowspan="2">신청등기소</td><td rowspan="2">구분</td><td>등록면허세</td><td rowspan="2">농어촌특별세</td><td rowspan="2">세액합계</td><td rowspan="2" colspan="2">등기신청수수료</td></tr>
<tr><td>지방교육세</td></tr>
<tr><td></td><td></td><td></td><td>금   원
금   원</td><td>금   원</td><td>금   원</td><td colspan="2">금   원</td></tr>
<tr><td></td><td></td><td></td><td></td><td></td><td></td><td colspan="2"></td></tr>
<tr><td colspan="3" align="center">합   계</td><td></td><td></td><td></td><td colspan="2"></td></tr>
<tr><td colspan="3" align="center">등기신청수수료 납부번호</td><td colspan="5"></td></tr>
<tr><td colspan="8" align="center">첨   부   서   면</td></tr>
<tr><td colspan="4">1. 인감신고서 및 인감증명   각1통
1. 주무관청의 허가서(또는
  인증있는 허가등본)   1통</td><td colspan="4">1. 등록면허세영수필확인서   1통
1. 등기신청수수료영수필확인서   1통
1. 위임장(대리인이 신청할 경우)   1통
<기 타></td></tr>
<tr><td colspan="8" align="center">

20○○년 ○월 ○일

신청인 명   칭   학교법인 ○○학원
     주사무소   ○○시 ○○구 ○○동 ○○
대표자 성   명   이사장 ○ ○ ○ ㉔   (전화 :   )
     주   소   ○○시 ○○구 ○○동 ○○
대리인 성   명   법무사 ○ ○ ○ ㉔   (전화 :   )
     주   소   ○○시 ○○구 ○○동 ○○

○○지방법원 ○○등기소 귀중</td></tr>
</table>

<table>
<tr><td align="center">- 신청서 작성요령 -</td></tr>
<tr><td>1. 해당란이 부족할 때에는 별지를 이용합니다.
1. 해당 등기신청과 관계없는 사항에 대하여는 "해당없음"으로 기재하거나 삭제하고, 필요한 사항은 추가 기재합니다.
1.「인감증명법」에 따른 인감증명서 제출과 함께 관련 서면에 인감을 날인하여야 하는 경우, 본인서명사실확인서를 제출하고 관련 서면에 서명을 하거나 전자본인서명확인서 발급증을 제출하고 관련 서면에 서명을 하면 인감증명서를 제출하고 관련 서면에 인감을 날인한 것으로 봅니다.</td></tr>
</table>

(용지규격 21cm× 29.7cm)

주 ① 이 등기는 학교법인을 대표하는 자인 이사장이 신청한다(비송사건절차법 제67조, 제66조, 상업등기법 제17조 2항).

② 주사무소에는 구사무소소재지를 기재한다.

③ 등기사유에서 (   )안의 내용은 주사무소이전에 정관변경 필요한 경우에 기재하는 내용이다. 주사무소를 이전한 일자는 그 이전결의일이나 주무관청인가일이 아니라 현실로 주사무소를 이전한 일자로 기재할 것이나, 실무에서는 통상 이사회회의록에 기재된 이전일자를 기재한다. 다만, 주무관청의 인가일자가 그보다 늦은 때에는 주무관청의 인가일자를 기재해야 한다.

④ 등기할 사항 중 법인성립연월일은 사무소이전으로 변경되는 것이 아니므로 구사무소 등기부에 기재된 최초의 설립등기일자를 기재한다.

⑤ 인가서 도착연월일은 주사무소이전에 정관변경이 필요한 경우에만 기재한다. 정관변경에 주무관청의 인가를 받아야 하기 때문이다.

⑥ 등록면허세는 본점이전의 신소재지에서 112,500원이나, 대도시 외에서 대도시로 이전하는 때에는 전입을 설립으로 보아 적용한 세율의 3배를 납부하여야 하고, 대도시에서 대도시 외로 이전한 때에는 비과세된다. 지방교육세는 등록면허세액의 100분의 20이다. 조특법, 관세법, 지세법에 의하여 등록면허세가 감면되는 경우 감면세액의 100분의 20의 농특세를 납부하여야 한다. 등기신청수수료는 방문신청시 30,000원을 납부한 대법원 수입증지를 첨부한다. 전자표준양식에 의한 신청의 경우에는 25,000원, 전자신청의 경우에는 20,000원이다.

⑦ 신청서 하단의 주소는 주사무소를 이전한 것을 전제로 신사무소소재지를 기재한다.

⑧ 위임장의 첨부와 대리인의 표시는 대리인에 의하여 신청하는 경우에 한하여 한다.

♣ **【서식】 학교법인 주사무소이전등기신청서**(분사무소소재지에서 신청하는 경우)

<table>
<tr><td colspan="7" align="center">**학교법인 주사무소이전등기신청**</td></tr>
<tr><td rowspan="2">접
수</td><td colspan="2" align="center">년　월　일</td><td rowspan="2">처리인</td><td>등기관 확인</td><td>각종통지</td></tr>
<tr><td colspan="2" align="center">제　　　　호</td><td></td><td></td></tr>
</table>

<table>
<tr><td align="center">명　　칭</td><td>학교법인 ○○학원</td><td>등기번호</td><td>제1000호</td></tr>
<tr><td align="center">주사무소</td><td colspan="3">○○시 ○○구 ○○동 ○</td></tr>
<tr><td align="center">등기의 목적</td><td colspan="3">주사무소 이전등기</td></tr>
<tr><td align="center">등기의 사유</td><td colspan="3">20○○년 ○월 ○일 이사회의 결의에 의하여(20○○년 ○월 ○일 이사회에서 정관변경을 결의하고 20○○년 ○월 ○일 주무관청의 인가를 받아) 20○○년 ○월 ○일 주사무소를 다음 장소로 이전하고 20○○년 ○월 ○일 주사무소소재지 관할등기소에서 그 등기를 하였으므로 그 등기를 구함.</td></tr>
<tr><td align="center">허가서도착연월일</td><td colspan="3">20○○년 ○월 ○일</td></tr>
<tr><td align="center">분사무소</td><td colspan="3">○○시 ○○구 ○○동 ○</td></tr>
<tr><td colspan="4" align="center">등기할 사항</td></tr>
<tr><td colspan="4">주사무소 ○○시 ○○구 ○○동 ○○번지 20○○년 ○월 ○일 이전</td></tr>
<tr><td align="center">기　　타</td><td colspan="3"></td></tr>
</table>

<table>
<tr><td colspan="8" align="center">신청등기소 및 등록면허세/수수료</td></tr>
<tr><td rowspan="2">순번</td><td rowspan="2">신청등기소</td><td rowspan="2">구분</td><td>등록면허세</td><td rowspan="2">농어촌특별세</td><td rowspan="2">세액합계</td><td rowspan="2" colspan="2">등기신청수수료</td></tr>
<tr><td>지방교육세</td></tr>
<tr><td></td><td></td><td></td><td>금　　　　원</td><td rowspan="2">금　　　　원</td><td rowspan="2">금　　　　원</td><td rowspan="2" colspan="2">금　　　　원</td></tr>
<tr><td></td><td></td><td></td><td>금　　　　원</td></tr>
<tr><td></td><td></td><td></td><td></td><td></td><td></td><td colspan="2"></td></tr>
<tr><td colspan="3" align="center">합　　　계</td><td></td><td></td><td></td><td colspan="2"></td></tr>
<tr><td colspan="3" align="center">등기신청수수료 납부번호</td><td colspan="5"></td></tr>
<tr><td colspan="8" align="center">첨　부　서　면</td></tr>
<tr><td colspan="4">
1. 주사무소의 법인등기부등(초)본　　1통
1. 주무관청의 허가서(또는
　　인증있는 허가등본)　　　　　　　1통
</td><td colspan="4">
1. 등록면허세영수필확인서　　　　1통
1. 등기신청수수료영수필확인서　　1통
1. 위임장(대리인이 신청할 경우)　1통
<기 타>
</td></tr>
<tr><td colspan="8">

20○○년 ○월 ○일

신청인 명　　칭　　학교법인 ○○학원
　　　　주사무소　　○○시 ○○구 ○○동 ○○
대표자 성　　명　　이사장 ○ ○ ○ ㊞　　　(전화 :　　　　　)
　　　　주　　소　　○○시 ○○구 ○○동 ○○
대리인 성　　명　　법무사 ○ ○ ○ ㊞　　　(전화 :　　　　　)
　　　　주　　소　　○○시 ○○구 ○○동 ○○

○○지방법원 ○○등기소 귀중

</td></tr>
</table>

- 신청서 작성요령 -

1. 해당란이 부족할 때에는 별지를 이용합니다.
1. 해당 등기신청과 관계없는 사항에 대하여는 "해당없음"으로 기재하거나 삭제하고, 필요한 사항은 추가 기재합니다.
1.「인감증명법」에 따른 인감증명서 제출과 함께 관련 서면에 인감을 날인하여야 하는 경우, 본인서명사실확인서를 제출하고 관련 서면에 서명을 하거나 전자본인서명확인서 발급증을 제출하고 관련 서면에 서명을 하면 인감증명서를 제출하고 관련 서면에 인감을 날인한 것으로 봅니다.

(용지규격 21cm×29.7cm)

[주] ① 주사무소는, 이미 주사무소에서 등기한 사항이므로 신사무소소재지를 기재한다.
② 분사무소는 이 건 등기를 신청하는 당해 등기소관내의 분사무소를 기재한다.
③ 등기사유에서 ( )안의 내용은 주사무소이전에 정관변경이 필요한 경우의 내용이다. 이전일자는 주사무소 등기부에 기재된 이전일자를 기재한다.
④ 인가서 도착연월일은 주사무소이전에 정관변경이 필요한 경우에 한하여 기재한다.
⑤ 등록면허세는 변경등기에 해당하므로 40,200원(지세법 제28조 1항 6호), 지방교육세는 등록면허세의 100분의 20이다. 등기신청수수료는 방문신청시 6,000원을 납부한 대법원 수입증지를 첩부한다. 전자표준양식에 의한 신청시 4,000원, 전자신청시 2,000원이다.
⑥ 분사무소에서는 다른 서면을 첨부할 필요없이 사무소이전등기를 마친 후의 주사무소등기부등(초)본을 첨부한다.
⑦ 신청서 하단의 법인의 주소는, 주사무소를 이전한 후에 분사무소에서 신청하는 것이므로 신사무소소재지를 기재한다.

□ 등기기재례

■ 명칭 . 임원란

본점 ~~서울시 서대문구 홍제동 100번지~~	. . .변경 . . .등기
서울시 서대문구 장안동 100번지	20○○. 1. 3. 변경 20○○. 1. 10.등기 [인]

3. 분사무소의 설치·이전·폐지등기

가. 총 설

법인이 분사무소를 설치한 때에는 주사무소소재지에서는 3주간 내에 분사무소를 설치한 것을 등기하고 그 분사무소소재지에서는 같은 기간 내에 분사무소 설치등기를 하며, 다른 분사무소소재지에서도 같은 기간 내에 그 분사무소를 설치한 것을 등기하여야 한다(사학 제13조, 민 제50조 1항). 또한 주사무소 또는 분사무소의 소재지를 관할하는 등기소의 관할구역 내에 분사무소를 설치한 때에는 위 기간 내에 그 사무소를 설치한 것을 등기한다(사학 제13조, 민 제50조).

분사무소의 신설이 정관변경사항에 해당하는 경우에는 소정의 절차에 의하여 정관을 변경하고 교육부장관에게 보고하여야 한다(사학 제45조).

학교법인이 분사무소를 둔 때에는 그 소재지는 정관의 필요적 기재사항(사학 제10조 1항)이 된다.

분사무소를 설치.이전.폐지함에는 이사정수의 3분의 2 이상의 찬성에 의한 이사회의 의결을 거쳐(사학 제45조) 정관을 변경하고 다시 그 설치.이전.폐지 업무집행을 위한 이사회의 의결을 거쳐야 한다.

다만, 정관상 분사무소소재지의 기재가 최소행정구역까지만 표시된 경우, 동일한 행정구역 내에서 분사무소를 이전하는 데에는 정관의 변경절차를 필요로 하지 않는다.

동일한 행정구역 내의 동일한 번지 내에 분사무소로서의 실체를 갖춘 2개 이상의 분사무소가 설치되었다면 그 각 분사무소의 설치등기신청을 할 수 있다(등기선례 2-723). 분사무소설치.이전.폐지의 등기는 제3자에 대한 대항요건이므로(사학 제13조, 민 제54조). 분사무소설치 등에 관한 등기가 없이는 그 분사무소와 설치등기로서 제3자에게 대항하지 못한다.

종래에는 민법 제50조에 의하여 분사무소에서 등기사항도 주사무소의 등기사항과 동일하였으나, 법인등의등기사항에관한특례법의 제정으로 분사무소에서의 등기사항이 특정되고 분사무소의 등기사항은 당해 분사무소에서만 등기하도록(동법 제3조) 되었으므로 분사무소의 설치.이전.폐지도 당해 분사무소에서만 등기하면 된다.

나. 등기절차

1) 등기신청인

이 등기는 이사장이 신청해야 한다(비송사건절차법 제67조, 상업등기법 제23조). 임시이사가 위 등기를 신청할 때에는 등기신청서에 신청인의 자격을 증명하는 서면을 첨부하여야 하고(비송사건절차법 제67조, 제64조 2항), 대리인에 의하여 신청할 때에는 신청서에 그 권한을 증명하는 서면을 첨부하여야 한다(비송사건절차법 제67조, 제66조, 민법법인 및 특수법인 등기규칙 제6조, 상업등기규칙 제52조).

2) 등기기간

등기기간은 분사무소를 실제로 설치.이전.폐지한 때로부터 3주간 내이다(사학 제13조, 민 제50조 내지 제52조).

등기기간의 기산은 주무관청의 허가를 필요로 하지 아니하는 경우에는 분사무소를 현실로 설치한 날로부터, 주무관청의 허가가 필요한 경우에는 그 허가서가 도달한 날로부터 하며(사학 제13조, 민 제53조), 민법의 기간계산방법에 따라 그 익일부터 계산한다(민 제157조).

등기에 관청의 허가를 요하는 경우에는 그 허가서가 도착한날부터 등기기간을 기산하므로, 분사무소의 설치.이전.폐지에 정관변경을 요하는 경우에는 실제로 분사무소를 설치.이전.폐지한 이자와 정관변경에 관한 관청의 허가서가 도착한 일자 중 늦은 쪽을 기준으로 하여 등기기간을 기산한다(사학 제13조, 민 제53조).

3) 등기사항

학교법인의 등기사항에는 상법 제10조의 지배인과 같은 재판상 및 재판외의 법인의 권한을 행사할 수 있는 대리인이나 지배인이 존재하지 아니하고, 그 준용규정이 있는 민법에서도 이에 대한 사항이 없어 등기사항이 될 수 없으므로 분사무소에서의 등기사항도 당연히 상사법인의 지배인과 같은 대리인은 등기할 수 없다.

그리고 법인의 명칭을 표시하는 때에는 명칭의 말미에 '분사무소'라고 부기하여야 한다(민법법인 및 특수법인 등기규칙 제6조, 상업등기규칙 제102조).

(가) 분사무소설치의 경우

주사무소소재지에서는 '신설분사무소 소재지와 그 설치연월일'을, 당해 신설분사무소소재지에서는 '주사무소 소재지에서 등기한 사항 중 분사무소에서 등기할 현재 효력 있는 등기사항과 법인성립연월일 및 당해 분사무소 설치연월일'을 등기하고 등기관이 등기관의 식별부호를 기록하여야 한다(비송사건절차법 제66조, 상업등기법 제54조, 민법법인 및 특수법인 등기규칙 제6조, 상업등기규칙 제55조).

법인의 성립연월일과 당해 분사무소의 설치연월일은 등기기록 중 등기기록의 개설사유와 연월일란에 기재하여야 한다(민법법인 및 특수법인 등기규칙 제6조, 상업등기규칙 제115조).

다만, 법인설립과 동시에 설치한 분사무소소재지에서 등기할 때에는 당해 분사무소설치연월일은 법인성립연월일과 같은 일자이므로 그를 따로 기재하지 아니한다.

(나) 분사무소이전의 경우

주사무소와 이전한 당해 분사무소의 구소재지에서는 '이전한 당해 분사무소의 신소재지와 그 이전연월일'을, 신소재지에서는 '주사무소소재지에서 등기한 사항 중 분사무소에서 등기할 현재 효력 있는 등기사항과 당해 분사무소 이전연월일 및 법인성립연월일'을 등기하고 등기관이 등기관의 식별부호를 기록하여야 한다(비송사건절차법 제66조, 상업등기법 제57조, 민법법인 및 특수법인 등기규칙 제6조, 상업등기규칙 제55조).

법인의 성립연월일과 당해 분사무소의 설치연월일은 등기기록 중 등기기록의 개설사유와 연월일란에 기재하여야 한다(민법법인 및 특수법인 등기규칙 제6조, 상업등기규칙 제115조).

(다) 분사무소폐지의 경우

분사무소폐지의 등기는 주사무소소재지에서는 '폐지한 분사무소와 그 폐지의 취지 및 연월일'을 폐지한 당해 분사무소소재지에서는 '분사무소폐지의 취지와 그 연월일'을 기재하고 등기관이 등기관의 식별부호를 기록하여야 한다(민법법인 및 특수법인 등기규칙 제6조, 상업등기규칙 제55조).

4) 첨부서면

분사무소의 설치.이전.폐지 등에 따른 정관변경을 결의한 이사회회의록과 정관변경에 관한 주무관청의 인가서나 그 인증 있는 등본을 첨부해야 한다(사학령 제7조). 그리고 분사무소의 설치.이전.폐지 업무집행사항을 결정한 이사회회의록도 첨부해야 할 것이다.

법인의 분사무소설치.이전.폐지의 등록세는 40,200원이나, 법인이 분사무소를 대도시에 설치한 경우에는 등록세가 3배 중과된다(지세법 제28조 2항).

법인의 분사무소를 수도권정비계획법 제6조의 규정에 의한 과밀억제권역 안의 대도시에서 당해 대도시 외로 이전하는 경우에는 등록면허세를 면제한다(지방세특례제한법 제79조 2항).

조세특례제한법, 지방세법, 관세법에 의하여 등록면허세가 감면되는 경우에 그 감면세액의 100분의 20의 농어촌특별세를 납부하여야 하나(농특세법 제5조), 이 농어촌특별세도 감면 또는 면제되는 경우가 있다(농특세법 제4조).

등기신청수수료는 방문신청시 6,000원(전자표준양식에 의한 신청의 경우에는 4,000원, 전자신청의 경우에는 2,000원)이다. 그러나 명칭, 주사무소, 이사 변경등기를 하나의 신청서로 신청할 경우에는 각각의 수수료 6,000원씩(전자표준양식에 의한 신청의 경우에는 4,000원, 전자신청의 경우에는 2,000원씩)을 합산하여야 한다.

5) 등기의 신청

♣ **【서식】** 학교법인 분사무소설치등기신청서(법인설립과 동시에 분사무소를 설치한 경우)

<table>
<tr><td colspan="6" align="center">학교법인 분사무소설치등기신청</td></tr>
<tr><td rowspan="2">접
수</td><td colspan="2" align="center">년   월   일</td><td rowspan="2" align="center">처리인</td><td align="center">등기관 확인</td><td align="center">각종통지</td></tr>
<tr><td colspan="2" align="center">제   호</td><td></td><td></td></tr>
</table>

<table>
<tr><td align="center">명　　칭</td><td>학교법인 ○○학원</td><td align="center">등기번호</td><td>제1000호</td></tr>
<tr><td align="center">주사무소</td><td colspan="3">○○시 ○○구 ○○동 ○</td></tr>
<tr><td align="center">등기의 목적</td><td colspan="3">분사무소 이전등기</td></tr>
<tr><td align="center">등기의 사유</td><td colspan="3">학교법인을 설립하기 위하여 정관을 작성하고 20○○년 ○월 ○일 주무관청의 허가를 받아 같은 해 ○월 ○○일 주사무소소재지 관할 등기소에서 설립등기를 하였으므로, 분사무소소재지인 이 등기소에서 다음 사항의 등기를 구함.</td></tr>
<tr><td align="center">허가서도착연월일</td><td colspan="3">20○○년 ○월 ○일</td></tr>
<tr><td align="center">분사무소</td><td colspan="3">○○시 ○○구 ○○동 ○</td></tr>
<tr><td colspan="4" align="center">등기할 사항</td></tr>
<tr><td colspan="4">명칭 학교법인 ○○학원
주사무소 ○○시 ○○구 ○○동 ○○번지
분사무소 ○○시 ○○구 ○○동 ○○번지
목적 1. ○○○○
　　　1. ○○○○
　　　1. ○○○○
존립시기 또는 해산사유 ○○○○○
이사장의 성명, 주소와 주민등록번호
　　　○　○　○
　　　（　　-　　）
　　　　○○시 ○○구 ○○동 ○○번지
법인성립연월일 20○○년 ○월 ○일</td></tr>
<tr><td align="center">기　타</td><td colspan="3"></td></tr>
</table>

등록면허세	금	원	지방교육세	금	원	농어촌특별세	금	원
세 액 합 계	금		원	등기신청수수료	금			원
등기신청수수료 납부번호								

첨　부　서　면

1. 주사무소의 법인등기부등(초)본　　1통 1. 주무관청의 허가서(또는 　　인증있는 허가등본)　　　　　1통	1. 등록면허세영수필확인서　　　　1통 1. 등기신청수수료영수필확인서　　1통 1. 위임장(대리인이 신청할 경우)　1통 　　　　　<기 타>

20○○년 ○월 ○일

```
신청인 명    칭    학교법인 ○○학원
       주사무소   ○○시 ○○구 ○○동 ○○
대표자 성    명    이사장 ○ ○ ○ ㊞       (전화 :    )
       주    소    ○○시 ○○구 ○○동 ○○
대리인 성    명    법무사 ○ ○ ○ ㊞       (전화 :    )
       주    소    ○○시 ○○구 ○○동 ○○
```

○○지방법원 ○○등기소 귀중

- 신청서 작성요령 -

1. 해당란이 부족할 때에는 별지를 이용합니다.
1. 해당 등기신청과 관계없는 사항에 대하여는 "해당없음"으로 기재하거나 삭제하고, 필요한 사항은 추가 기재합니다.
1. 「인감증명법」에 따른 인감증명서 제출과 함께 관련 서면에 인감을 날인하여야 하는 경우, 본인서명사실확인서를 제출하고 관련 서면에 서명을 하거나 전자본인서명확인서 발급증을 제출하고 관련 서면에 서명을 하면 인감증명서를 제출하고 관련 서면에 인감을 날인한 것으로 봅니다.

(용지규격 21cm×29.7cm)

주 ① 이 등기는 법인을 대표하는 자인 이사장이 신청한다.
② 이 등기는 당해 분사무소소재지에서 최초에 하는 등기이므로 등기번호는 기재하지 아니한다.
③ 등기사유란에 기재하는 사항으로서 명칭 이하의 사항은 주사무소소재지에서 설립등기한 사항과 동일하게 기재하며, 법인성립연월일은 주사무소소재지에서 설립등기한 일자를 기재한다.
④ 등록면허세는 40,200원이나, 대도시에 분사무소를 설치한 때에는 그 3배를 가산한다(지세법 제28조 2항). 조특법 및 관세법, 지세법에 의하여 등록면허세가 감면되는 경우 그 감면세액의 100분의 20의 농어촌특별세를 납부하여야 한다(다만, 이것도 면제되는 경우가 있다). 지방교육세는 등록면허세액의 100분의 20이며, 등기신청 수수료는 방문신청시 6,000원이다. 전자표준양식에 의한 신청의 경우에는 4,000원, 전자신청의 경우에는 2,000원이다.
⑤ 첨부서류 중 법인등기부등본은 주사무소소재지에서 설립등기를 마친 후의 주사무소의 등기부등본이다.

□ 등기기재례

■ 명칭, 임원란

법인성립연월일	20○○년 1월 2일
등기용지개설의 사유 및 연월일	분사무소 설치 20○○년 1월 10일 등기

■ 기타사항란

1. 분사무소   서울 강남구 역삼동 1번지

주 분사무소소재지에서는 주사무소와 분사무소의 등기용지가 다르므로 새로운 분사무소 등기용지를 개설하여 각 상당란에 등기사항을 기재하고 임원.명칭란과 기타사항란에 위와 같이 기재한다.

♣ 【서식】 학교법인 분사무소설치등기신청서

(법인설립후 분사무소설치시 주사무소소재지에서 신청하는 경우)

<table>
<tr><td colspan="6" align="center">학교법인 분사무소설치등기신청</td></tr>
<tr><td rowspan="2">접
수</td><td colspan="2" align="center">년   월   일</td><td rowspan="2" align="center">처리인</td><td align="center">등기관 확인</td><td align="center">각종통지</td></tr>
<tr><td colspan="2" align="center">제   호</td><td></td><td></td></tr>
</table>

<table>
<tr><td align="center">명   칭</td><td>학교법인 ○○학원</td><td align="center">등기번호</td><td>제1000호</td></tr>
<tr><td align="center">주사무소</td><td colspan="3">○○시 ○○구 ○○동 ○</td></tr>
<tr><td align="center">등기의 목적</td><td colspan="3">분사무소 설치등기</td></tr>
<tr><td align="center">등기의 사유</td><td colspan="3">20○○년 ○월 ○일 이사회에서 분사무소 설치를 위한 정관변경을 결의하고 20○○년 ○월 ○일 주무관청의 인가를 받아 20○○년 ○월 ○일 다음 장소에 분사무소를 설치하였으므로 그 등기를 구함.</td></tr>
<tr><td align="center">허가서도착연월일</td><td colspan="3">20○○년 ○월 ○일</td></tr>
<tr><td colspan="4" align="center">등기할 사항</td></tr>
<tr><td colspan="4">분사무소 ○○시 ○○구 ○○동 ○○번지 20○○년 ○월 ○일 설치</td></tr>
<tr><td align="center">기   타</td><td colspan="3"></td></tr>
</table>

등록면허세	금 원	지방교육세	금 원	농어촌특별세	금 원
세 액 합 계	금 원		등기신청수수료	금 원	
등기신청수수료 납부번호					

첨   부   서   면

1. 이사회회의록 1통 1. 주무관청의 허가서(또는 　 인증있는 허가등본) 1통	1. 등록면허세영수필확인서 1통 1. 등기신청수수료영수필확인서 1통 1. 위임장(대리인이 신청할 경우) 1통 　　　　<기 타>

20○○년 ○월 ○일

신청인 명   칭   학교법인 ○○학원
　　　　주사무소   ○○시 ○○구 ○○동 ○○
대표자 성   명   이사장 ○ ○ ○ ㉙   (전화 :   )
　　　　주   소   ○○시 ○○구 ○○동 ○○
대리인 성   명   법무사 ○ ○ ○ ㉙   (전화 :   )
　　　　주   소   ○○시 ○○구 ○○동 ○○

○○지방법원 ○○등기소 귀중

- 신청서 작성요령 -

1. 해당란이 부족할 때에는 별지를 이용합니다.
1. 해당 등기신청과 관계없는 사항에 대하여는 "해당없음"으로 기재하거나 삭제하고, 필요한 사항은 추가 기재합니다.
1.「인감증명법」에 따른 인감증명서 제출과 함께 관련 서면에 인감을 날인하여야 하는 경우, 본인서명사실확인서를 제출하고 관련 서면에 서명을 하거나 전자본인서명확인서 발급증을 제출하고 관련 서면에 서명을 하면 인감증명서를 제출하고 관련 서면에 인감을 날인한 것으로 봅니다.

(용지규격 21㎝×29.7㎝)

주

① 이 등기는 법인을 대표하는 자인 이사장이 신청한다.

② 분사무소설치일자는 그 설치결의인가나 주무관청인가의 일자가 아니라 현실로 분사무소를 설치한 일자로 기재해야 할 것이나 실무에서는 통상 분사무소 설치의 업무집행결정을 위한 이사회회의록에 기재된 설치일자를 기재한다.

③ 등록면허세는 변경등기의 등록면허세인 40,200원(지세법 제28조 1항 6호), 지방교육세는 등록면허세액의 100분의 20이다. 이는 변경등기에 해당하므로 대도시의 경우에도 3배 가산은 되지 아니한다.
조특법 및 관세법, 지세법에 의하여 등록면허세가 감면되는 경우 그 감면세액의 100분의 20의 농어촌특별세를 납부하여야 하고(다만, 이것도 면제되는 경우가 있다), 등기신청 수수료는 방문신청시 6,000원의 대법원수입증지를 첨부하여야 한다. 전자표준양식에 의한 신청의 경우에는 4,000원, 전자신청의 경우에는 2,000원이다.

④ 첨부서류 중 이사회회의록은 분사무소설치에 따른 정관변경을 결의한 이사회회의록과 그 설치 업무집행을 위한 이사회회의록을 첨부해야 한다. 이 회의록은 공증인의 인증대상에서 제외된다.

⑤ 위임장에는 '20○○년 ○월 ○일 ○○시 ○○구 ○○동 ○○번지에 분사무소를 설치하였으므로 그 등기신청에 관한 일체의 행위'라는 내용을 기재한다.

⑥ 위임장의 첨부와 대리인의 표시는 대리인에 의하여 신청하는 경우에 한하여 한다.

♣ **【서식】** 학교법인 분사무소설치등기신청서(신설분사무소소재지에서 신청하는 경우)

학교법인 분사무소설치등기신청

접수	년　월　일	처리인	등기관 확인	각종통지
	제　　　　호			

명　　칭	학교법인 ○○학원	등기번호	제1000호

주사무소	○○시 ○○구 ○○동 ○
등기의 목적	분사무소 설치등기
등기의 사유	20○○년 ○월 ○일 이사회에서 정관변경을 결의하고 20○○년 ○월 ○일 주무관청의 인가를 받아 20○○년 ○월 ○일○○시 ○○구 ○○동 ○○번지에 분사무소를 설치하고, 20○○년 ○월 ○일 주사무소소재지 관할등기소에서 그 등기를 하였으므로 이 등기소에서 다음 사항의 등기를 구함.
허가서도착연월일	20○○년 ○월 ○일
분사무소	○○시 ○○구 ○○동 ○

등기할 사항

명　　칭　학교법인 ○○학원
사　무　소　○○시 ○○구 ○○동 ○○번지
분사무소　○○시 ○○구 ○○동 ○○번지
목적　1. ○○○○
　　　1. ○○○○
이사장의 성명, 주소와 주민등록번호
　　이사장　○　　○　　○
　　（　　－　　）
　　　　○○시 ○○구 ○○동 ○○번지
분사무소설치연월일　20○○년 ○월 ○일
법인성립연월일　20○○년 ○월 ○일

기　　타	

등록면허세	금 원	지방교육세	금 원	농어촌특별세	금 원
세 액 합 계	금 원	등기신청수수료	금 원		
등기신청수수료 납부번호					
첨 부 서 면					
1. 주사무소의 법인등기부등(초)본 1통 1. 주무관청의 허가서(또는 인증있는 허가등본) 1통			1. 등록면허세영수필확인서 1통 1. 등기신청수수료영수필확인서 1통 1. 위임장(대리인이 신청할 경우) 1통 <기 타>		

20○○년 ○월 ○일

신청인 명 칭 학교법인 ○○학원
주사무소 ○○시 ○○구 ○○동 ○○
대표자 성 명 이사장 ○ ○ ○ ㊞ (전화 :)
주 소 ○○시 ○○구 ○○동 ○○
대리인 성 명 법무사 ○ ○ ○ ㊞ (전화 :)
주 소 ○○시 ○○구 ○○동 ○○

○○지방법원 ○○등기소 귀중

- 신청서 작성요령 -

1. 해당란이 부족할 때에는 별지를 이용합니다.
1. 해당 등기신청과 관계없는 사항에 대하여는 “해당없음”으로 기재하거나 삭제하고, 필요한 사항은 추가 기재합니다.
1. 「인감증명법」에 따른 인감증명서 제출과 함께 관련 서면에 인감을 날인하여야 하는 경우, 본인서명사실확인서를 제출하고 관련 서면에 서명을 하거나 전자본인서명확인서 발급증을 제출하고 관련 서면에 서명을 하면 인감증명서를 제출하고 관련 서면에 인감을 날인한 것으로 봅니다.

(용지규격 21㎝×29.7㎝)

주 ① 이 등기는 최초로 분사무소설치등기를 하는 것이므로 등기번호를 기재하지 아니한다.

② 분사무소의 표시는, 수개의 분사무소를 설치한 경우라 할지라도 같은 관내에는 한 등기부에 기재하므로 이 건 등기를 신청하는 당해 등기소관내의 대표되는 분사무소 중 하나만을 기재하면 족하다.

③ 사무소설치연월일은 주사무소의 등기부에 기재된 설치연월일을 기재하고 등기할 사항란에 기재하는 사항으로서 명칭 이하의 사항은 주사무소소재지에서 등기한 사항 중 현재 효력있는 분사무소의 등기사항을 기재한다.

④ 등기할 사항 중 법인성립연월일은 주사무소등기부에 기재된 최초의 설립등기일자를 기재하며, 이는 주사무소이전시에도 변경되지 아니한다.

⑤ 분사무소설치에 대한 등록면허세인 40,200원이나, 대도시에 설치한 분사무소를 설치한 경우에는 그 3배를 가산한다(지세법 제28조 1항 6호, 2항).

조특법 및 관세법, 지세법에 의하여 등록면허세가 감면되는 경우 그 감면세액의 100분의 20의 농어촌특별세를 납부하여야 한다(다만, 이것도 면제되는 경우가 있다). 지방교육세는 등록면허세액의 100분의 20이며, 등기신청 수수료는 방문신청시 6,000원이다. 전자표준양식에 의한 신청의 경우에는 4,000원, 전자신청의 경우에는 2,000원이다.

⑥ 첨부서류 중 법인등기부등본은 분사무소설치등기를 마친 후의 주사무소의 등기부등본이다.

□ 등기기재례

■ 명칭·임원란

법인성립연월일	20○○년 12월 20일
등기용지개설의 사유 및 연월일	20○○년 1월 30일 분사무소설치 2007년 1월 15일 등기

■ 기타사항란

1. 분사무소	서울시 강남구 역삼동 1번지

주 신설하는 분사무소에 대하여 등기용지를 개설하여 각 상당란에 등기사항을 기재하고 명칭·임원란과 기타사항란에 위와 같이 기재한다.

♣ 【서식】 학교법인 분사무소이전등기신청서(주사무소소재지에서 신청하는 경우)

<table>
<tr><td colspan="5" align="center">학교법인 분사무소이전등기신청</td></tr>
<tr><td rowspan="2">접
수</td><td align="center">년   월   일</td><td rowspan="2">처리인</td><td>등기관 확인</td><td>각종통지</td></tr>
<tr><td align="center">제   호</td><td></td><td></td></tr>
</table>

명 칭	학교법인 ○○학원	등기번호	제1000호
주사무소	○○시 ○○구 ○○동 ○		
등기의 목적	분사무소 이전등기		
등기의 사유	20○○년 ○월 ○일 이사회의 결의에 의하여 (20○○년 ○월 ○일 이사회에서 정관변경을 결의하고(20○○년 ○월 ○일 주무관청의 인가를 받아), 20○○년 ○월 ○일 ○○시 ○○구 ○○동 ○○번지의 분사무소를 다음 장소로 이전하였으므로 그 등기를 구함.		
허가서도착연월일	20○○년 ○월 ○일		

<table>
<tr><td colspan="2" align="center">등기할 사항</td></tr>
<tr><td colspan="2">분사무소 ○○시 ○○구 ○○동 ○○번지 20○○년 ○월 ○일 이전</td></tr>
<tr><td>기   타</td><td></td></tr>
</table>

등록면허세	금 원	지방교육세	금 원	농어촌특별세	금 원
세 액 합 계	금 원		등기신청수수료	금 원	
등기신청수수료 납부번호					

첨 부 서 면	
1. 이사회회의록 1통 1. 주무관청의 허가서(또는 인증있는 허가등본) 1통	1. 등록면허세영수필확인서 1통 1. 등기신청수수료영수필확인서 1통 1. 위임장(대리인이 신청할 경우) 1통 <기 타>

20○○년 ○월 ○일

신청인 명 칭 학교법인 ○○학원

주사무소 ○○시 ○○구 ○○동 ○○

대표자 성 명 이사장 ○ ○ ○ [인] (전화 :)

주 소 ○○시 ○○구 ○○동 ○○

대리인 성 명 법무사 ○ ○ ○ [인] (전화 :)

주 소 ○○시 ○○구 ○○동 ○○

○○지방법원 ○○등기소 귀중

- 신청서 작성요령 -

1. 해당란이 부족할 때에는 별지를 이용합니다.
1. 해당 등기신청과 관계없는 사항에 대하여는 "해당없음"으로 기재하거나 삭제하고, 필요한 사항은 추가 기재합니다.
1. 「인감증명법」에 따른 인감증명서 제출과 함께 관련 서면에 인감을 날인하여야 하는 경우, 본인서명사실확인서를 제출하고 관련 서면에 서명을 하거나 전자본인서명확인서 발급증을 제출하고 관련 서면에 서명을 하면 인감증명서를 제출하고 관련 서면에 인감을 날인한 것으로 봅니다.

(용지규격 21㎝×29.7㎝)

주 ① 등기사유에서 (   )안의 내용은 분사무소이전에 정관변경이 필요한 경우의 내용이다. 분사무소 이전일자는 그 이전결의일이나 주무관청의 인가일이 아니라, 현실로 분사무소를 이전한 일자로 기재할 것이나 실무에서는 통상 이전업무집행을 위한 이사회회의록에 기재된 이전일자를 기재한다. 다만, 주무관청의 인가일자가 그보다 늦은 때에는 주무관청의 인가일자를 기재해야 한다.

② 인가서 도착연월일은 분사무소이전에 정관변경이 필요한 경우에 한하여 기재한다.

③ 등록면허세는 일반 변경등기의 등록세인 40,200원(지세법 제28조 1항 6호)이다. 조특법 및 관세법, 지세법에 의하여 등록면허세가 감면되는 경우 그 감면세액의 100분의 20의 농어촌특별세를 납부하여야 한다(다만, 이것도 면제되는 경우가 있다). 지방교육세는 등록면허세액의 100분의 20이며, 등기신청 수수료는 방문신청시 6,000원이다. 전자표준양식에 의한 신청의 경우에는 4,000원, 전자신청의 경우에는 2,000원이다.

④ 분사무소이전에 정관변경이 필요한 경우에는 정관변경을 위한 이사회회의록 및 주무관청의 인가서와 이전일자 등 이전업무 집행사항결정을 위한 이사회회의록을 첨부해야 하나, 정관변경이 필요없는 경우에는 이전장소와 이전일자결정을 위한 이사회회의록만 첨부하면 된다. 이의 회의록은 공증인의 인증을 받지 않아도 된다.

⑤ 위임장에는 '20○○년 ○월 ○일 ○○시 ○○구 ○○동 ○○번지의 분사무소를 ○○시 ○○구 ○○동 ○○번지로 이전하였으므로 그 등기신청에 관한 일체의 행위'라는 내용을 기재한다.

♣ **【서식】학교법인 분사무소이전등기신청서**(신분사무소소재지에서 신청하는 경우)

학교법인 분사무소이전등기신청

접 수	년　　월　　일	처리인	등기관 확인	각종통지
	제　　　　호			

명　　칭	학교법인 ○○학원	등기번호	제1000호
주사무소	○○시 ○○구 ○○동 ○		
등기의 목적	분사무소 이전등기		
등기의 사유	20○○년 ○월 ○일 이사회에서 정관변경을 결의하고 20○○년 ○월 ○일 주무관청의 인가를 받아 20○○년 ○월 ○일○○시 ○○구 ○○동 ○○번지에 분사무소를 설치하고, 20○○년 ○월 ○일 주사무소소재지 관할등기소에서 그 등기를 하였으므로 이 등기소에서 다음 사항의 등기를 구함.		
허가서도착연월일	20○○년　○월 ○일		
분사무소	○○시 ○○구 ○○동 ○		

등기할 사항

명칭　학교법인 ○○학원
주사무소　○○시 ○○구 ○○동 ○○번지
분사무소　○○시 ○○구 ○○동 ○○번지
목적　1. ○○○○
　　　1. ○○○○
이사장의 성명, 주소와 주민등록번호
　　　이사장　○　　○　　○
　　　（　　-　　）
　　　　○○시 ○○구 ○○동 ○○번지
이전연월일　20○○년 ○월 ○일
법인성립연월일　20○○년 ○월 ○일

기　　타	

등록면허세	금 원	지방교육세	금 원	농어촌특별세	금 원
세 액 합 계	금 원		등기신청수수료	금 원	
등기신청수수료 납부번호					

첨　부　서　면

1. 주사무소의 법인등기부등(초)본　　1통 1. 주무관청의 허가서(또는 　　인증있는 허가등본)　　　　　　1통	1. 등록면허세영수필확인서　　　　1통 1. 등기신청수수료영수필확인서　　1통 1. 위임장(대리인이 신청할 경우)　1통 　　<기 타>

20○○년 ○월 ○일

신청인　명　　칭　　　학교법인 ○○학원
　　　　　주사무소　　　○○시 ○○구 ○○동 ○○
대표자　성　　명　　　이사장 ○ ○ ○ ㊞　　　(전화 :　　　)
　　　　　주　　소　　　○○시 ○○구 ○○동 ○○
대리인　성　　명　　　법무사 ○ ○ ○ ㊞　　　(전화 :　　　)
　　　　　주　　소　　　○○시 ○○구 ○○동 ○○

○○지방법원 ○○등기소 귀중

- 신청서 작성요령 -

1. 해당란이 부족할 때에는 별지를 이용합니다.
1. 해당 등기신청과 관계없는 사항에 대하여는 "해당없음"으로 기재하거나 삭제하고, 필요한 사항은 추가 기재합니다.
1.「인감증명법」에 따른 인감증명서 제출과 함께 관련 서면에 인감을 날인하여야 하는 경우, 본인서명사실확인서를 제출하고 관련 서면에 서명을 하거나 전자본인서명확인서 발급증을 제출하고 관련 서면에 서명을 하면 인감증명서를 제출하고 관련 서면에 인감을 날인한 것으로 봅니다.

(용지규격 21cm×29.7cm)

주 ① 등기사유에서 (　)안의 내용은 분사무소이전에 정관변경이 필요한 경우의 내용이다. 분사무소 이전일자는 주사무소등기부에 기재된 이전일자를 기재하고 명칭 이하의 사항은 주사무소에서 등기한 사항 중 현재 효력있는 사항과 동일하게 기재한다.
② 등기할 사항 중 법인성립연월일은 주사무소등기부에 기재된 최초의 설립등기일자를 기재한다. 이는 주사무소이전시에도 변경되지 아니한다.
③ 인가서 도착연월일은 분사무소이전에 정관변경이 필요한 경우에 한하여 기재한다.
④ 등록면허세는 일반변경등기의 등록세인 40,200원이나, 대도시에서 대도시 외로 이전한 때에는 비과세한다. 조특법 및 관세법, 지세법에 의하여 등록면허세가 감면되는 경우 그 감면세액의 100분의 20의 농어촌특별세를 납부하여야 한다(다만, 이것도 면제되는 경우가 있다). 지방교육세는 등록면허세액의 100분의 20이며, 등기신청 수수료는 방문신청시 6,000원이다. 전자표준양식에 의한 신청의 경우에는 4,000원, 전자신청의 경우에는 2,000원이다.
⑤ 첨부서류 중 법인등기부등본은 분사무소이전등기를 마친 후의 주사무소의 등기부등본을 첨부한다.

□ 등기기재례

■ 명칭 · 임원란

법인성립연월일	20○○년　12월　20일
등기용지개설의 사유 및 연월일	20○○년　1월　3일 서울　강남구 역삼동 1로
부터 분사무소 이전	20○○년 1월 10일 등기

■ 기타사항란

1. 분사무소	서울시 강동구 천호동 1번지

주 ① 신분사무소소재지 관내에 주사무소나 다른 분사무소가 없는 경우의 기재례로서, 이때에는 새로운 등기용지를 개설하여 각 상당란에 분사무소에서 등기할 사항을 등기하여야 한다.
② 신분사무소소재지에 주사무소나 다른 분사무소가 있는 때에는 신등기용지를 개설하지 아니하고 그 등기용지의 기타사항란 또는 분사무소란에 분사무소이전의 뜻, 이전연월일과 등기연월일을 기재한다.

♣ 【서식】 학교법인 분사무소이전등기신청서(신분사무소소재지에서 신청하는 경우)

<table>
<tr><td colspan="5" align="center">학교법인 분사무소이전등기신청</td></tr>
<tr><td rowspan="2">접
수</td><td align="center">년　월　일</td><td rowspan="2" align="center">처리인</td><td align="center">등기관 확인</td><td align="center">각종통지</td></tr>
<tr><td align="center">제　　　　호</td><td></td><td></td></tr>
</table>

<table>
<tr><td align="center">명　　칭</td><td>학교법인 ○○학원</td><td align="center">등기번호</td><td>제1000호</td></tr>
<tr><td align="center">주사무소</td><td colspan="3">○○시 ○○구 ○○동 ○</td></tr>
<tr><td align="center">등기의 목적</td><td colspan="3">분사무소 이전등기</td></tr>
<tr><td align="center">등기의 사유</td><td colspan="3">20○○년 ○월 ○일 이사회의 결의에 의하여(20○○년 ○월 ○일 이사회에서 정관변경을 결의하고 20○○년 ○월 ○일 주무관청의 인가를 받아) 20○○년 ○월 ○일○○시 ○○구 ○○동 ○○번지의 분사무소를 다음 장소로 이전하고 20○○년 ○월 ○일 주사무소소재지 관할등기소에서 그 등기를 하였으므로 이 등기소에서 그 등기를 구함.</td></tr>
<tr><td align="center">허가서도착연월일</td><td colspan="3">20○○년 ○월 ○일</td></tr>
<tr><td align="center">분사무소</td><td colspan="3">○○시 ○○구 ○○동 ○</td></tr>
<tr><td colspan="4" align="center">등기할 사항</td></tr>
<tr><td colspan="4">분사무소　○○시 ○○구 ○○동 ○○번지　20○○년 ○월 ○일 이전</td></tr>
<tr><td align="center">기　　타</td><td colspan="3"></td></tr>
</table>

등록면허세	금 원	지방교육세	금 원	농어촌특별세	금 원
세 액 합 계	금 원		등기신청수수료	금 원	
등기신청수수료 납부번호					

첨　부　서　면

1. 주사무소의 법인등기부등(초)본　　　1통 1. 주무관청의 허가서(또는 　　인증있는 허가등본)　　　1통	1. 등록면허세영수필확인서　　　1통 1. 등기신청수수료영수필확인서　　　1통 1. 위임장(대리인이 신청할 경우)　　　1통 　　<기 타>

20○○년 ○월 ○일

신청인 명　　칭　　　학교법인 ○○학원
　　　　주사무소　　　○○시 ○○구 ○○동 ○○
대표자 성　　명　　　이사장 ○ ○ ○ ㊞　　　(전화 :　　)
　　　　주　　소　　　○○시 ○○구 ○○동 ○○
대리인 성　　명　　　법무사 ○ ○ ○ ㊞　　　(전화 :　　)
　　　　주　　소　　　○○시 ○○구 ○○동 ○○

○○지방법원 ○○등기소 귀중

- 신청서 작성요령 -

1. 해당란이 부족할 때에는 별지를 이용합니다.
1. 해당 등기신청과 관계없는 사항에 대하여는 "해당없음"으로 기재하거나 삭제하고, 필요한 사항은 추가 기재합니다.
1.「인감증명법」에 따른 인감증명서 제출과 함께 관련 서면에 인감을 날인하여야 하는 경우, 본인서명사실확인서를 제출하고 관련 서면에 서명을 하거나 전자본인서명확인서 발급증을 제출하고 관련 서면에 서명을 하면 인감증명서를 제출하고 관련 서면에 인감을 날인한 것으로 봅니다.

(용지규격 21cm×29.7cm)

주 ① 등기사유에서 (   )안의 내용은 분사무소이전에 정관변경이 필요한 경우의 내용이다. 분
　　사무소 이전일자는 주사무소등기부에 기재된 이전일자를 기재한다.
② 인가서 도착연월일은 분사무소이전에 정관변경이 필요한 경우에 한하여 기재한다.
③ 등록면허세는 일반변경등기의 등록면허세인 40,200원(지세법 제28조 1항 6호)이며, 지
　　방교육세는 등록면허세액의 100분의 20이고, 등기신청 수수료는 방문신청시 6,000원이
　　고, 전자표준양식에 의한 신청의 경우 4,000원, 전자신청의 경우 2,000원이다.
④ 첨부서류 중 (1)법인등기부등본은 분사무소설치등기를 마친 후의 주사무소의 등기부등초
　　본을 첨부한다.

□ 등기기재례

■ 기타사항란

1. 분사무소　서울시 강남구 역삼동 1번지
1. 서울시 강동구 천호동 3번지
20○○년 1월 3일 서울 강남구 역삼동 1의 분사무소 이전
20○○년 1월 10일 등기 동일폐쇄

주 구 분사무소소재지 관내에 주사무소 또는 다른 분사무소가 없는 경우의 기재례이다. 다른분
　사무소가 있는 때에는 분사무소 이전의 사유면을 기재하고 등기용지를 폐쇄하지 아니한다.

♣ **【서식】** 학교법인 분사무소폐지등기신청서(주사무소소재지에서 신청하는 경우)

<table>
<tr><td colspan="5" align="center">학교법인 분사무소폐지등기신청</td></tr>
<tr><td rowspan="2">접
수</td><td colspan="2" align="center">년　　월　　일</td><td rowspan="2">처리인</td><td>등기관 확인</td><td>각종통지</td></tr>
<tr><td colspan="2" align="center">제　　　　호</td><td></td><td></td></tr>
</table>

명　　칭	학교법인 ○○학원	등기번호	제1000호
주사무소	○○시 ○○구 ○○동 ○		
등기의 목적	분사무소 폐지등기		
등기의 사유	20○○년 ○월 ○일 이사회에서 정관변경을 결의하고 20○○년 ○월 ○일 주무관청의 인가를 받아 20○○년 ○월 ○일○○시 ○○구 ○○동 ○○번지의 분사무소를 폐지하였으므로 그 등기를 구함.		
허가서도착연월일	20○○년 ○월 ○일		
분사무소	○○시 ○○구 ○○동 ○		

등기할 사항
분사무소　○○시 ○○구 ○○동 ○○번지　20○○년 ○월 ○일 폐지
기　　타

신청등기소 및 등록면허세/수수료							
순번	신청등기소	구분	등록면허세 지방교육세	농어촌특별세	세액합계	등기신청수수료	
			금 원 금 원	금 원	금 원	금 원	
합 계							
등기신청수수료 납부번호							

첨 부 서 면	
1. 이사회회의록 1통 1. 주무관청의 허가서(또는 인증있는 허가등본) 1통	1. 등록면허세영수필확인서 1통 1. 등기신청수수료영수필확인서 1통 1. 위임장(대리인이 신청할 경우) 1통 <기 타>

20○○년 ○월 ○일

신청인 명   칭   학교법인 ○○학원
        주사무소   ○○시 ○○구 ○○동 ○○
대표자 성   명   이사장 ○ ○ ○ ㊞   (전화 :   )
        주   소   ○○시 ○○구 ○○동 ○○
대리인 성   명   법무사 ○ ○ ○ ㊞   (전화 :   )
        주   소   ○○시 ○○구 ○○동 ○○

○○지방법원 ○○등기소 귀중

- 신청서 작성요령 -

1. 해당란이 부족할 때에는 별지를 이용합니다.
1. 해당 등기신청과 관계없는 사항에 대하여는 "해당없음"으로 기재하거나 삭제하고, 필요한 사항은 추가 기재합니다.
1. 「인감증명법」에 따른 인감증명서 제출과 함께 관련 서면에 인감을 날인하여야 하는 경우, 본인서명사실확인서를 제출하고 관련 서면에 서명을 하거나 전자본인서명확인서 발급증을 제출하고 관련 서면에 서명을 하면 인감증명서를 제출하고 관련 서면에 인감을 날인한 것으로 봅니다.

(용지규격 21cm×29.7cm)

주 ① 등기사유에서 분사무소를 폐지한 일자는, 이사회의 보통결의로써 폐지일자를 별도로 정한 경우에는 그 정해진 일자를 기재해야 할 것이나, 그렇지 아니한 경우에는 주무관청의 인가일자에 폐지된 것으로 기재해야 할 것이다. 다만, 등기기간의 기산은 인가서도착일을 기준으로 한다.

② 등록면허세는 변경등기의 등록면허세인 40,200원(지세법 제28조 1항 6호)이며, 조특법 및 관세법, 지세법에 의하여 등록면허세가 감면되는 경우 그 감면세액의 100분의 20의 농어촌특별세를 납부하여야 한다(다만, 이것도 면제되는 경우가 있다). 지방교육세는 등록면허세액의 100분의 20이며, 등기신청 수수료는 방문신청시 6,000원의 대법원수입증지를 첩부하여야 한다. 전자표준양식에 의한 신청의 경우에는 4,000원, 전자신청의 경우에는 2,000원이다.

③ 첨부서류 중 이사회회의록은 분사무소폐지에 따른 정관변경과 폐지일자결정 등 폐지업무집행을 위한 이사회회의록을 첨부해야 하며 이 회의록은 공증인의 인증을 받지 않아도 된다.

♣ 【서식】 학교법인 분사무소폐지등기신청서

(폐지하는 당해 분사무소소소재지에서 신청하는 경우)

<table>
<tr><td colspan="5" align="center">학교법인 분사무소폐지등기신청</td></tr>
<tr><td rowspan="2">접
수</td><td align="center">년   월   일</td><td rowspan="2">처리인</td><td>등기관 확인</td><td>각종통지</td></tr>
<tr><td align="center">제   호</td><td></td><td></td></tr>
</table>

<table>
<tr><td align="center">명   칭</td><td>학교법인 ○○학원</td><td>등기번호</td><td>제1000호</td></tr>
<tr><td align="center">주사무소</td><td colspan="3">○○시 ○○구 ○○동 ○</td></tr>
<tr><td align="center">등기의 목적</td><td colspan="3">분사무소 폐지등기</td></tr>
<tr><td align="center">등기의 사유</td><td colspan="3">20○○년 ○월 ○일 이사회에서 정관변경을 결의에 20○○년 ○월 ○일 주무관청의 인가를 받아 20○○년 ○월 ○일 다음 분사무소를 폐지하고 20○○년 ○월 ○일주사무소소소재지 관할등기소에서 등기를 하였으므로 이 등기소에서 그 등기를 구함.</td></tr>
<tr><td align="center">허가서도착연월일</td><td colspan="3">20○○년 ○월 ○일</td></tr>
<tr><td align="center">분사무소</td><td colspan="3">○○시 ○○구 ○○동 ○</td></tr>
<tr><td colspan="4" align="center">등기할 사항</td></tr>
<tr><td colspan="4">20○○년 ○월 ○일 ○○시 ○○구 ○○동 ○○번지의 분사무소폐지</td></tr>
<tr><td align="center">기   타</td><td colspan="3"></td></tr>
</table>

<table>
<tr><td colspan="7" align="center">신청등기소 및 등록면허세/수수료</td></tr>
<tr><td rowspan="2">순번</td><td rowspan="2">신청등기소</td><td rowspan="2">구분</td><td>등록면허세</td><td rowspan="2">농어촌특별세</td><td rowspan="2">세액합계</td><td rowspan="2">등기신청수수료</td></tr>
<tr><td>지방교육세</td></tr>
<tr><td></td><td></td><td></td><td>금   원
금   원</td><td>금   원</td><td>금   원</td><td>금   원</td></tr>
<tr><td></td><td></td><td></td><td></td><td></td><td></td><td></td></tr>
<tr><td colspan="3" align="center">합   계</td><td></td><td></td><td></td><td></td></tr>
<tr><td colspan="3" align="center">등기신청수수료 납부번호</td><td colspan="4"></td></tr>
</table>

첨 부 서 면

1. 주사무소의 법인등기부등(초)본 1통 1. 주무관청의 허가서(또는 　　인증있는 허가등본)　　　　1통	1. 등록면허세영수필확인서　　　1통 1. 등기신청수수료영수필확인서　1통 1. 위임장(대리인이 신청할 경우)　1통 <기 타>

20○○년 ○월 ○일

신청인 명　　칭　　학교법인 ○○학원
　　　　주사무소　　○○시 ○○구 ○○동 ○○
대표자 성　　명　　이사장 ○ ○ ○ ㊞　　　(전화 :　　　　　)
　　　　주　　소　　○○시 ○○구 ○○동 ○○
대리인 성　　명　　법무사 ○ ○ ○ ㊞　　　(전화 :　　　　　)
　　　　주　　소　　○○시 ○○구 ○○동 ○○

○○지방법원 ○○등기소 귀중

- 신청서 작성요령 -

1. 해당란이 부족할 때에는 별지를 이용합니다.
1. 해당 등기신청과 관계없는 사항에 대하여는 "해당없음"으로 기재하거나 삭제하고, 필요한 사항은 추가 기재합니다.
1.「인감증명법」에 따른 인감증명서 제출과 함께 관련 서면에 인감을 날인하여야 하는 경우, 본인서명 사실확인서를 제출하고 관련 서면에 서명을 하거나 전자본인서명확인서 발급증을 제출하고 관련 서면에 서명을 하면 인감증명서를 제출하고 관련 서면에 인감을 날인한 것으로 봅니다.

(용지규격 21㎝×29.7㎝)

주 ① 이 등기는 법인을 대표하는 자인 이사장이 신청한다.
② 등기사유 중 분사무소폐지연월일은 주사무소등기부에 기재된 폐지연월일을 기재한다.
③ 등록면허세는 변경등기의 등록면허세인 23,000 40,200원(지세법 제28조 1항 6호)이며, 조특세 및 관세법, 지세법에 의하여 등록면허세가 감면되는 경우 그 감면세액의 100분의 20의 농어촌특별세를 납부하여야 한다(다만, 이것도 면제되는 경우가 있다). 지방교육세는 등록면허세액의 100분의 20이며, 등기신청 수수료는 방문신청시 6,000원의 대법원수입증지를 첨부하여야 한다. 전자표준양식에 의한 신청의 경우에는 4,000원, 전자신청의 경우에는 2,000원이다.
④ 첨부서류 중 (1)등기부등본을 분사무소폐지등기를 마친 후의 주사무소등기부등(초)본을 첨부한다.
⑤ 위임장의 첨부와 대리인의 표시는 대리인에 의하여 신청하는 경우에 한하여 한다.

□ 등기기재례

- ■ 기타사항란

1. 분사무소   서울사 강남구 삼성동 1번자
1. 20○○년 1월 3일 서울 강남구 삼성동 1의 분사무소 폐지
20○○년 1월 10일 동일폐쇄

주 관내에 다른 분사무소가 있는 때에는 기타사항란(또는 분사무소란)에 위와 같이 기재하되 등기용지를 폐쇄하지 않는다.

4. 명칭 또는 목적의 변경등기

가. 총 설

학교법인의 명칭이나 목적은 등기사항이므로 그에 따른 변경등기절차를 밟아야 제3자에게 대항할 수 있다(사학 제13조, 민 제52조).

명칭 및 목적을 변경함에는 반드시 이사정수의 3분의 2 이상의 찬성에 의한 이사회의 의결을 거쳐 정관을 변경하여야 하고, 교육부장관이 정하여 고시하는 서류를 갖추어 14일 이내에 교육부장관에게 보고하여야 한다(사학 제45조).

명칭의 변경이라 함은 법인이 자기를 표창하는 칭호를 변경하는 것으로서 '학교법인 ○○학원'을'○○학원 학교법인'으로 변경하는 경우처럼 문자의 배열 순서를 바꾸는 경우도 포함한다 할 것이다.

목적의 변경이라 함은 종전의 목적을 새로운 목적으로 교체하여 변경하는 경우뿐 아니라 종전의 목적에 새로운 목적을 추가하기만 하거나 종전의 목적 중 일부를 삭제하기만 하는 경우도 포함한다.

또한 정관상 목적의 조항에 기재된 사항이 변경된 경우뿐 아니라 설치학교나 수익사업의 조항에 기재된 사항이 변경된 경우도 포함한다.

나. 등기절차

1) 등기신청인과 등기기간

이 등기는 학교법인을 대표하는 자인 이사장이 신청인이 된다(비송사건절차법 67.66.상업등기법 제23조). 등기기간은 명칭이나 목적 변경의 효력이 발생한 때로부터 3주간 내이다(사학 제13조, 민 제52조).

따라서 명칭이나 목적의 변경등기는 명칭이나 목적에 관한 정관규정의 변경의 효력이 발생하는 주무관청의 정관변경인가가 있은 때로부터 3주간 내에 신청해야 할 것이나 다만, 그 등기기간은 주무관청의 인가서가 도착한 날로부터 기산한다(사학 제13조, 민 제53조).

2) 등기사항

용지의 상당란에 '변경된 명칭이나 목적과 변경의 취지 및 그 연월일'을 기재하고 등기관의 식별부호를 기록하여야 한다(민법법인 및 특수법인 등기규칙 제6조, 상업등기규칙 제55조).

3) 첨부서면

목적이나 명칭의 변경은 정관변경사항이며 등기사항이므로, 이 등기를 신청할 때에는 등기사항의 변경을 증명하는 서면을 첨부하여야 한다(비송사건절차법 제67조, 제64조). 따라서 일반적인 첨부서류 이외에 명칭이나 목적에 관한 정관규정의 변경을 특별결의한 이사회의사록과 정관변경을 인가한 주무관청의 인가서나 그 인증있는 등본을 첨부해야 한다(사학령 제7조). 이때 학교법인의 등기신청서에 첨부하는 회의록은 공증인의 인증대상에서 제외된다(공증령 제2조의3 별표 1.33호).

명칭의 변경·경정 등의 등기시에는 인감에 관한 전산기록도 동시에 변경되므로 명칭변경의 경우 인감의 재제출은 요하지 아니하나, 인감자체를 변경하는 경우에는 별도로 인감신고를 하여야 한다.

등록면허세는 일반변경등기의 등록면허세인 40,200원을 납부하며(지방세법 제28조 1항 6호), 조세특례제한법, 지방세법, 관세법에 의하여 등록면허세가 감면되는 경우에는 그 감면세액의 100분의 20의 농어촌특별세를 납부하여야 한다(농특세법 제5조). 다만 농어촌특별세도 감면 또는 면제되는 경우가 있다(농특세 제4조).

지방교육세는 등록면허세의 100분의 20이며, 등기신청수수료는 방문신청시 6,000원(전자표준양식에 의한 신청의 경우에는 4,000원, 전자신청의 경우에는 2,000원)이다. 그러나 명칭, 주사무소, 이사변경등기를 하나의 신청서로 신청하는 경우에는 각각의 수수료 6,000원씩(전자표준양식에 의한 신청의 경우에는 4,000원, 전자신청의 경우에는 2,000원씩)을 합산하여야 한다.

4) 등기의 신청

♣ **【서식】 학교법인 변경등기신청서**(명칭변경의 경우)

<table>
<tr><td colspan="6" align="center">학교법인 변경등기신청</td></tr>
<tr><td rowspan="2">접
수</td><td colspan="2" align="center">년　월　일</td><td rowspan="2">처리인</td><td>등기관 확인</td><td>각종통지</td></tr>
<tr><td colspan="2" align="center">제　　　　호</td><td></td><td></td></tr>
</table>

명　　칭	학교법인 ○○학원	등기번호	제1000호
주사무소	○○시 ○○구 ○○동 ○		
등기의 목적	명칭변경의 등기		
등기의 사유	20○○년 ○월 ○일 이사회에서 정관변경을 결의하고 20○○년 ○월 ○일 주무관청의 인가를 받아 명칭을 다음과 같이 변경하였으므로(……변경하고 20○○년 ○월 ○일 주사무소소재지 관할등기소에서 등기를 하였으므로 이 등기소에서) 그 등기를 구함.		
허가서도착연월일	20○○년 ○월 ○일		
분사무소	○○시 ○○구 ○○동 ○		

<table>
<tr><td align="center">등기할 사항</td></tr>
<tr><td>명칭　학교법인 ○○학원　20○○년 ○월 ○일변경</td></tr>
</table>

기　　타	

신청등기소 및 등록면허세/수수료						
순번	신청등기소	구분	등록면허세 지방교육세	농어촌특별세	세액합계	등기신청수수료
			금 원 금 원	금 원	금 원	금 원
합 계						
등기신청수수료 납부번호						

첨 부 서 면

1. 이사회회의록 1통 1. 주사무소의 법인등기부등(초)본 1통 1. 주무관청의 허가서(또는 인증있는 허가등본) 1통 1. 이사장 인감신고서 및 인감증명 1통	1. 등록면허세영수필확인서 1통 1. 등기신청수수료영수필확인서 1통 1. 위임장(대리인이 신청할 경우) 1통 <기 타>

20○○년 ○월 ○일

신청인 명 칭 학교법인 ○○학원
주사무소 ○○시 ○○구 ○○동 ○○
대표자 성 명 이사장 ○ ○ ○ ㊞ (전화 :)
주 소 ○○시 ○○구 ○○동 ○○
대리인 성 명 법무사 ○ ○ ○ ㊞ (전화 :)
주 소 ○○시 ○○구 ○○동 ○○

○○지방법원 ○○등기소 귀중

- 신청서 작성요령 -

1. 해당란이 부족할 때에는 별지를 이용합니다.
1. 해당 등기신청과 관계없는 사항에 대하여는 "해당없음"으로 기재하거나 삭제하고, 필요한 사항은 추가 기재합니다.
1. 「인감증명법」에 따른 인감증명서 제출과 함께 관련 서면에 인감을 날인하여야 하는 경우, 본인서명사실확인서를 제출하고 관련 서면에 서명을 하거나 전자본인서명확인서 발급증을 제출하고 관련 서면에 서명을 하면 인감증명서를 제출하고 관련 서면에 인감을 날인한 것으로 봅니다.

(용지규격 21cm×29.7cm)

주

① 이 등기는 법인을 대표하는 자인 이사장이 신청한다.

② 명칭은 변경등기 전이므로 등기 전의 명칭을 기재한다.

③ 분사무소 표시는 분사무소소재지에서 신청하는 경우에 한하여 기재한다.

④ 등기사유 ( )안의 내용은 분사무소소재지에서 신청하는 경우에 기재하는 내용이다.

⑤ 등록면허세는 변경등기의 등록면허세인 40,200원(지세법 제28조 1항 6호), 조특법 및 관세법, 지세법에 의하여 등록면허세가 감면되는 경우 그 감면세액의 100분의 20의 농어촌특별세를 납부하여야 한다(다만, 이것도 면제되는 경우가 있다). 지방교육세는 등록면허세액의 100분의 20이며, 등기신청 수수료는 방문신청시 6,000원이다. 전자표준양식에 의한 신청의 경우에는 4,000원, 전자신청의 경우에는 2,000원이다.

⑥ 첨부서류 중 이사회회의록은 정관을 변경하기 위하여 이사정수의 3분의 2 이상의 찬성하는 특별결의를 한 것을 첨부해야 한다. 이 회의록은 공증인의 인증대상에서 제외된다.

⑦ 법인등기부등(초)본은 분사무소소재지에서 신청하는 경우에 주사무소에서 등기를 마친 사실을 증명하기 위하여 첨부하는 것으로서 정관변경을 위한 이사회회의록과 주무관청의 인가서, 그 등본 및 등기사유를 증명하는 서면 대신에 변경등기를 마친 후의 주사무소의 등기부등본이나 초본을 첨부하는 것이다.

⑧ 주사무소에서 이 등기를 신청할 때에는 법인을 대표하는 이사장은 변경된 명칭으로 기재된 인감대지를 다시 제출해야 한다.

⑨ 위임장에는 '본 법인의 명칭변경등기의 신청에 관한 일체의 행위'라는 내용을 기재한다.

⑩ 위임장의 첨부와 대리인의 표시는 대리인에 의하여 신청하는 경우에 한하여 한다. 년월일을 기재하고 우측란에는 인감제출연월일을 기재합니다.

♣ 【서식】 학교법인 변경등기신청서(목적변경의 경우)

<table>
<tr><td colspan="5" align="center">학교법인 변경등기신청</td></tr>
<tr><td rowspan="2">접
수</td><td align="center">년 　 월 　 일</td><td rowspan="2">처리인</td><td>등기관 확인</td><td>각종통지</td></tr>
<tr><td align="center">제 　 　 　 호</td><td></td><td></td></tr>
</table>

<table>
<tr><td align="center">명　　칭</td><td>학교법인 ○○학원</td><td align="center">등기번호</td><td>제1000호</td></tr>
<tr><td align="center">주사무소</td><td colspan="3">○○시 ○○구 ○○동 ○</td></tr>
<tr><td align="center">등기의 목적</td><td colspan="3">목적변경의 등기</td></tr>
<tr><td align="center">등기의 사유</td><td colspan="3">20○○년 ○월 ○일 이사회에서 정관변경을 결의하고 20○○년 ○월 ○일 주무관청의 인가를 받아 목적을 다음과 같이 변경하였으므로(……변경하고 20○○년 ○월 ○일 주사무소소재지 관할등기소에서 등기를 하였으므로 이 등기소에서) 그 등기를 구함.</td></tr>
<tr><td align="center">허가서도착연월일</td><td colspan="3">20○○년 ○월 ○일</td></tr>
<tr><td align="center">분사무소</td><td colspan="3">○○시 ○○구 ○○동 ○</td></tr>
<tr><td colspan="4" align="center">등기할 사항</td></tr>
<tr><td colspan="4">　목적　1. ○○○○
　　　　1. ○○○○○　　20○○년 ○월 ○일 변경</td></tr>
<tr><td align="center">기　　타</td><td colspan="3"></td></tr>
</table>

<table>
<tr><td colspan="8" align="center">신청등기소 및 등록면허세/수수료</td></tr>
<tr><td rowspan="2">순번</td><td rowspan="2">신청등기소</td><td rowspan="2">구분</td><td>등록면허세</td><td rowspan="2">농어촌특별세</td><td rowspan="2">세액합계</td><td rowspan="2" colspan="2">등기신청수수료</td></tr>
<tr><td>지방교육세</td></tr>
<tr><td></td><td></td><td></td><td>금   원</td><td rowspan="2">금   원</td><td rowspan="2">금   원</td><td rowspan="2" colspan="2">금   원</td></tr>
<tr><td></td><td></td><td></td><td>금   원</td></tr>
<tr><td></td><td></td><td></td><td></td><td></td><td></td><td colspan="2"></td></tr>
<tr><td colspan="3" align="center">합   계</td><td></td><td></td><td></td><td colspan="2"></td></tr>
<tr><td colspan="3" align="center">등기신청수수료 납부번호</td><td colspan="5"></td></tr>
<tr><td colspan="8" align="center">첨 부 서 면</td></tr>
<tr><td colspan="4">1. 이사회회의록   1통
1. 주사무소의 법인등기부등(초)본   1통
1. 주무관청의 허가서(또는
　　인증있는 허가등본)   1통</td><td colspan="4">1. 등록면허세영수필확인서   1통
1. 등기신청수수료영수필확인서   1통
1. 위임장(대리인이 신청할 경우) 1통
<기 타></td></tr>
</table>

20〇〇년 〇월 〇일

신청인 명   칭   학교법인 〇〇학원

　　　주사무소   〇〇시 〇〇구 〇〇동 〇〇

대표자 성   명   이사장 〇 〇 〇 ㉶   (전화 :   )

　　　주   소   〇〇시 〇〇구 〇〇동 〇〇

대리인 성   명   법무사 〇 〇 〇 ㉶   (전화 :   )

　　　주   소   〇〇시 〇〇구 〇〇동 〇〇

〇〇지방법원 〇〇등기소 귀중

- 신청서 작성요령 -

1. 해당란이 부족할 때에는 별지를 이용합니다.
1. 해당 등기신청과 관계없는 사항에 대하여는 "해당없음"으로 기재하거나 삭제하고, 필요한 사항은 추가 기재합니다.
1. 「인감증명법」에 따른 인감증명서 제출과 함께 관련 서면에 인감을 날인하여야 하는 경우, 본인서명사실확인서를 제출하고 관련 서면에 서명을 하거나 전자본인서명확인서 발급증을 제출하고 관련 서면에 서명을 하면 인감증명서를 제출하고 관련 서면에 인감을 날인한 것으로 봅니다.

(용지규격 21cm×29.7cm)

주 ① 분사무소의 표시는 분사무소소재지에서 신청하는 경우에 한하여 기재한다.
② 등기사유에서 (   )안의 내용은 분사무소소재지에서 신청하는 경우에 기재하는 내용이다.
③ 등록면허세는 변경등기의 등록면허세인 40,200원(지세법 제28조 1항 6호), 조특법 및 관세법, 지세법에 의하여 등록면허세가 감면되는 경우 그 감면세액의 100분의 20의 농어촌특별세를 납부하여야 한다(다만, 이것도 면제되는 경우가 있다). 지방교육세는 등록면허세액의 100분의 20이며, 등기신청 수수료는 방문신청시 6,000원이다. 전자표준양식에 의한 신청의 경우에는 4,000원, 전자신청의 경우에는 2,000원이다.
④ 첨부서류 중 이사회회의록은 정관을 변경하기 위하여 이사정수의 3분의 2 이상의 찬성하는 특별결의를 한 것을 첨부하여야 한다. 이 회의록은 공증인의 인증대상에서 제외된다.
⑤ 법인등기부등(초)본은 분사무소소재지에서 신청하는 경우에 주사무소에서 등기를 마친 사실을 증명하기 위하여 첨부하는 것이다.
⑥ 위임장에는 '본 법인의 목적변경의 등기신청에 관한 일체의 행위'라는 내용을 기재한다.

5. 출자방법의 변경등기

가. 총 설

학교법인이 출자방법을 정한 때에는 자산 및 회계에 관한 사항으로서 그 방법을 반드시 정관에 기재하여야 하고, 출자방법을 변경함에는 반드시 이사정수의 3분의 2이상의 찬성을 요하는 이사회의 특별결의로 정관을 변경하여 주무관청의 인가를 받아야 한다(사학 45). 또한 이를 등기하여야 제3자에게 대항할 수 있다(사학 제13조, 민 제54조).

출자방법의 변경에는 새로운 출자방법을 신설하거나, 다른 방법으로 변경하거나 또는 기존의 출자방법을 폐지하는 경우가 모두 포함된다.

나. 등기절차

1) 등기신청인

이 등기는 학교법인을 대표하는 자인 이사장이 신청인이 된다(비송사건절차법 제67조, 제66조, 상업등기법 제23조). 임시이사가 변경등기를 신청하는 경우에는 신청서에 그 자격을 증명하는 서면을 첨부하여야 한다(비송사건절차법 제64조 2항).

2) 등기기간

이 등기는 출자방법 변경의 효력이 발생하는 때로부터 3주간 내(사학 제13조, 민 제52조), 출자방법에 관한 정관규정 변경의 효력이 발생하는 주무관청의 정관변경인가가 있은 때로부터 3주간 내에 신청해야 한다. 등기기간은 출자방법에 관한 주무관청의 인가서가 도착한 날로부터 기산한다(사학 제13조, 민 제53조).

3) 등기사항

변경 또는 신설된 출자의 방법과 변경, 신설, 폐지의 취지 및 그 연월일을 등기사항으로 기재하고, 등기관의 식별부호를 기록하여야 한다(민법법인 및 특수법인 등기규칙 제6조, 상업등기규칙 제55조).

4) 첨부서면

일반적인 첨부서류 이외에 출자방법에 관한 정관규정의 변경을 특별결의한 이사회회의록과 정관변경에 관한 주무관청의 인가서나 그 인증있는 등본을 첨부해야 한다(사학 제67조, 제64조, 사학령 제7조).

등록면허세는 일반적인 변경등기의 등록면허세인 40,200원을 첨부하고(지세법 제28조 1항 6호), 조세특례제한법, 지방세법, 관세법에 의하여 등록면허세가 감면되는 경우에 그 감면세액의 100분의 20의 농어촌특별세를 납부하여야 한다(농특 제5조). 다만 농어촌특별세도 감면 또는 면제되는 경우가 있다(농특 제4조).

지방교육세는 등록면허세의 100분의 20을 납부하며, 등기신청수수료로 방문신청의 경우 6,000원(전자표준양식에 의한 신청의 경우에는 4,000원, 전자신청의 경우에는 2,000원)을 납부한 대법원수입증지를 첨부하여야 한다. 명칭, 주사무소, 이사변경등기를 하나의 신청서로 신청할 경우에는 각각의 수수료 각 6,000원(전자표준양식에 의한 신청의 경우에는 각 4,000원, 전자신청의 경우에는 각 2,000원)을 합산한다.

5) 등기의 신청

♣ 【서식】 학교법인 변경등기신청서(출자방법 변경의 경우)

<table>
<tr><td colspan="6" align="center">학교법인 변경등기신청</td></tr>
<tr><td rowspan="2">접
수</td><td colspan="3" align="center">년   월   일</td><td rowspan="2">처리인</td><td>등기관 확인</td><td>각종통지</td></tr>
<tr><td colspan="3" align="center">제   호</td><td></td><td></td></tr>
</table>

<table>
<tr><td align="center">명   칭</td><td>학교법인 ○○학원</td><td align="center">등기번호</td><td>제1000호</td></tr>
<tr><td align="center">주사무소</td><td colspan="3">○○시 ○○구 ○○동 ○</td></tr>
<tr><td align="center">등기의 목적</td><td colspan="3">출자방법변경의 등기</td></tr>
<tr><td align="center">등기의 사유</td><td colspan="3">20○○년 ○월 ○일 이사회에서 정관변경을 결의하고 20○○년 ○월 ○일 주무관청의 인가를 받아 출자방법을 다음과 같이 변경하였으므로 그 등기를 구함.</td></tr>
<tr><td align="center">허가서도착연월일</td><td colspan="3">20○○년 ○월 ○일</td></tr>
<tr><td align="center">분사무소</td><td colspan="3">○○시 ○○구 ○○동 ○</td></tr>
<tr><td colspan="4" align="center">등기할 사항</td></tr>
<tr><td colspan="4">출자방법 1. ○○○○
         1. ○○○○○   20○○년 ○월 ○일 변경</td></tr>
<tr><td align="center">기   타</td><td colspan="3"></td></tr>
</table>

<table>
<tr><td colspan="8" align="center">신청등기소 및 등록면허세/수수료</td></tr>
<tr><td rowspan="2">순번</td><td rowspan="2">신청등기소</td><td rowspan="2">구분</td><td>등록면허세</td><td rowspan="2">농어촌특별세</td><td rowspan="2">세액합계</td><td rowspan="2" colspan="2">등기신청수수료</td></tr>
<tr><td>지방교육세</td></tr>
<tr><td rowspan="2"></td><td rowspan="2"></td><td rowspan="2"></td><td>금   원</td><td rowspan="2">금   원</td><td rowspan="2">금   원</td><td rowspan="2" colspan="2">금   원</td></tr>
<tr><td>금   원</td></tr>
<tr><td></td><td></td><td></td><td></td><td></td><td></td><td colspan="2"></td></tr>
<tr><td colspan="3" align="center">합   계</td><td></td><td></td><td></td><td colspan="2"></td></tr>
<tr><td colspan="3" align="center">등기신청수수료 납부번호</td><td colspan="5"></td></tr>
<tr><td colspan="8" align="center">첨   부   서   면</td></tr>
<tr><td colspan="4">1. 이사회회의록   1통
1. 주무관청의 허가서(또는
   인증있는 허가등본)   1통</td><td colspan="4">1. 등록면허세영수필확인서   1통
1. 등기신청수수료영수필확인서 1통
1. 위임장(대리인이 신청할 경우) 1통
<기 타></td></tr>
</table>

20○○년 ○월 ○일

신청인 명   칭   학교법인 ○○학원

       주사무소   ○○시 ○○구 ○○동 ○○

대표자 성   명   이사장 ○ ○ ○ ㉑   (전화 :   )

       주   소   ○○시 ○○구 ○○동 ○○

대리인 성   명   법무사 ○ ○ ○ ㉑   (전화 :   )

       주   소   ○○시 ○○구 ○○동 ○○

○○지방법원 ○○등기소 귀중

- 신청서 작성요령 -

1. 해당란이 부족할 때에는 별지를 이용합니다.
1. 해당 등기신청과 관계없는 사항에 대하여는 "해당없음"으로 기재하거나 삭제하고, 필요한 사항은 추가 기재합니다.
1.「인감증명법」에 따른 인감증명서 제출과 함께 관련 서면에 인감을 날인하여야 하는 경우, 본인서명사실확인서를 제출하고 관련 서면에 서명을 하거나 전자본인서명확인서 발급증을 제출하고 관련 서면에 서명을 하면 인감증명서를 제출하고 관련 서면에 인감을 날인한 것으로 봅니다.

(용지규격 21cm×29.7cm)

주 ① 등록면허세는 변경등기의 등록면허세인 40,200원(지세법 제28조 1항 6호), 조특법 및 관세법, 지세법에 의하여 등록면허세가 감면되는 경우 그 감면세액의 100분의 20의 농어촌특별세를 납부하여야 한다(다만, 이것도 면제되는 경우가 있다). 지방교육세는 등록면허세액의 100분의 20이며, 등기신청 수수료는 방문신청시 6,000원이다. 전자표준양식에 의한 신청의 경우에는 4,000원, 전자신청의 경우에는 2,000원이다. 그러나 명칭, 주사무소, 이사변경등기를 하나의 신청서로 신청할 경우에는 각각의 수수료 각 6,000원(전자표준양식에 의한 신청의 경우에는 4,000원, 전자신청의 경우에는 2,000원)을 합산하여야 한다.

② 첨부서류 중 이사회회의록은 정관을 변경하기 위하여 특별결의한 이사회회의록을 첨부해야 한다. 이 회의록은 공증인의 인증대상에서 제외된다.

③ 위임장에는 '본 법인의 출자방법의 변경등기 신청에 관한 일체의 행위'라는 내용을 기재한다.

6. 자산총액의 변경등기

가. 총 설

자산의 총액이란 학교법인이 보유하고 있는 정관상의 기본재산은 물론 기타 부동산, 동산 및 채권 등을 포함하는 적극재산의 총액에서 채무 등의 소극재산을 공제한 순재산액을 의미한다(1998. 3. 9. 등기 3402-194).

자산의 총액은 법인설립 후 법인의 활동과 물가의 변동에 따라 수시로 변동되는 것으로서 법인에 따라서는 매사업연도 종료 후 2월 이내에 매회계연도말 현재의 재산목록, 대차대조표 및 수지계산서 등을 사무소에 비치하여야 하므로(사학 제32조), 정관으로 매사업연도말에 재산목록과 수지계산서를 이사회의 승인을 받도록 정하고 있는 경우도 있지만 그러한 경우일지라도 자산의 총액은 이사회의 승인결의에 의하여 비로소 변경의 효력이 생기는 것은 아니고 그 이전에 사실상 변경사유가 생긴 때에 이미 변경되어 있는 것이다. 법인의 자산에 관한 규정은 정관의 필요적 기재사항이며 등기사항이다(사학 제10조 1항, 제8조 1항).

학교법인의 기본재산의 변경은 정관변경에 해당하고 이 정관변경은 주무관청의 인가를 받아야 하므로 학교법인에서는 정관변경절차가 필요하고 또한 공시지가의 변경, 장부자격의 변경 등 형식적 자산의 변경이 아닌 자산의 매입.매도 등으로 자산의 총액이 변경된 경우에는 주무관청의 허가도 필요하다고 할 것이다.

한편 수시로 변동하는 총액은 정관의 필요적 기재사항이 아니므로(사학 제10조 1항). 자산의 총액을 정관에 기재할 필요가 없고 이 자산총액의 변경등기에는 정관변경절차를 필요로 하지 않으나, 다만, 정관에 자산의 총액을 특정한 경우에는 이를 변경한 경우에도 변경등기를 하여야 할 것이다.

나. 등기절차

1) 등기신청인

이 등기는 학교법인을 대표하는 자인 이사장이 신청인이 된다(비송사건절차법 제67조, 제66조, 상업등기법 제23조). 임시이사가 변경등기를 신청하는 경우에는 신청서에 그 자격을 증명하는 서면을 첨부하여야 한다(비송사건절차법 제64조 2항).

2) 등기기간

등기기간은 원래 자산의 총액이 사실상 변경된 때로부터 3주간 내(사학 제13조, 민 제52조)라 할 것이나, 재산의 매입 또는 매도로 인한 경우가 아닌 형식적 자산 변경의 경우에는 매년 2월 내 또는 사업연도말에 해도 무방하다 할 것이므로 결국 그 기간은 매년 2월말 또는 사업연도를 정한 때는 사업연도말로부터 기산하여 3주간 내라 할 것이다.

3) 등기사항

기타사항란에 변경된 자산의 총액 및 변경취지와 그 연월일을 기재하고 등기관의 식별부호를 기록하여야 한다(민법법인 및 특수법인 등기규칙 제6조, 상업등기규칙 제55조).

4) 첨부서면

일반적인 첨부서류 이외에 자산총액의 변경을 증명하는 서면을 첨부해야 한다.

자산총액의 변경을 증명하는 서면으로서는 재산목록이나 대차대조표 등을 첨부하는 것이 적당할 것이나 재산목록 등을 승인 결의한 이사회회의록을 첨부해도 될 것이다.

등록면허세는 불입한 자산의 금액 또는 재산가액의 1,000분의 20의 등록면허세를 납부하여야 하나, 증가한 자산금액의 등록세액이 112,500원 미만의 경우에는 이를 112,500원으로 하여 납부하여야 한다. 또한 대도시에서 설립한 후 5년 이내의 법인이나 대도시로 전입한 후 5년 이내의 법인이 자산의 총액을 증가하는 경우에는 그 3배의 등록세를 가산하여 납부하여야 한다(지세 제28조 1항 6호, 2항).

조세특례제한법, 지방세법, 관세법에 의하여 등록면허세가 감면되는 경우에 그 감면세액의 100분의 20의 농어촌특별세를 납부하여야 하나(농특 제5조), 농어촌특별세도 감면 또는 면제되는 경우가 있다(농특 제4조).

지방교육세는 등록면허세의 100분의 20을 납부하며, 등기신청수수료로 방문신청의 경우 6,000원(전자표준양식에 의한 신청의 경우에는 4,000원, 전자신청의 경우에는 2,000원)을 납부한 대법원수입증지를 첨부하여야 한다. 명칭, 주사무소, 이사변경등기를 하나의 신청서로 신청할 경우에는 각각의 수수료 각 6,000원(전자표준양식에 의한 신청의 경우에는 각 4,000원, 전자신청의 경우에는 각 2,000원)을 합산한다.

5) 등기의 신청

♣ 【서식】 **학교법인 변경등기신청서**(자산의 총액을 변경한 경우)

<table>
<tr><td colspan="6" align="center">학교법인 변경등기신청</td></tr>
<tr><td rowspan="2">접
수</td><td colspan="2" align="center">년   월   일</td><td rowspan="2">처리인</td><td>등기관 확인</td><td>각종통지</td></tr>
<tr><td colspan="2" align="center">제   호</td><td></td><td></td></tr>
</table>

<table>
<tr><td align="center">명   칭</td><td>학교법인 ○○학원</td><td>등기번호</td><td>제1000호</td></tr>
<tr><td align="center">주사무소</td><td colspan="3">○○시 ○○구 ○○동 ○</td></tr>
<tr><td align="center">등기의 목적</td><td colspan="3">자산총액 변경의 등기</td></tr>
<tr><td align="center">등기의 사유</td><td colspan="3">20○○년 ○월 ○일 자산의 총액이 다음과 같이 변경되었으므로 그 등기를 구함. (또는 20○○년 ○월 ○일 이사회의 결의로 주무관청의 허가를 받아 자산을 매도하여 자산총액이 다음과 같이 변경되었으므로 그 등기를 구함)</td></tr>
<tr><td align="center">허가서도착연월일</td><td colspan="3">20○○년 ○월 ○일</td></tr>
<tr><td colspan="4" align="center">등기할 사항</td></tr>
<tr><td colspan="4">자산의 총액 금○○○○○원 20○○년 ○월 ○일 변경</td></tr>
<tr><td align="center">기   타</td><td colspan="3"></td></tr>
</table>

신청등기소 및 등록면허세/수수료						
순번	신청등기소	구분	등록면허세 지방교육세	농어촌특별세	세액합계	등기신청수수료
			금 원 금 원	금 원	금 원	금 원
합 계						
등기신청수수료 납부번호						

첨 부 서 면	
1. 재산목록(또는 이사회회의록) 1통 1. 주무관청의 허가서(또는 인증있는 허가등본) 1통	1. 등록면허세영수필확인서 1통 1. 등기신청수수료영수필확인서 1통 1. 위임장(대리인이 신청할 경우) 1통 <기 타>

20○○년 ○월 ○일

신청인 명 칭 학교법인 ○○학원

주사무소 ○○시 ○○구 ○○동 ○○

대표자 성 명 이사장 ○ ○ ○ [인] (전화 :)

주 소 ○○시 ○○구 ○○동 ○○

대리인 성 명 법무사 ○ ○ ○ [인] (전화 :)

주 소 ○○시 ○○구 ○○동 ○○

○○지방법원 ○○등기소 귀중

- 신청서 작성요령 -

1. 해당란이 부족할 때에는 별지를 이용합니다.
1. 해당 등기신청과 관계없는 사항에 대하여는 "해당없음"으로 기재하거나 삭제하고, 필요한 사항은 추가 기재합니다.
1. 「인감증명법」에 따른 인감증명서 제출과 함께 관련 서면에 인감을 날인하여야 하는 경우, 본인서명사실확인서를 제출하고 관련 서면에 서명을 하거나 전자본인서명확인서 발급증을 제출하고 관련 서면에 서명을 하면 인감증명서를 제출하고 관련 서면에 인감을 날인한 것으로 봅니다.

(용지규격 21cm×29.7cm)

주 ① 이 등기는 학교법인을 대표하는 자인 이사장이 신청한다.
② 등기의 사유 중( )안의 내용은 자산의 총액변경이 정관변경을 수반하는 경우의 등기사유이다.
③ 등기할 사항에서 자산의 총액은, 종전의 자산총액과 새로 증가한 자산금액을 합한 금액을 기재한다. 채무초과인 때에는 '자산의 총액금 금0(영)원(채무초과액 00원)'이라 기재한다.
④ 과세표준은 자산이 증가한 경우에는 그 증가한 자산금액을 기재하며, 감소한 경우에는 기재하지 아니한다.
⑤ 등록면허세는 과세표준액(새로 증가한 자산금액)의 1000분의 2, 대도시 내 설립 또는 전입 후 5년 내에는 그 3배를 가산하나(지세법 제28조 1항 6호, 2항), 세액이 112,500원 미만인 때에는 112,500원으로 한다(지세 제28조 1항 6호). 조특법 및 관세법, 지세법에 의하여 등록면허세가 감면되는 경우 그 감면세액의 100분의 20의 농어촌특별세를 납부하여야 하나 다만, 이것도 면제되는 경우가 있다. 지방교육세는 등록면허세액의 100분의 20이며, 등기신청 수수료는 방문신청시 6,000원이다(전자표준양식에 의한 신청의 경우 4,000원, 전자신청의 경우 2,000원).
⑥ 위임장에는 '본 학교법인의 명칭변경등기의 신청에 관한 일체의 행위'라는 내용을 기재한다.
⑦ 위임장의 첨부와 대리인의 표시는 대리인에 의하여 신청하는 경우에 한하여 한다.

7. 존립기간 또는 해산사유의 변경등기

가. 총 설

학교법인에 있어서 존립기간이나 해산사유는 정관의 상대적 기재사항으로서 이를 정관으로 정한 때에는 반드시 정관에 기재하여 등기해야 한다(사학 제10조 1항, X.1항 V). 따라서 이를 변경함에 있어서도 반드시 이사전부의 3분의 2 이상의 찬성을 요하는 이사회의 특별결의를 거쳐야 하고(사학 제45조), 이를 등기하여야 한다(사학 제13조, 민 제54조).

존립기간의 만료로 법인은 당연히 해산하는 것이므로 그 후에 이를 변경 또는 폐지한다고 하여 이미 해산한 법인이 해산 전의 상태로 되는 것은 아니다. 즉, 존립시기나 해산사유를 변경함에 있어서는 기존의 존립시기나 해산사유를 폐지하거나 다른 시기나 사유로 교체하여 변경하거나 새로 시설하거나 자유이지만, 기존의 존립시기나 해산사유를 폐지하거나 다른 시기나 사유로 교체하여 변경하는 것은 반드시 기존의 존립시기 도래 전이거나 해산사유 발생 전이어야 한다.

나. 등기절차

1) 등기신청인

이 등기는 학교법인을 대표하는 자인 이사장이 신청인이 된다(비송사건절차법 제67조, 제66조, 상업등기법 제23조). 임시이사가 변경등기를 신청하는 경우에는 신청서에 그 자격을 증명하는 서면을 첨부하여야 한다(비송사건절차법 제67조, 제64조 2항).

2) 등기기간

존립시기나 해산사유 변경의 효력이 발생한 때로부터 3주간 내, 존립시기나 해산사유의 정관규정 변경에 관한 주무관청의 인가가 있은 때로부터 3주간 내에 신청해야 한다. 기간은 주무관청의 인가서가 도착한 날로부터 기산한다(사학 제13조, 민 제52조, 제53조).

3) 등기사항

기타사항란에 변경 또는 신설된 존립시기나 해산사유와 변경, 신설, 폐지의 취지 및 그 연월일을 등기사항으로 기재하고 등기관의 식별부호를 기록하여야 한다(민법법인 및 특수법인 등기규칙 제6조, 상업등기규칙 제55조).

4) 첨부서면

일반적인 첨부서류 이외에 존립시기나 해산사유에 관한 정관변경을 특별결의한 이사회회의록과 정관변경에 관한 주무관청의 인가서나 그 인증있는 등본을 첨부해야 한다(사학령 제7조). 학교법인이사회의 회의록은 공증인의 인증대상에서 제외된다(공증령 제2조의3 별표 1.33호).

등록면허세는 일반적인 변경등기의 등록면허세인 40,200원을 첨부하고(지세법 제28조 1항 6호), 조세특례제한법, 지방세법, 관세법에 의하여 등록면허세가 감면되는 경우에 그 감면세액의 100분의 20의 농어촌특별세를 납부하여야 한다(농특 제5조). 농어촌특별세도 감면 또는 면제되는 경우가 있다(농특 제4조).

지방교육세는 등록면허세의 100분의 20이며, 등기신청수수료로 방문신청의 경우 6,000원(전자표준양식에 의한 신청의 경우에는 4,000원, 전자신청의 경우에는 2,000원)을 납부한 대법원수입증지를 첨부하여야 한다. 명칭, 주사무소, 이사변경등기를 하나의 신청서로 신청할 경우에는 각각의 수수료 각 6,000원(전자표준양식에 의한 신청의 경우에는 각 4,000원, 전자신청의 경우에는 각 2,000원)을 합산한다.

5) 등기의 신청

♣ 【서식】 학교법인 변경등기신청서(존립기간 변경의 경우)

<table>
<tr><td colspan="2" align="center">학교법인 변경등기신청</td><td></td><td></td><td></td></tr>
<tr><td rowspan="2">접
수</td><td align="center">년　　월　　일</td><td rowspan="2">처리인</td><td align="center">등기관 확인</td><td align="center">각종통지</td></tr>
<tr><td align="center">제　　　　호</td><td></td><td></td></tr>
</table>

명　　칭	학교법인 ○○학원	등기번호	제1000호
주사무소	○○시 ○○구 ○○동 ○		
등기의 목적	존립기간 변경의 등기		
등기의 사유	20○○년 ○월 ○일 이사회의 정관변경을 결의하고 20○○년 ○월 ○일 주무관청의 인가를 받아 존립기간을 다음과 같이 변경(설정 또는 폐지)하였으므로(……변경<설정 또는 폐지>하고 20○○년 ○월 ○일 주사무소소재지 관할등기소에서 등기를 하였으므로 이 등기소에서) 그 등기를 구함.		
허가서도착연월일	20○○년 ○월 ○일		
분사무소	○○시 ○○구 ○○동 ○		
	등기할 사항		
	존립기간 ○○○○○ 20○○년 ○월 ○일 변경		
기　　타			

신청등기소 및 등록면허세/수수료						
순번	신청등기소	구분	등록면허세 / 지방교육세	농어촌특별세	세액합계	등기신청수수료
			금　　　　원 / 금　　　　원	금　　　　원	금　　　　원	금　　　　원
합　　　계						

등기신청수수료 납부번호	

첨　　부　　서　　면

1. 이사회회의록　　　　　　　　　1통	1. 등록면허세영수필확인서　　　1통
1. 주사무소 법인등기부등(초)본　1통	1. 등기신청수수료영수필확인서　1통
1. 주무관청의 허가서(또는	1. 위임장(대리인이 신청할 경우)　1통
인증있는 허가등본)　　　　1통	<기 타>

20○○년 ○월 ○일

신청인 명　　　칭　　　학교법인 ○○학원

　　　　주사무소　　　○○시 ○○구 ○○동 ○○

대표자 성　　　명　　　이사장 ○ ○ ○ ⑩　　　　(전화 :　　　　　)

　　　　주　　　소　　　○○시 ○○구 ○○동 ○○

대리인 성　　　명　　　법무사 ○ ○ ○ ⑩　　　　(전화 :　　　　　)

　　　　주　　　소　　　○○시 ○○구 ○○동 ○○

○○지방법원 ○○등기소 귀중

- 신청서 작성요령 -

1. 해당란이 부족할 때에는 별지를 이용합니다.
1. 해당 등기신청과 관계없는 사항에 대하여는 "해당없음"으로 기재하거나 삭제하고, 필요한 사항은 추가 기재합니다.
1. 「인감증명법」에 따른 인감증명서 제출과 함께 관련 서면에 인감을 날인하여야 하는 경우, 본인서명사실확인서를 제출하고 관련 서면에 서명을 하거나 전자본인서명확인서 발급증을 제출하고 관련 서면에 서명을 하면 인감증명서를 제출하고 관련 서면에 인감을 날인한 것으로 봅니다.

(용지규격　21㎝×29.7㎝)

주 ① 분사무소의 표시는 분사무소소재지에서 신청하는 경우에 한하여 기재한다.
② 등기사유에서 (　　)안의 내용은 분사무소소재지에서 신청하는 경우에 기재하는 내용이다.
③ 존립기간을 폐지한 경우에는 등기할 사항을 기재하지 아니하거나, 기재하는 경우에는 '존립기간의 폐지'로 기재한다.
④ 등록면허세는 변경등기의 등록면허세인 40,200원(지세 제28조 1항 6호)이고, 조특법 및 관세법, 지세법에 의하여 등록면허세가 감면되는 경우 그 감면세액의 100분의 20의 농어촌특별세를 납부하여야 한다(다만, 이것도 면제되는 경우가 있다). 지방교육세는 등록면허세액의 100분의 20이며, 등기신청 수수료는 방문신청시 6,000원(전자표준양식에 의한 신청의 경우에는 4,000원, 전자신청의 경우에 는 2,000원)이다.
⑤ 첨부서류 중 등기부등(초)본은 분사무소소재지에서 신청하는 경우에 주사무소에서 등기를 마친 사실을 증명하기 위하여 첨부하는 것이다. 이 경우에는 정관변경을 위한 이사회회의록과 주무관청의 허가서나 그 등본 등 등기사유를 증명하는 서면 대신에 변경등기를 마친 후의 주사무소의 등기부등본이나 초본을 첨부한다.
⑥ 위임장에는 '본 법인의 존립기간변경등기신청에 관한 일체의 행위'라는 내용을 기재한다.

♣ 【서식】 학교법인 변경등기신청서(해산사유를 변경한 경우)

<table>
<tr><td colspan="6" align="center">학교법인 변경등기신청</td></tr>
<tr><td rowspan="2">접
수</td><td colspan="2" align="center">년   월   일</td><td rowspan="2" align="center">처리인</td><td align="center">등기관 확인</td><td align="center">각종통지</td></tr>
<tr><td colspan="2" align="center">제   호</td><td></td><td></td></tr>
</table>

<table>
<tr><td align="center">명   칭</td><td>학교법인 ○○학원</td><td align="center">등기번호</td><td>제1000호</td></tr>
<tr><td align="center">주사무소</td><td colspan="3">○○시 ○○구 ○○동 ○</td></tr>
<tr><td align="center">등기의 목적</td><td colspan="3">해산사유 변경의 등기</td></tr>
<tr><td align="center">등기의 사유</td><td colspan="3">20○○년 ○월 ○일 이사회의 정관변경을 결의하고 20○○년 ○월 ○일 주무관청의 인가를 받아 해산사유를 다음과 같이 변경(설정 또는 폐지)하였으므로(……변경<설정 또는 폐지>하고 20○○년 ○월 ○일 주사무소소재지 관할등기소에서 등기를 하였으므로 이 등기소에서) 그 등기를 구함.</td></tr>
<tr><td align="center">허가서도착연월일</td><td colspan="3">20○○년 ○월 ○일</td></tr>
<tr><td align="center">분사무소</td><td colspan="3">○○시 ○○구 ○○동 ○</td></tr>
<tr><td colspan="4" align="center">등기할 사항</td></tr>
<tr><td colspan="4">해산사유 ○○○○○ 20○○년 ○월 ○일 변경</td></tr>
<tr><td align="center">기   타</td><td colspan="3"></td></tr>
</table>

<table>
<tr><td colspan="8" align="center">신청등기소 및 등록면허세/수수료</td></tr>
<tr><td rowspan="2">순번</td><td rowspan="2">신청등기소</td><td rowspan="2">구분</td><td>등록면허세</td><td rowspan="2">농어촌특별세</td><td rowspan="2">세액합계</td><td rowspan="2" colspan="2">등기신청수수료</td></tr>
<tr><td>지방교육세</td></tr>
<tr><td rowspan="2"></td><td rowspan="2"></td><td rowspan="2"></td><td>금　　　　원</td><td rowspan="2">금　　　원</td><td rowspan="2">금　　　원</td><td rowspan="2" colspan="2">금　　　원</td></tr>
<tr><td>금　　　　원</td></tr>
<tr><td></td><td></td><td></td><td></td><td></td><td></td><td colspan="2"></td></tr>
<tr><td></td><td></td><td></td><td></td><td></td><td></td><td colspan="2"></td></tr>
<tr><td colspan="3" align="center">합　　　　계</td><td></td><td></td><td></td><td colspan="2"></td></tr>
<tr><td colspan="3" align="center">등기신청수수료 납부번호</td><td colspan="5"></td></tr>
</table>

<table>
<tr><td colspan="2" align="center">첨　　부　　서　　면</td></tr>
<tr><td>

1. 이사회회의록　　　　　　　　　1통
1. 주사무소 법인등기부등(초)본　　1통
1. 주무관청의 허가서(또는
　　인증있는 허가등본)　　　　　1통

</td><td>

1. 등록면허세영수필확인서　　　1통
1. 등기신청수수료영수필확인서　　1통
1. 위임장(대리인이 신청할 경우)　1통
<기 타>

</td></tr>
</table>

20○○년 ○월 ○일

신청인 명　　　칭　　　학교법인 ○○학원
　　　　주사무소　　　○○시 ○○구 ○○동 ○○
대표자 성　　　명　　　이사장 ○ ○ ○ ㊞　　　(전화 :　　　　　)
　　　　주　　　소　　　○○시 ○○구 ○○동 ○○
대리인 성　　　명　　　법무사 ○ ○ ○ ㊞　　　(전화 :　　　　　)
　　　　주　　　소　　　○○시 ○○구 ○○동 ○○

○○지방법원 ○○등기소 귀중

- 신청서 작성요령 -

1. 해당란이 부족할 때에는 별지를 이용합니다.
1. 해당 등기신청과 관계없는 사항에 대하여는 "해당없음"으로 기재하거나 삭제하고, 필요한 사항은 추가 기재합니다.
1.「인감증명법」에 따른 인감증명서 제출과 함께 관련 서면에 인감을 날인하여야 하는 경우, 본인서명사실확인서를 제출하고 관련 서면에 서명을 하거나 전자본인서명확인서 발급증을 제출하고 관련 서면에 서명을 하면 인감증명서를 제출하고 관련 서면에 인감을 날인한 것으로 봅니다.

(용지규격 21cm×29.7cm)

주 ① 분사무소의 표시는 분사무소소재지에서 신청하는 경우에 한하여 기재한다.

② 등기사유에서 (   )안의 내용은 분사무소소재지에서 신청하는 경우에 기재하는 내용이다.

③ 해산사유를 폐지한 경우에는 등기할 사항을 기재하지 아니하거나, 기재하는 경우에는 '해산사유의 폐지'로 기재한다.

④ 등록면허세는 변경등기의 등록면허세인 40,200원(지세 제28조 1항 6호)이고, 조특법 및 관세법, 지세법에 의하여 등록면허세가 감면되는 경우 그 감면세액의 100분의 20의 농어촌특별세를 납부하여야 한다(다만, 이것도 면제되는 경우가 있다). 지방교육세는 등록면허세액의 100분의 20이며, 등기신청 수수료는 방문신청시 6,000원(전자표준양식에 의한 신청의 경우에는 4,000원, 전자신청의 경우에는 2,000원)이다.

⑤ 첨부서류 중 등기부등(초)본은 분사무소소재지에서 신청하는 경우에 주사무소에서 등기를 마친 사실을 증명하기 위하여 첨부하는 것이다. 이 경우에는 정관변경을 위한 이사회회의록과 주무관청의 허가서나 그 등본 등 등기사유를 증명하는 서면 대신에 변경등기를 마친 후의 주사무소의 등기부등본이나 초본을 첨부한다.

⑥ 위임장에는 '본 법인의 해산사유변경등기신청에 관한 일체의 행위'라는 내용을 기재한다.

8. 이사 등 변경등기

학교법인은 그 직무집행에 관한 상설필수의 의사결정기관으로서 7인 이상의 이사로 구성된 이사회를 두어야 하며(사학 제14조, 제15조), 이사 이외에 2인 이상의 감사를 두어야 한다. 이러한 이사와 감사를 학교법인의 임원이라 한다(사학 제14조).

이사의 성명과 주소는 등기사항으로 되어 있으나, 법인등의등기사항에관한특례법에 의하여 대표권 있는 이사장만의 주소와 성명을 등기하면 되고 그 외 이사는 성명과 주민등록번호를 등기하면 된다(사학 제8조 1항 Ⅷ, 특례법 제2조). 감사의 성명과 주소는 민법법인과 같이 등기사항이 아니다(사학 제8조 1항 참조).

사립학교법은 임원의 임면에 대하여 결격사유를 특정하고 외국인의 수와 임원간의 친족구성비를 제한하며 사립학교 교원의 겸직을 제한하는 등으로 학교법인의 자주성을 확보하고 사기업화를 방지하고 있다.

학교법인에서 이사장이 아닌 이사는 법인을 대표할 권한이 없고 이사 중에서 선출된 이사장만이 법인을 대표할 수 있기 때문에(사학 제19조 1항) 민법상의 재단법인의 경우와는 달리 이사의 대표권의 제한에 관한 사항은 등기사항이 아니다(사학 제10조 참조).

또한 설립등기 후 종전의 이사가 퇴임하거나 새로운 이사가 취임하는 등 이사의 등기사항에 관한 변경사유가 생기면 그에 따른 변경등기를 해야 한다(사학 제13조, 민 제52조).

대법원 예규

▶예규◀ 이사와 집행임원의 등기신청방법에 관한 예규

(등기예규 제1538호, 2014.11.5. 제정)

제1조(목적)
　이 예규는 주식회사(이하 "회사"라 한다)의 이사와 집행임원에 관한 등기신청방법을 규정함으로써 등기사무처리의 통일성을 도모하고자 함을 목적으로 한다.

제2조(이사의 취임·퇴임등기신청)
　① 회사의 대표자는 이사의 선임이 있는 경우 다음 각 호의 서면을 첨부하여 이사의 취임등기를 신청하여야 한다.
　㉮ 선임을 증명하는 주주총회의사록
　㉯ 취임승낙을 증명하는 서면과 인감증명 또는 공증인의 인증서면

② 제1항의 대표자는 이사의 임기만료 또는 사임 등의 사유가 발생한 경우 그 이사의 퇴임등기를 신청하여야 한다. 다만, 법률 또는 정관에 정한 이사의 인원수를 결한 경우(임기만료 또는 사임에 한정한다)에는 후임이사의 취임등기를 하기 전 퇴임한 이사의 퇴임등기만을 신청할 수 없다.

③ 제2항의 경우 신청서에 이사의 퇴임연월일은 그 사유가 발생한 날로 기재하여야 한다. 다만, 정관에 최종의 결산기에 관한 정기주주총회의 종결에 이르기까지 임기를 연장할 수 있다는 임기연장 규정이 있고 정기주주총회가 적기에 개최된 경우 퇴임한 이사의 임기가 최종 결산기 말일과 당해 결산기에 관한 정기주주총회 사이에 만료된 때라면 이사의 퇴임(중임을 포함한다)연월일은 정기주주총회의 종결일로 기재하여야 한다(결산기 말일 이전에 임기가 만료된 경우에는 적용되지 아니 한다).

제3조(이사의 인원수 변경에 따른 등기신청방법)

① 이사의 인원수가 변경된 경우에는 다음 각 호의 구분에 따라 등기를 신청하여야 한다. 다만, 종전 이사의 주소를 삭제하는 내용의 변경등기신청이 없는 경우 등기관은 직권으로 이사의 주소를 삭제한다.

㉮ 이사가 1명 또는 2명(각자 대표하는 경우)인 회사가 이사를 3명 이상으로 변경하거나 이사가 1명인 회사가 이사를 2명(정관에 따라 대표이사를 정한 경우)으로 변경하는 경우에는 새로 선임된 이사의 취임등기와 대표이사의 취임등기 및 종전 이사의 주소를 삭제하는 내용의 변경등기를 동시에 신청하여야 한다.

㉯ 이사가 2명(정관에 따라 대표이사를 정한 경우) 또는 3명 이상인 회사가 이사를 1명으로 변경하거나 이사가 3명 이상인 회사가 이사를 2명(각자 대표하는 경우)으로 변경하는 경우에는 남아 있는 이사를 제외한 다른 이사의 퇴임등기와 대표이사의 퇴임등기 및 남아 있는 이사의 주소를 추가하는 내용의 변경등기를 동시에 신청하여야 한다.

㉰ 이사가 3명 이상인 회사가 이사를 2명(정관에 따라 대표이사를 정한 경우)으로 변경하는 경우 대표이사가 남아있는 때에는 남아 있는 이사를 제외한 다른 이사의 퇴임등기만 신청하여야 한다.

㉱ 이사가 2명(각자 대표하는 경우)인 회사가 이사를 1명으로 변경하는 경우에는 남아 있는 이사를 제외한 다른 이사의 퇴임등기만 신청하여야 한다.

㉲ 이사가 1명인 회사가 이사를 2명(각자 대표하는 경우)으로 변경하는 경우에는 새로 선임된 이사의 취임등기 및 그 자의 성명, 주민등록번호, 주소를 같이 기재하여 신청하여야 한다.

② 제1항에 따라 등기를 신청하는 경우에 대표권 있는 이사에 관한 등기신청서의 기재방법은 다음 각 호와 같다.

㉮ 상법 제383조 제1항 단서의 규정에 의하여 자본금 10억 원 미만인 회사가 이사를 1명으로 하는 경우에 그 이사는 "사내이사"로 기재하고, 그 성명, 주민등록번호 및 주소를 같이 기재한다.

㉯ 제1호의 회사가 이사를 2명으로 하고 각 이사가 회사를 각자 대표하는 경우에는 각 이사를 "사내이사"로 기재하고, 그 성명, 주민등록번호 및 주소를 같이 기재한다.

㉰ 제1호의 회사가 이사를 2명으로 하고 정관에 따라 대표이사를 정한 경우에는 각 이사를 "사내이사"로 기재하고, 그 성명, 주민등록번호를 기재하며, 그 대표이사의 성명, 주민등록번호 및 주소를 같이 기재한다.

㉱ 이사가 3인 이상인 회사의 경우에는 대표권이 있는 이사를 "사내이사"로 기재하고, 그 성명, 주민등록번호를 기재하며, 그 대표이사(이사 전부를 대표이사 또는 공동대표이사로 선임한 경우를 포함한다)의 성명, 주민등록번호 및 주소를 기재한다.

제4조(집행임원의 취임·퇴임등기신청)
① 집행임원을 둔 회사의 대표자는 다음 각 호의 서면을 첨부하여 집행임원의 취임등기를 신청하여야 한다. 다만, 대표이사가 있는 회사의 경우에는 대표이사의 퇴임등기도 동시에 신청하여야 한다.
  ㉮ 정관
  ㉯ 선임을 증명하는 이사회의사록
  ㉰ 취임승낙을 증명하는 서면 및 인감증명 또는 공증인의 인증서면
② 제1항의 대표자는 집행임원의 임기만료 또는 사임 등의 사유가 발생한 경우에는 그 임원의 퇴임등기를 신청하여야 한다. 다만, 정관에 집행임원의 임기를 그의 임기 중의 최종 결산기에 관한 정기주주총회가 종결한 후 가장 먼저 소집하는 이사회의 종결 시까지로 정한 경우 집행임원의 퇴임연월일에 관하여는 제2조 제3항을 준용한다.
③ 집행임원이 이사를 겸한 경우에는 다음 각 호의 구분에 따라 집행임원의 취임등기와 퇴임등기를 신청하여야 한다.
  ㉮ 동일인을 이사 및 집행임원으로 선임한 경우에는 이사의 취임등기와 집행임원의 취임등기를 각각 신청하여야 한다. 다만, 이사의 취임등기가 된 집행임원을 선임하는 경우에는 집행임원의 취임등기만 신청한다.
  ㉯ 이사를 겸한 집행임원에 대해 동일한 퇴임사유가 있는 경우에는 이사의 퇴임등기와 집행임원의 퇴임등기를 동시에 신청하여야 한다. 다만, 이사와 집행임원에 대해 각 퇴임사유가 있는 경우에는 이사의 퇴임등기 또는 집행임원의 퇴임등기를 각각 신청하여야 한다.

제5조(집행임원의 인원수 변경에 따른 등기신청방법)
① 집행임원의 인원수가 변경된 경우에는 다음 각 호의 구분에 따라 등기를 신청하여야 한다. 다만, 종전 집행임원의 주소를 삭제하는 내용의 변경등기신청이 없는 경우에는 등기관은 직권으로 집행임원의 주소를 삭제한다.
  ㉮ 집행임원이 1명인 회사가 집행임원을 2명 이상으로 변경하는 경우에는 새로 선임된 집행임원의 취임등기와 대표집행임원(2인 이상의 집행임원이 선임된 경우에는 이사회 결의로 대표집행임원을 선임하여야 함)의 취임등기 및 종전 집행임원의 주소를 삭제하는 내용의 변경등기를 동시에 신청하여야 한다.
  2. 집행임원이 2명 이상인 회사가 집행임원을 1명으로 변경하는 경우에는 남아 있는 집행임원을 제외한 다른 집행임원의 퇴임등기와 대표집행임원의 퇴임등기 및 남아 있는 집행임원의 주소를 추가하는 내용의 변경등기를 동시에 신청하여야 한다.
  ㉯ 제1항에 따라 등기를 신청하는 경우에는 집행임원의 성명, 주민등록번호 및 주소를 기재하여야 한다. 다만, 집행임원 중 대표집행임원을 정한 때에는 그 대표집행임원에 대해서만 주소를 기재한다.

부 칙
제1조(시행일) 이 예규는 2014년 11월 21일부터 시행한다.
제2조(다른 예규의 폐지) 다음 각 호의 예규를 각각 폐지한다.
① 상법 제383조 제3항의 적용범위(등기예규 제282호)
② 정기주주총회 종결일까지 임기가 연장된 이사의 퇴임 및 중임일자(등기예규 제360호)
③ 3인의 대표이사 중 1인은 단독, 2인은 공동대표이사로 할 수 있는지 여부(등기예규 제532호)
④ 이사 전원을 대표이사로 선임할 수 있는지 여부(등기예규 제691호)
⑤ 주식회사의 이사가 2명 이하인 경우의 이사에 관한 등기사무처리지침(등기예규 제1297호)

대법원 예규

▶예규◀ 학교법인 이사장에 관한 등기

(1989.3.8. 등기예규 제683호)

학교법인의 이사장은 등기할 사항으로 규정되어 있지 않지만(사학 제8조) 이사 중의 1인으로서 학교법인을 대표하는 자이므로(동법 제14조 2항, 제19조 1항), 등기부에 그 성명을 공시할 필요성이 있는 바, 앞으로 학교법인의 등기를 함에 있어서는 명칭·임원란에 이사(이사장인 이사 포함)의 성명과 주소를 기재한 다음 이사장의 성명을 별도로 기재하도록 한다.

가. 임원의 직무와 권한

1) 이사장의 직무

학교법인에서는 이사장만이 법인을 대표하고(사학 제14조 1항, 제19조 1항), 나머지 평이사는 민법법인과는 달리 대표권이 없다. 이사장은 이사 중 1인이 되며, 학교법인을 대표하고 사립학교법과 정관에 규정된 직무를 행하며, 기타 법인 내부의 사무를 통할한다.

이사장이 궐위되거나 사고로 인하여 직무를 수행할 수 없게 된 때에는 정관이 정하는 바에 따라, 정관에 규정이 없을 때에는 이사회의 호선에 의하여 다른 이사가 이사장의 직무를 대행한다(사학 제19조 2항).

일반적으로 이사장에게 사고가 있을 때에는 이사장이 지명하는 이사가, 이사장이 궐위되었을 때에는 이사회에서 지명된 이사가 이사장의 직을 대행하도록 정관으로 정한다.

2) 이사의 직무

이사는 이사회에 출석하여 학교법인의 업무에 관한 사항을 심의·결정하며, 이사회 또는 이사장으로부터 위임받은 사항을 처리한다(사학 제19조 3항).

이사는 이사회 또는 이사장으로부터 특별한 위임이 없으면, 학교법인의 업무에 관한 사항 외에 특정사항을 처리할 권한이 없다(사학 제19조 3항, 대판 1968. 11. 5, 67다1178 카 6199). 즉, 학교법인의 평이사는 이사회의 결의나 이사장의 위임이 없는 한 대표권이나 특정사무를 처리할 권한이 없으며(사학 제19조 3항), 평이사가 권한 없이 대표권을 행사하여 제3자에게 손해를 입힌 경우 법인은 본인으로서의 책임은 물론 사용자 책임도 지지 아니한다(대판 1968. 11. 5, 67다1178).

한편 학교법인의 임기만료된 이사는 후임이사 선임시까지 권리의무를 유지한다. 즉, 학교법인의 이사는 임기가 만료되었다 하더라도 후임이사가 선임될 때까지는 여전히 이사로서의 권리를 행사할 수 있는 것이므로 임기가 만료된 이사가 후임이사를 선임하기 위한 이사회에 참석하여 그 선임결의를 하였다 하여 그것을 법률상 무효한 결의라 할 수 없다(대판 1967. 2. 21, 66다1347).

3) 감사의 직무

학교법인의 감사는 이사와 함께 법인의 임원이 되나 민법법인과 같이 등기사항은 아니다(사학 제8조 1항).

감사는 ① 학교법인의 재산상황과 회계를 감사하는 일, ② 이사회의 운영과 그 업무에 관한 사항을 감사하는 일, ③ 위 각항 감사결과 부정 또는 불비한 점이 있음을 발견한 때 이를 이사회와 관할청에 보고하는 일, ④ 감사보고를 위하여 필요한 때에는 이사회 소집을 요구하는 일, ⑤ 학교법인의 재산상황 또는 이사회의 운영과 그 업무에 관한 사항에 관하여 이사장 또는 이사에게 의견을 진술하는 일 등의 직무권한을 갖는다(사학 제19조 4항).

4) 임원의 겸직금지

학교법인의 이사장은 당해학교법인이 설치.경영하는 사립학교의 장을 겸할 수 없고, 이사는 당해 법인의 감사 또는 당해법인이 설치.경영하는 사립학교의 교원, 기타 직원을 겸할 수 없다. 다만, 학교의 장은 예외이다.

감사는 이사장, 이사 또는 당해 법인이 설치.경영하는 사립학교의 교원, 기타 직원을 겸할 수 없다(사학 제23조).

5) 임원의 보수제한

학교법인의 임원중 정관에서 정한 상근하는 임원을 제외한 임원에 대하여는 보수를 지급하지 아니한다. 다만, 실비의 변상은 예외로 한다(사학 제26조).

나. 임원의 선임과 임기

1) 임원의 선임

학교법인의 설립 당초의 이사는 정관으로 정하여 지지만(사학 제10조 2항), 설립 후의 이사는 정관이 정하는 바에 따라 이사회에서 선임하여 관할청의 승인을 받아 취임하게 된다(사학 제20조 1항, 2항).

이사장의 선임에 대하여 사립학교법은 이사 중 1인은 정관이 정하는 바에 의하여 이사장이 된다고만 규정하고 있다(사학 제14조 2항). 정관으로 이사회에서 호선으로 선임하도록 하면 이사회에서 이사장을 선임할 것이나, 정관으로 그 설립자에게 이사장 선임권을 주는 경우에는 그에 따라 설립자가 이사 중에서 이사장을 선임할 수 있다고 할 것이다.

이사회는 정관의 규정에 따라 이사와 감사를 선임할 것이며, 법률상의 일정한 제한에 따라야 한다. 즉, 이사 정수의 반수 이상은 대한민국 국민이어야 하고, 이사 상호간에 「민법」 제777조에 규정된 친족관계에 있는 자가 그 정수의 4분의 1을 초과하여서는 아니 되며, 이사 중 적어도 3분의 1 이상은 교육경험이 3년 이상인 자이어야 한다(사학 제21조, 민 제777조). 다만, 대학교교육기관 중 대통령령이 정하는 학교를 설치.경영하는 학교법인으로서 대한민국 국민이 아닌 자가 학교법인의 기본재산액의 2분의 1 이상에 해당하는 재산을 출연한 학교법인인 경우에는 이사정수의 3분의 2미만을 대한민국 국민이 아닌 자로 할 수 있다(사학 제21조 1항 단서).

또한 감사는 감사 상호간 또는 이사와 「민법」 제777조에 규정된 친족관계에 있는 자가 아니어야 하고, 대학.산업대학·사이버대학 및 이들에 준하는 각종 학교로서 그 입학정원이 500명 이상인 학교를 설치.경영하는 학교법인은 감사 중 1인은 공인회계사 자격을 가진 자이어야 한다(사학 제21조 4항, 5항).

2) 임원의 임기

학교법인의 임원의 임기는 정관으로 정하되 이사의 임기는 5년을 초과할 수 없고 중임할 수 있으며, 감사는 3년을 초과할 수 없고 1회에 한하여 중임할 수 있다(사학 제20조 3항). 최초의 임원의 임기는 법인성립일 즉 설립등기일로부터 진행한다(등기선례 3-989).

3) 임원의 보충

이사 또는 감사에 결원이 생긴 때에는 결원일로부터 2개월 이내에 보충하여야 한다(사학 제24조). 통상 학교법인은 늦어도 임원의 임기만료 1개월 전에 임원을 선출하여 주무관청에 취임승인신청을 하여야 할 것이다.

4) 주무관청의 승인과 취임의 효력발생

　　이사의 취임은 이사회의 선임결의만으로 효력이 생기는 것은 아니고 피선자의 취임승낙이 있어야 한다. 또한 학교법인의 경우에는 이사회의 선임결의와 피선자의 승낙 외에 관할청의 승인이 있어야만 비로소 그 취임의 효력이 완성된다(사학 제20조 2항). 이사에 대한 관할청의 취임승인은 학교법인의 이사선임행위를 보충하여 그 법률상의 효력을 완성케 하는 보충적 행정행위이다. 따라서 기본행위의 학교법인의 이사선임행위가 불성립 또는 무효인 경우에는 비록 그에 대한 감독청의 취임승낙이 있었다 하여도 이로써 무효인 그 선임행위가 유효한 것으로 될 수는 없다(대판 1995. 4. 14, 94다12371).

　　현 이사의 임기만료 전에 후임이사를 예선한 때에는 이사회의 선임결의와 피선자의 취임승낙 및 관할청의 승인만으로 후임이사가 곧 바로 취임할 수 있는 것은 아니고, 전임자의 임기가 만료되어야 그때부터 취임의 효력이 발생하여 비로소 임기가 개시되며, 전임이사의 임기만료로 후임이사가 취임하는 것은 전임자의 임기만료와 후임자의 선임결의 및 피선자의 취임승낙과 관할청의 승인 중 가장 늦은 쪽을 기준으로 하여 그 효력이 발생하여 임기가 개시된다.

5) 임원승인신청

　　임원취임의 승인처분은 행정청이 타자의 법률행위를 동의로써 보충하여 그 행위의 효력을 완성시켜 주는 행정행위로서 인가에 속한다. 임원 취임시 주무관청에 그 승인신청서를 제출하며 첨부하는 서면은 다음과 같다.

　　(가) 신임 임원의 경우

　　　　① 임원 취임 승인신청서

　　　　② 임원 취임승낙서　1부

　　　　③ 민간인 신원진술서 4부(신원진술서와 각 난은 누락없이 기재하여야 하고, 학력은 초등학교부터 최종학교까지 기재하며, 교육, 보증인 등을 기재한다)

　　　　이력서　2부

　　　　④ 친족관계 불저촉각서(이사장 명의) 1부 : 사립학교법 제21조 내지 제23조의 규정에 저촉되지 아니함을 각서

　　　　⑤ 이사회회의록 사본(원본대조필)

　　　　⑥ 기관장의 겸직 허가서(공무원, 교원, 국영기업체 임직원 등)

⑦ 1년 이상의 교육경력증명서(해당자)

(나) 임원 연임의 경우

임원이 연임된 경우에는 임원신임의 경우에 첨부하는 구비서류 중 신원진술서를 제외하고 이력서는 1부만 제출한다.

6) 개방이사의 선임

학교법인에는 임원으로서 7인 이상의 이사와 2인 이상의 감사를 두어야 한다. 다만, 유치원만을 설치·경영하는 학교법인에는 임원으로서 5인 이상의 이사와 1인 이상의 감사를 둘 수 있다(사학 제14조 1항). 이때 학교법인은 이사정수의 4분의 1(단, 소수점 이하는 올림한다)에 해당하는 이사(이하 "개방이사"라 한다)를 개방이사추천위원회에서 2배수 추천한 인사 중에서 선임하여야 한다(사학 제14조 3항). 이와 같이 개방이사를 학교법인이 선임하고자 하는 때에는 선임사유가 발생한 날부터 15일(재직이사의 경우 임기만료 전 3개월) 안에 이사장이 개방이사추천위원회에 추천을 요청하여야 한다(사학 시행령 제7조의2 1항). 이러한 요청에 따라 추천위원회가 개방이사를 추천하는 때에는 해당 학교의 건학이념을 구현할 수 있는 자를 추천하여야 한다(사학 시행령 제7조의2 2항). 만약 추천위원회는 사학 시행령 제7조의2 제1항에 따른 기간 안에 이사장이 개방이사의 추천을 요청하지 아니하는 경우에는 그 사실을 안 날부터 30일 안에 사립학교법 제14조제3항에 따른 추천을 할 수 있다(사학 시행령 제7조의2 3항).

개방이사추천위원회(이하 "추천위원회"라 한다)는 사립학교법 제26조의2에 따른 대학평의원회(이하 "대학평의원회"라 한다) 또는 초·중등교육법 제31조에 따른 학교운영위원회(이하 "학교운영위원회"라 한다)에 두고 그 조직과 운영 및 구성은 정관으로 정하되, 위원정수는 5인 이상 홀수로 하고 대학평의원회 또는 학교운영위원회에서 추천위원회 위원의 2분의 1을 추천하도록 한다. 다만, 대통령령으로 정하는 종교지도자 양성만을 목적으로 하는 대학 및 대학원 설치·경영 학교법인의 경우에는 당해 종교단체에서 2분의 1을 추천한다(사학 제14조 4항).

추천위원회가 개방이사를 추천하는 경우에는 30일 이내에 완료하여야 하며, 이 기간 내에 추천하지 못하는 때에는 관할청이 추천한다(사학 제14조 5항).

사립학교법 제3항부터 제5항까지의 규정에 따른 개방이사의 추천, 선임방법 및 자격요건과 기준에 관한 구체적인 사항은 대통령령으로 정하는 바에 따라 정관으로 정한다(사학 제14조 6항).

♣ 【서식】 학교법인 임원취임 승인신청서

학교법인 ○○학원
(○○대학교)

수신자   교육부장관
(경유)
제목   임원취임 승인 신청

「사립학교법」 제20조제2항 및 우리 법인 정관 제○조의 규정에 따라 아래와 같이 임원 취임 승인을 신청하오니 조치하여 주시기 바랍니다.

□ 취임 임원

직 책	성 명	생년월일	임 기	비 고
이 사	○○○	1900.00.00	2008. 0. 00. ~ 2012. 0. 00.	연 임 (교육경험)

※ 이사회 회의록 공개 여부 : (○, ×)

붙임 1. 임원 신구대비표 1부
    2. 각서 1부(친족관계, 겸직금지, 임원결격사유)
    3. 이력서 1부(날인 필요)
    4. 취임승낙서 1부
    5. 신원조사회보서 1부(신임의 경우)
    6. 교육경력증명서 1부(교육경험이사의 경우)
    7. 겸직동의서 1부(공무원, 교원의 경우)
    8. 사임서 사본 1부(사임자가 있는 경우)
    9. 이사회 회의록 사본 1부. 끝.

학교법인 ○○학원 이사장

★기안자   ○○○   ○○팀장   ○○○   이사장   ○○○
협조자

시행   법인사무국-   (2008.00.00.)   접수   @D-@N   (   )
우 110-760 서울특별시 ○○구   / http://www.
전화 02)1234-5672   /전송 02)1234-1111 /   @   /공개

♣ 【서식】 학교법인 임원 신·구 대조표

임원 신·구 대조표

현　행				변　경			
직 명	성 명	임 기	비고 (교육이사. 친인척 표시)	직명	성 명	임 기	비고 (교육이사. 친인척 표시)
이사장				이사장			
이 사				이 사			○ ○ ○ 이사의 처
감 사				감 사			공인회계사

※ 유의사항

○ 임원 연혁관리를 위해 신구대비표는 명확히 작성 바람

- 현행에는 재적임원만 기술하는 것이 아니라, 임기만료 등으로 후임을 선임하
  지 않은 임원의 현황도 작성 필요

♣ **【서식】학교법인 임원 각서**

각 서

   다음 사람이 본 법인의 임원으로 취임함에 있어 사립학교법 제21조(임원선임의 제한), 제22조(임원의 결격사유) 및 제23조(임원의 겸직금지)의 규정에 저촉되지 아니함을 확인하고 이에 각서 합니다.

직 위	성 명	생년월일	주 소
이 사			
감 사			

년   월   일

학교법인 ○○학원 이사장

교육부장관 귀하

다. 임원의 결격사유 및 임원취임승인의 취소

1) 임원선임제한

이사정수의 반수 이상은 대한민국 국민이어야 하고(다만, 대학교육기관 중 대통령이 정하는 학교를 설치.경영하는 학교법인으로서 대한민국 국민이 아닌 자가 학교법인의 기본재산액의 2분의 1 이상에 해당하는 재산을 출연한 학교법인인 경우에는 이사정수의 3분의 2 미만을 대한민국 국민이 아닌 자로 할 수 있다), 이사회 구성에 있어서 각 이사 상호간에 친족관계가 있는 자가 그 정수의 4분의 1을 초과하여서는 아니되며, 이사 중 적어도 3분의 1 이상은 교육경력이 3년 이상 있는 자라야 한다. 감사는 감사 상호간 또는 이사와 민법 제777조에 규정된 친족관계가 있는 자가 아니어야 한다(사학 제21조).

2) 임원의 결격사유

학교법인의 임원의 결격사유는 ① 국가공무원법 제33조의 규정에 해당하는 자, ② 사립학교법 제20조의2의 규정에 의하여 임원취임 승인이 취소된 자로서 5년이 경과되지 아니한 자, ③ 사립학교법 제54조의2의 규정에 의한 해임요구에 의하여 해임된 자로서 3년이 경과하지 아니한 자, ④ 제61조의 규정에 따라 파면된 자로서 5년이 경과하지 아니한 자, ⑤ 4급 이상의 교육행정공무원 또는 4급 상당 이상의 교육공무원으로 재직하다 퇴직한지 2년이 경과하지 아니한 자이다(사학 제22조).

국가공무원법 제33조에 규정된 결격사유는 ① 금치산자 또는 한정치산자, ② 파산자로서 복권되지 아니한 자, ③ 금고 이상의 형을 받고 그 집행이 종료되거나 집행을 받지 아니하기로 확정된 후 5년을 경과하지 아니한 자, ④ 금고 이상의 형을 받고 그 집행유예의 기간이 종료된 날로부터 2년을 경과하지 아니한 자, ⑤ 금고 이상의 형의 선고유예를 받은 경우에 그 선고유예 기간 중에 있는 자, ⑥ 법원의 판결 또는 다른 법률에 의하여 자격이 상실 또는 정지된 자, ⑦ 징계에 의하여 파면의 처분을 받은 때로부터 5년을 경과하지 아니한 자, ⑧ 징계에 의하여 해임의 처분을 받은 때로부터 3년을 경과하지 아니한 자이다.

3) 임원승인의 취소

주무관청은 일단 승인한 임원이라도 ① 사립학교법 또는「초·중등교육법」,

「고등교육법」의 규정을 위반하거나 이에 의한 명령을 이행하지 아니한 때, ② 임원간의 분쟁, 회계부정 및 현저한 부당으로 인하여 당해 학교운영에 중대한 장애를 야기한 때, ③ 학사행정에 관하여 당해 학교장의 권한을 침해하였을 때 , ④ 관할청의 학교장에 대한 징계요구에 불응한 때 등에는 그 취임승인을 취소할 수 있다(사학 제20조의2 제1항).

위 규정에 의한 취임승인의 취소는 관할청이 당해 학교법인에게 그 사유를 들어 시정을 요구한 날로부터 15일이 경과하여도 이에 응하지 아니한 경우에 한한다. 다만, 시정을 요구하여도 시정할 수 없는 것이 명백하거나 회계부정, 횡령, 뇌물수수 등 비리의 정도가 중대한 경우에는 시정요구 없이 임원취임의 승인을 취소할 수 있으며, 그 세부적 기준은 대통령령으로 정한다.(사학 제20조의2 제2항).

행정행위의 취소의 효과는 원칙적으로 소급하나 선의의 제3자의 신뢰의 보호, 사회질서의 유지 및 법률생활 안정의 필요성 등을 고려하여 선의의 제3자의 이익 및 기존질서를 파괴하지 아니하는 범위 안에서 그 효력이 미치는 것이 일반적 원칙이므로 임원취임승인 취소시까지의 법인 임원으로서 행한 교원임명행위 및 학교법인의 사무처리행위는 유효하다고 해석하여야 할 것이다(법무 25001-7, 1989. 1. 18.)

취임취소를 당한 임원이 그에 불복하는 경우에는 행정소송을 제기하여야 할 것이다(행정소송법 제4조).

라. 이사의 퇴임

1) 자격상실 및 관할청의 승인취소

이사는 사형, 무기징역 또는 무기금고 등 형의 선고로 인하여 자격이 상실되면 당연히 그 직에서 퇴임하고(형 제430조) 법인이 해산해도 당연퇴임하게 된다.

또한 취임승인이 취소되어도 그 직에서 퇴임하게 된다.

관할청의 임원취임 취소사유는 ① 사립학교법 또는「초·중등교육법」,「고등교육법」의 규정을 위반하거나 이에 의한 명령을 이행하지 아니한 때, ② 임원간의 분쟁, 회계부정 및 현저한 부당으로 인하여 당해 학교운영에 중대한 장애를 야기한 때, ③ 학사행정에 관하여 당해 학교장의 권한을 침해하였을 때 , ④ 관할청의 학교장에 대한 징계요구에 불응한 때 등에는 그 취임승인을 취소할 수 있다(사학 제20조의2 제1항). 이 규정에 의한 취임승인의 취소는 관할청이 당해 학교법인에게 그 사유를 들어 시정을 요구한 날로부터 15일이 경과하여도 이에 응하지 아니한 경우에 한한다. 다만, 시정을 요구하여도 시정할 수 없는 것이 명백하거나 회계부정, 횡령, 뇌물수수 등 비리의 정도가 중대한 경우에는 시정요구 없이 임원취임의 승인을 취소할 수 있으며, 그 세부적 기준은 대통령령으로 정한다.(사학 제20조의2 제2항).

2) 사 임

법인과 이사와의 관계는 위임계약관계이므로 위임관계의 종료사유가 생긴 경우도 역시 퇴임사유가 된다. 이사는 절대로 사임할 수 없다는 정관규정이 있더라도 그러한 정관규정은 무효로서, 이사는 언제나 자유로이 사임하여 그 직에서 물러날 수 있고(민 제689조 제1항), 정관에 정한 바 없더라도 법인은 이사의 선임과 동일한 방법으로 이사를 해임하여 퇴임시킬 수 있음은 물론(민 제689조 1항), 본인의 사망.금치산선고.파산이나 법인의 파산에 의해서도 이사는 당연히 퇴임하게 된다(민 제690조).

이사를 사임하는 행위는 상대방 있는 단독행위라 할 것이어서 그 의사표시가 상대방에게 도달함과 동시에 그 효력을 발생하고 법인의 승낙을 요하지 아니하고, 그 의사표시와 효력을 발생한 후에는 마음대로 이를 철회할 수 없다.

이사의 취임에는 주무관청의 승인이 필요하나(사학 제20조 제1항), 사임의 경우에는 그 승인규정이 없다.

그러나 당해 학교법인이 정관으로 임원의 사임에는 이사회의 의결을 거쳐 감독청의 승인을 받아야 한다고 규정하고 있다면 감독청의 승인을 받아야 하므로 임기 전에 사표제출만으로는 사임의 효력이 발생할 수 없고 절차상에 중대한 하자가 있는 경우에 해당되므로 이미 등기까지 하였다고 해도 그 해임등기는 무효라고 해석하는 견해가 있다.

학교법인의 이사의 정수는 7인 이상인 바(다만, 유치원만을 설치.경영하는 학교법인에는 임원으로서 5인 이상의 이사와 1인 이상의 감사를 둘 수 있다.)(사학 제14조), 정관에 이사의 정원이 특정되어 있는 경우 정원에 미달하도록 이사가 사임하는 등기는 할 수 없다.

만약 이사가 사임을 하여도 이사장이 이를 수리하여 등기를 하지 아니하면 그 책임을 면할 수 없고 또한 등기신청권은 그 대표권이 있는 이사장에게만 있으므로

(사학 제19조 제1항, 비송사건절차법 제67조, 제66조, 상업등기법 제23조) 당해 이사는 법원에 사임으로 인한 등기를 이행하라는 소송을 제기할 수 있을 것이다.

3) 임기만료

이사의 임기는 5년을 초과할 수 없으나 중임할 수 있다(사학 제20조 3항). 학교법인의 정관에서는 이사가 임기만료 전에 사임하는 경우 그 후임자에 대하여 전임자의 잔임기간을 그 임기로 정하는 것이 일반적이며, 이사는 정관소정의 임기가 만료되면 퇴임하게 된다.

임기의 기산점은 선임행위의 성질상 이사가 취임의 승낙을 한 때이므로 승낙일의 익일을 초일로 하여 계산하고 임기로 정하여진 기간의 말일이 종료한 때에 임기만료가 된다.

이사의 임기가 만료된 때에는 동일인이 재선되어 다시 취임하는 경우에도 반드시 그 변경등기를 해야 하는 바, 그때 동일인이 그 임기만료일에 다시 취임하여 전임의 임기만료일과 후임의 임기개시일이 동일한 경우에는 등기실무상 중임이라 하여 그 퇴임취지와 재취임취지를 중복하여 기재하지 않고 단순히 중임의 취지만 기재하는 중임등기로 특별취급하고 있다. 다만, 임기만료된 이사가 정관규정에 따라 후임자가 취임할 때까지 계속 권리의무를 행사하던 중에 재선된 때처럼 전임 임기만료일과 후임 임기개시일이 서로 다른 경우에는 설사 동일인이 다시 취임한 경우라 할지라도 중임등기로 취급할 수는 없고 퇴임 및 취임등기로 해야 할 것이다.

상법상의 회사는 이사의 임기가 만료되어도 후임이사의 취임시까지 이사로서 권리의무가 있다는 명문 규정이 있으나(상 제386조 1항), 사립학교법 및 사립학교법이 준용하는 민법에는 이와 같은 규정이 없다.

그러나 학교법인 및 민법법인도 후임이사가 선임될 때까지는 전임자가 법인의 사무집행을 하여야 하므로 민법의 위임에 관한 규정을 준용하여야 할 것이다(민 제127조, 제689조). 따라서 이사는 임기만료로 그 직을 떠난 후에도 법인의 사무집행에 관하여 선의로 관리 집행할 권한과 의무가 있다고 할 것이다(민 제691조. 대판 1972. 4. 11, 72누86).

4) 해 임

상법에는 주식회사의 이사에 관하여 언제든지 주주총회에서 특별결의로 이사를 해임할 수 있다는 규정이 있으나(상 제385조 1항), 사립학교법과 그 준용법인 민법은 학교법인 및 비영리법인에서의 이사의 해임에 대하여 규정하고 있지 않다.

그러나 정관으로 해임사유와 절차를 규정하고 있는 것이 대부분이므로 정관으로 규정된 경우에는 그 정관에 따라 해임을 하면 될 것이다.

정관에서도 해임에 관하여 규정하고 있지 않은 경우에 대하여 해임을 할 수 없다는 견해와 이사를 선임한 기관에서 해임을 할 수 있다는 견해가 있으나, 이사와 법인과의 관계는 위임계약관계이므로 민법의 위임관계규정인 민법 제689조에 따라 선임기관이 위임계약의 해지인 해임을 언제라도 할 수 있다고 하여야 할 것이다.

학교법인의 이사 해임의 효력은 해임기관의 해임결의에 의하여 발생하는 것이 아니라 이사에 대한 해임의 의사표시와 이사의 취임과 취임취소권의 승인권을 가지는(사학 제20조 2항) 주무관청의 승인에 의하여 발생한다.

마. 임시이사와 이사장 직무대행자

1) 임시이사

교육부장관(관할청)은 학교법인이 이사의 결원을 보충하지 아니한 경우, 제20조의2의 규정에 의하여 학교법인의 임원취임 승인을 취소한 때, 제25조의2의 규정에 의하여 임시이사를 해임한 때에는 이해관계인의 요구 또는 직권에 의하여 조정위원회의 심의를 거쳐 임시이사를 선임하여야 한다(사학 제25조 1항, 2항).

사립학교법에 의하여 설립된 학교법인은 사립학교의 설치.경영만을 목적으로 하여 설립된 특수법인으로서 다른 법률에 의한 법인과는 구별되므로 학교법인의 임시이사 선임에 관하여서는 민법의 규정에 우선하여 사립학교법이 적용되어야 한다(대결 1986. 12. 4, 86마879). 민법상의 사단.재단법인은 임시이사의 선임권한이 법원에 있으나, 사립학교의 경우에는 관할청에 있으며 관할청은 교육부장관과 교육감이 되는 것이 서로 다르다(사학 제4조).

따라서 이를 간과하고 법원이 민법에 의하여 학교법인의 임시이사를 선임하여 이를 등기한 경우에도 이를 당연무효이므로 그 등기도 말소하여야 할 것이다. 임시이사는 사립학교법에 따라 감독청에 의하여 선임하는 것이므로 법인의 사무를 처리함에는 직무의 성질상 이사와 차이가 없으며, 이사회의 구성원으로서 이사와 그 권한이 동등하다.

임시이사도 이사 상호간에 민법 제777조의 규정에 의한 친족관계가 있는 자는 이사정수의 4분의 1을 초과하여서는 아니되고 이사 중에 3분의 1 이상이 교육경험이 3년 이상 있는 자이어야 한다.

또한 임시이사에게도 이사에게 적용되는 사립학교법 제22조의 결격사유가 적용되나 교원결격사유인 교육법 제77조의 규정은 적용되지 아니한다.

만약 임시이사를 선임한 목적이 정이사를 선임하기 위한 것이라면 그 정하여진 기간 내에 정이사를 선임하여야 하고 이를 게을리한 경우에는 감독청은 직무태만으로 이를 해임할 수 있고, 기타 선임의 목적에 위배된 행위를 하거나 감독청이 필요하다고 인정할 경우에도 감독권의 일환으로 임시이사를 해임하고 다른 임시이사를 선임할 수 있다.

임시이사는 임시이사 선임사유가 해소될 때까지 재임하되, 임시이사의 임기는 선임된 날부터 3년을 초과할 수 없다(사학 제25조 3항).

2) 이사직무대행자

(가) 이사직무대행자의 법적지위와 권한

가처분결정에 의하여 학교법인의 이사의 직무를 대행하는 자를 선임한 경우, 그 직무대행자는 단지 피대행자의 직무를 대행할 수 있는 임시의 지위에 놓여 있음에 불과하므로 학교법인을 종전과 같이 그대로 유지하면서 관리하는 한도 내의 학교법인의 통상 업무에 속하는 사무만을 행할 수 있다고 하여야 할 것이고, 그 가처분결정에 다른 정함이 있는 경우 외에는 학교법인의 근간인 이사회의 구성 자체를 변경하는 것과 같은 학교법인의 통상업무에 속하지 아니하는 행위를 하는 것은 이러한 가처분의 본질에 반한다고 하여야 할 것이다(대판 1995. 4. 14, 94다12371).

가처분에 의하여 이사직무대행자로 선임된 자는 이사회의 구성원으로써 후임이사의 선임권이 없다.

(나) 직무집행대행자등기 가부

민법법인은 상법상의 법인(상 제407조, 제570조)과 달리 직무집행정지 및 대행자에 관한 등기규정이 없어 민사소송법에 의한 가처분의 방법으로 이사직무집행정지 및 대행자를 선임하여도 촉탁등기할 수 없다는 것이 다수설이며 실무에서도 이에 따르고 있다(1998. 10. 1. 등기 3402-954 참조). 임시이사의 경우에도 등기사항이 아니므로 등기의 대상이 되지 아니한다.

학교법인의 경우에는 사립학교법에서 그에 관하여 특별히 등기하여야 한다고 규정한 바 없으므로 가처분에 의한 직무집행대행자의 등기는 등기사항이 아니 라고 할 것이다.

바. 등기절차

1) 등기신청인

이 등기는 학교법인을 대표하는 자인 이사장이 신청하여야 한다(비송사건절차법 제67조, 제66조, 상업등기법 제23조). 다만, 임시이사가 변경등기를 신청하는 경우에는 신청서에 그 자격을 증명하는 서면을 첨부하여야 한다(비송사건절차법 제64조 2항).

2) 등기기간

등기기간은 이사가 취임 또는 퇴임, 취임승인을 취소한 날로부터 3주간 내이다. 다만, 취임 및 해임의 경우에는 관할청의 승인서가 도달한 날로부터 위 기간을 기산한다(사학 제13조, 민 제53조).

이사선임의 경우는 선임일자와 당해 이사의 승낙일자 중 나중 날짜를 기준으로 등기기간을 계산하여야 할 것이다.

3) 등기사항

(가) 이사취임등기의 경우

이사취임등기에는 임원란에 취임한 이사의 성명, 주민등록번호와 취임취지 및 등기연월일을 기재하고 등기관의 식별부호를 기록하여야 한다(민법법인 및 특수법인 등기규칙 제6조, 상업등기규칙 제55조).

등기할 때의 법인을 대표할 자의 주소는 주민등록지 주소로 해야 한다(1993. 5. 11. 등기 제1138호).

(나) 이사퇴임등기의 경우

이사퇴임등기는 상당란에 퇴임한 이사의 성명과 퇴임사유 및 그 등기연월일을 기재하고 등기관의 식별부호를 기록하여야 한다(민법법인 및 특수법인 등기규칙 제6조, 상업등기규칙 제55조).

임기만료나 사임으로 퇴임한 이사가 정관규정에 따라 계속 그 권리의무를 행사하다가 후임자가 취임하여 전임자의 퇴임등기를 하는 경우 퇴임일자는 그 권리의무행사 종료일이 아니라 당초의 임기만료일이나 사임일이 된다.

(다) 이사장의 변경등기

이사장의 변경등기는 임원란에 변경된 이사장의 성명, 주소와 변경취지 및 그 연월일을 기재하고 등기관의 식별부호를 기록하여야 한다(민법법인 및 특수법인 등기규칙 제6조, 상업등기규칙 제55조).

등기할 때 법인을 대표할 이사장의 주소는 주민등록지 주소로 해야 한다(1993. 5. 11. 등기 제1138호).

4) 첨부서면

임원변경에 정관기재사항의 변경을 초래하는 경우에는 그 정관변경을 결의한 회의록을 첨부하여야 한다(사학 제45조, 사학령 제7조).

정관변경이 필요하지 아니한 경우에는 그 선임 및 해임의 회의록을 첨부하고 그를 인가한 주무관청의 승인서를 첨부하면 된다.

등록면허세는 일반적인 변경등기의 등록면허세인 40,200원을 첨부하고(지세법 제28조 1항 6호), 조세특례제한법, 지방세법, 관세법에 의하여 등록면허세가 감면되는 경우에는 그 감면세액의 100분의 20의 농어촌특별세를 납부하여야 한다(농특 제5조). 그러나 농어촌특별세도 감면 또는 면제되는 경우가 있다(농특 제4조).

지방교육세는 등록면허세의 100분의 20을 납부하며, 등기신청수수료는 방문신청의 경우 6,000원을 납부한다. 전자표준양식에 의한 신청의 경우에는 4,000원, 전자신청의 경우에는 2,000원이다. 명칭, 주사무소, 이사변경등기를 하나의 신청서로 신청할 경우에는 방문신청의 경우 각각의 수수료 6,000원씩을 합산하고, 전자표준양식에 의한 신청의 경우에는 4,000원씩을, 전자신청의 경우에는 2,000원씩을 합산하여야 한다. 수인의 이사, 이사장 등 임원의 퇴임·취임으로 인한 변경등기는 이를 일괄하여 하나의 임원변경등기신청으로 보아 방문신청의 경우 6,000원을 납부한 대법원수입증지를 첨부한다. 전자표준양식에 의한 신청의 경우에는 4,000원, 전자신청의 경우에는 2,000원이다.

이러한 일반적인 첨부서류 외에 경우에 따라 다음 서류를 첨부한다.

(가) 이사취임등기의 경우

이사 및 이사장의 선임을 증명하는 이사회회의록과 피선자의 취임승낙서 및 관할청의 승인서나 그 인증 있는 등본, 주민등록등본 등을 첨부해야 한다. 다만, 회의록에 피선자의 취임을 승낙한 취지의 기재가 있고 당해 피선자가 날인한 회의록을 첨부한 때에는 그 취임승낙의 기재를 승낙서에 갈음하여 피선자의 취임승낙서는 별도로 첨부하지 아니하여도 된다.

이사는 주민등록번호, 이사장은 주소와 주민등록번호를 등기하여야 하므로, 이를 증명하는 주민등록등본을 첨부하여야 한다. 다만, 등기부에 주민등록번호가 기재된 이사가 중임되는 경우에는 다시 주민등록등본을 제출할 필요가 없으며(1998.9.8, 등기예규 제943호), 이사장이 주소변경없이 중임되는 경우에도 동일하다고 할 것이다.

대표권 있는 이사장의 취임등기는 신청할 때에는 인감증명을 받을 수 있도록 당해 이사장의 인감(인감대지)도 제출해야 한다. 다만, 중임의 경우에는 종전에 제출한 인감에 변경사항이 없으면 제출하지 아니하여도 된다고 할 것이다.

법인의 임원에 대한 중임결의가 그 임기만료 전에 이루어졌다 하더라도 임기만료일까지는 중임등기신청을 할 수 없다(구 예규집 제731항).

(나) 이사퇴임등기의 경우

- 정 관

  퇴임등기의 경우에는 일반적 첨부서면으로 정관을 첨부하여야 한다. 이는 정관상 이사의 정수를 확인하고 당해 법인의 최소한의 이사의 수를 알아 퇴임등기 여부를 결정하기 위한 것이다.

- 사임서(사임의 경우)

  사임으로 인한 퇴임의 경우에는 사임서를 첨부해야 한다. 다만, 회의록에 기명날인한 이사가 당해 이사회석상에서 사임하여 그 취지가 기재되어 있는 회의록에 첨부한 경우에는 별도로 사임서를 첨부하지 아니해도 무방하다.

  대표권 있는 이사장은 원칙으로 사임의 경우에는 인감증명을 첨부하여야 하나(규칙 제9조, 상등규 제81조, 등기선례 1994.11.7.), 그 사임을 증명하는 서면에는 등기소에 제출된 인감이 날인되거나 공증받은 회의록에 사임의 뜻이 기재되고 당해 대표권 있는 이사장 또는 대표청산인의 날인으로 등기소에 제출된 인영이 날인된 경우에는 인감증명의 첨부를 생략할 수 있다고 할 것이다(92. 1. 15. 등기 제98호).

- 사망진단서 또는 가족관계등록부의 증명서(사망으로 인한 퇴임의 경우)

  사망으로 인한 퇴임의 경우에는 사망사실을 증명하는 사망진단서나 사망사실을 기재한 가족관계등록부의 증명서를 첨부해야 한다. 주민등록등본에 사망사실이 기재되어도 이는 신분에 관한 기록이 아니므로 이로써 위 서면을 대신할 수 없다고 할 것이다.

- 이사회회의록(해임의 경우)

  해임으로 인한 퇴임의 경우에는 해임을 증명하는 서면으로서 이사회회의록을 첨부해야 한다. 학교법인의 회의록은 민법법인과는 달리 공증인의 인증대상에서 제외된다(공증령 제2조의3 별표 1.33호).

- 결격사유증명서(결격사유로 인한 퇴임의 경우)

  파산, 금치산선고 또는 형의 선고 등 결격사유로 인한 퇴임의 경우에는 그 결격사유를 증명하는 재판서의 등본과 확정증명서, 가족관계등록부의 증명서 등을 첨부해야 한다.

(다) 이사장의 변경등기

이사장은 정관이 정하는 바에 의하여 선임하므로 (사학 제14조 2항), 정관의 규정에 의하여 이사장 선임권이 이사회에 있는 경우에는 이사장을 선임한 이사회회의록을 첨부하여야 하고, 이사장선임권이 설립자에게 있는 경우에는 설립자의 이사장 선임서를 첨부하면 될 것이다.

종전의 이사장이 경질된 때에는 구체적인 경우에 따라 이사퇴임의 경우에서와 같은 해임서, 사망진단서, 금치산·한정치산·파산·금고 이상의 형선고의 재판서 등 그 퇴임을 증명하는 서면과 이사회회의록 등 이사장의 자격을 증명하는 서면을 첨부해야 한다.

주사무소소재지에서 이사장의 취임등기 또는 변경등기(성명 및 생년월일 변경 등)를 신청할 때에는 그 인감도 제출해야 한다.

사. 등기의 신청

♣ 【서식】 학교법인 변경등기신청서(이사변경의 경우)

<table>
<tr><td colspan="7" align="center">학교법인 변경등기신청</td></tr>
<tr><td rowspan="2">접
수</td><td align="center">년　　월　　일</td><td rowspan="2">처리인</td><td>등기관 확인</td><td>각종통지</td></tr>
<tr><td align="center">제　　　　　호</td><td></td><td></td></tr>
</table>

명　　칭	학교법인 ○○학원	등기번호	제1000호
주사무소	○○시 ○○구 ○○동 ○		
등기의 목적	이사 변경의 등기		
등기의 사유	20○○년 ○월 ○일이사회의 정관변경에 의하여 이사의 원수를 증원하기로 하고 다음 사람을 이사로 선임하고, 정관변경 및 이사선임에 대하여 20○○년 ○월 ○일 주무관청의 인가를 받았으므로 그 등기를 구함.		
인가서도착연월일	20○○년 ○월 ○일		
승인서도착연월일	20○○년 ○월 ○일		

등기할 사항
이사 ○○○ 20○○년 ○월 ○일 취임 　　　(　　-　　)

기　　타	

신청등기소 및 등록면허세/수수료						
순번	신청등기소	구분	등록면허세 지방교육세	농어촌특별세	세액합계	등기신청수수료
			금 원 금 원	금 원	금 원	금 원
합 계						
등기신청수수료 납부번호						

첨 부 서 면

1. 이사회회의록	2통	1. 이사장 인감신고서와 인감대지	1통
1. 주사무소 법인등기부등(초)본	1통	1. 주민등록등본	○통
1. 주무관청의 인가서(또는 인증있는 인가등본)	1통	1. 취임승낙서 및 인감증명	○통
1. 주무관청의 승인서(또는 인증있는 승인서등본)	1통	1. 등록면허세영수필확인서	1통
1. 정관등본	1통	1. 등기신청수수료영수필확인서	1통
		1. 위임장(대리인이 신청할 경우)	1통
		<기 타>	

20○○년 ○월 ○일

신청인 명   칭   학교법인 ○○학원

　　　　주사무소   ○○시 ○○구 ○○동 ○○

대표자 성   명   이사장 ○ ○ ○ ⑩   (전화 :   )

　　　　주   소   ○○시 ○○구 ○○동 ○○

대리인 성   명   법무사 ○ ○ ○ ⑩   (전화 :   )

　　　　주   소   ○○시 ○○구 ○○동 ○○

○○지방법원 ○○등기소 귀중

- 신청서 작성요령 -

1. 해당란이 부족할 때에는 별지를 이용합니다.
1. 해당 등기신청과 관계없는 사항에 대하여는 "해당없음"으로 기재하거나 삭제하고, 필요한 사항은 추가 기재합니다.
1.「인감증명법」에 따른 인감증명서 제출과 함께 관련 서면에 인감을 날인하여야 하는 경우, 본인서명사실확인서를 제출하고 관련 서면에 서명을 하거나 전자본인서명확인서 발급증을 제출하고 관련 서면에 서명을 하면 인감증명서를 제출하고 관련 서면에 인감을 날인한 것으로 봅니다.

(용지규격 21cm×29.7cm)

주 ① 이 등기는 법인을 대표하는 자인 이사장이 신청인이 된다.

② 인가서 도착연월일은 정관변경을 요하는 경우, 정관변경의 인가서가 도착한 일자를 기재한다.

③ 승인서 도착연월일은 이사취임승인서가 도착한 일자를 기재한다.

④ 등록면허세는 40,200원이고(지세법 제28조 1항 6호), 조특법 및 관세법, 지세법에 의하여 등록면허세가 감면되는 경우 그 감면세액의 100분의 20의 농어촌특별세를 납부하여야 한다. 다만, 이것도 면제되는 경우가 있다. 지방교육세는 등록면허세액의 100분의 20이며, 등기신청 수수료는 방문신청의 경우 6,000원이다. 명칭, 주사무소, 이사변경등기를 하나의 신청서로 신청할 경우에는 각각의 수수료 6,000원씩을 합산하여야 하나, 수인의 이사, 대표자 등 임원의 퇴임.취임으로 인한 변경등기는 이를 일괄하여 하나의 임원변경등기신청으로 보아 6,000원을 납부한 대법원수입증지를 첨부한다(6,000원의 수수료는 방문신청시의 수수료이고, 전자표준양식에 의한 신청의 경우에는 4,000원, 전자신청의 경우에는 2,000원이다).

⑤ 첨부서류 중 취임승낙서 및 인감증명은 원칙적으로 취임승낙서와 본인의 진정한 의사를 확인하는 인감증명을 첨부하여야 하나, 그 취임승낙취지가 기재된 피신자의 기명날인이 있는 회의록을 첨부한 경우에는 이의 첨부를 생략할 수 있다. 다만, 대표자는 인감증명법에 의한 인감증명을 첨부하여야 하나 중임의 경우는 예외이다.

⑥ 주민등록등본은 취임하는 이사 및 이사장의 주소와 주민등록번호를 증명하는 주민등록등본을 첨부하되, 이미 등기부에 주민등록번호가 기재된 이사 등이 중임하는 경우에는 이를 첨부하지 않아도 된다.

⑦ 정관등본에 대하여, 이사의 정원은 법령의 범위 내에서 정관으로 정하여 주무관청의 승인을 받도록 되어 있으므로 이사의 정원을 알 수 있도록 정관을 첨부하여야 한다.

또한 이사의 선임.해임 등이 정관소정의 방법에 의한 것임을 증명하기 위한 목적도 있다.

⑧ 위임장의 첨부와 대리인의 표시는 대리인에 의하여 신청하는 경우에 한하여 한다.

♣ 【서식】 학교법인 변경등기신청서(이사퇴임 및 보선, 중임의 경우)

<table>
<tr><td colspan="5" align="center">학교법인 변경등기신청</td></tr>
<tr><td rowspan="2">접
수</td><td colspan="2" align="center">년   월   일</td><td rowspan="2">처리인</td><td>등기관 확인</td><td>각종통지</td></tr>
<tr><td colspan="2"></td><td></td><td></td></tr>
</table>

명 칭	학교법인 ○○학원	등기번호	제1000호
주사무소	○○시 ○○구 ○○동 ○		
등기의 목적	이사 변경의 등기		

등기의 사유	<경우1> 사망, 사임 보선 　이사 ○○○은 사망, 이사 ○○○은 사임하고 다음 사람이 20○○년 ○월 ○일 이사회에서 이사로 선출하고 20○○년 ○월 ○일 주무관청의 승인을 받았으므로 그 등기를 구함. <경우2> 임기만료퇴임 보선 　이사 ○○○은 20○○년 ○월 ○일 임기만료로 퇴임하고 20○○년 ○월 ○일 이사회에서 다음 사람이 이사로 선임되어 20○○년 ○월 ○일 주무관청으로부터 승인을 받았으므로 그 등기를 구함. <경우3> 해임 보선 　이사 ○○○은 20○○년 ○월 ○일 사임하고, 이사 ○○○은 20○○년 ○월 ○일 임기만료로 퇴임하고 20○○년 ○월 ○일 이사회에서 다음 사람들이 이사로 선출되어 20○○년 ○월 ○일 주무관청의 승인을 받았으므로 그 등기를 구함. <경우4> 파산 또는 금치산선고 등 자격상실로 인한 퇴임 보선 　이사 ○○○은 파산선고로 20○○년 ○월 ○일 퇴임하고, 　이사 ○○○은 20○○년 ○월 ○일 금치산선고로 퇴임하고

20○○년 ○ ○일 이사회에서 다른 사람들이 이사로 선임되어 20○○년 ○월 ○일 주무관청의 승인을 받았으므로 그 등기를 구함.

<경우5> 취임승인취소 보선
이사 ○○○은 20○○년 ○월 ○일 주무관청으로부터 취임승인이 취소되고, ○○○은 20○○년 ○월 ○일 이사회에서 다음 사람을 이사로 선출하여 20○○년 ○월 ○일 주무관청으로부터 취임승인을 받았으므로 그 등기를 구함.

<경우6> 중임
20○○년 ○월 ○일이사회에서 이사 ○○○, ○○○, ○○○을 다시 이사로 선출하여 20○○년 ○월 ○일 주무관청으로부터 그 취임승인을 받았으므로 그 중임등기를 구함.

인가서도착연월일	20○○년 ○월 ○일
승인서도착연월일	20○○년 ○월 ○일

등기할 사항

<경우1> 사망, 사임 보선
　이사　○○○　20○○년　○월　○일 사망
　이사　○○○　20○○년　○월　○일 사임
　이사　○○○　20○○년　○월　○일 취임
　　　（　　　-　　　）

<경우2> 임기만료퇴임 보선
　이사　○○○　20○○년　○월　○일 퇴임
　이사　○○○　20○○년　○월　○일 취임
　　　（　　　-　　　）

<경우3> 해임 보선

　이사　○○○　20○○년　○월　○일 사임

　이사　○○○　20○○년　○월　○일 퇴임

　이사　○○○　20○○년　○월　○일 취임

　　　（　　-　　）

　이사　○○○　20○○년　○월　○일 취임

　　　（　　-　　）

<경우4> 파산 또는 금치산선고 등 자격상실로 인한 퇴임 보선

　이사　○○○　20○○년　○월　○일 퇴임

　이사　○○○　20○○년　○월　○일 퇴임

　이사　○○○　20○○년　○월　○일 취임

　　　（　　-　　）

　이사　○○○　20○○년　○월　○일 취임

　　　（　　-　　）

<경우5> 취임승인취소 보선

　이사　○○○　20○○년　○월　○일 취임승인취소

　이사　○○○　20○○년　○월　○일 취임

　　　（　　-　　）

<경우6> 중임

　이사　○　　○　　○

　　　（　　-　　）

　이사　○　　○　　○

　　　（　　-　　）

　이사　○　　○　　○

　　　（　　-　　）

　이상 3인 20○○년 ○월 ○일　중임

기　타	

<table>
<tr><td colspan="7" align="center">신청등기소 및 등록면허세/수수료</td></tr>
<tr><td rowspan="2">순번</td><td rowspan="2">신청등기소</td><td rowspan="2">구분</td><td>등록면허세</td><td rowspan="2">농어촌특별세</td><td rowspan="2">세액합계</td><td rowspan="2">등기신청수수료</td></tr>
<tr><td>지방교육세</td></tr>
<tr><td></td><td></td><td></td><td>금　　　　원</td><td rowspan="2">금　　　원</td><td rowspan="2">금　　　원</td><td rowspan="2">금　　　원</td></tr>
<tr><td></td><td></td><td></td><td>금　　　　원</td></tr>
<tr><td></td><td></td><td></td><td></td><td></td><td></td><td></td></tr>
<tr><td></td><td></td><td></td><td></td><td></td><td></td><td></td></tr>
<tr><td colspan="3" align="center">합　　계</td><td></td><td></td><td></td><td></td></tr>
<tr><td colspan="3" align="center">등기신청수수료 납부번호</td><td colspan="4"></td></tr>
</table>

첨　부　서　면

1. 이사회회의록	2통	1. 재판서등본(파산, 금치산)	1통
1. 사임서	1통	1. 승인취소통지서	1통
1. 주무관청의 인가서(또는 인증있는 인가등본)	1통	1. 이사장 인감신고서 및 인감대지	1통
1. 주무관청의 승인서(또는 인증있는 승인서등본)	1통	1. 정관등본	1통
		1. 등록면허세영수필확인서	1통
1. 사망진단서(또는 가족관계등록부의 증명서)	1통	1. 등기신청수수료영수필확인서	1통
		1. 위임장(대리인이 신청할 경우)	1통
		<기 타>	

20○○년 ○월 ○일

신청인 명　　칭　　학교법인 ○○학원
　　　　주사무소　　○○시 ○○구 ○○동 ○○
대표자 성　　명　　이사장 ○ ○ ○ ㊞　　　(전화 :　　　　　)
　　　　주　　소　　○○시 ○○구 ○○동 ○○
대리인 성　　명　　법무사 ○ ○ ○ ㊞　　　(전화 :　　　　　)
　　　　주　　소　　○○시 ○○구 ○○동 ○○

○○지방법원 ○○등기소 귀중

- 신청서 작성요령 -

1. 해당란이 부족할 때에는 별지를 이용합니다.
1. 해당 등기신청과 관계없는 사항에 대하여는 "해당없음"으로 기재하거나 삭제하고, 필요한 사항은 추가 기재합니다.
1.「인감증명법」에 따른 인감증명서 제출과 함께 관련 서면에 인감을 날인하여야 하는 경우, 본인서명사실확인서를 제출하고 관련 서면에 서명을 하거나 전자본인서명확인서 발급증을 제출하고 관련 서면에 서명을 하면 인감증명서를 제출하고 관련 서면에 인감을 날인한 것으로 봅니다.

(용지규격 21㎝×29.7㎝)

주 ① 이 등기는 법인을 대표하는 자인 이사장이 신청인이 된다.
② 인가서 도착연월일은 이사의 변경에 정관변경이 필요한 경우 정관변경의 인가서가 도착한 일자를 기재한다.
③ 승인서 도착연월일은 취임취소 등의 경우에 이사취임취소서가 도착한 일자를 기재한다.
④ 변경등기의 등록면허세는 40,200원이다(지세법 제28조 1항 6호).

조특법 및 관세법, 지세법에 의하여 등록면허세가 감면되는 경우 그 감면세액의
100분의 20의 농어촌특별세를 납부하여야 한다. 다만, 이것도 면제되는 경우가 있다.
지방교육세는 등록면허세액의 100분의 20이며, 등기신청 수수료는 방문신청의 경우
6,000원이다. 명칭, 주사무소, 이사변경등기를 하나의 신청서로 신청할 경우에는 각각의
수수료 6,000원씩을 합산하여야 하나, 수인의 이사, 대표자 등 임원의 퇴임.취임으로
인한 변경등기는 이를 일괄하여 하나의 임원변경등기신청으로 보아 6,000원을 납부한
대법원수입증지를 첨부한다(6,000원의 수수료는 방문신청시의 수수료이고,
전자표준양식에 의한 신청의 경우에는 4,000원, 전자신청의 경우에는 2,000원이다).

⑤ 첨부서류 중 사임서는 등기소에 제출된 인감과 동일한 인감으로 날인하거나 인감증명법에 의한 도장을 날인하고 그 인감증명서를 첨부하여야 한다.
⑥ 이사의 정원은 법령의 범위 내에서 정관으로 정하여 주무관청의 승인을 받도록 되어 있으므로 이사의 정원을 알 수 있도록 정관을 첨부하여야 한다.
또한 이사의 선임.해임 등이 정관소정의 방법에 의한 것임을 증명하기 위한 목적도 있다.
⑦ 위임장의 첨부와 대리인의 표시는 대리인에 의하여 신청하는 경우에 한하여 한다.

♣ 【서식】 학교법인 변경등기신청서(이사장 변경의 경우)

학교법인 변경등기신청

접 수	년　　월　　일	처리인	등기관 확인	각종통지
	제　　　　　호			

명　　칭	학교법인 ○○학원	등기번호	제1000호

주사무소	○○시 ○○구 ○○동 ○

등기의 목적	이사장 변경의 등기

등기의 사유	<경우1> 이사장인 이사가 이사장직만 사임한 경우 보선 　20○○년 ○월 ○일이사장인 이사 ○○○는 이사장직만을 사임하고 20○○년 ○월 ○일이사회에서 이사인 다음 사람이 이사장으로 선임되어 20○○년 ○월 ○일 관할청의 승인을 받아 20○○년 ○월 ○일취임하였으므로(취임하여 20○○년 ○월 ○일주사무소소재지 관할등기소에서 등기를 하였으므로 이 등기소에서) 그 등기를 구함. <경우2> 이사장인 이사가 이사직 사임.사망.임기만료퇴임한 경우 보선 　20○○년 ○월 ○일 이사장인 이사 ○○○는 이사직을 사임(사망.임기만료로 퇴임)하고 20○○년 ○월 ○일 이사회에서 다음 사람이 이사와 이사장으로 선임되어 20○○년 ○월 ○일 관할청의 승인을 받아 20○○년 ○월 ○일 취임하였으므로(……취임하여 20○○년 ○월 ○일 주사무소소재지 관할등기소에서 등기를 하였으므로 이 등기소에서) 그 등기를 구함.

인가서도착연월일	20○○년 ○월 ○일

분사무소	○○시 ○○구 ○○동 ○

등기할 사항

<경우1> 이사장인 이사가 이사장직만 사임한 경우 보선
 이사 ○○○ 20○○년 ○월 ○일 취임
     (-   )
         ○○시 ○○구 ○○동 ○○번지
 	
<경우2> 이사장인 이사가 이사직 사임·사망·임기만료퇴임한 경우 보선
 이사 ○○○ 20○○년 ○월 ○일 퇴임
 이사 ○○○
     (-   )
 이사 ○○○ 20○○년 ○월 ○일 취임
     (-   )
         ○○시 ○○구 ○○동 ○○번지

기 타	

<table>
<tr><td colspan="7" align="center">신청등기소 및 등록면허세/수수료</td></tr>
<tr><td rowspan="2">순
번</td><td rowspan="2">신청등기소</td><td rowspan="2">구분</td><td>등록면허세</td><td rowspan="2">농어촌특별세</td><td rowspan="2">세액합계</td><td rowspan="2">등기신청수수료</td></tr>
<tr><td>지방교육세</td></tr>
<tr><td rowspan="2"></td><td rowspan="2"></td><td rowspan="2"></td><td>금　　　　원</td><td rowspan="2">금　　　　원</td><td rowspan="2">금　　　　원</td><td rowspan="2">금　　　　원</td></tr>
<tr><td>금　　　　원</td></tr>
<tr><td></td><td></td><td></td><td></td><td></td><td></td><td></td></tr>
<tr><td></td><td></td><td></td><td></td><td></td><td></td><td></td></tr>
<tr><td colspan="3" align="center">합　　　계</td><td></td><td></td><td></td><td></td></tr>
<tr><td colspan="3">등기신청수수료 납부번호</td><td colspan="4"></td></tr>
</table>

첨　　　부　　　서　　　면

1. 이사회회의록	1통	1. 이사장 인감신고서와 인감대지	1통
1. 주사무소 법인등기부등(초)본	1통	1. 주민등록등본	1통
1. 주무관청의 인가서(또는		1. 취임승낙서 및 인감증명	1통
인증있는 인가등본)	1통	1. 등록면허세영수필확인서	1통
1. 사임서 및 인감증명	1통	1. 등기신청수수료영수필확인서	1통
1. 사망진단서(또는 가족관계등록부의		1. 위임장(대리인이 신청할 경우)	1통
증명서)	1통	<기 타>	

20○○년 ○월 ○일

신청인 명　　칭　　학교법인 ○○학원

　　　　주사무소　　○○시 ○○구 ○○동 ○○

대표자 성　　명　　이사장 ○ ○ ○ ㊞　　　　(전화 :　　　　　　)

　　　　주　　소　　○○시 ○○구 ○○동 ○○

대리인 성　　명　　법무사 ○ ○ ○ ㊞　　　　(전화 :　　　　　　)

　　　　주　　소　　○○시 ○○구 ○○동 ○○

○○지방법원 ○○등기소 귀중

- 신청서 작성요령 -

1. 해당란이 부족할 때에는 별지를 이용합니다.
1. 해당 등기신청과 관계없는 사항에 대하여는 "해당없음"으로 기재하거나 삭제하고, 필요한 사항은 추가 기재합니다.
1. 「인감증명법」에 따른 인감증명서 제출과 함께 관련 서면에 인감을 날인하여야 하는 경우, 본인서명사실확인서를 제출하고 관련 서면에 서명을 하거나 전자본인서명확인서 발급증을 제출하고 관련 서면에 서명을 하면 인감증명서를 제출하고 관련 서면에 인감을 날인한 것으로 봅니다.

(용지규격 21cm× 29.7cm)

주 ① 분사무소의 표시는 분사무소소재지에서 신청하는 경우에 한하여 기재한다.

② 등기사유에서 (   )안의 내용은 분사무소소재지에서 신청하는 경우에 기재하는 내용이다.

③ 등록면허세는 40,200원이고(지세법 제28조 1항 6호), 조특법 및 관세법, 지세법에 의하여 등록면허세가 감면되는 경우 그 감면세액의 100분의 20의 농어촌특별세를 납부하여야 한다. 다만, 이것도 면제되는 경우가 있다. 지방교육세는 등록면허세액의 100분의 20이며, 등기신청수수료는 방문신청의 경우 6,000원이고, 전자표준양식에 의한 신청의 경우에는 4,000원, 전자신청의 경우에는 2,000원이다. 다만, 같은 난에 기재되는 수인의 이사변경, 퇴임 및 취임등기에는 1건의 등기신청수수료를 납부하면 되고, 등기되는 난이 다른 이사변경과 목적변경의 경우에는 2건의 등기신청수수료 12,000원을 납부하여야 한다. 전자표준양식에 의한 신청의 경우에는 8,000원, 전자신청의 경우에는 4,000원이다.

④ 첨부서류 중 (1)이사회회의록은 이사장을 선임한 이사회회의록을 첨부하되, 이사장은 이사 중에서 정관이 정하는 바에 의하여 이사장을 선임하므로(사학 제14조 2항), 이사장 선임권을 설립자에게 준 경우에는 설립자의 이사장 선임서를 첨부하면 될 것이다.

⑤ (2)취임승낙서 및 인감증명은 취임승낙취지가 기재된 피선자의 기명 날인이 있는 회의록을 첨부한 경우에는 그 첨부를 생략할 수 있다.

주소 및 주민등록번호를 증명하는 주민등록등본을 첨부하되 등기부에 주민등록번호 등이 기재된 이사장 등이 중임하는 경우에는 첨부하지 않아도 된다.

⑥ 이사장이 변경되는 인감증명을 위한 인감대지가 변경되어야 하므로 이때에는 대표자의 인감신고서와 인감대지를 첨부하되, 대표자의 인간증명은 중임의 경우에는 등기소에 신고된 인감으로 족하나, 새로 취임하는 대표자는 인감증명법에 의한 인감증명서를 첨부하여야 한다.

⑦ (7)의 등기부등본은 분사무소소재지에서 신청하는 경우에 한하여 첨부하는 것으로서 이 경우에는 등기사항을 증명하는 선임결의회의록이나 사임서 등 대신 이 변경등기를 마친 후의 주사무소의 등기부등본이나 초본만 첨부하면 그것으로 족하다.

⑧ 위임장에는 '본 법인의 명칭변경등기의 신청에 관한 일체의 행위'라는 내용을 기재한다.

9. 사무소 또는 이사의 표시변경등기

가. 총 설

법인의 사무소 등이 실제 소재장소에는 변경이 없으나 행정구역 또는 그 명칭이 변경되어 주사무소.분사무소의 소재지나 이사의 주소 등 그 표시가 변경된 때에는 이에 관한 등기부의 기재는 그에 따라 당연히 변경된 것으로 되므로(비송사건절차법 제66조, 상업등기법 제28조), 당사자의 신청이 없더라도 등기관은 직권으로 그 변경등기를 기재하여야 할 것이다(민법법인 및 특수법인 등기규칙 제6조, 상업등기규칙 제57조). 그러나 등기관의 직권발동을 촉구하는 의미에서 법인이 그 표시변경등기를 신청할 수 있다. 이 때는 등록면허세가 부과되지 않으며(지세법 제26조 2항), 등록면허세가 면제되면 원칙으로 농어촌특별세를 납부해야 하나 이 경우에는 농어촌특별세도 면제된다(농특세령 제4조).

한편 당사자의 의사에 기한 변경행위로 명칭변경이나 전거하여 이사의 성명이나 주소 등의 표시가 달라지게 된 때에는 행정구역의 변경과는 달리 당연히 변경된 것으로 보지 아니하고 반드시 법인이 그 표시변경등기를 신청하여야 하고, 이를 해태하며 과태료의 제재를 받는다. 이 때에는 등록면허세 및 등기신청수수료를 납부하여야 한다.

나. 등기절차

1) 등기신청인

이 등기는 학교법인을 대표하는 자인 이사장이 신청하여야 한다(비송사건절차법 제67조, 제66조, 상업등기법 제23조). 임시이사가 등기를 신청하는 경우에는 신청서에 그 자격을 증명하는 서면을 첨부하여야 한다(비송사건절차법 제67조, 제64조 2항).

2) 등기기간

행정구역 또는 그 명칭변경으로 인한 변경등기는 등기관의 직권사항이므로 당사자측에 신청을 강제하는 의미의 등기기간이란 있을 수 없다.

그러나 당사자의 의사에 기한 변경행위로 인한 표시변경등기는 그 변경사유

발생일로부터 3주간 내에 신청해야 한다(사학 제13조, 제52조).

그리고 위 변경등기사항을 분사무소에서도 등기하여야 하는 경우에는 변경사유가 발생한 날로부터 3주간 내에 신청하여야 한다(사학 제13조, 민 제50조).

3) 등기사항

(가) 사무소의 표시변경등기

주사무소 및 분사무소의 변경등기는 상당란에 변경된 사무소의 표시와 변경취지 및 등기연월일을 기재하고 등기관의 식별부호를 기록하여야 한다(민법법인 및 특수법인 등기규칙 제6조, 상업등기규칙 제55조).

(나) 이사의 표시변경등기

이사의 개명, 전거 등으로 인한 변경등기는 상당란에 변경된 이사의 성명, 주민등록번호와 변경취지 및 등기연월일을 기재하고 등기관의 식별부호를 기록하여야 한다(민법법인 및 특수법인 등기규칙 제6조, 상업등기규칙 제55조).

4) 첨부서면

(가) 등록면허세, 지방교육세 등

행정구역변경, 주민등록번호의 변경, 등기관의 착오로 인한 변경등기의 경우는 등록면허세와 지방교육세가 면제되고, 농어촌특별세 및 등기신청수수료도 면제된다(지세법 제26조 2항, 농특세령 제4조).

그러나 당사자의 의사에 기한 주소변경, 개명으로 인한 변경등기인 경우에는 일반변경등기의 등록면허세인 40,200원과 그 100분의 20의 지방교육세를 납부하여야 하고, 등기신청수수료도 방문신청의 경우 6,000원을 납부하여야 한다(전자표준양식에 의한 신청의 경우 4,000원, 전자신청의 경우 2,000원이다). 또한 명칭, 주사무소, 이사변경등기를 하나의 신청서로 신청하는 때에는 각각의 수수료 6,000원씩을 합산하여야 한다(전자표준양식에 의한 신청의 경우 4,000원, 전자신청의 경우 2,000원씩이다).

(나) 토지대장등본

행정구역, 행정구역 아닌 구획 또는 그 명칭변경으로 인한 사무소의 소재지나 이사의 주소변경등기에는 그 변경사실을 증명하는 서면으로서 토지대장등본을 첨부한다.

지방자치법의 개정으로 인한 행정구역개편으로 사무소소재지 변경등기를 신청함에 있어 위 행정구역이 개편되었다는 사실을 증명하는 서면(관보 등)을 첨부하면 될 것이며, 그 이외에 총회회의록 또는 관할 행정관청의 인가증 등을 첨부할 필요는 없다(등기선례 1995. 2. 22.).

(다) 가족관계등록부의 증명서 또는 주민등록표등(초)본

개명 또는 전거로 인한 이사의 성명이나 주소 등의 변경등기에는 그 변경사실을 증명하는 서면으로서 가족관계등록부의 증명서나 주민등록표등.초본을 첨부하여야 한다.

다. 등기의 신청

♣ **【서식】 학교법인 변경등기신청서**(행정구역변경으로 인한 사무소의 표시변경)

<table>
<tr><td colspan="5" align="center">**학교법인 변경등기신청**</td></tr>
<tr><td rowspan="2">접
수</td><td colspan="2" align="center">년   월   일</td><td rowspan="2" align="center">처리인</td><td align="center">등기관 확인</td><td align="center">각종통지</td></tr>
<tr><td colspan="2" align="center">제   호</td><td></td><td></td></tr>
</table>

<table>
<tr><td align="center">명   칭</td><td>학교법인 ○○학원</td><td align="center">등기번호</td><td>제1000호</td></tr>
<tr><td align="center">주사무소</td><td colspan="3">○○시 ○○구 ○○동 ○</td></tr>
<tr><td align="center">등기의 목적</td><td colspan="3">행정구역변경(행정구역명칭변경)으로 인한 주사무소(분사무소)의 변경등기</td></tr>
<tr><td align="center">등기의 사유</td><td colspan="3">20○○년 ○월 ○일 행정구역변경(행정구역명칭변경)으로 인하여 주사무소(○○시 ○○구 ○○동 ○○번지의 분사무소)가 다음과 같이 변경되었으므로(……변경되어 20○○년 ○월 ○일 주사무소소재지 관할등기소에서 등기를 하였으므로 이 등기소에서) 그 등기를 구함.</td></tr>
<tr><td align="center">분사무소</td><td colspan="3">○○시 ○○구 ○○동 ○</td></tr>
<tr><td colspan="4" align="center">등기할 사항</td></tr>
<tr><td colspan="4">주사무소(분사무소) ○○시 ○○구 ○○동 ○○번지 20○○년 ○월 ○일 변경</td></tr>
<tr><td align="center">기   타</td><td colspan="3"></td></tr>
</table>

신청등기소 및 등록면허세/수수료						
순번	신청등기소	구분	등록면허세 지방교육세	농어촌특별세	세액합계	등기신청수수료
			금 원 금 원	금 원	금 원	금 원
합 계						
등기신청수수료 납부번호						

<table>
<tr><td colspan="2" align="center">첨　부　서　면</td></tr>
<tr>
<td>1. 관보 또는 토지대장등본,
　주민등록등본 등　　　　　1통
1. 주사무소 법인등기부등(초)본　1통</td>
<td>1. 이사장 인감신고서와 인감대지 1통
1. 위임장(대리인이 신청할 경우)　1통
　　<기 타></td>
</tr>
</table>

20○○년 ○월 ○일

신청인 명　　칭　　　학교법인 ○○학원
　　　　주사무소　　　○○시 ○○구 ○○동 ○○
대표자 성　　명　　　이사장 ○ ○ ○ ㊞　　　(전화 :　　　　　)
　　　　주　　소　　　○○시 ○○구 ○○동 ○○
대리인 성　　명　　　법무사 ○ ○ ○ ㊞　　　(전화 :　　　　　)
　　　　주　　소　　　○○시 ○○구 ○○동 ○○
　　　　　　　　　　○○지방법원 ○○등기소 귀중

- 신청서 작성요령 -
1. 해당란이 부족할 때에는 별지를 이용합니다.
1. 해당 등기신청과 관계없는 사항에 대하여는 "해당없음"으로 기재하거나 삭제하고, 필요한 사항은 추가 기재합니다.
1.「인감증명법」에 따른 인감증명서 제출과 함께 관련 서면에 인감을 날인하여야 하는 경우, 본인서명사실확인서를 제출하고 관련 서면에 서명을 하거나 전자본인서명확인서 발급증을 제출하고 관련 서면에 서명을 하면 인감증명서를 제출하고 관련 서면에 인감을 날인한 것으로 봅니다.

(용지규격 21cm×29.7cm)

주 ① 이 등기는 법인을 대표하는 자인 이사장이 신청해야 한다.
② 분사무소의 표시는 분사무소소재지에서 신청하는 경우에 한하여 기재한다.
③ 등기사유 중 ( )안의 내용은 분사무소소재지에서 신청하는 경우에 기재하는 내용이다.
④ 등록면허세 및 지방교육세, 농어촌특별세와 등기신청수수료는 면제된다.
⑤ 첨부서류 중 등기부등(초)본은 분사무소소재지에서 신청하는 경우에 주사무소에서 등기한 등기부등본 또는 초본을 첨부하는 것으로서, 이 경우에는 주사무소소재지에서 신청할 때 첨부하는 등기사항을 증명하는 서면인 토지대장등본 또는 관보 대신 이 등기를 마친 후의 주사무소의 등기부등본이나 초본만 첨부하면 된다.
⑥ 주사무소소재지에서 행정구역변경 등으로 인한 주사무소 변경등기를 신청할 때에는 이미 제출한 이사장의 인감의 사무소의 표시가 달라지게 되므로 변경된 사무소로 기재된 이사의 인감대지와 인감신고서도 제출해야 한다.
⑦ 위임장에는 '행정구역변경(행정구역명칭변경)으로 인한 주사무소(분사무소)변경의 등기신청에 관한 일체의 행위'라는 내용을 기재한다.
⑧ 위임장의 첨부와 대리인의 표시는 대리인에 의하여 신청하는 경우에 한하여 한다.

□ 등기기재례

■ 명칭·임원란

주사무소	．　．　．변경
~~서울 서대문구 응암동 10~~	．　．　．변경
서울 서대문구 장안동 ○○번지	20○○. 1. 20. 변경
	20○○. 1. 25. 등기

♣ 【서식】 학교법인 변경등기신청서(행정구역변경으로 인한 주소변경)

학교법인 변경등기신청

접 수	년 월 일		처리인	등기관 확인	각종통지
	제 호				

명 칭	학교법인 ○○학원	등기번호	제1000호
주사무소	○○시 ○○구 ○○동 ○		
등기의 목적	행정구역변경으로 인한 이사장의 주소의 변경등기		
등기의 사유	20○○년 ○월 ○일 행정구역변경으로 인하여 이사장 ○○○의 주소가 다음과 같이 변경하였으므로(……변경되어 20○○년 ○월 ○일 주사무소소재지 관할등기소에서 등기를 하였으므로 이 등기소에서) 그 등기를 구함.		
분사무소	○○시 ○○구 ○○동 ○		
등기할 사항			
이사장의 주소 ○○시 ○○구 ○○동 ○○번지 20○○년 ○월 ○일 변경			
기 타			

신청등기소 및 등록면허세/수수료							
순번	신청등기소	구분	등록면허세 지방교육세	농어촌특별세	세액합계	등기신청수수료	
			금 원 금 원	금 원	금 원	금 원	
합 계							
등기신청수수료 납부번호							

첨 부 서 면

1. 관보 또는 토지대장등본, 　주민등록등본 등　　　　　　1통 1. 주사무소 법인등기부등(초)본　　1통	1. 위임장(대리인이 신청할 경우)　1통 　<기 타>

20○○년 ○월 ○일

신청인 명　　칭　　학교법인 ○○학원
　　　　주사무소　　○○시 ○○구 ○○동 ○○
대표자 성　　명　　이사장 ○ ○ ○ ㉑　　　(전화 :　　　　　)
　　　　주　　소　　○○시 ○○구 ○○동 ○○
대리인 성　　명　　법무사 ○ ○ ○ ㉑　　　(전화 :　　　　　)
　　　　주　　소　　○○시 ○○구 ○○동 ○○

○○지방법원 ○○등기소 귀중

- 신청서 작성요령 -

1. 해당란이 부족할 때에는 별지를 이용합니다.
1. 해당 등기신청과 관계없는 사항에 대하여는 "해당없음"으로 기재하거나 삭제하고, 필요한 사항은 추가 기재합니다.

(용지규격 21cm×29.7cm)

주 ① 분사무소의 표시는 분사무소소재지에서 신청하는 경우에 한하여 기재한다.
② 등기사유 중 ( )안의 내용은 분사무소소재지에서 신청하는 경우에 기재하는 내용이다.
③ 등록면허세 및 지방교육세, 농어촌특별세와 등기신청수수료는 면제된다.
④ 첨부서류 중 등기부등(초)본은 분사무소소재지에서 신청하는 경우에 주사무소에서 등기한 등기부등본 또는 초본을 첨부하는 것으로서, 이 경우에는 주사무소소재지에서 신청할 때 첨부하는 등기사항을 증명하는 서면인 토지대장등본 또는 관보 대신 이 등기를 마친 후의 주사무소의 등기부등본이나 초본만 첨부하면 된다.
⑤ 위임장에는 '행정구역변경으로 인한 이사장 ○○○의 주소변경의 등기신청에 관한 일체의 행위'라는 내용을 기재한다.

□ **등기기재례**

■ 임원란

임원에 관한 사항	연 월 일	연 월 일
	원 인	원 인
	등 기 연 월 일	등 기 연 월 일
~~이사장 ○ ○ ○~~ ~~○○시 ○○구 ○○동~~ ~~○○번지~~	20○○년 ○월 ○일 취임 20○○년○월○일등기⑪	． ． ． ． ． ．등기
이사장 ○ ○ ○ ○○시 ○○구 ○○동 ○○번지	20○○년 ○월 ○일 주소변경 20○○년○월○일등기⑪	． ． ． ． ． ．등기

♣ **【서식】 학교법인 변경등기신청서**(개명, 전거로 인한 성명, 주소의 변경)

학교법인 변경등기신청

접 수	년 월 일	처리인	등기관 확인	각종통지
	제 호			

명 칭	학교법인 ○○학원	등기번호	제1000호
주사무소	○○시 ○○구 ○○동 ○		
등기의 목적	이사장의 성명(주소)의 변경등기		
등기의 사유	<경우1> 성명변경의 경우 20○○년 ○월 ○일 ○○지방법원의 허가를 받아 이사장 ○○○의 성명을 다음과 같이 변경하였으므로(……변경하고 20○○년 ○월 ○일 주사무소소재지 관할등기소에서 등기를 하였으므로 이 등기소에서) 그 등기를 구함. <경우2> 주소(주민등록번호) 변경의 경우 5. 등기사유 20○○년 ○월 ○일이사장 ○○○의 주소(주민등록번호)를 다음 장소로 이전하였으므로(……이전하여 20○○년 ○월 ○일주사무소소재지 관할등기소에서 등기를 하였으므로 이 등기소에서) 그 등기를 구함.		
허가서도착연월일	20○○년 ○월 ○일		
분사무소	○○시 ○○구 ○○동 ○		

등기할 사항

<경우1> 성명변경의 경우
  이사장 ○○○ 20○○년 ○월 ○일 취임
 	
<경우2> 주소(주민등록번호) 변경의 경우
  이사장의 주소 ○○시 ○○구 ○○동 ○○번지 20○○년 ○월 ○일 전거
  주민등록번호 ○○○○○○-○○○○○○○ 변경

기 타	

<table>
<tr><td colspan="7">신청등기소 및 등록면허세/수수료</td></tr>
<tr><td rowspan="2">순번</td><td rowspan="2">신청등기소</td><td rowspan="2">구분</td><td>등록면허세</td><td rowspan="2">농어촌특별세</td><td rowspan="2">세액합계</td><td rowspan="2">등기신청수수료</td></tr>
<tr><td>지방교육세</td></tr>
<tr><td rowspan="2"></td><td rowspan="2"></td><td rowspan="2"></td><td>금 원</td><td rowspan="2">금 원</td><td rowspan="2">금 원</td><td rowspan="2">금 원</td></tr>
<tr><td>금 원</td></tr>
<tr><td rowspan="2"></td><td rowspan="2"></td><td rowspan="2"></td><td></td><td rowspan="2"></td><td rowspan="2"></td><td rowspan="2"></td></tr>
<tr><td></td></tr>
<tr><td colspan="3" rowspan="2">합 계</td><td></td><td rowspan="2"></td><td rowspan="2"></td><td rowspan="2"></td></tr>
<tr><td></td></tr>
<tr><td colspan="4">등기신청수수료 납부번호</td><td colspan="3"></td></tr>
<tr><td colspan="7">첨 부 서 면</td></tr>
<tr><td colspan="4">1. 호적등.초본(성명변경의 경우) 1통
1. 주무관청의 인가서(또는 인증있는 인가등본) 1통
1. 주민등록표등.초본(주소변경 및 주민등록번호 변경의 경우) 1통</td><td colspan="3">1. 주사무소 법인등기부등(초)본 1통
1. 인감신고서와 인감대지 1통
1. 등록면허세영수필확인서 1통
1. 등기신청수수료영수필확인서 1통
1. 위임장(대리인이 신청할 경우) 1통
<기 타></td></tr>
<tr><td colspan="7">20○○년 ○월 ○일
신청인 명 칭 학교법인 ○○학원
주사무소 ○○시 ○○구 ○○동 ○○
대표자 성 명 이사장 ○ ○ ○ ㊞ (전화 :)
주 소 ○○시 ○○구 ○○동 ○○
대리인 성 명 법무사 ○ ○ ○ ㊞ (전화 :)
주 소 ○○시 ○○구 ○○동 ○○
○○지방법원 ○○등기소 귀중</td></tr>
</table>

- 신청서 작성요령 -

1. 해당란이 부족할 때에는 별지를 이용합니다.
1. 해당 등기신청과 관계없는 사항에 대하여는 "해당없음"으로 기재하거나 삭제하고, 필요한 사항은 추가 기재합니다.
1. 「인감증명법」에 따른 인감증명서 제출과 함께 관련 서면에 인감을 날인하여야 하는 경우, 본인서명사실확인서를 제출하고 관련 서면에 서명을 하거나 전자본인서명확인서 발급증을 제출하고 관련 서면에 서명을 하면 인감증명서를 제출하고 관련 서면에 인감을 날인한 것으로 봅니다.

(용지규격 21㎝×29.7㎝)

주 ① 분사무소의 표시는 분사무소소재지에서 신청하는 경우에 한하여 기재한다.
② 등기사유 중 ( )안의 내용은 분사무소소재지에서 신청하는 경우에 기재하는 내용이다.
③ 등록면허세는 40,200원(지세법 제28조 1항 6호), 지방교육세는 등록면허세액의 100분의 20이다. 그리고 등기신청수수료도 방문신청의 경우 6,000원, 전자표준양식에 의한 신청의 경우 4,000원, 전자신청의 경우 2,000원을 납부하여야 한다. 다만, 주민등록번호가 변경되는 경우에는 모두 면제된다.
④ 주사무소소재지에서 이사장의 성명변경등기를 신청할 때에는 이미 제출한 인감의 성명의 표시가 달라지게 되므로 변경된 성명으로 기재된 당해 이사장의 인감신고서 및 인감대지도 제출해야 한다.
⑤ 첨부서류 중 등기부(초)본은 분사무소소재지에서 신청하는 경우에 한하여 첨부하는 것으로서, 이 경우에는 주사무소소재지에서 신청할 때 첨부하는 등기사항을 증명하는 서면인 가족관계등록부의 증명서나 주민등록표등본 대신 이 등기를 마친 후의 주사무소의 등기부등본이나 초본만 첨부하면 된다.
⑥ 위임장에는 '개명(전거, 주민등록변경)으로 인한 이사 ○○○의 성명(주소, 주민등록번호)의 변경등기신청에 관한 일체의 행위'라는 내용을 기재한다.

□ 등기기재례

임원에 관한 사항	연 월 일		연 월 일	
	원 인		원 인	
	등 기 연 월 일		등 기 연 월 일	
~~이사장 ○ ○ ○~~	20○○년 ○월 ○일		. . .	
~~○○시 ○○구 ○○동~~	취임			
~~○○번지~~	20○○.○월 ○일 등기		. . .등기	
이사장 ○ ○ ○	20○○년 ○월 ○일		. . .	
○○시 ○○구 ○○동	주소변경			
○○번지	20○○.○월 ○일 등기		. . .등기	

四. 합병등기

가. 흡수합병으로 인한 학교법인 변경등기

학교법인이 다른 학교법인을 흡수하여 합병한 때에는 존속하는 학교법인에서는 합병으로 인한 변경등기를 하여야 한다.

1) 등기신청인과 등기기간

이 등기는 합병 후 존속하는 학교법인의 이사장이 신청한다. 등기기간은 학교법인이 합병한 때로부터 3주간 내이다(사학 제13조, 민 제52조).

여기서 등기기간의 기산점인 학교법인이 합병한 때라 함은, 합병절차를 종료한 때 즉, 채권자 보호절차를 종료한 때인 공고.최고기간만료일 익일이나 채권자의 이의가 있는 때는 그에 대한 변제일이나 담보제공일로부터 기산해야 할 것이다.

2) 등기사항

(가) 합병으로 인하여 소멸한 학교법인의 명칭과 사무소 및 합병취지와 합병 후 자산의 총액

(나) 분사무소 소재지에서는 합병연월일(주사무소에서의 합병으로 인한 변경 등기일자)도 등기해야 한다.

3) 첨부서류

이 등기를 신청할 때에는 일반적인 첨부서류 외에 다음 서류를 첨부할 것이다.

(가) 첨부약정서

합병당사자인 각 학교법인의 대표자간에 작성한 합병약정서를 첨부해야 할 것이나, 합병약정을 승인한 이사회의사록에 부속서류로서 첨부되어 있는 때에는 이사회의사록 이외에 이는 별도로 첨부하지 아니하여도 무방하다.

(나) 합병인가서

교육부장관으로부터 합병인가를 받은 인가서나 인증 있는 그 등본을 첨부한다.

(다) 이사회의사록

존속하는 학교법인 및 소멸하는 학교법인의 각 이사정수의 3분의 2 이상이 합병동의를 결의한 이사회의사록과 존속하는 학교법인의 합병으로 인한 설

립학교 등에 관한 정관규정의 변경을 결의한 이사회의사록을 첨부한다.

(라) 채권자보호절차이행증명서

각 학교법인의 채권자에 대하여 기간 내에 이의할 것을 공고 및 최고를 한 증명서와 이의가 있는 때에는 그 변제영수증이나 담보제공증명서, 이의가 없는 때에는 그 취지의 진술서를 첨부한다.

(마) 자산의 총액을 증명하는 서면

합병 후의 자산의 총액을 증명할 수 있는 재산목록 또는 대차대조표나 그러한 서류 등이 첨부된 이사회의사록 등을 첨부한다. 그러나 합병 후의 자산의 총액이 합병당사법인의 합병 전 자산의 총액의 합산액과 동일한 때에는 신청서에 그 취지를 기재하고 이를 따로 첨부하지 아니할 것이다.

(바) 소멸법인의 등기부등본

합병으로 인하여 소멸하는 법인의 명칭, 사무소, 자산의 내용 등을 확인할 수 있도록 합병으로 인하여 소멸하는 학교법인의 등기부등본을 첨부한다. 그러나 존속하는 학교법인의 주사무소 소재지 관할등기소에 소멸하는 학교법인의 주사무소나 분사무소의 등기가 있는 때에는 이를 별도로 첨부할 필요가 없다.

나. 신설합병으로 인한 학교법인 설립등기

2개 이상의 학교법인이 합병으로 인하여 해산하고 새로운 학교법인을 설립한 때에는 합병으로 인한 학교법인설립등기를 한다.

1) 등기신청인과 등기기간

이 등기는 합병으로 인하여 새로 설립되는 학교법인의 이사장이 신청하고, 등기기간은 흡수합병으로 인한 학교법인변경등기와 동일한 기간 내에 신청한다.

2) 등기사항

(가) 통상의 설립등기사항(사학 제8조 제1항)과 그 외에, ② 각 소멸법인의 명칭 및 사무소와 합병취지

3) 첨부서류

이 등기를 신청할 때에는 일반적인 첨부서류 외에 다음의 서류를 첨부한다.

(가) 합병약정서

합병당사자인 각 학교법인의 당사자간에 작성한 합병약정서를 첨부해야 하나, 합병약정을 승인한 이사회의사록에 부속서류로서 첨부되어 있는 때에는 이사회의사록 이외에 이는 따로 첨부하지 아니한다.

(나) 합병인가서

교육부장관으로부터 합병인가를 받은 인가서나 인증 있는 그 등본을 첨부한다.

(다) 이사회의사록

소멸하는 각 학교법인의 이사정수 3분의 2 이상이 합병동의를 결의하고, 설립사무 담당자를 선임한 이사회의사록을 첨부한다.

(라) 정 관

새로 설립하는 학교법인의 정관을 첨부한다.

(마) 채권자보호절차이행증명서

각 학교법인의 채권자에 대하여 기간 내에 이의할 것을 공고 및 최고를 한 증명서와 이의가 있는 때에는 그 변제영수증이나 담보제공증명서, 이의가 없는 때에는 그 취지의 진술서 등을 첨부한다.

(바) 자산의 총액을 증명하는 서면

새로 설립되는 학교법인의 자산의 총액을 증명하는 재산목록이나 대차대조표 또는 그러한 서류 등이 첨부되어 있는 이사회의사록을 첨부한다. 그러나 신설되는 학교법인의 자산의 총액이 합병당사법인의 합병 전 자산의 총액의 합산액과 같은 때에는 신청서에 그 취지를 기재하고 이를 따로 첨부하지 아니한다.

(사) 이사의 자격증명서

새로 설립되는 학교법인의 이사의 자격을 증명하는 서면도 첨부할 것이나 학교법인의 설립당초의 이사는 정관으로 정하기 때문에(사학 제10조 제1항) 신청서에는 정관의 기재를 원용하는 취지만 기재하면 된다.

(아) 소멸법인의 등기부등본

합병으로 인하여 소멸하는 법인의 명칭, 사무소, 자산의 내용 등을 확인할 수 있도록 합병으로 인하여 소멸하는 각 학교법인의 등기부등본을 첨부해야 한다.

그러나 새로 설립하는 학교법인의 주사무소 소재지 관할등기소에 소멸하는 학교법인의 주사무소나 분사무소의 등기가 있는 때에는 그 학교법인의 등기부등본의 첨부는 이를 생략할 수 있다.

(자) 그 외에 설립등기신청인인 새로 설립하는 학교법인의 이사장의 인감도 제출한다.

다. 합병으로 인한 학교법인 해산등기

이는 학교법인이 합병으로 인하여 다른 학교법인에 흡수되거나 새로운 학교법인을 설립하여 소멸하게 된 경우에 실행하는 등기로서 이때는 청산절차가 필요 없이 합병으로 인한 변경등기나 설립등기를 한 때에 당연히 법인이 소멸되는 것이다.

그러므로 해산등기로서 비로소 법인소멸의 효력이 발생하는 것은 아니다. 합병으로 인한 변경등기나 설립등기를 한 후 또는 적어도 그와 동시에 이 해산등기를 해야할 것이며, 그들 등기보다 먼저 이 해산등기를 해서는 아니된다.

1) 등기신청인과 등기기간

이 등기는 합병으로 인한 변경등기나 설립등기와 동일한 기간 내에 합병으로 인하여 해산하는 당해 학교법인의 이사장이 신청한다.

2) 등기사항

"존속 또는 신설되는 학교법인의 명칭과 사무소 및 합병으로 인하여 해산한 취지와 그 연월일"

그리고 신설합병의 경우에는 "합병으로 인하여 함께 소멸한 다른 학교법인의 명칭과 사무소"도 함께 기재한다.

여기서 해산연월일의 기재는 존속하는 학교법인의 변경등기나 신설하는 학교법인의 설립등기를 한 일자를 기재한다.

3) 첨부서류

(가) 합병약정서

(나) 합병인가서

(다) 이사회의사록

합병으로 인하여 소멸하는 당해 학교법인의 이사정수의 3분의 2 이상의 동의로서 합병을 승인한 이사회의사록을 첨부한다.

(라) 채권자보호절차이행증명서

(마) 존속 또는 신설하는 학교법인의 등기부등본

존속 또는 신설하는 학교법인의 명칭과 사무소 등을 확인하기 위하여 이를 첨부한다.

다만, 소멸하는 학교법인의 관할등기소에 존속 또는 신설하는 학교법인의 주사무소나 분사무소의 등기가 있는 때에는 이를 생략할 수 있다.

♣ 【서식】 합병으로 인한 학교법인 변경등기신청서

(흡수합병시 존속하는 학교법인에서 신청하는 경우)

<table>
<tr><td colspan="6" align="center">합병으로 인한 학교법인변경등기신청</td></tr>
<tr><td rowspan="2">접
수</td><td colspan="2" align="center">년   월   일</td><td rowspan="2">처리인</td><td>등기관 확인</td><td>각종통지</td></tr>
<tr><td colspan="2" align="center">제   호</td><td></td><td></td></tr>
</table>

<table>
<tr><td>상호(명칭)</td><td>학교법인 ○○학원</td><td>등기번호</td><td></td></tr>
<tr><td>본점(주사무소)</td><td colspan="3">○○시 ○○구 ○○동 ○(분사무소 : ○○시 ○○구 ○○동 ○)</td></tr>
<tr><td>등기의 목적</td><td colspan="3">합병으로 인한 학교법인의 변경</td></tr>
<tr><td>등기의 사유</td><td colspan="3">20○○년 ○월 ○일 이사회에서 ○○시 ○○구 ○○동 ○번지 학교법인 ○○학원을 흡수합병하기로 결의하고 20○○년 ○월 ○일 주무관청의 인가를 받아 20○○년 ○월 ○일 공고와 최고의 절차를 종료하였으므로(…종료하고, 20○○년 ○월 ○일 주사무소 소재지 관할등기소에서 그 등기를 하였으므로 이 등기소에서) 다음과 같이 변경등기를 구함.</td></tr>
<tr><td colspan="4" align="center">등기할 사항</td></tr>
<tr><td colspan="4">목적 : ……다음의 학교를 설치.경영한다.
　　(1) ○○○○학교
　　(2) ○○○○학교
　　(3) ○○○○학교
　　(4) ○○○○학교
1. 자산의 총액 : 금○○○○원
1. 인가서도착연월일 : 20○○년 ○월 ○일</td></tr>
<tr><td>기　　타</td><td colspan="3"></td></tr>
</table>

<table>
<tr><td colspan="8" align="center">신청등기소 및 등록면허세/수수료</td></tr>
<tr><td rowspan="2">순번</td><td rowspan="2">신청등기소</td><td rowspan="2">구분</td><td>등록면허세</td><td rowspan="2">농어촌특별세</td><td rowspan="2">세액합계</td><td rowspan="2" colspan="2">등기신청수수료</td></tr>
<tr><td>지방교육세</td></tr>
<tr><td></td><td></td><td></td><td>금　　　원</td><td rowspan="2">금　　　원</td><td rowspan="2">금　　　원</td><td rowspan="2" colspan="2">금　　　원</td></tr>
<tr><td></td><td></td><td></td><td>금　　　원</td></tr>
<tr><td></td><td></td><td></td><td></td><td></td><td></td><td colspan="2"></td></tr>
<tr><td></td><td></td><td></td><td></td><td></td><td></td><td colspan="2"></td></tr>
<tr><td colspan="3" align="center">합　　　계</td><td></td><td></td><td></td><td colspan="2"></td></tr>
<tr><td colspan="3">등기신청수수료 납부번호</td><td colspan="5"></td></tr>
</table>

<table>
<tr><td colspan="4" align="center">첨　부　서　면</td></tr>
<tr><td>1. 합병약정서</td><td>1통</td><td>1. 재산목록</td><td>1통</td></tr>
<tr><td>1. 합병인가서</td><td>1통</td><td>1. 법인등기부등본(소멸법인분)</td><td>1통</td></tr>
<tr><td>1. 이사회의사록</td><td>1통</td><td>1. 법인등기부등본(존속법인</td><td></td></tr>
<tr><td>1. 공고 및 최고를 한 증명서</td><td>1통</td><td>　　주사무소분)</td><td>1통</td></tr>
<tr><td>1. 변제영수증(담보제공증명서) 또는</td><td></td><td>1. 등기신청수수료영수필확인서</td><td>1통</td></tr>
<tr><td>　　이의없다는 진술서</td><td>1통</td><td>1. 위임장(대리인이 신청할 경우)</td><td>1통</td></tr>
<tr><td colspan="4" align="center"><기 타></td></tr>
</table>

20○○년 ○월 ○일

신청인　상호(명　　칭) 학교법인 ○○학원

　　　　본점(주사무소) ○○시 ○○구 ○○동 ○○

대표자　성　　　명　　이사장 ○ ○ ○ ⑪　　　(전화 :　　　　　)

　　　　주　　　소　　○○시 ○○구 ○○동 ○○

대리인　성　　　명　　법무사 ○ ○ ○ ⑪　　　(전화 :　　　　　)

　　　　주　　　소　　○○시 ○○구 ○○동 ○○

○○지방법원 ○○등기소 귀중

- 신청서 작성요령 -

1. 해당란이 부족할 때에는 별지를 이용합니다.

1. 해당 등기신청과 관계없는 사항에 대하여는 "해당없음"으로 기재하거나 삭제하고, 필요한 사항은 추가 기재합니다.

1.「인감증명법」에 따른 인감증명서 제출과 함께 관련 서면에 인감을 날인하여야 하는 경우, 본인서명사실확인서를 제출하고 관련 서면에 서명을 하거나 전자본인서명확인서 발급증을 제출하고 관련 서면에 서명을 하면 인감증명서를 제출하고 관련 서면에 인감을 날인한 것으로 봅니다.

(용지규격 21cm×29.7cm)

주 ① 분사무소 기재는 분사무소 소재지에서 신청하는 경우에 한하여 기재하는 사항으로서 그 경우에 는 주사무소 소재지 다음에 이 등기를 신청하는 당해 등기소 관내의 분사무소 소재지도 아울러 기재한다.
② 등기의 사유란의 공고와 최고절차를 종료한 일자는 공고와 최고기간의 만료일 익일 또는 채권자의 이의가 있은 때에는 그 후 그에 대한 변제일자나 담보제공일자 등을 기재한다. 그리고 후단 (   )안은 분사무소 소재지에서 이 등기를 신청하는 경우의 서식이다.
③ 자산의 총액란에는 합병 후 존속하는 학교법인의 변경된 자산의 총액을 기재한다.
④ 인가서 도착일은 교육과학기술부장관의 합병인가서가 도착한 일자를 기재한다. 그러나 여기서는 이 일자로부터 등기기간을 기산하는 것이 아니라 채권자에 대한 공고.최고절차를 종료한 때인 공고.기간만료익일이나 이의가 있는 때에는 그에 대한 변제일이나 담보제공일이 등기기간의 기산일 이 된다.
⑤ 과세표준은 합병으로 인하여 증가한 자산금액을 기재한다.
⑥ 등록면허세는 지방세특례제한법 제41조 5항에 의하여 비과세이다.
⑦ 합병동의를 결의한 합병당사자인 각 학교법인의 이사회의사록과 합병으로 인한 정관변경을 결의한 존속하는 학교법인의 이사회의사록을 첨부한다.
⑧ 채권자에 대하여 합병공고를 한 증명서와 알고 있는 채권자에게 개별최고를 한 증명서를 첨부한다.
⑨ 채권자의 이의가 있는 경우에는 그 채권을 변제한 영수증이나 담보제공증명서, 이의가 없는 경우에는 그 취지의 진술서를 첨부한다.
⑩ 합병 후의 자산의 총액을 증명하는 재산목록 등을 첨부할 것이나, 합병 후의 자산의 총액이 합병당사자인 학교법인의 합병 전 자산의 총액의 합산액과 동일한 때에는 이의 첨부를 생략할 수 있다.
⑪ 존속하는 학교법인의 주사무소 관내에 소멸하는 학교법인의 주사무소나 분사무소의 등기가 있는 때에는 그의 등기부등본의 첨부를 생략할 수 있다.

♣ 【서식】 합병으로 인한 학교법인 설립등기신청서

(신설합병시 새로 설립하는 학교법인에서 신청하는 경우)

합병으로 인한 학교법인 설립등기신청

접 수	년　　월　　일	처리인	등기관 확인	각종통지
	제　　　　호			

등기의 목적	합병으로 인한 학교법인의 설립
등기의 사유	○○시 ○○구 ○○동 ○○번지의 학교법인 ○○학원과 ○○시 ○○구 ○○동 ○○번지 ○○학원이 합병하여 학교법인 ○○학원을 설립하기 위하여 20○○년 ○월 ○일 각 이사회에서 각기 합병을 의결하고 설립위원을 선임하여 정관을 작성하고 20○○년 ○월 ○일 주무관청의 인가를 받아 20○○년 ○월 ○일 공고와 최고의 절차를 종료하였으므로 그 등기를 구함.
허가서도착연월일	20○○년 ○월 ○일
등기할 사항	
명　　칭	학교법인 ○○학원
주사무소	○○시 ○○구 ○○동 ○○
이사의 성명, 주민등록번호 및 주소	이사장 ○ ○ ○(　　-　　) 　　　○○시 ○○구 ○○동 ○○ 이 사 ○ ○ ○(　　-　　) 　　　○ ○ ○(　　-　　) 　　　○ ○ ○(　　-　　)
이사의 대표권에 대한 제한	
목　　적	○○○○
분사무소	

설립허가연월일	20○○년 ○월 ○일
존립기간 또는 해산이유	○○○○
자산의 총액	금 ○○○○원
출자의 방법	○○○○
기 타	

신청등기소 및 등록면허세/수수료						
순번	신청등기소	구분	등록면허세 지방교육세	농어촌특별세	세액합계	등기신청수수료
			금　　　　원 금　　　　원	금　　　원	금　　　원	금　　　원
합　　　계						
등기신청수수료 납부번호						

첨　부　서　면

1. 정관	1통	1. 변제영수증(담보제공증명서	
1. 이사회의사록(이사 선임서)	1통	또는 이의없다는 진술서	1통
1. 합병약정서	1통	1. 이사자격증명서	1통
1. 재산목록	1통	1. 법인등기부등본	1통
1. 합병인가서	1통	1. 등기신청수수료영수필확인서	1통
1. 공시 및 최고를 한 증명서	1통	1. 위임장(대리인이 신청할 경우)	1통
		<기 타>	

20〇〇년 〇월 〇일

신청인　상호(명　　칭) 학교법인 〇〇학원

　　　　본점(주사무소) 〇〇시 〇〇구 〇〇동 〇〇

대표자　성　　　명　　이사장 〇 〇 〇 ㉫　　　(전화 :　　　　　　)

　　　　주　　　소　　〇〇시 〇〇구 〇〇동 〇〇

대리인　성　　　명　　법무사 〇 〇 〇 ㉫　　　(전화 :　　　　　　)

　　　　주　　　소　　〇〇시 〇〇구 〇〇동 〇〇

〇〇지방법원 〇〇등기소 귀중

- 신청서 작성요령 -

1. 해당란이 부족할 때에는 별지를 이용합니다.
1. 해당 등기신청과 관계없는 사항에 대하여는 "해당없음"으로 기재하거나 삭제하고, 필요한 사항은 추가 기재합니다.
1.「인감증명법」에 따른 인감증명서 제출과 함께 관련 서면에 인감을 날인하여야 하는 경우, 본인서명사실확인서를 제출하고 관련 서면에 서명을 하거나 전자본인서명확인서 발급증을 제출하고 관련 서면에 서명을 하면 인감증명서를 제출하고 관련 서면에 인감을 날인한 것으로 봅니다.

(용지규격 21cm×29.7cm)

주 ① 등기의 사유란의 공고와 최고절차를 종료한 일자는 공고와 최고기간의 만료일 익일 또는 채권자의 이의가 있은 때에는 그에 대한 변제일자나 담보제공일자 등을 기재한다.
② 여기서는 인가서도착일 일자가 등기기간의 기산일이 아니라 채권자에 대한 공고.최고절차를 종료한 때인 공고.최고기간만료 익일이나 이의가 있는 때에는 그에 대한 변제일 또는 담보제공일이 등기기간의 기산일이 되는 것이다.
③ 과세표준은 신설합병으로 설립하는 학교법인의 자산의 총액을 기재한다.
④ 등록면허세는 지방세특례제한법 제41조 5항에 의하여 비과세이다.
⑤ 합병당사자인 각 학교법인의 이사회에서 합병동의를 결의하고 설립사무담당자(설립위원)의 선임을 결의한 이사회의사록을 첨부한다.
⑥ 채권자에 대하여 합병공고를 한 증명서와 알고 있는 채권자에게 각별 최고를 한 증명서를 첨부한다.
⑦ 채권자의 이의가 있는 때에는 그 채권을 변제한 영수증이나 담보제공증명서, 이의가 없는 때에는 그 취지의 진술서를 첨부한다.
⑧ 이사의 자격을 증명하는 서면으로서 그 선임서 등을 첨부할 것이나 설립당초의 이사는 정관으로 정하므로 이를 따로 첨부할 필요가 없다. 다만, 그 경우에도 취임승낙서는 별도로 첨부한다.
⑨ 자산의 총액을 증명하는 재산목록을 첨부할 것이나 합병당사자인 학교법인의 합병전 자산의 총액의 합산액과 동일한 때에는 재산목록의 첨부를 생략할 수 있다.
⑩ 합병으로 인하여 소멸하는 각 학교법인의 명칭.사무소.자산 등을 확인하기 위하여 각 소멸법인의 등기부등본을 첨부해야 할 것이나, 새로 설립하는 학교법인의 주사무소 관내에 소멸하는 학교법인의 주사무소나 분사무소의 등기가 있는 때에는 그의 등기부등본의 첨부는 생략할 수 있다.
⑪ 이 등기는 합병으로 인하여 새로 설립되는 학교법인의 이사장이 신청한다.
⑫ 위임장의 첨부와 대리인의 표시는 대리인에 의하여 신청하는 경우에 한다.

□ 등기기재례

■ 명칭.임원란

법인성립연월일	20○○년 ○월 ○일
등기용지개설의 사유 및 연월일 ○○시 ○○구 ○○동 ○○ 학교법인 ○○학원 ○○시 ○○구 ○○동 ○○ 학교법인 ○○학원이 합병하여 설립 20○○년 ○월 ○일 등기 ㊞	

♣ 【서식】 인감·개인(改印) 신고서

인감·개인(改印) 신고서
(인감제출자에 관한 사항)

(신고하는 인감날인란)

인감제출자	상호(명칭)		등기번호	
	본점(주사무소)			
	자격/성명			
	주민등록번호			
	주 소			

□ 위와 같이 인감을 신고합니다. □ 위와 같이 개인(改印)하였음을 신고합니다.
년   월   일

신고인 본 인 성   명   (인)# (전화 :   )
　　　　대리인 성   명   (인) (전화 :   )

지방법원   등기소 귀중

주 1. 인감·개인(改印) 신고서의 **신고인의 날인란**(#)에는 「인감증명법」에 따라 신고한 인감을 날인하고 그 인감증명서(발행일로부터 3개월 이내의 것)를 첨부하거나, 등기소에 제출한 유효한 종전 인감(**법인인감**)을 날인하여야 합니다. 또한 인감제출자가 기명날인 또는 서명하였다는 공증인의 인증서면으로 갈음할 수 있습니다.
　2. 인감·개인신고서에는 신고하는 인감을 날인한 인감대지를 첨부하여야 합니다.
　3. 지배인이 인감을 신고하는 경우에는 인감제출자의 주소란에 지배인을 둔 장소를 기재하고, **위 1. 의 방법 대신** 「상업등기규칙」 제35조제3항의 보증서면(영업주가 등기소에 제출한 인감날인)을 첨부하여야 합니다. 위 보증서면은 아래의 보증서면란에 기재하는 것으로 갈음할 수 있습니다.
　4. **위임에 의한 대리인**이 인감을 신고하거나 개인(改印)을 신고하는 경우에는 **위 1. 대신에** 아래 위임장의 **신고인 날인란**(※)에 「인감증명법」에 따라 신고한 인감을 날인하고 그 인감증명서를 첨부하거나, 등기소에 제출한 유효한 종전 인감(**법인인감**)을 날인하여야 합니다.

보 증 서 면

위 신고하는 인감은 지배인   의 인감임이 틀림없음을 보증합니다.
　　　　　　　대표이사   (법인인감)

위 임 장

성 명 :   주민등록번호 : (-   )
주 소 :
위의 사람에게, 위 인감(개인)신고에 관한 일체의 권한을 위임함.
년   월   일
인감(개인) 신고인 성   명   (인)※

♣ 【서식】 합병으로 인한 학교법인 해산등기신청서

(합병시 소멸하는 학교법인에서 신청하는 경우)

<table>
<tr><td colspan="5" align="center">합병으로 인한 학교법인 해산등기신청</td></tr>
<tr><td rowspan="2">접
수</td><td colspan="2" align="center">년　월　일</td><td rowspan="2">처리인</td><td>등기관 확인</td><td>각종통지</td></tr>
<tr><td colspan="2" align="center">제　　　　　호</td><td></td><td></td></tr>
</table>

상호(명칭)	학교법인 ○○학원	등기번호	
본점(주사무소)	○○시 ○○구 ○○동 ○○		
등기의 목적	해산		
등기의 사유	합병으로 인한 학교법인의 해산		
등기할 사항			
해산연월일	20○○년 ○월 ○일		
해산 사유	별지기재와 같음		
기 타	1. 인가서도착연월일 : 20○○년 ○월 ○일		

신청등기소 및 등록면허세/수수료						
순번	신청등기소	구분	등록면허세 지방교육세	농어촌특별세	세액합계	등기신청수수료
			금 원 금 원	금 원	금 원	금 원
합 계						
등기신청수수료 납부번호						

첨 부 서 면

1. 정관	1통	1. 법인등기부등본(존속회사분이나	
1. 이사회의사록	1통	또는 같이 소멸한 상대법인분과	
1. 합병약정서	1통	신설법인분)	1통
1. 합병인가서	1통	1. 법인등기부등본(주사무소분)	1통
1. 공시 및 최고를 한 증명서	1통	1. 등기신청수수료영수필확인서	1통
1. 변제영수증(담보제공증명서		1. 위임장(대리인이 신청할 경우)	1통
또는 이의없다는 진술서	1통	<기 타>	

20○○년 ○월 ○일

신청인　상호(명　　칭) 학교법인 ○○학원

　　　　본점(주사무소) ○○시 ○○구 ○○동 ○○

대표자　성　　　　명　이사장 ○ ○ ○ ㉑　　　(전화 :　　　　　)

　　　　주　　　　소　○○시 ○○구 ○○동 ○○

대리인　성　　　　명　법무사 ○ ○ ○ ㉑　　　(전화 :　　　　　)

　　　　주　　　　소　○○시 ○○구 ○○동 ○○

○○지방법원 ○○등기소 귀중

- 신청서 작성요령 -

1. 해당란이 부족할 때에는 별지를 이용합니다.
1. 해당 등기신청과 관계없는 사항에 대하여는 "해당없음"으로 기재하거나 삭제하고, 필요한 사항은
　　추가 기재합니다.
1.「인감증명법」에 따른 인감증명서 제출과 함께 관련 서면에 인감을 날인하여야 하는 경우, 본인서명
　　사실확인서를 제출하고 관련 서면에 서명을 하거나 전자본인서명확인서 발급증을 제출하고 관련
　　서면에 서명을 하면 인감증명서를 제출하고 관련 서면에 인감을 날인한 것으로 봅니다.

(용지규격 21cm×29.7cm)

주 ① 분사무소 기재는 분사무소 소재지에서 신청하는 경우에 한하여 기재하는 사항으로서 그 경우에는 주사무소 소재지 다음에 이 등기를 신청하는 당해 등기소 관내의 분사무소 소재지도 아울러 기재한다.
② 등기사유란의 (   )안은 분사무소 소재지에서 이 등기를 신청하는 경우의 서식이다.
③ 해산한 연월일은 합병 후 존속하는 법인의 변경등기일자나 합병으로 인하여 신설되는 법인의 설립일자를 기재한다.
④ 등록면허세는 지방세특례제한법 제41조 5항에 의하여 비과세이다.
⑤ 첨부서류의 서식은 각 경우에 따라 흡수합병으로 인한 변경등기와 신설합병으로 인한 설립등기를 신청하는 경우의 첨부서류의 서식을 참조할 것.
⑥ 법인등기부등본은 분사무소 소재지에서 이 등기를 신청하는 경우에 한하여 첨부하는 것으로서 그 경우에는 위의 각 서류 대신 이 등기를 마친 후의 주사무소의 등기부등본만 첨부한다.
⑦ 위임장의 첨부와 대리인의 표시는 대리인에 의하여 신청하는 경우에 한다.

♣ 【서식】 해산사유

해산 사유

1. 흡수합병으로 인한 해산

20○○년 ○월 ○일 이사회의 의결을 거쳐 20○○년 ○월 ○일 주무관청의 인가를 받아 20○○년 ○월 ○일 공고와 최고의 절차를 종료하고 20○○년 ○월 ○일 ○○시 ○○구 ○○동 ○○번지 학교법인 ○○학원과 합병하고 해산하였으므로 (…… 해산하여 20○○년 ○월 ○일 주사무소 소재지 관할등기소에서 그 등기를 하였으므로 이 등기소에서) 다음 사항의 등기를 구함.
　20○○년 ○월 ○일 ○○시 ○○구 ○○동 ○○번지
　학교법인 ○○학원과 합병하고 해산

2. 신설합병으로 인한 해산

20○○년 ○월 ○일 이사회의 의결을 거쳐 20○○년 ○월 ○일 주무관청의 인가를 받아, 20○○년 ○월 ○일 공고와 최고의 절차를 종료하고 20○○년 ○월 ○일 ○○시 ○○구 ○○동 ○○번지 학교법인 ○○학원과 합병하여 ○○시 ○○구 ○○동 ○○번지 학교법인 ○○학원을 설립하고 해산하였으므로 (…… 해산하여 20○○년 ○월 ○일 주사무소 소재지 관할등기소에서 그 등기를 하였으므로 이 등기소에서) 다음 사항의 등기를 구함.
　20○○년 ○월 ○일 ○○시 ○○구 ○○동 ○○번지
　학교법인 ○○학원과 합병하여 ○○시 ○○구 ○○동 ○○번지
　학교법인 ○○학원을 설립하고 해산

□ 등기기재례

(1) 흡수합병으로 인한 해산의 경우

■ 기타사항란

1. 20○○년 ○월 ○일 ○○시 ○○구 ○○동 ○○
학교법인 ○○학원과 합병으로 해산
20○○년 ○월 ○일 등기 동일 폐쇄 [인]

(2) 신설합병으로 인한 해산의 경우

■ 기타사항란

1. 20○○년 ○월 ○일 ○○시 ○○구 ○○동 ○○ 학교법인 ○○학원과 합병하여 ○○시 ○○구 ○○동 ○○번지 학교법인 ○○학원을 설립하고 해산
20○○년 ○월 ○일 등기 동일 폐쇄 [인]

♣ 【서식】 합병으로 인한 학교법인 분사무소 표시변경등기신청서

합병으로 인한 학교법인표시변경등기신청

접 수	년 월 일	처리인	등기관 확인	각종통지
	제 호			

상호(명칭)	학교법인 ○○학원	등기번호	
본점(주사무소)	○○시 ○○구 ○○동 ○○(분사무소:○○시 ○○구 ○○동 ○)		
등기의 목적	학교법인 분사무소 표시변경		
등기의 사유	20○○년 ○월 ○일 학교법인 ○○학원은 주무관청의 인가를 받아 ○○학교법인이 흡수합병되어 합병등기를 하였으므로 학교법인 ○○학원에 관하여 다음 등기를 구함.		

등기할 사항

1. 명   칭 : 학교법인 ○○학원
1. 주사무소 : ○○시 ○○구 ○○동 ○○번지
1. 분사무소 : ○○시 ○○구 ○○동 ○○번지
1. 목   적 : ○○○○○○
1. 법인의 존립기간 또는 해산사유 : 20○○년 ○월 ○일, ○○○○
1. 법인을 대표할 이사의 성명 및 주소
    이사장 ○ ○ ○ (-   )
    ○○시 ○○구 ○○동 ○○번지
    20○○년 ○월 ○일

기 타	

신청등기소 및 등록면허세/수수료							
순번	신청등기소	구분	등록면허세	농어촌특별세	세액합계	등기신청수수료	
			지방교육세				
			금 원	금 원	금 원	금 원	
			금 원				
합 계							
등기신청수수료 납부번호							

<table>
<tr><td colspan="2" align="center">첨　　부　　서　　면</td></tr>
<tr>
<td>1.　존속법인의　등기부등본　　　　　　　1통</td>
<td>1. 등록면허세영수필확인서　　　　1통
1. 등기신청수수료영수필확인서　　1통
1. 위임장(대리인이 신청할 경우)　1통

<기 타></td>
</tr>
</table>

20○○년 ○월 ○일

신청인　상호(명　　칭) 학교법인 ○○학원
　　　　본점(주사무소) ○○시 ○○구 ○○동 ○○
대표자　성　　　명　　이사장 ○ ○ ○ ㉑　　　　(전화 :　　　　　　)
　　　　주　　　소　　　○○시 ○○구 ○○동 ○○
대리인　성　　　명　　법무사 ○ ○ ○ ㉑　　　(전화 :　　　　　　)
　　　　주　　　소　　　○○시 ○○구 ○○동 ○○

○○지방법원 ○○등기소 귀중

- 신청서 작성요령 -

1. 해당란이 부족할 때에는 별지를 이용합니다.
1. 해당 등기신청과 관계없는 사항에 대하여는 "해당없음"으로 기재하거나 삭제하고, 필요한 사항은
　추가 기재합니다.

(용지규격　21cm×29.7cm)

♣ 【서식】 흡수합병으로 인한 소멸법인 분사무소 폐지등기신청서

<table>
<tr><td colspan="4" align="center">흡수합병으로 인한 소멸법인 폐지등기신청</td></tr>
<tr><td rowspan="2">접
수</td><td align="center">년　월　일</td><td rowspan="2">처리인</td><td>등기관 확인</td><td>각종통지</td></tr>
<tr><td align="center">제　　　　호</td><td></td><td></td></tr>
</table>

상호(명칭)	학교법인 ○○학원	등기번호
본점(주사무소)	○○시 ○○구 ○○동 ○○(분사무소:○○시 ○○구 ○○동 ○)	
등기의 목적	흡수합병으로 인한 소멸법인 분사무소 폐지등기	
등기의 사유	20○○년 ○월 ○일 학교법인 ○○학원은 주무관청의 인가를 받아 ○○학교법인이 흡수합병되어 합병등기를 하였으므로 학교법인 ○○학원에 관하여 다음 등기를 구함.	

<table>
<tr><td colspan="2" align="center">등기할 사항</td></tr>
<tr><td colspan="2">1. 20○○년 ○월 ○일 ○○시 ○○구 ○○동 ○○번지 ○○분사무소 폐지</td></tr>
<tr><td>기　　타</td><td></td></tr>
</table>

신청등기소 및 등록면허세/수수료						
순번	신청등기소	구분	등록면허세 지방교육세	농어촌특별세	세액합계	등기신청수수료
			금 원 금 원	금 원	금 원	금 원
합 계						
등기신청수수료 납부번호						

<table>
<tr><td colspan="2" align="center">첨　부　서　면</td></tr>
<tr>
<td>
1. 흡수합병으로 인한 존속법인의
　 등기부등본　　　　　　　　1통
</td>
<td>
1. 등록면허세영수필확인서　　　1통
1. 등기신청수수료영수필확인서　1통
1. 위임장(대리인이 신청할 경우)　1통

　　<기 타>
</td>
</tr>
</table>

20○○년 ○월 ○일

신청인　상호(명　　칭) 학교법인 ○○학원
　　　　본점(주사무소) ○○시 ○○구 ○○동 ○○
대표자　성　　　명　　　이사장 ○ ○ ○ ㊞　　　(전화 :　　　　　)
　　　　주　　　소　　　○○시 ○○구 ○○동 ○○
대리인　성　　　명　　　법무사 ○ ○ ○ ㊞　　　(전화 :　　　　　)
　　　　주　　　소　　　○○시 ○○구 ○○동 ○○

○○지방법원 ○○등기소 귀중

- 신청서 작성요령 -
1. 해당란이 부족할 때에는 별지를 이용합니다.
1. 해당 등기신청과 관계없는 사항에 대하여는 "해당없음"으로 기재하거나 삭제하고, 필요한 사항은
　 추가 기재합니다.

(용지규격　21cm×29.7cm)

五. 조직변경등기

1. 조직변경의 의의

조직변경이라 함은 어떠한 법인에 대하여 법률상의 조직을 변경하여 다른 종류의 법인으로 만들되 그 법인인격의 동일성은 변하지 않는 것을 말한다.

이는 본래 상법상 인정된 제도로서, 상사법인 경영 중 그 법인형태가 적합하지 않게 되는 경우에 현재의 법인을 해산하고 다른 형태의 법인을 설립하게 되면 경제적으로 손실이 발생하고 여러 면에서 번거롭기 때문에 그 번잡과 손실을 피하고 기업유지의 이념을 살리기 위하여 인정된 것이다. 따라서 일반적인 법인등기에는 적용되지 않는다.

그러나 민법법인에 있어서도 특별법에서 법인의 조직변경에 관하여 규정하는 경우에는 그 조직을 변경할 수 있는 바, 사립학교법 제50조는 사립학교 경영자 중 민법에 의한 재단법인은 그 조직을 변경하여 학교법인이 될 수 있다고 규정하고 있다.

이에 따라 조직변경을 하는 때에는 재단법인의 정관에 규정된 절차에 따라 정관을 변경하고 조직변경을 시행할 수 있다.

2. 조직변경절차

조직변경을 하는 때에는 정관변경의 절차에 의한 정관변경의 요건을 충족하여야 한다.

민법상의 재단법인은 그 정관변경방법을 정관에 정한 때에 한하여 변경할 수 있고, 재단법인 중 사회일반의 이익에 공여하기 위하여 학술, 자선에 관한 사업을 목적으로 하는 법인은 사립학교경영자가 학교법인을 설치.경영하는 경우에는 공익법인의설립.운영에관한법률에 따라 설치된 이사회가 정관에 규정된 정족수를 갖추고 의결하여 정관변경을 결의하여야 한다(공익 제2조, 제7조, 제9조).

또한 조직변경은 기존의 재단법인의 소멸과 새로운 학교법인의 탄생을 가져오므로, 이에 따른 재단법인의 해산등기와 학교법인의 설립등기가 필요하다.

법인의 조직변경에 대하여, 종전에는 민법 규정에 의한 재단법인이 사립학교법에 의한 학교법인으로 그 조직을 변경하고자 할 경우에는 정관을 변경하고 교육인적자원부장관의 인가를 받아야 하였으나(변경전 사학 제50조 2항), 1999. 8. 31. 법률 제6004호로 이 규정은 삭제되어 이제 위와 같은 경우에는 교육인적자원부장관(현 교육부장관)의 조직변경인가는 불필요하게 되었다.

다만, 조직변경 후 설립하는 학교의 종류가 변경되거나 새로 추가되는 경우에는 주무관청에 정관변경인가를 받아야 하고(사학 제45조), 종전의 민법법인의 주무관청에도 정관변경허가를 받아야 한다(민 제42조 2항, 제45조 2항).

이러한 조직변경의 효력은 본점소재지에서 조직변경등기를 한 때에 발생한다고 보는 것이 타당할 것이다.

3. 등기절차

재단법인이 학교법인으로 조직을 변경할 때에는 학교법인에서는 설립등기를, 재단법인에서는 해산등기를 하여야 한다(사학 제20조).

이 두 등기는 동시에 일괄하여 신청하며, 두 등기 중 어느 한쪽에만 각하사유가 있어도 등기관은 양쪽 모두를 각하한다(비송사건절차법 제67조, 상업등기법 제67조 유추).

조직변경에 의한 설립등기는 사립학교법 제8조의 학교법인설립등기절차를 준용하는 바, 조직변경인가를 받은 날로부터 3주간 이내에 설립등기사항을 등기하여야 한다(사학령 제20조).

등기신청을 하는 때에는 재단법인에 관한 해산등기신청서와 학교법인에 관한 설립등기신청을 동시에 재단법인의 주된 사무소소재지 관할등기소에 제출하고, 분사무소소재지 관할등기소에도 2통을 제출한다.

가. 등기신청인

민법법인의 해산등기와 학교법인의 설립등기 모두 조직변경된 학교법인의 이사장이 신청하여야 할 것이다(비송사건절차법 제67조, 제66조, 상업등기법 제23조).

다만, 조직변경의 효력이 주된 사무소소재지에서 조직변경등기를 함으로써 발생한다고 하는 견해에 의하면 민법법인의 해산등기는 해산법인의 대표권있는 이사가, 학교법인의 설립등기는 이사장이 신청하여야 할 것이다. 그러나 학교법인의 이사장이 해산등기 및 설립등기를 동시에 신청하여도 법률적으로는 동일한 조직이 변경되는 것이므로 무방하다 할 것이다.

나. 등기기간

재단법인이 조직을 변경하여 학교법인으로 된 때에는 주된 사무소에서는 3주간, 분사무소소재지에서도 3주간 내에 재단법인에 있어서는 해산등기, 학교법인에 있어서는 설립등기사항을 등기하여야 한다(사학령 제20조, 특례법 제3조). 이때 분사무소소재지에서는 분사무소의 등기사항도 등기한다.

다. 등기사항

조직변경에 의한 재단법인의 해산등기에 있어서 등기할 사항은 학교법인의 명칭, 주사무소와 조직변경으로 인하여 해산한 뜻과 그 연월일이고, 학교법인의 설립등기에 있어서는 통상의 설립등기사항 외에 재단법인의 설립연월일, 재단법인의 명칭과 조직을 변경한 뜻 및 그 연월일을 등기한다(사학령 제20조, 상업등기법 제65조 유추).

라. 첨부서면

비송사건절차법 제66조 및 제67조의 규정에 의하여 특수법인의 등기에 준용되는 법인등기와 상업등기 신청서의 첨부서면에 관한 같은 법 제63조에 의하여 정관, 이사의 자격을 증명하는 서면, 주무관청의 정관변경허가서 및 인가서 또는 인증있는 등본, 재산목록을 첨부하여야 하고, 대리권을 증명하는 서면 등을 첨부하여야 한다(사학령 제20조). 그리고 법인의 종류와 명칭이 변경되었으므로 대표권자의 인감증명을 받을 수 있도록 대표권자의 인감신고서(인감대지 첨부)를 제출하여야 한다(비송사건절차법 제66조, 제67조, 상업등기법 제25조).

1) 재단법인 해산등기의 경우

재단법인의 해산등기신청서에는 위임장, 등록세영수필확인서 등 일반적인 첨부서면 외에는 일체의 첨부서면이 필요 없다. 이것은 분사무소소재지에서의 등기신청에 있어서도 같다(비송사건절차법 제66조, 제67조, 민법법인 및 특수법인 등기규칙 제6조, 상업등기규칙 제53조 3항).

등록면허세는 40,200원, 지방교육세는 등록면허세의 100분의 20이며, 조세특례제한법, 관세법, 지방세법에 의하여 등록면허세가 감면되는 경우에는 농어촌특별세로 그 감면등록면허세의 100분의 20을 납부하여야 한다. 조직변경에 의한 해산등기의 등기신청수수료는 방문신청의 경우 6,000원이고, 전자표준양식에 의한 신청의 경우에는 4,000원, 전자신청의 경우에는 2,000원이다.

2) 학교법인 설립등기의 경우

학교법인의 설립등기신청서에는 다음의 서면을 첨부하여야 한다(사학령 20, 사학 제8조 1항, 제10조 1항).

(끼) 정 관

조직변경으로 인하여 새로 성립하는 학교법인의 정관을 첨부한다.

조직변경시 첨부하는 정관에는 사립학교법 제10조 제1항 소정의 정관기재사항 외에, 설립당초의 임원은 정관으로 정하도록 한 동법 제10조 제2항의 규정에 따라 조직변경에 의하여 새로 선임되는 임원은 정관에 기재하여야 할 것이다.

학교법인의 정관은 상법상 회사의 정관(상 제292조)과는 달리 공증인의 인증을 받아야 효력이 생긴다는 명문의 규정이 없으므로 공증인의 인증은 필요 없다.

(나) 조직변경에 관한 재단법인의 이사회회의록

조직변경을 결의하는 정관변경에 관하여 특별결의한 이사회회의록을 첨부하여야 한다(사학령 제20조).

이 회의록은 아직 민법규정이 적용되는 재단법인의 회의록이므로 학교법인의 이사회회의록과는 달리 등기신청서에 첨부하는 회의록은 공증인의 인증을 받아야 한다(공증 제66조의2).

그리고 재단법인의 조직변경을 결의한 회의록에 학교법인의 이사와 감사의 선임에 관한 사항이 기재되었더라도 학교법인의 정관에 다시 기재하여야 할 것이다. 이는 학교법인 설립시의 임원은 정관으로 정하도록 하고 있는 규정에 따른 것이다(사학 제10조 2항).

(다) 이사의 취임승낙을 증명하는 서면

이사와 법인과의 관계는 위임관계이므로 이사에 취임하는 자의 승낙이 필요한 바, 이 승낙서에는 본인의 진정한 의사를 확인할 수 있도록 인감증명법에 의한 인감증명서를 첨부하여야 한다.

다만, 법인의 대표자 아닌 이사는 신청서에 첨부된 회의록에 취임승낙의 취지가 기재되어 있고 기명날인이 있을 경우에는 인감증명서 첨부를 생략할 수 있다. 이때에는 인감신고서에 첨부된 인감증명서를 원용하면 될 것이다.

(라) 주무관청의 정관변경허가 및 인가서나 그 인증있는 등본

조직변경시 인가서는 불필요하나, 재단법인의 목적사업 변경에 대한 민법상 주무관청의 정관변경허가서와 사립학교법상 주무관청의 정관변경 인가서가 필요하다.

(마) 이사의 주민등록번호를 증명하는 서면

법인등의등기사항에관한특례법에 의하여 대표권자를 제외하고는 주민등록번호와 성명을 기재하고 주소기재를 생략하는 바, 주민등록번호를 증명하는 서면도 첨부하여야 한다(특례규칙 제2조 2항).

따라서 대표권자는 주소를 증명하는 서면을 첨부하여야 하나, 주민등록번호를 증명하는 서면인 주민등록등본으로 주소를 증명하는 서면을 겸한다.

(바) 재산목록

학교법인의 정관에는 자산 및 회계에 관한 규정을 두어야 하며(사학 제10조 1항 V), 그 등기사항으로 자산의 총액을 등기하도록 규정하고 있으므로(사학 제8조 1항 VI), 조직변경에 의한 학교법인의 설립등기에도 자산의 총액을 등기하는 경우에는 실제와 부합하는 등기를 위하여 재산목록을 첨부하여야 한다(비송사건절차법 제67조, 제63조 2항 IV).

(사) 학교법인의 이사회회의록

학교법인의 정관에 사무소소재지로 최소행정구역만 정한 때에는 그 지번까지를 특정하는 업무집행을 결의한 회의록을 첨부하여야 한다. 그러나 재단법인의 이사회에서 조직변경결의를 할 때 사무소의 주소도 특정한 경우에는 이 회의록은 필요없다.

(아) 등록면허세 및 지방교육세, 등기신청수수료 등

학교법인의 설립등기와 합병등기에 있어서 그 등록면허세가 면제되는 바, 조직변경에 의한 설립등기도 등록면허세가 면제된다고 할 것이다.

조직변경에 의한 법인설립등기와 동시에 분사무소 설치등기를 하는 경우에는 설립의 등록면허세 항목과 분사무소설치의 세목이 다르므로, 주사무소의 설립등기시에는 설립에 관한 등록면허세가 면제되나 분사무소 설치에 관한 등록면허세는 납부하여야 할 것이다.

또한 수개의 등기사항을 1건으로 일괄 신청하는 경우에 있어서 설립, 목적, 이사변경 등을 1건으로 신청하는 경우처럼 등록면허세의 세목이 같은 경우에는 1개분의 등록면허세만 납부하여도 되지만, 본점이전이나 이사변경 등과 같이 등록면허세의 세목이 다른 경우에는 세목에 따라 각별로 등록면허세를 납부하여야 한다.

조세특례제한법, 관세법, 지방세법에 의하여 등록면허세가 감면되는 경우 원칙적으로 감면세액의 100분의 20에 해당하는 농어촌특별세를 납부하여야 하나(농특세법 제5조), 학교법인의 설립등기에는 이 농어촌특별세도 면제된다(농특세법 제4조 XII).

주택법에 의한 국민주택채권의 납입의무는 종전에는 상법상 법인의 설립등기에는 있었으나(주택법 제67조, 제68조), 비영리법인의 설립등기 및 특수법인인 학교법인에는 그 납입의무가 없다. 그리고 2008년 주택법 시행령의 개정으로 현재는 상법상 법인의 설립등기의 경우에도 납입의무가 없다.

법인설립등기의 등기신청수수료는 방문신청의 경우 3만원(전자표준양식에 의한 신청의 경우에는 2만5천원, 전자신청의 경우에는 2만원)인 바, 신설합병 및 조직변경에 의한 설립의 경우에도 동일하며, 설립과 동시에 분사무소를 설치하는 경우에는 설립등기의 등기신청수수료 외에 별도로 분사무소설치에 관한 등기신청수수료 6,000원(전자표준양식에 의한 신청의 경우에는 4,000원, 전자신청의 경우에는 2,000원)을 납부하여야 한다.

(자) 인감신고서 및 인감증명

법인의 대표자인 이사장은 인감증명을 받기 위하여 등기소에 인감신고서를 제출하여야 하는 바, 이 신고서에는 인감대지도 함께 제출하여야 한다.

(차) 법인인감발급카드신청서

대표자의 인감증명을 발급받기 위하여 법인인감발급카드신청서를 작성 제출하여 법인인감카드를 발급받아야 한다(민법법인 및 특수법인 등기규칙 제6조, 상업등기규칙 제39조).

마. 등기의 기재

재단법인의 해산등기는 기타사항란에 학교법인의 명칭과 주사무소, 조직변경으로 인하여 해산한 뜻과 그 연월일 및 등기연월일을 기재하고 등기관의 식별부호를 기록하여야 한다. 이때에는 그 등기기록을 폐쇄하여야 한다(민법법인 및 특수법인 등기규칙 제6조, 상업등기규칙 제116조, 제55조).

학교법인의 설립등기는 통상의 설립등기사항과 법인성립연월일을 각 상당란에 기재하는 외에 등기기록을 개설한 사유와 연월일란에 재단법인의 명칭과 조직을 변경한 뜻 및 그 연월일을 기재하여야 한다(민법법인 및 특수법인 등기규칙 제6조, 상업등기규칙 제115조 1항).

바. 등기의 신청

♣ 【서식】 조직변경으로 인한 학교법인 설립등기신청서

<table>
<tr><td colspan="6" align="center">조직변경으로 인한 학교법인 설립등기신청</td></tr>
<tr><td rowspan="2">접
수</td><td colspan="2" align="center">년　　월　　일</td><td rowspan="2">처리인</td><td>등기관 확인</td><td>각종통지</td></tr>
<tr><td colspan="2" align="center">제　　　　호</td><td></td><td></td></tr>
</table>

<table>
<tr><td align="center">상호(명칭)</td><td>학교법인 ○○학원</td><td align="center">등기번호</td><td></td></tr>
<tr><td align="center">등기의 목적</td><td colspan="3">조직변경으로 인한 학교법인 설립등기</td></tr>
<tr><td align="center">등기의 사유</td><td colspan="3">20○○년 ○월 ○일 ○○재단법인의 정관규정에 따라 이사회의 결의로 ○○재단법인의 조직을 학교법인으로 변경하였으므로, 주무관청의 인가를 20○○년 ○월 ○일에 받았으므로 다음 사항의 등기를 구함.단, 조직변경전 재단법인의 설립연월일
20○○년 ○월 ○일</td></tr>
<tr><td align="center">허가서도착연월일</td><td colspan="3">20○○년 ○월 ○일</td></tr>
<tr><td colspan="4" align="center">등기할 사항</td></tr>
<tr><td align="center">명　　칭</td><td colspan="3">학교법인 ○○학원</td></tr>
<tr><td align="center">주사무소</td><td colspan="3">○○시 ○○구 ○○동 ○○</td></tr>
<tr><td align="center">분사무소</td><td colspan="3"></td></tr>
<tr><td align="center">이사의 성명,
주민등록번호 및
주소</td><td colspan="3">이사장 ○ ○ ○(　　-　　)
　　　○○시 ○○구 ○○동 ○○
이　사 ○ ○ ○(　　-　　)
　　　　○ ○ ○(　　-　　)
　　　　○ ○ ○(　　-　　)</td></tr>
<tr><td align="center">이사의대표권에
대한 제한</td><td colspan="3"></td></tr>
</table>

목 적	이 법인은 대한민국의 교육이념에 입각하여 중등보통교육(○○○교육)을 실시함을 목적으로 한다위 목적을 달성하기 위하여 다음의 학교를 설치.경영한다. 　　　　1. ○○○○학교 　　　　1. ○○○○학교 　　　　1. ○○○○학교
설립허가연월일	20○○년 ○월 ○일
존립기간 또는 해산이유	법인설립일로부터 만○년
자산의 총액	금 ○○○○원
출자의 방법	없음
기　　타	

			신청등기소 및 등록면허세/수수료				
순번	신청등기소	구분	등록면허세 지방교육세	농어촌특별세	세액합계	등기신청수수료	
			금 원 금 원	금 원	금 원	금 원	
합 계							
등기신청수수료 납부번호							

<table>
<tr><td colspan="2" align="center">첨   부   서   면</td></tr>
<tr><td>
1. 정관   1통
1. 소멸법인의 이사회회의록 1통
1. 주무관청의 정관변경허가서 및
   인가서   1통
1. 재산목록   1통
1. 취임승낙서 및 인감증명서,
   주민등록등본   ○통
</td><td>
1. 학교법인 이사회회의록   1통
1. 이사장 인감신고서 및 인감증명 1통
1. 법인인감발급카드신청서   1통
1. 등기신청수수료영수필확인서   1통
1. 위임장(대리인이 신청할 경우)   1통

   <기 타>
</td></tr>
</table>

20○○년 ○월 ○일

신청인 상호(명   칭) 학교법인 ○○학원
　　　　본점(주사무소) ○○시 ○○구 ○○동 ○○
대표자 성   명   이사장 ○ ○ ○ ㊞   (전화 :   )
　　　　주   소   ○○시 ○○구 ○○동 ○○
대리인 성   명   법무사 ○ ○ ○ ㊞   (전화 :   )
　　　　주   소   ○○시 ○○구 ○○동 ○○

○○지방법원 ○○등기소 귀중

- 신청서 작성요령 -

1. 해당란이 부족할 때에는 별지를 이용합니다.
1. 해당 등기신청과 관계없는 사항에 대하여는 "해당없음"으로 기재하거나 삭제하고, 필요한 사항은 추가 기재합니다.
1. 「인감증명법」에 따른 인감증명서 제출과 함께 관련 서면에 인감을 날인하여야 하는 경우, 본인서명사실확인서를 제출하고 관련 서면에 서명을 하거나 전자본인서명확인서 발급증을 제출하고 관련 서면에 서명을 하면 인감증명서를 제출하고 관련 서면에 인감을 날인한 것으로 봅니다.

(용지규격 21cm×29.7cm)

주 ① 이 등기는 신설되는 학교법인을 대표하는 이사장이 신청한다.

② 등기할 사항 중 분사무소의 표시는 설립 당초부터 분사무소를 설치한 경우에 한하여 기재한다.

③ 목적의 기재에 있어서, 정관에 목적과 설치.경영할 사립학교 및 수익사업 등을 각기 다른 조항으로 규정하고 있는 경우에는 목적의 조항에 기재된 사항뿐 아니라 설치.경영할 사립학교나 수의사업의 조항에 기재된 사항도 같이 기재한다.

④ 존립기간 또는 해산사유는 등기사항이 아니나 정관에 특히 정한 경우에 한하여 등기사항이 된다.

⑤ 자산의 총액은 재단법인이 학교법인으로 조직을 변경할 때의 재산의 총액을 기재한다.

⑥ 과세표준은 신설되는 학교법인의 자산총액을 기재한다.

⑦ 조직변경의 경우 설립등기와 동일하게 등록면허세는 면제되며(지세특례제한법 제41조 5항), 다만, 설립과 동시에 분사무소를 설치하는 경우에는 주사무소에서는 설립에 관한 등록면허세는 면제되나 분사무소설치에 관한 등록면허세 40,200원을 납부하여야 한다. 조세특례제한법, 관세법, 지세법에 의하여 등록면허세가 감면되는 경우에는 농어촌특별세로 그 감면등록면허세의 100분의 20을 납부하여야 하나, 학교법인의 설립등기에는 면제된다(농특세법 제4조 Ⅶ). 등기신청수수료는 방문신청시 조직변경에 의한 설립의 경우에는 30,000원(전자표준양식에 의한 신청의 경우에는 25,000원, 전자신청의 경우에는 20,000원)이고, 설립과 동시에 분사무소를 설치하는 경우 주사무소소재지에서의 등기신청수수료는 36,000원(전자표준양식에 의한 신청의 경우에는 29,000원, 전자신청의 경우에는 22,000원)이다. 비영리법인 및 특수법인의 설립에는 주택법에 의한 국민주택채권은 납부하지 아니한다.

⑧ 첨부서류 중 정관은 조직변경 후의 정관을 첨부한다. 이 정관은 공증인의 인증이 필요없다.

⑨ 이사회회의록은 학교법인으로의 조직변경을 결의한 이사회회의록을 첨부한다. 이 회의록은 아직 민법규정이 적용되는 재단법인의 회의록이므로 등기신청시에 첨부하는 회의록은 공증인의 인증을 받아야 한다(공증 제66조의2).

⑩ 취임승낙서 등의 첨부에 대하여, 설립당초의 이사는 정관으로 정하여야 하는 바(사학 제10조 2항) 조직변경의 경우도 이와 동일하다고 해석되므로 정관 외 이사의 자격을 증명하는 서면 등은 첨부할 필요가 없으나 그의 취임승낙서는 따로 첨부해야 한다.
취임승낙서에는 본인의 진의를 확인할 수 있도록 인감증명법에 의하여 신고한 인감을 찍고 그 인감증명서(발행일로부터 6월 이내의 것)를 첨부하여야 한다. 이사 및 이사장은 주소와 주민등록번호를 기재하여야 하므로 이를 증명하는 주민등록등본을 첨부한다.

⑪ 법인의 대표자의 인감을 신고하여야 법원으로부터 인감증명을 발행받을 수 있으므로 법원이 인감을 발행할 수 있는 대표자의 인감이 날인된 인감대지를 인감신고서에 첨부하여 제출하여야 하고, 대표자의 진의를 확인할 수 있는 인감증명법에 의하여 동사무소발행의 인감증명서를 첨부하여야 한다.

⑫ 학교법인 이사회회의록은 조직변경시 조직변경하는 학교법인의 사무소의 지번을 특정하지 아니한 경우에 한하여 학교법인 사무소지정의 업무집행을 결의한 회의록을 첨부한다.

⑬ 위임장에는 'A재단법인을 B학교법인으로 조직변경하였으므로 조직변경으로 인한 B학교법인 설립등기신청에 관한 일체의 행위'라는 내용을 기재한다.

⑭ 위임장의 첨부와 대리인의 표시는 대리인에 의하여 신청하는 경우에 한하여 한다.

♣ 【서식】 조직변경으로 인한 재단법인 해산등기신청서

<table>
<tr><td colspan="5" align="center">조직변경으로 인한 재단법인 해산등기신청</td></tr>
<tr><td rowspan="2">접
수</td><td colspan="2" align="center">년   월   일</td><td rowspan="2">처리인</td><td>등기관 확인</td><td>각종통지</td></tr>
<tr><td colspan="2" align="center">제   호</td><td></td><td></td></tr>
</table>

<table>
<tr><td align="center">명   칭</td><td>학교법인 ○○학원</td><td align="center">등기번호</td><td>제1000호</td></tr>
<tr><td align="center">주사무소</td><td colspan="3">○○시 ○○구 ○○동 ○</td></tr>
<tr><td align="center">등기의 목적</td><td colspan="3">조직변경으로 인한 재단법인 해산등기</td></tr>
<tr><td align="center">등기의 사유</td><td colspan="3">20○○년 ○월 ○일 ○○재단법인의 정관 소정의 이사회의 결의로 재단법인의 조직을 학교법인으로 변경함과 동시에 해산하기로 하고 주무관청의 인가를 받았으므로 다음 사항의 등기를 구함</td></tr>
<tr><td align="center">허가서도착연월일</td><td colspan="3">20○○년 ○월 ○일</td></tr>
<tr><td colspan="4" align="center">등기할 사항</td></tr>
<tr><td colspan="4">20○○년 ○월 ○일 ○○시 ○○구 ○○동 ○○번지
○○학교법인으로 조직변경하고 해산</td></tr>
<tr><td align="center">기   타</td><td colspan="3"></td></tr>
</table>

<table>
<tr><td colspan="9" align="center">신청등기소 및 등록면허세/수수료</td></tr>
<tr><td rowspan="2">순번</td><td rowspan="2">신청등기소</td><td rowspan="2">구분</td><td>등록면허세</td><td rowspan="2">농어촌특별세</td><td rowspan="2">세액합계</td><td rowspan="2">등기신청수수료</td></tr>
<tr><td>지방교육세</td></tr>
<tr><td rowspan="2"></td><td rowspan="2"></td><td rowspan="2"></td><td>금   원</td><td rowspan="2">금   원</td><td rowspan="2">금   원</td><td rowspan="2">금   원</td></tr>
<tr><td>금   원</td></tr>
<tr><td></td><td></td><td></td><td></td><td></td><td></td><td></td></tr>
<tr><td colspan="3" align="center">합   계</td><td></td><td></td><td></td><td></td></tr>
<tr><td colspan="3" align="center">등기신청수수료 납부번호</td><td colspan="4"></td></tr>
</table>

<table>
<tr><td colspan="2" align="center">첨   부   서   면</td></tr>
<tr><td>1. 주무관청의 인가서(또는
   인증있는 인가등본)   1통</td><td>1. 등록면허세영수필확인서   1통
1. 등기신청수수료영수필확인서   1통
1. 위임장(대리인이 신청할 경우)   1통

<기 타></td></tr>
</table>

20○○년 ○월 ○일

신청인 명   칭   학교법인 ○○학원

주사무소   ○○시 ○○구 ○○동 ○○

대표자 성   명   이사장 ○ ○ ○ ㊞   (전화 :   )

주   소   ○○시 ○○구 ○○동 ○○

대리인 성   명   법무사 ○ ○ ○ ㊞   (전화 :   )

주   소   ○○시 ○○구 ○○동 ○○

○○지방법원 ○○등기소 귀중

- 신청서 작성요령 -

1. 해당란이 부족할 때에는 별지를 이용합니다.
1. 해당 등기신청과 관계없는 사항에 대하여는 "해당없음"으로 기재하거나 삭제하고, 필요한 사항은 추가 기재합니다.
1.「인감증명법」에 따른 인감증명서 제출과 함께 관련 서면에 인감을 날인하여야 하는 경우, 본인서명사실확인서를 제출하고 관련 서면에 서명을 하거나 전자본인서명확인서 발급증을 제출하고 관련 서면에 서명을 하면 인감증명서를 제출하고 관련 서면에 인감을 날인한 것으로 봅니다.

(용지규격 21cm×29.7cm)

주 ① 이 등기는 원칙으로 해산 전 재단법인의 대표권 있는 이사가 신청하는 것이나, 신설법인인 학교법인의 이사장이 설립등기와 동시에 일괄하여 신청하여도 무방하다.

② 등록면허세는 정액의 변경등록면허세액인 40,200원이고 지방교육세는 8,020원이며, 등록면허세가 감면되는 경우 그 감면세액의 100분의 20의 농어촌특별세를 납부하여야 하고, 등기신청수수료는 방문신청시 6,000원을 납부한다. 전자표준양식에 의한 신청의 경우에는 4,000원, 전자신청의 경우에는 2,000원이다.

③ 이 등기는 조직변경으로 인한 학교법인의 설립등기와 일괄신청하므로 위임장 외에 다른 첨부서류는 필요없다.

六. 해산과 청산에 관한 등기

1. 총 설

가. 해산과 청산의 의의

법인의 해산이라 함은 법인의 법인격을 소멸시키는 원인이 되는 법률사실을 말하며, 청산이라 함은 이에 따라 기존의 법률관계를 마무리 하고 그 재산을 분배하는 것을 목적으로 하는 절차를 말한다.

법인의 해산은 법인의 법인격을 소멸시키는 원인이 되는 법률사실에 불과할 뿐 법인격 소멸 자체의 효과를 가져오는 법률요건은 아니다. 따라서 법인이 해산되었다고 해서 곧바로 법인이 소멸하는 것은 아니며, 그 권리능력의 범위가 청산목적의 범위 내로 감축되어 청산목적의 범위 내에서는 여전히 법인은 존속하게 된다(민 제81조). 이러한 법인을 청산 법인이라고 하는 바, 청산법인의 활동은 잔존채권의 추심, 잔존채무의 변제, 잔여재산의 인도 등 청산목적의 범위 내에 국한되기 때문에 법인의 사업확장을 위한 분사무소설치 등은 물론 종전사업의 계속을 전제로 한 활동도 할 수 없다.

청산법인은 그 청산절차가 종료되어야 비로소 소멸한다.

사립학교법 제13조.제42조, 민법 제54조 1항, 제85조 1항의 규정에 따르면 법인이 해산한 경우에 청산인은 파산의 경우를 제외하고 해산등기를 하여야 하고 해산등기를 하기 전에는 제3자에게 해산사실을 대항할 수 없다(대판 1984. 9. 25, 84다카493).

나. 해산과 청산의 절차

법인은 해산한 후에도 곧바로 그 법인격이 소멸하지 않고, 해산목적의 범위 내에서 계속하여 법인격이 존속하며(사학 제42조, 민 제81조), 청산절차가 종료하여야 비로소 법인격이 소멸한다.

다만, 해산한 법인의 활동은 어디까지나 잔존채권의 추심, 잔존채무의 변제, 잔여재산의 인도 등 청산목적의 범위 내에 국한되기 때문에 법인의 사업확장을 위한 분사무소설치 등은 물론 종전사업의 계속을 전제로 한 활동은 할 수 없다.

이렇게 법인이 해산되면 현존사무는 일체 종결되기 때문에 종전의 업무담당 자인 이사장이나 이사의 임무는 당연히 끝나고 청산사무담당자인 청산인이 취 임하여 청산절차를 밟는다.

청산인은 취임 후 주사무소 및 분사무소에서 해산 및 청산인취임등기를 해 야 하고, 채권자에 대하여 2월 이상의 기간을 정하여 그 기간 내에(파산의 경우 제외) 채권을 신고할 것을 3회 이상 공고하고, 알고 있는 채권자에 대 하여는 각별로 최고를 하여야 한다. 또한 잔존채권의 추심과 잔존채무의 변 제를 완료한 다음 잔여재산이 있는 경우에는 정관과 법률이 정하는 바에 따 라 이를 처분해야 한다(사학 제42조, 민 제85조, 제88조, 제89조, 제80조).

이러한 절차에 따라 청산이 종결되면 3주간 내에 청산종결등기를 하며, 등기 후 주무관청에 이를 보고하여야 한다(사학 제42조, 민 제94조).

이 청산종결등기는 일반공시적 효력에 불과할 뿐 법인소멸의 창설적 효력이 있는 것은 아니다. 설사 청산종결의 등기가 마쳐졌다고 해도 사실상 잔존채권 채무가 있다면 법인은 소멸하지 않고 그 범위 내에서는 여전히 존속한다 할 것이어서 그 법인격이 소멸되었다고 볼 수 없고(대판 1969. 2. 4, 68다2284), 그 경우에 청산종결등기가 착오임을 증명하여 경정의 방법으로 청산종결등기 를 말소할 수 있다.

한편, 영리법인인 회사는 해산 후에도 다시 법인을 계속하는 것이 허용되나 (상 제229조, 제530조, 제611조), 비영리법인인 민법법인 및 학교법인은 관련 규정의 부재로 법인의 계속등기는 할 수 없다.

1) 해산사유의 발생

(가) 목적달성 또는 목적달성의 불능

일정한 목적의 달성을 위하여 설립된 것인 법인은 그 목적을 달성하게 되면 그 존속사유를 잃어 당연히 해산하게 되고, 법령의 개폐나, 사회 의 변화 등으로 인하여 법률상 또는 사실상 그 목적달성이 불가능하게 되면 법인 자체의 존속의의를 잃게 되어 해산할 수밖에 없다.

여기서 법인의 목적달성이라 함은 법인이 예정한 목적이 이루어져 할 일이 없어지는 것을 말하고, 목적달성불능이란 법률상 또는 사실상으로 목적을 달성할 수 없게 되는 것을 말한다.

목적달성불능에 대한 판단은 어려운 문제여서 구체적으로 사회통념에 따라 객관적으로 판단하며, 목적달성불능은 반드시 절대적 불능임을 요하지 아니한다.

학교법인이 목적달성불능으로 해산하는 때에는 이사정수의 3분의 2 이상의 동의를 얻어 교육과학기술부장관의 인가를 얻어야 한다(사학 제34조 2항).

(나) 합 병

학교법인이 흡수합병되거나 신설합병되어 소멸하게 된 때에는 청산절차를 거치지 않고 당연히 해산된다(사학 제40조).

이 때는 청산절차를 거칠 필요없이 합병의 효력이 발생함과 동시에 해산된 학교법인의 권리의무는 합병으로 인하여 존속 또는 신설되는 학교법인이 그대로 승계한다(사학 제40조).

(다) 파 산

법인이 채무를 완제하지 못하게 된 때에는 이사는 지체없이 파산신청을 하여야 하고(사학 제42조, 민 제79조), 학교법인에 대하여 파산선고가 있게 되면 당해 법인은 해산한다.

여기서 채무를 완제하지 못하게 된 때라 함은 소극재산(부채)이 적극재산(자산)보다 많게 되는 채무초과의 경우를 말한다.

또한 지급불능인 경우도 파산원인이 되는 바(채무자 제3056조), 채무초과인 경우와 지급불능인 때에는 모두 채권자, 이사, 청산인 등이 파산신청을 할 수 있고(채무자 제294조, 제295조), 법원은 신청이 이유 있다고 인정하면 파산선고를 한다(채무자 제306조 1항). 다만, 이사는 채무초과인 경우에는 파산신청을 할 의무를 부담하나 지급불능인 경우에는 이 같은 의무는 부담하지 않는다.

법원이 파산선고를 하면 법인은 그 형식적 확정을 기다릴 필요없이 그 결정을 선고한 때에 즉시 해산한다(채무자 제311조). 그러나 파산결정에 대하여 즉시항고가 인정되어(채무자 제13조) 즉시항고 결과 파산취소의 결정이 확정되면 소급하여 해산되지 아니하는 것으로 된다.

파산에 의하여 해산한 법인에는 민법상 청산절차에 관한 규정이 적용되지 않고 파산법이 적용된다. 그에 따라 파산법인은 파산목적 범위 내에서만 존속하게 되고(채무자 제328조), 종전 이사의 의무가 종료되어 퇴임하면 이때에는 청산인이 아니라 파산관재인이 취임하여 법인의 잔존재산을 관리.처분하게 된다. 파산절차에 따른 등기는 법원의 촉탁에 의하여 행한다(채무자 제6조, 제23조, 제384조).

법원은 법인에 대하여 파산선고를 한 경우에 그 법인의 설립 또는 목적인 사업에 관하여 관청의 허가가 있는 것인 때에는 이 사실을 주무관청에 통지하여야 하고, 파산취소, 파산폐지 또는 강제화의취소는 결정이 확정되거나 파산종결의 결정이 된 경우에는 통지하여야 한다(채무자 제314조).

(라) 해산명령

학교법인에 대한 해산명령의 주체는 교육부장관이 된다. 그 설립허가조건에 위반한 때, 목적달성이 불가능한 때에 해산명령을 할 수 있는 바, 이때의 해산명령은 다른 방법으로는 감독목적을 달성할 수 없거나 관할청이 시정을 지시한 후 6월이 경과하여도 이에 응하지 아니한 때에 한한다(사학 제47조).

이러한 교육부장관의 해산명령이 있으면 당해 학교법인은 당연히 해산되어 청산절차에 들어가게 된다.

민법상 법인의 설립허가취소의 원인은 법인이 목적 이외의 사업을 하거나 설립허가조건에 위반하거나 기타 공익을 해하는 행위를 하는 것이며, 법인의 해산사유로서는 사립학교법에서의 주무관청의 해산명령 대신 주무관청의 설립허가취소가 규정되어 있으나(민 제38조, 제77조 1항), 이 양자는 입법기술상의 차이일 뿐 그 효과에 있어서는 마찬가지라 할 것이다.

법인의 설립허가취소와 교육부장관의 해산명령은 행정소송의 대상이어서 이에 불복이 있는 법인은 행정심판법에 의하여 심판청구를 할 수 있으며 이 심판청구에 대한 결정에 대하여는 행정소송법에 의한 행정소송을 제기할 수 있다.

법인설립허가취소의 효력은 소급효가 없어 장래에 향해서만 효력을 발생하므로(대판 1968. 5. 28, 67누55), 주무관청의 해산명령도 이와 같이 해산명령과 동시에 법인은 해산되어 청산절차에 들어가고, 당해 법인은 그 청산목적범위 내에서만 존속한다고 할 것이다.

이 법인설립허가취소처분에 대하여 행정소송을 제기하여도 이는 집행정지의 효력이 없으므로(행정소송법 제23조 1항), 당해처분의 효력에 대한 집행정지처분을 받지 아니하는 한 당해 법인은 청산의 목적범위 내에서만 존속한다. 그러나 행정소송의 결과 법원의 판결에 의하여 주무관청의 설립허가취소처분의 효력이 상실하면 취소처분의 효과는 소급하여 효력을 가지며, 그 사이에 이루어진 청산목적을 넘은 행위도 모두 유효하다고 할 것이다.

(마) 정관에 정한 해산사유의 발생

법인은 법정의 해산사유 이외에 정관에 따로 존립기간이 정해진 때에는 그 존립기간이 만료됨으로써 당연히 해산한다. 존립기간 만료 후의 해산사유의 변경은 허용되지 아니한다.

법인은 파산.합병.해산명령 등과 같이 법률상 규정된 해산사유가 발생하면 당연히 해산하며, 그러한 법정해산사유 이외에 특정한 사유가 발생하면 해산하기로 정해져 있는 경우에는 그 사유가 발생한 때에도 해산한다.

법률상 규정된 해산사유가 아닌 사유를 해산사유로 정한 때에는 그를 정관에 기재하지 않으면 효력이 생기지 않고, 또 그를 등기하지 않으면 제3자에게 대항할 수 없다(사학 제13조, 민 제54조).

2) 주무관청의 해산결의의 인가

법인의 목적달성이 불가능하여 해산하는 경우에는 이사회에서 이사정수의 3분의 2이상의 동의를 얻은 후 주무관청의 승인을 받아야 한다(사학 제34조 2항).

3) 잔여재산의 귀속

해산한 학교법인의 잔여재산은 합병 및 파산의 경우를 제외하고는 교육과학기술부장관에 대한 청산종결의 신고가 있는 때에 정관으로 지정한 자에게 귀속한다(사학 제35조 1항).

해산한 법인의 잔여재산은 해산당시의 모든 재산이 아니고 청산완료 후에 잔존하는 법인의 적극재산을 말한다.

그리고 이에 의하여 처분되지 아니한 재산으로서 대학교육기관을 설치.경영하는 학교법인의 재산은 국고에 귀속하고, 사립의 초등학교.중학교.고등학교.고등기술학교.공민학교.고등공민학교.특수학교.유치원 및 이들에 준하는 각종 학교를 설치.경영하는 학교법인의 재산은 당해 지방자치단체에 귀속된다(사학 제35조 2항).

여기서 잔여재산이라고 함은 법인이 채무를 완제한 후에 잔존한 법인의 적극재산을 말하며, 재산의 귀속이란 청산을 완료한 후에 잔여재산이 귀속된 것을 말한다.

청산종결신고를 하기 전에는 정관변경에 의하여 귀속권리자를 새로이 지정하거나 이미 지정된 귀속권리를 변경할 수 있다. 다만, 이때에 해산 전이면 종전정관상의 귀속권리자의 동의가 필요없으나 해산 후에는 피지정자의 승낙을 얻어야 할 것이다.

다만, 고등학교 이하 각급학교를 설치.경영하는 학교법인은 학생수의 격감으로 인하여 그 목적의 달성이 곤란한 경우에는 사립학교법 제34조의 해산사유에도 불구하고 시.도 교육감의 인가를 받아 해산할 수 있는 바, 이때에는 이사정수의 3분의 2 이상의 동의를 받아 잔여재산처분계획서를 시.도 교육감에게 제출하여 시.도 교육감 소속하의 사립학교정비심사위원회의 심사를 받아 처분한다(사학 제35조의2).

이 특별해산의 경우에는 잔여재산귀속에 관한 규정에도 불구하고(정관으로 잔여재산의 귀속에 관한 규정을 정하는 경우에는 그 귀속자는 학교법인이나 기타 교육사업을 경영하는 자 중에서 선정되도록 하는 사립학교법 제10조 4항의 규정), 잔여재산계획서에 정한 자에게 잔여재산을 귀속시키거나 공익법인의 설립.운영에관한법률 제2조의 규정에 의한 공익법인의 설립을 위한 재산으로 출연할 수 있다(사학 제35조의2 7항).

다. 해산·청산법인의 감독

법인의 설립과 일반사무에 관하여는 주무관청이 검사.감독하나(사학 제4조), 법인이 해산 및 청산에 관하여는 법원이 검사·감독한다(사학 제42조, 민 제95조).

청산법인의 감독에 관한 권한은 법인의 주된 주사무소소재지를 관할하는 지방법원이 담당하며(비송사건절차법 제36조, 제117조), 법원은 청산법인의 감독으로써 청산인을 선임 또는 해임할 수 있다(비송사건절차법 제36조, 제119조). 또한 법인은 특히 선임한 자로 하여금 법인의 감독에 필요한 검사를 하게 할 수 있다(비송사건절차법 제35조). 검사의 방법과 그 내용에 대하여는 특별한 제한이 없으나 재산상황과 장부 등의 검사가 그 주된 내용이며 이를 법원이 스스로 행할 수도 있다(비송사건절차법 제11조).

라. 청산인

법인이 해산한 때에는 청산업무집행기관으로서 청산인이 취임하게 된다. 그러나 합병으로 인하여 해산한 때에는 청산이라는 절차가 필요치 않고 파산으로 인하여 해산한 때에는 파산관재인이 파산절차를 집행하기 때문에 청산인이 필요가 없다.

1) 청산인의 지위

청산인이란 청산법인을 대표하고 그 청산사무를 집행하는 법인의 상설기관이다. 학교법인의 청산인에 대하여는 민법의 규정을 준용하고 있다(사학 제42조).

법인이 해산하면 정관에 특별한 규정이 없는 한 이사가 청산인이 되고 청산인은 청산법인의 능력의 범위 내에서 내부의 사무를 집행하고 외부에 대하여 청산법인을 대표한다(사학 제42조, 민 제87조 2항).

청산인에 관하여는 사립학교법 제19조 1항을 준용하는 규정은 없지만, 청산인이 수인인 때에는 민법상 법인의 경우(민 제96, 제59조 3항)와 달리 학교법인은 이사장만이 당해 법인을 대표하므로(사학 제19조 1항), 학교법인이 해산하여 청산절차에 들어가도 대표청산인만이 청산 중인 법인의 업무집행권과 법인대표권을 가지고, 나머지 청산인은 청산인회의 구성원일 뿐 업무집행권이나 법인대표권이 없다고 보는 것이 타당할 것이다.

파산으로 인하여 해산한 때에는 파산관재인이 파산절차를 집행하기 때문에 청산인이 필요 없으며, 법인이 해산한 때에는 파산의 경우를 제외하고는 이사가 청산인이 되나, 정관으로 달리 정할 수 있다(사학 제42조, 민 제82조).

2) 청산인의 결격사유

미성년자, 피성년후견인 또는 피한정후견인, 자격이 정지 또는 상실된 자, 법원에서 해임된 청산인, 파산자는 청산인의 자격이 없다(비송사건절차법 제36조, 제121조).

또한 이사에 관하여 규정한 결격사유도 청산인에게 준용될 것이며, 정관으로 특별히 정한 청산인의 자격요건에 따라서도 결격사유가 정해질 것이다. 일반적으로 행위능력이 없는 자는 청산인이 될 수 없고, 사형·무기징역·무기금고의 판결을 받은 자도 청산인이 되지 못한다.

사립학교법에 따르면 국가공무원법 제33조의 규정에 해당되는 자, 관할청으로부터 임원승인취소가 된 자로서 5년이 경과하지 아니한 자, 학교의 장으로부터 관할청에 해임을 요구하여 해임된 자로서 3년이 경과하지 아니한 자, 제61조의 규정에 따라 파면된 자로서 5년이 경과하지 아니한 자, 4급 이상의 교육행정공무원 또는 4급 상당 이상의 교육공무원으로 재직하다 퇴직한지 2년이 경과하지 아니한 자는 임원으로 될 수 없는 바(사학 제22조), 이는 청산인에게도 그대로 적용된다고 할 것이다.

3) 청산인의 선임

학교법인의 임원은 이사회의 선임과 본인의 승낙 및 주무관청의 승인이 필요하나(사학 제20조 2항), 청산인은 주무관청의 취임승인 규정이 없으며 또한 법인의 청산은 법원이 감독하는 것이므로 청산인이 취임함에 있어서 주무관청의 승인은 필요 없다고 할 것이다.

학교법인이 해산한 때에는 다음과 같이 청산인이 정해진다(사학 제42조, 민 제82조, 제83조).

(가) 정관의 규정에 의한 청산인

정관의 규정에 의하여 청산인을 미리 정한 때에는 그 자가 청산인이 되며 종래의 이사는 그 지위를 상실한다(사학 제42조, 민 제82조 단서).

정관에 이사회에서 청산인을 선임하도록 정했다면 그에 따라 선임된 자가 청산인 된다.

(나) 법정청산인

정관의 규정에 의한 청산인이 없는 경우에는 해산 당시의 이사가 청산인이 되고 그 당시의 이사장이 대표청산인이 된다(사학 제42조, 민 제82조 본문).

이 경우에도 청산인이 청산인으로서 업무를 행하지 못할 중요한 사유가 있는 경우에는 법원이 직권 또는 검사의 청구에 의하여 청산인을 해임할 수 있다고 할 것이다(사학 42, 민 84).

(다) 법인이 선임한 청산인

정관에 청산인에 관한 규정이 없고, 청산인이 될 자의 사망이나 사임으로 인하여 청산인이 존재하지 아니하거나 일부청산인이 존재하더라도 그 결원이 있어서 그 결원으로 인하여 손해가 생길 염려가 있는 때에는 법원이 이해관계인 또는 검사의 청구에 의하여 청산인을 선임할 수 있으며, 이 선임절차는 법인의 주된 사무소소재지의 지방법원이 관할한다(비송사건절차법 제36조, 제117조).

청산인을 선임하는 때에는 법원은 미성년자, 금치산자와 한정치산자, 자격이 정지되거나 상실된 자, 법원에서 해임된 청산인, 파산자는 청산인의 자격이 없는 등의 결격자는 청산인으로 선임할 수 없다(비송사건절차법 제36조, 제121).

법원의 청산인 선임.해임결정에 대하여는 불복을 신청할 수 없다(비송사건절차법 제36조, 제119조). 그러나 신청을 각하한 결정에 대하여는 비송사건절차법 제20조에 의하여 항고할 수 있다.

법원이 청산인을 선임하는 때에는 미리 그의 승인을 얻어 선임할 것이므로 선임 후에 취임승낙을 다시 받을 필요가 없겠으나 그 이외의 경우에는 청산인에 취임하는 자의 취임승낙이 필요하다.

4) 청산인의 직무

(가) 청산인의 직무권한과 주의의무

청산인은 법인과 이익이 상반되는 사항에 대하여는 대표권이 없다.

청산인은 정관이나 총회결의로 금지하지 아니하는 사항에 한하여 대리인을 선임할 수 있다(사학 제42조, 민 제62조). 청산인과 법인의 이익이 상반되는 경우에는 법인이 이해관계인이나 검사의 청구에 의하여 특별대리인을 선임한다(사학 제42조, 민 제64조).

청산인은 선량한 관리자의 주의로 청산직무를 행해야 하며 그 주의의무를 해태하면 청산법인에 손해가 있는 때에는 그 청산법인에 대하여 배상책임을 진다(사학 제42조, 민 제61조, 제65조)

청산인이 그 직무에 관하여 타인에게 가한 손해를 법인이 책임질 경우 청산인도 배상할 책임이 있다(민 제35조).

그러나 제3자와의 사이에 어떤 법률관계도 존재하지 아니하므로 원칙적으로 청산법인 이외의 제3자에 대하여는 직접적인 채무불이행책임을 지지 아니한다.

청산인은 청산 중 법인의 적극재산이 그 채무를 완제하기에 부족한 때에는 지체없이 파산선고를 신청하여야 하며 이를 지체하여 제3자에게 손해를 가한 경우에는 그 책임을 면하지 못한다(사학 제42조, 민 제93조).

(나) 청산인의 직무

청산인은 현존사무의 종결, 채권의 추심 및 채무의 변제, 잔여재산의 인도 등의 직무를 행하며, 위 직무를 행하기 위하여 필요한 모든 행위를 할 수 있고(민 제87조), 청산절차를 밟는 도중에 법인의 재산이 그 채무를 완제하기에 부족한 것이 분명하게 된 때에는 지체없이 파산선고를 신청하고 이를 공고하여야 한다(사학 제42조, 민 제93조).

여기서 청산인의 직무를 위하여 필요한 행위를 할 수 있다는 것은 청산의 본질상 필요한 사항은 모두 청산인의 직무권한으로 볼 수 있다는 것으로 해석된다. 따라서 청산인은 재산의 환가, 소송행위, 화해계약 등도 청산을 위하여 필요한 경우에 이를 할 수 있다.

채권의 추심이란 청산절차의 주목적인 채권자의 만족.잔여재산귀속의 전제를 이루므로 본래의 의미에서 추심뿐만 아니라 채권적 재산을 청산목적에 적합한 물권적 재산으로 변경시키는 일체의 행위를 포함한다고 본다.

청산인은 파산의 경우를 제외하고는 그 취임 후 3주간 내에 해산등기에 관한 사항인 해산사유 및 청산인에 관한 사항을 주무관청에 신고하여야 하며, 청산중에 취임한 청산인은 그 성명 및 주소를 신고한다(사학 제42조, 민 제86조, 제85조).

 파산에 의한 청산의 등기는 법원의 촉탁에 의하여 하고 법원이 주무관청에 그 사실을 통지하므로 청산인이 달리 등기하거나 주무관청에 신고할 필요는 없다(채무자 제314조).

청산인은 취임한 날로부터 2월 내에 3회 이상 공고로 채권자에 대하여 일정한 기간 내에 그 채권을 신고할 것을 최고하여야 한다. 이때 그 최고기간은 2월 이상이어야 하며(사학 제42조, 민 제88조 1항), 공고에는 채권신고기간 내에 채권자가 신고하지 아니하면 청산으로부터 제외될 것을 표시하여야 한다. 등기사항은 신문에 공고하나 공고에 적당한 신문이 없다고 인정하면 등기소와 그 관할구역 안의 시.군.구의 게시판에 공고할 수 있다(비송사건절차법 제65조의3, 제65조의4).

청산인은 알고 있는 채권자에게 대하여도 각각 그 채권신고를 최고하여야 한다. 최고의 방법은 서면이거나 구두이거나 상관없고 최고의 횟수도 제한이 없다고 할 것이다.

청산인은 채권신고기간 내에는 채권자에게 변제하지 못한다. 다만, 이 경우 법인은 채권자에 대한 지연손해배상의무를 면하지 못한다(사학 제42조, 민 제90조). 즉, 청산사무의 신속한 종결을 위하여 변제기가 도래하지 아니한 채권에 대하여도 변제할 수 있으나(사학 제42조, 민 제91조), 채권자의 이익은 해할 수 없으므로(민 제153조 2항) 변제기 전에 변제함으로 말미암아 손해가 발생한 경우에는 당해 청산법인이 책임을 져야한다.

소정의 청산절차에 따라 청산이 종결되면, 청산인은 3주간 내에 청산종결등기를 해야 하는 바(사학 제42조, 민 제85조), 이 등기는 일반공시적 효력에 불과할 뿐 법인소멸의 창설적 효력이 있는 것은 아니므로 청산종결등기가 완료되었어도 사실상 잔존채권채무가 남아 있다면 법인은 소멸하지 않고 그 범위 내에서는 여전히 존속한다 할 것이다.

이 경우에는 청산종결등기가 착오임을 증명하여 경정의 방법으로 그를 말소할 수 있다.

5) 청산인의 퇴임

청산인은 그 직무권한만 청산목적의 범위 내로 제한될 뿐 청산 중인 법인의 업무집행기관으로서 그 성질상 존속 중인 법인의 업무집행기관인 이사와 동일한 지위의 기관이라 할 수 있으므로 그에 관하여는 대부분 이사에 관한 규정을 유추해야 할 것이다.

이에 따라 청산인은 사임·사망·금치산선고나 파산선고로 인하여 퇴임됨은 물론 사형 또는 무기징역이나 무기금고 등 형의 선고로 자격이 상실되면 당연히 퇴임선고 그의 선임기관에 의한 해임에 의해서도 퇴임한다 할 것이다.

또한 청산인은 중요한 사유가 있는 때에는 직권 또는 이해관계인이나 검사의 청구에 의한 법인의 해임재판에 의해서도 해임된다(사학 제42조, 민 제84조).

(가) 사 임

청산인과 법인과의 관계는 위임관계이면 청산인은 언제든지 사임할 수 있다. 그러나 청산인이 사임한 결과 청산인이 없거나 정관으로 정한 최소인원에 부족하게 되는 경우에는 사임으로 인하여 퇴임한 청산인은 후임자가 선임될 때까지 그 권리의무를 지며, 퇴임등기도 되지 아니한다.

(나) 해 임

법인의 업무에 대한 감독권은 주무관청에 있으나 법인의 해산 및 청산에 대하여는 법원이 검사.감독권을 가지므로(사학 제42조, 민 제95조).

위 사임, 사망, 금치산선고 등 외에 청산인에 대하여 중요한 사유가 있는 때에는 법원은 직권 또는 이해관계인이나 검사의 청구에 의하여 청산인은 해임할 수 있다(사학 제42조, 민 제84조).

여기서 중요한 사유라 함은 청산인이 직권을 남용하여 부정행위를 하거나 이해관계인에게 현저하게 불공정한 행위를 하거나 청산인의 의무를 현저하게 위반하는 등의 경우를 말한다.

청산인 해임의 관할법원도 법원의 본점소재지 지방법원이며, 그 절차는 비송사건절차법에 의하여 이루어진다. 법원의 청산인 해임에 대한 재판에 대하여는 불복할 수 없다(민 제36조, 제119조).

(다) 정관 소정의 사유발생으로 인한 퇴임

정관으로 대표청산인의 자격이나 퇴임사유를 정한 때에는 대표청산인이 그 자격을 상실하면 퇴임한다. 정관으로 대표청산인은 교원이어야 한다고 그 자격을 규정하였다면, 대표청산인이 교원자격을 상실하는 경우에는 퇴임하는 것이다.

6) 청산 중의 파산과 청산인

청산 중 법인의 재산이 그 채무를 완제하기에 부족한 것이 분명하게 된 때에는 청산인은 지체없이 파산선고를 신청하고 이를 공고하여야 한다.

파산선고결정이 선고되면 청산인은 파산관재인에게 그 사무를 인계해야 하는 바 이로써 그 임무가 종료한다(사학 제42조, 민 제93조).

그러나 파산관재인의 권한은 파산재단에 국한되므로, 그 외에 청산법인의 사무에 관하여 청산인은 법인을 대표한다고 할 것이다.

마. 청산의 종결

법인의 청산사무가 진행되어 채무를 전부 변제하고 잔여재산의 분배가 종료하면 청산이 종결되고 비로소 법인은 소멸하게 된다. 청산절차가 종결되면 청산인은 청산종결의 등기를 하고 주무관청에 신고해야 한다(사학 제42조, 민 제64조).

그러나 청산종결등기가 되어도 재산이 남아 있으면 청산은 종결되지 않은 것이며 따라서 남은 재산을 처리하기 위하여 청산법인은 법인격을 가지며 청산

범위 내에서 소송상의 당사자능력을 가진다.

상법상 회사의 청산인은 청산사무를 종료한 후에 재산목록과 대차대조표의 승인을 받기 위하여 주주총회를 소집하거나(상 제534조 V), 청산인회의 결의에 의하여 주주총회를 소집하여 그 승인을 받아야 한다(상 제542조 2항, 제382조, 제534조 V). 이에 앞서 청산인은 대차대조표 및 부속명세서와 사무보고서를 작성하여 정기총회 회일로부터 4주간 전에 감사에게 제출하여 그 감사를 받아야 한다(상 제534조 1항).

그러나 사립학교법 및 사립학교법이 준용하는 민법의 사단법인에 있어서는 청산인이 사원총회에 청산종결의 보고를 하기 위한 사원총회소집규정이 없으며, 재단법인은 사원총회가 있지 아니하여 그 보고를 필요로 하지 않는다고 할 수도 있으나, 총회는 정관으로 이사 또는 기타 임원에게 위임한 사항 외에는 총회의 결의에 의하여야 하고(민 제68조), 단체법의 특성상 청산인이 청산사무를 완료하면 이를 보고하고 감독할 기관이 있어야 하므로 학교법인은 이사회가 존재하고 청산법인으로 되면 이사회가 청산인회로 변하므로 청산인회에서 그 승인을 받아야 한다고 할 것이며 청산종결등기시에는 청산결산보고서의 승인을 결의한 의사록을 첨부한다.

바. 해산 및 청산종결등기의 효력

법인의 등기의 효력에 관하여 등기를 성립요건으로 하는 것과 대항요건으로 하는 두 가지가 있는 바, 현행법은 설립등기에 관하여는 성립요건주의를 취하고(사학 제12조), 설립등기 이외에 변경등기, 해산등기, 청산종결등기 등에 관하여는 대항요건주의를 취하고 있다(사학 제13조, 민 제54조).

법인이 해산한 경우에 청산인은 파산의 경우를 제외하고는 해산등기를 하여야 하고, 해산등기를 하기 전에는 제3자에게 해산사실을 대항할 수 없다(사학 제13조, 제42조, 민 제54조 1항, 제85조 1항, 1984.9.25. 선고 84다카493판결).

청산종결등기는 청산종결의 사실을 공시하는 효력이 있으며, 일반변경등기와 같이 제3자에 대한 대항요건에 불과하다(사학 제13조, 민 제54조).

청산종결등기가 된 법인에 대하여 재산이 잔존하는 경우 사실상 법인은 소멸하지 아니하며 잔존재산의 범위 내에서 청산법인의 인격은 존속한다. 즉, 청산종결등기는재산이 현존하는 경우에는 법인의 인격을 소멸시키는 효력은 없다.

사. 해산 및 청산의 보고

1) 파산신청의 신고

일반법인 및 학교법인의 해산.청산에 관한 감독은 법원이 하는 바(사학 제42조, 민 제95조), 법인이 파산한 경우에는 그 법인의 설립 또는 목적인 사업에 관하여 관청의 허가가 있는 것인 때에는 법원은 파산의 선고가 있다는 뜻을 주무관청에 통지하여야 한다. 파산폐지, 파산취소, 파산종결이 있는 때에는 동일하다(채무자 제314조).

법인이 파산하게 된 때에는 청산인으로 하여금 민법 제79조의 규정에 의한 파산신청서 사본 1부를 첨부한 신고서를 주무관청에 제출하도록 비영리법인의 감독에관한규칙에 정한 경우가 많고, 학교법인도 기본적으로 민법규정을 준용하므로 이 규칙도 적용된다고 할 것이다.

2) 해산신고

① 일반적인 해산

학교법인은 ① 정관에 정한 해산사유가 발생한 때, ② 목적달성이 불가능한 때, ③ 다른 학교법인과 합병한 때, ④ 파산한 때, ⑤ 설립허가조건을 위반한 때 등에 교육과학기술부장관이 해산명령을 한 때에 해산된다(사학 제34조).

청산인은 법인이 해산한 때에 파산의 경우를 제외하고는 그 취임 후 3주간 내에 해산등기에 관한 사항인 해산사유 및 청산인에 관한 사항을 주무관청에 신고하여야 하며, 청산 중에 청산인이 경질된 경우에는 청산인은 그 성명 및 주소를 신고하여야 한다(사학 제42조, 민 제86조, 제85조).

② 고등법원 이하의 학교를 설치.경영하는 학교법인의 특례

고등학교 이하 각급학교를 설치.경영하는 학교법인은 학생수의 격감으로 인하여 그 목적의 달성이 곤란한 경우에는 사립학교법 제34조의 해산사유에도 불구하고 시.도 교육감의 인가를 받아 해산할 수 있으며, 이때의 해산인가신청서에 잔여재산처분계획서를 첨부하여 시.도교육감에게 제출하여야 한다(사학 제35조의2 1항, 2항).

이때의 해산인가신청서에는 해산사유, 재학생의 처리계획, 교직원처리계획, 이사회회의록 사본에 대한 사항이 포함되어야 하고, 또한 ㉠ 이사회회의록

사본, ⓛ 재산목록, ⓒ 잔여재산의 처분에 관한 사항을 기재한 서류를 첨부하여야 한다(사학령 제15조, 제15조의2).

그리고 해산인가신청서에 첨부하는 잔여재산처분계획서에는 재산목록 및 조성경위, 재산감정평가내역, 잔여재산귀속예정자 및 귀속사유, 기본재산 중 학교교육에 직접 사용되는 재산 내역(사립학교법 제35조의2 4항 2호의 규정에 의하여 국가 또는 지방자치단체가 재산을 매입하는 경우에 한함), 공익법인의 정관(사립학교법 제35조의2 7항의 규정에 의하여 공익법인의 설립을 위한 재산으로 잔여재산을 출연하는 경우에 한함)의 사항이 포함되어 있어야 한다(사학령 제15조의2 2항).

3) 해산시 잔여재산의 처분허가신청

해산한 학교법인의 재산은 합병 및 파산의 경우를 제외하고는 교육부장관에 대한 청산종결신고가 있는 때에 정관으로 정한 자에게 귀속한다. 그리고 이에 의하여 처분되지 아니한 재산 중 대학교육기관을 설치.경영하는 학교법인의 재산을 국고에, 사립학교법 제4조 1항의 고등학교 이하의 학교를 설치.경영하는 학교법인의 재산은 당해 지방자치단체에 각각 귀속된다(사학 제35조 1항, 2항).

다만, 고등학교 이하의 각급학교를 설치.경영하는 학교법인이 학생수의 격감 등으로 그 목적달성이 곤란하여 시.도교육감의 허가를 받아 해산하는 특별해산의 경우에는 잔여재산의 전부 또는 일부를 정관에 정한 자에게 귀속시키는 규정에도 불구하고 사학정비심사위원회의 심사와 이사정수의 3분의 2의 동의를 받아 잔여재산처분계획에서 정한 자에게 귀속시키거나 공익법인의설립.운영에관한법률 제2조의 규정에 의한 공익법인의 설립을 위한 재산으로 출연할 수 있다(사학 제35조의2 6항).

4) 청산종결의 신고

청산을 종결한 때에는 청산인은 사립학교법 제42조가 준용하는 민법 제94조의 규정에 의하여 청산종결을 등기하고, 청산종결등기가 되면 법인이 소멸하므로 그 뜻을 설립을 허가한 주무관청에 신고하여야 한다(사학 제42조, 민 제94조). 이 때는 등기부등본을 첨부한다.

♣ 【서식】 기본재산처분허가신청서

학교법인○○학원

○○   081423-

수신   교육과학기술부장관

참조   전문대학행정과장

제목   기본재산처분허가신청

사립학교법 제28조 및 동법시행령 제11조의 규정에 의하여 기본재산을 처분코자 별첨과 같이 허가신청합니다.

첨부 1. 첨부사유서   1부

　　　2. 처분재산표시   1부

　　　3. 처분액의 용도 및 사용계획서   1부

　　　4. 감정평가서   1부

　　　5. 이사회회의록 사본   1부

　　　6. 처분전후 기본재산 증감대비표   1부. 끝

학교법인 ○○학원 이사장   직인

♣ 【서식】 기본재산용도변경 허가신청서

<h1 align="center">학교법인○○학원</h1>

○○　081423-○　　　　　　　　　　　　　　　20○○년　○월　○일

수신　교육부장관

제목　기본재산 용도변경 허가신청

　사립학교 제28조 및 동법시행령 제11조의 규정에 의하여 기본재산용도변경을 별첨과 같이 허가신청합니다.

재 산 의 표 시

소재지	지 번	지목 구조	지적(㎡)	과세시가표준액 (대장가격)	비 고

첨부 : 1. 사유서　　　　　　　　　　　　　　1부

　　　　2. 이사회회의록 사본　　　　　　　　1부

　　　　3. 학교장 의견서　　　　　　　　　　1부

　　　　4. 변경전후 재산증감 대비표　　　　　1부

　　　　5. 지적도 및 위치도(해당재산표시)

　　　　6. 기타 참고자료

학교법인 ○○학원 이사장　직인

♣ 【서식】 기본재산담보 및 기채허가신청서

학교법인○○학원

○○   081423-
수신   교육부장관
참조   전문대학행정과장
제목   기본재산담보 및 기재허가신청

사립학교법 제28조 및 동법시행령 제11조의 의거 기본재산담보 및 기채를 별첨과 같이 허가신청합니다.

첨부   1. 첨부사유서   1부
2. 기채허가 신청내역   1부
3. 담보에 제공할 재산목록   1부
4. 담보 및 피담보액이 기재된 서류   1부
5. 상환방법 및 상환계획서   1부
6. 이사회회의록 사본   1부. 끝

학교법인 ○○학원 이사장   직인

♣【서식】기본재산 권리포기(또는 재산멸실)허가신청서

<h3 align="center">학교법인○○학원</h3>

○○　081423-　　　　　　　　　　　　20○○년 ○월 ○일

수신　교육부장관

참조　전문대학행정과장

제목　기본재산 권리포기(또는 재산멸실)허가신청

　사립학교법 제28조, 동법시행령 제11조의 규정에 의하여 기본재산의 권리(재산멸실)를 포기하고자 별첨과 같이 허가신청합니다.

첨부　1. 사유서　　　　　　　　　　　　　　1부

　　　2. 이사회회의록　　　　　　　　　　　1부

　　　3. 권리포기(재산멸실)후 기본재산 대비표　1부　끝.

학교법인 ○○학원 이사장　직인

♣【서식】 재산처분 변경허가신청서

학교법인○○학원

○○ 081423-○   20○○년 ○월 ○일

수신 교육부장관

참조 전문대학행정과장

제목 재산처분 변경허가신청

전행 81423-000호('○○.7.   .)로 처분허가받은 기본재산에 대하여 별첨과
같이 변경허가신청합니다.

첨부 1. 변경사유서 및 변경내역   1부
　　　2. 이사회회의록 사본   1부. 끝

학교법인 ○○학원 이사장   직인

♣ 【서식】 재산처분결과보고 공문

학교법인○○학원

○○　081423-○　　　　　　　　　　　　　20○○년 ○월 ○일

수신　교육부장관

참조　전문대학행정과장

제목　재산처분결과보고

　전행 81423-　　호(　.　.　)로 처분허가를 받은 재산에 대하여 별첨과 같이 결과보고합니다.

첨부　1. 재산처분결과보고서　　　　　　　1부

　　　2. 재산처분내역　　　　　　　　　　1부. 끝

학교법인 ○○학원 이사장　　직인

♣ 【서식】 기본재산 증자보고 공문

학교법인○○학원

○○ 081423-○   20○○년 ○월 ○일

수신 교육부장관

참조 기본재산 출자보고

제목 재산처분결과보고

아래 표시의 재산을 교육용(수익용) 기본재산으로 증자보고합니다.

첨부 : 1. 증자보고서   1부

　　　 2. 이사회회의록 사본   1부

　　　 3. 등기부등본, 토지대장, 건축물관리대장   1부

　　　 4. 확보재원   1부

　　　 5. 증자전후 기본재산대비표   1부. 끝

학교법인 ○○학원 이사장   직인

♣ 【서식】 재산교환

재　산　교　환

가. 재산의 표시
- 교환처분재산

소재지	지번	지목.구조	면적($㎡$)	감정가격	과세시가표준액	비고

- 교환취득재산

소재지	지번	지목.구조	면적($㎡$)	감정가격	과세시가표준액	비고

나. 교환대상자의 주소, 성명
다. 교환사유(6하 원칙에 의거 구체적으로 기술할 것)
라. 교환차액의 결재방법
마. 첨부서류
- 이사회회의록 사본(이사장 직.사인 날인 및 관계자가 원본대조 확인할 것)
- 동일평가시점의 감정평가서
- 재산평가조서
- 등기부등본
- 토지대장등본
- 취득재산의 도시계획확인원
- 지적도 및 위치도(취득, 처분재산의 표시)
- 교환계약서 또는 동의서 사본(관계자가 원본대조 확인할 것)
- 동의자(계약자) 인감증명
- 학교장 의견서(교육용 기본재산의 경우)
- 기타 참고자료

2. 해산 및 청산인취임등기

법인이 해산하는 경우 파산의 경우를 제외하고는 청산인은 취임 후 3주간 내에 해산등기와 청산인선임등기를 하여야 한다(사학 제42조, 민 제85조).

가. 등기신청인

해산 및 청산인취임등기는 청산 중인 학교법인을 대표하는 자인 대표청산인이 신청한다(비송사건절차법 제67조, 제66조, 상업등기법 제23조).

임시청산인이 변경등기를 신청하는 경우에는 신청서에 그 자격을 증명하는 서면을 첨부하여야 한다(비송사건절차법 제67조, 제64조 2항).

해산등기와 청산인취임등기는 동시에 신청하여야 하며, 각각의 신청서로 신청하여도 되나 통상 1건의 신청서에 의하여 동시에 신청한다.

나. 등기기간

이 등기는 청산인이 취임한 날로부터 3주간 내에 신청하여야 한다(사학 제42조, 민 제85조).

그 기간은 청산인의 취임 후로부터 기산하는데 민법의 초일불산입의 원칙에 따라 청산인이 취임한 날의 다음날부터 계산하여 3주간 내에 등기하여야 한다(민 제157조).

다. 등기사항

1) 해산등기

기타사항란에 해산사유, 해산취지 및 연월일을 등기하고 등기관의 식별부호를 기록하여야 한다(민법 제85조, 민법법인 및 특수법인 등기규칙 제6조, 상업등기규칙 제55조). 해산의 등기를 한 때에는 등기관이 직권으로 이사에 관한 등기를 말소하는 기호를 기록하여야 한다(민법법인 및 특수법인 등기규칙 제6조, 상업등기규칙 제145조).

법인의 해산으로 종전의 이사는 당연히 종임되고 청산사무담당자인 청산인이 취임하므로 설사 해산등기와 동시에 청산인취임등기신청이 없더라도 등기관은 해산등기를 한 때에는 직권으로 종전의 이사의 등기를 말소하는 기호를 기록하여야 한다(민법법인 및 특수법인 등기규칙 제6조, 상업등기규칙 제145조).

2) 청산인취임등기

임원란에 청산인의 성명, 주민등록번호 및 대표권제한의 취지와 대표권있는 청산인의 성명, 주소를 등기하고 등기관의 식별부호를 기록하여야 한다(민법 제85조, 미송사건절차법 제62조, 민법법인 및 특수법인 등기규칙 제6조, 상업 등기규칙 제55조).

민법법인은 원칙적으로 이사 각자가 대표권을 가지므로(민 제59조) 1인이 법인을 대표하는 경우에는 대표권제한등기가 필요하나, 학교법인은 이사장만이 법인을 대표하며(사학 제19조) 정관에 특별한 규정이 없는 한 이사는 청산인이 되고 이사장은 대표청산인이 된다고 할 것이므로(사학 제42조, 민 제82조 본문), 민법법인과는 달리 대표권제한규정은 기재할 필요가 없고 대표청산인으로만 등기하면 된다고 할 것이다.

라. 첨부서면

1) 해산을 증명하는 서면

법인의 해산사유발생을 증명하는 서면으로서 정관 소정의 해산사유발생으로 해산한 경우에는 그 사유발생을 증명하는 서면, 목적달성불능으로 해산한 경우에는 이사정수 3분의 2 이상의 동의로 결의한 이사회회의록 및 교육과학기술부장관의 허가서, 교육과학기술부장관의 해산명령으로 해산한 경우에는 그 해산명령통지서 등을 첨부한다.

다만, 존립기간만료로 해산한 경우에는 그 시기가 등기부상 명백하므로 별도의 서류를 첨부할 필요가 없다.

2) 청산인으로 자격을 증명하는 서면

청산인의 자격을 증명하는 서면으로서 정관으로 청산인을 정한 경우에는 정관을 첨부하면 되고, 이사회에서 선임한 경우에는 이사회회의록을 첨부하며 법원이 청산인을 선임한 경우에는 법원의 청산인선임결정서등본 등을 첨부한다.

대표권 있는 청산인의 자격을 증명하는 정관이나 청산인회회의록 등도 첨부해야 하며 법원이 청산인을 선임한 경우 이외에는 청산인의 취임승낙서도 첨부하여야 한다.

이사가 청산인으로 된 경우에는 자격을 증명하는 서면을 첨부할 필요가 없다.

3) 정 관

정관으로 청산인을 선임하는 방법을 정하거나 청산인의 최소한의 수를 정하는 것이 보통이므로 등기관이 정관상 청산인의 최소한의 수를 확인하고 청산인선임방법을 확인할 수 있도록 정관을 첨부하여야 한다.

4) 취임승낙서, 주민등록등본

청산인은 그 취임을 승낙하는 서면을 제출하여야 한다. 대표권이 없는 청산인은 등기신청서에 첨부된 이사회회의록에 취임승낙의 뜻이 기재되고 당해 청산인의 날인이 있는 경우에는 인감증명의 첨부를 생략할 수 있으며, 대표권 있는 청산인은 언제나 취임승낙을 증명하는 서면에 인감증명법에 의한 인감증명을 첨부하여야 한다(민법법인 및 특수법인 등기규칙 제6조, 상업등기규칙 제104조). 다만 중임의 경우에는 당해 대표자의 등기소에 제출한 인영을 날인하면 된다.

청산인은 주민등록번호, 대표청산인은 주소와 주민등록번호를 등기하여야 하므로 이를 증명하는 주민등록등본을 첨부한다.

5) 등록면허세, 지방교육세, 등기신청수수료 등

등록면허세는 일반적인 변경등기의 등록면허세인 40,200원을 첨부하고(지세법 제28조 1항 6호), 지방교육세는 그 100분의 20을 납부하여야 한다.

조세특례제한법, 지방세법, 관세법에 의하여 등록면허세가 감면되는 경우에 그 감면세액의 100분의 20의 농어촌특별세를 납부하여야 하나(농특세법 제5조), 이것도 감면 또는 면제되는 경우가 있다(농특세법 제4조).

등기신청수수료로 방문신청시 6,000원을 납부하며, 명칭, 주사무소, 이사.청산인변경등기를 하나의 신청서로 신청할 경우에는 각각의 수수료 6,000원씩을 합산하여야 한다. 전자표준양식에 의한 신청의 경우에는 4,000원, 전자신청의 경우에는 2,000원이다.

마. 등기의 신청

♣ 【서식】 학교법인 해산 및 청산인취임등기신청서

<table>
<tr><td colspan="6" align="center">학교법인 해산 및 청산인 취임등기신청</td></tr>
<tr><td rowspan="2">접
수</td><td align="center">년　　월　　일</td><td rowspan="2">처리인</td><td>등기관 확인</td><td>각종통지</td></tr>
<tr><td align="center">제　　　　　호</td><td></td><td></td></tr>
</table>

<table>
<tr><td align="center">명　　칭</td><td>학교법인 ○○학원</td><td>등기번호</td><td>제1000호</td></tr>
<tr><td align="center">주사무소</td><td colspan="3">○○시 ○○구 ○○동 ○</td></tr>
<tr><td align="center">등기의 목적</td><td colspan="3">학교법인 해산 및 청산인취임등기</td></tr>
<tr><td align="center">등기의 사유</td><td colspan="3">

<경우1> 목적불능 해산

20○○년 ○월 ○일 이사회에서 정관에 정한 목적의 달성이 불가능하므로 해산을 결의하고 20○○년 ○월 ○일 주무관청의 인가를 받아 해산하였으므로(……해산하여 20○○년 ○월 ○일 주사무소소재지 관할등기소에서 그 등기를 하였으므로 이 등기소에서) 다음 사항의 등기를 구함.

<경우2> 정관에 의한 해산

20○○년 ○월 ○일 정관에 정한 해산명령으로 (어떠 어떠한 사유 발행으로)해산하였으므로(……해산하여 20○○년 ○월 ○일주사무소소소재지 관할등기소에서 그 등기를 하였으므로 이 등기소에서) 다음 사항의 등기를 구함.

<경우3> 청산인취임

20○○년 ○월 ○일 이사였던 다음 사람이 청산인으로 취임하고 20○○년 ○월 ○일 이사장이였던 ○○○가 대표청산인으로 취임하였으므로(취임하여 20○○년 ○월 ○일주사무소소소재지 관할등기소에서 등기를 하였으므로 이 등기소에서) 그 등기를 구함.

<경우4> 대표권 있는 청산인 취임

20○○년 ○월 ○일 이사회에서 다음 사람이 청산인으로 선임되어 같은 날 취임하고 20○○년 ○월 ○일 청산인회에서 청산인 ○○○가 대표권있는 청산인으로 선임되어 같은 날 취임하였으므로

</td></tr>
</table>

<table>
<tr><td rowspan="2"></td><td>

(……취임하여 20○○년 ○월 ○일 주사무소소재지 관할등기소에서 등기를 하였으므로 이 등기소에서) 그 등기를 구함.

<경우5> 정관에 정한 이사가 청산인이 된 경우
  20○○년 ○월 ○일 정관에 정하여진 다음 사람이 청산인으로 취임하고 20○○년 ○월 ○일 정관에 정하여진 ○○○가 대표청산인으로 취임하였으므로(취임하여 20○○년 ○월 ○일 주사무소소재지 관할등기소에서 등기를 하였으므로 이 등기소에서) 그 등기를 구함.

</td></tr>
</table>

인가서도착연월일	20○○년 ○월 ○일
분사무소	○○시 ○○구 ○○동 ○

등기할 사항

<경우1> 목적달성불능 해산
20○○년 ○월 ○일 목적달성불능 해산

<경우2> 정관에 의한 해산
20○○년 ○월 ○일 정관에 정한 해산명령(어떠어떠한 사유발행)으로 해산

<경우3> 청산인취임
청산인 ○   ○   ○
　　　 (-   )
청산인 ○   ○   ○
　　　 (-   )
청산인 ○   ○   ○
　　　 (-   )
대표청산인 ○   ○   ○
　　　　 ○○시 ○○구 ○○동 ○○번지
<경우4> 대표권 있는 청산인 취임

청산인 ○   ○   ○
　　　(　　-　　)
청산인 ○   ○   ○
　　　(　　-　　)
청산인 ○   ○   ○
　　　(　　-　　)
대표청산인 ○   ○   ○
　　　　○○시 ○○구 ○○동 ○○번지

<경우5>　정관에 정한 이사가 청산인이 된 경우
청산인 ○   ○   ○
　　　(　　-　　)
청산인 ○   ○   ○
　　　(　　-　　)
청산인 ○   ○   ○
　　　(　　-　　)
대표청산인 ○   ○   ○
　　　　○○시 ○○구 ○○동 ○○번지

기　타	

<table>
<tr><td colspan="8" align="center">신청등기소 및 등록면허세/수수료</td></tr>
<tr><td rowspan="2">순번</td><td rowspan="2">신청등기소</td><td rowspan="2">구분</td><td>등록면허세</td><td rowspan="2">농어촌특별세</td><td rowspan="2">세액합계</td><td colspan="2" rowspan="2">등기신청수수료</td></tr>
<tr><td>지방교육세</td></tr>
<tr><td rowspan="2"></td><td rowspan="2"></td><td rowspan="2"></td><td>금   원</td><td rowspan="2">금   원</td><td rowspan="2">금   원</td><td colspan="2" rowspan="2">금   원</td></tr>
<tr><td>금   원</td></tr>
<tr><td></td><td></td><td></td><td></td><td></td><td></td><td colspan="2"></td></tr>
<tr><td colspan="3" align="center">합   계</td><td></td><td></td><td></td><td colspan="2"></td></tr>
<tr><td colspan="3">등기신청수수료 납부번호</td><td colspan="5"></td></tr>
</table>

<table>
<tr><td colspan="2" align="center">첨   부   서   면</td></tr>
<tr><td>

1. 이사회회의록   1통
1. 주무관청의 인가서(또는
   인증있는 인가등본)   1통
1. 해산명령통지서   1통
1. 청산인회회의록   1통
1. 취임승낙서 및 인감증명,
   주민등록등본   1통

</td><td>

1. 정관   1통
1. 청산인 인감신고서 및 인감증명   1통
1. 주사무소 법인등기부등(초)본   1통
1. 등록면허세영수필확인서   1통
1. 등기신청수수료영수필확인서   1통
1. 위임장(대리인이 신청할 경우)   1통

<기 타>

</td></tr>
</table>

20○○년 ○월 ○일

신청인 명   칭   학교법인 ○○학원
       주사무소   ○○시 ○○구 ○○동 ○○
대표자 성   명   청산인 ○ ○ ○ ㉑   (전화 :   )
       주   소   ○○시 ○○구 ○○동 ○○
대리인 성   명   법무사 ○ ○ ○ ㉑   (전화 :   )
       주   소   ○○시 ○○구 ○○동 ○○

○○지방법원 ○○등기소 귀중

- 신청서 작성요령 -

1. 해당란이 부족할 때에는 별지를 이용합니다.
1. 해당 등기신청과 관계없는 사항에 대하여는 "해당없음"으로 기재하거나 삭제하고, 필요한 사항은
   추가 기재합니다.
1.「인감증명법」에 따른 인감증명서 제출과 함께 관련 서면에 인감을 날인하여야 하는 경우, 본인서명
   사실확인서를 제출하고 관련 서면에 서명을 하거나 전자본인서명확인서 발급증을 제출하고 관련
   서면에 서명을 하면 인감증명서를 제출하고 관련 서면에 인감을 날인한 것으로 봅니다.

(용지규격 21cm×29.7cm)

주

① 이 등기는 대표청산인이 신청한다.

② 분사무소의 표시는 분사무소소재지에서 신청하는 경우에 한하여 기재한다.

③ 등기사유란에서 (　)안의 내용은 분사무소소재지에서 신청하는 경우에 기재하는 내용이다.

④ 인가서 도착연월일은 목적달성불능으로 해산한 경우처럼 주무관청의 인가를 요하는 경우에 한하여 기재한다.

⑤ 등록면허세는 일반의 변경등기와 같은 40,200원(지세법 제28조 1항 6호), 지방교육세는 등록면허세액의 100분의 20이다.
조세특례제한법, 관세법, 지세법에 의하여 등록면허세가 감면되는 경우 그 감면세액의 100분의 20의 농어촌특별세를 납부하여야 하고(다만, 이것도 면제되는 경우가 있다), 등기신청수수료는 방문신청시 6,000원(전자표준양식에 의한 신청의 경우에는 4,000원, 전자신청의 경우에는 2,000원)이다. 다만, 해산과 청산인선임을 동시에 하는 경우에는 각 등기목적마다 납부하여야 하므로 12,000원(전자표준양식에 의한 신청의 경우에는 8,000원, 전자신청의 경우에는 4,000원)을 납부한다.

⑥ 첨부서류 중 이사회회의사록은 목적달성불능으로 이사회에서 법인의 해산을 결의한 경우나 이사회에서 청산인·대표청산인을 선임한 경우에 첨부한다. 이 의사록은 공증인의 인증을 받을 필요가 없다.

⑦ 인가서는 목적달성불능으로 해산한 경우에 교육부장관으로부터 해산인가를 받은 것을 첨부한다.

⑧ 해산명령통지서는 교육부장관의 해산명령으로 인하여 해산한 경우에 첨부한다.

⑨ 청산인회의사록은 대표청산인을 청산인회에서 선임한 때에 첨부한다.

⑩ 취임승낙서는 피선자의 취임승낙취지의 기재와 피선자의 기명날인이 있는 회의록을 첨부한 경우에는 그 회의록의 기재를 채용하여 이의 첨부를 생략할 수 있다. 다만, 대표권 있는 청산인은 이 경우에도 취임승낙서를 첨부하여야 한다.

⑪ 주사무소의 등기부등본은 분사무소소재지에서 신청하는 경우에 한하여 첨부한다. 분사무소소재지에서 등기를 신청하는 때에는 주사무소소재지에서 신청할 때 첨부하는 증명서면을 모두 다시 첨부할 필요가 없고 이 등기를 마친 후의 주사무소소재지의 법인등기부등본만 첨부하면 족하다.

⑫ 위임장의 첨부와 대리인의 표시는 분사무소소재지에서 신청하는 경우에 한하여 한다.
(연월일)을 기재하고 우측란에는 인감제출연월일을 기재합니다.

3. 청산인변경등기

청산절차 진행 중에 청산인이나 대표청산인이 변경되면 청산인은 등기하여야 한다. 청산 중에 해산등기사항의 변경이 생기면 3주간 내에 변경등기를 하여야 하며, 등기할 사항으로서 관청의 허가를 요하는 것은 그 허가서가 도착한 날로부터 등기의 기간에 산입한다(사학 제13조, 민 제53조).

가. 등기신청인

이 등기는 청산 중인 법인을 대표하는 자인 대표청산인이 신청한다(비송사건절차법 제67조, 제66조, 상업등기법 제23조).

임시청산인이 변경등기를 신청하는 경우에는 신청서에 그 자격을 증명하는 서면을 첨부하여야 한다(비송사건절차법 제64조 2항 유추).

나. 등기기간

등기사유발생일, 즉 청산인의 퇴임이나 새로운 청산인의 취임 또는 청산인의 성명, 주소 등의 표시가 변경된 때로부터 3주간 내에 신청한다.

다. 등기사항

1) 청산인 퇴임의 경우

청산인이 퇴임하면 임원란에 퇴임한 청산인의 성명과 퇴임사유 및 퇴임취지와 그 연월일을 등기하고 등기관의 식별부호를 기록하여야 한다(민법 제85조, 비송사건절차법 제62조, 민법법인 및 특수법인 등기규칙 제6조, 상업등기규칙 제55조).

2) 청산인 취임의 경우

청산인이 새로 취임하면 임원란에 취임한 청산인의 성명, 주민등록번호 및 취임취지와 그 연월일을 등기하고 대표권있는 청산인의 경우에는 주소도 기재하여야 한다(민 제85조, 특례법 제2조).

3) 대표청산인 변경의 경우

대표청산인이 변경되면 임원란에 변경된 대표청산인의 성명, 주소와 변경취지 및 그 연월일을 등기하고 등기관의 식별부호를 기록하여야 한다(민법 제85조, 비송사건절차법 제62조, 민법법인 및 특수법인 등기규칙 제6조, 상업등기규칙 제55조).

4) 청산인 표시변경의 경우

임원란에 청산인의 변경된 성명 또는 주민등록번호 등과 변경취지 및 그 연월일을 임원란에 등기하고 등기관의 식별부호를 기록하여야 한다(민법 제85조, 비송사건절차법 제62조, 민법법인 및 특수법인 등기규칙 제6조, 상업등기규칙 제55조).

라. 첨부서면

청산인이 퇴임하여 등기하는 그 퇴임사유에 따라 사임서, 사망진단서, 파산·금치산선고결정등본, 법원의 해임결정등본, 해임회의록 등 퇴임사유를 증명하는 서면을 첨부한다. 그리고 청산인이 새로 취임하여 등기하는 경우에는 청산인선임을 결의한 청산인회회의록, 법원이 선임한 경우에는 그 결정등본, 취임하는 청산인의 주민등록등본 등을 첨부해야 한다.

대표권 없는 청산인이 사임하는 경우에는 등기신청서에 첨부된 공증받은 회의록에 사임청산인의 사임의 뜻이 기재되고 당해 청산인 등이 날인된 경우에는 인감증명을 생략할 수 있으며, 대표권 있는 청산인은 원칙적으로 사임의 경우에는 인감증명을 첨부하여야 하나(민법법인 및 특수법인 등기규칙 제6조, 상업등기규칙 제104조) 그 사임을 증명하는 서면에는 등기소에 제출된 인감이 날인되거나 공증받은 회의록에 사임의 뜻이 기재되고 당해 대표권 있는 이사 또는 대표청산인의 등기소에 신고된 인감이 있는 경우에는 인감증명의 첨부를 생략할 수 있다고 할 것이다(등기예규 제1145호).

청산인표시변경의 경우에는 가족관계등록부의 증명서, 주민등록표등본 등 그 표시변경을 증명하는 서류를 첨부해야 한다. 등록면허세는 일반변경등기의 등록면허세인 40,200원이며(지세법 제28조 1항 6호), 지방교육세는 그 100분의 20을 납부하여야 한다. 조세특례제한법, 지방세법, 관세법에 의하여 등록면허세가 감면되는 경우에 그 감면세액의 100분의 20의 농어촌특별세를 납부하여야 하나(농특세법 제5조), 이 농어촌특별세도 감면 또는 면제되는 경우가 있다(농특세법 제4조). 등기신청수수료는 방문신청시 6,000원이며, 명칭, 주사무소, 이사·청산인의 변경등기를 하나의 신청서로 신청할 경우에는 목적이 다른 각각의 수수료 6,000원씩을 합산하여야 한다. 전자표준양식에 의한 신청의 경우에는 4,000원, 전자신청의 경우에는 2,000원이다.

핵심판례

▶판례◀ 학교법인이 해산하여 청산인이 선임된 경우, 해산 전 이사들로 구성된 이사회가 청산인을 해임할 권한이 있는지 여부(원칙적 소극)

(대법원 2024. 3. 28. 선고 2023다252209, 252216 판결)

사립학교법은 학교법인의 이사회에서 임원의 임면에 관한 사항을 심의·의결하도록 한다(제16조 제1항 제4호). 그런데 학교법인은 해산한 경우 청산의 목적범위 내에서 권리·의무의 주체가 되고(사립학교법 제42조 제1항, 민법 제81조 참조), 그 청산인은 학교법인의 사무집행기관이자 대표기관으로서 이사에 갈음하여 청산의 목적범위 내에 있는 학교법인의 모든 사무를 처리할 권한을 가진다(사립학교법 제42조 제1항, 민법 제87조 참조). 따라서 학교법인이 해산하여 청산인이 선임된 후에는 법원(민법 제84조 참조) 또는 청산인회(사립학교법 제42조 제2항, 제18조, 제16조 제1항 제4호 참조)에 청산인을 해임할 권한이 있을 뿐, 해산하기 전의 이사들로 구성된 이사회에는 특별한 사정이 없는 한 청산인을 해임할 권한이 없다.

마. 등기의 신청

♣【서식】학교법인 청산인변경등기신청서

<table>
<tr><td colspan="4" align="center">학교법인 청산인 변경등기신청</td></tr>
<tr><td rowspan="2">접
수</td><td>년　　월　　일</td><td rowspan="2">처리인</td><td>등기관 확인</td><td>각종통지</td></tr>
<tr><td>제　　　　호</td><td></td><td></td></tr>
</table>

명　　칭	학교법인 ○○학원	등기번호	제1000호
주사무소	○○시 ○○구 ○○동 ○		
등기의 목적	학교법인 청산인 변경등기		
등기의 사유	<경우1> 청산인 경질의 경우 　20○○년 ○월 ○일 청산인 ○○○는 사임하고 (사망하고, 청산인회에서 해임되고) 20○○년 ○월 ○일 청산인회에서 다음 사람이 청산인으로 선임되었으므로 그 등기를 구함. <경우2> 대표청산인직만 사임하고 다른 자가 대표청산인으로 된 경우 　20○○년 ○월 ○일 대표청산인 ○○○는 대표직만 사임하고 20○○년 ○월 ○일 청산인회에서 청산인 ○○○가 대표청산인으로 선임되어 같은 날 취임하였으므로(……변경되어 20○○년 ○월 ○일 주사무소소재지 관할등기소에서 등기를 하였으므로 이 등기소에서) 그 등기를 구함.		
인가서도착연월일	20○○년 ○월 ○일		
분사무소	○○시 ○○구 ○○동 ○		

등기할 사항
   \<경우1\> 청산인 경질의 경우 　　청산인　○○○　20○○년　○월　○일사임(사망, 해임) 　　청산인　○○○　20○○년　○월　○일취임 　　　　　　（　　　-　　　） \<경우2\> 대표청산인직만 사임하고 다른 자가 대표청산인으로 된 경우 　대표청산인　○○○　20○○년　○월　○일사임 　대표청산인　○○○　20○○년　○월　○일취임

기　　타	

신청등기소 및 등록면허세/수수료						
순번	신청등기소	구분	등록면허세 지방교육세	농어촌특별세	세액합계	등기신청수수료
			금 원 금 원	금 원	금 원	금 원
합 계						
등기신청수수료 납부번호						

<table>
<tr><td colspan="2" align="center">첨　부　서　면</td></tr>
<tr>
<td>
1. 청산인회회의록　　　　　　　1통
1. 주무관청의 인가서(또는
　　인증있는 인가등본)　　　　　1통
1. 사임서(사망진단서)　　　　　1통
1. 취임승낙서 및 주민등록등본　○통
</td>
<td>
1. 인감신고서 및 인감증명　　　1통
1. 주사무소 법인등기부등(초)본　1통
1. 등록면허세영수필확인서　　　1통
1. 등기신청수수료영수필확인서　1통
1. 위임장(대리인이 신청할 경우)　1통

<기 타>
</td>
</tr>
</table>

20○○년 ○월 ○일

신청인 명　　칭　　　학교법인 ○○학원
　　　　주사무소　　　○○시 ○○구 ○○동 ○○
대표자 성　　명　　　청산인 ○ ○ ○ ㊞　　　(전화 :　　　　　)
　　　　주　　소　　　○○시 ○○구 ○○동 ○○
대리인 성　　명　　　법무사 ○ ○ ○ ㊞　　　(전화 :　　　　　)
　　　　주　　소　　　○○시 ○○구 ○○동 ○○

○○지방법원 ○○등기소 귀중

- 신청서 작성요령 -
1. 해당란이 부족할 때에는 별지를 이용합니다.
1. 해당 등기신청과 관계없는 사항에 대하여는 "해당없음"으로 기재하거나 삭제하고, 필요한 사항은
　　추가 기재합니다.
1.「인감증명법」에 따른 인감증명서 제출과 함께 관련 서면에 인감을 날인하여야 하는 경우, 본인서명
　　사실확인서를 제출하고 관련 서면에 서명을 하거나 전자본인서명확인서 발급증을 제출하고 관련
　　서면에 서명을 하면 인감증명서를 제출하고 관련 서면에 인감을 날인한 것으로 봅니다.

(용지규격 21㎝×29.7㎝)

주 ① 이 등기는 청산 중인 법인을 대표하는 자인 대표청산인이 신청한다.
② 분사무소의 표시는 분사무소소재지에서 신청하는 경우에 한하여 기재한다.
③ 등록면허세는 40,200원(지세법 제28조 1항 6호), 지방교육세는 등록면허세액의 100분의 20이다.
　조특법 및 관세법, 지세법에 의하여 등록면허세가 감면되는 경우 그 감면세액의 100분의 20의 농어촌특별세를 납부하여야 하고(다만, 이것도 면제되는 경우가 있다), 등기신청수수료는 방문신청시 6,000원의 대법원수입증지를 첩부하여야 한다. 전자표준양식에 의한 신청의 경우에는 4,000원, 전자신청의 경우에는 2,000원이다.
④ 첨부서류 중 청산인회회의록은 청산인 및 대표청산인을 선임한 것을 첨부하되, 공증인의 인증을 받은 것일 필요는 없다.
⑤ 인감신고서를 제출할 때에는 새로 취임한 대표청산인의 인감도 제출해야 한다.
⑥ 등기부등(초)본은 분사무소소재지에서 신청하는 경우에 한하여 첨부하는 것으로써 이 경우에는 다른 첨부서류가 필요 없고 이 등기를 마친 주사무소의 등기부등(초)본만을 첨부하면 족하다.
⑦ 위임장에는 '청산인(또는 대표청산인) ○○○의 퇴임 및 동 ○○○의 취임등기신청에 관한 일체의 행위'라는 내용을 기재한다.
⑧ 위임장의 첨부와 대리인의 표시는 대리인에 의하여 신청하는 경우에 한하여 본다.

4. 청산종결등기

청산이 종결하면 청산인은 3주간 내에 이를 등기하고 주무관청에 신고하여야 한다(사학 제42조, 민 제94조). 청산종결등기는 법인의 설립등기와 달리 창설적 효력이 없고 제3자에 대한 대항요건에 불과하다(사학 제13조, 민 제54조).

가. 등기신청인과 등기기간

이 등기는 청산이 종결된 날로부터 3주간 내에 청산 중인 법인을 대표하는 자인 대표청산인이 신청한다(사학 제42조, 민 제84조, 비송사건절차법 제67조, 제66조, 상업등기법 제23조).

나. 등기사항

기타사항란에 청산종결의 취지와 그 연월일을 기재하고 이에 등기관의 식별부호를 기록하여야 하며, 청산종결등기를 한 경우에는 그 등기기록은 폐쇄하여야 한다(민법법인 및 특수법인 등기규칙 제6조, 상업등기규칙 제55조, 제116조).

다. 첨부서면

일반적인 첨부서류 외에 청산결산보고서를 승인한 청산인회회의록을 첨부한다 등록면허세는 일반적인 변경등기의 등록면허세인 40,200원을 (지세법 제137조 1항 Ⅶ 제28조 1항 6호), 지방교육세는 그 100분의 20을 납부하여야 한다.

조세특례제한법, 지방세법, 관세법에 의하여 등록면허세가 감면되는 경우에 그 감면세액의 100분의 20의 농어촌특별세를 납부하여야 하나(농특세법 제5조), 이 농어촌특별세도 감면 또는 면제되는 경우가 있다(농특세법 제4조).

등기신청수수료로 방문신청의 경우 6,000원을 납부한 대법원수입증지를 첨부하며, 명칭, 주사무소, 이사·청산인변경등기를 하나의 신청서로 신청할 경우에는 각각의 수수료 6,000원씩을 합산한다. 전자표준양식에 의한 신청의 경우에는 4,000원, 전자신청의 경우에는 2,000원이다.

라. 등기의 신청

♣ 【서식】 학교법인 청산종결등기신청서

<table>
<tr><td colspan="5" style="text-align:center">학교법인 청산종결등기신청</td></tr>
<tr><td rowspan="2">접
수</td><td colspan="2" style="text-align:center">년   월   일</td><td rowspan="2">처리인</td><td>등기관 확인</td><td>각종통지</td></tr>
<tr><td colspan="2"></td><td></td><td></td></tr>
</table>

<table>
<tr><td>명 칭</td><td colspan="2">학교법인 ○○학원</td><td>등기번호</td><td>제1000호</td></tr>
<tr><td>주사무소</td><td colspan="4">○○시 ○○구 ○○동 ○</td></tr>
<tr><td>등기의 목적</td><td colspan="4">청산종결등기</td></tr>
<tr><td>등기의 사유</td><td colspan="4">20○○년 ○월 ○일 청산을 종결하고 청산인회에서 그 결산보고서의 승인을 받았으므로(……승인을 받고 20○○년 ○월 ○일주사무소소재지 관할등기소에서 그 등기를 하였으므로 이 등기소에서) 다음 사항의 등기를 구함.</td></tr>
<tr><td>인가서도착연월일</td><td colspan="4">20○○년 ○월 ○일</td></tr>
<tr><td>분사무소</td><td colspan="4">○○시 ○○구 ○○동 ○</td></tr>
<tr><td colspan="5" style="text-align:center">등기할 사항</td></tr>
<tr><td colspan="5">20○○년 ○월 ○일 청산종결</td></tr>
<tr><td>기 타</td><td colspan="4"></td></tr>
</table>

<table>
<tr><td colspan="7" align="center">신청등기소 및 등록면허세/수수료</td></tr>
<tr><td rowspan="2">순번</td><td rowspan="2">신청등기소</td><td rowspan="2">구분</td><td>등록면허세</td><td rowspan="2">농어촌특별세</td><td rowspan="2">세액합계</td><td rowspan="2">등기신청수수료</td></tr>
<tr><td>지방교육세</td></tr>
<tr><td rowspan="2"></td><td rowspan="2"></td><td rowspan="2"></td><td>금   원</td><td rowspan="2">금   원</td><td rowspan="2">금   원</td><td rowspan="2">금   원</td></tr>
<tr><td>금   원</td></tr>
<tr><td></td><td></td><td></td><td></td><td></td><td></td><td></td></tr>
<tr><td colspan="3" align="center">합   계</td><td></td><td></td><td></td><td></td></tr>
<tr><td colspan="3">등기신청수수료 납부번호</td><td colspan="4"></td></tr>
</table>

<table>
<tr><td colspan="2" align="center">첨　부　서　면</td></tr>
<tr><td>1. 청산인회회의록(결산보고서 첨부)

　　　　　　　　　　　　　　　1통

1. 주무관청의 인가서(또는
　　인증있는 인가등본)　　　　1통
1. 주사무소 법인등기부등(초)본　1통</td><td>1. 등록면허세영수필확인서　　　1통
1. 등기신청수수료영수필확인서　1통
1. 위임장(대리인이 신청할 경우)　1통

　　<기 타></td></tr>
</table>

20○○년 ○월 ○일

신청인 명　　칭　　　학교법인 ○○학원

　　　　주사무소　　　○○시 ○○구 ○○동 ○○

대표자 성　　명　　　청산인 ○ ○ ○ ㉑　　　(전화 :　　　　　)

　　　　주　　소　　　○○시 ○○구 ○○동 ○○

대리인 성　　명　　　법무사 ○ ○ ○ ㉑　　　(전화 :　　　　　)

　　　　주　　소　　　○○시 ○○구 ○○동 ○○

○○지방법원 ○○등기소 귀중

- 신청서 작성요령 -

1. 해당란이 부족할 때에는 별지를 이용합니다.
1. 해당 등기신청과 관계없는 사항에 대하여는 "해당없음"으로 기재하거나 삭제하고, 필요한 사항은 추가 기재합니다.
1.「인감증명법」에 따른 인감증명서 제출과 함께 관련 서면에 인감을 날인하여야 하는 경우, 본인서명사실확인서를 제출하고 관련 서면에 서명을 하거나 전자본인서명확인서 발급증을 제출하고 관련 서면에 서명을 하면 인감증명서를 제출하고 관련 서면에 인감을 날인한 것으로 봅니다.

(용지규격 21cm×29.7cm)

주 ① 이 등기는 청산 중인 법인을 대표하는 자인 대표청산인이 신청한다.

② 분사무소의 표시는 분사무소소재지에서 신청하는 경우에 한하여 기재한다.

③ 등기사유에서 ( )안의 내용은 분사무소소재지에서 신청하는 경우에 기재하는 내용이다.

④ 등기할 사항에서 종결일자는 결산보고서 승인결의일자를 기재한다.

⑤ 등록면허세는 40,200원(지세법 제28조 1항 6호), 지방교육세는 등록면허세액의 100분의 20이다.
조세법 및 관세법, 지세법에 의하여 등록면허세가 감면되는 경우 그 감면세액의
100분의 20의 농어촌특별세를 납부하여야 하고(다만, 이것도 면제되는 경우가 있다),
등기신청수수료는 방문신청시 6,000원의 대법원수입증지를 첨부하여야 한다.
전자표준양식에 의한 신청의 경우에는 4,000원, 전자신청의 경우에는 2,000원이다.

⑥ 첨부서류 중 청산인회회의록은 청산인회에서 청산종결을 승인한 것을 첨부한다.
이 회의록은 공증인의 인증이 필요없다.

⑦ 등기부등(초)본은 분사무소소재지에서 신청하는 경우에 한하여 첨부한다. 분사무소소재지에서 신청하는 때에는 다른 첨부서류는 필요하지 않으며, 이 등기를 마친 주사무소의 등기부등(초)본만을 첨부하면 된다.

⑧ 위임장에는 '청산인 ○○학원의 청산종결의 등기신청에 관한 일체의 행위'라는 내용을 기재한다.

⑨ 위임장의 첨부와 대리인의 표시는 대리인에 의하여 신청하는 경우에 한하여 본다.

七. 경정등기와 말소등기

1. 경정등기

경정등기라 함은 이미 등기한 사항이 착오나 유루에 의하여 등기당초부터 사실과 부합하지 아니한 경우 이를 사실과 일치시키기 위하여 행하는 등기를 말한다(비송사건절차법 제67조, 제66조, 상업등기법 제75조).

여기서 그 착오 또는 유루는 신청인의 착오에 기인한 것이든 등기관의 과오에 기인한 것이든 이를 묻지 않는다.

등기의 경정은 현재의 사실과 등기가 불일치하는 경우에만 인정되는 것이고, 등기 당시에는 사실과 부합하지 아니하더라도 그 후 실체관계의 변동으로 인하여 현재 그 등기가 사실과 부합하는 때에는 이를 경정할 수 없다. 또한 경정 전후를 통하여 객관적으로 등기의 동일성이 인정되는 경우에만 등기의 경정이 인정된다.

등기관은 등기를 한 후 그 등기에 착오가 있거나 빠진 것이 있음을 발견한 때에는 지체 없이 등기를 한 사람에게 그 뜻을 통지하여야 한다. 다만, 그 착오나 빠진 것이 등기관의 잘못으로 인한 것인 때에는 그러하지 아니하며, 이 경우에는 등기관은 지체 없이 등기의 경정을 한 후 등기를 한 사람에게 통지하여야 한다(비송사건절차법 제66조, 상업등기법 제76조).

이처럼 경정등기는 직권에 의한 경정등기와 신청에 의한 경정등기로 나눌 수 있다.

당사자는 등기를 한 후 그 등기에 착오 또는 유루가 있는 것을 발견한 때에는 관할등기소에 그 경정을 신청할 수 있다(비송사건절차법 제67조, 제66조, 상업등기법 제75조).

또한 이를 당사자가 발견하기 전에 등기관이 먼저 발견한 때에는 경정등기를 촉진하기 위하여 지체없이 그 뜻을 등기의 당사자에게 통지하여야 한다(비송사건절차법 제66조, 상업등기법 제76조 1항).

이 경정등기는 경정할 당해 등기사항이 주사무소와 분사무소에서 다같이 등기할 사항이라 할지라도 경정의 사유가 주사무소 또는 분사무소의 등기 중 어느 일방에만 존재하는 것인 때에는 그 사유가 존재하는 주사무소나 분사무소의 등기만 경정하면 된다.

2. 말소등기

말소등기라 함은 무효원인이 있거나 이에 부합하는 실체관계가 존재하지 아니하는 경우에 이를 시정하기 위하여 행하는 등기를 말한다(비송사건절차법 제67조, 제66조, 상업등기법 제77조).

등기의 말소는 ① 그 등기소의 관할에 속하지 아니한 등기를 한 때, ② 사건이 등기사항 이외의 사항을 등기목적으로 한 때, ③ 사건이 그 등기소에 이미 등기되어 있는 사항을 다시 등기한 때, ④ 등기된 사항에 관하여 무효의 원인이 있는 때(소로써만 무효를 주장할 수 있는 경우를 제외한다)에 할 수 있다.

이와 같은 때에는 등기관은 당사자에게 1개월 이내의 기간을 정하여 그 기간 내에 이의가 없으면 그 등기를 말소한다는 취지를 통지하여 그 기간 내에 이의가 없거나 이의가 이유 없는 때에는 직권으로 그 등기를 말소하여야 한다(비송사건절차법 제67조, 제66조, 상업등기법 제78조~제80조).

말소등기는 주사무소와 분사무소소재지에서 다 같이 등기할 사항이라 해도 주사무소소재지에서 한 등기에 대해서만 적용된다. 주사무소소재지에서 소정의 절차에 따라 등기를 말소한 후 그 뜻을 통지해 주면 분사무소소재지에서는 그 통지에 따라 등기를 말소하면 되는 것이다(비송사건절차법 제66조, 상업등기법 제81조).

▶선례◀ 사건이 등기할 사항이 아닌 때의 직권말소(등기선례 5-857)

(1997.1.31, 등기 3402-79 질의회답)

민법상 비영리법인인 사단법인은 민법 제31조 및 제32조의 규정에 의하여 영리 아닌 사업을 목적으로 하여 주무관청의 허가를 얻어야 법인의 주된 사무소소재지에서 설립등기를 할 수 있는 것이므로, 위 규정에 의하지 아니한 사단법인의 설립등기 신청은 수리될 수 없으며, 착오로 위 규정에 의하지 아니하고 설립등기된 법인등기는 비송사건절차법 제159조 2호 소정의 '사건이 등기할 사항이 아닌 때'에 해당하여 동법 제234조 내지 제237조 및 제66조의 규정에 의하여 직권말소된다.

3. 등기절차

가. 등기신청인

경정등기와 말소등기의 등기신청인은 이사장이다(비송사건절차법 제67조, 제66조, 상업등기법 제23조).

임시이사가 변경등기를 신청하는 경우에는 신청서에 그 자격을 증명하는 서면을 첨부하여야 한다(비송사건절차법 제67조, 제64조 2항).

이사회결정의무효(불존재)의 확정판결 등 재판에 의하여 등기를 말소하는 경우도 학교법인의 등기에 대해서는 수소법원의 촉탁에 의하여 말소하는 상업등기에 관한 비송사건절차법 제107조 등을 준용하는 규정이 없기 때문에 결국 당사자의 신청에 의하여 말소할 수밖에 없는 바, 그 경우의 신청인도 역시 이사장이 된다고 할 것이다.

그러나 위 말소등기를 신청해야 할 자가 그 등기를 신청하지 아니할 때에는 그 이사회결의무효(불존재)의 승소판결을 받은 자 자신이 법인을 대위하여 신청할 수도 있을 것이다(1996. 10. 23, 등기 3402-818).

나. 등기기간

당사자의 과오에 기인한 착오나 유루로 인하여 경정등기를 해야 하는 때에는 당사자가 그 착오나 유루사실을 안 날로부터 3주간 내에 신청해야 한다.

그러나 그 착오나 유루가 등기관의 과오에 의한 것인 때에는 그 경정등기와 말소등기는 등기관의 직권에 속하는 사항으로서 당사자에게 신청을 강제하는 의미에서의 등기기간이란 있을 수 없다고 할 것이다. 이 경우의 당사자의 신청은 어디까지나 그 권한일 뿐 의무는 아니기 때문이다(비송사건절차법 제67조, 제66조, 상업등기법 제78조~제80조).

다. 등기사항

1) 경정등기

당사자의 신청에 의하여 경정등기를 하는 경우는 상당란에 경정되는 등기사항과 경정취지 및 경정사유와 그 연월일을 기재하고 경정할 등기에 대하여 말소하는 기호를 기록하고, 그 등기로 인하여 말소된 등기사항이 있는 때에는 그 등기를 회복하여야 한다.

직권에 의한 경정의 경우는 상당란에 경정사유 대신 허가한 법원의 명칭과 허가 연월일을 기재하고 경정할 등기에 대하여 말소하는 기호를 기록하고, 그 등기로 인하여 말소된 등기사항이 있는 때에는 그 등기를 회복하여야 한다(민법법인 및 특수법인 등기규칙 제6조, 상업등기규칙 제168조).

2) 말소등기

말소등기는 상당란에 말소(또는 부활)하는 등기사항과 말소(또는 부활)취지, 말소사유와 그 연월일을 법원의 허가에 의한 경우에는 말소사유 대신 허가연월일을 기재하고 등기관의 식별부호를 기록한다. 등기를 말소하는 경우에는 말소할 등기에 대하여 말소하는 기호를 기록하고 그 등기로 인하여 말소된 등기사항이 있는 때에는 회복하여야 한다. 다만, 등기의 말소로 인하여 등기기록을 폐쇄하여야 할 때에는 그러하지 아니하다(민법법인 및 특수법인 등기규칙 제6조, 상업등기규칙 제170조).

라. 첨부서류

신청서에 일반적인 기재사항을 기재하는 외에 착오 또는 유루 있음을 증명하는 서면을 첨부하여야 한다(민법법인 및 특수법인 등기규칙 제6조, 상업등기규칙 제167조). 그러나 신청서 및 첨부서면에 의하여 그 착오 또는 유루 있음을 알 수 있는 경우에는 신청서에 그 취지만을 기재하면 된다.

당사자의 과오로 인한 착오.유루인 경우에는 등록면허세 40,200원(지세법 제28조 1항 6호), 지방교육세는 등록면허세의 100분의 20을 납부하여야 한다(지세법 제151조).

조세특례제한법, 지방세법, 관세법에 의하여 등록면허세가 감면되는 경우에 그 감면세액의 100분의 20의 농어촌특별세를 납부하여야 하나(농특세법 제5조), 이 농어촌특별세도 감면 또는 면제되는 경우가 있다(농특세법 제4조).

한편 등기관의 과오로 인한 경정등기인 경우에는 등록면허세가 면제된다(지세법 제26조). 이때에는 등록면허세가 면제됨에도 불구하고 농어촌특별세법시행령 제4조에 의하여 농어촌특별세도 면제된다.

등기신청수수료는 방문신청시 6,000원을 납부한다(전자표준양식에 의한 신청의 경우에는 4,000원, 전자신청의 경우에는 2,000원). 다만, 등기관의 과오로 인한 착오 또는 유루 및 행정구역.지번변경, 주민등록번호정정 등을 원인으로 하는 경우에는 등기 신청수수료는 첨부하지 아니한다.

신청에 의한 경정등기와 명칭, 주사무소, 이사변경등기를 하나의 신청서로 신청할 경우에는 각각의 수수료 각 6,000원씩을 합산한다(전자표준양식에 의한 신청의 경우에는 4,000원, 전자신청의 경우에는 2,000원).

등기사항에 관하여 무효의 원인이 있어 당사자가 그 등기의 말소를 신청하는 때에는, 그 신청서에 무효의 원인이 있음을 증명하는 서면을 첨부하여야 한다(민법법인 및 특수법인 등기규칙 제6조, 상업등기규칙 제169조).

4. 등기의 신청

♣ 【서식】 학교법인 경정등기신청서(신청의 착오나 유루의 등기)

<table>
<tr><td colspan="6" align="center">학교법인 경정등기신청</td></tr>
<tr><td rowspan="2">접
수</td><td colspan="2" align="center">년   월   일</td><td rowspan="2" align="center">처리인</td><td align="center">등기관 확인</td><td align="center">각종통지</td></tr>
<tr><td colspan="2" align="center">제   호</td><td></td><td></td></tr>
</table>

<table>
<tr><td align="center">명   칭</td><td>학교법인 ○○학원</td><td align="center">등기번호</td><td>제1000호</td></tr>
<tr><td align="center">주사무소</td><td colspan="3">○○시 ○○구 ○○동 ○</td></tr>
<tr><td align="center">등기의 목적</td><td colspan="3">착오(유루)로 인한 경정등기</td></tr>
<tr><td align="center">등기의 사유</td><td colspan="3">

<경우1>
20○○년 ○월 ○일신청의 착오(유루)를 20○○년 ○월 ○일 발견하였으므로 명칭(① 사무소, ② ○○시 ○○구 ○○동 ○○번지의 분사무소, ③ 목적, ④ 존립시기 또는 해산사유, ⑤ 자산의 총액, ⑥ 출자의 방법, ⑦ 이사 ○○○의 성명, ⑧ 이사 ○○○의 취임일자 및 퇴임사유, ⑨ 이사 ○○○의 성명·주민등록번호 및 취임일자, ⑩ 설립허가연월일)을 다음과 같이 경정하는 등기를 구함.

<경우2>
20○○년 ○월 ○일신청의 착오(유루)를 20○○년 ○월 ○일발견하였으므로 명칭(① 사무소, ② ○○시 ○○구 ○○동 ○○번지의 분사무소, ③ 목적, ④ 존립시기 또는 해산사유, ⑤ 자산의 총액, ⑥ 출자의 방법, ⑦ 이사 ○○○의 성명, ⑧ 이사 ○○○의 퇴임일자 및 퇴임사유, ⑨ 이사 ○○○의 성명·주민등록번호 및 취임일자, ⑩ 설립허가연월일)을 다음과 같이 주사무소 관할등기소에서 20○○년 ○월 ○일 경정등기를 하였으므로 이 등기소에서 그 등기를 구함.

</td></tr>
</table>

인가서도착연월일	20○○년 ○월 ○일
분사무소	○○시 ○○구 ○○동 ○

등기할 사항

<경우1>
 명칭 학교법인 ○○학원
 (또는 ① 주사무소 ○○시 ○○구 ○○동 ○○번지
     ② 분사무소 ○○시 ○○구 ○○동 ○○번지
     ③ 목적 1. ○○○○○
           1. ○○○○○
     ④ 존립시기 또는 해산사유 ○○○○○○
     ⑤ 자산의 총액 금○○○○○원
     ⑥ 출자의 방법 ○○○○○○
     ⑦ 이사 ○○○
          ○○시 ○○구 ○○동 ○○번지
     ⑧ 이사 ○○○는 20○○는 ○월 ○일 사임(또는 해임)
     ⑨ 20○○년 ○월 ○일 다음 사람 취임
        이사 ○   ○   ○
             (-   )

<경우2>
 명칭 ○○학교법인
      20○○년 ○월 ○일 변경
 설립허가연월일 20○○년 ○월 ○일
      20○○년 ○월 ○일 변경
 존립시기 법인성립일로부터 ○년
      20○○년 ○월 ○일
 목적 1. ○○○
      1. ○○○
      20○○년 ○월 ○일
 주사무소(분사무소) ○○시 ○○구 ○○동 100번지
      20○○년 ○월 ○일

기 타	

<table>
<tr><td colspan="8" align="center">신청등기소 및 등록면허세/수수료</td></tr>
<tr><td rowspan="2">순번</td><td rowspan="2">신청등기소</td><td rowspan="2">구분</td><td>등록면허세</td><td rowspan="2">농어촌특별세</td><td rowspan="2">세액합계</td><td rowspan="2">등기신청수수료</td></tr>
<tr><td>지방교육세</td></tr>
<tr><td rowspan="2"></td><td rowspan="2"></td><td rowspan="2"></td><td>금   원</td><td rowspan="2">금   원</td><td rowspan="2">금   원</td><td rowspan="2">금   원</td></tr>
<tr><td>금   원</td></tr>
<tr><td></td><td></td><td></td><td></td><td></td><td></td><td></td></tr>
<tr><td colspan="3" align="center">합   계</td><td></td><td></td><td></td><td></td></tr>
<tr><td colspan="3">등기신청수수료 납부번호</td><td colspan="4"></td></tr>
<tr><td colspan="7" align="center">첨   부   서   면</td></tr>
<tr><td colspan="3">1. 착오(유루)를 증명하는 서면   1통
1. 주무관청의 인가서(또는
  인증있는 인가등본)   1통</td><td colspan="4">1. 등록면허세영수필확인서   1통
1. 등기신청수수료영수필확인서   1통
1. 위임장(대리인이 신청할 경우)   1통

<기 타></td></tr>
</table>

20○○년 ○월 ○일

신청인 명   칭   학교법인 ○○학원
　　　　주사무소   ○○시 ○○구 ○○동 ○○
대표자 성   명   이사장 ○ ○ ○ ㊞   (전화 :   )
　　　　주   소   ○○시 ○○구 ○○동 ○○
대리인 성   명   법무사 ○ ○ ○ ㊞   (전화 :   )
　　　　주   소   ○○시 ○○구 ○○동 ○○

○○지방법원 ○○등기소 귀중

- 신청서 작성요령 -

1. 해당란이 부족할 때에는 별지를 이용합니다.
1. 해당 등기신청과 관계없는 사항에 대하여는 "해당없음"으로 기재하거나 삭제하고, 필요한 사항은 추가 기재합니다.
1. 「인감증명법」에 따른 인감증명서 제출과 함께 관련 서면에 인감을 날인하여야 하는 경우, 본인서명사실확인서를 제출하고 관련 서면에 서명을 하거나 전자본인서명확인서 발급증을 제출하고 관련 서면에 서명을 하면 인감증명서를 제출하고 관련 서면에 인감을 날인한 것으로 봅니다.

(용지규격 21cm×29.7cm)

주
① 이 등기는 이사장이 신청한다.
② 명칭경정의 경우에는 명칭에 현재 등기되어 있는 착오된 명칭을 기재한다.
③ 사무소경정의 경우에는 주사무소에 현재 등기되어 있는 착오된 사무소소재지를 기재한다.
④ 분사무소표시는 분사무소소재지에서 신청하는 경우에 한하여 기재한다.
⑤ 등록면허세는 40,200원(지세법 제28조 1항 6호), 지방교육세는 등록면허세액의 100분의 20이다. 다만, 등기관의 과오로 인하여 경정등기를 하는 경우에는 무과세이다.
　 조특법, 관세법, 지세법에 의하여 등록면허세가 감면되는 경우 그 감면세액의 100분의 20의 농어촌특별세를 납부하여야 하고(다만, 이것도 면제되는 경우가 있다), 등기신청수수료는 방문신청의 경우 6,000원의 대법원수입증지를 첩부하여야 한다(전자표준양식에 의한 신청의 경우 4,000원, 전자신청의 경우 2,000원).
⑥ 첨부서류 중 증명서면은 등기부나 신청서의 기재로서 착오나 유루의 사실이 명백히 인정되는 때에는 별도로 첨부할 필요가 없으며, 신청서에 그 취지만 기재하면 된다.
⑦ 명칭이나 주사무소 경정의 경우에는 경정된 명칭이나 주사무소로 기재된 이사장의 인감도 제출해야 한다.
⑧ 신청서 하단의 신청인란에는 명칭경정의 경우에는 경정하고자 하는 명칭을 기재하며, 주사무소경정의 경우에는 그 주소에 경정하고자 하는 주사무소소재지를 기재한다.

♣ **【서식】 학교법인 경정등기신청서**(등기부기재의 착오나 유루의 등기)

<table>
<tr><td colspan="5" align="center">학교법인 경정등기신청</td></tr>
<tr><td rowspan="2">접
수</td><td align="center">년　월　일</td><td rowspan="2" align="center">처리인</td><td align="center">등기관 확인</td><td align="center">각종통지</td></tr>
<tr><td align="center">제　　　　호</td><td></td><td></td></tr>
</table>

명 칭	학교법인 ○○학원	등기번호	제1000호
주사무소	○○시 ○○구 ○○동 ○		
등기의 목적	등기부 기재의 착오(유루)로 인한 경정등기		

등기의 사유	
	<경우1> 주사무소의 경우 　　20○○년 ○월 ○일등기부 기재의 착오(유루)를 20○○년 ○월 ○일발견하였으므로 명칭(① 사무소, ② ○○시 ○○구 ○○동 ○○번지의 분사무소, ③ 목적, ④ 존립시기 또는 해산사유, ⑤ 자산의 총액, ⑥ 출자의 방법, ⑦ 이사 ○○○의 성명, ⑧ 이사 ○○○의 취임일자 및 퇴임사유, ⑨ 이사 ○○○의 성명.주민등록번호 및 취임일자, ⑩ 설립허가연월일)을 다음과 같이 경정하는 등기를 구함. <경우2> 분사무소의 경우 　　20○○년 ○월 ○일 신청의 착오(유루)를 20○○년 ○월 ○일 발견하였으므로 명칭(① 사무소, ② ○○시 ○○구 ○○동 ○○번지의 분사무소, ③ 목적, ④ 존립시기 또는 해산사유, ⑤ 자산의 총액, ⑥ 출자의 방법, ⑦ 이사 ○○○의 성명, ⑧ 이사 ○○○의 퇴임일자 및 퇴임사유, ⑨ 이사 ○○○의 성명.주민등록번호 및 취임일자, ⑩ 설립허가연월일)을 다음과 같이 주사무소 관할등기소에서 20○○년 ○월 ○일 경정등기를 하였으므로 이 등기소에서 그 등기를 구함.

분사무소	○○시 ○○구 ○○동 ○

<table>
<tr><td colspan="2" align="center">등기할 사항</td></tr>
<tr><td colspan="2">

<경우1> 주사무소의 경우

명칭　학교법인 ○○학원

(또는 ① 주사무소　○○시 ○○구 ○○동 ○○번지

　　　　② 분사무소　○○시 ○○구 ○○동 ○○번지

　　　　③ 목적　1. ○○○○○

　　　　　　　　1. ○○○○○

　　　　④ 존립시기 또는 해산사유 ○○○○○○

　　　　⑤ 자산의 총액 금○○○○○원

　　　　⑥ 출자의 방법 ○○○○○

　　　　⑦ 이사　○○○

　　　　　　（　　-　　）

　　　　⑧ 이사 ○○○는 20○○는 ○월 ○일 사임(또는 해임)

　　　　⑨ 20○○년 ○월 ○일 다음 사람 취임

　　　　　이사　○　　○　　○

　　　　　（　　-　　）

<경우2> 분사무소의 경우

명칭　○○학교법인

　　　20○○년 ○월 ○일변경

설립허가연월일　20○○년 ○월 ○일

　　　20○○년 ○월 ○일 변경

존립시기　법인성립일로부터 ○년

　　　20○○년 ○월 ○일

목적　1. ○○○

　　　1. ○○○

　　　20○○년 ○월 ○일

주사무소(분사무소) ○○시 ○○구 ○○동 100번지

　　　20○○년 ○월 ○일

</td></tr>
<tr><td>기　타</td><td></td></tr>
</table>

<table>
<tr><td colspan="8" align="center">신청등기소 및 등록면허세/수수료</td></tr>
<tr><td rowspan="2">순번</td><td rowspan="2">신청등기소</td><td rowspan="2">구분</td><td>등록면허세</td><td rowspan="2">농어촌특별세</td><td rowspan="2">세액합계</td><td colspan="2" rowspan="2">등기신청수수료</td></tr>
<tr><td>지방교육세</td></tr>
<tr><td rowspan="2"></td><td rowspan="2"></td><td rowspan="2"></td><td>금   원</td><td rowspan="2">금   원</td><td rowspan="2">금   원</td><td colspan="2" rowspan="2">금   원</td></tr>
<tr><td>금   원</td></tr>
<tr><td></td><td></td><td></td><td></td><td></td><td></td><td colspan="2"></td></tr>
<tr><td colspan="3" align="center">합   계</td><td></td><td></td><td></td><td colspan="2"></td></tr>
<tr><td colspan="3">등기신청수수료 납부번호</td><td colspan="5"></td></tr>
<tr><td colspan="8" align="center">첨   부   서   면</td></tr>
<tr><td colspan="3">1. 착오(유루)를 증명하는 서면   1통</td><td colspan="5">1. 등록면허세영수필확인서   1통
1. 등기신청수수료영수필확인서   1통
1. 위임장(대리인이 신청할 경우)   1통

<기 타></td></tr>
</table>

20○○년 ○월 ○일

신청인 명   칭   학교법인 ○○학원

　　　　주사무소   ○○시 ○○구 ○○동 ○○

대표자 성   명   이사장 ○ ○ ○ ⑩   (전화 :   )

　　　　주   소   ○○시 ○○구 ○○동 ○○

대리인 성   명   법무사 ○ ○ ○ ⑩   (전화 :   )

　　　　주   소   ○○시 ○○구 ○○동 ○○

○○지방법원 ○○등기소 귀중

- 신청서 작성요령 -

1. 해당란이 부족할 때에는 별지를 이용합니다.
1. 해당 등기신청과 관계없는 사항에 대하여는 "해당없음"으로 기재하거나 삭제하고, 필요한 사항은 추가 기재합니다.
1.「인감증명법」에 따른 인감증명서 제출과 함께 관련 서면에 인감을 날인하여야 하는 경우, 본인서명 사실확인서를 제출하고 관련 서면에 서명을 하거나 전자본인서명확인서 발급증을 제출하고 관련 서면에 서명을 하면 인감증명서를 제출하고 관련 서면에 인감을 날인한 것으로 봅니다.

(용지규격 21cm×29.7cm)

주
① 이 등기는 이사장이 신청해야한다.
② 명칭경정의 경우는 명칭에 현재 등기되어 있는 착오된 명칭을 기재한다.
③ 사무소경정의 경우는 주사무소에 현재 등기되어 있는 착오된 사무소소재지를 기재한다.
④ 분사무소의 표시는 분사무소소재지에서 신청하는 경우에 한하여 기재한다.
⑤ 등록면허세는 지방세법 제26조에 의하여 부과되지 아니한다.
　조특법 및 관세법, 지세법에 의하여 등록면허세가 감면되는 경우 그 감면세액의 100분의 20의 농어촌특별세를 납부하여야 하고(다만, 이것도 면제되는 경우가 있다), 등기신청수수료는 첨부하지 아니한다. 다만, 당사자의 과오로 인한 경우에는 각 등기사항별로 6,000원을 납부한다(전자표준양식에 의한 신청의 경우에는 4,000원, 전자신청의 경우에는 2,000원).
⑥ 첨부서류 중 (1)의 증명서면은 등기부나 신청서의 기재로써 총액이나 유루의 사실이 명백히 인정되는 때에는 첨부할 필요가 없으며, 신청서에 그 취지만 기재하면 된다.
⑦ 위임장에는 '본 법인의 명칭(① 사무소, ② ○○시 ○○구 ○○동 ○○번지의 분사무소, ③ 목적, ④ 존립시기 또는 해산사유, ⑤ 자산의 총액, ⑥ 출자의 방법, ⑦ 이사 ○○○의 성명, ⑧ 이사 ○○○의 퇴임일자 및 퇴임사유, ⑨ 이사 ○○○의 성명.주민등록번호 및 취임일자)의 착오(유루)로 인한 경정등기신청에 관한 일체의 행위'라는 내용을 기재한다.
⑧ 명칭이나 주사무소 경정의 경우에는 경정된 명칭이나 주사무소로 기재된 이사장의 인감도 제출해야 한다.
⑨ 신청서 하단의 신청인란에는 명칭경정의 경우 경정하고자 하는 명칭을 기재한다. 주사무소 경정의 경우에는 그 주소에 경정하고자 하는 주사무소소재지를 기재한다.

□ 등기기재례

■ 명칭.임원란

명칭	. . .변경
~~학교법인　○○학원~~	. . .등기
학교법인　○○학원	20○○. 7. 25.변경
	20○○. 7. 25.등기 ⑪

♣ 【서식】 학교법인 말소등기신청서(착오로 등기된 청산종결등기의 말소)

<table>
<tr><td colspan="6" align="center">학교법인 말소등기신청</td></tr>
<tr><td rowspan="2">접
수</td><td colspan="2" align="center">년　월　일</td><td rowspan="2" align="center">처리인</td><td align="center">등기관 확인</td><td align="center">각종통지</td></tr>
<tr><td colspan="2"></td><td></td><td></td></tr>
</table>

명　　칭	학교법인 ○○학원	등기번호	제1000호
주사무소	○○시 ○○구 ○○동 ○		
등기의 목적	청산종결등기의 말소등기		
등기의 사유	20○○년 ○월 ○일 신청착오를 20○○년 ○월 ○일 발견하였으므로 청산종결등기를 말소하는 등기를 구함.		

<table>
<tr><td colspan="2" align="center">등기할 사항</td></tr>
<tr><td colspan="2">청산종결등기의 말소</td></tr>
<tr><td>기　　타</td><td></td></tr>
</table>

<table>
<tr><td colspan="8" align="center">신청등기소 및 등록면허세/수수료</td></tr>
<tr><td rowspan="2">순번</td><td rowspan="2">신청등기소</td><td rowspan="2">구분</td><td>등록면허세</td><td rowspan="2">농어촌특별세</td><td rowspan="2">세액합계</td><td colspan="2" rowspan="2">등기신청수수료</td></tr>
<tr><td>지방교육세</td></tr>
<tr><td></td><td></td><td></td><td>금   원</td><td rowspan="2">금   원</td><td>금   원</td><td colspan="2">금   원</td></tr>
<tr><td></td><td></td><td></td><td>금   원</td><td></td><td colspan="2"></td></tr>
<tr><td></td><td></td><td></td><td></td><td></td><td></td><td colspan="2"></td></tr>
<tr><td colspan="3" align="center">합   계</td><td></td><td></td><td></td><td colspan="2"></td></tr>
<tr><td colspan="3">등기신청수수료 납부번호</td><td colspan="5"></td></tr>
</table>

첨   부   서   면

1. 부동산등기부등본 1통	1. 등록면허세영수필확인서 1통
	1. 등기신청수수료영수필확인서 1통
	1. 위임장(대리인이 신청할 경우) 1통
	<기 타>

20○○년 ○월 ○일

```
신청인 명    칭     학교법인 ○○학원
       주사무소     ○○시 ○○구 ○○동 ○○
대표자 성    명     청산인 ○ ○ ○ ⑪        (전화 :          )
       주    소     ○○시 ○○구 ○○동 ○○
대리인 성    명     법무사 ○ ○ ○ ⑪        (전화 :          )
       주    소     ○○시 ○○구 ○○동 ○○
```

○○지방법원 ○○등기소 귀중

- 신청서 작성요령 -

1. 해당란이 부족할 때에는 별지를 이용합니다.
1. 해당 등기신청과 관계없는 사항에 대하여는 "해당없음"으로 기재하거나 삭제하고, 필요한 사항은
   추가 기재합니다.

(용지규격 21㎝×29.7㎝)

주 ① 이 등기는 대표청산인이 신청한다.
② 등록면허세는 40,200원(지세법 제28조 1항 6호), 지방교육세는 등록면허세액의 100분의 20이다. 조특법 및 관세법, 지세법에 의하여 등록면허세가 감면되는 경우 그 감면세액의 100분의 20의 농어촌특별세를 납부하여야 하고(다만, 이것도 면제되는 경우가 있다), 등기신청수수료는 방문신청의 경우 6,000원, 전자표준양식에 의한 신청의 경우 4,000원, 전자신청의 경우 2,000원이다. 다만, 등기관의 과오로 인한 경우에는 등록면허세, 농어촌특별세, 등기신청수수료가 모두 면제된다.
③ 첨부서류는 청산이 종결되지 아니한 사실을 증명하는 서면으로서 잔존부동산의 등기부등본을 첨부한다.
④ 위임장에는 '본 법인의 청산종결등기의 말소등기신청에 관한 일체의 행위'라는 내용을 기재한다.
⑤ 이의에 대표청산인의 인감도 다시 제출해야 한다.
⑥ 위임장의 첨부와 대리인의 표시는 대리인에 의하여 신청하는 경우에 한하여 한다.

□ 등기기재례

■ 기타사항란

1. 20○○년 9월 30일 청산종결
20○○년 10월 5일 등기 동일폐쇄
1. 20○○년 11월 30일 부활
20○○년 11월 30일 청산종결등기말소

♣ 【서식】 학교법인 말소등기신청서

(착오로 등기된 이중등기, 등기사항 아닌 사항의 등기, 관할위반의 등기 말소)

<table>
<tr><td colspan="6" align="center">학교법인 말소등기신청</td></tr>
<tr><td rowspan="2">접
수</td><td colspan="2" align="center">년　　월　　일</td><td rowspan="2">처리인</td><td>등기관 확인</td><td>각종통지</td></tr>
<tr><td colspan="2" align="center">제　　　　　호</td><td></td><td></td></tr>
</table>

명　　칭	학교법인 ○○학원	등기번호	제1000호
주사무소	○○시 ○○구 ○○동 ○		
등기의 목적	이중등기(등기사항 아닌 사항의 등기, 관할위반등기)의 말소등기		

등기의 사유	<경우1>　이중등기의 말소 이중등기이므로 말소를 구함. <경우2>　등기사항이 아닌 사항의 등기의 말소 등기할 사항이 아니므로 말소를 구함. <경우3>　관할위반의 등기의 말소 관할위반이므로 말소를 구함.

등기할 사항

<경우1>　이중등기의 말소
20○○년 ○월 ○일 등기한 이사 ○○○의 취임등기의 말소

<경우2>　등기사항이 아닌 사항의 등기의 말소
20○○년 ○월 ○일등기한 감사 ○○○의 취임등기와 공고방법의 등기의 말소

<경우3>　관할위반의 등기의 말소
20○○년 ○월 ○일 등기한 학교법인 ○○학원의 설립등기의 말소

기　타	

<table>
<tr><td colspan="8" align="center">신청등기소 및 등록면허세/수수료</td></tr>
<tr><td rowspan="2">순번</td><td rowspan="2">신청등기소</td><td rowspan="2">구분</td><td>등록면허세</td><td rowspan="2">농어촌특별세</td><td colspan="2">세액합계</td><td>등기신청수수료</td></tr>
<tr><td>지방교육세</td></tr>
<tr><td rowspan="2"></td><td rowspan="2"></td><td rowspan="2"></td><td>금   원</td><td rowspan="2">금   원</td><td colspan="2" rowspan="2">금   원</td><td rowspan="2">금   원</td></tr>
<tr><td>금   원</td></tr>
<tr><td></td><td></td><td></td><td></td><td></td><td colspan="2"></td><td></td></tr>
<tr><td colspan="3" align="center">합   계</td><td></td><td></td><td colspan="2"></td><td></td></tr>
<tr><td colspan="3" align="center">등기신청수수료 납부번호</td><td colspan="5"></td></tr>
<tr><td colspan="8" align="center">첨   부   서   면</td></tr>
<tr><td colspan="4">1. 말소사유를 증명하는 서면   1통</td><td colspan="4">1. 위임장(대리인이 신청할 경우)   1통

<기 타></td></tr>
</table>

20○○년 ○월 ○일

신청인 명   칭   학교법인 ○○학원
     주사무소   ○○시 ○○구 ○○동 ○○
대표자 성   명   이사장 ○ ○ ○ ㊞   (전화 :   )
     주   소   ○○시 ○○구 ○○동 ○○
대리인 성   명   법무사 ○ ○ ○ ㊞   (전화 :   )
     주   소   ○○시 ○○구 ○○동 ○○

○○지방법원 ○○등기소 귀중

- 신청서 작성요령 -

1. 해당란이 부족할 때에는 별지를 이용합니다.
1. 해당 등기신청과 관계없는 사항에 대하여는 "해당없음"으로 기재하거나 삭제하고, 필요한 사항은 추가 기재합니다.

(용지규격 21㎝×29.7㎝)

주 ① 이 등기는 이사장이 신청한다.
② 이러한 말소대상의 등기는 신청인의 과오에 의한 경우도 있지만 등기부나 신청서의 기재상 위법한 등기임이 명백함에도 불구하고 이를 간과하고 수리한 등기관의 과오에 기인한 등기이므로 그를 말소하는 등기신청에는 지방세법 제26조에 의하여 등록면허세가 부과되지 아니한다. 이 때에는 농어촌특별세 및 등기신청수수료도 면제된다.
③ 첨부서류 중 증명서면은 그 말소의 사유가 등기부나 신청서의 기재상 명백한 때에는 따로 첨부하지 않으며, 그 신청서에 그 취지만 기재하면 된다.
④ 위임장에는 '20○○년 ○월 ○일등기한 이사 ○○○의 취임등기(감사 ○○○에 관한 등기, 공고방법에 관한 등기, 등기사항 전부)의 말소등기신청에 관한 일체의 행위'라는 내용을 기재한다.
⑤ 위임장의 첨부와 대리인의 표시는 대리인에 의하여 신청하는 경우에 한하여 한다.

□ 등기기재례

■ 임원란

임원에 관한 사항	연　　월　　일		연　　월　　일	
	원　　　　인		원　　　　인	
	등 기 연 월 일		등 기 연 월 일	
~~이　사　○○○~~ ~~(―――――)~~	~~20○○. 7. 1.~~		.　　.　　.	
	~~취임~~		.　　.　　.	
	20○○. 7. 10. 등기㊞		20○○. 10. 20. 등기 ㊞	

■ 기타사항란

~~1. 공고방법 이 법인의 공고는 국민○○에 게재한다.~~
20○○월 2월 21일 공고방법 직권말소 ㊞

제 8 장   법무법인의 등기

一. 총 론

1. 법무법인의 의의

법무법인은 변호사의 직무를 조직적·전문적으로 수행함을 목적으로 한 법인 또는 단체를 말한다. 현행 변호사법은 공동법률사무소 형태를 법무법인(변호사법 제40조), 법무법인 유한(변호사법 제58조의2), 법무조합(변호사법 제58조의18) 이렇게 세 가지로 규정하고 있다.

2. 법무법인의 성립요건

법무법인을 설립하려면 구성원이 될 변호사가 정관을 작성하여 주사무소(主事務所) 소재지의 지방변호사회와 대한변호사협회를 거쳐 법무부장관의 인가를 받아야 한다. 정관을 변경할 때에도 또한 같다(변호사법 제41조).

법무법인 설립인가를 받으려면 법무법인 설립인가 신청서에 정관, 구성원회의 회의록을 첨부하여 주사무소 소재지의 지방변호사회 및 대한변호사협회를 거쳐 법무부장관에게 제출하여야 한다(변호사법 시행령 제9조)

법무법인은 3인 이상의 변호사로 구성되며, 그 중 1인은 5년 이상 법원조직법 제42조 제1항 각호의 어느 하나에 해당하는 직에 있었던 자이어야 한다. 구성원은 변호사 자격이 있는 자로서 대한변협에 등록을 하고, 개업신고를 마친 자에 한한다(변호사법 제45조 제1항).

二. 설립등기

1. 설립인가

법무법인을 설립하려면 구성원이 될 변호사가 정관을 작성하여 주사무소(主事務所) 소재지의 지방변호사회와 대한변호사협회를 거쳐 법무부장관의 인가를 받아야 한다. 정관을 변경할 때에도 또한 같다(변호사법 제41조). 또한 법무법인의 설립인가를 받으려면 법무법인 설립인가 신청서에 ①정관, ②구성원회의 회의록의 서류를 첨부하여 주사무소 소재지의 지방변호사회 및 대한변호사협회를 거쳐 법무부장관에게 제출하여야 한다(변호사법 시행령 제9조).

2. 설립등기

법무법인은 주무관청으로부터 설립인가를 받으면 2주일 이내에 설립등기를 하여야 한다(변호사법 제43조 제1항). 법무법인은 그 주사무소의 소재지에서 설립등기를 함으로써 성립한다(변호사법 제43조 제3항). 이 때 구성원 전원이 공동으로 신청하여야 한다(변호사법 시행령 제11조 제3항). 등기사항은 아래와 같다(변호사법 제43조 제2항).

   1. 목적, 명칭, 주사무소 및 분사무소의 소재지
   2. 구성원의 성명·주민등록번호 및 법무법인을 대표할 구성원의 주소
   3. 출자의 종류·가액 및 이행 부분
   4. 법무법인의 대표에 관한 사항
   5. 둘 이상의 구성원이 공동으로 법무법인을 대표할 것을 정한 경우에는 그 규정
   6. 존립 시기나 해산 사유를 정한 경우에는 그 시기 또는 사유
   7. 설립인가 연월일

♣ 【서식】 법무법인 설립인가신청서

법무법인 설립 안내

1. **법무부 제출용 서류(주민등록등본, 등록증명원 등) 1부는 원본**으로, 협회 제출본 1부(사본 가능), 소속회 제출본(사본) 1부,
   총 3부를 제출하시기 바랍니다(**등본 및 증명원에 주민등록번호 뒷자리 반드시 표기**).

2. 원본의 의사록 및 정관에는 **반드시 간인**이 필요합니다.

3. 이력서에 사진 필수입니다.

4. 다른 법인의 구성원 또는 소속변호사가 설립하고자 하는 법인의 구성원이 되려면 **구성원 또는 소속변호사 탈퇴가 반드시 먼저 되어있어야 합니다.**

5. 법무부의 인가(주사무소로 인가증 송달)후 2주 이내에 등기하여야 합니다.

6. 법인설립 인가 후 사무소를 이전한 각 구성원은 '법인등사무소이전신고서'를 제출하여야 합니다.

7. **관할구청에 등록면허세 면허분을 선납한 후 영수증 사본을 법무부에 제출할 서류에 반드시 첨부하시기 바랍니다.**(서울기준40,500원)

8. 설립비용 50만 원(법정 기준인 3인이며, 3인을 초과 할 때 1인 당 20만 원씩 추가)을 납입하여야 합니다.

   ※ ex. 4인의 경우 70만 원, 5인의 경우 90만 원.

   ※ 계좌번호 우리은행 1005-702-226820 예금주 대한변호사협회, 납입 시 '법인설립 OO'으로 기재하시고 입금확인증을 협회 제출본 서류에 첨부하시기 바랍니다.

♣ 【서식】 법무법인 설립인가신청서

법무법인 설립인가신청서

법무법인 ○　○　○

대표변호사 ○○○

법무부장관   귀중

법무법인 설립인가신청서

1. 명칭 : 국문 법무법인 ○○   한문 *法務法人* ○○   영문 ○○

2. 사무실 소재지
     (1) 주 사 무 소 : 서울 ○○○ ○○○ ○○○(도로명 주소 기재)
                           전화   팩스
     (2) ○○ 분사무소 : ○○○ ○○○ ○○○(도로명 주소 기재)
                           전화   팩스

3. 구성원의 성명 및 주민등록번호
     (1) 주사무소 주재 구성원의 성명 및 주민등록번호
          ① 변호사   ○○○
                        ○○○-○○○
          ② 변호사   ○○○
                        ○○○-○○○
          ③ 변호사   ○○○
                        ○○○-○○○
     (2) 분사무소 주재 구성원의 성명 및 주민등록번호
          변호사   ○○○
                     ○○○-○○○

4. 대표자 : 변호사   ○○○
변호사법 제41조 및 같은 법 시행령 제9조에 의거하여 위와 같이 법무법인
을 설립하고자 신청하오니 인가하여 주시기 바랍니다.

첨 부 서 류

1. 정관   1부
2. 창립총회 구성원회의 의사록   1부
3. 대표변호사 취임승낙서   1부
4. 구성원 출자이행증명서   1부
5. 구성원 변호사 등록 증명원   1부
6. 구성원 이력서(컬러사진 부착)   1부
7. 구성원 주민등록초본 또는 등본   1부
8. 주사무소 건물임대차 계약서 사본   1부
9. ○○ 분사무소 건물임대차 계약서 사본   1부

20 .   .   .

위 신청인 **법무법인** ○○○
서울 ○○○ ○○○ ○○○

대표자 변호사   ○○○

법무부장관   귀 중

♣ 【서식】 창립총회 구성원회의 의사록

창립총회 구성원회의 의사록

20 . . . 10:00 서울시 ○○○ ○○○ ○○○에서 창립구성원회의를 개최하다.

구성원 총수 3명,   출석 구성원 수 3명

발기인 대표 변호사 ○○○은 발기인인 구성원 전원이 출석하였으므로 본 구성원회의가 유효하게 성립되었음을 고하고 의사를 진행하기 전에 의장을 선임할 것을 요구하였던 바, 만장일치로 발기인 대표 변호사 ○○○을 의장으로 선임하자 동인은 그 취임을 승낙하고 의장석에 착석하여 개회를 선언하고 다음 의사의 심의를 구하다.

제1호 의안 : 정관승인의 건
의장은 정관 초안을 낭독하고 축조 설명을 가한 후 그 가부를 문의하였던 바, 만장일치로 원안대로 승인하다.

제2호 의안 : 대표변호사 선임 건
의장은 정관 제17조 제1항의 규정에 의하여 대표변호사를 선임할 것을 고하고 그 선임방법을 문의하였던바, 참석 구성원 전원은 구두호선에 의한 거수표를 선출하자고 결의하고 그 선임방법에 따라 아래 사람을 대표변호사로 선임하다.

구성원 변호사   ○○○

의장은 구성원 회의의 목적인 의안 전부를 심의 종료하였으므로 구성원회의를 종료한다고 선언하다.

폐회시간 11:00

위 의사의 경과와 결과를 명백히 하기 위하여 의사록을 작성하고 의장과 출석한 구성원 전원은 다음과 같이 기명·날인하다.

20 .   .   .

법무법인 ○○○

의장 구성원 변호사   ○○○

구성원 변호사   ○○○

구성원 변호사   ○○○

♣ 【서식】 법무법인 정관

법 무 법 인 정 관

제1장 총칙

제1조 [명칭] 이 법인은 "법무법인 ○○○(法務法人 한자, 영문) (이하 '법인'이라고 부른다)"이라 한다.

제2조 [목적] 이 법인은 다음의 업무를 행함을 목적으로 한다.
1. 변호사의 직무에 속하는 업무
2. 변호사법 제 49조 제2항에 의한 업무
3. 위 각 호에 부대되는 일체의 업무

제3조 [사무소의 소재지]
① 이 법인의 주사무소는 서울특별시 ○○구 (도로명 주소)에 둔다.
② 이 법인은 다음의 분사무소를 둔다.
　북부 분사무소 서울 ○○구 (도로명 주소)

이 법인은 필요에 따라 이 정관을 개정하고 주무관청의 인가를 얻어 필요한 곳에 분사무소를 둘 수 있다.

제4조 [존립시기] 이 법인은 설립등기일부터 만 ○○년간 존립한다. 다만, 구성원회의의 결의로 그 기간을 연장 또는 단축할 수 있다.

제2장 구성원과 출자

제5조 [구성원]

1. 구성원의 성명과 주민등록번호는 다음과 같다.

번호	구 분	성 명	주민등록번호
1	주사무소 주재구성원		
2	주사무소 주재구성원		
3	주사무소 주재구성원		

2. 대표변호사의 성명과 주소는 다음과 같다.

    성 명 : ○○○

    주 소 : ○○○ ○○○ ○○○ ○○○

제6조 [구성원이 아닌 소속변호사] 법인은 구성원 아닌 소속변호사를 둘 수 있다. 다만, 구성원이 아닌 소속변호사의 가입은 구성원회의의 결의를 요한다.

제7조 [출자] 각 구성원이 출자할 출자의 목적, 가액, 평가기준 및 지분은 다음과 같다.

구 성 원	목 적	가 액	평가기준	출자지분
000				
000				
000				
합계				100%

제8조 [지분의 양도] 구성원은 그 지분의 전부 또는 일부를 구성원회의의 결

의에 따른 승인 없이 타인에게 양도할 수 없다.

제9조 [자기거래] 구성원은 다른 구성원과반수의 결의가 있는 때에 한하여 자기 또는 제3자 계산으로 법인과 거래할 수 있다. 이 경우에는 민법 제124조의 규정을 적용하지 아니한다.

제3장 구성원회의

제10조 [구성] 구성원회의는 구성원인 변호사 전원으로 구성한다.

제11조 [권한] 구성원회의는 다음 사항을 결의한다.
  1. 정관의 변경
  2. 구성원의 가입, 승계 및 제명
  3. 출자지분의 양도에 관한 승인
  4. 대표변호사 선임 및 해임
  5. 대표변호사 및 업무담당구성원의 보수결정
  6. 분사무소주재구성원의 결정
  7. 계산서류의 승인
  8. 법인의 해산, 합병
  9. 해산에 따른 청산의 선임, 해임 및 잔여재산의 처분
  10. 기타 법인의 운영에 관한 중요사항

제12조 [소집]
① 구성원회의는 정기회와 임시회로 한다.
② 정기회는 매 결산기 종료 후 2월 이내에 소집하고, 임시회는 필요에 따라 수시 소집한다.
③ 구성원회의는 대표변호사가 소집한다. 다만, 구성원 0분의 0이상이 회의

의 목적사항을 명시하여 임시회의 소집을 요구하면 대표변호사는 0일 이
내에 이를 소집하여야 한다.

제13조 [결의방법]

① 구성원회의의 결의는 재적구성원의 과반수이상이 출석하고, 그 의결권의
과반수찬성으로 하여야 한다. 다만, 제11조 제1호, 제2호 및 제8호에 정
한 사항에 관하여는 구성원전원의 출석과 찬성이 있어야 한다.
② 구성원은 다른 구성원으로 하여금 그 의결권을 대리행사하게 할 수 있다.

제14조 [의결권] 각 구성원은 평등한 의결권을 가진다.

제15조 [회의]

① 구성원회의의 의장은 대표변호사가 된다.
② 구성원회의의 의사에 관하여는 의사록을 작성하여야 한다. 의사록에는 의
사의 경과요령과 그 결과를 기재하고, 의장과 출석한 구성원이 기명.날인
하여야 한다.

제4장 업무집행과 법인대표

제16조 [업무담당변호사의 지정]

① 이 법인이 변호사법 제50조 제1항 및 제2항에 의하여 업무를 담당할 변호사
를 지정할 때에는 대표변호사가 그 취지를 기재한 서면을 작성하여야 한다.
② 제1항의 규정에 의한 담당변호사는 지정된 업무의 집행에 한하여 이 법인
을 대표한다.

제17조 [대표변호사]

① 이 법인에 대표변호사 ○인을 둔다.

② 대표변호사는 구성원회의의 결의로 구성원 중에서 선임한다.

③ 대표변호사는 이 법인을 대표하고 일절의 업무를 통할한다.

④ 대표변호사 유고시에는 대표변호사가 미리 지정한 구성원이 그 직무를 대행한다.

⑤ 대표변호사 임기는 ○년으로 한다. 다만, 구성원회의의 결의로 연임할 수 있다.

제18조 [보고업무] 대표변호사는 다른 구성원의 요구가 있으면 언제든지 법인의 업무 및 재산 상태를 보고하여야 한다.

제19조 [보수] 대표변호사와 업무를 담당하는 구성원의 보수는 구성원회의의 결의로 정한다.

제20조 [분사무소주재구성원]

① 분사무소에 주재할 구성원은 구성원회의의 결의로 정한다.

② 분사무소에 주재하는 구성원은 그 분사무소의 지배인으로 한다.

제5장 구성원의 가입 및 탈퇴

제21조 [가입]

① 구성원의 신규가입은 구성원회의의 결의로 정한다.

② 구성원이 새로 가입한 때에는 각 구성원의 출자지분을 다시 정하여야 한다.

제22조 [탈퇴]

① 구성원은 언제든지 임의로 탈퇴할 수 있다. 다만, 6월 전에 그 뜻을 법인에 예고하여야 한다.

② 구성원은 변호사법 제46조 제2항의 사유가 발생한 때 외에 법원으로부터 제명의 선고가 있는 때에는 당연히 탈퇴한다.

제23조 [상속]

① 구성원이 사망한 때에는 그 상속인이 변호사의 자격이 있고, 구성원회의의 결의로 승낙한 때에 한하여 권리의무를 승계하여 구성원이 될 수 있다.

② 상속인이 상속의 개시를 안 날로부터 3월내에 법인에 대하여 승계 또는 포기의 여부를 법인에 통지하여야 한다.

③ 제2항의 통지 없이 3월을 경과한 때에는 구성원이 될 권리를 포기한 것으로 본다.

제24조 [제명의 선고] 구성원에게 다음의 사유가 있는 때에는 법인은 구성원회의의 결의에 의하여 그 구성원의 제명의 선고를 법원에 청구할 수 있다.

  1. 출자의 의무를 이행하지 아니한 때

  2. 변호사법 제52조 제1항에 위반한 때

  3. 법인의 업무집행 또는 대표에 관하여 부정한 행위가 있는 때

  4. 권한 없이 업무를 집행하거나 법인을 대표한 때

  5. 기타 중요한 사유가 있는 때

제25조 [지분의 환급] 재산을 출자의 목적으로 한 구성원이 탈퇴한 때에는 탈퇴일 현재 법인재산에 그 구성원의 지분비율을 곱하여 계산한 금액을 환급받을 권리가 있다. 다만, 노무 또는 신용을 출자의 목적으로 한 구성원이 탈퇴한 때에는 그 지분의 환급을 받을 수 없다.

제6장 계　　산

제26조 [영업연도] 이 법인의 영업연도는 매년 1월 1일부터 12월 31일까지로 한다.

제27조 [계산서류의 승인] 대표변호사는 매 영업연도 말에 다음 서류를 구성원회의에 제출하고 그 승인을 받아야 한다.

1. 재산목록
2. 대차대조표
3. 영업보고서
4. 손익계산서
5. 손익금처분에 관한 의안
6. 이익배당에 관한 의안

제28조 [손익계산] 이 법인의 손익계산은 영업연도의 총익금에서 총손금을 공제한 차액을 수익금으로 한고, 총손금에서 총익금을 공제한 차액을 결손금으로 한다.

제29조 [배당]

① 이 법인은 수익금으로 결손금을 충당한 후가 아니면 구성원에게 이익금 배당을 할 수 없다.

② 이 법인의 구성원은 법인의 결손금이 발생한 경우에는 어떠한 명목으로든지 법인으로부터 배당을 받을 수 없다.

제30조 [배당비율] 각 구성원의 이익배당은 출자지분의 비율에 따른다.

제7장 해산 및 청산

제31조 [해산사유] 이 법인은 다음의 사유로 해산한다.

1. 제4조에 정한 존립시기의 도래
2. 구성원회의의 결의
3. 합병

  4. 파산
  5. 설립인가의 취소
  6. 법원의 명령 또는 판결

제32조 [재산처분] 법인이 해산한 경우 법인의 재산은 구성원회의의 결의로 정한 방법에 따라 이를 처분한다.

제33조 [청산인의 임면] 청산인의 선임 및 해임은 구성원회의의 결의로 한다.

제34조 [잔여재산의 배분] 법인의 잔여재산은 각 구성원의 출자지분비율에 따라 배분한다.

제8장 부칙

제35조 [정관의 변경] 이 정관을 변경하고자 할 때에는 구성원회의에서 구성원 전원의 출석과 전원의 찬성으로 결의하고, 소속 지방변호사회와 대한변호사협회를 거쳐 법무부장관의 인가를 받아야 한다.

제36조 [시행규칙] 이 정관의 시행에 관하여 필요한 사항은 구성원회의의 결의를 거쳐 규정한다.

제37조 [제1기의 결산] 본 법인의 제1기 결산은 이 법인의 설립일부터 ○○○. 12. 31.까지의 것으로 한다.

제38조 [초대대표변호사] 이 법인의 초대대표변호사는 변호사 ○○○으로 선임하고, 그 임기는 이 법인의 설립일로부터 2년까지로 한다.

제39조 [정관의 효력] 이 정관의 법무부장관의 인가를 받는 날로부터 효력이
발생한다.

위 **법무법인** ○○○을 설립하기 위하여 정관을 작성하고, 각 구성원이 기명
날인한다.

20 .   .   .

법무법인   ○○○

구성원 변호사   ○○○
구성원 변호사   ○○○

● 정관 작성 시 유의할 사항

1) 목적

- 법무법인의 목적은 변호사의 직무(변호사법 제3조), 법무법인의 업무(변호사법 제49조), 법무법인의 업무범위(시행령 제13조) 및 공증인법 등에 정한 범위 내의 것이어야 합니다.

- 간혹, '부동산의 중개 및 알선', '법률의 교육' 등을 목적으로 삼아 신청하는 사례가 있었으나 이는 법무법인의 목적을 벗어난 것이어서 인가가 거부된 사례가 있습니다.

2) 명칭

- 법무법인의 명칭은 상법상 상호와는 구별되나 그 일반 국민의 혼란 방지 및 해당 법무법인의 원활한 업무 수행을 위해 보호를 받아야 합니다.

- 따라서 법무부장관의 설립인가를 받고 등기를 경료한 법무법인의 명칭은 다른 법무법인이 사용할 수 없습니다. 따라서 기존 법무법인의 명칭하고 동일한 명칭이나, 또는 일반 수요자의 혼동할 수 있는 유사 명칭은 사용해서는 아니 됩니다.

  ☞ 법인의 명칭을 선정하시기 전에 대한변협 회원과(02-2087-7741) 또는 법무부 법무과(02-2110-3657, 법무법인 인가 담당)로 문의해 주시기 바랍니다.

3) 출자

- 현행 변호사법은 출자의 종류에 대해서 강제 규정을 두고 있지 않습니다. 즉 구성원이 되기 위해서는 반드시 금전을 출자해야만 하는 것이 아니라 용역을 제공하는 것으로도 가능합니다(용역의 제공도 출자의 한 형태임).

- 결국 특정 구성원의 출자 또는 용역 제공 여부는 다른 구성원들과의 합의에 따라 정할 사안입니다.

- 다만, 출자의 형태가 금전 출자이던 용역 제공이던 간에 개별 구성원의 출자 사항에 관해서는 정관에 명확히 기재해야 합니다. 금전 출자인 경우는 그 금액과 지분(전체 출자금 대비 백분율)을 기재하고, 용역 제공자는 출자란에 '용역 제공'이라

고 표시하여야 합니다.(이는 배당, 정산 등에서 정확성을 기하고, 나아가 사후 분쟁을 방지하기 위한 것입니다.)

4) 사무소

- 2008. 9. 29.부터 시행된 개정 변호사법 제21조 제3항에서는「변호사는 어떠한 명목으로도 둘 이상의 법률사무소를 둘 수 없다. 다만, 법률사무소의 사무공간의 부족 등 부득이한 사유가 있어 대한변호사협회가 정하는 바에 따라 인접한 장소에 별도의 사무실을 두고 변호사가 주재하는 경우에는 본래의 법률사무소와 함께 하나의 사무소로 본다.」고 규정하고 있습니다.

- 한편, 舊 변호사법 시행령 제12조 제3항에는 「분사무소는 시.군.구(자치구에 한한다. 이하 이 조에서 같다) 관할 구역마다 1개를 둘 수 있다. 다만 주사무소 소재지인 시.군.구에는 분사무소를 둘 수 없다」라고 규정되어 있었으나, 2008. 9. 3.부터 시행된 개정령에서는 위 단서규정을 삭제하였습니다.

5) 구성원 성명.주민등록번호 및 대표할 구성원의 주소

- 법무법인이 분사무소를 두는 경우에는, 주사무소에 경력 5년 이상 변호사를 포함하여 구성원의 3분의 1 이상이 주재하여야 하고, 분사무소에는 1명 이상의 구성원이 주재를 하여야 하며, 그 분사무소에서 직무를 수행할 구성원을 정관에 명시하여야 합니다(시행령 제12조)

- 따라서 정관의 구성원 조항에는, 각 구성원의 주재 사무실을 구분하여 표시하여야 합니다.

6) 구성원 가입, 탈퇴, 그 밖의 변경에 관한 사항

- 구성원 가입.탈퇴, 책임 및 권리에 관한 사항을 규정하되, 구성원의 임의 탈퇴를 제약하여서는 아니 됩니다.

7) 구성원 회의에 관한 사항

- 소집 절차, 회기, 의결사항, 의결권 및 의결방법, 의사진행 절차(방법) 등을 규정하여야 합니다.

8) 구성원 서명 또는 기명 날인, 간인

- 정관에는 구성원 전원이 간인을 해야 하며, 정관 말미에 구성원이 각 서명하거나,
  또는 기명날인하여야 합니다.

9) 의결권에 관한 사항

- 법무법인은 변호사법 제58조에 따라 상법상 합명회사에 관한 규정을 준용하지만,
  정관상 출자지분에 따른 의결권 행사는 합명회사의 성격과 합치하지 않으므로 법
  무법인 구성원의 의결권은 동등한 또는 평등한 의결권을 가진다고 보아야 하므로
  정관 작성시 유의하여 주시기 바랍니다.

♣ 【서식】 대표변호사 취임승낙서

대 표 변 호 사 취 임 승 낙 서

20　.　.　. 창립 구성원회의에서 대표변호사로 선임되었으므로 그 취임을 승낙함.

20　.　.　.

대표변호사　○○○

법무법인 ○○○　귀중

♣ **【서식】출자이행증명서**

출 자 이 행 증 명 서

일금 ○○○원정

귀하가 위 금원을 본 법인에 출자할 금전 전액으로 출자 이행하였음을 증
명함.

20 .   .   .

법무법인 ○○○

대표변호사   ○○○

구성원 변호사 ○○○   귀하

♣ 【서식】 공증사무소 설치 인가 신청서

공증사무소 설치 인가 신청서

1. 명   칭 : 법무법인 ○ ○ ○

2. 사무소 소재지 : (빌딩 층.호수까지 기재)

3. 구성원의 성명과 주소 :

4. 대표자 변호사 : ○ ○ ○

　본 법인은 공증인 직무에 속하는 업무를 행하게 되므로 위와 같이 공증사무소의 설치인가를 신청하오니 인가하여 주시기 바랍니다.

* 첨부서류 :　1. 사무소 위치도　　　　　　　　　　1부

　　　　　　　2. 사무소 및 서류창고 구조도면　　　　1부

　　　　　　　　(면적표시)

　　　　　　　3. 서류창고 시설현황표　　　　　　　　1부

　　　　　　　4. 등기부등본 또는 임대차계약서 사본　　1부

법무법인 ○ ○ ○

대표자　변호사　○ ○ ○ (직인)

법무부장관 귀하

서류창고 시설현황표

구 분	시 설 기 준	시 설 현 황
바닥면적	16.50㎡이상	
높 이	2m 이상	
용 적	33㎥ 이상	
문	두께 2mm이상 철판 2장 사이 두께 25mm이상의 세라믹화이버보드와 두께 75mm이상의 고온용 시리카 보드 삽입한 전체두께 104mm이상으로 2중 시정장치가 된 문	
벽	가. 나. 다. 라. 중 택1	
선 반	내화자재로 제작	
방화시설	창고안에 소방시설로 총중량 6kg 이상의 분말소화기를 설치할 것	

서류보관창고의 시설기준

1. 크기는 바닥면적 16.5㎡ 이상, 높이는 2m 이상, 용적은 33㎡ 이상으로 할 것

2. 벽은 다음 각목의 1에 해당하는 구조체로 할 것
   가. 두께 200㎜ 이상의 2중 내화벽돌
   나. 두께 150㎜ 이상의 철근 콘크리트조 구조체
   다. 두께 2㎜ 이상의 철판 2장 사이에 두께 25㎜ 이상의 세라믹 화이버보드와 두께 75㎜ 이상의 고온용 시리카보드를 삽입한 전체 두께 104㎜ 이상의 구조체(비내력벽의 경우에 한한다)
   라. 내화능력을 시험할 수 있는 국가기관 또는 국가공인기관으로부터 1,010℃의 열에 대한 2시간 이상의 내화 및 이면온도 180℃ 미만 유지의 성능을 인정받고 도난방지 성능이 위 각 기준에 상당한 구조체

3. 문은 양면에 각각 두께 2㎜ 이상의 철판을 붙이고 그 사이에 두께 25㎜ 이상의 세라믹 화이버보드와 두께 75㎜ 이상의 고온용 시리카보드를 삽입하여 전체 두께가 104㎜ 이상이 되도록 하고, 2중 시정장치를 할 것

4. 선반은 내화자재로 제작할 것

5. 창고 안에 소방시설로 총중량 6㎏ 이상의 분말소화기를 설치할 것

♣ 【서식】 소속변호사 변경 신고서

소속변호사 변경 신고서 (□채용 □탈퇴)				
④ 채용 및 탈퇴 변호사	성 명		핸드폰	
	생년월일		이메일	
	성 명		핸드폰	
	생년월일		이메일	
	성 명		핸드폰	
	생년월일		이메일	
	성 명		핸드폰	
	생년월일		이메일	
	성 명		핸드폰	
	생년월일		이메일	
	성 명		핸드폰	
	생년월일		이메일	
	성 명		핸드폰	
	생년월일		이메일	
	성 명		핸드폰	
	생년월일		이메일	

♣ 【서식】 법무법인 설립등기신청서

<table>
<tr><td colspan="5" align="center">법무법인 설립등기신청</td></tr>
<tr><td rowspan="2">접
수</td><td align="center">년　　월　　일</td><td rowspan="2">처리인</td><td>등기관 확인</td><td>각종통지</td></tr>
<tr><td align="center">제　　　　호</td><td></td><td></td></tr>
</table>

등기의 목적	법무법인 설립
등기의 사유	정관을 작성하고 20○○년 ○월 ○일 주무관청의 인가를 받아 ○○법무법인을 설립하였으므로 그 등기를 구함
허가서도착연월일	20○○년 ○월 ○일
등기할 사항	
명　　　칭	○○법무법인
주 사 무 소	○○시 ○○구 ○○동 ○
목적	1. 변호사의 직무에 속하는 업무 2. 변호사법 제49조 2항에 의한 업무 3. 위 각호에 부대하는 일체의 업무
구성원변호사의 성명과 주소, 주민등록번호	별지와 같음
대표변호사의 성명과 주소	○○○ ○○시 ○○구 ○○동 ○

분사무소	
설립인가연월일	20○○년 ○월 ○일
존립기간 또는 해산사유	
자산의 총액	
출자의 방법	
기 타	

<table>
<tr><td colspan="8" align="center">신청등기소 및 등록면허세/수수료</td></tr>
<tr><td rowspan="2">순번</td><td rowspan="2">신청등기소</td><td rowspan="2">구분</td><td>등록면허세</td><td rowspan="2">농어촌특별세</td><td rowspan="2">세액합계</td><td colspan="2" rowspan="2">등기신청수수료</td></tr>
<tr><td>지방교육세</td></tr>
<tr><td></td><td></td><td></td><td>금   원
금   원</td><td>금   원</td><td>금   원</td><td colspan="2">금   원</td></tr>
<tr><td></td><td></td><td></td><td></td><td></td><td></td><td colspan="2"></td></tr>
<tr><td colspan="2" align="center">합   계</td><td></td><td></td><td></td><td></td><td colspan="2"></td></tr>
<tr><td colspan="3">등기신청수수료 납부번호</td><td colspan="5"></td></tr>
<tr><td colspan="2">과 세 표 준 액</td><td colspan="6">금   원</td></tr>
</table>

<table>
<tr><td colspan="2" align="center">첨   부   서   면</td></tr>
<tr><td>1. 정관　　　　　　　　　　　　1통</td><td>1. 주민등록표등본　　　　　　　○통</td></tr>
<tr><td>1. 창립총회의사록(임원선임서)　1통</td><td>1. 인감증명서　　　　　　　　　○통</td></tr>
<tr><td>1. 설립허가서　　　　　　　　　1통</td><td>1. 등기신청수수료영수필확인서　1통</td></tr>
<tr><td>1. 재산목록　　　　　　　　　　1통</td><td>1. 위임장(대리인이 신청할 경우)　1통</td></tr>
<tr><td>1. 취임승낙서　　　　　　　　　○통</td><td><기 타></td></tr>
<tr><td>1. 인감신고서　　　　　　　　　○통</td><td></td></tr>
</table>

20○○년 ○월 ○일

신청인　명　　칭　○○법무법인

　　　　주사무소　○○시 ○○구 ○○동 ○○

대표자　성　　명　○ ○ ○ ⑳　　　　　　　(전화 :　　　　　　)

　　　　주　　소　○○시 ○○구 ○○동 ○○

대리인　성　　명　○ ○ ○ ⑳　　　　　　　(전화 :　　　　　　)

　　　　주　　소　○○시 ○○구 ○○동 ○○

○○지방법원 ○○등기소 귀중

- 신청서 작성요령 -

1. 해당란이 부족할 때에는 별지를 이용합니다.

1. 해당 등기신청과 관계없는 사항에 대하여는 "해당없음"으로 기재하거나 삭제하고, 필요한 사항은 추가 기재합니다.

1.「인감증명법」에 따른 인감증명서 제출과 함께 관련 서면에 인감을 날인하여야 하는 경우, 본인서명사실확인서를 제출하고 관련 서면에 서명을 하거나 전자본인서명확인서 발급증을 제출하고 관련 서면에 서명을 하면 인감증명서를 제출하고 관련 서면에 인감을 날인한 것으로 봅니다.

(용지규격 21cm× 29.7cm)

제 9 장   신용협동조합의 등기

ㅡ. 총 론

1. 신용협동조합의 의의

신용협동조합이라 함은 공동유대를 바탕으로 하는 신용협동조직의 건전한 육성을 통하여 그 구성원의 경제적·사회적 지위를 향상시키고, 지역주민에 대한 금융편의를 제공함으로써 지역경제의 발전에 기여함을 목적으로 제정된 신용협동조합법에 의하여 설립된 비영리법인을 말한다.

2. 신용협동조합의 성립요건

신용협동조합을 설립하고자 할 때에는 30인 이상의 발기인이 정관을 작성하여 창립총회의 결의를 얻어 중앙회의 회장을 거쳐 금융위원회의 인가를 받아 그 주된 사무소의 소재지에서 설립등기를 함으로써 성립한다(신협 제7조 1항, 제4조 1항).

ㅡ. 설립등기

신용협동조합과 중앙회는 그 주된 사무소의 소재지에서 설립등기를 함으로써 성립한다(신협 제4조 1항).

설립인가를 받은 날로부터 6월 이내에 설립등기를 하지 아니하면 설립인가는 그 효력을 잃는다(신협 제85조 2항).

1. 설립요건

가. 정관작성

조합을 설립하기 위해서는 우선 발기인이 공동하여 정관을 작성하여야 한다(신협 제7조 1항).

　　정관이란 법인의 조직과 활동의 기본준칙을 기재한 서면으로 신용협동조합의 정관에는 반드시 신용협동조합법 제10조 각호 소정의 사항을 기재하고 발기인이 이에 기명날인하여야 한다(신협 제10조). 그 내용은 다음과 같다. ①목적, ②명칭, ③주된 사무소의 소재지, ④공동유대에 관한 사항, ⑤조합원의 자격과 가입·탈퇴 및 제명에 관한 사항, ⑥출자 1좌(座)의 금액과 그 납입 방법 및 시기, ⑦조합원의 권리와 의무에 관한 사항, ⑧사업의 범위 및 회계에 관한 사항, ⑨기관 및 임원에 관한 사항, ⑩해산에 관한 사항, ⑪공고의 방법, ⑫출자금의 양도에 관한 사항, ⑬그 밖에 총회의 운영 등에 필요한 사항

나. 창립총회

　　발기인이 정관을 작성한 후 조합원이 되고자 하는 자로부터 가입신청서를 받고 창립총회를 개최하여 정관, 사업계획서의 승인, 임원선출, 기타 필요한 사항을 의결해야 한다.

　　조합원의 수는 100인 이상이어야 한다(신협 제11조 3항).

　　창립총회의 의사는 발기인 대표에게 조합 설립동의서를 개의일 전일까지 제출한 자, 과반수의 출석과 출석한 자 3분의 2 이상의 찬성으로 결의한다(신협 제7조 2항).

　　이의 의사에 관해서도 의사의 경과, 요령 및 결과를 기재한 의사록을 작성해야 한다.

다. 설립인가

　　조합의 설립인가 신청을 하고자 하는 자는 금융위원회가 정하는 설립인가신청서에 다음의 서류를 첨부하여 중앙회장을 거쳐 금융감독위원회에 제출하여야 한다(신협령 제10조 1항).

　1) 정관
　2) 창립총회의사록
　3) 사업계획서
　4) 발기인 대표 및 임원의 이력서
　5) 설립동의서를 제출한 자의 명부
　6) 사무소의 소재지의 약도
　7) 발기인회 의사록
　8) 기타 조합설립에 관련된 사항을 기재한 서류

2. 설립등기절차

가. 등기신청인과 등기기간

신용협동조합의 설립등기는 이사장이 신청해야 한다(신협령 제9조 1항). 설립등기에 있어서는 등기기간에 관한 특별한 규정이 없다. 그러나 금융감독위원회의 설립인가가 있은 날로부터 6월 이내에 설립등기를 하지 아니하면 그 인가의 효력이 상실되는 것이다.

나. 등기사항

신용협동조합 또는 신용협동조합중앙회는 설립인가서가 도달한 날부터 3주일 이내에 ① 목적, ② 명칭, ③ 사무소의 소재지, ④ 설립인가연월일, ⑤ 해산사유를 정한 때에는 그 사유, ⑥ 출좌 1좌의 금액과 납입방법, ⑦ 이사장 또는 중앙회의 회장 및 신용·공제사업대표이사의 성명.주민등록번호 및 주소, ⑧ 이사장 또는 중앙회장 및 신용·공제사업대표이사를 제외한 임원의 성명.주민등록번호, ⑨ 공고의 방법, ⑩ 이사의 대표권을 제한한 때에는 그 내용 등을 등기하여야 한다(신협령 제2조 1항).

다. 첨부서류

설립등기신청서에는 일반적인 첨부서류 이외에 다음 서류를 첨부해야 한다(신협령 제2조 2항).

1) 설립인가서 사본

등기신청서에는 금융감독위원회의 설립인가서 사본을 첨부해야 한다. 이 사본을 첨부함에 있어서는 원본과의 진위여부를 확인할 수 있도록 그 원본도 함께 제출해야 할 것이다.

2) 정관의 사본

등기사항 중에는 정관의 기재사항이 적지 아니한 바, 그러한 등기사항의 증명을 위하여 이를 첨부하여야 한다.

3) 임원취임승낙서 사본

이사장의 취임을 승낙한 취임승낙서를 첨부해야 한다. 그러나 창립총회의사록에 피선자의 취임승낙의 기재가 있고 또 그의 기명날인이 있는 때에는 이의 첨부를 생략할 수 있다.

♣ 【서식】 신용협동조합 설립등기신청서

<table>
<tr><td colspan="6" align="center">신용협동조합 설립등기신청</td></tr>
<tr><td rowspan="2">접
수</td><td colspan="2" align="center">년　　월　　일</td><td rowspan="2">처리인</td><td>등기관 확인</td><td>각종통지</td></tr>
<tr><td colspan="2" align="center">제　　　　호</td><td></td><td></td></tr>
</table>

등기의 목적	신용협동조합의 설립
등기의 사유	신용협동조합을 설립하기 위하여 정관을 작성하고 20○○년 ○월 ○일 금융감독위원회의 인가를 받고 20○○년 ○월 ○일 출자 제1회의 납입을 완료하였으므로 다음 사항의 등기를 구함.
	등기할 사항
명　　　칭	○○신용협동조합
주 사 무 소	○○시 ○○구 ○○동 ○
이사의 성명, 주민등록번호 및 주소	이사장 ○ ○ ○ (　　　-　　　) 　　　○○시 ○○구 ○○동 ○
이사의 대표권에 대한 제한	
목　　　적	별지 1 기재와 같음
분사무소	○○시 ○○구 ○○동 ○
설립인가연월일	20○○년 ○월 ○일
존립기간 또는 해산사유	
자산의 총액	
출자의 방법	별지 2의 기재와 같음
기　　　타	별지 3의 기재와 같음

<table>
<tr><td colspan="8" align="center">신청등기소 및 등록면허세/수수료</td></tr>
<tr><td rowspan="2">순번</td><td rowspan="2">신청등기소</td><td rowspan="2">구분</td><td>등록면허세</td><td rowspan="2">농어촌특별세</td><td rowspan="2">세액합계</td><td rowspan="2" colspan="2">등기신청수수료</td></tr>
<tr><td>지방교육세</td></tr>
<tr><td rowspan="2"></td><td rowspan="2"></td><td rowspan="2"></td><td>금   원</td><td rowspan="2">금   원</td><td rowspan="2">금   원</td><td rowspan="2" colspan="2">금   원</td></tr>
<tr><td>금   원</td></tr>
<tr><td colspan="3" align="center">합   계</td><td></td><td></td><td></td><td colspan="2"></td></tr>
<tr><td colspan="3" align="center">등기신청수수료 납부번호</td><td colspan="5"></td></tr>
<tr><td colspan="3">과 세 표 준 액</td><td colspan="5">금   원</td></tr>
</table>

<table>
<tr><td colspan="2" align="center">첨   부   서   면</td></tr>
<tr><td>1. 정관   1통</td><td>1. 주민등록표등본   1통</td></tr>
<tr><td>1. 창립총회의사록(이사선임서)   1통</td><td>1. 인감신고서   1통</td></tr>
<tr><td>1. 설립인가서   1통</td><td>1. 등기신청수수료영수필확인서   1통</td></tr>
<tr><td>1. 재산목록   1통</td><td>1. 위임장(대리인이 신청할 경우)   1통</td></tr>
<tr><td>1. 취임승낙서   1통</td><td><기 타></td></tr>
</table>

20○○년 ○월 ○일

신청인 명   칭   ○○신용협동조합
　　　 주사무소   ○○시 ○○구 ○○동 ○○
대표자 성   명   이사장 ○ ○ ○ ㊞   (전화 :   )
　　　 주   소   ○○시 ○○구 ○○동 ○○
대리인 성   명   법무사 ○ ○ ○ ㊞   (전화 :   )
　　　 주   소   ○○시 ○○구 ○○동 ○○

○○지방법원 ○○등기소 귀중

- 신청서 작성요령 -

1. 해당란이 부족할 때에는 별지를 이용합니다.
1. 해당 등기신청과 관계없는 사항에 대하여는 "해당없음"으로 기재하거나 삭제하고, 필요한 사항은 추가 기재합니다.
1.「인감증명법」에 따른 인감증명서 제출과 함께 관련 서면에 인감을 날인하여야 하는 경우, 본인서명 사실확인서를 제출하고 관련 서면에 서명을 하거나 전자본인서명확인서 발급증을 제출하고 관련 서면에 서명을 하면 인감증명서를 제출하고 관련 서면에 인감을 날인한 것으로 봅니다.

(용지규격 21cm×29.7cm)

♣ 【서식】 신용협동조합 설립목적

목   적

조합원의 저축심을 함양하고 조합자금의 민주적인 관리와 활용으로써 조합원의 자질향상과 경제적 또는 사회적 지위향상을 도모함을 목적으로 하여 다음의 사업을 한다.

1. 신용사업
   가. 조합원으로부터의 예탁금, 적금의 수납
   나. 조합원에 대한 대출
   다. 내국환
   라. 국가·공공단체·중앙회 및 금융기관의 업무대리
   마. 조합원을 위한 유가증권·귀금속 및 중요물품의 보관 등 보호예탁업무
   바. 어음할인

2. 복지사업

3. 조합원을 위한 공제사업

4. 조합원의 경제적·사회적 지위향상을 위한 교육

5. 중앙회가 위탁하는 사업

6. 국가 또는 공공단체가위탁하거나 다른 법령이 조합의 사업으로 정하는 사업

7. 제1호 내지 제6호의 사업에 부대하는 사업

♣ 【서식】 신용협동조합 출자의 방법

출자의 방법

(1) 출자금은 현금으로 납입해야 하며 제1회 납입금액은 1좌 금액 이상이어야 한다.

(2) 제1회 이후의 출자금 납입은 분납할 수 있으며 배당금은 제1회 이후의 출자 납입에 충당할 수 있다.

(3) 조합원은 전 각항의 규정에 의한 출자금 납입에 관하여 이 조합에 대한 채권과 상계하지 못한다.

♣ 【서식】 기타

기   타

1. 공고방법 : 본 조합의 공고는 본 조합 게시판(분사무소 게시판 포함)에 게시
한다. 필요한 경우에는 ○○시에서 발행하는 ○○신문에 게재한
다.
2. 출좌 1좌의 금액 : 금 ○○○원

주
① 명칭 중에는 반드시 신용협동조합이라는 문자를 사용한다.
② 이 등기는 이사장이 신청한다.
③ 신청서에는 일반적인 서류외에 설립인가서 사본·정관사본·임원취임승낙서 사본 등을 첨부하여야 한다.
④ 등록면허세는 과세표준액의 1,000분의 2이고(지세 제28조 1항 6호), 지방교육세는 등록면허세의 100분의 20이다(지세 제151조).

□ **등기기재례**

등기번호		장	3				
등록번호		수					
명　　칭　○○신용협동조합					．　．　．변경		
					．　．　．등기		
					．　．　．변경		
					．　．　．등기		
					．　．　．변경		
					．　．　．등기		
주사무소　○○시　○○구　○○동　○○번지					．　．　．변경		
					．　．　．등기		
					．　．　．변경		
					．　．　．등기		
					．　．　．변경		
					．　．　．등기		
					．　．　．변경		
					．　．　．등기		

임원에 관한 사항	연　　월　　일	연　　월　　일
	원　　　　　인	원　　　　　인
	등 기 연 월 일	등 기 연 월 일
이사장　○　○　○ （　　　－　　　） ○○시　○○구　○○동 5번지	．　．　．	．　．　．
	．　．　．등기	．　．　．등기
	．　．　．	．　．　．
	．　．　．등기	．　．　．등기
	．　．　．	．　．　．
	．　．　．등기	．　．　．등기

명칭, 임원란(1장)

임원에 관한 사항	연 월 일 원 인 등 기 연 월 일	연 월 일 원 인 등 기 연 월 일
	· · ·	· · ·
	· · · 등기	· · · 등기
	· · ·	· · ·
	· · · 등기	· · · 등기
	· · ·	· · ·
	· · · 등기	· · · 등기
	· · ·	· · ·
	· · · 등기	· · · 등기
	· · ·	· · ·
	· · · 등기	· · · 등기
	· · ·	· · ·
	· · · 등기	· · · 등기
	· · ·	· · ·
	· · · 등기	· · · 등기
	· · ·	· · ·
	· · · 등기	· · · 등기
법인성립연월일		2007년 7월 1일
등기용지개설의 사유 및 연월일:		설립 2007년 7월 1일 등기

등기번호	

목　적　조합원의 저축심을 함양하고 조합자금의 민주적인 관리와 활용으로써
　　　　조합원의 자질향상과 경제적 또는 사회적 지위향상을 도모함을 목적으
　　　　로 하여 다음의 사업을 한다.
　　　　1. 신용사업
　　　　　가. 조합원으로부터의 예탁금, 적금의 수납
　　　　　나. 조합원에 대한 대출
　　　　　다. 내국환
　　　　　라. 국가·공공단체·중앙회 및 금융기관의 업무대리
　　　　　마. 조합원을 위한 유가증권·귀금속 및 중요물품의 보관 등 보호예
　　　　　　　탁업무
　　　　　바. 어음할인
　　　　2. 복지사업
　　　　3. 조합원을 위한 공제사업
　　　　4. 조합원의 경제적·사회적 지위향상을 위한 교육
　　　　5. 중앙회가 위탁하는 사업
　　　　6. 국가 또는 공공단체가위탁하거나 다른 법령이 조합의 사업으로 정하
　　　　　는 사업
　　　　7. 제1호 내지 제6호의 사업에 부대하는 사업

목적란(1장)	확인	

<table>
<tr><td>등기번호</td><td></td><td>등록번호</td><td></td></tr>
</table>

기타사항

   1. 분사무소　○○시 ○○구 ○○동 ○○번지

   1. 공고방법　이 조합의 공고는 본 조합게시판(분사무소 게시판 포함)에
       게시한다.

   1. 출자 1좌의 금액과 납입방법

    출좌 1좌의 금액 금○○○○○원

    납입방법

       가. 출자금은 현금으로 납입하고 제1회 납입금액은 1좌 금액 이상
          이어야 한다.

       나. 제2회 이후의 출자금 납입은 분납할 수 있으며 배당금은 제2회
          이후의 납입금에 충당할 수 있다.

       다. 조합원은 출자금의 납입에 관하여 조합에 대한 채권과 상계하
          지 못한다.

기타사항란(1장)　　확인

♣ 【서식】 신용협동조합 정관

○○신용협동조합 정관

2017.12.20. 개정

제1장 총 칙

제1조(설립과 명칭) 이 법인은 신용협동조합법에 의하여 설립하며 ( )신용협동조합(이하"조합"이라 한다) 이라 한다.

제2조(목적) 조합은 조합원에 대하여 금융 및 생활의 편의를 제공함으로써 조합원의 복지향상과 지역경제의 균형있는 발전에 기여함을 목적으로 한다.

제3조(사무소의 소재지)

① 조합의 주사무소는( )시·도 ( )시·군·구 ( )읍·면·동에 둔다.

② 조의 지사무소는 다음과 같이 둔다. <1999.2.5 본항개정>

  1.(시·도 시·군·구 읍·면·동)

  2.(시·도 시·군·구 읍·면·동)

  3.(시·도 시·군·구 읍·면·동)

  4.(시·도 시·군·구 읍·면·동)

  5.(시·도 시·군·구 읍·면·동)

제4조(사업의 종류) ① 조합은 다음 각호의 사업을 행한다.

1. 신용사업

  가. 조합원으로부터의 예탁금 및 적금의 수납

  나. 조합원에 대한 대출

  다. 내국환

  라. 국가·공공단체·중앙회 및 금융기관의 업무 대리 <1999.2.5. 본목개정>

  마. 조합원을 위한 유가증권·귀금속 및 중요물품의 보관등 보호예수업무

　　바. 어음할인

　　사. 「전자금융거래법」에서 정하는 직불전자지급수단의 발행·관리 및 대금의
　　　　결제(이 경우 법 제78조제1항제5호 사목의 규정에 따른 중앙회의 업무
　　　　를 공동으로 영위하는 경우에 한한다) <2013.10.2. 본목신설>

　　아. 「전자금융거래법」에서 정하는 선불전자지급수단의 발행·관리·판매 및 대
　　　　금의 결제(이 경우 법 제78조제1항제5호 아목의 규정에 따른 중앙회의
　　　　업무를 공동으로 영위하는 경우에 한한다) <2013.10.2. 본목신설>

2. 복지사업

3. 조합원을 위한 공제사업

4. 조합원의 경제적·사회적 지위향상을 위한 교육

5. 중앙회가 위탁하는 사업

6. 국가 또는 공공단체가 위탁하거나 다른 법령이 조합의 사업으로 정하는 사업

7. 제1호 내지 제6호의 사업에 부대하는 사업

② 제1항제2호의 복지사업의 범위 및 사업시행에 필요한 사항은 신용협동조합법
　　시행령(이하 "대통령령" 이라 한다)에 정하는 바에 의한다. <2003.12.12. 본
　　항개정>

제5조(정관변경)

① 조합이 정관을 변경하고자 할 때에는 총회의 결의를 거쳐 신용협동조합
　　중앙회의 회장(이하 "중앙회장"이라 한다)의 승인을 얻은 후 등기가 필
　　요한 사항은 등기하여야 한다. 다만, 신용협동조합법(이하 "법"이라 한다)
　　제75조제1항제1호의 표준정관에 의한 변경은 중앙회장의 승인을 요하지 아
　　니한다.

② 정관변경 사유가 다음 각호에 해당하는 때에는 등기부 및 정관에 기재
　　된 조합의 소재지 또는 공동유대에 관한 명칭은 제1항의 규정에 불구하
　　고 당연히 변경된 것으로 본다.

　　1. 행정구역 또는 지명이 변경된 때

　　2. 직장조합의 경우 직장명이 변경된 때

　　3. 단체조합의 경우 단체명이 변경된 때 <2000.6.20. 본항개정>

제6조(공고방법) 조합의 공고는 조합의 게시판에 10일 이상 게시한다. 다만, 필요한 경우에는 (　　)에서 발행하는 일간신문에 게재하거나 서면으로 조합원에게 통지한다. 제7조(통지 또는 최고방법)

① 조합원에 대한 통지 또는 최고는 조합원 명부에 기재된 주소 또는 거소로 한다. 다만, 조합원이 따로 연락처를 고지하였을 경우에는 이에 의한다.

② 제1항의 통지 또는 최고는 보통 도착할 수 있었던 시기에 도달한 것으로 본다.

제2장 조합원

제8조(조합원)

① 조합의 조합원은 다음 각호의 공동유대에 소속된 자로서 제9조의 규정에 따라 조합에 가입한 자로 한다. 1. (　) 2. (　) 3. (　)

② 제1항의 공동유대에 소속되지 아니한 자중 대통령령 제13조제2항에 해당하는 자가 제9조의 규정에 따라 조합에 가입하는 경우 조합원으로 본다. <2003.12.12. 본항신설>

③ 조합은 조합원이 되고자 하는 자에게 조합원 교육을 실시할 수 있다.

제9조(가입)

① 조합원으로 가입하고자 하는 자는 다음 각호의 사항을 기재한 가입신청서를 이사장에게 제출하고 가입승인을 얻어야 한다.

　1. 성명, 주소 또는 거소(법인 또는 단체인 경우에는 사무소 소재지 및 법인·단체명) <2015.8.5. 본호개정>

　2. 출자하고자 하는 출자좌수

　3. 다른 조합에 가입하고 있는 경우에는 그 조합의 명칭

② 조합은 제1항의 가입신청자에 대하여 조합원으로서의 자격유무를 확인하고, 지체없이 가입여부를 가입신청자에게 고지하여야 한다.

③ 제2항의 규정에 의한 가입신청자는 이 정관이 정하는 바에 따라 1좌 금액이상의 출자금을 납입함으로써 조합원의 자격을 갖는다. 제10조

<1999.2.5. 본조삭제>

제11조(조합원이 아닌 자의 사업이용)

① 조합은 조합원의 이용에 지장이 없는 범위 내에서 조합원이 아닌 자에게 제4조제1항의 규정에 의한 사업을 이용하게 할 수 있다. 이 경우 조합원이 아닌 자에 대한 대출 및 어음할인은 조합이 당해 사업연도에 새로이 취급하는 대출금액 및 어음할인금액의 3분의 1을 초과할 수 없다. <2003.12.12. 본항개정>

② 조합원과 동일한 세대에 속하는 자와 다른 조합 및 다른 조합의 조합원이 제1항의 규정에 의한 사업을 이용하는 경우 이를 조합원의 이용으로 본다. <1999.2.5. 본조개정>

제12조(조합원의 신고의무) 조합원은 제9조의 규정에 의하여 제출한 가입신청서의 기재사항에 변경이 있는 때 또는 조합원 자격의 탈퇴사유가 발생하였을 때에는 지체없이 이를 조합에 신고하여야 한다.

제13조(조합원의 책임) 조합원의 책임은 출자액을 한도로 한다.

제14조(의결권·선거권)

① 조합원은 출자좌수에 관계없이 평등한 의결권과 선거권을 가진다. 다만 다음 각호의 1에 해당하는 자는 총회의 성원에 계산하지 않고 의결권과 선거권을 가지지 아니한다. <1999.2.5. 본항개정>

 1. 민법상 미성년자 <2000.6.20. 본호개정>
 2. 출자 1좌 미만이 된 조합원
 3. 제15조제4항의 규정에 의한 조합원
 4. 조합원 자격을 유지한 기간이 3월 미만인 조합원 <2000.6.20. 본호신설>

② 총회에 참석하여 의결권 및 선거권을 행사할 수 있는 조합원은 제9조에 의하여 가입된 조합원으로서 총회개최 공고일 전일을 기준으로 제1항 각호의 1에 해당하지 아니한 자로 한다. <2000.6.20. 본항개정>

제14조의2(조합원의 검사청구) 조합원은 업무집행사항이 법규에서 정한 절차나

의무에 위반된다고 판단되는 경우, 조합원 100분의1 이상의 동의를 얻은 경
우에는 중앙회에, 조합원 100분의3 이상의 동의를 얻은 경우에는 금융감독원
장에게 조합에 대한 검사를 청구할 수 있다.<2003.12.12. 본조신설>

제15조(탈퇴)
① 조합원은 서면으로 조합에 탈퇴의 뜻을 예고하고 탈퇴할 수 있다.
② 조합원이 다음 각호의 1에 해당하게 된 때에는 탈퇴한 것으로 본다.
  <1999.2.5 본문개정>
 1. 조합원의 자격상실
 2. 사 망
 3. 파 산
 4. 금치산
 5. 조합원인 법인의 해산 <2003.12.12. 본호신설>
 6 제 명
③ 제2항제1호의 규정에 의한 자격상실은 다음 각호로 하며, 이사회 결의에
  의하여 자격상실의 효력이 발생한다. 이 경우 제7조 제1항에 정한 방법에
  따라 자격상실 사실을 통지하여야 한다. <1999.2.5. 2012.11.19. 본항개정>
 1. 제8조에 정한 공동유대에 속하지 아니한 때
 2. 3년 이상 제4조제1항제1호 가목.나목 또는 바목에 규정한 신용사업을
    이용하지 아니한 때<2000.6.20. 본호개정>
④ 제2항 각호의 1의 사유가 발생한 자가 조합과 다음 각호의 1의 계약관
  계에 있는 경우에는 제2항 및 제3항의 규정에 불구하고 당해 계약관계를
  종료할 때까지 조합원으로 본다.
1. 조합으로부터 대출금이 있는 때
2. 조합에 기한이 도래하지 않은 예탁금 또는 적금이 있는 때 <2012.11.19. 개정>

제16조(탈퇴하거나 제명된 조합원의 출자금등의 환급)
① 조합원이 탈퇴하거나 제명되었을 때에는 지체없이 그의 대출금등 채권
  을 회수하고 출자금.예탁금.적금을 환급한다.

② 탈퇴하거나 제명된 조합원의 배당금은 사업연도 경과 후에 지급하며, 결산 확정 후 조합원에게 배당금 지급의 뜻을 통지하여야 한다.

③ 제2항의 배당금 지급을 통지한 때로부터 5년 내에 배당금 청구가 없는 경우에 탈퇴하거나 제명된 조합원의 배당금은 기타영업외수익으로 전입한다.

④ 탈퇴하거나 제명된 조합원의 출자금을 환급할 때, 조합은 조합의 재산으로 그 채무를 다 갚을 수 없는 경우에는 규정으로 정하는 바에 따라 탈퇴하거나 제명된 조합원이 부담하여야 할 손실액을 빼고 환급한다. <2015.12.23. 본조개정> <2017.12.20. 본항개정>

제17조(출자금 인출) 조합원은 30일전에 조합에 예고하고 출자금을 인출할 수 있다.

제18조(제명)

① 조합원이 다음 각호의 1에 해당하는 때에는 총회의 결의에 의하여 제명할 수 있다.

1. 출자금의 납입, 기타 조합에 대한 의무를 이행하지 아니한 때

2. 조합의 사업을 방해하거나 신용을 상실하게 한 행위를 한 때

3. 법령이나 정관을 위반한 때

4. 2년 이상의 기간에 걸쳐 제4조제1항제1호 가목.나목 또는 바목에서 정한 조합의 사업을 이용하지 아니한 때 <1999.2.5., 2000.2.5 본호개정>

5. 출자 1좌 미만이 된 후 6월이 경과한 때

② 조합은 제1항의 규정에 의하여 조합원을 제명하고자 할 때에는 총회 개최일 10일전에 그 조합원에 대하여 제명의 사유를 통지하고, 총회에서 의견을 진술할 기회를 주어야 한다.

③ 제2항의 규정에 의한 의견진술의 기회를 주지 아니하고 행한 총회의 제명에 관한 결의는 당해 조합원에게 대항할 수 없다. 제19조(조합원의 자격에 관한 특례) 제8조 각호에 정한 공동유대가 변경된 경우 변경전의 규정에 의한 조합원은 공동유대의 변경에 불구하고 조합원의 자격을 유지한다. 제3장 출자와 적립금

제20조(출자)

① 조합원은 출자 1좌 이상을 가져야 하며 출자 1좌의 금액은 ( )원으로 한다.

② 1조합원의 출자좌수는 총 출자좌수의 100분의 10을 초과할 수 없다.

제21조(출자금 납입방법 및 시기)

① 최초의 출자금은 1좌금액 이상을 일시에 현금으로 납입한다.

② 제2회 이후의 출자금은 분납할 수 있으며 제72조의 규정에 의한 배당금은 출자의 납입에 충당할 수 있다.

③ 조합원은 제1항 및 제2항의 규정에 의한 출자금 납입은 조합에 대한 채권과 상계할 수 없다.

제22조(출자금의 양도양수 등)

① 조합원의 출자금은 이사장의 승인을 얻어 다른 조합원에게 양도할 수 있다. <2003.12.12. 본조명칭변경>

② 출자금의 양수인은 양도인의 재산상의 권리와 의무를 승계한다. <1999.2.5. 본항개정>

③ 조합원은 출자금을 공유할 수 없다.

④ 조합원의 출자금은 질권의 목적이 될 수 없다. <2003.12.12. 본항신설>

제23조(우선변제) 조합은 조합원이 조합에 대한 채무 또는 그가 보증한 채무를 이행하지 아니한 때에는 그 조합원의 출자금.예탁금 및 적금에서 우선 변제를 받는다.

제24조(법정적립금)

① 조합은 매사업연도의 이익금의 100분의 10이상을 납입출자금 총액의 2배에 달할 때까지 법정적립금으로 적립한다. <2003.12.12. 본항개정>

② 조합이 분할하거나 해산의 경우 외에는 제1항의 규정에 의한 적립금을 사용하거나 배당에 충당할 수 없다.

제25조(특별적립금) 조합은 결손의 보전, 도난, 피탈 및 화재 등의 불가항력에

의한 회계사고에 충당하기 위한 준비금으로써 사업연도마다 이익금의 100분의 30의 범위 안에서 특별적립금을 적립할 수 있다.

제26조(임의적립금) 조합은 사업준비금으로써 사업연도마다 이익금의 일부를 임의적립금으로 적립할 수 있다.

제27조(지분계산)

① 조합의 재산에 대한 조합원의 지분은 다음의 기준에 의하여 계산한다.

1. 납입 출자금에 대하여는 납입한 출자액에 따라 사업연도마다 이를 계산한다.

2. 제1호의 납입출자액은 연도말 결산 후 지급되는 배당금의 출자금 전입액을 포함한다.

3. 기타 재산에 대하여는 이 조합 해산의 경우에 한하여 계산하되 그 산정방법은 총회에서 이를 정한다.

② 지분을 계산함에 있어서 그 기초가 되는 금액과 산정된 지분금액의 10원미만은 이를 절사한다.

제28조(업무용부동산의 범위등)

① 조합이 취득할 수 있는 업무용부동산의 범위는 다음 각호와 같다.

1. 영업장(건물연면적의 100분의 10이상을 업무에 직접 사용하는 경우에 한한다)

2. 사택.기숙사.연수원 등의 용도로 직접 사용하는 부동산

3. 제4조제1항제2호의 규정에 의한 복지사업에 직접 사용하는 부동산

② 조합은 조합원의 이용에 지장이 없는 범위 안에서 제1항제1호의 규정에 의한 영업장의 일부를 타인에게 임대할 수 있다.

제4장 총회와 이사회

제29조(총회) 조합은 조합원으로 구성하는 정기총회와 임시총회를 두며 이사장이 의장이 된다. 제30조(정기총회 소집) 정기총회는 매사업연도 종료후 2월이내에 1회 개최하며 이사장이 이를 소집한다.

제31조(임시총회 소집)

① 임시총회는 다음 각호의 1에 해당하는 경우에 이사장이 이를 소집한다.

1. 이사장이 필요하다고 인정한 때

2. 이사회의 결의로 소집을 요구한 때

3. 조합원이 조합원 5분의 1이상의 동의를 얻어 소집을 요구한 때

4. 중앙회장이 법 제89조의 규정에 의한 감독상 필요하여 소집을 요구한 때

5. 감사가 소집을 요구한 때 <2003.12.12. 본호신설>

② 제1항제3호 및 제5호의 규정에 의한 임시총회 소집은 법 제26조에 규정한 절차와 방법에 의한다. <2003.12.12. 본항개정>

③ 이사장이 제1항제4호의 규정에 의한 중앙회장의 소집요구를 받고 지체없이 총회를 개최하지 아니한 때에는 중앙회장이 총회를 소집할 자를 지정할 수 있다. 이 경우 중앙회장이 지정한 자가 의장의 직무를 대행한다. <1999.2.5. 본조개정>

제32조(총회소집의 통지)

① 총회의 소집은 총회일 10일전까지 그 회의의 목적, 일시, 장소를 기재하여 제6조에 정한 방법에 따라 공고 한다. 다만, 다음 각호의 1의 결정을 위하여 소집하는 경우에는 제6조 및 제7조에 정한 방법에 따라 공고 및 통지하여야 하며, 직장신협의 경우에는 직장 내 전자통신망에 게시하고 전자우편으로 통지할 수 있다. <2003.12.12., 2012.12.20. 본항개정>

1. 조합의 해산·합병·분할

2. 임원의 선출과 해임

3. 자본금의 감소

4. 정관의 변경

5. 기타 이사회에서 통지가 필요하다고 인정하는 사항

② 임원의 선출을 위하여 총회를 소집함에는 제1항의 규정에 불구하고 총회 15일전까지 공고 및 통지하여야 한다. <2010.12.04. 본항개정>

③ 제1항 및 제2항의 규정은 의결권 및 선거권이 없는 자에 대하여는 이를 적

용하지 아니한다<1999.2.5. 본조개정>.

제33조(총회의 결의사항 등) 다음 각호의 사항은 총회의 결의를 얻어야 한다.
 1. 정관의 변경
 2. 사업계획 및 예산의 결정
 3. 임원의 선출 및 해임
 4. 결산보고서(사업보고서.대차대조표.손익계산서 및 잉여금처분안 또는 손실금처리안을 포함한다)의 승인
 5. 감사보고서의 승인
 6. 조합의 해산.합병.분할 또는 휴업
 7. 조합원의 제명
 8. 규약의 제정.변경 또는 폐지
 9. 이사장이 아닌 상임임원(이하"상임임원"이라한다) 및 상임이사장의 보수 <2000.6.20. 본호신설> <2013.10.2. 본호개정>
 10. 자본금의 감소 <2003.12.12. 본호신설>
 11. 기타 이사장 또는 이사회가 필요하다고 인정하는 사항

제33조의2(총회 결의의 특례) 다음 각 호의 사항에 대해서는 제33조에도 불구하고 조합원의 투표로 총회의 결의를 갈음할 수 있다. <2015.8.5. 본조신설>
 1. 조합의 해산·합병 또는 분할
 2. 임원(법제27조제3항에 따른 임원으로 한정한다)의 선임

제34조(총회의 결의)
① 총회는 법령 또는 정관에 다른 규정이 있는 경우를 제외하고는 재적조합원 과반수의 출석으로 개의하고 출석조합원 과반수의 찬성으로 결의한다. 다만, 재적조합원이 500인을 초과하는 경우에는 251인 이상의 출석으로 개의하고 출석조합원 과반수의 찬성으로 결의할 수 있다.
② 조합원은 의결권을 대리행사 할 수 있으며 이 경우 당해 조합원은 출석한 것으로 본다. 다만, 제1항 단서의 규정에 의하여 개의 및 결의하는 경우에는 그러하지 아니한다.

③ 제1항의 규정에 의한 개의정족수에 미달하여 총회를 개의할 수 없는 때에는 이사장은 2주일 이내에 다시 총회소집을 통지하여야 한다. <2015.8.5. 본항개정> <1999.2.5. 본조개정>

제35조(총회의 특별결의) 다음 각호의 사항은 출석조합원 3분의 2이상의 찬성으로서 결의한다.
 1. 정관의 변경
 2. 해산·합병·분할 또는 휴업
 3. 자본금의 감소

제36조(총회의 연장 및 결의방법)
① 총회의 회기는 총회의 결의에 의하여 연기할 수 있다. 이 경우 총회의 일시 및 장소는 당해 총회에서 정한다.
② 제1항의 규정에 의하여 속행된 총회는 제32조의 규정을 적용하지 아니하며, 속행된 총회에서 결의에 참가할 수 있는 자는 연기전의 총회에 출석자격이 있는 조합원으로 한다.

제37조(의결권의 제한)
① 총회(속행의 경우를 포함한다)는 제32조의 규정에 의하여 미리 공고 또는 통지한 사항에 대해서만 의결할 수 있다. <1999.2.5. 본항개정>
② 조합과 조합원간에 이해가 상반되는 사항에 관하여 의결할 때에는 당해 조합원은 의결에 참가할 수 없다.

제37조의2(의결취소 등의 청구) 총회의결 또는 임원선거의 효력에 관하여 이의가 있는 조합원은 의결일 또는 선거일부터 1월 이내에 조합원 10분의1 이상의 동의를 얻어 그 의결 또는 당선의 취소를 중앙회장에게 청구할 수 있다. <2003.12.12. 본조신설>

제38조(의결권의 대리행사)
① 조합원이 제34조제2항의 규정에 의하여 의결권을 대리행사 할 때에는 조합에 신고된 인감을 날인한 위임장을 제출하여야 한다.

② 대리인은 제14조의 규정에 따라 의결권과 선거권을 가진 자로 한다. <1999.2.5., 2003.12. 12. 본항개정>

③ 대리인은( )인의 조합원을 대리할 수 있다. 제39조(대리권의 소명) 대리인은 대리권을 증명하는 서면을 총회 개의전까지 조합에 제출하여야 한다.

제40조(의사록의 작성)

① 총회의 의사에는 의사록을 작성하여야 한다.

② 의사록에는 의사의 경과 및 결과를 기재하고 의장과 총회에서 선출한 3인 이상의 조합원이 기명날인 또는 서명한다.

제41조(이사회) 조합은 이사로 구성되는 이사회를 둔다.

제42조(이사회의 소집)

① 정기이사회는 2월마다 1회 이사장이 이를 소집한다.

② 임시이사회는 다음 각호의 경우에 소집한다.

 1. 이사장이 필요하다고 인정한 때

 2. 이사 2인 또는 감사의 요구가 있는 때 <2003.12.12. 본호개정>

③ 이사장이 제2항제2호에 의한 소집요구를 받은 날로부터 정당한 사유없이 7일이내에 이사회를 소집하지 않는 경우에는 소집을 요구한 이사대표 또는 감사가 이사회를 소집할 수 있다. 이 경우 소집한 이사 또는 감사가 의장의 직무를 대행한다. <2003.12.12. 본항개정>

④ <2003.12.12. 본항삭제>

⑤ 이사회를 소집할 때에는 개최 5일 전까지 각 이사 및 감사에게 통지하여야 한다. 다만, 긴급을 요할 경우에는 개최전일까지 통지할 수 있다. <2017.12.20. 본항신설>

제43조(개의와 결의)

① 이사회는 재적이사 과반수의 출석으로 개의하고 출석이사 과반수의 찬성으로 의결한다.

② 이사장은 의결에 참가한다.

③ 이사의 이익과 조합의 이익이 상반되는 사항이나 신분에 관련되는 사항에 관하여는 당해 이사는 이사회의 그 의사에 관여할 수 없다.

제44조(이사회의 결의사항)

① 다음 각호의 사항은 이사회의 결의를 얻어야 한다.

 1. 규정의 제정·변경 또는 폐지

 2. 기본재산의 취득과 처분

 3. 사업집행에 대한 기본방침의 결정

 4. 소요자금의 차입(중앙회로부터 차입하는 경우에는 최고한도)

 5. 제적립금의 처분

 6. 조합원 자격상실 <2000.6.20. 본호삭제, 2003.12.12. 본호개정>

 7. 임원의 업무집행정지 <2000.6.20. 본호삭제, 2003.12.12. 본호개정>

 8. 총회에 부의할 사항 및 총회에서 위임한 사항

 9. 상임임원후보자의 결정 <2013.10.2. 본호신설>

 10. 전문임원 정수의 결정 <2015.8.5. 본호신설>

 11. 총회의 권한에 속하지 아니하는 중요사항 <2013.10.2. 본호이동>

② 이사회는 제4조제1항 각호의 사업을 수행하기 위하여 필요한 위원회를 설치 운영할 수 있다.

③ 제2항의 규정에 의한 위원회의 구성 및 운영에 관하여는 규정으로 정한다.

④ 제1항제5호의 규정에 의한 적립금의 처분은 차기총회에 보고하여야 한다.

⑤ 이사회는 제1항의 규정에 의하여 결의된 사항에 대한 이사장, 상임이사 및 간부직원의 업무집행을 감독하고, 필요한 사항을 이사회에 보고하도록 요구할 수 있다. <2003.12.12. 본항신설> <2013.10.2. 본항개정>

제5장 임원과 직원

제45조(임원)

① 조합의 임원은 이사장 1명, 부이사장 1명을 포함한 이사( )명과 감사( )명으로 한다. 다만, 대통령령 제14조제1항 본문에 해당할 경우 이사장 또는 이

사 중 1명을 상임으로 하며, 같은 항 단서에 해당할 경우 이사장과 이사 각 1명 또는 이사장과 이사 중 1명을 상임으로 하며, 제3항에 해당할 경우 이사 중 1명을 상임으로 하며, 제5항에 해당할 경우 감사 중 1명을 상임으로 하여 다음 각호와 같이 한다. <2013.10.2. 본항개정> <2015.8.5. 본항개정> <2017.12.20. 본항개정>

1. ( ) 이사장 1명
2. 부이사장 1명
3. 비상임이사 ( )명과 상임이사 ( )명
4. 비상임감사 ( )명과 상임감사 ( )명

② 제1항에도 불구하고 임기중에 대통령령 제14조제3항에 해당하는 경우 이사장은 비상임으로 하고 1명의 상임이사를 둔다. <2013.10.2. 본항개정> <2015.8.5. 본항개정>

③ 삭제 <2015.8.5.>

④ 삭제 <2015.8.5.>

⑤ 상임이사장은 다음 각 호의 어느 하나에 해당하는 사람으로 한다. <2013.10.2. 본항개정>

1. 조합의 임원으로 4년 이상 재임한 경력이 있는 사람 <2017.12.20. 본호개정>
2. 「금융위원회의 설치 등에 관한 법률」 제38조에 따른 검사대상기관에서 금융관련 업무에 상근직으로 10년 이상 근무한 경력이 있는 사람
3. 금융관련 연구기관에서 연구위원으로 5년이상 근무한 경력이 있는 사람
4. 금융감독기관또는 금융관련 국가직 공무원으로서 금융관련 업무에 10년이상 근무한 경력이 있는 사람

⑥ 상임임원은 다음 각호의 어느 하나에 해당하는 사람으로 한다. 다만, 법 제27조제8항에 따라 선임되는 상임감사는 임원선거일 현재 3년 이내에 조합의 임직원(상임감사를 제외한다)이었던 사람이 아니어야 한다. <2003.12.12. 본항신설> <2013.10.2. 본항개정> <2017.12.20. 본항개정>

1. 조합(다른 조합을 포함한다) 또는 중앙회에서 상근직으로 10년 이상 근무

한 경력이 있는 사람

2. 금융관련 국가기관, 연구기관 또는 교육기관에 상근직으로 10년이상 근무한 경력이 있는 사람

3. 「금융위원회의 설치 등에 관한 법률」 제24조제1항에 따라 설립된 금융감독원 또는 같은 법 제38조에 따른 검사대상기관에서 금융관련 업무에 상근직으로 10년 이상 근무한 경력이 있는 사람

⑦ 법 제27조제2항의 규정에 따라 다음 각호의 어느 하나에 해당하는 사람을 전문임원으로 선출 할 수 있다. 이 경우 상임임원을 포함하여 임원정수의 3분의 1을 초과할 수 없다. <2003.12.12. 본항신설> <2013.10.2. 본항개정>

1. 금융·법률·세무 및 회계 관련의 국가공인 전문자격증 소지한 사람

2. 제5항제2호 내지 제4호에 해당하는 사람

⑧ 상임이사장과 상임임원의 보수는 중앙회장이 정하는 기준에 따라 총회가 정한다. <2003.12.12. 본항신설> <2013.10.2. 본항개정>

제45조의2(이사장의 상임) <2003.12.12. 본조삭제>

제46조(이사장의 직무)

① 이사장은 조합의 업무를 통할하고 조합을 대표하며, 이사장의 사고시에는 부이사장, 미리 이사회가 정한 이사의 순으로 그 직무를 대행한다.

② 제1항의 규정에 의한 직무대행자가 없거나 기타 다른 사유로 직무대행자를 선임할 수 없는 때에는 중앙회장이 임시임원을 선임하여 이사장의 직무를 대행하게 할 수 있다. <1999.2.5.본항개정>

제46조의2(상임이사의 직무)

① 상임이사는 제4조제1항제1호 및 제3호의 사업 및 그에 부대하는 사업을 전담하여 처리하며, 이사장은 상임이사가 그 사업을 독립하여 수행할 수 있도록 권한을 위임하여 전결 처리하도록 하여야 한다.

② 상임이사가 궐위·구금되거나 의료법에 따른 의료기관에 입원한 경우 등 부득이한 사유로 직무를 수행할 수 없는 때에는 이사회가 정한 순서에 따른 간부직원이 제1항에서 정한 직무를 대행한다. <2015.8.5.,

2016.12.21. 본항개정> <2013.10.2. 본조신설>

제47조(감사의 직무)

① 감사는 분기마다 1회이상 조합의 업무집행상황, 재산상태, 장부 및 서류 등을 감사하여야 하며, 분기별 감사보고서는 이사회에 분기별 감사보고서를 종합한 연차보고서는 정기총회에 각각 제출하여야 한다. ② 제1항의 감사 실시 통보 및 감사보고서 제출은 2인 이상의 감사가 공동으로 하여야 한다. 다만 감사보고서 제출에 있어서 감사의 의견이 일치하지 않을 경우에는 각각 그 의견을 제출할 수 있다.

③ 감사는 반기마다 1회 이상 예고없이 상당수의 조합원의 예탁금통장, 기타 증서와 조합의 장부나 기록을 대조 확인하여야 한다. <2003.12.12. 본항개정>

④ 감사는 이사회가 법령.정관 또는 총회의 결의에 위반하여 업무를 집행한 때에는 이사회에 그 시정을 요구하여야 한다.

⑤ 감사는 제1항 및 제3항의 감사결과 중대한 부정사실 또는 조합에 현저하게 손해를 미칠 염려가 있는 사실을 발견한 때에는 즉시 이를 중앙회장에게 보고하여야 한다.

⑥ 감사 중 1인은 대표감사로 하며, 대표감사는 감사가 호선한다. <2000.6.20. 본항신설>

제48조(감사의 대표권) 조합과 이사장간의 소송, 계약 등의 법률행위를 하는 때에는 감사가 조합을 대표한다.

제49조(감사의 이사회 배석)

① 감사는 이사회에 출석하여 의견을 진술할 수 있다.

② 제1항의 규정에 의하여 감사가 이사회에 출석하여 의견을 진술하였을 때에는 출석한 감사는 이사회 의사록에 기명날인 또는 서명한다.

제50조(임원의 선출)

① 이사장과 부이사장은 조합원중에서 선거인 과반수의 투표로써 다수득표자를 당선인으로 결정하고, 이사장 및 부이사장을 제외한 임원은 선거인 과반수의

투표로써 다수득표자순으로 당선인을 결정한다. <1999.2.5. 단서삭제>

② 제1항에도 불구하고 상임임원과 전문임원은 총회에서 제34조의 결의방법에 의하여 선출한다. <2013.10.2. 본항신설>

③ 임원의 선출에 관하여 필요한 사항은 이 정관의 부속서 임원선거규약이 정하는 바에 의한다. <2003.12.12. 본항개정> <2013.10.2. 본항이동>

제51조(임원의 임기)

① 임원의 임기는 4년으로 한다.

② 제1항 임원의 임기는 전임자의 임기 만료일의 다음날로부터 기산한다.

③ 보궐선거에 의하여 당선된 자의 임기는 전임자의 잔임기간으로 한다. 이 경우 임원정수의 증원 또는 임원 전원이 보궐선거에 의하여 선출된 경우에도 이를 준용한다. <2008.11.24. 개정>

④ 임원의 임기가 최종의 결산에 관한 정기 총회전에 만료된 때에는 정기총회 종결일까지 그 임기는 연장된다. <2003.12.12., 2012.11.19. 본항개정>

⑤ 설립당시의 임원의 임기는 당선일로부터 4회차 도래하는 정기총회 종료일까지로 한다.<2003.12.12. 본항개정>

제52조(보궐선거의 방법)

① 상임임원을 제외한 임원이 결원된 경우에는 결원된 날로부터 2월 이내에 다음 각 호에 따라 선출하고, 그 결과를 제6조가 정하는 방법에 따라 공고하여야 한다.

1. 부이사장 : 이사회에서 다수 득표자를 선출. 다만, 득표수가 동일한 경우에는 연장자를 선출

2. 이사 : 이사회에서 다수득표자(다수 득표자순)를 선출. 다만, 득표수가 동일한 경우에는 연장자순으로 선출

3. 감사 : 감사가 다수득표자(다수 득표자순)를 선출. 다만, 득표수가 동일한 경우에는 연장자순으로 선출 <2000.6.20., 2012.11.19. 2013.10.2., 2015.8.5. 본항개정>

② 다음 각호의 경우에는 제1항의 규정에 불구하고 이사장 또는 직무대행자는 60일

이내에 임시총회를 소집하여 보궐선거를 실시하거나 지체없이 중앙회장에게 임시임원 선임을 요청하여야 한다. 다만, 회계연도 종료일전 6월이내에 다음 3호에 해당할 경우에는 차기총회에서 실시할 수 있다. <2015.8.5. 본항개정>

1. 결원된 이사의 수가 제45조에 규정한 이사정수의 2분의 1을 초과한 때
2. 감사 전원이 결원된 때
3. 이사장이 결원된 때

③ 제2항제1호의 사유로 인하여 임시총회를 소집하는 경우 총회를 개최하기 위하여 필요한 사항은 나머지 이사로 구성되는 이사회의 결의에 의하며 제31조제3항의 규정에 따라 총회를 소집하는 경우에는 그 직무대행자가 결정한다. <1999.2.5. 본조개정>

④ 상임임원이 결원된 경우 60일 이내에 총회를 소집하여 보궐선거를 실시하여야 한다. 다만, 회계연도 종료일전 6월 이내에 결원이 발생한 경우 차기총회에서 실시 할 수 있다. <2013.10.2. 본항신설>

제53조(임원의 연임제한)

① 임원은 연임할 수 있다. 다만 이사장은 2차에 한하여 연임할 수 있다. <2003.12.12., 2012.12.20. 개정>

② 이사장이 그 임기만료일 전에 퇴임한 경우에도 그의 임기만료일까지 1회 재임한 것으로 본다. <2003.12.12. 본항개정>

③ 보궐선거에 의하여 선출된 이사장은 1회 재임한 것으로 본다. <2003.12.12. 본항개정>

제54조(임원자격의 제한)

① 다음 각 호의 어느 하나에 해당하는 자는 조합의 임원이 될 수 없다. <2016.12.21. 본항개정>

1. 법 제28조제1항제1호부터 제11호까지의 규정에 의하여 그 자격이 제한된 자. <1999.2.5.,2003.12.12., 2013.10.2., 2015.8.5. 본호개정>
2. <1999.2.5. 본호삭제>
3. <1999.2.5. 본호삭제>
4. <1999.2.5. 본호삭제>

  5. 제15조제4항의 규정에 의한 조합원

  6. 조합의 직원 및 다른 조합의 임·직원

  7. 재임중인 임원의 직계존비속 및 그 배우자

  8. 정관부속서임원선거규약으로 정하는 자격제한자 <2000.6.20. 본호신설>

  9. 상임감사의 경우 조합원 <2017.12.20. 본호신설>

② 제1항 각 호(법 제28조제1항제9호의 경우는 제외한다)의 사유가 발생한 사실을 알게 된 때에는 당해 임원은 즉시 면직된다. 이 경우 정관부속서임원선거규약 제8조제1항제3호, 제4호, 제8호 및 제9호의 규정을 적용함에 있어서는 "선거공고일 전일 현재" 를 "현재"로 한다. <2008.11.24., 2012.11.19., 2015.8.5., 2016.12.21. 본항개정>

③ 삭제 <2015.8.5.>

④ 제2항에 의하여 면직된 임원이 면직전에 관여한 행위는 그 효력을 상실하지 아니한다.

제55조(임원의 성실의무)

① 조합의 임원은 법, 법에 의한 명령, 정관, 규약, 규정 및 총회와 이사회의 결의를 준수하고 조합을 위하여 성실히 그 직무를 수행하여야 한다.

② 임원이 그 직무를 수행함에 있어서 고의 또는 중대한 과실(상임이사장 및 상임임원의 경우에는 고의 또는 과실)로 조합 또는 타인에게 가한 손해에 대하여는 단독 또는 연대하여 손해배상의 책임을 진다. <2003.12.12., 2013.10.2. 본항개정>

③ 이사회가 불법행위 또는 중대한 과실로 인하여 조합에 손해를 끼쳤을 때에는 그 불법행위 또는 중대한 과실과 관련된 이사회에 출석한 임원은 당해 손해에 대하여 조합에 연대하여 책임을 진다. 다만, 그 회의에서 반대의사를 표시한 임원은 그러하지 아니한다. <2003.12.12.본항개정>

④ 제2항 및 제3항의 구상권의 행사는 이사장 및 이사에 대하여는 감사가, 감사에 대하여는 이사장이, 임원 전원에 대하여는 조합원 10분의 1이상의 동의를 얻은 조합원대표가 이를 행한다.

제56조(임원등에 대한 제재)

① 이사회는 임원 또는 간부직원이 다음 각호의 1에 해당할 때에는 당해 임원 등에 대하여 이사회의 결의로써 업무집행을 정지시킬 수 있고 직원은 징계할 수 있다. <2003.12.12. 본항개정>

 1. 법령 및 정관에 위반하는 중대한 사유가 있다고 인정될 때

 2. 조합에 대한 채무(보증채무를 제외한다)를 3월 이내에 이행하지 아니한 때 <2003.12.12.본호개정>

② 이사장 또는 그 직무대행자는 제1항의 규정에 따라 임원의 업무집행정지를 결의한 경우 그 사실을 지체없이 중앙회장에게 보고하고 당해 임원의 해임을 위한 임시총회를 개최하여야 한다. 이 경우 당해 임원에게 소명할 기회를 주어야 한다. <2003.12.12. 본항개정>

③ 제1항의 규정에 의한 임원의 정직 기간은 30일을 초과할 수 없다.

제56조의2(중앙회장의 요구에 의한 제재)

① 조합은 중앙회장이 법 제89조제7항제1호의 규정에 의하여 임.직원에 대한 조치를 요구한 때에는 즉시 이를 이행하여야 한다. <2000.6.20.,2003.12.1.2 본항개정>

② 제1항의 규정에 의하여 임원을 조치하는 경우에는 제56조제3항의 규정을 적용하지 아니한다. <1999.2.5. 본조신설>

제57조(임원의 실비변상) 임원(상임이사장과 상임임원을 제외한다)은 명예직으로 한다. 다만, 조합의 업무수행을 위하여 소요되는 여비등 실제소요비용은 법 제75조제1항제2호의 규정에 의한 표준규정(이하 "표준규정"이라 한다)에서 정한 지급기준과 방법에 의하여 이를 지급할 수 있다. <2000.2.5., 2013.10.2. 본조개정>

제58조(겸직금지)

① 조합의 이사, 감사 및 직원은 상호 겸직할 수 없다.

② 다음 각호의 1에 정한 기관에 종사하는 임.직원은 조합의 임.직원이 될 수 없다. 다만, 당해 법인이 설립한 직장조합의 경우에는 그러하지 아니하다. <2000.6.20.

본항개정>

1. 농업협동조합법에 의하여 설립된 지역농업협동조합과 지역축산업협동조합,품목별·업종별협동조합 및 농업협동조합중앙회 <2015.8.5.본호개정>

2. 수산업협동조합법에 의하여 설립된 지구별수산업협동조합,업종별수산업협동조합,수산물가공수산업협동조합 및 수산업협동조합중앙회 <2015.8.5.본호개정>

3. <2000.6.20 본호삭제>

4. 산림조합법에 의하여 설립된 지역 산림조합, 품목별·업종별산림조합 및 산림조합중앙회

5. <2000.6.20 본호삭제>

6. 새마을금고법에 의하여 설립된 새마을금고와 그 중앙회

7. 금융위원회의 설치등에 관한 법률제38조에 따른 검사대상기관(같은법 제38조제5호는 제외 한다)

8. 보험업법에 의한 보험사업자.보험모집인.보험대리인 및 보험중개인

9. 파이낸스, 투자금융, 투자개발 등의 사설금융회사 <2000.6.20. 본호신설>

10. 대부업 종사자 <2008.11.24. 신설>

11.우체국예금,보험에관한법률에 따른 체신관서 <2015.8.5. 본호신설>

③ 상임이사장과 상임임원은 다른 직무에 종사하지 못한다. 다만, 중앙회장이 그 업무 수행에 영향을 미치지 않는다고 인정하는 직무에 대해서는 예외로 한다. <2003.12.12. 본항신설>, <2013.10.2. 본항개정>

④ 중앙회장이 다른 조합의 임직원을 법 제89조의 규정에 따라 임시임원으로 선임한 경우 겸직으로 보지 아니한다. <2015.8.5. 본조신설>

제59조(직원)

① 이사장은 이사회의 승인을 얻어 직원을 임면한다.

② 조합은 법 제30조의 규정에 따라 조합의 간부직원으로서 전무 또는 상무를 둘 수 있다.

③ 이사장은 상임이사의 소관업무에 종사하는 직원의 임면에 대하여 상임이사와

사전에 협의를 하여야 한다. <2013.10.2. 본항신설>

제60조(운영의 공개)

① 이사장은 정관, 총회의사록, 이사회 의사록, 조합원명부를 주사무소에 비치하여야 한다. <2013.10.2. 본항개정>

② 결산보고서는 정기총회일전 1주 전까지 사무소에 비치하여야 한다.<2013.10.2 본항개정>

③ 조합원과 조합의 채권자는 영업시간내에 언제든지 이사회 의사록(조합원의 경우에만 해당한다)과 그 밖의 제1항 및 제2항에 따른 서류를 열람하거나 그 서류의 사본발급을 청구할 수 있다. 이 경우 조합이 정한 비용을 지급하여야 한다.<2013.10.2. 본항개정>

④ 조합원은 조합원 100명 이상이나 총 조합원수의 100분의 3이상의 동의를 받아 조합의 회계장부 및 서류의 열람이나 사본의 발급을 청구할 수 있다.<2013.10.2. 본항신설>

⑤ 조합은 제4항의 청구에 대하여 특별한 사유가 없으면 발급을 거부할 수 없으며, 거부하려면 그 사유를 서면으로 알려야 한다.<2013.10.2. 본항신설> <2013.10.2. 본조개정>

제6장 사업의 집행

제61조(사업계획과 수지예산)

① 이사회는 매사업연도 개시전에 사업계획을 수립하고 수지예산을 편성하여 총회에 부의하여야 한다.

② 정기총회 승인전까지의 예산은 전년도 예산에 준하여 집행한다.

제62조(차입금의 제한)

① 조합이 중앙회 또는 다른 금융기관으로부터 차입하는 자금의 한도는 직전 사업연도말 자산총액의 100분의 5와 자기자본 중 큰 금액으로 한다. 다만, 금융위원회가 정하는 기준에 따라 중앙회장의 승인이 있는 경우에는 자산

총액의 100분의 5와 자기자본 중 큰 금액을 초과하여 차입할 수 있다. <2000.6.20, 2003.12.12. 2008.11.24. 본항개정>

② 제1항의 차입한도 산정시 신용협동조합예금자보호기금으로부터의 차입금 및 조합이 중앙회에 예치한 예탁금 범위내 대출은 포함하지 아니한다. <1999.2.5. 본항신설, 2003.12.12 본항개정>

제63조(동일인에 대한 대출의 한도) 동일인에 대한 대출금의 최고한도는 금융위원회가 정하는 기준에 따라 중앙회장의 승인이 있는 경우를 제외하고는 조합의 직전 사업연도말 자기자본의 100분의 20과 자산총액의 100분의 1 (금융위원회가 정한 최고한도를 초과할 수 없다) 중 큰 금액의 범위내에서 이사회에서 정한 금액으로 한다. <2000.6.20., 2003.12.12., 2008.11.24.본항개정>

제64조(상환준비금) 조합은 법 제43조에 정한 비율과 방법에 따라 상환준비금을 보유하여야 한다.

제65조(여유자금의 운용)

① 조합은 다음 각호에 의하여 여유자금을 운용한다.

1. 중앙회에의 예치

2. 대통령령이 정하는 금융기관에의 예치 <2000.6.20., 2003.12.12. 본호개정>

3. 국채·공채 또는 대통령령이 정하는 종류 및 한도 범위내에서의 유가증권의 매입 <2000.6.20., 2003.12.12. 본항개정>

② 제1항의 여유자금은 조합원의 자금수요를 충족시키고 남은 경우를 말하며 이사장이 정하는 방법에 따라 운용한다. <2000.6.20. 본항개정>

제66조(공제가입) 조합은 중앙회 또는 국제공제기구에서 실시하는 공제사업에 가입할 수 있다.<2000.6.20. 본조개정>

제67조(규정등)

① 조합은 표준규정을 적용한다. 다만, 중앙회장이 그 범위를 정하여 조합에 위임한 사항에 대하여는 그 범위내에서 표준규정의 내용을 보충하거나 변

경할 수 있다.

② 조합의 운영 및 사업에 필요한 사항으로서 법령, 정관 및 표준규정에 규정한 것을 제외하고는 제44조제1항제1호에 의한 규정으로 이를 정한다.

③ 중앙회의 정관, 규약, 규정중 조합에 관한 사항은 조합에 이를 적용한다.

제7장 회 계

제68조(사업연도) 조합의 사업연도는 ( )월 ( ) 일부터 ( )월 ( ) 일까지로 한다.

제69조(회계)

① 조합의 일반회계는 신용사업으로 한다. <2003.12.12. 본항개정>

② 공제사업, 복지사업 등과 같은 특정한 사업이나 자금의 운영을 위하여 일반회계와 구분된 특별회계를 설치할 수 있다.

제70조(손실금의 처리)

① 조합은 전연도 이월결손금이 있거나 사업연도중에 생긴 손실금은 미처분잉여금, 특별적립금, 임의적립금 순으로 보전하되, 잔여 손실금이 있을 때에는 이를 다음 사업연도에 이월한다.

② 조합이 여러 사업연도에 걸쳐 계속하여 손실이 있고 이를 보전할 적립금이 없을 때에는 출석조합원 3분의 2이상의 찬성에 의한 총회결의와 중앙회장의 승인을 얻어 자본금을 감소하여 각 조합원의 납입출자금이 감소된 것으로 할 수 있다.

제71조(잉여금의 처분)

① 조합은 매 사업연도말 잉여금중에서 이월결손의 보전 및 제24조 내지 제26조의 제적립금을 적립한후 잔여가 있을 때에는 총회의 결의로 이를 배당한다.

② 제1항의 규정에 의한 배당은 조합원이 납입한 출자액의 비율 또는 조합사

업 이용분량의 비율에 따라 이를 행한다. <2000.6.20. 본항개정>

③ 조합은 결손보전 또는 배당을 위하여 잉여금의 일부를 다음 사업연도에 이월할 수 있다. 제72조(배당금의 계산) 제71조제2항의 규정에 따른 조합원에 대한 배당은 표준규정으로 정하는 바에 따라 산출한 금액으로 한다. <2012.11.19., 2016.12.21. 본항개정>

제8장 합병·분할 및 해산

제73조(합병과 분할)

① 조합은 총회에서 출석조합원 3분의 2이상의 찬성으로 합병 또는 분할할 수 있다.

② 합병 또는 분할로 인하여 존속 또는 설립되는 조합은 합병 또는 분할로 인하여 소멸되는 조합의 공동유대 및 권리·의무를 승계한다.

제74조(해산사유)

① 조합은 다음 각호의 1에 해당하는 사항이 발생하였을 때에는 해산한다.

1. 총회의 해산결의

2. 합병으로 인하여 소멸하는 경우

3. 설립인가의 취소

4. 파 산

② 제1항제1호의 경우에는 총회의 결의가 있은 후 지체없이 중앙회에 해산사유를 보고하여야 한다.

③ 조합은 제1항의 규정에 의하여 해산한 때에는 14일이내에 해산등기를 하여야 한다. 다만, 합병된 때에는 그 존속하는 조합이 변경등기를 하여야 한다.

제75조(청산인)

① 조합이 해산한 때에는 파산의 경우를 제외하고는 이사장이 청산인이 된다. 다만, 중앙회장이 따로 청산인을 선임한 때에는 그러하지 아니한다.

② 청산인은 청산목적의 범위안에서 이사장과 동일한 권리.의무를 가진다.

제76조(청산인의 직무)

① 청산인은 취임 후 지체없이 조합의 재산상태를 조사하고 재산목록과 대차
   대조표를 작성하여 재산처분의 방법을 정하여 총회의 승인을 얻어야 한다.

② 청산사무가 종결된 때에는 청산인은 지체없이 결산보고서를 작성하여 총회
   의 승인을 얻어야 한다.

③ 제1항 및 제2항의 경우에 총회를 2회이상 소집하여도 총회가 구성되지 아
   니할 때에는 중앙회장의 승인으로 총회의 승인을 받은 것으로 본다. 제77
   조(청산잔여재산의 처리) 해산한 조합이 채무를 변제하고 청산잔여 재산이
   있을 때에는 총회에서 정한 산정방법에 의하여 산정한 지분의 비율에 의하
   여 이를 조합원에게 분배한다.

부 칙 (2017.12.20.)

제1조(시행일) 이 정관은 년 월 일부터 시행한다. 다만, 제45조제1항 중 상임
   감사와 관련한 부분은 2018년 4월 19일부터 시행한다.

제2조 (상임이사장 자격에 대한 적용례) 제45조제5항의 개정규정은 이 정관
   시행 후 최초로 선출되는 상임이사장부터 적용한다.

제3조 (상임감사의 자격에 대한 적용례) 제45조제6항 및 제54조제1항의 개정
   규정은 2018년 4월19일 이후 최초로 선출되는 상임감사부터 적용한다.

三. 변경등기

　　신용협동조합법에 의하여 설립되는 조합이나 중앙회의 등기절차에 관하여는 신용협동조합법과 동법시행령 및 민법법인 및 특수법인 등기처리규칙이 적용됨은 물론이다.

　　그러나 신용협동조합이라 함은 조합원의 자금의 조성과 이용의 편익도모라는 특수한 목적을 위하여 제정된 신용협동조합법의 규제를 받는 특수법인이나 본질상의 사단법인과 다를 바가 없는 것이다. 등기절차에 관하여도 농업협동조합이나 민법상의 사단법인과 거의 유사하다.

　　신청서에 첨부하게 되는 의사록의 공증은 하지 않아도 된다(공증령 2의 3 별표 1의26호).

가. 사무소의 이전등기

♣ 【서식】 신용협동조합 주사무소 이전등기신청서

(관내이전이나 타관이전을 할 때 구사무소소재지에서 신청하는 경우)

<table>
<tr><td colspan="6" align="center">신용협동조합주사무소이전등기신청</td></tr>
<tr><td rowspan="2">접
수</td><td colspan="2" align="center">년   월   일</td><td rowspan="2">처리인</td><td>등기관 확인</td><td>각종통지</td></tr>
<tr><td colspan="2"></td><td></td><td></td></tr>
</table>

<table>
<tr><td>상호(명   칭)</td><td>○○신용협동조합</td><td>등기번호</td><td>제1000호</td></tr>
<tr><td>본점(주사무소)</td><td colspan="3">○○시 ○○구 ○○동 ○</td></tr>
<tr><td>등 기 의 목 적</td><td colspan="3">주사무소의 이전</td></tr>
<tr><td>등기의 사유</td><td colspan="3">20○○년 ○월 ○일 이사회의 결의에 의하여(20○○년 ○월 ○일 총회에서 정관변경을 결의하고 20○○년 ○월 ○일 주무관청의 승인을 얻어) 20○○년 ○월 ○일 주사무소를 이전하였으므로 다음 사항의 등기를 구함.</td></tr>
<tr><td colspan="4" align="center">등기할 사항</td></tr>
<tr><td>신본점
(신주사무소)</td><td colspan="3">○○시 ○○구 ○○동 ○</td></tr>
<tr><td>이전연월일</td><td colspan="3">20○○년 ○월 ○일</td></tr>
<tr><td>승인서도착연월일</td><td colspan="3">20○○년 ○월 ○일</td></tr>
<tr><td>기   타</td><td colspan="3"></td></tr>
</table>

등록면허세	금　　　　원	지방교육세	금　　　　원	농어촌특별세	금　　　원
세 액 합 계	금　　　　　원		등기신청수수료	금	원
등기신청수수료 납부번호					

첨　　부　　서　　면

1. 정관	1통	1. 등록면허세영수필확인서	1통
1. 총회의사록	1통	1. 등기신청수수료영수필확인서	1통
1. 인감신고서	1통	1. 위임장(대리인이 신청할 경우)	1통
1. 이사회의사록	1통	<기 타>	
1. 승인서	1통		

20○○년 ○월 ○일

신청인　상호(명　　칭)　○○신용협동조합
　　　　본점(주사무소)　○○시 ○○구 ○○동 ○○
대표자　성　　　명　이사장 ○ ○ ○ ⑩　　　　(전화 :　　　　)
　　　　주　　　소　○○시 ○○구 ○○동 ○○
대리인　성　　　명　법무사 ○ ○ ○ ⑩　　　　(전화 :　　　　)
　　　　주　　　소　○○시 ○○구 ○○동 ○○

○○지방법원 ○○등기소 귀중

- 신청서 작성요령 -

1. 해당란이 부족할 때에는 별지를 이용합니다.
1. 해당 등기신청과 관계없는 사항에 대하여는 "해당없음"으로 기재하거나 삭제하고, 필요한 사항은
　추가 기재합니다.

(용지규격 21cm×29.7cm)

[주]
① 사무소 기재는 구사무소 소재지를 기재한다.
② 등기사유란의 ( )안은 주사무소이전에 정관변경이 필요한 경우의 서식이며, 주사무소를 이전한 일자는 현실적으로 이전한 일자를 기재해야 할 것이나 통상 실무에서는 이전업무집행을 위한 이사회의사록에 기재된 이전일자를 기재한다. 다만, 그보다 주무관청의 승인일자가 늦은 때에는 관청의 승인일자를 기재한다.
③ 승인서 도착연월일은 주사무소이전에 정관변경이 필요한 경우에 한하여 기재한다.
④ 등록면허세는 주사무소를 동일등기소 관내에서 이전하고 주사무소에서 그 등기를 신청할 때에는 112,500원, 대도시 내에서인 때에는 그 3배(지세 제28조 1항 6호, 2항), 다른 등기소 관내로 이전하고 구사무소에서 그 등기를 신청할 때에는 40,200원(지세 제28조 1항 6호)이며, 지방교육세는 각 등록세액의 100분의 20이다.
⑤ 주사무소이전에 정관변경이 필요한 경우에는 정관변경을 위한 총회의사록과 주무관청의 승인서 및 이전일자 등 이전업무집행사항결정을 위한 이사회의사록을 첨부하나 그에 정관변경이 필요없는 경우에는 이전장소와 이전일자 결정을 위한 이사회의사록만 첨부한다.
⑥ 주사무소이전에 정관변경이 필요한 경우에 한하여 승인서를 첨부하되, 등본을 첨부하는 경우에는 인가관청의 인증하는 등본을 첨부한다.
⑦ 날인란에는 신사무소 소재지를 기재한다
⑧ 위임장의 첨부와 대리인의 표시는 대리인에 의하여 신청하는 경우에 한하여 한다.

□ 등기기재례

(1) 동일 등기소 관내로 이전하고 주사무소 소재지에서 등기하는 경우

■ 명칭, 임원란

주사무소 ~~○○시 ○○구 ○○동 10번지~~	~~. . . 변경~~ ~~. . . 등기~~
○○시 ○○구 ○○동 10번지	20○○. ○. ○. 변경 20○○. ○. ○. 등기[인]

(2) 다른 등기소 관내로 이전하고 주사무소 소재지에서 등기하는 경우

■ 명칭, 임원란

주사무소 ~~○○시 ○○구 ○○동 10번지~~	~~. . . 변경~~ ~~. . . 등기~~

■ 기타사항란

1. 주사무소 이전 ○○시 ○○구 ○○동 10번지
20○○년 ○월 ○일 이전 20○○년 ○월 ○일 등기 동일폐쇄 [인]

♣ 【서식】 신용협동조합 주사무소 이전등기신청서

(타관이전시 신사무소소재지에서   신청하는 경우)

신용협동조합주사무소이전등기신청

접 수	년 월 일	처리인	등기관 확인	각종통지
	제 호			

상호(명 칭)	○○신용협동조합	등기번호	제10000호
본점(주사무소)	○○시 ○○구 ○○동 ○		
등 기 의 목 적	주사무소의 이전		
등기의 사유	20○○년 ○월 ○일 이사회의 결의에 의하여(20○○년 ○월 ○일 총회에서 정관변경을 결의하고 20○○년 ○월 ○일 주무관청의 승인을 얻어) 20○○년 ○월 ○일 주사무소를 이전하였으므로 다음 사항의 등기를 구함.		

등기할 사항

1. 명   칭 : ○○신용협동조합
1. 주사무소 : ○○시 ○○구 ○○동 ○번지
1. 지사무소 : ○○시 ○○구 ○○동 ○번지
1. 목   적 : ○○○○○○○
1. 설립인가연월일 : 20○○년 ○월 ○일
1. 공고방법 : ○○○○
1. 존립시기 또는 해산사유 : ○○○○○○○
1. 출좌 1좌의 금액 : 금 ○○○원
1. 납입방법 : ○○○○
1. 이사장의 성명, 주민등록번호, 주소 :
       ○ ○ ○ (-   )
       ○○시 ○○구 ○○동 ○번지
1. 승인서도착연월일 : 20○○년 ○월 ○일
1. 법인성립연월일 : 20○○년 ○월 ○일

기 타	

등록면허세	금	원	지방교육세	금	원	농어촌특별세	금	원
세 액 합 계	금		원	등기신청수수료	금			원
등기신청수수료 납부번호								

<table>
<tr><td colspan="4" align="center">첨   부   서   면</td></tr>
<tr>
<td>1. 인감신고서</td><td align="right">1통</td>
<td>1. 등록면허세영수필확인서</td><td align="right">1통</td>
</tr>
<tr>
<td>1. 총회의사록</td><td align="right">1통</td>
<td>1. 등기신청수수료영수필확인서</td><td align="right">1통</td>
</tr>
<tr>
<td>1. 이사회의사록</td><td align="right">1통</td>
<td>1. 위임장(대리인이 신청할 경우)</td><td align="right">1통</td>
</tr>
<tr>
<td>1. 승인서</td><td align="right">1통</td>
<td><기 타></td><td></td>
</tr>
<tr>
<td>1. 조합등기부등본</td><td align="right">1통</td>
<td></td><td></td>
</tr>
</table>

20○○년 ○월 ○일

신청인 상호(명   칭) ○○신용협동조합

　　　　본점(주사무소) ○○시 ○○구 ○○동 ○○

대표자 성   명 이사장 ○ ○ ○ ㉛　　　　(전화 :　　　　)

　　　　주   소 ○○시 ○○구 ○○동 ○○

대리인 성   명 법무사 ○ ○ ○ ㉛　　　　(전화 :　　　　)

　　　　주   소 ○○시 ○○구 ○○동 ○○

○○지방법원 ○○등기소 귀중

- 신청서 작성요령 -

1. 해당란이 부족할 때에는 별지를 이용합니다.
1. 해당 등기신청과 관계없는 사항에 대하여는 "해당없음"으로 기재하거나 삭제하고, 필요한 사항은 추가 기재합니다.

(용지규격 21cm×29.7cm)

주 ① 사무소 기재는 구사무소 소재지를 기재한다.

② 등기사유란의 ( )안은 주사무소이전에 정관변경이 필요한 경우의 서식이며, 주사무소를 이전한 일자는 현실적으로 이전한 일자를 기재해야 할 것이나 통상 실무에서는 이전업무집행을 위한 이사회의사록에 기재된 이전일자를 기재한다. 다만, 그보다 주무관청의 승인일자가 늦은 때에는 관청의 승인일자를 기재한다.

그리고 등기의 사유란에 기재하는 사항으로서 명칭 이하의 사항은 구사무소 소재지에서 등기한 사항중 현재 효력있는 사항과 동일하게 기재한다.

③ 승인서 도착연월일은 주사무소이전에 정관변경이 필요한 경우에 한하여 기재한다.

④ 법인성립연월일 기재는 구사무소 등기부에 기재된 최초의 설립등기일자를 기재한다.

⑤ 등록면허세는 주사무소를 동일등기소 관내에서 이전하고 주사무소에서 그 등기를 신청할 때에는 112,500원, 지방교육세는 등록면허세액의 100분의 20이다.

⑥ 총회의사록은 주사무소이전에 정관변경이 필요한 경우에 한하여 정관변경을 의결한 총회의사록을 첨부한다.

⑦ 이전일자 등 이전업무집행사항을 결정한(주사무소 이전에 정관변경이 필요없는 경우에는 이전장소결정도) 이사회의사록을 첨부한다.

⑧ 주사무소이전에 정관변경이 필요한 경우에 한하여 승인서를 첨부하되, 등본을 첨부하는 경우에는 인가관청의 인증하는 등본을 첨부한다.

⑨ 구사무소에서 등기된 사항을 확인할 수 있도록 구사무소의 조합등기부등본을 첨부해야 하고 사무소의 소재지를 변경기재한 조합장의 인감을 다시 제출한다.

⑩ 날인란에는 신사무소 소재지를 기재한다

⑪ 위임장의 첨부와 대리인의 표시는 대리인에 의하여 신청하는 경우에 한하여 한다.

□ 등기기재례

■명칭, 임원란

법인성립연월일	20○○년 ○월 ○일
등기용지개설의 사유 및 연월일 20○○년 ○월 ○일 ○○시 ○○구 ○○동 ○번지로부터 주사무소 이전	20○○년 ○월 ○일 등기 ⑪

■명칭, 임원란

주사무소 　　○○시 ○○구 ○○동 ○번지	. . . 변경 . . . 등기
○○시 ○○구 ○○동 ○번지	20○○. ○. ○. 변경 20○○. ○. ○. 등기⑪

주 새로운 등기용지를 개설하지 않고 기존 지사무소 등기용지에 위와 같이 등기한 후 구사무소를 주말한다.

♣ **【서식】 신용협동조합 주사무소 이전등기신청서**(지사무소소재지에서 신청하는 경우)

신용협동조합주사무소이전등기신청

접 수	년 월 일	처리인	등기관 확인	각종통지
	제 호			

상호(명 칭)	○○신용협동조합	등기번호	제1000호
본점(주사무소)	○○시 ○○구 ○○동 ○		
등 기 의 목 적	주사무소의 이전		
등기의 사유	20○○년 ○월 ○일 이사회의 결의에 의하여(20○○년 ○월 ○일 총회에서 정관변경을 결의하고 20○○년 ○월 ○일 주무관청의 승인을 얻어) 20○○년 ○월 ○일 주사무소를 다음 장소로 이전하고 20○○년 ○월 ○일 주사무소 소재지 관할등기소에서 그 등기를 하였으므로 다음 사항의 등기를 구함.		
등기할 사항			
신본점 (신주사무소)	○○시 ○○구 ○○동 ○		
이전연월일	20○○년 ○월 ○일		
기 타	1. 지사무소 : ○○시 ○○구 ○○동 ○번지 1. 승인서 도착연월일 : 20○○년 ○월 ○일		

등록면허세	금 원	지방교육세	금 원	농어촌특별세	금 원
세 액 합 계	금 원	등기신청수수료	금 원		
등기신청수수료 납부번호					

첨 부 서 면	
1. 정관 1통 1. 의사록 1통 1. 인감신고서 1통 1. 조합등기부등(초)본 1통	1. 등록면허세영수필확인서 1통 1. 등기신청수수료영수필확인서 1통 1. 위임장(대리인이 신청할 경우) 1통 <기 타>

20○○년 ○월 ○일

신청인 상호(명 칭) ○○신용협동조합
본점(주사무소) ○○시 ○○구 ○○동 ○○
대표자 성 명 이사장 ○ ○ ○ [인] (전화 :)
주 소 ○○시 ○○구 ○○동 ○○
대리인 성 명 법무사 ○ ○ ○ [인] (전화 :)
주 소 ○○시 ○○구 ○○동 ○○

○○지방법원 ○○등기소 귀중

- 신청서 작성요령 -

1. 해당란이 부족할 때에는 별지를 이용합니다.
1. 해당 등기신청과 관계없는 사항에 대하여는 “해당없음”으로 기재하거나 삭제하고, 필요한 사항은 추가 기재합니다.

(용지규격 21㎝×29.7㎝)

주 ① 사무소 기재는 구사무소 소재지를 기재한다.

② 지사무소 기재는 이 건 등기를 신청하는 당해 등기소관내의 지사무소를 기재한다.

③ 등기사유란의 (   )안은 주사무소이전에 정관변경이 필요한 경우의 서식이며, 주사무소를 이전한 일자는 주사무소등기부에 기재된 이전일자를 기재한다.

④ 법인성립연월일 기재는 구사무소 등기부에 기재된 최초의 설립등기일자를 기재한다.

⑤ 등록면허세는 40,200원(지세 제28조 1항 6호)이며, 지방교육세는 등록면허세액의 100분의 20이다(지세 제151조).

⑥ 조합등기부등(초)본은 사무소이전등기를 마친 후의 주사무소 등기부등본이나 초본을 첨부한다.

⑦ 날인란에는 신사무소 소재지를 기재한다.

⑧ 위임장의 첨부와 대리인의 표시는 대리인에 의하여 신청하는 경우에 한하여 한다.

(2) 분사무소의 설치, 이전, 폐지의 등기

♣【서식】신용협동조합 지사무소 설치등기신청서

(조합설립과 동시에 지사무소를 설치하는 경우)

<table>
<tr><td colspan="6" align="center">신용협동조합지사무소설치등기신청</td></tr>
<tr><td rowspan="2">접
수</td><td colspan="2" align="center">년   월   일</td><td rowspan="2">처리인</td><td>등기관 확인</td><td>각종통지</td></tr>
<tr><td colspan="2" align="center">제   호</td><td></td><td></td></tr>
</table>

<table>
<tr><td align="center">등 기 의 목 적</td><td>지사무소의 설치</td><td>등기번호</td><td>제1000호</td></tr>
<tr><td align="center">등기의 사유</td><td colspan="3">신용협동조합을 설립하기 위하여 정관을 작성하고 20○○년 ○월 ○일 주무관청의 인가를 받고 20○○년 ○월 ○일 출자 제1회의 납입을 완료한 후 20○○년 ○월 ○일 주사무소 소재지 관할등기소에서 그 등기를 하였으므로 지사무소 소재지인 이 등기소에서 다음 사항의 등기를 구함.</td></tr>
<tr><td colspan="4" align="center">등기할 사항</td></tr>
<tr><td align="center">상호(명   칭)</td><td colspan="3">○○신용협동조합</td></tr>
<tr><td align="center">본점(주사무소)</td><td colspan="3">○○시 ○○구 ○○동 ○</td></tr>
<tr><td rowspan="2" align="center">지점
(분사무소)</td><td>명 칭</td><td colspan="2">○○신용협동조합 ○○지사무소</td></tr>
<tr><td>소재지</td><td colspan="2">○○시 ○○구 ○○동 ○</td></tr>
<tr><td align="center">공고방법</td><td colspan="3">○○○○○○</td></tr>
<tr><td align="center">회사(법인)를 대표할
자의 성명,
주민등록번호, 주소
및 취임연월일</td><td colspan="3">이사장 ○ ○ ○ (-   )
    ○○시 ○○구 ○○동 ○
    20○○년 ○월 ○일 취임</td></tr>
</table>

회사(법인) 성립연월일	20○○년 ○월 ○일
지점(분사무소)성립 연월일	20○○년 ○월 ○일
목 적	○○○○○○
존립기간 또는 해산사유	
기 타	1. 출자 1좌의 금액 : 금 ○○○원 1. 납입방법 : ○○○○ 1. 인가서 도착연월일 : 20○○년 ○월 ○일

등록면허세	금　　　원	지방교육세	금　　　원	농어촌특별세	금　　원
세 액 합 계	금　　　　원		등기신청수수료	금　　　　원	
등기신청수수료 납부번호					

첨   부   서   면

1. 조합등기부등본　　　　　1통 1. 인감증명서　　　　　　　1통	1. 등록면허세영수필확인서　　　1통 1. 등기신청수수료영수필확인서　1통 1. 위임장(대리인이 신청할 경우)　1통 　　<기 타>

20○○년 ○월 ○일

신청인　상호(명　　칭)　○○신용협동조합
　　　　본점(주사무소)　○○시 ○○구 ○○동 ○○
대표자　성　　　명　이사장 ○ ○ ○ ㊞　　　　　(전화 :　　　　　　)
　　　　주　　　소　○○시 ○○구 ○○동 ○○
대리인　성　　　명　법무사 ○ ○ ○ ㊞　　　　　(전화 :　　　　　　)
　　　　주　　　소　○○시 ○○구 ○○동 ○○

○○지방법원 ○○등기소 귀중

- 신청서 작성요령 -

1. 해당란이 부족할 때에는 별지를 이용합니다.
1. 해당 등기신청과 관계없는 사항에 대하여는 "해당없음"으로 기재하거나 삭제하고, 필요한 사항은 추가 기재합니다.
1.「인감증명법」에 따른 인감증명서 제출과 함께 관련 서면에 인감을 날인하여야 하는 경우, 본인서명 사실확인서를 제출하고 관련 서면에 서명을 하거나 전자본인서명확인서 발급증을 제출하고 관련 서면에 서명을 하면 인감증명서를 제출하고 관련 서면에 인감을 날인한 것으로 봅니다.

(용지규격 21cm×29.7cm)

주 ① 지사무소 기재는 설립과 동시에 수개의 지사무소를 설치한 경우라 할지라도 이 건 등기를 신청하는 당해 등기소 관내의 지사무소 중 하나만을 기재하면 된다.
② 등기의 사유란에 기재하는 사항으로서 명칭 이하의 사항은 주사무소 소재지에서 설립등기한 사항과 동일하게 기재한다.
③ 법인성립연월일은 주사무소 소재지에서 설립등기한 일자를 기재한다.
④ 등록면허세는 40,200원(지세 제28조 1항 6호)이며, 지방교육세는 등록면허세액의 100분의 20이다(지세 제151조).
⑤ 조합등기부등본은 설립등기를 마친 후의 주사무소의 등기부등본을 첨부한다.
⑥ 위임장의 첨부와 대리인의 표시는 대리인에 의하여 신청하는 경우에 한하여 한다.

□ 등기기재례

■ 명칭, 임원란

법인성립연월일	20〇〇년 〇월 〇일
등기용지개설의 사유 및 연월일	〇〇지사무소 설치 20〇〇년 〇월 〇일 등기 ㉑

♣ 【서식】 신용협동조합 지사무소 설치등기신청서

(설립등기 후 지사무소설치를 할때에 주사무소소재지에서 신청하는 경우)

신용협동조합지사무소설치등기신청

접 수	년　　월　　일		처리인	등기관 확인	각종통지
	제　　　　호				

상호(명　　칭)	○○신용협동조합	등기번호	
본점(주사무소)	○○시 ○○구 ○○동 ○		
등기의 목적	지사무소의 설치		
등기의 사유	20○○년 ○월 ○일 총회에서 정관변경을 결의하고 20○○년 ○월 ○일 주무관청의 승인을 얻어 20○○년 ○월 ○일 이사회의 결의에 의하여 20○○년 ○월 ○일 다음 장소에 지사무소를 설치하였으므로 그 등기를 구함.		

등기할 사항

지점 (분사무소)	명　칭	○○신용협동조합 ○○지사무소
	소재지	○○시 ○○구 ○○동 ○
설치연월일		20○○년 ○월 ○일
기　　타		1. 승인서 도착연월일 : 20○○년 ○월 ○일

<table>
<tr><td>등록면허세</td><td>금   원</td><td>지방교육세</td><td>금   원</td><td>농어촌특별세</td><td>금   원</td></tr>
<tr><td>세 액 합 계</td><td colspan="2">금   원</td><td>등기신청수수료</td><td colspan="2">금   원</td></tr>
<tr><td colspan="3">등기신청수수료 납부번호</td><td colspan="3"></td></tr>
<tr><td colspan="6" align="center">첨   부   서   면</td></tr>
<tr><td colspan="3">
1. 총회의사록   1통
1. 이사회의사록   1통
1. 승인서   1통
</td><td colspan="3">
1. 등록면허세영수필확인서   1통
1. 등기신청수수료영수필확인서   1통

1. 위임장(대리인이 신청할 경우)   1통
<기 타>
</td></tr>
<tr><td colspan="6">

20○○년 ○월 ○일

신청인 상호(명   칭) ○○신용협동조합
       본점(주사무소) ○○시 ○○구 ○○동 ○○
대표자 성   명 이사장 ○ ○ ○ ㊞   (전화 :   )
      주   소 ○○시 ○○구 ○○동 ○○
대리인 성   명 법무사 ○ ○ ○ ㊞   (전화 :   )
      주   소 ○○시 ○○구 ○○동 ○○

○○지방법원 ○○등기소 귀중

</td></tr>
</table>

- 신청서 작성요령 -

1. 해당란이 부족할 때에는 별지를 이용합니다.
1. 해당 등기신청과 관계없는 사항에 대하여는 "해당없음"으로 기재하거나 삭제하고, 필요한 사항은 추가 기재합니다.

(용지규격 21㎝×29.7㎝)

주 ① 지사무소 기재는 설립과 동시에 수개의 지사무소를 설치한 경우라 할지라도 이 건 등기를 신청하는 당해 등기소 관내의 지사무소 중 하나만을 기재하면 된다.
② 등기의 사유란에 기재하는 사항으로서 명칭 이하의 사항은 주사무소 소재지에서 설립등기한 사항과 동일하게 기재한다.
③ 법인성립연월일은 주사무소 소재지에서 설립등기한 일자를 기재한다.
④ 등록면허세는 40,200원(지세 제28조 1항 6호)이며, 지방교육세는 등록면허세액의 100분의 20이다(지세 제151조).
⑤ 조합등기부등본은 설립등기를 마친 후의 주사무소의 등기부등본을 첨부한다.
⑥ 위임장의 첨부와 대리인의 표시는 대리인에 의하여 신청하는 경우에 한하여 한다.

□ **등기기재례**

■ 기타사항란

1. 지사무소 ○○시 ○○구 ○○동 ○
　　　　　　　　20○○년 ○월 ○일 설치　 20○○년 ○월 ○일 등기 ㊞

(3) 명칭, 목적, 공고방법의 변경등기

♣ 【서식】 신용협동조합 변경등기신청서(명칭을 변경하는 경우)

<table>
<tr><td colspan="6" align="center">신용협동조합변경등기신청</td></tr>
<tr><td rowspan="2">접
수</td><td colspan="2" align="center">년   월   일</td><td rowspan="2">처리인</td><td>등기관 확인</td><td>각종통지</td></tr>
<tr><td colspan="2" align="center">제   호</td><td></td><td></td></tr>
</table>

<table>
<tr><td>상호(명 칭)</td><td>○○신용협동조합</td><td>등기번호</td><td></td></tr>
<tr><td>본점(주사무소)</td><td colspan="3">○○시 ○○구 ○○동 ○</td></tr>
<tr><td>등기의 목적</td><td colspan="3">명칭의 변경</td></tr>
<tr><td>등기의 사유</td><td colspan="3">20○○년 ○월 ○일 총회에서 정관변경을 결의하고 20○○년 ○월 ○일 주무관청의 승인을 얻어 명칭을 다음과 같이 변경하였으므로(…변경하고 20○○년 ○월 ○일 주사무소 소재지 관할등기소에서 등기를 하였으므로 이 등기소에서) 그 등기를 구함.</td></tr>
<tr><td colspan="4" align="center">등기할 사항</td></tr>
<tr><td colspan="4">1. 명칭 : ○○신용협동조합
1. 승인서도착연월일 : 20○○년 ○월 ○일</td></tr>
<tr><td>기   타</td><td colspan="3"></td></tr>
</table>

등록면허세	금 원	지방교육세	금 원	농어촌특별세	금 원
세 액 합 계	금	원	등기신청수수료	금	원
등기신청수수료 납부번호					

첨　부　서　면

1. 총회의사록	1통	1. 등록면허세영수필확인서	1통
1. 승인서	1통	1. 등기신청수수료영수필확인서	1통
1. 조합등기부등(초)본	1통	1. 위임장(대리인이 신청할 경우)	1통
		<기 타>	

20○○년 ○월 ○일

신청인　상호(명　　칭)　○○신용협동조합

　　　　　본점(주사무소)　○○시 ○○구 ○○동 ○○

대표자　성　　　명　이사장 ○ ○ ○ ㊞　　　　(전화 :　　　　　)

　　　　　주　　　소　○○시 ○○구 ○○동 ○○

대리인　성　　　명　법무사 ○ ○ ○ ㊞　　　　(전화 :　　　　　)

　　　　　주　　　소　○○시 ○○구 ○○동 ○○

○○지방법원 ○○등기소 귀중

- 신청서 작성요령 -

1. 해당란이 부족할 때에는 별지를 이용합니다.
1. 해당 등기신청과 관계없는 사항에 대하여는 "해당없음"으로 기재하거나 삭제하고, 필요한 사항은 추
　가 기재합니다.

(용지규격 21cm×29.7cm)

주 ① 상호(명칭)란의 명칭 기재는 변경 전의 명칭을 기재한다.
② 지사무소 기재는 지사무소 소재지에서 신청하는 경우에 기재한다. 그 경우에는 주사무소 소재지 다음에 이 건 등기를 신청하는 당해 등기소 관내의 지사무소 소재지도 아울러 기재한다.
③ 등기사유란의 (   )안은 지사무소 소재지에서 신청하는 경우의 서식이다.
④ 등록면허세는 40,200원(지세 제28조 1항 6호)이며, 지방교육세는 등록면허세액의 100분의 20이다(지세 제151조).
⑤ 정관변경을 위한 총회의사록을 첨부하여야 하며 이 의사록은 공증인의 인증대상에서 제외된다(공증령 2의3 별표 1의26호).
⑥ 조합등기부등(초)본은 지사무소 소재지에서 신청하는 경우에 한하여 첨부하는 것으로서 그 경우에는 등기사유를 증명하는 서면 대신 이 변경등기를 마친 후의 주사무소의 등기부등본이나 초본만 첨부한다.
⑦ 위임장은 주사무소 소재지에서 명칭변경등기를 신청할 때에는 변경된 명칭으로 기재된 조합장의 인감을 다시 제출한다.
⑧ 날인란에는 변경 후의 명칭을 기재한다.
⑨ 위임장의 첨부와 대리인의 표시는 대리인에 의하여 신청하는 경우에 한하여 한다.

□ 등기기재례

■ 명칭, 임원란

명칭	
○○신용협동조합	. . . 변경 . . . 등기
□□신용협동조합	20○○. ○. ○. 변경 20○○. ○. ○. 등기⑪

♣【서식】 신용협동조합 변경등기신청서(목적을 변경하는 경우)

신용협동조합변경등기신청

접 수	년　　월　　일	처리인	등기관 확인	각종통지
	제　　　　　호			

상호(명　칭)	○○신용협동조합	등기번호	
본점(주사무소)	○○시 ○○구 ○○동 ○		
등기의 목적	목적의 변경		
등기의 사유	20○○년 ○월 ○일 총회에서 정관변경을 결의하고 20○○년 ○월 ○일 주무관청의 승인을 얻어 목적을 다음과 같이 변경하였으므로(…변경하고 20○○년 ○월 ○일 주사무소 소재지 관할등기소에서 등기를 하였으므로 이 등기소에서) 그 등기를 구함.		

등기할 사항

1. 목적 : (1) ○○○○○○
　　　　 (2) ○○○○○○
1. 승인서도착연월일 : 20○○년 ○월 ○일

기　　타	

신청등기소 및 등록면허세/수수료							
순번	신청등기소	구분	등록면허세 지방교육세	농어촌특별세	세액합계	등기신청수수료	
			금 원 금 원	금 원	금 원	금 원	
합 계							
등기신청수수료 납부번호							

첨   부   서   면

1. 총회의사록	1통	1. 등록면허세영수필확인서	1통
1. 승인서	1통	1. 등기신청수수료영수필확인서	1통
1. 조합등기부등(초)본	1통	1. 위임장(대리인이 신청할 경우)	1통
		<기 타>	

20○○년 ○월 ○일

신청인 상호(명   칭) ○○신용협동조합

　　　　본점(주사무소) ○○시 ○○구 ○○동 ○○

대표자 성   명 이사장 ○ ○ ○ ㊞   (전화 :   )

　　　　주   소 ○○시 ○○구 ○○동 ○○

대리인 성   명 법무사 ○ ○ ○ ㊞   (전화 :   )

　　　　주   소 ○○시 ○○구 ○○동 ○○

○○지방법원 ○○등기소 귀중

- 신청서 작성요령 -

1. 해당란이 부족할 때에는 별지를 이용합니다.
1. 해당 등기신청과 관계없는 사항에 대하여는 "해당없음"으로 기재하거나 삭제하고, 필요한 사항은
   추가 기재합니다.

(용지규격 21cm×29.7cm)

주 ① 지사무소 기재는 지사무소 소재지에서 신청하는 경우에 기재한다.

② 등기사유란의 ( )안은 지사무소 소재지에서 신청하는 경우의 서식이다.

③ 변경목적 기재시 정관상 목적의 조항에 규정된 사항 뿐 아니라 사업의 종류의 조항에 규정된 사항의 변경도 목적변경으로 등기한다.

④ 등록면허세는 40,200원(지세 제28조 1항 6호)이며, 지방교육세는 등록면허세액의 100분의 20이다(지세 제151조).

⑤ 총회의사록은 정관을 변경하기 위하여 특별결의한 총회의 의사록을 첨부하나 이 의사록은 공증인의 인증대상에서 제외된다(공증령 2의3 별표 1의26호)

⑥ 조합등기부등(초)본은 지사무소 소재지에서 신청하는 경우에 한하여 첨부하는 것으로서 그 경우에는 등기사유를 증명하는 서면 대신 이 변경등기를 마친 후의 주사무소의 등기부등본이나 초본만 첨부한다.

⑦ 위임장의 첨부와 대리인의 표시는 대리인에 의하여 신청하는 경우에 한하여 한다.

□ 등기기재례

■ 목적란

목적	~~○○○○~~
	1. ××××
	2. □□□□
	3. ○○○○
	4. ●●●●
	2. □□□□
	20○○. ○. ○. 변경　20○○. ○. ○. 등기

♣ 【서식】 신용협동조합 변경등기신청서(공고방법을 변경하는 경우)

<table>
<tr><td colspan="5" align="center">신용협동조합변경등기신청</td></tr>
<tr><td rowspan="2">접
수</td><td colspan="2" align="center">년　　월　　일</td><td rowspan="2">처리인</td><td>등기관 확인</td><td>각종통지</td></tr>
<tr><td colspan="2"></td><td></td><td></td></tr>
</table>

<table>
<tr><td>상호(명　칭)</td><td>○○신용협동조합</td><td>등기번호</td><td></td></tr>
<tr><td>본점(주사무소)</td><td colspan="3">○○시 ○○구 ○○동 ○</td></tr>
<tr><td>등기의 목적</td><td colspan="3">공고방법의 변경</td></tr>
<tr><td>등기의 사유</td><td colspan="3">20○○년 ○월 ○일 총회에서 정관변경을 결의하고 20○○년 ○월 ○일 주무관청의 승인을 얻어 공고방법을 다음과 같이 변경하였으므로(…변경하고 20○○년 ○월 ○일 주사무소 소재지 관할 등기소에서 등기를 하였으므로 이 등기소에서) 그 등기를 구함.</td></tr>
<tr><td colspan="4" align="center">등기할 사항</td></tr>
<tr><td colspan="4">1. 공고방법 : ○○○○○○
1. 승인서도착연월일 : 20○○년 ○월 ○일</td></tr>
<tr><td>기　　타</td><td colspan="3"></td></tr>
</table>

신청등기소 및 등록면허세/수수료						
순번	신청등기소	구분	등록면허세 지방교육세	농어촌특별세	세액합계	등기신청수수료
			금 원 금 원	금 원	금 원	금 원
합 계						
등기신청수수료 납부번호						

<table>
<tr><td colspan="2" align="center">첨   부   서   면</td></tr>
<tr><td>1. 총회의사록   1통
1. 승인서   1통
1. 조합등기부등(초)본   1통</td><td>1. 등록면허세영수필확인서   1통
1. 등기신청수수료영수필확인서   1통
1. 위임장(대리인이 신청할 경우)   1통

<기 타></td></tr>
</table>

20○○년 ○월 ○일

신청인 상호(명   칭)   ○○신용협동조합
　　　 본점(주사무소)   ○○시 ○○구 ○○동 ○○
대표자 성   명   이사장 ○ ○ ○ ㊞   (전화 :   )
　　　 주   소   ○○시 ○○구 ○○동 ○○
대리인 성   명   법무사 ○ ○ ○ ㊞   (전화 :   )
　　　 주   소   ○○시 ○○구 ○○동 ○○

○○지방법원 ○○등기소 귀중

- 신청서 작성요령 -

1. 해당란이 부족할 때에는 별지를 이용합니다.
1. 해당 등기신청과 관계없는 사항에 대하여는 "해당없음"으로 기재하거나 삭제하고, 필요한 사항은
　 추가 기재합니다.

(용지규격 21cm×29.7cm)

주 ① 지사무소 기재는 지사무소 소재지에서 신청하는 경우에 기재한다.
② 등기사유란의 ( )안은 지사무소 소재지에서 신청하는 경우의 서식이다.
③ 등록면허세는 40,200원(지세 제28조 1항 6호)이며, 지방교육세는 등록면허세액의 100분의 20이다(지세 제151조).
④ 정관을 변경하기 위하여 특별결의한 총회의 의사록을 첨부하나 이 의사록은 공증인의 인증대상에서 제외된다(공증령 2의3 별표 1의26호)
⑤ 조합등기부등(초)본은 지사무소 소재지에서 신청하는 경우에 한하여 첨부하는 것으로서 그 경우에는 등기사유를 증명하는 서면 대신 이 변경등기를 마친 후의 주사무소의 등기부등본이나 초본만 첨부한다.
⑥ 위임장의 첨부와 대리인의 표시는 대리인에 의하여 신청하는 경우에 한하여 한다.

□ **등기기재례**

■ 목적란

1. 공고방법
○○○○
1. 공고방법
○○○○   20○○. ○. ○. 변경　20○○. ○. ○. 등기

(4) 출좌 1좌의 금액 또는 출자납입방법의 변경등기

♣ 【서식】 신용협동조합 변경등기신청서(출자 1좌의 금액과 출자납입방법을 변경하는 경우)

<table>
<tr><td colspan="5" align="center">신용협동조합변경등기신청</td></tr>
<tr><td rowspan="2">접
수</td><td align="center">년   월   일</td><td rowspan="2">처리인</td><td>등기관 확인</td><td>각종통지</td></tr>
<tr><td align="center">제   호</td><td></td><td></td></tr>
</table>

<table>
<tr><td>상호(명   칭)</td><td>○○신용협동조합</td><td>등기번호</td><td></td></tr>
<tr><td>본점(주사무소)</td><td colspan="3">○○시 ○○구 ○○동 ○</td></tr>
<tr><td>등기의 목적</td><td colspan="3">공고방법의 변경</td></tr>
<tr><td>등기의 사유</td><td colspan="3">20○○년 ○월 ○일 총회에서 정관변경을 결의하고 20○○년 ○월 ○일 주무관청의 승인을 얻어 공고방법을 다음과 같이 변경하였으므로(…변경하고 20○○년 ○월 ○일 주사무소 소재지 관할 등기소에서 등기를 하였으므로 이 등기소에서) 그 등기를 구함.</td></tr>
<tr><td colspan="4" align="center">등기할 사항</td></tr>
<tr><td colspan="4">1. 출자 1좌의 금액 : 금 ○○○원
1. 납입방법 : ○○○○○○
1. 승인서도착연월일 : 20○○년 ○월 ○일</td></tr>
<tr><td>기   타</td><td colspan="3"></td></tr>
</table>

신청등기소 및 등록면허세/수수료						
순번	신청등기소	구분	등록면허세 지방교육세	농어촌특별세	세액합계	등기신청수수료
			금 원 금 원	금 원	금 원	금 원
합 계						
등기신청수수료 납부번호						

첨 부 서 면	
1. 총회의사록 1통	1. 등록면허세영수필확인서 1통
1. 승인서 1통	1. 등기신청수수료영수필확인서 1통
1. 조합등기부등(초)본 1통	1. 위임장(대리인이 신청할 경우) 1통
	<기 타>

20○○년 ○월 ○일

신청인 상호(명   칭)   ○○신용협동조합

　　　　본점(주사무소)   ○○시 ○○구 ○○동 ○○

대표자 성   명 이사장 ○ ○ ○ ㉙   (전화 :   )

　　　　주   소   ○○시 ○○구 ○○동 ○○

대리인 성   명 법무사 ○ ○ ○ ㉙   (전화 :   )

　　　　주   소   ○○시 ○○구 ○○동 ○○

○○지방법원 ○○등기소 귀중

- 신청서 작성요령 -

1. 해당란이 부족할 때에는 별지를 이용합니다.
1. 해당 등기신청과 관계없는 사항에 대하여는 "해당없음"으로 기재하거나 삭제하고, 필요한 사항은
   추가 기재합니다.

(용지규격 21cm×29.7cm)

주 ① 지사무소 기재는 지사무소 소재지에서 신청하는 경우에 기재한다.
② 등기사유란의 ( )안은 지사무소 소재지에서 신청하는 경우의 서식이다.
③ 등록면허세는 40,200원(지세 제28조 1항 6호)이며, 지방교육세는 등록면허세액의 100분의 20이다(지세 제151조).
④ 정관을 변경하기 위하여 특별결의한 총회의 의사록을 첨부하나 이 의사록은 공증인의 인증대상에서 제외된다(공증령 2의3 별표 1의26호)
⑤ 조합등기부등(초)본은 지사무소 소재지에서 신청하는 경우에 한하여 첨부하는 것으로서 그 경우에는 등기사유를 증명하는 서면 대신 이 변경등기를 마친 후의 주사무소의 등기부등본이나 초본만 첨부한다.
⑥ 위임장의 첨부와 대리인의 표시는 대리인에 의하여 신청하는 경우에 한하여 한다.

□ 등기기재례

■ 기타사항란

1. 출자 1좌의 금액 금 ○○○원 　그 납입방법 ─○○○○─
1. 출자 1좌의 금액 금 ○○○원 　그 납입방법　×××× 　　　　　　　　　　　　20○○. ○. ○. 변경　　20○○. ○. ○. 등기

(5) 존립시기 또는 해산사유의 변경등기

♣ 【서식】 **신용협동조합 변경등기신청서**(존립시기나 해산사유를 변경하는 경우)

<table>
<tr><td colspan="5" align="center">신용협동조합변경등기신청</td></tr>
<tr><td rowspan="2">접
수</td><td align="center">년   월   일</td><td rowspan="2" align="center">처리인</td><td align="center">등기관 확인</td><td align="center">각종통지</td></tr>
<tr><td align="center">제   호</td><td></td><td></td></tr>
</table>

상호(명 칭)	○○신용협동조합	등기번호	
본점(주사무소)	○○시 ○○구 ○○동 ○		
등기의 목적	존립시기 또는 해산사유의 변경		
등기의 사유	20○○년 ○월 ○일 총회에서 정관변경을 결의하고 20○○년 ○월 ○일 주무관청의 승인을 얻어 존립시기(또는 해산사유)를 다음과 같이 변경(설정.폐지)하였으므로(…변경(설정.폐지)하고 20○○년 ○월 ○일 주사무소 소재지 관할등기소에서 등기를 하였으므로 이 등기소에서) 그 등기를 구함.		

등기할 사항
1. 존립시기 또는 해산사유 : ○○○○○○ 1. 승인서도착연월일 : 20○○년 ○월 ○일

기 타	

<table>
<tr><td colspan="7" align="center">신청등기소 및 등록면허세/수수료</td></tr>
<tr><td>순번</td><td>신청등기소</td><td>구분</td><td>등록면허세
지방교육세</td><td>농어촌특별세</td><td>세액합계</td><td>등기신청수수료</td></tr>
<tr><td></td><td></td><td></td><td>금　　　　원
금　　　　원</td><td>금　　　　원</td><td>금　　　　원</td><td>금　　　　원</td></tr>
<tr><td></td><td></td><td></td><td></td><td></td><td></td><td></td></tr>
<tr><td colspan="3" align="center">합　　　　계</td><td></td><td></td><td></td><td></td></tr>
<tr><td colspan="3">등기신청수수료 납부번호</td><td colspan="4"></td></tr>
</table>

첨　부　서　면

1. 총회의사록	1통	1. 등록면허세영수필확인서	1통
1. 승인서	1통	1. 등기신청수수료영수필확인서	1통
1. 조합등기부등(초)본	1통	1. 위임장(대리인이 신청할 경우)	1통
		<기 타>	

20○○년 ○월 ○일

신청인　상호(명　　칭)　○○신용협동조합

　　　　본점(주사무소)　○○시 ○○구 ○○동 ○○

대표자　성　　　명　이사장 ○ ○ ○ ㊞　　　　　(전화 :　　　　　　)

　　　　주　　　소　○○시 ○○구 ○○동 ○○

대리인　성　　　명　법무사 ○ ○ ○ ㊞　　　　　(전화 :　　　　　　)

　　　　주　　　소　○○시 ○○구 ○○동 ○○

○○지방법원 ○○등기소 귀중

- 신청서 작성요령 -

1. 해당란이 부족할 때에는 별지를 이용합니다.
1. 해당 등기신청과 관계없는 사항에 대하여는 "해당없음"으로 기재하거나 삭제하고, 필요한 사항은
   추가 기재합니다.

(용지규격 21㎝×29.7㎝)

주 ① 지사무소 기재는 지사무소 소재지에서 신청하는 경우에 기재한다.
② 등기사유란의 ( )안은 지사무소 소재지에서 신청하는 경우의 서식이다.
③ 등록면허세는 40,200원(지세 제28조 1항 6호)이며, 지방교육세는 등록면허세액의 100분의 20이다(지세 제151조).
④ 정관을 변경하기 위하여 특별결의한 총회의 의사록을 첨부하나 이 의사록은 공증인의 인증대상에서 제외된다(공증령 2의3 별표 1의26호)
⑤ 조합등기부등(초)본은 지사무소 소재지에서 신청하는 경우에 한하여 첨부하는 것으로서 그 경우에는 등기사유를 증명하는 서면 대신 이 변경등기를 마친 후의 주사무소의 등기부등본이나 초본만 첨부한다.
⑥ 위임장의 첨부와 대리인의 표시는 대리인에 의하여 신청하는 경우에 한하여 한다.

□ 등기기재례

■ 기타사항란

1. 존립시기 ⊖⊖⊖⊖ 1. 해산사유 ○○○○	
1. 해산사유 ○○○○ 20○○. ○. ○. 변경　20○○. ○. ○. 등기 ⑪	

주 존립시기나 해산사유를 폐지한 경우에는 "20○○년 ○월 ○일 존립시기(해산사유)를 폐지 20○○년 ○월 ○일 등기 ⑪"이라 등기한다.

(6) 이사장의 변경등기

♣ 【서식】 신용협동조합 변경등기신청서(이사장을 변경하는 경우)

<table>
<tr><td colspan="6" align="center">신용협동조합변경등기신청</td></tr>
<tr><td rowspan="2">접
수</td><td colspan="2" align="center">년   월   일</td><td rowspan="2">처리인</td><td>등기관 확인</td><td>각종통지</td></tr>
<tr><td colspan="2" align="center">제   호</td><td></td><td></td></tr>
</table>

상호(명 칭)	○○신용협동조합	등기번호	
본점(주사무소)	○○시 ○○구 ○○동 ○		
등기의 목적	이사장의 변경		
등기의 사유	(1) 사망, 사임보선 (2) 임기만료 퇴임보선 (3) 해임보선 (4) 사임, 임기만료후 권리행사중 퇴임보선 (5) 파산 또는 금치산선고로 퇴임보선 (6) 중임		

<table>
<tr><td colspan="2" align="center">등기할 사항</td></tr>
<tr><td>별지 기재와 같음</td><td></td></tr>
<tr><td align="center">기   타</td><td></td></tr>
</table>

신청등기소 및 등록면허세/수수료						
순번	신청등기소	구분	등록면허세 지방교육세	농어촌특별세	세액합계	등기신청수수료
			금 원 금 원	금 원	금 원	금 원
합 계						
등기신청수수료 납부번호						

<table>
<tr><td colspan="2" align="center">첨   부   서   면</td></tr>
<tr><td>
1. 총회의사록　　　　　　　　1통
1. 취임승낙서　　　　　　　　1통
1. 사임서　　　　　　　　　　1통
1. 사망진단서(또는 호적등본)　1통
1.　재판서등본(파산,　금치산선고　등)1통
1. 조합등기부등(초)본　　　　1통
</td><td>
1. 등록면허세영수필확인서　　1통
1. 등기신청수수료영수필확인서　1통
1. 위임장(대리인이 신청할 경우)　1통

<기 타>
</td></tr>
</table>

20○○년 ○월 ○일

신청인 상호(명   칭) ○○신용협동조합
　　　　본점(주사무소) ○○시 ○○구 ○○동 ○○
대표자 성   명 이사장 ○ ○ ○ ㉑　　　　(전화 :　　　　　)
　　　　주   소 ○○시 ○○구 ○○동 ○○
대리인 성   명 법무사 ○ ○ ○ ㉑　　　　(전화 :　　　　　)
　　　　주   소 ○○시 ○○구 ○○동 ○○

○○지방법원 ○○등기소 귀중

- 신청서 작성요령 -

1. 해당란이 부족할 때에는 별지를 이용합니다.
1. 해당 등기신청과 관계없는 사항에 대하여는 "해당없음"으로 기재하거나 삭제하고, 필요한 사항은
　 추가 기재합니다.

(용지규격 21cm×29.7cm)

♣ 【서식】 등기할 사항

등기할 사항

(1) 사망, 사임, 보선

　이사장 ○○○는 20○○년 ○월 ○일 사망(사임)하고, 20○○년 ○월 ○일 총회에서 다음 사람이 이사장으로 선임되어 20○○년 ○월 ○일 취임하였으므로(… 취임하여 20○○년 ○월 ○일 주사무소 소재지 관할등기소에서 등기를 하였으므로 이 등기소에서) 그 등기를 구함.

　이사장 ○ ○ ○ (　　　-　　　)

　　　　○○시 ○○구 ○○동 ○번지

(2) 임기만료 퇴임 보선

　이사장 ○○○은 20○○년 ○월 ○일 임기만료로 퇴임하고 20○○년 ○월 ○일 총회에서 다음 사람이 이사장으로 선임되어 20○○년 ○월 ○일 취임하였으므로(… 취임하여 20○○년 ○월 ○일 주사무소 소재지 관할등기소에서 등기를 하였으므로 이 등기소에서) 그 등기를 구함.

　이사장 ○ ○ ○ (　　　-　　　)

　　　　○○시 ○○구 ○○동 ○번지

(3) 해임보선

　이사장 ○○○은 20○○년 ○월 ○일 총회에서 다음 사람이 이사장으로 선임되어 20○○년 ○월 ○일 취임하였으므로(… 취임하여 20○○년 ○월 ○일 주사무소 소재지 관할등기소에서 등기를 하였으므로 이 등기소에서) 그 등기를 구함.

　이사장 ○ ○ ○ (　　　-　　　)

　　　　○○시 ○○구 ○○동 ○번지

(4) 사임, 임기만료 후 권리행사 중 퇴임보선

　이사장 ○○○은 20○○년 ○월 ○일 사임(임기만료로 퇴임)하였으나 정관 제8조 제2항의 규정에 의하여 그 권리의무 행사 중 20○○년 ○월 ○일 총회에서 다음 사람이 이사장으로 선임되어 20○○년 ○월 ○일 취임하였으므로(… 취임하여 20○○년 ○월 ○일 주사무소 소재지 관할등기소에서 등기를 하였으므로 이 등기소에서) 그 등기를 구함.

이사장 ○ ○ ○ (-   )
　　　○○시 ○○구 ○○동 ○번지

(5) 파산 또는 금치산선고로 퇴임 보선

이사장 ○○○은 20○○년 ○월 ○일 파산(금치산) 선고를 받아 퇴임하고 20○○년 ○월 ○일 총회에서 다음 사람이 이사장으로 선임되어 20○○년 ○월 ○일 취임하였으므로(… 취임하여 20○○년 ○월 ○일 주사무소 소재지 관할등기소에서 등기를 하였으므로 이 등기소에서) 그 등기를 구함.

(6) 중임

이사장 ○○○은 20○○년 ○월 ○일 임기만료이나 20○○년 ○월 ○일 총회에서 이사장으로 재선되어 20○○년 ○월 ○일 중임하였으므로(… 중임하여 20○○년 ○월 ○일 주사무소 소재지 관할등기소에서 그 등기를 하였으므로 이 등기소에서) 그 등기를 구함.

이사장 ○ ○ ○ (-   )
　　　○○시 ○○구 ○○동 ○번지

주
① 지사무소 기재는 지사무소 소재지에서 신청하는 경우에 기재한다.
② 등기사유란의 ( )안은 지사무소 소재지에서 신청하는 경우의 서식이다.
③ 등록면허세는 40,200원(지세 제28조 1항 6호)이며, 지방교육세는 등록면허세액의 100분의 20이다(지세 제151조).
④ 이사장 선임 또는 해임의 경우는 그를 결의한 총회의사록을 첨부한다.
⑤ 그 취임승낙취지가 기재된 피선자의 기명날인이 있는 의사록을 첨부하는 경우에는 취임승낙서의 첨부를 생략할 수 있다.
⑥ 회의석상에서 사임한 취지의 기재가 있고 그 임원의 기명날인이 있는 의사록을 첨부하는 경우에는 사임서의 첨부를 생략할 수 있다.
⑦ 조합등기부등(초)본은 지사무소 소재지에서 신청하는 경우에 한하여 첨부하는 것으로서 그 경우에는 등기사유를 증명하는 서면 대신 이 변경등기를 마친 후의 주사무소의 등기부등본이나 초본만 첨부한다.
⑧ 주사무소 소재지에서 이사장의 취임등기를 신청할 때에는 취임하는 이사장의 인감도 제출해야 한다. 다만, 중임의 경우에는 종전의 인감을 사용할 수 있다.
⑨ 위임장의첨부와 대리인의 표시는 대리인에 의하여 신청하는 경우에 한하여 한다.

□ 등기기재례

■ 기타사항란

임원에 관한 사항	연 월 일 원　　　인 등기연월일	연 월 일 원　　　인 등기연월일
~~이사장~~ ○ ○ ○ (──────) ~~○○시 ○○구 ○○동 ○~~	20○○. ○. ○. 취 임 20○○. ○. ○. 등기	20○○. ○. ○. 사임(사망) 20○○. ○. ○. 등기
~~이사장~~ ○ ○ ○ (──────) ~~○○시 ○○구 ○○동 ○~~	20○○. ○. ○. 취 임 20○○. ○. ○. 등기	20○○. ○. ○. 퇴 임 20○○. ○. ○. 등기
~~이사장~~ ○ ○ ○ (──────) ~~○○시 ○○구 ○○동 ○~~	20○○. ○. ○. 취 임 20○○. ○. ○. 등기	20○○. ○. ○. 파산신고로 자격상실 20○○. ○. ○. 등기
~~이사장~~ ○ ○ ○ (──────) ~~○○시 ○○구 ○○동 ○~~	20○○. ○. ○. 취 임 20○○. ○. ○. 등기	20○○. ○. ○. 중 임 20○○. ○. ○. 등기
~~이사장~~ ○ ○ ○ (──────) ~~○○시 ○○구 ○○동 ○~~	20○○. ○. ○. 취 임 20○○. ○. ○. 등기	． ． ． ． ． ． 등기

(7) 사무소의 변경등기

♣ 【서식】 신용협동조합 변경등기신청서

(행정구역변경으로 인하여 사무소의 표시가 변경된 경우)

<table>
<tr><td colspan="6" align="center">신용협동조합변경등기신청</td></tr>
<tr><td rowspan="2">접
수</td><td colspan="2" align="center">년   월   일</td><td rowspan="2" align="center">처리인</td><td align="center">등기관 확인</td><td align="center">각종통지</td></tr>
<tr><td colspan="2" align="center">제   호</td><td></td><td></td></tr>
</table>

상호(명 칭)	○○신용협동조합	등기번호	
본점(주사무소)	○○시 ○○구 ○○동 ○(지사무소 : ○○시 ○○구 ○○동 ○)		
등기의 목적	행정구역변경(행정구역명칭변경)으로 인한 주사무소(지사무소의 변경)		
등기의 사유	20○○년 ○월 ○일 행정구역변경(행정구역명명칭변경)으로 인하여 주사무소(○○시 ○○구 ○○동 ○번지의 지사무소)가 다음과 같이 변경되었으므로(…변경되어 20○○년 ○월 ○일 주사무소 소재지 관할등기소에서 등기를 하였으므로 이 등기소에서) 그 등기를 구함.		

등기할 사항
1. 주사무소(지사무소) 소재지 　　　○○시 ○○구 ○○동 ○번지
기   타

신청등기소 및 등록면허세/수수료						
순번	신청등기소	구분	등록면허세 지방교육세	농어촌특별세	세액합계	등기신청수수료
			금 원 금 원	금 원	금 원	금 원
합 계						

등기신청수수료 납부번호	
첨 부 서 면	
1. 토지대장등본 1통 1. 조합등기부등(초)본 1통	1. 등기신청수수료영수필확인서 1통 1. 위임장(대리인이 신청할 경우) 1통 <기 타>

20○○년 ○월 ○일

신청인 상호(명   칭) ○○신용협동조합

　　　　본점(주사무소) ○○시 ○○구 ○○동 ○○

대표자 성   명 이사장 ○ ○ ○ ㊞   (전화 :   )

　　　　주   소 ○○시 ○○구 ○○동 ○○

대리인 성   명 법무사 ○ ○ ○ ㊞   (전화 :   )

　　　　주   소 ○○시 ○○구 ○○동 ○○

○○지방법원 ○○등기소 귀중

- 신청서 작성요령 -

1. 해당란이 부족할 때에는 별지를 이용합니다.
1. 해당 등기신청과 관계없는 사항에 대하여는 "해당없음"으로 기재하거나 삭제하고, 필요한 사항은 추가 기재합니다.

(용지규격 21㎝×29.7㎝)

[주] ① 지사무소 기재는 지사무소 소재지에서 신청하는 경우에 기재한다.
② 등기사유란의 ( )안은 지사무소 소재지에서 신청하는 경우의 서식이다.
③ 등록면허세는 지방세법 제26조에 의하여 비과세이다.
④ 주사무소 소재지에서 행정구역변경 등으로 인한 주사무소표시변경등기를 신청할 때에는 이미 제출한 인감의 사무소의 표시가 달라지게 되므로 변경된 사무소로 기재된 이사장의 인감도 제출한다.
⑤ 조합등기부등(초)본은 지사무소 소재지에서 신청하는 경우에 한하여 첨부하는 것으로서 그 경우에는 등기사유를 증명하는 서면 대신 이 변경등기를 마친 후의 주사무소의 등기부등본이나 초본만 첨부한다.
⑥ 위임장의 첨부와 대리인의 표시는 대리인에 의하여 신청하는 경우에 한하여 한다.

□ 등기기재례

■ 명칭, 임원란

주사무소 ~~○○시 ○○구 ○○동 ○번지~~	. . . 변경
	. . . 등기
○○시 ○○구 ○○동 ○번지	20○○. ○. ○. 변경
	20○○. ○. ○. 등기[인]

四. 합병등기

1. 흡수합병으로 인한 변경등기

조합이 다른 조합을 흡수하여 합병한 때에는 존속하는 조합에서는 합병으로 인한 변경등기를 한다(신협 제54조 제3항).

가. 등기신청인과 등기기간

이 등기는 합병 후 존속하는 조합의 이사장이 신청한다(신협령 제9조).

등기기간은 조합이 합병한 때로부터 2주일 내에 신청한다(신협 제54조 제3항).

여기서 등기기간의 기산점인 조합이 합병한 때라 함은 합병절차가 종료한 때, 즉 주무관청으로부터 합병인가를 받은 때 또는 합병으로 인하여 자본감소를 초래하는 경우에는 그에 대한 중앙회장의 승인이 있은 때로부터 기산할 것이다.

나. 등기사항

합병으로 인하여 소멸한 조합의 명칭과 합병취지, 지사무소 소재지에서는 합병연월일(주사무소에서의 합병으로 인한 변경등기일자)도 등기한다.

다. 첨부서류

이 등기를 신청할 때에는 일반적인 첨부서류 이외에 ① 합병계약서, ② 합병인가서, ③ 총회의사록, ④ 중앙회장의 승인서, ⑤ 소멸조합의 등기부등본을 첨부해야 한다.

2. 신설합병으로 인한 설립등기

2개 이상의 조합이 합병으로 인하여 해산하고 새로운 조합을 설립한 때에는 합병으로 인한 설립등기를 한다.

가. 등기신청인과 등기기간

이 등기는 합병으로 인하여 새로 설립되는 조합의 이사장이 신청하여 등기기간에 관하여는 특별한 규정이 없고 금융감독위원회의 합병설립인가가 있은 날로부터 3월 내에 이를 신청하지 아니하면 그 인가의 효력이 상실되는 불이익을 입을 뿐이다.

나. 등기사항

통상의 설립등기사항(신협령 2)과 그 외에 각 소멸조합의 명칭 및 사무소와 합병취지, 지사무소 소재지에서는 법인성립연월일(주사무소 소재지에서의 설립등기일자)

다. 첨부서류

이 등기를 신청할 때에는 일반적인 첨부서류 이외에 ① 합병계약서, ② 합병인가서, ③ 총회의사록, ④ 정관, ⑤ 취임승낙서, ⑥ 중앙회장승인서, ⑦ 소멸조합의 등기부등본, ⑧ 위임장·인감 등을 첨부한다.

3. 합병으로 인한 해산등기

조합이 합병으로 인하여 다른 조합에 흡수되거나 새로운 조합을 설립하여 소멸하게 된 경우에 행하는 등기로서 청산절차가 필요없이 합병으로 인한 변경등기나 설립등기로서 조합은 당연히 소멸된다.

합병으로 인한 변경등기나 설립등기를 한 후 또는 적어도 그와 동시에 이 해산등기를 해야 하며 그들 등기보다 먼저 이 해산등기를 해서는 안된다.

가. 등기신청인과 등기기간

이 등기는 합병으로 인하여 해산한 때로부터 2주일 이내에 이사장이 신청한다. 그러나 합병으로 인한 설립등기는 주무관청의 합병인가를 받은 날로부터 3월 이내에 하지 아니하면 그 인가의 효력을 상실하는 이외에 등기기간에 관한 특별한 정함이 없는 신설합병의 경우는 합병으로 인한 설립등기를 하기 전에 그로 인한 해산등기를 먼저 할 수는 없으므로 그 경우의 해산등기에 관한 위 2주일 이내라고 하는 등기기간은 별 의미가 없는 규정이다.

나. 등기사항

"존속 또는 신설되는 조합의 명칭과 사무소 및 합병으로 인하여 해산한 취지와 그 연월일"을 등기한다.

그리고 신설합병의 경우에는"합병으로 인하여 함께 소멸한 다른 조합의 명칭과 사무소"도 기재한다.

여기서 해산연월일 기재는 존속하는 조합의 변경등기나 신설되는 조합의 설립등기를 한 일자를 기재한다.

다. 첨부서류

① 합병계약서, ② 합병인가서, ③ 총회의사록, ④ 중앙회장의 승인서, ⑤ 존속 또는 신설조합의 등기부등본 등을 첨부한다.

♣ 【서식】 합병으로 인한 신용협동조합 변경등기신청서

(흡수합병시 존속하는 조합에서 신청하는 경우)

<table>
<tr><td colspan="6" align="center">합병으로 인한 신용협동조합 변경등기신청</td></tr>
<tr><td rowspan="2">접
수</td><td colspan="2" align="center">년   월   일</td><td rowspan="2">처리인</td><td>등기관 확인</td><td>각종통지</td></tr>
<tr><td colspan="2" align="center">제   호</td><td></td><td></td></tr>
</table>

<table>
<tr><td>상호(명칭)</td><td>○○신용협동조합</td><td>등기번호</td><td></td></tr>
<tr><td>본점(주사무소)</td><td colspan="3">○○시 ○○구 ○○동 ○(지사무소 : ○○시 ○○구 ○○동 ○)</td></tr>
<tr><td>등기의 목적</td><td colspan="3">합병으로 인한 변경</td></tr>
<tr><td>등기의 사유</td><td colspan="3">20○○년 ○월 ○일 총회에서 ○○시 ○○구 ○○동 ○번지 ○○ 신용협동조합을 흡수합병하기로 결의하고 20○○년 ○월 ○일 주무관청의 인가를(받고 20○○년 ○월 ○일 중앙회장의 승인을) 받았으므로(… 받아 20○○년 ○월 ○일 주사무소 소재지 관할등기소에서 그 등기를 하였으므로 이 등기소에서) 그 등기를 구함.</td></tr>
<tr><td colspan="4" align="center">등기할 사항</td></tr>
<tr><td colspan="4">

1. 목적
   (1) ○○○○
   (2) ××××
1. 자산의 총액 : 금○○○○원
1. 인가서도착연월일 : 20○○년 ○월 ○일

</td></tr>
<tr><td>기   타</td><td colspan="3"></td></tr>
</table>

<table>
<tr><td colspan="8" align="center">신청등기소 및 등록면허세/수수료</td></tr>
<tr><td rowspan="2">순번</td><td rowspan="2">신청등기소</td><td rowspan="2">구분</td><td>등록면허세</td><td rowspan="2">농어촌특별세</td><td rowspan="2">세액합계</td><td rowspan="2" colspan="2">등기신청수수료</td></tr>
<tr><td>지방교육세</td></tr>
<tr><td rowspan="2"></td><td rowspan="2"></td><td rowspan="2"></td><td>금   원</td><td rowspan="2">금   원</td><td rowspan="2">금   원</td><td rowspan="2" colspan="2">금   원</td></tr>
<tr><td>금   원</td></tr>
<tr><td></td><td></td><td></td><td></td><td></td><td></td><td colspan="2"></td></tr>
<tr><td colspan="3" align="center">합   계</td><td></td><td></td><td></td><td colspan="2"></td></tr>
<tr><td colspan="3">등기신청수수료 납부번호</td><td colspan="5"></td></tr>
</table>

첨 부 서 면

1. 합병계약서	1통	1. 등록면허세영수필확인서	1통
1. 합병인가서	1통	1. 등기신청수수료영수필확인서	1통
1. 총회의사록	1통	1. 위임장(대리인이 신청할 경우)	1통
1. 중앙회장승인서	1통	<기 타>	
1. 조합등기부등본(소멸조합분)	1통		
1. 조합등기부등본(존속회사 주사무소분)			
	1통		

20○○년 ○월 ○일

신청인 상호(명   칭) ○○신용협동조합

　　　　본점(주사무소) ○○시 ○○구 ○○동 ○○

대표자 성   명 이사장 ○ ○ ○ ㉑   (전화 :   )

　　　　주   소 ○○시 ○○구 ○○동 ○○

대리인 성   명 법무사 ○ ○ ○ ㉑   (전화 :   )

　　　　주   소 ○○시 ○○구 ○○동 ○○

○○지방법원 ○○등기소 귀중

- 신청서 작성요령 -

1. 해당란이 부족할 때에는 별지를 이용합니다.
1. 해당 등기신청과 관계없는 사항에 대하여는 "해당없음"으로 기재하거나 삭제하고, 필요한 사항은 추가 기재합니다.

(용지규격 21cm×29.7cm)

[주] ① 지사무소 기재는 지사무소 소재지에서 신청하는 경우에 한하여 기재하는 사항이다.
② 등기의 사유란 전단의 ( )안은 합병으로 인하여 자본감소를 초래하는 경우의 서식이며 후단 ( )안은 지사무소 소재지에서 이 등기를 신청하는 경우의 서식이다.
③ 일반법인의 합병시 등록면허세는 자본증가를 수반하지 아니하는 경우 40,200원, 자본증가를 수반하는 경우 증가된 자본금액의 1000분의 2이고, 지방교육세는 등록면허세의 100분의 20이며, 설립 또는 대도시 전입 후 5년 이내의 경우에는 3배를 가산한다.
④ 합병을 결의한 각 합병당사조합이 총회의사록과 합병으로 인한 정관변경을 의결한 존속조합의 총회의사록을 첨부한다.
⑤ 합병으로 인하여 자본감소를 초래하는 경우에 한하여 그에 관한 중앙회장의 승인서를 첨부한다.
⑥ 존속조합의 주사무소 관내에 소멸조합의 주사무소나 지사무소의 등기가 있는 경우에는 소멸조합의 등기부등본의 첨부를 생략할 수 있다.
⑦ 조합등기부등본은 지사무소 소재지에서 신청할 때 첨부하는 위의 서류 대신 이 변경등기를 마친 후의 주사무소의 등기부등본을 첨부한다.
⑧ 위임장의 첨부와 대리인의 표시는 대리인에 의하여 신청하는 경우에 한다.

□ 등기기재례

(1) 주사무소소재지에서 등기하는 경우

■ 기타사항란

1. ○○시 ○○구 ○○동 ○○번지 ××신용협동조합을 합병 20○○년 ○월 ○일 등기 ㊞

[주] 합병으로 인하여 변경된 사항이 있는 때에는 각 상당란에 이를 기재한다.

(2) 지사무소소재지에서 등기하는 경우

■ 기타사항란

1. ○○시 ○○구 ○○동 ○○번지 ××신용협동조합을 합병 20○○년 ○월 ○일 등기 ㊞

♣ 【서식】 합병으로 인한 신용협동조합 설립등기신청서

(신설합병시 새로 설립하는 신용협동조합에서 신청하는 경우)

<table>
<tr><td colspan="7" align="center">합병으로 인한 신용협동조합 설립등기신청</td></tr>
<tr><td rowspan="2">접
수</td><td colspan="3" align="center">년   월   일</td><td rowspan="2" align="center">처리인</td><td align="center">등기관 확인</td><td align="center">각종통지</td></tr>
<tr><td colspan="3" align="center">제   호</td><td></td><td></td></tr>
</table>

<table>
<tr><td align="center">상호(명칭)</td><td>○○신용협동조합</td><td align="center">등기번호</td><td></td></tr>
<tr><td align="center">등기의 목적</td><td colspan="3">합병으로 인한 신용협동조합의 설립</td></tr>
<tr><td align="center">등기의 사유</td><td colspan="3">○○시 ○○구 ○○동 ○○번지의 ××신용협동조합과 ○○시 ○○구 ○○동 ○○번지 △△신용협동조합이 합병하여 ○○신용협동조합을 설립하기 위하여 20○○년 ○월 ○일 각 총회에서 각기 합병을 결의하고 정관을 작성하여 20○○년 ○월 ○일 주무관청의 설립인가를(받고 20○○년 ○월 ○일 중앙회장의 승인을) 받았으므로 다음 사항의 등기를 구함.</td></tr>
<tr><td align="center">인가서도착연월일</td><td colspan="3">20○○년 ○월 ○일</td></tr>
<tr><td colspan="4" align="center">등기할 사항</td></tr>
<tr><td align="center">명   칭</td><td colspan="3">○○신용협동조합</td></tr>
<tr><td align="center">주사무소</td><td colspan="3">○○시 ○○구 ○○동 ○○</td></tr>
<tr><td align="center">이사의 성명,
주민등록번호 및
주소</td><td colspan="3">이사장 ○ ○ ○(-   )
　　　○○시 ○○구 ○○동 ○○
이 사 ○ ○ ○(-   )
　　　○ ○ ○(-   )
　　　○ ○ ○(-   )</td></tr>
<tr><td align="center">이사의대표권에
대한 제한</td><td colspan="3"></td></tr>
<tr><td align="center">목   적</td><td colspan="3">○○○○</td></tr>
<tr><td align="center">분사무소</td><td colspan="3"></td></tr>
</table>

설립허가연월일	20○○년 ○월 ○일
존립기간 또는 해산이유	없음
자산의 총액	금 ○○○○원
출자의 방법	○○○○
기　타	1. 출자 1좌의 금액 : 금 ○○○원 1. 지사무소 : ○○시 ○○구 ○○동 ○번지

<table>
<tr><td colspan="7" align="center">신청등기소 및 등록면허세/수수료</td></tr>
<tr><td rowspan="2">순번</td><td rowspan="2">신청등기소</td><td rowspan="2">구분</td><td>등록면허세</td><td rowspan="2">농어촌특별세</td><td rowspan="2">세액합계</td><td rowspan="2">등기신청수수료</td></tr>
<tr><td>지방교육세</td></tr>
<tr><td rowspan="2"></td><td rowspan="2"></td><td rowspan="2"></td><td>금　　　　원</td><td rowspan="2">금　　　원</td><td rowspan="2">금　　　원</td><td rowspan="2">금　　　원</td></tr>
<tr><td>금　　　　원</td></tr>
<tr><td></td><td></td><td></td><td></td><td></td><td></td><td></td></tr>
<tr><td colspan="3" align="center">합　　　계</td><td></td><td></td><td></td><td></td></tr>
<tr><td colspan="3" align="center">등기신청수수료 납부번호</td><td colspan="4"></td></tr>
</table>

첨　　부　　서　　면

1. 정관	1통	1. 합병계약서	1통
1. 총회의사록(이사 선임서)	1통	1. 합병인가서	1통
1. 재산목록	1통	1. 중앙회장승인서	1통
1. 취임승낙서	1통	1. 조합등기부등본	1통
1. 주민등록표등본	1통	1. 등록면허세영수필확인서　1통	
1. 인감신고서	1통	1. 등기신청수수료영수필확인서　1통	
		1. 위임장(대리인이 신청할 경우)　1통	

<기 타>

20○○년 ○월 ○일

신청인　상호(명　　칭)　　○○신용협동조합

　　　　본점(주사무소)　　○○시 ○○구 ○○동 ○○

대표자 성　　　명　이사장 ○ ○ ○ ㊞　　　　(전화 :　　　　　)

　　　　주　　　소　　○○시 ○○구 ○○동 ○○

대리인 성　　　명　법무사 ○ ○ ○ ㊞　　　　(전화 :　　　　　)

　　　　주　　　소　　○○시 ○○구 ○○동 ○○

○○지방법원 ○○등기소 귀중

- 신청서 작성요령 -

1. 해당란이 부족할 때에는 별지를 이용합니다.
1. 해당 등기신청과 관계없는 사항에 대하여는 "해당없음"으로 기재하거나 삭제하고, 필요한 사항은 추가 기재합니다.

(용지규격　21cm×29.7cm)

주 ① 등기의 사유란의 (   )안은 합병으로 인하여 자본감소를 초래하는 경우의서식례아며 등기의 사유란에 기재하는 사항으로서 명칭 이하의 사항은 통상의 설립등기신청의 경우와 같은 요령으로 기재할 것으로 자세한 것은 통상의 설립등기신청서 서식부분의 설명을 참조함

② 인가서도착연월일은 주무관청의 합병설립인가서가 도착한 일자를 기재할 것이다.

③ 일반법인의 합병시 등록면허세는 자본증가를 수반하지 아니하는 경우 40,200원, 자본증가를 수반하는 경우 증가된 자본금액의 1000분의 2이고, 지방교육세는 등록면허세의 100분의 20이며, 설립 또는 대도시 전입 후 5년 이내의 경우에는 3배를 가산한다.

④ 합병을 결의한 각 합병당사조합이 총회의사록과 신설조합의 이사장을 선임한 창립총회의사록을 첨부한다.

⑤ 피선자의 취임승낙취지의 기재가 있고 그의 기명날인이 있는 의사록을 첨부하는 경우에는 취임승낙서의 첨부를 생략할 수 있다.

⑥ 합병으로 인하여 자본감소를 초래하는 경우에 한하여 그에 관한 중앙회장의 승인서를 첨부한다.

⑦ 신설조합의 주사무소 관내에 소멸조합의 주사무소나 지사무소의 등기가 있는 경우에는 조합등기부등본의 첨부를 생략할 수 있다.

⑧ 이외의 설립등기신청인인 이사장의 인감도 제출한다.

⑨ 위임장의 첨부와 대리인의 표시는 대리인에 의하여 신청하는 경우에 한다.

□ 등기기재례

■ 명칭·임원란

법인성립연월일	20○○년 ○월 ○일
등기용지개설의 사유 및 연월일 ○○시 ○○구 ○○동 ○○ ××신용협동조합과 ○○시 ○○구 ○○동 ○○ △△신용협동조합이 합병하여 설립 20○○년 ○월 ○일 등기 ㉑	

주 새로운 등기용지를 개설하여 설립등기사항을 각 상당란에 기재한다.

♣ 【서식】 합병으로 인한 신용협동조합 해산등기신청서

(합병시 소멸하는 신용협동조합에서 신청하는 경우)

<table>
<tr><td colspan="6" align="center">합병으로 인한 신용협동조합 해산등기신청</td></tr>
<tr><td rowspan="2">접
수</td><td>년 　　 월 　　 일</td><td rowspan="2">처리인</td><td>등기관 확인</td><td>각종통지</td></tr>
<tr><td>제 　　　　　　 호</td><td></td><td></td></tr>
</table>

상호(명칭)	○○신용협동조합	등기번호
본점(주사무소)	○○시 ○○구 ○○동 ○○	
등기의 목적	해산	
등기의 사유	합병으로 인한 신용협동조합의 해산	
	등기할 사항	
해산연월일	20○○년 ○월 ○일	
해산 사유	별지기재와 같음	
기　타	1. 지사무소 : ○○시 ○○구 ○○동 ○○ 1. 인가서도착연월일 : 20○○년 ○월 ○일	

<table>
<tr><td colspan="8" align="center">신청등기소 및 등록면허세/수수료</td></tr>
<tr><td rowspan="2">순번</td><td rowspan="2">신청등기소</td><td rowspan="2">구분</td><td>등록면허세</td><td rowspan="2">농어촌특별세</td><td rowspan="2">세액합계</td><td rowspan="2" colspan="2">등기신청수수료</td></tr>
<tr><td>지방교육세</td></tr>
<tr><td rowspan="2"></td><td rowspan="2"></td><td rowspan="2"></td><td>금   원</td><td rowspan="2">금   원</td><td rowspan="2">금   원</td><td rowspan="2" colspan="2">금   원</td></tr>
<tr><td>금   원</td></tr>
<tr><td></td><td></td><td></td><td></td><td></td><td></td><td colspan="2"></td></tr>
<tr><td colspan="3" align="center">합   계</td><td></td><td></td><td></td><td colspan="2"></td></tr>
<tr><td colspan="3" align="center">등기신청수수료 납부번호</td><td colspan="5"></td></tr>
<tr><td colspan="8" align="center">첨   부   서   면</td></tr>
<tr><td colspan="4">1. 총회의사록   1통
1. 정관   1통
1. 합병계약서   1통
1. 합병인가서   1통
1. 조합등기부등본(주사무소분)   1통</td><td colspan="4">1. 등록면허세영수필확인서   1통
1. 등기신청수수료영수필확인서   1통
1. 위임장(대리인이 신청할 경우)   1통

<기 타></td></tr>
</table>

20〇〇년 〇월 〇일

신청인 상호(명   칭) 〇〇신용협동조합
　　　　본점(주사무소) 〇〇시 〇〇구 〇〇동 〇〇
대표자 성   명 이사장 〇 〇 〇 ㉞   (전화 :   )
　　　　주   소 〇〇시 〇〇구 〇〇동 〇〇
대리인 성   명 법무사 〇 〇 〇 ㉞   (전화 :   )
　　　　주   소 〇〇시 〇〇구 〇〇동 〇〇

〇〇지방법원 〇〇등기소 귀중

- 신청서 작성요령 -
1. 해당란이 부족할 때에는 별지를 이용합니다.
1. 해당 등기신청과 관계없는 사항에 대하여는 "해당없음"으로 기재하거나 삭제하고, 필요한 사항은
　　추가 기재합니다.

(용지규격 21cm×29.7cm)

♣ **【서식】 해산사유**

해산 사유

1. 흡수합병으로 인한 해산

    20○○년 ○월 ○일 총회의 의결을 거쳐 20○○년 ○월 ○일 주무관청의 인가를(받고 20○○년 ○월 ○일 중앙회장의 승인을)받아 ○○시 ○○구 ○○동 ○○번지 ○○신용협동조합과 합병하고 해산하였으므로 (…… 해산하여 20○○년 ○월 ○일 주사무소 소재지 관할등기소에서 그 등기를 하였으므로 이 등기소에서) 다음 사항의 등기를 구함.

    20○○년 ○월 ○일 ○○시 ○○구 ○○동 ○○번지

    ○○신용협동조합과 합병하고 해산

2. 신설합병으로 인한 해산

    20○○년 ○월 ○일 총회의 의결을 거쳐 20○○년 ○월 ○일 주무관청의 설립인가를(받고 20○○년 ○월 ○일 중앙회장의 승인을) 받아 ○○시 ○○구 ○○동 ○○번지 ○○신용협동조합과 합병하여 ○○시 ○○구 ○○동 ○○번지 ○○신용협동조합을 설립하고 해산하였으므로 (…… 해산하여 20○○년 ○월 ○일 주사무소 소재지 관할등기소에서 그 등기를 하였으므로 이 등기소에서) 다음 사항의 등기를 구함.

    20○○년 ○월 ○일 ○○시 ○○구 ○○동 ○○번지 ○○신용협동조합과 합병하여 ○○시 ○○구 ○○동 ○○번지 ○○신용협동조합을 설립하고 해산

주 ① 지사무소 기재는 지사무소 소재지에서 신청하는 경우에 한하여 기재하는 사항으로서 그 경우에는 주사무소 소재지 다음에 이 등기를 신청하는 당해 등기소 관내의 지사무소 소재지도 아울러 기재한다.
② 해산한 연월일은 합병 후 존속하는 조합의 변경등기일자나 합병으로 인하여 신설되는 조합의 설립일자를 기재한다.

五. 청산과 해산등기

♣ 【서식】 신용협동조합 청산인취임등기신청서

<table>
<tr><td colspan="5" align="center">신용협동조합 청산인취임등기신청</td></tr>
<tr><td rowspan="2">접
수</td><td align="center">년   월   일</td><td rowspan="2">처리인</td><td>등기관 확인</td><td>각종통지</td></tr>
<tr><td align="center">제   호</td><td></td><td></td></tr>
</table>

상호(명칭)	○○신용협동조합	등기번호	
본점(주사무소)	○○시 ○○구 ○○동 ○(지사무소 : ○○시 ○○구 ○○동 ○)		
등기의 목적	해산 및 청산인 취임		
등기의 사유	별지 기재와 같음		

<table>
<tr><td colspan="2" align="center">등기할 사항</td></tr>
<tr><td>청산인의 성명,
주민등록번호, 주소
및 취임연월일</td><td>○ ○ ○ (-   )
○○시 ○○구 ○○동 ○
20○○년 ○월 ○일 취임</td></tr>
<tr><td>대표청산인의 성명,
주소 및
취임연월일</td><td>○ ○ ○ (-   )
○○시 ○○구 ○○동 ○
20○○년 ○월 ○일 취임</td></tr>
<tr><td>기 타</td><td></td></tr>
</table>

<table>
<tr><td colspan="8" align="center">신청등기소 및 등록면허세/수수료</td></tr>
<tr><td rowspan="2">순번</td><td rowspan="2">신청등기소</td><td rowspan="2">구분</td><td>등록면허세</td><td rowspan="2">농어촌특별세</td><td rowspan="2">세액합계</td><td rowspan="2">등기신청수수료</td></tr>
<tr><td>지방교육세</td></tr>
<tr><td></td><td></td><td></td><td>금　　　　　원</td><td rowspan="2">금　　　　원</td><td rowspan="2">금　　　　원</td><td rowspan="2">금　　　　원</td></tr>
<tr><td></td><td></td><td></td><td>금　　　　　원</td></tr>
<tr><td></td><td></td><td></td><td></td><td></td><td></td><td></td></tr>
<tr><td colspan="2" align="center">합　　　　계</td><td></td><td></td><td></td><td></td><td></td></tr>
</table>

등기신청수수료 납부번호	

첨　　부　　서　　면

1. 정관	1통	1. 청산인선임서	1통
1. 총회의사록	1통	1. 조합등기부등(초)본	1통
1. 취임승낙서	1통	1. 등록면허세영수필확인서	1통
1. 주민등록표등본	1통	1. 등기신청수수료영수필확인서	1통
1. 인감신고서	1통	1. 위임장(대리인이 신청할 경우)	1통
1. 설립인가취소(또는 그 취소통지서)	1통	<기 타>	

20○○년 ○월 ○일

신청인　상호(명　　칭)　○○신용협동조합

　　　　본점(주사무소)　○○시 ○○구 ○○동 ○○

대표청산인　　성　　명　○ ○ ○ ⑪　　　　　(전화 :　　　　　)

　　　　주　　소　○○시 ○○구 ○○동 ○○

대리인 성　　명 법무사 ○ ○ ○ ⑪　　　　　(전화 :　　　　　)

　　　　주　　소　○○시 ○○구 ○○동 ○○

○○지방법원 ○○등기소 귀중

- 신청서 작성요령 -

1. 해당란이 부족할 때에는 별지를 이용합니다.
1. 해당 등기신청과 관계없는 사항에 대하여는 "해당없음"으로 기재하거나 삭제하고, 필요한 사항은 추가 기재합니다.

(용지규격 21cm×29.7cm)

♣ 【서식】 등기의 사유

등기의 사유

1. 20○○년 ○월 ○일 존립기간만료로(또는 ① 정관에 정한 어떠 어떠한 해산 사유발생으로, ② 총회의 결의로, ③ 설립인가취소로) 해산하였으므로(… 해산하여 20○○년 ○월 ○일 주사무소 소재지 관할등기소에서 그 등기를 하였으므로 이 등기소에서) 다음 사항의 등기를 구함.
   20○○년 ○월 ○일 존립기간만료로(또는 ① 정관에 정한 어떠 어떠한 해산사유발생으로, ② 총회의 결의로, ③ 설립인가취소로) 해산

2. 20○○년 ○월 ○일 신용협동조합중앙회장이 선임한 다음 사람이 20○○년 ○월 ○일 청산인으로 취임(20○○년 ○월 ○일 이사장이었던 다음 사람이 청산인으로 취임) 하였으므로(… 취임하여 20○○년 ○월 ○일 주사무소 소재지 관할등기소에서 그 등기를 하였으므로 이 등기소에서) 그 등기를 구함.

주
① 지사무소의 기재는 지사무소 소재지에서 신청하는 경우에 한하여 기재한다.
② 등기의 사유란의 후단의 (   )안은 지사무소 소재지에서 신청하는 경우의 서식이다.
③ 총회의 결의에 의하여 해산한 경우 해산을 결의한 총회의사록이나 정관 소정의 해산사유발생으로 해산한 경우 그 사유발생을 확인결의한 총회의사록을 첨부한다.
④ 주무관청의 설립인가취소로 해산한 경우는 주무관청이 설립인가를 취소한 설립인가취소나 그 취소통지서를 첨부한다.
⑤ 청산인 선임서는 중앙회장이 청산인을 선임한 경우에 한하여 첨부할 것이며, 이사장이 청산인이 된 경우에는 이의 첨부가 필요 없다.
⑥ 청산인으로 취임하는 자의 취임승낙서를 첨부한다.
⑦ 법인등기부등(초)본은 지사무소 소재지에서 신청하는 경우에 한하여 첨부하는 것으로서 그 경우에는 주사무소 소재지에서 신청할 때 첨부하는 등기사유를 증명하는 서면 대신 이 등기를 마친 후의 주사무소의 조합등기부등본이나 초본만 첨부한다.
⑧ 위임장 이외의 등기신청인인 이사장의 인감도 제출한다.
⑨ 이 등기는 청산인이 신청해야 한다.
⑩ 위임장의 첨부와 대리인의 표시는 대리인에 의하여 신청하는 경우에 한다.

제10장 농업협동조합의 등기

一. 설립등기

농업협동조합이라 함은 농업인의 자주적인 협동조직을 바탕으로 농업인의 경제적·사회적·문화적 지위의 향상과 농업의 경쟁력강화를 통하여 농업인의 삶의 질을 높이고 국민경제의 균형있는 발전에 이바지함을 목적으로 하는 농업협동조합법에 의하여 설립된 법인격 있는 조합을 말한다. 조합은 지역농업협동조합과 지역축산업협동조합, 품목별·업종별협동조합, 농업협동조합중앙회가 있다.

농업협동조합은 발기인이 정관을 작성하여 창립총회의 의결을 거친 후 주무관청의 설립인가를 받아 주사무소 소재지에서 설립등기를 함으로써 성립한다.

1. 발기인회의 개최

농업협동조합을 설립하고자 할 때에는 20인 이상의 조합원의 자격을 가진 자가 발기인이 되어 명칭·구역·조합원 또는 회원의 자격·조합원 또는 회원의 권리의무 기타 필요한 사항을 기재한 설립준비서를 작성한 후 발기인회를 개최하여야 한다(농협 제15조, 농협규칙 제20조)

발기인회는 정관안과 사업계획서안을 작성하고 가입신청에 관한 사항과 창립총회개최일시 및 장소 등을 결정하여야 한다(농협규칙 제2조 2항).

2. 정관의 작성

정관은 창립총회의 의결을 얻어야 한다(농협규칙 제2조 3항).

그 기재사항은 다음과 같다.

　　1) 목적

　　2) 명칭

　　3) 구역

　　4) 주된 사무소의 소재지

　　5) 조합원의 자격과 가입, 탈퇴 및 제명에 관한 사항

　　6) 출자 1좌의 금액과 조합원의 출자좌수한도 및 납입방법과 지분계산에
　　　관한 사항

　　7) 우선출자에 관한 사항

　　8) 경비부과의 과태금의 징수에 관한 사항

　　9) 적립금의 종류와 적립방법에 관한 사항

　　10) 잉여금의 처분과 손실금의 처리방법에 관한 사항

　　11) 회계연도와 회계에 관한 사항

　　12) 사업의 종류와 그 집행에 관한 사항

　　13) 총회나 그 밖의 의결기관과 임원의 정수, 선출 및 해임에 관한 사항

　　14) 간부직원이 임면에 관한 사항

　　15) 공고의 방법에 관한 사항

　　16) 존립시기 또는 해산의 사유를 정한 때에는 그 시기 또는 사유

　　17) 설립 후 현물출자를 약정한 때에는 그 출자재산의 명칭, 수량, 가격,
　　　출자자의 성명.주소와 현금출자로의 전환 및 환매특약조건

　　18) 설립 후 양수를 약정한 재산이 있는 경우에는 그 재산의 명칭, 수량,
　　　가격과 양도인의 성명.주소

　　19) 그 밖에 이 법에서 정관으로 정하도록 한 사항

3. 창립총회

　정관과 사업계획서를 작성한 후 설립동의자로부터 가입신청서를 받은 다음
설립준비회에서 정한 일시와 장소에서 창립총회를 개최하여 정관과 사업계획
서의 승인, 임원선출 기타 필요한 사항을 의결해야 한다.

　창립총회의 의사는 개의 전까지 발기인에게 설립동의서를 제출한 자 과반수
의 찬성으로 의결해야 한다.

4. 설립인가

발기인은 창립총회의 의결을 얻은 후 농림축산식품부장관의 인가를 받아야 한다. 농림축산식품부장관은 설립인가의 신청이 있는 때에는 설립인가 구비서류가 미비된 때, 설립의 절차, 정관 및 사업계획서의 내용이 법령에 위반된 때, 기타 설립인가 기준에 미달된 때를 제외하고는 신청일부터 60일 이내에 이를 인가하여야 한다.

5. 설립등기

농업협동조합은 주된 사무소소재지에서 설립등기를 함으로써 성립한다(농협 제18조).

♣【서식】농업협동조합의 설립등기신청

<table>
<tr><td colspan="6" align="center">농업협동조합 설립등기신청</td></tr>
<tr><td rowspan="2">접
수</td><td colspan="2" align="center">년   월   일</td><td rowspan="2" align="center">처리인</td><td align="center">등기관 확인</td><td align="center">각종통지</td></tr>
<tr><td colspan="2" align="center">제   호</td><td></td><td></td></tr>
</table>

등기의 목적	지역농업협동조합의 설립
등기의 사유	지역농업협동조합을 설립하기 위하여 정관을 작성하고 20○○년 1월 20일 주무관청에 설립인가를 받아 20○○년 2월 4일 출자의 납입을 완료하였으므로 다음 사항의 등기를 구함.
인가서도착연월일	20○○년 ○월 ○일
등기할 사항	
명 칭	○○지역 농업협동조합
주 사 무 소	○○시 ○○구 ○○동 ○

이사, 감사의 성명, 주민등록번호 및 주소	이사 ○ ○ ○ (-)
	         ○○시 ○○구 ○○동 ○
	이사 ○ ○ ○ (-)
	         ○○시 ○○구 ○○동 ○
	이사 ○ ○ ○ (-)
	         ○○시 ○○구 ○○동 ○
	감사 ○ ○ ○ (-)
	         ○○시 ○○구 ○○동 ○
	감사 ○ ○ ○ (-)
	         ○○시 ○○구 ○○동 ○

조합장의 성명과 주소, 주민등록번호	조합장 ○ ○ ○ (-) ○○시 ○○구 ○○동 ○
이사의 대표권에 대한 제한	조합장 ○○○ 이외에는 대표권이 없음

목　　적	별지 기재와 같음
분사무소	○○시 ○○구 ○○동 ○
설립인가연월일	20○○년 ○월 ○일
존립기간 또는 해산사유	조합원의 수가 20인 미만이 되었을 때
납입한 출자총액	금 ○○○○○원
출자 1좌의 금액 및 납입방법	출자 1좌의 금액　금 ○○○원 납입방법 출자 제1회의 납입금액은 출자금액의 2분의 1로 하고, 제2회 납입일자는 이사회의 의결로 정하되 제1회 출자납입일로부터 2년 이내로 한다.
구　　역	○○군 ○○면의 일원
출자총좌수	○○○좌
기　　타	

<table>
<tr><td colspan="8" align="center">신청등기소 및 등록면허세/수수료</td></tr>
<tr><td rowspan="2">순번</td><td rowspan="2">신청등기소</td><td rowspan="2">구분</td><td>등록면허세</td><td rowspan="2">농어촌특별세</td><td rowspan="2">세액합계</td><td rowspan="2" colspan="2">등기신청수수료</td></tr>
<tr><td>지방교육세</td></tr>
<tr><td rowspan="2"></td><td rowspan="2"></td><td rowspan="2"></td><td>금　　　　원</td><td rowspan="2">금　　　원</td><td rowspan="2">금　　　원</td><td colspan="2" rowspan="2">금　　　　　원</td></tr>
<tr><td>금　　　　원</td></tr>
<tr><td></td><td></td><td></td><td></td><td></td><td></td><td colspan="2"></td></tr>
<tr><td></td><td></td><td></td><td></td><td></td><td></td><td colspan="2"></td></tr>
<tr><td colspan="3" align="center">합　　　계</td><td></td><td></td><td></td><td colspan="2"></td></tr>
<tr><td colspan="3">등기신청수수료 납부번호</td><td colspan="5"></td></tr>
<tr><td colspan="3">과 세 표 준 액</td><td colspan="5">금　　　　원</td></tr>
</table>

첨　　부　　서　　면

1. 정관	1통	1. 출자인수서	○통
1. 창립총회의사록	1통	1. 출자금보관증명서	1통
1. 설립인가서	1통	1. 인감증명서	○통
1. 조합원임명장	1통	1. 등기신청수수료영수필확인서	1통
1. 취임승낙서	○통	1. 위임장(대리인이 신청할 경우)	1통
		<기 타>	

20○○년 ○월 ○일

신청인 명　　칭　○○지역 농업협동조합

　　　　주사무소　○○시 ○○구 ○○동 ○○

대표자 성　　명　조합장 ○ ○ ○ ㉘　　　　　(전화 :　　　　　)

　　　　주　　소　○○시 ○○구 ○○동 ○○

대리인 성　　명　법무사 ○ ○ ○ ㉘　　　　　(전화 :　　　　　)

　　　　주　　소　○○시 ○○구 ○○동 ○○

○○지방법원 ○○등기소 귀중

- 신청서 작성요령 -

1. 해당란이 부족할 때에는 별지를 이용합니다.
1. 해당 등기신청과 관계없는 사항에 대하여는 "해당없음"으로 기재하거나 삭제하고, 필요한 사항은 추가 기재합니다.
1.「인감증명법」에 따른 인감증명서 제출과 함께 관련 서면에 인감을 날인하여야 하는 경우, 본인서명사실확인서를 제출하고 관련 서면에 서명을 하거나 전자본인서명확인서 발급증을 제출하고 관련 서면에 서명을 하면 인감증명서를 제출하고 관련 서면에 인감을 날인한 것으로 봅니다.

(용지규격 21cm×29.7cm)

목   적

조합원의 농업생산력의 증진과 사회적.경제적 지위향상을 도모함을 목적으로 하여 다음의 사업을 행한다.

(1) 생산 및 생활지도사업

(2) 구매사업

(3) 판매사업

(4) 신용사업

(5) 이용사업

(6) 공제사업

(7) 농촌가공사업

(8) 의료사업

(9) 단체협약의 체결

(10) 중앙회가 위촉하는 사업

(11) 정부가 위촉하는사업

(12) 조합원에 대한 보조금의 교부

(13) 위 각호의 사업에 부대하는 업무

(14) 기타 목적달성에 필요한 사업으로서 주무부장관의 승인을 받은 사업기타 목적달성을 위한 사업

주

① 이 등기는 조합의 조합장이 신청한다.

② 사무소 기재는 그 소재하는 지번까지 확정하여 기재한다.

③ 분사무소 기재는 설립당초부터 분사무소를 설치한 경우에 한하여 기재한다.

④ 정관에 목적과 사업의 종류를 별도의 조항으로 규정하고 있는 경우에는 목적의 조항에 기재된 사항뿐 아니라 그가 영위코자 하는 사업의 종류의 조항에 기재된 사항도 아울러 기재해야 할 것이다.

⑤ 존립시기, 해산사유의 기재는 정관에 특히 정한 경우에 한하여 기재한다. 그러나 법정의 해산사유는 설사 정관문언에 기재되어 있더라도 그를 등기할 필요가 없다.

⑥ 피선자의 위임승낙서의 기재가 있고 그의 기명날인이 있는 의사록을 첨부하는 경우에는 의 취임승낙서의 첨부를 생략할 수 있다.

⑦ 출자의 총좌수를 증명하는 서면으로서 출자인수서를 첨부한다.

⑧ 납입한 출자의 총액을 증명하는 서면으로서 출자금영수증이나 금융기관의 출자금보관증명서를 첨부한다.

⑨ 위임장의 첨부와 대리인의 표시는 대리인에 의하여 신청하는 경우에 한다.

♣ 【서식】 농업협동조합 정관

지역농업협동조합정관례

(농림축산식품부고시   제2024-7호, 2024. 1. 31., 일부개정)

제1편 총칙

제1조(명칭) 우리 조합은 ○○(지역명이나 지역의 특성을 나타내는 명칭)농업협동조합이라 한다.

제2조(목적) 우리 조합은 조합원의 농업생산성을 높이고 조합원이 생산한 농산물의 판로확대 및 유통원활화를 도모하며, 조합원이 필요로 하는 기술·자금·자재 및 정보 등을 제공함으로써 조합원의 경제적·사회적·문화적 지위를 향상시킴을 목적으로 한다.

제3조(사무소의 소재지) 우리 조합의 주된 사무소는 ○○시·도 ○○시·군·구 ○○읍·면에 두며, 규정이 정하는 바에 따라 필요한 곳에 지사무소를 둘 수 있다. 주된 사무소의 소재지는 「도로명주소법」에 따른 주소를 기재한다.

제4조(구역) 우리 조합의 구역은 ○○시·군·구 ○○읍·면·동 ○○리의 일원으로 한다.

(비고) 1. 조합의 구역이 여러 개의 행정구역에 걸쳐 있는 경우에는 이를 모두 적는다.

(비고) 2. 조합의 구역은 하나의 시·군·구에서 정하되, 생활권·경제권 등을 고려하여 하나의 시·군·구를 구역으로 하는 것이 부적당한 경우로서 둘 이상의 시·군·구에서 정하고자 하는 경우에는 농림축산식품부장관의 인가를 받아야 한다.

(예) 1) 우리 조합의 구역은 ○○군 일원으로 한다.

2) 우리 조합의 구역은 ○○군 일원과 □□군 □□면 일원으로 한다.

3) 우리 조합의 구역은 ○○군 ○○면 일원과 □□면 ◇◇리 일원으로 한다.

제5조(사업의 종류)　① 조합은 다음 각 호의 사업을 수행한다.

1. 교육·지원사업

　가. 조합원이 생산한 농산물의 공동출하와 판매를 위한 교육·지원

　나. 농업생산의 증진과 경영능력의 향상을 위한 상담 및 교육훈련

　다. 농업 및 농촌생활관련 정보의 수집 및 제공

　라. 주거 및 생활환경 개선과 문화향상을 위한 교육·지원

　마. 도시와의 교류촉진을 위한 사업

　바. 신품종의 개발, 보급 및 농업기술의 확산을 위한 시범포, 육묘장, 연구소의 운영

　사. 농촌 및 농업인의 정보화지원

　아. 귀농인·귀촌인의 농업경영 및 농촌생활 정착을 위한 교육·지원

　자. 조합의 사업수행과 관련한 교육 및 홍보

2. 경제사업

　가. 조합원이 생산하는 물자의 제조·가공·판매·수출 등의 사업

　나. 조합원의 사업과 생활에 필요한 물자의 구입·제조·가공·공급 등의 사업

　다. 조합원이 생산한 농산물의 유통조절 및 비축사업

　라. 조합원의 사업이나 생활에 필요한 공동이용시설의 운영 및 기자재의 임대사업

　마. 조합원의 노동력이나 농촌의 부존자원을 활용한 가공사업·관광사업 등 농외소득증대사업

　바. 농지의 매매·임대차·교환의 중개

　사. 위탁영농사업

　아. 농업노동력의 알선 및 제공

　자. 농촌형 주택보급 등 농촌주택사업

　차. 보관사업

　카. 조합원과 출자법인의 경제사업의 조성, 지원 및 지도

3. 신용사업
 가. 조합원으로부터의 예금과 적금의 수납
 나. 조합원에 대한 자금의 대출
 다. 내국환
 라. 어음할인
 마. 국가·공공단체 및 금융기관의 업무 대리
 바. 조합원을 위한 유가증권·귀금속·중요물품의 보관 등 보호예수업무
 사. 공과금, 관리비 등의 수납 및 지급대행
 아. 수입인지, 복권, 상품권의 판매대행
4. 금융기관보험대리점사업
5. 복지후생사업
 가. 복지시설의 설치 및 관리
 나. 장제사업
 다. 의료지원사업
6. 다른 경제단체·사회단체 및 문화단체와의 교류·협력
7. 국가, 공공단체, 농업협동조합중앙회(이하 "중앙회"라 한다), 농협경제지주회사
   및 그 자회사, 농협은행 또는 다른 조합이 위탁하는 사업
8. 다른 법령에서 조합의 사업으로 규정하는 사업
9. 제1호부터 제8호까지의 사업과 관련되는 부대사업(조합이 보유하는 자산의 임
   대를 포함한다)
10. ○○○○사업
(비고) 제10호는 농업협동조합법 제57조제1항제10호 및 농업협동조합법시행령
제51조제2항제1호에 따라 중앙회장의 승인을 얻은 사업에 한하여 적음
② 조합은 제1항의 사업을 수행하기 위하여 필요한 때에는 다른 조합, 중앙회 또
   는 농협경제지주회사 및 그 자회사와의 공동사업 및 대리 업무를 할 수 있다.
③ 조합이 제1항의 사업을 수행하기 위하여 출자하거나 출연한 법인의 농업협동

조합법 제3조제1항에 따른 명칭이나 이와 유사한 명칭 사용을 승인하기 위하여 필요한 사항은 규정으로 정한다.

제5조의2(농산물 판매활성화)

① 조합은 조합원이 생산한 농산물의 효율적인 판매를 위하여 다음 각 호의 사항을 추진하여야 한다.

 1. 다른 조합, 중앙회, 농협경제지주회사 및 그 자회사의 공동사업

 2. 농산물의 계약재배 및 판매 등에 관한 규정의 제정 및 개정

 3. 그 밖에 거래처 확보 등 농산물의 판매활성화 사업에 필요한 사항

② 조합은 제1항에 따른 사업수행에 필요한 경우 농협경제지주회사 및 그 자회사에 농산물의 판매위탁을 요청할 수 있다.

제6조(손실보전자금 등의 조성·운용)

① 조합은 제5조제1항의 사업을 수행하기 위하여 사업손실보전자금 및 대손보전자금을 조성·운용할 수 있다.

② 조합은 조합원이나 조합공동사업법인이 생산한 농산물 및 그 가공품등의 원활한 유통을 지원하기 위하여 유통지원자금을 조성·운용할 수 있다.

③ 제1항 및 제2항의 자금의 조성·운용 및 관리 등에 관하여 필요한 사항은 규정으로 정한다.

④ 조합은 중앙회가 회원의 균형있는 발전을 위하여 사업손실보전자금, 대손보전자금, 조합상호지원자금 및 조합합병지원자금을 조성하는 경우에는 중앙회장이 정하는 바에 따라 자금을 출연한다.

제7조(공고방법) 조합의 공고는 주된 사무소의 게시판(지사무소의 게시판을 포함한다)과 인터넷 홈페이지(홈페이지를 운영하는 조합에 한한다)에 게시하며, 필요하다고 인정하는 때에는 서면 또는 문자 메시지 ·전자우편(컴퓨터 이용자끼리 네트워크를 통하여 문자, 음성, 화상 또는 동영상 등의 정보를 주고받는 통신시스템을 말한다. 이하 같다) 전송 등으로 조합원에게 통지한다.

제8조(통지 또는 최고방법) 조합의 조합원에 대한 통지나 최고는 조합원명부에

적힌 조합원의 주소로 한다. 다만, 조합원이 따로 조합에 연락처를 통지하였을 경우에는 이에 따른다.

제2편 조합원

제9조(조합원)

① 우리 조합의 조합원은 다음 각 호의 어느 하나에 해당하는 자로 한다.

 1. 조합의 구역에 주소, 거소나 사업장이 있는 자로서 농업협동조합법(이하 "법"이라 한다) 제19조제4항에 따른 농업인의 범위에 해당하는 자

 2. 「농어업경영체 육성 및 지원에 관한 법률」 제16조와 제19조에 따른 영농조합법인 및 농업회사법인으로서 그 주된 사무소를 조합의 구역에 두고 농업을 경영하는 법인

 3. 조합의 구역의 전부 또는 일부를 당해 조합의 구역에 포함하고 있는 품목조합

 (비고) 제3호는 특별시 또는 광역시의 자치구를 구역으로 하는 조합의 경우에만 규정함

② 조합원은 다른 지역농협의 조합원으로 가입할 수 없다.

제10조(가입) ① 우리 조합에 가입하고자 하는 자는 다음 사항을 적은 가입신청서를 조합에 제출 한다.

 1. 성명·주민등록번호·주소

 2. 가구원수

 3. 인수하고자 하는 출자좌수

 4. 경작면적과 주 작물명 등 조합원자격에 해당하는 사항

 5. 조합운영 참여 및 사업이용 동의

② 우리 조합에 가입하고자 하는 법인은 다음 사항을 적은 가입신청서에 법인정관과 가입을 의결한 총회의사록, 사업계획서, 재무상태표 및 손익계산서를 붙여 조합에 제출한다.

 1. 법인의 명칭·법인등록번호·주된 사무소의 소재지, 대표자의 성명·생년월일 및 주소

 2. 구성원수

 3. 인수하고자 하는 출자좌수

 4. 주된 사업의 종류

 5. 조합운영 참여 및 사업이용 동의

③ 조합은 제1항 또는 제2항에 따른 신청서를 접수하였을 때에는 이사회에 부의하여 조합원으로서의 자격유무를 심사하고, 가입 승낙여부를 서면으로 가입신청자에게 통지한다.

④ 조합은 정당한 사유 없이 조합원 자격을 갖추고 있는 자의 가입을 거절하거나 다른 조합원보다 불리한 가입 조건을 달 수 없다. 다만, 제명된 후 2년이 지나지 아니한 자에 대하여는 가입을 거절할 수 있다.

⑤ 제9조제1항제1호에 따른 조합원은 조합에 가입한 지 1년 6개월 이내에는 같은 구역에 설립된 다른 지역농협에 가입할 수 없다.

⑥ 가입신청자는 제1회의 출자를 납입함으로써 조합원이 되며, 조합은 조합원의 성명과 주소 또는 거소 및 가입연월일을 조합원명부에 적는다.

제11조(탈퇴) ① 조합원은 조합에 탈퇴의사를 알리고 탈퇴할 수 있다.

② 조합원이 다음 각 호의 어느 하나에 해당하면 당연히 탈퇴된다.

 1. 조합원의 자격이 없는 경우

 2. 사망한 경우

 3. 파산한 경우

 4. 성년후견개시의 심판을 받은 경우

 5. 조합원인 법인이 해산한 경우

③ 조합원이 다음 각 호의 어느 하나에 해당할 경우에는 「농업협동조합법 시행령」(이하 "영"이라 한다) 제4조제1항에서 정하는 조합원의 자격요건인 농업인의 범위를 충족하는 것으로 인정할 수 있다. 이 경우 제5항에 따라 조합원의 전부 또는 일부를 대상으로 제2항제1호를 확인할 경우에 적용하며 그 기간은 다음 각 호의 사유가 발생한 날로부터 1년을 초과하지 아니한다.

 1. 영 제4조제1항제1호 및 제3호부터 제6호까지에 따른 농지 또는 농업·축산업 경영에 사용되는 토지·건물 등 시설물의 수용 및 일시적인 매매
 2. 영 제4조제1항제3호·제4호에 따른 가축의 일시적인 매매 및 「가축전염병예방법」 제20조에 따른 가축의 살처분
 3. 그 밖에 천재지변 등 불가피한 사유로 영 제4조제1항의 조합원의 자격요건인 농업인의 범위를 충족하지 못하는 경우
④ 법인인 조합원이 탈퇴하고자 하는 때에는 탈퇴를 의결한 총회의사록을 첨부하여 조합에 탈퇴의사를 알린다.
⑤ 조합의 이사회는 조합원의 전부 또는 일부를 대상으로 제2항 각 호의 어느 하나에 해당하는지를 확인한다. 이 경우 조합원 전부를 대상으로 하는 확인은 매년 1회이상 실시하여야 한다.
제12조(제명) ① 조합은 조합원이 다음 각 호의 어느 하나에 해당하면 총회의 의결을 거쳐 제명할 수 있다.
 1. 1년이상 조합의 사업을 이용하지 아니한 경우
 2. 2년 이상 제5조제1항제2호의 경제사업을 이용하지 아니한 경우. 다만, 다음 각 목의 어느 하나에 해당하는 사유로 경제사업을 이용하지 아니한 경우에는 그러하지 아니하다.
  가. 영 제4조제1항제2호의 자격기준(1년 중 90일 이상 농업에 종사하는 자)으로 가입한 조합원인 경우. 다만, 가족원인 농업종사자는 농업경영주가 본호의 제명사유에 해당하지 않는 경우에 한한다.
  나. 조합이 취급하지 않는 농산물 또는 축산물을 생산하는 경우
  다. 다른 조합 또는 조합공동사업법인의 경제사업을 이용하는 경우
  라. ○○○○ 경우
(비고) 라목은 가목부터 다목까지의 경우에 준하는 정당한 사유를 조합의 실정에 따라 추가하여 정하는 경우에 적음
 3. 출자 및 경비의 납입, 그 밖의 조합에 대한 의무를 이행하지 아니한 경우

4. 고의 또는 중대한 과실로 조합에 손실을 끼치거나 조합의 신용을 잃게 한 경우

② 조합은 조합원이 제1항 각 호의 어느 하나에 해당하여 제명하려는 경우에는 총회 개회 10일 전까지 그 조합원에게 제명의 사유를 알리고 총회에서 의견을 진술할 기회를 주어야 한다.

제13조(지분환급) ① 조합은 탈퇴조합원(제명된 조합원을 포함한다. 이하 이 조와 제14조에서 같다)의 청구에 따라 탈퇴(제명을 포함한다. 이하 이 조와 제14조에서 같다)한 회계연도말의 조합 재산에 대하여 제28조제1호부터 제3호까지에 따라 산출된 지분의 합계액을 환급한다. 다만, 제명으로 말미암아 탈퇴된 조합원에 대하여는 같은조제1호 및 제2호에 따라 산출된 지분액에 한한다.

② 제1항에 따른 지분의 환급은 탈퇴당시 회계연도의 다음 회계연도 결산총회승인일로부터 청구할 수 있다.

③ 제2항의 지분환급의 청구권은 2년간 행사하지 아니하면 소멸된다.

④ 조합은 탈퇴조합원이 조합에 대한 채무를 다 갚을 때까지는 제1항에 따른 환급을 정지할 수 있다.

제14조(탈퇴조합원의 손실액부담) ① 탈퇴한 조합원의 환급지분을 계산함에 있어서 조합의 재산으로 그 채무를 다 갚을 수 없는 경우에는 탈퇴한 조합원은 납입의무를 이행하지 아니한 출자액의 범위 에서 그가 부담하여야 할 손실액을 납입한다.

② 제13조 제2항 및 제3항은 본조의 경우에 이를 준용한다.

제14조의2(조합원의 우대) ① 조합은 제5조제1항제2호의 경제사업에 대하여 조합원과 이용계약을 체결하고, 이를 성실히 이행하는 조합원(이하 "약정조합원"이라 한다)에게 사업이용·배당 등을 우대할 수 있다.

② 약정조합원은 이용계약에 따라 조합의 사업을 성실히 이용하여야 한다.

③ 약정조합원의 범위, 교육, 책임, 계약의 체결·이행의 확인 및 우대 내용 등에 관한 세부사항은 규정으로 정한다. 이 경우 사업이용에 따른 수수료, 장려금 등에 대한 우대 내용을 포함하여야 한다.

④ 조합은 약정조합원 육성계획을 매년 수립하여 시행하여야 한다.

(비고) 제4항은 조합의 실정에 따라 규정하거나 규정하지 아니할 수 있음. 다만, 제5조제1항제2호가목의 경제사업을 이용하는 조합원이 전체 조합원의 100분의 10 이상인 조합은 반드시 규정함

제15조(준조합원) 조합은 조합의 구역에 주소나 거소를 둔 자로서 조합의 사업을 이용함이 적당하다고 인정되는 자를 준조합원으로 할 수 있다.

※ 해당 조합의 조합원이었던 자 중에서 고령으로 영농을 은퇴한 자의 노후 삶의 질 향상에 기여하고자 하는 경우에는 본 조의 제목 외 부분을 다음과 같이 규정함

① 조합은 조합의 구역에 주소나 거소를 둔 자로서 조합의 사업을 이용함이 적당하다고 인정되는 자를 준조합원으로 할 수 있다.

② 조합은 제1항에 따른 준조합원 중에서 만 ( )세 이상이고 우리 조합의 조합원으로 가입한 기간이 ( )년 이상인 사람을 명예조합원으로 할 수 있다.

③ 조합은 제5조제1항제1호·제5호의 사업을 수행하는 경우 명예조합원에 대하여는 그 내용을 다르게 정할 수 있다.

④ 조합은 제148조제1항에 따라 준조합원에 대한 배당방법을 정하는 경우 명예조합원에 대하여는 사업이용실적의 항목, 대상, 배점구성 등을 다르게 정할 수 있다.

(비고) 1. 제2항 ( )의 연령 및 조합 가입기간은 각각 만 70세 이상, 20년 이상으로 조합의 경영상황 등을 고려하여 정함

(비고) 2. 합병조합은 다음과 같은 경과조치를 부칙에 두어야 함

제○조(조합원 가입기간 산정을 위한 경과조치) 제15조제2항에 따라 우리 조합의 조합원으로 가입한 기간을 산정하는 경우 합병참여 조합의 조합원 가입기간을 포함한다.

제16조(준조합원의 가입·탈퇴) ① 준조합원으로 가입하고자 하는 자는 다음 사항을 적은 가입신청서를 조합에 제출한다.

 1. 성명·주민등록번호·주소

 2. 가구원수

 3. 납입하고자 하는 가입금

 4. 다른 조합에의 가입유무와 그 조합과의 관계

② 준조합원으로 가입하고자 하는 법인은 다음 사항을 적은 가입신청서에 법인 정관을 붙여 조합에 제출한다.

 1. 법인의 명칭·법인등록번호·주된 사무소의 소재지, 대표자의 성명·생년월일 및 주소

 2. 구성원수

 3. 납입하고자 하는 가입금

 4. 주된 사업의 종류

 5. 다른 조합에의 가입 유무

③ 준조합원에 관하여는 제11조 및 제12조(제1항제2호는 제외한다)를 준용한다.

④ 조합은 탈퇴한 준조합원의 청구에 따라 가입금을 환급할 수 있으며, 이 경우에는 제13조제3항을 준용한다.

제17조(준조합원의 권리·의무) ① 준조합원은 사업이용권·이용고배당청구권 및 가입금환급청구권을 가진다.

② 준조합원은 출자를 하지 아니하되, 조합의 규정이 정하는 바에 따라 가입금·경비 및 과태금을 납입한다.

제3편 출자와 경비부담 및 적립금

제18조(출자) ① 출자 1좌의 금액은 5천원으로 한다.

② 조합원은 20좌 이상의 출자를 한다. 다만, 제9조제1항제2호의 법인조합원은 100좌 이상을 출자한다.

(비고) 1. 출자좌수는 20좌 이상 200좌 이내(법인조합원은 100좌 이상 1천좌 이내)에서 조합의 실정에 따라 정함

(비고) 2. 본 항의 출자좌수를 변경하는 경우에는 다음과 같은 경과조치규정을
            부칙에 두어야 함

제○조(납입출자 미달 조합원에 관한 경과조치)

① 이 정관 시행일 현재 제18조제2항의 개정 규정에 따른 납입출자를 보유하고
   있지 아니한 자는 이 정관 시행일부터 1년 이내에 미달하는 출자금을 납입하
   여야 한다.

② 제1항에 따른 출자금의 납입에 관하여는 제19조를 준용한다.

(비고) 3. 제9조제1항에 제3호를 규정한 경우에는 본 항의 단서를 다음과 같이
            규정함

다만, 제9조제1항제2호 및 제3호의 법인조합원은 100좌 이상을 출자한다.

③ 조합원 1인의 출자는 1만좌를 초과하지 못한다. 다만, 조합 총출자좌수의
   100분의 10 이내에서는 그러하지 아니하다.

제19조(출자금 납입방법) ① 출자는 일시에 납입한다. 다만, 불가피한 경우에는
2회로 나누어 납입할 수 있다.

② 제1항 단서의 경우 출자 제1회의 납입금액은 출자금액의 2분의 1로 하고 제2
   회 납입일자는 제1회 출자납입일부터 6개월 이내로 한다.

③ 조합은 제147조에 따른 배당금을 제2회의 출자납입에 충당할 수 있다.

④ 조합원은 제1항부터 제3항까지에 따른 납입 시 조합에 대한 채권과 상계할
   수 없다.

제19조의2(출자배당금의 출자전환) ① 조합원은 제148조제2항에 따라 배당할 금
   액 중 총회에서 정하는 금액을 조합에 출자할 수 있다.

② 제1항의 경우 그 조합원은 배당받을 금액을 조합에 대한 채무와 상계할 수 없다.

제20조(회전출자) ① 조합원은 제148조제1항에 따라 배당할 금액중 총회에서 정
   하는 금액을 회전 출자금으로 조합에 출자할 수 있다.

② 제1항의 경우 그 조합원은 배당받을 금액을 조합에 대한 채무와 상계할 수 없다.

③ 회전출자금은 출자후 5년이 경과하면 출자금으로 전환한다.

제21조(우선출자) ① 조합은 자기자본의 확충을 통한 경영의 건전성을 도모하기 위하여 잉여금배당에서 우선적 지위를 가지는 우선출자를 발행할 수 있다. 다만, 다른 조합, 조합공동사업법인, 품목조합연합회(이하 "연합회"라 한다) 또는 중앙회(중앙회의 자회사 및 손자회사 포함)에 대하여는 우선출자를 발행할 수 없다.

② 제1항에 따른 우선출자 1좌의 금액은 5천원으로 하며, 우선출자의 총액은 자기자본의 2분의 1을 초과할 수 없다.

③ 우선출자자에 대하여는 의결권과 선거권을 인정하지 아니한다.

④ 우선출자에 대한 배당은 제18조에 따른 출자에 대한 배당보다 우선하여 실시하되, 그 배당률은 액면금액의 100분의 3이상 100분의 10이하의 범위안에서 정기총회에서 정한다. 다만, 당해 회계 연도의 이익잉여금이 우선출자총액의 100분의 3에 해당하는 금액에 미치지 못할 때 또는 우선출자자와 별도계약에 의할 때에는 달리 정할 수 있다.

⑤ 우선출자에 대하여는 당해 회계연도의 이익잉여금으로써 제4항에 따른 배당을 할 수 없는 경우에 그 부족액에 대하여 다음 회계연도로 이월하지 아니한다.

⑥ 조합은 정관을 변경함으로써 우선출자자에게 손해를 미치게 되는 때에는 발행한 우선출자 총좌수의 과반수가 출석한 우선출자자총회에서 출석한 출자좌수의 3분의 2이상의 찬성을 얻어야 한다.

⑦ 제6항에 따른 우선출자자총회를 소집할 때에는 개최일 7일전에 각 우선출자자에게 회의목적을 적은 소집통지서를 발송하여야 한다.

⑧ 우선출자자총회는 우선출자자 전원으로 구성하고, 조합장이 소집하며 그 의장이 된다.

⑨ 우선출자자총회의 운영 등에 관하여 필요한 사항은 규정으로 정한다.

제22조(경비부담) ① 조합은 제5조제1항제1호의 사업에 필요한 경비에 충당하기 위하여 조합원에게 경비를 부과할 수 있다.

② 제1항의 부과금액과 부과방법, 징수시기와 징수방법은 이사회에서 정한다.

③ 조합원은 제1항에 따라 납입하여야 하는 경비를 조합에 대한 채권과 상계할

　　수 없다.

제23조(과태금) ① 조합은 조합원이 출자금 또는 경비납입의무를 그 기한까지 이
　　행하지 아니하는 경우 에는 납입기한 다음날부터 납입완료일까지 납입할 금
　　액에 대하여 1일에 의 율로써 과태금을 징수할 수 있다.

② 조합원은 제1항에 따른 과태금을 조합에 대한 채권과 상계할 수 없다.

제24조(법정적립금) 조합은 매 회계연도 손실보전과 재산에 대한 감가상각에 충
당하고도 남으면 자기자본의 3배가 될 때까지 매 회계연도 잉여금의 100분의
10이상을 적립한다.

제25조(이월금) 조합은 제5조제1항제1호의 교육 · 지원사업비용에 충당하기 위하
여 매 회계연도 잉여금의 100분의 20이상의 금액을 다음 회계연도에 이월한다.

제26조(임의적립금) 조합은 다음 각 호의 기준에 따라 임의적립금을 적립한다.

1. 매 회계연도의 잉여금에서 제24조에 따른 법정적립금과 제25조에 따른 이월
　　금을 빼고 나머지가 있을 때에는 매 회계연도 잉여금의 100분의 20이상을 사
　　업준비금으로 적립한다.

2. 조합은 제1호에 따른 사업준비금을 적립하고 나머지가 있을 때에는 이를 유통
　　손실보전자금과 유통시설투자를 위한 경제사업활성화적립금으로 추가 적립한
　　다. 이 경우 추가적립 여부 및 적립 금액은 총회에서 정하는 바에 따른다.

3. 조합은 국고보조금(지방자치단체 또는 중앙회로부터 수령한 보조금을 포함한
　　다. 이하 같다) 으로 자산을 취득함에 따라 당해 자산의 내용연수에 걸쳐 상
　　각금액을 국고보조금과 상계함으로써 발생하는 이익금 및 당해 자산 중도처
　　분에 따라 발생하는 국고보조금잔액에 해당하는 처분이익금은 당해 이익금에
　　대한 법인세비용, 제24조에 따른 법정적립금, 제25조에 따른 이월금과 제1호
　　및 제2호에 따른 적립금을 빼고 나머지가 있을 때에는 이를 사업활성화적립
　　금으로 추가 적립 한다.

4. 조합은 고정자산처분으로 발생한 이익금에서 당해자산의 처분에 따른 제비용
　　과 제24조에 따른 법정적립금, 제25조에 따른 이월금과 제1호 및 제2호에 따

른 적립금을 빼고 나머지가 있을 때에는 이를 사업활성화적립금으로 추가 적립한다.

제27조(자본적립금) 조합은 다음 각 호의 금액을 자본적립금으로 적립한다.

1. 감자에 따른 차익

2. 자산재평가차익

3. 합병차익

4. 청산조합으로부터 인수한 잔여재산

제28조(지분계산) 조합의 재산에 대한 조합원의 지분은 다음 기준에 따라 이를 계산한다.

1. 납입출자금에 대하여는 각 조합원이 납입한 출자액에 따라 매 회계연도마다 이를 계산한다. 다만, 그 재산이 납입출자액의 총액보다 감소되었을 때에는 각 조합원의 출자액에 따라 감액 하여 계산한다.

2. 회전출자금에 대하여는 각 조합원이 납입한 회전출자액에 따라 매 회계연도마다 이를 계산하여 가산한다. 다만, 회전출자금이 감소되었을 때에는 각 조합원의 출자액에 따라 감액하여 계산 한다.

3. 제26조제1호의 사업준비금에 대하여는 매 회계연도마다 제148조제1항의 방법에 따라 이를 계산하여 가산한다. 다만, 사업준비금이 감소되었을 때에는 각 조합원의 지분액에 따라 감액 하여 계산한다.

4. 지분을 계산함에 있어 그 기초가 되는 금액과 산정된 지분금액이 1원미만의 것은 버린다.

제29조(출자감소의 의결) ① 조합은 출자 1좌의 금액 또는 출자좌수의 감소(이하 "출자감소"라 한다)를 총회에서 의결한 경우에는 그 의결을 한 날부터 2주일 이내에 재무상태표를 작성한다.

② 조합은 제1항에 따른 의결을 한 날부터 2주일 이내에 채권자에 대하여 이의가 있으면 공고후 3개월 이내에 조합의 주된 사무소에 이를 서면으로 진술하라는 취지를 공고하고, 이미 알고 있는 채권자에게는 따로 최고한다.

③ 제2항의 공고나 최고는 제1항에 따른 의결을 한 날부터 2주일 이내에 하며, 공고기간은 1개월 이상으로 하고, 개별최고는 2회 이상으로 한다.

제30조(출자감소에 대한 채권자의 이의) ① 채권자가 제29조제2항의 기간 내에 출자감소에 관한 의결에 대하여 서면으로 이의를 진술하지 아니하면 이를 승인한 것으로 본다.

② 채권자가 이의를 진술한 경우에는 조합이 이를 변제하거나 상당한 담보를 제공하지 아니하면 그 출자감소의 의결은 효력을 발생하지 아니한다.

제4편 총회와 이사회

제31조(총회) ① 총회는 조합원으로 구성하며, 조합장이 그 의장이 된다.

② 총회는 정기총회와 임시총회로 이를 구분한다.

제32조(정기총회) 정기총회는 매년 1회 회계연도 종료 후 2개월 이내에 조합장이 이를 소집한다.

제33조(임시총회) ① 임시총회는 다음 각 호의 어느 하나에 해당하는 경우에 조합장이 이를 소집한다.

 1. 조합장이 필요하다고 인정한 때

 2. 이사회가 필요하다고 인정하여 소집을 청구한 때

 3. 조합원이 조합원 300인 또는 100분의 10이상의 동의를 받아 소집의 목적과 이유를 적은 서면을 제출하여 조합장에게 소집을 청구한 때

 4. 감사가 조합의 재산상황이나 업무집행에 부정한 사실이 있는 것을 발견하고 그 내용을 총회에 신속히 보고할 필요가 있다고 인정하여 조합장에게 소집을 요구한 때

② 조합장은 제1항제2호 및 제3호에 따른 청구를 받으면 정당한 사유가 없는 한 2주일 이내에 총회소집통지서를 발송하여야 하며, 제4호의 경우에는 7일 이내에 총회소집통지서를 발송하여야 한다.

제34조(감사의 총회소집) ① 감사는 다음 각 호의 어느 하나에 해당하는 경우에 임시총회를 소집한다.

 1. 총회를 소집할 사람이 없는 때

 2. 조합장이 정당한 사유없이 제33조제1항제2호부터 제4호까지의 청구가 있는 날부터 제33조제2항의 기간 이내에 총회소집통지서를 발송하지 아니할 때

② 제1항의 경우에 감사는 총회소집사유가 발생한 날부터 5일 이내에 총회소집통지서를 발송하여야 한다. 이 경우 감사가 의장의 직무를 대행한다.

제35조(조합원대표의 총회소집) ① 다음 각 호의 어느 하나에 해당하는 경우에는 조합원 300인 또는 100분의 10이상의 동의를 얻은 조합원대표가 총회를 소집한다.

 1. 감사가 정당한 사유없이 제34조제2항의 기간 이내에 총회소집통지서를 발송하지 아니할 때

 2. 임원의 결원으로 총회를 소집할 사람이 없는 때

② 제1항의 경우에는 조합원대표가 의장의 직무를 수행한다.

제36조(총회소집통지) 총회를 소집하려면 총회 개회 7일 전까지 회의목적·부의안건 및 회의일자를 적은 총회소집통지서를 조합원에게 발송하여야 한다. 다만, 같은 목적으로 총회를 다시 소집할 때에는 개회 전날까지 알린다.

제37조(총회의결사항) ① 다음 각 호의 사항은 총회의 의결을 거쳐야 한다.

 1. 정관의 변경

 2. 해산·분할 또는 품목조합으로의 조직변경

 3. 조합원의 제명

 4. 합병

 5. 임원의 선출 및 해임

 6. 조합장 및 감사에 대한 징계 및 변상(감독기관 또는 중앙회장으로부터 조치요구가 있는 경우에는 감독기관 또는 중앙회장의 조치요구보다 가중하여 직무의정지 이상의 징계를 의결하는 경우에 한한다)

7. 규약의 제정·개정 및 폐지

8. 사업계획의 수립, 수지예산의 편성과 사업계획 및 수지예산중 다음 사항의 변경

  가. 수지예산 확정후 발생한 사유로 소요되는 총지출예산의 추가편성에 관한 사항. 다만, 비례성 예산과 규정에서 정하는 법적 의무비용·영업외비용 및 특별손실의 경우에는 그러하지 아니 하다.

  나. 업무용 부동산 취득과 관련된 총액 1억원 이상의 예산 추가편성 또는 1억원 이상의 업무용 부동산 취득예산의 용도조정에 관한 사항

  다. 다른 법인에 대한 출자와 관련된 총액 1억원 이상의 예산 추가편성 또는 1억원 이상의 다른 법인에 대한 출자예산의 용도조정에 관한 사항. 다만, 중앙회에 대한 출자예산 및 중앙회와 공동으로 출자하거나, 중앙회가 실질적 경영지배력을 가지는 법인에 대한 출자 예산의 추가편성의 경우에는 그러하지 아니하다.

     (비고) 나목 및 다목의 경우 기준이 되는 금액은 조합의 실정에 맞게 조정할 수 있음

9. 사업보고서, 재무상태표, 손익계산서, 잉여금처분안과 손실금처리안

10. 중앙회의 설립발기인이 되거나 이에 가입 또는 탈퇴하는 것

11. 임원의 보수 및 실비변상

12. 그 밖에 조합장이나 이사회가 필요하다고 인정하는 사항

② 제1항 각호의 사항을 부의하는 때에는 이를 서면으로 하여야 한다.

제38조(총회의 개의와 의결정족수) ① 총회의 의사는 이 정관에 다른 규정이 있는 경우를 제외하고는 조합원 과반수의 출석으로 개의하며, 출석조합원 과반수의 찬성으로 의결한다.

② 의장은 총회의 의결에 참여한다.

제39조(총회의 특별의결) 다음 각 호의 사항은 조합원 과반수의 출석과 출석조합원 3분의 2 이상의 찬성으로 의결한다.

1. 정관의 변경

2. 해산·분할 또는 품목조합으로의 조직 변경

3. 조합원의 제명

제40조(총회의결의 특례) ① 다음 각 호의 사항에 대하여는 제37조에도 불구하고 조합원의 투표로 총회의 의결을 갈음할 수 있다.

 1. 해산·분할 또는 품목조합으로의 조직변경

 2. 조합원이 총회 또는 총회 외에서 투표로 조합장을 직접선출

 3. 제57조제1항에 따른 임원의 해임

4. 합병

② 제1항 각 호의 사항에 대한 의결이나 선출은 다음 각 호의 방법에 따른다.

 1. 제1항제1호의 사항은 조합원 과반수의 투표와 투표한 조합원 3분의 2이상의 찬성으로 의결

 2. 제1항제2호의 사항은 유효투표의 최다득표자를 선출. 다만, 최다득표자가 2명 이상이면 연장자를 당선인으로 결정한다.

 3. 제1항제3호의 사항은 조합원 과반수의 투표와 투표한 조합원 3분의 2이상의 찬성으로 의결

 4. 제1항제4호의 사항은 조합원 과반수의 투표와 투표한 조합원 과반수의 찬성으로 의결

③ 제1항제1호·제3호·제4호 및 제57조제2항제3호에 따른 조합원 투표의 통지·방법 기타 투표에 관하여 필요한 사항은 규약으로 정한다.

제41조(의결권의 제한 등) ① 총회에서는 제36조에 따라 미리 통지한 사항에 대해서만 의결할 수 있다. 다만, 제37조제1항제1호부터 제6호까지의 사항을 제외한 긴급한 사항으로서 조합원 과반수의 출석과 출석조합원 3분의 2 이상의 찬성이 있을 때에는 그러하지 아니하다.

② 조합과 조합원의 이해가 상반되는 의사를 의결할 때에는 해당 조합원은 그 의결에 참여할 수 없다.

③ 조합원은 조합원 100인이나 100분의 3 이상의 동의를 받아 조합장에게 서면으로 일정한 사항을 총회의 목적사항으로 할 것을 제안할 수 있다.

④ 제3항에 따라 제안한 조합원은 조합장에게 총회 개회 30일전에 서면으로 총회의 목적사항에 추가하여 제36조의 통지서에 적을 것을 청구할 수 있다.

⑤ 조합장은 제3항에 따른 제안이 있는 경우 제안의 내용이 법령 또는 정관에 위반되는 경우를 제외하고는 총회의 목적사항으로 하여야 한다. 이 경우 제안을 한 조합원의 청구가 있는 때에는 총회에서 당해 의안을 설명할 기회를 주어야 한다.

제42조(의결취소의 청구 등) ① 조합원은 총회(창립총회를 포함한다)나 대의원회의 소집절차, 의결 방법, 의결내용 또는 임원의 선거가 법령, 법령에 따른 행정처분 또는 정관을 위반한 것을 사유로 하여 그 의결이나 선거에 따른 당선의 취소 또는 무효확인을 농림축산식품부장관에게 청구하거나 이를 청구하는 소를 법원에 제기할 수 있다. 다만, 농림축산식품부장관은 조합원의 청구와 같은 내용의 소가 법원에 제기된 사실을 알았을 때에는 청구에 따른 조치를 하지 아니한다.

② 제1항에 따라 농림축산식품부장관에게 청구하는 때에는 의결일이나 선거일부터 1개월 이내에 조합원 300인 또는 100분의 5이상의 동의를 받아 청구하여야 한다.

제43조(위법 또는 부당의결사항의 취소 또는 집행정지) 조합장은 농림축산식품부장관이 총회의 의결사항에 대한 전부 또는 일부의 취소나 집행정지의 조치를 하였을 때에는 지체없이 총회를 소집하여 이를 보고하거나 조합원에게 통지하여야 한다.

제44조(총회의 연기 등) ① 총회에서는 회의의 연기 또는 속행의 의결을 할 수 있다.

② 제1항의 경우에는 제36조를 적용하지 아니한다.

제45조(총회의 의사록) ① 총회의 의사에 관하여는 의사록을 작성하여야 한다.

② 의사록에는 의사의 진행상황과 그 결과를 적고 의장과 총회에서 선출한 조합원 5인 이상이 기명 날인하거나 서명하여야 한다.

제46조(대의원회) ① 조합은 제40조제1항 각 호에 규정된 사항외의 사항에 대하여 총회를 갈음하는 대의원회를 둔다.

③ <제1례> 여성대의원 선출구역을 별도로 두지 않는 경우에는 제2항 및 제3항을 다음과 같이 한다.

② 대의원회는 조합장을 포함한 대의원 ○○명(여성대의원 ○○명을 포함한다)으로 구성하며, 조합장이 그 의장이 된다.

(비고) 조합장을 제외한 대의원수는 50명 이상 200명 이하에서 조합의 실정에 따라 정하며, 제3항 각 호의 선출구역 중 선출할 대의원수를 성별로 배분함으로써 의무적으로 선출 하여야 하는 여성대의원수는 전체 조합원수 중에서 여성조합원수가 차지하는 비율을 감안하여 정한다.

③ 조합장을 제외한 대의원의 선출구역은 다음 각 호와 같으며, 조합원수에 비례하여 선출하여야 한다.

 1. ○○ 마을(이동) ○○명
 2. ○○ 마을(이동) ○○명
 3. ○○ 마을(이동) ○○명(남성 ○명, 여성 ○명)

(비고) 1. 제3항 각 호의 선출구역 중 제3호에 따라 선출할 대의원수를 성별로 배분할 선출구역을 정하는 경우 각 선출구역별로 배분된 여성대의원수의 합계가 제2항에서 의무적으로 선출하도록 정한 여성대의원수와 일치하도록 정하여야 한다.

(비고) 2. 제3항 각 호의 "마을(이동)"은 "면(동)"과 같이 조합의 실정에 따라 정할 수 있음

<제2례> 여성대의원 선출구역을 별도로 두는 경우에는 제2항 및 제3항을 다음과 같이 한다.

② 대의원회는 조합장을 포함한 대의원 ○○명으로 구성하며, 조합장이 그 의장이 된다.

(비고) 조합장을 제외한 대의원수는 50명 이상 200명 이하에서 조합의 실정에 따라 정하며, 제3항제3호의 여성대의원 선출구역에서 선출할 여성대의원수는 전체 조합원수 중에서 여성조합원수가 차지하는 비율을 감안하여 정한다.

③ 조합장을 제외한 대의원의 선출구역은 다음 각호와 같으며, 조합원수에 비례하여 선출하여야 한다.
 1. ○○ 마을(이동) ○○명
 2. ○○ 마을(이동) ○○명
 3. 여성대의원의 선출구역은 다음 각목과 같으며, 선출구역안의 여성조합원 중에서 선출한다.
   가. ○○ 마을(이동)·○○ 마을(이동) ○○명
   나. ○○ 마을(이동)·○○ 마을(이동) ○○명
   (비고) 제3항 각호의 "마을(이동)"은 "면(동)"과 같이 조합의 실정에 따라 정할 수 있음
④ 조합장을 제외한 대의원의 임기는 2년으로 한다. 다만, 임기만료연도 결산기의 마지막 달부터 그 결산기에 관한 정기총회 전에 임기가 끝난 경우에는 정기총회가 끝날 때까지 그 임기를 연장 하되 그 정기총회가 속하는 연도의 6월을 초과할 수 없다.
⑤ 대의원은 우리 조합의 조합장을 제외한 임직원과 다른 조합의 임직원을 겸직하여서는 아니 된다.
⑥ 대의원회에는 총회에 관한 규정을 준용한다.
⑦ 임기만료로 인한 선거에 따라 선출된 대의원의 임기개시일은 전임자의 임기만료일 다음날로 한다.
⑧ 제7항외의 경우 대의원의 임기개시일은 당선공고일로 한다.
⑨ 보궐선거에 따라 선출된 대의원의 임기는 전임자의 잔임기간으로 한다. 다만, 대의원 전원의 결원으로 인하여 실시하는 보궐선거에서 당선되는 대의원의 임기는 당선이 결정된 때부터 새로이 기산한다.
⑩ 대의원에 관하여는 제56조제1항제1호부터 제3호까지·제11호, 제2항 및 제3항을 준용한다. 이 경우 제56조제1항제11호 중 "5백만원"은 "1천만원"으로, "6월"은 "1년" 으로 하고, 제2항 중 "각 호"는 "제1호부터 제3호까지 및 제11호"로 한다.

제47조(대의원의 해임) ① 조합원은 제46조제3항에 따른 대의원 선출구역안의 조합원 5분의 1이상의 서면동의를 얻어 조합장에게 대의원의 해임을 위한 투표를 요구할 수 있다. 이 경우 대의원의 해임은 대의원 선출구역안의 조합원 과반수의 투표와 투표조합원 3분의 2이상의 찬성으로 결정 한다.

② 조합장은 제1항에 따른 해임요구가 있는 경우 10일이내에 투표일을 정하여 대의원 선출구역안의 조합원으로 구성된 회의를 소집하되, 소집의 통지는 개회 7일전까지 목적·일시·장소 등을 적은 회의소집통지서의 발송에 따른다.

③ 제2항에 따른 회의의 의장은 출석한 조합원 중에서 호선하며, 의장은 출석 조합원 중 투·개표관리자 각 2명을 선정하여 투·개표사무를 관리하게 한다.

④ 의장은 회의에 관한 의사록을 작성하고 투·개표관리자와 함께 기명날인하여 조합장에게 제출 하고, 조합장은 그 결과를 즉시 공고한다.

⑤ 제57조제3항은 대의원의 해임에 관하여 준용한다. 이 경우 "임원"은 "대의원"으로, "총회 또는 대의원회"는 "회의"로 한다.

(비고) 상임이사를 두는 경우에는 본 항 중 "제57조제3항"을 "제57조제4항"으로 한다.

제48조(이사회) ① 조합에 이사회를 둔다.

② 이사회는 조합장을 포함한 이사로 구성하며, 조합장이 소집하고, 그 의장이 된다.

③ 감사와 간부직원은 이사회에 출석하여 의견을 진술할 수 있다.

④ 이사회는 정기회와 임시회로 구분한다.

⑤ 조합장은 회의개최일 3일전까지 회의사항을 서면으로 구성원과 감사에게 알린다. 다만, 긴급을 요할 경우에는 그러하지 아니하다.

⑥ 조합장은 이사 3분의 1 이상 또는 감사가 회의목적 및 부의안건과 소집이유를 적은 서면으로 회의소집을 요구하였을 때에는 지체없이 회의를 소집하여야 한다.

(비고) 상임이사를 두는 조합의 경우에는 본항을 다음과 같이 한다.

⑥ 조합장은 이사 3분의 1 이상, 감사 또는 상임이사가 회의목적 및 부의안건과 소집이유를 적은 서면으로 회의소집을 요구하였을 때에는 지체없이 회의를 소

집하여야 한다.

⑦ 조합장이 제6항에 따라 소집이 요구된 이사회를 정당한 사유없이 소집하지 아니하는 경우에는 이사 3분의 1이상의 동의를 얻어 소집을 요구한 이사대표(감사가 소집을 요구한 경우에는 감사)가 이를 소집한다. 이 경우 이사회가 정하는 이사가 의장의 직무를 수행한다.

(비고) 상임이사를 두는 조합의 경우에는 본항을 다음과 같이 한다.

⑦ 조합장이 제6항에 따라 소집이 요구된 이사회를 정당한 사유없이 소집하지 아니하는 경우에는 이사 3분의 1이상의 동의를 얻어 소집을 요구한 이사대표(감사가 소집을 요구한 경우에는 감사, 상임이사가 소집을 요구한 경우에는 상임이사)가 이를 소집한다. 이 경우 이사회가 정하는 이사가 의장의 직무를 수행한다.

⑧ 이사회는 구성원 과반수의 출석으로 개의하며, 출석구성원 과반수의 찬성으로 의결한다.

⑨ 이사회는 제49조에 따라 의결된 사항에 대하여 조합장의 업무집행상황을 감독한다.

(비고) 상임이사를 두는 조합의 경우에는 본항을 다음과 같이 한다.

⑨ 이사회는 제49조에 따라 의결된 사항에 대하여 조합장 또는 상임이사의 업무집행상황을 감독 한다.

⑩ 이사회의 의사에 관하여는 의사의 진행상황과 그 결과를 적은 의사록을 작성하고 의장과 출석 구성원이 기명날인하거나 서명하여야 한다.

⑪ 이사회의 운영에 필요한 사항은 규정으로 정한다.

(비고) 상임이사를 두는 조합의 경우에는 본항을 다음과 같이 한다.

⑪ 제49조제1항제13호에 따른 성과평가에 필요한 사항과 이사회의 운영에 필요한 사항은 규정 으로 정한다.

제49조(이사회의 의결사항)

① <제1례> 상임이사를 두지 아니하는 경우

이사회는 다음 각호의 사항을 의결한다.

 1. 조합원의 자격심사 및 가입승낙

2. 법정적립금의 사용

3. 차입금의 최고한도

4. 경비의 부과와 징수방법

5. 사업계획 및 수지예산중 제37조제1항제8호에서 정한 사항외의 변경

6. 간부직원의 임면

7. ○억원 이상의 업무용 부동산의 취득과 처분

8. 업무규정의 제정·개정 및 폐지와 사업집행방침의 결정

9. 임원에 대한 징계 및 변상(조합장 및 감사의 경우에는 감독기관 또는 중앙회장으로부터 조치 요구가 있는 경우에 한한다)

10. 총회로부터 위임된 사항

11. 법령 또는 정관에 규정된 사항

12. 기타 조합장 또는 이사 3분의 1이상이 필요하다고 인정하는 사항

  (비고) 제7호의 경우 기준이 되는 금액은 정관개정일 현재 제139조제2항에 따라 총회의 승인을 얻은 최근 1회계연도 결산보고서에 기재된 자산총액이 2천5백억원 미만인 조합은 1억원, 2천5백억원 이상인 조합은 2억원으로 함

<제2례> 상임이사를 두는 경우

이사회는 다음 각호의 사항을 의결한다.

1. 조합원의 자격심사 및 가입승낙

2. 법정적립금의 사용

3. 차입금의 최고한도

4. 경비의 부과와 징수방법

5. 사업계획 및 수지예산중 제37조제1항제8호에서 정한 사항외의 변경

6. 간부직원의 임면

7. ○억원 이상의 업무용 부동산의 취득과 처분

8. 업무규정의 제정·개정 및 폐지와 사업집행방침의 결정

9. 임원에 대한 징계 및 변상(조합장 및 감사의 경우에는 감독기관 또는 중앙회
장으로부터 조치 요구가 있는 경우에 한한다)

10. 총회로부터 위임된 사항

11. 법령 또는 정관에 규정된 사항

12. 상임이사의 해임요구에 관한 사항

13. 상임이사 소관 업무의 성과평가에 관한 사항

14. 기타 조합장, 상임이사 또는 이사 3분의 1이상이 필요하다고 인정하는 사항

　(비고) 제7호의 경우 기준이 되는 금액은 정관개정일 현재 제139조제2항에
　　　　 따라 총회의 승인을 얻은 최근 1회계연도 결산보고서에 기재된 자산
　　　　 총액이 2천5백억원 미만인 조합은 1억원, 2천5백억원 이상인 조합은
　　　　 2억원으로 함

② 제1항제9호에도 불구하고 조합장 및 감사에 대한 감독기관 또는 중앙회장의
　 조치요구보다 가중 하여 직무의정지 이상의 징계를 의결하고자 하는 경우에
　 는 총회에 상정한다.

③ 조합장은 제37조제1항 각 호(제5호 및 제6호를 제외한다)의 사항을 총회에
　 부의하기 전에 이사회의 심의를 거쳐야 하며, 심의결과를 총회부의안건에 첨
　 부하여야 한다.

제50조(운영평가자문회의의 구성·운영) ① 조합은 조합의 건전한 발전을 도모하
　 기 위하여 조합원 ( )인과 외부전문가 ( )인으로 운영평가자문회의를 구성·
　 운영할 수 있다.

　(비고) 1. 외부전문가 3인이상과 조합원을 합하여 15인 이내로 정한다.

　(비고) 2. 외부전문가는 대학교수, 변호사, 공인회계사, 농업전문가 등으로서
　　　　　 조합경영과 농업에 관한 학식과 경험이 풍부한 자중에서 선정한다.

② 제1항에 따라 운영되는 운영평가자문회의는 조합의 운영상황을 평가하였으면
　 그 결과를 이사회에 보고하여야 한다.

③ 이사회는 운영평가자문회의의 평가결과를 총회에 보고하여야 한다.

④ 조합장은 운영평가자문회의의 평가결과를 조합의 운영에 적극 반영하여야 한다.

⑤ 운영평가자문회의의 구성과 운영에 관하여 필요한 사항은 규정으로 정한다.

제5편 임원과 직원

(비고) 1. 2007년 7월 1일 이후 조합장의 임기가 개시되는 조합으로서 조합장 임기개시일 전 제139조제2항에 따라 총회의 승인을 받은 최근 결산보고서에 적힌 자산총액이 1천5백억원 이상에 해당하는 경우에는 조합장 임기개시일 전에 반드시 조합원이 아닌 상임이사를 1명 이상 두는 것으로 정관을 변경하여야 함

(비고) 2. 2009년 12월 10일 이후 조합장의 임기가 개시되는 조합으로서 조합장 임기개시일전 제139조제2항의 규정에 따라 총회의 승인을 얻은 결산보고서에 기재된 자산총액이 1천5백억원 이상에 해당하는 경우에는 조합장 임기개시일전에 반드시 조합원이 아닌 이사를 1명 이상 두는 것으로 정관을 변경하여야 함

(비고) 3. 2009년 12월 10일 이후 조합장의 임기가 개시되는 조합으로서 조합장 임기개시일전 제139조제2항의 규정에 따라 총회의 승인을 얻은 결산보고서에 기재된 자산총액이 2천5백억원 이상에 해당하는 경우에는 조합장 임기개시일전에 반드시 조합장을 비상임으로 운영하도록 정관을 변경하여야 함

(비고) 4. 2015년 7월 1일 이후 이사를 선출하는 조합으로서 여성조합원이 전체 조합원의 100분의 30 이상에 해당하는 경우 제101조에 따라 이사 중 1명 이상을 여성조합원 중에서 선출하여야 함

(비고) 5. 2017년 12월 28일 이후 감사를 선출하는 조합으로서 감사의 임기개시일 전 제139조제2항에 따라 총회의 승인을 얻은 최근 결산보고서에 적힌 자산총액이 1조원 이상에 해당하는 경우에는 반드시 새로운 감사의 선출 전에 조합원이 아닌 상임감사 1명을 두는 것으로 정관을 변경하여야 함

제51조(임원의 정수) ※ 이사의 수는 조합의 실정에 따라 조합장 1명을 포함하여 7명 이상 25명 이하에서 정하되, 이사의 3분의 2 이상은 조합원이어야 함

※ 상임이사를 도입하는 조합은 다음과 같은 경과조치를 부칙에 둘 수 있음. 다만, 제5편 (비고) 1에 따라 정관을 변경하는 조합은 경과조치를 반드시 두어야 함

제○조(상임이사 선출 등에 관한 적용례) 제48조, 제49조, 제51조, 제52조, 제54조, 제55조, 제60조 및 제61조의 개정규정은 이 정관 시행일 이후 새로이 선출되는 조합장의 임기개시일부터 적용하되, 상임이사는 조합장 임기개시일 전에 선출할 수 있다.

※ 상임감사를 도입하는 조합은 다음과 같은 경과조치를 부칙에 두어야 함

제○조(상임감사 선출 등에 관한 적용례) 제51조, 제52조제8항 및 제55조제4항의 개정규정은 이 정관 시행일 현재 재임 중인 비상임감사가 궐위 또는 임기가 만료된 후부터 적용한다.

[조합장을 상임으로 운영하는 경우]

※ 이 경우에는 상임이사 1명, 상임감사 1명을 조합 실정에 따라 둘 수 있음.

<제1례> 상임이사를 두지 아니하는 경우

조합에 다음 각 호의 임원을 둔다.

1. 조합장(상임으로 한다) : 1명
2. 조합원인 이사 : ○명
3. 조합원이 아닌 이사 : ○명
4. 감사 : 2 명

(비고) 상임감사를 두는 조합은 제4호 중 "2명"을 "2명(상임감사 1명 포함)"으로 규정함

<제2례> 상임이사를 두는 경우

조합에 다음 각 호의 임원을 둔다.

1. 조합장(상임으로 한다) : 1명
2. 상임이사 : 1명

3. 조합원인 이사 : ○명

4. 조합원이 아닌 이사 : ○명

5. 감사 : 2명

   (비고) 상임감사를 두는 조합은 제5호 중 "2명"을 "2명(상임감사 1명 포함)"으로 규정함

[조합장을 비상임으로 운영하는 경우]

※ 이 경우에는 상임이사를 2명 이내에서 반드시 두어야 하며, 상임감사 1명을 조합 실정에 따라 둘 수 있음.

<제1례> 상임감사를 두지 아니하는 경우

① 조합에 다음 각 호의 임원을 둔다.

 1. 조합장(비상임으로 한다) : 1명

 2. 상임이사 : ○명

 3. 조합원인 이사 : ○명

 4. 조합원이 아닌 이사 : ○명

 5. 감사 : 2명

② 제1항의 임원 중 비상임인 임원은 그 임기 중(당선이 결정된 때부터 임기개시 전일까지의 기간을 포함한다)에 상임으로 변경할 수 없다.

<제2례> 상임감사를 두는 경우

① 조합에 다음 각 호의 임원을 둔다.

 1. 조합장(비상임으로 한다) : 1명

 2. 상임이사 : ○명

 3. 조합원인 이사 : ○명

 4. 조합원이 아닌 이사 : ○명

 5. 감사 : 2명(상임감사 1명 포함)

② 제1항의 임원 중 비상임인 임원은 그 임기 중(당선이 결정된 때부터 임기개시 전일까지의 기간을 포함한다)에 상임으로 변경할 수 없다.

제52조(임원의 직무) [조합장을 상임으로 운영하는 경우]

① 조합장은 조합을 대표하며 업무를 집행한다.

(비고) 상임이사 1인을 두는 조합의 경우에는 본 항을 다음과 같이 한다.

① 조합장은 조합을 대표하며 업무를 집행한다. 다만, 다음 각호의 업무는 상임이사에게 위임·전결 처리하게 하여야 한다.

 1. 제5조제1항제2호 및 관련 부대사업(제5조제1항제7호부터 제10호까지 중 관련사업 포함)

 2. 제5조제1항제3호 및 관련 부대사업(제5조제1항제7호부터 제10호까지 중 관련사업 포함)

 3. 제5조제1항제4호 및 관련 부대사업(제5조제1항제7호부터 제10호까지 중 관련사업 포함)

(비고) 1. 제1호부터 제3호까지 중에서 일부 또는 전부를 조합의 실정에 따라 정한다.

(비고) 2. 제5조제1항에 제10호가 적히지 않을 경우에는 제1항각호중 "제10호"를 "제9호"로 함

② <제1례> 상임이사를 두지 아니하는 경우

조합장이 다음 각 호의 어느 하나의 사유로 그 직무를 수행할 수 없을 때에는 이사회가 정하는 순서에 따라 이사(조합원이 아닌 이사는 제외한다)가 그 직무를 대행한다.

 1. 궐위된 경우

 2. 공소 제기된 후 구금상태에 있는 경우

 3. < 삭제 >

 4. 의료법에 따른 의료기관에 60일 이상 계속하여 입원한 경우

 5. 제57조제2항제3호에 따라 조합장의 해임을 대의원회에서 의결한 경우

 6. 그 밖에 부득이한 사유로 직무를 수행할 수 없는 경우

<제2례> 상임이사를 두는 경우

조합장 또는 상임이사가 다음 각 호의 어느 하나의 사유(상임이사의 경우 제5호는 제외한다)로 그 직무를 수행할 수 없을 때에는 이사회가 정하는 순서에 따라 이사(조합장의 경우에는 조합원이 아닌 이사는 제외한다)가 그 직무를 대행한다.

 1. 궐위된 경우

 2. 공소 제기된 후 구금상태에 있는 경우

 3. < 삭제 >

 4. 의료법에 따른 의료기관에 60일 이상 계속하여 입원한 경우

 5. 제57조제2항제3호에 따라 조합장의 해임을 대의원회에서 의결한 경우

 6. 그 밖에 부득이한 사유로 직무를 수행할 수 없는 경우

③ 조합장이 그 직을 가지고 조합장 선거에 입후보하면 후보자로 등록한 날부터 선거일까지 제2항에 따라 이사회가 정하는 순서에 따른 이사가 그 조합장의 직무를 대행한다. 다만, 제86조제2항에 따라 투표를 실시하지 아니하는 때에는 그러하지 아니하다.

(비고) 조합장을 대의원회에서 선출하는 경우는 "제86조제2항"을 "제95조제3항"으로 한다.

④ 감사는 조합의 재산과 업무집행상황을 감사하고, 전문적인 회계감사가 필요하다고 인정되는 때에는 중앙회에 회계감사를 의뢰할 수 있으며, 조합의 재산 또는 업무집행에 관하여 부정한 사실이 있는 것을 발견한 때에는 총회에 이를 보고한다.

⑤ 감사는 그 직무를 수행하기 위하여 필요한 때에는 본 조합의 자회사(상법 제342조의2에 따른 자회사를 말한다. 이하 같다)에 대하여 영업의 보고를 요구할 수 있으며 그 회사가 지체없이 보고를 하지 아니할 때 또는 그 보고의 내용을 확인할 필요가 있는 때에는 그 회사의 업무와 재산상태를 조사할 수 있다.

⑥ 감사는 조합장이 총회에 제출할 의안 및 서류를 조사하여 법령 또는 정관에 위반하거나 현저하게 부당한 사항이 있는지의 여부에 관하여 총회에서 그 의견을 진술한다.

⑦ 감사는 감사의 실시요령과 그 결과를 적은 감사록을 작성하고 감사를 실시한 감사가 기명날인 한다.

⑧ 비상임감사는 직무의 범위 등 필요한 사항을 상임감사와 협의하여 정할 수 있으며, 상임감사가 사고로 직무를 수행할 수 없을 때에는 그 직무를 대행한다.

(비고) 제8항은 상임감사를 두는 조합의 경우에만 규정함

[조합장을 비상임으로 운영하는 경우]

① 법 제45조제4항에 따라 조합장을 비상임으로 하는 경우에는 제1례 또는 제2례 중에서 선택함. 그 외의 경우에는 제1례를 선택함

<제1례>

조합장은 조합을 대표하며, 조합의 업무는 상임이사가 집행한다.

(비고) 상임이사 2인을 두는 조합의 경우에는 본항을 다음과 같이 한다.

① 조합장은 조합을 대표하며, 조합의 업무는 이사회가 정하는 바에 따라 상임이사 2인이 각각 분장하여 집행한다.

<제2례>

조합장은 조합을 대표하며, 조합의 업무는 상임이사가 집행한다. 다만, 다음 각호의 업무는 조합장이 집행한다.

(비고) 상임이사 2인을 두는 조합의 경우에는 본항을 다음과 같이 한다.

① 조합장은 조합을 대표하며, 조합의 업무는 이사회가 정하는 바에 따라 상임이사 2인이 각각 분장하여 집행한다. 다만, 다음 각호의 업무는 조합장이 집행한다.

 1. 제5조제1항제1호 및 관련 부대사업(제5조제1항제7호부터 제10호까지 중 관련사업 포함)

 2. 제5조제1항제2호 및 관련 부대사업(제5조제1항제7호부터 제10호까지 중 관련사업 포함)

 3. 제5조제1항제5호 및 관련 부대사업(제5조제1항제7호부터 제10호까지 중 관련사업 포함)

 4. 제5조제1항제6호 및 관련 부대사업(제5조제1항제7호부터 제10호까지 중 관

련사업 포함)

(비고) 1. 제1호부터 제4호까지 중에서 일부 또는 전부를 조합의 실정에 따라 정한다.

(비고) 2. 제5조제1항에 제10호가 적히지 않을 경우에는 제1항각호중 "제10호"를 "제9호"로 함

② 조합장 또는 상임이사가 다음 각 호의 어느 하나의 사유(상임이사의 경우 제5호는 제외 한다)로 그 직무를 수행할 수 없을 때에는 이사회가 정하는 순서에 따라 이사(조합장의 경우에는 조합원이 아닌 이사는 제외한다)가 그 직무를 대행한다.

1. 궐위된 경우

2. 공소 제기된 후 구금상태에 있는 경우

3. < 삭제 >

4. 의료법에 따른 의료기관에 60일 이상 계속하여 입원한 경우

5. 제57조제2항제3호에 따라 조합장의 해임을 대의원회에서 의결한 경우

6. 그 밖에 부득이한 사유로 직무를 수행할 수 없는 경우

③ 조합장이 그 직을 가지고 조합장 선거에 입후보하면 후보자로 등록한 날부터 선거일까지 제2항에 따라 이사회가 정하는 순서에 따른 이사가 그 조합장의 직무를 대행한다. 다만, 제86조 제2항에 따라 투표를 실시하지 아니하는 때에는 그러하지 아니하다.

(비고) 조합장을 대의원회에서 선출하는 경우는 "제86조제2항"을 "제95조제3항"으로 한다.

④ 감사는 조합의 재산과 업무집행상황을 감사하고, 전문적인 회계감사가 필요하다고 인정되는 때에는 중앙회에 회계감사를 의뢰할 수 있으며, 조합의 재산 또는 업무집행에 관하여 부정한 사실이 있는 것을 발견한 때에는 총회에 이를 보고한다.

⑤ 감사는 그 직무를 수행하기 위하여 필요한 때에는 본 조합의 자회사(상법 제342

조의2에 따른 자회사를 말한다. 이하 같다)에 대하여 영업의 보고를 요구할 수 있으며 그 회사가 지체없이 보고를 하지 아니할 때 또는 그 보고의 내용을 확인할 필요가 있는 때에는 그 회사의 업무와 재산상태를 조사할 수 있다.

⑥ 감사는 조합장이 총회에 제출할 의안 및 서류를 조사하여 법령 또는 정관에 위반하거나 현저하게 부당한 사항이 있는지의 여부에 관하여 총회에 그 의견을 진술한다.

⑦ 감사는 감사의 실시요령과 그 결과를 적은 감사록을 작성하고 감사를 실시한 감사가 기명날인 한다.

⑧ 비상임감사는 직무의 범위 등 필요한 사항을 상임감사와 협의하여 정할 수 있으며, 상임감사가 사고로 직무를 수행할 수 없을 때에는 그 직무를 대행한다.

(비고) 제8항은 상임감사를 두는 조합의 경우에만 규정함

제53조(감사의 대표권) ① 조합이 조합장이나 이사와 계약을 할 때에는 감사가 조합을 대표한다.

② 조합과 조합장 또는 이사 간의 소송에 관하여는 제1항을 준용한다.

제54조(임원의 선출) ① <제1례> 조합장을 총회 또는 총회외에서 투표로 직접 선출하는 경우

조합장은 조합원중에서 조합원이 총회 또는 총회외에서 투표로 직접 선출한다.

<제2례> 조합장을 대의원회에서 선출하는 경우

조합장은 조합원중에서 대의원회에서 선출한다.

<제3례> 조합장을 이사회에서 선출하는 경우

조합장은 조합원인 이사중에서 이사회가 선출한다.

(비고) 선출방식 변경은 조합장의 임기가 만료되는 해의 직전년도 12월까지 가능

② 조합장외의 임원은 총회에서 선출한다. 다만, 상임이사 및 상임감사는 다음 각호의 인원으로 구성되는 인사추천위원회에서 추천된 사람을 총회에서 선출한다. 이 경우 인사추천위원회의 의장은 조합장으로 하며, 구성원 과반수의 찬성으로 추천대상자를 결정한다.

1. 조합장 1명
2. 이사회가 정하는 비상임이사 3명
3. 조합장이 정하는 학식과 경험이 풍부한 외부인사 1명
4. 이사회가 정하는 대의원 2명

(비고) 1. 상임이사는 두되, 상임감사는 두지 아니하는 경우에는 본 항 단서 중 "상임이사 및 상임감사는"을 "상임이사는"으로 규정함

(비고) 2. 상임이사는 두지 아니하되, 상임감사는 두는 경우에는 본 항 단서 중 "상임이사 및 상임감사는"을 "상임감사는"으로 규정함

(비고) 3. 상임이사와 상임감사를 모두 두지 아니하는 경우에는 본 항을 다음과 같이 규정함

② 조합장외의 임원은 총회에서 선출한다.

③ 인사추천위원회의 구성·운영에 관하여 필요한 사항은 규정으로 정한다.

(비고) 제3항은 상임이사 또는 상임감사를 두는 조합의 경우에만 규정함

④ 다음 각 호의 어느 하나에 해당하는 사람은 당선인의 당선무효로 실시사유가 확정된 재선거 (당선인이 그 기소 후 확정판결 전에 사직함으로 인하여 실시사유가 확정된 보궐선거를 포함 한다)의 후보자가 될 수 없다.

1. 법 제173조제1항제2호 또는 「공공단체등 위탁선거에 관한 법률」 제70조(위탁선거범죄로 인한 당선무효)제2호에 따라 당선이 무효로 된 사람(그 기소 후 확정판결 전에 사직한 사람을 포함한다)

2. 당선되지 아니한 사람(후보자가 되려던 사람을 포함한다)으로서 법 제173조 제1항제2호 또는 「공공단체등 위탁선거에 관한 법률」 제70조(위탁선거범죄로 인한 당선무효)제2호에 따른 직계 존속·비속이나 배우자의 죄로 당선무효에 해당하는 형이 확정된 사람

제55조(임원의 임기) ① 조합장과 이사의 임기는 다음 각 호와 같고 감사의 임기는 3년으로 한다. 다만, 조합장은 2차에 한하여 연임할 수 있다.

(비고) 조합장을 비상임으로 운영하는 경우에는 본항을 다음과 같이 규정함

① 조합장과 이사의 임기는 다음 각 호와 같고 감사의 임기는 3년으로 한다.
 1. 조합장과 조합원인 이사 : 4년
 2. 제1호의 이사를 제외한 이사 : 2년
② 제1항에 따른 임원의 임기는 전임자의 임기만료일의 다음날부터 기산한다. 다만, 임기개시전에 재임중인 임원(조합장은 제외한다)이 궐위된 경우로서 그 궐위시점이 선거기간(선거일공고일 또는 추천일부터 선거일까지를 말한다. 이하 같다)중인 경우는 당선공고일을 임기개시일로 하고, 궐위시점이 당선자 확정후인 경우에는 사유발생일 다음날을 임기개시일로 한다.
③ 제2항외의 경우 임기개시일을 당선공고일로 한다.
④ 보궐선거 또는 재선거에 따른 임원의 임기는 전임자(재선거의 경우, 재선거 실시 전에 실시한 선거로 선출된 임원 또는 선출될 예정이었거나 임기가 개시되었을 임원)의 남은 임기로 한다. 다만, 이사 전원 또는 감사 전원의 결원으로 인하여 실시하는 보궐선거에서 당선되는 이사 또는 감사의 임기는 당선이 결정된 때부터 새로이 기산한다.
(비고) 1. 상임이사는 두되, 상임감사는 두지 아니하는 경우에는 본 항 단서를 다음과 같이 규정함
        다만, 상임이사를 제외한 이사 전원 또는 감사 전원의 결원으로 인하여 실시하는 보궐선거에서 당선되는 이사 또는 감사의 임기와 상임이사의 임기는 당선이 결정된 때로부터 새로이 기산한다.
(비고) 2. 상임이사는 두지 아니하되, 상임감사는 두는 경우에는 본 항 단서를 다음과 같이 규정함.
        다만, 이사 전원 또는 감사 전원의 결원으로 인하여 실시하는 보궐선거에서 당선되는 이사 또는 감사의 임기와 상임감사의 임기는 당선이 결정된 때부터 새로이 기산한다.
(비고) 3. 상임이사와 상임감사를 모두 두는 경우에는 본 항 단서를 다음과 같이 규정함

다만, 상임이사를 제외한 이사 전원 또는 감사 전원의 결원으로 인하여 실시하는 보궐선거에서 당선되는 이사 또는 감사의 임기와 상임이사 및 상임감사의 임기는 당선이 결정된 때부터 새로이 기산한다.

⑤ 제46조제4항 단서는 제1항의 임원의 임기만료의 경우에 이를 준용한다.

⑥ 임원의 수가 그 정수를 결한 경우에는 임기의 만료 또는 사임으로 말미암아 퇴임한 임원은 새로 선임된 임원이 취임할 때까지 그 권리의무가 있다.

제56조(임원의 결격사유) ① 다음 각호의 어느 하나에 해당하는 사람은 조합의 임원이 될 수 없다. 다만, 제10호와 제12호는 조합원인 임원에게만 적용한다.

1. 대한민국 국민이 아닌 사람

2. 미성년자·피성년후견인 또는 피한정후견인

3. 파산선고를 받고 복권되지 아니한 사람

4. 법원의 판결이나 다른 법률에 따라 자격이 상실되거나 정지된 사람

5. 금고이상의 실형을 선고받고 그 집행이 끝나거나(집행이 끝난 것으로 보는 경우를 포함한다) 집행이 면제된 날부터 3년이 지나지 아니한 사람

6. 법 제164조제1항이나 신용협동조합법 제84조에 규정된 개선(改選) 또는 징계면직의 처분을 받은 날부터 5년이 지나지 아니한 사람

7. 형의 집행유예선고를 받고 그 유예기간 중에 있는 사람

8. 법 제172조 또는 「공공단체등 위탁선거에 관한 법률」 제58조(매수 및 이해유도죄)·제59조(기부행위의 금지·제한 등 위반죄)·제61조(허위사실 공표죄)부터 제66조(각종 제한규정 위반죄) 까지에 규정된 죄를 범하여 벌금 100만원이상의 형을 선고받고 4년이 지나지 아니한 사람

9. 임원선거에서 당선되었으나 법 제173조제1항제1호 또는 「공공단체등 위탁선거에 관한 법률」 제70조(위탁선거범죄로 인한 당선무효)제1호에 따라 당선이 무효로 된 사람으로서 그 무효가 확정된 날부터 5년이 지나지 아니한 사람

10. 선거일공고일 현재 조합에 대하여 50좌이상의 납입출자분을 2년이상 계속 보유하고 있지 아니한 사람

(비고) 1. 출자좌수는 50좌 이상 1천좌이내에서 조합의 실정에 따라 제18조제2항의 출자좌수이상으로 정한다.

(비고) 2. 본 호의 출자좌수를 변경하는 경우에는 다음과 같은 경과조치규정을 부칙에 두어야 한다.

제○조(임원의 피선거권에 관한 경과조치) ① 이 정관 시행일 현재 재직중인 임원은 제56조 제1항제10호에 따른 자격을 갖춘 것으로 본다.

② 이 정관 시행일부터 2년이내에 선거일이 공고된 경우에는 선거일공고일 현재 종전의 규정에 따라 필요로 하는 납입출자를 보유하고 있는 자는 선거일공고일 전일까지 미달하는 출자를 일시에 납입하면 제56조제1항제10호에 따른 출자좌수를 보유한 것으로 본다.

정관개정일 현재 종전의 정관에서 제56조제1항제10호의 출자좌수의 변경에 관련된 경과조치를 부칙에 규정하고 있는 조합으로서 그 시한이 남아있는 경우에는 그 부칙규정에 의거 임원의 피선거권에 관한 경과조치를 적용한다.

(비고) 3. 설립 또는 합병조합의 경우에는 다음과 같은 경과조치규정을 부칙에 두어야 한다.

제○조(임원의 피선거권에 관한 경과조치) ① 제56조제1항제10호는 조합이 설립등기(합병조합의 경우는 "합병등기")를 완료한 날부터 2년간은 적용하지 아니한다.

② 제56조제1항제12호는 조합이 설립등기(합병조합의 경우는 "합병등기")를 완료한 날부터 1년(이용실적 산정기간을 2년으로 하는 경우는 "2년")간은 적용하지 아니한다.

11. 선거일공고일 현재 우리 조합, 중앙회 또는 법 제49조제1항제11호 각 목의 금융기관에 대하여 5백만원이상의 채무(보증채무를 제외한다)를 6월을 초과하여 연체한 사람

12. ※ 정관개정일 현재 직전 회계연도 기준 제5조제1항제2호가목의 사업을 이용하는 조합원이 전체 조합원의 100분의 50 이상인 경우에는 반드시 <제2

례>를 선택함

<제1례>

선거일공고일 현재 우리 조합의 사업이용실적(선거일공고일 현재의 1년 전부터 선거일 공고일 현재의 전일까지의 기간동안 이용한 금액)이 다음 각 목의 기준금액 중 어느 하나에 해당하지 아니한 사람

가. 제5조제1항제2호가목 및 나목의 경제사업(우리 조합이 출자한 법 제112조의2에 따른 조합공동사업법인의 사업 중 법 제112조의8제1호에 따른 상품의 공동판매 사업을 포함한다)을 이용한 금액 : ( )만원 이상

나. 제5조제1항제3호가목의 신용사업 이용에 따른 예금·적금의 평균잔액 : ( )만원 이상

다. 제5조제1항제3호나목의 신용사업 이용에 따른 대출금의 평균잔액 : ( )만원 이상

라. 제5조제1항제4호의 금융기관보험대리점사업 이용에 따른 수입수수료 : ( )만원 이상

(비고) 1. 사업이용실적 산정기간을 2년으로 하고자 하는 경우 제12호 중 "1년"을 "2년"으로 변경하여야 함

(비고) 2. 제12호의 각 목 중 가목은 반드시 포함시키고, 나목부터 라목까지는 조합의 실정에 따라 일부 또는 전부를 선택하거나, 선택하지 아니할 수 있음. 이 경우 나목부터 라목까지 중 2가지 이상을 선택할 때에는 제12호 본문 중 "다음 각 목의 기준금액 중 어느 하나에 해당하지 아니한 사람"을 "가목의 기준금액에 해당하지 아니하거나 가목을 제외한 각 목의 기준금액의 모두에 해당하지 아니한 사람"으로 하여야 함

(비고) 3. 제12호의 ( )의 금액은 정관개정일 현재 제139조제2항에 따라 결산보고서의 승인을 받은 최근 1회계연도(이용실적 산정기간을 2년으로 하는 경우는 "2회계연도")의 전체 조합원(각 회계연도말 조합원수 기준)의 경제사업 평균이용금액의 100분의 40(특별시 또는 광역시의 자치

구를 구역의 전부 또는 일부로 하는 조합은 100분의 20) 이상 평균이용금액 이내, 예금·적금·대출금의 평균잔액 및 평균보험수입수수료의 100분의 20 (특별시 또는 광역시의 자치구를 구역의 전부 또는 일부로 하는 조합은 100분의 30) 이상 평균잔액 및 평균보험수입수수료 이내에서 각각 조합의 실정에 따라 정한다.

(비고) 4. 제12호의 ( )의 금액을 변경하거나 <제2례>를 선택하여 제12호를 변경하는 경우에는 다음과 같은 경과조치규정을 부칙에 두어야 한다.

제○조(결격사유에 관한 경과조치) 제56조제1항제12호의 개정규정은 의결 후 1년이 경과한 날부터 시행한다.

(비고) 5. 제1항에 규정된 사유 외에는 조합에서 추가로 결격사유를 규정할 수 없음

<제2례>

선거일공고일 현재 우리 조합의 사업이용실적(선거일공고일 현재의 1년 전부터 선거일공고일 현재의 전일까지의 기간 동안 이용한 금액)이 다음 각 목의 기준금액 중 어느 하나에 해당하지 아니한 사람

　가. 제5조제1항제2호가목의 경제사업(우리 조합이 출자한 법 제112조의2에 따른 조합공동사업법인의 사업 중 법 제112조의8제1호에 따른 상품의 공동판매 사업을 포함한다)을 이용한 금액 : ( )만원 이상

　나. 제5조제1항제2호나목의 경제사업을 이용한 금액 : ( )만원 이상

　다. 제5조제1항제3호가목의 신용사업 이용에 따른 예금·적금의 평균잔액 : ( )만원 이상

　라. 제5조제1항제3호나목의 신용사업 이용에 따른 대출금의 평균잔액 : ( )만원 이상

　마. 제5조제1항제4호의 금융기관보험대리점사업 이용에 따른 수입수수료 : ( )만원 이상

(비고) 1. 사업이용실적 산정기간을 2년으로 하고자 하는 경우 제12호 중 "1년"을 "2년"으로 변경하여야 함

(비고) 2. 제12호의 각 목 중 가목 및 나목은 반드시 포함시키고, 다목부터 마목

까지는 조합의 실정에 따라 일부 또는 전부를 선택하거나, 선택하지 아니할 수 있음. 이 경우 다목부터 마목까지 중 2가지 이상을 선택할 때에는 제12호 본문 중 "다음 각 목의 기준금액 중 어느 하나에 해당하지 아니한 사람"을 "가목 또는 나목의 기준금액 중 어느 하나에 해당하지 아니하거나 가목 및 나목을 제외한 각 목의 기준금액의 모두에 해당하지 아니한 사람"으로 하여야 함

(비고) 3. 제12호의 ( )의 금액은 정관개정일 현재 제139조제2항에 따라 결산보고서의 승인을 받은 최근 1회계연도(이용실적 산정기간을 2년으로 하는 경우는 "2회계연도")의 전체 조합원(각 회계연도말 조합원수 기준)의 판매사업 평균이용금액의 100분의 10 이상 평균이용금액의 100분의 50 이내, 구매사업 평균이용금액의 100분의 40(특별시 또는 광역시의 자치구를 구역의 전부 또는 일부로 하는 조합은 100분의 20) 이상 평균이용금액 이내, 예금ㆍ적금ㆍ대출금의 평균잔액 및 평균보험수입수수료의 100분의 20 (특별시 또는 광역시의 자치구를 구역의 전부 또는 일부로 하는 조합은 100분의 30) 이상 평균잔액 및 평균보험수입수수료 이내에서 각각 조합의 실정에 따라 정함

(비고) 4. 제12호의 ( )의 금액을 변경하거나 <제1례>를 선택하여 제12호를 변경하는 경우에는 다음과 같은 경과조치규정을 부칙에 두어야 함

제○조(결격사유에 관한 경과조치) 제56조제1항제12호의 개정규정은 의결 후 1년이 경과한 날부터 시행한다.

(비고) 5. <제2례>를 선택하여 제12호를 변경하는 경우 제56조제1항제12호의 사업이용실적 기준금액에도 불구하고 정관 시행일부터 1년간 제12호가목의 기준금액을 (비고)3.에 따른 기준금액 미만으로 적용하고자 할 때에는 다음과 같은 경과조치를 부칙에 두어야 함

제○조(임원결격사유 중 사업이용실적에 관한 적용례) 이 정관 시행일부터 1년까지는 제56조제1항제12호가목의 기준금액에도 불구하고 이를 다음과 같이 한다.

가. 제5조제1항제2호가목의 경제사업(우리 조합이 출자한 법 제112조의2에 따른 조합공동사업법인의 사업 중 법 제112조의8제1호에 따른 상품의 공동판매 사업을 포함한다)을 이용한 금액 : ( )만원 이상

(비고) 6. 제1항에 규정된 사유 외에는 조합에서 추가로 결격사유를 규정할 수 없음

② 제1항 각호 사유가 발생하면 해당 임원은 당연히 퇴직된다. 이 경우 제1항 제10호부터 제12호 까지를 적용함에 있어서는 "선거일공고일 현재"를 "현재"로 한다.

③ 제2항에 따라 퇴직한 임원이 퇴직전에 관여한 행위는 그 효력을 상실하지 아니한다.

④ 조합은 임원을 대상으로 제12호에 따른 기준에 해당하는지 여부를 6월말, 12월말에 확인하여야 한다. 다만, 필요에 따라 추가로 확인할 수 있다.

제57조(임원의 해임) <제1례> 상임이사를 두지 아니하는 경우

① 조합원은 조합원 5분의 1이상의 서면동의를 받아 총회에 임원의 해임을 요구할 수 있다. 이 경우 총회는 조합원 과반수의 출석과 출석조합원 3분의 2이상의 찬성으로 의결한다.

② 조합원은 제54조에 따른 임원의 선출방법에 따라 다음 각 호의 어느 하나의 방법으로 임원을 해임할 수 있다.

 1. 대의원회에서 선출된 임원은 대의원 3분의 1이상의 요구로 대의원 과반수의 출석과 출석 대의원 3분의 2이상의 찬성으로 해임의결

 2. 이사회에서 선출된 조합장은 이사회의 해임요구에 의하여 총회에서 해임의결. 이 경우 이사회의 해임요구와 총회의 해임의결은 제1호에 따른 의결정족수를 준용한다.

 3. 조합원이 직접선출한 조합장은 대의원회의 의결을 거쳐 조합원투표로 해임결정. 이 경우 대의원회의 요구 및 의결은 제1호의 규정을 준용하며, 조합원투표에 의한 해임결정은 조합원 과반수의 투표와 투표조합원 과반수의 찬성으로 한다.

③ 해임을 의결하려면 해당 임원에게 해임의 이유를 적은 서면으로 해임의결일 7

일전까지 통지 하여 총회나 대의원회에서 의견을 진술할 기회를 주어야 한다.

<제2례> 상임이사를 두는 경우

① 조합원은 조합원 5분의 1이상의 서면동의를 받아 총회에 임원의 해임을 요구할 수 있다. 이 경우 총회는 조합원 과반수의 출석과 출석조합원 3분의 2 이상의 찬성으로 의결한다.

② 조합원은 제54조에 따른 임원의 선출방법에 따라 다음 각 호의 어느 하나의 방법으로 임원을 해임할 수 있다.

　1. 대의원회에서 선출된 임원은 대의원 3분의 1이상의 요구로 대의원 과반수의 출석과 출석 대의원 3분의 2이상의 찬성으로 해임의결

　2. 이사회에서 선출된 조합장은 이사회의 해임요구에 의하여 총회에서 해임의결. 이 경우 이사회의 해임요구와 총회의 해임의결은 제1호에 따른 의결정족수를 준용한다.

　3. 조합원이 직접선출한 조합장은 대의원회의 의결을 거쳐 조합원투표로 해임결정. 이 경우 대의원회의 요구 및 의결은 제1호의 규정을 준용하며, 조합원투표에 의한 해임결정은 조합원 과반수의 투표와 투표조합원 과반수의 찬성으로 한다.

③ 제49조제1항제12호에 따라 이사회의 요구로 상임이사를 해임하려면 대의원 과반수의 출석과 출석대의원 3분의 2 이상의 찬성으로 의결한다.

④ 해임을 의결하려면 해당 임원에게 해임의 이유를 적은 서면으로 해임의결일 7일전까지 통지 하여 총회나 대의원회에서 의견을 진술할 기회를 주어야 한다.

제58조(임원의 의무와 책임) ① 조합의 임원은 법, 법에 따른 명령과 정관·규약·규정 또는 총회와 대의원회 및 이사회의 의결을 지키고 조합을 위하여 충실히 그 직무를 수행하여야 한다.

② 조합의 임원이 그 직무를 수행할 때 법령이나 정관을 위반한 행위를 하거나 그 임무를 게을리 하여 조합에 끼친 손해에 대하여는 연대하여 손해배상의 책임을 진다.

③ 조합의 임원이 그 직무를 수행할 때 고의나 중대한 과실로 제3자에게 끼친 손해에 대하여는 연대하여 손해배상의 책임을 진다.

④ 제2항과 제3항의 행위가 이사회의 의결에 따른 것이면 그 의결에 찬성한 이사도 연대하여 손해 배상의 책임을 진다. 이 경우 의결에 참여한 이사 중 이의를 제기한 사실이 의사록에 적혀 있지 아니한 이사는 그 의결에 찬성한 것으로 추정한다.

⑤ 임원이 거짓으로 결산보고·등기 또는 공고를 하여 조합이나 제3자에게 끼친 손해에 대하여도 제2항 및 제3항과 같다.

⑥ 제1항부터 제5항까지의 손해배상청구권의 행사는 이사회 또는 조합장을 포함한 이사에 대하여는 감사가, 임원전원에 대하여는 조합원 100인 또는 100분의 1이상의 동의를 받은 조합원대표가 이를 행한다.

⑦ 조합장과 이사는 자기 또는 제3자의 계산으로 조합과 거래할 때 대출 또는 외상거래 등 조합의 자금부담이 있는 경우로서 신용사업(신용카드로 구매하는 거래를 제외한다)은 3억원을 초과하는 거래에 대하여, 신용사업외의 사업은 거래건당 1천만원 이상 또는 거래총잔액 5천만원을 초과 하는 거래에 대하여 이사회의 승인을 얻어야 한다.

제59조(임원의 보수 및 실비변상) ① 상임임원을 제외한 임원은 명예직으로 한다.

② 상임임원의 보수 및 상임임원을 제외한 임원의 여비 기타 실비변상에 대하여는 규약으로 정한다.

제60조(직원의 임면) <제1례> 조합장이 상임으로 상임이사를 두지 아니하는 경우

① 조합의 직원은 조합장이 임면한다.

② 조합에 간부직원으로 전무 1명과 상무 3명 이내를 둘 수 있다. 다만, 지사무소에는 필요에 따라 상무 1명을 둘 수 있다.

③ 제2항에 따른 간부직원은 중앙회장이 실시하는 전형시험에 합격한 자 중에서 조합장이 이사회의 의결을 거쳐 임면한다.

<제2례> 조합장이 비상임으로 상임이사를 두는 경우

① 조합의 직원은 상임이사의 제청에 따라 조합장이 임면한다.

② 조합에 간부직원으로 3명 이내의 상무를 둘 수 있다. 다만, 지사무소에는 필요에 따라 상무 1명을 둘 수 있다.

③ 제2항에 따른 간부직원은 중앙회장이 실시하는 전형시험에 합격한 자중에서 상임이사가 제청한 자에 대하여 조합장이 이사회의 의결을 거쳐 임면한다.

(비고) 제52조제1항에서 <제2례>를 선택한 경우에는 제1항과 제3항을 다음과 같이 한다.

① 조합의 직원은 조합장이 임면한다. 다만, 상임이사 소관 직원은 상임이사의 제청에 따라 조합장이 임면한다.

③ 제2항에 따른 간부직원은 중앙회장이 실시하는 전형시험에 합격한 자중에서 조합장이 이사회의 의결을 거쳐 임면한다. 이 경우 상임이사 소관 간부직원의 임면은 상임이사의 제청이 있어야 한다.

<제3례> 조합장이 상임이면서 상임이사를 두는 경우

① 조합의 직원은 조합장이 임면한다. 다만, 상임이사 소관 직원은 상임이사의 제청에 따라 조합장이 임면한다.

② 조합에 간부직원으로 상무 3명 이내를 둘 수 있다. 다만, 지사무소에는 필요에 따라 상무 1명을 둘 수 있다.

③ 제2항에 따른 간부직원은 중앙회장이 실시하는 전형시험에 합격한 자중에서 조합장이 이사회의 의결을 거쳐 임면한다. 이 경우 상임이사 소관 간부직원의 임면은 상임이사의 제청이 있어야 한다.

제61조(간부직원의 직무) <제1례> 조합장이 상임으로 상임이사를 두지 아니하는 경우 전무는 조합장의 명을 받아 조합의 업무를 처리하며, 상무는 전무를 보좌하여 조합의 업무를 분장 하고, 전무가 다음 각 호의 어느 하나의 사유로 그 직무를 수행할 수 없을 때에는 조합장이 정하는 상무가 그 직무를 대행한다.

1. 궐위된 경우

2. 공소 제기된 후 구금상태에 있는 경우

3. 금고 이상의 형을 선고받고 그 형이 확정되지 아니한 경우

4. 의료법에 따른 의료기관에 30일 이상 계속하여 입원한 경우

5. 그 밖에 부득이한 사유로 직무를 수행할 수 없는 경우

<제2례> 조합장이 비상임으로 상임이사를 두는 경우

상무는 상임이사를 보좌하여 조합의 업무를 분장한다.

(비고) 제52조제1항에서 <제2례>를 선택한 경우에는 "상임이사"를 "조합장과 상
        임이사"로 규정함

<제3례> 조합장이 상임이면서 상임이사를 두는 경우

상무는 조합장과 상임이사를 보좌하여 조합의 업무를 분장한다.

제6편 임원선거
제1장 총칙

제62조(선거인) ① 선거인이란 선거권이 있는 자로서 선거인명부에 올라있는 자
    를 말한다.

② 조합은 선거일공고일 다음날부터 5일이내에 선거일공고일 현재 조합원명부를
    기준으로 선거인 명부를 작성하여야 한다. 다만, 임원의 임기만료일(보궐선거
    등의 경우 그 선거의 실시사유가 확정된 날)전 180일 후 조합원으로 가입한
    자는 제외한다.

③ 선거인명부는 선거인명부작성기간만료일의 다음날부터 선거일전일까지 열람
    할 수 있다.

④ 선거인은 선거인명부에 누락 또는 오기가 있거나 자격이 없는 선거인이 올라
    있다고 인정되면 선거인명부 열람기간 내에 구술 또는 서면으로 선거관리위
    원회(조합원이 직접 선출하거나 대의원회 에서 선출하는 조합장선거의 경우
    에는 조합장)에 이의를 신청할 수 있다.

⑤ 제4항의 이의신청이 있는 때에는 선거관리위원회(조합원이 직접 선출하거나

대의원회에서 선출 하는 조합장선거의 경우에는 조합장)는 지체없이(조합원이 직접 선출하거나 대의원회에서 선출 하는 조합장선거의 경우에는 이의신청을 받은 날의 다음 날까지) 심사·결정하되, 그 신청에 이유가 있다고 결정한 때에는 즉시 선거인명부를 정정하고 신청인(조합원이 직접 선출하거나 대의원회에서 선출하는 조합장선거의 경우에는 제65조제5항에 따른 관할위원회·신청인·관계인)에게 통지 하여야 하며, 이유가 없다고 결정한 때에는 그 뜻을 신청인에게 통지하여야 한다.

제63조(선거권) ① 선거권은 임원의 임기만료일(보궐선거 등의 경우 그 선거의 실시사유가 확정된 날)전 180일까지 조합원으로 가입한 자만 행사할 수 있다.

② 선거인은 다른 사람으로 하여금 선거권을 대리하여 행사하게 할 수 없다.

제64조(대의원회에서 선출하는 경우의 선거인등) ① 선거인은 대의원명부에 등재된 자로 하며, 대의원회 에서 선출하는 조합장선거의 경우 조합은 선거일공고일 다음날부터 5일이내에 대의원명부를 작성 하여야 한다.

② 선거인은 선거일전일까지 대의원명부를 열람할 수 있다.

③ 선거일전일까지 대의원명부에 변동이 있는 경우에는 이를 수정하여야 한다.

④ 선거인은 선거권을 대리하여 행사하게 할 수 없다. 다만, 조합장이 제52조제2항 및 제3항에 따라 직무를 수행할 수 없는 때에는 그 직무대행자가 선거권을 가진다.

⑤ 선거에 입후보하는 대의원(조합장을 포함한다)은 당해 선거에서 선거권을 행사할 수 없다.

제65조(선거일) ① 임원의 임기만료로 인한 선거는 임원의 임기만료일전 40일부터 15일까지 실시 하되 선거일은 이사회에서 정한다. 다만, 대의원회에서 선출하는 임원의 임기가 당해연도 결산기의 최종월 이후 다음해 3월까지의 기간 중에 만료하는 경우에는 정기대의원회일을 선거일로 정할 수 있다.

② 재선거 및 보궐선거는 그 사유가 발생한 날부터 30일 이내에 실시하되, 선거일은 이사회가 정한다.

③ 천재지변 기타 불가피한 사유로 선거일에 선거가 불가능한 경우에는 이사회가 선거일을 다시 정한다.

④ 제1항 및 제2항에 따른 선거의 경우 다음 각 호의 어느 하나에 해당되는 때에는 이사회의 의결에 따라 당해 선거를 실시하지 아니할 수 있다. 다만, 다음 각 호에 해당되지 아니하게 된 때에는 지체 없이 이사회 의결로 선거일을 지정하여 30일 이내에 당해 선거를 실시하여야 한다.

 1. 제150조에 따른 합병의결이 있는 때

 2. 다음 각 목의 어느 하나에 해당되어 농림축산식품부장관 또는 중앙회장이 선거를 실시하지 아니하도록 권고한 때

    가. 「농업협동조합법」또는 「농업협동조합의 구조개선에 관한 법률」에 따라 합병권고·요구 또는 명령을 받은 경우

    나. 거액의 금융사고, 천재지변 등으로 선거를 실시하기 곤란한 경우

⑤ 조합원이 직접 선출하거나 대의원회에서 선출하는 조합장선거의 선거일은 제1항부터 제4항 까지에 따라 선거일로 정할 수 있는 기간내에 조합의 주된 사무소의 소재지를 관할하는 「선거관리 위원회법」에 따른 구·시·군선거관리위원회(세종특별자치시선거관리위원회를 포함한다, 이하 "관할 위원회"라 한다)가 조합과 협의하여 정한다. 다만, 관할위원회의 관할구역에서 공직 선거 등이 실시되는 경우 「공공단체등 위탁선거에 관한 법률」이 정하는 기간에는 선거일을 정할 수 없다.

⑥ 제1항 및 제5항에도 불구하고 「농업협동조합법」에 따라 관할위원회에 위탁하여 동시에 실시 하는 임기만료에 따른 조합장선거(이하 "동시조합장선거"라 한다)의 선거일은 그 임기가 만료 되는 해당 연도 3월 중 두 번째 수요일로 한다.

제66조(선거관리위원회의 설치) ① 임원선거사무를 관리하기 위하여 조합에 선거관리위원회 (이하 "위원회"라 한다)를 둔다.

② 위원회는 이사회가 조합원(임직원은 제외한다)과 선거의 경험이 풍부한 자중에서 위촉 하는 ○○ 명의 선거관리위원(이하 "위원"이라 한다)으로 구성한다.

(비고) 위원수는 7명 이상 15명 이내에서 조합의 실정에 따라 정한다.

③ 위원의 위촉기간은 위촉일부터 2년간으로 하되 조합원중에서 위촉된 위원의 경우 조합원자격을 상실한 때에는 위원의 직을 상실한다. 다만, 선거일공고일 또는 추천일 이후 임기가 만료된 때에는 당해 선거가 종료될 때까지 그 임기가 연장된다.

④ 위원회에 위원장과 부위원장 각 1명을 두되, 위원중에서 호선한다.

⑤ 임원후보자는 위원이 될 수 없다.

⑥ 위원장은 위원회를 대표하고 위원회를 소집하여 이를 주재하며, 부위원장은 위원장을 보좌하고 위원장이 부득이한 사유로 직무를 수행할 수 없는 때에는 위원장의 직무를 대행한다.

⑦ 위원은 위원장이 지정하는 바에 따라 선거관리·투표관리 및 개표관리사무를 분장 처리한다.

⑧ 위원장은 중요한 사항에 대하여는 위원회에 부의하여 처리하여야 하며, 위원회는 구성원 과반 수의 출석으로 개의하고 출석자 과반수의 찬성으로 의결한다.

⑨ 위원이 결원된 때에는 이사회가 이를 보충하되, 위촉기간은 전임자의 잔여기간으로 한다. 다만, 선거기간 중 결원위원의 수가 2명 이내인 때에는 위원장이 위원회의 협의를 거쳐 결원위원을 보충 하고 그 사실을 다음 이사회에 보고한다.

⑩ 삭제

⑪ 이사회는 위원이 제67조제5항을 현저히 위반하였다고 판단하는 경우에는 해촉할 수 있다.

⑫ 제1항에 불구하고 조합장을 조합원이 직접 선출하거나 대의원회에서 선출하는 경우에 선거 사무의 관리는 조합장의 임기만료일전 180일(재선거, 보궐선거 및 제65조제4항 단서규정에 의한 선거에 있어서는 선거의 실시사유가 확정된 날부터 5일)까지 조합의 주된 사무소의 소재지를 관할 하는 관할위원회에 위탁하여야 한다. 다만, 동시조합장선거에서는 임기만료일 전 180일에 별

도의 신청 없이 위탁한 것으로 본다.

제67조(위원회의 직무) ① 위원회는 다음 각 호의 사무를 관장한다.

 1. 임원후보자의 자격심사

 2. 선거인명부의 확정

 3. 선거인자격 이의신청에 대한 판정

 4. 선거관련 분쟁조정

 5. 선거운동방법에 대한 위반여부의 조사 및 심사

 6. 위반사례 발생시 이에 대한 경고 및 기한을 정한 시정요구, 고발 등 필요한
    조치

 7. 제6호에 위반한 경우 그 사실의 게시

 8. 투표의 유효·무효에 관한 이의에 대한 판정

 9. 선거관리·투표관리 및 개표관리에 관한 사항

 10. 투표소 및 개표소 설치에 관한 사항

 11. 투표소 및 개표소의 질서유지에 관한 사항

 12. 선거홍보 및 선거운동계도에 관한 사항

 13. 기타 위원장이 필요하다고 인정하는 사항

② 위원회에 간사를 두되, 위원장이 조합의 직원중에서 위촉하며, 간사는 위원장
   을 보좌하여 위원회의 사무를 처리한다.

③ 위원장은 조합의 직원중에서 종사원을 위촉하며, 종사원은 위원장이 정하는
   바에 따라 선거관리사무에 종사한다.

④ 위원회는 의사의 진행상황 및 그 결과를 적은 의사록을 작성하고, 참석위원이
   기명날인하여야 한다.

⑤ 위원·간사 및 종사원은 선거관리사무를 행함에 있어 공정을 기하여야 한다.

제68조(선거사무의 협조 등) ① 조합은 위원회의 선거사무에 관하여 적극적으로
   협력하여야 한다.

② 조합은 위원에 대하여 위원회 참석에 따른 실비를 지급할 수 있다.

제2장 조합장 선거
제1절 조합원이 직접 선출하는 경우

제69조(피선거권) ① 다음 각 호의 어느 하나에 해당하는 사람은 피선거권이 없다.

1. 제56조제1항의 결격사유에 해당하는 사람. 다만, 제56조제1항제10호부터 제12호까지를 제외한 결격사유의 기준일은 임기개시일로 한다.

2. 조합장임기만료일 현재 우리조합·다른조합·연합회·중앙회·농협경제지주회사·농협금융지주회사·농협은행·농협생명보험·농협손해보험의 직원·상임이사·상임감사(중앙회의 경우 감사위원장을 말한다), 우리조합 자회사(조합공동사업법인을 포함 한다. 이하 이 편에서 같다)의 상근임직원, 다른 조합의 조합장, 연합회의 회장, 중앙회의 회장 또는 공무원(선거에 따라 취임하는 공무원을 제외한다)의 직을 사직한 지 90일을 경과하지 아니한 자. 다만, 조합장이 임기만료외의 사유로 궐위된 때와 제65조제4항 단서에 따라 선거를 실시하는 때에는 후보자등록일전일까지 사직하지 아니한 사람

3. 후보자등록일전일까지 우리조합의 비상임이사·비상임감사 또는 자회사의 비상근임원의 직을 사직하지 아니한 사람

4. 후보자등록일전일까지 법 제52조제4항에서 정한 경업관계를 해소하지 아니한 사람

② 제1항제2호 및 제3호의 적용에 있어서는 조합 또는 그 소속기관의 장에게 사직원이 접수된 때에 사직한 것으로 본다.

제70조 삭제

제71조(선거공고) 관할위원회는 선거일전 20일에 다음의 사항을 공고하여야 한다.

1. 선거하여야 할 임원

2. 선거인

3. 선거일

4. 피선거권자

5. 후보자등록접수장소

6. 후보자등록기간

7. 투표개시시각 및 종료시각

8. 투표소 및 개표소의 위치

9. 삭제

10. 기타 필요한 사항

제72조(선거인명부 작성, 공고 및 열람) ① 조합은 선거인명부를 작성한 때에는 즉시 그 등본(전산자료 복사본을 포함한다. 이하 이 조에서 같다) 1통을, 선거인명부가 확정된 때에는 지체 없이 확정된 선거인명부 등본 1통을 각각 관할위원회에 송부하여야 한다. 이 경우 둘 이상의 투표소를 설치 하는 경우에는 투표소별로 분철하여 선거인명부를 작성·확정하여야 한다.

② 제1항에도 불구하고 동시조합장선거를 실시하는 경우 조합은 중앙선거관리위원회규칙으로 정하는 구역단위로 선거인명부를 작성·확정하여야 하며, 중앙선거관리위원회는 확정된 선거인명부의 전산 자료 복사본을 해당 조합으로부터 제출받아 전산조직을 이용하여 하나의 선거인명부를 작성한 후 투표소에서 사용하게 할 수 있다.

③ 조합은 선거인명부 열람 장소 및 기간을 선거일 전 20일에 공고하여야 한다.

④ 선거인명부는 제62조제3항에 불구하고 선거인명부작성기간만료일의 다음날부터 선거일전 11일 까지 열람할 수 있다.

⑤ 선거인명부는 선거일전 10일에 확정된다.

제73조(후보자등록기간) ① 후보자등록기간은 선거기간(선거일전 13일부터 선거일까지, 이하 같다) 개시일 전 2일부터 2일간(공휴일을 포함한다)으로 한다.

② 삭제

③ 「공공단체등 위탁선거에 관한 법률」 제54조에 따라 동시선거를 실시하는 경우 제1항의 등록 기간내에 후보자등록이 없을 때에는 등록기간을 연장할 수 있다. 이 경우 이를 즉시 공고하여야 한다.

제74조(후보자등록신청) 후보자가 되고자 하는 자는 후보등록마감시각까지 별표의 구비서류를 갖추어 본인이 직접 관할위원회에 등록신청하여야 하며, 조합원이 직접 선출하거나 대의원회에서 선출하는 조합장선거의 경우에는 제76조의2제1항에서 정하는 기탁금을 납부하여야 한다. 다만, 질병·사고 등 본인이 직접 접수할 수 없는 부득이한 경우에는 관할위원회가 본인의 의사를 확인 하고 접수할 수 있다.

제75조(등록심사 및 접수) ① 관할위원회는 제74조에 따른 후보자등록신청이 있는 때에는 이를 수리 하되, 자격이 없거나 제76조의2제1항에 따른 기탁금(조합원이 직접 선출하거나 대의원회에서 선출하는 조합장선거의 경우에 한함) 및 별표 중 피선거권에 관한 증명서류를 갖추지 아니한 등록신청은 수리하지 아니한다.

② 관할위원회는 후보자등록 마감 즉시 후보자 전원에 대하여 신원조회 등을 거쳐 후보자의 자격을 확인하여야 한다.

③ 제2항에 따라 조합이 그 조사를 의뢰받은 경우에는 지체없이 그 사실을 확인하여 회보하여야 한다.

④ 후보자등록신청서의 접수시간은 공휴일에 불구하고 매일 오전 9시부터 오후 6시까지로 한다.

⑤ 관할위원회는 등록마감일 다음날에 후보자 등록사항을 공고한다.

제76조(등록무효 등) ① 후보자등록 후에 후보자의 피선거권이 없는 것이 발견된 때에는 후보자등록을 무효로 하고, 당해 후보자에게 그 사유를 밝혀 지체없이 이를 통보한다.

② 후보자가 사퇴하고자 하는 경우에는 본인이 직접 관할위원회에 서면으로 신고하여야 한다.

③ 관할위원회는 후보자가 사퇴·사망하거나 등록이 무효로 된 경우에는 이를 지체없이 공고한다.

제76조의2(기탁금) ① 후보자등록을 신청하는 자는 등록신청시 ○○만원의 기탁

금을 관할위원회에 납부하여야 한다.

(비고) 기탁금은 500만원 이상 1천만원 이내에서 조합의 실정에 따라 정함

② 관할위원회는 다음 각 호 금액을 선거일 후 30일 이내에 기탁자에게 반환하고, 반환하지 아니하는 기탁금은 우리조합에 귀속한다. 이 경우 기탁금 반환은 1차 투표 결과에 따른다.

 1. 후보자가 당선되거나 사망한 경우와 유효투표총수의 100분의 15 이상을 득표한 경우에는 기탁금 전액

 2. 후보자가 유효투표총수의 100분의 10 이상 100분의 15 미만을 득표한 경우에는 기탁금의 100분의 50에 해당하는 금액

③ 관할위원회는 제2항에 따라 반환하지 아니하는 기탁금을 선거일 후 30일 이내에 우리조합에 반환한다.

제77조(선거운동의 정의) 이 정관에서 "선거운동"이란 당선되거나 되게 하거나 되지 못하게 하기 위한 행위를 말한다. 다만, 다음 각 호의 어느 하나에 해당하는 행위는 선거운동으로 보지 아니한다.

1. 선거에 관한 단순한 의견개진 및 의사표시

2. 입후보와 선거운동을 위한 준비행위

제77조의2(선거운동의 주체·기간·방법)　① 후보자가 제77조의3부터 제77조의8까지의 규정에 따라 선거운동을 하는 경우를 제외하고는 누구든지 어떠한 방법으로도 선거운동을 할 수 없다.

② 선거운동은 후보자등록마감일의 다음 날부터 선거일 전일까지에 한정하여 할 수 있다.

제77조의3(선거공보) ① 후보자는 선거운동을 위하여 선거공보 1종을 작성할 수 있다. 이 경우 후보자는 선거인명부확정일 전일까지 관할위원회에 선거공보를 제출하여야 한다.

② 관할위원회는 제1항에 따라 제출된 선거공보를 선거인명부확정일 후 2일까지 제80조에 따른 투표안내문과 동봉하여 선거인에게 발송하여야 한다.

③ 후보자가 제1항 후단에 따른 기한까지 선거공보를 제출하지 아니하거나 규격을 넘는 선거공보를 제출한 때에는 그 선거공보는 발송하지 아니한다.

④ 제출된 선거공보는 정정 또는 철회할 수 없다. 다만, 오기나 「공공단체등 위탁선거에 관한 법률」에 위반되는 내용이 게재되었을 경우에는 제출마감일까지 해당 후보자가 정정할 수 있다.

⑤ 선거인은 선거공보의 내용 중 경력·학력·학위·상벌에 관하여 거짓으로 게재되어 있음을 이유로 이의제기를 하는 때에는 관할위원회에 서면으로 하여야 하고, 이의제기를 받은 관할위원회는 후보자와 이의제기자에게 그 증명서류의 제출을 요구할 수 있으며, 그 증명서류의 제출이 없거나 거짓 사실임이 판명된 때에는 그 사실을 공고하여야 한다.

⑥ 관할위원회는 제5항에 따라 허위게재사실을 공고한 때에는 그 공고문 사본 1매를 선거일에 투표소의 입구에 첩부하여야 한다.

⑦ 선거공보의 작성수량·규격·면수·제출, 그 밖에 필요한 사항은 중앙선거관리위원회규칙에 따른다.

제77조의4(선거벽보) ① 후보자는 선거운동을 위하여 선거벽보 1종을 작성할 수 있다. 이 경우 후보자는 선거인명부확정일 전일까지 관할위원회에 선거벽보를 제출하여야 한다.

② 관할위원회는 제1항에 따라 제출된 선거벽보를 제출마감일 후 2일까지 해당 위탁단체의 주된 사무소와 지사무소의 건물 또는 게시판에 첩부하여야 한다.

③ 제77조의3 제3항부터 제6항까지의 규정은 선거벽보에 이를 준용한다. 이 경우 "선거공보"는 "선거벽보"로, "발송"은 "첩부"로, "규격을 넘는"은 "규격을 넘거나 미달하는"으로 본다.

④ 선거벽보의 작성수량·첩부수량·규격·제출, 그 밖에 필요한 사항은 중앙선거관리위원회규칙에 따른다.

제77조의5(어깨띠·윗옷·소품) 후보자는 선거운동기간 중 어깨띠나 윗옷(上衣)을 착용하거나 소품을 이용하여 선거운동을 할 수 있다.

제77조의6(전화를 이용한 선거운동) 후보자는 선거운동기간 중 다음 각 호의 어느 하나에 해당하는 방법으로 선거운동을 할 수 있다. 다만, 오후 10시부터 다음 날 오전 7시까지는 그러하지 아니하다.

1. 전화를 이용하여 송화자·수화자 간 직접 통화하는 방법
2. 문자(문자 외의 음성·화상·동영상 등은 제외한다)메시지를 전송하는 방법

제77조의7(정보통신망을 이용한 선거운동) 후보자는 선거운동기간 중 다음 각 호의 어느 하나에 해당하는 방법으로 선거운동을 할 수 있다.

1. 조합이 개설·운영하는 인터넷 홈페이지의 게시판·대화방 등에 글이나 동영상 등을 게시하는 방법
2. 전자우편을 전송하는 방법

제77조의8(명함을 이용한 선거운동) 후보자는 선거운동기간 중 다수인이 왕래하거나 집합하는 공개된 장소에서 길이 9센티미터 너비 5센티미터 이내의 선거운동을 위한 명함을 선거인에게 직접 주거나 지지를 호소하는 방법으로 선거운동을 할 수 있다. 다만, 중앙선거관리위원회규칙으로 정하는 장소에서는 그러하지 아니하다.

제77조의9(지위를 이용한 선거운동금지 등) 조합의 임직원은 다음 각 호의 어느 하나에 해당하는 행위를 할 수 없다.

1. 지위를 이용하여 선거운동을 하는 행위
2. 지위를 이용하여 선거운동의 기획에 참여하거나 그 기획의 실시에 관여하는 행위
3. 후보자(후보자가 되려는 사람을 포함한다)에 대한 선거권자의 지지도를 조사하거나 이를 발표하는 행위

제77조의10(매수 및 이해유도금지 등) 선거운동을 목적으로 다음 각 호의 어느 하나에 해당하는 행위를 할 수 없다.

1. 선거인(선거인명부를 작성하기 전에는 그 선거인명부에 오를 자격이 있는 자를 포함한다. 이하 이 조에서 같다)이나 그 가족(선거인의 배우자, 선거인 또는 그 배우자의 직계존비속과 형제자매, 선거인의 직계존비속 및 형제자매의

배우자를 말한다. 이하 이 절에서 같다) 또는 선거인이나 그 가족이 설립·운영하고 있는 기관·단체·시설에 대하여 금전·물품·향응이나 그 밖의 재산상 이익이나 공사(公私)의 직을 제공하거나 그 제공의 의사를 표시하거나 그 제공을 약속하는 행위

2. 후보자가 되지 아니하도록 하거나 후보자가 된 것을 사퇴하게 할 목적으로 후보자가 되려는 사람이나 후보자에게 제1호에 규정된 이익이나 직을 제공하거나 그 제공의 의사를 표시하거나 그 제공을 약속하는 행위

3. 제1호 또는 제2호에 규정된 이익이나 직을 제공받거나 그 제공의 의사표시를 승낙하는 행위

4. 제1호부터 제3호까지에 규정된 행위에 관하여 지시·권유·알선하거나 요구하는 행위

5. 후보자등록개시일부터 선거일까지 포장된 선물 또는 돈봉투 등 다수의 선거인(선거인의 가족 또는 선거인이나 그 가족이 설립·운영하고 있는 기관·단체·시설을 포함한다)에게 배부하도록 구분된 형태로 되어 있는 금품을 운반하는 행위

제77조의11(허위사실 공표 금지) ① 누구든지 당선되거나 되게 할 목적으로 선거공보나 그 밖의 방법으로 후보자(후보자가 되려는 사람을 포함한다. 이하 이 조에서 같다)에게 유리하도록 후보자, 그의 배우자 또는 직계존비속이나 형제자매에 관하여 허위의 사실을 공표하는 행위를 할 수 없다.

② 누구든지 당선되지 못하게 할 목적으로 선거공보나 그 밖의 방법으로 후보자에게 불리하도록 후보자, 그의 배우자 또는 직계존비속이나 형제자매에 관하여 허위의 사실을 공표하는 행위를 할 수 없다.

제77조의12(후보자 등 비방 금지) 선거운동을 목적으로 선거공보나 그 밖의 방법으로 공연히 사실을 적시하여 후보자(후보자가 되려는 사람을 포함한다), 그의 배우자 또는 직계존비속이나 형제자매를 비방할 수 없다.

제77조의13(사위등재금지) ① 거짓의 방법으로 선거인명부에 오르게 할 수 없다.

② 선거인명부작성에 관계 있는 자가 선거인명부에 고의로 선거권자를 기재하지 아니하거나 거짓 사실을 기재하거나 하게 할 수 없다.

제77조의14(사위투표금지) 성명을 사칭하거나 신분증명서를 위조 또는 변조하여 사용하거나 그 밖에 거짓의 방법으로 투표하거나 투표를 하려고 하거나 또는 투표하게 할 수 없다.

제77조의15(호별방문 등의 제한) 누구든지 선거운동을 위하여 선거인(선거인명부 작성 전에는 선거인명부에 오를 자격이 있는 자를 포함한다)을 호별로 방문하거나 특정 장소에 모이게 할 수 없다.

제77조의16(기부행위의 정의) 이 정관에서 "기부행위"란 다음 각 호의 어느 하나에 해당하는 사람이나 기관·단체·시설을 대상으로 금전·물품 또는 그 밖의 재산상 이익을 제공하거나 그 이익제공의 의사를 표시하거나 그 제공을 약속하는 행위를 말한다.

1. 선거인(선거인명부를 작성하기 전에는 그 선거인명부에 오를 자격이 있는 자를 포함한다. 이하 이 조에서 같다)이나 그 가족
2. 선거인이나 그 가족이 설립·운영하고 있는 기관·단체·시설

제77조의17(기부행위로 보지 아니하는 행위) ① 다음 각 호의 어느 하나에 해당하는 행위는 기부행위로 보지 아니한다.

1. 직무상의 행위
 가. 기관·단체·시설(나목에 따른 조합을 제외한다)이 자체사업계획과 예산에 따라 의례적인 금전·물품을 그 기관·단체·시설의 명의로 제공하는 행위(포상을 포함하되, 화환·화분을 제공하는 행위는 제외한다. 이하 나목에서 같다)
 나. 조합이 해당 법령이나 정관등에 따른 사업계획 및 수지예산에 따라 집행하는 금전·물품을 그 조합의 명의로 제공하는 행위
 다. 물품구매·공사·역무의 제공 등에 대한 대가의 제공 또는 부담금의 납부 등 채무를 이행하는 행위
 라. 가목부터 다목까지의 규정에 따른 행위 외에 법령에 근거하여 물품 등을 찬

조 · 출연 또는 제공하는 행위

2. 의례적 행위

가. 「민법」 제777조(친족의 범위)에 따른 친족(이하 이 조에서 "친족"이라 한다)의 관혼상제의식이나 그 밖의 경조사에 축의 · 부의금품을 제공하는 행위

나. 친족 외의 사람의 관혼상제의식에 통상적인 범위에서 축의 · 부의금품(화환 · 화분을 제외한다)을 제공하거나 주례를 서는 행위

다. 관혼상제의식이나 그 밖의 경조사에 참석한 하객이나 조객 등에게 통상적인 범위에서 음식물 또는 답례품을 제공하는 행위

라. 소속 기관 · 단체 · 시설(조합은 제외한다)의 유급 사무직원이나 친족에게 연말 · 설 또는 추석에 의례적인 선물을 제공하는 행위

마. 친목회 · 향우회 · 종친회 · 동창회 등 각종 사교 · 친목단체 및 사회단체의 구성원으로서 그 단체의 정관 등 또는 운영관례상의 의무에 기하여 종전의 범위에서 회비를 납부하는 행위

바. 평소 자신이 다니는 교회 · 성당 · 사찰 등에 통상의 예에 따라 헌금(물품의 제공을 포함한다)하는 행위

3. 「공직선거법」 제112조제2항제3호에 따른 구호적 · 자선적 행위에 준하는 행위

4. 그 밖에 제1호부터 제3호까지의 어느 하나에 준하는 행위로서 중앙선거관리위원회규칙에 따른 행위

② 제1항에 따라 통상적인 범위에서 1명에게 제공할 수 있는 축의 · 부의금품, 음식물, 답례품 및 의례적인 선물의 금액범위는 중앙선거관리위원회규칙에 따른다.

제77조의18(기부행위제한기간) 기부행위를 할 수 없는 기간(이하 "기부행위제한기간"이라 한다)은 다음 각 호와 같다.

1. 임기만료에 따른 선거: 임기만료일 전 180일부터 선거일까지

2. 재선거, 보궐선거, 조합의 설립 · 분할 또는 합병으로 인한 선거: 그 선거의 실시 사유가 발생한 날부터 선거일까지

제77조의19(기부행위제한) ① 후보자(후보자가 되려는 사람을 포함한다. 이하 이

조에서 같다), 후보자의 배우자, 후보자가 속한 기관·단체·시설은 기부행위 제한기간 중 기부행위를 할 수 없다.

② 누구든지 기부행위제한기간 중 해당 선거에 관하여 후보자를 위하여 기부행위를 하거나 하게 할 수 없다. 이 경우 후보자의 명의를 밝혀 기부행위를 하거나 후보자가 기부하는 것으로 추정할 수 있는 방법으로 기부행위를 하는 것은 해당 선거에 관하여 후보자를 위한 기부행위로 본다.

③ 누구든지 기부행위제한기간 중 해당 선거에 관하여 제1항 또는 제2항에 규정된 자로부터 기부를 받거나 기부의 의사표시를 승낙할 수 없다.

④ 누구든지 제1항부터 제3항까지 규정된 행위에 관하여 지시·권유·알선 또는 요구할 수 없다.

⑤ 조합장은 재임 중에 기부행위를 할 수 없다.

제77조의20(조합장 등의 축의·부의금품 제공제한) 조합의 경비로 관혼상제의식이나 그 밖의 경조사에 축의·부의금품을 제공하는 경우에는 조합의 경비임을 명기하여 조합의 명의로 하여야 하며, 조합장의 직명 또는 성명을 밝히거나 그가 하는 것으로 추정할 수 있는 방법으로 하는 행위는 기부행위로 본다.

제77조의21 (선거일 후 답례금지) 후보자, 후보자의 배우자, 후보자가 속한 기관·단체·시설은 선거일 후 당선되거나 되지 아니한 데 대하여 선거인에게 축하·위로나 그 밖의 답례를 하기 위하여 다음 각 호의 어느 하나에 해당하는 행위를 할 수 없다.

1. 금전·물품 또는 향응을 제공하는 행위

2. 선거인을 모이게 하여 당선축하회 또는 낙선에 대한 위로회를 개최하는 행위

제78조(선거방법) ① 선거는 무기명 비밀투표로 한다.

② 선거권 행사는 1인1표로 한다.

제79조(투표소의 설치 등) ① 관할위원회는 조합과 투표소의 설치수, 설치장소 등을 협의하여 선거일 전일까지 투표소를 설치하여야 한다.

② 관할위원회는 공정하고 중립적인 사람 중에서 투표소마다 투표에 관한 사무를

관리할 투표관리관 1명과 투표사무를 보조할 투표사무원을 위촉하여야 한다.

제79조의2(동시조합장선거의 투표소의 설치 등) ① 동시조합장선거를 실시하는 경우 관할위원회는 제79조제1항에도 불구하고 그 관할구역 안의 읍·면[「지방자치법」 제4조의2(자치구가 아닌 구와 읍·면·동 등의 명칭과 구역)제3항에 따라 행정면을 둔 경우에는 행정면을 말한다]·동(「지방자치법」 제4조의2 제4항에 따라 행정동을 둔 경우에는 행정동을 말한다)마다 1개소씩 투표소를 설치·운영 하여야 한다. 다만, 동의 경우에는 관할위원회가 해당 조합과 협의하여 일부 동에만 투표소를 설치할 수 있다.

② 동시조합장선거에서 선거인은 자신이 올라 있는 선거인명부의 작성 구역단위에 설치된 어느 투표소에서나 투표할 수 있다.

③ 투표관리관은 제2항에 따라 투표하려는 선거인에 대해서는 본인임을 확인할 수 있는 신분증명서를 제시하게 하여 본인여부를 확인한 다음 전자적 방식으로 무인 또는 서명하게 하고, 투표용지 발급기를 이용하여 선거권이 있는 해당 선거의 투표용지를 출력하여 자신의 도장을 찍은 후 선거인 에게 교부한다.

④ 중앙선거관리위원회는 2개 이상 조합장선거의 선거권이 있는 선거인이 투표하는 데 지장이 없도록 하고, 같은 사람이 2회 이상 투표를 할 수 없도록 하는 데 필요한 기술적 조치를 하여야 한다.

⑤ 관할위원회는 섬 또는 산간오지 등에 거주하는 등 부득이한 사유로 투표소에 가기 어려운 선거인에게는 그 의결로 거소투표, 순회투표, 인터넷투표 등 중앙선거관리위원회규칙으로 정하는 방법으로 투표를 하게 할 수 있다. 이 경우 투표방법 등에 관하여는 해당 조합과 협의하여야 한다.

⑥ 제5항에 따른 거소투표, 순회투표, 인터넷투표 등의 대상·절차·기간·방법, 그 밖에 필요한 사항은 중앙선거관리위원회규칙에 따른다.

제80조(투표안내문의 발송) 관할위원회는 선거인의 성명·선거인명부등재번호·투표소의 위치·투표시간·지참물·투표절차 그 밖의 투표참여를 권유하는 내용 등이 적힌 투표안내문을 선거인명부확정일 후 2일까지 선거인에게 우편으로 발

송한다.

제81조(투표·개표의 참관) ① 후보자는 선거인 중에서 투표소마다 2명 이내의 투표참관인을 선정 하여 선거일 전 2일까지, 개표소마다 2명 이내의 개표참관인을 선정하여 선거일 전일까지 관할 위원회에 서면으로 신고하여야 한다. 이 경우 개표참관인은 투표참관인이 겸임하게 할 수 있다.

② 관할위원회는 제1항에 따라 신고한 투표참관인·개표참관인이 투표 및 개표 상황을 참관하게 하여야 한다.

③ 후보자가 제1항에 따른 투표참관인·개표참관인의 신고를 하지 아니한 때에는 투표·개표 참관을 포기한 것으로 본다.

④ 후보자 또는 후보자의 배우자와 해당 위탁단체의 임직원은 투표참관인·개표참관인이 될 수 없다.

⑤ 제1항에도 불구하고 동시조합장선거의 투표참관인은 투표소마다 12명으로 하며, 후보자수가 12명을 넘는 경우에는 후보자별로 1명씩 우선 선정한 후 추첨에 따라 12명을 지정하고, 후보자수가 12명에 미달하되 후보자가 선정·신고한 인원수가 12명을 넘는 때에는 후보자별로 1명씩 선정한 자를 우선 지정한 후 나머지 인원은 추첨에 의하여 지정한다.

⑥ 투표참관인·개표참관인의 선정·신고 및 투표참관인 지정의 구체적인 절차·방법, 그 밖에 필요한 사항은 중앙선거관리위원회규칙에 따른다.

제82조(투표절차) ① 관할위원회는 선거인이 투표할 때 선거인명부에 따라 선거인 자격을 확인한다.

② 관할위원회는 투표당일 투표소에서 주민등록증 등에 따라 본인임을 확인하고 선거인명부에 날인·무인 또는 서명하게 하고 투표용지를 교부한다.

③ 선거인은 후보자간의 추첨에 따라 부여받은 기호 및 후보자의 성명을 적은 소정의 투표용지를 사용하여야 한다.

④ 선거인은 투표소에 비치된 소정의 기표용구로 투표용지에 "img138086025"표를 하여 투표함에 넣는다.

제83조(투표시간) ① 관할위원회는 조합과 협의하여 투표시간을 정한다. 다만, 동시조합장선거의 투표시간은 오전 7시부터 오후 5시까지로 한다.

② 투표를 마감할 때에 투표소에서 투표하기 위하여 대기하고 있는 선거인에게는 번호표를 부여하여 투표하게 한 후에 닫아야 한다.

제84조(무효투표) ① 다음 각호의 어느 하나에 해당하는 투표는 무효로 한다.

 1. 정규의 투표용지를 사용하지 아니한 것

 2. 2이상의 난에 표를 한 것

 3. 어느 난에도 표를 하지 아니한 것

 4. 어느 난에 표를 한 것인지 식별할 수 없는 것

 5. "卜"표가 아닌 다른 문자 또는 기호 등을 기입한 것

 6. "卜"표 외에 다른 사항을 기입한 것

 7. 정규의 기표용구가 아닌 용구로 표를 한 것

② 다음 각 호의 어느 하나에 해당하는 투표는 무효로 하지 아니한다.

 1. "卜"표가 일부분 표시되거나 "卜"표 안이 메워진 것으로서 소정의 기표용구를 사용하여 기표를 한 것이 명확한 것

 2. 한 후보자란에만 2이상 기표된 것

 3. 후보자란 외에 추가 기표되었으나 추가 기표된 것이 어느 후보자에게도 기표한 것으로 볼 수 없는 것

 4. 두 후보자란의 구분선상에 기표된 것으로서 어느 후보자에게 기표한 것인지가 명확한 것

 5. 기표한 것이 옮겨 묻은 것으로서 어느 후보자에게 기표한 것인지가 명확한 것

 6. 인주로 오손되거나 훼손되었으나 정규의 투표용지임이 명백하고 어느 후보자에게 기표한 것인지가 명확한 것

제85조(개표시기 및 장소) ① 개표는 공고된 개표소에서 투표함을 모아 투표당일에 실시한다.

② 2이상의 투표소를 설치한 경우 투표소가 산간·오지 또는 도서지역 등에 설치된 경우로서 천재 지변 등의 부득이한 사유로 투표당일 투표함의 일부가 개표소에 도착하지 못할 때에는 관할위원회가 정하는 바에 따른다.

제86조(당선인 결정) ① 후보자 중 유효투표의 최다득표자를 당선인으로 결정한다. 다만, 최다득표자가 2인 이상인 경우에는 연장자를 당선인으로 결정한다.

② 후보자등록마감시각에 등록된 후보자가 1인이거나 후보자등록마감 후 선거일의 투표마감시각 까지 후보자가 사퇴·사망하거나 등록이 무효로 되어 후보자수가 1인이 된 때에는 투표를 실시 하지 아니하고 선거일에 그 후보자를 당선인으로 결정한다.

③ 선거일의 투표마감시각 후 당선인결정 전까지 후보자가 사퇴·사망하거나 등록이 무효로 된 경우에는 개표결과 나머지 후보자 중에서 제1항에 따라 당선인을 결정한다.

④ 당선인의 결정에 명백한 착오가 있는 때에는 당선인의 결정을 시정한다.

제87조(재선거 및 보궐선거) ① 다음 각 호의 어느 하나에 해당하는 경우에는 재선거를 실시한다.

 1. 선거결과 당선인이 없는 때

 2. 법 제33조의 규정에 따라 선거에 따른 당선이 취소 또는 무효로 된 때

 3. 법 제173조 또는 「공공단체등 위탁선거에 관한 법률」 제70조(위탁선거범죄로 인한 당선무효) 의 규정에 따라 당선이 무효로 된 때

 4. 선거의 전부무효판결이 있는 때

 5. 당선인이 임기개시 전에 사퇴·사망하거나 피선거권이 없게 된 때

② 제1항에 따른 경우 외에 조합장이 임기 중 궐위된 때에는 보궐선거를 실시한다.

③ 제1항 및 제2항에도 불구하고 그 실시사유가 발생한 날부터 임기만료일까지의 기간이 1년 미만인 경우에는 재선거 또는 보궐선거를 실시하지 아니한다.

④ 제3항에 따라 재선거 또는 보궐선거를 실시하지 아니하는 경우 조합장의 직무는 그 재선거 또는 보궐선거 실시사유가 발생한 날부터 전임 조합장 임기만료

일까지 제52조제2항에 따른 직무대행자가 대행한다.

제88조(선거의 일부무효로 인한 재선거) ① 선거의 일부무효의 판결이 확정된 때에는 관할위원회는 선거가 무효로 된 당해 투표소의 재선거를 실시한 후 다시 당선인을 결정하여야 한다.

② 제1항의 재선거를 실시함에 있어서 판결에 특정한 명시가 없는 한 제62조 및 제72조의 규정에 불구하고 당초 선거에 사용된 선거인명부를 사용한다.

③ 조합장의 임기개시 후 제1항에 따른 재선거를 실시한 결과 당선인의 변경이 없는 경우에는 조합장의 임기를 새로이 기산하지 아니한다.

제89조(당선의 통지) 제86조의 규정에 따라 당선인이 결정된 경우 관할위원회는 즉시 당선인에게 당선을 통지하고, 당선인의 주소·성명을 공고한다.

제90조(선거기록) ① 관할위원회는 투표·개표 및 선거상황을 기록한 투표록·개표록 및 선거록을 작성한다.

② 제1항에 따른 투표록·개표록 및 선거록 그 밖에 선거관련서류는 투표지와 함께 당해 선거에 의한 당선인의 임기 중 관할위원회에서 보관한다. 다만, 당해 선거소송이 법원에 조합장의 재임 기간이상 계속 중인 때에는 소송이 완료될 때까지 관할위원회에서 보관한다.

제2절 대의원회에서 선출하는 경우

제91조(선거공고) 관할위원회는 선거일전 20일에 다음의 사항을 공고하여야 한다.

1. 선거하여야 할 임원
2. 선거인
3. 선거일시 및 장소
4. 피선거권자
5. 후보자등록접수장소

6. 후보자등록기간

7. 기타 필요한 사항

제92조(선거방법) ① 조합장은 대의원회에서 선출한다.

② 제1항의 조합장을 선출할 때에는 조합장은 대의원회를 소집하여야 한다.

③ 조합장이 후보자일 경우에는 제52조제3항에 따른 직무대행자가 의장의 직무를 행한다.

제93조(대의원회 진행) ① 의장은 투표에 앞서 각 후보자를 소개한다.

② 후보자는 제1항의 후보자 소개시 조합운영에 대한 자신의 소견을 간략히 발표할 수 있다.

③ 의장은 투표 및 개표사무를 관할위원회로 하여금 진행하게 한다.

제94조(투표 및 개표방법) ① 투표용지는 투표당일 선거인에게 교부한다.

② 투표는 투표용지에 소정의 기표용구로 "img138086025"표를 한다.

③ 선거인은 투표시각까지 대의원회에 출석하지 아니하면 투표할 수 없다.

④ 개표는 투표당일 투표소에서 실시한다.

제94조의2(투표시간) 관할위원회는 조합과 협의하여 투표시간을 정하되, 동시조합장선거의 경우 투표마감시각은 오후 5시까지로 한다.

제95조(당선인의 결정) ① 선거인 과반수의 투표와 투표자 과반수의 득표자를 당선인으로 한다.

② 제1항에 따른 당선인이 없을 경우에는 최다수득표자와 차순위득표자에 대하여, 최다수득표자가 2인 이상이면 그 최다수득표자에 대하여 결선투표를 실시하여 다수득표자를 당선인으로 한다. 다만, 결선투표에서 다수득표자가 2인 이상인 경우에는 연장자를 당선인으로 한다.

③ 등록된 후보자가 1인인 경우에는 투표를 하지 아니하고 선거일에 그 후보자를 당선인으로 하며, 후보자의 등록이 무효가 되어 등록된 후보자가 1인이 된 경우에도 또한 같다.

④ 관할위원회는 개표결과에 따라 당선인을 결정하고, 이를 의장에게 통지한다.

제96조(준용규정) 제69조, 제72조제1항·제3항·제4항, 제73조부터 제76조까지, 제76조의2, 제77조, 제77조의2, 제77조의3, 제77조의6, 제77조의7, 제77조의9부터 제77조의21까지, 제78조, 제79조, 제80조, 제81조, 제82조, 제84조, 제87조, 제89조 및 제90조의 규정은 조합장을 대의원회에서 선출하는 경우에 이를 준용한다. 이 경우 제72조제3항 중 "제62조제3항에 불구하고"는 "제64조 제2항에 불구하고"로 하고, 제72조·제77조의3·제77조의10·제77조의13·제77조의15·제77조의16·제80조 및 제82조 중 "선거인명부"는 각각 "대의원명부"로 하며, 제77조의2 중 "제77조의3부터 제77조의8까지의 규정에 따라"는 "제77조의3, 제77조의6 및 제77조의7의 규정에 따라"로 한다.

제3절 이사회에서 선출하는 경우

제97조(선거공고) 조합은 선거일전 12일에 다음의 사항을 공고하여야 한다.

1. 선거하여야 할 임원
2. 선거인
3. 선거일시 및 장소
4. 피선거권자

제98조(선거방법) ① 조합장은 이사회에서 조합원인 이사 중에서 구두추천에 따라 추천된 후보자를 대상으로 무기명 비밀투표로 선출한다.

② 제1항의 조합장을 선출할 때에는 조합장은 이사회를 소집하여야 한다.

③ 조합장이 후보자일 경우에는 후보자가 아닌 이사 중 이사회가 정하는 이사(상임이사를 제외한다)가 의장의 직무를 행한다.

제98조의2(선거운동) ① "선거운동"이란 제77조에 따른 행위를 말한다.

② 누구든지 자기 또는 특정인을 임원으로 당선되게 하거나 당선되지 못하게 할 목적으로 다음 각 호의 어느 하나에 해당하는 행위를 할 수 없다.

 1. 조합원(조합에 가입신청을 한 자를 포함한다. 이하 이 조에서 같다)이나 그 가

족(조합원의 배우자, 조합원 또는 그 배우자의 직계 존속·비속과 형제자매, 조합원의 직계 존속·비속 및 형제자매의 배우자를 말한다. 이하 같다) 또는 조합원이나 그 가족이 설립·운영하고 있는 기관·단체·시설에 대한 다음 각 목의 어느 하나에 해당하는 행위

가. 금전·물품·향응이나 그 밖의 재산상의 이익을 제공하는 행위

나. 공사의 직을 제공하는 행위

다. 금전·물품·향응, 그 밖의 재산상의 이익이나 공사의 직을 제공하겠다는 의사표시 또는 그 제공을 약속하는 행위

2. 후보자가 되지 못하도록 하거나 후보자를 사퇴하게 할 목적으로 후보자가 되려는 사람이나 후보자에게 제1호 각 목에 규정된 행위를 하는 행위

3. 제1호나 제2호에 규정된 이익이나 직을 제공받거나 그 제공의 의사표시를 승낙하는 행위 또는 그 제공을 요구하거나 알선하는 행위

③ 임원이 되려는 사람은 선거운동을 위하여 임기만료일전 90일(보궐선거 등의 경우 그 선거의 실시사유가 확정된 날)부터 선거일까지 조합원을 호별로 방문하거나 특정장소에 모이게 할 수 없다.

④ 누구든지 선거와 관련하여 연설·벽보, 그 밖의 방법으로 허위의 사실을 공표하거나 공연히 사실을 적시하여 후보자(후보자가 되려는 사람을 포함한다. 이하 같다)를 비방할 수 없다.

⑤ 누구든지 선거에 투표하거나 하게 할 목적으로 사위의 방법으로 선거인명부에 오르게 할 수 없다.

⑥ 누구든지 선거와 관련하여 자기 또는 특정인을 당선되게 하거나 당선되지 못하게 할 목적으로 후보자등록시작일부터 선거일까지 다수의 조합원(조합원의 가족 또는 조합원이나 그 가족이 설립·운영하고 있는 기관·단체·시설을 포함한다)에게 배부하도록 구분된 형태로 되어 있는 포장된 선물 또는 돈봉투 등 금품을 운반하지 못한다.

⑦ 위원회는 제2항부터 제6항까지에 위반하여 선거운동 등을 하는 경우에는 이를

중지시키거나 철거·회수 등 필요한 조치를 할 수 있다.

⑧ 조합의 임직원은 다음 각 호의 어느 하나에 해당하는 행위를 할 수 없다.

 1. 그 지위를 이용하여 선거운동을 하는 행위

 2. 선거운동의 기획에 참여하거나 그 기획의 실시에 관여하는 행위

 3. 후보자에 대한 조합원의 지지도를 조사하거나 발표하는 행위

제98조의3(기부행위의 제한) ① 임원 선거 후보자, 그 배우자 및 후보자가 속한 기관·단체·시설은 임원의 임기만료일 전 180일(보궐선거 등의 경우에는 그 선거의 실시 사유가 확정된 날)부터 그 선거일까지 조합원(조합에 가입신청을 한 사람을 포함한다. 이하 이 조에서 같다)이나 그 가족 또는 조합원이나 그 가족이 설립·운영하고 있는 기관·단체·시설에 대하여 금전·물품이나 그 밖의 재산상 이익의 제공, 이익 제공의 의사 표시 또는 그 제공을 약속하는 행위(이하 "기부행위"라 한다)를 할 수 없다. 다만, 법 제50조의2제2항에 따라 기부행위로 보지 아니하는 행위는 그러하지 아니하다.

② 누구든지 제1항의 행위를 약속·지시·권유·알선 또는 요구할 수 없다.

③ 누구든지 해당 선거에 관하여 후보자를 위하여 제1항의 행위를 하거나 하게 할 수 없다. 이 경우 후보자의 명의를 밝혀 기부행위를 하거나 후보자가 기부하는 것으로 추정할 수 있는 방법으로 기부행위를 하는 것은 해당 선거에 관하여 후보자를 위한 기부행위로 본다.

④ 조합장은 재임 중 제1항에 따른 기부행위를 할 수 없다. 다만, 법 제50조의2제2항에 따라 기부행위로 보지 아니하는 행위는 그러하지 아니하다.

⑤ 조합의 경비로 관혼상제 의식이나 그 밖의 경조사에 축의·부의금품을 제공할 때에는 조합의 명의로 하여야 하며, 조합의 경비임을 명기하여야 한다.

⑥ 제5항에 따라 축의·부의금품을 제공할 경우 조합장의 직명 또는 성명을 밝히거나 그가 하는 것으로 추정할 수 있는 방법으로 하는 행위는 제4항 단서에도 불구하고 기부행위로 본다.

제99조(준용규정) 제69조제1항제1호, 제87조, 제89조, 제90조, 제93조제1항·제2항

및 제95조제1항의 규정은 조합장을 이사회에서 선출하는 경우에 이를 준용한다. 이 경우 제89조 중 "관할위원회"는 "의장"으로 하고, 제90조제1항 중 "관할위원회"는 "의장"으로, "투표록·개표록 및 선거록"은 "의사록"으로 하며, 제90조제2항 중 "투표록·개표록 및 선거록"은 "의사록"으로, "관할위원회"는 "조합"으로 한다.

제3장 이사 선거
제1절 비상임이사
제1관 조합원인 이사

제100조(피선거권) 다음 각 호의 어느 하나에 해당하는 사람은 피선거권이 없다.
1. 제56조제1항의 결격사유에 해당하는 사람. 다만, 제56조제1항제10호부터 제12호까지를 제외한 결격사유의 기준일은 임기개시일로 한다.
2. 후보자등록일전일까지 우리조합·다른조합·연합회·중앙회·농협경제지주회사·농협금융지주회사· 농협은행·농협생명보험·농협손해보험의 직원이나 이사·감사, 우리조합 자회사의 임원 또는 공무원(선거에 따라 취임하는 공무원을 제외한다)의 직을 사직하지 아니한 사람. 다만, 우리 조합 조합원인 이사(이하 이 관에서는 "이사"라 한다)가 그 직을 가지고 입후보하는 경우에는 그러하지 아니하다.
3. 후보자등록일전일까지 법 제52조제4항에서 정한 경업관계를 해소하지 아니한 사람
4. 우리조합 조합장선거에 입후보하기 위하여 임기 중 이사의 직을 사직함으로 인하여 실시사유가 확정된 보궐선거의 경우 그 이사의 직을 사직한 사람
제101조(선거방법) ① 이사는 총회에서 선출한다. 이 경우 선출할 이사의 수는 조합원수, 조합구역, 지세, 교통 기타의 조건을 감안하여 지역별, 성별 또는 품목별로 배분할 수 있다.
(비고) 1. 이사의 수를 배분하는 경우 이사 정수의 5분의 1 이상을 여성조합원과

품목을 대표할 수 있는 조합원에게 배분되도록 노력하여야 한다.

(비고) 2. 여성조합원이 전체 조합원의 100분의 30 이상인 경우로서 성별로 배분하여 이사를 선출하는 경우에는 본 항을 다음과 같이 규정한다.

① 이사는 여성조합원 중에서 1명 이상이 선출되도록 성별로 배분하여 총회에서 선출한다. 이 경우 선출할 이사의 수는 조합원수, 조합구역, 지세, 교통 기타의 조건을 감안하여 지역별 또는 품목별로 배분할 수 있다.

(비고) 3. 여성조합원이 전체 조합원의 100분의 30 이상인 경우로서 성별로 배분하지 않고 이사를 선출하는 경우에는 본 항을 다음과 같이 규정한다.

① 이사는 전체조합원 중에서 선출하는 이사와 여성조합원 중에서 선출하는 이사로 구분하여 총회에서 선출한다. 이 경우 선출할 이사의 수는 조합원수, 조합구역, 지세, 교통 기타의 조건을 감안하여 지역별 또는 품목별로 배분할 수 있다.

② 제1항의 이사를 선출할 때에는 조합장은 총회를 소집하여야 한다.

제101조의2(선거운동) ① 누구든지 선거와 관련하여 다음 각 호의 방법 외의 선거운동을 할 수 없다. 이 경우 선거운동은 후보자등록마감일의 다음 날부터 선거일 전일까지에 한정하여 할 수 있다.

 1. 선거공보의 배부

 2. 전화(문자메시지를 포함한다)·컴퓨터통신(전자우편을 포함한다)을 이용한 지지 호소

② 위원회는 제1항에 위반하여 선거운동 등을 하는 경우에는 이를 중지시키거나 철거·회수 등 필요한 조치를 할 수 있다.

③ 위원회는 법령 및 정관에서 규정한 제한행위에 해당하는 정보가 조합의 인터넷 홈페이지의 게시판·대화방 등에 게시된 경우 그 인터넷 홈페이지를 관리·운영하는 자에게 해당 정보의 삭제를 요청할 수 있으며, 그 요청을 받은 인터넷 홈페이지 관리·운영자는 지체 없이 이에 따라야 한다.

④ 제3항에 따라 정보가 삭제된 경우 해당 정보를 게시한 자는 그 정보가 삭제된 날부터 3일 이내에 위원회에 서면으로 이의신청을 할 수 있다.

⑤ 위원회는 제4항에 따른 이의신청을 받은 때에는 지체 없이 심의하여야 하며, 이

의신청기간을 경과한 이의신청은 각하하고, 이의신청이 이유 있다고 인정되는 때에는 해당 인터넷 홈페이지 관리·운영자에게 제3항의 요청을 철회하고 이의신청인에게 그 처리결과를 통지하여야 하며, 이유 없다고 인정되는 때에는 이를 기각하고 이의신청인에게 그 처리결과를 통지하여야 한다.

⑥ 위원회는 법 제50조에 위반한 행위에 대한 조치결과를 선거인이 알 수 있도록 투표안내문 동봉·선거일 투표소 첩부·인터넷홈페이지 게시 그 밖의 방법을 통하여 공개할 수 있다.

제101조의3(후보자등록기간) ① 후보자등록기간은 선거일전 10일부터 2일간(공휴일을 포함한다)으로 한다.

② 제1항에 따른 후보자등록기간내에 후보자 등록이 없을 때에는 등록기간을 2일간 연장하고 선거일을 2일 연기하여 이를 즉시 공고하여야 한다. 이 경우 당초 선거인을 대상으로 하여 선거를 실시한다.

제102조(선거공고) 위원회는 선거일전 12일에 다음의 사항을 공고하여야 한다.

1. 선거하여야 할 임원 및 그 정수
2. 선거인
3. 선거일시 및 장소
4. 피선거권자
5. 후보자등록접수장소
6. 후보자등록기간
7. 기타 필요한 사항

제103조(투표 및 개표방법) ① 투표용지는 투표당일 선거인에게 교부한다.

② 투표는 투표용지에 소정의 기표용구로 기표하며 선거인이 기표할 이사의 수는 선출하여야 할 인원수 이내로 한다.

③ 선거인은 투표개시시각까지 총회에 출석하지 아니하면 투표할 수 없다.

④ 개표는 투표당일 투표소에서 실시한다.

제104조(무효투표) ① 다음 각 호의 어느 하나에 해당하는 경우에는 무효로 한다.

1. 제84조제1항제1호 및 제3호 부터 제7호까지의 경우

2. 선출하여야 할 이사의 수를 초과하는 인원을 기표한 경우

② 다음 각 호의 어느 하나에 해당하는 경우에는 무효로 하지 아니한다.

1. 제84조제2항 각 호의 어느 하나에 해당하는 경우

2. "卜"표 수가 선출하여야 할 이사의 수 이내인 것으로 어느 후보자에게 기표한 것인지가 명확한 경우

제105조(당선인의 결정) ① 이사는 선거인 과반수의 투표와 투표자 과반수의 득표자 중 다수득표자순 으로 당선인을 결정한다. 다만, 다수득표자가 경합될 때에는 연장자순에 따라 당선인을 결정 한다.

② 1차투표에서 과반수득표자가 없거나 선출하여야 할 이사의 수에 미달하는 경우에는 과반수를 얻지 못한 후보자에 대하여 재투표를 실시하여 다수득표자순으로 당선인을 결정하되, 득표수가 같은 후보자가 2인 이상일 경우에는 연장자순에 의한다.

③ 등록된 후보자의 수가 선출하여야 할 이사의 수 이하(제101조제1항에 따라 지역별, 성별 또는 품목별로 이사를 배분하여 선출하는 경우는 지역별, 성별 또는 품목별로 등록된 후보자의 수가 당해 지역별, 성별 또는 품목별로 선출하여야 할 이사의 수 이하인 때를 포함한다)일 경우에는 등록된 후보자를 선거일에 당선인으로 한다.

(비고) 제101조제1항을 같은 항 (비고) 3에 따라 규정한 경우 본 항을 다음과 같이 규정함

③ 전체조합원 또는 여성조합원 중에서 등록된 후보자의 수가 전체조합원 또는 여성조합원 중에서 선출하여야 하는 이사의 수 이하(제101조제1항에 따라 지역별 또는 품목별로 이사를 배분하여 선출하는 경우는 지역별 또는 품목별로 등록된 후보자의 수가 당해 지역별 또는 품목별로 선출하여야 할 이사의 수 이하인 때를 포함한다)일 경우에는 등록된 후보자를 선거일에 당선인으로 한다.

④ 위원장은 개표결과를 의장에게 보고하고 의장은 이에 따라 당선인을 결정한

다.

제106조(재선거 및 보궐선거)   ① 제87조제1항 각 호의 어느 하나에 해당하는 경우에는 부족한 이사의 수에 대하여 재선거를 실시한다.

② 제1항의 경우외에 이사가 임기 중 궐원된 때에는 그 부족한 이사의 수에 대하여 보궐선거를 실시한다.

③ 제1항 및 제2항에 불구하고 궐원된 이사의 수가 제51조에 따른 이사(조합장을 포함한다) 정수의 4분의 1미만인 경우에는 다음 총회까지 선거를 연기할 수 있다.

④ 제3항의 경우에 있어서 궐원된 이사의 잔여임기가 재선거 또는 보궐선거를 실시하여야 하는 사유가 발생한 날부터 1년 이내인 경우에는 선거를 실시하지 아니할 수 있다.

제107조(준용규정)   ① 제69조제2항, 제74조부터 제76조까지, 제78조, 제82조, 제89조, 제90조, 제93조, 제98조의2 및 제98조의3제1항부터 제3항까지의 규정은 이사선거에 이를 준용한다. 이 경우 제74조부터 제76조까지 및 제82조·제93조 중 "관할위원회"는 각각 "위원회"로 하고, 제75조제4항 중 "오후 6시까지"는 "오후 5시까지"로 하며, 제89조 및 제90조제1항 중 "관할위원회"는 각각 "의장"으로 하고, 제90조제2항 중 "관할위원회"는 "조합"으로 한다.

② 이사를 대의원회에서 선출하는 경우에는 제82조 중 "선거인명부"를 각각 "대의원명부"로 한다.

제2관 조합원이 아닌 이사

제108조(자격제한 등) ① 조합원이 아닌 이사(이하 이 관에서는 "이사"라 한다)는 조합원이 아닌 사람 중 학식과 경험이 풍부한 사람으로 한다.

② 다음 각 호의 어느 하나에 해당하는 사람은 피선거권이 없다.

 1. 제56조제1항(제10호와 제12호를 제외한다)의 결격사유에 해당하는 사람. 다만,

제56조제1항 제11호를 제외한 결격사유의 기준일은 임기개시일로 하며, 제11호 중 "선거일공고일"은 "추천일"로 한다.

2. 추천일전일까지 우리조합의 조합원인 이사, 비상임감사 또는 자회사의 비상근임원의 직을 사직하지 아니한 사람

3. 추천일전일까지 우리조합·다른조합·연합회·중앙회·농협경제지주회사·농협금융지주회사· 농협은행·농협생명보험·농협손해보험의 직원·상임이사·상임감사(중앙회의 경우 상임감사위원장을 말한다) 또는 공무원(교육공무원과 선거에 따라 취임하는 공무원을 제외한다)의 직을 사직하지 아니한 사람

4. 추천일전일까지 법 제52조제4항에서 정한 경업관계를 해소하지 아니한 사람

5. 다른조합 조합장선거에 입후보하기 위하여 임기 중 이사의 직을 사직함으로 인하여 실시사유가 확정된 보궐선거의 경우 그 이사의 직을 사직한 사람

제109조(선거방법) 이사는 조합장이 추천한 후보자를 대상으로 하여 총회에서 선출한다.

제110조(선거절차) ① 조합장은 이사후보자를 추천할 때에는 선출의안을 작성하여 총회에 부의한다.

② 제1항에 따른 의안은 이사의 수에 따라 단기명 또는 연기명으로 일괄 작성하되, 후보자의 성명·인적사항 및 주요경력을 적는다.

③ 제1항에 따른 의안은 1개의 의안으로 일괄하여 의결하되, 선거인 과반수의 투표와 투표자 과반수의 찬성에 의한다.

제111조(준용규정) ① 제69조제2항, 제78조, 제82조제1항·제2항, 제84조, 제89조, 제90조, 제93조, 제94조, 제98조의2, 제98조의3제1항부터 제3항까지, 제105조제4항 및 제106조의 규정은 이사선거에 이를 준용한다. 이 경우 제82조 및 제93조 중 "관할위원회"는 각각 "위원회"로 하고, 제89조 및 제90조제1항 중 "관할위원회"는 각각 "의장"으로 하며, 제90조제2항 중 "관할위원회"는 "조합"으로 한다.

② 이사를 대의원회에서 선출하는 경우에는 제82조 중 "선거인명부"를 각각 "대의원명부"로 한다.

제2절 상임이사

제112조(자격제한 등) ① 상임이사는 조합원이 아닌 사람 중 다음 각 호의 어느 하나에 해당하는 경력을 가진 사람으로 한다.

 1. 조합, 중앙회(중앙회의 자회사 및 손자회사를 포함한다) 또는 연합회에서 상근직으로 5년이상 종사한 경력이 있는 사람

 2. 농·축산업과 관련된 국가기관·지방자치단체·「공공기관의 운영에 관한 법률」 제4조에 따른 공공기관(이하 "공공기관"이라 한다) 또는 「금융위원회의 설치 등에 관한 법률」 제38조에 따른 검사대상기관(이에 상당하는 외국금융기관을 포함한다)에서 상근직으로 5년이상 종사한 경력이 있는 사람

 3. 농·축산업 또는 금융업과 관련된 국가기관·연구기관 또는 교육기관에서 농·축산업 또는 금융업에 관한 업무에 5년이상 종사한 경력이 있는 사람

 4. 농·축산업 또는 금융업과 관련된 회사(일반 유통회사를 포함한다)로서 자기자본 200억원 이상인 회사에서 농·축산업(농·축산물유통업을 포함한다) 또는 금융업에 5년이상 종사한 경력이 있는 사람

② 다음 각 호의 어느 하나에 해당하는 사람은 피선거권이 없다.

 1. 제56조제1항(제10호와 제12호를 제외한다)의 결격사유에 해당하는 사람. 다만, 제56조제1항 제11호를 제외한 결격사유의 기준일은 임기개시일로 하며, 제11호중 "선거일공고일"은 "추천일"로 한다.

 2. 추천일전일까지 우리조합의 비상임이사, 감사 또는 자회사의 임원의 직을 사직하지 아니한 사람

 3. 추천일전일까지 법 제52조제4항에서 정한 경업관계를 해소하지 아니한 사람

 4. 다른조합 조합장선거에 입후보하기 위하여 임기 중 상임이사의 직을 사직함으로 인하여 실시사유가 확정된 보궐선거의 경우 그 상임이사의 직을 사직한 사람

제113조(선거방법) 상임이사는 제54조제2항에 따라 인사추천위원회에서 추천된

사람을 대상으로 하여 총회에서 선출한다.

제114조(선거절차) ① 의장은 상임이사 선출의안을 상임이사의 수에 따라 단기명 또는 연기명으로 작성하되, 성명·인적사항 및 주요경력을 적어 단수 또는 복수의 의안으로 총회에 부의한다. 다만, 2회 이상 총회에서 부결되는 경우 선출하여야 하는 상임이사 수의 1배를 초과한 수로 추천하여 총회에 부의할 수 있다.

② 제1항에 따른 상임이사 선출의안은 선거인 과반수의 투표와 투표자 과반수의 찬성으로 의결 한다. 단, 제1항 단서의 경우 당선인 결정은 제103조, 제104조, 제105조 제1항 및 제2항을 준용한다.

제115조(준용규정) ① 제69조제2항, 제78조, 제82조제1항·제2항, 제84조, 제87조제1항·제2항, 제89조, 제90조, 제93조, 제94조, 제98조의2, 제98조의3제1항부터 제3항까지 및 제105조제4항의 규정은 상임이사선거에 이를 준용한다. 이 경우 제82조 및 제93조 중 "관할위원회"는 각각 "위원회"로 하고, 제87조제2항 중 "조합장"은 "상임이사"로 하며, 제89조 및 제90조제1항 중 "관할위원회"는 각각 "의장"으로 하고, 제90조제2항 중 "관할위원회"는 "조합"으로 한다.

② 상임이사를 대의원회에서 선출하는 경우에는 제82조 중 "선거인명부"를 각각 "대의원명부" 로 한다.

제4장 감사 선거
제1절 비상임감사

제116조(피선거권) 다음 각 호의 어느 하나에 해당하는 사람은 피선거권이 없다.

1. 제56조제1항의 결격사유에 해당하는 사람. 다만, 제56조제1항제10호부터 제12호까지를 제외한 결격사유의 기준일은 임기개시일로 한다.

2. 후보자등록일전일까지 우리조합·다른조합·연합회·중앙회·농협경제지주회사·농협금융지주회사· 농협은행·농협생명보험·농협손해보험의 직원이나 이사·감사, 우리조합 자회사의 임원 또는 공무원(선거에 따라 취임하는 공무원을

    제외한다)의 직을 사직하지 아니한 사람. 다만, 우리 조합 비상임감사가 그 직을 가지고 입후보하는 경우에는 그러하지 아니하다.

3. 후보자등록일전일까지 법 제52조제4항에서 정한 경업관계를 해소하지 아니한 사람

4. 우리조합 조합장선거에 입후보하기 위하여 임기 중 비상임감사의 직을 사직함으로 인하여 실시 사유가 확정된 보궐선거의 경우 그 비상임감사의 직을 사직한 사람

제116조의2(선거방법) ① 비상임감사는 총회에서 선출한다.

② 제1항의 비상임감사를 선출할 때에는 조합장은 총회를 소집하여야 한다

제117조(재선거 및 보궐선거) ① 제87조제1항 각 호의 어느 하나에 해당하는 경우에는 부족한 감사수에 대하여 재선거를 실시한다.

② 제1항의 경우외에 감사가 임기 중 궐원된 때에는 그 부족한 감사수에 대해 보궐선거를 실시 하여야 한다.

③ 제1항 및 제2항에 불구하고 궐원된 감사의 수가 1인인 경우에는 다음 총회까지 선거를 연기할 수 있다.

④ 제3항의 경우에 있어서 궐원된 감사의 잔여임기가 재선거 또는 보궐선거를 실시하여야 하는 사유가 발생한 날부터 1년이내인 경우에는 선거를 실시하지 아니할 수 있다.

제118조(준용규정) ① 제69조제2항, 제74조부터 제76조까지, 제78조, 제82조, 제89조, 제90조, 제93조, 제98조의2, 제98조의3제1항부터 제3항까지, 제101조의2, 제101조의3, 제102조, 제103조, 제104조(단기명에 의한 선거의 경우에는 제104조를 제외하고 제84조를 준용한다) 및 제105조의 규정은 비상임감사선거에 이를 준용한다. 이 경우 제74조부터 제76조까지 및 제82조·제93조 중 "관할위원회"는 각각 "위원회"로 하고, 제75조제4항 중 "오후 6시까지"는 "오후 5시까지"로 하며, 제89조 및 제90조제1항 중 "관할위원회"는 각각 "의장"으로 하고, 제90조제2항 중 "관할위원회"는 "조합"으로 한다.

② 비상임감사를 대의원회에서 선출하는 경우에는 제82조 중 "선거인명부"를 각각 "대의원명부" 로 한다.

제2절 상임감사

제119조(자격제한 등) ① 상임감사는 조합원이 아닌 사람 중 다음 각 호의 어느 하나에 해당하는 경력을 가진 사람으로 한다.

 1. 조합 또는 연합회에서 감사·회계·금융 또는 재무 관련 업무에 상근직으로 5년 이상 종사한 경력이 있는 사람. 다만, 우리 조합에서 최근 2년 이내 임직원으로 근무한 사람(조합 감사로 근무 중이거나 근무한 사람은 제외한다)은 제외한다.
 2. 농·축산업과 관련된 국가기관·지방자치단체·공공기관·연구기관 또는 교육기관에서 감사·회계·재무 또는 조합 관련 업무에 상근직으로 5년 이상 종사한 경력이 있는 사람
 3. 중앙회(중앙회의 자회사 및 손자회사를 포함한다), 금융업과 관련된 국가기관·연구기관·교육기관 또는 「금융위원회의 설치 등에 관한 법률」 제38조에 따른 검사대상기관(이에 상당하는 외국금융기관을 포함한다)에서 감사·회계·금융·재무 또는 조합 관련 업무에 상근직으로 5년 이상 종사한 경력이 있는 사람

② 다음 각 호의 어느 하나에 해당하는 사람은 피선거권이 없다.

 1. 제56조제1항(제10호와 제12호를 제외한다)의 결격사유에 해당하는 사람. 다만, 제56조제1항 제11호를 제외한 결격사유의 기준일은 임기개시일로 하며, 제11호 중 "선거일공고일"은 "추천일"로 한다.
 2. 상임감사 임기만료일 현재 다른조합·연합회·중앙회·농협경제지주회사·농협금융지주회사· 농협은행·농협생명보험·농협손해보험의 직원·상임이사, 다른조합의 조합장, 연합회의 회장, 중앙회의 회장 또는 공무원(선거에 따라 취임하는 공무원을 제외한다)의 직을 사직한 지 90일을 경과하지 아니한 사람. 다만, 상임감사 임기만료외의 사유로 실시하는 선거의 경우에는 추천일 전일까지 사직하지 아니한 사람
 3. 추천일전일까지 법 제52조제4항에서 정한 경업관계를 해소하지 아니한 사람

4. 다른조합 조합장선거에 입후보하기 위하여 임기 중 상임감사의 직을 사직함으로 인하여 실시사유가 확정된 보궐선거의 경우 그 상임감사의 직을 사직한 사람

5. 삭제

제119조의2(선거방법) 상임감사는 제54조제2항에 따라 인사추천위원회에서 추천된 후보자를 총회에서 선출한다.

제119조의3(선거절차) ① 의장은 상임감사 선출의안을 작성하여 총회에 부의한다.

② 제1항에 따른 의안은 단기명으로 작성하되, 후보자의 성명·인적사항 및 주요경력을 적는다.

③ 제1항에 따른 의안은 1개의 의안으로 의결하되, 선거인 과반수의 투표와 투표자 과반수의 찬성에 의한다.

제120조(준용규정) ① 제69조제2항, 제78조, 제82조제1항·제2항, 제84조, 제87조제1항·제2항, 제89조, 제90조, 제93조, 제94조, 제98조의2, 제98조의3제1항부터 제3항까지 및 제105조제4항의 규정은 상임감사의 선거에 이를 준용한다. 이 경우 제82조 및 제93조 중 "관할위원회"는 각각 "위원회"로 하고, 제87조제2항 중 "조합장"은 "상임감사"로 하며, 제89조 및 제90조제1항 중 "관할위원회"는 각각 "의장"으로 하고, 제90조제2항 중 "관할위원회"는 "조합"으로 한다.

② 상임감사를 대의원회에서 선출하는 경우에는 제82조 중 "선거인명부"를 각각 "대의원명부"로 한다.

제5장 보칙

제121조(준칙의 제정 등) 임원선거에 관하여 이 정관의 시행에 필요한 기타 세부사항은 중앙회장이 따로 정하는 바에 의한다. 이 경우 조합원이 직접 선출하거나 대의원회에서 선출하는 조합장선거와 관련된 사항에 대하여는 중앙선거관리위원회와 협의하여 정한다.

제7편 대의원선거

제122조(자격제한 등) ① 대의원은 선거일공고일 현재 해당 선출구역(이하 "선거구"라 한다) 조합원명부에 조합원으로 등재된 사람이어야 한다.

② 다음 각호의 어느 하나에 해당하는 사람은 피선거권이 없다.

 1. 제56조제1항제1호부터 제3호까지, 제11호의 결격사유에 해당하는 사람. 이 경우 제56조제1항제1호부터 제3호까지의 결격사유의 기준일은 임기개시일로 하고, 제56조제1항제11호 중 "5백만원"은 "1천만원"으로, "6월"은 "1년"으로 한다.

 2. 선거일공고일 현재 조합에 대하여 ( )좌이상의 납입출자분을 2년이상 계속 보유하고 있지 아니한 사람

    (비고) 1. 제2호의 출자좌수는 제56조제1항제10호에서 정하고 있는 출자좌수의 100분의 20 이상 100분의 50 이내에서 조합의 실정에 따라 제18조제2항의 출자좌수이상으로 정한다(다만, 제18조제2항의 출자좌수가 제56조제1항제10호에서 정하고 있는 출자좌수의 100분의 50을 초과하는 경우에는 제18조제2항의 출자좌수를 제2호의 출자좌수로 함).

    (비고) 2. 본 호의 출자좌수를 변경하는 경우에는 다음과 같은 경과조치규정을 부칙에 두어야 한다.

제○조(대의원의 피선거권에 관한 경과조치) 이 정관 시행일부터 2년이내에 선거일이 공고된 경우에는 선거일공고일 현재 종전의 규정에 따라 필요로 하는 납입출자를 보유하고 있는 자는 선거일공고일 전일까지 미달하는 출자를 일시에 납입하면 제122조제2항제2호에 따른 출자좌수를 보유한 것으로 본다.

※ 정관개정일 현재 종전의 정관에서 제122조제2항제2호의 출자좌수의 변경에 관련된 경과조치를 부칙에 규정하고 있는 조합으로서 그 시한이 남아있는 경우에는 그 부칙규정에 의거 대의원의 피선거권에 관한 경과조치를 적용한다.

    (비고) 3. 설립 또는 합병조합의 경우에는 다음과 같은 경과조치규정을 부칙에 두어야 한다.

제○조(대의원의 피선거권에 관한 경과조치) ① 제122조제2항제2호는 조합이 설립등기(합병조합의 경우는 "합병등기")를 완료한 날부터 2년간은 적용하지 아니한다.

② 제122조제2항제3호는 조합이 설립등기(합병조합의 경우는 "합병등기")를 완료한 날부터 1년(이용실적 산정기간을 2년으로 하는 경우는 "2년")간은 적용하지 아니한다.

3. 선거일공고일 현재 우리 조합의 사업이용실적(선거일공고일 현재의 1년 전부터 선거일공고일 현재의 전일까지의 기간동안 이용한 금액)이 다음 각 목의 기준금액 중 어느 하나에 해당하지 아니한 사람

가. 제5조제1항제2호가목 및 나목의 경제사업(우리 조합이 출자한 법 제112조의2에 따른 조합공동사업법인의 사업 중 법 제112조의8제1호에 따른 상품의 공동판매 사업을 포함한다)을 이용한 금액 : ( )만원 이상

나. 제5조제1항제3호가목의 신용사업 이용에 따른 예금·적금의 평균잔액 : ( )만원 이상

다. 제5조제1항제3호나목의 신용사업 이용에 따른 대출금의 평균잔액 : ( )만원 이상

라. 제5조제1항제4호의 금융기관보험대리점사업 이용에 따른 수입수수료 : ( )만원 이상

　(비고) 1. 사업이용실적 산정기간은 제56조제1항제12호와 동일하게 정하되, 2년으로 하고자 하는 경우 제3호 중 "1년"을 "2년"으로 변경하여야 함

　(비고) 2. 제3호의 각 목 중 가목은 반드시 포함시키고, 가목을 제외한 각 목은 제56조제1항제12호의 각 목과 동일하게 정하되, 제3호 각 목의 ( )의 금액은 제56조제1항제12호에서 정하고 있는 사업이용실적금액(제56조제1항제12호를 <제2례>에 따라 규정한 경우 본 호의 가목 금액은 제56조제1항제12호가목 및 나목 금액의 합계액을 말한다)의 100분의 20 이상 100분의 50 이내에서 조합의 실정에 따라

정함. 이 경우 나목부터 라목까지 중 2가지 이상을 정하여야 하는 경우에는 제3호 본문 중 "다음 각 목의 기준금액 중 어느 하나에 해당하지 아니한 사람"을 "가목의 기준금액에 해당하지 아니하거나 가목을 제외한 각 목의 기준금액의 모두에 해당하지 아니한 사람"으로 하여야 함

4. 후보자등록일전일까지 법 제52조제4항에서 정한 경업관계를 해소하지 아니한 사람

제123조(선거인명부 작성) ① 조합장은 선거일공고일부터 2일이내에 선거일공고일 현재 조합원명부를 기준으로 선거인명부를 작성하여야 한다. 다만, 대의원의 임기만료일(보궐선거 등의 경우 그 선거의 실시사유가 확정된 날)전 180일 후 조합원으로 가입한 자는 제외한다.

② 선거인명부는 선거구별로 작성하여야 하며 등재번호, 조합원가입일, 조합원명부상 주소, 성별, 성명, 생년월일 및 기타 필요한 사항을 적어야 한다.

제124조(선거인명부 열람 및 수정) ① 조합장은 제123조에 따른 선거인 명부를 주된 사무소 및 신용사업을 수행하는 지사무소에서 선거일 전일까지 선거인이 열람할 수 있도록 하여야 한다.

② 선거인은 선거인명부에 누락 또는 오기가 있는 경우에는 열람기간내에 조합에 이의를 신청할 수 있다.

③ 조합장은 제2항에 따른 이의신청에 이유가 있거나 조합원자격에 변동이 있는 경우에는 선거일 전일까지 선거인명부를 수정하여야 한다.

제125조(선거일) ① 대의원의 임기만료로 인한 선거는 대의원의 임기만료일전 60일부터 15일까지 실시하되 선거일은 이사회에서 정한다.

② 제1항외의 사유로 인한 선거는 그 사유가 발생한 날부터 30일이내에 실시하되 선거일은 조합장이 정한다.

제126조(선거준비) 조합장은 대의원선거에 따른 공고문, 통지서, 투표함, 투표용지 등 제반준비물을 조합에 사전 비치하여 각 선거구의 사용에 제공하여야 한다.

제127조(선거구 및 선출방법 등) ① 대의원은 선거구별로 선거구내의 조합원이 후

보등록에 의하는 방법으로 선출한다.

② 동일 선거구내에서 선출할 대의원의 수가 2인 이상일 경우에는 조합원수에 비례하여 조합장이 선거구를 구분하여 선거를 실시할 수 있다.

제128조(선거일의 통지 및 공고) 조합장은 선거일전 12일에 다음 각 호의 사항을 주된 사무소(신용사업을 수행하는 지사무소를 포함한다) 및 조합장이 정하는 선거구내의 장소에 공고하고 선거인에게 공고일전 5일까지 서면으로 발송한다.

 1. 선거구의 명칭

 2. 선출하여야 할 대의원의 수

 3. 제102조제3호부터 제6호까지의 사항

 4. 투표개시시각 및 종료시각

 5. 기타 필요한 사항

제129조(선거관리 지원) ① 조합장은 선거의 공정한 관리를 위하여 조합의 직원으로 하여금 선거 관리를 지원하게 할 수 있다.

② 조합장은 조합의 주된 사무소(신용사업을 수행하는 지사무소를 포함한다)에 후보자등록에 필요한 서류를 비치하고 등록 업무를 수행하여야 한다.

제130조(선거관리) ① 선거관리는 제66조에 따른 위원회에서 관리함을 원칙으로 한다. 다만, 위원회에서 필요하다고 인정하는 때에는 조합장이 관리하게 할 수 있다. 이 경우 조합장은 후보자등록 마감후 해당 선거구(제6항에 따른 경우에는 통합된 선거구를 말한다)의 선거인 중에서 선거관리위원(선거관리자, 투표관리자, 개표관리자 각 2인 이상)을 선정한다.

② 선거관리자는 선거준비·선거진행 기타 선거관리에 관한 업무를, 투표관리자는 투표준비·투표진행 기타 투표관리에 관한 업무를, 개표관리자는 개표준비·개표진행 기타 개표관리에 관한 업무를 담당한다.

③ 위원장(조합장이 관리하는 경우에는 조합장을 말한다. 이하 같다)은 선거, 투표 및 개표상황을 기록한 선거록을 작성하고, 위원장, 선거관리자 및 투·개표관리자 전원이 이에 기명날인한다.

④ 후보자는 제1항 본문에 따라 위원회에서 선거를 관리하는 경우 위원회의 위원장 또는 위원이 될 수 없으며, 제1항 단서에 따라 조합장이 선거를 관리하는 경우 조합장이 선정하는 선거관리위원이 될 수 없다.

⑤ 위원회의 위원장과 위원은 상호 겸직할 수 없다.

⑥ 위원장은 지세, 교통 기타의 조건을 감안하여 5개 이내의 선거구를 통합하여 관리할 수 있다.

제131조(선거방법) ① 대의원은 무기명 비밀투표(선출해야 할 대의원이 1인인 경우 단기명, 2인 이상인 경우 연기명)에 따라 선출한다.

② 투표는 조합장 또는 위원회가 정하는 시작시간부터 종료시각까지 실시한다. 다만, 투표 종료시각 현재 투표하기 위하여 투표소에 대기하고 있는 선거인은 투표할 수 있다.

③ 제2항의 투표시간은 5시간이상이 되도록 하여야 한다.

④ 투표용지의 기호순서는 후보자 성명의 가, 나 ,다 순에 의한다.

  (비고) 후보자의 기호를 추첨에 따른 기호 순에 의하는 경우 제4항을 다음과 같이 한다.

④ 투표용지의 기호순서는 후보자 간 추첨에 따라 부여받은 기호 순에 의한다.

⑤ 선거인은 투표용지에 선출하고자 하는 자의 해당란에 "img138086025"표를 기표하되, 기표하여야 할 대의원수는 선출하여야 할 인원수 이내로 한다.

⑥ 개표는 선거구별로 투표완료 즉시 그 장소에서 실시한다.

제132조(무효투표) ① 무효투표에 관한 사항은 단기명에 의한 선거의 경우에는 제84조를, 연기명에 의한 선거의 경우에는 제104조를 준용한다.

② 유·무효 투표의 판단이 곤란한 경우에는 위원의 과반수 출석과 출석위원 과반수 찬성으로 의결 한다.

제133조(당선인 결정) ① 당선인은 유효투표의 다수득표자 순으로 결정한다. 다만, 득표수가 같은 후보자가 2인 이상일 경우에는 연장자순에 따라 당선인을 결정한다.

② 후보자등록마감 결과 등록된 후보자의 수가 당해 선거구에서 선출하여야 할 대

의원의 수 이하(제46조제3항에 따라 성별로 대의원을 배분하여 선출하는 경우는 성별로 등록된 후보자의 수가 당해 성별로 선출하여야 할 대의원의 수이하인 때를 포함한다)인 때에는 투표를 하지 아니하고 후보자 전원을 선거일에 당선인으로 한다.

(비고) 제46조제2항 및 제3항을 <제2례>에 따라 규정한 경우에는 제2항을 다음과 같이 한다.

② 후보자등록마감 결과 등록된 후보자의 수가 당해 선거구에서 선출하여야 할 대의원의 수 이하인 때에는 투표를 하지 아니하고 후보자 전원을 선거일에 당선인으로 한다.

③ 후보자 등록마감 후 선거일전일까지 후보자가 사퇴 또는 사망하거나 등록이 무효되어 후보자가 당해 선거구에서 선출하여야 할 대의원의 수 이하로 된 때에는 제2항을 준용한다.

제134조(재선거 및 보궐선거) ① 제87조제1항제1호·제4호·제5호에 해당하는 경우에는 부족한 대의원의 수에 대하여 재선거를 실시한다.

② 제1항에 따른 경우외에 대의원이 임기중 궐원된 때에는 그 부족한 수의 대의원에 대하여 보궐 선거를 실시하여야 한다.

③ 제1항 및 제2항에 불구하고 궐원된 대의원의 수가 제46조제2항에 따른 대의원 정수의 10분의 1미만이거나 잔여임기가 3월 이내인 때에는 선거를 실시하지 아니할 수 있다.

제135조(당선인의 통지 및 공고) 조합장은 제133조에 따라 당선인이 결정되면 즉시 그 결과를 당선인에게 통지하고 주된 사무소(신용사업을 수행하는 지사무소를 포함한다) 및 조합장이 정하는 선거구내의 장소에 당선인의 주소, 성명을 공고하여야 한다.

제136조(선거기록) ① 위원장은 대의원선거에 따른 선거인명부, 선거록 기타 선거 관련 서류를 조합장에게 제출한다.

② 제1항의 서류는 당해 선거에 의한 대의원의 임기가 만료하는 때까지 조합에

서 보관한다. 다만, 당해 선거소송이 법원에 대의원의 재임기간이상 계속중인 때에는 소송이 완료될 때까지 조합 에서 보관한다.

제137조(준용규정) 제62조제1항, 제63조, 제74조, 제75조제1항·제4항·제5항, 제76조, 제78조제2항, 제98조의2제2항·제4항·제6항부터 제8항까지, 제101조의2제1항제1호·제2항·제6항 및 제101조의3의 규정은 대의원 선거에 이를 준용한다. 이 경우 제63조 중 "임원"은 "대의원"으로, 제74조 중 "관할위원회"는 "조합"으로 하고, 제75조제4항 중 "오후 6시까지"는 "오후 5시까지"로 하며, 제75조 및 제76조 중 "관할위원회"는 각각 "조합장"으로 하고, 제98조의2 중 "임원"은 "대의원"으로, "위원회"는 "조합장 또는 위원회"로, 제101조의2 중 "위원회"는 "조합장 또는 위원회"로 본다.

제137조의2(준칙의 제정) 대의원선거에 관하여 이 정관의 시행에 필요한 기타 세부사항은 중앙회장이 따로 정하는 바에 의한다.

제8편 사업의 집행

제138조(사업계획과 수지예산) ① 조합은 매 회계연도의 사업계획서 및 수지예산서를 작성하여 그 회계연도가 시작되기 1개월 전에 이사회의 심의와 총회의 의결을 거쳐야 한다.

② 사업계획과 수지예산을 변경하려면 이사회의 의결을 거쳐야 한다. 다만, 제37조제1항제8호에 따른 중요한 사항을 변경하려면 총회의 의결을 거쳐야 한다.

③ 사업계획서와 수지예산서는 조합원이 알기 쉽게 작성하여야 하며, 특히 임원보수 및 실비변상 기준, 직원급여 기준과 조합 운영에 소요되는 활동경비 등 지출예산에 대하여는 산출근거를 명시 하여야 한다.

④ 조합은 법 제142조제2항에 따른 경제사업 기준을 사업계획서 및 수지예산서에 명시하여야 한다. 이 경우 매출액 등 경제사업 기준에 관한 세부사항은 중앙회장이 정하는 바에 따른다.

제139조(결산보고서 제출 및 승인) ① 조합장은 정기총회일 1주일 전까지 결산보고서(사업보고서, 재무상태표, 손익계산서, 잉여금처분안 또는 손실금처리안 등)를 감사에게 제출하고, 주된 사무소 및 신용사업을 수행하는 지사무소에 갖추어 두어야 한다.

② 조합장은 제1항에 따른 서류와 감사의 의견서(외부감사인에 의한 회계감사를 받은 경우의 회계감사보고서를 포함한다)를 정기총회에 제출하여 그 승인을 받아야 한다.

③ 조합장은 총회에서 결산보고서의 승인을 얻었을 때에는 2주일 이내에 재무상태표를 공고한다.

④ - ⑩삭제

제140조(외부감사인에 의한 회계감사) ① 조합은 조합장 임기개시일전 제139조제2항의 규정에 따라 총회의 승인을 얻은 결산보고서에 적힌 자산총액이 5백억원 이상에 해당하는 경우 조합장의 임기개시일부터 2년이 지난 날이 속하는 회계연도에 대하여 주식회사등의외부감사에관한법률 제2조제7호에 따른 감사인(이하 이 조에서 "감사인"이라 한다)의 회계감사를 받아야 한다.

② 감사인은 제1항에 따른 회계감사를 하였으면 회계감사보고서를 작성하여 다음 각 호의 기간 이내에 조합의 이사회, 감사 및 중앙회의 회장에게 제출하여야 한다.

 1. 조합의 이사회 및 감사에 대하여는 회계연도의 결산승인을 위한 총회 개최일 1주일 전까지

 2. 중앙회장에 대하여는 총회의 결산승인이 종료된 날부터 2주일 이내

③ 조합은 제1항의 자산총액에 미달한 경우로서 조합장 임기중 1회에 한하여 대의원 3분의 1이상의 청구가 있으면 청구한 날이 속하는 해의 직전 회계연도에 대하여 감사인의 회계감사를 받아야 한다.

④ 감사인은 제3항에 따른 회계감사를 하였으면 회계감사보고서를 작성하여 회계감사가 종료된 날부터 2주일 이내에 조합의 이사회, 감사 및 중앙회의 회장에게 제출하여야 한다.

제140조의2(운영의 공개) ① 조합장은 정관, 규약, 총회의 의사록 및 조합원명부(대의원명부를 포함한다)를 주된 사무소 및 신용 사업을 수행하는 지사무소에 갖추어 두어야 한다.

② 조합장은 정관 및 3월말·6월말·9월말 기준 사업 전반에 관한 사업보고서를 작성하여 인터넷 홈페이지(홈페이지를 운영하는 조합에 한정한다)에 게시하고 사업보고서(정관이 변경된 경우 정관변경 사항 포함)의 경우 조합원(대의원회를 둔 조합은 대의원)에게 서면 또는 문자메시지·전자우편 전송 등으로 통지하여야 한다.

③ 조합원은 제138조제1항 및 제2항에 따라 총회 및 이사회의 의결을 거친 사업계획서 및 수지예산서를 주된 사무소 및 신용사업을 수행하는 지사무소에서 열람할 수 있다.

④ 조합원과 조합의 채권자는 영업시간 내에 언제든지 이사회 의사록(조합원의 경우에만 해당한다)과 제1항(규약은 조합원에 한함) 및 제139조제1항에 따른 서류를 열람하거나 조합이 실비의 범위 내에서 정한 비용을 지급하고 그 서류의 사본 발급을 청구할 수 있다.

⑤ 조합원은 조합원 100인이나 100분의 3 이상의 동의를 받아 조합의 회계장부 및 서류의 열람이나 사본의 발급을 청구할 수 있다. 이 경우 조합은 「공공기관의 정보공개에 관한 법률」 제9조제1항에 준하는 사유가 없으면 발급을 거부할 수 없으며, 거부하려면 그 사유를 서면으로 알려야 한다.

⑥ 조합원은 제2항부터 제5항까지에 따라 취득한 사항을 조합의 경영 건전화, 부조리 방지 등 정당한 목적을 위하여 사용하여야 하며, 임원선거를 위한 상대방 비방, 경영기밀 누설, 조합과 경합관계에 있는 사업을 수행하기 위한 목적 등 부당한 목적을 위하여 사용하여서는 아니 된다.

⑦ 조합원은 조합의 업무집행에 관하여 부정행위 또는 법령이나 정관을 위반한 중대한 사실이 있다고 의심이 되는 사유가 있으면 조합원 100인이나 100분의 3 이상의 동의를 받아 조합의 업무와 재산 상태를 조사하게 하기 위하여 법원

에 검사인의 선임을 청구할 수 있다.

⑧ 조합장을 포함한 이사와 감사는 지체 없이 제7항에 따라 선임된 검사인의 보고서의 정확 여부를 조사하여 총회에 보고한다.

제141조(비조합원의 사업이용) ① 조합은 조합원이 이용하는 데에 지장이 없는 범위에서 조합원이 아닌 자에게 제5조에 따른 사업을 이용하게 할 수 있다.

② 1회계연도에 있어서 비조합원(판매사업의 경우는 비농업인)의 사업이용량은 각 사업별로 당해 회계연도 사업량의 2분의 1을 초과할 수 없다. 다만, 제5조제1항제1호, 제2호가목(농업인의 경우에 한한다)·나목·바목부터 차목까지, 제3호다목부터 아목까지, 제4호, 제5호, 제7호의 사업 및 그에 부대하는 업무에 있어서는 그 이용량을 제한하지 아니한다.

 (비고) 제5조제1항에 제10호, 제11호 등 중앙회장의 승인을 받은 사업이 규정되어 있는 경우 본 항 단서 중 "제7호"를 "제7호, 제10호" 또는 "제7호, 제10호, 제11호" 등으로 규정함

③ 제2항에 따라 비조합원의 사업이용이 제한되는 경우에 있어서 비조합원의 사업이용이 각 사업별로 당해 회계연도 사업량의 3분의 1을 초과하는 부분에서 발생하는 수익의 일부는 회원의 균형발전과 사업활성화를 위하여 중앙회장이 정하는 바에 따라 중앙회에 출연한다.

④ 제1항 및 제2항을 적용함에 있어서 조합원과 동일한 세대에 속한 사람, 준조합원, 다른 조합 또는 다른 조합의 조합원이 조합의 사업을 이용하는 경우에는 이를 조합원이 이용한 것으로 본다.

제142조(규약 등) ① 다음 사항은 정관으로 정하는 것을 제외하고는 규약으로 정한다.

 1. 대의원회 운영에 관한 사항

 2. 기타 정관의 시행에 관하여 중요한 사항

② 조합의 제규정의 제정·개폐 및 관리에 관한 사항은 중앙회장이 정하는 바에 따른다.

제143조(경영상태평가결과 등에 따른 조치요구사항 공고 등) ① 조합장은 다음

각 호의 어느 하나에 해당하는 경우에 그 사실을 지체없이 공고하고 서면으로 조합원에게 통지하여야 하며, 조치결과를 이사회 및 총회에 보고하여야 한다.

1. 농림축산식품부장관이 합병명령(요구, 권고를 포함한다), 계약이전 명령 등의 조치를 요구한 경우
2. 중앙회장이 조합의 경영상태 및 제138조제4항에 따른 경제사업 기준 이행현황을 평가한 결과에 따라 경영개선, 합병권고 등의 조치를 요구한 경우
3. 제42조에 따라 농림축산식품부장관이 의결 및 당선의 취소 또는 무효를 확인한 경우
② 조합장은 조합감사위원회 및 감독기관이 조합에 대하여 감사한 결과 중 중요한 사항에 대하여는 이를 이사회 및 총회에 보고하여야 한다.

제143조의2(준법점검) 조합은 법령과 정관을 준수하고 조합 이용자를 보호하기 위하여 중앙회가 정하는 바에 따라 준법점검책임자를 지정하고 준법점검을 실시한다.

제9편 회계

제144조(회계연도) 조합의 회계연도는 매년 1월 1일에 시작하여 12월 31일에 종료한다.

제145조(회계의 구분 등) ① 조합의 회계는 일반회계와 특별회계로 구분한다.

② 일반회계는 종합회계로 하되, 신용사업 부문과 신용사업외의 부문으로 구분한다.

③ 조합의 회계처리기준에 관하여 필요한 사항은 중앙회장이 정하는 바에 의한다. 다만, 신용사업의 회계처리기준에 필요한 사항을 금융위원회가 따로 정한 경우에는 그에 따른다.

제146조(특별회계의 설치) ① 특별회계는 특정사업을 운영할 때, 특정자금을 보유하여 운영할 때 그 밖에 일반회계와 구분 경리할 필요가 있을 때에 설치한다.

② 특별회계의 설치에 관한 사항은 규정으로 정한다.

제147조(잉여금의 배당 또는 이월) ① 매 회계연도의 잉여금은 제24조에 따른 법정적립금, 제25조에 따른 이월금과 제26조에 따른 임의적립금을 빼고 나머지가

있는 때에는 이를 조합원 또는 준조합원 에게 배당하거나 다음 회계연도에 이월한다.

② 잉여금은 다음 각 호의 순서대로 배당한다.

 1. 조합원의 사업이용실적에 대한 배당

 2. 조합원의 납입출자액에 대한 배당

 3. 준조합원의 사업이용실적에 대한 배당

제148조(잉여금의 배당방법) ① 사업이용실적에 대한 배당은 그 회계연도에 있어 취급된 물자의 수량·가액 기타 사업의 분량을 참작하여 회계연도말 기준 조합원 및 준조합원의 자격이 있는 자의 사업이용실적에 따라 행하되, 조합원의 사업이용실적에 대한 배당은 제147조제2항에 따른 배당액의 100분의 20 이상으로 정하여야 한다. 이 경우 사업이용실적의 항목, 대상, 배점구성 등 구체적인 사항은 이사회에서 정하되, 약정조합원에 대한 우대 내용을 포함하여야 한다.

② 출자에 대한 배당은 매 회계연도말에 있어 조합원이 납입한 출자액에 따라 이를 행한다. 이 경우 그 율은 조합의 1년 만기 정기예탁금 결산기준 연 평균금리에 2퍼센트를 더한 범위내에서 정하되, 최고 연 100분의 10을 초과할 수 없다.

③ 제147조제2항에 따른 배당은 매 회계연도 잉여금의 100분의 20 이상을 배당하되, 조합경영을 고려하여 이사회가 의결한 경우에는 예외로 할 수 있다.

④ 제28조제4호는 배당금계산에 이를 준용한다.

제149조(결손보전) 조합은 매 회계연도 결산의 결과 손실금(당기손실금을 말한다)이 발생하면 미처분이월금·임의적립금·법정적립금·자본적립금·회전출자금의 순으로 보전하며, 보전후에도 부족할 때에는 이를 다음 회계연도에 이월한다. 이 경우 임의적립금은 사업활성화적립금· 유통 손실보전자금·경제사업활성화적립금·사업준비금의 순으로 보전한다.

제10편 합병·분할·조직변경 및 청산

제150조(합병) 조합이 다른 조합과 합병하려면 합병계약서를 작성하고 총회의 의결을 거쳐야 한다.

제151조(분할) 조합의 일부를 분할할 때에는 분할후 설립될 조합이 승계하여야 할 권리·의무의 범위를 정하고 총회의 의결을 얻어야 한다.

제152조(조직변경) 조합이 품목조합으로 조직을 변경하려면 정관을 작성하여 총회의 의결을 얻어야 한다.

제153조(청산) ① 조합의 청산은 해산후에 실시된다.

② 해산의 경우에 채무를 완제하고도 남은 재산이 있는 때에는 제28조에 따라 산정한 지분의 비율에 따라 이를 조합원에게 분배한다.

③ 제2항에 따라 조합원에게 분배하는 재산 외의 재산은 청산조합의 총회에서 정하는 조합에 귀속 하는 것을 원칙으로 한다. 다만, 2회이상 총회를 소집하여도 총회가 개의되지 아니하여 귀속 조합을 정할 수 없는 때에는 농림축산식품부장관이 중앙회장의 의견과 행정구역 또는 경제권을 고려하여 정하는 조합에 귀속한다.

④ 청산인은 제2항에 따라 조합원에게 분배하는 재산 외의 재산을 인수할 조합이 정해질 때까지 중앙회에 위탁한다.

　　부　　　칙 <제2007-74호,2007.11.16.>

제1조(시행일) 이 정관례는 고시한 날부터 시행한다.

(비고) 이 정관례에 따라 정관을 변경하는 경우에는 총회에서 의결한 날을 시행일로 하며, 농림부장관의 정관변경인가를 받은 경우에는 그 인가일을 시행일로 한다.

제2조(대의원의 정수에 관한 경과조치) 제46조제2항 및 제3항의 개정규정은 이 정관 시행일 현재 재임중인 대의원의 임기가 종료된 후부터 적용한다.

　　부　　　칙 <제2024-7호, 2024.01.31.>

이 고시는 발령한 날부터 시행한다.

핵심판례

▶판례◀ 공공단체등 위탁선거에 관한 법률 제59조, 제35조 제5항이 농업협동조합
조합장으로 하여금 재임 중 일체의 기부행위를 할 수 없도록 규정한 취지

(대법원 2022. 2. 24. 선고 2020도17430 판결)

농업협동조합(이하 '농협'이라고 한다)은 농업협동조합법이 정하는 국가적 목적을 위하여 설립되는 공공성이 강한 법인으로, 공공단체등 위탁선거에 관한 법률(이하 '위탁선거법'이라고 한다) 제59조, 제35조 제5항이 농협의 조합장으로 하여금 선거 관련 여부를 불문하고 재임 중 일체의 기부행위를 할 수 없도록 규정한 취지는 기부행위라는 명목으로 매표행위를 하는 것을 방지함으로써 조합장 선거의 공정성을 확보하기 위한 것이다. 즉, 위와 같은 기부행위가 조합장의 지지기반을 조성하는 데에 기여하거나 조합원에 대한 매수행위와 결부될 가능성이 높아 이를 허용할 경우 조합장 선거 자체가 후보자의 인물·식견 및 정책 등을 평가받는 기회가 되기보다는 후보자의 자금력을 겨루는 과정으로 타락할 위험성이 있어 이를 방지하기 위한 것이다. 특히 농협 조합장은 조합원 중에서 정관이 정하는 바에 따라 조합원이 총회 또는 총회 외에서 투표로 직접 선출하거나, 대의원회가 선출하거나, 이사회가 이사 중에서 선출하므로(농업협동조합법 제45조 제5항), 조합장 선거는 투표자들이 비교적 소수로서 서로를 잘 알고 있고 인정과 의리를 중시하는 특정집단 내에서 이루어지며, 적은 표 차이로 당락이 결정되고 그 선거운동방법은 후보자와 선거인의 직접적인 접촉이 주를 이루게 되며, 이에 따라 후보자의 행위가 선거의 당락에 직접적으로 영향을 미친다는 특징이 있다. 뿐만 아니라 조합장 선거의 당선인은 지역농협을 대표하고 총회와 이사회의 의장이 되며, 지역농협의 직원을 임면하는 등(농업협동조합법 제46조 제1항, 제3항, 제56조 제1항) 지역농협의 존속·발전에 상당한 영향력을 미칠 수 있기 때문에 선거인의 입장에서 누가 조합장으로 당선되는지가 중요하고, 조합장 선거에 관심이 높을 수밖에 없다. 위와 같은 특성으로 인하여 조합장 선거는 자칫 과열·혼탁으로 빠질 위험이 높아 선거의 공정성 담보가 보다 높게 요구된다고 할 것인바, 조합장으로 하여금 재임 중 일체의 기부행위를 금지하는 것은 위탁선거가 가지는 고유한 특성을 고려하여 위탁선거의 과열과 혼탁을 방지하고 나아가 선거의 공정성 담보를 도모하기 위함이다.

▶판례◀ 농업협동조합장 출마희망자가 조합장 선거일 공고일 이전에 조합원들에게
금품제공행위를 한 경우, 농업협동조합법 제50조 제1항 제1호 위반죄가
성립하는지 여부(소극)

(대법원 2003. 7. 22. 선고 2003도2297 판결)

농업협동조합은 조합원들이 자신들의 이익을 옹호하기 위하여 자주적으로 결성한 임의단체로서 그 내부 운영에 있어서 조합 정관 및 다수결에 의한 자치가 보장되므로, 조합정관의 규정에 따라 조합이 자체적으로 마련한 임원선거규약은 일종의 자치적 법규범으로서 농업협동조합법 및 조합 정관과 더불어 법적 효력을 가진다고 할 것이고, 따라서 위 법률에서 선거인의 정의에 관한 규정을 두고 있지 않더라도 임원선거규약에서 그에 대한 규정들을 두고 있는 경우 같은 법 제50조 제1항 제1호, 제172조 제1항을 해석함에 있어서는 임원선거규약의 내용도 기초로 삼아야 할 것이므로, 농업협동조합의 경우 같은 법

제50조 제1항 제1호의 '선거인'인지의 여부가 임원선거규약의 규정에 따라 선거일 공고일에 이르러 비로소 확정된다면 같은 법 제172조 제1항, 제50조 제1항 제1호 위반죄는 선거일 공고일 이후의 금품 제공 등의 경우에만 성립하고, 그 전의 행위는 유추해석을 금지하는 죄형법정주의의 원칙상 선거인에 대한 금품제공이라고 볼 수가 없어 위 죄가 성립될 수 없다.

♣ 【서식】 농업협동조합중앙회의 설립등기신청서

<table>
<tr><td colspan="6" align="center">농업협동조합중앙회 설립등기신청</td></tr>
<tr><td rowspan="2">접
수</td><td colspan="2" align="center">년   월   일</td><td rowspan="2">처리인</td><td>등기관 확인</td><td>각종통지</td></tr>
<tr><td colspan="2" align="center">제   호</td><td></td><td></td></tr>
</table>

<table>
<tr><td>명   칭</td><td>○○농업협동중앙회</td></tr>
<tr><td>주사무소</td><td>○○시 ○○구 ○○동 ○</td></tr>
<tr><td>등기의 목적</td><td>농업협동조합중앙회의 설립등기</td></tr>
<tr><td>등기의 사유</td><td>농업협동조합중앙회를 설립하기 위하여 정관을 작성하고 20○○년 ○월 ○일 설립인가를 받고 20○○년 ○월 ○일 출자 제1회의 납입을 완료하였으므로 다음 사항의 등기를 구함.</td></tr>
<tr><td>인가서도착연월일</td><td>20○○년 ○월 ○일</td></tr>
</table>

<table>
<tr><td align="center">등기할 사항</td></tr>
</table>

명   칭 농업협동조합중앙회
사 무 소 ○○시 ○○구 ○○동 ○○번지
지사무소 ○○시 ○○구 ○○동 ○○번지
지사무소 ○○시 ○○구 ○○동 ○○번지
목   적 본회는 회원조합의 공동이익의 증진과 그 건전한 발전을 도모함을 목적으로
         다음의 사업을 행한다.
             (1) 회원의 사업에 관한 지도와 조정
             (2) 회원의 사업에 관한 조사연구와 보급선전
             (3) 회원의 조합원과 직원의 양성.훈련과 강습
             (4) 회원을 위한 구매.판매사업과 그 공동사업, 대리업무 및 이에 수반
                 되는 운반.보관.가공업무
             (5) 신용사업
             (6) 회원의 사업조성에 관한 공동이용 가공시설
             (7) 회원을 위한 공제사업

(8) 정부가 위촉하는 사업

(9) 정부보조사업

(10) 회원에 대한 보조금의 교부

(11) 1호 내지 9호의 업무에 관련되는 대외무역

(12) 1호 내지 9호의 사업의 부대사업

(13) 정부, 지방자치단체, 한국은행 또는 다른 금융기관이나 농업단체로부터의 자금의 차입

(14) 국제기관, 외국 또는 외국인으로부터의 자금의 차입, 물자 및 기술의 도입

(15) 기타 본호의 목적달성에 필요한 사업으로서 주무부장관의 인가를 받은 사업

구　　역　전 국

설립인가연월일　20〇〇년 〇월 〇일

존립시기 또는 해산사유　없 음

출자총좌수와 납입한 출자총액

　　　　　출자총좌수　〇〇〇좌

　　　　　납입한 출자금액　금 〇〇〇〇〇원

출자 1좌의 금액 및 납입방법

　　　　　출자 1좌의 금액　금〇〇〇원

　　　　　납입방법　〇〇〇〇〇〇〇

공고방법　본 회의 공고는 본회의 게시판(지부 게시판 포함)에 이를 게시함과 동시에 주 사무소 소재지에서 발간하는 1 이상의 일간신문에 게재한다.

임원에 관한 사항

　회　장　〇　〇　〇(　　　-　　　)

　　　　　　〇〇군 〇〇면 〇〇리 〇〇번지

　부회장　〇　〇　〇(　　-　　　)

　이　사　〇　〇　〇(　　-　　　)

　이　사　〇　〇　〇(　　-　　　)

　이　사　〇　〇　〇(　　-　　　)

　이　사　〇　〇　〇(　　-　　　)

　이　사　〇　〇　〇(　　-　　　)

　이　사　〇　〇　〇(　　-　　　)

　감　사　〇　〇　〇(　　-　　　)

　감　사　〇　〇　〇(　　-　　　)

기　타	

신청등기소 및 등록면허세/수수료						
순번	신청등기소	구분	등록면허세 지방교육세	농어촌특별세	세액합계	등기신청수수료
			금 원 금 원	금 원	금 원	금 원
합 계						
등기신청수수료 납부번호						
과 세 표 준 액	금 원					

첨   부   서   면

1. 정관	1통	1. 출자인수서	1통
1. 주무관청의 인가서(또는 인증있는 인가서등본)	1통	1. 출자납입증명서	1통
1. 창립총회의사록	1통	1. 인감증명서	○통
1. 임원임명장	1통	1. 등기신청수수료영수필확인서	1통
1. 취임승낙서	1통	1. 위임장(대리인이 신청할 경우)	1통
		<기 타>	

20○○년 ○월 ○일

신청인 명   칭   ○○농업협동중앙회

　　　　주사무소   ○○시 ○○구 ○○동 ○○

대표자 성   명   회장 ○ ○ ○ ㊞   (전화 :   )

　　　　주   소   ○○시 ○○구 ○○동 ○○

대리인 성   명   법무사 ○ ○ ○ ㊞   (전화 :   )

　　　　주   소   ○○시 ○○구 ○○동 ○○

○○지방법원 ○○등기소 귀중

- 신청서 작성요령 -

1. 해당란이 부족할 때에는 별지를 이용합니다.
1. 해당 등기신청과 관계없는 사항에 대하여는 "해당없음"으로 기재하거나 삭제하고, 필요한 사항은 추가 기재합니다.
1.「인감증명법」에 따른 인감증명서 제출과 함께 관련 서면에 인감을 날인하여야 하는 경우, 본인서명사실확인서를 제출하고 관련 서면에 서명을 하거나 전자본인서명확인서 발급증을 제출하고 관련 서면에 서명을 하면 인감증명서를 제출하고 관련 서면에 인감을 날인한 것으로 봅니다.

(용지규격 21cm×29.7cm)

주
① 등기사유에서 지사무소 기재는 설치한 지사무소를 모두 기재해야 한다.
② 정관에 목적과 사업의 종류를 별도 조항으로 규정하고 있는 경우는 목적사항에 기재된 사항 뿐 아니라 그가 영위하고자 하는 사업 종류의 조항에 기재된 사항도 아울러 기재한다.
③ 과세표준란에는 납입한 출자의 총액금을 기재한다.
④ 등록면허세는 과세표준금(납입한 출자의 총액금)의 1,000분의 2이고 지방교육세는 등록면허세액의 100분의 20이다.
⑤ 출자의 총좌수를 증명하는 서면으로서 출자납입증명서를 첨부한다.
⑥ 납입한 출자의 총액을 증명하는 서면으로서 출자금영수증이나 금융기관의 출자금보관증명서를 첨부한다.
⑦ 이 등기는 농업협동조합중앙회장이 신청한다.
⑧ 위임장의 첨부와 대리인의 표시는 대리인에 의하여 신청하는 경우에 한한다.

□ 등기기재례

<table>
<tr><td colspan="3" align="center">인감 ○ 책 ○ 장</td><td colspan="9" align="center">카드의 장수</td></tr>
<tr><td>등기 번호</td><td colspan="2">제○○○○호</td><td>3</td><td>4</td><td>5</td><td>6</td><td>7</td><td>8</td><td>9</td><td>10</td><td>11</td></tr>
<tr><td>등록 번호</td><td colspan="2"></td><td>12</td><td>13</td><td>14</td><td>15</td><td>16</td><td>17</td><td>18</td><td>19</td><td>20</td></tr>
</table>

사항 번호	등 기 사 항	사항 번호	등 기 사 항

1	명 칭
	  ○○농업협동조합중앙회
		5	구 역
			  전 국

2	사무소 ○○시 ○○구 ○○동 ○○번지	6	설립인가연월일 20○○년 ○월 ○일

3	지사무소
	  ○○시 ○○구 ○○동 ○○번지
		7	존립시기 또는 해산사유
			  없 음

4	목 적
	본회는 회원조합의 공동이익의 증진과 그 건전한 발전을 도모함을 목적으로 다음 사업을 행한다.
	1. 회원의 사업에 관한 지도와 조정
	2. 회원의 사업에 관한 조사연구와 보급선전
	3. 회원과 조합원과 직원의 양성 훈련과 강습
	4. 회원을 위한 구매.판매사업과 그 공동사업, 대리업무 및 이에 수반되는 운반.보관.가공업무
	5. 신용사업
	6. 회원의 사업조성에 관한 공동 이용 가공시설
	7. 회원을 위한 공제사업
	8. 정부가 위촉하는 사업
	9. 정부보조사업
	10. 회원에 대한 보조금의 교부
	11. 1호 내지 9호의 업무에 관련
		8	출자의 총좌수와 납입한 출자의 총액
			  출자의 총좌수
			   ○○○○좌
			  납입한 출자의 총액
			   금 ○○○○○원

		9	출자 1좌의 금액 및 납입방법
			  출자 1좌의 금액
			   금 ○○○원
			  납입방법
			    ○○○○○○○○

되는 대외무역 12. 1호 내지 9호의 사업의 부대사업 13. 정부, 지방자치단체, 한국은행 또는 다른 금융기관이나 농업단체로부터의 자금의 차입 14. 국제기관, 외국 또는 외국인으로부터의 자금의 차입, 물자 및 기술의 도입 15. 기타 본회의 목적달성에 필요한 사업으로서 주무부장관의 인가를 받은 사업	10	공고방법 본회의 공고는 본회의 게시판(지부게시판 포함)에 이를 게시함과 동시에 주사무소 소재지에서 발간하는 일간신문에 1회 이상 게재한다.
임원에 관한 사항 회　장 ○ ○ ○(　　－　　) 　○○군 ○○면 ○○리 ○○번지 부회장 ○ ○ ○(　　－　　) 이　사 ○ ○ ○(　　－　　) 이　사 ○ ○ ○(　　－　　) 이　사 ○ ○ ○(　　－　　) 이　사 ○ ○ ○(　　－　　) 이　사 ○ ○ ○(　　－　　) 이　사 ○ ○ ○(　　－　　) 감　사 ○ ○ ○(　　－　　) 감　사 ○ ○ ○(　　－　　)	15 25	
년　월　일　등기 ㊞		

주　① 날인란에는 설립등기신청서를 수리한 일자를 기재하고 등기관이 날인한다.
　② 사항번호 제15란 이하의 등기사항은 설립등기를 한 후에 등기할 사항이다.

二. 변경등기

1. 주사무소의 이전등기

♣ 【서식】 농업협동조합의 주사무소 이전등기

(관내이전이나 타관이전을 할 때 구사무소소재지에서 신청하는 경우)

농업협동조합 주사무소이전등기신청

접수	년 월 일		처리인	등기관 확인	각종통지
	제 호				

명 칭	○○지역농업협동조합	등기번호	제1000호
주사무소	○○시 ○○구 ○○동 ○		
등기의 목적	주사무소 이전등기		
등기의 사유	서기 20○○년 1월 20일 이사회의 결의에 의하여(서기 20○○년 1월 5일 총회에서 정관변경을 20○○년 1월 12일 주무관청의 인가를 받아) 20○○년 1월 30일 사무소를 다음 장소로 이전하였으므로 그 등기를 구함.		
인가서도착연월일	20○○년 ○월 ○일		
등기할 사항			
사무소 ○○시 ○○군 ○○읍 ○○리 10번지			
기 타			

신청등기소 및 등록면허세/수수료							
순번	신청등기소	구분	등록면허세 지방교육세		농어촌특별세	세액합계	등기신청수수료
			금 원 금 원		금 원	금 원	금 원
합 계							
등기신청수수료 납부번호							

첨   부   서   면

1. 총회의사록	1통	1. 등기신청수수료영수필확인서	1통
1. 주무관청의 허가서(또는 인증있는 허가서등본)	1통	1. 위임장(대리인이 신청할 경우)	1통
1. 이사회의사록	1통	<기 타>	

20○○년 ○월 ○일

신청인 명   칭   ○○지역농업협동조합

　　　주사무소   ○○시 ○○구 ○○동 ○○

대표자 성   명   조합장 ○ ○ ○ ㉑   (전화 :   )

　　　주   소   ○○시 ○○구 ○○동 ○○

대리인 성   명   법무사 ○ ○ ○ ㉑   (전화 :   )

　　　주   소   ○○시 ○○구 ○○동 ○○

○○지방법원 ○○등기소 귀중

- 신청서 작성요령 -

1. 해당란이 부족할 때에는 별지를 이용합니다.
1. 해당 등기신청과 관계없는 사항에 대하여는 "해당없음"으로 기재하거나 삭제하고, 필요한 사항은 추
   가 기재합니다.

(용지규격 21cm×29.7cm)

주 ① 사무소 기재는 구사무소 소재지를 기재한다.
② 등기사유란의 ( )안은 주사무소이전에 정관변경이 필요한 경우의 서식이며, 주사무소를 이전한 일자는 현실로 이전한 일자를 기재해야 할 것이나 주사무소 이전업무를 위한 이사회의사록에 기재된 이전일자를 재함이 실무례이다. 다만, 주무관청의 허가일자가 그보다 늦은 때에는 주무관청의 인가일자를 기재한다.
③ 인가서도착일 기재는 주사무소이전에 정관변경이 필요한 경우에 한하여 한다.
④ 등록면허세는 지방세법에 의하여 면제된다.
⑤ 총회의사록은 주사무소이전에 정관변경이 필요한 경우에는 정관변경을 위한 총회의사록과 주무관청의 인가서 및 이전일자 등 이전업무집행사항결정을 위한 이사회의사록을 첨부하나 그에 정관변경이 필요없는 경우에는 이전장소와 이전일자결정을 위한 이사회의사록만 첨부하면 된다. 농업협동조합의 등기신청서에 첨부하는 의사록은 공증인의 인증 대상에서 제외된다(공증령 제2조의3 별표 제1조의 40호).
⑥ 인가서는 주사무소이전에 정관변경이 필요한 경우에 한하여 첨부하되, 등본을 첨부하는 경우에는 인가관청의 인증있는 등본을 첨부해야 한다.
⑦ 신청서 하단의 날인란에는 신사무소 소재지를 기재한다.
⑧ 위임장의 첨부와 대리인의 표시는 대리인에 의하여 신청하는 경우에 한다.

(2) 다른 등기소 관내로 이전하고 주사무소 소재지에서 등기하는 경우

■ 구사무소 소재지에 분사무소가 없는 경우

사 항 번 호	등 기 사 항 (변 경 란)
2	20○○년 ○월 ○일 사무소 이전 사무소 ○○군 ○○읍 ○○리 ○○번지 20○○년 ○월 ○일 등기
16	20○○년 ○월 ○일 사무소를 ○○군 ○○읍 ○○리 ○○번지로 본호용지 폐쇄

(3) 구사무소 소재지에 분사무소가 있는 경우

사 항 번 호	등 기 사 항 (변 경 란)
2	20○○년 ○월 ○일 사무소 이전 사무소 ○○군 ○○면 ○○리 ○○번지 20○○년 ○월 ○일 등기

2. 분소의 설치, 이전, 폐지의 등기

♣ **【서식】 농업협동조합의 분사무소의 설치등기**(조합설립과 동시에 설치한 경우)

농업협동조합 분사무소설치등기신청

접 수	년 월 일		처리인	등기관 확인	각종통지
	제 호				

명 칭	○○지역농업협동조합	등기번호	제1000호

주사무소	○○시 ○○구 ○○동 ○

등기의 목적	분사무소 설치등기

등기의 사유	지역농업협동조합을 설립하기 위하여 정관을 작성하고 20○○년 1월 20일 설립등록을 하고 20○○년 1월 30일 출자 제1회의 납입을 완료한 후 20○○년 2월 5일 주사무소 소재지 관할등기소에서 설립등기를 하였으므로 분소 소재지인 이 등기소에서 다음 사항의 등기를 구함.

인가서도착연월일	20○○년 ○월 ○일

법인성립연월일	20○○년 ○월 ○일

분사무소	○○시 ○○구 ○○동 ○

등기할 사항

```
명      칭  ○○지역농업협동조합
사  무  소  ○○군 ○○읍 ○○리 1번지
분      소  ○○군 ○○면 ○○리 2번지
목      적  ○○○○○
```

구   역   ○○군 ○○면 일원
설립등록연월일   20○○년 ○월 ○일
존립시기 또는 해산사유   ○○○○○○○○
출자총좌수와 납입한 출자의 금액
　　　출자총좌수   ○○○○좌
　　　납입한 출자총액   금○○○○○원
출자 1좌의 금액 및 그 납입방법
　　　출자 1좌의 금액   금 ○○○원
　　　납입방법   ○○○○○
조합장의 성명, 주민등록번호와 주소
　　　○○○(-   )
　　　○○군 ○○면 ○○리 ○○번지
이사의 성명과 주민등록번호 :
　　　○ ○ ○ (-   )
　　　○ ○ ○ (-   )
감사의 성명과 주민등록번호 :
　　　○ ○ ○ (-   )
　　　○ ○ ○ (-   )

기　타	

신청등기소 및 등록면허세/수수료						
순번	신청등기소	구분	등록면허세 지방교육세	농어촌특별세	세액합계	등기신청수수료
			금 원 금 원	금 원	금 원	금 원
합 계						
등기신청수수료 납부번호						

<table>
<tr><td colspan="2" align="center">첨   부   서   면</td></tr>
<tr>
<td>
1. 주무관청의 허가서(또는
   인증있는 허가서등본)　　　1통
1. 조합등기부등(초)본　　　　1통
</td>
<td>
1. 등기신청수수료영수필확인서　　1통
1. 위임장(대리인이 신청할 경우)　1통

  <기 타>
</td>
</tr>
</table>

20○○년 ○월 ○일

신청인 명   칭 　　○○지역농업협동조합

　　　　주사무소 　　○○시 ○○구 ○○동 ○○

대표자 성   명 　　조합장 ○ ○ ○ ㊞　　　(전화 :　　　　　)

　　　　주   소 　　○○시 ○○구 ○○동 ○○

대리인 성   명 　　법무사 ○ ○ ○ ㊞　　　(전화 :　　　　　)

　　　　주   소 　　○○시 ○○구 ○○동 ○○

○○지방법원 ○○등기소 귀중

- 신청서 작성요령 -

1. 해당란이 부족할 때에는 별지를 이용합니다.
1. 해당 등기신청과 관계없는 사항에 대하여는 "해당없음"으로 기재하거나 삭제하고, 필요한 사항은 추가 기재합니다.

(용지규격 21cm×29.7cm)

주 ① 분소 기재는 설립과 동시에 수개의 분소를 설치한 경우라 할지라도 이 건 등기를 신청하는 당해 등기소 관내의 분소 중 하나만을 기재한다.
② 등기사유란에 기재하는 사항으로서 명칭 이하의 사항은 주사무소 소재지에서 설립등기한 사항과 동일하게 기재한다.
③ 법인성립연월일을 주사무소소재지에서 설립등기한 일자를 기재한다.
④ 등록면허세는 지방세법 의하여 면제된다.
⑤ 주사무소 소재지에서 설립등기를 마친 후의 주사무소의 등기부등본을 첨부한다.
⑥ 위임장의 첨부와 대리인의 표시는 대리인에 의하여 신청하는 경우에 한다.

□ 등기기재례

사 항 번 호	등 기 사 항 (변 경 란)
16	법인설립과 동시에 이 관내에 분소 설치 법인성립연월일 20○○년 ○월 ○일

주 새로운 등기용지를 개설하여 사항번호 제1란부터 제12란까지 각 해당란에 주사무소에서 설립 등기한 사항과 동일하게 기재하고, 제12란 다음의 등기연월일란에 이 등기소에서 등기한 연월일을 기재, 날인한 다음 예비란에 위와 같이 등기한다.

♣【서식】 농업협동조합의 분소의 설치등기

(조합설립 후 분소설치시 주사무소 소재지에서 신청하는 경우)

<table>
<tr><td colspan="6" align="center">농업협동조합 분사무소설치등기신청</td></tr>
<tr><td rowspan="2">접
수</td><td colspan="2" align="center">년　　월　　일</td><td rowspan="2">처리인</td><td>등기관 확인</td><td>각종통지</td></tr>
<tr><td colspan="2" align="center">제　　　　　호</td><td></td><td></td></tr>
</table>

명　　칭	○○지역농업협동조합	등기번호	제1000호
주사무소	○○시 ○○구 ○○동 ○		
등기의 목적	분사무소 설치등기		
등기의 사유	서기 20○○년 1월 20일 총회에서 정관변경을 결의하고, 20○○년 1월 25일 주무관청의 인가를 받아 20○○년 1월 30일 다음 장소에 분소를 설치하였으므로 그 등기를 구함.		
인가서도착연월일	20○○년 ○월 ○일		
등기할 사항			
	분사무소 : ○○시 ○○구 ○○동 ○		
기　　타			

신청등기소 및 등록면허세/수수료						
순번	신청등기소	구분	등록면허세 지방교육세	농어촌특별세	세액합계	등기신청수수료
			금 원 금 원	금 원	금 원	금 원
합 계						
등기신청수수료 납부번호						

첨 부 서 면	
1. 총회의사록 1통 1. 주무관청의 허가서(또는 인증있는 허가서등본) 1통 1. 이사회의사록 1통	1. 등기신청수수료영수필확인서 1통 1. 위임장(대리인이 신청할 경우) 1통 <기 타>

20○○년 ○월 ○일

신청인 명 칭 ○○지역농업협동조합
주사무소 ○○시 ○○구 ○○동 ○○
대표자 성 명 조합장 ○ ○ ○ [인] (전화 :)
주 소 ○○시 ○○구 ○○동 ○○
대리인 성 명 법무사 ○ ○ ○ [인] (전화 :)
주 소 ○○시 ○○구 ○○동 ○○

○○지방법원 ○○등기소 귀중

- 신청서 작성요령 -

1. 해당란이 부족할 때에는 별지를 이용합니다.
1. 해당 등기신청과 관계없는 사항에 대하여는 "해당없음"으로 기재하거나 삭제하고, 필요한 사항은 추가 기재합니다.

(용지규격 21㎝×29.7㎝)

주
① 등록면허세는 지방세법에 의하여 면제된다.
② 총회의사록은 분소설치에 따른 정관변경을 의결한 총회의사록을 첨부해야 한다. 농업협동조합의 등기신청서에 첨부하는 의사록은 공증인의 인증대상에서 제외된다(공증령 제2조의3 별표 제1조의 40호).
③ 이사회의사록은 설치시기결정 등 설치업무집행을 위한 이사회의사록을 첨부한다.
④ 인가서의 등본을 첨부하는 경우에는 인가관청의 인증 있는 등본을 첨부한다.
⑤ 이 등기는 조합장이 신청한다.
⑥ 위임장의 첨부와 대리인의 표시는 대리인에 의하여 신청하는 경우에 한다.

♣ 【서식】 농업협동조합의 분사무소이전등기(주사무소소재지에서 신청하는 경우)

<table>
<tr><td colspan="7" align="center">농업협동조합 분사무소이전등기신청</td></tr>
<tr><td rowspan="2">접
수</td><td colspan="3" align="center">년   월   일</td><td rowspan="2">처리인</td><td>등기관 확인</td><td>각종통지</td></tr>
<tr><td colspan="3" align="center">제   호</td><td></td><td></td></tr>
</table>

<table>
<tr><td align="center">명   칭</td><td>○○지역농업협동조합</td><td align="center">등기번호</td><td>제1000호</td></tr>
<tr><td align="center">주사무소</td><td colspan="3">○○시 ○○구 ○○동 ○</td></tr>
<tr><td align="center">등기의 목적</td><td colspan="3">분사무소 이전등기</td></tr>
<tr><td align="center">등기의 사유</td><td colspan="3">20○○년 2월 4일 이사회의 결의에 의하여(20○○년 1월 20일 총회에서 정관변경을 결의하고 20○○년 1월 30일 주무관청의 인가를 받아)20○○년 2월 5일 ○○군 ○○면 ○○리 4번지의 분소를 다음 장소로 이전하였으므로 그 등기를 구함.</td></tr>
<tr><td align="center">인가서도착연월일</td><td colspan="3">20○○년 ○월 ○일</td></tr>
<tr><td colspan="4" align="center">등기할 사항</td></tr>
<tr><td colspan="4">분사무소 : ○○시 ○○구 ○○동 ○</td></tr>
<tr><td align="center">기   타</td><td colspan="3"></td></tr>
</table>

<table>
<tr><td colspan="8" align="center">신청등기소 및 등록면허세/수수료</td></tr>
<tr><td rowspan="2">순번</td><td rowspan="2">신청등기소</td><td rowspan="2">구분</td><td>등록면허세</td><td rowspan="2">농어촌특별세</td><td rowspan="2">세액합계</td><td rowspan="2">등기신청수수료</td></tr>
<tr><td>지방교육세</td></tr>
<tr><td rowspan="2"></td><td rowspan="2"></td><td rowspan="2"></td><td>금　　　　원</td><td rowspan="2">금　　　원</td><td rowspan="2">금　　　원</td><td rowspan="2">금　　　원</td></tr>
<tr><td>금　　　　원</td></tr>
<tr><td></td><td></td><td></td><td></td><td></td><td></td><td></td></tr>
<tr><td colspan="3" align="center">합　　　　계</td><td></td><td></td><td></td><td></td></tr>
<tr><td colspan="3" align="center">등기신청수수료 납부번호</td><td colspan="4"></td></tr>
</table>

첨　　부　　서　　면

1. 총회의사록	1통	1. 등기신청수수료영수필확인서	1통
1. 주무관청의 허가서(또는		1. 위임장(대리인이 신청할 경우)	1통
인증있는 허가서등본)	1통	<기 타>	
1. 이사회의사록	1통		

20○○년 ○월 ○일

신청인　명　　칭　　　○○지역농업협동조합
　　　　주사무소　　　○○시 ○○구 ○○동 ○○
대표자　성　　명　　　조합장 ○ ○ ○ ㊞　　　(전화 :　　　　　)
　　　　주　　소　　　○○시 ○○구 ○○동 ○○
대리인　성　　명　　　법무사 ○ ○ ○ ㊞　　　(전화 :　　　　　)
　　　　주　　소　　　○○시 ○○구 ○○동 ○○

○○지방법원 ○○등기소 귀중

- 신청서 작성요령 -

1. 해당란이 부족할 때에는 별지를 이용합니다.
1. 해당 등기신청과 관계없는 사항에 대하여는 "해당없음"으로 기재하거나 삭제하고, 필요한 사항은
　　추가 기재합니다.

(용지규격　21cm×29.7cm)

주 ① 등기사유란의 ( )안은 분소이전에 정관변경이 필요한 경우의 기재이며, 분소이전일자는 현실로 분소를 이전한 일자로 기재할 것이나 그 이전업무집행을 위한 이사회의사록에 기재된 이전일자를 기재하는 것이 통상의 실무이다.
② 인가서도착일은 분소이전에 정관변경이 필요한 경우에 기재한다.
③ 등록면허세는 지방세법에 의하여 면제된다.
④ 총회의사록은 분소이전에 정관변경이 필요한 경우에는 정관변경을 위한 총회의사록과 주무관청의 인가서 및 이전일자 등 이전업무집행사항결정을 위한 이사회의사록을 첨부하나, 그에 정관변경이 필요 없는 경우에는 이장소와 이전일자결정을 위한 이사회의사록만 첨부하면 된다. 농업협동조합의 등기신청서에 첨부하는 의사록은 공증인의 인증대상에서 제외된다(공증령 제2조의3 별표 제1조의 40호).
⑤ 인가서 또는 인가서등본은 분소이전에 정관변경이 필요한 경우에 첨부하되 등본을 첨부하는 경우에는 인가관청의 인증 있는 등본을 첨부한다.
⑥ 위임장의 첨부와 대리인의 표시는 대리인에 의하여 신청하는 경우에 한다.

□ 등기기재례

사 항 번 호	등 기 사 항 (변 경 란)
3	20○○년 ○월 ○일 ○○군 ○○면 ○○리 ○○번지의 분소를 이전 분소 ○○군 ○○면 ○○리 ○○번지 20○○년 ○월 ○일 등기

♣ **【서식】 농업협동조합의 분사무소이전등기**(신분소소재지에서 신청하는 경우)

농업협동조합 분사무소이전등기신청

접 수	년 월 일		처리인	등기관 확인	각종통지
	제 호				

명 칭	○○지역농업협동조합	등기번호		제1000호
주사무소	○○시 ○○구 ○○동 ○			
등기의 목적	분사무소 이전등기			
등기의 사유	20○○년 1월 20일 이사회의 결의에 의하여(20○○년 1월 5일 총회에서 정관변경을 결의하고, 20○○년 1월 10일 주무관청의 인가를 받아)20○○년 1월 30일 구례군 구례읍 봉서리 1번지의 분소를 곡성군 석곡면 인리 2번지로 이전하고, 20○○년 2월 7일 주사무소 소재지 관할등기소에서 그 등기를 하였으므로 이 등기소에서 다음 사항의 등기를 구함.			
인가서도착연월일	20○○년 ○월 ○일			
법인성립연월일	20○○년 ○월 ○일			
분사무소	○○시 ○○구 ○○동 ○			

등기할 사항

```
명        칭   ○○지역농업협동조합
사  무  소   ○○군 ○○읍 ○○리 1번지
분        소   ○○군 ○○면 ○○리 2번지
목        적   ○○○○○
구        역   ○○군 ○○면 일원
```

설립등록연월일   20○○년 ○월 ○일

존립시기 또는 해산사유   ○○○○○○○

출자총좌수와 납입한 출자금액

    출자총좌수   ○○○○좌

    납입한 출자총액   금○○○○○원

출자 1좌의 금액 및 그 납입방법

    출자 1좌의 금액   금 ○○○원

    납입방법   ○○○○○

조합장의 성명과 주소

    ○○○(-   )

    ○○군 ○○면 ○○리 ○○번지

이사의 성명과 주민등록번호

    ○ ○ ○ (-   )

    ○ ○ ○ (-   )

감사의 성명과 주민등록번호

    ○ ○ ○ (-   )

    ○ ○ ○ (-   )

기 타	

신청등기소 및 등록면허세/수수료						
순번	신청등기소	구분	등록면허세 지방교육세	농어촌특별세	세액합계	등기신청수수료
			금 원 금 원	금 원	금 원	금 원
합 계						
등기신청수수료 납부번호						

첨 부 서 면	
1. 주무관청의 허가서(또는 인증있는 허가서등본) 1통 1. 조합등기부등(초)본 1통	1. 등기신청수수료영수필확인서 1통 1. 위임장(대리인이 신청할 경우) 1통 <기 타>

20○○년 ○월 ○일

신청인 명 칭 ○○지역농업협동조합
주사무소 ○○시 ○○구 ○○동 ○○
대표자 성 명 조합장 ○ ○ ○ ㊞ (전화 :)
주 소 ○○시 ○○구 ○○동 ○○
대리인 성 명 법무사 ○ ○ ○ ㊞ (전화 :)
주 소 ○○시 ○○구 ○○동 ○○

○○지방법원 ○○등기소 귀중

- 신청서 작성요령 -

1. 해당란이 부족할 때에는 별지를 이용합니다.
1. 해당 등기신청과 관계없는 사항에 대하여는 "해당없음"으로 기재하거나 삭제하고, 필요한 사항은 추가 기재합니다.

(용지규격 21㎝×29.7㎝)

주 ① 분사무소 기재는 수개의 분소를 설치한 경우라 할지라도 이 건 등기를 신청하는 당해
    등기소관내의 분소 중 하나만을 기재한다.
② 등기사유란의 ( )안의 분소이전에 정관변경이 필요한 경우의 기재이며, 분소이전일자는
    주사무소등기부에 기재된 이전일자를 기재하고 명칭 이하의 사항은 주사무소에서 등기
    한 사항 중 현재 효력있는 사항과 동일하게 기재한다.
③ 인가서도착일은 분소이전에 정관변경이 필요한 경우에 기재한다.
④ 법인성립일 기재는 주사무소등기부에 기재된 최초의 설립등기일자를 기재한다.
⑤ 등록면허세는 지방세법에 의하여 면제된다.
⑥ 분사무소이전등기를 마친 후의 주사무소의 등기부등본을 첨부한다.
⑦ 위임장의 첨부와 대리인의 표시는 대리인에 의하여 신청하는 경우에 한다.

□ 등기기재례

사 항 번 호	등 기 사 항 (변 경 란)
16	○○군 ○○면 ○○리 ○○번지의 분소를 이 관내로 이전 법인성립연월일 20○○년 ○월 ○일 이 전 연 월 일 20○○년 ○월 ○일

주 새로운 등기용지를 개설하여 사항번호 제1란부터 제12란까지 각 해당란에 주사무소에서 등
기한 사항 중 현재 효력있는 사항과 동일하게 기재하고, 제12란 다음의 등기연월일란에 이
등기소에서 등기한 연월일을 기재, 날인한 다음 예비란에 위와 같이 등기한다. 다만, 이 등
기소에 이미 다른 분소의 등기가 있는 때에는 등기용지를 새로 개설하지 않고 종전분소등
기부의 변경란에 주사무소에서 분소이전등기를 하는 경우와 같은 요령으로 등기한다.

♣ **【서식】 농업협동조합의 분사무소의 폐지등기신청**(주사무소소재지에서 신청하는 경우)

<table>
<tr><td colspan="5" align="center">농업협동조합 분사무소폐지등기신청</td></tr>
<tr><td rowspan="2">접
수</td><td align="center">년　　　월　　　일</td><td rowspan="2">처리인</td><td>등기관 확인</td><td>각종통지</td></tr>
<tr><td align="center">제　　　　　호</td><td></td><td></td></tr>
</table>

<table>
<tr><td align="center">명　　칭</td><td>○○지역농업협동조합</td><td align="center">등기번호</td><td>제1000호</td></tr>
<tr><td align="center">주사무소</td><td colspan="3">○○시 ○○구 ○○동 ○</td></tr>
<tr><td align="center">등기의 목적</td><td colspan="3">분사무소 폐지등기</td></tr>
<tr><td align="center">등기의 사유</td><td colspan="3">20○○년 1월 30일 총회에서 정관변경을 결의하고, 20○○년 2월 8일 주무관청의 인가를 받아 20○○년 2월 20일 ○○군 ○○읍 ○○리 3번지의 분사무소를 폐지하였으므로 그 등기를 구함.</td></tr>
<tr><td align="center">인가서도착연월일</td><td colspan="3">20○○년　○월　○일</td></tr>
<tr><td colspan="4" align="center">등기할 사항</td></tr>
<tr><td colspan="4">20○○년　○월　○일 ○○시 ○○구 ○○동 ○ 분사무소 폐지</td></tr>
<tr><td align="center">기　　타</td><td colspan="3"></td></tr>
</table>

<table>
<tr><td colspan="8" align="center">신청등기소 및 등록면허세/수수료</td></tr>
<tr><td rowspan="2">순번</td><td rowspan="2">신청등기소</td><td rowspan="2">구분</td><td>등록면허세</td><td rowspan="2">농어촌특별세</td><td rowspan="2">세액합계</td><td rowspan="2">등기신청수수료</td></tr>
<tr><td>지방교육세</td></tr>
<tr><td rowspan="2"></td><td rowspan="2"></td><td rowspan="2"></td><td>금   원</td><td rowspan="2">금   원</td><td rowspan="2">금   원</td><td rowspan="2">금   원</td></tr>
<tr><td>금   원</td></tr>
<tr><td></td><td></td><td></td><td></td><td></td><td></td><td></td></tr>
<tr><td colspan="3" align="center">합   계</td><td></td><td></td><td></td><td></td></tr>
<tr><td colspan="3">등기신청수수료 납부번호</td><td colspan="4"></td></tr>
</table>

<table>
<tr><td colspan="2" align="center">첨   부   서   면</td></tr>
<tr><td>1. 이사회의사록   1통</td><td>1. 등기신청수수료영수필확인서   1통</td></tr>
<tr><td>1. 주무관청의 허가서(또는
   인증있는 허가서등본)   1통</td><td>1. 위임장(대리인이 신청할 경우)   1통

<기 타></td></tr>
<tr><td>1. 총회의사록   1통</td><td></td></tr>
</table>

20○○년 ○월 ○일

신청인 명   칭   ○○지역농업협동조합
　　　　주사무소   ○○시 ○○구 ○○동 ○○
대표자 성   명   조합장 ○ ○ ○ ⑩   (전화 :   )
　　　　주   소   ○○시 ○○구 ○○동 ○○
대리인 성   명   법무사 ○ ○ ○ ⑩   (전화 :   )
　　　　주   소   ○○시 ○○구 ○○동 ○○

○○지방법원 ○○등기소 귀중

- 신청서 작성요령 -
1. 해당란이 부족할 때에는 별지를 이용합니다.
1. 해당 등기신청과 관계없는 사항에 대하여는 "해당없음"으로 기재하거나 삭제하고, 필요한 사항은 추
　　가 기재합니다.

(용지규격 21cm×29.7cm)

주 ① 분사무소폐지일자는 총회나 이사회에서 그 일자를 별도로 정한 때에는 그 정해진 일자를 기재 할 것이나 그렇지 아니한 경우에는 주무관청의 인가일자에 폐지된 것으로 기재한다. 다만, 그 경우의 등기기간은 인가서도착일부터 기산한다.
② 등록면허세는 지방세법에 의하여 면제된다.
③ 총회의사록은 분소폐지에 따른 정관변경을 위한 총회의사록을 첨부하나 이 의사록은 공증을 요하지 아니한다.
④ 분사무소폐지업무집행을 위한 이사회의사록을 첨부한다.
⑤ 인가서의 등본을 첨부하는 경우에는 인가관청의 인증있는 등본을 첨부한다.
⑥ 위임장의 첨부와 대리인의 표시는 대리인에 의하여 신청하는 경우에 한다.

□ 등기기재례

사 항 번 호	등 기 사 항 (변 경 란)
3	20○○년 ○월 ○일 ○○군 ○○면 ○○리 ○○번지의 분소를 폐지 20○○년 ○월 ○일 등기

3. 목적·명칭 또는 구역의 변경등기

♣ 【서식】 농업협동조합의 변경등기(명칭·구역을 변경한 경우)

<table>
<tr><td colspan="6" align="center">농업협동조합 변경등기신청</td></tr>
<tr><td rowspan="2">접
수</td><td colspan="2" align="center">년   월   일</td><td rowspan="2">처리인</td><td>등기관 확인</td><td>각종통지</td></tr>
<tr><td colspan="2" align="center">제   호</td><td></td><td></td></tr>
</table>

명 칭	○○지역농업협동조합	등기번호	제1000호
주사무소	○○시 ○○구 ○○동 ○		
등기의 목적	명칭과 구역의 변경등기		
등기의 사유	20○○년 1월 30일 총회에서 정관변경을 결의하고, 20○○년 2월 5일 주무관청의 인가를 받아 명칭과 구역을 다음과 같이 변경하였으므로 (…변경하고 20○○년 2월 15일 주사무소 소재지 관할등기소에서 등기를 하였으므로 이 등기소에서) 그 등기를 구함.		
인가서도착연월일	20○○년 ○월 ○일		
분사무소	○○시 ○○구 ○○동 ○		
등기할 사항			
	명 칭 ○○지역농업협동조합 구 역 ○○군 일원		
기 타			

<table>
<tr><td colspan="8" align="center">신청등기소 및 등록면허세/수수료</td></tr>
<tr><td rowspan="2">순번</td><td rowspan="2">신청등기소</td><td rowspan="2">구분</td><td>등록면허세</td><td rowspan="2">농어촌특별세</td><td rowspan="2">세액합계</td><td rowspan="2" colspan="2">등기신청수수료</td></tr>
<tr><td>지방교육세</td></tr>
<tr><td rowspan="2"></td><td rowspan="2"></td><td rowspan="2"></td><td>금   원</td><td rowspan="2">금   원</td><td rowspan="2">금   원</td><td rowspan="2" colspan="2">금   원</td></tr>
<tr><td>금   원</td></tr>
<tr><td></td><td></td><td></td><td></td><td></td><td></td><td colspan="2"></td></tr>
<tr><td></td><td></td><td></td><td></td><td></td><td></td><td colspan="2"></td></tr>
<tr><td colspan="3" align="center">합   계</td><td></td><td></td><td></td><td colspan="2"></td></tr>
<tr><td colspan="3">등기신청수수료 납부번호</td><td colspan="5"></td></tr>
</table>

	첨 부 서 면		
1. 총회의사록	1통	1. 등기신청수수료영수필확인서	1통
1. 주무관청의 허가서(또는		1. 위임장(대리인이 신청할 경우)	1통
인증있는 허가서등본)	1통	<기 타>	
1. 조합등기부등(초)본	1통		

2000년 ○월 ○일

신청인 명   칭   ○○지역농업협동조합

　　　 주사무소   ○○시 ○○구 ○○동 ○○

대표자 성   명   조합장 ○ ○ ○ ㊞   (전화 :   )

　　　 주   소   ○○시 ○○구 ○○동 ○○

대리인 성   명   법무사 ○ ○ ○ ㊞   (전화 :   )

　　　 주   소   ○○시 ○○구 ○○동 ○○

○○지방법원 ○○등기소 귀중

- 신청서 작성요령 -

1. 해당란이 부족할 때에는 별지를 이용합니다.
1. 해당 등기신청과 관계없는 사항에 대하여는 "해당없음"으로 기재하거나 삭제하고, 필요한 사항은
   추가 기재합니다.

(용지규격 21cm×29.7cm)

주 ① 명칭 기재시 명칭변경의 경우에는 변경 전 명칭을 기재한다.
② 분사소는 분사무소 소재지에서 신청하는 경우에 기재한다.
③ 등기사유란의 ( )안은 분사무무소 소재지에서 신청하는 경우의 기재이다.
④ 등록면허세는 지방세법에 의하여 면제된다.
⑤ 총회의사록은 정관변경을 위한 총회의사록을 첨부해야 하며, 이 의사록은 공증인의 인증대상에서 제외된다(공증령 제2조의3 별표 제1조의 40호).
⑥ 조합등기부등(초)본은 분소 소재지에서 신청하는 경우에 한하여 첨부하는 것으로서 그 경우에는 등기사유를 증명하는 서면 대신 이 변경등기를 마친 후의 주사무소의 등기부등본이나 초본만 첨부하면 된다.
⑦ 신청서 하단의 날인란에는 명칭변경의 경우에는 변경된 명칭을 기재한다.
⑧ 위임장의 첨부와 대리인의 표시는 대리인에 의하여 신청하는 경우에 한다.

♣ 【서식】 농업협동조합의 변경등기(목적변경의 경우)

<table>
<tr><td colspan="6" align="center">농업협동조합 변경등기신청</td></tr>
<tr><td rowspan="2">접
수</td><td colspan="2" align="center">년   월   일</td><td rowspan="2">처리인</td><td>등기관 확인</td><td>각종통지</td></tr>
<tr><td colspan="2" align="center">제   호</td><td></td><td></td></tr>
</table>

<table>
<tr><td>명   칭</td><td>○○지역농업협동조합</td><td>등기번호</td><td>제1000호</td></tr>
<tr><td>주사무소</td><td colspan="3">○○시 ○○구 ○○동 ○</td></tr>
<tr><td>등기의 목적</td><td colspan="3">목적 변경의 등기</td></tr>
<tr><td>등기의 사유</td><td colspan="3">20○○년 1월 30일 총회에서 정관변경을 결의하고, 20○○년 2월 5일 주무관청의 인가를 받아 명칭과 구역을 다음과 같이 변경하였으므로(… 변경하고 20○○년 2월 15일 주사무소 소재지 관할등기소에서 등기를 하였으므로 이 등기소에서) 그 등기를 구함.</td></tr>
<tr><td>인가서도착연월일</td><td colspan="3">20○○년 ○월 ○일</td></tr>
<tr><td>분사무소</td><td colspan="3">○○시 ○○구 ○○동 ○</td></tr>
<tr><td colspan="4" align="center">등기할 사항</td></tr>
<tr><td colspan="4">목 적 (1) ○○○○○
구 역 (2) ○○○○○</td></tr>
<tr><td>기   타</td><td colspan="3"></td></tr>
</table>

<table>
<tr><td colspan="8" align="center">신청등기소 및 등록면허세/수수료</td></tr>
<tr><td rowspan="2">순번</td><td rowspan="2">신청등기소</td><td rowspan="2">구분</td><td>등록면허세</td><td rowspan="2">농어촌특별세</td><td rowspan="2">세액합계</td><td rowspan="2" colspan="2">등기신청수수료</td></tr>
<tr><td>지방교육세</td></tr>
<tr><td></td><td></td><td></td><td>금   원
금   원</td><td>금   원</td><td>금   원</td><td colspan="2">금   원</td></tr>
<tr><td></td><td></td><td></td><td></td><td></td><td></td><td colspan="2"></td></tr>
<tr><td colspan="3" align="center">합   계</td><td></td><td></td><td></td><td colspan="2"></td></tr>
<tr><td colspan="3">등기신청수수료 납부번호</td><td colspan="5"></td></tr>
<tr><td colspan="8" align="center">첨   부   서   면</td></tr>
<tr><td colspan="4">1. 총회의사록   1통
1. 주무관청의 허가서(또는
　 인증있는 허가서등본)   1통
1. 조합등기부등(초)본   1통</td><td colspan="4">1. 등기신청수수료영수필확인서   1통
1. 위임장(대리인이 신청할 경우)   1통

<기 타></td></tr>
</table>

20○○년 ○월 ○일

신청인 명   칭   ○○지역농업협동조합
　　　 주사무소   ○○시 ○○구 ○○동 ○○
대표자 성   명   조합장 ○ ○ ○ ㊞   (전화 :   )
　　　 주   소   ○○시 ○○구 ○○동 ○○
대리인 성   명   법무사 ○ ○ ○ ㊞   (전화 :   )
　　　 주   소   ○○시 ○○구 ○○동 ○○

○○지방법원 ○○등기소 귀중

- 신청서 작성요령 -

1. 해당란이 부족할 때에는 별지를 이용합니다.
1. 해당 등기신청과 관계없는 사항에 대하여는 "해당없음"으로 기재하거나 삭제하고, 필요한 사항은
　 추가 기재합니다.

(용지규격 21cm×29.7cm)

주 ① 분사무소 기재는 분사무소 소재지에서 신청하는 경우에 한하여 기재한다.
② 등기사유란 후단의 (　)안은 분사무소 소재지에서 신청하는 경우의 기재이다.
③ 변경목적란에는 정관상 목적의 조항에 규정된 사항뿐 아니라 사업의 종류의 조항에 규정된 사항의 변경도 목적변경으로 등기한다.
④ 등록면허세는 지방세법에 의하여 면제된다.
⑤ 총회의사록은 정관을 변경하기 위하여 특별결의한 총회의 의사록을 첨부하나 이 의사록은 공증인의 인증대상에서 제외된다(공증령 제2조의3 별표 제1조의 40호).
⑥ 조합등기부등(초)본은 분소 소재지에서 신청하는 경우에 한하여 첨부하는 것으로서 그 경우에는 등기사유를 증명하는 서면 대신 이 변경등기를 마친 후의 주사무소의 등기부 등본이나 초본만 첨부하면 된다.
⑦ 위임장의 첨부와 대리인의 표시는 대리인에 의하여 신청하는 경우에 한다.

□ **등기기재례**

사 항 번 호	등 기 사 항 (변 경 란)
4	20○○년 ○월 ○일 명칭을 다음과 같이 변경 목　적 : 1. ○○○○○ 　　　　　　　1. ○○○○○ 20○○년 ○월 ○일　등기

4. 조합장·이사·감사에 관한 변경등기

♣ 【서식】 농업협동조합의 변경등기(이사·감사가 변경된 경우)

농업협동조합 변경등기신청

접수	년 월 일	처리인	등기관 확인	각종통지
	제 호			

명 칭	○○지역농업협동조합	등기번호	제1000호
주사무소	○○시 ○○구 ○○동 ○		
등기의 목적	이사, 감사변경의 등기		

등기의 사유	<경우1> 사망, 사임 보선의 경우 이사(감사) ○○○는 20○○년 1월 30일 사망, 동 ○○○는 20○○년 2월 2일 사임하고 서기 20○○년 2월 10일 총회에서 다음 사람이 이사(감사)로 선임되어 20○○년 2월 15일 취임하였으므로(…취임하여 20○○년 2월 20일 주사무소 소재지 관할등기소에서 등기를 하였으므로 이 등기소에서) 그 등기를 구함. <경우2> 해임 보선의 경우 이사(감사) ○○○는 20○○년 1월 30일 총회에서 해임되고 20○○년 2월 5일 총회에서 다음 사람이 이사(감사)로 선임되어 20○○년 2월 5일 취임하였으므로(…취임하여 20○○년 2월 20일 주사무소 소재지 관할등기소에서 등기를 하였으므로 이 등기소에서) 그 등기를 구함. <경우3> 임기만료 퇴임 보선의 경우 이사(감사) ○○○는 20○○년 1월 30일 임기만료로 퇴임하고 20○○년 2월 5일 총회에서 다음 사람이 이사(감사)로 선임되어 20○○년 2월 15일 취임하였으므로(…취임하여 주사무소 소재지 관할등기소에서 등기를 하였으므로 이 등기소에서) 그 등기를 구함.

<경우4> 사임, 임기만료 후 권리행사 중 보선의 경우

이사(감사) ○○○는 20○○년 1월 30일 사임(임기만료로 퇴임)하였으나 법정원수를 결하므로 정관 제13조 1항의 규정에 의하여 그 권리의무 행사 중 20○○년 2월 28일 총회에서 다음 사람이 이사(감사)로 선임(재선)되어 20○○년 3월 2일 취임하였으므로(…취임하여 20○○년 3월 8일 주사무소 소재지관할등기소에서 등기를 하였으므로 이 등기소에서) 그 등기를 구함.

<경우5> 파산 또는 금치산선고로 인한 퇴임 보선의 경우

이사(감사) ○○○ 20○○년 1월 30일 파산(금치산)선고를 받아 퇴임하고 20○○년 2월 10일 총회에서 다음 사람이 이사(감사)로 선임되어 20○○년 2월 20일 취임하였으므로(…취임하여 20○○년 2월 18일 주사무소 소재지 관할등기소에서 등기를 하였으므로 이 등기소에서) 그 등기를 구함.

<경우6> 중임의 경우

이사(감사) ○○○ 20○○년 3월 5일 임기만료이나 20○○년 2월 18일 총회에서 이사(감사)로 재선되어 20○○년 3월 1일 중임하였으므로(…취임하여 20○○년 3월 4일 주사무소 소재지 관할등기소에서 등기를 하였으므로 이 등기소에서) 그 등기를 구함.

인가서도착연월일	20○○년 ○월 ○일
분사무소	○○시 ○○구 ○○동 ○

등기할 사항

<경우1> 사망, 사임 보선의 경우
　이사(감사)　○　○　○(470112-1122511)
　이사(감사)　○　○　○(5110112-120115)

<경우2> 해임 보선의 경우
　이사(감사)　○　○　○(450112-1159111)
<경우3> 임기만료 퇴임 보선의 경우
　이사(감사)　○　○　○(540112-1112519)

<경우4> 사임, 임기만료 후 권리행사 중 보선의 경우
　이사(감사)　○　○　○(450519-1121519)

<경우5> 파산 또는 금치산선고로 인한 퇴임 보선의 경우
　이사(감사)　○　○　○(450112-1120118)

<경우6> 중임의 경우
　이사(감사)　○　○　○(450111-1254514)

기　타	

<table>
<tr><td colspan="8" align="center">신청등기소 및 등록면허세/수수료</td></tr>
<tr><td rowspan="2">순번</td><td rowspan="2">신청등기소</td><td rowspan="2">구분</td><td>등록면허세</td><td rowspan="2">농어촌특별세</td><td rowspan="2">세액합계</td><td rowspan="2" colspan="2">등기신청수수료</td></tr>
<tr><td>지방교육세</td></tr>
<tr><td rowspan="2"></td><td rowspan="2"></td><td rowspan="2"></td><td>금　　　　원</td><td rowspan="2">금　　　　원</td><td rowspan="2">금　　　　원</td><td rowspan="2" colspan="2">금　　　　　원</td></tr>
<tr><td>금　　　　원</td></tr>
<tr><td></td><td></td><td></td><td></td><td></td><td></td><td colspan="2"></td></tr>
<tr><td colspan="3" align="center">합　　　　계</td><td></td><td></td><td></td><td colspan="2"></td></tr>
<tr><td colspan="3">등기신청수수료 납부번호</td><td colspan="5"></td></tr>
</table>

<table>
<tr><td colspan="2" align="center">첨　　부　　서　　면</td></tr>
<tr><td>1. 총회의사록　　　　　　　　1통</td><td>1. 조합등기부등(초)본　　　　1통</td></tr>
<tr><td>1. 주무관청의 허가서(또는</td><td>1. 재판서등본(파산, 금치산)　　1통</td></tr>
<tr><td>　　인증있는 허가서등본)　　1통</td><td>1. 사망진단서(또는 호적등본)　1통</td></tr>
<tr><td>1. 취임승낙서　　　　　　　　1통</td><td>1. 등기신청수수료영수필확인서　1통</td></tr>
<tr><td>1. 사임서　　　　　　　　　　1통</td><td>1. 위임장(대리인이 신청할 경우)　1통</td></tr>
<tr><td></td><td align="center"><기　타></td></tr>
</table>

20○○년 ○월 ○일

신청인 명　　칭　　○○지역농업협동조합

　　　　주사무소　　○○시 ○○구 ○○동 ○○

대표자 성　　명　　조합장 ○ ○ ○ ⑪　　　(전화 :　　　　　)

　　　　주　　소　　○○시 ○○구 ○○동 ○○

대리인 성　　명　　법무사 ○ ○ ○ ⑪　　　(전화 :　　　　　)

　　　　주　　소　　○○시 ○○구 ○○동 ○○

○○지방법원 ○○등기소 귀중

- 신청서 작성요령 -

1. 해당란이 부족할 때에는 별지를 이용합니다.
1. 해당 등기신청과 관계없는 사항에 대하여는 "해당없음"으로 기재하거나 삭제하고, 필요한 사항은 추
　 가 기재합니다.

(용지규격 21㎝×29.7㎝)

주 ① 분사무소 기재는 분사무소 소재지에서 신청하는 경우에 한하여 기재한다.
② 등기사유란 후단의 ( )안은 분사무소 소재지에서 신청하는 경우의 기재이다.
③ 등록면허세는 지방세법에 의하여 면제된다.
④ 총회의사록은 이사나 감사를 선임 또는 해임한 경우에 그를 의결한 총회의 의사록을 첨부하며 농업협동조합의 등기신청서에 첨부하는 의사록은 공증인의 인증대상에서 제외된다(공증령 제2조의3 별표 제1조의 40호).
⑤ 취임승낙취지가 기재된 피선자의 기명날인이 있는 의사록을 첨부하는 경우에는 취임승낙서의 첨부를 생략할 수 있다.
⑥ 회의석상에서 사임한 취지의 기재가 있고 그 임원의 기명날인이 있는 의사록을 첨부하는 경우에는 사임서의 첨부를 생략할 수 있다.
⑦ 조합등기부등(초)본은 분사무소소재지에서 신청하는 경우에 한하여 첨부하는 것으로서 그 경우에는 이사나 감사의 취임 또는 퇴임을 증명하는 서면 대신 이 변경등기를 마친 후의 주사무소의 등기부등본이나 초본만 첨부한다.
⑧ 위임장의 첨부와 대리인의 표시는 대리인에 의하여 신청하는 경우에 한다.

♣ 【서식】 농업협동조합의 변경등기(조합장 변경의 경우)

<table>
<tr><td colspan="6" align="center">농업협동조합 변경등기신청</td></tr>
<tr><td rowspan="2">접
수</td><td colspan="2" align="center">년   월   일</td><td rowspan="2">처리인</td><td>등기관 확인</td><td>각종통지</td></tr>
<tr><td colspan="2" align="center">제   호</td><td></td><td></td></tr>
</table>

명 칭	○○지역농업협동조합	등기번호	제1000호
주사무소	○○시 ○○구 ○○동 ○		
등기의 목적	조합장 변경의 등기		
등기의 사유	조합장 ○○○은 20○○년 1월 30일 사임하고(또는 ① 사망하고, ② 임기만료로 퇴임하고, ③ 해임되고) 20○○년 2월 5일 이사회에서 다음 사람이 조합장으로 선임되어(20○○년 2월 10일 조합장으로 임명되어) 20○○년 2월 15일 취임하였으므로(…취임하여 20○○년 2월 20일 주사무소 소재지 관할등기소에서 등기를 하였으므로 이 등기소에서) 그 등기를 구함.		
인가서도착연월일	20○○년 ○월 ○일		
분사무소	○○시 ○○구 ○○동 ○		
등기할 사항			
조합장 ○ ○ ○(410112-1159614) ○○군 ○○읍 ○○리 9번지			
기 타			

<table>
<tr><td colspan="8" align="center">신청등기소 및 등록면허세/수수료</td></tr>
<tr><td rowspan="2">순번</td><td rowspan="2">신청등기소</td><td rowspan="2">구분</td><td>등록면허세</td><td rowspan="2">농어촌특별세</td><td rowspan="2">세액합계</td><td rowspan="2" colspan="2">등기신청수수료</td></tr>
<tr><td>지방교육세</td></tr>
<tr><td rowspan="2"></td><td rowspan="2"></td><td rowspan="2"></td><td>금   원</td><td rowspan="2">금   원</td><td rowspan="2">금   원</td><td rowspan="2" colspan="2">금   원</td></tr>
<tr><td>금   원</td></tr>
<tr><td></td><td></td><td></td><td></td><td></td><td></td><td colspan="2"></td></tr>
<tr><td colspan="3" align="center">합   계</td><td></td><td></td><td></td><td colspan="2"></td></tr>
<tr><td colspan="3">등기신청수수료 납부번호</td><td colspan="5"></td></tr>
</table>

<table>
<tr><td colspan="2" align="center">첨   부   서   면</td></tr>
<tr><td>1. 총회의사록   1통</td><td>1. 사임서   1통</td></tr>
<tr><td>1. 주무관청의 허가서(또는</td><td>1. 사망진단서(또는 호적등본)   1통</td></tr>
<tr><td>   인증있는 허가서등본)   1통</td><td>1. 조합등기부등(초)본   1통</td></tr>
<tr><td>1. 이사회의사록   1통</td><td>1. 등기신청수수료영수필확인서   1통</td></tr>
<tr><td>1. 취임승낙서   1통</td><td>1. 위임장(대리인이 신청할 경우)   1통</td></tr>
<tr><td>1. 임명장   1통</td><td><기 타></td></tr>
</table>

20○○년 ○월 ○일

신청인 명   칭   ○○지역농업협동조합

　　　　주사무소   ○○시 ○○구 ○○동 ○○

대표자 성   명   조합장 ○ ○ ○ ㊞   (전화 :   )

　　　　주   소   ○○시 ○○구 ○○동 ○○

대리인 성   명   법무사 ○ ○ ○ ㊞   (전화 :   )

　　　　주   소   ○○시 ○○구 ○○동 ○○

○○지방법원 ○○등기소 귀중

- 신청서 작성요령 -

1. 해당란이 부족할 때에는 별지를 이용합니다.
1. 해당 등기신청과 관계없는 사항에 대하여는 "해당없음"으로 기재하거나 삭제하고, 필요한 사항은 추가 기재합니다.

(용지규격 21cm×29.7cm)

주 ① 분사무소 기재는 분사무소 소재지에서 신청하는 경우에 한하여 기재한다.
② 등기사유란 후단의　(　)안은 분사무소 소재지에서 신청하는 경우의 서식이다.
③ 등록면허세는 지방세법에 의하여 면제된다.
④ 조합장을 해임한 경우에는 그 해임을 결의한 총회의사록을 첨부할 것이다. 특수조합의 조합장은 총회에서 선임하므로 그 경우에는 그 선임을 증명하는 서면으로서 이를 첨부한다. 농업협동조합의 등기신청서에 첨부하는 의사록은 공증인의 인증대상에서 제외된다(공증령 제2조의3 별표 제1조의 40호).
⑤ 조합장을 호선한 이사회의사록을 첨부한다.
⑥ 취임승낙취지가 기재된 피선자의 기명날인이 있는 의사록을 첨부하는 경우에는 이의 첨부를 생략할 수 있다.
⑦ 농업협동조합원임원임면에관한임시조치법 시행 중에는 조합장을 중앙회장이 임명하고 있으므로 동법 시행중에는 그를 선임한 이사회의사록과 그의 취임승낙서 대신 조합장 임명장이나 임명통지서 등을 첨부할 것이다.
⑧ 회의석상에서 사임한 취임의 기재가 있고 그의 기명날인이 있는 의사록을 첨부하는 경우에는 사임서의 첨부를 생략할 수 있다.
⑨ 조합등기부등(초)본은 분사무소 소재지에서 신청하는 경우에 한하여 첨부하는 것으로서 그 경우에는 조합장의 취임 또는 퇴임을 증명하는 서면 대신 이 변경등기를 마친 후의 주사무소의 등기부등본이나 초본만 첨부한다.
⑩ 위임장 외에 주사무소 소재지에서 조합장의 취임등기를 신청할 때에는 새로운 조합장의 인감도 제출한다.
⑪ 위임장의 첨부와 대리인의 표시는 대리인에 의하여 신청하는 경우에 한다.

5. 사무소 또는 이사의 표시변경등기

♣ **【서식】 농업협동조합의 변경등기**(행정구역변경으로 인하여 사무소 표시가 변경된 경우)

<table>
<tr><td colspan="7" align="center">농업협동조합 변경등기신청</td></tr>
<tr><td rowspan="2">접
수</td><td colspan="3" align="center">년　　월　　일</td><td rowspan="2" align="center">처리인</td><td align="center">등기관 확인</td><td align="center">각종통지</td></tr>
<tr><td colspan="3"></td><td></td><td></td></tr>
</table>

명　　칭	○○지역농업협동조합	등기번호	제1000호
주사무소	○○시 ○○구 ○○동 ○		

등기의 목적	행정구역변경(행정구역명칭변경)으로 인한 주사무소(분사무소)의 변경등기
등기의 사유	20○○년 1월 10일 행정구역변경(행정구역명칭변경)으로 인하여 사무소(구례군 구례읍 봉남리 1번지의 분소)가 다음과 같이 변경되었으므로(…변경되어 20○○년 1월 20일 주사무소 소재지 관할등기소에서 등기를 하였으므로 이 등기소에서) 그 등기를 구함.
분사무소	○○시 ○○구 ○○동 ○

등기할 사항
주사무소(분사무소)　○○시 ○○군 ○○동 ○○번지 20○○년 ○월 ○일 변경
기　　타

신청등기소 및 등록면허세/수수료						
순번	신청등기소	구분	등록면허세 지방교육세	농어촌특별세	세액합계	등기신청수수료
			금 원 금 원	금 원	금 원	금 원
합 계						
등기신청수수료 납부번호						

첨 부 서 면

1. 행정구역변경증명서(토지대장등본. 관보 등) 1통 1. 조합등기부등(초)본 1통 1. 인감신고서 및 인감대지 1통	1. 등기신청수수료영수필확인서 1통 1. 위임장(대리인이 신청할 경우) 1통 <기 타>

20○○년 ○월 ○일

신청인 명   칭   ○○지역농업협동조합
　　　 주사무소   ○○시 ○○구 ○○동 ○○
대표자 성   명   조합장 ○ ○ ○ ㊞   (전화 :   )
　　　 주   소   ○○시 ○○구 ○○동 ○○
대리인 성   명   법무사 ○ ○ ○ ㊞   (전화 :   )
　　　 주   소   ○○시 ○○구 ○○동 ○○

○○지방법원 ○○등기소 귀중

- 신청서 작성요령 -

1. 해당란이 부족할 때에는 별지를 이용합니다.
1. 해당 등기신청과 관계없는 사항에 대하여는 "해당없음"으로 기재하거나 삭제하고, 필요한 사항은
   추가 기재합니다.

(용지규격 21cm×29.7cm)

주 ① 분사무소 기재는 분사무소 소재지에서 신청하는 경우에 한하여 기재한다.
② 등기사유란 후단의 ( )안은 분사무소소재지에서 신청하는 경우의 기재이다.
③ 조합등기부등본은 분사무소 소재지에서 신청하는 경우에 한하여 첨부하는 것으로서 그 경우에는 등기사유를 증명하는 서면 대신 이 등기를 마친 후의 주사무소의 등기부등본이나 초본만 첨부한다.
④ 위임장 첨부시 주사무소 소재지에서 행정구역변경 등으로 인한 주사무소 표시변경등기를 신청할 때에는 이미 제출한 인감의 사무소의 표시가 달라지게 되므로 변경된 사무소로 기재된 조합장의 인감도 제출한다.
⑤ 위임장의 첨부와 대리인의 표시는 대리인에 의하여 신청하는 경우에 한다.

□ **등기기재례**

사 항 번 호	등 기 사 항 (변 경 란)
2 (3)	20○○년 ○월 ○일 행정구역변경(행정구역명칭변경)으로 인하여사무소(분소) 변경 사무소(분소) ○○군 ○○면 ○○리 ○○번지 20○○년 ○월○ 일 등기

♣ **【서식】 농업협동조합의 변경등기**(행정구역변경으로 인하여 임원의 주소가 변경된 경우)

<table>
<tr><td colspan="6" align="center">농업협동조합 변경등기신청</td></tr>
<tr><td rowspan="2">접
수</td><td colspan="3" align="center">년   월   일</td><td rowspan="2" align="center">처리인</td><td align="center">등기관 확인</td><td align="center">각종통지</td></tr>
<tr><td colspan="3" align="center">제   호</td><td></td><td></td></tr>
</table>

<table>
<tr><td align="center">명   칭</td><td>○○지역 농업협동조합</td><td align="center">등기번호</td><td>제1000호</td></tr>
<tr><td align="center">주사무소</td><td colspan="3">○○시 ○○구 ○○동 ○</td></tr>
<tr><td align="center">등기의 목적</td><td colspan="3">행정구역변경(행정구역명칭변경)으로 인한 조합장(이사, 감사)의 주소의 변경등기</td></tr>
<tr><td align="center">등기의 사유</td><td colspan="3">20○○년 행정구역변경(행정구역명칭변경)으로 인하여 조합장 ○○○의 주소가 다음과 같이 변경되었으므로(…변경되어 20○○년 1월 20일 주사무소소재지 관할등기소에서 등기를 하였으므로 이 등기소에서) 그 등기를 구함.</td></tr>
<tr><td align="center">분사무소</td><td colspan="3">○○시 ○○구 ○○동 ○</td></tr>
<tr><td colspan="4" align="center">등기할 사항</td></tr>
<tr><td colspan="4">○○○ ○○○의 주소 ○○시 ○○군 ○○동 ○○번지 20○○년 ○월 ○일 변경</td></tr>
<tr><td align="center">기   타</td><td colspan="3"></td></tr>
</table>

신청등기소 및 등록면허세/수수료							
순번	신청등기소	구분	등록면허세 지방교육세	농어촌특별세	세액합계		등기신청수수료
			금 원 금 원	금 원	금 원		금 원
합 계							
등기신청수수료 납부번호							
첨 부 서 면							
1. 행정구역변경증명서(토지대장등본. 관보 등) 1통 1. 조합등기부등(초)본 1통 1. 인감신고서 및 인감대지 1통				1. 등기신청수수료영수필확인서 1통 1. 위임장(대리인이 신청할 경우) 1통 <기 타>			

2000년 0월 0일

신청인 명   칭   ○○지역농업협동조합
        주사무소   ○○시 ○○구 ○○동 ○○
대표자 성   명   조합장 ○ ○ ○ ㊞ (전화 :   )
        주   소   ○○시 ○○구 ○○동 ○○
대리인 성   명   법무사 ○ ○ ○ ㊞   (전화 :   )
        주   소   ○○시 ○○구 ○○동 ○○

○○지방법원 ○○등기소 귀중

- 신청서 작성요령 -
1. 해당란이 부족할 때에는 별지를 이용합니다.
1. 해당 등기신청과 관계없는 사항에 대하여는 "해당없음"으로 기재하거나 삭제하고, 필요한 사항은
   추가 기재합니다.

(용지규격 21cm×29.7cm)

주 ① 분사무소 기재는 분사무소 소재지에서 신청하는 경우에 한하여 기재한다.
② 등기사유란 후단의   (   )안은 분사무소 소재지에서 등기를 신청하는 경우의 기재이다.
③ 조합등기부등본은 분사무소 소재지에서 신청하는 경우에 한하여 첨부하는 것으로서 그 경우에는 주사무소 소재지에서 신청할 때 첨부하는 등기사항을 증명하는 서면인 토지대장등본 대신 이 등기를 마친 후의 주사무소의 등기부등본이나 초본만 첨부한다.
④ 위임장 첨부시 주사무소 소재지에서 행정구역변경 등으로 인한 주사무소 표시변경등기를 신청할 때에는 이미 제출한 인감의 사무소의 표시가 달라지게 되므로 변경된 사무소로 기재된 조합장의 인감도 제출한다.
⑤ 위임장의 첨부와 대리인의 표시는 대리인에 의하여 신청하는 경우에 한다.

□ 등기기재례

사 항 번 호	등 기 사 항 (변 경 란)
10 (11, 12)	20○○년 ○월 ○일 행정구역변경(행정구역명칭변경)으로 인하여 조합장 ○○○의 주소변경 주 소 ○○군 ○○면 ○○리 ○○번지 20○○년 ○월 ○일 등기

♣ **【서식】 농업협동조합의 변경등기**(개명, 전거로 인하여 임원의 성명.주소가 변경된 경우)

<table>
<tr><td colspan="6" align="center">농업협동조합 변경등기신청</td></tr>
<tr><td rowspan="2">접
수</td><td colspan="2" align="center">년   월   일</td><td rowspan="2" align="center">처리인</td><td>등기관 확인</td><td>각종통지</td></tr>
<tr><td colspan="2" align="center">제   호</td><td></td><td></td></tr>
</table>

명 칭	○○지역농업협동조합	등기번호	제1000호
주사무소	○○시 ○○구 ○○동 ○		
등기의 목적	임원의 성명(주소) 변경		

등기의 사유	<경우1> 성명변경의 경우 20○○년 1월 10일 ○○지방법원의 허가를 받아 조합장 ○○○의 성명을 다음과 같이 변경하였으므로(…변경하고 20○○년 1월 20일 주사무소 소재지 관할등기소에서 등기를 하였으므로 이 등기소에서) 그 등기를 구함. <경우2> 주소변경의 경우 20○○년 1월 10일 조합장 ○○○의 주소를 다음 장소로 이전하였으므로(…변경하고 20○○년 1월 20일 주사무소 소재지 관할등기소에서 등기를 하였으므로 이 등기소에서) 그 등기를 구함.
허가서도착연월일	20○○년 ○월 ○일
분사무소	○○시 ○○구 ○○동 ○

등기할 사항
<경우1> 성명변경의 경우   조합장 ○ ○ ○
<경우2> 주소변경의 경우   주 소 ○○군 ○○읍 ○○리 48번지

기 타	

신청등기소 및 등록면허세/수수료						
순번	신청등기소	구분	등록면허세 지방교육세	농어촌특별세	세액합계	등기신청수수료
			금 원 금 원	금 원	금 원	금 원
합 계						
등기신청수수료 납부번호						

첨 부 서 면	
1. 호적등.초본(성명변경의 경우) 1통	1. 등기신청수수료영수필확인서 1통
1. 주무관청의 허가서(또는	1. 위임장(대리인이 신청할 경우) 1통
인증있는 허가서등본) 1통	
1. 조합등기부등(초)본 1통	<기 타>
1. 주민등록표등·초본(주소변경의	
경우) 1통	

20○○년 ○월 ○일

신청인 명   칭   ○○지역농업협동조합
　　　　주사무소   ○○시 ○○구 ○○동 ○○
대표자 성   명   조합장 ○ ○ ○ ㊞   (전화 :   )
　　　　주   소   ○○시 ○○구 ○○동 ○○
대리인 성   명   법무사 ○ ○ ○ ㊞   (전화 :   )
　　　　주   소   ○○시 ○○구 ○○동 ○○

○○지방법원 ○○등기소 귀중

- 신청서 작성요령 -

1. 해당란이 부족할 때에는 별지를 이용합니다.
1. 해당 등기신청과 관계없는 사항에 대하여는 "해당없음"으로 기재하거나 삭제하고, 필요한 사항은 추
　가 기재합니다.

(용지규격 21㎝×29.7㎝)

<table>
<tr><td>주</td><td>

① 분사무소 기재는 분사무소 소재지에서 신청하는 경우에 한하여 기재한다.

② 등기사유란 후단의 ( )안은 분사무소 소재지에서 등기를 신청하는 경우에 기재이다.

③ 등록면허세는 지방세법에 의하여 면제된다.

④ 법인등기부등.초본은 분사무소 소재지에서 신청하는 경우에 한하여 첨부하는 것으로서 그 경우에는 주사무소 소재지에서 신청할 때 첨부하는 등기사항을 증명하는 서면인 가족관계등록부의 증명서나 주민등록표등본 대신 이 등기를 마친 후의 주사무소의 등기부등본이나 초본만 첨부한다.

⑤ 위임장 주사무소 소재지에서 조합장의 성명변경의 등기를 신청할 경우에는 이미 제출한 인감의 성명표시가 달라지게 되므로, 변경된 성명으로 기재된 조합장의 인감도 제출한다.

⑥ 위임장의 첨부와 대리인의 표시는 대리인에 의하여 신청하는 경우에 한다.

</td></tr>
</table>

□ 등기기재례

사 항 번 호	등 기 사 항 (변 경 란)
10 (11, 12)	20○○년 ○월 ○일 조합장(이사, 감사) ○○○의 성명(주소) 변경 ○ ○ ○ (또는 주소 ○○군 ○○면 ○○리 ○○번지) ○○년 ○월 ○일 등기

三. 합병등기

♣ 【서식】 합병으로 인한 농업협동조합의 변경등기신청

(흡수합병시 존속하는 조합에서 신청하는 경우)

<table>
<tr><td colspan="7" align="center">농업협동조합 변경등기신청</td></tr>
<tr><td rowspan="2">접
수</td><td colspan="2" align="center">년   월   일</td><td rowspan="2" align="center">처리인</td><td rowspan="2" align="center">등기관 확인</td><td rowspan="2" align="center">각종통지</td></tr>
<tr><td colspan="2" align="center">제   호</td></tr>
</table>

<table>
<tr><td>명   칭</td><td>○○지역농업협동조합</td><td>등기번호</td><td>제1000호</td></tr>
<tr><td>주사무소</td><td colspan="3">○○시 ○○구 ○○동 ○</td></tr>
<tr><td>등기의 목적</td><td colspan="3">합병으로 인한 농업협동조합 변경등기</td></tr>
<tr><td>등기의 사유</td><td colspan="3">20○○년 1월 10일 총회에서 ○○군 ○○면 ○○리 1번지 ○○지역농업협동조합을 흡수합병하기로 결의하고 20○○년 1월 25일 주무관청의 인가를 받아 20○○년 4월 25일 공고와 최고절차를 종료하였으므로(…종료하고 20○○년 5월 10일 주사무소소재지 관할등기소에서 등기를 하였으므로 이 등기소에서) 다음과 같이 변경등기를 구함.</td></tr>
<tr><td>인가서도착연월일</td><td colspan="3">20○○년 ○월 ○일</td></tr>
<tr><td>분사무소</td><td colspan="3">○○시 ○○구 ○○동 ○</td></tr>
<tr><td colspan="4" align="center">등기할 사항</td></tr>
<tr><td colspan="4">구 역 ○○군 ○○면과 ○○군 ○○면의 일원
출자총좌수와 납입한 출자의 총액 :
　　출자총좌수 ○○○○좌
　　납입한 출자의 총액 금 ○○○○원</td></tr>
<tr><td>기   타</td><td colspan="3"></td></tr>
</table>

<table>
<tr><td colspan="7" align="center">신청등기소 및 등록면허세/수수료</td></tr>
<tr><td rowspan="2">순번</td><td rowspan="2">신청등기소</td><td rowspan="2">구분</td><td>등록면허세</td><td rowspan="2">농어촌특별세</td><td rowspan="2">세액합계</td><td rowspan="2">등기신청수수료</td></tr>
<tr><td>지방교육세</td></tr>
<tr><td rowspan="2"></td><td rowspan="2"></td><td rowspan="2"></td><td>금   원</td><td rowspan="2">금   원</td><td rowspan="2">금   원</td><td rowspan="2">금   원</td></tr>
<tr><td>금   원</td></tr>
<tr><td></td><td></td><td></td><td></td><td></td><td></td><td></td></tr>
<tr><td colspan="3" align="center">합   계</td><td></td><td></td><td></td><td></td></tr>
<tr><td colspan="3" align="center">등기신청수수료 납부번호</td><td colspan="4"></td></tr>
</table>

첨 부 서 면

1. 합병계약서	1통	1. 공고 및 최고를 한 증명서	1통
1. 주무관청의 인가서(또는		1. 출자총좌수와 출자납입증명서	1통
인증있는 인가서등본)	1통	1. 조합등기부등(초)본(소멸조합)	1통
1. 합병인가서	1통	1. 조합등기부등(초)본(존속조합)	1통
1. 총회의사록	1통	1. 등기신청수수료영수필확인서	1통
1. 변제영수증(담보제공증명서)		1. 위임장(대리인이 신청할 경우)	1통
또는 이의없다는 진술서	1통	<기 타>	

20○○년 ○월 ○일

```
신청인 명    칭    ○○지역농업협동조합
       주사무소   ○○시 ○○구 ○○동 ○○
대표자 성    명    조합장 ○ ○ ○ ⑪      (전화 :           )
       주    소    ○○시 ○○구 ○○동 ○○
대리인 성    명    법무사 ○ ○ ○ ⑪      (전화 :           )
       주    소    ○○시 ○○구 ○○동 ○○
```

○○지방법원 ○○등기소 귀중

- 신청서 작성요령 -

1. 해당란이 부족할 때에는 별지를 이용합니다.
1. 해당 등기신청과 관계없는 사항에 대하여는 "해당없음"으로 기재하거나 삭제하고, 필요한 사항은
   추가 기재합니다.

(용지규격 21㎝×29.7㎝)

주 ① 분사무소 기재는 분사무소 소재지에서 신청하는 경우에 한하여 기재하는 사항으로서 그 경우에는 주사무소 소재지 다음에 이 등기를 신청하는 당해 등기소 관내의 분사무소 소재지도 아울러 기재한다.

② 등기사유란의 공고와 최고절차를 종료한 일자는 공고와 최고기간 만료일 익일 또는 채권자의 이의가 있는 때에는 그 후 그에 대한 변제일자나 담보제공일자 등을 기재한다. 그리고 후단의   (   )안은 분사무소 소재지에서 이 등기를 신청하는 경우의 기재이다.

③ 인가서도착일은 주무관청의 합병인가서가 도착한 일자를 기재한다. 그러나 여기서는 이 일자로부터 등기기간을 기산하는 것이 아니라 채권자에 대한 공고.최고절차를 종료한 때인 공고.최고기간만료 익일이나 이의가 있는 때에는 그에 대한 변제일이나 담보제공일이 등기기간의 기산일이 된다.

④ 등록면허세는 지방세법에 의하여 면제된다.

⑤ 합병을 의결한 각 합병당사조합의 총회의사록과 합병으로 인한 정관변경을 의결한 존속조합의 총회의사록을 첨부해야 한다. 이의 의사록은 공증인의 인증을 받지 아니한다.

⑥ 채권자에 대하여 합병공고를 한 증명서와 알고 있는 채권자에게 개별최고를 한 증명서를 첨부한다.

⑦ 채권자의 이의가 있은 경우에는 그 채권을 변제한 영수증이나 담보제공영수증, 이의가 없는 경우에는 그 취지의 진술서를 첨부한다.

⑧ 합병 후의 출자의 총좌수와 납입한 출자의 총액을 증명하는 서면을 첨부할 것이나 그것이 합병당사조합의 그것의 합산액과 동일한 때에는 신청서에 그 취지를 기재하고 이의 첨부를 생략할 수 있다.

⑨ 존속하는 조합의 주사무소 관내에 소멸하는 조합의 주사무소나 분사무소의 등기가 있는 때에는 그 등기부등본의 첨부는 생략할 수 있다.

⑩ 조합등기부등본은 분사무소 소재지에서 신청하는 경우에 한하여 첨부하는 것으로서 그 경우에는 주사무소 소재지에서 신청할 때 첨부하는 위의 서류 대신 이 등기를 마친 후의 주사무소의 등기부 등본이나 초본만 첨부한다.

⑪ 이 등기는 합병 후 존속하는 조합의 조합장이 신청한다.

⑫ 위임장의 첨부와 대리인의 표시는 대리인에 의하여 신청하는 경우에 한다.

♣ 【서식】 합병으로 인한 농업협동조합의 해산등기

<table>
<tr><td colspan="6" align="center">농업협동조합 해산등기신청</td></tr>
<tr><td rowspan="2">접
수</td><td colspan="2" align="center">년   월   일</td><td rowspan="2" align="center">처리인</td><td align="center">등기관 확인</td><td align="center">각종통지</td></tr>
<tr><td colspan="2" align="center">제   호</td><td></td><td></td></tr>
</table>

명 칭	○○지역농업협동조합	등기번호	제1000호
주사무소	○○시 ○○구 ○○동 ○		
등기의 목적	합병으로 인한 농업협동조합 해산등기		

등기의 사유	

<경우1> 흡수합병으로 인한 해산의 경우

2○○○년 1월 10일 총회의 의결을 거쳐 20○○년 1월 20일 주무관청의 인가를 받고 20○○년 4월 25일 공고와 최고의 절차를 밟아 20○○년 5월 4일 ○○군 ○○면 ○○리 1번지 B지역농업협동조합과 합병하고 해산하였으므로(…해산하여 20○○년 5월 10일 주사무소 소재지 관할등기소에서 그 등기를 하였으므로 이 등기소에서) 다음 사항의 등기를 구함.

<경우2> 신설합병으로 인한 해산의 경우

2○○○년 ○월 ○일 총회의 의결을 거쳐 20○○년 ○월 ○일 주무관청에 설립등록을 하고 ○○년 ○월 ○일 공고와 최고의 절차를 밟아 20○년 ○월 ○일 ○○군 ○○면 ○○리 ○○번지 B지역농업협동조합과 합병하여 ○○군 ○○면 ○○리 ○○번지 ○○지역농업협동조합을 설립하고 해산하였으므로(…해산하여 ○○년 ○월 ○일 주사무소 소재지 관할등기소에서 그 등기를 하였으므로 이 등기소에서) 다음 사항의 등기를 구함.

인가서도착연월일	2○○○년 ○월 ○일
분사무소	○○시 ○○구 ○○동 ○

등기할 사항
<경우1> 흡수합병으로 인한 해산의 경우 　　　　20○○년 5월 4일　○○군 ○○면 ○○리 1번지 　　　　B지역농업협동조합과 합병하고 해산   <경우2> 신설합병으로 인한 해산의 경우 　　　　20○○년 ○월 ○일 ○○군 ○○면 ○○리 ○○번지 　　　　B지역농업협동조합과 합병하여 ○○군 ○○면 ○○리 ○○번지 　　　　○○지역농업협동조합을 설립하고 해산

기　타	

<table>
<tr><td colspan="9" align="center">신청등기소 및 등록면허세/수수료</td></tr>
<tr><td rowspan="2">순번</td><td rowspan="2">신청등기소</td><td rowspan="2">구분</td><td>등록면허세</td><td rowspan="2">농어촌특별세</td><td rowspan="2">세액합계</td><td rowspan="2">등기신청수수료</td></tr>
<tr><td>지방교육세</td></tr>
<tr><td></td><td></td><td></td><td>금   원</td><td rowspan="2">금   원</td><td rowspan="2">금   원</td><td rowspan="2">금   원</td></tr>
<tr><td></td><td></td><td></td><td>금   원</td></tr>
<tr><td></td><td></td><td></td><td></td><td></td><td></td><td></td></tr>
<tr><td colspan="3" align="center">합   계</td><td></td><td></td><td></td><td></td></tr>
<tr><td colspan="3" align="center">등기신청수수료 납부번호</td><td colspan="4"></td></tr>
</table>

첨   부   서   면

1. 합병계약서	1통	1. 공고 및 최고증명서	1통
1. 주무관청의 인가서(또는		1. 법인등기부등본(존속조합분 또는	
인증있는 인가서등본)	1통	소멸법인분과 신설법인분)	1통
1. 합병인가서	1통	1. 조합등기부등본(주사무소분)	1통
1. 총회의사록	1통	1. 등기신청수수료영수필확인서	1통
1. 변제영수증(담보제공증명서)		1. 위임장(대리인이 신청할 경우)	1통
또는 이의없다는 진술서	1통	<기 타>	

20○○년 ○월 ○일

신청인 명   칭   ○○지역농업협동조합

　　　　주사무소   ○○시 ○○구 ○○동 ○○

대표자 성   명   조합장 ○ ○ ○ ㊞   (전화 :   )

　　　　주   소   ○○시 ○○구 ○○동 ○○

대리인 성   명   법무사 ○ ○ ○ ㊞   (전화 :   )

　　　　주   소   ○○시 ○○구 ○○동 ○○

○○지방법원 ○○등기소 귀중

- 신청서 작성요령 -

1. 해당란이 부족할 때에는 별지를 이용합니다.
1. 해당 등기신청과 관계없는 사항에 대하여는 "해당없음"으로 기재하거나 삭제하고, 필요한 사항은 추가 기재합니다.

(용지규격 21cm×29.7cm)

주 ① 분사무소 기재는 분사무소 소재지에서 신청하는 경우에 한하여 기재하는 사항으로서 그 경우에는 주사무소 소재지 다음에 이 등기를 신청하는 당해 등기소 관내의 분사무소 소재지도 아울러 기재한다.
② 등기사유란의 (　)안은 분사무소 소재지에서 이 등기를 신청하는 경우의 기재이다.
③ 해산한 연월일은 합병 후 존속하는 법인의 변경등기일자나 합병으로 인하여 신설되는 법인의 설립등기일자를 기재한다.
④ 등록면허세는 지방세법에 의하여 면제된다.
⑤ 조합등기부등본은 분사무소 소재지에서 이 등기를 신청하는 경우에 한하여 첨부하는 것으로서 그 경우에는 위의 각 서류 대신 이 등기를 마친 후의 주사무소의 등기부등본만 첨부한다.
⑥ 위임장의 첨부와 대리인의 표시는 대리인에 의하여 신청하는 경우에 한다.

□ 등기기재례

(1) 흡수방법으로 인한 해산의 경우

사 항 번 호	등 기 사 항
13	해산의 원인 및 연월일 20○○년 ○월 ○일 ○○군 ○○면 ○○리 ○○번지 ○○단위농업협동조합과 합병하고 해산 20○○년 ○월 ○일　등기

사 항 번 호	등 기 사 항 (예 비 란)
16	○○단위농업협동조합과 합병하고 해산 본호용지 폐쇄

(2) 신설합병으로 인한 해산의 경우

사 항 번 호	등 기 사 항
13	해산의 원인 및 연월일 20○○년 ○월 ○일 ○○군 ○○면 ○○리 ○○번지 B단위농업협동조합과 합병하여 20○○년 ○월 ○일 ○○군 ○○면 ○○리 ○○번지 ○○단위농업협동조합을 설립하고 해산 20○○년 ○월 ○일 등기

四. 해산과 청산에 관한 등기
♣ 【서식】 농업협동조합의 해산등기

(정관소정해산사유발생, 총회의 결의, 조합원결지 등으로 조합이 해산한 경우)

<table>
<tr><td colspan="6" align="center">농업협동조합 해산등기신청</td></tr>
<tr><td rowspan="2">접
수</td><td colspan="2" align="center">년   월   일</td><td rowspan="2">처리인</td><td>등기관 확인</td><td>각종통지</td></tr>
<tr><td colspan="2" align="center">제   호</td><td></td><td></td></tr>
</table>

<table>
<tr><td align="center">명   칭</td><td>○○지역농업협동조합</td><td align="center">등기번호</td><td>제1000호</td></tr>
<tr><td align="center">주사무소</td><td colspan="3">○○시 ○○구 ○○동 ○</td></tr>
<tr><td align="center">등기의 목적</td><td colspan="3">농업협동조합 해산등기</td></tr>
<tr><td align="center">등기의 사유</td><td colspan="3">

<경우1> 정관소정 해산사유발생으로 인한 경우
20○○년 1월 10일 정관에 정한 어떠 어떠한 사유발생으로 해산하였으므로(…발생하여 20○○년 1월 20일 주사무소 소재지 관할등기소에서 그 등기를 하였으므로 이 등기소에서) 다음 사항의 등기를 구함.

<경우2> 총회의 해산결의로 인한 경우
20○○년 1월 10일 총회에서 해산을 결의하고 20○○년 1월 30일 주무관청의 인가를 받아 해산하였으므로(…해산하여 20○○년 1월 30일 주사무소 소재지 관할등기소에서 그 등기를 하였으므로 이 등기소에서) 다음 사항의 등기를 구함.

<경우3> 조합원결핍으로 인한 해산의 경우
20○○년 1월 10일 정관에 정한 조합원의 결핍으로 인하여 해산하였으므로(…해산하여 20○○년 1월 25일 주사무소 소재지 관할등기소에서 그 등기를 하였으므로 이 등기소에서) 다음 사항의 등기를 구함.

</td></tr>
</table>

인가서도착연월일	20○○년 ○월 ○일
분사무소	○○시 ○○구 ○○동 ○

<table>
<tr><td colspan="2" align="center">등기할 사항</td></tr>
<tr><td colspan="2">

<경우1> 정관소정 해산사유발생으로 인한 경우
　　　20○○년 1월 10일 정관에 정한 어떠 어떠한 사유 발생으로 해산

<경우2> 총회의 해산결의로 인한 경우
　　　20○○년 1월 10일 총회의 결의로 해산

<경우3> 조합원결핍으로 인한 해산의 경우
　　　20○○년 1월 10일 조합원의 결핍으로 해산

</td></tr>
<tr><td>기　타</td><td></td></tr>
</table>

신청등기소 및 등록면허세/수수료						
순번	신청등기소	구분	등록면허세 지방교육세	농어촌특별세	세액합계	등기신청수수료
			금 원 금 원	금 원	금 원	금 원
합 계						
등기신청수수료 납부번호						

<table>
<tr><td colspan="2" align="center">첨   부   서   면</td></tr>
<tr><td>
1. 총회의사록   1통
1. 주무관청의 인가서(또는
　 인증있는 인가서등본)   1통
1. 감사의 증명서   1통
</td><td>
1. 조합등기부등(초)본   1통
1. 등기신청수수료영수필확인서   1통
1. 위임장(대리인이 신청할 경우) 1통
<기 타>
</td></tr>
</table>

20○○년 ○월 ○일

신청인 명   칭   ○○지역농업협동조합
　　　 주사무소   ○○시 ○○구 ○○동 ○○
대표자 성   명   청산인 ○ ○ ○ ㊞   (전화 :   )
　　　 주   소   ○○시 ○○구 ○○동 ○○
대리인 성   명   법무사 ○ ○ ○ ㊞   (전화 :   )
　　　 주   소   ○○시 ○○구 ○○동 ○○

○○지방법원 ○○등기소 귀중

- 신청서 작성요령 -
1. 해당란이 부족할 때에는 별지를 이용합니다.
1. 해당 등기신청과 관계없는 사항에 대하여는 "해당없음"으로 기재하거나 삭제하고, 필요한 사항은
　 추가 기재합니다.

(용지규격 21cm×29.7cm)

주
① 분사무소 기재는 분사무소 소재지에서 신청하는 경우에 한하여 기재한다.
② 등기사유란의 각 ( )안은 분사무소 소재지에서 신청하는 경우의 기재이다.
③ 인가서도착일은 총회의 결의에 의하여 해산한 경우처럼 관청의 인가를 요하는 경우에 한하여 기재한다.
④ 등록면허세는 지방세법에 의하여 면제된다.
⑤ 총회의 결의에 의하여 해산하는 경우에는 조합의 해산을 결의한 총회의 의사록을 첨부한다. 농업협동조합의 등기신청서에 첨부하는 의사록은 공증인의 인증을 필요로 하지 않는다.
⑥ 총회의 결의에 의하여 해산하는 경우에는 주무관청의 인가를 요하는 경우에 한하여 인가서를 첨부한다.
⑦ 조합원의 결핍으로 해산한 경우에는 법률이나 정관 소정의 최저조합원 수에 미달하는 사실이 증명되는 총회의사록이나 감사의 증명서 등을 첨부한다.
⑧ 조합등기부등본은 분사무소 소재지에서 신청하는 경우에 한하여 첨부하는 것으로서 그 경우에는 위의 각 서류 대신 이 등기를 마친 후의 주사무소의 등기부등본만 첨부한다.
⑨ 해산등기를 신청할 때에는 등기신청인인 청산인의 인감도 제출하고 정관소정의 해산사유 발생으로 해산한 경우로서 등기부나 신청서로 하여금 그 등기사유가 확인되지 않는 경우에는 해산사유발생을 증명하는 서면을 따로 제출한다.
⑩ 이 등기는 대표권 있는 청산인이 신청한다.
⑪ 위임장의 첨부와 대리인의 표시는 대리인에 의하여 신청하는 경우에 한다.

♣ 【서식】 농업협동조합 청산인취임등기

<table>
<tr><td colspan="6" align="center">농업협동조합 청산인취임등기신청</td></tr>
<tr><td rowspan="2">접
수</td><td colspan="2" align="center">년   월   일</td><td rowspan="2">처리인</td><td>등기관 확인</td><td>각종통지</td></tr>
<tr><td colspan="2" align="center">제   호</td><td></td><td></td></tr>
</table>

명 칭	○○지역농업협동조합	등기번호	제1000호
주사무소	○○시 ○○구 ○○동 ○		
등기의 목적	청산인 취임등기		
등기의 사유	20○○년 1월 10일 총회에서 다음 사람이 청산인으로 선임되어 20○○년 1월 15일 취임하였으므로(…취임하여 20○○년 1월 15일 주사무소 소재지 관할등기소에서 등기를 하였으므로 이 등기소에서) 그 등기를 구함.		
분사무소	○○시 ○○구 ○○동 ○		
등기할 사항			

청산인   ○   ○   ○(420112-1028512)
○○군 ○○읍 ○○리 9번지

기 타	

<table>
<tr><td colspan="8" align="center">신청등기소 및 등록면허세/수수료</td></tr>
<tr><td rowspan="2">순번</td><td rowspan="2">신청등기소</td><td rowspan="2">구분</td><td>등록면허세</td><td rowspan="2">농어촌특별세</td><td rowspan="2">세액합계</td><td rowspan="2">등기신청수수료</td></tr>
<tr><td>지방교육세</td></tr>
<tr><td></td><td></td><td></td><td>금　　　　원
금　　　　원</td><td>금　　　원</td><td>금　　　원</td><td>금　　　　원</td></tr>
<tr><td></td><td></td><td></td><td></td><td></td><td></td><td></td></tr>
<tr><td colspan="3" align="center">합　　　　계</td><td></td><td></td><td></td><td></td></tr>
<tr><td colspan="3">등기신청수수료 납부번호</td><td colspan="4"></td></tr>
</table>

<table>
<tr><td colspan="2" align="center">첨　　부　　서　　면</td></tr>
<tr><td>1. 총회의사록　　　　　　　　1통
1. 취임승낙서　　　　　　　　1통
1. 조합등기부등(초)본　　　　1통</td><td>1. 등기신청수수료영수필확인서　　1통
1. 위임장(대리인이 신청할 경우)　　1통

　　<기 타></td></tr>
</table>

20○○년 ○월 ○일

신청인　명　　칭　　○○지역농업협동조합
　　　　　주사무소　　○○시 ○○구 ○○동 ○○
대표자　성　　명　　청산인 ○ ○ ○ ㊞　　　　(전화 :　　　　　)
　　　　　주　　소　　○○시 ○○구 ○○동 ○○
대리인　성　　명　　법무사 ○ ○ ○ ㊞　　　　(전화 :　　　　　)
　　　　　주　　소　　○○시 ○○구 ○○동 ○○

○○지방법원 ○○등기소 귀중

- 신청서 작성요령 -

1. 해당란이 부족할 때에는 별지를 이용합니다.
1. 해당 등기신청과 관계없는 사항에 대하여는 "해당없음"으로 기재하거나 삭제하고, 필요한 사항은 추가 기재합니다.

(용지규격 21㎝×29.7㎝)

주

① 분사무소 기재는 분사무소 소재지에서 신청하는 경우에 한하여 기재한다.

② 등기사유란의 각 (　)안은 분사무소 소재지에서 신청하는 경우의 기재이다.

③ 등록면허세는 지방세법에 의하여 면제된다.

④ 총회에선 청산인을 선임한 경우에 한하여 청산인을 선임 결의한 총회의사록을 첨부하여야 한다. 이 의사록은 공증인의 인증을 받지 아니한다(공증령 제2조의3 별표 제1조의 40).

⑤ 총회에서 청산인을 선임한 경우나 조합장이 청산인이 된 경우나 청산인의 취임승낙서를 첨부한다.

⑥ 조합등기부등(초)본은 분사무소 소재지에서 신청하는 경우에 한하여 첨부하는 것으로서 그 경우에는 위의 서류 대신 이 등기를 마친 후의 주사무소의 등기부등본만 첨부한다.

⑦ 이 등기는 대표권 있는 청산인이 신청한다.

⑧ 위임장의 첨부와 대리인의 표시는 대리인에 의하여 신청하는 경우에 한다.

♣ 【서식】 농업협동조합의 청산인변경등기(청산인이 경질된 경우)

<table>
<tr><td colspan="6" align="center">농업협동조합 청산인변경등기신청</td></tr>
<tr><td rowspan="2">접
수</td><td colspan="2" align="center">년   월   일</td><td rowspan="2">처리인</td><td>등기관 확인</td><td>각종통지</td></tr>
<tr><td colspan="2" align="center">제   호</td><td></td><td></td></tr>
</table>

명 칭	○○지역농업협동조합	등기번호	제1000호
주사무소	○○시 ○○구 ○○동 ○		
등기의 목적	청산인 취임의 등기		

등기의 사유	20○○년 1월 10일 청산인 ○○○는 사임하고(① 사망하고, ② 총회에서 해임되고) 20○○년 1월 16일 총회에서 다음 사람이 청산인으로 선임되어 20○○년 1월 20일 취임하였으므로(…취임하여 20○○년 1월 30일 주사무소 소재지 관할등기소에서 등기를 하였으므로 이 등기소에서) 그 등기를 구함.
분사무소	○○시 ○○구 ○○동 ○

등기할 사항
청산인 ○ ○ ○(420112-1012512) ○○군 ○○읍 ○○리 8번지
기 타	

신청등기소 및 등록면허세/수수료						
순번	신청등기소	구분	등록면허세 지방교육세	농어촌특별세	세액합계	등기신청수수료
			금 원 금 원	금 원	금 원	금 원
합 계						
등기신청수수료 납부번호						

첨 부 서 면	
1. 사임서 1통	1. 등기신청수수료영수필확인서 1통
1. 사망진단서(호적등본) 1통	1. 위임장(대리인이 신청할 경우) 1통
1. 조합등기부등(초)본 1통	<기 타>
1. 총회의사록 1통	

20○○년 ○월 ○일

신청인 명   칭   ○○지역농업협동조합
　　　주사무소   ○○시 ○○구 ○○동 ○○
대표자 성   명   청산인 ○ ○ ○ ㊞   (전화 :   )
　　　주   소   ○○시 ○○구 ○○동 ○○
대리인 성   명   법무사 ○ ○ ○ ㊞   (전화 :   )
　　　주   소   ○○시 ○○구 ○○동 ○○

○○지방법원 ○○등기소 귀중

- 신청서 작성요령 -
1. 해당란이 부족할 때에는 별지를 이용합니다.
1. 해당 등기신청과 관계없는 사항에 대하여는 "해당없음"으로 기재하거나 삭제하고, 필요한 사항은
   추가 기재합니다.

(용지규격 21cm×29.7cm)

주
① 분사무소 기재는 분사무소 소재지에서 신청하는 경우에 한하여 기재한다.
② 등기사유란 후단의 각 (　)안은 분사무소 소재지에서 신청하는 경우의 기재이다.
③ 등록면허세는 지방세법에 의하여 면제된다.
④ 법인등기부등(초)본은 분사무소 소재지에서 신청하는 경우에 한하여 첨부하는 것으로서 그 경우에는 등기사항의 변경사유를 증명하는 서면 대신 이 변경등기를 마친 후에 주사무소의 등기부등본이나 초본만 첨부한다.
⑤ 이 등기는 청산인(수인인 때에는 대표청산인)이 청산하고 새로 취임하는 청산인의 인감도 제출한다.
⑥ 위임장의 첨부와 대리인의 표시는 대리인에 의하여 신청하는 경우에 한다.

♣ 【서식】 농업협동조합의 청산종결등기

<table>
<tr><td colspan="4" align="center">농업협동조합 청산종결등기신청</td></tr>
<tr><td rowspan="2">접
수</td><td align="center">년   월   일</td><td rowspan="2">처리인</td><td>등기관 확인</td><td>각종통지</td></tr>
<tr><td align="center">제   호</td><td></td><td></td></tr>
</table>

<table>
<tr><td align="center">명   칭</td><td>○○지역농업협동조합</td><td align="center">등기번호</td><td>제1000호</td></tr>
<tr><td align="center">주사무소</td><td colspan="3">○○시 ○○구 ○○동 ○</td></tr>
<tr><td align="center">등기의 목적</td><td colspan="3">청산종결등기</td></tr>
<tr><td align="center">등기의 사유</td><td colspan="3">20○○년 1월 10일 청산을 종결하고 총회에서 그 결산보고서의 승인을 받았으므로(…승인을 받고 20○○년 1월 20일 주사무소 소재지 관할등기소에서 그 등기를 하였으므로 이 등기소에서) 다음 사항의 등기를 구함.</td></tr>
<tr><td align="center">분사무소</td><td colspan="3">○○시 ○○구 ○○동 ○</td></tr>
<tr><td colspan="4" align="center">등기할 사항</td></tr>
<tr><td colspan="4">청산종결의 연월일   20○○년 1월 10일</td></tr>
<tr><td align="center">기   타</td><td colspan="3"></td></tr>
</table>

신청등기소 및 등록면허세/수수료						
순번	신청등기소	구분	등록면허세 지방교육세	농어촌특별세	세액합계	등기신청수수료
			금 원 금 원	금 원	금 원	금 원
합 계						
등기신청수수료 납부번호						

<table>
<tr><td colspan="4" align="center">첨   부   서   면</td></tr>
<tr><td>1. 총회의사록(또는 결산보고서)</td><td>1통</td><td>1. 등기신청수수료영수필확인서</td><td>1통</td></tr>
<tr><td>1. 조합등기부등(초)본</td><td>1통</td><td>1. 위임장(대리인이 신청할 경우)</td><td>1통</td></tr>
<tr><td></td><td></td><td colspan="2" align="center"><기 타></td></tr>
</table>

20○○년 ○월 ○일

신청인 명   칭   ○○지역농업협동조합
     주사무소   ○○시 ○○구 ○○동 ○○
대표자 성   명   청산인 ○ ○ ○ ⑪   (전화 :   )
     주   소   ○○시 ○○구 ○○동 ○○
대리인 성   명   법무사 ○ ○ ○ ⑪   (전화 :   )
     주   소   ○○시 ○○구 ○○동 ○○

○○지방법원 ○○등기소 귀중

- 신청서 작성요령 -

1. 해당란이 부족할 때에는 별지를 이용합니다.
1. 해당 등기신청과 관계없는 사항에 대하여는 "해당없음"으로 기재하거나 삭제하고, 필요한 사항은
   추가 기재합니다.

(용지규격 21cm×29.7cm)

주 ① 분사무소 기재는 분사무소 소재지에서 신청하는 경우에 한하여 기재한다.
② 등기사유란의 ( )안은 분사무소 소재지에서 신청하는 경우의 기재이며, 청산종결연월일
은 총회에서 결산보고서를 승인받은 일자를 기재함이 실무례이다.
③ 등록면허세는 지방세법에 의하여 면제된다.
④ 법인등기부등(초)본은 분사무소 소재지에서 신청하는 경우에 한하여 첨부하는 것으로서
그 경우에는 결산보고서 등 대신에 등기를 마친 후의 주사무소의 등기부등본이나 초본
만 첨부하면 된다.
⑤ 이 등기는 청산인이 신청한다.
⑥ 위임장의 첨부와 대리인의 표시는 대리인에 의하여 신청하는 경우에 한다.

五. 경정등기와 말소등기

1. 경정등기

♣ 【서식】 농업협동조합의 경정등기(신청의 착오나 유루의 등기를 경정하는 경우)

<table>
<tr><td colspan="6" align="center">농업협동조합 경정등기신청</td></tr>
<tr><td rowspan="2">접
수</td><td colspan="2" align="center">년   월   일</td><td rowspan="2">처리인</td><td>등기관 확인</td><td>각종통지</td></tr>
<tr><td colspan="2" align="center">제   호</td><td></td><td></td></tr>
</table>

명 칭	○○지역농업협동조합	등기번호	제1000호
주사무소	○○시 ○○구 ○○동 ○		
등기의 목적	신청의 착오(유루)로 인한 경정등기		

등기의 사유	20○○년 1월 10일 신청의 착오(유루)를 20○○년 1월 20에 발견하였으므로 명칭(① 사무소, ② ○○군 ○○면 ○○리 ○○번지의 분소, ③ 목적, ④ 구역, ⑤ 존립시기 또는 해산사유, ⑥ 출자의 총좌수와 납입한 출자의 총액, ⑦ 조합장의 성명과 주소, ⑧ 이사 ×××의 퇴임일자 및 퇴임사유, ⑨ 감사 ×××의 성명과 주소)을 다음과 같이 경정하는 등기를 구함.
분사무소	○○시 ○○구 ○○동 ○

등기할 사항
명 칭 ○○지역농업협동조합 　(또는 ① 사 무 소 ○○군 ○○면 ○○리 ○○번지

② 분　　소　○○군 ○○면 ○○리 ○○번지

③ 목　　적　1. ○○○○○　1. ○○○○○

④ 구　　역　○○군 ○○면 일원

⑤ 존립시기 또는 해산사유　○○○○

⑥ 출자총좌수와 납입한 출자총액

　출자총좌수　○○○○○좌

　납입한 출자총액　금 ○○○○○원

⑦ 조 합 장　○　○　○(　　　-　　　)

　○○군 ○○면 ○○리 ○○번지

⑧ 이사 ×××는 20○○년 ○월 ○일 사임<또는 해임>

⑨ 감　사　○　○　○ (　　　-　　　)

기　타	

신청등기소 및 등록면허세/수수료						
순번	신청등기소	구분	등록면허세	농어촌특별세	세액합계	등기신청수수료
			지방교육세			
			금 원	금 원	금 원	금 원
			금 원			
합 계						
등기신청수수료 납부번호						

첨 부 서 면	
1. 착오(유루)를 증명하는 서면 1통	1. 등기신청수수료영수필확인서 1통
	1. 위임장(대리인이 신청할 경우) 1통
	<기 타>

20○○년 ○월 ○일

신청인 명   칭   ○○지역농업협동조합

　　　　주사무소   ○○시 ○○구 ○○동 ○○

대표자 성   명   조합장 ○ ○ ○ ⑪   (전화 :   )

　　　　주   소   ○○시 ○○구 ○○동 ○○

대리인 성   명   법무사 ○ ○ ○ ⑪   (전화 :   )

　　　　주   소   ○○시 ○○구 ○○동 ○○

○○지방법원 ○○등기소 귀중

- 신청서 작성요령 -

1. 해당란이 부족할 때에는 별지를 이용합니다.
1. 해당 등기신청과 관계없는 사항에 대하여는 "해당없음"으로 기재하거나 삭제하고, 필요한 사항은 추가 기재합니다.

(용지규격 21cm×29.7cm)

주 ① 명칭표시는 명칭경정의 경우에는 현재 등기되어 있는 착오된 명칭을 기재한다.

② 사무소 표시는 사무소경정의 경우에는 현재 등기되어 있는 착오된 사무소 소재지를 기재한다.

③ 분사무소 기재는 분사무소 소재지에서 신청하는 경우에 기재하는 것으로서 그 경우에는 주사무소 소재지 다음에 이 등기를 신청하는 당해 등기소 관내의 분사무소 소재지도 아울러 기재한다. 주사무소 등기와 분사무소 등기 중 어느 일방의 등기만이 착오나 유루가 있을 때에는 그 착오나 유루 있는 등기만 경정한다.

④ 등록면허세는 지방세법 제26조에 의하여 면제된다.

⑤ 명칭이나 주사무소경정의 경우에는 경정된 명칭이나 주사무소로 기재된 조합장의 인감도 제출한다.

⑥ 신청서 하단의 날인란에 명칭경정의 경우에는 경정하고자 하는 명칭을 기재한다.

⑦ 주사무소경정의 경우에는 경정하고자 하는 주사무소 소재지를 기재한다.

⑧ 위임장의 첨부와 대리인의 표시는 대리인에 의하여 신청하는 경우에 한다.

2. 말소등기

♣ **【서식】 농업협동조합의 말소등기**(착오로 등기된 청산종결등기를 말소하는 경우)

<table>
<tr><td colspan="3" align="center">농업협동조합 말소등기신청</td></tr>
<tr><td rowspan="2">접
수</td><td colspan="2">년 월 일</td><td rowspan="2">처리인</td><td>등기관 확인</td><td>각종통지</td></tr>
<tr><td colspan="2">제 호</td><td></td><td></td></tr>
</table>

명 칭	○○지역농업협동조합	등기번호	제1000호
주사무소	○○시 ○○구 ○○동 ○		
등기의 목적	청산종결등기의 말소등기		
등기의 사유	20○○년 1월 10일 신청의 착오를 20○○년 1월 20일 발견하였으므로 청산종결의 등기를 말소하는 등기를 구함.		
분사무소	○○시 ○○구 ○○동 ○		
등기할 사항			
기 타			

<table>
<tr><td colspan="7">신청등기소 및 등록면허세/수수료</td></tr>
<tr><td rowspan="2">순번</td><td rowspan="2">신청등기소</td><td rowspan="2">구분</td><td>등록면허세</td><td rowspan="2">농어촌특별세</td><td rowspan="2">세액합계</td><td rowspan="2">등기신청수수료</td></tr>
<tr><td>지방교육세</td></tr>
<tr><td rowspan="2"></td><td rowspan="2"></td><td rowspan="2"></td><td>금 원</td><td rowspan="2">금 원</td><td rowspan="2">금 원</td><td rowspan="2">금 원</td></tr>
<tr><td>금 원</td></tr>
<tr><td rowspan="2"></td><td rowspan="2"></td><td rowspan="2"></td><td></td><td rowspan="2"></td><td rowspan="2"></td><td rowspan="2"></td></tr>
<tr><td></td></tr>
<tr><td colspan="3" rowspan="2">합 계</td><td></td><td rowspan="2"></td><td rowspan="2"></td><td rowspan="2"></td></tr>
<tr><td></td></tr>
<tr><td colspan="4">등기신청수수료 납부번호</td><td colspan="3"></td></tr>
<tr><td colspan="7">첨 부 서 면</td></tr>
<tr><td colspan="4">1. 부동산등기부등본 1통</td><td colspan="3">1. 등기신청수수료영수필확인서 1통
1. 위임장(대리인이 신청할 경우) 1통
<기 타></td></tr>
</table>

20○○년 ○월 ○일

신청인 명 칭 ○○지역농업협동조합
주사무소 ○○시 ○○구 ○○동 ○○
대표자 성 명 청산인 ○ ○ ○ ㊞ (전화 :)
주 소 ○○시 ○○구 ○○동 ○○
대리인 성 명 법무사 ○ ○ ○ ㊞ (전화 :)
주 소 ○○시 ○○구 ○○동 ○○

○○지방법원 ○○등기소 귀중

- 신청서 작성요령 -

1. 해당란이 부족할 때에는 별지를 이용합니다.
1. 해당 등기신청과 관계없는 사항에 대하여는 "해당없음"으로 기재하거나 삭제하고, 필요한 사항은 추가 기재합니다.

(용지규격 21㎝×29.7㎝)

주 ① 이 등기는 청산인이 신청한다.
② 등록면허세는 지방세법 제26조에 의하여 면제된다.
③ 청산이 종결되지 아니한 사실을 증명하는 서면으로서 잔존부동산의 등기부등본 등을 첨부한다.
④ 위임장 이외에 청산인의 인감도 다시 제출한다.
⑤ 위임장의 첨부와 대리인의 표시는 대리인에 의하여 신청하는 경우에 한다.

□ **등기기재례**

사 항 번 호	등 기 사 항 (변 경 란)
15	20○○년 ○월 ○일 신청착오로 청산종결의 등기 말소 20○○년 ○월 ○일 등기

사 항 번 호	등 기 사 항 (예 비 란)
16	청산종결의 등기 말소로 본호용지 부활

제11장   새마을금고의 등기

一. 총 설

새마을금고는 새마을금고법에 의해 설립, 운영되는 주민협동조합이다. 새마을금고법은 국민의 자주적인 협동 조직을 바탕으로 우리나라 고유의 상부상조 정신에 입각하여 자금의 조성과 이용, 회원의 경제적·사회적·문화적 지위의 향상, 지역사회 개발을 통한 건전한 국민정신의 함양과 국가 경제 발전에 이바지함을 목적으로 한다(새마을금고법 제1조).

二. 설립등기

1. 새마을금고의 설립요건

금고는 50명 이상의 발기인이 중앙회장이 정하는 정관례에 따라 정관을 작성하여 창립총회의 의결을 거친 뒤에 회장을 거쳐 특별자치시장·특별자치도지사 또는 시장·군수·구청장(구청장은 자치구의 구청장을 말한다. 이하 같다)의 인가를 받아 그 주된 사무소의 소재지에서 설립등기를 함으로써 성립한다. 창립총회의 의사(議事)는 발기인에게 금고 설립 동의서를 개의(開議) 전까지 제출한 자 과반수의 출석과 출석자 3분의 2 이상의 찬성으로 의결한다(새마을금고법 제7조).

2. 정관작성

금고의 정관에는 다음 각 호의 사항을 적어야 한다(새마을금고법 제8조).

1. 목적
2. 명칭
3. 주된 사무소의 소재지
4. 해당 금고의 업무구역
5. 회원의 자격과 가입, 탈퇴 및 제명(除名)에 관한 사항

   6. 출자(出資) 1좌(座)의 금액과 납입 방법
   7. 기관에 관한 사항 및 임원의 수와 선출에 관한 사항
   8. 사업의 종류와 회계에 관한 사항
   9. 공고 방법
   10. 해산에 관한 사항
   11. 그 밖에 필요한 사항

3. 설립인가 신청

   새마을금고법 제7조에 따라 발기인이 금고의 설립인가를 받으려는 때에는 설립인가 신청서에 다음의 서류를 첨부하여 중앙회장을 거쳐 특별자치시장·특별자치도지사 또는 시장·군수·구청장(자치구의 구청장을 말한다. 이하 같다)에게 설립인가 신청을 하여야 한다(새마을금고법 시행령 제3조).

   1. 정관
   2. 창립총회 의사록 사본
   3. 사업계획서
   4. 발기인 대표와 임원의 이력서 및 취임승낙서
   5. 금고 설립 동의서를 제출한 자의 명부

   금고의 설립이 새마을금고법 제37조에 따른 합병으로 인한 것이면 위의 서류 외에 그 설립되는 금고가 승계할 권리·의무의 범위를 의결한 합병총회의 의사록 사본을 첨부하여야 한다. 회장은 설립인가 신청서를 받은 날부터 30일 이내에 의견을 붙여 특별자치시장·특별자치도지사 또는 시장·군수·구청장(자치구의 구청장을 말한다. 이하 같다)에게 제출하여야 한다. 특별자치시장·특별자치도지사 또는 시장·군수·구청장(자치구의 구청장을 말한다. 이하 같다)은 회장으로부터 설립인가 신청서를 받은 날부터 60일 이내에 인가 여부를 신청인에게 알려야 한다.

4. 설립등기

   설립인가를 받은 경우에는 그 설립인가서가 도달한 날부터 3주간 내에 다음의 사항을 등기하여야 한다. 또한 등기를 신청할 때에는 설립인가서, 창립총

회 의사록 및 정관의 등본을 첨부하여야 한다(새마을금고법 제45조).

1. 목적
2. 명칭
3. 업무구역
4. 사무소의 소재지
5. 설립인가 연월일
6. 출자 1좌의 금액
7. 존립 시기나 해산 사유를 정할 때에는 그 시기나 사유
8. 임원의 성명과 주소
9. 공고 방법

금고의 설립 및 변경등기는 이사장이 신청인이 된다. 다만, 해산등기의 경우에는 청산인이 신청인이 되며, 그 등기신청서에는 해산 사유를 증명하는 서류를 첨부하여야 한다(새마을금고법 제51조).

핵심판례

▶판례◀ 개별 새마을금고의 임직원이 새마을금고법 또는 이에 따른 명령이나 정관으로 정한 절차·의무를 이행하지 아니한 경우, 새마을금고중앙회의 회장이 개별 금고의 임직원에 대하여 직접 제재처분을 할 수 있는지 여부(소극)

(대법원 2022. 5. 12. 선고 2022다200904 판결)

새마을금고중앙회의 회장이 감독·검사 결과에 따라 개별 금고에 대하여 조치 또는 조치 요구를 하는 경우에는 새마을금고법 제74조의2 및 제74조의3 제1항이 준용된다(새마을금고법 제79조 제7항). 따라서 개별 금고의 임직원이 새마을금고법 또는 이에 따른 명령이나 정관으로 정한 절차·의무를 이행하지 아니한 경우, 새마을금고중앙회의 회장은 개별 금고로 하여금 관련 임직원에 대한 개선·직무정지·견책·경고 등의 조치를 하도록 요구할 수 있을 뿐 개별 금고의 임직원에 대하여 직접 제재처분을 할 수는 없다(새마을금고법 제74조의2 제1항).

▶판례◀ 대출자 명의를 달리하는 복수의 대출이 실질적으로 새마을금고법상 금지되는 동일인에 대한 대출한도 초과대출에 해당함을 이유로 대출에 관여한 금고 임직원에게 손해배상책임을 묻기 위한 요건

(대법원 2012. 4. 12. 선고 2010다75945 판결)

새마을금고의 동일인 대출한도 제한규정은 특정 소수 대출채무자에게 과도하게 편중 대출하는 것을 규제하여 회원 대다수에게 대출 혜택을 부여함과 아울러 대출채무자에 대하

여 통상의 대출한도를 미리 정함으로써 대출 당시에는 대출채무자의 변제능력이나 자력에 별다른 문제가 없더라도 향후 사정변경으로 대출금 회수가 곤란해지는 경우 등을 고려하여 새마을금고의 재정 부실화 가능성을 낮추어 새마을금고의 자산 건전성을 확보·유지하기 위하여 마련된 것이지 대출채권의 회수가능성을 직접적으로 고려하여 만들어진 것은 아니다. 이러한 점에 비추어 보면, 동일인 대출한도를 초과하였다는 사실만으로 곧바로 대출채권을 회수하지 못하게 될 손해가 생겼다고 볼 수는 없고, 대출자 명의를 달리하는 복수의 대출이 실질적으로 동일인에 대한 대출한도 초과대출에 해당함을 이유로 대출에 관여한 새마을금고 임직원에게 손해배상책임을 묻기 위해서는 복수의 대출이 실질적으로 동일인 대출한도 초과대출이라는 점에 더하여 대출 당시 대출채무자의 재무상태, 다른 금융기관 차입금, 기타 채무를 포함한 전반적인 금융거래상황, 사업현황 및 전망과 대출금 용도, 소요기간 등에 비추어 볼 때 채무상환능력이 부족하거나 제공된 담보의 경제적 가치가 부실해서 대출채권 회수에 문제가 있음에도 이루어진 대출이라는 점과 대출에 관여한 새마을금고 임직원이 그 대출이 동일인 대출한도 초과대출로서 채무상환능력이 부족하거나 충분한 담보가 확보되지 아니한 상태에서 이루어진다는 사정을 알았거나 알 수 있었음에도 대출을 실행하였다는 점에 대한 증명이 있어야 한다.

♣ 【서식】 새마을금고 설립인가 신청서

■ 새마을금고법 시행규칙 [별지 제1호서식] <개정 2011.9.9>

새마을금고 설립인가 신청서

접수번호		접수일자		처리기간	90일
신청인	성명			생년월일	
	주소			전화번호	
신청내용	금고의 명칭		새마을금고		
	업무구역			회원 수	
	총회 개최일				
	주된 사무소의 소재지				

「새마을금고법」 제7조제1항 또는 제37조제3항에 따라 다음과 같이 새마을금고의 설립인가를 신청합니다.

년　　월　　일

신청인(대표자)　　　　　　　　　　(서명 또는 인)

특별시장·광역시장·도지사·특별자치도지사 귀하

첨부서류	1. 정관 2. 창립총회 의사록 사본 3. 사업계획서 4. 발기인 대표와 임원의 이력서 및 취임승낙서 5. 금고 설립 동의서를 제출한 자의 명부 6. 합병총회의 의사록 사본(금고의 설립이 법 제37조에 따른 합병으로 인한 경우)	수수료 없음

처 리 절 차

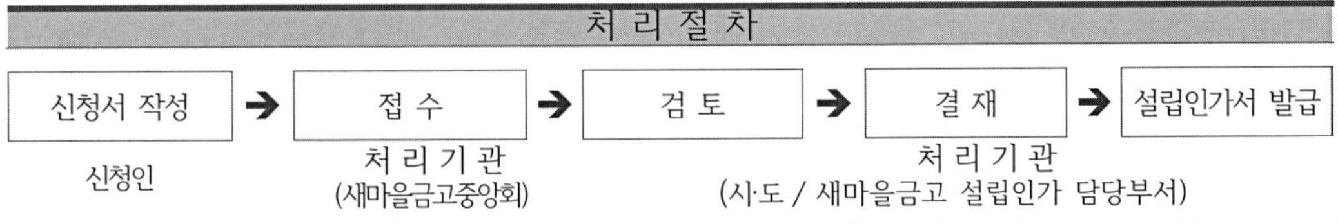

210mm×297mm[일반용지 60g/㎡(재활용품)]

♣ 【서식】 새마을금고 설립인가서

■ 새마을금고법 시행규칙 [별지 제2호서식] <개정 2011.9.9>

새마을금고 설립인가서

1. 금고의 명칭: 새마을금고

2. 대 표 자:

3. 업무구역:

4. 회 원 수:

5. 총회 개최일: 년   월   일

6. 주된 사무소의 소재지:

「새마을금고법」 제7조제1항 또는 제37조제3항에 따라 위와 같이 새마을금고의 설립을 인가합니다.

년   월   일

특별시장·광역시장·
도지사·특별자치도지사

직인

210mm×297mm[일반용지 60g/㎡(재활용품)]

♣ 【서식】 새마을금고 설립등기신청서

<table>
<tr><td colspan="4" align="center">새마을금고 설립등기신청</td></tr>
<tr><td rowspan="2">접
수</td><td colspan="2" align="center">년   월   일</td><td rowspan="2">처리인</td><td>등기관 확인</td><td>각종통지</td></tr>
<tr><td colspan="2" align="center">제   호</td><td></td><td></td></tr>
</table>

등기의 목적	새마을금고의 설립
등기의 사유	새마을금고를 설립하기 위하여 정관을 작성하고 20○○년 ○월 ○일 행정안전부장관의 인가를 받고 20○○년 ○월 ○일 출자금납입을 완료하였으므로 다음 사항의 등기를 구함.
	등기할 사항
명 칭	○○새마을금고
주 사 무 소	○○시 ○○구 ○○동 ○

이사, 감사의 성명, 주민등록번호 및 주소	이사 ○ ○ ○ (-)
	         ○○시 ○○구 ○○동 ○
	이사 ○ ○ ○ (-)
	         ○○시 ○○구 ○○동 ○
	이사 ○ ○ ○ (-)
	         ○○시 ○○구 ○○동 ○
	감사 ○ ○ ○ (-)
	         ○○시 ○○구 ○○동 ○
	감사 ○ ○ ○ (-)
	         ○○시 ○○구 ○○동 ○

대표이사의 성명과 주소, 주민등록번호	대표이사 ○ ○ ○ (-) ○○시 ○○구 ○○동 ○
이사의 대표권에 대한 제한	대표이사 ○○○ 이외에는 대표권이 없음
목 적	별지 기재와 같음

분사무소	○○시 ○○구 ○○동 ○
설립인가연월일	20○○년 ○월 ○일
존립기간 또는 해산사유	해산사유 1) 총회에서 해산 및 합병을 의결한 경우 　　　　　 2) 파산 　　　　　 3) 설립인가의 취소
자산의 총액	금 ○○○○○○ 원
출자의 방법	
기　　타	

<table>
<tr><td colspan="8" align="center">신청등기소 및 등록면허세/수수료</td></tr>
<tr><td rowspan="2">순번</td><td rowspan="2">신청등기소</td><td rowspan="2">구분</td><td>등록면허세</td><td rowspan="2">농어촌특별세</td><td rowspan="2">세액합계</td><td rowspan="2" colspan="2">등기신청수수료</td></tr>
<tr><td>지방교육세</td></tr>
<tr><td rowspan="2"></td><td rowspan="2"></td><td rowspan="2"></td><td>금   원</td><td rowspan="2">금   원</td><td rowspan="2">금   원</td><td colspan="2">금   원</td></tr>
<tr><td>금   원</td><td colspan="2"></td></tr>
<tr><td></td><td></td><td></td><td></td><td></td><td></td><td colspan="2"></td></tr>
<tr><td></td><td></td><td></td><td></td><td></td><td></td><td colspan="2"></td></tr>
<tr><td colspan="3" align="center">합   계</td><td></td><td></td><td></td><td colspan="2"></td></tr>
<tr><td colspan="3" align="center">합   계</td><td></td><td></td><td></td><td colspan="2"></td></tr>
<tr><td colspan="3">등기신청수수료 납부번호</td><td colspan="5"></td></tr>
<tr><td colspan="3">과 세 표 준 액</td><td colspan="5">금   원</td></tr>
</table>

첨 부 서 면		
1. 정관 1통	1. 주민등록표등본 ○통
1. 창립총회의사록(임원선임서) 1통	1. 대표이사 인감신고서 1통
1. 출자자산의 내역을 기재한 서류	1. 법인인감발급신청서 1통
(출자이행증명서, 현물출자액	1. 등록면허세영수필확인서 1통
산출 및 출자인명부 등) 1통	1. 등기신청수수료영수필확인서 1통
1. 대표조합원 증명서류 1통	
1. 취임승낙서 ○통	1. 위임장(대리인이 신청할 경우) 1통
1. 인감증명서 ○통	<기 타>
1. 이사회의사록 1통	

20○○년 ○월 ○일

```
신청인 명     칭   ○○새마을금고
       주사무소   ○○시 ○○구 ○○동 ○○
대표자 성     명   대표이사 ○ ○ ○ ㊞          (전화 :              )
       주     소   ○○시 ○○구 ○○동 ○○
대리인 성     명   법무사 ○ ○ ○ ㊞            (전화 :              )
       주     소   ○○시 ○○구 ○○동 ○○
```

○○지방법원 ○○등기소 귀중

- 신청서 작성요령 -

1. 해당란이 부족할 때에는 별지를 이용합니다.
1. 해당 등기신청과 관계없는 사항에 대하여는 "해당없음"으로 기재하거나 삭제하고, 필요한 사항은 추가 기재합니다.
1.「인감증명법」에 따른 인감증명서 제출과 함께 관련 서면에 인감을 날인하여야 하는 경우, 본인서명사실확인서를 제출하고 관련 서면에 서명을 하거나 전자본인서명확인서 발급증을 제출하고 관련 서면에 서명을 하면 인감증명서를 제출하고 관련 서면에 인감을 날인한 것으로 봅니다.

(용지규격 21㎝×29.7㎝)

三. 변경등기

변경등기라 함은 최초에 등기할 때에는 등기부의 기재가 사실과 일치하였으나 그 등기를 마친 후에 새로운 사실을 발생하여 등기부의 기재가 사실과 일치하지 않게 된 경우 그 불일치한 등기사항을 일치시키기 위하여 행하는 등기를 말한다.

이는 당초부터 사실과 불일치하게 기재된 등기사항으로 바로잡기 위한 등기인 경정등기와 구별되는 개념이다.

이사장이 구속되거나 60일 이상의 장기입원 등의 사유로 금고의 업무를 집행할 수 없고 총회를 소집할 여유가 없을 때에 회장이 임원 중에서 임시대표이사를 지정한 경우와 설립등기 및 분사무소의 설치등기 사항이 변경된 경우에는 3주간 내에 변경된 내용을 증명하는 서류를 첨부하여 변경등기를 하여야 한다.

금고가 그 사무소를 이전한 경우에는 3주간 내에 구소재지에서는 그 이전한 것을, 신소재지에서는 설립등기나 분사무소 설치등기를 하여야 한다. 다만, 동일한 등기소의 관할구역에서 사무소를 이전한 경우에는 그 이전한 것을 등기한다(새마을금고법 제47조).

행정구역의 지명이 바뀐 경우에는 등기부와 정관에 적힌 해당 금고의 사무소 소재지와 업무구역에 관한 지명은 당연히 변경된 것으로 본다. 이러한 변경 사항이 있는 경우에는 금고는 지체 없이 이를 등기소에 알려야 하고, 통지를 받으면 등기소는 등기부의 기재를 변경하여야 한다(새마을금고법 제48조).

♣ 【서식】 새마을금고 주사무소이전등기신청서

(관내이전이나 타관이전시 구사무소소재지에서 신청하는 경우)

<table>
<tr><td colspan="6" align="center">새마을금고 주사무소이전등기신청</td></tr>
<tr><td rowspan="2">접
수</td><td colspan="2" align="center">년　　월　　일</td><td rowspan="2" align="center">처리인</td><td align="center">등기관 확인</td><td align="center">각종통지</td></tr>
<tr><td colspan="2" align="center">제　　　　호</td><td></td><td></td></tr>
</table>

<table>
<tr><td align="center">명　　칭</td><td>○○새마을금고</td><td align="center">등기번호</td><td>제1000호</td></tr>
<tr><td align="center">주사무소</td><td colspan="3">○○시 ○○구 ○○동 ○</td></tr>
<tr><td align="center">등기의 목적</td><td colspan="3">주사무소 이전등기</td></tr>
<tr><td align="center">등기의 사유</td><td colspan="3">20○○년 ○월 ○○일 총회의 결의에 의하여 20○○년 ○월 ○일 주사무소를 다음 장소로 이전하였으므로 그 등기를 구함.</td></tr>
<tr><td colspan="4" align="center">등기할 사항</td></tr>
<tr><td colspan="4">주사무소 ○○시 ○○구 ○○동 ○○번지
이전연월일 20○○년 ○월 ○○일</td></tr>
<tr><td align="center">기　　타</td><td colspan="3"></td></tr>
</table>

			신청등기소 및 등록면허세/수수료			
순번	신청등기소	구분	등록면허세	농어촌특별세	세액합계	등기신청수수료
			지방교육세			
			금 원	금 원	금 원	금 원
			금 원			
합 계						
등기신청수수료 납부번호						

<table>
<tr><td colspan="2" align="center">첨   부   서   면</td></tr>
<tr><td>1. 조합원총회의사록   1통
1. 이사회의사록(이사과반수결의서)   1통</td><td>1. 등록면허세영수필확인서   1통
1. 등기신청수수료영수필확인서   1통
1. 위임장(대리인이 신청할 경우)   1통

<기 타></td></tr>
</table>

20○○년 ○월 ○일

신청인 명   칭   ○○새마을금고

　　　　주사무소   ○○시 ○○구 ○○동 ○○

대표자 성   명   대표이사 ○ ○ ○ ㊞   (전화 :   )

　　　　주   소   ○○시 ○○구 ○○동 ○○

대리인 성   명   법무사 ○ ○ ○ ㊞   (전화 :   )

　　　　주   소   ○○시 ○○구 ○○동 ○○

○○지방법원 ○○등기소 귀중

- 신청서 작성요령 -

1. 해당란이 부족할 때에는 별지를 이용합니다.
1. 해당 등기신청과 관계없는 사항에 대하여는 "해당없음"으로 기재하거나 삭제하고, 필요한 사항은
   추가 기재합니다.

(용지규격 21cm×29.7cm)

四. 해산과 청산에 관한 등기

법인의 해산이라 함은 법인의 법인격을 소멸시키는 원인이 되는 법률사실을 말하며, 청산이란 해산에 이어 기존의 법률관계를 마무리하고 그 재산을 분배하는 것을 목적으로 하는 절차를 말한다. 여기서 법인격의 소멸이라 함은 법인이 권리능력을 상실하는 것을 말한다.

법인의 해산은 법인의 법인격을 소멸시키는 원인이 되는 법률사실에 불과할 뿐이어서 해산으로 인하여 곧 바로 법인격 소멸 자체의 효과를 가져오지는 않는다. 따라서 법인이 해산되었다 하여 곧 바로 법인이 소멸하는 것은 아니나, 그 권리능력의 범위가 청산목적의 범위 내로 감축되고 그 청산목적의 범위 내에서는 여전히 법인은 존속하게 된다(민 제81조). 이 법인을 청산법인이라고 하며, 청산법인의 청산절차가 종료되어야 비로소 법인이 소멸한다. 청산법인은 해산 전의 법인과 동일성은 있지만 그 권리능력이 청산의 범위 내로 한정되는 점이 다르다. 금고는 다음의 어느 하나에 해당하는 사유가 있을 때에는 해산한다(새마을금고법 제36조).

1. 정관에 정한 해산 사유의 발생
2. 총회의 해산 의결
3. 합병이나 파산
4. 설립인가의 취소

금고가 해산한 때에는 파산으로 인한 경우 외에는 총회에서 청산인을 선임한다(새마을금고법 제41조). 만약 총회를 2회 이상 소집하여도 총회가 구성되지 아니하는 경우에는 회장이 청산인을 선임할 수 있다. 회장은 금고의 청산 사무를 감독한다. 회장은 청산인이 청산 사무를 수행함에 있어 청산금고의 재산에 손해를 끼칠 우려가 있다고 인정되는 경우 청산인을 새로이 선임할 수 있다.

청산인은 취임 후 지체 없이 재산 상황을 조사하고, 재산 목록과 대차대조표를 작성하여 재산 처분 방법을 정하고 총회에 제출하여 승인을 받아야 한다(새마을금고법 제42조). 만약 총회를 2회 이상 소집하여도 총회가 구성되지 아니하는 경우에는 회장의 승인으로써 이를 갈음할 수 있다.

♣ 【서식】 새마을금고의 해산 및 청산인 선임등기신청서

(해산등기와 청산인선임등기를 1건으로 신청하는 경우)

<table>
<tr><td colspan="6" align="center">새마을금고 해산 및 청산인선임등기신청</td></tr>
<tr><td rowspan="2">접
수</td><td colspan="2" align="center">년   월   일</td><td rowspan="2">처리인</td><td>등기관 확인</td><td>각종통지</td></tr>
<tr><td colspan="2" align="center">제   호</td><td></td><td></td></tr>
</table>

<table>
<tr><td>명   칭</td><td>○○새마을금고</td><td>등기번호</td><td>제1000호</td></tr>
<tr><td>주사무소</td><td colspan="3">○○시 ○○구 ○○동 ○</td></tr>
<tr><td>등기의 목적</td><td colspan="3">해산 및 청산인선임등기</td></tr>
<tr><td>등기의 사유</td><td colspan="3"><경우1>   해산등기의 경우
  20○○년 ○월 ○일 임시총회에서 해산을 결의하여 해산하였으므로 (20○○년 ○월 ○일 주사무소소재지 관할등기소에서 그 등기를 하였으므로 이 등기소에서) 다음 사항의 등기를 구함.

<경우2>   청산인 선임의 등기신청의 경우
  20○○년 ○월 ○일 임시총회에서 다음 사람이 청산인으로 선임되어 같은 날 취임하고 20○○년 ○월 ○일 청산인회에서 청산인 ○○○가 대표청산인으로 선임되어 같은 날 취임하였으므로(…취임하여 20○○년 ○월 ○일 주사무소소재지 관할등기소에서 등기를 하였으므로 이 등기소에서) 그 등기를 구함.</td></tr>
<tr><td>분사무소</td><td colspan="3">○○시 ○○구 ○○동 ○</td></tr>
</table>

등기할 사항	

<경우1> 해산등기의 경우
 20○○년 ○월 ○일 임시총회 결의로 해산
 	
<경우2> 청산인 선임의 등기신청의 경우
 20○○년 ○월 ○일 다음 사람 취임
 청산인 ○ ○ ○
     (-   )
     청산인 ○ ○ ○
     (-   )
     청산인 ○ ○ ○
     (-   )
     대표청산인 ○ ○ ○
         ○○시 ○○군 ○○동 ○○번지	

기 타	

신청등기소 및 등록면허세/수수료						
순번	신청등기소	구분	등록면허세 지방교육세	농어촌특별세	세액합계	등기신청수수료
			금 원 금 원	금 원	금 원	금 원
합 계						
등기신청수수료 납부번호						

첨 부 서 면	
1. 조합원총회의사록 1통 1. 정관 1통 1. 청산인선임결정서(총회의사록 또는 정관, 조합원명부 등) 1통 1. 취임승낙서 및 인감증명, 주민등록등본 ○통 1. 청산인회의사록 1통	1. 청산인 인감신고서.인감증명 1통 1. 법인등기부등(초)본) 1통 1. 등록면허세영수필확인서 1통 1. 등기신청수수료영수필확인서 1통 1. 위임장(대리인이 신청할 경우) 1통 <기 타>

20○○년 ○월 ○일

신청인 명 칭 ○○새마을금고
주사무소 ○○시 ○○구 ○○동 ○○
대표자 성 명 대표청산인 ○ ○ ○ [인] (전화 :)
주 소 ○○시 ○○구 ○○동 ○○
대리인 성 명 법무사 ○ ○ ○ [인] (전화 :)
주 소 ○○시 ○○구 ○○동 ○○

○○지방법원 ○○등기소 귀중

- 신청서 작성요령 -

1. 해당란이 부족할 때에는 별지를 이용합니다.
1. 해당 등기신청과 관계없는 사항에 대하여는 "해당없음"으로 기재하거나 삭제하고, 필요한 사항은 추가 기재합니다.
1. 「인감증명법」에 따른 인감증명서 제출과 함께 관련 서면에 인감을 날인하여야 하는 경우, 본인서명사실확인서를 제출하고 관련 서면에 서명을 하거나 전자본인서명확인서 발급증을 제출하고 관련 서면에 서명을 하면 인감증명서를 제출하고 관련 서면에 인감을 날인한 것으로 봅니다.

(용지규격 21㎝×29.7㎝)

제12장   회계법인의 등기

一. 총 설

공인회계사는 직무를 조직적·전문적으로 행하기 위하여 회계법인을 설립할 수 있다(공인회계사법 제23조).

二. 설립등기

1. 정관작성

회계법인의 정관에는 다음사항을 기재하여야 한다(공인회계사법 제23조).

① 목적
② 명칭 - 회계법인은 그 명칭중에 회계법인이라는 문자를 사용하여야 한다. 회계법인이 아닌 자는 회계법인 또는 이와 유사한 명칭을 사용하지 못한다(공인회계사법 제31조)
③ 주사무소 및 분사무소의 소재지 - 분사무소를 설치하는 회계법인은 각 사무소마다 3인 이상의 공인회계사를 상근하도록 하여야 한다(공인회계사법 시행령 제22조).
④ 사원 및 이사의 성명·주민등록번호 및 주소
⑤ 출자 1좌의 금액
⑥ 각 사원의 출자좌수
⑦ 자본금 총액 - 회계법인의 자본금은 5억원 이상이어야 한다(공인회계사법 제27조 제1항).
⑧ 결손금 보전에 관한 사항
⑨ 사원총회에 관한 사항
⑩ 대표이사에 관한 사항
⑪ 업무에 관한 사항
⑫ 존립시기 또는 해산사유를 정한 때에는 그 시기 및 사유

2. 회계법인의 등록

회계법인이 직무를 수행하고자 하는 때에는 대통령령이 정하는 바에 의하여 금융위원회에 등록하여야 한다(공인회계사법 제24조 제1항). 등록을 하고자 하는 회계법인은 다음 각호의 요건을 갖추어야 한다(동조 제2항).

1. 제26조 및 제27조제1항의 규정에 적합할 것
2. 등록신청서류의 내용이 이 법 또는 이 법에 의한 명령에 위반되지 아니할 것
3. 등록신청서류에 허위의 기재가 없을 것

회계법인의 등록을 하고자 하는 자는 회계법인등록신청서에 다음 각호의 서류를 첨부하여 금융위원회에 제출하여야 한다(공인회계사법 시행령 제15조 제1항).

1. 정관
2. 대표이사의 이력서
3. 이사 및 소속공인회계사의 등록번호 및 등록일자를 기재한 서류
4. 자본금의 납입을 증명하는 서류(현금출자의 경우 은행 기타 금융기관이 발행한 자본금납입증명서, 현물출자의 경우 그 이행을 증명하는 서류 및 공인된 감정기관의 감정평가서)
5. 업무계획서 및 예산서
6. 주사무소와 분사무소의 설치예정지를 기재한 서류

3. 설립등기

회계법인의 설립등기는 출자 전액의 납입 또는 현물출자의 이행이 있는 날로부터 본점소재지에서는 2주, 지점소재지에서는 본점소재지에서 등기를 한 후 2주 내에 등기를 하여야 한다(상법 제549조, 제181조). 다만, 지점소재지에서는 법인의 등기사항에 관한 특례법 제3조 및 법인 등의 등기사항에 관한 특례규칙 제3조에서 정한 사항만을 등기한다. 설립등기는 회사를 대표할 자가 신청하며(상업등기법 제23조), 설립등기를 함으로써 회계법인이 성립한다. 회

계법인의 설립신청서 기재사항은 다음과 같다(상법 제549조).

① 목적·상호 및 본점의 소재지, 지점을 둔 때에는 그 소재지
② 자본금의 총액과 출자 1좌의 금액
③ 이사의 성명·주민등록번호 및 주소. 다만, 회사를 대표할 이사를 정한 때에는 그 외의 이사의 주소를 제외한다.
④ 회사를 대표할 이사를 정한 때에는 그 성명, 주소와 주민등록번호
⑤ 수인의 이사가 공동으로 회사를 대표할 것을 정한 때에는 그 규정
⑥ 존립기간 기타의 해산사유를 정한 때에는 그 기간과 사유
⑦ 감사가 있는 때에는 그 성명 및 주민등록번호

♣ 【서식】 회계법인 등록신청서

■ 공인회계사법 시행규칙 [별지 제10호서식] <개정 2014.8.8>

회계법인 등록신청서

(앞쪽)

접수번호	접수일		처리기간 10 일

회계 법인	성 명	(한글)		
		(한자)		
	주사무 소 소재지	(전화번호:)		

대표 이사	성 명	공인회계사 등록번호	성 명	공인회계사 등록번호
		제 호		제 호
		제 호		제 호
		제 호		제 호

이사	성 명	공인회계사 등록번호	성 명	공인회계사 등록번호
		제 호		제 호
		제 호		제 호
		제 호		제 호
		제 호		제 호

자 본 금		억원	출자 1좌의 금액	원

「공인회계사법」 제24조 및 같은 법 시행령 제15조에 따라 회계법인의 등록을 신청합니다.

년   월   일

신 청 인

○○회계법인

대표이사(전원)   [인]

금융위원회 귀하

| 첨부서류 | 1. 정관 1부
2. 대표이사의 이력서 1부
3. 이사 및 소속공인회계사의 등록번호 및 등록일을 적은 서류 1부
4. 자본금의 납입을 증명하는 서류(현금출자의 경우 은행이나 그 밖의 금융기관이 발행한 자본금납입증명서, 현물출자의 경우 그 이행을 증명하는 서류 및 공인된 감정기관의 감정평가서) 1부
5. 업무계획서 및 예산서 각 1부
6. 주사무소와 분사무소의 설치예정지를 적은 서류 1부 | 수수료
없 음 |

210mm×297mm[백상지 80g/㎡(재활용품)]

(뒤쪽)

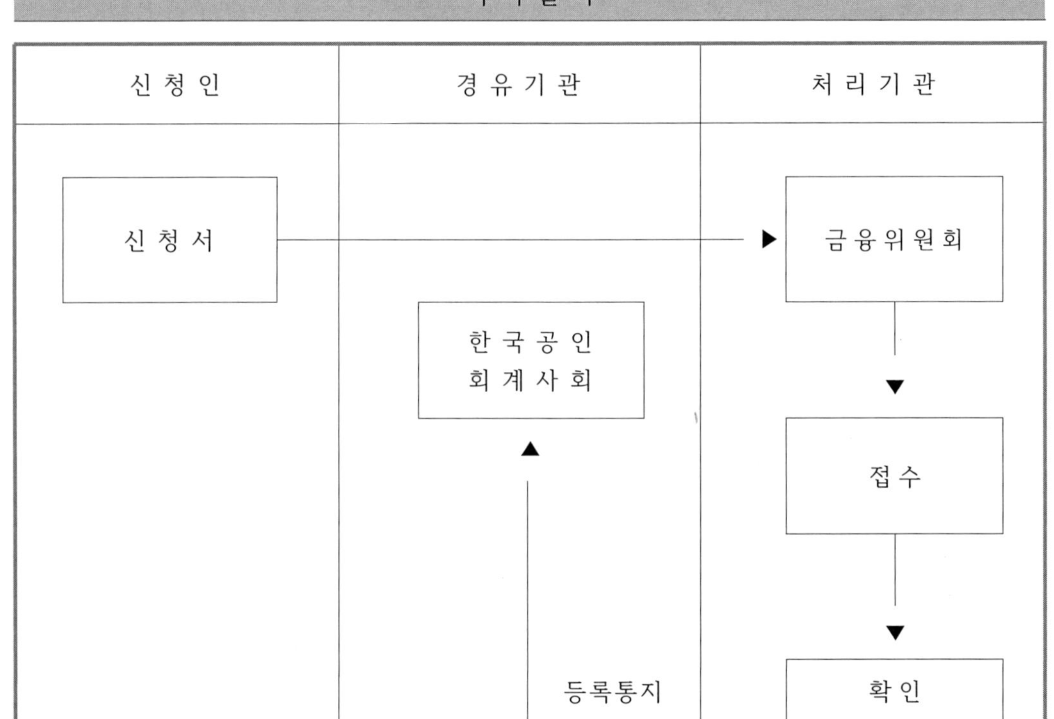

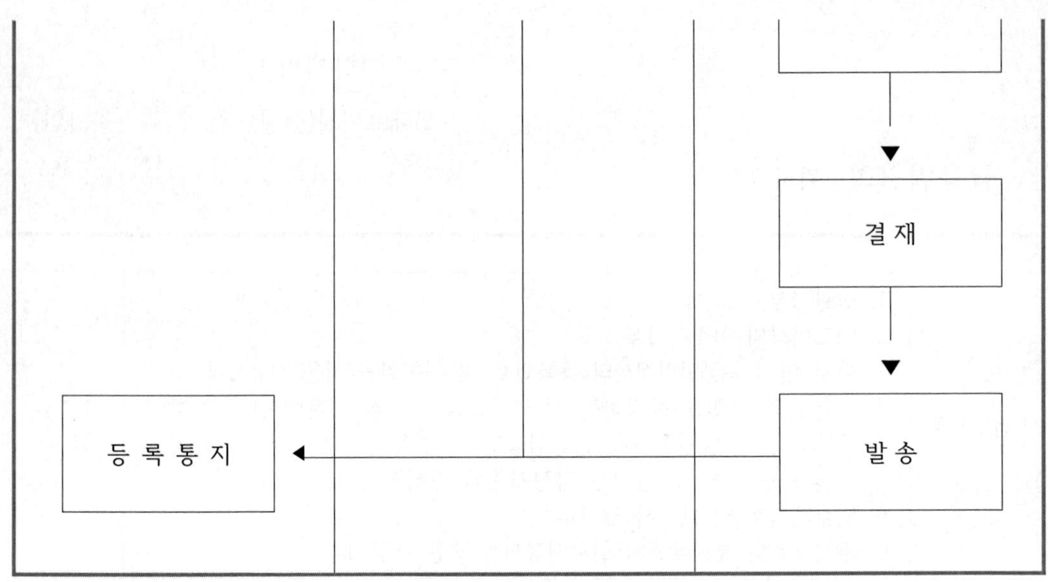
결 재
발 송
등 록 통 지

♣ 【서식】 회계법인 설립등기신청서

<table>
<tr><td colspan="5" align="center">회계법인 설립등기신청</td></tr>
<tr><td rowspan="2">접
수</td><td colspan="2" align="center">년   월   일</td><td rowspan="2">처리인</td><td>등기관 확인</td><td>각종통지</td></tr>
<tr><td colspan="2" align="center">제   호</td><td></td><td></td></tr>
</table>

등기의 목적	회계법인 설립
등기의 사유	정관을 작성하고 20○○년 ○월 ○일 금융위원회에 등록하여 ○○회계법인을 설립하였으므로 그 등기를 구함
허가서도착연월일	20○○년 ○월 ○일
<td colspan="2" align="center">등기할 사항</td>
명 칭	○○회계법인
주 사 무 소	○○시 ○○구 ○○동 ○
목적	1. 회계감사업무 2. 회계에 관한 감정, 증명, 정리에 관한 업무 3. 세무에 관한 대리 ……
구성원회계사의 성명과 주소, 주민등록번호	별지와 같음
대표회계사의 성명과 주소	○○○ ○○시 ○○구 ○○동 ○
분사무소	
존립기간 또는 해산사유	
자산의 총액	
출자의 방법	
기 타	

신청등기소 및 등록면허세/수수료						
순번	신청등기소	구분	등록면허세 지방교육세	농어촌특별세	세액합계	등기신청수수료
			금 원 금 원	금 원	금 원	금 원
합 계						

등기신청수수료 납부번호	
과 세 표 준 액	금 원

첨   부   서   면

1. 정관	1통	1. 주민등록표등본	○통
1. 창립총회의사록(임원선임서)	1통	1. 인감증명서	○통
1. 설립허가서	1통	1. 등록면허세영수필확인서	1통
1. 재산목록	1통	1. 등기신청수수료영수필확인서	1통
1. 취임승낙서	○통	1. 위임장(대리인이 신청할 경우)	1통
1. 인감신고서	○통	<기 타>	

20○○년 ○월 ○일

신청인 명   칭   ○○회계법인
     주사무소   ○○시 ○○구 ○○동 ○○
대표자 성   명   ○ ○ ○ ⑩   (전화 :   )
     주   소   ○○시 ○○구 ○○동 ○○
대리인 성   명   ○ ○ ○ ⑩   (전화 :   )
     주   소   ○○시 ○○구 ○○동 ○○

○○지방법원 ○○등기소 귀중

- 신청서 작성요령 -

1. 해당란이 부족할 때에는 별지를 이용합니다.
1. 해당 등기신청과 관계없는 사항에 대하여는 "해당없음"으로 기재하거나 삭제하고, 필요한 사항은 추가 기재합니다.
1.「인감증명법」에 따른 인감증명서 제출과 함께 관련 서면에 인감을 날인하여야 하는 경우, 본인서명사실확인서를 제출하고 관련 서면에 서명을 하거나 전자본인서명확인서 발급증을 제출하고 관련 서면에 서명을 하면 인감증명서를 제출하고 관련 서면에 인감을 날인한 것으로 봅니다.

(용지규격 21cm×29.7cm)

♣ 【서식】 회계법인 등록신청서

■ 공인회계사법 시행규칙 [별지 제15호서식] <개정 2014.8.8>

회계법인 정관변경 신고서

(앞쪽)

접수번호	접수일		처리기간 10 일

회계 법인	성 명	(한글)		
		(한자)		
	주사무 소 소재지	(전화번호:		)

대표 이사	성 명	공인회계사 등록번호	성 명	공인회계사 등록번호
		제 호		제 호
		제 호		제 호
		제 호		제 호

자본 금	억원	출자 1좌의 금액	원

신고하려는 내용

사 유

「공인회계사법」 제38조에 따라 회계법인 정관변경을 신고합니다.

년   월   일

신 고 인
○○회계법인
대 표 이 사 (전 원) 인

금융위원회 귀하

신고인 제출서류	1. 신·구 정관 각 1부 2. 사원총회 의사록 사본 1부	수수료
담당공무원 확인사항	법인 등기사항증명서	없 음

210mm×297mm[백상지 80g/㎡(재활용품)]

(뒤쪽)

처 리 절 차	
신 고 인	처 리 기 관

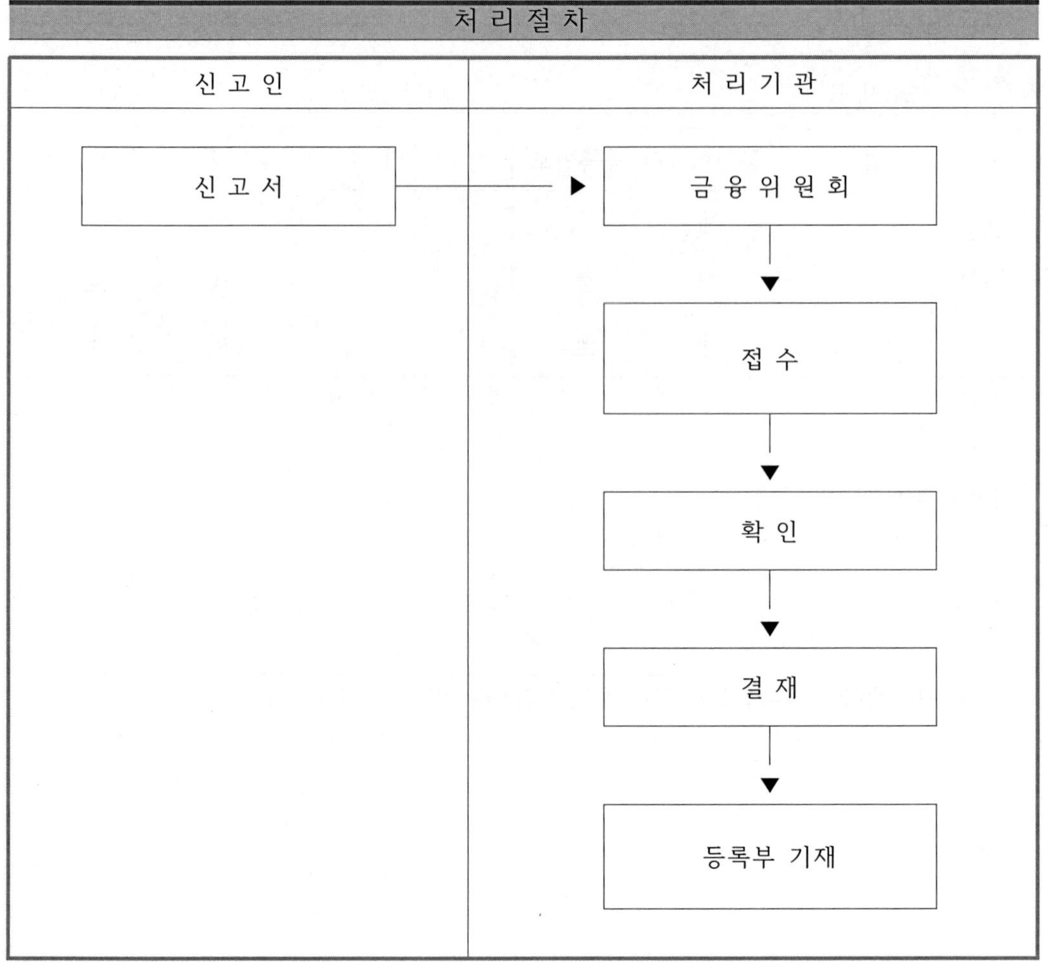

♣ 【서식】 회계법인 해산사유 통보서

■ 공인회계사법 시행규칙 [별지 제13호서식] <개정 2014.8.8>

회계법인 해산사유 통보서

(앞쪽)

접수번호	접수일		처리기간 10 일

<table>
<tr><td rowspan="4">회계
법인</td><td rowspan="2">성명</td><td>(한글)</td></tr>
<tr><td>(한자)</td></tr>
<tr><td rowspan="2">주사무
소
소재지</td><td></td></tr>
<tr><td>(전화번호:)</td></tr>
</table>

<table>
<tr><td rowspan="4">대표
이사</td><td>성 명</td><td>공인회계사
등록번호</td><td>성 명</td><td>공인회계사 등록번호</td></tr>
<tr><td></td><td>제   호</td><td></td><td>제   호</td></tr>
<tr><td></td><td>제   호</td><td></td><td>제   호</td></tr>
<tr><td></td><td>제   호</td><td></td><td>제   호</td></tr>
</table>

자본금		억원	출자 1좌의 금액	원

해산사유

「공인회계사법」 제37조제2항에 따라 회계법인의 해산사유를 통보합니다.

년   월   일

신 고 인
○○회계법인
대표이사(전원)   [인]

금융위원회 귀하

첨부서류	1. 사원총회 의사록 사본 1부 2. 한국공인회계사회에 손해배상준비금을 예치한 사실을 증명하는 서류 　(합병의 사유로 해산하는 경우는 제외합니다)	수수료 없음

210mm×297mm[백상지 80g/㎡(재활용품)]

(뒤쪽)

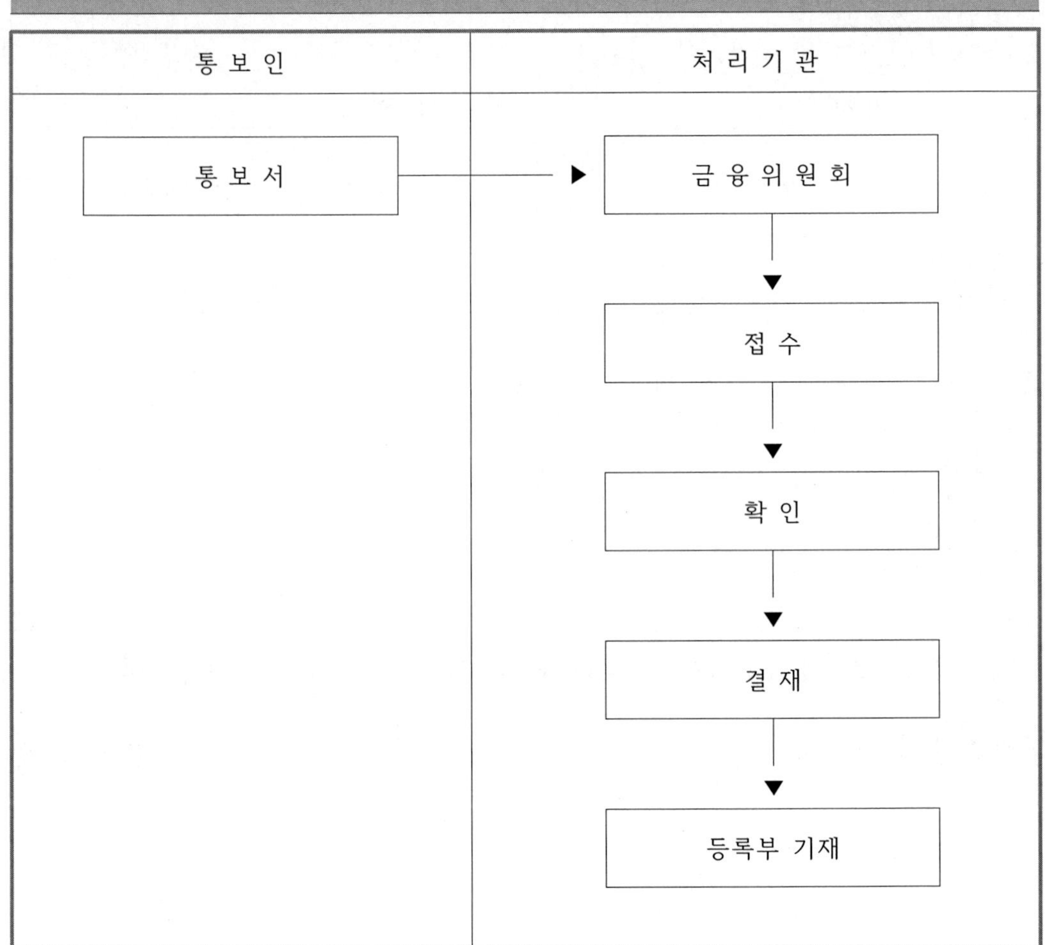

♣ 【서식】 회계법인 정관(예시)

회계법인 정관(예시)

【유의사항】

각조의 앞에 『※』표시는 정관의 절대적 기재사항이고, 『◎』표시는 필요적 기재사항이며, 기타 사항은 본 예시를 참고하여 작성 바람.

제1장 총   칙

제1조(명칭) 이 법인은 ○○회계법인(○○會計法人)이라 한다. 영문으로는 ○○ Accounting Corporation이라 표기한다.

제2조(목적) 이 법인은 다음 각호의 업무를 행함을 목적으로 한다.
1. 회계감사업무
2. 회계에 관한 감정·증명·계산·정리·입안에 관한 업무
3. 원가계산업무
4. 법인설립·청산에 관한 회계 및 내부통제구조에 관한 立案 업무
5. 세무에 관한 대리 또는 자문업무
6. 경영자문·신용조사 및 평가업무
7. 기업의 주식 또는 지분의 평가업무
8. 기업매수 및 합병에 관한 업무
9. 경영·경제정보의 조사수집 및 분석업무
10. 전산용역에 관한 업무
11. 기타 공인회계사법 제2조의 규정에 의한 직무와 상기 각호에 부대되는 업무

      (출판업무를 사업목적으로 하고자 하는 경우에는 향후 개별적으로 금융위원회에 신고)

제3조(주사무소 및 분사무소의 소재지) ① 이 법인의 주사무소는 ○○시에 둔다.

      ② 이 법인은 다음과 같이 분사무소를 둔다.

1. ○○광역시
2. ○○시
3. ○○군

제4조(자본금의 총액) 이 법인의 자본금의 총액은 ○○억원으로 한다.
    (총액은 5억원이상으로 하여야 한다.)

제2장 사원.출자와 이사

제5조(출자 1좌의 금액) 출자 1좌의 금액은 5천원으로 한다.
    (금액은 5천원이상으로 한다.)

제6조(사원의 성명.주민등록번호.주소 및 출자) 사원인 공인회계사의 성명과 주민등록번호, 주소 및 출자는 별첨1.과 같다.
    (사원은 3인이상을 두어야 하며, 50인을 초과하여서는 안됨. 초과시 법원인가要)

제7조(이사의 성명, 주민등록번호 및 주소) 이사인 공인회계사의 성명과 주민등록번호, 주소는 별첨2.와 같다.
    (이사는 3인이상을 두어야 하며, 사원이 아닌 자는 이사가 될 수 없음)

제8조(결손금의 補塡) 직전 사업연도말 대차대조표의 자산총액에서 부채총액을 차감한 금액(이하 "자기자본"이라 한다)이 5억원에 미달한 경우에는 미달한 금액을 매 사업연도 종료후 6월이내에 사원총회의 결의에 따라 사원의 증여로 이를 보전하거나 증자한다.

제9조(他法人출자의 제한등) 이 법인이 他法人에 출자하거나 타인을 위하여 채무에 대한 보증을 할 경우에는 그 출자하거나 채무에 대한 보증을 한 금액의 합계액이 자기자본의 100분의 25(타인을 위한 채무보증액은 자기자본의 100분의 10)를 초과할 수 없다. 다만, 자기자본중 손해배상준비금을 차감한 금액이 5억원이상인 경우 그 초과하는 금액에 대하여는 그 초과금액의 100분의 50에 해당하는 금액의 범위안에서 타법인에 출자할 수 있다.

제10조(지분의 양도) 사원은 제15조제2항의 규정에 의한 사원총회의 특별결의가 있는 때에 한하여 그 지분의 전부 또는 일부를 양도할 수 있다.

(상법 제556조 인용, 정관으로 양도의 제한을 加重할 수 있으며, 기존 사원간의 지분양도에 관하여도 달리 정할 수 있음)

제11조(사원의 가입 및 탈퇴등) ① 사원이 되고자 하는 자는 대표이사의 추천을 받아 사원총회의 특별결의에 의하여 가입할 수 있다.

※지분의 양도가 특별결의 사항인 것을 고려할 때 특별결의에 의하는 것이 합당함

② 사원은 다음 각호의 1에 해당하는 경우 탈퇴된다.

　　1. 공인회계사법 제9조에 규정에 의하여 공인회계사등록이 취소된 때

　　2. 공인회계사법 제48조에 규정에 의하여 직무정지처분을 받은 때

　　3. 사원총회의 결의가 있는 때(본인의 신청에 의한 경우를 포함한다)

③ 제2항의 규정에 의하여 사원이 탈퇴하는 경우에는 그 지분의 환급을 받을 수 있다.

제12조(사원의 퇴직금) 사원이 탈퇴한 경우에는 퇴직금을 지급하며 그 지급에 관한 세부사항은 내규로써 정한다.

제3장 사원총회

제13조(사원총회) 사원총회는 사원으로 구성하며, 이 법인의 사원총회는 정기총회와 임시총회로 하고, 정기총회는 매 사업연도 종료일로부터 90일이내에 개최하며 임시총회는 필요에 따라 수시로 개최할 수 있다.

제14조(총회의 소집) ① 사원총회는 대표이사가 總會日 1주일전에 總會日과 총회소집의 목적등을 각 사원에게 서면 통지하여 이를 소집한다.

② 사원 數人의 출자좌수의 합계가 자본총액의 100분의 30이상에 해당하는 경우에는 당해 사원의 연명으로 會議의 목적과 소집의 이유를 기재한 서면을 대표이사에게 제출하여 총회의 소집을 청구할 수 있다.

③ 감사는 회의의 목적사항과 소집의 이유를 기재한 서면을 이사회에 제출하여 제13조의 규정에 의한 임시총회의 소집을 요구할 수 있다.

제15조(결의방법) ① 사원총회의 결의는 총사원 과반수의 출석과 출석사원 과반수의 찬성(또는 총사원의 의결권의 과반수를 가지는 사원이 출석하고 그 의결권의 과반수 찬성)으로 한다.

② 특별결의는 총사원의 半數이상이며 총사원의 의결권의 4분의 3이상을 가지는 자의 찬성으로 한다.

제16조(의결권) 각 사원은 출자 1좌에 대하여 1개의 의결권을 가진다.
　(의결권에 대하여 다른 정함을 할 수 있음)

제17조(의장) 사원총회의 의장은 대표이사가 되고 대표이사가 유고인 때에는 대표이사가 지명하는 이사가 그 직무를 대행한다. 다만, 불가피한 사유의 발생으로 인하여 이사를 지명하지 못할 경우에는 출자좌수가 많은 이사의 순으로 그 직무를 대행한다.

제18조(사원총회의 의사록) 사원총회의 의장은 총회의 의사록을 작성하고 출석한 이사와 함께 기명날인하여 그 의사록을 주사무소와 분사무소에 비치한다.

제4장 임원, 업무집행등

제19조(임원) 이 법인은 대표이사 1인과 이사 2인이상을 두며, 감사 1인이상을 둘 수 있다(監事는 필수기관이 아님).

제20조(선임) 대표이사와 이사(및 감사)는 사원인 자중에서 제15조제1항의 규정에 의한 사원총회의 결의(또는 제15조제2항의 규정에 의한 사원총회의 특별결의)에 의하여 이를 선임한다.

제21조(임기) 대표이사와 이사의 임기는 3년(또는 그이하, 감사의 임기는 ○년)으로 한다(참고로 주식회사의 경우 임기는 3년임).

제22조(대표이사) 대표이사는 이 법인을 대표하고 업무를 총괄한다.

제23조(감사의 직무) ① 감사는 이 법인의 회계와 업무에 관한 사항을 감사하고, 이사에 대하여 업무에 관한 보고를 요구할 수 있다.
② 감사는 이사회에 출석하여 의견을 진술할 수 있다.
③ 감사는 감사의 실시요령과 그 결과를 감사록에 기재하고 감사를 실시한 감사가 기명날인 또는 서명을 하여야 한다(監事는 필수기관이 아님).

제24조(업무집행) ① 이사는 회계에 관한 감사 또는 증명에 관한 업무를 행한다.

② 이 법인이 재무제표에 대하여 감사 또는 증명을 하는 경우에는 당해 문서에 회계법인명의를 표시하고 대표이사가 기명날인한다.

제25조(競業의 금지) 이 법인의 이사 또는 소속공인회계사는 자기 또는 제3자를 위하여 이 법인의 업무범위에 속하는 업무를 행하거나 다른 회계법인의 이사 또는 소속공인회계사가 되어서는 아니된다.

제26조(품질관리와 준법감시인) ① 이 법인이 수행하는 회계감사 및 기타 업무에 질적인 향상과 감사의견 형성의 객관성과 통일성을 기하고 업무내용을 자체 심리하기 위하여 품질관리실을 두며, 품질관리실에는 1인 이상의 품질관리 요원을 두어야 한다.

② 품질관리실은 매년 이사 및 소속공인회계사의 연수계획을 수립, 실시하여야 하고 이에 관한 기록을 유지하여야 한다.

③ 품질관리실은 회계감사 및 기타 업무의 품질향상을 위하여 품질관리제도를 구축하여야 한다.

④ 이 법인은 소속된 공인회계사가 회계감사 및 비감사업무를 수행함에 있어 제반 관련법규를 준수하도록 사전 또는 상시적으로 통제.감독하는 준법감시인을 둔다.

제27조(윤리위원회등) ① 이 법인은 윤리행동규범을 정하는 업무 등을 수행하기 위하여 윤리위원회를 둔다.

② 이 법인은 윤리규정 등의 위반행위에 대한 예방.발견 및 시정업무를 수행하기 위하여 윤리사무국을 둔다.

③ 이 법인은「공인회계사법」및「공인회계사윤리기준」에 의해 요구되는 윤리강령과 독립성의 준수에 관한 방침과 절차 등을 규정하는 윤리규정을 정한다.

제5장 계　산

제28조(회계년도) 이 법인의 회계년도는 매년 4월 1일부터 익년 3월 31일까지로 한다.

제29조(재무제표의 작성 및 제출) ① 이사는 매결산기에 다음의 서류와 그 부속명세서를 작성하여야 한다.

1. 대차대조표

  2. 손익계산서

  3. 이익잉여금처분계산서 또는 결손금처리계산서

② 감사가 있는 때에는 이사는 정기총회일로부터 4주간전에 제1항의 서류를 감사에게 제출하여야 한다.

③ 감사는 제2항의 서류를 받은 날로부터 3주내간내에 감사보고서를 이사에게 제출하여야 한다.

제30조(사업보고서의 제출) 매 사업연도 종료후 3월이내에 다음 각호의 1에 관한 사항를 기재한 사업보고서를 증권선물위원회와 한국공인회계사회에 제출하고, 2년간 주사무소와 분사무소에 비치·공시한다.

  1. 회계법인의 주소 및 상호 등 개요

  2. 이사·사원 및 소속 공인회계사 현황

  3. 재무제표와 그 부속명세서

  4. 최근 3개 사업연도의 회계감사·세무대리 및 경영자문등 주요 업무별 보수총액

  5. 손해배상준비금 및 손해배상공동기금 적립 및 손해배상책임보험의 가입 현황

  6. 최근 3년간의 감사보고서에 대한 감리결과 중에서 금융감독위원회가 정하는 기준에 해당되는 사항

  7. 회계법인(이사와 소속 공인회계사를 포함한다)의 과거 3년간 업무와 관련된 소송결과

제31조(손해배상준비금의 적립) 이 법인은 공인회계사법 제28조의 규정에 의하여 매 사업연도마다 손해배상준비금을 적립한다.

제32조(손해배상공동기금의 적립) 이 법인은 주식회사의외부감사에관한법률 제17조의2의 규정에 의하여 한국공인회계사회에 손해배상공동기금을 적립한다.

제33조(이익금의 처분) 이 법인은 매사업연도의 처분전이익잉여금을 다음과 같이 처분한다.

  1. 이익준비금

  2. 기타의 법정적립금

  3. 배당금

  4. 임의적립금

  5. 기타의 이익잉여금처분액

제34조(이익배당) 이 법인의 이익배당금은 매 결산기말일 현재의 사원에게 그 출자좌수의 비율에 따라 배당한다. 다만, 본조의 이익배당금은 업무수행 실적에 비례하여 지급하는 성과급여 성격의 상여금을 분배한 이후의 이익배당금을 의미한다(정관에 달리 규정할 수 있음).

제35조(장부의 열람) 이 법인의 사원은 언제든지 사유서를 첨부하여 회계에 관한 장부 및 기타 서류의 열람 또는 복사를 대표이사에게 청구할 수 있다.

제6장 해 산

제36조(해산사유) ① 이 법인은 다음의 사유로 인하여 해산한다.

  1. 사원총회의 결의

  2. 합병

  3. 등록의 취소

  4. 파산

  5. 법원의 명령 또는 판결

  (상기 각호 이외의 해산사유를 별도로 정할 수 있음)

② 제1항제1호 내지 제2호의 사유로 해산하는 경우에는 제15조제2항의 규정에 의한 사원총회의 특별결의에 의한다.

제37조(예치금) ① 이 법인이 해산하는 경우 이사는 제31조의 규정에 의한 손해배상준비금에 해당하는 금액을 한국공인회계사회에 예치하여야 한다. 다만, 합병의 사유로 해산하는 경우에 손해배상준비금은 존속 또는 신설되는 회계법인이 승계하는 것으로 한다.

② 제1항의 규정에 의하여 예치하는 경우 반환 받을 이사와 그 금액을 지정하여야 하며, 반환 받을 이사는 해산 당시의 이사로 하고, 그 금액은 해산 당시의 출자비율에 의한다.

제38조(자산의 처분) ① 이 법인이 해산하는 경우 법인자산의 처분방법은 사원총회의 결의에 의한다.

② 제1항의 규정에 의한 처분후의 잔여재산은 법인채무를 우선 변제하고

각 사원의 출자좌수에 따라 사원에게 분배한다.

제39조(청산인) 이 법인을 청산하는 경우에는 사원 과반수의 결의로 청산인을 선임한다.

제7장 보 칙

제40조(정관변경의 방법) 이 정관의 변경은 제15조제2항의 규정에 의한 사원총회의 특별결의에 의한다.

제41조(기타) 이 정관에 정하지 아니한 사원총회.이사회.품질관리실.윤리위원회.윤리사무국을 포함한 하부조직에 관한 사항과 기타 필요한 사항은 내규로 정한다.

부   칙

제1조(시행일) 이 정관은 금융위원회 위원장에게 등록을 한 날로부터 시행한다.

위 ○○회계법인을 설립하기 위하여 이 정관을 작성하고 사원 전원이 이에 기명날인한다.

200×. ×. ×

○ ○ 회 계 법 인
(이하 전사원이 기명 날인 함)
사   원 ○   ○   ○
사   원 ○   ○   ○
사   원 ○   ○   ○
사   원 ○   ○   ○
사   원 ○   ○   ○

[별첨1]

사원의 성명, 주민등록번호, 주소 및 출자

1. 성   명   ○ ○ ○
     주민등록번호   123456-1234567
     주   소   ○○시 ○○동 ○번지
     출 자 좌 수(출자금액)   ○○○○좌
          (○○○○○○○원정)

2. 성   명   ○ ○ ○
     주민등록번호   123456
     주   소   ○○시 ○○동 ○번지
     출 자 좌 수(출자금액)   ○○○○좌
          (○○○○○○○원정)

3. 성   명   ○ ○ ○
     주민등록번호   123456-1234567
     주   소   ○○시 ○○동 ○번지
     출 자 좌 수(출자금액)   ○○○○좌
          (○○○○○○○원정)

4. 성   명   ○ ○ ○
     주민등록번호   123456-1234567
     주   소   ○○시 ○○동 ○번지
     출 자 좌 수(출자금액)   ○○○○좌
          (○○○○○○○원정)

5. 성   명   ○ ○ ○
     주민등록번호   123456-1234567
     주   소   ○○시 ○○동 ○번지
     출 자 좌 수(출자금액)   ○○○○좌
          (○○○○○○○원정)

[별첨2]

이사의 성명, 주민등록번호, 주소

1. 성   명   ○ ○ ○
     주민등록번호   123456-1234567
     주   소   ○○시 ○○동 ○번지
  2. 성   명   ○ ○ ○
     주민등록번호   123456-1234567
     주   소   ○○시 ○○동 ○번지
  3. 성   명   ○ ○ ○
     주민등록번호   123456-1234567
     주   소   ○○시 ○○동 ○번지
  4. 성   명   ○ ○ ○
     주민등록번호   123456-1234567
     주   소   ○○시 ○○동 ○번지
  5. 성   명   ○ ○ ○
     주민등록번호   123456-1234567

핵심판례

▶판례◀ 공인회계사법에 의하여 설립된 회계법인 사이에 흡수합병이 있는 경우,
         피합병회계법인의 권리·의무가 존속회계법인에게 승계되는지 여부(적극)

(대법원 2004. 7. 8. 선고 2002두1946 판결)

회사합병이 있는 경우에는 피합병회사의 권리·의무는 사법상의 관계나 공법상의 관계를 불문하고 그의 성질상 이전을 허용하지 않는 것을 제외하고는 모두 합병으로 인하여 존속한 회사에게 승계되는 것으로 보아야 할 것이고, 공인회계사법에 의하여 설립된 회계법인 간의 흡수합병이라고 하여 이와 달리 볼 것은 아니다.

제13장   세무법인의 등기

一. 총 설

세무사는 그 직무를 조직적이고 전문적으로 수행하기 위하여 세무법인을 설립할 수 있다(세무사법 제16조의3). 세무법인의 설립 및 변경에 관하여는 세무사법 제16조의3 내지 제16조의16에서 규정하고 있으며, 세무법인이 그 직무를 수행하려면 기획재정부장관에게 등록하여야 한다(세무사법 제16조의4 제1항).

二. 설립등기

1. 정관작성

세무법인의 정관에는 다음사항을 기재하여야 한다(세무사법 제16조의3).

① 목적
② 명칭
③ 주사무소와 분사무소(分事務所)의 소재지
④ 사원 및 이사의 성명·주민등록번호(외국세무자문사인 사원은 외국인등록번호) 및 주소
⑤ 출자 1계좌(計座)의 금액
⑥ 각 사원의 출자계좌 수
⑦ 자본금 총액 - 자본금은 2억원 이상이어야 한다(세무사법 제16조의6 제1항).
⑧ 결손금 보전(補塡)에 관한 사항
⑨ 사원총회에 관한 사항
⑩ 대표이사에 관한 사항
⑪ 업무에 관한 사항
⑫ 존립 시기나 해산 사유를 정한 경우에는 그 시기와 사유

2. 설립등기

세무법인의 설립 및 변경에 관하여 세무사법에 규정되지 아니한 사항은 상법 중 유한회사에 관한 규정을 준용하도록 하였다(세무사법 제16조의16 제2항). 세무법인의 설립등기는 출자 전액의 납입 또는 현물출자의 이행이 있는 날로부터 본점소재지에서는 2주, 지점소재지에서는 본점소재지에서 등기를 한 후 2주 내에 등기를 하여야 한다(상법 제549조, 제181조).

♣ 【서식】 세무법인등록신청서

■ 세무사법 시행규칙 [별지 제14호의3서식] <개정 2024. 3. 22.>

<table>
<tr><td colspan="5">세무법인 등록신청서</td><td>처리기간
10일</td></tr>
<tr><td rowspan="3">세 무
법 인</td><td rowspan="2">명 칭</td><td>(한글)</td><td colspan="3"></td></tr>
<tr><td>(한자 등)</td><td colspan="3"></td></tr>
<tr><td colspan="2">주사무소 소재지</td><td colspan="3">(전화번호:)</td></tr>
<tr><td rowspan="4">대 표
이 사</td><td colspan="2">성 명</td><td>세무사등록번호</td><td>성 명</td><td>세무사등록번호</td></tr>
<tr><td colspan="2"></td><td></td><td></td><td></td></tr>
<tr><td colspan="2"></td><td></td><td></td><td></td></tr>
<tr><td colspan="2"></td><td></td><td></td><td></td></tr>
<tr><td rowspan="4">이 사</td><td colspan="2">성 명</td><td>세무사등록번호</td><td>성 명</td><td>세무사등록번호</td></tr>
<tr><td colspan="2"></td><td></td><td></td><td></td></tr>
<tr><td colspan="2"></td><td></td><td></td><td></td></tr>
<tr><td colspan="2"></td><td></td><td></td><td></td></tr>
<tr><td>자 본 금</td><td colspan="2">백만원</td><td>출자 1좌의 금액</td><td colspan="2">원</td></tr>
<tr><td colspan="6">「세무사법」 제16조의4제1항 및 같은 법 시행령 제14조의6제1항에 따라 세무법인의 등록을 신청합니다.

년 월 일

신청인 ○○세무법인 대표이사 ㊞

국세청장 귀하</td></tr>
</table>

| 첨부서류 | 1. 정관 1부
2. 대표이사의 이력서 1부
3. 이사 및 소속세무사의 세무사등록번호 및 등록일이 적힌 서류 1부
4. 자본금의 납입을 증명하는 서류(현금출자의 경우 「은행법」에 따른 은행이 발행한 자본금 납입증명서, 현물출자의 경우 그 이행을 증명하는 서류 및 공인된 감정기관의 감정평가서) 1부
5. 주사무소와 분사무소(분사무소를 두는 경우만 해당합니다)의 설치 예정지가 적힌 서류 1부 | 수수료
없 음 |

210mm×297mm[백상지(80g/㎡) 또는 중질지(80g/㎡)]

♣【서식】세무법인 정관변경 신고서

[별지 제14호의7서식] <개정 2019. 3. 20.>

<table>
<tr><td colspan="5" align="center">세무법인 정관변경 신고서</td><td>처리기간</td></tr>
<tr><td rowspan="7">세
무
법
인</td><td rowspan="2">명 칭</td><td>(한 글)</td><td colspan="2"></td><td>즉 시</td></tr>
<tr><td>(한자등)</td><td colspan="3"></td></tr>
<tr><td colspan="2">주사무소　소재지</td><td colspan="3">(전화 :　　　　　　)</td></tr>
</table>

대 표 이 사	성 명	세무사 등록번호	성 명	세무사등록번호

변 경 내 용	
변 경 사 유	

「세무사법」 제16조의14에 따라 세무법인 정관변경을 신고합니다.

년　　　　월　　　　일

신 고 인　　　○○세무법인　　　대표이사　　　　　　㊞

국세청장　귀하

구 비 서 류	신고인 제출서류	담당 공무원 확인사항	수 수 료
	1. 신·구정관 각 1부 2. 사원총회 의사록 사본 1부	법인 등기사항증명서	없 음

210mm×297mm(신문용지 54g/㎡(재활용품))

제14장 특허법인의 등기

一. 총 설

특허법인은 합명회사에 준하는 특허법인과 유한회사에 준하는 특허법인(유한) 두 가지 형태가 존재한다(변리사법 제6조의3 내지 제6조의22). 유한회사에 준하는 특허법인의 설립에 관하여는 변리사법에 규정되지 아니한 사항은 상법 중 유한회사에 관한 규정을 준용하도록 하였다(변리사법 제6조의22 제2항).

二. 설립인가

변리사는 업무를 조직적·전문적으로 수행하기 위하여 3명이상의 변리사를 구성원으로 하는 특허법인(유한)을 설립할 수 있으며(변리사법 제6조의3 제1항), 특허법인(유한)을 설립할 때에는 구성원이 될 변리사가 정관을 작성하여 특허청장의 인가를 받아야 한다(변리사법 제16조의12 제1,2항). 정관에는 아래의 사항을 기재하여야 한다(변리사법 제6조의3 제5항).

① 목적, 명칭, 주사무소 및 분사무소(分事務所)의 소재지
② 구성원의 성명, 주민등록번호 및 주소
③ 구성원의 회의에 관한 사항
④ 특허법인의 대표에 관한 사항
⑤ 자산 및 회계에 관한 사항
⑥ 존립시기 또는 해산사유를 정한 경우에는 그 시기 또는 사유

三. 설립등기

특허법인은 설립인가를 받은 날부터 3주 이내에 주사무소의 소재지에서 설립등기를 하여야 한다(변리사법 시행령 제16조 제1항). 설립등기는 회사를 대표할 자가 신청한다(상업등기법 제23조). 특허(유한)법인의 설립신청서의 개지사항은 아래와 같다(상법 제549조).

① 목적·상호·본점의 소재지, 지점을 둔 때에는 그 소재지

② 자본금의 총액과 출자 1좌의 금액

③ 이사의 성명·주민등록번호 및 주소. 다만, 회사를 대표할 이사를 정한 때에는 그 외의 이사의 주소를 제외한다.

④ 회사를 대표할 이사를 정한 때에는 그 성명, 주소와 주민등록번호

⑤ 수인의 이사가 공동으로 회사를 대표할 것을 정한 때에는 그 규정

⑥ 존립기간 기타의 해산사유를 정한 때에는 그 기간과 사유

⑦ 감사가 있는 때에는 그 성명 및 주민등록번호

핵심판례

▶판례◀ 구 변리사법상 근거 규정이 없는 변리사법인의 설립 허용 여부(소극) 및 소득의 귀속 주체

(대법원 2003. 9. 5. 선고 2001두7855 판결)

구 변리사법(2000. 1. 28. 법률 제6225호로 개정되기 전의 것)상 법인의 형태로 변리사 업무를 수행할 수 있다는 근거 규정이 없는 이상, 변리사들이 그들 명의로 변리사등록부에 등록하여 변리사업무를 수행하면서도, 그 명의로 변리사업무를 수행할 수 없는 별개의 법인을 설립하여 그 업무수행에 따른 소득을 그 법인에 귀속시키는 행위는 허용될 수 없고, 그와 같은 소득은 변리사업무의 수행에 따른 소득으로서 변리사 개인에게 귀속된다고 보아야 한다.

♣ 【서식】 개업 등 신고서

■ 변리사법 시행규칙 [별지 제8호서식] <개정 2023.7.4>   대한변리사회 홈페이지(www.kpaa.or.kr)
에서 전자문서로 제출할 수 있습니다.

[ ] 등록사항 변경 신고서
[ ] 등록취소 신청서
[ ] 개업*·휴업·폐업 신고서

※ [   ]에는 해당되는 곳에 "√"표시를 하시기 바라며, 색상이 어두운 칸은 신고인이 작성하지 않습니다.
※ 개업은 휴업 후 업무재개를 의미합니다.

접수번호		접수일		처리기간	1일

	성명	(한글)		등록번호	제 호
신고인 (신청인)	전화번호				
	주소				

등록사항 변경 신고	변경사항	변리사 성명·주소·전화번호·학력 및 전공·주요경력, 사무소 명칭·주소·전화번호·팩스번호, 변리사 인감 등
	변경내용	

등록취소 신청	사유	

개업 등 신고	구분	[ ]개업(업무재개) [ ]휴업 [ ]폐업
	신고 내용	

「변리사법」 제5조의3제2호·제6조의2제2항, 같은 법 시행령 제10조제3항 및 같은 법 시행규칙 제6조제4항·제9조의2·제11조제1항에 따라 위와 같이 [ ] 등록사항 변경 신고, [ ] 등록취소 신청, [ ] 개업(업무재개)·휴업·폐업 신고를 합니다.

년   월   일

신청인
신고인(신청인)   (서명 또는 인)

대한변리사회 귀중

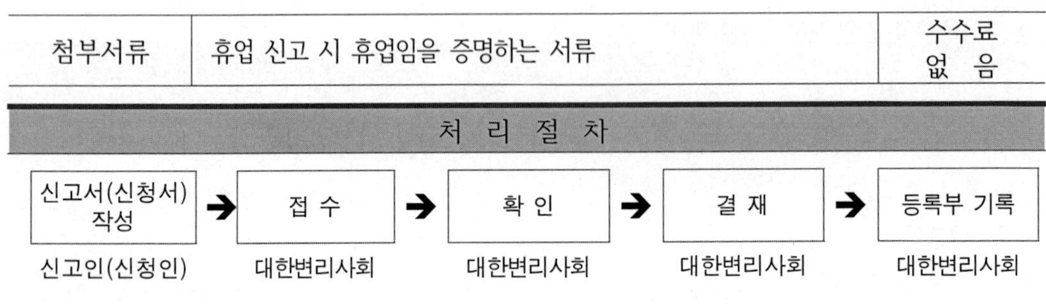

첨부서류	휴업 신고 시 휴업임을 증명하는 서류	수수료 없 음

처 리 절 차

신고서(신청서) 작성	→	접 수	→	확 인	→	결 재	→	등록부 기록
신고인(신청인)		대한변리사회		대한변리사회		대한변리사회		대한변리사회

210mm×297mm[백상지 80g/㎡ 또는 중질지 80g/㎡]

♣ 【서식】 특허법인 설립인가 신청서

■ 변리사법 시행규칙 [별지 제9호서식] <개정 2017. 5. 11.>　　　대한변리사회 홈페이지(www.kpaa.or.kr)에서 전자문서로 제출할 수 있습니다.

법인 설립인가 신청서
([　] 특허법인 [　] 특허법인(유한) [　] 조직 변경)

※ [　]에는 해당되는 곳에 √표를 합니다.　　　　　　　　　　　　　　　　　　(앞쪽)

접수번호		접수일	처리기간	10일

법 인	명칭	(한글)	법인 인감(인감 날인)	
		(영문)		
	주사무소 소재지	(한글)	전화번호	
		(영문)	팩스번호	

대 표 변리사	성명		생년월일	
	주소		변리사 등록번호	제　　　호

이사	성 명	변리사 등록번호	성 명	변리사 등록번호
		제　　　호		제　　　호
		제　　　호		제　　　호

구성원	성 명	변리사 등록번호	성 명	변리사 등록번호
		제　　　호		제　　　호
		제　　　호		제　　　호
		제　　　호		제　　　호

자본금	원

「변리사법」 제6조의3제2항·제6조의10제1항·제6조의12제2항, 같은 법 시행령 제14조제1항·제16조의2제1항·제16조의5제1항 및 같은 법 시행규칙 제11조의2제1항에 따라 위와 같이 [　] 특허법인 설립인가, [　] 특허법인(유한) 설립인가, [　] 조직 변경을 신청합니다.

년   월   일

신청인   ○○법인

대표변리사   (인)

특허청장 귀하

| 첨부서류 | 1. 정관
2. 자본금의 납입을 증명하는 서류(현금출자의 경우 「은행법」에 따른 은행이나 그 밖의 금융기관이 발행한 자본금 납입증명서, 현물출자의 경우 이행을 증명하는 서류 및 공인된 감정기관의 감정평가서) (특허법인(유한) 설립 및 조직 변경 신청의 경우에만 해당됩니다) | 수수료
없 음 |

210mm×297mm[백상지 80g/㎡ 또는 중질지 80g/㎡]

♣ 【서식】 정관 변경인가 신청서

■ 변리사법 시행규칙 [별지 제12호서식] <개정 2017. 5. 11.>　대한변리사회　홈페이지(www.kpaa.or.kr)
에서 전자문서로 제출할 수 있습니다.

정관 변경인가 신청서
([　] 특허법인　[　] 특허법인(유한))

※ [　]에는 해당되는 곳에 √표를 합니다.　　　　　　　　　　　　　　　(앞쪽)

접수 번호			접수일		처리기간　　**10일**
법 인	명칭	(한글)		법인 인가번호	
		(영문)		제　　　　　호	
	주사무 소 소 재 지	(한글)		전화번호	
		(영문)		팩스번호	
대 표 변리사	성 명			생년월일	
	주 소			변리사 등록번호	
				제　　　　　호	

　「변리사법」 제6조의3제2항·제6조의12제2항 및 같은 법 시행령 제15조제1항·제16조
의5제2항 및 같은 법 시행규칙 제11조의3에 따라 법인의 정관 변경인가를 신청합니다.

년　　　　월　　　　일

　　　　　　　　　　　신청인　　　　　　　　　　　　　○○법인

　　　　　　　　　대표변리사

(인)

특허청장　귀하

첨부 서류	1. 정관 변경 내용과 그 변경 사유를 적은 서류	수수료 없음
	2. 정관 변경안	

210mm×297mm[백상지 80g/㎡ 또는 중질지 80g/㎡]

♣ 【서식】 소속변리사 신고·변경 신고서

■ 변리사법 시행규칙 [별지 제12호의2서식] <신설 2023. 7. 4.>   대한변리사회 홈페이지(www.kpaa.or.kr)
에서 전자문서로 제출할 수 있습니다.

[ ] 특허법인
[ ] 특허법인(유한)   소속변리사 신고·변경 신고서

※ [ ]에는 해당되는 곳에 "√"표시를 하시기 바라며, 색상이 어두운 칸은 신고인이 작성하지 않습니다.

접수번호		접수일시		처리기간 1일	
법 인	명칭	(한글)		법인 인가번호	
		(영문)		제 호	
	주사무소 소 재 지	(한글)		전화번호	
		(영문)		팩스번호	

소속 변리사 신고· 변경신고	성 명	변리사 등록번호	신고구분	
		제 호	[ ] 입사	[ ] 퇴사
		제 호	[ ] 입사	[ ] 퇴사
		제 호	[ ] 입사	[ ] 퇴사
		제 호	[ ] 입사	[ ] 퇴사

「변리사법」 제6조의4제2항·제6조의13제2항, 같은 법 시행규칙 제11조의4에 따라 위와 같이 특허법인 또는 특허법인(유한) 소속변리사 신고·변경 신고를 합니다.

년   월   일

신고인   ○○법인

대표변리사   (서명 또는 인)

대한변리사회   귀하

♣ 【서식】 해산 신고서

■ 변리사법 시행규칙 [별지 제12호의3서식] <개정 2023.7. 4.>   대한변리사회 홈페이지(www.kpaa.or.kr)
에서 전자문서로 제출할 수 있습니다.

[ ] 특허법인
[ ] 특허법인   **해산 신고서**

※ [ ]에는 해당되는 곳에 "√"표시를 하시기 바라며, 색상이 어두운 칸은 신고인이 작성하지 않습니다.

접수번호			접수일시	처리기간	1일
법 인	명칭	(한글)		법인 인가번호	
		(영문)		제 호	
	주사무소 소 재 지	(한글)		전화번호	
		(영문)		팩스번호	
청산인	성 명			생년월일	
	주 소			변리사 등록번호 제 호	
해산 연월일					
해산사유					

「변리사법」 제6조의9제2항·제6조의20제2항 및 같은 법 시행규칙 제11조의5에 따라 [ ]
특허법인, [ ] 특허법인(유한)의 해산을 신고합니다.

년   월   일

신고인   ○○법인

청산인   (서명 또는 인)

대한변리사회   귀하

제 15 장　기타법인의 등기

♣ 【서식】 부대기념사업회 설립등기신청서

<table>
<tr><td colspan="6" align="center">부대기념사업회 설립등기신청</td></tr>
<tr><td rowspan="2">접
수</td><td colspan="2" align="center">년　　월　　일</td><td rowspan="2">처리인</td><td>등기관 확인</td><td>각종통지</td></tr>
<tr><td colspan="2" align="center">제　　　　호</td><td></td><td></td></tr>
</table>

등기의 목적	부대기념사업회의 설립
등기의 사유	정관을 작성하고 20○○년 ○월 ○일 주무관청의 허가를 받아 ○○부대 기념사업회를 설립하였으므로 그 등기를 구함
허가서도착연월일	20○○년 ○월 ○일
등기할 사항	
명　　칭	○○부대 기념사업회
주 사 무 소	○○시 ○○구 ○○동 ○
이사, 감사의 성명, 주민등록번호 및 주소	이사　○ ○ ○ (　　　 - 　　　) 　　　○○시 ○○구 ○○동 ○ 이사　○ ○ ○ (　　　 - 　　　) 　　　○○시 ○○구 ○○동 ○ 이사　○ ○ ○ (　　　 - 　　　) 　　　○○시 ○○구 ○○동 ○ 감사　○ ○ ○ (　　　 - 　　　) 　　　○○시 ○○구 ○○동 ○ 감사　○ ○ ○ (　　　 - 　　　) 　　　○○시 ○○구 ○○동 ○
이사장의 성명과 주소, 주민등록번호	이사장 ○ ○ ○ (　　　 - 　　　) 　　　○○시 ○○구 ○○동 ○

이사의 대표권에 대한 제한	이사장 ○○○ 이외에는 대표권이 없음
목　　적	본회는 조국과 민족을 구하고 순국한 ○○부대 영령들의 숭고한 애국정신을 계승하여 자유민주체제를 수호하고 평화적 남북통일에 기여함을 목적으로 한다. 이 목적을 달성하기 위하여 다음 사업을 행한다. (1) ○○부대 영령에 대한 추모사업 (2) 자유민주체제 수호를 위한 계몽선전사업 (3) 간행물의 발간배포 (4) 유족 및 생존자 자녀복지사업 (5) 기타 목적달성을 위한 사업
분사무소	
설립허가연월일	20○○년 ○월 ○일
존립기간 또는 해산사유	총회에서 제적회원 3분의 2이상의 결의가 있으면 해산한다.
자산의 총액	금 ○○○○원
출자의 방법	1. 회비, 2. 찬조금, 3. 과실수익금, 4. 기타 잡수입금
기　　타	1. 기본재산은 설립시 유지들이 출연한 재산과 이사회에서 기본재산으로 결정한 재산으로 한다. 2. 보통재산은 기본재산 이외의 재산으로 한다.

<table>
<tr><td colspan="7" align="center">신청등기소 및 등록면허세/수수료</td></tr>
<tr><td rowspan="2">순번</td><td rowspan="2">신청등기소</td><td rowspan="2">구분</td><td>등록면허세</td><td rowspan="2">농어촌특별세</td><td rowspan="2">세액합계</td><td rowspan="2">등기신청수수료</td></tr>
<tr><td>지방교육세</td></tr>
<tr><td></td><td></td><td></td><td>금　　　　원
금　　　　원</td><td>금　　　원</td><td>금　　　원</td><td>금　　　　원</td></tr>
<tr><td></td><td></td><td></td><td></td><td></td><td></td><td></td></tr>
<tr><td colspan="2" align="center">합　　　계</td><td></td><td></td><td></td><td></td><td></td></tr>
<tr><td colspan="2">등기신청수수료 납부번호</td><td colspan="5"></td></tr>
<tr><td colspan="2">과 세 표 준 액</td><td colspan="5">금　　　　　원</td></tr>
</table>

첨　부　서　면	
1. 정관　　　　　　　　　　　　1통	1. 주민등록표등본　　　　　○통
1. 창립총회의사록(임원선임서)　1통	1. 인감증명서　　　　　　　○통
1. 설립허가서　　　　　　　　　1통	1. 등록면허세영수필확인서　1통
1. 재산목록　　　　　　　　　　1통	1. 등기신청수수료영수필확인서　1통
1. 취임승낙서　　　　　　　　　○통	1. 위임장(대리인이 신청할 경우)　1통
1. 인감신고서　　　　　　　　　○통	<기 타>

20○○년 ○월 ○일

신청인　명　　칭　○○부대 기념사업회

　　　　주사무소　○○시 ○○구 ○○동 ○○

대표자　성　　명　이사장 ○ ○ ○ ㊞　　　　　(전화 :　　　　　)

　　　　주　　소　○○시 ○○구 ○○동 ○○

대리인　성　　명　법무사 ○ ○ ○ ㊞　　　　　(전화 :　　　　　)

　　　　주　　소　○○시 ○○구 ○○동 ○○

○○지방법원 ○○등기소 귀중

- 신청서 작성요령 -

1. 해당란이 부족할 때에는 별지를 이용합니다.
1. 해당 등기신청과 관계없는 사항에 대하여는 "해당없음"으로 기재하거나 삭제하고, 필요한 사항은 추가 기재합니다.
1. 「인감증명법」에 따른 인감증명서 제출과 함께 관련 서면에 인감을 날인하여야 하는 경우, 본인서명사실확인서를 제출하고 관련 서면에 서명을 하거나 전자본인서명확인서 발급증을 제출하고 관련 서면에 서명을 하면 인감증명서를 제출하고 관련 서면에 인감을 날인한 것으로 봅니다.

(용지규격 21cm×29.7cm)

♣ 【서식】 연구조합 설립등기신청서

<table>
<tr><td colspan="6" align="center">연구조합 설립등기신청</td></tr>
<tr><td rowspan="2">접
수</td><td colspan="2" align="center">년   월   일</td><td rowspan="2" align="center">처리인</td><td align="center">등기관 확인</td><td align="center">각종통지</td></tr>
<tr><td colspan="2" align="center">제   호</td><td></td><td></td></tr>
</table>

등기의 목적	연구조합의 설립
등기의 사유	정관을 작성하고 20○○년 ○월 ○일 주무관청의 허가를 받아 ○○연구조합을 설립하였으므로 그 등기를 구함
허가서도착연월일	20○○년 ○월 ○일
<td colspan="2" align="center">등기할 사항</td>
명 칭	○○연구조합
주 사 무 소	○○시 ○○구 ○○동 ○
이사, 감사의 성명, 주민등록번호 및 주소	이사 ○ ○ ○ (-) 　　　○○시 ○○구 ○○동 ○ 이사 ○ ○ ○ (-) 　　　○○시 ○○구 ○○동 ○ 이사 ○ ○ ○ (-) 　　　○○시 ○○구 ○○동 ○ 감사 ○ ○ ○ (-) 　　　○○시 ○○구 ○○동 ○ 감사 ○ ○ (-) 　　　○○시 ○○구 ○○동 ○
이사장의 성명과 주소, 주민등록번호	이사장 ○ ○ ○ (-) 　　　○○시 ○○구 ○○동 ○
이사의 대표권에 대한 제한	이사장 ○○○ 이외에는 대표권이 없음

목 적	이 조합은 프레온을 사용하지 않은 냉난방 기술의 자주적 개발과 도입기술의 소화개량을 촉진하여 그 성과를 보급함으로써 관련 기업의 국제경쟁력 강화로 국가산업의 발전과 국민복지향상에 이바지함을 목적으로 한다.
분사무소	
설립허가연월일	20○○년 ○월 ○일
존립기간 또는 해산사유	
자산의 총액	
출자의 방법	
기 타	

<table>
<tr><td colspan="8" align="center">신청등기소 및 등록면허세/수수료</td></tr>
<tr><td rowspan="2">순번</td><td rowspan="2">신청등기소</td><td rowspan="2">구분</td><td>등록면허세</td><td rowspan="2">농어촌특별세</td><td rowspan="2">세액합계</td><td rowspan="2" colspan="2">등기신청수수료</td></tr>
<tr><td>지방교육세</td></tr>
<tr><td rowspan="2"></td><td rowspan="2"></td><td rowspan="2"></td><td>금   원</td><td rowspan="2">금   원</td><td rowspan="2">금   원</td><td rowspan="2" colspan="2">금   원</td></tr>
<tr><td>금   원</td></tr>
<tr><td></td><td></td><td></td><td></td><td></td><td></td><td colspan="2"></td></tr>
<tr><td></td><td></td><td></td><td></td><td></td><td></td><td colspan="2"></td></tr>
<tr><td colspan="3" align="center">합   계</td><td></td><td></td><td></td><td colspan="2"></td></tr>
<tr><td colspan="3">등기신청수수료 납부번호</td><td colspan="5"></td></tr>
<tr><td colspan="2">과 세 표 준 액</td><td colspan="6">금   원</td></tr>
</table>

첨 부 서 면	
1. 정관 1통	1. 주민등록표등본 ○통
1. 창립총회의사록(임원선임서) 1통	1. 인감증명서 ○통
1. 설립허가서 1통	1. 등록면허세영수필확인서 1통
1. 재산목록 1통	1. 등기신청수수료영수필확인서 1통
1. 취임승낙서 ○통	1. 위임장(대리인이 신청할 경우) 1통
1. 인감신고서 ○통	<기 타>

20○○년 ○월 ○일

신청인 명   칭 ○○연구조합

　　　　주사무소 ○○시 ○○구 ○○동 ○○

대표자 성   명 이사장 ○ ○ ○ ㉑   (전화 :   )

　　　　주   소 ○○시 ○○구 ○○동 ○○

대리인 성   명 법무사 ○ ○ ○ ㉑   (전화 :   )

　　　　주   소 ○○시 ○○구 ○○동 ○○

○○지방법원 ○○등기소 귀중

- 신청서 작성요령 -

1. 해당란이 부족할 때에는 별지를 이용합니다.
1. 해당 등기신청과 관계없는 사항에 대하여는 "해당없음"으로 기재하거나 삭제하고, 필요한 사항은 추가 기재합니다.
1. 「인감증명법」에 따른 인감증명서 제출과 함께 관련 서면에 인감을 날인하여야 하는 경우, 본인서명사실확인서를 제출하고 관련 서면에 서명을 하거나 전자본인서명확인서 발급증을 제출하고 관련 서면에 서명을 하면 인감증명서를 제출하고 관련 서면에 인감을 날인한 것으로 봅니다.

(용지규격 21cm×29.7cm)

♣ 【서식】 창고업협회 설립등기신청서

<table>
<tr><td colspan="7" align="center">창고업협회 설립등기신청</td></tr>
<tr><td rowspan="2">접
수</td><td colspan="3" align="center">년　　월　　일</td><td rowspan="2">처리인</td><td>등기관 확인</td><td>각종통지</td></tr>
<tr><td colspan="3" align="center">제　　　　　호</td><td></td><td></td></tr>
</table>

등기의 목적	창고업협회의 설립
등기의 사유	창고업협회를 설립하기 위하여 정관을 작성하고 20○○년 ○월 ○일 창고업협회 설립인가신청을 하고 20○○년 ○월 ○일 화물유통촉진법 시행령 제13조의 규정에 의하여 ○○시장으로부터 설립인가를 받았으므로 그 등기를 구함
인가서도착연월일	20○○년 ○월 ○일
등기할 사항	
명　　칭	○○창고업협회
주 사 무 소	○○시 ○○구 ○○동 ○
이사, 감사의 성명, 주민등록번호 및 주소	이사　○ ○ ○ (　　-　　) 　　　○○시 ○○구 ○○동 ○ 이사　○ ○ ○ (　　-　　) 　　　○○시 ○○구 ○○동 ○ 이사　○ ○ ○ (　　-　　) 　　　○○시 ○○구 ○○동 ○ 감사　○ ○ ○ (　　-　　) 　　　○○시 ○○구 ○○동 ○ 감사　○ ○ ○ (　　-　　) 　　　○○시 ○○구 ○○동 ○
이사장의 성명과 주소, 주민등록번호	이사장 ○ ○ ○ (　　-　　) 　　　○○시 ○○구 ○○동 ○
이사의 대표권에 대한 제한	이사장 ○○○ 이외에는 대표권이 없음

목　　적	별지 기재와 같음
분사무소	
설립인가연월일	20○○년 ○월 ○일
존립기간 또는 해산사유	
자산의 총액	
출자의 방법	
기　　타	

신청등기소 및 등록면허세/수수료						
순번	신청등기소	구분	등록면허세 지방교육세	농어촌특별세	세액합계	등기신청수수료
			금 원 금 원	금 원	금 원	금 원
합 계						
등기신청수수료 납부번호						
과 세 표 준 액	금 원					

첨 부 서 면

1. 정관 1통	1. 주민등록표등본 ○통
1. 창립총회의사록(임원선임서) 1통	1. 인감증명서 ○통
1. 설립허가서 1통	1. 등록면허세영수필확인서 1통
1. 재산목록 1통	1. 등기신청수수료영수필확인서 1통
1. 취임승낙서 ○통	1. 위임장(대리인이 신청할 경우) 1통
1. 인감신고서 ○통	<기 타>

20○○년 ○월 ○일

신청인 명 칭 ○○창고업협회

주사무소 ○○시 ○○구 ○○동 ○○

대표자 성 명 이사장 ○ ○ ○ ㊞ (전화 :)

주 소 ○○시 ○○구 ○○동 ○○

대리인 성 명 법무사 ○ ○ ○ ㊞ (전화 :)

주 소 ○○시 ○○구 ○○동 ○○

○○지방법원 ○○등기소 귀중

- 신청서 작성요령 -

1. 해당란이 부족할 때에는 별지를 이용합니다.
1. 해당 등기신청과 관계없는 사항에 대하여는 "해당없음"으로 기재하거나 삭제하고, 필요한 사항은 추가 기재합니다.
1.「인감증명법」에 따른 인감증명서 제출과 함께 관련 서면에 인감을 날인하여야 하는 경우, 본인서명사실확인서를 제출하고 관련 서면에 서명을 하거나 전자본인서명확인서 발급증을 제출하고 관련 서면에 서명을 하면 인감증명서를 제출하고 관련 서면에 인감을 날인한 것으로 봅니다.

(용지규격 21㎝×29.7㎝)

목   적

본 협회는 창고업에 관한 국가시책에 협력하고 창고업의 공신력 향상으로 건전한 발전
과 회원상호간의 공동복리 및 친목을 도모하기 위하여 적극 참여함을 목적으로 한다.
위 목적을 달성하기 위하여 다음 업무를 행한다.

(1) 창고업의 전통발전과 필요한 통계의 작성, 관리, 외국자료의 수집과 조사
(2) 창고영업에 관한 대정부건의
(3) 회원간의 상부상조
(4) 창고업의 경영개선의 지도
(5) 창고영업에 관한 도서발행
(6) 경영자와 종업원의 교육훈련
(7) 기타 사업에 부수되는 업무

♣ 【서식】 스포츠협회 설립등기신청서

<table>
<tr><td colspan="4" align="center">스포츠협회 설립등기신청</td></tr>
<tr><td rowspan="2">접
수</td><td>년   월   일</td><td rowspan="2">처리인</td><td>등기관 확인</td><td>각종통지</td></tr>
<tr><td>제   호</td></tr>
</table>

등기의 목적	스포츠협회의 설립
등기의 사유	정관을 작성하고 20○○년 ○월 ○일 주무관청의 허가를 받아 ○○스포츠협회를 설립하였으므로 그 등기를 구함
허가서도착연월일	20○○년 ○월 ○일
등기할 사항	
명 칭	○○스포츠협회
주 사 무 소	○○시 ○○구 ○○동 ○
이사, 감사의 성명, 주민등록번호 및 주소	이사 ○ ○ ○ (-) 　　　○○시 ○○구 ○○동 ○ 이사 ○ ○ ○ (-) 　　　○○시 ○○구 ○○동 ○ 이사 ○ ○ ○ (-) 　　　○○시 ○○구 ○○동 ○ 감사 ○ ○ ○ (-) 　　　○○시 ○○구 ○○동 ○ 감사 ○ ○ ○ (-) 　　　○○시 ○○구 ○○동 ○
이사장의 성명과 주소, 주민등록번호	이사장 ○ ○ ○ (-) 　　　○○시 ○○구 ○○동 ○
이사의 대표권에 대한 제한	이사장 ○○○ 이외에는 대표권이 없음

목 적	본 협회는 ○○스포츠의 대중에 대한 보급과 시설의 설치를 촉진하여 ○○스포츠의 국제경쟁력 강화 및 국민복지향상에 이바지함을 목적으로 한다.
분사무소	
설립허가연월일	20○○년 ○월 ○일
존립기간 또는 해산사유	
자산의 총액	
출자의 방법	
기 타	

신청등기소 및 등록면허세/수수료						
순번	신청등기소	구분	등록면허세 지방교육세	농어촌특별세	세액합계	등기신청수수료
			금 원 금 원	금 원	금 원	금 원
합 계						

등기신청수수료 납부번호	
과 세 표 준 액	금 원

첨　부　서　면

1. 정관	1통	1. 주민등록표등본	○통
1. 창립총회의사록(임원선임서)	1통	1. 인감증명서	○통
1. 설립허가서	1통	1. 등록면허세영수필확인서	1통
1. 재산목록	1통	1. 등기신청수수료영수필확인서	1통
1. 취임승낙서	○통	1. 위임장(대리인이 신청할 경우)	1통
1. 인감신고서	○통		
		<기 타>	

20○○년 ○월 ○일

신청인 명　　칭　○○스포츠협회

　　　　주사무소　○○시 ○○구 ○○동 ○○

대표자 성　　명　이사장 ○ ○ ○ ⑪　　　　(전화 :　　　　　)

　　　　주　　소　○○시 ○○구 ○○동 ○○

대리인 성　　명　법무사 ○ ○ ○ ⑪　　　　(전화 :　　　　　)

　　　　주　　소　○○시 ○○구 ○○동 ○○

○○지방법원 ○○등기소 귀중

- 신청서 작성요령 -

1. 해당란이 부족할 때에는 별지를 이용합니다.
1. 해당 등기신청과 관계없는 사항에 대하여는 "해당없음"으로 기재하거나 삭제하고, 필요한 사항은 추가 기재합니다.
1. 「인감증명법」에 따른 인감증명서 제출과 함께 관련 서면에 인감을 날인하여야 하는 경우, 본인서명사실확인서를 제출하고 관련 서면에 서명을 하거나 전자본인서명확인서 발급증을 제출하고 관련 서면에 서명을 하면 인감증명서를 제출하고 관련 서면에 인감을 날인한 것으로 봅니다.

(용지규격 21㎝×29.7㎝)

♣ 【서식】 문화재단 설립등기신청서

<table>
<tr><td colspan="6" align="center">문화재단 설립등기신청</td></tr>
<tr><td rowspan="2">접
수</td><td colspan="2" align="center">년   월   일</td><td rowspan="2" align="center">처리인</td><td align="center">등기관 확인</td><td align="center">각종통지</td></tr>
<tr><td colspan="2" align="center">제   호</td><td></td><td></td></tr>
</table>

등기의 목적	문화재단의 설립
등기의 사유	정관을 작성하고 20○○년 ○월 ○일 주무관청의 허가를 받아 ○○문화재단를 설립하였으므로 그 등기를 구함
허가서도착연월일	20○○년 ○월 ○일

등기할 사항

명 칭	○○문화재단
주 사 무 소	○○시 ○○구 ○○동 ○
이사, 감사의 성명, 주민등록번호 및 주소	이사 ○ ○ ○ (-) 　　　○○시 ○○구 ○○동 ○ 이사 ○ ○ ○ (-) 　　　○○시 ○○구 ○○동 ○ 이사 ○ ○ ○ (-) 　　　○○시 ○○구 ○○동 ○ 감사 ○ ○ ○ (-) 　　　○○시 ○○구 ○○동 ○ 감사 ○ ○ ○ (-) 　　　○○시 ○○구 ○○동 ○
이사장의 성명과 주소, 주민등록번호	이사장 ○ ○ ○ (-) 　　　　○○시 ○○구 ○○동 ○
이사의 대표권에 대한 제한	이사장 ○○○ 이외에는 대표권이 없음

목 적	본 재단은 ○○문화의 관련자료를 수집 및 전시하여 ○○문화에 대한 대중의 이해와 발전에 이바지함을 목적으로 한다.
분사무소	
설립허가연월일	20○○년 ○월 ○일
존립기간 또는 해산사유	
자산의 총액	
출자의 방법	
기 타	

<table>
<tr><td colspan="7" align="center">신청등기소 및 등록면허세/수수료</td></tr>
<tr><td>순번</td><td>신청등기소</td><td>구분</td><td>등록면허세
지방교육세</td><td>농어촌특별세</td><td>세액합계</td><td>등기신청수수료</td></tr>
<tr><td></td><td></td><td></td><td>금　　　　　원
금　　　　　원</td><td>금　　　　원</td><td>금　　　원</td><td>금　　　　원</td></tr>
<tr><td></td><td></td><td></td><td></td><td></td><td></td><td></td></tr>
<tr><td></td><td></td><td></td><td></td><td></td><td></td><td></td></tr>
<tr><td colspan="2" align="center">합　　계</td><td></td><td></td><td></td><td></td><td></td></tr>
</table>

등기신청수수료 납부번호	

과 세 표 준 액	금　　　　　　원

첨　　부　　서　　면

1. 정관	1통	1. 주민등록표등본	○통
1. 창립총회의사록(임원선임서)	1통	1. 인감증명서	○통
1. 설립허가서	1통	1. 등록면허세영수필확인서	1통
1. 재산목록	1통	1. 등기신청수수료영수필확인서	1통
1. 취임승낙서	○통	1. 위임장(대리인이 신청할 경우)	1통
1. 인감신고서	○통	<기 타>	

20○○년 ○월 ○일

신청인 명　　칭　○○문화재단

　　　　주사무소　○○시 ○○구 ○○동 ○○

대표자 성　　명　이사장 ○ ○ ○ ㊞　　　　　(전화 :　　　　　　)

　　　　주　　소　○○시 ○○구 ○○동 ○○

대리인 성　　명　법무사 ○ ○ ○ ㊞　　　　　(전화 :　　　　　　)

　　　　주　　소　○○시 ○○구 ○○동 ○○

○○지방법원 ○○등기소 귀중

- 신청서 작성요령 -

1. 해당란이 부족할 때에는 별지를 이용합니다.
1. 해당 등기신청과 관계없는 사항에 대하여는 "해당없음"으로 기재하거나 삭제하고, 필요한 사항은 추가 기재합니다.
1.「인감증명법」에 따른 인감증명서 제출과 함께 관련 서면에 인감을 날인하여야 하는 경우, 본인서명사실확인서를 제출하고 관련 서면에 서명을 하거나 전자본인서명확인서 발급증을 제출하고 관련 서면에 서명을 하면 인감증명서를 제출하고 관련 서면에 인감을 날인한 것으로 봅니다.

(용지규격 21cm×29.7cm)

♣ 【서식】 청소년재단 설립등기신청서

<table>
<tr><td colspan="6" align="center">청소년재단 설립등기신청</td></tr>
<tr><td rowspan="2">접
수</td><td colspan="2" align="center">년   월   일</td><td rowspan="2">처리인</td><td>등기관 확인</td><td>각종통지</td></tr>
<tr><td colspan="2" align="center">제   호</td><td></td><td></td></tr>
</table>

등기의 목적	청소년재단의 설립
등기의 사유	정관을 작성하고 20○○년 ○월 ○일 주무관청의 허가를 받아 ○○청소년재단을 설립하였으므로 그 등기를 구함
허가서도착연월일	20○○년 ○월 ○일
등기할 사항	
명 칭	○○청소년재단
주 사 무 소	○○시 ○○구 ○○동 ○
이사, 감사의 성명, 주민등록번호 및 주소	이사 ○ ○ ○ (-) 　　　○○시 ○○구 ○○동 ○ 이사 ○ ○ ○ (-) 　　　○○시 ○○구 ○○동 ○ 이사 ○ ○ ○ (-) 　　　○○시 ○○구 ○○동 ○ 감사 ○ ○ ○ (-) 　　　○○시 ○○구 ○○동 ○ 감사 ○ ○ ○ (-) 　　　○○시 ○○구 ○○동 ○
이사장의 성명과 주소, 주민등록번호	이사장 ○ ○ ○ (-) 　　　○○시 ○○구 ○○동 ○
이사의 대표권에 대한 제한	이사장 ○○○ 이외에는 대표권이 없음

목　　적	본 재단은 가출청소년 및 소외계층 청소년에 대한 보호 및 상담과 교육을 통하여 올바른 사회생활을 가능하도록 도움으로서 청소년 문제에 이바지함을 목적으로 한다.
분사무소	
설립허가연월일	20○○년 ○월 ○일
존립기간 또는 해산사유	
자산의 총액	
출자의 방법	
기　　타	

신청등기소 및 등록면허세/수수료						
순번	신청등기소	구분	등록면허세 지방교육세	농어촌특별세	세액합계	등기신청수수료
			금　　　　원 금　　　　원	금　　　원	금　　　원	금　　　　원
합　　　계						

등기신청수수료 납부번호	
과 세 표 준 액	금　　　　원

첨　　부　　서　　면

1. 정관	1통	1. 주민등록표등본	○통
1. 창립총회의사록(임원선임서)	1통	1. 인감증명서	○통
1. 설립허가서	1통	1. 등록면허세영수필확인서	1통
1. 재산목록	1통	1. 등기신청수수료영수필확인서	1통
1. 취임승낙서	○통	1. 위임장(대리인이 신청할 경우)	1통
1. 인감신고서	○통	<기 타>	

20○○년 ○월 ○일

신청인 명　　　칭　　○○청소년재단

　　　　주사무소　　○○시 ○○구 ○○동 ○○

대표자 성　　　명　　이사장 ○ ○ ○ ㊞　　　　　(전화 :　　　　　)

　　　　주　　　소　　○○시 ○○구 ○○동 ○○

대리인 성　　　명　　법무사 ○ ○ ○ ㊞　　　　　(전화 :　　　　　)

　　　　주　　　소　　○○시 ○○구 ○○동 ○○

○○지방법원 ○○등기소 귀중

- 신청서 작성요령 -

1. 해당란이 부족할 때에는 별지를 이용합니다.
1. 해당 등기신청과 관계없는 사항에 대하여는 "해당없음"으로 기재하거나 삭제하고, 필요한 사항은 추가 기재합니다.
1. 「인감증명법」에 따른 인감증명서 제출과 함께 관련 서면에 인감을 날인하여야 하는 경우, 본인서명사실확인서를 제출하고 관련 서면에 서명을 하거나 전자본인서명확인서 발급증을 제출하고 관련 서면에 서명을 하면 인감증명서를 제출하고 관련 서면에 인감을 날인한 것으로 봅니다.

(용지규격 21cm×29.7cm)

◾ 편저 김 만 길 ◾

▮전 서울고등법원 종합민원접수실장
▮전 서울중앙지방법원 민사신청과장(법원서기관)
▮전 서울서부지방법원 은평등기소장
▮전 수원지방법원 시흥등기소장
▮전 인천지방법원 본원 집행관
▮법무사

2025년 사항별·사례별로 유형화된

정석 법인등기 실무

2025년 01월 15일 38판 인쇄
2025년 01월 20일 38판 발행

1986년 1월 05일 초판 발행

공 저 김만길
발행인 김현호
발행처 법문북스
공급처 법률미디어

주소 서울 구로구 경인로 54길4(구로동 636-62)
전화 02)2636-2911~2, 팩스 02)2636-3012

홈페이지 www.lawb.co.kr
페이스북 www.facebook.com/bummun3011
인스타그램 www.instagram.com/bummun3011
네이버 블로그 blog.naver.com/bubmunk

등록일자 1979년 8월 27일
등록번호 제5-22호

ISBN 979-11-93350-57-7(13360)

정가 180,000원